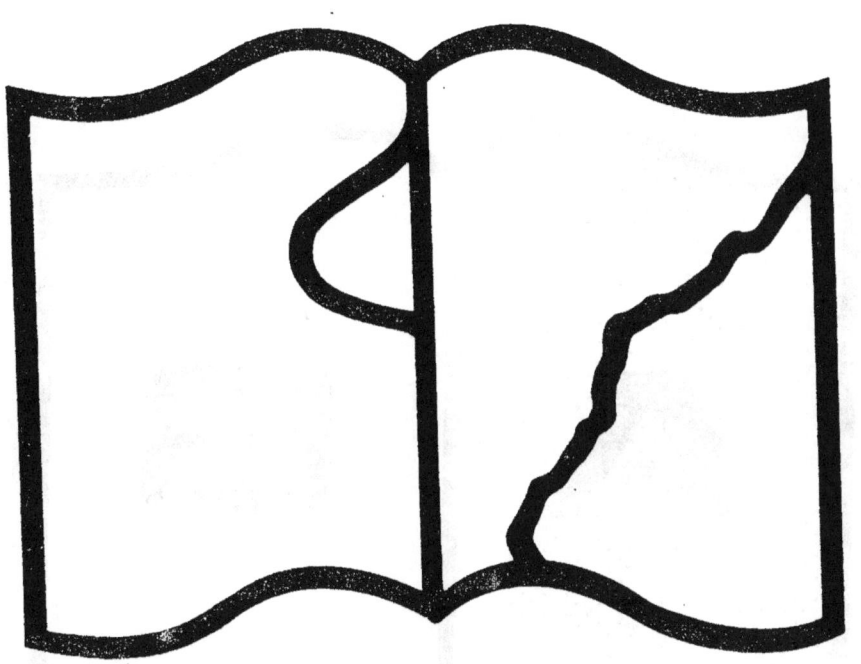

Texte détérioré — reliure défectueuse

NF Z 43-120-11

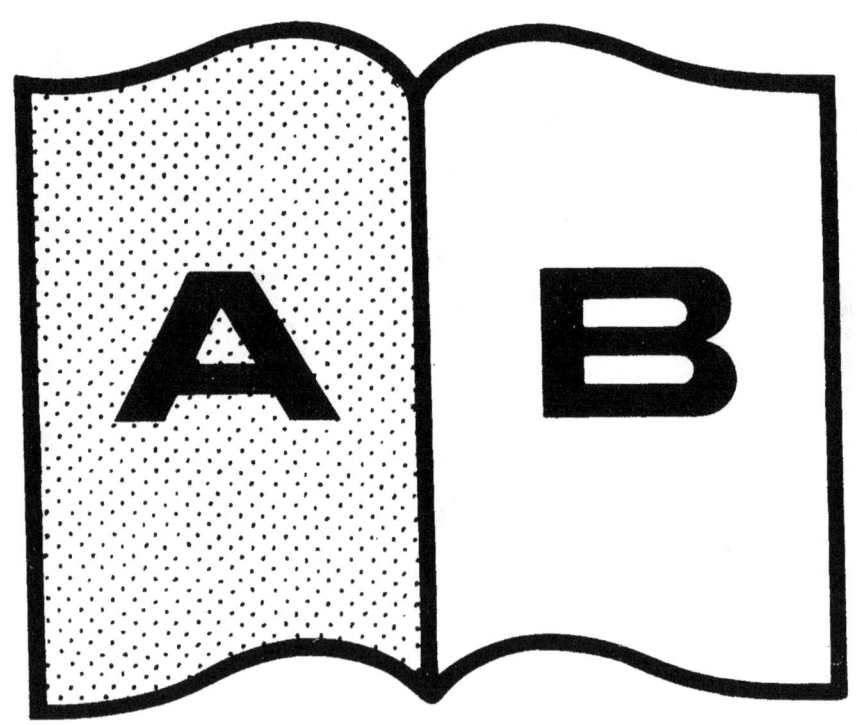

Contraste insuffisant

NF Z 43-120-14

Reliure serrée

L'Amant de la Lune

par Paul de Kock

MM. Jules Rouff et Cie Editeurs – 14, Cloître St Honoré – Paris

Jules ROUFF et Cie, Éditeurs, 14, cloître Saint-Honoré, Paris

L'AMANT DE LA LUNE

I. — UN BOURGUIGNON ET SON FILS.

« — Pardon, monsieur, mais pourriez-vous, si c'était un effet de votre bonté, m'enseigner mon chemin pour aller... pour aller... Allons bon ! voilà que je ne sais plus où je dois aller maintenant !.. Dis donc ! ohé ! petiot ! viens donc par ici. Te souviens-tu du nom de l'endroit où l'on nous a conseillé de nous rendre pour avoir des nouvelles de ton frère ?... »

Cette question était faite par un homme qui semblait avoir au moins la soixantaine, et dont la mise et surtout la tournure n'annonçaient pas un habitant de Paris.

Il portait une grande redingote de drap blanchâtre, qui descendait presque jusqu'à la cheville, et qui n'avait rien d'un paletot ou d'une twine. Les parements bien rabattus laissaient voir un gilet jaune à grandes fleurs rouges, avec des revers bien amples et bien collés sur ceux de la redingote. Tout cela semblait avoir été fait en quatre-vingt-treize. Un pantalon de coutil

L'Amant de la Lune.

écru, des bas bleus et de gros souliers complétaient la toilette de cet individu, dont la tête était couverte d'un ample chapeau rond commençant à tirer un peu sur le rouge, mais dont les bords étaient assez larges pour garantir à la fois de la pluie et du soleil.

Quoique cette toilette fût loin d'être à la mode, et annonçât plutôt le campagnard que le citadin, celui qui la portait ne paraissait nullement occupé de la différence qui existait entre sa mise et celle des Parisiens, et semblait, au contraire, se trouver fort à son aise sous son costume. Comme nous l'avons déjà dit, c'était un homme annonçant la soixantaine, mais encore fort et vigoureux.

Sa taille était au-dessus de la moyenne, son ventre passablement arrondi ; ses yeux bleu-clair étaient gais et bienveillants ; sa bouche encore fraîche et bien garnie souriait presque toujours, et donnait à son visage rond et passablement coloré quelque chose de franc et d'aimable qui annonçait un joyeux compère ; ses cheveux gris, et qui étaient fort rares sur le sommet de sa tête, un nez gros et un peu bourgeonné, une voix forte et une tête chaude, tel était le père Martinot, Bourguignon et vigneron, dont le physique était parfaitement d'accord avec sa profession, ce qui est assez commun chez les vignerons.

Celui auquel il s'était adressé en l'appelant *Petiot*, était un grand garçon, jeune, à la figure douce, naïve, étonnée; au regard à la fois heureux et niais; ayant de beaux yeux bleus, une bouche bien garnie comme le père Martinot, mais qui n'était pas encore coloré et bourgeonné comme celui-ci, ce qui n'empêchait pas qu'il ne lui ressemblât assez pour que l'on devinât sur-le-champ le degré de parenté qui existait entre eux. Avec ses cheveux blonds, ses joues rosées et ses grosses lèvres entr'ouvertes par le rire et l'étonnement, le jeune garçon devait nous représenter le bonhomme Martinot, lorsque celui-ci n'avait que vingt ans.

Maintenant le vieillard souriait encore, mais il s'étonnait moins. Ce n'était cependant que son troisième voyage à Paris.

Petiot était en veste à grandes basques, en pantalon de velours olive; il avait aussi un gilet à grands revers et un chapeau rond; mais de plus il avait fait, avec les bouts très-empesés de sa cravate blanche, une large rosette, dont une pointe lui allait presque dans l'œil gauche, tandis que l'autre semblait menacer les passants. La pointe qui lui venait contre l'œil gênait beaucoup le jeune homme quand il voulait regarder devant lui; mais comme dans son *endroit* il passait pour un des garçons qui fit les plus beaux nœuds à la cravate, il tenait à montrer à Paris un échantillon de son savoir-faire; en voyant la plupart des femmes rire en le regardant, il ne doutait pas que sa belle rosette n'en fût cause; mais loin de présumer que l'on se moquât de lui, il était persuadé qu'on admirait la manière dont il était cravaté.

Les deux individus dont nous venons de faire le portrait étaient alors au milieu de la rue Saint-Denis, et il pouvait être deux heures de l'après-midi : il faisait un temps superbe, et on était au commencement de juin de l'année mil huit cent quarante-quatre.

D'après cela vous devez penser qu'il passait beaucoup de monde autour de nos Bourguignons, car il y en a toujours dans la rue Saint-Denis, mais c'est bien pis encore au milieu de la journée, à l'heure des affaires, des marchés et des promenades. Aussi, pour des gens qui ne sont point habitués au séjour de Paris, l'endroit est tellement bruyant, tellement vivant, tellement animé, qu'il en est étourdissant.

Ne soyons donc point surpris de l'air émerveillé du jeune Martinot, qui voudrait voir ce qu'il y a dans chaque boutique, qui s'arrête près de chaque marchand, puis qui est forcé de se sauver pour se garer d'une voiture, d'une charrette ou d'un omnibus; qui saute d'un coin de rue sous une porte bâtarde, et qui se jette souvent dans les passants, parce qu'avec son peu d'habitude de se trouver au milieu de tant de monde, ne joint encore cette malheureuse pointe de cravate qui lui masque l'œil gauche, et qu'il s'obstine à ne pas vouloir baisser.

Fort souvent la foule séparait le père et le fils; alors tous deux s'arrêtaient, se cherchaient et s'appelaient. Le père Martinot en criant : Ohé! Petiot!... ou bien : Ohé! Jacquinet, car Petiot n'était qu'un petit nom d'amitié, dont le vigneron se plaisait souvent à gratifier son jeune fils.

Quant à Jacquinet, lorsqu'il n'apercevait plus son père, ses yeux devenaient inquiets, le bonheur disparaissait de sa physionomie, et il se mettait à crier à tue-tête : Où que vous êtes donc, papa?...

Et si le père ne répondait pas aussitôt à cet appel, il y avait bien vite de la douleur et des larmes dans l'accent du pauvre Jacquinet.

Tout cela vous annonce des gens simples, bien étrangers aux usages de la ville. Un père qui craint de s'éloigner de son fils, un grand garçon de vingt ans qui est triste et tout ému dès qu'il n'aperçoit plus son père !... nous ne voyons pas souvent cela à Paris, mais nous y voyons tant d'autres choses!...

Jacquinet, s'entendant appeler par son père, vient de sauter un ruisseau, de se cogner contre l'ombrelle d'une dame, de marcher au milieu de l'étalage d'une vente de vieille ferraille, et il est enfin parvenu à rejoindre le vigneron, auquel il dit :

— Me v'là, papa... pourquoi donc que vous allez si vite?
— Je ne vas pas vite, mon garçon, mais c'est toi qui ne vas pas du tout, et comme ça, m'est avis que nous n'arriverons jamais.
— Dame! moi je regarde... c'est si curieux, tout ce monde. Que de gens bien mis! que de femmes élégantes! Oh! papa! comme c'est bonne société dans les rues de Paris!
— Tu n'es pourtant pas ici dans le quartier le plus faraud. Qu'est-ce que tu dirais donc si tu te promenais dans la Chaussée-d'Antin?
— Et toutes ces boutiques... c'est qu'il y en a ! que ça n'en finit pas... elles se touchent !... Comment donc que ces gens-là peuvent trouver à vendre tous les jours? c'est surtout les épiciers! Mon Dieu! y a-t-il des épiciers à Paris !...
— Tu ne vois qu'une rue de la ville!... et tu trouves qu'il y a beaucoup de marchands... mais si tu voyais le Palais-Royal... et tous les passages... c'est bien autre chose encore.

— Ah! tenez, papa, encore un épicier !... Voyez, décidément, il paraît que c'est le meilleur état à Paris... Mais qu'est-ce que vous me demandiez donc tout à l'heure?
— Pardi! je te demandais le nom de cet endroit où l'on nous a dit de nous rendre pour avoir des nouvelles de ton frère Constant... mais tu n'étais pas là... tu es toujours en arrière; la personne à qui je m'adressais ne t'a pas attendu, elle a continué son chemin, et moi je suis resté là avec mon air jobard. Un homme qui demande son chemin et ne peut pas dire où il va, on le prend pour un imbécile, vois-tu, petiot, avec ça qu'à Paris, ils sont déjà assez disposés à se moquer des gens de la campagne.
— Oh! laissez donc, papa, est-ce que vous avez l'air d'une bête! Par exemple... je voudrais bien voir qu'on se moquât de vous... je leur ferais sentir comme ça tape les Bourguignons...
— Ah! oui, des disputes, des coups, il ne manquerait plus que cela pour rendre notre voyage agréable !... que tu reçoives quelque bonne taloche, que tu sois obligé de rester à l'auberge... je suis déjà si contrarié de ne pas trouver ton frère !... de ne pas savoir ce qu'il est devenu !...
— Mon Dieu! papa, ne vous faites donc pas de chagrin! nous le retrouverons, mon frère; il ne peut pas être perdu !... D'abord, c'est pas un jeune cadet comme moi... il a vingt-sept ans, lui... et il y a déjà longtemps qu'il est à Paris.
— Oui, trop longtemps, peut-être! murmure le vigneron, en secouant la tête d'un air attristé. Mais bientôt sa gaieté naturelle reparaît sur son visage, et il reprend :
— Au fait! t'as raison, Jacquinet, j'ai tort de m'inquiéter. Ton frère, qui est depuis sept ans à Paris, a l'habitude de la ville; d'ailleurs il a fait ses études, et ce doit être un savant maintenant !
— Oh! comme il était bien mis la dernière fois qu'il est venu nous voir au pays... Comme il avait des manières... grand genre !... Il aurait pu passer pour un marquis, pour un seigneur !... n'est-ce pas, papa?
— Oui, oui, il était fort élégant... Oh! il avait bonne tenue; mais voilà trois ans de cela! et depuis trois ans, il n'est pas revenu nous voir au pays, comme c'était son habitude chaque année.
— Vous savez bien qu'il vous a écrit et donné des raisons... D'abord ses études pour être reçu avocat... ensuite sa maladie... dans les jointures, qui l'empêchait de voyager.
— Oui, il donne toujours des raisons... Ce n'est pas cela qui manque... Et puis il lui faut toujours de l'argent, il n'en a jamais assez !
— C'est que apparemment ça coûte cher pour se faire avocat... Oh! bon, encore un épicier !... Ça doit faire gagner gros aussi ce métier-là.
— Quelquefois, mon garçon; cela dépend... Il faut d'abord acquérir de la réputation, alors les clients arrivent... mais je ne sais pas s'ils paient tous fort bien.
— Tiens, il n'y a qu'à ne pas leur faire crédit. Si je l'étais, moi, voyez-vous, je ne donnerais pas une livre de pruneaux à crédit.
— Qu'est-ce que tu me chantes avec tes pruneaux! Est-ce qu'un avocat vend des pruneaux?
— Ah! pardon... moi, je voulais parler des épiciers...
— Mais, mon Dieu, Jacquinet, laisse-moi tranquille avec tes épiciers !... Voyons, quel est le nom de cet endroit où nous devons aller pour nous informer de ton frère?
— La Préfecture de police.
— Ah! c'est cela, la Préfecture, et il nous faudra demander le chef de la police de sûreté, c'est à lui qu'il faut nous adresser, m'a dit la maîtresse de notre auberge.
— Oui, papa, il paraît qu'il connaît la demeure de tout le monde, ce monsieur-là, alors il vous dira tout de suite où loge mon frère.
— Il faut espérer qu'il nous aidera à le retrouver... Ne plus nous écrire depuis six mois ; et cela, après que je m'étais saigné encore pour lui envoyer cette grosse somme qui lui était indispensable pour payer cette lettre de change, dont il avait répondu pour un de ses amis, un brave jeune homme français... Sais-tu, Jacquinet, que ça, nous a gênés. Avec cela que l'année n'avait pas été bonne.
— Ah! ben, que voulez-vous, papa? mon frère a rendu service à un ami, vous ne pouviez pas le laisser dans l'embarras. Son ami lui rendra; alors, Constant vous remettra votre avance... Ça ira tout seul! Encore un épi...
— Mais comment se fait-il que ton frère ne demeure pas à l'adresse qu'il m'avait donnée en dernier lieu?...
— Ah! oui... poste restante. Je croyais que c'était son hôtel, moi...
— Eh! non, nigaud! poste restante, c'était pour l'envoi des quatre mille francs, parce qu'il m'avait écrit que c'était plus sûr; qu'il craignait que son portier n'égarât ma réponse; que souvent les portiers perdaient les lettres. Mais son adresse, à Constant, c'était rue Montmartre, numéro 171. Nous avons été là, on nous a dit que depuis plus d'un an ton frère n'y demeurait plus; que quelquefois, seulement, il venait s'informer s'il y avait des lettres pour lui; mais qu'il n'avait pas d'autre logement.
— Écoutez, papa, puisque mon frère vous a écrit qu'à Paris il y a des portiers qui perdent les lettres qu'ils reçoivent, il en aura remis

une au sien pour vous, et celui-ci l'aura perdue au lieu de la remettre à la poste.

Le vieux Bourguignon sourit, et tape sur la joue de son fils, en murmurant :

— T'as peut-être bien raison, Petiot, et tu n'es pas si niais que bien des gens le croient. Mais, voyons, tâchons de trouver cette Préfecture... Demandons notre chemin.

— Vous devez pourtant connaître Paris, vous, papa, ce n'est pas la première fois que vous y venez.

— Oh ! non, garçon, ce n'est que la troisième !... et j'ai mis tant d'intervalle. La première fois que j'y vins, j'étais encore garçon, mais j'allais épouser ta pauvre mère... J'y revins à vingt-huit ans de ça... J'étais venu à Paris pour y acheter quelques bijoux !... des parures pour ma bonne Marguerite ! Je ne fis pas un long séjour à Paris... J'étais trop pressé de me marier. J'y revins une seconde fois, il y a douze ans... j'étais déjà veuf alors !... Ton frère m'accompagnait... il avait quinze ans. J'étais venu pour me faire payer d'un débiteur, dont je ne pouvais rien tirer... C'était un fripon. Je me rappelle qu'étant parvenu à découvrir la demeure de mon homme, je me rendis chez lui avec ton frère, et nous restâmes tout éblouis à la vue du luxe, de l'élégance, de la richesse des ameublements de ce monsieur qui ne voulait me payer deux mille francs qu'il me devait... Ton frère trouva tout cela si beau, qu'en sortant de chez notre homme, il me dit : Oh ! mon père, je voudrais bien rester à Paris, et avoir un appartement comme ce monsieur, et une robe de chambre de velours, comme ce monsieur. Et moi je me souviens encore que je lui répondis : Mon ami, ce monsieur est un fripon ; c'est en faisant des dupes, c'est en mettant des braves, d'honnêtes négociants dans la peine, qu'il se donne ces beaux meubles, cette toilette recherchée que tu trouves si belle ; mais il ne faut pas envier le bien mal acquis, il ne faut pas désirer de te trouver dans la position de cet homme-là. Sous un toit modeste, sur nos fauteuils de paille et avec notre simple costume bourguignon, nous valons bien mieux que lui. On peut s'enrichir à Paris, sans doute, mais il ne faut pas que ce soit en s'y prenant comme le fripon de Dubernard !... C'est égal, la vue de ce luxe avait ébloui ton frère, et depuis ce moment, il ne me laissa pas de repos que je ne consentisse à ce qu'il vînt faire ses études à Paris.

— Et ce Dubernard vous a-t-il payé ?

— Jamais !

— Est-ce qu'il vit toujours au sein du luxe ? est-ce qu'il porte toujours des robes de chambre de velours ?... C'est qu'alors j'irais chez lui, et je vous réponds que j'y briserais les meubles, s'il ne vous payait pas...

— J'ignore entièrement ce que Dubernard est devenu. Alors, je voulus le poursuivre... Je n'avais pas de billet, il nia la dette, il leva la main en justice, il fit serment qu'il ne me devait rien.

— Oh ! le gredin.

— Et ma foi, tu penses bien que depuis douze ans, je ne me suis plus inquiété de ce misérable que je n'ai jamais revu.

— Mais maintenant que nous voilà à Paris, vous allez peut-être le rencontrer. S'il a continué de faire des dupes et de nier ses dettes, il doit être millionnaire à présent... Vous le verrez sans doute en carrosse ! Que sait-on s'il ne nous a pas déjà éclaboussés ?

— Mon garçon, dit le père Martinot en appuyant sa main sur le bras de son fils, espérons qu'il n'en est pas ainsi. Je crois, moi, que le vice ne porte pas bonheur et que les fripons ne réussissent pas toujours... S'il fallait penser le contraire, tu conçois bien que ça mènerait à faire de vilaines choses.

Jacquinet ne répond rien, mais il regarde son père avec respect et semble profondément ému de la réflexion du vieillard. En ce moment les deux Bourguignons approchaient de la Halle ; les allants et venants étaient plus nombreux encore. Les cris des marchands, des acheteurs, des cuisinières, augmentaient le tapage qui étourdissait les provinciaux.

En passant devant quelques femmes à éventaires, le fils Martinot avait bien entendu des ricanements retentir à ses oreilles, puis autour de lui bourdonnaient ces mots :

— Ah ! c'te tête ! — Ah ! c'te balle ! — Ah ! c'te rosette ! — Oh ! ces pointes ! eh ben ! il peut se vanter de pousser sa pointe, celui-là ! — Voyez donc c'te tournure : ça doit être un jeune homme qui commence, ça !... — Fichtre, ma commère, il se présente joliment, la pointe en l'air comme Nicolas, quand il n'est pas soûl.

Tout occupé de se garer des voitures, de ne point se jeter dans les marchandises étalées sur le pavé, et de suivre son père, le jeune Bourguignon n'avait point cherché à s'expliquer le motif de ces exclamations, lorsque tout à coup, en voulant éviter un homme chargé d'une hotte qui vient devant lui, Jacquinet se jette brusquement sur le côté, et la pointe droite de sa cravate va frapper dans le nez d'un individu en blouse et de fort mauvaise mine, qui, se l'étant aperçu, et qui pousse un cri et se frotte le visage en grommelant :

— Ah ! bigre ! qu'est-ce que c'est que ça ? qu'est-ce qui se permet de me fourrer quelque chose dans le nez ? C'est vous, jeune homme... mais qui vous a dit que je fusse amateur de ce genre de plaisanteries ? Et en disant ces mots, le particulier se pose déjà comme s'il voulait tirer la savate, et sa figure pâle, osseuse, ses lèvres blanches,

ses petits yeux roux, son nez qui fait au milieu un coude très-prononcé, et dont les narines échancrées s'ouvrent comme deux soufflets de forge, tout cela prenant une expression de méchanceté féroce, donne à ce personnage l'aspect le plus hideux et le moins rassurant.

Quoique frappé par la laide figure de cet homme qui lui barre le passage, Jacquinet ne s'émeut pas ; il lui dit tranquillement, sans même penser à s'excuser de sa maladresse :

— Dites donc, monsieur, le chemin pour aller à la Préfecture de police, s'il vous plaît ?

En entendant nommer la Préfecture, l'individu qui semblait se disposer à faire l'insolent, baisse le nez, fronce les sourcils et s'éloigne en murmurant :

— Ah ! c'est là que vous allez ! merci, j'en ai assez, je sors d'en prendre.

Puis l'homme à la blouse se perd dans la foule et disparaît aux regards étonnés de Jacquinet, qui dit à son père :

— Pourquoi que ce monsieur se sauve comme ça, quand je lui demande le chemin de la Préfecture ?... Est-ce que c'est faire une sottise à quelqu'un dans Paris que de demander sa route ?

Avant que le vigneron ait eu le temps de répondre à son fils, un particulier en habit bleu, chapeau à cornes et l'épée au côté, qui n'avait pas perdu un mot du court dialogue qui s'était établi entre l'homme en blouse et le jeune campagnard, dit en souriant à ce dernier :

— C'est que le nom de la Préfecture de police a produit un effet magique sur celui à qui vous parliez, car il y a été conduit plus d'une fois et y a logé souvent.

— Tiens... vous connaissez donc cet homme, monsieur ?

— Certainement, c'est un voleur.

— Un voleur ! s'écrie Jacquinet en regardant tour à tour son père et le sergent de ville !

— Un voleur ! dit de son côté le vigneron qui semble partager l'étonnement de son fils. Comment, monsieur, vous savez que cet homme est un voleur et vous ne l'arrêtez pas ?

— Pourquoi voulez-vous que je l'arrête ? il sort de prison, où il a fait son temps ; il n'y a pas plus de dix jours qu'il est libre ; mais il est probable qu'il ne tardera pas à faire encore des siennes, alors gare à lui si nous le prenons sur le fait, en attendant nous avons l'œil sur ce gaillard-là. Mais vous désirez savoir le chemin de la Préfecture de police : suivez tout droit, passez le pont, puis le quai à droite, vous y serez sur-le-champ.

Le sergent de ville s'est éloigné, nos deux Bourguignons se remettent en marche et cette fois Jacquinet reste près de son père, auquel il dit :

— Un voleur !... c'était un voleur ! au fait, il était bien laid cet homme et assez mal couvert. Mais, papa, je ne comprends pas qu'on le laisse libre dans la ville, puisqu'on sait que c'est un gueux. Dans notre petit endroit, si nous savions qu'un homme fît son état de voler, nous le mettrions en prison, ou bien nous le chasserions du pays... après avoir commencé par lui donner une bonne raclée !

— Ah ! dame ! mon garçon, c'est que nous autres, nous ne sommes que des paysans, nous n'avons pas l'éducation et les belles manières des gens de Paris. Ici, vois-tu, il paraît qu'on peut laisser les voleurs, pourvu qu'on se conduise décemment... c'est-à-dire pourvu qu'on ne se laisse pas pincer.

— Je ne comprends pas trop, papa.

— C'est pas nécessaire que tu comprennes, Petiot, tu n'as pas envie de me quitter comme ton frère, toi... tu seras un simple vigneron comme moi. T'as donc pas besoin d'être si malin sur les lois.

— Et qu'est-ce que c'était que ce monsieur en chapeau à trois cornes et avec une épée, qui connaissait si bien le voleur ?

— Ce doit être un homme de la police... un chargé de veiller à la sûreté du monde dans les rues.

— Et il n'arrête pas les voleurs ?

— Mais puisqu'il t'a dit que celui-ci a fait son temps... et qu'il fallait attendre qu'il recommençât.

— Ah ! c'est juste ; mais quand les brigands qui tuent pour voler ont fini leur temps de galère, est-ce qu'on attend aussi qu'ils aient encore tué quelqu'un pour les arrêter ?

— Ah ! laisse-moi tranquille avec tes réflexions...

— C'est égal, si jamais je rencontre de nouveau ce voleur, je le reconnaîtrai, car il a une figure comme on n'en voit pas beaucoup, heureusement.

II. — LE PONT-NEUF. — UN SPECTACLE POUR LE PEUPLE.

Le père Martinot et son fils sont arrivés sur le Pont-Neuf. Ici le tableau est tout aussi animé, mais il est plus gai ; l'eau, les quais, les ponts couverts de monde sont au moins éclairés par un jour plus vif, par un soleil qui n'est pas torturé entre les maisons de sept étages.

Puis sur le Pont-Neuf on voit des hommes plus soignés dans leur mise, des femmes plus coquettement parées. C'est déjà la fusion des

Jeux rives de la Seine, et quelques échappés du faubourg Saint-Germain se trouvent là devant des lorettes de la nouvelle Athènes qui daignent quelquefois s'humaniser avec des étudiants de la Cité ou de la rue Saint-Jacques.

Jacquinet est de nouveau ravi du tableau qui s'offre à ses regards, et quoiqu'il aperçoive moins d'épiciers, il s'écrie :

— Ah! que c'est beau !... Ah! que c'est joli par ici !... on respire mieux d'abord... et ça ne sent pas... comme du côté de la Halle. Tous ces ponts... et cette eau... ça, me rappelle l'Yonne qui coule tout près de chez nous... et ces arbres qui poussent dans l'eau.

— Ce sont des bains publics, ça, mon garçon... je me rappelle que je m'y suis baigné avec ton frère quand je vins à Paris il y a douze ans.

— Je n'oserai jamais me baigner devant tout ce monde, moi !

— Mais, nigaud, on est enfermé dans des murs de toile.

— C'est égal, j'oserai pas. Et ces chiens ! Ah! papa, des chiens dans une cage... est-ce qu'on les élève comme des oiseaux ici ?

— Ce sont des chiens à vendre... pauvres bêtes... ils sont au plus souffrant, et ils aiment leur maître... Mais viens donc, Jacquinet; nous n'arriverons pas, si tu flânes toujours.

Cependant le jeune Bourguignon ne bouge pas, et en ce moment ce ne sont plus les chiens qu'il regarde. Mais tout auprès de lui sont deux demoiselles assez gentilles, à l'œil hardi, à la démarche libre; leur mise est celle des grisettes en petite tenue, mais leur tournure et l'expression de leur physionomie annoncent beaucoup moins que cela. L'une de ces demoiselles, qui est coiffée d'un bonnet qui ne lui couvre que le derrière de la tête, a lorgné avec attention le jeune Martinot, puis elle s'est arrêtée avec sa compagne devant les chiens en cage, et elle s'amuse à faire de l'œil au grand garçon, tandis que sa compagne lui dit :

— Ce sont des Bourguignons ! je vois ça tout de suite au costume... Tu sais que je ne m'y trompe jamais; qu'on me montre de nouveaux débarqués, et je vas vous dire sur-le-champ : Ça, ce sont des Normands ! ça, ce sont des Picards ! ça, ce sont des Lorrains ! ça, ce sont des Bas-Bretons !

— Ça prouve que t'es joliment versée dans les quatre parties du monde !

— Les quatre !... Ah ! ouiche ! pisque je te dis, Laïde, que je les connais toutes... surtout quand c'est des hommes; des femmes, c'est différent, on peut s'y tromper quelquefois, parce que les femmes ça se change tout de suite, ça ne garde pas longtemps l'air natal !... et encore, si elles conservaient le bonnet de leur pays, je ne m'y tromperais pas non plus.

— Tiens ! c'te malice ! en voyant le bonnet, ça va tout seul !

— Et ces deux cadets-là, je te dis que ce sont des Bourguignons, et je gagerais même qu'ils sont venus par le coche qui part d'Auxerre et qui débarque les moissonneurs à la Râpée.

— Le grand jeune n'est pas mal...

— Oui, mais il a l'air fièrement serin ; son nœud de cravate qui menace tout le monde !

— Oh ! s'il voulait, je lui apprendrais bien vite à le faire à la mode de Paris.

Et celle de ces demoiselles que sa compagne appelait Laïde continuait de lancer à Jacquinet des œillades provoquantes, et elle lui souriait en lui montrant des dents qui n'étaient pas laides, et, de temps à autre, elle lui montrait aussi le bout de sa langue qu'elle passait ensuite sur ses lèvres avec une dextérité et une adresse qui dénotaient une très-grande habitude de ce genre d'exercice.

Et le jeune Bourguignon ne savait ce que tout cela voulait dire ; mais il éprouvait cependant une émotion assez vive, en se voyant le point de mire des œillades d'une jeune fille; et ses joues déjà roses devenaient pourpres, tandis que ses yeux, dont il ne savait que faire, avaient une expression de bêtise qui provoquait les éclats de rire de tous ceux qui le regardaient.

Le Martinot, surpris de ce que son fils ne bouge pas et ne lui répond plus, avance la tête pour tâcher de savoir ce qui l'occupe; le vigneron rencontre alors les deux pistolets bleu-foncé que mademoiselle Laïde braquait sur son fils, et, sans avoir une grande habitude de Paris, le bonhomme comprend ce qui rend Jacquinet interdit ; il ne fallait pas d'ailleurs beaucoup d'expérience pour deviner ce que c'était que ces demoiselles.

— Eh bien ! qu'est-ce que tu as donc, Petiot ? dit le Bourguignon en poussant son fils du coude; est-ce que tes jambes sont engourdies, ou ben si c'est que tu veux prendre racine sur ce pont ?

— Oh ! non, papa, non... je ne suis pas engourdi... au contraire ! répond le grand garçon en tâchant de se donner un air malin. Mais c'est que... j'étais occupé... parce que je regardais queuque chose... c'est moi qu'on...

— Allons, allons, te voilà tout troublé, Petiot, parce que des demoiselles te regardent !... Est-ce que tu crois que ce te vas pas que c'est ça qui te donne l'air si bête ? Mais, mon garçon, à Paris, il ne faut pas devenir embarrassé quand une femme nous lorgne, sans quoi, vois-tu, tu risquerais d'avoir trop souvent l'air d'un imbécile. Viens, Jacquinet, viens, mon Petiot ; ces demoiselles-là, vois-tu... un garçon sage ne doit pas y faire attention.

Et en disant ces mots, Martinot passe son bras sous celui de son fils, qui se remet en marche avec son père, quoiqu'un peu contrarié de s'éloigner si vite de ces deux demoiselles, mais n'osant pas malgré cela se retourner pour les regarder, tandis que celles-ci, qui ont entendu quelques mots de ce que le vigneron disait à son fils, se mettent à rire aux éclats en s'écriant :

— Allez donc, Petiot !... Ah ! ce pauvre Petiot qui n'ose pas quitter papa !

— Et ce vieux Bacchus qui a peur qu'on ne lui enlève son fils.

— Mets-le sous cloche alors.

— En voilà un jobard !

— Ohé ! ohé ! *Bourguignon salé ! l'épée au côté ! la barbe menton, saute Bourguignon !*

— Tiens, papa !... ces demoiselles nous connaissent donc aussi murmure Jacquinet, qui a entendu mademoiselle Laïde lui crier proverbe de son pays ; elles savent que nous sommes Bourguignons, et elles nous disent de sauter.

— Mon garçon, tu vois bien que j'avais raison. Ces deux demoiselles-là, ce sont des pas grand'chose !... Quand on lorgne comme ça les hommes sous le nez... tu comprends ce que ça veut dire... Je ne peux pas trop t'expliquer ça... Mais tiens, je vas te faire une comparaison. Tu as vu ces petits chiens en cage que l'on vend pour de l'argent. Eh bien, ces demoiselles de tout à l'heure offrent aux premiers venus leurs charmes... leurs agaceries... pour de l'argent aussi.

— Mais quand on les achète, papa, s'attachent-elles à vous comme les petits chiens s'attachent à leur maître ?

— Non ! oh ! voilà la différence ; elles ne s'attachent jamais et les hommes qui seraient assez dupes, assez sots pour les aimer, ne tarderaient pas à en éprouver un vif repentir. Mais c'est assez nous occuper de ces demoiselles... quoique, après tout, je ne sois pas fâché de t'avoir averti.

— Oh ! papa ! la belle statue à cheval... Qu'est-ce que cet homme-là ?

— Mon garçon, c'est Henri IV, un grand roi, un bon roi surtout... Ote ton chapeau.

— Oh ! oui, papa, avec plaisir ! Henri IV, Louis XII, voilà tout ce que j'ai retenu de l'histoire de France ; mais je suis bien content de voir un de ces rois-là.

Les deux Bourguignons ôtent respectueusement leur chapeau en passant devant la statue de Henri le Grand, ce qui fait sourire beaucoup de gens qui passent et fait sur-le-champ accourir vers eux un marchand de chaînes de sûreté, qui les arrête et leur met ses chaînes sous le nez en criant, avec un luxe de voix et d'articulation tout à fait remarquable :

— Voyez, messieurs, chaînes de montres, chaînes de sûreté ! c'est indispensable à Paris, messieurs ; si on ne vous a pas encore volé vos montres, on vous les volera ! c'est immanquable ! à moins que vous ne preniez la précaution de vous munir d'une de ces chaînes ; alors vous pouvez braver les filous, vous pouvez vous aventurer dans les foules, vous arrêter devant les boutiques, vous mettre à la queue d'un théâtre... où l'on fait queue ! et vous êtes aussi tranquilles que si vous étiez chez vous, les pieds sur vos chenets ! et vous vous dites : Je saurai l'heure quand je voudrai, je sais sûr qu'on ne me volera pas ma montre !... je me moque des voleurs ! Ah ! messieurs, quel avantage, dans Paris, où probablement vous venez pour vous amuser et connaître les endroits publics les plus en vogue, de narguer les voleurs et de savoir l'heure qu'il est !... car si vous ne saviez pas l'heure, comment sauriez-vous quand vous devez vous rendre aux musées, aux conservatoires, aux spectacles, chez le restaurateur... et passer le Pont-des-Arts ?... Si vous ne saviez pas l'heure, comment arriveriez-vous à temps pour assister au jugement d'un grand criminel, à la course des chevaux, au départ des chemins de fer et à celui d'un ballon ? Et comment sauriez-vous l'heure si vous n'aviez pas de montre ! Mais à quoi vous servirait d'avoir une montre si on vous la volait ! Et quand on pense que l'on peut braver tous ces inconvénients avec une de ces indispensables chaînes de sûreté ! On se dit : Ce n'est pas assez de trois francs cinquante pour un si grand service ! trois francs cinquante ! pour la sûreté d'une montre et le bonheur de savoir l'heure qu'il est ! trois francs cinquante ! des chaînes en pur acier !... c'est pour rien, messieurs ; c'est une donnée, une occasion !... saisissez-la vite !... et surtout ne quittez pas cette chaîne ; que ce soit pour vous un second gilet de flanelle... dans le cas où vous en porteriez.

Les deux campagnards sont tout étourdis de la loquacité du marchand de chaînes, mais ils ne se soucient pas d'en acheter, lorsqu'un beau monsieur, mis avec l'élégance d'un lion de barrière, et dont la figure est encadrée dans un superbe collier de barbe noire, s'arrête devant le marchand, prend une des chaînes, l'examine, puis se la passe au cou, en disant :

— Oh ! je la prends ! je l'achète bien vite !... car le fait est qu'à Paris c'est indispensable ! Enfin, messieurs, croiriez-vous que voilà trois jours de suite que l'on me vole ma montre d'or !

— La même ? dit Jacquinet en ouvrant de grands yeux.

— Oh ! non, monsieur... c'était chaque jour une plus belle, et véritablement on a beau être riche, cela finit par gêner ; et cependant où étais-je allé... toujours dans des endroits honnêtes et des mieux composés... à l'estaminet, à l'Opéra-Bouffe, aux Funambules. Oh! ma foi, aujourd'hui je me suis dit : On ne m'en volera pas une quatrième! non, fichtre! j'en ai assez comme cela, et je m'achèterai une chaîne... Si je l'avais eue plus tôt cette chaîne, pour trois francs cinquante j'aurais sauvé mille écus! Ah! bigre! je les défie de m'en voler une quatrième à présent.

Et en disant ces mots, le beau monsieur fourrait dans le gousset de son gilet un des bouts de la chaîne et faisait semblant de l'attacher à quelque chose ; mais au lieu de faire voir une montre, il n'était parvenu à sortir de son gilet qu'une pièce de deux sous, ce qui expliquait parfaitement l'assurance avec laquelle ce monsieur défiait les voleurs de lui prendre une quatrième montre.

Cependant, témoin de l'achat qu'on vient de faire, Jacquinet dit à son père :

— Au fait, papa, je ferais peut-être bien d'imiter ce monsieur et d'acheter aussi une de ces chaînes pour mettre à ma montre... Vous qui n'en portez jamais, vous n'avez pas peur d'être volé ; mais si on me prenait celle que vous m'avez donnée l'an dernier pour mes étrennes, je serais joliment vexé tout de même.

— Fais comme tu voudras, mon garçon, mais alors décide-toi et dépêche-toi.

— Oui, c'est décidé, j'achète une chaîne.

— Et vous faites très-bien, monsieur, dit l'homme au collier noir ; et comme vous me paraissez ne pas avoir l'habitude de ces sortes d'objets, si vous voulez le permettre, je vais vous montrer comment cela s'attache à la montre.

Jacquinet aurait pu répondre à ce monsieur qu'il ne devait pas en savoir plus que lui, puisqu'il s'était laissé voler trois fois, et que maintenant il n'avait qu'un momeron dans son gousset ; mais un jeune homme qui arrive de son village ne fait pas toutes ces réflexions. Au lieu de cela, le fils du vigneron se confond en remercîments, puis il achète une chaîne, et tire sa montre que le beau monsieur prend aussitôt et ajuste à la chaîne avec une adresse infinie, et il la refourre ensuite dans le gousset du jeune homme en lui disant :

— Maintenant l'affaire est faite, vous n'avez plus besoin de vous occuper de votre montre ; faites-vous fouler tant que cela vous sera agréable, je veux être pendu si on vous la vole maintenant.

Et le monsieur fait un gracieux salut aux Bourguignons, et il s'éloigne lestement dans la même direction que le marchand de chaînes de sûreté qui a disparu aussi.

— Voilà ce qui s'appelle un homme poli et complaisant, dit Jacquinet en marchant de nouveau près de son père.

Celui-ci allait répondre à son fils lorsqu'un autre individu à chapeau à trois cornes et à l'épée au côté se place devant eux, et, présentant une montre d'or à Jacquinet, lui dit :

— Voilà votre propriété ; une autre fois, quand vous achèterez une chaîne de sûreté, ayez soin de l'attacher vous-même à votre montre.

Jacquinet est demeuré stupéfait ; il ne peut en croire ses yeux, mais bientôt, portant la main à son gousset, il en sort un morceau de pomme de terre crue, taillée en rond, de la grandeur exacte d'une montre et que l'on avait fourré dans sa poche, avec le bout de la chaîne de sûreté.

— Volé! s'écrie Jacquinet. J'étais volé... Comment ce beau monsieur, si obligeant...

— C'est un des plus habiles tireurs de Paris, répond le sergent de ville, mais, malheureusement pour lui, il est très-connu ; aussi il ne s'adresse guère qu'aux étrangers. Nous avions l'œil sur lui. Nous avons vu toute la scène qu'il vous a jouée, avec son compère le marchand de chaînes... nous l'avons laissé faire, afin de le prendre nanti du vol. Il est arrêté... Oh ! il n'a pas cherché à nier : il sait qu'il est connu.

Le jeune provincial a repris sa montre, et il l'attache lui-même cette fois, puis il n'est pas encore revenu de sa surprise, il ne peut surtout s'empêcher d'admirer avec quelle adresse sa montre lui avait été volée sous ses yeux...

— Encore une leçon, mon Petiot, dit le père Martinot en riant de la stupeur de son fils. Oh! je t'avais prévenu qu'à Paris il fallait t'attendre à des choses très-curieuses !... Tu voies que je ne t'en ai pas trop dit.

— Oui, papa, oui... mais ce beau monsieur, qui était un voleur ! L'autre, passe encore ; il était mal vêtu et si laid de figure... mais un élégant avec une voix mielleuse et un collier de barbe si bien coupé !... je n'en reviens pas. Mais je commence à trouver que ce n'est pas aussi bonne société dans les rues de Paris que je l'avais cru d'abord. C'est égal, la police est bien faite : on me vole ma montre d'un côté, on me la rend d'un autre, je ne suis pas trop malheureux.

— Ne t'y fie pas, mon garçon, ça ne tourne pas toujours aussi bien que ça.

Enfin le père et le fils sont arrivés au bout du Pont-Neuf, ils vont prendre sur la droite comme on le leur a dit, mais en ce moment les passants se portent avec empressement vers la place du Palais qui est devant eux, et dans cette foule empressée et curieuse, ces mots retentissent et se répètent à chaque instant :

— Ils sont au poteau... — Il y en a six. — Il y a ces deux fameux escarpes qui ont tant fait parler d'eux, cet hiver, dans Paris. — Allons les voir... — Allons les voir.

— Qu'est-ce que tout ce monde va donc voir? demande Jacquinet à son père.

— Ma foi, je ne sais pas, mon garçon, mais il me semble que nous pouvons bien le demander.

Le père Martinot s'adresse à une femme du peuple, coiffée d'un fichu sur la tête, qui traîne de chaque main un enfant de sept à huit ans et qui tâche de les faire courir, en leur disant : Venez donc ! c'est commencé... nous ne trouverons peut-être plus de place pour bien voir.

— Qu'est-ce que l'on voit donc là-bas, madame ? dit le vigneron, tout le monde se dirige par là.

— Ce qu'on voit, mon cher ami, pardi ce sont des gueux, des gredins, des voleurs, des assassins qui subissent l'exposition avant d'être envoyés aux galères... Il y en a six, mon cher monsieur... et on veut voir la figure qu'ils font, attachés là... Ce n'est pas qu'il y en a qui sont assez endurcis dans le crime pour rire et faire encore des grimaces au public qui les regarde, et au municipal qui les surveille. C'est égal, j'y mène mes mioches... C'est jeune, voyez-vous, et ça va s'imprimer dans leur tête, et quand ils seront là devant les criminels, je leur z'y dirai : Mes enfants, souvenez-vous d'une chose, c'est qu'il vaut mieux mourir plusieurs fois que de jamais être exposés comme ces hommes-là.

En achevant ces paroles, la femme du peuple tire avec force ses enfants par le bras ; cédant à l'impulsion qui leur est donnée, les mioches se mettent à courir avec leur mère, se figurant sans doute qu'ils vont assister à un spectacle amusant.

— Mon père, dit le jeune Bourguignon, puisque nous sommes si près de l'endroit où les criminels sont exposés, est-ce que nous ne pourrions pas aller les voir aussi ?

— Je ne trouve pas que ce soit un spectacle bien récréatif que celui de gens que leur infamie a conduits à subir l'exposition... Et puis je ne pense pas comme cette femme, qu'il soit nécessaire que je montre ce tableau à mes enfants pour les prémunir contre l'envie de mal faire... J'ai trop bonne opinion de vous pour cela. Mais cependant, si tu es curieux de voir ces condamnés... Au fait, comme je pense que tu m'imiteras, que tu ne viendras pas souvent à Paris, c'est une chose que tu n'auras sans doute pas occasion de revoir ; allons jeter un coup d'œil sur ces misérables.

Le père et le fils suivent la foule : ils sont bientôt sur la place du Palais. Six hommes étaient attachés au fatal poteau. Cinq avaient des figures de réprouvés et tous les dehors de la plus vile canaille ; loin de paraître repentants de leurs crimes et honteux de leur punition, deux de ces hommes riaient en échangeant des regards avec quelques-uns de leurs camarades qui probablement se trouvaient dans la foule.

Mais le sixième condamné, mis beaucoup plus proprement que les cinq autres, avait au moins la tenue de sa position ; immobile et la tête baissée sur sa poitrine, on voyait qu'il cherchait à dérober ses traits à la foule. Son regard était morne, sa figure pâle et sombre. C'était un homme de quarante ans environ, dont l'aspect annonçait qu'il n'avait pas vécu dans la même monde que les messieurs en blouses attachés à ses côtés. Il avait suivi une autre route, sans doute, et pourtant il était arrivé au même point qu'eux. Sa contenance triste et honteuse était-elle de l'hypocrisie ou du repentir ?... Il était difficile de le deviner. Mais du moins, ainsi que le dit si bien La Rochefoucauld :

L'hypocrisie est un hommage que le vice rend à la vertu.

Dégoûté de la vue des cinq condamnés qui semblent plaisanter avec leur infamie, le père Martinot a porté ses regards sur celui qui cherche, mais en vain, à cacher ses traits à la foule.

Tout à coup le brave vigneron presse le bras de son fils, en lui disant d'une voix émue :

— Ah ! sapredié !... je ne me trompe pas... C'est lui. Oh! oui... c'est bien lui... Quoiqu'il baisse sa tête, je le reconnais parfaitement.

— Comment, papa, vous connaissez un de ces gueux-là ! murmure Jacquinet.

— Oui... il n'est même pas trop changé depuis douze ans... si ce n'est qu'il a moins de cheveux... Eh bien! on dise encore qu'il n'y a pas une Providence !... Vois-tu, mon Petiot, cet homme, mieux mis que les autres... mais attaché... exposé comme eux, cet homme qui semble au moins comprendre sa honte... c'est ce Dubernard, dont je te parlais tout à l'heure... qui, il y a douze ans, vivait dans le luxe, dans le faste.

— Et qui a nié vous devoir de l'argent ?

— Justement.

— Oh ! ben alors ! c'est bien fait qu'il soit là !... il n'a que ce qu'i mérite. Oh ! oui, c'est bien fait.

— C'est égal, ça me fait mal, à moi, de voir là cet homme que j'ai connu... que j'ai reçu chez moi... Ah ! quoiqu'il m'ait volé... ça me serre le cœur. Viens, Jacquinet, viens, allons-nous-en... J'ai assez de ce spectacle.

Le jeune Bourguignon suit son père. Tous deux quittent la place du Palais pour se rendre à la Préfecture. Mais le long du chemin le vigneron est tout soucieux et de temps à autre il répète :

— C'est singulier, pourtant!... au bout de douze ans... il était si brillant à cette époque-là!... et c'est là ce qui a tourné la tête à mon fils Constant... Mais je lui ai pourtant dit alors qu'il ne fallait pas envier la position de ce Dubernard. Et... j'avais bien raison!... nous en avons la preuve aujourd'hui!

III. — LE CABINET DE M. LE CHEF DE LA POLICE DE SURETÉ.

Le cabinet du chef de la police de sureté est situé dans les bâtiments de la Préfecture, non loin des bureaux où travaillent les autres employés. On arrive sans peine jusqu'à cet homme qui sait mieux que tout autre ce qui se passe et ce qui se fait dans Paris. Seulement, comme il y a toujours une foule de plaignants, de réclamants, de gens volés, attrapés, dupés, qui vont s'adresser là pour tâcher de se faire rendre ce qu'on leur a pris, il faut souvent attendre son tour avant d'avoir une audience.

Le vigneron et son fils attendaient depuis quelque temps, lorsqu'enfin un garçon de bureau leur annonce que leur tour est venu, et les introduit près du chef de la police.

Les deux Bourguignons éprouvaient de l'embarras et presque de la crainte en se présentant devant un personnage qui, leur avait-on dit, occupait un des emplois les plus importants de Paris; mais ils se sentent bientôt rassurés en se trouvant devant un homme fort poli qui les met tout de suite à leur aise, en les invitant seulement à lui expliquer leur affaire le plus succinctement possible.

Jacquinet pousse le père Martinot, qui prend la parole.

— Monsieur, nous sommes Bourguignons... de Saint-Georges, un joli petit village à une lieue d'Auxerre. Je me nomme Claude-Antoine Martinot; j'ai des terres plantées en vignes... Je ne suis pas riche ; mais enfin, en travaillant j'ai de quoi vivre et élever ma famille... Je suis veuf; j'ai perdu ma pauvre femme qui me rendait bien heureux!... Elle n'était pourtant pas vieille quand elle est morte.

Le chef de la police interrompt le père Martinot en lui disant, avec beaucoup de politesse :

— Pardon, mais vous vous éloignez du but de votre visite...

— Ah! c'est juste... excusez, monsieur, m'y voilà : je n'ai que deux enfants, deux fils, celui-ci, que vous voyez avec moi, et qui va avoir vingt ans, est le plus jeune ; mais j'en ai un autre... et c'est à ce sujet que je viens vous consulter... Mon autre fils a vingt-sept ans... et depuis sept ans il est à Paris, où il a voulu venir pour faire son droit et être avocat... parce qu'il prétend que ça mène à tout ; un avocat devient député, puis pair de France, puis ministre... enfin on ne sait pas où cela peut s'arrêter. Mon fils Constant... c'est le nom de mon aîné, est donc venu se fixer à Paris; je lui ai payé une pension... Il fallait encore souvent lui envoyer de l'argent pour des dépenses imprévues, et il y en avait souvent de ces dépenses-là ; mais je me disais : Pour devenir un jour notaire il faut bien que l'on fasse quelques frais. Du reste, Constant en profitait, il venait tous les ans au pays nous voir pendant les vacances, et dame ! ce n'était plus un paysan!... c'était un beau monsieur de la ville, qui avait de belles manières! et qui parlait! ah ! comme un avocat ! je crois que c'est tout dire.

— Oh ! oui, murmure Jacquinet, mon frère parlait quelquefois un quart d'heure de suite sans s'arrêter; je ne comprenais pas trop ce qu'il disait; mais c'était fièrement beau : c'était comme de l'imprimé, quoi !

— Continuez, monsieur.

Le vigneron salue, s'essuie le front, et reprend :

— Cependant, depuis trois ans, mon fils Constant a cessé de venir en Bourgogne; des affaires... des obstacles, à ce qu'il m'écrivait; puis il promettait toujours que ce serait pour l'année suivante. Enfin, monsieur, depuis six mois j'ai cessé tout à fait de recevoir des nouvelles de mon enfant. Cela m'a inquiété, d'autant plus que je venais de lui envoyer une somme assez forte... parce qu'il avait répondu pour un de ses amis. Ennuyé de ne plus recevoir de lettres de Constant, je me suis décidé à partir pour Paris afin de savoir s'il serait arrivé un malheur à mon fils; j'allais avec moi mon autre garçon, Jacquinet, que voilà, et qui n'avait jamais vu Paris... Nous sommes arrivés avant-hier au soir; nous avons été descendus au *Plat d'étain*, rue Saint-Martin; puis nous avons été à la demeure de Constant, rue Montmartre; mais là on nous a dit, que depuis plus d'un an, mon fils avait quitté son logement et qu'il n'avait pas donné son adresse; par exemple, il passait de temps à autre savoir s'il était venu des lettres pour lui. Vous concevez, monsieur, j'ai été contrarié de ne plus savoir où loge mon fils... et ce Paris est si grand. Hier, nous avons été voir quelques amis du pays qui sont établis à Paris ; mais aucun d'eux n'a pu me donner des nouvelles de Constant qui, à ce qu'il paraît, n'allait jamais les voir... probablement parce qu'il n'avait pas le temps. Je ne savais plus que faire pour retrouver mon fils, lorsqu'un marchand de vin, avec qui je suis en relations d'affaires, m'a conseillé de venir vous trouver et de vous conter tout cela, parce que vous pourriez mieux que tout autre me mettre sur les traces de mon fils. J'ai suivi ce conseil, monsieur, et nous voilà. Ayez la complaisance de me donner l'adresse de mon fils, que j'allions vite l'embrasser, et je vous en serai bien obligé, monsieur.

Le chef de la police sourit en répondant :

— Les choses ne vont pas aussi vite que cela, malheureusement, et tout ce que vous m'avez dit est bien vague. En dernier lieu que faisait votre fils à Paris?

— Il étudiait, il travaillait... oh ! il paraît qu'il travaillait beaucoup.

— Quand vous lui écriviez, lui donniez-vous une qualité, une profession?

— Certainement, j'écrivais toujours à M. Constant Martinot, avocat; car il était avocat depuis trois ans, n'est-ce pas, Jacquinet ?

— Oui, oui, certainement!

— Votre fils s'est fait avocat ; il a été reçu.

— Oui, il nous a écrit qu'il avait même été très-bien reçu, reprend le jeune Bourguignon ; c'est sans doute pour cela que, depuis trois ans, il était si occupé et ne pouvait pas venir au pays.

Après avoir été consulter divers papiers, le personnage que les Bourguignons sont venus trouver dit au père Martinot :

— Votre fils vous a trompé, il n'est pas sur le tableau des avocats.

Le vigneron pâlit en balbutiant: Il n'est pas... comment, monsieur... vous croyez qu'il n'est pas avocat... Cependant il m'a bien affirmé qu'il était reçu... et que ça lui avait coûté mille francs pour son entrée au corps; et je lui ai envoyé tout de suite les mille francs.

— Il n'est pas avocat. Où lui écriviez-vous à Paris?

— Rue Montmartre, numéro 171.

— Le signalement de votre fils?

— Son signalement... Ah! oui, son portrait... je comprends : une belle taille... pas tout à fait si grand que Jacquinet, mais guère moins ; un joli garçon ! bien découpé... je veux dire bien bâti, brun de cheveux et de barbe, car il porte une très-forte barbe ; mais par exemple, il n'a pas de moustaches; des yeux bruns... pas très-grands, mais qui brillent comme des étincelles ; un nez bien fait, un peu fort, dans le genre de celui de Jacquinet ; une bouche petite, un peu pincée... une bouche malicieuse enfin, et de belles dents ! oh ! de très-belles dents; quant à la fraîcheur de son teint, il l'avait un peu perdue... mais l'air de Paris est si mauvais ! Voilà son physique, et je vous réponds que c'est un joli garçon... Ah ! j'oubliais : des sourcils épais et très-rapprochés, le front un peu bas, vu qu'il a beaucoup de cheveux.

— Aucun signe particulier?

— Des signes, ma foi non, je ne lui connais pas de signes !

Jacquinet avance sa tête, en murmurant d'un air timide :

— Ah ! si, papa ! la dernière fois que mon frère est venu nous voir au pays, il portait une petite canne noire avec une tête ciselée en argent.

— Eh ! que c'est simple, Petiot ; une canne c'est pas un signe ça !...

— Ah ! pardon... je croyais...

— Et l'âge de votre fils ?

— Vingt-sept ans, du mois dernier.

— Vous ne lui connaissez pas de maîtresse à Paris ?

Le père Martinot roule des yeux effarés, tandis que Jacquinet rougit et baisse les siens. Cependant le vigneron se décide à répondre :

— Vous comprenez bien, monsieur, que si mon fils a des allures, ce n'est pas moi qu'il a pris pour son confident ! Sans doute, il y a bien à parier que ce garçon... qui a vingt-sept ans... dame! il est bien certain que... les garçons ce n'est pas comme les filles ; mais, du reste, je ne lui connais aucun sentiment.

— Tant pis, car c'est ce qui aurait pu le mieux nous mettre sur la voie. Repassez dans quelques jours, messieurs, et je vous dirai si j'ai appris quelque chose sur la personne que vous cherchez.

— Quoi ! monsieur, s'écrie le vigneron, est-ce que vous n'êtes pas sûr de me trouver mon fils ?

— Non, monsieur, car il n'y a aucun fait grave, aucun événement spécial qui se rattache à votre fils ; un jeune homme qui a changé de logement et n'a pas laissé son adresse, n'est pas d'une très-grande importance ; s'il s'agissait d'un assassin, d'un voleur !... d'un ravisseur... oh ! alors nous serions bien vite sur ses traces.

— Un assassin! un voleur! comme vous y allez! Oh ! non, Dieu merci ! il ne s'agit de tout ça avec mon fils ! répond le vigneron en relevant la tête avec fierté.

— Alors, monsieur, nous aurons peut-être beaucoup de peine à trouver M. Constant Martinot ; mais enfin, revenez dans quelques jours et vous saurez le résultat de mes recherches.

Le Bourguignon et son fils venaient à peine de quitter le cabinet du chef de la police, lorsqu'un monsieur y entre à son tour.

C'est un individu mis avec une certaine recherche, quoique d'un âge mûr, une tête couverte d'une fort jolie perruque blonde, bien faite, bien adaptée et qui paraît assez bien une raie de chair; là-dessous une figure ronde, très-chiffonnée, mais qui a dû être fort agréable ; des yeux vert gris, à fleur de tête, qui ont une expression de satisfaction et de gracieuseté qui frise la suffisance. Enfin un petit corps, un ventre qui commence à bomber, quoiqu'on le comprime fortement dans la ceinture du pantalon, et **un joli petit pied dans des** bottes vernies. Tel est le personnage qui est entré dans le cabinet d'où sortent les deux Bourguignons.

Ce monsieur se jette sur un siège et s'essuie le front, en s'écriant :

— Monsieur, vous voyez un homme volé!... Ah! c'est bien désagréable, et il faut une circonstance comme celle-là pour m'amener devant vous!... moi qui ne puis pas souffrir me déranger, qui ai mes heures de sortie... et qui devrais être maintenant chez une fort jolie dame qui m'honore de ses faveurs... toutes particulières. Ah! que c'est donc désagréable d'être volé! cela change toutes mes habitudes!... S'il ne s'était agi que de quelques cents francs, je ne me serais pas dérangé... mais douze mille francs, ça vaut la peine qu'on se remue un peu... Ah! que c'est contrariant!

— Au fait, monsieur, s'il vous plait, dit le chef de la police au nouveau venu.

— Ah! c'est juste; avec vous autres, messieurs, il faut aller au but; vous n'aimez pas les périphrases. Je vais donc vous conter ma petite histoire, monsieur : je me nomme Fortincourt, je ne fais rien; mes parents m'ont laissé une assez jolie fortune, huit mille francs de rente environ... avec cela on peut bouloter. Quand je dis que je ne fais rien, cependant je fais erreur; plusieurs fois j'ai essayé des spéculations, parce qu'enfin je me disais : Au lieu de huit mille francs de rente si je m'en faisais seize... je serais plus à mon aise... je pourrais me donner le cabriolet ou le petit quatre-roues... c'est gentil un cabriolet à quatre roues... c'est à la mode aujourd'hui.

— Au fait, monsieur, je vous en prie.

— Ah! m'y voilà ! c'est que j'ai si peu l'habitude d'être volé. Qu'est-ce que je disais donc... je ne m'en souviens plus, mais ça ne fait rien. Ah! oui, j'ai essayé de me lancer dans les affaires, je n'y ai jamais réussi... j'y ai constamment perdu de l'argent!... une fois dans des eaux minérales, une autre fois dans un remède qui devait préserver tous les enfants de la coqueluche... enfin j'ai même mis des fonds dans une entreprise de vidanges parfumées : ordinairement ces choses-là rapportent toujours beaucoup. Eh bien! moi, j'y ai perdu; et cependant c'était une jolie idée, les inodores parfumés! Vous me direz qu'alors ce n'était plus des inodores. Eh bien! on a préféré l'ancien système. Ma foi, cela m'avait dégoûté des affaires; au lieu d'augmenter mon revenu, je le voyais diminuer à vue d'œil, et je m'étais dit : Restons tranquille, et faisons des économies, si c'est possible... et c'est bien difficile quand on est lancé dans un certain monde, et heureux près des femmes!...

— Votre vol, monsieur?

— J'y arrive, oh! j'y arrive tout doucement. Or donc, il y a quelques jours, un de mes amis... c'est-à-dire je ne le connais que depuis peu de temps, mais un jeune homme du meilleur ton... habillé comme un ange... une tournure... dans le genre de la mienne... Tout cela devait me prévenir en sa faveur. Nous nous étions trouvés chez des dames fort aimables. M. de Sainte-Lucie, c'est le nom de ce charmant cavalier, m'avait plu au premier abord; de son côté, il avait paru séduit par mon esprit, mes manières...

— Et il vous a volé?

— J'y arrive, monsieur, j'y arrive. Au bout de quinze jours nous étions inséparables. Il venait pas chez lui... parce qu'il n'y était jamais; mais nous courions ensemble les spectacles, les fêtes, les restaurants; il était fort à son aise et faisait d'excellentes affaires à la Bourse. Plus d'une fois il m'avait dit : Je suis très-heureux avec les fonds publics et les chemins de fer... Je ne perds jamais de l'argent... Quand vous voudrez, je vous en ferai gagner. Moi, cela me tentait bien un peu; mais je n'osais pas me risquer... J'avais été si étrillé.

— Au fait, de grâce, monsieur.

— Ah! c'est juste... Où en étais-je donc... Ah! ça ne fait rien. Bref, il y a cinq jours, Sainte-Lucie vint chez moi d'un air radieux, en s'écriant : Je viens encore de gagner vingt-cinq mille francs sur les chemins de fer... Je réaliserai demain. C'est ravissant. Mais il me manque douze mille francs pour acheter d'autres actions aujourd'hui; c'est une occasion que je ne veux pas laisser échapper; la hausse est imminente. Pouvez-vous me prêter douze mille francs jusqu'à demain? vous serez bien gentil. Moi, j'avais malheureusement de l'argent en caisse... des économies d'un semestre. Je prête avec la plus grande confiance...

— Et vous n'avez pas revu ce monsieur?

— C'est cela même. Étonné de ne pas avoir de ses nouvelles le lendemain, je me rends à son domicile... à l'adresse qu'il m'avait donnée... rue Blanche, numéro 6. Je demande : Monsieur de Sainte-Lucie? Et le concierge de la maison me regarde d'un air fort ridicule, puis me répond : Je ne connais pas ça. Vous jugez de ma surprise!; mon élégant ami m'avait donné une fausse adresse, ou j'avais mal entendu. Je me dis: Au lieu de rue Blanche, c'est peut-être rue Verte; on peut se tromper de couleur. Je vais rue Verte, numéro 6. Point de Sainte-Lucie. J'essaie de voir rue Bleue; je n'y suis pas plus heureux. Je reviens chez moi, espérant que mon aimable ami sera venu en mon absence. Mais non. Il ne reparait pas. Je vais dans la maison où je le rencontrais quelquefois; il n'y vient plus. Je demande si on ne sait son adresse; une jeune actrice... car il fréquentait beaucoup d'actrices, a la bonté de me répondre qu'elle croit que Sainte-Lucie n'a point de demeure fixe, vu qu'il perche tantôt chez l'une, tantôt chez l'autre... Vous comprenez! Fichtre, me dis-je, je commence à croire que je suis fait de douze mille francs. Bref, cinq jours s'étant écoulés depuis que j'ai eu la sottise de confier mes fonds à ce cher ami... qui est apparemment un fripon, je me suis décidé à venir vous trouver pour que vous ayez la bonté de me dénicher mon voleur.

Le chef de la police de sûreté a écouté avec patience le récit, un peu prolixe, de M. Fortincourt, qui, après avoir tout dit, s'essuie le front comme un homme qui vient de remplir une fatigante corvée.

— Vous avez attendu un peu longtemps pour venir me trouver, dit le monsieur de la Préfecture. Depuis cinq jours, votre homme a eu tout le temps de quitter Paris et même la France. Pourquoi n'avez-vous pas formé votre plainte plus tôt?

— Eh! mon Dieu!... c'est si ennuyeux tout cela... Courir... se déranger! C'est ma mort! Et puis, je l'avouerai, je ne pouvais pas me persuader que ce Sainte-Lucie... qui avait toujours des habits si bien faits, fût un fripon; je me disais : Il va arriver avec ma somme, c'est une plaisanterie qu'il veut me faire... Elle est mauvaise!... mais ce ne doit être qu'une plaisanterie... Et... voilà pourquoi j'ai attendu jusqu'à ce moment.

— Le signalement de votre homme, s'il vous plaît?

— Oh! je vais vous le dépeindre trait pour trait. C'est un peu plus jeune que moi, de vingt-cinq à vingt-huit ans, je suppose.

— Beaucoup plus jeune que vous, alors.

M. Fortincourt fait semblant de ne pas entendre et continue :

— D'une jolie taille... il est plus grand que moi.... Oui, oh! il est plus grand! Il est svelte, élancé. C'est un brun, qui a de jolies moustaches noires et un léger collier de barbe, rien qu'un filet... un encadrement. Figure longue, pâle, des yeux bruns, très-vifs, très-brillants... Un nez ordinaire, un peu fort... Petite bouche, belles dents... Oh! le gaillard a de superbes dents. Le front bas, beaucoup de cheveux qui sont noirs et bien peignés, des sourcils épais... une très-forte paire de sourcils; voilà mon homme, il me semble que vous devez le voir d'ici...

— Lui connaissez-vous quelques liaisons de femme?

— Ma foi, non... Il les courtisait toutes, à ce qu'il disait. Je crois qu'il a été fort bien avec plusieurs actrices des boulevards, mais je n'en suis pas certain.

— Et quelle qualité prenait-il?

— Celle de viveur, de bon enfant, de lion, de dandy, si vous voulez... Pas faisant des affaires à la Bourse... Quant à sa famille... il m'avait dit... Qu'est-ce qu'il m'avait donc dit? Je ne m'en souviens plus, mais ça ne fait rien... Ah! je crois qu'il était noble.

— Il suffit, monsieur. Repassez ici dans quelques jours, je tâcherai de vous donner des nouvelles de votre homme.

— Ah! il faudra que je repasse! Comme c'est fatigant et ennuyeux tout cela! Enfin, si du moins je pouvais rentrer dans mes fonds! Allons, je repasserai. Bonjour, monsieur, je vous recommande mon affaire, je reviendrai dans deux ou trois jours... A moins que ce diable de Sainte-Lucie ne m'ait rapporté mon argent d'ici là... Mais ce n'est guère probable, n'est-ce pas?

— Il est certain que ce n'est pas dans les habitudes de ces messieurs.

M. Fortincourt se lève, salue gracieusement le personnage auquel il se recommande, puis s'éloigne en marchant un peu lourdement, mais en tâchant de donner à sa tournure un certain balancement qui remplace avantageusement ce qui lui manque en légèreté.

Depuis quelques instants, le chef de la police parcourait ses papiers et les derniers rapports qu'on venait de lui faire, lorsqu'un nouveau personnage entre dans son cabinet avec précipitation, et rejette brusquement la porte derrière lui.

C'est un homme de cinquante-cinq ans environ, grand, maigre, se tenant bien droit, la tête haute, la démarche fière. On devine un ancien militaire ; celui-ci est porteur d'une figure sévère ; ses traits, fortement caractérisés, ont conservé l'habitude du commandement. C'est une belle physionomie de guerrier, à laquelle les cheveux gris n'ont rien ôté de son aspect martial, sous ses sourcils épais, brillent des yeux qui imposent; son front pâle et dégarni porte sur la partie gauche une longue cicatrice provenant d'un coup de sabre.

Le ruban de la Légion d'honneur est attaché à la boutonnière de sa redingote bleue : des bottes bien cirées, un col noir, un chapeau rond : c'est le costume ordinaire de l'ancien militaire lorsqu'il est rentré dans le civil.

En entrant dans le cabinet où tant de personnes vont porter leurs plaintes, ce monsieur paraît vivement agité et en proie à une exaspération dont l'expression se lit sur son visage pâle et dans ses yeux qui lancent des éclairs. Sans attendre qu'on l'interroge, il a fait bientôt connaître le but de sa démarche.

— Monsieur, ma femme me trahit... Elle m'a quitté... Elle a suivi un indigne séducteur... Je le tuerai, le misérable!... Je les tuerai tous deux... Oui, il me faut leur sang, tout leur sang!... Ce n'est pas trop pour si indigne outrage.

— Monsieur, veuillez tâcher de vous calmer... La fureur ne remédie à rien... et elle empêche souvent de prendre les mesures les plus convenables.

— Me calmer!... lorsque je suis trompé dans mes plus chères affections! Une femme que j'adorais!... Oh! oui, j'aurais donné ma vie pour elle! Depuis cinq ans que nous étions unis, avais-je jamais refusé de contenter un de ses caprices, une de ses fantaisies? Elle disposait de tout, elle commandait... J'étais heureux de lui obéir... Et, pour prix de tant d'amour, être trahi, déshonoré, abandonné!... Ah! Valérie! Valérie!...

L'époux outragé s'est laissé aller sur un siège, il porte son mouchoir sur ses yeux; mais bientôt, rougissant de sa faiblesse, il se relève et s'écrie :

— Prenez vos notes, monsieur. Ma femme a vingt-quatre ans... Elle ne les paraît pas... C'est une nature frêle, mignonne, de ces êtres qu'un souffle semble pouvoir renverser, une taille moyenne, très-mince, sans être maigre, une tournure fort distinguée. Un pied ravissant. Elle est jolie... très-jolie. Cheveux châtain clair, le front haut et modeste, oh! très-modeste même!... Des yeux bleus fort doux... qu'elle tient souvent baissés... Il est impossible d'avoir un air et une tenue plus décente... À son pensionnat, elle avait toujours des prix de sagesse... de bonne conduite... Enfin, elle rougit très-facilement. Oui, monsieur, elle rougit encore. Fiez-vous donc à tout cela!

L'ancien militaire marche à grands pas dans le cabinet, déchirant ses gants, déchirant son mouchoir; sa colère a besoin de s'assouvir sur quelque chose. Au bout d'un moment, il reprend :

— Vous avez mis, monsieur, la tête droit, bien fait, narines un peu ouvertes, bouche un peu grande, mais agréable, fine, spirituelle... des dents passables... elle rit sans les montrer... le teint légèrement animé, les sourcils très-minces, à peine dessinés... une voix douce, enfantine même... une voix que j'aimais tant à entendre!...

Le monsieur s'arrête encore; pendant quelques instants, il tient sa figure cachée dans ses deux mains; il ne peut plus parler. Le chef de la police respecte sa douleur et attend qu'il revienne à lui. Enfin l'ancien militaire s'essuie le visage avec son mouchoir, et en murmurant d'une voix étouffée :

— Oh! ce sera les dernières larmes que je verserai, je le jure! mais on s'habitue pas tout de suite à la trahison... on ne perd pas sans regret sa félicité présente et tout son bonheur à venir. Pourquoi ne suis-je pas mort à l'armée... j'aurais fini alors... au sein de la gloire... estimé de mes chefs, aimé de mes camarades, ce bonheur me suffisait!... je ne savais pas alors qu'une femme peut nous tourner la tête!... nous rendre fous!... nous faire connaître des délices, des jouissances, puis nous torturer le cœur, nous dévouer à tous les tourments de l'enfer!... Ah! c'est affreux! Mais je me suis marié à cinquante ans, voilà la grande faute! marié à une demoiselle qui n'en avait que dix-neuf... trente et un ans de différence!... trente et un ans! imbécile que j'étais! et j'ai pensé qu'on pourrait m'aimer... qu'on me serait fidèle! où diable était donc ma raison!... Mais les beaux yeux de Valérie me l'avaient fait perdre;

puis c'était une demoiselle si bien élevée par une tante prude, sévère, qui ne l'avait jamais perdue de vue. Je ne sais quel démon me donna l'idée de ce mariage! Bref, on m'agréa, et j'en fus tout étonné. Je ne m'étais pas posé en soupirant; j'avais dit franchement à la jeune fille : « Mademoiselle, je pourrais être votre père, c'est donc un peu hardi à moi de me présenter comme un mari. J'ai cinquante ans et plusieurs cicatrices honorables... mais qui ne font pas de moi un Adonis. Je suis brusque, pas très-aimable; mais je vous laisserai maîtresse de tout ordonner chez moi, pourvu que vous m'aimiez un peu. Voyez si cela vous convient; faites vos réflexions, regardez-y à deux fois, car le mariage n'est point une plaisanterie, et quand on a fait un serment il faut le tenir; c'est mon habitude à moi. » Valérie me tendit la main en me répondant qu'elle serait flattée d'être ma femme... flattée... elle a dit cela; ce sont ses propres paroles. Que diable!... je ne pouvais plus reculer, et, d'ailleurs, ce n'a jamais été mon habitude... J'épousai. Valérie avait une quinzaine de mille francs de dot; moi, j'ai six mille francs de revenu, y compris ma pension de retraite, et mademoiselle Valérie Dubourget devint madame Giroval, et pendant près de cinq ans, monsieur, je n'eus qu'à me féliciter d'avoir contracté cette union. Ma femme me rendait heureux, très-heureux. Elle aimait la toilette, le spectacle; de ce côté, je m'empressais de satisfaire ses désirs; mais pas un soupçon de jalousie ne troublait mon repos, car la conduite de Valérie ne me donnait jamais occasion d'en avoir. Il faut dire aussi que je ne recevais que d'anciens camarades, des amis qui avaient servi avec moi, et je me trouvais toujours être le plus jeune. Cependant, il y avait parmi eux des gaillards encore verts et fort aimables; mais quand ils se permettaient d'adresser à ma femme quelques mots galants, ou de conter devant elle quelques historiette du régiment, il fallait voir comme Valérie rougissait, baissait les yeux et semblait confuse! Mes amis me disaient : « Peste! major Giroval, ta femme n'entend pas la plaisanterie! il ne ferait pas bon de s'y frotter avec elle. » Oh!

Eh bien! qu'est-ce que tu as donc, Petiot?

oui, j'étais bien heureux et fier de ma compagne! Une seule chose manquait à mon bonheur : c'était un enfant, et le ciel nous en refusait. Oh! combien je lui rends grâce aujourd'hui de n'avoir point exaucé mes prières. Si j'avais un enfant maintenant, il serait donc condamné à ne pouvoir jamais prononcer sans rougir le nom de sa mère! et puis... un enfant, cela gênerait ma vengeance, cela pourrait arrêter mon bras... Mais je n'en ai pas... j'ai le droit d'être sans pitié comme on l'a été pour moi... Enfin, j'ai le droit de disposer de ma vie; elle n'est plus nécessaire à personne.

Le major Giroval se tait quelques instants; il passe sa main sur son front comme pour chercher à éclaircir ses idées, à rappeler ses souvenirs; ses yeux deviennent plus sombres, ses traits se contractent lorsqu'il reprend :

— Maintenant, me voici arrivé à l'endroit le plus pénible de mon récit... Il y a trois mois, pas davantage... c'était vers la fin du Carnaval, je n'avais pu me refuser à conduire ma femme à un bal que donnait un banquier, ancien ami de sa tante. Il y avait foule,

Ma femme était constamment invitée pour la danse ; on la conduisant au bal j'eusse été ridicule de lui refuser ce plaisir ; seulement, je remarquai un jeune cavalier qui l'invitait fort souvent. C'était un grand jeune homme ayant cette tenue, ces manières à la mode maintenant parmi les beaux du jour...

— Quel est donc ce monsieur ? dis-je à un de mes voisins, pendant que le même jeune homme dansait encore avec Valérie.

— Celui qui danse avec madame votre épouse ?

— Précisément.

— C'est M. de Fridzberg.

— Et qu'est-ce que c'est que M. de Fridzberg ? un gentilhomme allemand ?

— Oui, c'est-à-dire que je ne crois pas qu'il soit Allemand, lui, mais il est de famille prussienne...

— Le fait est qu'il a plutôt l'air d'un Français, et sa figure n'a rien d'un étranger ; et que fait-il, ce M. de Fridzberg ?

— Mais rien, il paraît qu'il est fort riche ; il s'amuse, il court les bals, les spectacles : c'est un roué, un don Juan ; on assure qu'aucune femme ne peut lui résister.

« Je trouvai la réflexion de mon voisin fort déplacée, mais je ne laissai pas voir ; je me contentai de suivre de l'œil ce M. de Fridzberg, qui déjà me déplaisait infiniment. Je remarquai qu'il causait beaucoup avec ma femme, et, lorsque la contredanse fut terminée, je ne manquai pas de lui demander ce que son danseur lui avait conté. Elle me répondit d'un air fort naïf qu'elle ne s'en souvenait plus. Je crus qu'elle avait fait peu attention aux galanteries de ce monsieur ; mais comme il continuait de la faire danser très-fréquemment, j'emmenai ma femme, qui se montra fort contrariée de quitter déjà le bal. A dater de ce jour, nous ne fûmes plus aussi bien d'accord.

« Je me flattais d'être débarrassé à tout jamais de la société du gentilhomme prussien ; mais deux jours après le bal, nous étions au spectacle, où ma femme avait voulu que je la conduisisse. Tout à coup, dans une loge qui touche à la nôtre, que vois-je entrer ?... le monsieur qui avait fait si souvent danser ma femme. Je sentis un tremblement s'emparer de tout mon être ; quelque chose me disait que cet homme ne se trouvait pas là par hasard et qu'il y était venu pour ma femme. M. de Fridzberg me salua ainsi que Valérie, et nous étions déjà d'anciennes connaissances ; il causa du bal, me fit une foule d'avances ; je compris qu'il désirait être reçu chez moi ; mais je lui répondis très-froidement et de manière à lui ôter tout espoir de ce côté. De retour à la maison, ma femme prétendit que j'avais été impoli avec ce monsieur, et que cela était ridicule. Moi je lui dis que je trouvais fort mauvais qu'elle eût eu l'air si aimable avec lui. Nous eûmes ce soir-là notre première querelle.

« Pendant quelque temps, monsieur, je ne pouvais pas conduire ma femme à la promenade, au spectacle, au concert, sans être certain d'y rencontrer M. de Fridzberg. J'avais peine à contenir ma colère, et je n'attendais qu'une occasion pour la laisser éclater, lorsque tout à coup le gentilhomme prussien ne se montra plus. Nous cessâmes de le rencontrer. Je me sentais renaître. Ma femme n'était plus la même avec moi ; son humeur était devenue fantasque ; elle était capricieuse, boudeuse ; elle refusait souvent de sortir avec moi, se plaignait de malaise, de migraine, de maux de nerfs, choses qu'elle ne semblait pas connaître auparavant. Je remarquai aussi qu'elle prolongeait bien longtemps ses absences lorsqu'elle allait faire des emplettes ou se commander un chapeau. Mes soupçons revinrent. Mais épier ma femme, la suivre, c'est ce que je regardais comme indigne d'elle et de moi. Je tâchai de redoubler de soins, d'attentions pour elle, espérant encore que notre bonheur passé renaîtrait. Je ne m'absentai presque pas pour tenir fidèle compagnie à Valérie, et je ne vis pas qu'elle en fût plus aimable.

« Hier, sur les deux heures de l'après-midi, une espèce de commissionnaire vint chez moi, et me dit : Le colonel Durieux, qui habite à Montmorency, sachant que je venais à Paris, m'a chargé de dire à M. le major Giroval qu'il l'attend à dîner aujourd'hui à Montmorency, où il a plusieurs de leurs anciens camarades.

« Je savais qu'en effet le colonel Durieux habitait Montmorency, où plusieurs fois il m'avait fait promettre d'aller dîner avec lui ; je ne trouvai donc rien d'extraordinaire dans ce message verbal, car le vieux colonel détestait écrire. Seulement, il me sembla qu'il aurait pu m'avertir un peu plus tôt. « C'est ma faute, me dit l'homme de Montmorency, je devais être chez vous dès le matin ; mais j'ai rencontré des amis et je me suis un peu amusé en route. »

« Je remerciai cet homme, qui partit. J'étais indécis, et je ne savais si je devais me rendre à l'invitation du colonel. Mener ma femme avec moi était impossible ; il s'agissait d'un dîner d'anciens troupiers, où la présence d'une femme eût été déplacée. La laisser à Paris me contrariait, et, d'un autre côté, refuser l'invitation d'un de mes anciens amis, c'était lui faire de la peine et le fâcher avec moi. Je me dis que ma jalousie

Un marchand de chaînes de sûreté les arrête et leur met les chaînes sous le nez.

me rendrait ridicule, qu'elle me ferait perdre l'amour de ma femme et l'amitié de mes vieux camarades. Je partis pour Montmorency. Malheureusement, il n'y a point encore de chemin de fer pour aller là, et l'on est près de deux heures en route. Oh ! les infâmes ! ils avaient tout calculé. Arrivé à Montmorency, je cours chez mon ami. Le colonel est enchanté de me voir ; mais il ne m'attendait pas, il ne m'a point envoyé de messager. Je ne lui laisse pas le temps de m'en dire davantage ; je m'arrête pas une minute chez lui, je repars sans répondre aux pressantes questions de Durieux. Aucune voiture n'était encore prête à partir pour Paris... A force d'argent, je trouve une espèce de cabriolet qui m'emmène... Je ne respire pas pendant le chemin !... Enfin, je suis à la barrière ; je prends une voiture, j'arrive chez moi. Ma femme n'y est pas ; elle a éloigné sa bonne, en lui donnant de nombreuses commissions, puis elle est montée dans un fiacre avec quelques cartons et paquets. Je cours à la chambre de Valérie ; le désordre qui y règne annonce qu'on s'est à peine donné le temps de faire quelques paquets, d'emporter des robes, des bijoux... Je ne pouvais croire encore au coup qui me frappait; je me disais: Elle va revenir ! il est impossible qu'elle ait fui sa maison, qu'elle m'ait abandonné; ce serait se perdre pour jamais aux yeux du monde !... Mais en allant et venant dans l'appartement, j'aperçus enfin une lettre à mon adresse, placée sur une cheminée. L'écriture était de ma femme. J'ouvris en tremblant... La voici cette lettre indigne, qu'elle n'a pas rougi de m'écrire !... La voici. Oh! elle n'est pas longue. »

Tirant de son sein un papier tout chiffonné, tout froissé, le major Giroval le tient d'une main tremblante et lit en pesant sur tous les mots :

« Ne m'attendez plus, je vous quitte ; nous ne pouvons plus être « heureux ensemble, et je suis encore trop jeune pour consentir à « m'ennuyer toute ma vie.

« VALÉRIE. »

« Elle n'a pas craint de signer sa honte... mon déshonneur... Elle est trop jeune pour s'ennuyer longtemps avec moi !... Oh ! sa vie sera moins longue qu'elle ne le pense !... Après avoir lu cela, monsieur, je sortis, je courus longtemps... je ne sais où... je ne savais plus ce que je faisais. Un vieux camarade me trouva assis sur un banc de pierre auprès de la maison où elle demeurait avant d'être ma femme !... Il me parla, me fit revenir à moi... Je songeai alors au misérable ! Ah ! c'était lui qu'il fallait découvrir... c'était sur les traces qu'il fallait voler !... Mais comment savoir l'adresse de cet homme, où, du reste, il ne devait plus être. Je me rappelai ce bal fatal !... le banquier... Je courus chez celui qui avait donné cette fête. Je le suppliai de me donner quelques renseignements sur ce M. de Fridzberg que j'avais vu chez lui. C'était à peine s'il savait de qui je voulais lui parler !... Il reçoit tant de monde à ses fêtes, et tant de gens qu'il ne connaît même pas ! Enfin, il me dit que M. de Fridzberg lui avait été présenté par le fils d'un de ses correspondants ; il me donna l'adresse ; je courus chez ce jeune homme... Il était parti depuis un mois pour l'Italie. Aucun espoir... Il n'y a que vous, monsieur, qui puissiez me faire retrouver les fugitifs. Ils auront fui de Paris assurément... mais de quel côté sont-ils allés ?... Ah ! monsieur ! mettez toutes vos brigades en campagne !... toute ma fortune pour que je le retrouve... car je n'aurai plus besoin de rien après !...

— Le signalement de celui que vous supposez être le ravisseur !...
— De ce misérable Fridzberg... oh ! je ne suis que trop certain que c'est lui qui a entraîné ma coupable épouse... Attendez, monsieur... un homme grand... de ma taille à peu près... mince et la démarche audacieuse... vingt-huit à trente ans... à ce que je crois... peut-être moins. Cheveux noirs très-fournis, un front bas... des sourcils épais et rapprochés... des yeux !... oh ! des yeux où brillent la fourberie et l'astuce !
— Mais leur couleur ?
— Brun foncé... de ces yeux qui vont toujours et ne se fixent jamais sur vous en vous parlant... un nez grand, fort... une bouche mince, serrée... des dents assez belles, autant que j'ai pu le voir. Pâle de figure... de petites moustaches, une royale et point de barbe : voilà le portrait de cet homme, qui n'anullement l'air d'un étranger... Quand pourrai-je revenir, monsieur ? Demain, n'est-ce pas ?...
— C'est bien prompt... Ah ! vous demeurez ?
— Rue Saint-Lazare, 60.
— Il suffit, revenez après-demain.
— Oh ! demain, monsieur... je reviendrai toujours demain.
Le major Giroval est parti.

Le chef de la police de sûreté examine de nouveau les trois derniers signalements qu'on vient de lui donner et dit entre ses dents :
— Maintenant il sera moins difficile de retrouver Constant Martinot.

IV. — MADAME MIROBELLY ET SA SOCIÉTÉ.

Il y avait foule chez madame Mirobelly, tous les lustres étaient allumés, les candélabres avaient leur double rang de bougies. Les jardinières étaient garnies de fleurs ; on en avait mis aussi dans de beaux vases de la Chine, placés sur les cheminées, puis dans les potiches posées entre les croisées, puis dans des caisses, et jusque dans de jolis petits seaux de porcelaine ; on en avait semé partout. En entrant dans les salons, le coup d'œil était charmant, car rien ne se marie mieux que les fleurs et les lumières. Voyez un jardin le soir, lorsqu'une brillante illumination l'éclaire ; ces bosquets, ce feuillage, ces fleurs vous font alors l'effet d'une magique décoration ; le jour, vous passeriez là sans être surpris, sans admirer, ou vous trouveriez seulement que c'est un jardin bien tenu. Mais quand toutes ces fleurs reçoivent le reflet de mille flammes, leurs couleurs vous paraissent plus belles, plus vives, plus rares, et il vous semble que vous les voyez pour la première fois.

Il ne suffit donc pas de nous présenter les objets ; il y a encore le talent de les faire valoir, et c'est un talent que les femmes possèdent au suprême degré.

Mademoiselle ou madame Mirobelly, car on l'appelle tantôt d'une façon, tantôt de l'autre, et elle répond également aux deux épithètes, est une grande et belle femme, qui peut avoir trente ans, mais qui a le droit de ne s'en donner que vingt-six. Elle est fort bien faite, quoique déjà un peu forte ; mais elle agite si gracieusement toute sa personne, elle balance si voluptueusement sa tête et ses hanches ; elle est toujours si bien corsée, si bien chaussée, et elle semble si à son aise même dans ses parures de bal, qu'il y aurait de l'injustice à la chicaner sur le diamètre de son genou et de son bras.

Puis sa figure est toujours riante, avec son air aimable, agaçant, et même légèrement sentimental, lorsque cela peut être nécessaire ; ses beaux cheveux bruns sont bien plantés, bien longs, bien épais, trois qualités rares, et que les produits du lion, du chameau et de l'ours ne parviennent jamais à faire naître chez les personnes auxquelles la nature les a refusées. Quand une jolie femme a de beaux cheveux, quel immense avantage n'y trouve-t-elle pas pour sa coiffure ? Est-il rien qui puisse lutter contre ces belles nattes, contre ces boucles soyeuses, contre ces longues tresses dont un artiste habile sait si bien tirer parti ? Vous me direz sans doute que celles qui n'en ont pas de véritables en mettent de faux, et que cela revient au même. Je vous répondrai, moi, qu'avec de faux cheveux, une femme est bien coiffée quelquefois ; mais qu'avec les siens, quand ils sont beaux, elle est bien toujours.

Mademoiselle Mirobelly a donc de superbes cheveux et des sourcils bien arqués, bien fournis, qui accompagnent et font valoir ses grands yeux noirs veloutés ; un nez droit, correct ; une bouche moyenne, de belles dents que l'on ne montre pas trop, ce qui pourrait faire penser qu'elles ne sont pas aussi sincères que ses cheveux ; enfin, un menton rond, une peau blanche et une fort belle poitrine : voilà le physique de mademoiselle ou madame Mirobelly.

Mais comme la nature a ses caprices et que rarement elle accorde au même individu la perfection en toutes choses, il y avait, hélas ! un côté par lequel cette belle femme ne brillait pas ; à la vérité, ce qu'elle avait de peu en harmonie avec le reste de sa personne, pouvait facilement se cacher; lui suffisait pour cela de garder le silence. Vous devinez d'après cela que la belle dame avait une vilaine voix.

Il n'est que trop vrai ; de cette élégante enveloppe sortaient des sons rauques, éraillés ; c'était un organe malheureux qui semblait constamment affecté d'un enrouement, une de ces voix que l'on a quelquefois lorsqu'on a passé plusieurs nuits de suite à table et au bal, mais que l'on tâche de ne pas conserver longtemps ; c'était enfin, s'il faut dire le mot, ce qu'en style du peuple on nomme une voix de rogome, et, qui pis est, de rogome enrhumé.

Les mauvaises langues, qui se mêlent toujours de ce qui ne les regarde pas, prétendaient que la fille Mirobelly avait gagné cette malheureuse voix à rincer son linge le long du canal, ce qui voulait dire clairement que cette dame avait été blanchisseuse. Elles ajoutaient (toujours les méchantes langues) qu'au lieu de porter le nom presque ultramontain de Mirobelly, la belle brune se nommait tout simplement Toinette ; mais qu'un certain jour un homme mûr et sur fortune, amateur de belles formes, des beaux cheveux et de la superbe poitrine de la jeune blanchisseuse, l'avait retirée du bateau, mise dans ses meubles, et lui avait fait donner un peu d'éducation. Ensuite le monsieur mûr, qui pensait à l'avenir de la belle fille (les hommes mûrs sont très-prévoyants), voulut lui faire apprendre un état agréable, comme de graver de la musique ou de faire des fleurs ; mais Toinette, qui n'avait été beaucoup au spectacle depuis qu'elle ne lavait plus de linge, avait répondu à son généreux protecteur qu'elle avait une vocation décidée pour le théâtre, et que c'était là la seule profession qu'elle voulait désormais embrasser.

L'homme mûr lui répondit que du temps que la pantomime était à la mode elle aurait pu briller sur le théâtre, parce qu'une voix plus ou moins enrouée n'empêche nullement de faire des gestes et d'avoir de la physionomie ; il lui cita cette même la fameuse *Julia Diancourt*, dans la pièce intitulée : *la Fille Hussard*, avait fait courir tout Paris au théâtre de la Cité. Les hommes mûrs peuvent citer beaucoup de choses, parce qu'ils ont eu le temps de en voir plus que les jeunes, surtout s'ils ont mis le temps à profit. Celui-ci ajouta que plus tard, cette même *Julia Diancourt* ayant voulu se risquer dans le mélodrame (c'était alors le nom du drame) ; il est vrai qu'il était mêlé de musique, et que c'était toujours un mixte), le public avait outrageusement sifflé son ancienne favorite, parce qu'elle avait une voix éraillée, enrouée, qui détruisait tout l'effet agréable que produisait son physique.

Toinette répondit fort tranquillement à son protecteur : « — Qu'est-ce que tout cela me fait ? où voulez-vous en venir ? Quels rapports trouvez-vous entre moi et *la Fille Hussard* ? Est-ce que vous voudriez me faire accroire que j'ai une vilaine voix ? mais vous êtes dans l'erreur ; j'ai l'organe un peu dur, mais au théâtre cela semblera bien plus doux, et d'ailleurs je l'ai entendu dire souvent que c'était un avantage pour une actrice de se faire entendre de toute la salle. — Mais votre voix est enrouée. — Au contraire ; il y a un petit jeune violon, attaché au théâtre des Délassements, dont je blanchissais les faux cols... pas du théâtre, du jeune homme, qui m'a dit plusieurs fois que j'avais une voix de basse... de contre-basse... de gros violon, et que cela ferait très-bien dans un morceau d'ensemble. Faites-moi apprendre à chanter, je débuterai dans l'opéra. »

Le monsieur mûr fit une légère grimace en entendant parler du jeune monsieur dont on blanchissait les faux-cols, mais il consentit à faire apprendre la musique à Toinette, curieux de savoir si en effet un contralto ne s'était pas caché sous son enrouement.

Le professeur de musique essaya de faire solfier son élève, il ne parvint jamais à lui faire dire plus de trois notes, et encore elle les chantait faux; après un mois de leçons, il ne revint plus. Toinette prétendit que c'était une ganache qui ne savait pas son état et que le jeune violon des Délassements lui avait fait chanter *Femme sensible* et la *Codaqui* avec une infinité de variations. Le monsieur mûr fit encore la grimace et envoya un autre maître de musique que Toinette garda six mois, et qui lui apprit *Frère Jacques, dormez-vous*, encore se trompait-elle dans ses rentrées.

Il fallut se décider à renoncer à l'Opéra, on se tourna vers le Vaudeville, en se fondant sur cet axiome : que le couplet doit être dit plutôt que chanté ; et à l'appui de cela, on cita madame telle et telle, mademoiselle A .. B... C... qui n'ont jamais su chanter, et qui ne sont pas moins attachées à des théâtres où l'on chante, c'est-à-dire où l'on devrait chanter. Bref, avec de beaux yeux et de belles formes, une femme ne manque jamais d'hommes pour la pousser. Le monsieur mûr la poussait déjà un peu, mais d'autres se joignirent à lui, et la belle brune parvint à débuter sur un théâtre des boulevards.

Le directeur avait bien été quelque peu effrayé par le son de voix de la jolie femme, mais celle-ci avait soin de venir toujours aux répétitions avec son mouchoir sur sa bouche; elle affectait de tousser légèrement, elle avait un jour du rhume, le lendemain de l'enrouement, le jour suivant une extinction de voix ; elle entremêlait tout cela de bonbons, de pastilles, de pâtes de guimauve et de gomme; elle en fourrait au directeur et à tous ses camarades, et ces derniers finissaient par trouver fort agréable le rhume tenace de la future débutante.

Le jour du début était arrivé, le comme le rhume n'était pas parti, on fit une annonce au public pour réclamer son indulgence. Comme la débutante était belle, le public se montra indulgent, et sauf quelques habitués du paradis qui crièrent :

— Va donc te coucher !... — Bois donc du coco !... — et — Ah ! ce mirliton ! le premier début marcha sans trop d'encombre. Cependant les messieurs des avant-scènes disaient :

— Elle a eu bien tort de jouer avec un rhume comme celui-là ! elle aurait mieux fait d'attendre.

Pour son second début, Toinette, qui avait pris au théâtre le nom ronflant de Mirobelly, fit faire une annonce comme la première fois. Quelques personnes se permirent alors de murmurer en disant : Pourquoi joue-t-elle si elle est toujours enrouée ?

Toinette joua et chanta encore plus mal que la première fois. Il y eut des murmures mêlés de *chut*; la jeune actrice était si jolie qu'on ne se sentait pas le courage de la siffler ; si elle ne savait pas parler, en revanche elle savait de ji très-bien faire de l'œil aux messieurs du balcon et de l'avant-scène. Le second début passa, non pas comme une lettre à la poste, mais comme un épi de blé dans la manche d'un habit.

Pour sa troisième apparition sur la scène, lorsque la belle Mirobelly pria encore le régisseur de faire une annonce, celui-ci commença à trouver la commission délicate; mais Toinette lui fourra dans la bouche un morceau de pâte de jujube, et le régisseur se décida à faire lever le rideau.

Le public murmura en voyant paraître le régisseur; celui-ci, troublé par la mauvaise humeur du parterre, avala de travers son morceau de pâte de jujube et resta quelque temps la bouche ouverte, tâchant de parler, ne pouvant y parvenir, et essayant de faire comprendre par signes qu'il avait quelque chose dans la gorge qui le gênait. A force de tousser, de ravaler et d'allonger le cou, le régisseur ne parvint qu'à éternuer. Le public se mit à rire, et lui cria :

— Dieu vous bénisse.

Le régisseur se retira en saluant.

Rentré dans la coulisse, le régisseur retrouva sa voix comme par enchantement; il jura d'une façon très-énergique, et madame Mirobelly voulut lui remettre dans la bouche un morceau de pâte de guimauve, il repoussa vivement cet pectoral, fit de nouveau lever le rideau et dit à la débutante : Soyez tranquille, ma voix est revenue, et je vais leur faire une annonce un peu *chouette*.

Le public se mit à rire en voyant de nouveau paraître le régisseur. On disait dans la salle : Est-ce qu'il revient encore pour éternuer devant nous ? — Est-ce qu'il veut encore nous montrer sa langue ? — Cela n'a rien de bien agréable, surtout quand ce monsieur y mêle une foule de grimaces et de contorsions.

Puis on riait, puis on criait : Parlerez-vous cette fois?

Étourdi par le bruit, le régisseur s'arrête devant le trou du souffleur. On lui crie de nouveau : Parlez donc ; il salue une seconde fois. Enfin il ouvre une bouche énorme... Mais, soit que ce qui lui était déjà arrivé lui causât trop de frayeur, soit une bizarrerie de la nature, l'organe de la voix était de nouveau bouché ou éteint, et le malheureux régisseur, qui ne trouve pas un son, ne peut même pas cette fois parvenir à éternuer, ce qui du moins lui aurait fait une sortie.

Alors le parterre hua et honnit celui qui ne venait devant la rampe que pour montrer le fond de sa gorge. Le régisseur se retira honteux et confus; dans son désespoir, oubliant qu'il portait une perruque, il voulut s'arracher les cheveux et envoya le gazon dans le nez du jeune premier qui le reçut et le rejeta à la volée, en criant au régisseur :

— Est-ce ma faute si tu ne peux plus parler devant le public ?... Est-ce une raison pour me jeter ta toison au visage : tu n'es qu'un vieux pot !

En s'attendant appeler *Pot*, le régisseur devint furieux. Il se mit à hurler, à jurer, à crier. Et plus il jurait et plus les acteurs riaient, en lui disant :

— Tu vois bien que ta voix est dans tout son éclat, c'est une mauvaise farce que tu joues à la débutante. Tu as fait semblant de ne pas pouvoir parler, afin de ne pas faire encore une annonce pour elle.

Cependant il fallait commencer, car le public montrait beaucoup d'humeur et le témoignait en faisant un tapage à faire crouler la salle. C'était à la belle Mirobelly à entrer en scène, elle allait se résigner à jouer sans annonce, lorsqu'une forte odeur de roussi se fit sentir sur le théâtre et y répandit l'alarme. C'était la perruque du régisseur que le jeune premier avait par hasard logée sur un des quinquets qui dans les coulisses sont attachés aux portants. Le gazon venait de s'enflammer, le feu commençait déjà à se communiquer aux décorations; heureusement les pompiers étaient en poste ; mais ils ne purent empêcher que le public ne sentit l'odeur du brûlé et qu'une terreur panique ne se répandît dans la salle, où en peu d'instants il ne resta qu'un chat écrasé et une ouvreuse qui s'était dévouée pour sauver ses petits bancs.

Le lendemain de cette scène, la superbe Mirobelly reçut une lettre du directeur, qui lui disait :

« J'aurais été charmé de vous posséder sur mon théâtre, mais
« vous m'obligez à faire trop souvent des annonces, et vous avez pu
« voir hier que cela amène quelquefois des résultats fâcheux. Si j'a-
« vais un conseil à vous donner, je vous dirais : Livrez-vous à la
« pantomime et à la danse; c'est par là seulement que le théâtre
« peut vous offrir des succès. »

Après avoir lu la lettre du directeur, Toinette se frappa sur la cuisse, c'était son geste favori, et s'écria :

— Mais il a raison, cet homme ! où avais-je donc l'esprit ? Pourquoi me donner tant de peine à me faire une voix qui ne veut pas venir, lorsque je possède une jambe si bien venue, et un pied qui donnera des ji c'est à tous les spectateurs. Oui, je renonce au drame, au vaudeville, la danse seule vaut mon lot !... Dansons, sautons, tournons, gambadons !... est-il une existence plus agréable ? Et d'ailleurs la danse n'est-elle pas au théâtre le moyen le plus prompt pour arriver à la fortune, aux honneurs même ? Les danseuses épousent des hommes titrés, les danseuses reçoivent des lettres d'invitation des plus grands monarques pour aller danser à leur cour; les danseuses sont portées en triomphe chez les sauvages et même dans les pays civilisés ; on leur donne des sérénades: l'or, les diamants, les bijoux leur sont prodigués; soyons danseuse, cela vaut cent fois mieux que de se fatiguer à chanter le vaudeville.

Aussitôt la belle Mirobelly pria son monsieur mûr de lui donner un professeur de danse, en ajoutant qu'elle se sentait les plus grandes dispositions pour cet exercice. Le professeur vint ; il força la jolie brune à mettre les pieds dans une boîte et à passer des heures entières à lever la jambe, en lui assurant que pour débuter sur un théâtre il était indispensable d'atteindre avec son pied jusqu'au niveau de son épaule. Toinette trouva la danse plus fatigante qu'elle ne l'avait cru d'abord ; elle jetait assez bien la jambe en l'air, mais elle n'avait point de légèreté ni d'oreille ; elle n'avait jamais une mesure et se tenait fort peu en équilibre.

Malgré cela, grâce à ses attraits, à ses formes agréables, elle parvint à débuter à l'Opéra, dans un pas que l'on avait, exprès pour elle, ajouté à un ballet.

La belle Mirobelly avait un costume de nymphe, très-avantageux pour une femme bien faite. Un maillot, couleur de chair, collait parfaitement sur tout son corps, et la tunique de gaze qui recouvrait cela était tellement diaphane qu'il eût fallu être myope pour ne pas distinguer dessous.

La danseuse entra en scène en faisant des petits pas à contre-mesure, elle en était ébloui par ses charmes; un murmure flatteur l'avait accueillie. Cependant elle ne pouvait pas se borner à ses petits pas ; déjà elle avait manqué une pirouette qu'elle avait manqué de finir dans l'orchestre des musiciens. Pour reprendre ses avantages, elle voulut lever la jambe de façon à mériter l'approbation générale, elle donna tout de l'élan à son pied gauche et l'envoya si haut, que son maillot craqua et se déchira à un certain endroit qu'on n'a pas l'habitude de montrer sur le théâtre.

Un bruit sourd s'éleva dans la salle. Les lorgnettes des amateurs avaient aperçu la solution de continuité du maillot; les jumelles, les binocles fonctionnaient de toute part. La belle débutante croit qu'elle a du succès, elle veut essayer une seconde pirouette, mais cette fois elle la termine en s'étalant sur la scène. On accourt la relever; elle boite, elle s'est foulé le pied; elle rentre chez elle en maudissant la danse et le chant.

Mais le lendemain plusieurs laquais à livrée étaient à sa porte : l'accident arrivé au maillot avait eu un côté très-favorable à la danseuse, et la belle Mirobelly recevait déjà les offres les plus brillantes accompagnées de superbes cadeaux.

Toinette comprenait trop bien sa position pour refuser la fortune sous quelque livrée qu'elle vînt s'offrir.

Le soir même, lorsque le monsieur mûr se présenta, il fut mis à la porte. Il avait semé, mais d'autres devaient recueillir.

Le lendemain, madame Mirobelly avait un superbe appartement, quatre domestiques, une voiture à ses ordres; et elle disait adieu au théâtre, où elle avait trouvé tout ce qu'elle pouvait désirer.

De son premier métier, Toinette n'avait conservé que l'habitude de frapper sur la cuisse et sa voix enrouée; mais elle était devenue une des femmes galantes les plus à la mode ou les plus en vogue à Paris; elle avait eu l'honneur de ruiner très-promptement plusieurs jeunes gens de famille. Elle dépensait énormément pour sa toilette, mais excepté cela, elle était extrêmement avare; ses domestiques la quittaient souvent parce qu'elle ne leur donnait pas assez à manger; elle se disputait comme une harengère pour un sou ou deux liards, et elle sucrait son café avec de la mélasse.

D'après cela, il était présumable qu'elle mettait de l'argent de côté et ne mangeait pas tout ce qu'on lui donnait.

Madame Mirobelly passait du reste pour une assez bonne fille, obligeant volontiers ses amis, pourvu que cela ne lui coûtât pas d'argent, mais implacable pour celles qui tentaient de lui enlever ses adorateurs.

La maison de la belle brune était le rendez-vous de ces hommes du grand monde qui aiment les plaisirs faciles et qui recherchent la société des dames du théâtre. Toinette avait toujours soin d'attirer à ses réunions celles de ces dames qui ne passaient point pour des vertus farouches. En prenant de l'âge, l'ex-blanchisseuse s'était aperçue que, pour avoir la foule chez elle, il fallait ne pas vouloir y briller seule; grâce à cette sage concession pour le goût de ses hommes et pour la variété, elle n'avait pas vu diminuer le nombre de ses habitués; il augmentait encore, au contraire, car la liberté la plus grande régnait aux soirées de madame Mirobelly, mais liberté de bon ton, qui ne s'émancipait qu'avec des formes choisies.

Et puis chez la belle Mirobelly on était certain de rencontrer Antonine, petite lorette bien mince, bien maigre même, mais habillée avec un goût exquis et dansant la polka à ravir, ce qui, joint à une figure très-éveillée, lui attirait encore un bon nombre d'adorateurs.

Et Félicia, jeune fille au teint un peu bistré, mais dont l'œil noir plein de feu et la physionomie spirituelle rencontraient beaucoup de soupirants. Mademoiselle Félicia n'avait que dix-neuf ans; elle paraissait plus âgée parce qu'il y avait quelque chose de décidé dans sa démarche, de dur ou de dédaigneux dans son regard; mais lorsqu'elle daignait sourire, c'était une femme fort agréable, capable même d'inspirer de grandes passions, malgré ou peut-être grâce à son teint méridional et à son aspect andalous.

Il y avait encore la petite Léonis, qui valsait cinq heures de suite sans se fatiguer et disait des méchancetés de toutes ses amies; la grande Aglaure, qui ressemblait beaucoup à un Cosaque, mais qui était fort belle femme du reste, et d'une sensibilité inépuisable, et mademoiselle Zizi Pétard, qui était toujours remuante, mouvante, sautillante, et ne s'apercevait pas que ses reparties plus que naïves provoquaient souvent l'hilarité de la compagnie.

Et puis une foule d'autres encore que nous connaîtrons mieux en pénétrant dans le salon de la Mirobelly.

V. — UNE PARTIE DE LANSQUENET.

Nous avons dit que les salons étaient resplendissants de bougies et de fleurs; malgré son penchant à la lésinerie, lorsqu'il le fallait, madame Mirobelly faisait bien les choses. Ses soirées lui étaient trop lucratives pour qu'elle ne prît pas soin que rien n'y manquât; outre l'avantage de réunir chez elle des hommes riches, galants et généreux, parmi lesquels elle trouvait à choisir ses conquêtes, cette dame prélevait toujours un intérêt très-fort sur les gains qui se faisaient chez elle, et on jouait un jeu d'enfer aux soirées de madame Mirobelly.

Quelquefois, dans un salon voisin de celui du jeu, les dames dansaient au piano tenu par quelque jeune artiste; car, en fait d'hommes, la société n'était pas absolument composée que des membres du Jockey-Club, il y avait aussi des artistes, des hommes de lettres, de jeunes soupirants du Pinde qui, ne pouvant encore arriver au Parnasse, brûlent d'un feu continuel pour les dames du théâtre et se font leurs cavaliers servants; puis il y avait de ces industriels que l'on voit le matin à la Bourse, le soir devant Tortoni et la nuit dans tous les bals; de ces viveurs qui dépensent sans cesse un argent fou et auxquels on ne connaît ni fortune, ni rentes, ni moyens d'existence, et à qui personne n'ose fermer sa porte, par la raison qu'on les voit partout.

Et le vieux jeu de nos pères, revenu à la mode de notre temps, le lansquenet, s'était établi chez madame Mirobelly, où il rencontrait force amateurs et faisait souvent des victimes.

De loin en loin, l'ex-actrice donnait un grand bal. Alors il y avait un orchestre complet, et le piano était mis de côté, mais cela était rare. Un bon orchestre de danse pour une nuit coûte fort cher à Paris : la belle Mirobelly aimait beaucoup mieux qu'on dansât au piano, ce qui ne lui coûtait rien et n'empêchait pas que l'on passât chez elle une partie de la nuit.

Un grand jeune homme de vingt-six ans au plus, fort bien de figure, portant la tête haute et se tenant un peu sur la hanche, promenait autour de lui ses yeux bleus, à la fois vifs, gais, spirituels; puis, sous sa moustache brune, sa bouche souriait légèrement, tandis qu'il parlait à un autre jeune homme arrêté près de lui.

Ce dernier, plus petit et plus brun de cheveux et de peau, était porteur d'une physionomie remarquable par sa régularité : un nez aquilin, une petite bouche, de belles dents, de grands yeux bruns, de belles couleurs, faisaient de sa physionomie, à laquelle il ne manquait peut-être pour plaire généralement qu'une expression plus gracieuse. Mais ce jeune homme ne souriait jamais qu'à demi, on eût dit qu'il craignait de se risquer; et, quand il fixait ses regards sur une femme, il avait plutôt l'air de vouloir chercher à deviner sa pensée que de s'occuper à lui plaire.

— Mon cher Georgelle, dit le grand jeune homme en se penchant vers le petit, je suis fort content d'être venu ici. On m'avait parlé des soirées de madame Mirobelly, et depuis longtemps je désirais m'y faire conduire... si j'avais su que vous y vinssiez, je vous aurais prié de me présenter.

— Oh! moi, je n'y viens pas souvent... une fois par hasard.

— Ma foi, j'avoue que je ne pensais guère vous y rencontrer, vous, homme sage, rangé, et élève en pharmacie par-dessus le marché !

— Je ne suis pas plus sage qu'un autre; mais je dis seulement qu'il faut prendre garde... il y a de très-jolies femmes ici; mais ce sont de ces beautés qui vous mènent loin.

— Pas plus loin qu'on ne veut. Et d'ailleurs, quand le plaisir se présente, est-ce qu'il faut réfléchir... prenons-le d'abord... nous verrons après.

— Toujours le même, mon cher Isidore, toujours gai, insouciant... et, sans doute, mauvaise tête comme autrefois.

— Non, je me suis corrigé. D'ailleurs, plus moyen de se battre maintenant... on va en prison, et c'est fort ennuyeux.

— Et les affaires... êtes-vous content?

— Les affaires, j'en fais le moins possible ! Je suis chargé, par mon oncle, qui habite Tours, de suivre un procès qu'il a ici avec un ancien banquier... un certain M. de Riberpré... il faut que je vois les avoués, les avocats !... si vous croyez que c'est amusant ! C'est pour cela que je cherche les occasions de me dédommager... Mais vous, Georgelle, que faites-vous ici? Seriez-vous du nombre des amants de la belle Mirobelly, car on assure que la liste est nombreuse et brillante?

— Oh! non! diable !... Cette dame est ma cliente, et je ne suis pas assez niais pour faire la cour à une cliente, car alors... vous concevez... plus moyen d'envoyer sa note, et comme c'est une bonne pratique, la conquête me coûterait trop cher.

— Est-ce que vous êtes établi?

— Pas en mon nom; mais je suis associé avec quelqu'un... une fort bonne maison... et pourtant, je ne sais pas si je continuerai. Les associations, c'est si délicat...

— Ne parlons donc plus d'affaires. Puisque vous êtes le pharmacien de la maison, vous devez connaître les histoires les plus secrètes de ces dames... Voyons, mettez-moi au fait; on ne risque pas cela à un ancien camarade de pension.

— Je n'ai pour cliente ici que la maîtresse de la maison et madame Mazzépa, son amie intime... cette belle grosse mère que vous voyez là-bas, coiffée avec du jais.

— Ah ! cette dame sur le retour... elle a de fort belles moustaches, ma foi, mieux les dames qui n'en ont pas encore de si prononcées... Quelle est cette jeune femme au nez retroussé, qui n'est pas un moment en repos, qui change de place à chaque instant, et fait de si drôles de mines en parlant?

— C'est mademoiselle Zizi, jeune actrice d'un petit théâtre où elle joue de petits rôles dans de petites pièces. Si vous causiez un moment avec elle, vous verriez que sa conversation est encore plus drôle que ses mines. Elle est d'une niaiserie qui a passé en proverbe; mais bonne personne du reste, ne se fâchant jamais quand on rit à ses dépens.

— Elle n'est pas très-jolie... La personne placée près d'elle, avec qui elle cause en ce moment, est beaucoup mieux... Serait-ce une Espagnole... une Italienne... elle a le teint des pays chauds.

— D'abord, mon cher Isidore, vous saurez que dans les pays

chauds, on trouve aussi des personnes qui ont la peau très-blanche.
— Ah! pardon, dit Isidore en riant, j'oubliais que vous étiez aussi du Midi... Et cette jeune femme !
— Je ne la connais pas... je l'ai vue deux ou trois fois ici. On la nomme Félicia : je ne crois pas qu'elle soit étrangère.
— Est-ce une actrice ?
— Non pas, que je sache du moins.
— Elle a des yeux qui annoncent des passions vives... Mademoiselle Félicia me plaît assez... j'aime ces physionomies qui ne sont pas vulgaires... qui s'animent, qui s'émeuvent aisément.
— Oui, tout cela peut plaire dans une maîtresse ; mais ce n'est pas ce que je vous conseillerais de désirer dans votre femme.
— Oh ! parbleu, mon cher Georgette, nous ne sommes pas venus ici dans l'intention d'y chercher des épouses... Il faudra que je fasse connaissance avec mademoiselle Félicia ; ce ne sera pas bien difficile, je pense...
— Hum ! peut-être... on dit cette jeune femme assez originale... dernièrement elle a refusé des offres brillantes d'un habitué d'ici, et cela parce que ce monsieur est presque toujours enrhumé du cerveau. C'est un léger inconvénient sur lequel beaucoup de ces dames aux volontiers fermé les yeux.
— Comment ! elle n'est pas intéressée ? Vous augmentez encore mon désir de la connaître : mais peut-être son amant est-il ici ?
— Non, ce n'est pas probable ; ces dames ont trop d'usage et de savoir-vivre pour ne pas venir ici libres de leur personne comme de leur volonté ; autrement vous comprenez que cela les gênerait. On commence ici des liaisons, mais on n'y file pas le sentiment.
La conversation des deux jeunes gens est interrompue par l'arrivée d'une nouvelle dame. Celle qui se présente est très-grande, très-mince, très-blonde et très-pâle : sa figure longue est assez distinguée ; ses traits sont jolis, son nez fin ; ses yeux bleu-clair sont doux et caressants quand ils ne tournent pas au badin, ce qui leur arrive souvent. C'est une figure dans le genre de ces beautés anglaises que nous admirons dans les Keep-seack : les longues mèches bouclées qui flottent sur le cou un peu long de la nouvelle venue achèvent de lui donner un aspect britannique ; mais la tournure tout à fait dégagée de cette jeune femme, l'air leste et libre avec lequel elle se présente dans le salon, n'ont plus aucune ressemblance avec la tenue d'une Anglaise.
— Ah ! c'est Tintin ! s'écrie madame Mirobelly, en courant au-devant de la nouvelle venue. Bonsoir, ma chère ; pourquoi donc viens-tu si tard ?
— Parce que je n'ai pas été libre plus tôt apparemment... Est-ce que je n'ai pas eu la bêtise d'attendre ce petit Zinieski ! ... Il avait dit qu'il viendrait me prendre, moi j'ai donné là-dedans ! ... le plus souvent qu'il m'y reprendra.
— Ah, ma chère, est-ce qu'il faut jamais compter sur les hommes... d'ailleurs on vient seule, cela vaut mieux, on est bien plus libre.
— Oh ! je me fais accompagner, cela ne m'empêche pas d'être libre... Bonsoir, Mazzépa... Ah ! voilà Zizi ! quel bonheur ! nous allons rire !
— Tiens ! je vous fais donc rire, moi ? dit mademoiselle Zizi, tandis que les autres beautés du cercle passaient en revue la toilette de la grande blonde. Eh bien ! c'est heureux... je vous amuse alors ?
— Oh ! oui... toujours !...
— Je ne fais cependant pas de frais pour cela.
— Et c'est ce qui en fait le charme. Qu'est-ce qu'on fait ce soir chez toi, Belly, joue-t-on ? ... Oh ! j'ai bien besoin de gagner de l'argent d'abord !
— Alors associe-toi avec M. de Pigeonnac, tu sais comme il est heureux ! ... Tiens, en ce moment c'est lui qui tient la banque au lansquenet, et voilà déjà cinq fois qu'il passe.
— Oh ! le lansquenet ! scélérat de jeu ! ... m'a-t-il maltraitée depuis quelque temps ! c'est égal, j'y reviens toujours ! ... je l'adore,... je voudrais y jouer toute la journée ! c'est absolument comme ces mauvais sujets qui nous font des traits... et dont nous ne pouvons pas nous détacher !
Ces derniers mots étaient adressés au jeune Isidore que la grande lorette voyait pour la première fois, mais à qui elle souriait déjà comme à une ancienne connaissance.
— Qu'est-ce que c'est que madame Tintin ? demande le grand jeune homme en se penchant vers le pharmacien son ami.
— Comment, vous ne la connaissez pas ? répond celui-ci. Oh ! mais vous m'étonnez, tout le monde la connaît ! c'est Adèle Rotin, que parmi ses amies et amis on appelle Tintin, par abréviation ou corruption ; elle était fort bonne fille ; elle a été au théâtre, je ne sais pas si elle y est encore, mais elle s'occupe de toute autre chose. Elle est fort gentille, déjà fatiguée... mais que voulez-vous ? ces dames ne veulent refuser aucune occasion de s'amuser, et dans leur position il s'en présente si souvent ! Celle-ci adore le plaisir et elle ne s'en cache pas ; peu constante dans ses amours, on la voit rarement avec le même galant ; mais elle met tant de bonne foi dans ses infidélités, elle est si gaie, que ses amants ne lui gardent pas rancune et continuent d'être ses amis. La présence de Tintin anime les réunions, elle est toujours disposée à faire des folies ; elle danse le cancan d'un façon tout à fait piquante ; elle ingurgite le champagne, monte à cheval, soupe toute une nuit sans s'arrêter ; enfin, c'est une lorette pur sang. Dernièrement elle a joué un tour fort drôle à un de ses amants. Celui-ci, qui n'était que depuis peu dans ses bonnes grâces, se permet de lui faire une infidélité ; cela vexe d'autant plus Tintin, que, dans ces sortes d'affaires, elle n'avait pas l'habitude de se laisser devancer ; la trahison de son perfide lui est apprise par un jeune ami du coupable qui était aussi amoureux de Tintin, et par conséquent enchanté de nuire à son ami. Avec une femme du caractère de notre jolie blonde les consolations sont bien vite acceptées : elle reçoit fort bien la déclaration de son nouvel amoureux et se laisse mener dîner à la campagne ; mais cela ne suffisait pas à sa vengeance ; l'ingrat qui l'avait trahie était un jeune employé, propriétaire pour tout local de deux petites chambres assez propres que, dans son urbanité, digne des anciens Ecossais, il avait l'habitude d'offrir à ses amis lorsque ceux-ci, peu favorisés par la fortune, se trouvaient embarrassés pour abriter leurs amours. Tintin qui sait tout cela a déjà formé son plan, et à l'issue du dîner, lorsque son nouvel amant prend un fiacre pour la reconduire, elle donne au cocher l'adresse de l'ingrat qui lui a été infidèle. Vous jugez quelle est la surprise du jeune homme qui vient de dîner avec Tintin.
— Que comptez-vous donc faire ? lui dit-il.
— Comment, vous ne devinez pas ? Aller demander pour cette nuit l'hospitalité à mon perfide qui, vous le savez, met toujours un appartement au service de ses amis. Vous allez monter seul chez lui, vous lui direz que vous êtes avec une dame.... mais que vous ne savez où la conduire... il vous offrira de lui-même une de ses deux pièces. Vous aurez bien soin de lui dire que la personne avec qui vous êtes ne veut pas être vue, que c'est quelqu'un qui a les plus grands ménagements à garder, enfin vous exigerez sa parole qu'il reste dans la pièce du fond et ne cherche pas à voir votre conquête. Vous devez comprendre le reste.
— Vous pensez bien que le nouvel amant trouva l'idée très-bouffonne. Tout s'exécuta comme Tintin l'avait désiré. Son perfide accorda volontiers l'hospitalité qu'on lui demandait, il poussa la complaisance jusqu'à partager les matelas de son lit pour offrir un coucher plus doux à la dame qui désirait rester inconnue, puis il s'enferma dans la chambre où lui restait. Mais le lendemain matin ayant affaire, il lui fallut bien pour sortir passer dans la pièce d'entrée. Ils sont sans doute partis, se dit-il, d'ailleurs je ne regarderai pas du côté du lit. Il sort ; en voyant des vêtements restés sur des chaises que ses hôtes ne sont pas encore partis, il va traverser la chambre sans tourner les yeux du côté du lit, lorsque de longs éclats de rire se font entendre... ils lui rappelaient une voix trop connue pour ne point le frapper, il se retourne et voit Tintin dans les bras de son successeur :
— Mon cher ami, lui dit la jolie blonde, à bon chat, bon rat : vous m'avez trahie et je me devais à moi-même cette petite vengeance ; qu'en dites-vous ? ... Le jeune homme fut le premier à rire de l'aventure... mais par exemple, je crois que ce fut l'autre qui fut le premier à la raconter.
— Voilà un trait que Sophie Arnoult n'aurait pas désavoué ! votre demoiselle Rotin me fait l'effet d'un bon garçon. Mais on joue là-bas,... allons donc un peu tenter la fortune. Vous ne jouez pas, Georgelle ?
— Oh ! non ! ... c'est effrayant ce qu'on joue ici... la table est couverte d'or... c'est un jeu trop fort pour moi. J'avais bien apporté quelques napoléons, mais depuis que j'ai vu le train dont ils vont là-bas, je n'ai plus envie de me risquer, et pour ne pas être tenté de jouer mes jolis jaunets, je garde continuellement ma main dessus.
— Je ne serai pas aussi sage que vous. Après tout, quand je perdrais quelques centaines de francs, j'augmenterai les frais d'avoué et d'avocat pour mon oncle : voilà tout.
En disant ces mots, Isidore Marcelay s'approche de la table de lansquenet ; elle était entourée de monde, tant joueurs que simple public, qui venait là pour regarder et peut-être étudier les chances favorables pour fixer la fortune.
La banque était tenue par un monsieur entre deux âges, bel homme, mis à la dernière mode, qui promenait autour de lui un regard conquérant et un peu railleur, puis souriait en montrant de fort belles dents, et passait souvent ses doigts dans ses cheveux, plutôt sans doute pour montrer sa main qu'il avait petite et très-blanche que pour rassembler ses cheveux, qui étaient rares et ne devaient pas le gêner.
Mademoiselle Léonis venait de s'approcher du jeu et, regardant les monceaux d'or entassés devant le banquier, elle s'écrie :
— Vous gagnerez donc toujours, monsieur de Pigeonnac ! quelle heureuse chance vous avez ! ... Le proverbe est vrai, vous devez être malheureux en amours.
— Le proverbe est un peu, jolie Léonis, répond M. de Pigeonnac en se tournant vers la jeune lorette à laquelle il prend familièrement le menton. Quand la fortune nous aime, ma belle, elle nous traite bien en tout... Voyons, espiègle, je veux te proposer un marché. Me voici au jeu... je gagnerai ce soir cinq ou six mille francs, c'est

mon taux ordinaire. Eh bien! si tu veux être ma maîtresse dans quinze jours, je partage ce soir mes bénéfices avec toi. J'espère que voilà une proposition avantageuse, cela te va-t-il?

— Oh! par exemple! peut-on faire des offres pareilles? répond mademoiselle Léonis en faisant des manières. Est-ce que je puis prendre de tels engagements?

— Pourquoi donc pas? Certainement dans quinze jours tu ne seras plus avec ton gros Anglais. Il t'aura quittée avant!

— Que vous êtes méchant... c'est bien plutôt moi qui l'aurai quitté.

— Ça revient au même... Messieurs, il y a mille francs à faire... faites le jeu... Prends garde, Léonis... un beau coup se prépare... décide-toi... ou je vais jeter les yeux sur une autre.

— J'accepte, moi, j'accepte! dit la grande blonde surnommée Tintin, en courant se placer derrière le dos du monsieur qui est banquier; celui-ci se retourne, sourit à la nouvelle venue et répond en hochant la tête :

— Oh! chère amie, tu sais bien que nous ne faisons plus d'affaires nous deux... nous avons déjà liquidé.

— Ce M. de Pigeonnac est bien impertinent, dit à un de ses voisins un jeune homme fort laid, mais ayant très-bonne façon. Non content de nous gagner notre argent, il semble qu'il ait aussi le droit de nous prendre toutes ces dames. Il jette le mouchoir comme un sultan!... et tout cela à notre nez... J'ai déjà eu l'envie de souffleter ce monsieur. Est-ce que vous ne m'approuveriez pas, monsieur de Formentières?

Celui auquel cette question était adressée était un homme de cinquante-cinq ans à peu près, grand, maigre, portant la tête un peu penchée sur l'épaule droite, ayant une perruque blonde fort bien bouclée et une physionomie à la fois fine et flatteuse; ses petits yeux gris-vert, qui clignotaient lorsqu'il vous adressait la parole, avaient beaucoup de feu et de vivacité; ses lèvres étaient minces et serrées, mais il tâchait de rendre sa bouche gracieuse en la faisant souvent sourire; les pommettes de ses joues saillantes et légèrement colorées, et son menton un peu pointu; enfin, il y avait dans la figure de ce personnage quelque chose du masque que l'on donne à Polichinelle. Ce qui n'empêchait point ce monsieur d'avoir l'air assez distingué et toutes les manières d'un homme bien élevé. Une petite broche, à laquelle pendaient une foule de croix presque microscopiques, était attachée à sa boutonnière.

M. de Formentières regardait attentivement M. de Pigeonnac faire sa banque lorsque son voisin lui avait parlé, ce n'est qu'après avoir vu le coup se consommer et l'heureux banquier gagner encore, qu'il répond au monsieur porteur d'une vilaine figure :

— Non, mon cher monsieur Montalbert, je ne vous approuverais nullement si vous donniez un soufflet à M. de Pigeonnac! Parce que quelqu'un est heureux au jeu, vous êtes irrité contre lui... Mais ne jouez pas alors.

— Ce n'est pas le jeu! c'est sa manière de parler à ces dames que je trouve par trop inconvenante.

— Oh!... ces dames aiment assez les manières de M. de Pigeonnac... et je gagerais bien que la petite Léonis acceptera la proposition qu'il vient de lui faire.

— Mais savez-vous bien qu'il la lui aurait faite de même si j'avais été l'amant de cette jolie lorette?

— C'est assez probable... je l'en crois capable.

— Si cela eût été, je vous certifie que je ne l'aurais pas souffert.

— Le voilà qui gagne encore une banque de deux mille francs! Le fait est qu'il a un bonheur bien persistant. Il est donc riche ce M. de Pigeonnac pour jouer si gros jeu?

— Riche! Pigeonnac!... Il n'a que des dettes!... On ne sait de quoi il vit!...

— Il me semble que s'il gagne tous les soirs cinq ou six mille francs au lansquenet, il doit déjà avoir un assez joli revenu.

— Vous ne jouez pas, vous, monsieur de Formentières?

— Hum!... rarement. Je me connais! si une fois je m'y mettais, je ne pourrais plus m'arrêter. Quel est ce grand jeune homme que je vois là-bas causant avec M. Georgeille?

— Je ne le connais pas. C'est la première fois que je le vois ici. Madame Mirobelly augmente chaque jour sa société.

— En effet, elle reçoit beaucoup de monde.

— Elle est si répandue!

— Ah! monsieur de Montalbert! c'est méchant ce que vous dites là...

— J'ai encore perdu! je perds toujours! dit en s'éloignant de la table du jeu un gros monsieur, jeune encore, mais déjà porteur d'un ventre énorme et ayant le reste du corps dans les mêmes proportions; beau garçon du reste, cheveux noirs, bien peignés, une raie parfaitement observée; de jolis traits, de grands yeux, beaucoup de couleurs, mais une physionomie qui n'annonce pas positivement de l'esprit.

— Vous n'êtes pas heureux au jeu, monsieur Bouchonnier! dit M. de Formentières au personnage qui vient de quitter le lansquenet.

— Moi! je perds très-souvent... Heureusement que mes moyens me le permettent... Et puis il n'y a pas possibilité de lutter contre ce M. de Pigeonnac!... C'est la fortune en pantalon... Ah!... ah!... ah!...

Et le gros monsieur, qui a l'habitude de toujours rire de se trouver drôle, se dirige du côté des dames, en reprenant :

— Je vais folâtrer auprès du beau sexe. Je vais faire des pointes à ces dames. Ah! ah! ah!... je suis en train ce soir...

— Eh! mais, je ne me trompe pas! c'est Bouchonnier, dit Isidore qui se trouve devant le gros monsieur.

— Marcelay! répond celui-ci en souriant, quoique un peu embarrassé, mon cousin Marcelay ici... Oh! c'est charmant!

Puis le gros jeune homme ajoute en se penchant vers l'oreille d'Isidore : Ne dites pas que je suis marié... Je me donne pour garçon, vous comprenez... on est plus libre.

— Oui, oui, je comprends, gros mauvais sujet... Votre femme est donc à la campagne?

— Parbleu! sans cela, est-ce que j'oserais remuer à Paris?

— Soyez tranquille, je suis discret.

Isidore quitte son cousin Bouchonnier pour s'approcher de la table du lansquenet, il est suivi du jeune pharmacien qui lui dit à l'oreille :

— Croyez-moi, prenez garde... ne jouez pas... vous savez que maintenant il y a beaucoup de grecs dans les réunions.

— Allons! toujours méfiant!... Ici, est-ce que tout le monde ne se connaît pas?

— Mais pas du tout... Ces gens-là se donnent des noms, des qualités!... Et qui est-ce qui me prouve que tout cela est vrai?

Isidore n'écoute plus son ami. Il est contre la table. Un jeune lion, qui embaume le musc et le patchouli et qui porte une fort jolie rose à sa boutonnière, vient de prendre la banque et de succéder à M. de Pigeonnac qui a réalisé un fort beau bénéfice, et vient de passer dans la pièce où quelques-unes de ces dames dansent la polka et la mazurka au son du piano, tandis que M. Bouchonnier court de l'une à l'autre, veut faire l'aimable avec toutes les femmes, et lâche à chaque instant de grosses bêtises et des plaisanteries assez crues dont il se met aussitôt à rire aux éclats.

Isidore a d'abord risqué quelques pièces d'or, il gagne; il double son jeu, il gagne encore. Plusieurs banques sont malheureuses, et le jeune homme a toujours gagné en jouant contre. Madame Mirobelly, qui va sans cesse de son salon à l'autre, qui a l'œil à tout, qui sait ce qui se passe au jeu, devine ce qui se dit dans un petit coin et sait à propos distribuer des sourires à ses adorateurs, arrive à la table de lansquenet et dit à Isidore, en lui lançant une œillade passablement tendre et en tâchant, autant que possible, de donner du moelleux à sa voix : — Il me paraît, monsieur, que la fortune vous est favorable... Je suis heureuse qu'il en soit ainsi pour la première fois que vous venez chez moi; j'espère que cela vous donnera le plaisir d'être de nos fidèles.

— N'en doutez pas, madame; partout où l'on rencontre de jolies femmes, on me voit empressé d'accourir, et votre réunion est charmante.

— Oh! il me manque beaucoup de dames aujourd'hui. Mais quelques-unes sont malades... d'autres sont à la campagne... Moi je déteste la campagne : avaler de la poussière, et bien voir des arbres, de la verdure! N'est-ce pas bien amusant? c'est toujours la même chose!

— O toi, Belly, tu n'es pas champêtre, on sait cela, dit la grande Tintin qui est venue se mêler à la conversation. Tu n'es pas capable de venir retrousser au point du jour boire du lait à Saint-Mandé avec moi.

— Se lever au point du jour!... mais je serais malade toute la journée si j'avais ce malheur.

— Elle n'a pas toujours dit cela, murmure la jeune Léonis, et quand elle rinçait son linge au canal, elle était bien forcée alors de se lever de bonne heure!

— Ah bah! est-ce que madame Mirobelly a eu la faiblesse de rincer son linge elle-même? dit M. de Formentières qui vient d'entendre la réflexion de mademoiselle Léonis; c'était donc pour ressembler à Nausicaa, fille du roi Alcinoüs?

— Oh! non, c'est que elle était blanchisseuse, voilà tout... Du reste, ce n'est pas un crime : moi, mon père était braconnier et je n'en rougis pas, seulement il ne faut pas tant faire si d'embarras.

— Ah! ma chère! le lever du soleil! c'est si beau... reprend Tintin.

— Moi, la campagne me rend tout de suite amoureux... dit le gros monsieur qu'on appelle Bouchonnier, qui s'est venu fourrer sa tête entre les deux dames. C'est vraiment extraordinaire l'effet des champs sur mon physique... Je voudrais posséder une chaumière et mon cœur... Oh! oh! oh!... pas mauvais... hein!...

— Mon Dieu! que ton M. Bouchonnier est bête ce soir! dit à demi-voix Adèle Rotin.

— Mais il me semble absolument comme à son ordinaire, répond la belle Mirobelly en continuant de chercher à fasciner le jeune Isidore de son regard. Puis elle reprend en s'adressant à lui :

— Mais ne tiendrez-vous pas la banque, monsieur, pour voir si elle vous sera plus favorable qu'à tous ces messieurs qui viennent de s'y essayer?

— Ne faites pas la banque, croyez-moi... ne vous risquez pas, murmure le jeune pharmacien à l'oreille de son ami.

Isidore a déjà pris les cartes que madame Mirobelly lui présente,

et il se fait banquier à son tour. Chacun veut essayer la chance de celui qui tient les cartes pour la première fois. L'argent est fait : pour son premier coup Isidore amène lansquenet ; il entend alors la grande Tintin lui dire à l'oreille :
— Nous sommes de moitié, n'est-ce pas ?
— Tout ce qui vous fera plaisir, madame !
— Eh bien ! alors, c'est convenu... mais soyez prudent. Quand on a passé quatre fois, il faut se lever : voilà mon système.

Le système de mademoiselle Rotin était aussi de ne jamais donner sa mise de fonds, c'était un moyen excellent pour n'être de moitié que dans les bénéfices.

La fortune semble décidée à favoriser Isidore Marcelay. Il a passé quatre fois. Il veut continuer. La grande Tintin s'y oppose. Elle déclare qu'elle veut son bénéfice. Le jeune homme s'empresse de compter ce qu'il a devant lui ; il se trouve huit cents francs. Il en sort quatre cents de sa bourse et les remet à la jolie blonde, en lui disant : Voilà ce qui vous revient ; maintenant vous n'êtes plus de mon jeu, et je continue seul.

Madame Tintin ne fait aucune façon pour recevoir la somme qu'on lui présente ; cependant elle reste derrière Isidore pour voir si la veine continuera d'être pour lui ; mais l'argent que mettait le banquier devenait long à se faire ; on redoutait son bonheur, et Isidore avait tenté de quitter le jeu, lorsqu'une voix dure et fortement accentuée prononce ce mot :
— Banquo !

Aussitôt tous les joueurs lèvent les yeux pour voir quel est l'individu assez hardi pour venir se risquer seul contre la chance du banquier.

VI. — UN GROS JOUEUR.

Le personnage qui venait de tenir l'argent du banquier n'était arrivé que depuis quelques minutes dans le salon ; il avait été amené par un jeune clerc d'avoué, habitué de chez la Mirobelly : celui-ci l'avait présenté à la maîtresse de la maison, en lui disant :
— Voulez-vous me permettre, belle dame, que je vous présente M. de Monvillars, qui, depuis longtemps, désirait vous faire sa cour ?

La Mirobelly avait d'abord toisé le nouveau venu. C'était un jeune homme dont la mise était irréprochable : habit bien coupé, cheveux bien soignés, gants bien frais et bottes vernies. Avec tout cela, on était certain de recevoir un accueil favorable ; mais, de plus, le clerc d'avoué, en présentant son ami, avait ajouté la particule *de* à son nom, et cela produisait toujours un effet très-agréable sur ces dames qui, bien que trompées toujours par les apparences, se flattaient de ne connaître que des hommes *de la haute*.

Aussi madame Mirobelly a-t-elle répondu, avec son plus aimable sourire, qu'elle était fort heureuse que ce monsieur voulût bien passer quelques heures à ses petites réunions.

Le nouveau venu n'avait rien dit, il s'était contenté de saluer ; mais sa manière de se présenter n'annonçait ni timidité ni embarras, et son œil noir, en parcourant le salon, avait une assurance qui avait été remarquée par toutes ces dames.

— Quel est ce monsieur ? avait aussitôt demandé Léonis à la grande Aglaure qui se trouvait près d'elle.
— Je n'en sais pas plus que vous... Vous voyez bien que Courtinet vient de le présenter... donc il vient ici pour la première fois.
— Ah ! ce ne serait pas une raison pour que vous ne le connussiez pas... vous connaissez tout le monde, vous !
— Vraiment ? cela vous vexe ?
— Tiens ! par exemple ! Pourquoi donc ?...

Et mademoiselle Léonis ajoute d'un air moqueur, en se tournant vers madame Mazzépa : — Cela m'étonne, voilà tout.
— Toujours méchante, petite Léonis ! répond en souriant la dame qui a de si belles moustaches. Ah ! ce n'est pas bien !
— Tiens, il faut bien être un peu, ne c'est pas un crime ; et puis, cette grande Aglaure, avec sa figure de cosaque, elle veut toujours nous faire accroire que tous les hommes courent après elle... comme si c'était possible !
— Mais, ma chère, Aglaure est fort belle femme ; est-ce que vous croyez que ce n'est pas quelque chose ? Croyez-moi, entre nous, nous devrions nous ménager, cela vaudrait mieux que de chercher à nous nuire.
— Au fait, vous devez savoir cela mieux que moi... à cause de votre longue expérience.

Madame Mazzépa se mord les lèvres et ne répond rien. Léonis court vers un groupe de jeunes femmes en riant aux larmes.
— Qu'est-ce que tu as à rire, Léonis ? demande la svelte Antonine ; je gage que tu viens de te moquer de quelqu'un.
— Moi !... incapable ; j'ai seulement donné son paquet à cette vieille Mazzépa qui voulait me faire de la morale !... Voyez-vous cette dame, avec ses mouflustres et ses moustaches, qui veut encore faire des conquêtes, qui me donne des leçons et prétend que je suis méchante !... Vieux dromadaire, va !...

— Oh ! Léonis, si Mirobelly t'entendait appeler ainsi son amie.
— Mirobelly, je m'en moque pas mal !... je lui donnerais un autre nom, à elle, qui ne rime pas avec dromadaire, quoiqu'il soit de la même famille.
— Tu connais la famille des dromadaires ? dit mademoiselle Zizi Pétard en faisant des yeux étonnés ; est-ce que tu as des connaissances au Jardin des Plantes ?
— Beaucoup, ma chère, je suis très-liée avec le cornac de l'éléphant et le gardien des ours ; je déjeune souvent avec eux.
— Avec les ours ?
— Avec les ours aussi.
— Et tu n'as pas peur ?
— Pas du tout ! Quand leur gardien est là, ils ne feraient pas de mal à une brebis ; si tu veux venir un jour avec moi, nous déjeunerons avec Martin et un bouc.
— Oh ! c'est ça, nous ferons partie carrée !... Oh ! je le veux bien ! les boucs, c'est ma passion.

Et mademoiselle Zizi court en gambadant, dans la pièce voisine, dire à tout le monde qu'elle ira déjeuner au Jardin des Plantes avec deux animaux.
— Vous voyez qu'elle est de force à le croire, reprend Léonis quand Zizi est éloignée. Le fait est qu'elle devrait être à la Ménagerie. Mesdames, quelqu'une de vous connaît-elle ce monsieur que Courtinet vient de présenter ?
— C'est M. de Monvillars, dit Antonine.
— Ah ! comme c'est malin, ce que tu dis là... J'ai entendu son nom aussi bien que toi ; mais qu'est-ce que c'est que ce M. de Monvillars ? voilà le *hic* !
— Ça paraît un homme très comme il faut.
— C'est un noble, puisqu'il a un *de* !
— Il est très-bien mis... Il a bonne tournure... Il se présente bien ; c'est un joli garçon !
— Je n'aime pas cette figure-là ! dit mademoiselle Félicia, la jeune fille au teint andalous, qui, jusque-là, n'avait pas dit son mot sur le nouveau venu. Il a les sourcils trop rapprochés, le front trop bas... Il n'a pas l'air bon, ce monsieur-là ; son regard a quelque chose de sombre, de perçant... Avez-vous vu, en entrant dans le salon, comme il a jeté sur nous un coup d'œil presque dédaigneux !
— Du tout, ma chère, c'était un air noble... c'est que vous ne connaissez pas ces airs-là, apparemment.

Félicia lance à Léonis un regard ironique en lui répondant : Qui vous a dit que je ne fréquentais pas des gens nobles ?... Me connaissez-vous seulement, et savez-vous qui je suis ? Avant de toujours chercher à mordre sur les autres, faites donc un retour sur vous-même. Est-ce quand votre père se mettait en embuscade pour tirer des lapins, qu'il vous a appris à connaître les gens comme il faut ?... Ah ! au fait, comme il braconnait sur les terres des grands seigneurs, non content de leur prendre du gibier, il aura peut-être aussi pris leurs grands airs !...

Mademoiselle Léonis est restée toute sotte. Suivant l'habitude de ces personnes qui disent des méchancetés à tout le monde quand elles rencontrent quelqu'un qui sait lui répondre, elle demeure toute surprise et fait triste figure. Cependant elle se remet bientôt, tâche de sourire et dit à Félicia :
— Mon Dieu, Félicia, il n'y a pas moyen de plaisanter avec vous !... vous prenez feu de suite un ton fâché.
— C'est que je ne suis point une Zizi Pétard, et je vous engage à ne pas trop vous fier à ma patience... Je n'en ai jamais eu pour supporter les impertinences de personne.
— Eh bien ! eh bien ! mesdames, est-ce qu'il y a donc ? est-ce qu'on se querelle ici ? est-ce que les Grâces se mettraient en colère... comme de simples mortelles ? Prenez garde ! ce serait déroger... Ah ! ah ! ah ! déroger !... est joli !... je suis très-content de déroger !...

C'est le gros Bouchonnier qui vient de s'approcher du groupe et fait de l'œil à mademoiselle Félicia.
— Non, non, monsieur, on ne se querelle pas, répond Antonine.
— Alors on s'asticotait un peu... Ah ! ah ! ah !... comment trouvez-vous asticoter ?... Il est bon, le mot.
— Mais vous n'en dites pas d'autres, vous, monsieur, répond Léonis.
— Vous trouvez, valseuse intrépide ?
— Nous parlons de ce jeune homme qui vient d'arriver... vous ne le connaissez pas par hasard ?
— Moi ! est-ce que je connais les hommes ? si c'était une femme ! c'est différent... je les connais toutes... plus ou moins... Oh ! oh ! oh !... plus ou moins ! vous comprenez...
— Moi, reprend mademoiselle Félicia, j'aime beaucoup mieux cet autre grand jeune homme qui a été présenté ce soir et qui est l'ami de M. Georgeille.
— Ah ! c'est un ami de l'apothicaire ! dit Léonis, je me défie de ces messieurs qui sont dans les drogues.
— Oh ! oui ! s'écrie M. Bouchonnier enchanté de trouver l'occasion de placer encore un bon mot, les apothicaires ! c'est bien perfide, car tous ces gens-là n'ont pas l'habitude de vous attaquer de face, les poltrons ! vous saisissez mon idée... de face...

— Oui, oui, monsieur.
— Mais, quant au jeune homme dont vous parliez, je vous dirai que c'est mon cousin, un charmant garçon, qui sera fort riche un jour, et qui, comme moi, adore le beau sexe...
— Ah! c'est votre cousin! dit Félicia, on ne le devinerait pas; il ne vous ressemble pas du tout.
— Nous sommes cousins du côté des femmes, c'est pourtant le plus sûr... Oh! oh! oh! le plus sûr... c'est méchant, hein!
— Voilà Zizi qui revient; elle sait peut-être quelque chose sur ce monsieur qui vient d'arriver... Eh! Zizi, écoute donc... Qu'est-ce qu'on dit de M. de Monvillars?
— C'est un monsieur très comme il faut! il a cent mille francs de rente... voilà ce que Courtinet m'a dit.
— Mais Courtinet est un petit blagueur, il ne faut pas se fier à ses histoires; il court tous les bastringues de Paris et des environs; il fait connaissance avec tout le monde, et il prétend qu'il ne fréquente que des princes! Ensuite, il aime à faire des malices... Toi-même, Zizi, ne t'a-t-il pas fait dîner un jour avec un soi-disant ambassadeur turc... qui baragouinait je ne sais quelle langue, et il s'est trouvé ensuite que c'était tout bonnement un marchand de pastilles du sérail.
— Oh! c'est égal, il sentait bien bon, cet homme-là! il embaumait l'encens et la rose!
— Comme c'est étonnant! un marchand de pastilles... Et ne devait-il pas te couvrir de cachemires, ce faux Turc?
— Oui... Courtinet me l'avait promis... mais il ne m'a donné qu'une demi-livre de dattes.
— Quelle horreur! si un homme me jouait un tour pareil, je lui ferais bien des choses désagréables!...
— Cent mille francs de rente! murmure M. de Formentières qui s'était trouvé derrière mademoiselle Zizi au moment où elle parlait du jeune homme qui venait d'arriver. Diable!... mais ce serait une grande fortune alors! Monvillars... de Monvillars... Je cherche à me rappeler ce nom-là... je ne sais pas trop où trouver cette famille-là.
— Et moi, murmure Georgelle qui est venu près de ces dames, je ne sais pas trop quels sont les ordres que ce monsieur porte à sa boutonnière... Diable m'emporte si j'en connais un.
— Oh! mesdames, cela chauffe au lansquenet! s'écrie Tintin en accourant près du cercle. Le jeune homme qui vient d'arriver n'y va pas timidement; pour son premier coup, il a fait banquo, et il y avait huit cents francs. Il a gagné... Mon jeune associé a sauté. Ah! il n'a pas voulu m'écouter; je lui avais dit: Quand vous aurez passé quatre fois, passez votre banque.
— Isidore a raison! dit le pharmacien en faisant un mouvement d'humeur. Je suis très-content de n'avoir pas joué, moi... Risquer mes jaunets! pas si dupe.
— Mesdames, si nous valsâmes un peu! dit le gros Bouchonnier en se posant devant Félicia. Il y a un monsieur au piano qui veut bien nous jouer une valse... Belle Andalouse, voulez-vous que je vous fasse tourner... eh! eh! eh!... tourner... hein! ça doit être ravissant de s'étourdir dans vos bras.

— Je ne valserai pas ce soir, répond Félicia en portant ses regards du côté du lansquenet: prenez Léonis, vous savez bien que c'est la valse incarnée.
— Oh! oui, dit Léonis, mais pas avec M. Bouchonnier... son ventre me gênerait!...
— Oh! quelle erreur... à peine si j'en ai; d'ailleurs je le rentre à volonté.
— Vraiment! Quand vous faites cet exercice-là, cela doit bien vous fatiguer. D'ailleurs Courtinet m'a engagée... Je valse avec lui...
— Heureux Courtinet!... Ah! voilà du punch, j'en prends un verre...
— Bon! voilà madame Mazzépa qui en boit pour la quatrième fois! dit Zizi.

— Monsieur, ma femme me trahit!

— Cela prouve qu'elle est altérée, répond Léonis. Ecoutez donc, mesdames, chaque âge a ses plaisirs... Quand je prendrai ma retraite, je me livrerai au punch... Oh! voyez donc Aglaure qui roule de la prunelle pour M. Montalbert.
— Je lui souhaite bien du plaisir... il est trop laid.
— Ecoutez donc, qui se ressemble s'assemble! Ah! voilà M. Courtinet... Allons donc, monsieur... vous entendez qu'on joue une valse et vous n'accourez pas?
M. Courtinet était de ces jeunes gens qu'on ne remarquerait pas dans le monde, parce qu'ils ne sont ni beaux, ni laids, ni spirituels, ni bêtes, ni gauches, ni gracieux, mais qui, ne voulant pas rester inaperçus, c'est-à-dire tels que la nature les a faits, se sont donné un ridicule, afin d'avoir au moins quelque chose que l'on puisse citer.
M. Courtinet n'ayant de vocation bien décidée pour rien, avait dû chercher longtemps avant de trouver quelque chose qui pût lui aller sans trop gêner ses habitudes. Après y avoir longtemps rêvé, il s'était décidé pour le rôle de bouffon. Il passait son temps à chercher quel tour il pourrait jouer, quelle histoire il pourrait conter pour faire rire la société. Il se serait cru perdu si dans une réunion quelconque il n'était pas parvenu à faire dire:
— Mon Dieu! que ce Courtinet est drôle!
Mais pour arriver à ce but tout lui était bon; et quelquefois ses bouffonneries n'étaient pas du goût de tout le monde.
Cette fois il vient d'arriver en Zéphire devant mademoiselle Léonis, et, avant qu'elle ait fini de parler, il la prend dans ses bras, l'enlève, l'emporte et fait ainsi le tour du salon en valsant avec la jeune lorette qui crie pendant qu'on la tient:
— Mettez-moi à terre... finissez cette plaisanterie-là... vous allez me laisser tomber... Mon Dieu, Courtinet, que vous êtes ennuyeux!... vous me chiffonnez, je n'aime pas cela!
Mais Courtinet continuait de faire le manège de porter Léonis en l'air et ne paraissait pas disposé à s'arrêter, lorsque M. Bouchonnier, qui tenait à valser, mais qui jusque-là n'avait pu parvenir à trouver une valseuse disponible, se décide, faute de mieux, à s'a-

dresser à madame Mazzépa. Cette fois son offre est agréée avec un doux sourire; la grosse dame se lève, jette un coup d'œil sur sa robe, puis s'enlace de ses deux bras à son cavalier d'une façon qui semblait dire : Si je tombe, tu tomberas avec moi.

Et les deux locomotives se mettent en mouvement, madame Mazzépa bien solidement enlacée à son valseur, et celui-ci, sentant qu'il a une masse à faire mouvoir, ne regardant plus, ne voyant rien autour de lui, mais allant toujours comme un torrent furieux au risque de briser, de renverser tout ce qui se trouvera sur son passage.

Les jeunes couples qui valsaient se garaient de M. Bouchonnier et de madame Mazzépa comme d'une avalanche qui les aurait écrasés. Mais Courtinet, tout occupé de regarder en l'air pour voir les mines de la piquante Léonis, n'a pas aperçu le couple dangereux qui vient de se livrer à la valse, et dans un moment où la personne qu'il tenait criait encore : Lâchez-moi, je le veux, mettez moi à terre! un choc terrible le fait trébucher en le jetant de côté. Il met en effet Léonis à terre, mais il s'y trouve renversé avec elle; peu s'en faut que leur chute n'entraîne celle des autres couples; Antonine et un jeune lion, Aglaure et Georgelle viennent trébucher contre eux; et, au milieu de tout cela, M. Bouchonnier et madame Mazzépa, fermes comme deux rocs, tournent comme des machines à ressorts et semblent disposés à bousculer tout le monde et à donner au salon l'aspect d'un champ de bataille.

M. de Pigeonnac arrive à propos pour rétablir l'ordre, il se jette au cou de madame Mazzépa, et il faut qu'il emploie toute sa force pour arrêter le couple dans son mouvement de rotation. Enfin les éclats de rire ont remplacé les cris d'effroi. Léonis qui, en tombant, n'a fait voir que ses jarretières, donne un léger coup d'éventail à Courtinet en s'écriant : — Voyez, monsieur, à quoi m'exposent vos folies... je pouvais dans ma chute montrer à toute la société... que je ne porte pas de caleçon...

— Comme toute la société le sait déjà, dit Tintin à Aglaure, ça ne lui aurait rien appris de nouveau.

Isidore Marcelay arrive dans la pièce où l'on vient de valser. Georgeile court à lui, en lui disant à demi-voix :

— Eh bien... la fortune.

— Mon cher ami, répond Isidore d'un ton tragi-comique : *Quand on a tout perdu... quand on n'a plus d'espoir...* on quitte le jeu et on vient danser.

— Eh bien, mon pauvre, dit la grande Tintin en souriant à Isidore, vous vous êtes donc laissé vaincre? vous aviez bien commencé pourtant !

— Elle en sait quelque chose ! dit Léonis à Courtinet, elle a palpé quatre cents francs que ce monsieur lui a comptés...

— Elle l'avait donc commandité ! répond le jeune homme en riant.

— Oui, commandité... d'une façon commode ! sans bourse délier. Je n'oserais pas dire ces choses comme ça, moi.

— Ah ! vous êtes si délicate, Léonis ! vous ne devez pas digérer le homard.

— Mon Dieu, Courtinet, que vous êtes ennuyeux avec vos bêtises !

Isidore s'est approché de Félicia, il s'asseoit près d'elle; les yeux bruns de la jolie lorette perdent aussitôt de leur expression dure et ironique, ils deviennent doux, voluptueux, ils deviennent charmants; car depuis longtemps elle avait remarqué Isidore, et c'était de lui seul qu'elle était occupée.

— Vous avez donc quitté le jeu? dit-elle à Isidore.

— Oui, il y a là un monsieur qui m'a enlevé ma veine!... La fortune m'a quitté pour lui...

— C'est bien mal de sa part... Si j'étais la fortune, je n'agirais pas ainsi.

— Vraiment ! répond le jeune homme en regardant dans les yeux de Félicia. Est-ce que vous pourriez vous attacher à moi?...

— Trop peut-être... mais je ne sais ni aimer ni haïr à demi !

— Oh ! vous avez raison!... il faut faire tout avec passion... Je ne comprends pas, moi, ces gens froids au milieu des plaisirs, qui ne se déridant jamais, ne se grisent jamais, ne se querellent jamais!... qui ne savent pas ce qui leur plaît... qui répondent: Cela m'est égal, à tout ce qu'on leur propose, qui sont toujours maîtres d'eux-mêmes, dont le sang-froid ne se dément en aucune circonstance. Oh ! de tels caractères me font bouillir ! je ne les conçois pas, et je ne voudrais pas leur ressembler... les émotions, en peine comme en plaisir, c'est vivre du moins, c'est sentir que l'on existe.

MADEMOISELLE MIRODELLY.

Isidore a dit tout cela avec feu, et comme il le pense ; les yeux de Félicia brillent d'un vif éclat, elle semble vouloir retenir chacune de ses paroles. Puis, quand il a fini de parler, elle pose son bras sur le sien, et, avançant sa tête contre celle du jeune homme, de manière à ce que sa bouche soit toute prête de son oreille, lui dit avec un accent qui part de l'âme :

— Oh! je vous aime!... car vous pensez comme moi!... car vous êtes un homme comme je le rêvais... Vous m'aimez aussi... n'est-ce pas ?... je l'ai lu dans vos yeux..Oh! dites-moi que je ne me suis pas trompée.

Isidore est resté tout interdit à ce brusque aveu auquel il ne s'attendait pas, aussitôt du moins... Quoique son amour-propre soit flatté, quoiqu'il trouve Félicia fort à son gré, il est meuré tellement surpris, qu'il n'a pas encore su répondre. La jeune fille au teint bistré devine ce qui se passe en lui et elle reprend:

— La déclaration que je viens de vous faire vous semble au moins singulière, je le vois; mais tel est mon caractère: aussi franche que vive, je ne sais jamais cacher ce que j'éprouve. Je ne comprends pas pourquoi l'on retarde ce que l'on a le désir de faire ou de dire. Quand je déteste quelqu'un, il le sait tout aussi promptement. Quand je cesse d'aimer, je le dis de même. Voilà comme je suis. Aussi la plupart de ces dames me trouvent ridicule, bizarre! mais je tiens fort peu à leur opinion. Je vous le répète, du moment que vous êtes entrée dans ce salon, vous m'avez plu... et je n'aurais fait si vous n'étiez pas venu vous placer près de moi. Mais je vous espérais, car vous m'avez souvent regardée en causant avec M. Georgelle, et j'ai deviné que vous le questionniez sur moi.

2

— Vous ne vous êtes pas trompée, car je vous avais aussi remarquée, charmante Félicia, et je l'avais dit à Georgelle : De toutes les femmes qui sont ici, voilà celle que je préférerais.

— Vous aviez dit cela !... Vous voyez bien qu'il y avait de la sympathie qui nous attirait l'un vers l'autre... Mais vous ne croyez peut-être pas à mes paroles, parce que vous êtes dans une maison où l'on n'a pas l'habitude de former de véritables attachements, où l'on ne recherche que le plaisir et le changement. Vous devez penser que moi, qui viens ici, je dois être comme toutes les autres... Ne me jugez pas avant de me connaître. Je ne prétends pas valoir mieux qu'aucune de ces dames; mais, cependant, je n'agis pas comme elles. Regardez-moi encore... longtemps... dans les yeux... Ah ! que je suis heureuse !...

— Tiens !... tiens ! Aglaure ! dit mademoiselle Léonis en faisant signe à son amie de regarder du côté du divan sur lequel étaient assis Félicia et Isidore, il me semble que l'Africaine s'humanise ce soir... Elle chauffe ce grand jeune homme qui a galamment donné quatre cents francs à Tintin...

— Diable ! il a des manières bien distinguées ce monsieur-là.

— Vois donc comme ils se regardent !... Quand mademoiselle Félicia s'y met, elle ne se gêne guère... elle le mange des yeux... c'est indécent.

— Ça m'est m'est bien égal... je dîne demain avec M. Montalbert.

— Vraiment !... Ah ! on sait ce que cela veut dire...

— Oh ! rien du tout... une simple galanterie de sa part. Je lui disais que j'adorais les huîtres vertes; il m'a offert de m'en faire manger, voilà tout.

— Au reste, je ne t'envie pas sa conquête... Il est bien laid, ce monsieur...

— Mais non, je ne trouve pas... et puis il a beaucoup d'esprit.

— Bah ! tu t'es aperçue de cela ? Moi, j'aimerais assez le Monvillars; mais il n'est occupé que du lansquenet, cet homme. Il paraît qu'il n'est venu ici que pour jouer. Voilà Félicia qui met sa bouche sur le front de ce jeune homme. Dieu me pardonne ! je crois qu'elle le lui a baisé... Si Mirobelly voyait cela, elle le rappellerait à l'ordre. Oh ! bon, voilà M. de Pigeonnac... je vais l'envoyer troubler leur entretien amoureux. D'abord, je ne puis pas souffrir cette Félicia ! c'est ma bête noire... elle est très-impertinente... Dites donc, monsieur de Pigeonnac.

Le monsieur qui avait été si heureux au lansquenet s'approche de mademoiselle Léonis, et lui prend la main, en disant :

— Que désires-tu, nymphe légère... As-tu réfléchi sur ma proposition de tout à l'heure... Veux-tu être à moi dans quinze jours... Si j'étais libre avant, je te prendrais tout de suite ! mais j'ai des engagements à remplir.

— Vous êtes loué?

— Justement.

— Est-ce à l'heure ou à la journée?

— Ma chère, à la semaine, comme les voitures de remise.

— Diable, quel turff !... Mais écoutez, Félicia vous demandait tout à l'heure; elle avait quelque chose à vous dire; je crois qu'elle désire que vous la débarrassiez des déclarations de ce grand jeune homme qui vous voyez d'ici; c'est un dadais du Marais qui l'ennuie.

— C'est facile, nous allons lui rendre ce service-là.

En disant ces mots, M. Pigeonnac, tout en arrangeant sa cravate et en passant ses doigts dans ses cheveux, se dirige vers les deux personnes de la société qui s'occupaient le moins de ce qui se passait autour d'elles.

Félicia tenait une des mains d'Isidore dans les siennes, et elle lui disait, avec une voix que l'amour faisait doucement vibrer :

— N'ayez pas trop mauvaise opinion de moi, parce que je vous ai tout de suite fait connaître mes sentiments. Je ne vous connais pas, j'ignore qui vous êtes, ce que vous faites, mais je ne me trompe guère en physionomie... vous n'êtes ni un fat ni un sot, et pour moi c'est le principal. Après cela, ayez des défauts, des vices même, je vous pardonnerai tous, pourvu que vous m'aimiez. Vos vices, je les excuserai; vos défauts deviendront les miens. N'est-ce pas ainsi que l'on doit aimer ?

— Vous êtes charmante... vous êtes bien aussi telle que je vous jugeais. Ce que j'adore dans une femme, c'est la franchise... nous sommes si souvent trompés qu'il doit bien nous être permis de regarder avec étonnement une personne qui ne fait point la coquette et qui nous parle comme vous le faites. Félicia, vous me conterez vos aventures, n'est-ce pas?

— Je vous dirai toute ma vie... elle n'est pas encore bien longue, et pourtant elle est fertile en incidents... Oh ! j'ai déjà fait bien des folies; je ne vous en cacherai aucune.

— Et quand vous ne m'aimerez plus, vous me le direz avec la même franchise ?

— Je vous le jure. Quant à vous... Oh ! vous n'aurez pas besoin de me le dire... je le verrai bien.

— Et à quoi?

— C'est qu'alors vous ne me regarderez pas comme à présent !... Ah ! que j'aime vos yeux !...

C'est en ce moment que M. de Pigeonnac s'arrêta devant Félicia et lui prend la main, en s'écriant : — Me voilà, belle Andalouse, me voilà... je vous ai fait attendre, mais désormais je suis à vos ordres.

La jeune femme retire brusquement sa main en regardant M. de Pigeonnac avec surprise. Isidore a levé la tête et mesure déjà d'un œil courroucé ce monsieur qui vient se glisser entre lui et la personne que son cœur a choisie. Le bel homme, du ton moqueur qui lui est habituel, toise à son tour Isidore, en murmurant :

— Je suis fâché, monsieur, de vous enlever madame; mais vous n'avez pas pensé sans doute qu'elle était venue ici pour vous seul... ce serait de l'égoïsme.

M. de Pigeonnac n'avait pas achevé son dernier mot que déjà Isidore s'était levé prompt comme l'éclair, avait saisi le bras du bel homme, le lui avait serré de façon à lui faire mal, et tout en lui secouant le bras lui avait dit, en le regardant entre les deux yeux :

— Monsieur, quand je cause avec quelqu'un, je trouve fort mauvais qu'on m'interrompe. Avez-vous quelques droits sur madame?... alors je vous enverrai promener également; mais je vous demanderai sur-le-champ votre heure, vos armes et le lieu du rendez-vous. Allons, monsieur, répondez, je n'aime pas attendre.

M. de Pigeonnac ne sait plus quelle figure faire ; l'action d'Isidore a été si prompte qu'il ne se sent pas même la force de dégager son bras ; il se laisse secouer, mais il a perdu son air moqueur, et balbutie des mots que l'on ne peut pas entendre.

— Bien ! très-bien ! s'écrie Félicia en regardant Isidore avec amour. Oh! que votre action m'a plu!... homme j'aurais agi et parlé tout comme vous; mais veuillez laisser le bras de M. Pigeonnac, car je n'ai jamais eu de relations intimes avec lui, et je ne comprends rien à ce qu'il a voulu nous dire.

— C'est différent ! dit Isidore en lâchant le bras qu'il secouait encore; mais que monsieur s'explique alors ; pourquoi prétend-il que vous devez cesser de causer avec moi?

Le beau monsieur, qui avait eu le temps de se remettre de sa surprise, a repris son sourire, et tâche d'avoir un rire naturel en disant :

— Comment ! vous n'avez pas compris que c'était une plaisanterie... vous avez pris au sérieux ce que je vous disais... Ah ! ah ! c'est fort drôle... Figurez-vous que c'était une gageure... Mademoiselle Léonis me disait en vous montrant : Voilà deux personnes bien en train de causer... je suis certaine qu'on ne les dérangerait pas facilement. Moi, j'ai parié le contraire... et je suis venu à vous... et j'ai gagné mon pari... Mais, parole d'honneur, je vous croyais pas que cela vous fâcherait !... je n'en avais nullement l'intention.

Isidore ne semble pas fort satisfait de l'explication, mais il se rassied et ne répond rien.

— Croyez-moi, monsieur de Pigeonnac, dit Félicia, une autre fois ne faites plus de paris avec mademoiselle Léonis: comme il y a sans cesse de la méchanceté dans ses paroles, il peut y en avoir aussi dans ses actions.

Le bel homme se promettait bien en effet de ne plus écouter cette demoiselle, lorsque la grande blonde arrive vers lui, en s'écriant :

— Comment, monsieur de Pigeonnac, vous restez là ! vous n'allez plus jouer lorsque la partie est devenue si intéressante... Il y a là un monsieur qui vous dégotte, mon bel ami ! il gagne tout le monde... il a des monceaux d'or devant lui... Oh ! c'est un gros joueur que ce M. de Monvillars... il conduit joliment cela ! Vous n'êtes plus que de la Saint-Jean, vous.

— Vraiment, ma chère Tintin ! répondit le bel homme en reprenant sa jactance habituelle. Oh ! nous allons voir cela... Un adversaire digne de moi c'est tout ce que je demande, et votre M. de Monvillars n'a qu'à bien se tenir.

M. de Pigeonnac se dirige vers le lansquenet. La table de jeu était envahie par la société. La partie était devenue si forte qu'elle était intéressante même pour ceux qui ne jouaient pas. La plupart des dames avaient quitté la danse ou leurs adorateurs pour voir jouer ce monsieur qui venait de dépouiller leurs galants. Plusieurs lions étaient déjà à sec, leurs billets de banque étaient passés devant M. de Monvillars, qui avait alors près de vingt mille francs de gain devant lui, et qui montrait dans sa prospérité un flegme, un sang-froid digne d'un grand général.

La plupart des joueurs habituels étant ruinés, M. de Monvillars attendait de nouveaux adversaires. C'est en ce moment que M. de Pigeonnac perce la foule et arrive jusqu'à la table de lansquenet : pour se faire faire place, il est obligé de repousser M. de Formentières qui se tenait debout vis-à-vis de M. de Monvillars qu'il paraissait considérer avec une extrême attention.

— Pardon, messieurs !... mais je viens pour jouer, et non pas pour regarder, dit le bel homme en s'asseyant devant le banquier, auquel il adresse un salut gracieux, tout en le regardant avec curiosité.

M. de Monvillars répond par une inclination de tête au salut de ce monsieur, mais son regard qu'il est difficile de saisir, parce qu'il ne se fixe sur personne, passe rapidement sur le nouveau ponte, va errer un instant sur la foule, puis revient s'abaisser sur les cartes qu'il tient dans sa main.

— Mille francs! dit Pigeonnac en sortant un billet de banque de sa poche. Les tenez-vous, monsieur?
— Tout ce que vous voudrez, répond M. de Monvillars sans lever les yeux ; puis il ajoute:
— Personne ne met rien de plus?
— Ma foi si!... cinq napoléons de plus! s'écrie une voix qui part de derrière la foule. C'était le jeune pharmacien qui, sachant que M. de Pigeonnac venait de se mettre au jeu, et connaissant son bonheur habituel, s'était décidé à risquer ses jaunets, se flattant, en pariant du même côté que le bel homme, de partager son heureuse chance.

La main de Georgelle est arrivée jusqu'au tapis vert, où elle a déposé les cinq pièces d'or.

M. de Monvillars commence la partie, il amène un as pour lui et une dame pour ses adversaires.

— Une dame! bravo! s'écrie Pigeonnac, j'aime les dames ! elles m'ont toujours porté bonheur. Cette dame va nous faire gagner, j'en suis certain... *Viens, gentille dame!... je t'attends! je t'attends... je t'attends !...*

Malgré la chanson de M. de Pigeonnac, à son troisième : *Je t'attends*, le banquier amène un as, et avec le plus grand calme il fait passer de son côté l'argent de ses adversaires.

— Perdu !... s'écrie M. de Pigeonnac qui cesse aussitôt de chanter.
— Perdu !... dit à son tour Georgelle qui s'est faufilé derrière le bel homme. Mais ce n'est pas possible !...
— C'est tellement possible que notre argent a passé à l'ennemi.
— Comment ! vous perdez..., vous, monsieur ! et moi qui parie pour vous, comptant sur votre bonheur... il fallait donc me prévenir que vous perdiez aussi quelquefois ! j'aurais eu moins de confiance.
— Ah ! vous êtes charmant ! Mais nous allons prendre notre revanche... Deux mille francs, monsieur? ils sont faits.

Et Pigeonnac sort deux billets de banque et les pose sur le tapis.
— Et les deux cents francs qui restent, les fait-on? demande le banquier.

On est quelque temps sans répondre. Enfin la main du pharmacien s'avance toute tremblante sur la table de jeu et y dépose cinq autres napoléons.
— C'est encore cent francs à faire, dit M. de Monvillars.
— On ne fait pas plus ! murmure une voix étouffée dans laquelle on a peine à reconnaître les accents du pharmacien.

Trois lorettes et une jeune actrice des boulevards font à elles quatre les cent francs qui manquent.
— Le jeu est fait, dit M. de Pigeonnac en essayant de fredonner et d'avoir son air ordinaire. Mais il ne peut plus parvenir à trouver un air.

Monvillars tourne les cartes. Cette fois il amène pour lui une dame, et un cinq pour les joueurs.
— Oh ! bravo ! le cinq! Très-bon nombre que cinq ! dit M. de Pigeonnac. Je n'ai jamais perdu avec un impair... — *Numero Deus impare gaudet!* tandis que les dames... Oh ! ce sont des trompeuses, il ne faut pas s'y fier. J'aime bien mieux avoir un cinq qu'une dame.
— Vous disiez le contraire tout à l'heure, murmure Georgelle.
— C'est vrai! mais tout à l'heure j'avais tort et à présent j'ai raison. Vous allez voir.

M. de Monvillars tourne beaucoup de cartes, et tous les regards sont fixés sur le jeu qu'il tient à la main.
— A nous ! s'écrie tout à coup M. de Pigeonnac en avançant déjà sa main pour saisir les enjeux. Mais le banquier repousse doucement son bras, en lui disant :
— Vous vous trompez, monsieur, ce n'est point un cinq, c'est un quatre qui vient de sortir... voyez...
— Ah ! c'est juste, dit Pigeonnac, c'est un quatre que j'avais pris pour un cinq !... J'ai la vue un peu basse.
— Que le diable soit de votre vue basse ! dit le pharmacien. Vous vous écriez : A nous! on croit qu'on a gagné... et il n'en est rien; c'est très-désagréable !
— On peut se tromper, mon cher ami. Est-ce que vous ne vous trompez pas quelquefois, vous, quand vous donnez du *laudanum* pour du sirop d'ipécacuanha?... Ça fait crever les enfants ; voilà tout !

Georgelle ne répond rien. M. de Monvillars recommence à tourner des cartes, il amène une dame.

La galerie est vivement émue de son bonheur. Les jeunes femmes qui ont parié s'écrient toutes à la fois :
— Enfoncées !...

M. de Pigeonnac pâlit, tout en murmurant :
— Encore perdu !

Le pharmacien s'éloigne de la table de jeu en bousculant tout le monde et va se jeter désespéré dans un fauteuil qu'il manque de faire craquer en se laissant tomber dessus.

Madame Mirobelly couve des yeux M. de Monvillars et tout l'argent qui est devant lui.

Isidore et Félicia sont restés dans l'autre pièce, où ils continuent de se parler d'amour. Eux seuls ne prennent point part à ce qui se passe au lansquenet.
— Il y a quatre mille quatre cents francs à faire, dit M. de Monvillars en jetant un coup d'œil rapide autour de lui. Personne ne répond ; on semble terrifié par la constance de son bonheur.

Mais M. de Pigeonnac a fouillé dans son portefeuille; il en sort quatre billets de mille francs qu'il place sur la table, en disant :
— Allons jusqu'au bout !...

Personne ne se présentant pour faire les quatre cents francs, le banquier les retire.
— Il paraît que M. Georgelle n'a plus confiance en moi ! dit Pigeonnac.
— Je crois qu'il a raison ! murmure M. de Formentières avec un sourire équivoque.
— Allons, monsieur, à nous deux alors ! dit Pigeonnac.

M. de Monvillars ne répond que par une inclination de tête, et il se dispose à commencer la partie. Pigeonnac ne chante ni ne fredonne. La galerie garde un silence solennel. Toute l'attention semble absorbée sur les cartes que l'on va tourner.
— Lansquenet ! s'écrie le banquier avec un sentiment de joie qu'il veut en vain cacher.

Il venait, en effet, de tourner deux cartes pareilles... Mais, à son tour, Pigeonnac saute sur l'argent, en s'écriant :
— Un moment ! monsieur, un moment ! le coup n'est pas bon... vous avez tourné la seconde fois deux cartes, au lieu d'une... Voyez... que la galerie examine.

En effet, le banquier avait deux cartes du côté droit et une seule du côté gauche. Un léger murmure circule dans la galerie. Mais M. de Monvillars répond avec un air d'arrogance :
— En effet !... j'ai tourné deux cartes par mégarde, cela peut arriver à tout le monde ; mais remarquez bien que j'ai gagné également. La carte, pour moi, est un dix ; en retournant ensuite deux cartes au lieu d'une, j'ai fait voir celle de dessous, qui est aussi un dix ; celle qui serait venue avant, et qui est pour le ponte, est un valet : donc c'est un dix qui devait venir ensuite, et vous voyez que c'est la carte du banquier.

Personne ne se décide à répondre.
— Le coup me semble au moins douteux ! s'écrie Pigeonnac. Il n'y a rien de douteux là dedans, reprend M. de Monvillars d'une voix sèche et dure, et vous le savez mieux que personne.
— Mais comme il y a eu faute de votre part, dit M. Formentières en prenant un air gracieux, il me semble que le coup doit au moins être annulé.

Monvillars, après avoir jeté un coup d'œil sur ce monsieur qui a tant de décorations à sa boutonnière, répond avec un air d'humeur :
— Soit ! recommençons !

Chacun se rapproche avec empressement de la table. Une vive anxiété se peint sur tous les visages. Pigeonnac ne perd pas un instant de vue les mains et les cartes du banquier. Celui-ci recommence à tourner pour lui, puis pour son adversaire. Il amène encore lansquenet.

Un cri général retentit dans le salon.
— Cette fois je n'en ai pas retourné deux pour une, dit M. de Monvillars en mettant les billets de banque dans sa poche.
— Non! répond Pigeonnac en poussant un soupir. Oh! cette fois, vous ne vous êtes pas trompé... Allons, décidément j'ai trouvé mon maître !... je suis parfaitement *nettoyé*.

Pigeonnac, qui est beau joueur et qui perd son argent à peu près comme il le gagne, quitte enfin la table de jeu en disant :
— Ce qui vient de la flûte s'en retourne au tambour. Chacun en fait autant. M. de Monvillars, voyant que la partie est abandonnée, met tout son or dans sa poche et passe dans la pièce voisine.

Isidore et Félicia étaient partis. Le jeune pharmacien continuait à se désespérer sur son fauteuil, et par habitude mettait encore parfois sa main dans son gousset, mais il la retirait aussitôt en murmurant :
— J'ai beau tâter, mes pauvres petits jaunets n'y sont plus. Imbécile que j'ai été de tenir la main dessus jusqu'à minuit !

M. Bouchonnier avait souri en voyant son cousin s'éloigner avec Félicia ; quant à lui, il était resté ; il voulait encore valser, mais les dames n'étaient plus disposées, excepté madame Mazzépa, que le gros monsieur ne se sentait plus le courage de faire tourner. Mademoiselle Léonis faisait tout son possible pour attirer l'attention de M. de Monvillars; mais déjà la Mirobelly et la grande Tintin essayaient de lier conversation avec lui. Cependant ce monsieur semblait prêter assez peu d'attention aux minauderies de ces dames, lorsque M. de Formentières, qui se trouvait près de lui, accoste un monsieur sur le retour, véritable ci-devant jeune homme, qui se mirait dans toutes les glaces, en criant :
— Eh ! monsieur de Volenville ! savez-vous la nouvelle...
— Comment! quelle nouvelle ? dit le vieux fat en s'arrêtant devant M. de Formentières.
— Vous connaissiez le major Giroval, il me semble?
— Le major Giroval... qui a une femme charmante... délicieuse !... aérienne !... Oui, oui, je me suis trouvé plusieurs fois avec eux. Je me rappelle surtout sa femme. Ah ! Dieu ! si elle avait voulu !... Quoique son mari soit bien jaloux, ma foi je me serais risqué.

— Eh bien! il paraît qu'elle a bien voulu, cette dame, car elle a quitté son époux pour suivre un jeune étranger, M. de Fridzberg, qui l'a enlevée...
— Ah! bah!... pas possible!... que me dites-vous là?... Ah! ce pauvre major, quelle figure il a dû faire... Après tout, je ne suis pas fâché que cela lui soit arrivé... il avait refusé une fois de me laisser conduire sa femme au bal... Il pressentait son sort!... Et quel est ce M. de Fridzberg qui a enlevé cette dame?
— Un jeune homme, un étranger, à ce qu'il paraît... on ne sait pas trop encore.
En disant ces mots, M. de Formentières promenait ses regards autour de lui, mais ses yeux parcoururent en vain le salon. M. de Monvillars avait disparu.

VII. — LA FEMME DU MAJOR.

Dans une petite pièce d'un appartement situé au troisième étage d'une maison de la rue Grange-aux-Belles, une femme veillait encore, quoiqu'il fût près de deux heures du matin.
Cette femme était jeune, ses manières paraissaient élégantes et distinguées. Elle portait alors un ample peignoir de mousseline blanche qui enveloppait tout son corps frêle et délicat. Elle n'avait rien sur sa tête, mais ses cheveux, châtain clair, étaient longs et soyeux, et quoique en ce moment sa coiffure fût négligée, ils formaient encore d'épais bandeaux sur chaque côté de sa figure, et c'était à peine s'ils laissaient passer le bout d'une oreille aussi mignonne que bien faite.
Cette dame avait les traits bien, sans être cependant d'une beauté remarquable; c'était un de ces visages de fantaisie qui en font valoir beaucoup. Elle avait surtout de jolis yeux d'une expression tendre, qui tournait souvent au langoureux. Elle était habituellement pâle; toute sa personne annonçait une constitution délicate.
Cette dame était Valérie Dubourget, devenue l'épouse du major Giroval.
La pièce dans laquelle elle se tient est petite, mais meublée avec élégance. Un lit sur lequel on s'est jeté, puis que l'on a quitté ensuite, est placé dans la partie de la chambre qui fait face aux croisées. Une lampe Carcel, recouverte d'un son globe, ne donne qu'une clarté douce et mystérieuse.
Valérie tient dans sa main un livre; mais elle ne lit pas. Elle paraît être en proie à une vive inquiétude. Ses yeux se portent à chaque instant sur une petite pendule qui est sur la cheminée. Ensuite elle se lève, marche dans la chambre, se rassied, essaie de lire, puis se lève encore. Au moindre bruit qui se fait entendre dans la rue, elle écoute avec anxiété. Le roulement d'une voiture fait briller un sentiment de joie dans ses yeux; mais lorsque la voiture a dépassé la maison et continue de s'éloigner, l'espérance s'évanouit, et la jeune femme redevient triste et inquiète.
La petite pendule sonne deux heures après minuit.
— Deux heures! murmure Valérie, et il ne revient pas!... Lui serait-il arrivé quelque malheur... Aurait-il rencontré mon mari!... Mais aussi pourquoi ne pas quitter Paris? Pourquoi rester dans une ville où nous sommes exposés à mille dangers?.. Quelle est donc cette affaire qui l'y retient encore?... Il devait me conduire en Angleterre, en Suisse, en Italie... Oh! que j'aurai de joie à voyager... à voyager en chaise de poste... s'arrêter où cela plaît... voir tout ce qu'il y a de beau dans un pays... loger dans les hôtels les plus élégants... mener une existence toute de plaisir et de luxe!... Voilà ce qu'il m'avait promis... et depuis huit jours qu'il m'a fait consentir à le suivre... c'est ici que je passe mon temps... dans ce petit appartement où il m'a reléguée... n'osant pas sortir de crainte d'être rencontrée, reconnue par quelque connaissance du major... ne pouvant pas même me mettre à la fenêtre pendant le jour. Il prétend que, comme on doit nous croire partis de Paris, c'est plus adroit de ne pas en sortir pendant qu'on fait les premières recherches... Enfin nous partirons bientôt... il me l'a dit encore ce soir en me quittant. Cela dépendait du succès de l'affaire qu'il allait traiter... Quelles affaires peut-on traiter à deux heures du matin?... Ah! Arnold!.. Arnold!... Mon Dieu! que je m'impatiente... Certainement que je ne m'amusais pas beaucoup avec le major... il était horriblement jaloux... je n'osais pas regarder un jeune homme, mais excepté cela... il était assez bon... et, il me laissait pas passer huit jours renfermée dans une chambre... Commettre une faute aussi grave... pour passer son temps à un troisième étage de la rue Grange-aux-Belles... ce serait bien la peine!... m'exposer à la fureur de mon mari... Oh! s'il me trouvait, il serait capable de me tuer!...
Et la jeune femme, croyant entendre quelque bruit, a fait un mouvement d'effroi. Ses regards se portent avec terreur autour d'elle, il lui semble que son mari va paraître, la saisir et lever un poignard sur elle. Une pâleur livide couvre son visage... Pour échapper à cette vision qui la poursuit, elle cache sa figure dans ses deux mains, en appuyant sa tête contre le dos du fauteuil.
Au bout de quelques moments, ce mouvement nerveux se calme,

l'effroi se dissipe. Valérie relève la tête, essuie son front avec son mouchoir, en se disant:
— Que je suis folle... Est-ce que l'on peut entrer ici... Mais j'ai eu bien peur!... Oh! c'est égal, Arnold dira ce qu'il voudra... je veux partir demain... Tant que nous serons à Paris, je n'aurai pas un moment de repos... S'il m'aime tant! pourquoi donc ne pas faire ce qui m'est agréable... D'ailleurs je meurs d'ennui dans ce logement... je suis comme prisonnière... Mieux valait alors ne pas quitter le major!...
Dans ces réflexions faites avec elle-même, où cette jeune femme laisse entièrement connaître ses plus intimes pensées, on doit remarquer que le sentiment dominant chez elle est l'amour du plaisir, le désir de mener une vie toute semée de luxe et de voluptés; enfin, un secret égoïsme qui, en rapportant tout à soi, n'aime chez les autres que ce qu'ils font pour nous être agréables; mais que de véritable amour prêt à tout souffrir, à tout endurer pour se rapprocher de l'objet de son idolâtrie, n'est pas celui qui a porté Valérie à abandonner son époux.
Peut-être, en lisant ainsi dans le cœur de cette jeune femme, la trouvera-t-on encore moins excusable, car on pardonne bien des fautes à un véritable amour; une violente passion nous aveugle, elle égare notre raison et nous ôte le courage nécessaire pour ne point nous écarter de nos devoirs. Mais être criminelle seulement par l'attrait du plaisir!... Et pourtant il y a bien des fautes qui n'ont pas eu d'autres causes. Combien de jeunes filles se sont fait illusion à elles-mêmes, et croyant éprouver une violente passion à laquelle leur cœur ne pouvait résister, ont reconnu plus tard qu'elles avaient été dupes de leurs sens et de leur imagination.
Le bruit d'une voiture qui vient de s'arrêter devant la maison chasse l'expression de tristesse qui était répandue sur les traits de la jeune femme dont la physionomie, fort mobile du reste, passait subitement de la peine au plaisir.
— Enfin, le voilà! s'écrie Valérie en courant à une fenêtre. Un cabriolet avait arrêté devant la porte, un jeune homme en est descendu, il paye son cocher et sonne à plusieurs reprises, comme quelqu'un habitué à bien payer les portiers. En effet, on ne le fait pas attendre. Il monte rapidement l'escalier, et en quelques secondes il est auprès de Valérie qui a couru lui ouvrir.
Monvillars (car c'est ce monsieur que nous venons de voir chez madame Mirobelly qui était si impatiemment attendu par la femme du major) referme soigneusement tout après lui, puis, prenant les mains de Valérie, les porte à ses lèvres avec amour, et attire ensuite vers lui de la tête de la jeune femme et couvre de baisers son front, ses yeux, sa bouche, et la contemple avec ivresse sur ses traits, et l'embrasse encore; il y a, vraiment de la passion dans les regards brûlants qu'il attache sur elle.
— Vous revenez à une belle heure, monsieur! dit Valérie en se dégageant et faisant une petite mine fâchée, mais qui ne semblait pas bien sévère. Regardez la pendule...
— Oui, oui, ma chère amie, je sais qu'il est tard... mais pourquoi ne vous êtes-vous pas couchée... en dormant on ne compte pas les heures.
— Oui, en dormant; mais quand on a de l'inquiétude, de l'ennui, de la terreur, on ne s'endort pas.
— Qui peut causer vos frayeurs... dans ce quartier éloigné de celui que vous habitiez... dans cette maison où personne ne vous connaît? J'ai quitté celle de Fridzberg, et pris celui de Monvillars pour dérouter les poursuites... Je puis vous assurer que l'on est bien loin de nous croire encore à Paris!... je gage maintenant que votre mari court les grandes routes et nous cherche dans toutes les auberges qu'il aperçoit.
— C'est possible, mais je vous certifie, moi, que je ne veux pas rester plus longtemps enfermée dans cet appartement. Quelle aimable existence! ne pas bouger d'ici, ne pas oser mettre sa tête à la fenêtre... en vérité, Arnold, c'est à mourir d'ennui!... si c'est là cette vie de plaisirs et de fêtes que vous m'aviez promise et dont vous me faisiez des tableaux si attrayants... oh! vous êtes bien menteur, monsieur, et je ne dois guère me fier à vos paroles.
— Calmons-nous, mauvaise tête! répond Monvillars en s'asseyant avec Valérie sur une causeuse, et passant son bras autour de la taille de la jeune femme. Calmons-nous: ces quelques jours de retraite étaient nécessaires, je vous le répète, mon ange; il fallait laisser courir après nous et ne pas aller sur les grandes routes nous exposer à rencontrer ton jaloux. Mais maintenant ce danger est passé et nous allons partir à notre tour.
— Oh! quel bonheur! les affaires qui vous occupaient sont donc terminées?
— Oui.
— Alors nous partirons dès demain, n'est-ce pas?
— Oui... demain j'achèterai une chaise de poste... tu pourras faire tes apprêts, nous nous mettrons en route vers la fin de la journée...
— Pourquoi si tard?
— Par prudence encore. Ton mari n'est plus à Paris, il court après nous, je le sais; mais d'autres personnes qui le connaissent pourraient nous rencontrer.
— Allons, nous partirons à la fin de la journée, j'y consens;

mais pas de plus longs retards, sinon, je vous en préviens, au risque de tout ce qui pourrait en résulter, je sors, je vais me promener, je vais au spectacle... Enfin, je ne reste plus sans bouger d'ici...

— Et si je t'y tenais fidèle compagnie... cela ne te suffirait donc pas ?

La dame aux yeux tendres secoue légèrement la tête, en murmurant d'un petit air boudeur :

— Non... cela ne me suffirait pas... j'ai entendu dire que l'amour s'usait trop vite dans le tête-à-tête, je ne veux pas exposer le vôtre à cette épreuve, monsieur.

— Oh! mon amour n'a rien à craindre, mon amour peut tout braver ! car il n'est pas de ceux que l'ennui peut atteindre. Je vous aime tant, Valérie, que je pense à vous sans cesse... votre image est toujours devant mes yeux... aussi je serais heureux de passer ma vie... rien qu'avec vous. Ah! vous ne m'aimez pas autant que je vous aime.

Valérie s'éloigne un peu de son amant tout en répondant :

— C'est très-bien, monsieur, faites-moi des reproches ! dites-moi que je ne vous aime pas !... voilà qui me semble fort juste... lorsque pour vous j'ai abandonné mon mari... quand je m'expose à toute sa colère... quand je perds ma position dans le monde... quand je descends au rang des femmes perdues, déshonorées... tout cela pour vous, monsieur... pour vous qui me laissez seule ici, qui passez votre temps je ne sais où... qui rentrez au milieu de la nuit... qui allez vous amuser sans moi ! faites-moi des reproches... Ah! en effet, je les ai bien mérités.

Monvillars se met aux genoux de la jeune femme, il les serre avec passion en s'écriant :

— Pardonnez-moi, Valérie, pardonnez-moi, ange de ma vie !... Ah! je suis insensé, je le sens, et au lieu de vous adresser des reproches, je dois baiser la trace de vos pas... Mais, tenez... c'est l'excès de mon amour qui me fait déraisonner... la passion que vous m'avez inspirée est si forte que pour la satisfaire, pour vous posséder, il n'est rien dont je n'eusse été capable... Vous m'avez fait le sacrifice de votre honneur... mais moi... croyez-vous donc que je n'aie rien eu à vous sacrifier ?... croyez-vous que j'aie reculé devant les obstacles ?... mais il fallait à tout prix que vous fussiez à moi, et quand on éprouve un amour comme le mien... on voudrait être aimé de même... Ah! pardon encore, vous m'aimez, vous me l'avez prouvé... vous êtes à moi, je dois maintenant m'efforcer de vous rendre heureuse, de vous procurer tous les plaisirs de votre âge, dont vous fûtes trop longtemps privée; je dois embellir votre existence, deviner vos désirs, prévenir vos goûts, satisfaire vos caprices... et je le ferai, Valérie; oui, désormais vous n'aurez plus de vœux à former.

Valérie tend sa main à son amant en signe de réconciliation, et il reprend sa place près d'elle, mais cette nature frêle et délicate, qui semblait ne parler qu'avec nonchalance, avait cependant une oreille attentive aux moindres paroles, et ne perdait pas un seul mot de ce qu'on lui disait. Au bout d'un moment, tout en passant ses doigts effilés dans les épais cheveux de Monvillars, elle lui dit :

— Muis, mon ami, quels sont donc ces sacrifices que vous avez faits pour me posséder ?... Vous m'avez répété plusieurs fois que vous étiez fort riche et entièrement maître de votre fortune comme de vos actions. Vous étiez garçon, libre par conséquent; vous êtes noble, baron ; à la vérité, il vous a fallu quitter votre nom de famille et en prendre un autre; mais ceci n'est que pour un temps. Quand nous serons bien loin de Paris, je ne vois pas ce qui vous empêchera de reprendre votre nom et vos titres... où sont donc ces grands sacrifices que vous m'avez faits et que vous voulez mettre en balance avec les miens ?

Monvillars semble très-embarrassé ; il est évident que dans le feu de ses discours, il a dit des choses dont il n'a pas alors senti l'importance, et que maintenant il regrette d'avoir laissé tomber de sa bouche; il ne croyait pas d'ailleurs que Valérie faisait tellement attention à ses paroles qu'il faudrait les lui expliquer; ses yeux se sont baissés vers la terre. Ce n'est qu'après un assez long silence qu'il répond enfin, mais en pesant ses paroles cette fois:

— Ma chère amie... en vous parlant de sacrifices... je me suis peut-être mal exprimé ; par exemple... je suis fort riche dans le monde, mais on ne possède pas toujours en voyage une forte somme... Avant de... m'éloigner avec vous, je voulais avoir beaucoup d'argent afin d'être certain de pouvoir parer à tous les événements... eh bien... pour se procurer cela promptement, il faut quelquefois passer par toutes les conditions que nous imposent les juifs... les usuriers... voilà ce que je voulais dire... mais cela ne valait pas la peine que vous y fissiez attention. Le sacrifice le plus réel que je vous aie fait, est celui de ma liberté... car je vous l'avouerai, avant de vous connaître, j'aimais beaucoup le changement; ces femmes recevaient mes hommages, je ne cherchais qu'à multiplier le nombre de mes conquêtes, et je me moquais des hommes de mon âge qui faisaient la folie de s'attacher. Vous avez complètement mon cœur; j'aime... je suis fidèle, je veux l'être toujours! voilà le prodige que vous avez accompli... je serai toute ma vie votre esclave, et c'est avec joie, avec bonheur que je porterai ma chaîne.

Valérie a semblé satisfaite de cette explication. La pendule marquait alors trois heures du matin.

— Nous partirons demain, dit Monvillars en conduisant sa maîtresse vers le lit abandonné. Vous avez besoin de sommeil.

Les yeux langoureux de la jeune femme se fixent alors sur ceux de Monvillars, et ils n'expriment pas positivement le besoin du repos.

Bientôt la même couche reçoit la femme du major et son amant.

VIII. — RENCONTRES FATALES.

Il était près de dix heures du matin lorsque Monvillars s'éveille ; il porte ses regards sur la pendule, fâché d'avoir dormi si longtemps ; il se hâte de se lever. Mais en quittant le lit, il fait bien attention pour ne point réveiller Valérie.

La jeune femme reposait encore, mollement étendue sur le côté, la tête appuyée sur son bras recourbé, ne laissant voir que son profil, et respirant si doucement qu'il fallait se pencher tout contre sa figure pour entendre le bruit de sa respiration.

Après avoir contemplé quelques instants Valérie endormie, Monvillars s'éloigne du lit, en se disant :

— Tu me demandes ce que tu me coûtes ! quels sacrifices je t'ai faits !... Ah! tu ne le sauras jamais, j'espère !... mais je voulais te posséder... Oui, ma passion aurait surmonté tous les obstacles !... Après t'avoir amenée à consentir à quitter ton vieux mari, il me manquait encore une chose, mais c'était la plus essentielle !... C'était ce qui est le nerf à tout, en guerre comme en amour ; c'était cette idole du genre humain devant laquelle petits et grands se mettent à genoux, c'était de l'argent !... Enlever une femme et n'avoir pas d'argent... Qu'en ferais-je donc de cette femme, à qui j'ai promis une existence toute de plaisirs et de fêtes !... Mais comment s'en procurer de cet argent indispensable !... Plus moyen de m'adresser à ma famille... il n'y a pas si longtemps que le père Martinot s'est encore saigné de quatre mille francs pour moi! Je connais ses ressources et son caractère, il ne voudrait plus rien faire; d'ailleurs il doit être fort en peine de moi en ce moment, fort en colère même de ne plus recevoir de mes nouvelles... Mais c'est de cela que je m'inquiète peu. Il ne doit plus y avoir rien de commun maintenant entre Arnold Monvillars et Constant Martinot !... Constant Martinot est mort ! perdu ! disparu !... C'est un personnage que la Bourgogne ne reverra jamais; j'éviterai de passer par ce pays. Heureusement le hasard avait envoyé sur ma route un de ces hommes qui semblent moulés exprès pour les besoins des gens d'esprit. M. Fortincourt s'est trouvé là... J'ai eu sans beaucoup de peine douze mille francs de cet imbécile. Mais en y réfléchissant bien, douze mille francs ne me mèneraient pas loin, moi et Valérie. Il m'en fallait davantage, il me fallait surtout le talent de me procurer d'autres fonds quand ceux-là seraient épuisés ; et comme tout s'apprend et se pratique avec le plus de succès, après avoir enlevé la femme du major, j'ai dû m'occuper du soin de fixer près de moi l'inconstante fortune. J'y suis parvenu... moyennant quelques sacrifices... ce que je paie à Paris, même la friponnerie. Je suis devenu un des plus habiles joueurs de l'époque... on appelle cela des grecs... le nom n'y fait rien. Il me restait de trouver l'occasion de mettre mes talents en pratique. Elle s'est présentée hier, je me suis empressé de la saisir. M. Courtinet, qui ne me connaît que pour m'avoir vu dans quelques divans si il ne m'a pas donné du feu, n'a pas mieux demandé que de me conduire chez madame Mirobelly... Je savais que l'on jouait gros jeu chez cette femme galante, et le succès a dépassé mes espérances.

En disant ces mots Monvillars court à un secrétaire où, la veille, avant de se coucher, il avait placé son portefeuille. Il le prend, l'ouvre, examine à un les billets de banque qu'il renferme, ses yeux semblent les couver, tandis qu'il murmure :

— Vingt... vingt-cinq... vingt-neuf mille cinq cents francs ! voilà mon gain d'hier. C'est superbe !... Vingt-neuf mille cinq cents francs avec environ dix mille cinq cents qui me restaient encore sur l'argent de Fortincourt... Me voilà en fonds. Je puis voyager en grand seigneur, jeter de la poudre aux yeux des badauds du vulgaire, qui se courbe toujours devant la richesse et qui n'ose pas soupçonner un fripon dans un homme qui a voiture! Ensuite, quand cet argent sera dépensé, je sais maintenant le moyen de m'en procurer d'autre. J'irai dans les grandes villes : à Naples, à Vienne, à Berlin, à Londres... partout on joue! car les hommes sont nés joueurs, et je crois bien qu'ils aient même le désir de se corriger. Partout je trouverai des dupes... La seule chance que j'aie à redouter serait de trouver plus fin que moi, mais ce serait difficile maintenant, et puis je prendrai mes précautions.

Un mouvement qui s'opère sur le lit annonce à Monvillars que Valérie est éveillée ; il s'empresse de refermer son portefeuille, qu'il remet dans sa poche.

— Quelle heure est-il ? murmure la jeune femme en étendant les bras et se tournant sur le dos.

— Bien tard, ma chère amie, près de onze heures. Je devrais déjà être sorti pour l'achat de notre chaise de poste... Mais je vais me dépêcher pour réparer le temps perdu.

— Est-ce que vous ne déjeunez pas avec moi, Arnold ?

— Non, je déjeunerai en faisant mes courses... au premier café, cela me retarderait trop de vous attendre... mais je vais vous envoyer la femme du concierge qui est à vos ordres.

— Ainsi, nous partirons aujourd'hui... cela est bien sûr, n'est-ce pas?

— Rien ne peut s'y opposer maintenant... Faites tous vos préparatifs... Vous déciderez aussi de quel côté vous voulez que nous allions, c'est vous que cela regarde... moi je serai toujours bien avec vous, n'importe dans quel pays!

— Vous êtes charmant, Arnold... Oh! je vous adore quand vous êtes ainsi. Eh bien! je vais y rêver tout en m'habillant... Je tâcherai d'avoir décidé cela jusqu'à votre retour.

— N'avez-vous besoin d'aucun achat pour le voyage?... Voyons, cherchez...

— Je ne vois rien... Nous sommes en été, on ne craint pas le froid... Ah! attendez, un voile de dentelle pour jeter sur ma tête quand nous descendrons de voiture... afin de ne pas être vue par les curieux.

— Très-bien... Est-ce tout?

— Oui... Ah! un flacon de sels d'Angleterre, le mien est cassé.

— Vous l'aurez. C'est tout?...

— Ah! un petit nécessaire de femme... presque rien... qui contienne seulement un miroir, des peignes, des essences, des étuis, des pommades, des odeurs, des savons... enfin toutes ces petites choses de toilette.

— C'est entendu. Et maintenant au revoir, cher ange, je vais me dépêcher.

Monvillars prend un baiser sur la bouche de Valérie, puis il sort précipitamment.

Depuis qu'il a escroqué douze mille francs à son ami Fortincourt, et enlevé la femme du major Giroval, Monvillars ne sort plus en plein jour que dans une voiture fermée, et dont il tient les stores baissés, précaution nécessaire pour ne point faire de rencontres dangereuses. Cette fois encore le jeune homme vient de monter dans une citadine; il se fait conduire chez un homme qu'on lui a indiqué comme ayant souvent des voitures à vendre.

Monvillars est arrivé à l'adresse qu'on lui a donnée. Le courtier en voitures est absent, mais un garçon se charge de faire voir la marchandise. Il conduit Monvillars dans de vastes remises, où celui-ci admire une jolie petite berline de voyage qui ferait parfaitement son affaire.

— Cette voiture est-elle en état, et peut-on dès aujourd'hui se mettre en voyage avec elle? demande Monvillars.

— Oui, monsieur, parfaitement. Les roues sont excellentes, les essieux neufs. Vous pourriez aller avec cela au bout du monde.

— C'est ce que je veux. Combien cette berline?

— C'est M. Brémont seul qui fait ses prix.

— Mais alors où trouver votre maître? car je suis pressé, je pars aujourd'hui, je veux terminer à l'instant.

— Mon Dieu, monsieur, c'est très-facile. M. Brémont est allé faire quelques courses; mais tous les jours, vers midi, il déjeune au Palais-Royal, au café de la Rotonde. Vous êtes donc sûr de l'y trouver, c'est toujours là qu'il donne ses rendez-vous.

— Au café de la Rotonde... diable... Mais il revient ici après son déjeuner?

— Quelquefois, mais ce n'est pas certain; il a souvent des affaires qui le retiennent dehors toute la journée; alors il ne revient pas.

Monvillars réfléchit. Il se demande s'il risquera de se rendre en plein jour au Palais-Royal. Mais il désire vivement acheter la berline, il est pressé de terminer. On lui a assuré que le major Giroval avait quitté Paris, il ne craint donc plus que la rencontre de Fortincourt, mais il connaît la manière de vivre de celui-ci, il le sait trop paresseux pour être levé, habillé et au Palais-Royal à midi; cela dérangerait ses habitudes.

— De l'audace! se dit Monvillars. J'ai ici quelque part qu'un excès de témérité vaut souvent mieux qu'un excès de prudence!... Cette maxime me plaît. D'ailleurs mon portefeuille est bien garni et je sens que cela donne de l'aplomb. Allons au Palais-Royal; en attendant qu'il soit midi, je ferai les emplettes dont Valérie m'a parlé.

Et il remonte dans la citadine, se fait descendre contre le Théâtre-Français, dit à son cocher de l'attendre là, et entre dans le Palais-Royal avec l'assurance d'un homme qui vient à Paris pour son agrément. Le voile, le flacon et le nécessaire sont achetés et portés dans la citadine. Il ne midi, quoique le soleil n'ait pas jugé à propos de tirer le canon. Mais le soleil manque quelquefois son coup avec un simple mortel. Monvillars se dirige vers le café de la Rotonde, il arrive, s'informe à un garçon de M. Brémont. Le garçon lui indique du doigt un monsieur qui prend son chocolat tout en cherchant à deviner les énigmes du *Tintamarre*.

Monvillars aborde ce monsieur; il a bientôt expliqué le sujet qui l'amène, et le courtier en voitures, qui est rond en affaires, lui dit :

— Vous êtes venu me trouver, je ne veux pas vous faire marchander. Douze cents francs pour la berline... C'est pour les affaires. les vaut, je vous assure... elle vaut même plus... mais je l'ai eue à bon marché, vous en profiterez; c'est pour avoir votre pratique.

Quand vous n'en voudrez plus, vous la revendrez facilement ce prix-là.

— Je la revendrai peut-être plus cher! répond Monvillars en souriant.

— Ma foi, c'est possible. Ça ne m'étonnerait pas.

— C'est bien, monsieur, c'est un marché conclu. Voilà vos douze cents francs.

Le courtier trouve que ce monsieur est très-rond en affaires. Pendant qu'il met dans sa poche le billet de mille francs et l'or qu'on vient de lui compter, après avoir proposé d'en donner un reçu, ce que Monvillars a refusé, parce qu'en général il n'y a rien de tel que les fripons pour montrer de la confiance, le jeune homme dit à son vendeur : — Maintenant, monsieur, voudriez-vous me rendre un léger service?

— Parlez, monsieur, tout ce qui sera en mon pouvoir! Trop heureux d'être agréable à quelqu'un qui me témoigne une confiance si honorable.

— Eh bien! monsieur, il s'agirait d'aller demander des chevaux de poste; trois suffiront, avec le postillon. Ils iront chez vous, on attellera à ma berline, puis on viendra me prendre rue Grange-aux-Belles... à cette adresse.

— Tout cela est très-facile, monsieur, et je vais m'empresser d'exécuter vos ordres. Je puis vous assurer que dans deux heures, au plus tard, la berline tout attelée sera à votre porte... Et pour m'assurer que la voiture est bien en état... que rien n'y manque, quoique j'en sois certain d'avance, j'avale mon chocolat et je cours sur-le-champ chez moi.

L'homme à la berline est parti. Monvillars, satisfait d'avoir terminé toutes ses affaires, pense qu'il peut bien se permettre de déjeuner. Il se fait servir des rognons, des côtelettes, du champagne frappé. Il boit et mange lestement, puis sort du café et entre dans le jardin pour regagner plus vite la citadine qui l'attend auprès du Théâtre-Français.

Il faisait beau temps, on était en plein mois de juin; le jardin du Palais-Royal était déjà occupé par des promeneurs, des flâneurs et des fumeurs. Monvillars marche vite, car il sent bien qu'il commet une imprudence en traversant ainsi au milieu de la journée un lieu aussi fréquenté; mais tout en allongeant le pas, ses yeux parcourent d'avance l'espace qu'il lui reste à parcourir.

Tout à coup il demeure comme saisi, il s'est arrêté, et il ne sait plus s'il doit fuir ou aller en avant. A trente pas de lui, il vient d'apercevoir M. Fortincourt; sur la droite il reconnaît deux messieurs pour les avoir vus la veille à la soirée de madame Mirobelly; puis, en jetant un regard sur la gauche comme pour chercher une retraite, il remarque deux sergents de ville qui se promènent tranquillement comme deux bons bourgeois, en ayant l'air d'admirer les fleurs qui entourent les carrés de verdure.

S'il est encore saisi en apercevant Fortincourt, de son côté il a vu que celui-ci le regardait en laissant paraître une vive émotion; il est donc bien certain que son cher ami l'a reconnu. Que va-t-il faire maintenant, en plein jour, dans un endroit rempli de monde, où celui qu'il a escroqué trouverait sur-le-champ aide et protection pour le faire arrêter? Monvillars a fait rapidement toutes ses réflexions. Il sent qu'un seul parti lui reste pour éviter les dangers qui le menacent; il ne balance plus, et au lieu de fuir Fortincourt qui a toujours les yeux sur lui, il court vivement vers ce monsieur, l'aborde, lui serre la main avec effusion et, comme un homme enchanté de la rencontre, s'écrie :

— Ah! vous voilà, mon ami, ah! que je suis content de vous rencontrer, j'allais courir chez vous... Vous devez tant m'en vouloir... depuis huit jours environ que vous ne m'avez pas vu...

— Huit jours!... dit M. Fortincourt en roulant des yeux qui ne savent pas encore s'ils doivent exprimer la colère. Huit jours!... il y en a bien quatorze aujourd'hui!

— Quatorze, c'est possible!... Oui, le temps passe si vite!... Mais si vous saviez tout ce qui m'est arrivé... C'est égal, je suis coupable, très-coupable... Je vous avais emprunté douze mille francs pour vingt-quatre heures, et vous êtes quatorze jours sans me revoir... J'aime à croire cependant que vous n'avez pas été inquiet... Pourtant vous en aviez le droit... Mon Dieu, il y a longtemps que j'avais votre somme là dans mon portefeuille... Permettez que je commence par vous la remettre.

En achevant ces mots, Monvillars prend son portefeuille, il en sort une liasse de billets de banque, il en compte douze de mille francs, et les remet à Fortincourt, en lui disant :

— Tenez, mon cher ami, voyez... comptez si vous avez bien votre somme, et excusez-moi de nouveau de vous avoir fait attendre... Mais que voulez-vous! Une affaire d'amour... une intrigue très-compliquée... Oh! les femmes!... les femmes... Vous savez aussi bien que moi toutes les folies qu'elles nous font faire.

Pendant la première partie du discours de Monvillars, M. Fortincourt était demeuré indécis sur ce qu'il devait penser, et tandis que son cher ami lui serrait les mains avec toutes les dehors de l'amitié, il les lui serrait aussi de son côté peut-être bien avec l'intention de ne pas le lâcher. Mais lorsque Monvillars a **ouvert son portefeuille,** lorsqu'il le voit bourré de billets de banque, et que son débiteur lui compte en bons billets la somme qu'il lui avait avancée, alors sa défiance s'éloigne pour faire place aux regrets, à l'attendrissement, et c'est presque avec des yeux humides de larmes qu'il s'écrie, après avoir serré les douze mille francs dans sa poche :

— Ah! Sainte-Lucie!... ah! mon brave ami!... Oh! j'étais bien sûr que vous étiez un honnête garçon. Tiens, vous avez rasé votre barbe... Oui, quelque chose me l'avait dit... de ces pressentiments qui ne trompent jamais!... Et pourtant je dois vous l'avouer!... oh! je vous dirai mes torts... grondez-moi, Saint-Lucie, grondez-moi bien fort!... je suis coupable envers vous, mon ami ; j'ai eu des craintes.

— Eh! mon Dieu, je trouve cela fort excusable. Je vous demande douze mille francs pour vingt-quatre heures, et vous êtes plusieurs jours sans me revoir, sans entendre parler de moi... Je pouvais être un fripon!

— Oh! non!

— Si fait, si fait. Je pouvais en être un, il y en a tant à Paris.

— Oui, mais ces gens-là n'ont pas votre tournure, vos manières... Je savais très-bien que vous n'aviez pas l'intention de me faire du tort, mais seulement j'étais inquiet de vous... Je me disais : On ne le voit plus, il a disparu, lui serait-il arrivé quelque événement fâcheux?... Il est riche, et les escarpes flairent les gens riches... Vous savez... c'est le mot : on ne dit plus *assassin*... on dit *escarpe*, c'est meilleur genre... Qu'est-ce que je disais donc... Je ne sais plus, mais ça ne fait rien... J'étais donc inquiet de votre santé, d'autant plus qu'à votre adresse on m'a dit qu'on ne vous connaissait pas.

— Vous avez demandé M. de Sainte-Lucie?

— Sans doute.

— Oh! j'ai changé de nom... Toujours par suite de cette intrigue de femme... Il y a un mari qui me poursuit, qui veut me tuer !

— Oh! diable! mais je ne pouvais pas deviner tout cela, moi!... Ce cher ami!... Il fallait donc me le dire... me prévenir... Je n'aurais pas été demander de vos nouvelles au chef de la police de sûreté !

Monvillars fronce les sourcils, ses lèvres se pincent, tandis qu'il affecte un ton plaisant, en disant:

— Ah! vous êtes allé vous informer de moi... à la Préfecture... c'est-à-dire que vous avez porté plainte...

— Non, non! Oh! je n'ai pas porté la moindre plainte, fi donc! j'ai confié la chose tout bonnement comme elle s'était passée. J'ai dit : Mon ami Sainte-Lucie a disparu, cela m'inquiète, je crains qu'il ne lui soit arrivé quelque malheur, ça me ferait bien pitié de ne le retrouver... Voilà tout!...

— Je vous remercie de l'intérêt que vous preniez à moi, dit Monvillars d'un air ironique ; mais après tout je comprends vos inquiétudes... Vous vous êtes dit, cela m'a suffit cela eu avait tout l'air.

— Volé... Par exemple... Ah! Sainte-Lucie, vous me faites bien de la peine. Je vous le répète, j'ai été fort peut-être d'être inquiet de votre santé... Eh bien! grondez-moi!... Quant à ma confiance, vous l'aurez toujours... Disposez de ma fortune... Ne vous gênez pas.

— Merci! je désire ne jamais avoir besoin de mettre votre amitié à l'épreuve.

— Au reste, mon bon Sainte-Lucie, dès demain, dès aujourd'hui, si vous le voulez, je retournerai à la police, j'y déclarerai votre noble conduite, j'y proclamerai que vous êtes le plus honnête homme de France et de Navarre...

— J'avoue que cela me fera plaisir. Cependant je ne compte pas rester à Paris.

— Ce cher ami!... Qu'est-ce que je disais donc... Je ne sais plus, mais ça ne fait rien. Et vous êtes donc lancé dans une intrigue épineuse... Quelque femme que vous avez séduite!... Hein?

— Mieux que cela, je l'ai enlevée.

— Enlevée!... et elle a un mari?

— Oui, vraiment, un ancien militaire.

— Oh! mais alors c'est dangereux, très-dangereux... Diable! mon cher ami, vous jouez gros jeu et je comprends que vous ayez changé de nom... Vous connaissez ces messieurs?... Tiens, moi aussi.

Monvillars venait d'échanger un salut avec Isidore Marcelay qui se promenait en causant avec Georgelle, le pharmacien. Isidore avait reconnu son adversaire de la veille, celui qui avait fait changer son heureuse chance. Mais il ne lui conservait point de rancune, et avec cette facilité que montrent les jeunes gens à faire connaissance, surtout lorsqu'ils sont d'un caractère franc et liant, il se disposait à aller échanger quelques mots de civilité avec Monvillars, lorsqu'il s'était senti retenu par le bras; en même temps, son ami le pharmacien lui avait dit à l'oreille :

— Est-ce que vous allez causer avec ce monsieur...

— J'allais lui souhaiter le bonjour comme à quelqu'un avec qui on s'est trouvé la veille dans une réunion où l'on s'est amusé.

— Amusé!... Vous êtes bien bon! quand je perds mon argent, je ne m'amuse pas du tout, moi, et lorsque je songe à mes pauvres jaunets!...

— Je croyais que vous aviez mis votre main dessus pour ne pas les jouer.

— Sans doute, mais je me suis laissé entraîner... C'était M. de Pigeonnac qui pariait. Il a l'habitude de gagner, j'espérais participer à sa fortune... Mais ce monsieur... qui cause là avec M. Fortincourt, un de mes clients, a constamment gagné... Cela m'est suspect!

— Vous êtes étonnant avec votre méfiance! Un homme ne peut pas avoir du bonheur que vous ne croyiez qu'il sait maîtriser le hasard!... Savez-vous bien qu'avec de telles idées il n'y a plus de parties possibles; car enfin, moi, j'ai été heureux assez longtemps : si cela avait continué, j'aurais donc été un fripon?

— Oh! vous! Quelle différence!... A la manière seule dont vous tenez vos cartes, on voit bien que vous n'en faites pas votre état. Mais avec ce monsieur, il y a eu un coup douteux... très-douteux... Tenez, croyez-moi, ne vous liez pas si facilement avec un homme dont vous ne connaissez pas les antécédents.

— Toujours le même, Georgelle, toujours soupçonneux, méfiant!

— Et vous, toujours trop confiant et disposé à conter vos affaires au premier venu... Vous savez pourtant bien que souvent vous vous êtes repenti de vous être laissé aller si facilement!

Pendant que les deux amis causaient ainsi, M. Fortincourt, après avoir aussi échangé un salut amical avec le jeune pharmacien, disait à Monvillars : — Ah! vous connaissez ces messieurs?

— Oh! très-peu... Je me suis trouvé dans une réunion avec eux, voilà tout.

— L'un d'eux, le petit, est mon pharmacien. C'est un gaillard qui fera son chemin. Il a inventé des pilules pour donner de l'appétit. Je m'en trouve très-bien. On en prend une le soir en se couchant, on ne soupe pas. On en prend une le matin en s'éveillant, on ne déjeune pas. On en prend encore une à six heures, et ensuite on est très-content de se sentir de l'appétit pour dîner... Ah ça!... qu'est-ce que nous disions donc?... je ne m'en souviens plus... mais ça ne fait rien... Et votre aventure avec votre dame... votre séduction... contez-moi donc tout cela... Est-elle bien jolie la délinquante?... Mais qu'avez-vous donc, mon cher Sainte-Lucie? vous changez de couleur... Voulez-vous que j'aille demander à mon pharmacien quelques pilules pour vous remettre? il en a toujours sur lui.

Monvillars venait en effet de devenir d'une pâleur livide; c'est qu'il avait aperçu dans une allée voisine un homme qu'on lui avait assuré être loin de Paris; c'est que le major Giroval se promenait à quelques pas, sombre, préoccupé et portant sur tous ses traits les marques de sa profonde affliction.

Sans répondre à Fortincourt, Monvillars s'élance aussitôt dans une allée opposée. Le major ne l'a pas aperçu, il ne lui laissera pas le temps de le voir : se faufilant rapidement à travers les promeneurs, en quelques secondes il est sorti du jardin et du Palais-Royal, laissant Fortincourt stupéfait de sa brusque disparition.

Arrivé à l'endroit où il a laissé sa citadine, Monvillars se jette dedans et ordonne au cocher de la ramener promptement rue Grange-aux-Belles. Il maudit l'imprudence qu'il a commise en traversant le jardin du Palais-Royal ; elle lui coûte cher, puisqu'il a été forcé de rendre à Fortincourt les douze mille francs qu'il lui avait escroqués, et elle a manqué de le mettre en face d'un homme qui probablement n'aurait pas manqué, aussi facilement qu'il l'avait cru, à sa bonne foi et à son innocence. Aussi, c'est encore sous l'impression que vient de lui causer cette rencontre que Monvillars arrive près de Valérie.

— Êtes-vous prête? lui dit-il en posant sur un meuble les emplettes qu'il a faites pour elle.

— Oui, mon ami, je suis toute prête. J'ai déjà fait descendre chez le concierge les paquets, mes cartons. Rien ne nous retardera.

— Voilà tout ce que vous m'avez demandé.

— Je vous remercie. Mais qu'avez-vous donc!... Vous paraissez ému... agité... Vous avez fait quelque rencontre...

— Oui, votre mari.

— Oh! mon Dieu!... s'il vous a vu, nous sommes perdus; car il vous aura suivi.

— Mais il ne m'a pas vu, j'en suis certain. J'étais dans le jardin du Palais-Royal... Dès que j'ai vu le major, je me suis jeté dans une allée voisine. J'ai gagné les galeries... les passages, oh! il ne m'aura pas aperçu.

— Mais quelle imprudence à vous d'aller au milieu de la journée au Palais-Royal!

— Sans doute! Mais que voulez-vous? j'avais affaire au carrossier, qui déjeunait au café de la Rotonde, je voulais terminer pour une petite berline ravissante... C'est fini, elle est à moi. Elle va venir nous prendre avec des chevaux de poste. Elle devrait même être arrivée... Mais elle ne saurait tarder.

— Mon mari est à Paris!... Et vous étiez si persuadé qu'il courait après nous ; vous voyez bien que nous aurions dû partir, quitter cette ville depuis longtemps... Ah! je me sens toute tremblante... Mon Dieu, que je voudrais être loin d'ici!...

— Calmez-vous, Valérie, je vous répète que le major ne m'a pas aperçu... et que dans quelques minutes nous serons dans une bonne voiture qui ferme bien, et nous ne lèverons les stores que lorsque nous serons en rase campagne.

— Oh! oui... Mais elle n'arrive pas cette voiture... Avez-vous bien donné l'adresse? êtes-vous certain qu'on viendra nous prendre?

— Parbleu... la voiture est payée... Oh! il n'y a aucun danger.

Mais quelquefois une petite réparation à faire... quelques vis, quelques clous à mettre... ça peut retarder... Oh! c'est bien fâcheux... Il n'est que deux heures et demie... Il n'y a encore rien à dire.
— Mettons-nous à la croisée, nous la verrons venir plus tôt.
— Non, non! Oh! diable! ne nous mettons pas à la fenêtre... Autre imprudence et qui pourrait nous coûter cher...
— Ah! oui, vous avez raison... Toujours avoir peur d'être reconnus... Quelle existence!
— Est-ce qu'elle vous semble trop cruelle, Valérie? est-ce que vous regrettez déjà de m'avoir abandonné votre destinée, de vous être associée à la mienne?
— Mais non... mon Dieu! je ne regrette rien; seulement je n'existerai pas tant que je serai dans Paris, et c'est fort naturel.
— Mettez toujours sur votre chapeau le voile que je vous ai apporté, afin que nous n'ayons plus qu'à descendre dès que nous entendrons la berline s'arrêter devant la maison.
— Ah! oui, c'est vrai...

Pendant que la femme du major ajoute à sa toilette ce nouvel ornement, Monvillars a repris son portefeuille, il compte encore les billets de banque, en se disant :
— Douze mille francs de moins, c'est bien fâcheux!... Mais il le fallait, je me trouvais pris dans un guêpier, je ne pouvais pas en sortir autrement. Heureusement j'avais beaucoup gagné hier... et puis que sait-on... Si je reviens à Paris, et j'y reviendrai, cette réputation de probité que Fortincourt va me faire pourra m'être fort utile.

Une heure s'était écoulée et la berline n'arrivait pas ; les deux amants éprouvaient une impatience que le danger de leur situation augmentait à chaque instant.

Tout à coup on sonne avec violence à la porte de leur appartement. Valérie devient d'une pâleur effrayante. Monvillars court entr'ouvrir une fenêtre, il regarde en bas, la voiture n'est point arrivée.
— Il ne faut pas ouvrir, murmure Valérie.
— Eh! pourquoi? dit Monvillars, c'est peut-être quelqu'un envoyé par le carrossier, qui vient nous annoncer quelque accident arrivé à la berline. Si au contraire c'est une personne que nous avons à redouter, on attendra à la porte, et il me faudra toujours bien finir par ouvrir... Autant vaut finir tout de suite, savoir à quoi s'en tenir.

En disant cela, Monvillars court ouvrir la porte de la pièce d'entrée; deux hommes étaient sur le carré. Ces deux hommes, Monvillars a reconnus sur-le-champ. L'un est son père, l'autre est son frère. Il demeure un instant comme pétrifié, il lui semble que la foudre vient de le frapper.

On doit se rappeler que le père Martinot et son fils Jacquinet étaient allés trouver le chef de la police de sûreté, pour tâcher de savoir ce qu'était devenu Constant Martinot qu'ils cherchaient vainement à Paris.

A la Préfecture on avait engagé les deux Bourguignons à repasser au bout de quelques jours, ce que ceux-ci n'avaient pas manqué de faire.

A leur seconde visite, le chef de la police avait dit au vigneron :
— Votre fils a probablement changé de nom... mais je crois être sur ses traces... Je crains d'avoir de mauvaises nouvelles à vous annoncer... Il y a une somme d'argent d'emportée... la personne lésée a porté plainte. Il y a ensuite une jeune femme enlevée... le mari est à la recherche du ravisseur.

Le père Martinot avait relevé la tête avec fierté, en s'écriant :
— Monsieur, tout cela ne peut pas regarder Constant... S'il n'y avait qu'une affaire de femme, je dirais : C'est possible!... quoique ce ne soit pas déjà agir en brave homme que d'enlever une femme à son mari. Mais dérober de l'argent... emporter une somme qui ne serait pas à lui!... oh! quelle infamie!... Jamais un de mes enfants ne se rendra coupable d'une action aussi vile! Je connais mon sang, voyez-vous, monsieur, et je répondrais que ce n'est pas mon fils qui est mêlé là-dedans. Oh! c'est que nous ne plaisantons pas avec l'honneur, nous autres!...

Monvillars tourne beaucoup de cartes, et tous les regards sont fixés sur le jeu.

— Non, non, avait dit à son tour Jacquinet, tout cela ne doit pas regarder mon frère, et papa a raison.

Le chef de la police avait paru réfléchir pendant quelque temps, ensuite il avait dit au vigneron et à son fils :
— Revenez dans deux jours, j'aurai des renseignements plus sûrs, nous en saurons davantage.

Le père Martinot s'était retiré assez tristement avec Jacquinet, qui continuait de dire à son père :
— Ne vous chagrinez pas... Ces gens qui veulent tout savoir se trompent comme les autres... Mon frère ne peut pas être un enleveur de femmes! C'est pas pour ça qu'il a voulu se faire avocat, et on a beau dire, moi, je suis sûr que Constant est avocat...... Je ne sais pas ce que c'est que leur tableau, mais je m'en fiche pas mal; mon frère est avocat sans tableau, v'là tout. Nous retournerons chez ce monsieur dans deux jours, et vous verrez qu'il nous dira qu'il s'est trompé. Pourvu qu'il puisse nous apprendre où est mon frère.

— Hélas! avait répondu le vigneron en levant les yeux au ciel ; mieux vaudrait encore ne plus le revoir que de le retrouver malhonnête homme.

A leur troisième visite à la Préfecture, le chef de la police de sûreté avait dit au père Martinot :
— Je suis sur les traces d'un individu que je soupçonne d'être un grec.
— Ça m'est égal! avait répondu le vigneron... mon fils n'est pas un Grec, il est de Saint-Georges en Bourgogne, comme nous.
— Monsieur, par ce mot nous entendons ici un individu qui ne joue pas loyalement, qui est beaucoup trop adroit au jeu, et sait y faire toujours tourner la chance de son côté.
— Un fripon enfin! dites le mot, ça sera plus tôt fait.
— Je saurai bientôt si cet individu n'est pas aussi celui qui a enlevé une jeune femme à son mari, et de l'argent à son ami.
— Tout cela est bel et bon, monsieur, mais ça ne me touche pas

et ne saurait regarder mon fils Constant. Pouvez-vous enfin me donner de ses nouvelles à lui?

Après avoir réfléchi quelque temps, le monsieur de la police avait répondu au vigneron :

— Rendez-vous rue Grange-aux-Belles; à cette adresse demandez M. de Monvillars : c'est le nom qu'a pris un jeune homme, que je soupçonne n'être autre que Constant Martinot; tâchez de le voir, ce qui sera peut-être difficile, mais alors vous saurez à quoi vous en tenir.

Le vieux Bourguignon avait pris avec empressement l'adresse qu'on lui présentait, et il s'était écrié :

— Nous allons nous y rendre sur-le-champ; M. de Monvillars : ce serait drôle tout de même que notre fils eût pris ce nom-là... mais du moins, que M. de Monvillars est un brave garçon, j'espère ; il n'escamote pas de l'argent à ses amis, celui-là.

— Je ne puis encore vous répondre. Allez d'abord voir si c'est votre fils.

Voilà comment il était arrivé que Monvillars avait ouvert sa porte à son père et à son frère. Mais s'il les avait reconnus sur-le-champ, il n'en avait pas été de même de ceux-ci. Il est vrai que depuis trois ans et demi qu'ils n'avaient vu Constant Martinot, la figure de celui-ci avait pris une expression nouvelle et dans laquelle il n'y avait plus rien de l'air natif. Ensuite il portait maintenant le menton rasé, il avait d'épaisses moustaches et une royale : tout cela devait au premier abord laisser dans l'indécision les personnes qui avaient été quelque temps sans le voir, mais ne pouvait cependant le rendre entièrement méconnaissable, surtout aux yeux de son père et de son frère.

Monvillars, revenu de sa première émotion, s'aperçoit que ses parents l'examinent comme des gens qui craignent de se tromper. Ayant aussitôt pris sa résolution, il leur dit, en donnant à sa voix une intonation forte, plus criarde, de manière à en changer l'inflexion :

— Que demandez-vous, messieurs?

Le père Martinot regarde Jacquinet comme pour le consulter. Celui-ci, après avoir encore considéré Monvillars, fait en souriant un petit signe de tête à son père en balbutiant :

— Mais il me semble ben que c'est lui.

— Eh oui, sapredié!... oui c'est lui! s'écrie à son tour le vigneron en allant vers Monvillars. C'est toi, Constant... eh bien! mon garçon, est-ce que tu ne reconnais pas ton père et ton frère?... nous n'avons pourtant pas de moustaches, nous autres.

Mais celui auquel s'adressent ces paroles a fait quelques pas en arrière pour éviter les étreintes du vieillard, et répond, en cherchant toujours à changer sa voix :

— Je ne sais ce que vous voulez dire, messieurs, je ne vous connais pas... je suis M. de Monvillars... ce ne peut pas être à moi que vous ayez affaire...

Et Monvillars aurait bien voulu refermer la porte; mais son père et son frère avaient déjà fait quelques pas en avant, de manière qu'ils se trouvaient dans la pièce d'entrée, et il ne se sentait pas le courage de les pousser dehors.

— Nous nous trompons!... reprend le vigneron en examinant de nouveau celui qui vient de lui répondre. Et pourtant il me semble bien... Oh! tu as beau avoir de belles moustaches maintenant et un bouquet de poils au menton... ça ne peut te rendre méconnaissable aux yeux de ton père... Tu as beau te faire appeler M. de Monvillars... et te donner de grands airs... tu n'en es pas moins Constant Martinot, fils d'un simple vigneron de Bourgogne... Voyons! plus de mensonges... viens m'embrasser; si tu as fait encore quelque folie, il faut l'avouer à ton père, qui te pardonnera, si, comme je l'espère, tu n'as jamais manqué à l'honneur... Mais plus de Monvillars, parce que ça me déplaît, vois-tu, que tu aies quitté le nom de ta famille...

Monvillars était sur les épines en songeant que Valérie, à laquelle il s'était donné pour un baron prussien, pouvait entendre tout ce que son père venait de lui dire; aussi s'écrie-t-il avec un accent où perce la colère:

— Je vous ai dit, monsieur, que vous vous trompiez... que je ne vous connaissais pas. Si vous ne cessez pas de m'importuner, je me verrai forcé de vous faire jeter à la porte...

Le vigneron reste les bras tendus, la bouche entr'ouverte, il ne sait plus que croire; le ton avec lequel Monvillars vient de lui répondre jette le doute dans son cœur, et Jacquinet le tire par le bras, en murmurant à son oreille:

— Oh! ce n'est pas lui, mon père, ça ne peut pas être lui! car il ne vous aurait jamais menacé de vous jeter à la porte... Vous voyez bien que nous nous sommes trompés... allons-nous-en.

Mais le père Martinot demeurait immobile; car si son cœur désirait que cela ne fût pas son fils, ses yeux l'obligeaient à penser le contraire.

En ce moment on entend retentir le fouet d'un postillon, puis une voiture s'arrête devant la maison. Valérie accourt tenant son nécessaire sous son bras.

VALÉRIE, LA FEMME DU MAJOR.

— La voiture est en bas, dit-elle en saisissant le bras de Monvillars et en jetant un coup d'œil sur les deux Bourguignons. Venez, venez, nous n'avons pas de temps à perdre.

— Vous avez raison? partons.

Et Monvillars entraînant rapidement Valérie, passe devant les deux hommes qui le contemplent d'un air effaré, et disparaît bientôt à leurs yeux, les laissant seuls dans l'appartement.

Après être restés quelques moments muets de surprise, le père et le fils se regardent; il y a des larmes dans les yeux de chacun d'eux, mais Jacquinet cherche à cacher les siennes, tandis qu'au contraire, le vieillard laisse ses pleurs couler, sans même penser à les essuyer.

— Partons, mon père, partons, dit enfin Jacquinet; à quoi nous servirait de rester ici plus longtemps? ce monsieur et cette dame sont partis... Oh! nous nous étions trompés... ce n'était pas mon frère.

— Non, Jacquinet, nous ne nous étions pas trompés, répond le vieillard en secouant tristement la tête ; cet homme qui nous a méconnus... qui nous a menacés de nous faire jeter dehors... c'était bien mon fils Constant !... Le malheureux ! à quel degré d'abaissement est-il donc descendu pour ne plus oser reconnaître son père !... Mais maintenant que je réfléchis à ce qu'on nous a dit à la police... cet homme qui a volé son ami... trompé au jeu... enlevé une femme à son mari... est-ce qu'en effet ce serait Constant !... Ah ! le misérable !... si c'est lui qui a fait tout cela, il a eu raison de ne plus vouloir me nommer son père, de repousser mes caresses, de quitter le nom de sa famille... oh ! oui... car il n'est plus rien pour nous celui qui nous aurait déshonorés !...

— Ce n'est pas lui, mon père, ça ne peut pas être lui... et cet homme de tout à l'heure... je vous assure que mon frère est moins grand que cela. Il y a quelquefois des ressemblances si étonnantes !... cela trompe d'abord ; mais ce M. de Monvillars a une tout autre voix que mon frère.

— Oui, en effet, en nous parlant à nous c'était une autre voix, mais quand cette femme est venue l'avertir qu'une voiture les attendait et qu'il lui a répondu... oh ! alors il ne pensait plus à changer sa voix et j'ai bien reconnu celle de Constant !... C'est égal... il faut tâcher de ne pas le croire... oui, mon garçon, il faut essayer de nous tromper nous-mêmes... car cela fait trop mal de penser que l'on a été méconnu par son fils.

Le vieillard a pris son mouchoir, il essuie les larmes qui coulent le long de ses joues et prend le bras de Jacquinet en poussant un gros soupir et en murmurant :

— Allons-nous-en... partons... nous allons retourner au pays... il est inutile que nous restions plus longtemps à Paris... oh ! oui ! ce serait bien inutile... qu'est-ce que nous y ferions maintenant !... nous n'avons plus personne à y chercher !... aucune espérance ne nous y retient.

Le grand garçon serre contre lui le bras de son père. Tous deux descendent l'escalier, quittent la maison et se remettent en marche, le vieillard en essuyant à chaque instant des pleurs qu'il s'efforce en vain de retenir, Jacquinet en renfonçant ses larmes et murmurant de temps à autre à l'oreille de son père :

— Ce n'était pas lui ! oh ! non, mon père, ça ne pouvait pas être lui !

IX. — LES PROMENEURS ET LES CAUSEURS.

Isidore Marcelay et son ami Georgelle avaient été accostés par M. Fortincourt. Pendant que celui-ci causait avec son pharmacien de l'effet produit sur sa personne par les pilules qu'il lui avait achetées, Isidore avait aperçu son cousin Bouchonnier qui arrivait par la galerie d'Orléans ; quittant alors le bras de Georgelle, il était allé au-devant du gros monsieur qui s'était mis à sourire du plus loin qu'il l'avait aperçu.

— Ah ! vous voilà ! mauvais sujet d'Isidore... Peste ! il me semble que cela chauffait hier au soir chez madame Mirobelly... Vous n'avez pas mauvais goût : mademoiselle Félicia est une charmante brune... Vous avez disparu avec elle sans m'attendre... Oh ! je comprends ! Eh bien ! vous avez triomphé de sa vertu ?... Oh ! oh !... c'est une façon de parler... c'est par euphémisme... Ah ! ah ! ah !...

— Ma foi, cousin, je n'ai aucune raison pour être discret... D'abord on ne m'en a pas prié... ensuite je ne suis pas marié, moi, je suis libre.

— Hom ! c'est méchant ce que vous me dites là... c'est une pierre que vous jetez dans mon potager...

— Non ! c'est seulement pour vous dire qu'en effet je suis, pour le moment, l'amant de Félicia... et pensez-en tout ce que vous voudrez, moi, je suis persuadé que ce n'est pas une femme... comme la plupart de celles qui se trouvaient hier à la soirée où nous nous sommes rencontrés, c'est-à-dire que l'intérêt n'est pas le mobile de toutes ses actions... Je puis vous paraître fat en vous disant cela, mais pourtant vous savez bien que ce n'est pas mon défaut.

— Non ! Oh ! je vous rends justice, vous êtes même quelquefois d'une franchise à vous nuire... Enfin, mademoiselle Félicia vous plaît beaucoup.

— Elle me plaît... c'est le mot ; car je ne dirai pas que c'est positivement de l'amour que j'ai pour elle... Au fait, je n'en sais rien, mais je suis si souvent amoureux... D'abord j'aime toutes les femmes jolies...

— C'est comme moi... mais, ainsi que vous le disiez tout à l'heure, vous êtes libre, vous... tandis que moi...

Cette réflexion du gros Bouchonnier est accompagnée d'un profond soupir ; Isidore part d'un éclat de rire, en disant :

— Il me semble, cousin, que cela ne vous gêne guère !...

— Oh ! pardonnez-moi, ça me retient beaucoup. Si madame Bouchonnier n'était pas à Corbeil, je n'aurais jamais osé aller chez madame Mirobelly...

— Oui ; mais ma cousine est à la campagne, et vous avez soin qu'elle y passe tout l'été.

— C'est très-bon pour sa santé. Revenons à votre conquête, à la brûlante Félicia... Je dis brûlante, je n'en sais rien ; mais il me semble qu'elle doit l'être ?

— Vous ne vous trompez point : Félicia est une femme passionnée, une femme qui ne comprend pas que l'on puisse dompter ses désirs, au lieu de chercher à les satisfaire. Nous n'avions pas causé un quart d'heure ensemble qu'elle m'avait dit que je lui plaisais.

— Si vous n'aviez pas consenti à aller avec elle, il est probable qu'elle vous eût fait enlever.

— Je ne sais pas si cela aurait été jusque-là, mais je vous avoue que sa brusque déclaration m'a plu.

— De la part d'une jolie femme, une telle déclaration doit toujours être fort agréable. Je ne sais pas pourquoi les femmes ne se mettent pas sur le pied de nous faire des déclarations, la chose irait plus vite. A la vérité, au lieu de parler, il y en a qui écrivent... mais c'est plus long. On ne répond pas toujours au billet doux d'une femme que l'on ne connaît pas : on craint d'être volé. Et Bouchonnier reprend :

— Oh ! oh ! volé ! c'est méchant, cela, volé !

— Est-ce que vous avez reçu de ces billets-là, Bouchonnier ?

Le gros monsieur se caresse le menton et jette un regard complaisant sur sa personne, en disant :

— Pourquoi pas, cousin ! est-ce que vous croiriez qu'il n'y en a que pour vous ?

— Moi !... Oh ! je n'ai jamais reçu le plus petit billet amoureux d'une dame inconnue ! Je croyais qu'il fallait laisser cela aux célébrités, aux grands talents, aux acteurs !...

— Vous êtes dans l'erreur, mon cher... et il me serait facile de vous prouver que, de ce côté-là, j'ai été très-favorisé...

— Je crois que vous vous vantez, Bouchonnier ?

— Non, parole d'honneur... Au reste, la première fois que je recevrai une lettre de ce genre, je vous la communiquerai pour dissiper tous vos doutes à cet égard... Oui, mon bon ami, malgré son obésité, on fait des conquêtes... Il y a des dames qui aiment les hommes potelés... Eh ! oh !... potelé est gentil... Voyons, dites-moi les histoires que votre Andalouse vous a contées ; car elle a dû vous en conter... Ces demoiselles sont très-fortes sur l'histoire... Ah ! ah ! c'est mordant, ça...

— Félicia ne m'a conté que la sienne, qui est assez originale... D'abord elle ne connaît pas ses parents...

— Ceci n'a rien de bien original... c'est même commun chez ces demoiselles.

— Voyons, Bouchonnier, laissez-moi donc parler... ce n'est pas ce que vous pensez... Il paraît qu'à l'âge de deux ans Félicia fut mise par sa mère chez une femme qui se chargeait d'élever des enfants et même de faire leur éducation, de leur donner des talents. La mère de Félicia avait tous les dehors qui annoncent l'opulence ; elle paya une année d'avance de la pension de sa fille, mais elle ne donna pas son adresse.

— Donna-t-elle son nom ?...

— Oui, elle déclara se nommer madame Delacroix, et sa fille Adrienne...

— Adrienne, mais ce n'est pas le nom...

— Attendez donc. Pendant trois ans, madame Delacroix vint exactement payer la pension de sa fille. Elle ne venait la voir qu'à cette époque, une seule fois dans l'année. C'était à peine si elle daignait recevoir le baiser que l'enfant courait lui donner... elle ne lui faisait aucune caresse. Elle se contentait de la regarder et d'une façon qui n'avait rien d'aimable. On eût dit que les traits de sa fille lui rappelaient ceux d'une personne qu'elle n'aimait point.

— Son mari, sans doute... un séducteur... Mais il me semble que l'enfant était bien jeune pour faire déjà toutes ces remarques.

— Elle a pu savoir tout cela de la personne qui l'élevait. Au reste, il y a des choses qui nous frappent et se gravent de bonne heure dans notre mémoire. Alors ce sont des souvenirs pour toute notre vie.

— C'est possible. Allez votre train.

— Quand vint l'époque du paiement de la quatrième année, la mère de Félicia ne vint pas ; depuis ce moment, on ne la revit plus. La personne qui élevait l'enfant fit en vain des recherches, des démarches pour trouver madame Delacroix, elle ne put parvenir à en avoir aucunes nouvelles. Cependant, ne pouvant supposer qu'elle ne viendrait pas réclamer sa fille, elle continua pendant quelques années à donner les mêmes soins à l'enfant qu'on lui avait confié... à la petite Adrienne, car alors Félicia s'appelait Adrienne... Mais, quand celle-ci eut atteint l'âge de douze ans, comme on avait entièrement perdu l'espoir d'avoir des nouvelles de sa mère, la personne qui prenait soin d'elle lui déclara qu'elle ne pouvait plus la garder qu'à titre de domestique. La jeune fille avait déjà de la fierté, elle refusa de rester dans la maison où elle avait été élevée sans savoir où elle porterait ses pas. Mais dès ce moment, son cœur ulcéré comprenant toute la tristesse de sa position et ce qu'il y avait de lâche dans la conduite de sa mère, elle ne voulut point que celle-ci pût un jour la retrouver après l'avoir ainsi abandonnée : c'est pourquoi elle quitta son nom d'Adrienne et prit celui de Félicia. Elle entra comme apprentie dans une boutique de lingerie ; mais elle avait peu de vocation pour le travail, elle en convient elle-même ; aussi ne restait-elle pas longtemps dans le même magasin. Puis l'âge vint, elle grandit; elle était séduisante, plutôt par l'éclat de ses yeux que par la régularité de ses traits. Bref, elle n'avait que seize ans lorsqu'un homme riche lui proposa un sort brillant si elle voulait répondre à son amour. Elle accepta. Mais au bout de quelque temps, cédant à son inconstance naturelle et à sa mauvaise tête, elle quitta celui qui pouvait assurer son avenir...

— Oui, et ainsi de suite... c'est la vie de toutes ces dames-là... Elle n'a jamais retrouvé madame Delacroix?

— Jamais. Le seul souvenir qu'elle ait conservé de sa mère, c'est qu'elle était fort belle, et qu'elle portait toujours des bagues et des bracelets de prix.

— Ah! ah! mon cher Isidore, je crois, moi, que votre conquête pourrait bien être la fille de quelque marchande de pommes; elle a forgé cette histoire romanesque, afin de faire croire qu'elle appartient à des gens distingués, nobles peut-être... Ce n'est pas maladroit.

— Vous vous trompez, Bouchonnier; je vous assure, moi, que tout cela est vrai. Je ne crois pas qu'il entre dans le caractère de Félicia de composer des romans!... Et qu'est-ce que cela me fait, après tout, qu'elle soit fille de gens du peuple ou de quelque grande dame qui aura eu quelque faiblesse! Mais ce qu'il y a de certain, c'est qu'on voit que cette jeune femme a reçu un commencement d'éducation; elle ne parle pas trop mal... ses expressions sont quelquefois recherchées; elle sait un peu de musique, de dessin... Enfin, elle n'est pas sotte, c'est surtout ce qui me plaît en elle.

— Quel âge a-t-elle?

— Pas encore dix-neuf ans.

— Et vous allez l'entretenir?

— Elle ne veut rien que mon amour.

— C'est possible! mais on ne vit pas rien qu'avec de l'amour. Qui paiera ses brillantes toilettes?

— Un Russe dont elle a été six mois la maîtresse lui a fait une pension qui satisferait une personne raisonnable.

— En vérité, ces Russes ont avec les femmes une façon d'agir qui ne sent pas du tout le Cosaque. Alors la connaissance de mademoiselle Félicia devient fort agréable, et je conçois que vous en soyez vivement épris. Ah! Dieu! ah! Dieu! si je n'étais pas marié, mais... mais je le suis... se marier à vingt-sept ans, à la fleur de l'âge, quelle boulette! Et voilà huit ans que je porte une chaîne qui n'est pas toujours brodée en perles...

— Allons, cousin, vous auriez tort de vous plaindre, madame Bouchonnier est jolie femme!

— Certainement... Oh! je connais ses charmes... je les connais trop malheureusement... je leur rends hommage. Pas autant que madame le voudrait; mais les femmes ne sont jamais contentes. Du reste, je me trouverais très-heureux si ce n'était l'horrible jalousie de mon épouse, jalousie qui ne la laisse pas un moment en repos ni moi non plus... que des bouffées d'orage dans mon intérieur.

— Entre nous, ma cousine n'a pas toujours tort d'être jalouse...

— Mais si, toujours, car je lui cache si bien mes petites escapades, qu'elle ne peut rien savoir; par conséquent elle a donc tort. Tenez, par exemple, aujourd'hui j'aurais pu faire à Paris le plus délicieux dîner... avec Tintin-Rotin... Vous savez, la grande blonde.

— Ah! cousin, vous avez aussi fait votre petit choix hier, à ce qu'il paraît.

— Eh! mon Dieu! oui... c'est-à-dire j'ai plaisanté.. j'ai offert un dîner... Je voulais me débarrasser de madame Mazzépa, qui ne voulait plus me quitter depuis que je l'avais fait valser... Ah! je m'en souviendrai; j'en ai encore mal au bras aujourd'hui d'avoir fait valser: bref, cette grande blonde, surnommée Tintin, rit très-facilement... elle est aimable. Elle consentait à dîner avec moi aujourd'hui... mais il faut que je retourne à Corbeil... Si ma femme ne me voyait pas arriver aujourd'hui, elle serait capable de venir... Avec ces diables de chemins de fer, on va si vite! C'est comme ces chemins de fer, mais c'est aussi bien gênant quelquefois. Tenez, je n'ose pas me promener dans Paris avec une femme. Je me dis : J'ai laissé la mienne à Corbeil; mais avec le chemin de fer... prrr... out! en n temps on est ici. D'un autre côté, cela m'a servi plus d'une fois dans mes petites intrigues!

— Les chemins de fer?

— Parbleu... Quelquefois ma femme me croit à la promenade dans les environs, dans la forêt de Sénart, et je suis à Paris, mon cher ami... je suis venu trente caravanes à Paris. Si on me dit que j'ai été longtemps dans ma promenade, je réponds que je me suis endormi ou égaré... Mais Elmonde n'a déjà plus l'air de me croire... J'ai peur qu'elle me suive... ou me fasse guetter... et pourtant demain je voudrais bien m'échapper après le déjeuner... le temps de venir à Paris... et de conduire Tintin au Rocher de Cancale... En quatre heures on peut faire cela... mais il me faudrait quelqu'un pour occuper ma femme... Nous avons bien un voisin, M. Pastoureau... un homme qui soupire continuellement, une bergerie en pantalon écru, mais Elmonde le trouve ennuyeux et je suis assez de son avis. Ah! si vous n'étiez pas dans les premiers transports de l'amour avec votre Félicia, je vous aurais prié de me rendre un service... mais vous ne voudrez pas!

— Pourquoi donc, si cela est possible... Voyons, cousin, parlez.

— C'est inutile, vous ne voudrez pas... Je vous ai déjà engagé vingt fois à venir nous voir à Corbeil, vous n'êtes jamais venu... la campagne vous fait peur.

— Non, c'est que je n'avais pas le temps.

— Eh bien! seriez-vous homme à venir aujourd'hui... à partir avec moi et à ne revenir que demain après le dîner... Oh! non vous ne voudrez pas... votre Félicia vous ferait une scène atroce!...

Isidore réfléchit quelques instants, puis il répond à son cousin :

— C'est justement à cause de Félicia que j'accepte votre proposition. Quand je l'ai quittée ce matin, elle m'a dit : « A ce soir. Si tu ne venais pas, j'irais te chercher n'importe où tu serais. » Comme je ne veux pas, moi, me mettre sur le pied d'obéir comme un enfant aux ordres d'une maîtresse, je n'irai pas la voir ce soir et je vous accompagne à Corbeil; nous verrons si elle vient m'y chercher.

Bouchonnier est transporté de joie; il saisit la main d'Isidore et la presse dans la sienne en s'écriant :

— Il serait possible!... vous venez avec moi à Corbeil!... Oh! vous êtes un garçon charmant!... Après cela, je vous assure que vous ne vous en repentirez pas; le pays est fort joli, le connaissez-vous?

— Fort peu.

— Les environs sont ravissants; on vous traitera le mieux que l'on pourra... bonne table, bon vin... j'ai du *Santenay* dont vous me direz des nouvelles... Connaissez-vous le Santenay?

— Je n'en ai jamais bu.

— C'est de la haute Bourgogne, vous en serez content.

— Mon cher Bouchonnier, je sais que l'on est toujours très-bien chez vous.

— Oh! mais ce n'est pas tout! nous avons des voisines qui sont jolies. Il y a entre autres une dame et sa fille... madame Clermont et mademoiselle Emmeline... parole d'honneur, cela ferait l'ornement d'un salon de Paris. La fille a dix-sept ans environ... c'est une rose... une perle... et si bien élevée... une politesse, une grâce, une modestie... Quant à la maman, elle est fort bien aussi et paraît encore jeune; elle peut-être trente-six ans au plus, mais elle n'a pas l'air d'en avoir plus de trente; on jurerait, quand on la voit avec sa fille, que ce sont les deux sœurs. C'est une femme extrêmement agréable et qui serait fort bien... si elle n'était pas habituellement un peu triste, ce qui donne à ses yeux quelque chose de sérieux... qui impose... en rendant encore une conquête fort attrayante.

— Oh! mon cher cousin, si vous avez d'aussi jolies voisines, il est bien probable que vous avez dû rôder par là...

— Non! oh! je vous assure que je n'ai pas songé à faire ma cour. D'abord, la jeune personne est honnête et très-bien élevée. Il n'y aurait donc que la mère, mais je vous le répète, quoique aimable et belle... il y a dans son regard quelque chose qui vous dit tout de suite que vous perdriez votre temps à vouloir la séduire, du moins c'est ce que j'y ai lu : vous serez peut-être plus heureux, vous.

— Et le mari... est-ce qu'il n'y a pas un mari?

— Non, cette dame est veuve... du moins, elle se dit veuve.

— Est-ce que vous avez des raisons pour croire qu'elle ne l'est pas?

— Non! oh! je n'ai aucune raison... seulement il m'a semblé quelquefois qu'il y avait comme du mystère dans les antécédents de cette dame: d'abord sa tristesse continuelle... les soupirs que je lui ai vu pousser tout en considérant sa fille... cela m'a paru annoncer quelque chose...

— Et vous n'avez pas cherché à savoir le secret de ces dames?

— Si, j'ai essayé... et puis ma femme a essayé beaucoup plus que moi; vous savez que les femmes sont assez curieuses; c'est un défaut qu'elles tiennent d'*Ève*, cela date de loin. Mais Elmonde n'a pas été plus heureuse que moi... et comme nos questions semblaient déplaire à madame Clermont, nous avons déjà eu beaucoup de peine à décider cette dame à venir chez nous, nous avons dû renoncer entièrement à en savoir davantage. Après tout, c'est une personne fort bien élevée; cela se voit sur-le-champ, et sa société nous est très-agréable. Il est possible qu'elle soit veuve... je ne sais pas pourquoi ce ne serait pas... est-ce qu'on ne voit pas des femmes veuves? Et quant à sa tristesse, cela peut être aussi dans son humeur; nous voyons beaucoup de gens qui sont tristes sans avoir de chagrin : c'est leur manière d'être satisfaits. Enfin, vous verrez ces dames, puisque vous venez à Corbeil... Oh! je suis si content!... Nous allons partir tout de suite, n'est-ce pas?

— Quand vous voudrez, je suis à votre disposition.

— Isidore! c'est bien, ce que vous faites là! c'est beau! c'est héroïque! Se dire : « Cela va fâcher ma maîtresse, et c'est pour cela que je le fais; c'est pour lui prouver qu'elle ne me mènera pas comme un enfant. » Ah! que vous avez raison, et comme il faut tout de suite mettre ces dames sur un bon pied... Eh bien! moi, je n'ai pas cette force-là. Attendez-moi quelques minutes... j'entre chez un confiseur acheter des pralines à Elmonde... elle adore les pralines; si je ne lui en rapportais pas, elle ferait une scène. Je reviens dans un instant.

Bouchonnier gagne les galeries. Isidore se rapproche de Georgelle, qui causait encore avec M. Fortincourt et un troisième personnage qui venait de se joindre à eux. Ce dernier venu était M. Volenville, le ci-devant jeune homme qui, la veille, s'était trouvé aussi à la réunion de madame Mirobelly; il était fort lié avec Fortincourt.

— Je crois que monsieur était aussi des nôtres hier? dit M. Volenville en voyant Isidore s'approcher. Ce monsieur ne manquait jamais de dire *nous* quand il s'agissait de jeunes gens. C'était chez lui un parti pris de ne pas vouloir vieillir.

Isidore a salué le vieux lion, qui continue en s'adressant à Fortincourt :

— Mon cher, il faut absolument que je vous mène chez la Mirobelly, on s'y amuse beaucoup; n'est-ce pas vrai, messieurs, qu'hier la réunion était brillante?... des femmes charmantes... on joue, on danse, on badine avec ces dames; pour nous autres amateurs, ce sont des soirées précieuses !...

— Je m'y suis beaucoup amusé, dit Isidore.

— Moi, j'aimerais mieux ne point y avoir été, murmura Georgelle, car je posséderais encore mes jaunets.

— Messieurs, je serai des vôtres un de ces soirs ! répond M. Fortincourt en souriant. Oh! je suis grand amateur de plaisirs...

— Voilà quelqu'un qui n'a pas l'air d'être dans les mêmes dispositions, dit Georgelle en montrant un monsieur qui passait alors lentement près d'eux, et dont la figure pâle, l'air sombre et soucieux dénotaient un profond chagrin.

— Eh ! c'est ce pauvre major ! s'écrie M. Volenville. Ah ! pardieu ! il paraît qu'on ne m'a pas trompé hier... sa femme l'a quittée... mais je voudrais bien savoir s'il l'a retrouvée... Bonjour, major !... comment se porte le major Giroval ?

En entendant prononcer son nom, le major s'est arrêté; il regarde d'un air distrait autour de lui; enfin, il aperçoit M. Volenville qui va à lui en lui tendant la main et en s'écriant d'un ton qu'il veut rendre sentimental :

— Bonjour, mon ami, mon cher major, je suis enchanté de vous rencontrer... Est-ce que cela serait vrai ce que l'on m'a dit, mon cher ami?... Moi, je n'ai pas voulu le croire; j'ai dit : Il n'est pas possible que madame Giroval ait pu... Oh! non... ce sont des calomnies...

— Taisez-vous ! taisez-vous ! je vous en prie ! murmure le major en interrompant ce monsieur. Mon malheur est que trop réel, en effet... et je vois bien que mon déshonneur est déjà connu... mais il ne m'est pas moins pénible d'entendre parler de cet événement, surtout en public !

— Oh ! pardon ! cher major, pardon ! j'ai été indiscret... c'est l'amitié, c'est l'intérêt que je vous porte qui m'a entraîné. En effet, je conçois, il y a de ces choses qu'il n'est pas agréable d'entendre... et vous surtout, qui aimiez tant votre femme !... Ah ! Dieu ! et dire qu'il y a des gens qui plaisantent sur ce sujet-là !... qui font des calembours, des quolibets sur les... c'est toujours très-imprudent. Mais je me tais... pas un mot là-dessus, je vous promets... Cependant il faut prendre sur vous, major, il faut vous faire une raison... C'est un grand... désagrément, j'en conviens, mais il est si commun !

— Eh ! que m'importe à moi ce qui arrive aux autres! répond le major d'une voix étouffée. Que chacun se conduise comme il l'entend, moi je n'aurai point de repos tant que je n'aurai pas tué le misérable qui l'a séduite.

M. Volenville passe son bras sous celui du major, qu'il est enchanté maintenant de n'avoir pas réussi à faire cocu; il l'entraîne vers les trois personnes avec lesquelles il était en train de causer, tout en lui disant :

— Il faut se distraire... il le faut.

Isidore et Georgelle saluent gravement ce monsieur dont la physionomie est si triste. M. Fortincourt, après avoir salué le major d'un air gracieux, continue de parler.

— Oui, messieurs... oui, c'est un grand bonheur qui vient de m'arriver... c'est-à-dire, bonheur n'est pas le mot... qu'est-ce que je disais donc... je ne m'en souviens plus, mais ça ne fait rien... enfin... je suis très-content.

— Vous nous disiez, répond Georgelle, que ce jeune homme avec lequel nous vous avons vu parler tout à l'heure, est un modèle de probité... mais vous ne nous avez pas expliqué ce qui vous fait dire cela.

— Ah ! oui, en effet... je vous parlais de Sainte-Lucie... oh ! c'est un charmant garçon.

— Comment, ce monsieur qui causait avec vous s'appelle Sainte-Lucie... mais nous nous sommes trouvés hier avec lui en soirée, et là on l'appelait M. de Monvillars... n'est-il pas vrai, Isidore ?

— Sans doute.

— Ah ! messieurs, écoutez, c'est encore possible ! oui, oui, je me rappelle à présent qu'il me disait qu'il avait changé de nom... c'est pour cela que je ne pouvais plus trouver sa demeure.

— Ah ! ce monsieur change de nom, répond le pharmacien d'un air ironique... et c'est là une des preuves de sa probité.

— Mais non, vous n'y êtes pas, messieurs, c'est à cause d'une intrigue de femme... une intrigue assez entortillée... un pauvre mari qu'il a fait... Molière dit le mot !... moi je le trouve un peu hasardé.

Le major a fait un mouvement comme si ses nerfs se crispaient; Isidore et Georgelle, qui ont su par M. Volenville la cause de la tristesse du vieux militaire, poussent M. Fortincourt qui ne comprend rien aux signes qu'on lui fait, va toujours son train :

— Oh ! Sainte-Lucie... ou Monvillars, puisque c'est le nom sous lequel vous le connaissez, est un galant très en vogue...

— Mais nous parlions de sa probité, monsieur, reprend Georgelle.

— Messieurs, je lui avais prêté douze mille francs.... et il vient de me les rendre.

— Il me semble qu'il n'a fait que son devoir.

— Certainement! mais c'est que j'avais eu très-peur !... ne l'ayant trouvé nulle part... j'ignorais son changement de nom... Il faut vous dire que le gaillard joue gros jeu !

— J'en sais quelque chose ! répond Georgelle, je l'ai vu jouer hier au lansquenet.

— Ah ! permettez, ce n'est pas pour cela que je voulais dire... il joue gros jeu selon moi, en ce moment, parce qu'il a enlevé une femme à son mari.

Fortincourt n'a point terminé sa phrase que le major lui a saisi le bras avec force et s'écrie :

— Enlevé une femme à son mari !... qui cela, monsieur ? depuis quand... Savez-vous le nom de cette femme... répondez donc ?.....

Fortincourt cherche à dégager son bras en murmurant :

— Permettez, monsieur, c'est que vous me serrez bien fort... et votre manière de me questionner... je tiens beaucoup aux formes, monsieur.

— Eh ! monsieur, j'ai bien le droit de vous questionner ainsi !... car on a enlevé ma femme, et je cherche son séducteur pour le tuer...

Fortincourt reste saisi et balbutie :

— On vous a enlevé... fichtre... qu'est-ce que je disais donc... je ne m'en souviens plus...

— Vous parliez d'un de vos amis qui vient d'enlever une femme à son mari ?

— Ah! oui... c'est Sainte-Lucie... ou Monvillars.

— Ne se faisait-il pas appeler aussi le baron de Fridzberg?

— Je l'ignore... mais comme il paraît qu'il change souvent de nom...

— Et cette femme qu'il a enlevée ?

— C'est, m'a-t-il dit, l'épouse d'un ancien militaire...

— C'est lui... Le signalement de cet homme ?...

— Le signe... le signalement... Lâchez donc mon bras, vous me faites mal, monsieur.

Comme Georgelle voit que M. Fortincourt hésite pour faire le signalement de son ami, il s'empresse de prendre la parole et décrit exactement au major la personne de M. Monvillars. Après l'avoir entendu, M. Giroval n'a plus de doute.

— C'est lui ! s'écrie-t-il, oh ! c'est bien le misérable que je cherche!... et vous dites que maintenant il se fait appeler Monvillars ?

— De Monvillars.

— Et il était là tout à l'heure... ici... près de moi... et je ne l'ai pas vu !... et quelque chose ne m'a pas fait deviner sa présence... Sa demeure, monsieur, sa demeure ?

Le major reprend le bras de M. Fortincourt, qui répond avec humeur :

— Mais, monsieur, je ne la sais pas, sa demeure !... puisqu'il me devait douze mille francs ! que je le cherchais partout et je ne pouvais pas le retrouver.

— Oh ! je le trouverai, moi... le misérable est encore à Paris... par où s'est-il éloigné, messieurs ?

— Par ce côté, reprend Georgelle, se dirigeant vers le passage du Théâtre-Français.

Le major n'en écoute pas davantage, il s'éloigne à grands pas en suivant l'indication que le jeune pharmacien vient de lui donner.

— Ma foi ! dit M. Fortincourt quand le major s'est éloigné, ce mari-là n'est pas du tout commode, ce n'est pas un homme de notre siècle... Il aura beau retrouver les fugitifs, il n'en sera pas moins... ah ! c'est vexant, mais c'est comme ça. Messieurs, je vous souhaite bien le bonjour. Mon cher Georgelle, vous m'enverrez de vos pilules pour donner de l'appétit... c'est étonnant le bien que ça me fait... je crois que je finirai par faire deux repas par jour.

M. Fortincourt s'éloigne d'un côté, M. Volenville d'un autre, et Isidore, voyant revenir son cousin, dit à son tour à Georgelle :

— Adieu, je pars pour la campagne : je vais à Corbeil avec Bouchonnier ; je ne reviens que demain.

— Ah ! bah !... et votre Félicia, vous l'abandonnez dès le premier jour !

— Elle me verra demain.

— Oh ! volage !... si elle vous avait cédé moins vite, vous ne la quitteriez pas sitôt !... Moi, je vais faire des pilules.

X. — MADAME CLERMONT ET SA FILLE.

Tout à l'entrée de Corbeil, en arrivant par Champ-Rosay, on aperçoit une petite maison bourgeoise, mais d'une apparence bien modeste. Elle ne se compose que d'un rez-de-chaussée et un premier étage. En bas, une petite porte peinte en gris, puis deux fenêtres avec leurs volets de même couleur. Au premier, trois fenêtres également pourvues de volets. Au-dessus, les toits, et deux lucarnes qui ne doivent éclairer que des greniers : voilà toute la façade de cette maison, qui de droite et de gauche ne tient à aucune habitation.

Lorsque la petite porte grise s'ouvre au coup de sonnette que vous donnez, vous voyez devant vous un petit couloir servant de vestibule, et sur lequel donnent quatre portes, deux à droite et deux à gauche. Puis, au fond, la lumière plus vive vous laisse apercevoir le jardin, dont la largeur est exactement celle de la façade de la maison et qui peut avoir le double en longueur, mais qui est parfaitement entouré de murs.

Ce jardin, quoique bien petit, a des arbres fruitiers, des fleurs, des buissons de lilas, de seringat, de chèvrefeuille : pas un coin de terre n'est perdu ; on en a fait tout à la fois un verger, un potager et un jardin anglais ; quoique encombré par les plantations qu'on y fait, il est bien tenu et d'un aspect agréable ; grâce à ses bosquets, à ses ombrages, il paraît beaucoup plus grand qu'il ne l'est en effet ; et lorsque de la porte d'entrée on l'aperçoit au bout du vestibule, il semble que l'on ait devant soi le jardin d'une jolie villa.

La première porte du vestibule, en entrant à droite, donne sur une pièce carrée qui est le salon ; celle de gauche ouvre sur la salle à manger. Derrière est la cuisine, qui a vue sur le jardin ; la porte en face de la cuisine ouvre sur l'escalier qui conduit au premier, et derrière cet escalier il y a encore une petite pièce qui peut servir de chambre de domestique.

Au premier sont quatre pièces, qui donnent les unes dans les autres, deux ayant la vue sur la route, et deux sur le jardin et les environs. Dans l'une de ces dernières, il y a au plafond une ouverture fermée par une planche que l'on soulève et qui vous ouvre alors l'entrée d'un grenier. Il faut nécessairement avoir une échelle pour arriver là.

Vous connaissez maintenant parfaitement la maison habitée par madame Clermont et sa fille. Je dois vous dire que l'ameublement en est aussi modeste que les dehors. La salle à manger n'a qu'une table ronde et des chaises de paille. Dans le salon est un piano qui n'est pas moderne, quoique vertical. Une glace sur la cheminée, un petit divan recouvert en damas jaune, quatre fauteuils et six chaises garnis de la même étoffe, une petite table à dessus de marbre, quelques dessins encadrés dans du bois imitant le citronnier, des rideaux blancs à la fenêtre, un cartel sur la cheminée, c'est à peu près l'ameublement du salon.

Les pièces au premier, où sont les chambres à coucher, sont meublées dans le même goût, renfermant le nécessaire et rien de plus. Mais hâtons-nous d'ajouter que, malgré cette extrême simplicité dans l'ameublement, l'intérieur de cette maison est loin d'offrir un aspect malheureux, grâce à l'extrême propreté avec laquelle tout y est entretenu. Le parquet est ciré et brillant, les meubles sont parfaitement frottés, et pas un grain de poussière ne se montre sur aucun d'eux. A défaut de luxe, l'ordre, l'arrangement, la propreté sont encore une élégance et peuvent donner du charme à la demeure la plus modeste.

Ensuite le jardin fournit des fleurs, et pour les dames c'est l'ornement le plus agréable. Deux vases de porcelaine placés sur la cheminée du salon étaient toujours remplis de ce que la saison faisait croître avec abondance dans le jardin. Souvent même à l'époque du lilas, du muguet, des roses, il y avait encore sur la table de marbre de grandes carafes bleues garnies de superbes touffes de ces fleurs, si bien qu'en entrant dans le petit salon du rez-de-chaussée, on se croyait au milieu d'un riant parterre, et la vue de la jeune Emmeline et de sa mère ne détruisait point cette illusion.

Madame Clermont est d'une taille élégante, un peu au-dessus de la moyenne, bien prise, svelte sans être maigre, ayant au contraire les hanches très-accusées, la poitrine large et bien effacée ; il est difficile de trouver une femme mieux faite ; le pied, la jambe, le bras et la main, tout est joli et parfaitement en harmonie avec sa taille ; il y a ensuite dans sa tournure, dans ses moindres mouvements, cette grâce qui ne s'apprend pas et que la nature seule nous donne.

Madame Clermont n'est ni brune ni blonde ; ses cheveux sont châtain léger. Ses yeux sont bleus, grands, bien fendus, ombragés par de longs cils beaucoup plus noirs que ses cheveux et surmontés de sourcils étroits, mais bien marqués. L'expression de ses yeux est douce et tendre, ils ont habituellement quelque chose de mélancolique qui fait trouver encore plus de charme au sourire qui s'y montre parfois. Un nez droit et pas trop fort, une bouche moyenne, de belles dents, un menton rond, un teint à peine coloré ne font point de cette dame une beauté remarquable, mais il y a dans l'ensemble de sa figure quelque chose d'aimable et de spirituel, dans les coins de sa bouche de la finesse, dans son sourire du sentiment ; enfin, c'est une physionomie qui vous plaît et vous attire, et aux plus jolies femmes il manque quelquefois cet air-là. Ajoutez à ces signalement une voix douce, une voix dont le timbre a ce charme qui attire et ne fatigue jamais. On ne se doute pas de tout ce qu'il y a de puissance de séduction dans une jolie voix, même lorsqu'elle ne chante pas, et pourtant on sent si vite tout ce qu'il y a de désagréable, de repoussant dans une voix aigre, criarde, nazillarde, aiguë, rauque ou commune, que l'on devrait mettre une douce voix au rang des attraits les plus indispensables à une femme.

La fille de madame Clermont a dix-sept ans et quelques mois. Elle est moins grande que sa mère, mais sa taille est fine et son pied mignon. Ses cheveux sont d'un blond cendré et d'une pureté de ton qui n'a point d'équivoque, ce qui est rare parmi les blondes. De plus, ils sont très-longs, très-épais, très-bien plantés. Mademoiselle Emmeline a les yeux presque noirs, ce qui est encore rare chez une blonde ; elle les a fort grands, fort beaux et brillant souvent de cette spirituelle malice qui n'exclut pas la décence, et donne du charme à une jeune fille. Sa bouche est fraîche, rose et bien garnie ; le sourire erre presque toujours sur ses lèvres comme dans ses yeux ; un nez correct comme celui de sa mère, de petites fossettes dans les joues, de la fraîcheur, de la gaieté, tout le naturel d'un enfant uni à la grâce d'une jeune fille : voilà mademoiselle Clermont.

En la voyant, il est difficile de ne pas la trouver jolie ; en la connaissant, il est encore plus difficile de ne point l'aimer. Emmeline a un caractère si aimable, si doux, si égal surtout... Et les jeunes filles comme les dames ont si rarement un caractère égal. Vous me direz que lorsqu'il est toujours également mauvais, grondeur, boudeur, querelleur, cela n'a rien de bien agréable. Je vous répondrai qu'au moins vous savez à quoi vous en tenir. Mais laisser une personne gaie et la retrouver triste ; la quitter belle et la revoir maussade !... et cela sans qu'aucun motif vous donne la clef de ce changement d'humeur, ce sont là de ces ennuis de la vie privée auxquels on ne s'accoutume jamais, et qui nous font bien souvent déserter le foyer domestique.

Heureusement Emmeline et pour ceux qui l'entourent, Emmeline n'est point de ce caractère. Vous la retrouverez le lendemain telle que vous l'avez quittée la veille ; son cœur aimant et sensible aujourd'hui ne sera pas froid et sec demain ; et puis elle chérit, elle adore sa mère, elle ne voit que par ses yeux, ne cherche qu'à lui être agréable ; pour un sourire, un doux mot de sa mère, elle oublie la fatigue, la peine, elle se livre avec ardeur au travail ; elle ne comprend pas un plaisir loin d'elle, un bonheur qu'elle ne partagerait pas.

Madame Clermont semble sous tous les rapports mériter cet amour, cette vénération que sa fille a pour elle. C'est elle-même qui a fait l'éducation d'Emmeline, qui lui a enseigné l'écriture, la lecture, qui lui a donné les leçons de français, d'histoire et de géographie. C'est encore elle qui lui a appris la musique et montré à toucher du piano, puis à se servir d'un crayon et à retracer sur le papier un joli paysage, un beau point de vue ou une forêt. Madame Clermont avait donc reçu une éducation soignée, puisqu'à elle seule, et sans le secours d'aucun professeur, elle avait pu donner à sa fille de l'instruction et des talents, et qu'elle avait, ce qui est plus rare encore, conservé ses talents après s'être mariée.

Il y a dix ans que la mère et la fille habitent à Corbeil la maison que nous vous avons fait connaître. Madame Clermont a loué cette maison qui appartient à un gros épicier de la ville. Elle est venue s'y établir seule avec sa fille ; une voiture qui venait de Paris a apporté les meubles et tout le bagage de ces dames. Pendant quelques années elles ont vécu là sans aucune domestique pour les servir, sans que personne vînt prendre soin de leur jardin et les soulager dans les détails du ménage. Alors madame Clermont faisait tout elle-même, sa fille était trop jeune pour l'aider encore, mais le courage donne de la force, et avec ses mains mignonnes, avec ses doigts effilés, la jeune femme (car madame Clermont était encore jeune alors) ne craignait point de remuer la bêche, la pioche, de planter, d'arroser, d'entretenir son jardin avec le même soin que sa maison. Et pourtant ces travaux domestiques ne lui faisaient pas négliger l'éducation de sa fille. Mais levée au point du jour, ne perdant pas un moment de la journée, madame Clermont ne quittait Emmeline que pour se livrer au travail et pour cultiver son petit jardin. Jamais de distractions, jamais de visites ; la jeune dame ne sortait pas et ne recevait personne, et pourtant elle ne connaissait pas l'ennui. Sa fille suffisait à son cœur, le travail à l'emploi de son temps, et quant à son esprit, il est probable qu'elle le passait le laissait pas oisif.

En voyant la maison isolée (c'est ainsi qu'on appelait la demeure de madame Clermont) louée par une dame jeune et jolie qui n'avait avec elle qu'une petite fille de sept à huit ans, les habitants de la petite ville de Corbeil avaient donné carrière à leur imagination, et, comme c'est l'usage, chacun avait fait ses conjectures et voulu deviner quelle était la nouvelle venue.

Comme aux manières, à la tournure, au langage de madame Clermont, il était impossible de ne pas reconnaître une personne élevée dans le grand monde, la médisance n'en avait été que plus empressée à l'attaquer ; car il est malheureusement vrai que le monde, toujours porté à envier ce qui le dépasse, cherche de préférence à dénigrer ce qui est beau et ce qui est bien, tandis qu'il laisse en paix la nullité ou la médiocrité. Une jolie femme excite la jalousie des autres, un homme de mérite, de talent, est constamment en butte à la critique des sots ou des méchants. Si l'on ne trouve rien à blâmer dans ses ouvrages, on s'attaquera à sa personne, à sa vie privée. Ces mirmidons qui ne peuvent atteindre aux lauriers voudraient rabaisser chacun à leur niveau, afin qu'on ne puisse pas en cueillir.

Madame Clermont ne cherchait point à moissonner des lauriers, elle ne demandait qu'à vivre en paix, tranquille, ignorée dans la modeste retraite où elle s'était retirée avec sa fille. Si elle eût été laide, commune, désagréable, il est probable qu'on se serait peu occupé d'elle; mais quand on est belle, distinguée, lorsqu'on a dans les manières certaine élégance qui fait qu'avec la robe la plus simple vous semblez être mieux mise que toutes les autres, il ne faut pas croire alors qu'il vous sera si facile de vivre ignorée.

C'est pourquoi dans les premiers temps de l'arrivée de madame Clermont à Corbeil on entendait chaque jour circuler dans la ville les propos suivants :

— Vous savez que M. Touchon l'épicier a loué sa petite maison au bout de la ville ?

— On me l'a dit, et on assure que c'est à une très-jolie femme qui a l'air d'une duchesse.

— Oh ! d'une duchesse !... voilà bien le monde ! parce que cette dame se donne de grands airs et ne parle à personne, cela impose aux niais... on en fait tout de suite une duchesse.

— Mais on m'avait assuré au contraire que cette dame était extrêmement polie avec tout le monde.

— Polie... Ah ! elle salue quand on la salue ! c'est bien heureux ! mais enfin elle n'a fait aucune visite dans la ville, pas même à ses plus proches voisins... et madame Michelette, qui a été chez elle une fois... comme pour lui demander si elle avait du feu à lui donner, si vous saviez comme elle l'a reçue !

— C'est vrai !... on m'a conté qu'elle l'avait presque mise à la porte sans la faire même asseoir.

— Du tout ! du tout ! Madame Michelette m'a dit, à moi, que cette dame avait été extrêmement polie avec elle... seulement elle lui a demandé excuse de ne point pouvoir causer, elle n'avait pas le temps.

— Le temps... le temps ! et qu'est-ce qui fait donc de si pressé, cette mijaurée... car elle m'a tout l'air d'une mijaurée.

— Moi, je crois que c'est une aventurière, une pas grand chose !

— C'est mon avis. Une femme qui arrive dans un pays, toute seule avec sa fille, sans parents, sans suivants, sans rien du tout... ça me semble louche.

— D'où venait-elle ? M. Touchon le sait-il ?

— Mon Dieu, non ; elle se promenait par ici, elle a loué la maison ; il paraît qu'elle a payé une année d'avance.

— C'est une femme qui se cache.

— Je le croirais assez.

— Elle est très-belle, dit-on ?

— Oh ! elle n'en veut, cela dépend du goût. D'abord elle n'a pas pour deux liards de fraîcheur ! et une femme sans fraîcheur, êtes-vous comme moi, monsieur ?... c'est une prune défleurie... il semble que cela ait été mangé par tout le monde !

— Elle se nomme madame Clermont ?

— Qu'est-ce que ça signifie Clermont ? Tout le monde peut s'appeler Clermont, ça ne prouve rien du tout. J'aime mieux m'appeler Bertrand... au moins on sait ce que c'est.

— C'est peut-être une femme qui a fait ses farces et que son mari a chassée de chez lui.

— Ou quelque intrigante qui n'est pas plus mariée que mon angora.

— Elle se dit veuve.

— Veuve de la grande armée peut-être.

— Je vous parie qu'avant peu nous allons voir arriver les amoureux, les bons amis qui viendront lui tenir compagnie.

— Oh ! c'est bien probable, et qui sait s'il n'en vient pas déjà le soir qui passent la nuit chez elle et filent au petit jour...

— Ça serait très-possible, et c'est probablement pour être plus libre qu'elle ne prend pas de domestique, car cette femme-là ne me fait pas l'effet d'être pauvre.

— Ni à moi. Je lui ai vu l'autre matin, pour faire son ménage, une robe superbe en pou-de-soie.

— Une robe de soie pour balayer son vestibule ! Quand je vous dis que c'est une femme qui a fait des intrigues. Il faudra je le dise à Belot, mon jardinier, de veiller un peu la nuit dans les alentours de sa maison.

Madame Bertrand, celle qui mettait le plus d'acharnement à dénigrer la belle inconnue, qui ne demeurait qu'à deux portes de chez d'elle, avait pendant plusieurs nuits chargé son jardinier Belot de faire le guet autour de la maison isolée, afin de savoir si la dame qui l'habitait ne recevait pas de visites nocturnes. L'eût été si grand bonheur de pouvoir apprendre cela à tous les bourgeois de Corbeil, car alors on n'aurait plus gardé aucun ménagement, on aurait impitoyablement traité l'étrangère, à laquelle on ne pardonnait pas d'être jolie et d'avoir un air distingué.

Mais malheureusement, Belot, qui était presque aussi cancanier que sa maîtresse, veilla inutilement huit nuits de suite, armé de son fusil qui était chargé de petit plomb ; il eut beau guetter, attendre, écouter, faire des rondes autour de la maison et du jardin de madame Clermont ; il ne vit personne entrer ni sortir. Le neuvième jour, comme il lui sembla entendre du bruit dans un buisson qui se trouvait à l'angle du mur du jardin, il cria trois fois qui vive ? Ne recevant aucune réponse, il fit feu. Alors, des miaulements douloureux partirent du buisson, d'où s'échappa en boitant un fort beau chat. C'était l'angora de madame Bertrand qui avait l'habitude d'aller courir toutes les nuits dehors, et que le jardinier venait de cribler de petit plomb.

Cette aventure ôta au jardinier l'envie de veiller plus longtemps, pour savoir si les voisines recevaient du monde la nuit, et madame Bertrand en fut pour son angora, dont le train de derrière resta pour toujours endommagé.

Mais tout s'use à la longue, et ce qui n'est plus une nouveauté cesse bientôt d'exciter la curiosité. Lorsqu'une année se fut écoulée sans que madame Clermont eût rien changé à sa manière de vivre, les propos commencèrent à diminuer. On s'occupa moins de l'étrangère ; les hommes, qui l'apercevaient fort rarement, ne parlèrent plus de sa beauté ; les femmes, qui lui virent presque toujours les mêmes robes, oublièrent qu'elle avait balayé son vestibule avec un jupon de pou-de-soie. Comme l'inconnue continuait à ne recevoir aucune visite, il fallut bien que l'on convînt qu'elle n'avait pas d'amant. Comme dans la rue elle saluait avec infiniment de politesse les personnes qui la saluaient, on convint aussi qu'elle avait de bonnes manières ; enfin, comme elle ne faisait jamais aucune dette et payait comptant toutes ses petites emplettes, on voulut bien accorder que ce n'était point une : pas grand'chose.

Quatre ans après son arrivée à Corbeil, il s'opéra quelques changements dans la manière de vivre des dames de la maison isolée. D'abord madame Clermont prit une domestique, elle engagea à son service une jeune fille de la campagne, un peu niaise, mais habile, mais honnête et sage, et remplie de force et de bonne volonté. A dater de ce moment, madame Clermont ayant plus de temps à elle, puisque les soins du ménage ne la regardaient plus, commença à mener une vie un peu moins sédentaire ; elle sortit avec sa fille et fit des promenades dans les environs.

La jeune Emmeline avait alors onze ans ; sa jolie figure, son air espiègle et doux à la fois, captivaient déjà les regards et lui attiraient souvent de ces compliments auxquels une mère n'est jamais insensible.

— Voilà une bien jolie demoiselle ! disait-on quelquefois en passant près de madame Clermont, lorsqu'elle promenait sa fille.

— Elle a déjà l'air bien raisonnable !...

Emmeline n'avait guère cet air-là, car elle possédait au contraire toute la gaieté, toute la pétulance de son âge ; mais quand on disait cela, elle se rengorgeait, regardait sa mère avec fierté et tâchait de marcher sans sautiller à chaque pas.

Les hommes ne manquaient point de dire aussi :

— Voilà une jeune personne qui ressemble bien à sa maman... Oh ! ce sera tout son portrait.

Alors la petite fille était encore plus joyeuse, elle regardait sa mère avec orgueil, et s'écriait :

— Entends-tu, maman ? on trouve que je te ressemble !... on dit que je serai comme toi. Oh ! tant mieux ! je serai bien contente d'être comme toi.

Madame Clermont souriait alors à sa fille ; mais dans ce sourire il y avait de la tristesse, et elle murmurait tout bas : Pauvre petite ! puisses-tu ne pas ressembler en tout à ta mère !...

XI. — LES VOISINS DE CAMPAGNE.

Quand on se promène fréquemment dans une petite ville ou dans les environs, on doit rencontrer assez souvent les mêmes visages. On se salue d'abord, ensuite on échange quelques mots de politesse, puis on finit par être des connaissances. C'est ce qui devait nécessairement arriver à madame Clermont, depuis qu'elle avait cessé de vivre comme une ourse.

Mais la jeune Emmeline grandissant ; elle commençait à entrer dans l'adolescence, à devenir une demoiselle, et madame Clermont, ne voulant pas priver sa fille de toute société, avait senti que dans une petite ville, pour avoir quelques distractions, il ne faut pas toujours tenir sa porte close et refuser de voir ses voisins.

Cependant madame Clermont, ne voulant pas étendre bien loin le cercle de ses connaissances, avait fait un choix auquel elle comptait se borner. D'abord elle avait accueilli avec bienveillance les politesses et les visites de M. Pastoureau.

Ce monsieur était cependant garçon ; il n'avait guère plus de quarante ans, âge où beaucoup d'hommes sont plus libertins qu'à vingt-cinq. Comment donc madame Clermont, qui semblait si réservée, si difficile dans le choix de sa société, avait-elle consenti à admettre chez elle un homme qui n'était pas marié et n'était point encore vieux ?

C'est qu'il y a des gens qui portent sur leur figure, qui ont dans leur langage, dans leur personne enfin, quelque chose qui ne permet pas de les juger dangereux ; et M. Pastoureau avait tout cela ; en le voyant, il était impossible de le prendre pour un libertin : une mère lui aurait confié sa fille, un mari lui aurait donné sa femme à garder.

Pourtant M. Pastoureau n'était pas laid de visage et il n'avait rien de difforme dans sa personne ; mais il avait un air tellement bête, tellement nul, qu'on ne devait jamais mêler son image à des pensers d'amour. Blond fade, ayant de grands yeux ronds qu'il roulait de façon à n'en laisser voir que le blanc, porteur d'un nez gros par le bout, et pinçant sans cesse sa bouche pour lui donner de l'expression, M. Pastoureau avait de plus l'habitude de se croire amoureux de chaque dame un peu jolie avec laquelle il se trouvait, et comme ses passions étaient toujours malheureuses, il s'ensuivait que ce monsieur passait sa vie à pousser des soupirs, et qu'il nageait continuellement dans une atmosphère de sentiment et de tristesse qui rendait sa société fort peu amusante.

Mais à part cette manie, M. Pastoureau était un si bon garçon, qu'on se sentait disposé à la lui pardonner ; d'une douceur et d'une obligeance extrêmes, il ne disait jamais de mal de personne ; avec lui la calomnie était impossible, et il était toujours porté à croire le bien plutôt que le mal. Ensuite, même près des dames dont il se croyait amoureux, il était si réservé et si respectueux, qu'un chevalier du temps d'*Amadis* aurait passé pour un polisson à côté de lui.

La position de M. Pastoureau était claire et parfaitement connue de chacun : il était fils d'un marchand de bois de Paris ; il avait étudié pour le droit, mais son penchant pour les soupirs lui avait fait négliger son droit. A la mort de son père, se trouvant possesseur de cinq mille francs de revenu bien net et qui ne devaient rien à personne, M. Pastoureau, ayant éprouvé quelques désagréments avec des dames de Paris, qui probablement s'étaient moquées de sa manière de faire l'amour, était venu se fixer à Corbeil où il possédait une jolie maison, et où il pouvait filer le sentiment depuis le matin jusqu'au soir, sans que personne se permît de lui rire au nez. Bien au contraire, comme dans une petite ville un célibataire encore jeune, et jouissant de cinq mille francs de rente, est un personnage très-important et très-honorable, M. Pastoureau était bien reçu et recherché partout la belle société de Corbeil, et surtout dans les maisons où il y avait des demoiselles à établir.

Vous comprenez maintenant que madame Clermont ait admis chez elle M. Pastoureau. C'était un homme devant lequel la médisance rebroussait chemin, et madame Bertrand elle-même, cette voisine qui avait fait veiller son jardinier pendant neuf nuits autour de la demeure de madame Clermont, n'avait pas trouvé la plus petite méchanceté à dire, lorsqu'on lui avait annoncé que M. Pastoureau était reçu chez les dames de la maison isolée.

Après ce monsieur, on rencontrait encore chez ces dames une grosse maman d'une cinquantaine d'années, très-vive, très-alerte, très-remuante et très-bavarde. C'était madame Michelette, celle qui, dès l'origine du séjour de madame Clermont à Corbeil, avait cherché à s'introduire chez elle en allant y demander du feu. Dans le temps-là cette tentative avait été mal accueillie ; mais il y a un proverbe qui dit : « *Tout vient à point à qui sait attendre.* » Madame Michelette, qui probablement appréciait la sagesse de ce proverbe, ne s'était point découragée, elle s'était dit : *J'attendrai* ; mais tôt ou tard je serai reçue chez cette dame...

Ah ! c'est une bien belle chose qu'une volonté ferme, inébranlable, que rien ne rebute, ne lasse, ne dégoûte, n'effraye, qui marche sans cesse à son but sans s'occuper des obstacles qu'elle rencontrera, qui les tourne au lieu de les attaquer et qui se dit toujours : Il faudra bien que j'arrive ! Et en effet, soyez certain qu'à la longue, les obstacles s'évanouissent, se brisent ou cèdent, et que si l'on a bien su gouverner, manœuvrer son affaire, on se trouve où l'on voulait arriver.

Madame Michelette ne s'était donc pas rebutée ; elle saluait madame Clermont du plus loin qu'elle l'apercevait ; elle courait à elle et entamait une conversation au risque de ne pas être écoutée ; quand elle voyait la petite Emmeline, elle tirait de sa poche une bonbonnière et la forçait à prendre des pastilles ; quand la jeune fille n'était pas là, elle ne manquait pas de s'informer de sa santé et ne tarissait pas en éloges sur sa gentillesse. Comment une mère ne se serait-elle pas laissé prendre à tout cela ? il est si doux d'entendre faire l'éloge des objets de notre affection, un tel plaisir que si peu de gens aiment à nous procurer ! Et puis, quoique bavarde et curieuse, la grosse maman ne semblait pas méchante, mais c'était avec un air de bonhomie qui semblait la plus pure de la malice ; elle jouait fort bien la franchise, la crédulité, et terminait ordinairement ses discours par ces mots : — Après cela on m'a dit cela... est-ce vrai, n'est-ce pas ? je n'en sais rien ! je vous le donne comme on me l'a donné.

Si bien que madame Clermont, sans avoir positivement engagé madame Michelette à venir chez elle, s'était trouvée l'y recevoir très-fréquemment et qu'alors la grosse maman s'était empressée de lui dire :

— Je suis veuve, j'ai quatre enfants ; il ne m'en reste plus qu'un seul, un fils, beau garçon, bel homme, rempli d'esprit, de moyens, d'intelligence, mais qui n'a jamais rien voulu faire que voyager, courir le monde, dépenser de l'argent, faire des dettes, des poufs, des lettres de change et m'envoyer ses créanciers... C'est un garçon que j'adore et qui me fera mourir de chagrin. Mais ça se calmera, ça se corrigera ! on dit toujours : Il faut que jeunesse se passe. Mon Alménor n'a encore que trente ans ; cela finira par se passer. Heureusement j'ai de quoi vivre ; mon mari, qui était entrepreneur de bâtiments et qui aurait coupé un haricot en quatre tant il aimait l'argent, m'a laissé une fortune assez rondelette, et au lieu de courir et de tout manger, Alménor aurait déjà pu faire dix mariages superbes !... mais il n'a pas de penchant pour l'hymen, il préfère courir comme un *Joconde* qu'il est... Que voulez-vous ? il faut que jeunesse se passe, la sienne se prolonge, mais il est si bel homme ! Je voudrais que vous le vissiez, mon Alménor ; il m'écrit toujours qu'il va passer quinze jours près de moi... et il ne vient pas... Il fait ses caravanes à Paris, à Londres... à Bruxelles... il va partout !... mais dès qu'il viendra à Corbeil, j'aurai l'honneur de vous le présenter.

Madame Clermont ne tenait pas du tout à voir Alménor, elle se contentait alors de faire une inclination de tête, et madame Michelette reprenait : — Oui, voilà ce que je suis... quelle est ma position. Moi je dis tout de suite mes affaires aux personnes que je fréquente, parce qu'il me semble que c'est plus agréable de savoir à qui puis l'on parle, si l'on a pas de raisons pour avoir des mystères.

La grosse maman se taisait après avoir dit cela, espérant que madame Clermont comprendrait le sens de la phrase et qu'elle lui conterait à son tour toutes ses affaires. Mais la mère d'Emmeline, qui écoutait sa voisine avec assez d'indifférence, n'avait pas l'air de comprendre l'appel indirect qu'on venait de faire à sa franchise, et parlait alors de choses insignifiantes ou laissait tomber la conversation.

Comme cette discrétion ne faisait pas le compte de madame Michelette, un jour elle se hasarda à dire assez brusquement à madame Clermont :

— Vous, ma chère dame, vous êtes veuve, à ce que je crois ?

Le front de la jolie femme se rembrunit, et elle répondit assez sèchement : — Oui, madame, je suis veuve.

— Vous avez perdu votre mari de bonne heure, à ce qu'il paraît... car vous êtes déjà veuve quand vous êtes venue vous fixer à Corbeil ?

— Oui, madame.

Le laconisme de ces réponses ne satisfaisait guère madame Michelette, qui se permit de risquer une question plus positive.

— Et... qu'est-ce qu'il faisait monsieur votre époux ?

Le regard de madame Clermont devint sérieux, presque sévère en se fixant sur la grosse maman, qui se sentit toute confuse, puis elle lui répondit :

— Mon mari ne faisait rien, madame ; il avait assez de fortune pour vivre indépendant. Au reste, si vous tenez absolument à savoir d'où je viens et ce que je suis, si vous craignez enfin de vous compromettre en venant chez une personne dont vous ne connaissez pas la famille et tous les antécédents, je vous engage, madame, à cesser de revenir chez moi ; car mon habitude n'est point de conter mes affaires, et je n'ai point l'intention de vous en dire jamais davantage.

Madame Michelette, s'apercevant qu'elle avait fait une sottise, s'empressa de s'excuser en jurant qu'elle serait désolée qu'on la crût curieuse ou indiscrète, et qu'elle n'avait jamais eu l'intention de demander à sa voisine ce que celle-ci voulait taire, qu'il suffisait de la voir et de causer avec elle pour être persuadé que l'on avait affaire à quelqu'un de bien né et de très comme il faut. Madame Clermont voulut bien se contenter de ses excuses ; la paix fut rétablie, on continua de se voir comme par le passé, mais la grosse maman n'osait plus hasarder de nouvelles questions, et lorsque son amie madame Bertrand lui disait d'un air ironique :

— Eh bien, savez-vous maintenant ce que c'est que votre belle dame de la petite maison ?

Madame Michelette prenait un air composé et secouait la tête en répondant : — Oui, oui, c'est une femme très comme il faut qui a eu des malheurs.

— Quels malheurs ?

— Elle me les a confiés sous le sceau du secret, je ne dois pas la trahir.

— Vous ! garder un secret ! s'écriait madame Bertrand en riant à se tenir les côtes. Oh ! oh ! vous mentez, ma voisine, vous ne savez rien du tout ; car si vous aviez appris quelque chose touchant la belle mijaurée, toute la ville le saurait déjà !

— Pardonnez-moi, je sais beaucoup de choses ! par exemple, que madame Clermont est veuve, que son mari avait de la fortune et qu'il vivait indépendant.

— Ah ! il avait de la fortune... et c'est pour cela sans doute que pendant quatre ans cette dame s'est passée de domestique et a fait son ménage, sa cuisine, son jardin elle-même.

— Je vous répète ce qu'elle m'a dit.

— Et ensuite ?

— Ensuite !... oh !... ce sont des événements très-graves... très-mystérieux ! vous me couperiez la langue plutôt que de me les faire conter.

Madame Bertrand recommençait à rire avec une persistance qui déconcertait la maman Michelette, qui prenait alors le parti de la retraite en murmurant : — Ça n'empêche pas que vous êtes bien vexée de ne point aller comme moi chez madame Clermont.

— Merci ! aller chez une personne dont on ne connaît ni A ni B, chez une aventurière peut-être!... Oh! non, je vous assure que je ne vous envie pas ce bonheur.

La société de madame Michelette et de M. Pastoureau n'offrait point beaucoup d'amusement à la jeune Emmeline, d'autant plus que madame Clermont ne faisait visite à sa grosse voisine que lorsque celle-ci était seule, et qu'elle refusait constamment de se trouver aux soirées, aux réunions auxquelles se rendaient toujours madame Bertrand et beaucoup d'autres commères de l'endroit.

Mais l'établissement d'un chemin de fer allant directement de Corbeil à Paris venait de donner une nouvelle vie à la petite ville habitée par madame Clermont et sa fille; déjà on voyait passer plus de monde, et surtout plus de nouveaux visages : les habitants de Paris venaient faire maintenant une partie de campagne jusqu'à Corbeil, et il n'était plus rare de rencontrer dans les promenades des dames élégantes de la Chaussée-d'Antin, des petits-maîtres du boulevard des Italiens, fumant leur cigare comme s'ils étaient encore devant les passages de l'Opéra. Enfin, l'étudiant et la grisette, le commis-marchand et la lorette, le boutiquier de la rue Saint-Denis et jusqu'au rentier du Marais, faisaient quelquefois excursion jusqu'à Corbeil, grâce à cette invention presque magique qui se moque du temps, supprime les distances et permet à deux amants qui demeurent à trente lieues l'un de l'autre de se prouver encore leur amour et le soir et le matin. C'est une bien belle invention que les chemins de fer.

La facilité de se rendre à Paris avait fait louer promptement plusieurs maisons de campagne qui étaient restées longtemps sans locataires. Il y avait entre autres une charmante villa qui se trouvait à peu de distance de la demeure de madame Clermont, et qui était restée longtemps inhabitée parce qu'on voulait la louer cher. Le voisinage du débarcadère venait de lui faire trouver un amateur.

C'est là où M. Bouchonnier avait logé sa femme, qui avait, disait-il, besoin de l'air de la campagne pour bien se porter.

La maison de campagne louée par le cousin d'Isidore était une charmante habitation. Une belle grille laissait d'abord apercevoir un jardin spacieux et bien planté. Au bout d'une belle allée de tilleuls, bordée dans le bas par des touffes de dahlias, et tapissée par un sable jaune épais et doux, vous aperceviez le perron de la maison, devant lequel un double rang d'orangers en caisse répandaient la plus douce odeur.

Rien ne manquait ensuite dans la maison de ce que l'on peut surtout trouver à la campagne : salle de billard, salle de bains, bibliothèque, salon de musique assez vaste pour que l'on puisse y danser à l'aise, rien n'était oublié; et le jardin, où l'on trouvait toujours d'épais ombrages, offrait aussi aux amateurs une balançoire, un pavillon à vitraux de couleur, une petite pièce d'eau, un pont, une grotte, un jeu de bagues, et jusqu'à une petite montagne russe, où M. Bouchonnier allait se faire dégringoler tous les jours après son dîner, parce qu'on lui avait assuré que cela précipitait la digestion et mettait des bornes à l'obésité.

C'était donc une véritable petite villa que la campagne de M. Bouchonnier. Il fallait avoir un grand amour de la ville pour ne point s'y plaire, et madame Bouchonnier s'y serait plu beaucoup si elle avait été moins jalouse de son mari.

Nous connaissons déjà ce monsieur, faisons maintenant connaissance avec sa femme.

Elmonde est fille de commerçants riches ; elle a reçu une éducation plus brillante que solide; elle savait une foule de choses étant demoiselle; maintenant qu'elle est mariée, elle ne sait plus rien. Cependant elle n'a pas d'enfants, et comme elle ne touche jamais une aiguille, ne s'occupe pas du moindre détail de ménage, et ne comprend pas que l'on puisse mettre le pied dans une cuisine, elle aurait bien le temps de cultiver les talents qu'on lui a donnés étant demoiselle, mais Edmonde ne sait pas ce que c'est que de cultiver quelque chose. Ainsi, elle aime beaucoup les fleurs, mais ne relèverait pas un tuteur au dahlia que le vent vient d'abattre; elle n'ôterait jamais les pucerons qui mangent les boutons de ses rosiers; elle n'arroserait pas une fois la tige qui se flétrit faute d'eau.

Elmonde dit que ce n'est pas son affaire; elle a été élevée à faire toutes ses volontés, et sa volonté spéciale est de ne rien faire..... excepté sa toilette.

La toilette est pour Elmonde l'occupation à la fois la plus agréable et la plus importante de sa vie; aussi en fait-elle plusieurs dans la journée : elle descend le matin en peignoir faire quelques tours de jardin ; elle remonte et s'habille négligemment pour le déjeuner; après le déjeuner, elle remonte se coiffer. Elle regarde ensuite le temps, elle consulte le ciel pour savoir quelle robe elle doit mettre pour la journée ; elle s'habille suivant l'état de la température; mais comme la température est souvent changeante, au moindre nuage qui se montre, au moindre rayon de soleil qui perce les nuages, elle remonte chez elle et met une autre robe.

Si on va se promener, cela nécessite des changements à la coiffure et à la toilette;

Je ne sais pas ce que vous voulez dire.

s'il doit venir quelques personnes pour le dîner, cela demande encore un autre costume ; enfin le soir, si l'on veut sautiller, valser, essayer une polka, cela exige une autre toilette. Il serait donc injuste de dire que madame Bouchonnier n'est pas occupée.

Elmonde, qui a maintenant vingt-cinq ans, en avait vingt et un lorsqu'elle a épousé Tiburce Bouchonnier. Elle était alors fort jolie; elle est encore très-bien. C'est une brune aux yeux très-vifs, très-brillants; c'est une figure ronde où tout est assez agréable sans être parfaitement beau. Madame Bouchonnier brille surtout par une excessive fraîcheur, elle aurait même trop de couleurs pour les personnes qui aiment les airs distingués, mais le vif incarnat qui brille sur ses joues se marie bien avec l'éclat de ses yeux, avec le sourire de sa bouche mignonne. Ce serait une très-jolie femme si son front était moins bas et plus blanc; telle qu'elle est, on peut envier le sort de son mari, et les soins qu'elle donne à sa toilette ajoutent encore aux charmes de sa personne, charmes qui, à la vérité, seraient peut-être moins piquants en négligé ; car il y a des dames qui ont besoin pour plaire des secrets de l'art, comme il en est d'autres qui sont toujours belles même dans la plus simple parure. Je n'ai pas besoin de vous dire qu'on trouve beaucoup plus de celles-là que de celles-ci.

Malgré sa nonchalance que l'on aurait pu appeler de la paresse, malgré son excessif penchant pour la toilette, madame Bouchonnier était aimable et d'un commerce agréable, elle était naturellement gaie, et il fallait fort peu de chose pour la faire longtemps rire ; elle recevait fort bien, et comme elle cherchait le plaisir chez les autres, elle voulait qu'on le trouvât chez elle. Mais elle était extrêmement jalouse de son mari : était-ce par amour ou seulement par amour-propre ?... il y avait peut-être de ces deux sentiments ; enfin, malgré sa coquetterie, la conduite d'Elmonde avait toujours été exempte de tout reproche, et cependant ses yeux annonçaient les passions vives, et M. Bouchonnier avait trop de distractions pour s'occuper souvent de les calmer.

Après quelque temps de séjour à Corbeil, où elle ne passait que cinq mois de l'année, madame Bouchonnier s'était informée de la société que l'on pouvait y voir. En sortant de chez elle, plusieurs fois elle avait rencontré madame Clermont et sa fille. Elmonde avait aussitôt remarqué ces deux dames, car la beauté de l'une et la gentillesse de l'autre ne pouvaient point échapper à une jeune femme dont la seule occupation était d'observer surtout la tournure de chacun. La bonne façon de madame Clermont, ses manières gracieuses et distinguées avaient prévenu madame Bouchonnier en sa faveur ; celle-ci, habituée à briller, à trôner parmi les autres dames de la société, s'était sentie sur-le-champ subjuguée par la mère d'Emmeline ; elle avait compris qu'elle n'effacerait jamais cette femme-là, et sur-le-champ elle avait aussitôt éprouvé le désir de se lier avec elle.

Après avoir pris des informations et su que ces dames habitaient la modeste petite demeure qu'elle apercevait de ses fenêtres, Elmonde s'était dit : « Si cette madame Clermont est mieux que moi, au moins je l'emporterai sur elle par ma fortune et mes toilettes, et il y aura du plaisir à faire voir que l'on a du goût à une personne qui a certainement l'habitude d'aller dans le grand monde. Voilà de ces suffrages qui valent la peine qu'on cherche à les obtenir. »

Les dames calculent tout. En effet, il n'y avait pas grand mérite à éblouir madame Bertrand ou madame Michelette ; leur compagnie eût presque ôté l'envie de faire de la toilette. Ainsi dans une réunion de sots, un homme d'esprit ne verra certes point la nécessité de montrer le sien, et se renfermera quelquefois dans un mutisme complet, au risque de passer pour être nul ; mais placez-le au milieu de gens faits pour l'entendre, pour l'apprécier, et il retrouvera tous ses moyens ; ainsi une femme coquette veut aussi rencontrer des regards dignes de comprendre tout le bon goût de sa mise, et entendre des éloges qui puissent vraiment flatter sa vanité.

Madame Bouchonnier alla faire visite aux dames de la maison isolée. Elle croyait étonner, éblouir par son élégance, mais ce fut elle qui se sentit dominée par l'esprit et les grâces de madame Clermont. Malgré cela, Elmonde comprit que la société de cette dame et de sa fille lui serait fort agréable. C'était de ces personnes avec lesquelles on pouvait causer longtemps sans éprouver un moment d'ennui ; de ces personnes près desquelles soi-même on se sent plus aimable, et voilà le plus bel éloge que l'on puisse faire de l'esprit de quelqu'un.

On n'avait pas manquer de rapporter à madame Bouchonnier tous les petits propos, toutes les conjectures, auxquels avait donné lieu le mystère qui semblait envelopper l'existence de madame Clermont ; mais Elmonde était peu curieuse, elle ne voyait rien d'extraordinaire à ce que la mère d'Emmeline fût veuve, et elle ne tenait pas absolument à savoir ce qu'avait été son mari. Elle avait assez de tact pour juger que madame Clermont n'était pas d'une basse extraction, assez de connaissance pour voir qu'elle avait reçu une brillante éducation et assez d'usage pour sentir qu'il était fort inconvenant de lui demander à connaître ses secrets.

Il y avait un autre point sur lequel madame Bouchonnier avait dû réfléchir. Madame Clermont était encore jeune et faite pour séduire ; sa fille était fort jolie et dans l'âge où l'on désire savoir ce que c'est que l'amour. Était-il prudent, pour une femme dont le mari était passablement volage, de se lier avec de si séduisantes voisines ?

Malgré son extrême jalousie, Elmonde devina sur-le-champ qu'elle pouvait sans danger laisser faire à son époux la connaissance de la mère et de la fille. Emmeline était trop bien élevée pour qu'on pût supposer qu'elle écoutât jamais les galanteries d'un homme et surtout d'un homme marié ; d'ailleurs sa mère ne la quittait presque pas ; et quant à celle-ci, malgré le charme de son sourire, il était facile de deviner qu'un chagrin profond pesait sur son cœur. Quel pouvait être ce chagrin, sinon un amour malheureux ? car il n'y a guère que l'amour qui rende une femme mélancolique ; car, quand le cœur est bien occupé, il n'accueille pas de nouveaux hommages.

MADAME CLERMONT ET SA FILLE.

D'après cela, madame Clermont ne ferait aucune attention aux galanteries de M. Bouchonnier, dans le cas où celui-ci tenterait de faire sa conquête, et puis d'ailleurs Elmonde n'était-elle pas là, toujours là, pour surveiller les moindres actions de son mari lorsqu'il était à Corbeil ? Tout étant bien pesé, bien calculé, madame Bouchonnier engagea madame Clermont et sa fille à venir la voir à la villa.

Madame Clermont refusa d'abord en protestant qu'elle n'allait pas dans le monde. Elmonde répondit de l'air le plus aimable :

— Venir chez moi à la campagne n'est pas aller dans le monde. Je suis presque toujours seule avec ma femme de chambre ou ma couturière. En fait de voisins, je ne vois que ceux que vous voyez : cet honnête M. Pastoureau, que l'on admettrait, j'en suis sûre, dans un pensionnat de demoiselles... il y deviendrait amoureux de tout le pensionnat, c'est vrai, mais il n'en serait pas plus dangereux. Madame Michelette, une dame fort bavarde qui m'a fait visite le lendemain de mon arrivée et s'est impatronisée chez moi sans que je sache trop comment ; mais elle est assez amusante, surtout lorsqu'elle parle de son fils Alménor, charmant sujet qui lui mange tout. Une madame Bertrand m'a aussi fait visite, je la lui ai rendue, mais je la vois peu; elle est trop méchante, elle abime toute la ville. Voilà ma société ici. Quelquefois mon mari m'amène de Paris un ami, mais c'est fort rare!... Il est toujours tellement pressé de repartir, il craindrait que cela ne le forçât à rester plus longtemps à la campagne. Vous voyez bien, madame, que vous ne pouvez pas refuser de venir chez moi. D'ailleurs, je vous le répète, liberté entière; si mon mari m'amenait beaucoup de monde de Paris, et que cela vous contrariât, vous nous quitteriez, et je ne chercherais jamais à vous retenir contre votre gré.

L'invitation de madame Bouchonnier était séduisante. Madame Clermont regarda sa fille, elle lut dans les yeux de celle-ci qu'elle serait bien contente d'aller à la charmante *villa* et de se lier avec une jeune dame qui paraissait aimable et avait des manières élégantes; cela délasserait un peu des voisins habituels. Madame Clermont accepta, et Emmeline, qui avait toute la candeur, toute la naïveté d'un enfant, sauta de joie, en promettant beaucoup s'amuser chez leur nouvelle connaissance.

L'attente de la jeune fille ne fut pas trompée; en se trouvant dans une délicieuse habitation, où tout ce qui pouvait récréer était réuni, elle se livra à la gaieté la plus vive. Il n'en fut pas de même de la mère. Lorsqu'elle parcourut ces beaux jardins, ces belles allées, ces bosquets que l'art et la nature avaient embellis, quand elle visita la charmante maison de madame Bouchonnier, meublée avec autant de goût que d'élégance, son front s'obscurcit, un nuage passa sur ses yeux qui se baissèrent tristement vers la terre.

Elmonde, qui remarqua cette expression de tristesse, l'attribua à l'envie qu'éprouvent beaucoup de gens en comparant leur situation avec l'opulence des autres, et elle se dit :
— Je savais bien que de ce côté je l'emporterais sur elle.

Mais la tristesse de madame Clermont ne dura qu'un moment, et bientôt, au contraire, elle parut heureuse de la joie de sa fille et charmée elle-même de se trouver dans un séjour si agréable. Ses compliments furent faits avec tant de sincérité, que madame Bouchonnier ne put la croire encore envieuse de sa fortune. Enfin ces dames se convinrent si bien, qu'Elmonde surtout trouvait tant d'agréments dans la compagnie de madame Clermont et de sa fille, qu'elle ne pouvait se passer un jour sans les voir et qu'elle n'était complétement heureuse que lorsqu'elle avait pu les décider à venir passer la journée entière dans la villa.

Lorsque M. Bouchonnier vit pour la première fois chez lui madame Clermont et sa fille, il en demeura tout ébahi; il ne concevait pas que sa femme eût bien voulu l'exposer avec deux personnes aussi séduisantes. Il se livra *in petto* aux plus douces espérances et trouvait déjà la campagne beaucoup plus agréable; mais il n'eut pas vu trois fois les nouvelles connaissances de sa femme, que ses espérances étaient déjà évanouies.

Madame Clermont, malgré l'expression tendre et langoureuse de son regard, savait, quand elle le voulait, prendre un air tellement imposant que le plus hardi séducteur n'aurait pas osé alors lui serrer le bout des doigts. Il prit probablement cet air-là un jour que le gros jeune homme voulait être trop galant, et il se promit alors de rester à l'avenir dans les bornes d'une aimable courtoisie.

Restait Emmeline; mais c'était l'innocence même, n'ayant pas une pensée qu'elle ne pût communiquer à sa mère. Quoique très-amateur du beau sexe, Bouchonnier n'était point capable de chercher à flétrir une si belle fleur. On peut aimer beaucoup les femmes, et respecter les demoiselles.

Quant à M. Pastoureau, depuis l'arrivée de madame Bouchonnier à Corbeil, et depuis qu'elle avait bien voulu l'engager à venir la voir, il ne savait plus où était son cœur et à qui adresser ses soupirs; car il ignorait lui-même quelle était la personne dont il était le plus amoureux.

Séduit d'abord par la beauté, par les manières gracieuses de madame Clermont, il s'était senti tout ému près d'elle; mais depuis qu'il était admis chez madame Bouchonnier, la vue d'une jeune dame élégante, coquette, gaie et aimant les compliments, lui avait encore tourné la tête. Le sensible Pastoureau se sentait troublé; soit qu'il regardât d'un côté ou d'un autre, il se voyait réduit à soupirer sans cesse et à faire presque continuellement des yeux blancs, ce qui ne l'embellissait pas, mais faisait beaucoup rire Elmonde et Emmeline; la première, parce qu'elle en devinait la cause; la seconde, parce qu'elle trouvait que ce monsieur ressemblait alors à un lapin.

XII. — CAUSERIES DU MATIN.

Le temps était superbe, il était une heure de l'après-midi. Madame Clermont et sa fille, cédant aux sollicitations de leur aimable voisine, étaient allées travailler près d'elle.

Ces dames étaient assises sur une terrasse ombragée de beaux marronniers à fleurs roses; cette terrasse se trouvait au bout du jardin derrière la maison. On y avait une vue admirable. A fort peu de distance on apercevait la Seine roulant ses eaux calmes et douces, comme ses rives, qui étaient semées de fleurs et d'épais gazons; un peu après, l'embarcadère et le chemin de fer coupaient le paysage; mais lorsqu'on attendait un voyageur, on pouvait, à des signaux convenus, savoir qu'il faisait partie du convoi avant que celui-ci fût arrivé à Corbeil.

Puis au milieu de vertes prairies, de belles vallées, on apercevait *Ris, Juvisy*, et le charmant village de Champ-Rosay, baigné d'un côté par la rivière, et de l'autre adossé à la forêt de Sénart.

Cette terrasse était l'endroit adopté par ces dames lorsqu'elles voulaient se livrer au travail. Emmeline faisait de la tapisserie, sa mère brodait; quant à madame Bouchonnier, elle faisait bien porter sur la terrasse son métier à tapisserie, mais il était bien rare qu'elle fît aller son aiguille, quoique cet ouvrage fût le seul pour lequel elle eût quelque goût. Elmonde, qui recevait chaque jour cinq ou six journaux de Paris, et entre autres ceux qui s'occupaient de modes, lisait à ses voisines les articles concernant la toilette des dames, puis elle les commentait, regardait les gravures, les montrait à Emmeline et à sa mère, cherchait quelle façon elle adopterait pour la première robe qu'elle se ferait faire, appelait sa femme de chambre pour se faire apporter des bonnets qu'elle essayait, et forçait souvent sa jeune voisine à les essayer aussi.

Madame Clermont souriait de toutes ces folies. Mais comme Elmonde venait de faire encore essayer à Emmeline un joli petit bonnet qu'elle avait reçu la veille de Paris, la maman dit, d'un ton presque sérieux :

— Prenez garde, ma chère voisine, vous rendrez ma fille coquette.

— Eh bien! le grand mal, après tout, quand elle le serait un peu! répond madame Bouchonnier en arrangeant les rubans du bonnet. Quand on est jeune il est si naturel de chercher à plaire... Oh Dieu! quel dommage qu'on ne soit pas jeune toujours!... Moi, d'abord, je déclare que je ne puis m'accoutumer à l'idée que je vieillirai!... Vieillir, mais c'est affreux cela!...

— Mon Dieu, n'est-ce pas la loi commune? A moins de mourir, il est fort difficile de ne point vieillir... que préférez-vous maintenant ?

— Ma foi, je ne sais pas trop! c'est que l'on doit être si triste... si fâchée d'être une vieille femme...

— Vous croyez cela à présent... mais vous vieillirez sans vous en apercevoir, et vous ne vous désolerez pas pour cela! Je vous assure que c'est la chose à laquelle je pense le moins!

— Vous!... je... le crois bien... Vieillir comme vous sans cesser d'être jolie et de paraître jeune...

— Ah! madame Bouchonnier, voilà une phrase qu'il faut laisser à M. Pastoureau.

— Mon Dieu, je dis ce qui est... Demandez à votre fille si vous avez l'air d'être sa mère... mais il y a des personnes qui ont des priviléges, comme Ninon dont on a tant parlé... Jenny!... Jenny! quelle heure est-il?

La femme de chambre revient en courant dire :

— Il vient de sonner une heure, madame.

— Une heure! murmure Elmonde en chiffonnant avec colère un nœud de ruban qu'elle tenait dans sa main. Une heure, et il n'est pas encore arrivé!...

— Vous attendez votre mari? dit madame Clermont.

— Oui... c'est-à-dire je l'attends sans l'attendre... il est si peu de parole... Que fait-il à Paris, je vous le demande?

— Mais M. Bouchonnier ne fait-il pas des affaires à la Bourse?... dans les affaires on n'est pas libre quand on veut.

— Ah! voilà que vous parlez comme lui! il me répond toujours cela quand je le gronde d'être en retard. Mais comme il n'est pas venu du tout hier, il me semble qu'il pouvait bien s'arranger pour arriver de bonne heure aujourd'hui. Ces messieurs trouvent commode de nous envoyer à la campagne et de rester à Paris... on sait bien pourquoi. Mais s'il n'est pas ici dans deux heures, je prends le chemin de fer, je pars, j'arrive comme une bombe, et malheur à Tiburce si je découvre quelque intrigue!

— Que vous avez tort de vous tourmenter ainsi... d'être jalouse sans sujet! car enfin vous n'avez rien vu, rien appris qui justifie vos soupçons?

— Mais peut-être? et quand on met ces messieurs à l'épreuve... on est presque toujours sûre qu'ils succomberont.

— Je ne sais pas si vous avez mis votre mari à l'épreuve... je vous juge trop raisonnable pour cela... mais croyez-moi, ma voisine, les hommes se lassent quelquefois d'être accusés, soupçonnés à tort... Alors s'ils font mal... c'est notre faute. Tenez, lorsqu'on ne voit rien de coupable dans la conduite de son mari, lorsqu'on n'a jamais à se plaindre de ses procédés, il faut se trouver très-heureuse!...

— Vraiment je vous admire, madame Clermont, vous excusez toujours les hommes!... à coup sûr votre mari devait bénir le ciel de vous avoir épousée.

La mère d'Emmeline détourne la tête sans répondre. Madame Bouchonnier, qui s'est déjà aperçue que sa voisine devient triste ou contrainte quand on lui parle de son mari, s'empresse de reprendre :

— Moi, je ne puis pas me refaire, je suis très-jalouse... et pourtant je ne suis pas folle de mon mari, je l'aime raisonnablement...

Je suis fâchée qu'il devienne si gros !... Mais si je le voyais avec une autre femme... je le tuerais... non, je tuerais la femme... ah ! bah ! je les tuerais tous les deux.

— Maman, est-ce qu'on a le droit de tuer son mari, quand il ne vous aime plus ? demande Emmeline en levant la tête pour regarder sa mère.

— Non, ma fille, mais tu vois bien que madame Bouchonnier plaisante ; elle serait bien fâchée de faire une égratignure à son mari !... Il faut au contraire pardonner... et tâcher par la résignation de ramener l'inconstant à ses devoirs !...

— Ah ! oui, murmure Elmonde, c'est étonnant comme ça les ramène, ces messieurs !...

La conversation est interrompue par l'arrivée de madame Michelette, qui salue la compagnie en s'écriant :

— Bonjour, mesdames, ah ! je suis bien contente de vous trouver réunies... je viens de recevoir des nouvelles d'Alménor, de mon fils... je suis d'une joie... Croyez-vous qu'il est à Reims, en Champagne... et je le croyais en Angleterre... hom, polisson ! Il m'écrit une lettre charmante, pleine d'esprit, comme à son ordinaire... il m'annonce un cadeau qu'il m'envoie... un cadeau extrêmement agréable !... Voulez-vous que je vous lise sa lettre, vous jugerez du style de mon Alménor, et vous concevrez que je suis fière de lui avoir donné le jour.

Sans attendre la réponse à sa proposition, madame Michelette s'installe dans un fauteuil de jardin, tire ses lunettes de sa poche, les pose sur son nez, et lit la lettre suivante, qu'elle assaisonne de ses réflexions :

« *Ma très-chère mère*, *bonjour*, *comment vous portez-vous ?...* (C'est gentil, un grand garçon de trente ans qui s'informe de notre santé... comme s'il était encore au maillot ; il est vrai que je l'ai élevé... et nourri de mon sein ; aussi quel Turc ça fait !...) *Comment vous portez-vous ?... mon petit doigt me dit que vous êtes toujours ronde comme une pomme et fraîche comme les huîtres que j'ai mangées hier...* (Il mange des huîtres auxquelles il me compare ! Jamais son père ne m'a fait un compliment aussi gracieux...) *Mangées hier... A propos de ça, je vous envoie un panier de champagne, de trente bouteilles, première qualité ; vous savez que je suis dans le pays...* (Il m'envoie du champagne... justement je l'aime beaucoup...) *C'est joli ça... il m'en fait cadeau ; quant au prix du vin, c'est mon affaire !...* (C'est joli ça... il m'en fait cadeau !... ça me fait plaisir !) *Ah ! dites donc, pendant que j'y pense, j'ai tiré sur vous, pour le vingt de ce mois, une petite broche de neuf cents francs ; ne manquez pas de la payer, sinon on pourrait me coffrer...* (Ça me gêne un peu de payer ça... le vingt, c'est après-demain... mais enfin, quand un enfant nous fait des cadeaux, il faut bien lui être agréable...) *Bonjour, ma chère mère, j'irai vous voir au premier jour, et je tâcherai d'amener avec moi mon ami Saucissard, un charmant garçon qui a vu les quatre parties du monde et dont la connaissance vous sera bien fructueuse...* (Il paraît que cet ami Saucissard est un savant ; un homme qui voyage... ça ne peut que faire du bien à tout le monde...) *Nous irons passer quinze jours avec vous, dès que nous n'aurons rien de mieux à faire. Sur ce, je vous embrasse ; Saucissard vous offre une poignée de main...* (Oh ! je serais bien curieuse de voir ce M. Saucissard qui est si poli...) *et nous allons aller fumer une bouffarde...* (Une bouffarde... je présume que ce sont de gros cigares dans le genre de ceux que les hommes à la mode...) *une bouffarde et boire du punch en votre honneur. Votre fils chéri, Alménor.* »

— Oh ! oui ! bien cher assurément ! dit madame Michelette en ôtant ses lunettes et en regardant les dames, comme pour attendre des compliments sur le style de son fils ; mais personne ne se pressait de lui en faire, lorsque tout à coup, en jetant encore les yeux sur la lettre, elle s'écrie :

— Eh mais ! je n'avais pas vu... il y a un T. s. v. p. Tournez s'il vous plaît... Oui, c'est un *post-scriptum*... est-ce que ce serait encore un cadeau qu'il m'envoie, ce cher petit?... il en est capable... il n'a rien à lui... Voyons.

Madame Michelette remet ses lunettes et lit :

« *Décidément, ma chère mère, je fais une réflexion : le champagne est très-capiteux, cela pourrait vous incommoder ; au lieu de cela, je vous envoie du cidre... c'est plus rafraîchissant, et je suis sûr que vous vous en trouverez mieux.* »

Madame Michelette a fini le *post-scriptum* d'une voix qui va toujours en décroissant ; elle baisse le nez, fait une singulière figure et fourre la lettre dans sa poche, tandis que madame Bouchonnier ne peut retenir son envie de rire tout en s'efforçant de dire :

— Il a bien fait... il a très-bien fait ! Le cidre n'attaque pas les nerfs comme le champagne : c'est une attention délicate pour votre santé.

— Vous croyez... répond madame Michelette ; oui, au fait, cela peut se prendre comme cela. Cependant, j'avoue que j'aurais préféré du champagne... Enfin, il faut que jeunesse se passe. Mais je croyais trouver ici M. Bouchonnier... est-ce qu'il ne viendra pas aujourd'hui ?... et il n'est déjà pas venu hier.

— Aussi je l'attends, répond Elmonde avec un air qui laisse percer son dépit. La grosse maman répond aussitôt :

— Ces scélérats d'hommes ! ils laissent leur petite femme à la campagne... et puis ils font les cent coups à Paris... Ce n'est pas pour M. Bouchonnier que je dis ça... mais les maris... ah ! Dieu ! je sais ce que c'est ! Quelle graine ! j'en ai eu... et je ne voudrais pas en repiquer dans mon jardin !... Ah ! mademoiselle Clermont, quand vous vous marierez, et puis sans doute ne peut pas tarder d'arriver... vu que vous voilà une femme maintenant, prenez bien garde au choix que vous ferez... regardez-y à plusieurs fois... faites-vous tirer les cartes... c'est quelquefois bon !...

Madame Clermont, que cette conversation semble impatienter, regarde dans la campagne, et s'écrie : — Voilà le convoi du chemin de fer... M. Bouchonnier est peut-être dans celui-là.

Elmonde regarde vivement du côté du convoi qui s'avance avec la rapidité d'une flèche, rapidité qui pourtant semble bien moindre, lorsqu'elle est aperçue de fort loin.

— Non, il n'est pas encore dans celui-là ! dit Elmonde, au bout d'un moment.

— Comment pouvez-vous le savoir, ma belle voisine ? il est impossible, il me semble, de distinguer les figures, de reconnaître d'ici les voyageurs qui font partie du convoi.

— Oui ; mais il est facile de voir un mouchoir que l'on agite à une des portières d'une diligence, et c'est ce que fait Tiburce quand il est sur le chemin de fer et qu'il approche de Corbeil, parce qu'il sait bien de cette terrasse je puis voir ses signaux.

— Ah ! votre mari agite un mouchoir de loin quand il arrive... Tiens, c'est gentil ça ; cela me rappelle feu M. Michelette : quand j'étais à la croisée et qu'il revenait à la maison, il agitait sa canne en l'air en me regardant... il la faisait tourner absolument comme un tambour-major... ça me rendait toute fière, et pourtant le monstre revenait d'avec *sa drogue* !...

— Qu'est-ce que c'était que *sa drogue* ? demande Elmonde en essayant de mettre sur sa tête une pointe de dentelle en marmotte.

— Eh ! mon Dieu ! c'était sa maîtresse !... Il avait une maîtresse, ma chère dame, une maîtresse qu'il entretenait et menait promener en voiture... et moi... on faisait tourner sa canne en l'air en me regardant, mais voilà tout !... ça se bornait là !...

— Comment ! monsieur votre mari avait une maîtresse ! Ah ! je vous plains donc, ma pauvre madame Michelette, vous avez dû faire un triste ménage.

— Eh ! mon Dieu ! que voulez-vous ! Pour avoir la paix je fermais les yeux ! Mais nous nous disputions régulièrement tous les soirs avant de nous coucher... C'était une malice de M. Michelette pour être fâché la nuit.

Madame Clermont fait encore un mouvement d'impatience et murmure : — Madame, voilà des détails de ménage qu'il me semble assez inutile de communiquer à une demoiselle.

— Mon Dieu ! ma chère madame Clermont ! répond la grosse maman, de quoi voulez-vous donc qu'on parle, si ce n'est pas de son mari ou de son défunt ! Il est vrai que... tout le monde ne pense pas de même, et qu'il y a des personnes qui ne soufflent jamais un mot sur leur mari... mais chacun a ses raisons !... Moi, je n'ai jamais eu le plus petit mystère dans mon intérieur. Aujourd'hui que mon époux est mort, je lui rends justice ; c'était un excellent homme... très-capable... très-entendu dans les affaires... mais c'était un polisson ! Après cela tous les hommes le sont... Ah ! ce n'est pas pour M. Bouchonnier que je dis ça !...

L'arrivée du voisin Pastoureau met fin au bavardage de la grosse dame, à la grande satisfaction de madame Clermont.

M. Pastoureau a un pantalon blanc et le léger paletot gris de campagne ; il porte une cravate nouée en Colin, un col rabattu en grand chapeau de paille d'Italie. Il représente parfaitement un planteur ou un colon. Il s'avance en marchant à pas comptés, en ne faisant jamais un plus allongé que l'autre. Il salue les dames du plus loin qu'il peut les apercevoir.

— Ah ! voilà notre voisin, notre fidèle ! dit madame Bouchonnier.

— Par exemple, j'avoue que j'avais assez de confiance en celui-ci ! s'écria madame Michelette. Il n'a pas le jargon d'un volage...

— Il est peut-être à sa manière ! répond Elmonde en souriant et en regardant ses jolies voisines, qui sourient aussi.

— Ah ! vous croyez, reprend la Michelette ; eh bien ! j'avoue que je ne m'en suis aperçue. Ensuite, c'est un fort bon parti... Si Alménor était une fille, je serais bien aise qu'il lui fît la cour... Enfin, je l'ai bon parti, à la cinq mille francs de rente... il est bien né ; son père vendait des bûches... mais en gros, pour la falourde. Avec cinq mille francs de rente, un homme peut rendre une femme très-heureuse... surtout si celle-ci a quelque chose. Oh ! il a l'air si doux, M. Pastoureau. Eh ! eh ! il me semble qu'il regarde souvent mademoiselle Emmeline ! Eh ! eh !... nous verrons peut-être ce mariage-là...

— Madame, veuillez bien vous dispenser de projeter des mariages pour ma fille, dit madame Clermont d'un ton poli et sec. Je crois qu'elle ne désire pas quitter sa mère.

— Oh ! non ! non ! je ne veux jamais te quitter ! s'écrie la jeune fille en se levant pour courir embrasser sa mère. Et puis je n'aimerais pas du tout M. Pastoureau... il a des yeux... on ne sait pas ce que c'est...

— C'est singulier ! dit la grosse Michelette en se penchant vers l'oreille de madame Bouchonnier ; quand on parle à madame Clermont de marier sa fille, elle prend tout de suite de l'humeur ; il me semble pourtant qu'il faudra bien qu'elle finisse par là, à moins qu'elle ne veuille en faire une sœur du pot !

M. Pastoureau est arrivé sur la terrasse et il salue de nouveau la société, en murmurant : — Mesdames, permettez-moi de vous distribuer mes hommages... et de m'informer de l'état de vos aimables santés.

Après cette phrase qu'il croit sans doute très-jolie, ce monsieur roule un œil pour madame Clermont, un autre pour sa fille, et tous les deux ensuite pour la maîtresse du logis. Madame Michelette, qui remarque tout, observe cette pantomime, et vexée sans doute de ce qu'il n'y ait point de roulement d'yeux pour elle, s'empresse de dire :

— Monsieur Pastoureau, je viens de recevoir une lettre de mon fils Alménor, il ne tardera pas à venir à Corbeil... vous le verrez... c'est ce qu'on peut appeler un bel homme... et une figure !... d'une gaieté... d'un entrain... d'une fraîcheur... Ah ! partout où il va, il fait des conquêtes.

M. Pastoureau se contente de s'incliner, puis il va admirer la broderie de madame Clermont, la tapisserie d'Emmeline, et le nouveau bonnet d'Elmonde ; il a un compliment pour chaque chose.

— Qu'est-ce que l'on dit de neuf aujourd'hui dans Corbeil, monsieur Pastoureau ? dit madame Bouchonnier.

— Mais, madame, rien que je sache... Ah ! si fait pourtant... il paraît qu'il vous a vues hier à la promenade... cette robe délicieuse a fait l'admiration de plusieurs dames... on ne parle que de cela dans la ville...

— Vraiment, Mon Dieu, quelle robe avais-je donc hier ?... je ne sais plus... Ah ! j'ai mis, je crois, ma petite robe en soie à carreaux lilas et blancs... elle est pourtant bien simple, n'est ce pas, Emmeline ? vous la connaissez.

— Oui, mais je la trouve aussi bien jolie.

— Mon fils doit m'amener un de ses amis, reprend madame Michelette, un savant qui a fait le tour... des quatre parties du monde... il m'envoie trente bouteilles de champ... c'est-à-dire de poiré... un cidre mousseux qui quelquefois est préférable au champagne... ça pète également ; je vous en ferai goûter, monsieur Pastoureau, ainsi qu'à ces dames, je donnerai une soirée exprès... Avec des marrons ce serait une chose bien bonne... malheureusement il n'y a pas encore de marrons, mais je pense qu'on pourra les remplacer avec avantage par des croquets.

M. Pastoureau ne dit rien, il a cru remarquer que madame Clermont avait reposé longtemps ses yeux sur lui. C'est près d'elle qu'il se décide à s'asseoir en se disant à lui-même :

— Elle est bien belle... elle est moins jeune que les autres, mais elle l'emporte par le charme répandu sur sa personne... décidément c'est d'elle que je suis amoureux.

Ce monsieur en était toujours là ; flottant entre toutes les femmes qu'il voyait, ne sachant jamais bien lui-même de laquelle il était amoureux, mais disposé à prendre pour une faveur le moindre regard, le plus simple parole, et tournant alors son cœur vers celle qu'il croyait ne pas être insensible à sa pudique flamme ; comme la fleur se tourne vers le plus léger rayon de soleil.

— Il me semble qu'il y a quelques jours que madame Clermont et mademoiselle sa fille ne sont pas allées se promener du côté de la forêt, dit M. Pastoureau après avoir tendrement soupiré en regardant la broderie que tient la mère d'Emmeline.

— C'est vrai ! s'écrie la jeune fille. Nous n'avons pas été par là depuis trois jours, mais demandez pourquoi à maman, elle vous le dira. Te rappelles-tu, maman, notre rencontre à l'angle de la route ?

— Ah ! oui, dit madame Clermont en souriant, nous avons eu très-peur... d'autant plus qu'il était déjà un peu tard... il faisait un clair de lune magnifique.

— Peur, et de quoi donc ? demande Elmonde.

— De quoi donc ? dit à son tour la commère Michelette qui, à la seule espérance d'une aventure à savoir et à redire, rapproche sa chaise, tend la tête et tâche de donner plus d'extension à ses oreilles.

— Ce n'est rien du tout... un enfantillage de notre part, reprend madame Clermont, et nous avons probablement eu tort de nous effrayer... car cet homme ne nous a rien dit...

— Il s'agit d'un homme ?

— Oui, nous revenions de nous promener, Emmeline et moi ; le temps était magnifique... la lune éclairait la campagne comme en plein jour... tout à coup, au détour d'un sentier, ma fille me serre fortement le bras en me montrant quelqu'un assis sur un tertre de verdure, les yeux fixés sur l'astre qui nous éclairait, et paraissant en contemplation devant ce beau ciel semé d'étoiles, dont il ne détachait pas un moment ses regards : c'était un homme ; par un mouvement spontané, nous nous arrêtâmes toutes deux pour examiner ce singulier personnage qui n'était pas du pays, je pense, car nous l'apercevions pour la première fois. Cet examen ne nous rassura nullement ; les dehors de cet individu ne sont pas faits pour inspirer la confiance : figurez-vous un homme... ni jeune, ni vieux... il est du reste assez difficile de deviner son âge, même de voir sa figure, car elle est presque entièrement cachée sous une forte barbe qui se joint à d'épais favoris et à ses moustaches, si bien qu'on n'aperçoit de son visage que son nez ; quant à ses yeux... ils sont entièrement couverts par les grands bords de son chapeau... mais le costume de ce monsieur était plus que négligé ; il portait une longue redingote blanchâtre qui lui descendait jusqu'aux chevilles ; cette redingote était en fort mauvais état ; sans être absolument en loques, elle dévoilait la mauvaise fortune de son propriétaire, déchirée aux coudes, trouée dans le bas, manquant de boutons en plusieurs endroits, on a eu peu de soin d'elle ou sans doute elle a fait un long usage ; avec cela un large pantalon de toile, de mauvais souliers, un chapeau gris à forme ronde et à larges bords, comme en portent souvent les charretiers. Voilà ce que nous aperçûmes d'abord, et vous conviendrez que ce n'était pas fort rassurant.

— Oh ! non assurément ! s'écrie Elmonde, c'était sans doute quelque vagabond, quelque malfaiteur... continuez.

— Nous ne savions trop que faire, Emmeline et moi ; pour suivre notre chemin et revenir à la ville, il nous fallait passer devant cet inconnu ; mais comme il ne nous avait pas aperçues, nous devions le croire du moins, car ses yeux ne s'étaient pas reportés vers la terre et continuaient de contempler la lune, nous avions envie de rebrousser chemin et de revenir sur nos pas, quitte à faire un long détour pour regagner notre maison. Cependant j'eus honte de notre poltronnerie, et je dis tout bas à ma fille : Avançons... cet homme ne nous dira rien... lorsque tout à coup, celui dont nous avions peur se leva, et, prenant un grand bâton qu'il avait déposé à côté de lui, marcha droit vers nous.

— Ah ! mon Dieu ! j'aurais appelé au secours ! dit madame Michelette.

— Vous auriez eu tort, car cet homme, passant à nos côtés sans même jeter un regard sur nous, continua son chemin sans rien nous dire, et le bruit de ses pas se perdit bientôt dans l'éloignement. Voilà toute notre aventure ; mais, quoiqu'elle n'ait eu aucun résultat fâcheux, nous nous sommes promis, ma fille et moi, de ne plus aller seules aussi tard dans la campagne.

— Et vous ferez bien, dit Elmonde ; un homme mal mis le soir... qui regarde la lune... et qui porte un gros bâton... c'est effrayant.

— Ce doit être un chef de brigands, dit madame Michelette ; ah ! si mon fils avait été avec vous, mesdames, lui qui rosse tout une patrouille et qui domptait un taureau... voilà un homme avec lequel on peut se promener sans craindre les mauvaises rencontres... je suis fière quand je lui donne le bras... c'est dommage qu'il ne veuille jamais sortir avec moi.

— Mesdames, dit M. Pastoureau, après avoir rajusté ses bouts de manche, je crois que je connais l'individu qui vous a fait peur... du moins le signalement que vous venez de faire ressemble beaucoup à un homme que j'ai aussi rencontré plusieurs fois le soir... toujours le soir. J'aime beaucoup, je l'avoue, à me promener quand il fait un beau clair de lune, cela m'inspire des pensées tendres et mélancoliques... et pour peu qu'on ait l'imagination impressionnée de quelque image agréable... on s'abandonne à ses souvenirs... et alors...

— Il me semble que M. Pastoureau s'abandonne trop dans ce moment, dit tout bas Elmonde à Emmeline. Il faut que nous le tirions de là, car il n'en sortirait pas.

Et la jeune femme, se tournant vers son voisin, lui dit en souriant :

— Nous n'avons jamais douté que vous n'ayez des pensées fort agréables, monsieur Pastoureau, mais en ce moment nous serions plus curieuses de savoir ce qui concerne ce personnage singulier qui a fait peur à ces dames.

— Ah ! pardon... c'est juste... je m'égarais ! répond M. Pastoureau en réprimant un soupir. Je vous disais donc qu'il y a quelques jours... c'est-à-dire quelques soirs, me promenant dans les environs par un fort beau clair de lune, j'aperçus un homme assis sur un tronc d'arbre. Cet homme était bien tel que ces dames viennent de le dépeindre ; grand, très-barbu, on lui fort qui est rouge et bourgeonne je lui suppose de quarante-cinq à quarante-huit ans ; une tenue fort sale, du reste : la grande redingote grisâtre, le chapeau gris à forme ronde et basse ; il avait entre les jambes un gros bâton noueux sur lequel reposaient ses deux pieds ; puis son menton était appuyé sur ses mains, et, dans cette position, il regardait la lune.

— Oh ! c'est bien l'homme que nous avons rencontré ! s'écrie Emmeline.

— Je fis d'abord peu attention à ce personnage, reprend Pastoureau, et j'allais continuer mon chemin, lorsque cet homme se leva, et, se dirigeant vers un cerisier qui était chargé de fruits, fit, à l'aide de son bâton, pencher une branche de son côté, puis se mit à cueillir et à manger des cerises avec autant de tranquillité et sans se gêner que s'il en avait été le propriétaire. Je vous avoue que, témoin de l'action de cet homme, ne pus m'empêcher de lui dire : Il me semble que vous ne vous gênez guère. A ces mots, l'individu se retourna pour me regarder ; puis, sans cesser de cueillir et de manger des cerises, il me répondit d'un ton presque insolent :

— Est-ce que c'est à vous ce cerisier?
— Non.
— Eh bien! pourquoi vous mêlez-vous de ce qui ne vous regarde point?
— Je me mêle de défendre le bien d'autrui, parce que je voudrais qu'on en fit autant pour moi.
— Et quand je mangerais une ou deux livres de cerises, croyez-vous que cela causerait un grand dommage? les pierrots en mangent bien davantage, et on ne leur dit rien. Croyez-moi, passez votre chemin, et laissez-moi tranquille ; j'ai pour habitude de corriger les gens qui veulent se mêler de mes affaires. En disant ces mots, cet homme fit tourner en l'air son énorme gourdin avec une extrême agilité. Ma foi, mesdames, quoique je ne sois pas un poltron, j'ose m'en flatter, je ne jugeai pas à propos d'aller me colleter avec cet inconnu, qui m'a l'air d'un gaillard vigoureux et solide, et je m'en allai.
— Vous fîtes fort bien, dit madame Bouchonnier.
— D'autant plus, reprend la grosse maman Michelette, que cet homme avait probablement d'autres armes que son bâton... un maraudeur qui vole des cerises!... ces gens-là ont toujours des couteaux poignards dans leur manche... C'est bien désagréable de savoir qu'un homme aussi dangereux rôde dans nos environs... si du moins Alménor était à Corbeil !... mais il n'y est pas.
— Le lendemain, reprend Pastoureau, comme je causais de cette rencontre sur la place... devant les voitures qui remorquent jusqu'à Fontainebleau, un gros papa, qui est, je crois, aubergiste à Corbeil, s'écria : « Oh ! parbleu ! je connais l'homme dont vous parlez... il loge dans le petit cabaret que tient par Roberdin... au bout du chemin là-bas... c'est un endroit assez mal famé, par parenthèse... c'est hors de la ville... Quand je dis qu'il y loge, c'est-à-dire qu'il y dort habituellement dans la journée. C'est un drôle de corps que cet homme-là... il fait du jour la nuit, et de la nuit le jour. Quand le soleil paraît, il va se coucher sur la paille, dans un petit galetas, à côté de l'âne de Roberdin. Il ne bouge pas de là tant que la journée dure. Mais, le soir, il se lève et va se promener. Quand il fait un beau clair de lune, il est très-content. La lune, c'est son soleil à lui ; et il le montre tant de penchant pour cet astre, que chez Roberdin et aux alentours on ne le nomme que l'*Amant de la lune*. Du reste, on ne sait pas ce que c'est que ce singulier personnage. Mais comme un jour, au péril de sa vie, il a éteint le feu qui avait pris dans le cabaret et empêché le maître du logis d'être asphyxié par la fumée, on assure qu'en récompense de ces services, Roberdin lui a dit qu'il aurait toujours du pain et son écurie à sa disposition. Quant à ce qu'il peut dérober dans les champs pendant ses promenades nocturnes, il est probable que cela se borne à peu de chose ; mais les paysans, s'ils s'en aperçoivent, n'osent rien lui dire, parce qu'ils en ont peur, et cela surtout depuis qu'un jour ayant été éveillé au milieu de la journée par un charretier qui voulait s'emparer de sa place sur la paille, il lui donna une roulée telle que le charretier déclara lui-même n'en avoir jamais reçu de semblable. Vous savez quelle est l'admiration des gens de la campagne pour la force physique. Cela doit vous expliquer l'espèce de terreur et de considération qu'inspire ce monsieur qui ne se montre jamais au soleil. » Voilà, mesdames, tout ce que j'ai recueilli touchant ce personnage mystérieux que l'on a surnommé l'Amant de la lune.
— L'Amant de la lune !... dit madame Bouchonnier, quel drôle de nom !...
— Mais enfin, dit à son tour madame Clermont, qui avait écouté avec intérêt le récit de M. Pastoureau, on n'a pas appris que des attentats... des vols aient été commis dans le pays depuis que cet homme y est?
— Non, madame, il paraît que cela se borne à des fruits... du moins on ne m'en a pas dit davantage.
— C'est encore bien assez ! s'écrie la commère Michelette, et cet homme n'en est pas moins un bandit. Qui sait... c'est un forçat libéré peut-être... Quand on prend des cerises, on est capable de voler des abricots ! et je n'ai pas besoin de vous dire jusqu'où peut mener l'abricot ! J'écrirai à Alménor de venir passer quelques jours ici avec son ami le savant M. Saucisson... non, Saucissard, et je suis certaine que ces messieurs débarrasseront le pays de l'amoureux de la pleine lune !... Ah ! Dieu ! quel nom !... fi !... peut-on s'appeler comme cela? c'est indécent !...

En ce moment un nouveau convoi du chemin de fer arrivait de Paris. Emmeline l'aperçoit et le montre à madame Bouchonnier, qui, après avoir examiné quelque temps, s'écrie : — Enfin ! Un mouchoir qu'on agite... Ah ! c'est bien heureux ! cette fois, voilà mon mari !

LE MARI ET LE COUSIN.

Deux messieurs ne tardent point à paraître dans l'avenue. Emmeline, qui les a aperçus la première, s'écrie :
— Voilà M. Bouchonnier, mais il n'est pas seul, un jeune homme l'accompagne.

Elmonde se retourne en disant : Voyons cela... pourvu que mon mari ne m'amène pas quelques-uns de ces ennuyeux personnages que l'on se donne beaucoup de peine pour amuser, et qui n'ont pas même la politesse de vous faire compliment de votre jardin. . ou qui font pis encore, et, à tout ce qu'ils voient, s'écrient : Moi, j'arrangerais cela tout autrement !... moi, si j'étais propriétaire de cette maison, vous ne la reconnaîtriez plus.. oh ! si j'avais ce jardin-là !... je sais bien ce que j'en ferais... et mille autres choses dans le même genre , auxquelles je suis toujours tentée de répondre : Moi, j'arrangerais mon jardin et ma maison à mon goût... il me semble que je dois le consulter avant celui des autres... Je suis bien désolée que cela ne vous paraît pas bien, mais j'ai la sottise de croire que je dois faire ce qui me plaît d'abord... Je n'impose mon goût à personne, mais je trouve qu'il y a manque de savoir-vivre chez ces personnes qui prétendent nous imposer le leur. Mon Dieu! mon Dieu! qu'il y a donc d'imbéciles dans ce monde... Ah! je reconnais la personne qui accompagne Tiburce... oh! c'est bien différent!... quel plaisir! c'est mon cousin Isidore.

En disant cela, Elmonde a fait un bond sur sa chaise, et de loin sourit déjà à ceux qui viennent.

M. Pastoureau tâche de distinguer les traits de la personne qui accompagne le maître de la maison, afin de savoir si, près des dames pour lesquelles il soupire, il aura un concurrent redoutable.

— Vous avez du monde, dit madame Clermont, nous allons vous laisser.
— Oh! par exemple! je voudrais bien voir cela! s'écrie Elmonde. Du monde, un cousin de mon mari... est-ce que cela compte, ça? D'ailleurs, vous allez voir un jeune homme bien gentil et qui vous plaira, j'en suis sûre, parce qu'il est très-bon enfant, point fat du tout... Aucunes prétentions, et pourtant c'est un fort joli garçon, et très-aimable, très-spirituel. Si vous partiez, cela contrarierait beaucoup mon mari, qui, j'en suis certaine, a parlé à mon cousin de ses jolies voisines. Mais vous restez, vous passez toute la journée avec nous... c'est une chose convenue...
— La journée... ch.. pas tout à fait...
— Si, si, je ne vous écoute plus.

L'arrivée de M. Bouchonnier et d'Isidore met fin à cet entretien. La compagnie était curieuse de voir le cousin tant vanté.

Le mari va embrasser sa femme en s'écriant :
— Bonjour, chère amie... je t'amène Isidore... J'espère que c'est une surprise, lui qui promettait toujours et ne venait jamais... Je l'ai arraché aux délices de Paris... Bonjour, mesdames ; salut au voisin Pastoureau.

Le voisin serre la main de M. Bouchonnier, en tâchant d'avoir l'air satisfait; mais il éprouve un secret dépit en reconnaissant que le jeune cousin est fort joli garçon.

Quant à madame Michelette, elle dit à demi-voix, après avoir toisé Isidore :
— Il est gentil ce jeune homme... Il est grand... il est peut-être plus grand que mon fils, mais Alménor est plus gros... plus carré.. je préfère la taille d'Alménor.

Isidore a embrassé sa cousine et salué les dames, puis il s'extasie sur la situation de la terrasse et le délicieux paysage qu'on a devant les yeux.

— Oh! vous verrez, Isidore, mon jardin est fort joli, dit Elmonde, nous tâcherons que vous ne vous ennuyiez pas trop ici...
— Mais, ma cousine, je suis bien sûr que je m'y plairai beaucoup.
— Et vous, Tiburce, pourquoi n'êtes-vous pas venu hier?

M. Bouchonnier tire un gros sac de sa poche et le jette sur les genoux de sa femme en lui disant :
— Tiens, ma bonne amie, voilà des pralines grillées, des pralines à la vanille, à la rose... et des pastilles à la fraise... tu m'en diras des nouvelles!... c'est délicieux... et des fraises dans la bouche...
— C'est bien, monsieur... Oh! vous n'oublierez jamais les pralines! mais je vous demande pourquoi vous n'êtes pas venu hier?
— Les affaires, ma chère amie... et puis ce diable d'Isidore qui a voulu absolument m'emmener dîner chez Douix, et ensuite au spectacle...
— Est-ce vrai, mon cousin?
— Assurément, ma chère cousine.
— Oh! je sais bien que vous ne direz pas non !... les hommes s'entendent toujours entre eux pour nous tromper.
— Oh! ma cousine, quelle idée !...
— C'est ce que je répétais toujours à feu M. Michelette, dit la grosse maman en riant. Il me répondait : «Tu as bien de fausses idées, Follette !... » et ça ne l'empêchait pas d'aller voir *sa drogue*!... Oh! ces monstres d'hommes!... Ce n'est pas pour vous que je dis cela, voisin.
— Je vais passer la blouse de campagne ! dit Bouchonnier ; Isidore, en voulez-vous une?... j'en ai au service des amis, ainsi que des chapeaux de toutes les formes et de toutes les couleurs.
— Ma foi, ce n'est pas de refus... si toutefois ma cousine le permet.
— Oui, oui, à la campagne, la tenue de rigueur, c'est d'être à son aise.
— Venez, Isidore ; nous ferons ensuite un tour au billard... Voisin Pastoureau, venez avec nous, j'ai une revanche à vous donner... Je vous ai un peu bloqué l'autre jour... Oh ! oh !... vous ai-je collé !... Ah! ah! ah! Mesdames, c'est un terme de billard.

M. Pastoureau aurait préféré rester près des dames, mais il n'ose pas refuser M. Bouchonnier, qu'il craint de rendre jaloux de lui, et il accompagne le maître du logis et Isidore, auxquels Elmonde recommande de ne pas rester trop longtemps au billard.

— Eh bien! comment trouvez-vous mon cousin? demande Elmonde, lorsque ces messieurs sont éloignés.

— Ce jeune homme est fort bien, dit madame Clermont. Je ne puis encore juger son esprit et son caractère, mais il a l'air franc... et c'est déjà beaucoup.

— Oui, quand même cela ne serait pas! s'écrie madame Michelette... Oh! c'est qu'il ne faut pas s'y fier, les physionomies sont si trompeuses. Il y a de ces airs tout ronds, tout à *la bonne flanquette*, comme on dit, et cela cache souvent des passions bien astucieuses... Je ne dis pas cela pour votre cousin.

— Je ne suis pas de l'avis de madame Michelette, reprend madame Clermont. Je trouve, au contraire, qu'en les étudiant un peu, il est bien rare de ne point y trouver quelque chose du caractère de la personne à qui elles appartiennent. Quelquefois, à la vérité, il faut y voir le contraire de ce qu'elles veulent exprimer. Ainsi, la personne qui a toujours le sourire sur les lèvres, et souvent celle qui vous trompe le mieux : celle dont le ton est continuellement mielleux, doucereux et composé, sera moins disposée que toute autre à vous rendre service. Tandis que l'homme impatient, brusque, emporté, vous froissera peut-être d'abord, et vous obligera ensuite ; mais la physionomie qu'on veut se faire ne saurait dissimuler celle que l'on a.

— Oh! dame! s'il faut être si savante, alors je n'y connaîtrai plus rien, moi.

Emmeline ne dit rien. Une jeune personne ne pouvait pas donner son avis sur un jeune homme ; mais, depuis l'arrivée d'Isidore, elle n'a presque pas levé les yeux de dessus sa tapisserie. Il y a de ces moments où les demoiselles sont tellement assidues à leur ouvrage, qu'elles semblent ne rien voir de ce qui se passe autour d'elles.

Et c'est justement dans ces moments-là qu'elles ne perdent rien de ce qui se dit et de ce qui se fait.

— Vous resterez à dîner avec nous? dit madame Bouchonnier à madame Clermont.

Celle-ci secoue négativement la tête en murmurant :

— Non... vous savez bien que... cela ne se peut pas..

— Je sais que vous me refusez toujours, ce qui est fort mal ; mais j'ignore entièrement pourquoi cela ne se peut pas.

— En acceptant vos aimables invitations, je vous ai prévenue que nous n'allions pas dans le monde, ma fille et moi... Nous avons fait une exception pour vous... mais nous ne recevons jamais, et alors...

— Qu'est-ce que cela veut dire?... Vous êtes ici rien qu'avec votre fille et votre bonne, moi, j'ai toute ma maison de Paris ; il est donc naturel que l'on dîne chez moi. Madame Michelette ne fera pas tant de cérémonie, elle voudra bien rester.

— Très-volontiers, répond la grosse maman en se levant de sa chaise pour faire une révérence. Madame Bouchonnier a une manière si aimable d'engager les gens... je ne puis jamais la refuser. Mais j'espère qu'elle me fera l'honneur de goûter de ce fameux cidre de Reims que m'envoie mon fils... Le cidre de Reims doit être très-bon... Je crois qu'on en boit au sacre des rois...

— Je boirai de tout ce que vous voudrez, madame Michelette... Je pense que M. Pastoureau nous fera aussi le plaisir de rester... Je veux prouver à mon cousin que nous ne vivons pas comme des loups ici, et, comme il y vient bien rarement, il faut saisir l'occasion.

Emmeline continuait de travailler avec ardeur et de garder le silence. De temps à autre, cependant, elle jetait à la dérobée un regard sur sa mère, comme pour chercher à savoir ce qu'elle allait répondre.

Mais madame Clermont, tout en remerciant du regard Elmonde de son aimable insistance, semble tout à fait inébranlable dans sa résolution. Elle ne veut point accepter de politesse qu'elle ne veut pas ou ne peut pas rendre. Cela tenait à un excès de délicatesse que comprennent parfaitement les gens bien élevés. Les personnes très-fortunées peuvent seules se mettre au-dessus de ces petites considérations; car, si elles reçoivent sans rendre, on ne peut mettre cela sur le compte du mauvais état de leurs affaires, et en France, pour être considéré, il n'est pas nécessaire de faire une chose, il suffit que l'on sache que vous êtes en état de la faire.

M. Bouchonnier et ses hôtes reviennent du billard. Le gros mari, qui ne manque pas de cet amour-propre que les gens de peu d'esprit mettent dans les petites choses, est radieux parce qu'il a gagné Isidore et M. Pastoureau.

— Je les ai battus!... battus complètement! s'écrie-t-il ; ils n'y ont vu que du feu!...

— Vous êtes de la première force, dit Pastoureau.

— Première... oh! non, pas tout à fait... mais je rosse tous ceux qui sont de la seconde.

Isidore ne dit rien ; il vient seulement d'arrêter ses regards sur Emmeline, qu'il n'avait pas encore eu le temps de considérer, et en la trouvant si jolie, il s'étonne que cela ne l'ait pas frappé d'abord.

— Vous vous êtes amusés, messieurs, c'est fort bien, dit Elmonde ; maintenant s'il vous plaisait de vous occuper un peu de nous?

— C'est toujours notre plus cher désir, murmure le vertueux Pastoureau en baissant la voix.

— Oh! vous, monsieur Pastoureau, je ne doute pas de vous ; votre dévouement pour les dames est connu ; mais mon mari et mon cousin, c'est différent.

— Ma chère cousine, je suis à vos ordres, dit Isidore ; commandez... je serai trop heureux si vous me trouvez bon à quelque chose.

— Voyons, mesdames, une promenade vous serait-elle agréable? demande Elmonde.

— Oh! une promenade par la chaleur qu'il fait! s'écrie Bouchonnier ; moi je refuse, mon dévouement ne va pas jusque-là.

— En effet, le soleil est dans toute sa force... Eh bien! si nous allions faire un peu de musique au salon ; toutes les persiennes sont fermées, il y fait très-frais.

— Va pour la musique.

Les dames se sont levées. On se rend au salon, où il y a un excellent piano. Elmonde en joue faiblement, mais elle chante assez juste la romance. Isidore a une jolie voix et il est bon musicien. M. Pastoureau pince de la guitare et chante du nez avec tant d'expression et de sentiment, qu'on croit toujours qu'il va pleurer. Quant à Emmeline et à sa mère, toutes deux sont excellentes musiciennes. Madame Clermont, qui était d'une grande force sur le piano, a donné son talent à sa fille ; de plus, celle-ci chante avec goût et facilité ; sa voix est pure, fraîche, étendue, c'est un de ces instruments naturels que l'on a, mais que l'on n'acquiert pas.

Madame Bouchonnier a bien vite improvisé un concert : elle chante un nocturne avec son cousin. Emmeline exécute un morceau avec un goût, une précision qui ravissent jusqu'à madame Michelette, qui pourtant se connaît fort peu en musique ; mais lorsque la jeune fille chante, c'est alors que son triomphe est complet et que madame Clermont jouit de ce bonheur si doux pour une mère d'entendre adresser à sa fille des éloges mérités.

Isidore ne se lasse pas d'admirer Emmeline ; car, plus il la regarde, plus il y trouve de plaisir. Il y a de ces beautés qui éblouissent au premier coup d'œil, mais qui, vues longtemps, perdent souvent de leur charme : il en est d'autres que l'on ne remarque pas d'abord, mais qui plaisent ensuite lorsqu'on est resté quelque temps près d'elles. Le succès de celles-ci est moindre, mais il est plus durable que celui des autres.

— Je vous l'avais bien dit, Isidore, que nous avions à Corbeil des talents, des virtuoses! dit Bouchonnier en s'étendant sur un divan.

— Oh! vous ne m'en avez même pas dit assez! s'écrie Isidore. Mademoiselle a une voix charmante... et un fort beau talent sur le piano.

— Voilà mon maître! dit Emmeline en allant embrasser sa mère.

— Madame, votre élève vous fait honneur.

— C'est que madame Clermont est très-forte aussi, dit Elmonde ; et si elle voulait nous jouer, avec sa fille , ce beau morceau à quatre mains que j'ai déjà entendu... et que j'aime tant...

— Si cela vous fait plaisir, dit madame Clermont, je ne trouve pas que cela vaille la peine de se faire prier.

La mère et la fille se mettent au piano. Le morceau est exécuté. Tout le monde le trouve trop court. C'est le plus bel éloge que l'on puisse faire d'un morceau de musique.

— Vous avez des voisines charmantes, dit tout bas Isidore à Bouchonnier, et je m'étonne vraiment que vous ne soyez pas plus souvent à votre campagne.

— Oh! vous étonnez!... tout cela est bon à dire, comme cela... mais ces dames sont honnêtes... il n'y a pas moyen de faire ses frais près d'elles, ni d'une autres... vous savez que nous aimons le positif. Si on vous défendait d'aller voir votre Félicia, à vous, est-ce que cela vous irait?

— Félicia! murmure Isidore d'un air étonné. Oh! mon Dieu! je vous avoue que je l'avais oubliée; elle était entièrement sortie de ma pensée.

— Ah! diable!... vous n'en êtes pas plus amoureux que ça... alors il est probable que ce ne sera pas long, et je vous demande la survivance.

— Taisez-vous donc! si votre femme vous entendait... elle est très-gentille, ma cousine. Vous êtes bien coupable de la tromper !

— Ah! Isidore... cher ami, est-ce que vous n'allez pas finir?

— Et si elle était comme vous, si elle se vengeait?

— Allons donc... sa jalousie l'occupe trop pour cela. D'ailleurs ma femme a des principes.

— Que vous ne voulez pas trouver chez les autres.

— Que dites-vous donc tous deux? dit Elmonde en se tournant vers son mari et son cousin.

— Nous parlions musique, ma chère amie.

— Ah! c'est une bien jolie invention que la musique! dit madame Michelette en se mouchant à cinq reprises. Alménor, mon fils, est musicien consommé; il pratique le *beugle* ou *bugle* avec beaucoup d'agrément. Il nous en jouera quand il viendra à Corbeil.

— Qu'est-ce que c'est que le beugle? demande Elmonde.

— Ma voisine, c'est un instrument de cuivre qui fait bien autant de bruit à lui seul que six trompettes... c'est magnifique! c'est d'un effet étourdissant dans un salon. Quand Alménor souffle dans son beugle ou bugle, il devient violet ; il paraît que c'est éreintant !

M. Pastoureau ne disait rien ; depuis qu'il avait entendu chanter Emmeline, il avait été tellement ravi, qu'il s'était dit que c'était de la jeune fille qu'il devait être amoureux. Cessant alors de faire des yeux blancs à la mère, il dirigeait ses œillades d'un autre côté.

— Ah! mon Dieu ! dit tout d'un coup Elmonde en se penchant vers madame Clermont. Et le voisin Pastoureau, que je n'ai pas encore prié de chanter... lui qui a laissé exprès ici une de ses guitares... car je crois qu'il en a plusieurs et qu'il en sème partout où il va.

La jeune dame court prendre une guitare qui était dans un coin du salon, et l'apporte à M. Pastoureau en lui disant :

— C'est à votre tour, maintenant, mon cher voisin ; vous ne pouvez pas nous refuser.

M. Pastoureau n'avait nullement l'intention de refuser ; il croit chanter fort bien, et, par conséquent, il aime beaucoup à se faire entendre. Après avoir balbutié quelques phrases pour faire croire qu'il est enrhumé, qu'il n'a pas tous ses moyens, il accorde son instrument et déclare qu'il va chanter *le Troupeau de Colette*.

On fait silence, et M. Pastoureau chante, mais, suivant son habitude, il met tant d'expression dans son chant, que chaque couplet est éternel, et la romance paraît en avoir beaucoup, chaque couplet étant seulement l'histoire d'un mouton.

M. Pastoureau est en train de chanter les malheurs arrivés au cinquième mouton de Colette ; les auditeurs, qui commencent à perdre patience, échangent déjà quelques mots entre eux.

— J'ai peur que le troupeau ne soit considérable ! murmure Bouchonnier.

— Je verrais avec plaisir arriver un loup pour croquer tout cela ! dit Isidore en riant.

— Ah! messieurs, que vous êtes méchants ! répond Elmonde. A propos, Isidore, comment va l'oncle de Tours?

— Très-bien.

— Est-ce qu'il ne vous presse pas quelquefois de quitter Paris et de retourner près de lui ?

— Non, comme je lui suis utile ici, il faut bien qu'il m'y laisse.

— Ah! oui, il a un procès, je crois... Avec qui?

— Avec un certain M. Riberpré... un homme fort riche...

— Oui... oui, Riberpré... je connais cela ! dit Bouchonnier ; je l'ai vu souvent à la Bourse... c'est un homme qui donne des soirées et des bals magnifiques, où il reçoit tout Paris.

— C'est pour cela qu'il m'a invité...

— Vous allez donc chez lui, vous, Isidore?

— Quelquefois ; quand on plaide avec les gens, on a souvent besoin de leur parler, et s'il y avait moyen de transiger, d'arranger l'affaire...

— Mon Dieu! maman, est-ce que tu te trouves mal ? s'écrie Emmeline en courant vers sa mère, qui, depuis quelques instants, est devenue d'une pâleur effrayante.

A ces mots, tout le monde s'empresse autour de madame Clermont. M. Pastoureau lui-même laisse son septième mouton dans une position très-inquiétante.

— Mais je n'ai rien... je vous assure que je ne suis pas malade ! dit madame Clermont, en s'efforçant de sourire pour rassurer sa fille.

— Oh! si fait, maman, tu es devenue toute pâle... et j'entends bien à ta voix que tu es émue.

— Tais-toi, enfant... c'est une chaleur, comme un étourdissement que j'ai ressenti... puis cela s'est dissipé... mais il ne fallait pas pour cela troubler la compagnie... et empêcher monsieur de chanter.

— Si fait ! s'écrie Elmonde, Emmeline a très-bien fait ! c'est peut-être la musique qui vous a fatiguée... quand on en fait longtemps...

La jeune femme ajoute à voix basse :

— Et puis, quand M. Pastoureau chante, c'est à faire tomber en syncope ! Ah ! Dieu , le *Troupeau de Colette* surtout... Je me le rappellerai, celle-là. Ah! vous êtes mieux... vos couleurs reviennent...

— Oh! tu m'as fait peur, maman.

Madame Clermont ne répond rien, mais elle embrasse sa fille. Isidore les considère toutes les deux et se tait.

— J'espère que ces dames et le voisin nous font le plaisir de dîner avec nous ? dit M. Bouchonnier. Ce sera une petite fête impromptu... C'est souvent plus gai que les parties préméditées.

— Mon ami, j'ai fait tous mes efforts pour obtenir cette faveur de madame Clermont, dit Elmonde, mais elle me refuse, elle veut nous quitter...

— Nous quitter... ah ! ce serait bien mal !

Emmeline s'attend à voir sa mère persister dans son refus et prendre congé de la société, ce qui lui fait bien un peu de peine, mais ce qu'elle ne laissera pas voir, de crainte de déplaire à sa mère. C'est donc avec autant de surprise que de joie qu'elle entend celle-ci répondre à leur voisine :

— Mon Dieu... puisque vous avez la bonté d'attacher quelque prix à notre présence... eh bien... je cède, ma voisine... je me rends à votre aimable invitation.

Cette réponse cause une satisfaction générale. Bouchonnier est enchanté quand il y a du monde, parce qu'il a toujours peur que sa femme ne s'ennuie à la campagne et ne veuille alors revenir à Paris. Elmonde a vraiment de l'amitié pour la mère et la fille, ce sont les seules femmes jolies dont elle ne soit pas jalouse. La maman Michelette espère qu'en se liant davantage avec ses voisins, madame Clermont finira par ne plus avoir de secrets pour eux, et que l'on saura enfin ce qu'elle est. Le sentimental Pastoureau, quoiqu'il soupire pour madame Bouchonnier, est aussi bien ému près d'Emmeline et de sa mère ; et Isidore, quoiqu'il ne connaisse ces dames que depuis peu de temps, éprouve déjà le charme de leur présence, et serait fâché d'en être trop tôt privé.

Quant à Emmeline, il n'est pas besoin de dire qu'elle est bien joyeuse de ce que sa mère a consenti à rester ; pour une jeune fille élevée dans la retraite, dîner en ville pour la première fois, c'était une grande fête, c'était un événement qui allait faire époque dans sa vie ; et puis ce jour-là, sans qu'elle s'en rendît bien compte, la maison de leur voisine lui semblait beaucoup plus gaie, plus agréable que de coutume ; il ne s'y trouvait cependant qu'une seule personne de plus qu'à l'ordinaire, mais il est vrai que cette personne était un jeune homme fort joli garçon, dont le regard était doux et expressif. La demoiselle la plus innocente et la mieux élevée aime assez cette compagnie-là ; elle ne sait pas toujours pourquoi, mais, enfin, cela lui fait plaisir.

Madame Bouchonnier a quitté le salon pour aller changer de robe, elle vient de s'apercevoir que celle qu'elle porte n'est pas assez fraîche. Son mari va donner quelques ordres. M. Pastoureau, est assis dans un coin et étudie un accompagnement sur sa guitare, en suivant des yeux Emmeline qui ne fait aucune attention à lui et est obligée d'écouter madame Michelette, qui s'est emparée d'elle pour lui parler de son fils.

Isidore est resté contre le piano, il feuillette un livre de musique. Madame Clermont, qui est assise sur une causeuse, a les yeux attachés sur le jeune homme ; elle semble avoir envie de lui parler, et attendre qu'il tourne ses regards vers elle.

Enfin Isidore quitte l'album qu'il tenait, et ses yeux rencontrent bientôt ceux de madame Clermont, qui lui dit :

— Vous aimez beaucoup la musique, monsieur.

— Oui, madame.

— Vous devez en faire ou en entendre souvent, si vous allez beaucoup dans le grand monde.

— Mais oui, madame.

La mère d'Emmeline garde un moment le silence ; elle paraît hésiter, enfin elle reprend :

— Il m'a semblé vous avoir entendu dire, monsieur, que vous alliez chez M. Riberpré...

— En effet, madame, j'y suis allé quelquefois pour parler d'affaires... Mais comment connaissez-vous ce banquier?

— Non, monsieur, non pas moi, mais une personne de mes amies... m'a souvent parlé de lui... elle le connaissait beaucoup.

— Ma foi, c'est un homme qui m'a paru peu aimable quoiqu'il ait cherché à l'être avec moi... mais je lui trouve un air faux et cauteleux. Il doit avoir cinquante ans bien sonnés. C'est un bel homme, il fait le grand seigneur... il a soin de faire entendre qu'il est fort riche ; tout cela m'est très-égal... Il fait à mon oncle un procès très-injuste, mais je ne serais nullement étonné qu'il le gagnât ; cet homme-là doit être très-expert en fait de procès, et savoir la marche qu'il faut suivre pour nuire à son adversaire aux dépens de la vérité et de l'équité.

— Et vous n'êtes point allé aux soirées de M. Riberpré?

— Non, madame... cela ne m'a pas tenté.

— Alors vous ne connaissez pas...

— Sa femme... pardonnez-moi : un jour que j'étais dans le cabinet de ce monsieur, sa femme est arrivée en négligé du matin, mais en un négligé très-élégant ; M. Riberpré lui a pris la main en lui disant : « Votre amie, je te présente M. Isidore Marcelay. »

— J'ai salué cette dame qui doit avoir été fort bien, mais qui n'est plus rien... pourtant elle est belle encore. C'est une brune, aux yeux noirs et ardents ; ses traits sont très-caractérisés ; il y a dans son abord, dans son regard quelque chose de hautain, qui ne parle pas positivement en faveur de sa douceur. Après cela, on peut encore la trouver séduisante. Le banquier m'a paru fort soumis aux moindres désirs de sa femme... il paraît qu'ils ont une fille, car cette dame dit à son mari :

« — Notre fille Elvina désire aller promener au bois, nous allons prendre la calèche. »

— Et lorsqu'elle fut éloignée, M. Riberpré me dit :

« — Vous venez de voir ma femme... c'est une des plus jolies femmes de Paris, je m'en flatte ; eh bien, j'ai une fille qui sera, je crois, aussi jolie que sa mère ; elle n'a encore que quinze ans, et c'est déjà une personne remarquable. »

— Je ne puis que m'incliner et le croire sur parole. Je n'ai jamais vu sa fille, mais il paraît qu'il l'aime beaucoup.

Un soupir que madame Clermont n'a pas eu la force d'étouffer attire l'attention d'Isidore, il s'aperçoit que cette dame est extrêmement émue : elle tient à la main son mouchoir qu'elle passe souvent devant ses yeux, et ses yeux semblent humectés par des larmes.

Le jeune homme cesse de parler ; quoique ne sachant à quoi attribuer la vive émotion de madame Clermont, il voit qu'elle souffre, tout en cherchant à le cacher. Le retour de madame Bouchonnier et de son mari met fin à son embarras. Elmonde propose quelques tours de promenade dans le jardin avant de dîner ; et comme l'ardeur du soleil est passée, cette fois chacun est de son avis.

Bouchonnier offre son bras à sa belle voisine. Celle-ci le remercie en prétextant que dans un jardin il est plus convenable de marcher seul. Cependant, soit intention, soit hasard, la mère d'Emmeline se trouve toujours près d'Isidore, et souvent elle lui adresse la parole, ce qui fait gémir M. Pastoureau et sourire assez malicieusement la grosse dame Michelette, qui remarque tout ce qui se passe. Elmonde rit et folâtre avec Emmeline, puis elle de temps à autre dire quelques mots à l'oreille de son mari, qui a toujours l'air de se disculper et fait en parlant beaucoup de gestes, probablement pour tâcher de mieux persuader sa femme.

L'heure du dîner a sonné : l'on rentre et l'on se met à table. Elmonde a placé son cousin entre elle et Emmeline. Madame Clermont se trouve près de M. Bouchonnier et du voisin Pastoureau. Depuis sa conversation avec Isidore, la mère d'Emmeline a conservé un fonds de tristesse qu'elle cherche en vain à surmonter. Heureusement pour elle qu'à table elle n'a besoin de faire aucuns frais pour soutenir la conversation. Madame Michelette ne clôt pas la bouche un instant, M. Bouchonnier rit de tout ce qu'il dit, et Elmonde, brochant sur tout cela, parle toilette, spectacles, bals, et vent qu'on lui raconte tout ce qui se passe à Paris.

Isidore échange quelques mots avec Emmeline. D'abord la jeune fille ne répond qu'avec réserve et timidité. Peu à peu elle s'enhardit et laisse percer son esprit naïf, son charmant naturel, si bien qu'à la fin du dîner elle cause avec Isidore comme si elle le connaissait depuis longtemps. C'est qu'il n'y a chez ces deux jeunes gens ni prétention ni coquetterie, et que la connaissance s'établit bien vite entre deux personnes qui se comprennent ; elles se sentent alors attirées l'une vers l'autre, et il leur semble même qu'elles ne se voient pas pour la première fois.

Quelquefois pourtant Emmeline rencontrait les yeux de sa mère qui étaient attachés sur les siens avec une expression de profonde mélancolie ; mais avant qu'elle pût adresser une question à madame Clermont, celle-ci s'empressait de lui sourire, comme pour dissiper l'impression que son regard avait pu produire sur le cœur de sa fille.

La société, au sortir de la table, s'était de nouveau réunie dans le jardin. Le temps était superbe, l'on jasait en goûtant les douceurs d'une belle soirée, lorsque M. Pastoureau, levant les yeux au ciel, se mit à dire :

— Ma foi, voilà un temps bien agréable pour l'Amant de la lune.

— Qu'est-ce que c'est que l'Amant de la lune ? s'écrièrent presqu'en même temps Bouchonnier et Isidore.

M. Pastoureau accorde sa guitare et chante.

Pour satisfaire au désir de ces messieurs, Elmonde s'empresse de leur conter tout ce que l'on sait et ce que l'on dit touchant ce singulier personnage.

Ce qu'ils viennent d'entendre pique vivement la curiosité des deux cousins.

— Je serais bien curieux de voir ce mystérieux personnage, dit Isidore.

— Et moi aussi ! s'écrie Bouchonnier.

— Est-ce qu'il n'y aurait pas moyen de se procurer ce plaisir-là ?

— Oh ! si fait ! dit le voisin Pastoureau, ce soir, par exemple..... comme il y a une lune magnifique, il est bien probable que cet homme est allé dans les champs contempler son astre favori.

— Eh bien, mesdames, allons faire un tour dans les environs du côté où ce monsieur perche d'habitude... cela vous va-t-il ?

— Avec trois cavaliers, je le veux bien, dit Elmonde, mais autrement je n'irais pas, parce que j'aurais peur. Ma chère voisine, cette promenade vous convient-elle ?

— Oui, sans doute, dit madame Clermont, surtout si vous avez la bonté de nous mettre ensuite à notre porte, ma fille et moi.

— Cela va sans dire ! est-ce que nous vous laisserions exposées aux mauvaises rencontres !

— Je suis fâchée que mon fils Alménor ne soit point avec nous, dit la maman Michelette ; car à lui seul il vaut une patrouille... mais avec ces trois messieurs, je pense que nous pouvons nous risquer sans crainte.

— Eh bien, c'est décidé : en route, alors ; Tiburce, donne-moi ton bras, et tâchons de rencontrer l'Amant de la lune.

XIV. — L'AMANT DE LA LUNE.

La soirée était magnifique, et la société s'avançait doucement dans la campagne, jouissant de l'aspect des champs bleuis par l'astre de la nuit.

Elmonde s'était emparée du bras de son mari : à la campagne, ce sont de ces choses permises ; puis une femme a toujours raison de prendre le bras de son mari quand elle y trouve du plaisir.

Madame Clermont s'était trouvée près d'Isidore au moment où l'on s'était mis en route. Le jeune homme lui avait offert son bras, qu'elle avait accepté. Mais Emmeline, craignant d'être obligée de donner le bras à M. Pastoureau, était venue aussi se réfugier contre Isidore, et celui-ci lui avait présenté son autre bras, qu'elle avait pris après avoir, du regard, consulté sa mère.

Il n'était donc resté au sensible Pastoureau que la grosse maman Michelette, à laquelle il avait bien fallu qu'il servît de cavalier, ce qu'il faisait, en poussant de temps à autre d'énormes soupirs et en regardant en arrière pour s'assurer que Michelette ne l'abandonnait pas avec sa dame.

Quant à la voisine Michelette, elle se pavanait au bras de son cavalier ; et pour le payer de sa complaisance lui parlait de son fils Alménor tout le long du chemin.

Madame Clermont semblait rêveuse ; elle parlait à peine ; mais Emmeline causait avec Isidore. La compagnie de sa mère l'enhardissait et elle se laissait aller au plaisir de dire toutes ses pensées. L'aimable enfant le pouvait sans crainte : elle n'en avait que de pures comme son âme, de douces comme ses yeux.

M. et madame Bouchonnier fermaient la marche Quelquefois Elmonde ralentissait son pas afin de pouvoir parler sans être entendue. Une femme qui vit à la campagne a mille petites choses à dire à son mari quand elle le voit rarement. C'était Elmonde qui parlait toujours, on entendait seulement Bouchonnier répondre :

— Oui... oui... nous verrons cela... si j'ai le temps... Mais allons donc plus vite, nous sommes à une lieue de la compagnie... ce n'est pas honnête.

— Oh ! mon Dieu ! vous avez bien peur d'être seul avec moi ! s'écrie Elmonde, est-ce qu'il est défendu à une femme de causer avec son mari ?

— Mais nous avons tout le temps !... Eh bien, Pastoureau !... voisin Pastoureau, est-ce que nous n'allons pas bientôt apercevoir votre curieux personnage ? Voyons, c'est à vous de nous piloter, vous devez connaître la retraite habituelle du monstre...

— Mais ce n'est pas un monstre que cet homme, dit Emmeline, n'est-ce pas, maman ?

— Il ne m'a pas semblé !... répond madame Clermont d'un air distrait; après cela, nous n'avons guère eu le loisir de l'examiner...

Le voisin Pastoureau, qui ne demande pas mieux que de s'arrêter parce qu'il a une indigestion d'Alménor, se tourne vers les personnes qui viennent derrière lui, en répondant :

— Je sais que l'individu que vous désirez voir loge dans le jour chez un nommé Roberdin, qui tient un méchant cabaret, un taudis où s'arrêtent les vagabonds, les gens mal famés ; je vous ai menés du côté de la demeure de Roberdin... Tenez, c'est par là... au bout de cette route, mais je ne puis pas vous assurer que notre homme se promène toujours par ici...

— Comment ! s'écrie madame Michelette, nous sommes du côté du cabaret de Roberdin ! mais c'est fort imprudent de nous promener par ici... on assure que c'est le rendez-vous de tous les voleurs... Allons d'un autre côté, je vous en prie.

— Il me semblait, dit madame Clermont, que depuis longtemps il ne s'était commis aucun vol dans le pays. Alors les gens qui se rassemblent dans ce cabaret ne sont pas des voleurs.

— Pardonnez-moi, madame, répond la grosse maman d'un ton piqué, on a volé, il y a huit jours, un lapin à madame Bertrand ; c'était un superbe lapin dont le ventre traînait presque à terre, tant il était gras. Vous voyez bien qu'il y a des malfaiteurs.

Et la dame ajoute tout bas, en collant sa bouche contre l'oreille de son cavalier :

— Je ne comprends pas ces gens qui ne veulent pas croire aux voleurs, cela me semble toujours fort singulier.

— Il est certain, dit Bouchonnier en riant, que si on a volé un lapin qui allait ventre à terre, c'est qu'il y a des gaillards très-adroits... N'importe, allons toujours. Je réponds de tout, madame Michelette.

— Ah ! monsieur Bouchonnier, ne nous perdez pas de vue, je vous en supplie, car M. Pastoureau est bien imprudent.

La société se remet en marche. Isidore se sentait heureux entre madame Clermont et sa fille. Jamais promenade au clair de lune ne lui avait causé autant de plaisir ; celle-ci cependant était bien innocente, mais le bonheur n'est pas toujours aussi loin que nous le cherchons.

— Resterez-vous quelque temps chez votre cousine, monsieur ? dit madame Clermont à Isidore.

— Madame, je compte retourner demain soir à Paris.

— Déjà ! s'écrie Emmeline. Puis, comme honteuse d'avoir laissé échapper ce mot, elle reprend : C'est que... alors... votre cousine trouvera que vous ne vous amusez pas beaucoup chez elle... si vous restez si peu.

— Ma cousine se tromperait... Mais quand on a des affaires...

— Vous devez peut-être revoir bientôt M. Riberpré ? dit madame Clermont en tournant ses regards sur le jeune homme.

— Je n'ai point de rendez-vous avec lui. Cependant il est probable que j'aurai besoin de le revoir... Ah ! quel ennui que ces procès !... Si ce monsieur voulait, il y a longtemps que ce serait terminé ; mon oncle m'a laissé pleins pouvoirs pour transiger; mais le banquier aime autant plaider.

Pétrus salue jusqu'à terre la maîtresse de la maison.

— Monsieur, si vous retourniez chez ce banquier... vous seriez bien bon... de me donner quelques détails... Mon Dieu, je dois vous paraître bien curieuse, mais c'est pour cette personne de mes amies que cela intéresse et qui désirerait avoir quelques renseignements sur la maison... je veux dire l'intérieur de M. Riberpré.

— Madame, du moment que cela peut vous être agréable, je ferai mon possible pour être en état de vous instruire. J'accepterai une invitation du banquier, j'irai à l'une de ses brillantes soirées, je verrai tout à loisir sa femme et sa fille et je vous communiquerai ce que j'aurai vu.

— Ah ! monsieur, vous êtes trop complaisant !... mais pour cela il faudra que vous reveniez chez votre cousine... et cela vous arrive si rarement.

— Maintenant, madame, j'y viendrai plus souvent, car je m'y plais beaucoup... sa maman et la société qu'on y rencontre ont trop d'attraits pour que je l'oublie.

Emmeline se sent toute joyeuse, jamais elle n'a eu tant d'envie d'embrasser sa mère ; ne sachant comment exprimer ce qu'elle éprouve, elle se contente de s'écrier :

— Mon Dieu ! que c'est amusant de se promener au clair de la lune.

— Ainsi, monsieur, nous aurons le plaisir de vous revoir bientôt ? reprend madame Clermont.

— Oh ! oui, madame, bientôt ! répond Isidore, en jetant un regard sur Emmeline.

— Entendez-vous, monsieur Pastoureau ? murmure la commère Michelette, qui avait ralenti le pas pour tâcher d'entendre ce qui se disait derrière elle : cette madame Clermont demande au cousin de M. Bouchonnier s'il reviendra bientôt... et depuis le dîner elle est sans cesse fourrée contre lui... Pour sortir, c'est elle qui est allée s'emparer de son bras... Est-ce que vous trouvez cela décent ?... se jeter comme cela à la tête d'un jeune homme... et puis on prendra ensuite des airs pincés... on fera la mine si je dis un mot un peu gai !..

Merci!... je m'y fierai à ces manières de prudes! Quand Alménor sera ici, je lui demanderai devant elle sa chanson du *Conscrit pincé...* Elle est gaillarde, celle-là, monsieur ; pour la chanter, mon fils est obligé de défaire ses bretelles, tant il se donne du mouvement : c'est une chanson mêlée de pantomime... Vous ne la savez pas?

Au lieu de répondre à madame Michelette, M. Pastoureau s'arrête brusquement en s'écriant : Le voilà!

A une quarantaine de pas de la bande de promeneurs, un homme est assis au bord d'une espèce de fossé. C'est le même personnage rencontré déjà par madame Clermont et sa fille. Il a le même costume : une longue redingote blanchâtre, un pantalon de toile, des souliers noués avec des bouts de ficelle ; autour du cou, un foulard, qui n'a plus aucune couleur, est roulé en corde et lui sert de cravate ; sur sa tête, un de ces chapeaux gris, à larges bords, qui prennent toutes les formes que l'on veut leur donner, et dont on peut se faire un oreiller sans craindre de les abîmer. Voilà quelle est la mise de l'individu que l'on a surnommé l'Amant de la lune.

Quant au physique, sous l'énorme barbe qui cache une partie de son visage, il est assez difficile de bien distinguer ses traits ; cependant on reconnaît sur-le-champ une physionomie à caractère. Le front est large ; le nez, taillé à l'antique, est fort bien fait, il serait encore remarquable s'il n'était rougi par le bout et parsemé de boutons. Les yeux sont grands, bleus et bien fendus. Ils sont surmontés d'épais sourcils. La bouche est moqueuse, la lèvre inférieure avançant souvent quand cet homme semble réfléchir. Le reste de la figure est couperosé ; les cheveux sont bruns, mais grisonnent beaucoup, ils sont mal peignés, ou plutôt ne sont pas peignés du tout. Au total, l'ensemble de ce personnage n'annonce pas un homme né dans les classes inférieures de la société, malgré le costume misérable qu'il porte.

La tête appuyée dans une de ses mains, le coude reposant sur son genou, il a les regards tournés vers le firmament, et il y a dans ces regards quelque chose qui dénote de profondes pensées ou d'amers souvenirs. Tout à coup, comme s'il se parlait à lui-même, il murmure ces mots :

— Belle nuit !... oh ! c'est une belle nuit !... ou plutôt c'est un beau jour... car ce sont mes jours à moi, maintenant... qui ne peux plus me montrer au soleil !... Viens donc me consoler, ô lune brillante... qui es devenue mon soleil... Tu ne me réchauffes pas, mais tu m'éclaires... assez pour que je me conduise... et dans ton ombre protectrice je puis me cacher quand cela me plaît... et quand il fait du soleil, on a beau se mettre à l'ombre, on n'est pas caché.

Puis, après un intervalle de silence, l'homme à la grande barbe reprend :

— Oui, mais la lune ne me donne pas à souper.. c'est mal de sa part... Les noix sont bien longues à mûrir cette année.. Je sais bien que Roberdin a toujours du pain pour moi... mais il n'en a pas déjà trop pour lui !... Heureusement les pommes de terre recommencent à donner... il y en a un champ là-bas à droite ; allons, en route... aux provisions.

L'Amant de la lune a pris l'énorme gourdin qu'il avait déposé à côté de lui ; il s'est levé, il va se mettre en marche, lorsqu'il aperçoit la société qui s'est arrêtée pour l'examiner. Il fronce ses épais sourcils en se disant :

— Oh! oh! encore des promeneurs.. qu'est-ce qu'ils font là tous?... est-ce que moi qu'ils examinent?... Pourquoi le monde s'occuperait-il de moi, qui ne m'occupe plus de lui?

Et notre homme s'est rassis, fixant cette fois ses regards sur le groupe de personnages qui est à quelques pas de lui et qui ne bouge pas.

— Voilà donc l'individu en question ! dit Bouchonnier ; son aspect n'est pas celui d'un lion du boulevard des Italiens... mais avançons encore, nous le verrons mieux.

— Non ! non, de grâce ! n'avançons pas davantage, dit madame Michelette en se jetant devant Bouchonnier, ce ne serait pas prudent... Voyez comme cet homme nous regarde, comme ses yeux brillent... on dirait d'un chat sur la braise.

— Je crois qu'il n'aime pas la société, dit Elmonde.

— Oh ! si Alménor était avec nous, reprend la grosse maman, je vous dirais : Avancez si vous voulez .. il répond de la casse.

— Ah çà ! mais, madame Michelette, répond Bouchonnier en souriant, savez-vous donc que vous semblez nous estimer très-peu auprès de monsieur votre fils? et il faudra, quand nous le verrons, qu'il fasse tous les exploits d'Alcide pour justifier la réputation que vous lui faites.

— Il les fera, mon voisin. Oh ! il fera bien autre chose... mais ce n'est pas que j'aie eu l'intention de douter de votre courage... A Dieu ne plaise... eh ! mon Dieu ! on sait bien au contraire que les hommes ne cherchent que les plaies et bosses. Mais quelle nécessité de se frotter à ce... bandit... car vous conviendrez que cet homme a tout l'air d'un bandit... Ah! mon Dieu ! je crois qu'il prend son gourdin et qu'il vient à nous.

— Il vous aura entendue l'appeler bandit ! dit Elmonde avec malice.

L'Amant de la lune s'était levé en effet. La grosse maman, cédant à la frayeur qu'elle éprouve, lâche le bras de M. Pastoureau et se

met à courir à travers champs du côté opposé à celui où est l'individu dont elle a peur ; en vain la compagnie lui crie d'arrêter, elle va toujours son train, écrasant les choux, franchissant les asperges, sautant même par-dessus les buissons, qui ne sont pas très-élevés ; madame Michelette semble vouloir s'exercer pour une course au clocher. Mais en voulant franchir une haie plus élevée que les autres, elle se trouve être en roses sauvages, la grosse araignée accroche ses jupes dans les épines, et lorsqu'elle est parvenue à passer de l'autre côté de la haie, elle se voit retroussée beaucoup au-dessus des genoux et retenue en arrière par sa robe, ses trois jupons et sa chemise.

Madame Michelette essaie de se dépêtrer de la haie ; mais, comme alors ses jarretières se trouvent en vue, en se remuant elle se pique horriblement aux épines d'églantier ; elle se décide à ne plus bouger, mais elle pousse des cris lamentables.

— Ah! mon Dieu ! qu'est-il donc arrivé à madame Michelette ? dit Elmonde. L'entendez-vous crier ?...

— Bah! je gage qu'elle crie pour rien ! dit Bouchonnier ; une araignée lui aura fait peur... Pourquoi veut-elle faire la course ainsi ! elle mériterait que nous envoyassions quérir son fils Alménor pour aller à son secours.

— Oh! n'importe, dit madame Clermont ; il faut aller à elle... elle est peut-être tombée.

— Il me semble pourtant que je l'aperçois debout contre une haie.

Les dames quittent leurs cavaliers pour aller à madame Michelette, qui continue de pousser des cris. Le sensible Pastoureau, que son penchant entraîne toujours du côté des dames, se décide à les suivre. Isidore et Bouchonnier étant restés seuls s'avancent au contraire vers le personnage qui se promène de long en large sur le chemin, comme s'il était aux Champs-Élysées.

— Voilà une belle soirée, l'ami ! dit Bouchonnier en s'arrêtant lorsqu'il est à quelques pas du promeneur nocturne. Celui-ci, après avoir tourné la tête et regardé un moment la personne qui vient de lui parler, continue de se promener sans lui répondre.

— Il n'est pas causeur ! dit tout bas Isidore à son cousin.

— Oh ! c'est ce que nous allons voir. Et Bouchonnier reprend :

— Est-ce que vous n'êtes pas de mon avis, l'ami ?

Même silence de la part de celui auquel on s'adresse. Le gros monsieur, piqué de ne point obtenir de réponse, s'avance alors devant le taciturne personnage, en lui disant :

— Il me semblait qu'une demande valait une réponse... mais il me paraît que vous connaissez peu les usages.

— C'est à moi que vous parliez ? dit l'inconnu en toisant Bouchonnier d'un air farouche.

— Sans doute, c'est à vous.

— Et pourquoi donc vous permettez-vous d'appeler l'*ami* quelqu'un que vous ne connaissez pas... Est-ce parce que vous avez de l'usage que vous faites cela, vous ?

Bouchonnier s'attendait peu à cette réponse ; il reste muet un moment ; mais, reprenant bientôt sa jactance, il s'écrie :

— En tout cas, en vous appelant... l'ami, il me semble que je... que je vous disais rien de désagréable, et que vous pouviez bien me répondre.

— Peut-être ! je ne suis pas l'ami de tout le monde, moi, et quoique votre habit soit moins usé que le mien, je ne sais pas trop si je voudrais de votre connaissance.

— Monsieur ! dit Isidore en s'avançant vivement contre l'inconnu, nous ne vous avons pas insulté ; tâchez donc d'être poli de votre côté, sinon.. Je ne suis pas patient, je vous en avertis, et votre gourdin ne m'effraie pas, quoique vous le fassiez fort joliment tourner.

L'inconnu examine quelques instants le jeune homme qui vient de lui parler, puis il murmure :

— Ah! vous avez du cœur, tant mieux pour vous... alors vous ne ressemblez pas à votre compagnon, qui s'est toujours tenu à une distance respectueuse... et qui se sauverait si je levais seulement le bras sur lui...

— Qu'est-ce que c'est ? qu'est-ce qu'il dit ? bredouille Bouchonnier, sans approcher.

— Je dis, reprend l'étranger, que vous m'ennuyez tous les deux... que vous êtes venus me trouver, et que vous me cherchiez pour cela... que vous avez l'air de m'épier, de me guetter, et que cela me déplaît... Que si je me promène la nuit, ce n'est pas pour causer avec les passants, et que si j'avais voulu vous rosser, ce serait déjà fait ! Mais croyez-moi, ne vous trouvez pas souvent sur mon chemin, car je ne suis pas toujours aussi bon enfant... et cela pourrait mal finir pour vous !

— Nous y serons quand cela nous conviendra ! reprend Isidore, et c'est vous qui pourriez vous repentir de vos menaces...

L'inconnu hausse les épaules, et, prenant Isidore par un bras, le fait pirouetter du côté de Bouchonnier, puis s'éloigne à grands pas, en murmurant quelques mots que l'on ne peut saisir.

Revenu de la surprise que lui a causée sa pirouette inattendue, le grand jeune homme veut s'élancer sur le mystérieux personnage, mais Bouchonnier le retient par son habit, en lui disant :

— Isidore ! je vous en prie, laissez cet homme... Ne serait-ce pas

une sottise d'aller se battre avec quelqu'un qu'on ne connaît pas!...
se battre à coups de poing... fi donc!... Après tout, il avait raison ;
l ne nous disait rien... c'est nous qui avons été le chercher, le pro-
voquer... et vous voyez qu'il n'aime pas la société...
— Mais il nous a menacés...
— Ah! que vous êtes enfant de faire attention aux paroles de ce
malheureux... vous voyez bien que c'est lui qui se sauve, donc c'est
lui qui a peur de nous.

Isidore ne partage pas l'opinion de son cousin; mais l'inconnu
est déjà loin, on a cessé de le voir, on ne distingue plus que le
bruit de ses pas qui se perd dans l'espace. Ce serait donc une folie
de vouloir essayer de le rattraper, et le jeune homme y renonce, en
disant : — Alors, rejoignons ces dames.

Pendant que ceci se passait d'un côté, de l'autre on était allé au
secours de la grosse maman. M. Pastoureau, pour faire preuve de
zèle, s'était précipité en avant; mais en apercevant madame Michelette retroussée jusqu'à mi-cuisse, le sensible voisin était demeuré,
non pas en admiration, mais en stupéfaction; par décence il avait
baissé les yeux, et il allait s'éloigner, lorsque la grosse dame lui
avait crié :
— Eh bien! monsieur Pastoureau... vous vous éloignez au lieu
de venir me décrocher.. vous êtes gentil encore!...
— Madame, pardon, mais vu votre position... je croyais que des
dames seules pouvaient se permettre d'aller à vous...
— Par exemple... vous croyez donc que cela m'amuse d'être
comme ça, en espalier et entourée d'épines... que je n'ose pas bouger... Décrochez-moi, ou je m'évanouis.

M. Pastoureau sacrifie sa pudeur et se décide à faire acte de courage; il s'approche de la haie, et, presque en fermant les yeux, détache enfin madame Michelette. Le reste de la société arrive au moment où il fait retomber le dernier jupon.
— Que vous était-il donc arrivé, ma voisine? demande madame
Bouchonnier.
— Ah! mesdames! je m'étais prise dans ces ronces... j'ai été piquée à des endroits bien délicats... Je vous promets que je n'irai plus
me promener la nuit pour rencontrer l'Amant de la lune, j'en ai
assez comme cela.
— Et vous, messieurs? dit madame Clermont, est-ce que vous
avez parlé à cet homme?
— Nous avons échangé quelques mots, répond Bouchonnier. Mais
au total, c'est un rustre, un vilain personnage qui ne vaut pas la
peine qu'on se dérange pour le voir.
— Je ne suis pas de votre avis, dit Isidore; cet homme pique ma
curiosité, car dans son parler, dans ses manières, j'ai cru voir qu'il
n'a pas toujours porté un si misérable costume.
— Vous croyez, cousin!... Alors il est probable que pour arriver
où il en est, l'Amant de la lune aura fait quelque trou à sa maîtresse...
Ah! ah! ah! ah!... Mesdames, c'est un mot qui se dit : on fait des
trous à la lune quand on fait faillite, par exemple. Ah! ah! ah! ah!...
Vous ne saviez pas cela.

Et tout en riant de ce qu'il vient de dire, Bouchonnier a repris le
bras de sa femme. La compagnie se remet en route. On revient à
Corbeil, et bientôt chacun rentre dans son logis.

XV. — UN GILET DE FLANELLE. — LES FRÈRES TOURINET.

Le lendemain de grand matin, Isidore était éveillé et déjà descendu
dans le jardin. Il marchait au hasard, suivant les allées qui se présentaient devant lui, s'arrêtant quelquefois devant un buisson de
dahlias ou de roses; mais ce n'était pas pour admirer les fleurs, c'é-
tait seulement pour mieux se livrer à ses pensées, et dans ce moment, le grand jeune homme paraissait en avoir beaucoup, et elles
devaient être tour à tour gaies ou tristes, car parfois il souriait, et
un moment après, ses regards se baissaient vers la terre, et il poussait un profond soupir.

Il y avait quelque temps que cette promenade durait. Isidore venait de cueillir une rose, qu'il avait portée à ses lèvres comme s'il
eût éprouvé le besoin de baiser quelque chose ; puis il avait laissé
tomber la fleur, qui n'était probablement pas suffisante pour calmer
le désir qui le tourmentait.

Tout à coup, au détour d'une allée, Isidore se trouve nez à nez
avec Bouchonnier, qui avait l'air de fuir comme un voleur, et qui
s'écrie en le voyant :
— Ah! sapristi! cousin ! vous m'avez fait peur !... Comment, déjà
levé?
— Je n'ai presque pas fermé l'œil de la nuit.
— Tiens! pourquoi donc cela?...
— Je ne sais... quelquefois on ne peut pas dormir et on ne sait
pas pourquoi.
— On le sait très-bien : en général, c'est quand on est bien amou-
reux qu'on ne dort pas... J'ai dans l'idée que la jolie Emmeline, la
fille de madame Clermont, vous a donné dans l'œil...
— Ma foi... le fait est qu'elle est charmante, cette demoiselle...
Je n'ai pas encore rencontré de figure qui m'ait plu autant...
— Tant mieux; cela fait que nous vous verrons plus souvent ici...

mais maintenant je n'ai pas le temps de vous écouter... Je viens de
me dérober à la couche conjugale ; ma femme, qui malheureusement
s'est éveillée, m'a demandé quelle heure il était; je lui ai répondu
qu'il était huit heures, et c'est à peine s'il en est six. Je l'ai engagée
à faire encore un petit somme, et en ce moment, je suis persuadé
qu'elle dort comme plusieurs marmottes. Je me sauve.
— Où donc allez-vous?
— Parbleu! à Paris. Je cours au chemin de fer pour prendre le
premier départ... j'arrive, je vole chez Tintin... je fais venir à déjeuner chez elle, cela sera plus tôt fait. Je la bourre comme plusieurs
canons, et je reviens ici... Je serai de retour vers deux heures.
— Mais si votre femme vous cherche?
— Je me serai égaré à la promenade comme d'habitude.
— Ah! mon cousin!... prenez garde!... vous jouez gros jeu... et
votre femme pourrait...
— Occupez-la... contez-lui vos amours. Je vais brûler le temps.

Et le gros Bouchonnier s'éloigne en courant, comme s'il ne pesait
pas une once.

Isidore regarde son cousin s'éloigner en se disant :
— Mon Dieu, que les hommes sont bizarres!... toujours chercher
le bonheur ailleurs que chez eux. Celui-ci a une petite femme jeune,
fort gentille... et qui est très-sage... et il court après d'autres! Est-
ce que je serai comme cela quand je serai marié? Eh! mon Dieu!
c'est bien possible; je crois qu'il ne faut répondre de rien...
Avant-hier, n'étais-je pas très-amoureux de Félicia?... et aujourd'-
hui c'est à peine si son souvenir est revenu trois fois à ma pensée,
et quand il y revient, au lieu de m'être agréable, il me semble qu'il
me chagrine... qu'il me contrarie. Pauvre Félicia ! c'est mal de ma
part... mais on n'est pas maître de cela... Et puis ce que j'éprouve près
de mademoiselle Clermont est si différent de tout ce que j'ai ressenti
jusqu'à ce jour!... c'est quelque chose de si doux. C'est un sentiment
de bonheur si intime... en vérité, je ne sais pas ce que c'est.
Peut-être n'est ce pas de l'amour... mais ce qu'il y a de certain, c'est
que je me sens bien heureux près d'elle.

Isidore se promène encore fort longtemps dans le jardin. Il n'y a
rien qui fasse passer le temps comme des pensées d'amour. Parfois
le jeune homme avait envie de sortir de chez son cousin, et d'aller
se promener du côté de la maison habitée par madame Clermont et
sa fille. Il avait remarqué, la veille, que ces dames ne demeuraient
qu'à une courte distance, et il brûlait du désir d'apercevoir encore
Emmeline avant de retourner à Paris; mais la crainte de paraître
indiscret le retient, et madame Bouchonnier le surprend au milieu
de ses hésitations.

Elmonde est, dès le matin, mise avec coquetterie. Les femmes
veulent plaire dès qu'elles se lèvent et jusqu'au moment où elles se
couchent, inclusivement. En voyant arriver la femme de son gros
cousin, vêtue d'une légère robe du matin, qui serre sa taille sans
la gêner, parce que, probablement, son corset ne la gêne pas non
plus, Isidore ne peut s'empêcher de remarquer la démarche gracieuse,
les formes séduisantes de la jeune femme, et il se dit encore :
— Que les hommes sont volages!... Certainement madame Bouchonnier vaut mille fois mieux que Tintin.
— Bonjour, mon cousin, dit Elmonde : vous vous promenez seul ;
où donc est mon mari?

Isidore s'attendait à cette question, il répond fort naturellement :
— Bouchonnier était là tout à l'heure. Il est allé, je crois, se pro-
mener du côté de Champ-Rosay.
— Quelle fureur a-t-il donc de se promener si matin? il ne fait
pas autre chose quand il vient à Corbeil... Et vous n'avez pas eu
envie de l'accompagner, Isidore?
— Mais non... j'ai préféré vous tenir compagnie...
— Ah! c'est bien, cela... vous êtes plus aimable que mon mari!

Elmonde a dit cela avec un accent de vérité qui fait sourire Isidore; en ce moment sa cousine le regarde, leurs yeux se rencontrent :
la jeune femme rougit sans savoir pourquoi. Il y a des moments où,
dans des yeux de connaissance on voit une expression qu'on n'avait
pas encore remarquée, et cela vous surprend. Cependant, ni l'un ni
l'autre ne songeait à se faire les yeux doux; seulement Isidore avait
fait plus d'attention à la gentillesse de sa cousine, et celle-ci s'était
sentie honteuse de lui avoir fait un compliment.

Mais leur sensation a passé comme un éclair, et Elmonde reprend
bientôt :
— Comment trouvez-vous mes voisines, Isidore? Je parle de madame
Clermont et de sa fille, car la maman Michelette ne compte pas ; on
la prend pardessus le marché, parce qu'à la campagne, on n'est pas
difficile.
— Ces dames sont charmantes ; elles ont un ton parfait. Tout dans
madame Clermont annonce une personne très distinguée, habituée à la
bonne compagnie... Qu'est-ce que son mari faisait?
— Mon Dieu, on n'en sait rien : de ce côté-là, madame Clermont est
d'une discrétion poussée à l'excès, et ce qui est certain, c'est qu'on a donné lieu à
beaucoup de suppositions... il est certain que c'est assez extraordinaire de ne pas dire de qui on est veuve.
— C'est que, probablement, cela rappelle à cette dame des chagrins qu'elle veut oublier.

— Oh! mon cousin, ce n'est pas clair. Moi, vous savez que je ne suis pas méchante, et pourtant, je trouve aussi je ne sais quel mystère dans la conduite de madame Clermont.

— Je vous assure qu'elle ne m'a pas fait, à moi, l'effet de conspirer!

— Eh! qui vous parle de conspirer!... Vous vous moquez toujours de moi, Isidore! mais par exemple, est-ce naturel que madame Clermont change de conversation quand on lui parle de marier sa fille, et qu'elle regarde cette pauvre Emmeline avec un air si triste?

— Ah! vraiment!... vous avez remarqué cela, ma cousine... Ah!... elle ne veut donc pas la marier?

— Elle n'a pas l'air d'en avoir seulement l'idée. Ces dames ne voient, au reste, personne que nous... c'est par extraordinaire que madame Clermont a consenti à rester à dîner... mais il me semble que vous avez eu le talent de lui plaire, elle causait beaucoup avec vous; cela m'a étonnée, car, d'ordinaire, madame Clermont est peu causeuse, surtout avec les personnes qu'elle voit pour la première fois.

— En effet, cette dame a daigné me montrer de la bienvenance... Ah! sa fille est bien jolie!

— Comme vous dites cela, Isidore : est-ce que vous en êtes amoureux?

— Oh! ma cousine... je connais à peine cette demoiselle... Je la trouve charmante, voilà tout.

— Et ce Tiburce qui ne revient pas!... Nous allons déjeuner sans lui... Oh! je suis d'une colère... Trouvez-vous ma robe gentille, Isidore?...

— Ce que vous portez me semble toujours joli, ma cousine... C'est sans doute votre faute.

— J'en mettrai une autre après déjeuner, vous verrez! c'est tout ce qu'il y a de plus nouveau. Oh! monsieur Bouchonnier, si vous ne venez pas déjeuner, vous me le paierez... Aimez-vous les rayures, Isidore?

— J'aime tout, ma cousine.

— Mais, mon cousin, je vous parle toilette... vous me répondez comme si nous étions à table. Allons, donnez-moi votre bras... Certainement, on n'aime pas toutes les robes, c'est impossible, parce qu'il y a d'abord des couleurs qui plaisent, d'autres qui ne conviennent pas... hein? Eh bien! je crois qu'il ne m'écoute pas, maintenant!

— Pardonnez-moi, ma cousine.

— Je parie que je devine à qui vous pensez...

— Comment?

— Allons, venez déjeuner.

Elmonde et Isidore se rendent, bras dessus, bras dessous, dans la salle à manger. On sert le déjeuner; la jeune femme mange deux œufs à la coque, une côtelette et son café tout en s'impatientant de l'absence de son mari. Le jeune homme mange à peine parce qu'il est tout préoccupé d'Emmeline. Dans la jalousie d'Elmonde, il est probable qu'il entre plus d'amour-propre que d'amour.

Le déjeuner est terminé, onze heures ont sonné et Bouchonnier ne revient pas.

— Si nous allions le chercher du côté de la forêt, dit Elmonde.

Isidore, qui sait fort bien qu'ils n'y trouveront pas son cousin, répond :

— Mais nous ne savons pas de quel côté est votre mari... moi je ne connais pas les environs... nous pourrions nous égarer.

Elmonde part d'un éclat de rire, en s'écriant : — Il paraît, Isidore, que vous avez peur de vous égarer avec moi!

Il y avait alors dans le rire de la jeune femme quelque chose de moqueur qui embarrasse Isidore; il reprend en hésitant :

— Ma cousine, ce n'est pas cela que je voulais dire... mais... peut-être Bouchonnier est-il allé faire quelques visites dans le pays... il est peut-être chez vos voisines.

Elmonde sourit avec malice, en disant :

— Ah! ce n'est pas maladroit, ce que vous dites là, mon cousin ; c'est pour que nous allions chercher Tiburce chez ces dames que vous brûlez de revoir. Mon Dieu! c'est bien naturel... pourquoi ne pas me dire cela tout franchement...

— Mais, ma cousine, je vous assure...

— Oh! les hommes sont si habitués à mentir qu'ils ne veulent jamais convenir des choses les plus simples. Pourquoi donc ne pas m'avouer que vous grillez de revoir la fille de madame Clermont... on trouve madame Clermont elle-même! car, au fait, je ne sais pas, moi, et la mère est encore si belle. Si j'étais homme je crois que j'en serais amoureux... Allons, ne faites plus la moue, Isidore, je ne veux plus vous faire endêver; nous allons aller chez mes voisines sous prétexte d'y chercher M. Bouchonnier, qui est ailleurs, j'en suis bien sûre.

— Oh! ma cousine, que vous êtes aimable!

— Mais vous me direz de laquelle vous êtes amoureux ; est-ce de la mère ou de la fille?... Madame Clermont ne voulait pas vous quitter, hier : c'est fort extraordinaire, il faut que vous lui ayez dit quelque chose.

— Vous vous trompez, ma cousine ; si cette dame causait souvent avec moi, c'était pour me demander des renseignements sur le banquier avec lequel mon oncle est en procès, M. de Riberpré ; elle paraît tenir beaucoup à savoir tout ce qui concerne cet homme... elle est, m'a-t-elle dit, l'amie d'une personne qui a des relations avec lui.

— Ah! c'est différent : alors c'est Emmeline qui vous plaît...

— Ma cousine, vous êtes terrible!

— Voyons, monsieur, donnez-moi votre bras et allons jusque chez les voisines. Oh! mais si j'allais changer de toilette avant.

— Ma cousine, vous êtes si bien ainsi, à quoi bon changer? Je vous assure que votre robe est très-jolie!...

— Vous me dites cela parce que vous êtes pressé de partir... enfin, je changerai en revenant... Bientôt midi, et Tiburce ne paraît pas; il faut qu'il ait quelque intrigue par ici... à moins qu'il ne soit retourné à Paris... Oh! c'est bon, je sais bien ce que je ferai...

Elmonde se rend avec Isidore jusqu'à la maisonnette où demeure madame Clermont. Arrivés devant la porte, la jeune femme s'arrête en disant à son cousin :

— Je crains d'être indiscrète en vous menant chez madame Clermont, qui ne reçoit presque personne.

— Eh bien! ma cousine, je vais rester là... je vous attendrai à la porte...

— Ce serait encore gauche... Je vais seulement demander si Tiburce est chez ces dames... nous verrons bien si l'on nous engage à entrer. Hein? j'espère que je suis complaisante!...

Isidore ne peut que presser le bras de sa cousine. Celle-ci a déjà sonné. C'est Emmeline qui ouvre. La jeune fille rougit jusqu'aux yeux en apercevant Isidore, mais cela ne paraît pas lui faire de peine. Elmonde s'empresse de dire en riant :

— Pardon, mademoiselle, si nous vous dérangeons si matin... Mais mon mari est perdu et je veux savoir si vous ne l'auriez pas trouvé... Je veux dire que M. Bouchonnier a disparu depuis ce matin et Isidore a pensé qu'il était peut-être chez vous.

Avant qu'Emmeline ait eu le temps de répondre, sa mère, qui a entendu la voix d'Elmonde, paraît sous le vestibule et accourt saluer les personnes qui sont à sa porte ; au lieu de lui déplaire, la vue d'Isidore semble lui causer un vif plaisir, et elle s'écrie :

— Entrez donc, je vous en prie, ma chère voisine ; et vous, monsieur, si vous ne craignez pas de voir une demeure bien modeste, veuillez vous reposer un moment chez nous.

On pense bien que cette offre est acceptée avec empressement. Isidore est ravi de l'accueil aimable que lui fait la mère d'Emmeline ; de son côté, la jeune fille éprouve une joie qu'elle s'efforce de dissimuler en accablant Elmonde de caresses. Celle-ci se prête avec complaisance à cet innocent stratagème. Les femmes sont si bonnes, quand elles veulent l'être!... Elles sont si adroites, elles trouvent si vite mille petites ruses pour venir en aide aux personnes qu'elles veulent servir.

Madame Clermont fait visiter à Isidore ce qu'elle appelle son ermitage. La maison est bien simplement meublée ; mais tout est si bien tenu, il règne partout tant d'ordre, de goût, que cela ressemble à de l'élégance. Et puis, il semble qu'une habitation reflète ceux qui y font leur séjour. La chambre d'une jolie femme nous paraît toujours gentille ; le boudoir d'une coquette nous inspire la volupté ; le cabinet d'un homme de génie est à nos yeux un sanctuaire où il ne doit être possible d'être bête!

Isidore trouve tout charmant, car pendant cette visite domiciliaire, Elmonde et Emmeline l'accompagnent, causant, riant, à chaque instant... de quoi... elles eussent peut-être été embarrassées de le dire, mais il faut si peu de chose pour faire rire une jeune femme, et la gaieté semble si naturelle à de jolis visages, que souvent on la partage de confiance sans en connaître le motif.

Tout en écoutant madame Clermont, Isidore trouve moyen de lancer à Emmeline de ces regards qui valent une phrase. Tout en riant avec Elmonde, Emmeline ne perd pas un regard d'Isidore, quoiqu'elle aisse les yeux quand elle rencontre les siens. Les deux jeunes gens ne se sont pas encore dit un seul mot en secret, et pourtant leurs cœurs s'entendent déjà. C'est que l'amour véritable prend très-vite et grandit de même : il vient à peine de naître que déjà il est plus fort que la raison.

Entre personnes qui se conviennent, les heures s'écoulent sans qu'on songe à les compter. Elmonde et son cousin étaient depuis longtemps chez les voisines ; madame Bouchonnier disait bien de temps à autre : « Il faut pourtant que je sache si mon mari est revenu!... » Mais bientôt une saillie d'Emmeline lui faisait oublier de partir. Ce n'est qu'en jetant les yeux sur sa robe qu'elle se décide à se lever, en s'écriant :

— Ah! mon Dieu!... bientôt trois heures et je suis encore en toilette du matin... c'est Tiburce qui est cause de tout cela... il m'a fait tout oublier, le monstre... Allons, mon cousin, laissons ces dames... que nous avons ennuyées trop longtemps...

— Et qui voudrarait vous garder encore, répond madame Clermont ; puis elle ajoute en faisant à Isidore un gracieux sourire : Monsieur, vous connaissez maintenant ma demeure, j'espère que vous nous donnerez quelques moments.

De la part de madame Clermont, cette invitation était tellement surprenante, qu'Elmonde en reste toute saisie et fait une singulière figure. Emmeline est tout aussi étonnée, mais elle en devient pourpre le plaisir. Isidore s'est incliné en remerciant madame Clermont, et ui assurant qu'il profitera de son aimable invitation. On va se quitter orsque Elmonde s'écrie :

— A propos, il y a bien longtemps que nous devons faire une partie d'eau le soir... Vous savez que M. Pastoureau a un bateau à voile... si nous la faisions ce soir ? Isidore, est-ce que vous êtes pressé de retourner à Paris ?... est-ce que vous ne pouvez pas encore nous donner un jour ?

— Oh! pardonnez-moi, ma cousine! répond Isidore, qui déjà voudrait ne plus s'éloigner d'Emmeline. Je resterai volontiers jusqu'à ce soir.

— En ce cas, mesdames, à ce soir la promenade sur l'eau... cela vous convient-il ?

Madame Clermont accepte. Emmeline saute de joie et presse avec transport les mains d'Elmonde, qui vient d'avoir une si heureuse idée. On se quitte en se disant : A ce soir.

Au moment où la jeune femme et son cousin allaient sonner à la grille, un monsieur arrivait par une autre route, marchant à pas précipités, et essuyant avec son mouchoir la sueur qui coulait de son front : c'est Bouchonnier.

En apercevant sa femme, il tâche de modérer sa respiration et de cacher sa sueur, mais c'était fort difficile, et les efforts qu'il fait pour ne pas avoir l'air essoufflé ne font que le rendre plus rouge.

Sa femme le regarde attentivement, et lui dit :

— Pourrait-on savoir d'où vous venez, monsieur ?

— Mon Dieu! ma chère amie, j'étais allé jusqu'à Champ-Rosay... je croyais que c'était tout près... mais il y a encore loin... et puis dans la forêt de Sénart je me suis perdu.

Elmonde hausse les épaules en répondant : Vous devriez tâcher de trouver une autre histoire, monsieur, celle-ci est usée... Et depuis quand connaissez-vous du monde à Champ-Rosay ?

— C'est un monsieur... que j'ai vu à la Bourse... il m'a acheté des rive-gauche... et tout en causant d'affaires... je ne sais pas comment on est venu à parler campagne. Il m'a dit : Venez donc me voir à Champ-Rosay. Comme j'ai une affaire en train avec lui... cela m'est revenu ce matin...

— Vous avez terriblement chaud, monsieur...

— Mais non... c'est que j'ai vu que j'étais en retard... j'ai un peu pressé le pas.

Bouchonnier fait ce qu'il peut pour ne pas avoir l'air embarrassé, mais Elmonde est fine, et il est facile de voir qu'elle croit peu aux contes que lui fait son mari. Isidore tâche à chaque instant d'amener la conversation sur un autre sujet, mais sa cousine lui lance un regard moqueur et recommence à questionner son mari. Craignant d'être de trop et de gêner les explications conjugales, le jeune homme s'arrête comme pour examiner des fleurs, et laisse les deux époux marcher devant lui.

La solitude n'ennuie jamais les amoureux, ils le savent bien au contraire, car il est bien plus agréable de causer en idée avec l'objet de sa tendresse, que d'être obligé d'écouter et de répondre avec des indifférents.

Cependant, tout en parlant avec son mari, Elmonde, qui le passe en revue, jette un coup d'œil sur un caporal qui exerce des recrues, s'arrête tout à coup, et fait comme un mouvement de surprise, en murmurant :

— Ah! par exemple!... voilà qui est un peu fort!...

Bouchonnier ne comprend rien à l'exclamation de sa femme; mais comme tous les gens qui se sentent coupables, il croit que cela se lit dans ses yeux, et il fait son possible pour loucher tout en répondant :

— Comment... de quoi ?... qu'est-ce qu'il y a de fort... Est-ce que tu trouves qu'il fait du vent ?

Au lieu de répondre à son mari, Elmonde continue de l'examiner; ses yeux sont alors attachés sur la poitrine de son époux; comme le temps est très-chaud, le gros monsieur n'a sous son paletot qu'un gilet blanc boutonné seulement par en bas, et les boutons qui fermaient le devant de la chemise s'étant défaits, on aperçoit par moment la poitrine velue de ce dernier.

Bouchonnier n'a pas remarqué que sa chemise n'était plus boutonnée. Il cherche à deviner ce que sa femme a voulu dire, et il reprend en tâchant de faire l'aimable :

— Qu'est-ce que j'ai donc pour me regarder ainsi, chère amie ? parole d'honneur, si tu n'étais pas ma femme, tu me ferais rougir...

— Oui, en effet... je crois, monsieur, que vous auriez raison de rougir, répond Elmonde, en s'animant de plus en plus. Puis tout à coup, entr'ouvrant davantage le devant de chemise de son mari, elle s'écrie :

— Oh! mais, il n'y a donc plus à en douter! monstre!... libertin, vous ne l'avez plus!...

— De quoi... qu'est-ce que je n'ai plus ? balbutie Bouchonnier en devenant violet, quoiqu'il ne devine pas encore de quoi il est question.

— Non !... vous ne l'avez plus, et pourtant vous l'aviez encore ce matin en vous levant, j'en suis très-certaine.

— J'avais... je n'ai pas... ma bonne amie... je crois que tu te moques de moi.

— C'est vous, monsieur, qui me jouez des tours indignes !... Voyons, répondez, perfide... Qu'en avez-vous fait... pourquoi l'avez-vous ôté... mais répondez donc !

— Mais qu'est-ce que j'ai ôté d'abord... explique-toi !

— Votre gilet de flanelle, monsieur, que vous portez constamment... que vous aviez en vous levant ce matin... et que vous n'avez plus maintenant.

Bouchonnier demeure consterné, il veut parler, mais il ne trouve rien à dire ; enfin il ne peut que balbutier en baissant les yeux :

— Ah! bah! tu crois que je ne l'ai plus... c'est bien extraordinaire! Il faut donc que je l'aie perdu en me promenant.

— Perdu en vous promenant !... voilà qui est au-dessus de tout ce qu'on pourrait croire. Voyez-vous quelqu'un qui, en se promenant, perd le gilet de flanelle qu'il porte sous tous ses vêtements... Oh! ceci est inouï... Voyons, monsieur, trêve de mensonges, et tâchez surtout de ne point me répondre de ces choses qu'on ne dirait pas à un enfant de deux ans. Qu'avez-vous fait de votre gilet de flanelle ?

Bouchonnier se frappe le front en s'écriant :

— Mais le diable m'emporte si je le sais, ce que j'en ai fait... Dites donc, mon cousin, aidez-moi donc à savoir ce que j'en ai fait.

Isidore qui s'entend appeler se rapproche des deux époux. Bouchonnier lui dit à l'oreille :

— Je suis perdu... tirez-moi de là, mon ami.

Et Elmonde, qui a l'air furieux, va à Isidore, en lui disant :

— Ah! mon cousin, vous voyez une pauvre petite femme bien malheureuse ! mon mari me trompe. Je m'en doutais bien, mais à présent j'en suis sûre ; il n'a plus son gilet de flanelle !...

Isidore a peine à garder son sérieux ; la mine de Bouchonnier, la colère d'Elmonde et le sujet de la querelle lui donnent une envie de rire qu'il réprime difficilement. La jeune femme ne lui laisse pas le temps de répondre, elle s'adresse de nouveau à son mari et le presse de questions.

— Répondez, Tiburce, la feinte est inutile ! vous ne l'avez plus, c'est que vous l'avez ôté. Pourquoi, où, quand, dans quelle intention ?

Le pauvre Bouchonnier, qui s'est longtemps gratté l'oreille, répond enfin :

— Ah! j'y suis... cela me revient... chez ce monsieur que j'ai été voir à Champ-Rosay... je suis allé dans un certain endroit... au fond du jardin... c'est là que je l'aurai ôté et que je l'aurai oublié.

— Décidément, Tiburce, vous vous moquez de moi tout à fait. Et depuis quand ôte-t-on son gilet de flanelle dans un cabinet secret ?... Oh! mais je suis bien certaine de vous interroger... de savoir l'endroit où vous avez oublié votre gilet... cela est assez clair... Ah! c'est indigne !... mais je me vengerai...

— Elmonde, je t'assure.

— Laissez-moi, monsieur... si ce n'était pas à cause de mon cousin, je partirais sur-le-champ de cette campagne, je vous quitterais à l'instant, et vous ne me reverriez jamais. Venez, Isidore, donnez-moi votre bras, laissons monsieur chercher ce qu'il a fait de son gilet.

Isidore présente son bras à Elmonde, qui est tellement irritée qu'elle ne pense plus à changer de robe. Chemin faisant, le jeune homme essaie de calmer sa cousine en lui disant qu'elle se sera trompée, et que probablement son mari n'avait pas son gilet de flanelle le matin. Mais Elmonde répète qu'elle est sûre de son fait ; elle ajoute quelques mots qu'Isidore ne peut pas saisir, puis elle va s'enfermer dans son appartement.

Bouchonnier se promenait dans la maison en guettant son cousin. Il court à lui dès qu'il l'aperçoit.

— Eh bien ! cher ami, l'avez-vous calmée ?

— Elle est toujours furieuse contre vous... mais aussi, cousin, convenez que vous avez agi bien imprudemment. Quand on a une femme jalouse comme la vôtre, on ne commet pas de tels oublis.

— C'est vrai, je suis un maladroit... C'est Tintin qui est cause de cela... O femme voluptueuse !... Elle m'avait dit : Ah! je n'aime pas les hommes qui perdent de la flanelle !... Alors, vous concevez, dans un moment d'expansion, j'ai envoyé le gilet au baldaquin. Si j'avais pensé à le remettre, on ne se serait aperçu de rien... mais j'étais si pressé pour revenir ; Elmonde m'aime trop... ça la rend jalouse comme une panthère. Isidore, j'espère que vous ne m'abandonnerez pas dans une circonstance aussi critique !

— Je reste avec vous jusqu'à ce soir.

— Oh! merci, cher ami. Oh! voilà un dévouement digne de Castor et de Pollux.

— Ne me remerciez pas tant, c'était convenu d'avance avec ces dames, car nous avons vu ce matin vos charmantes voisines... Il est question d'une partie d'eau pour ce soir dans le bateau de M. Pastoureau.

— Oh! bravo !... tant mieux ! du monde avec nous, beaucoup de monde... Si je restais seul avec ma femme, elle m'arracherait quelque chose! Je cours chez Pastoureau l'engager à dîner. Il ne refuse jamais, celui-là. Je vais tâcher d'avoir encore d'autres personnes.

Bouchonnier est sorti en courant, il ne revient qu'un instant avant l'heure de se mettre à table, et en compagnie de trois personnes.

D'abord M. Pastoureau, ensuite deux messieurs déjà grisonnants, dont l'un est fort maigre, tandis que l'autre a la circonférence d'un tonneau. Malgré cette différence dans leur personne, en les voyant ensemble, on remarque sur-le-champ dans leurs traits une ressemblance qui annonce une parenté assez proche.

En effet, ces deux messieurs sont frères; le maigre, qui a été maître de musique, donne encore quelques leçons en ville; le gras a été trente ans employé au ministère des finances; mis à la retraite, il s'est retiré avec son frère à Corbeil. En réunissant leur avoir, qui est médiocre, ils peuvent vivre assez comfortablement, et l'amitié qui les unit ne s'étant jamais démentie, ils se félicitent sans cesse du parti qu'ils ont pris de faire ménage commun.

On les nomme les frères Tourinet. Le plus gros est l'aîné : c'est un excellent homme qui n'a pas inventé les feux d'artifice, mais qui a conservé de sa vie de bureau ces habitudes, ces petites manies assez naturelles chez un homme qui, pendant trente ans de sa vie, a fait chaque jour la même chose, et n'a jamais porté ses idées plus loin qu'une décision ou un rapport à copier. Aussi, lorsque plus âgé que son frère, a-t-il près de celui-ci l'air soumis d'un enfant près de son protecteur, et l'écoute-t-il parler avec une attention qui ressemble quelquefois à l'admiration.

Il faut dire aussi que Joseph Tourinet, c'est le frère cadet, est le bel esprit de la famille, ce qui lui est assez facile, sa famille se bornant à son frère. Joseph, qui, dans sa jeunesse, a été assez joli garçon et très-amateur du beau sexe, a conservé l'habitude de faire des plaisanteries et de dire des gaudrioles. Malheureusement ses plaisanteries ne sont pas toujours de bon goût, et ses gaudrioles sont généralement trop crues. Mais c'est en vain que, devant les dames, Tourinet le maigre tâche de modérer ses expressions et de retenir ses jovialités; on l'a dit depuis longtemps : Chassez le naturel, il revient au galop. Si pendant un dîner, Joseph Tourinet a été décent dans ses paroles, on peut être certain qu'au dessert il lui échappera cinq ou six grosses plaisanteries très-décolletées.

Pétrus (c'est ainsi qu'on nomme Tourinet le gras) est aussi chaste dans ses discours qu'une institutrice du Conservatoire, ce qui ne l'empêche pas de rire de chaque plaisanterie de son frère, et quelquefois même avant que celui-ci ait achevé de parler. Pétrus a une bonne figure de mouton avec des yeux de veau. Joseph Tourinet a encore l'œil vif, le teint animé et le regard libertin. Avec son nez au vent, ses cheveux rares qui voltigent au gré de l'air, il y a de l'artiste dans sa figure. Son frère, avec ses cheveux plats et bien peignés, offre, au contraire, le type d'un employé à la retraite, et pourtant ils se ressemblent.

Les deux frères sont célibataires et s'en félicitent chaque jour.

Peut-être faut-il aussi en féliciter le beau sexe dont ils ne font pas partir.

Madame Bouchonnier n'aime pas les frères Tourinet; elle trouve le gras trop lourd et le maigre trop sans gêne dans ses propos. Aussi fait-elle une singulière moue lorsqu'elle voit son mari entrer avec ces messieurs et dit-elle à son cousin :

— En vérité, M. Bouchonnier a résolu aujourd'hui de me faire endêver. M'amener ces deux Tourinet, dont l'un n'a pas quatre paroles à dire, tandis que l'autre dit des choses... Je ne suis pas bégueule, mais enfin, un homme doit toujours se rappeler qu'il parle devant les dames... Que madame Michelette trouve M. Joseph fort aimable, c'est possible, moi je n'aime pas ce genre d'amabilité.

— Ma cousine, répond Isidore en souriant, vous vous rejetterez sur M. Pastoureau.

— Ah! c'est cela!... parce que je n'aime pas le piment, vous me mettez à la panade.

Les frères Tourinet sont enchantés de dîner chez M. Bouchonnier, où il y a toujours bonne table, parce qu'ils sont tous deux fort gourmands; aussi se présentent-ils avec cet air bénin de gens disposés à trouver tout charmant, pourvu qu'on les bourre bien.

Pétrus salue jusqu'à terre la maîtresse du logis, son salut se prolonge même si longtemps qu'Elmonde n'est plus devant lui quand il relève la tête. Joseph tâche de tourner un compliment à la jolie dame, mais, ne trouvant rien de convenable, il finit par dire :

— Hein! j'espère que mon frère en fait de ces saluts; j'ai cru qu'il rattachait les cordons du soulier de madame.

Elmonde se place à table entre Isidore et M. Pastoureau. Bouchonnier n'ose pas regarder sa femme; il fait continuellement du bruit avec son couteau et sa fourchette, comme si cela devait empêcher la conversation de tomber. Pétrus mange et boit comme quatre, mais il ne dit presque rien. Joseph lui-même parle peu, parce qu'il veut être décent et que ça le gêne. M. Pastoureau soupire à chaque bouchée qu'il avale; Isidore seul tâche d'animer l'entretien.

Vers la fin du dîner, Elmonde, qui jusqu'alors n'avait presque rien dit, s'écrie :

— Messieurs, portez-vous de la flanelle?... C'est peut-être indiscret ce que je vous demande là... mais à la campagne... nous sommes entre nous.

— Je n'en ai jamais eu besoin, répond M. Pastoureau avec une certaine prétention.

— J'en porte depuis l'âge de trois ans, dit Pétrus Tourinet. Elle ne m'a jamais quitté.

— A la manière dont tu dis cela, s'écrie Tourinet le maigre, on croirait que tu portes toujours la même. Ce serait gentil; elle serait un peu racornie, comme son propriétaire; ce pauvre Pétrus est-il racorni!

Pétrus se met à rire, mais bien doucement et pour lui seul.

— Moi, reprend Joseph, j'ai un gilet de flanelle depuis quatre ans seulement... je le mets, je l'ôte, suivant le temps... j'ai toujours beaucoup aimé ce petit jeu là. Eh! eh!... je ne suis pas comme mon frère, on ne sort pas depuis cinquante ans... En voilà un qui a de l'agrément! scélérat de Pétrus, va!

Elmonde reprend sans écouter Joseph Tourinet :

— Maintenant, messieurs, je vais vous demander une chose : croyez vous qu'il soit possible, en se promenant, de perdre le gilet de flanelle que l'on porte?

— Ah! en voilà une bonne! s'écrie Tourinet le maigre.

— Cela me semble bien difficile, répond Pétrus ; car... on s'en apercevrait.

— Laisse donc, mon frère; tu ne vois pas que madame plaisante, qu'elle se moque de nous.

— Non, monsieur, c'est une aventure qui est arrivée à l'époux d'une de mes amies. Il a dit à sa femme qu'il avait perdu son gilet à la promenade.

— Par exemple! en voilà un de farceur!... Alors sa femme peut se flatter d'être joliment cornette!... mais, pour peu qu'elle soit gentille, j'aime à croire qu'elle lui en fera autant!... Les dames ne sont jamais en reste de ce côté-là... n'est-ce pas, Pétrus?... Ah! tu ne connais pas ça, toi... tu es vestale!

Elmonde se met à rire, Isidore en fait autant; Tourinet le gras sourit au bon mot de son frère; M. Pastoureau rougit, et Bouchonnier fait la grimace.

Le café pris, Elmonde dit à son cousin :

— Donnez-moi votre bras, Isidore, allons chercher les voisines, ensuite nous ferons notre promenade sur l'eau, dans le bateau de M. Bouchonnier.

— Il est à voile, dit le troubadour en s'inclinant.

— Et ces messieurs nous accompagneront si cela leur plaît.

XVI. — UNE PARTIE D'EAU.

— Ah! vous faites une partie d'eau! murmure Pétrus lorsque Elmonde est éloignée avec son cousin. Je ne suis pas fou de ces parties-là!...

— Parce qu'il a peur; messieurs, il faut vous dire que mon frère est poltron comme plusieurs lièvres, et pourtant, je vous demande un peu de quoi il peut avoir peur sur l'eau?... Gras comme il l'est, s'il tombe dans la rivière, il nagera tout seul... comme un compagnon de saint Antoine.

— Ah! Joseph!... ah!

— Eh! bien, quoi, ça se dit, ça... Au reste, en fait d'eau, j'avoue que j'aime autant les parties de vin... Je me flatte cependant de nager comme une vessie.

Bouchonnier, qui veut à tout prix s'égayer et amuser ses convives, fait faire du punch pour terminer le repas à l'anglaise.

Tourinet le gras déclare qu'il est très-partisan de cette méthode.

Madame Michelette arrive et trouve ces messieurs avalant à longs traits la liqueur flamboyante.

— Je me disais aussi : Cela sent bien bon par ici! s'écrie la grosse maman en entrant : c'est que vous buvez du punch, messieurs.

— Et vous en accepterez bien un verre, madame, dit Bouchonnier.

— Mais, volontiers. J'ai un faible pour le punch... mon fils Alménor le fait dans la perfection ; il y met du girofle.

— Si elle se met à parler de son Alménor, nous sommes f...... dit Joseph Tourinet en se tournant vers M. Pastoureau. Celui-ci, tout saisi en entendant ce gros mot, en avale son punch par le nez.

— Il est question d'une promenade en bateau, madame Michelette. Ma femme est allée avec mon cousin chercher madame Clermont et sa fille. Est-ce que vous ne serez pas des nôtres?

— Mais pardonnez-moi, voisin. J'aime beaucoup l'eau... c'est mon élément favori... je me fourre dedans plusieurs fois par jour... je suis si contente quand je barbote.

— Vieille grenouille!... murmure Joseph Tourinet en allant prendre son verre. Heureusement le mot n'est entendu que de son frère, qui joint les mains en regardant son cadet d'un air suppliant.

— Mais votre bateau nous contiendra-t-il bien tous, monsieur Pastoureau? dit Bouchonnier en versant du punch à la société.

— Oh! très-aisément; on peut y tenir douze personnes... et nous ne serons que huit.

— Oui, dit Joseph Tourinet, mais mon frère et M. Bouchonnier peuvent hardiment compter double.

— Je vous certifie que nous aurons de la place, c'est un bateau à voile.

— Oh! bravo! je connais la manœuvre, je vous aiderai...

— Volontiers; nous serons les nautoniers de ces dames.

— Ah! je vais me croire sur mer, dit la grosse maman.

— Est-ce que vous avez été en mer, madame?
— Jamais, monsieur... mais j'ai mon fils Alménor qui a le pied marin.

Le punch aidant, chacun se fait une fête de la partie sur l'eau. Il n'est pas jusqu'à Tourinet le gras qui s'écrie : Ma foi, vogue la galère... Je me sens capable de nager.

Lorsque les dames arrivent avec Isidore, elles trouvent la compagnie très-animée et très-bruyante. Joseph Tourinet ne parle que de piloter les dames. Pétrus recommence à saluer en voyant les voisines, et à chaque salut il reste courbé comme s'il cherchait une épingle. Madame Michelette est encore plus bavarde qu'à l'ordinaire; il n'est pas jusqu'au sentimental Pastoureau auquel le punch a donné une espèce d'assurance, et qui se tient sur la hanche pour faire des roulades.

— Je crois que l'air fera du bien à ces messieurs, dit Elmonde à ses voisines. Madame Clermont sourit, Emmeline ne dit rien. Peut-être n'entend-elle pas ce que l'on dit. Isidore est près d'elle; leurs yeux se sont rencontrés plusieurs fois : elle éprouve un plaisir qui l'étonne elle-même, parce qu'il ne ressemble pas à ceux qu'elle a goûtés jusqu'alors. Et cependant ce bonheur qu'elle ressent la rend troublée, gauche, embarrassée. Il est bien difficile à une jeune fille de cacher l'amour qu'elle sent naître dans son cœur ; et souvent même, malgré l'âge et l'expérience, quand ce mal-là nous prend, il nous produit les mêmes effets.

— Partons, dit Elmonde ; conduisez-nous, monsieur Pastoureau.
— Quel dommage ! s'écrie Tourinet le gras ; il reste plus d'un bol de punch.
— Nous allons l'emporter, dit Bouchonnier, c'est délicieux froid... et il ne faut jamais s'embarquer sans biscuit.

La compagnie se met en route. Bouchonnier tient sous son bras une dame-jeanne dans laquelle il a fait mettre le punch. Tourinet le maigre marche à côté de lui en fredonnant des refrains très-badins. Mais ces deux messieurs sont en arrière, parce que Bouchonnier ne se soucie pas d'être près de sa femme, qui, dans la conversation, lui lance à chaque instant des mots piquants.

On arrive au bord de l'eau, à l'endroit où le bateau de M. Pastoureau est amarré. C'est un joli petit bâtiment peint en vert et pourvu de tous ses agrès; il y a de plus, dans le coffre fait exprès, une guitare pour que le maître de l'équipage puisse charmer l'oreille de ses passagers. Telle est du moins l'intention de M. Pastoureau.

Il n'y a pas de vent. La voile est inutile, il faut se servir du croc pour s'éloigner de la rive. Madame Clermont et sa fille se placent avec Elmonde à une extrémité du bateau, madame Michelette se met à l'autre avec Tourinet le gras et Bouchonnier ; Joseph Tourinet, Isidore et M. Pastoureau restent au milieu du bâtiment. C'est Isidore qui tient le croc et fait marcher le bateau, qui suit doucement le cours de l'eau.

On navigue ainsi pendant assez longtemps. Le temps est beau. La lune, qui vient de paraître, se reflète dans l'eau, qui renvoie de mille façons ses rayons argentés. Sur le bateau, chacun semble très-satisfait de se sentir mollement emmené par le courant. Mais tout le monde n'exprime pas son plaisir de la même manière. Chez les Tourinet et madame Michelette, il est bruyant et bavard. Madame Clermont écoute et sourit. Isidore et Emmeline gardent le silence, mais ils se regardent. Le bonheur qui fait le moins de bruit est ordinairement le plus doux.

Bouchonnier, qui a des provisions, offre des biscuits et du punch froid. Madame Michelette en boit beaucoup, parce qu'elle assure que froid il est moins fort. Pétrus et Joseph ne cachent pas qu'ils l'aiment de toutes les façons. Ces messieurs commencent à parler avec moins de facilité ; mais Tourinet le maigre vide sans cesse son verre en répétant qu'il est impossible de se griser sur l'eau.

Pour achever de charmer les dames, M. Pastoureau ouvre le coffre intérieur et en sort son instrument en disant :
— La musique a encore plus de charme sur l'eau, n'êtes-vous pas de mon avis ?

La société est trop polie pour dire le contraire. Tourinet le maigre est le seul qui réponde : — C'est selon quelle musique !...
— Pourvu qu'il ne chante pas le *Troupeau de Colette* ! dit tout bas Elmonde à ses voisines. Mais M. Pastoureau a choisi une romance de circonstance, il chante *Gurth le Matelot*.

La romance est fort jolie, mais Pastoureau la dénature en voulant l'embellir.
— Il faudra que j'achète cet air-là pour le chanter autrement, dit Elmonde : il faut qu'il soit très-bien pour plaire encore malgré M. Pastoureau.
— Ah ! Dieu ! si Alménor était ici avec son beugle ! s'écrie la grosse Michelette.
— Il est certain, messieurs, dit Joseph Tourinet, que, dans ce moment-ci, un accompagnement de bugle nous obligerait beaucoup.
— De qui est cette romance ? reprend Elmonde en s'adressant au chanteur.
— De M. Henry de Kock.
— Mon cousin, quand vous passerez dans le passage des Panoramas, vous m'achèterez *Gurth le Matelot*, n'est-ce pas ?

Isidore s'incline, et Tourinet le maigre dit à demi-voix :
— Il paraît que son mari ne compte plus que pour un zéro.
— Nous avons un bien beau temps pour notre promenade, dit Bouchonnier sans regarder sa femme ; et ce monsieur que nous avons vu hier au soir, et qui est amoureux de la lune, doit être bien satisfait cette nuit. Connaissez-vous ce singulier personnage, messieurs Tourinet ?
— Oui, dit Joseph ; je présume que vous voulez parler de Creps.
— Creps ?... Tiens, cet homme se nomme Creps... Mais, voyons, est-ce bien notre homme ? qu'est-ce que c'est que votre Creps ?
— Eh ! parbleu ! c'est un pauvre diable qui loge dans le cabaret de Roberdin, qui dort toute la journée et qui va se promener la nuit.
— C'est cela, c'est bien cela.
— Comment savez-vous qu'il se nomme Creps ? dit Elmonde.
— Parce qu'un jour, en passant devant chez Roberdin, je lui demandai quel était un individu que j'apercevais endormi sur un tas de paille, et il me répondit : C'est Creps, ma pratique.
— Comment peut-on s'appeler Creps ! s'écrie madame Michelette ; à coup sûr ce nom-là n'est pas dans le calendrier... Je ne connais pas de saint Creps... Il faut être Cosaque pour porter ce nom-là.
— C'est le nom d'un ancien jeu de dés, dit Bouchonnier. Dans le temps où il y avait des roulettes, on jouait aussi le creps au Palais-Royal.
— Porter le nom d'un jeu !... fi ! quelle horreur !
— Mais pourquoi donc, belle maman ? répond Joseph en riant. J'ai connu une très-jolie femme qui s'appelait madame *Écarté*; elle n'en était pas moins séduisante... Au contraire... moi, je suis fâché de ne pas m'appeler *Piquet*.
— Taisez-vous ! mauvais sujet... Mais n'est-il pas vrai que ce... Creps est un brigand ? M. Pastoureau l'a vu voler des cerises, et madame Bertrand m'a assuré qu'elle l'avait aperçu tirant de la terre des carottes qu'il mangeait toutes crues. Comment ne fait-on pas arrêter cet homme ? pourquoi n'a-t-on pas porté plainte contre lui ?
— S'il ne fait que tirer des carottes, dit Bouchonnier, c'est une chose bien commune, même dans la belle société. Eh! eh! eh!

Le mari d'Elmonde, content de sa plaisanterie, se permet d'en rire ; lorsqu'il rencontre les regards de sa femme, aussitôt ses éclats de gaieté se transforment en petits sons étouffés qui se perdent bientôt dans sa poitrine.

Tourinet le maigre vide encore un verre de punch, puis s'écrie :
— Ah ! que le monde est drôle !... sapristi ! ce sera donc toujours de même !... Quand un homme a des culottes percées et des trous aux coudes, on en fait tout de suite une canaille capable de tout !... Je sais bien que c'est un peu trop sans gêne de manger les fruits et les légumes des paysans en se promenant dans leurs champs... Mais si ces mêmes paysans n'ont pas porté plainte !... croyez-vous donc que ce soit par bonté d'âme ! par charité !... Ce serait bien étonnant de la part de ces gens-là, qui, pour l'ordinaire, ne brillent ni par la douceur ni par l'indulgence. Quand on parle d'une personne, il faudrait en dire le mal comme le bien... n'est-ce pas, Pétrus ?... Savez-vous ce qu'il a déjà fait dans le pays, ce voleur, ce Creps... cet Amant de la lune, comme on l'appelle ? Dernièrement le feu était dans une ferme ici proche. Les paysans cherchaient à sauver les bestiaux, et ils avaient oublié une vieille bonne femme qui était encore dans son lit. La chambre où elle couchait était envahie par les flammes, personne ne songeait à en approcher ; on se lamentait sur le sort de la vieille femme, et voilà tout. Creps arrive ; il apprend cela ; il demande une échelle, et, grimpant à travers la flamme et la fumée, il va chercher la bonne femme et la rapporte vivante dans ses bras. Quelques jours avant, il était descendu dans un puits où personne n'osait se risquer, et en avait retiré un enfant qui y était tombé. Enfin, s'il s'agit de faire quelque chose qui offre des dangers à courir, on va chercher Creps, et on est certain qu'il n'hésite pas à se risquer ! Quand un homme fait tout cela, on peut bien le laisser cueillir des cerises et tirer des carottes. N'est-ce pas, vieux Pétrus ?
— Oh ! mais c'est bien différent alors ! s'écrie Elmonde.
— Je n'ai fait qu'apercevoir cet homme un moment, mais il ne m'a pas produit d'effroi, comme en causerait un voleur, dit madame Clermont.
— Mesdames, vous avez beau dire ! reprend la maman Michelette, qu'est-ce que tout cela prouve ? Que cet homme fait peu de cas de son existence... Je le crois bien, s'il meurt de faim ! n'est-ce pas quelque chose de bien précieux qu'il perde ?
— Ah ! madame ! dit Isidore, il faut toujours louer une belle action sans chercher s'il y a chez ceux qui l'ont faite des motifs qui en diminuent le mérite... et maintenant que je sais ce que Creps a fait, je me repens de lui avoir parlé hier aussi familièrement.

M. Pastoureau, que cette conversation amuse peu, se met à faire des batteries sur la guitare, tousse plusieurs fois, puis dit en soupirant : — Mesdames, je vais, si vous le permettez, vous chanter : *Eh ! vogue ma nacelle* ; ce n'est pas nouveau, mais c'est toujours joli... et...
— Une minute, troubadour ! s'écrie Joseph Tourinet ; au lieu de continuer vos gargouillades, il me semble que vous devriez déployer votre voile : ne sentez-vous pas que voilà le vent qui s'élève ? c'est le moment ou jamais de montrer à ces dames votre talent de marin.

— Vous avez raison ! répond Pastoureau en replaçant la guitare dans le coffre; voilà du vent ! oh ! c'est charmant ! nous allons aller à voile.

— Je passe à l'arrière et j'exécuterai la manœuvre que vous commanderez.

En disant cela, Tourinet le maigre monte sur l'extrémité du bateau en se tenant debout derrière Elmonde et ses voisines. Pastoureau, enchanté de pouvoir déployer ses talents comme pilote, est allé se placer près de la voile.

Le vent, qui d'abord n'avait donné que faiblement, ne tarde pas à souffler avec force, et la légère embarcation file avec une extrême rapidité. La rive semble fuir devant les personnes qui sont sur l'eau. Emmeline, qui se trouve pour la première fois dans un bateau à voile, éprouve un plaisir qui la transporte. Elle pousse des cris de joie et bat des mains, en murmurant : — Que c'est gentil ! Ah ! maman, que c'est donc amusant d'aller ainsi !

— Sans doute; mais n'y a-t-il aucun danger? répond madame Clermont.

— C'est ce dont j'allais aussi m'informer, dit Pétrus Tourinet.

— Pas le moindre danger, mesdames ! répond Pastoureau. Monsieur Joseph, lâchez un ris !...

— Ça y est, capitaine... mais je demande un peu de punch... la manœuvre est fatigante.

— Lâchez encore un ris, monsieur Joseph !

Tourinet le maigre avale du punch et reprend les cordages. Le vent augmente. La voile, mal gouvernée, fait un moment pencher le bâtiment d'une façon effrayante. Les dames poussent des cris. Bouchonnier s'étend au fond du bateau. M. Pastoureau semble lui-même effrayé et peu sûr de sa manœuvre. Joseph continue de rire.

— Il me semble que vous lâchez trop de ris, monsieur Joseph, dit madame Michelette, cela nous pousse en biais... je n'aime pas aller en biais.

— N'ayez donc pas peur, grosse maman; ça nous connaît, cela... D'ailleurs, Pétrus nage comme un dauphin, vous vous mettriez sur son dos; on vous prendrait pour Vénus sortant de l'onde.

— Merci, je ne me soucie pas d'en essayer.

— Je voudrais bien que nous puissions gagner la terre ! dit madame Clermont en regardant sa fille avec inquiétude. Mais Emmeline ne partage pas les craintes de sa mère. Quand le cœur est bien occupé, il est fort rare que la peur puisse y pénétrer. Le vent souffle avec une nouvelle vigueur; M. Pastoureau est très-pâle; il tient mal la voile et ne sait plus ce qu'il doit ordonner. Tourinet le maigre a l'air de s'embrouiller dans les cordages. Le bâtiment essuie par moment des coups de vent qui menacent de le faire chavirer.

On ne songe plus à rire dans le bateau. Elmonde est toute tremblante; elle en oublie sa colère; elle va se coucher à côté de son mari en s'écriant : — Au moins, Tiburce, j'espère que vous me sauverez; vous savez nager, et je ne vous lâcherai pas.

— Mais, monsieur, dit Isidore à Pastoureau, il me semble que vous gouvernez mal; il y a trop de vent, il faudrait carguer la voile...

Pastoureau a perdu la tête; il veut répondre, il bredouille; on n'entend plus ce qu'il dit, et lui-même paraît ne pas le savoir. Isidore se décide à s'emparer de la manœuvre; il saute légèrement près de Pastoureau et s'apprête à diriger la voile.

— Attendez ! crie Joseph, nous allons faire marcher tout cela... je vais vous seconder... c'est que je suis gêné un peu... Si une de ces dames pouvait se placer un moment de côté...

Joseph Tourinet se tenait alors debout derrière madame Clermont et sa fille. Celle-ci s'empresse de se lever pour qu'il puisse avancer à sa place. Elle se dispose à gagner une des petites banquettes qui se trouvent au milieu du bateau. Au moment où elle fait ce trajet, une bourrasque arrive qui jette de côté la frêle embarcation; Emmeline a perdu l'équilibre, elle tombe, elle disparaît dans les flots, avant qu'on ait pu prévoir seulement le danger qu'elle courait. Madame Clermont a vu sa fille disparaître dans le gouffre. Elle pousse un cri déchirant, puis elle s'élance; elle veut suivre sa fille...

Il gagne le rivage, il tient la jeune fille dans ses bras.

Mais deux bras nerveux l'enlacent, la retiennent : c'est Joseph Tourinet qui a deviné son dessein et qui a eu le temps de le prévenir.

Isidore n'avait pas vu tomber Emmeline, mais il a entendu le cri poussé par sa mère; il se retourne : la jeune fille n'est plus là. Il comprend l'affreux malheur qui vient d'arriver. Aussitôt, se dépouillant de son habit, il se précipite dans les flots.

Dans son ardeur à courir au secours d'Emmeline, Isidore n'a pu ni voir ni demander de quel côté elle avait disparu. Il nage au hasard, tandis que la jeune fille vient de reparaître un moment sur l'eau, mais dans une direction opposée.

— Là... elle est là ! murmure madame Clermont d'une voix éteinte, en montrant d'un œil égaré Emmeline flottant sur l'onde. Oh ! mon Dieu ! il ne la voit pas !...

En ce moment la jeune fille disparaît de nouveau dans la rivière. Sa mère veut encore s'élancer après elle. Il faut toutes les forces réunies de Joseph et de Bouchonnier pour l'empêcher de se précipiter dans les flots.

— Laissez-moi !... laissez-moi !... crie la pauvre mère en se débattant. Ma fille va périr... il ne la sauvera pas... elle seule était toute ma vie... vous voyez bien qu'il faut que je meure avec elle !...

Chaque instant augmente la terreur qui règne sur le bateau. Isidore est trop loin d'Emmeline, il n'arrivera pas à temps pour la sauver, et dans tous ces regards qui suivent l'eau celui qui se débat et celui qui expose sa vie pour elle, l'effroi, l'anxiété sont portés à un tel point, que parfois la vue se trouble et ne peut plus distinguer les acteurs de ce drame terrible.

Tout à coup un bruit violent se fait entendre : c'est comme quelqu'un qui s'est précipité dans l'eau. Cependant personne ne manque encore au bateau. Mais un nouveau nageur paraît dans la rivière; celui-là fend l'onde avec une vigueur sans égale, et, se dirigeant habilement à l'endroit où avait reparu Emmeline, il ne tarde pas à l'atteindre, puis à la soulever hors de l'eau. D'une seule main il nage, il gagne le rivage, il tient la jeune fille dans ses bras, il pose une de ses mains sur son cœur, et, se tournant vers le bateau qui tâche de se diriger vers la rive, crie à ceux qui sont dedans :

— Rassurez-vous !... elle n'est pas morte !... ce n'est qu'un bain froid... ça n'aura pas de suite. Mais il me semble que vous n'êtes pas de fameux canotiers.

En effet, Pastoureau ne pouvait parvenir à aborder, et pourtant le vent venait subitement de s'abattre. Creps, car c'est l'Amant de la lune qui vient de sauver Emmeline, se rejette à l'eau, pousse jusqu'au bateau, l'atteint, s'empare de quelques cordages, et en quelques brassées amène le bâtiment au rivage. Isidore nageait alors assez près de là. Bouchonnier, tout en tenant le croc, lui crie :

— Elle est sauvée !... venez, cher ami... elle est avec nous !

Le jeune homme, qui perdait ses forces, se sent renaître en entendant ces mots, et il parvient à gagner le rivage, où bientôt tout le monde est réuni. Mais il a fallu y porter madame Clermont, car elle avait perdu connaissance un peu avant que sa fille fût sauvée.

Quelques villageois, qui, du rivage, avaient été témoins de ce qui venait de se passer, s'empressèrent de venir offrir leurs services. On transporte madame Clermont et sa fille dans la maisonnette qui se trouve le plus près. Là, grâce aux secours qui lui sont prodigués, Emmeline ne tarde pas à ouvrir les yeux. Le premier mot de la jeune fille est pour demander sa mère. Celle-ci était encore évanouie; ce n'est que quelques minutes après qu'elle reprend ses sens. Sa fille est la première personne qu'elle voit, qu'elle entend; car, penchée sur sa mère, Emmeline s'efforçait de la ranimer en la couvrant de baisers et en lui disant :

— Reviens à toi... je ne suis pas morte... ma pauvre maman !... et il ne faut pas que tu meures non plus !

Madame Clermont étreint sa fille contre son cœur. Pendant quelques minutes, elle ne peut parler; mais ses larmes coulent et se mêlent à celles d'Emmeline, tandis qu'Elmonde, courant de l'une à l'autre, les embrasse sans cesse et voudrait pouvoir les embrasser toutes les deux à la fois.

— Et ton sauveur ? s'écrie madame Clermont en cherchant des yeux autour d'elle. Alors elle aperçoit Isidore qui, encore tout imbibé d'eau, semblait ne respirer que pour contempler Emmeline. Elle tend sa main au jeune homme, en lui disant :

— Ah! monsieur, c'est vous qui me l'avez rendue...

— Non, madame, répond Isidore; je m'étais, en effet, précipité dans l'eau pour sauver mademoiselle, mais je faisais de vains efforts pour l'atteindre... Assez mauvais nageur, je n'aurais pu peut-être que mourir avec elle!... le ciel lui a envoyé un libérateur... un homme s'est jeté à l'eau... et l'a ramenée au rivage.

Madame Clermont regarde de tous côtés; mais, pendant qu'on avait transporté Emmeline et sa mère dans la maisonnette, l'Amant de la lune s'était éloigné en secouant l'eau qui imbibait ses vêtements; et, tout occupées des deux dames évanouies, personne alors n'avait remarqué sa disparition.

— Un homme... qui donc ?... qui donc ?... s'écrie madame Clermont; mais où donc est-il cet homme à qui je dois ma fille ?... Oh! mon Dieu! comment pourrai-je jamais lui témoigner toute ma reconnaissance ?... car... c'est bien plus que ma vie que je lui dois !...

— Tiens! il est parti, dit madame Michelette; eh bien! en voilà un original... partir sans attendre qu'on le remercie... et qu'on lui donne quelque chose, car certainement, madame lui aurait donné quelque chose.

— Mais, au moins, savez-vous qui c'est, madame?

— Eh! certainement, s'écrie Bouchonnier : c'est celui que M. Joseph appelle Creps... c'est notre homme... à la lune.

— Quoi... il se pourrait... cet homme... c'est lui qui a sauvé les jours de ma fille ?...

— Lui-même! dit Joseph Tourinet, c'est un gaillard qui nage vigoureusement.

— Ah! nous savons qui, du moins... Emmeline, nous irons voir cet homme; nous parviendrons à le trouver... car il faut absolument que je lui exprime ma reconnaissance...

— Oui, maman... oui, et moi aussi je veux le remercier; je n'ai plus du tout peur de lui à présent... mais je n'en dois pas moins aussi... de... des remerciments à... monsieur... qui s'exposait également pour me sauver.

Vous désirez vous rafraîchir, mesdames?...

Et en disant cela, Emmeline reposait avec bonheur ses yeux sur Isidore, car elle sentait bien qu'elle pouvait sans rougir lui témoigner sa gratitude de ce qu'il avait fait pour elle. Madame Clermont ne dit rien, mais elle tend sa main au jeune homme et serre avec force celle qu'il lui donne. Il y avait dans cette action tout ce que son cœur aurait pu dire.

M. Pastoureau est resté muet pendant tout ce temps; le pauvre canotier craint qu'on ne lui reproche d'être cause des événements qui sont arrivés; mais Elmonde lui frappe sur l'épaule, en lui disant :

— Vous avez eu bien peur aussi... monsieur Pastoureau... Allons... nous ne vous en voulons pas; mais c'est égal, nous irons plus dans un bateau à voile. N'est-ce pas, mesdames?

— Oh! jamais! s'écrie madame Michelette, parce que, voyez-vous... chacun son métier, et toutes vos giries de canoteries... c'est bien bon quand le temps est superbe, et que ça va tout seul... mais du moment qu'il arrive de l'orage... bonsoir; tous ces beaux pilotes d'eau douce nous laisseraient bien aller tenir compagnie aux goujons.

Avant que Pastoureau réponde, Tourinet le maigre pousse un grand cri; il vient de s'apercevoir que son frère n'est pas là, et, comme il le sait fort peu ingambe, il craint qu'en voulant sortir du bateau il ne se soit aussi laissé tomber dans la rivière.

La société quitte la maisonnette; on retourne au rivage. On y trouve Pétrus assis à sa même place dans le bateau et occupé à pleurer à chaudes larmes.

— Eh! que diable fais-tu là, Pétrus? crie Joseph en courant à son frère. Tourinet le gras pousse une exclamation de joie en voyant son cadet, et il ajoute :

— Je m'étais figuré que c'était toi, mon frère, qui étais tombé dans l'eau... et j'attendais toujours qu'on te repêchât.

On parvient à consoler M. Pétrus et la compagnie se remet en route pour Corbeil, mais par terre cette fois, personne ne se souciant de s'aventurer de nouveau dans le bateau à voile de M. Pastoureau.

4

Tout le long du chemin, madame Clermont et sa fille parlent de Creps et se promettent d'aller le remercier.

Isidore a pris congé des dames ; car, après avoir changé de vêtements, il compte le même soir retourner à Paris. Mais maintenant il n'est plus une simple connaissance pour madame Clermont et sa fille ; en exposant sa vie pour sauver celle d'Emmeline, il s'est acquis des droits à l'éternelle reconnaissance de l'une et de l'autre.

XVII. — LE CABARET DE ROBERDIN.

Le lendemain de l'événement qui avait failli coûter la vie à Emmeline, aussitôt après leur déjeuner pris, madame Clermont et sa fille quittent leur demeure et se dirigent du côté du cabaret de Roberdin, où on leur a dit que l'Amant de la lune dort pendant le jour.

Ce cabaret était situé hors de la ville, au bout d'un sentier aboutissant à un carrefour où se croisaient plusieurs routes de traverse, et presque adossé à un bouquet de bois ; il se trouvait donc assez éloigné de toute habitation.

L'aspect de ce lieu avait quelque chose de triste et de sauvage. La maison, composée d'un rez-de-chaussée et d'un seul étage qui faisait mansarde, était d'une apparence plus que modeste. Bâtie en bois et en mauvais cailloux qu'on n'avait pas jugés dignes d'être crépis, elle était dans le plus mauvais état ; la plupart des carreaux des fenêtres étaient cassés et remplacés par du papier ; les volets étaient à demi pourris, et le toit de chaume de la mansarde fort endommagé à plusieurs places.

Une espèce de haie, attenante au côté gauche de la maison, semblait annoncer qu'un jardin en dépendait ; mais cette haie, brisée et renversée à différents endroits, était aussi mal entretenue que le reste de la propriété, et le jardin que l'on apercevait derrière était à la fois un verger, un potager et un poulailler ; car les animaux que l'on a coutume de reléguer dans une basse-cour s'y promenaient avec sécurité et paraissaient y avoir établi leur domicile.

La réputation du cabaretier n'était pas faite pour inspirer une parfaite confiance. Ce Roberdin, qui n'habitait Corbeil que depuis trois ans environ, passait pour un des hommes capables de tout pour gagner de l'argent. On ne l'avait jamais pris dans une mauvaise affaire, et cependant personne n'aurait voulu le rencontrer le soir dans une route déserte. Les voyageurs qu'il logeait ne s'étaient jamais plaints d'avoir été volés ; mais il était rare que, pour le paiement de leurs dépenses, il ne s'élevât pas quelques disputes qui finissaient par des coups. Au reste, ceux qui fréquentaient le cabaret n'étant le plupart que des charretiers, des rouliers ou des paysans ivrognes, cette manière de terminer les comptes était assez dans leurs habitudes et dans leurs goûts, quoique la force et l'agilité de Roberdin le rendissent presque toujours vainqueur dans les petites rixes qui avaient lieu chez lui.

Quelques personnes avaient été jusqu'à dire que Roberdin était un forçat libéré, auquel la police avait assigné pour séjour la petite ville de Corbeil. Mais tout cela était-il vrai ? le cabaretier valait-il mieux que sa réputation ? c'est ce qu'il eût été alors difficile d'affirmer.

Madame Clermont et sa fille se sont fait indiquer la route qu'elles doivent suivre, car jamais encore elles n'avaient dirigé leurs promenades de ce côté, qui était le moins gai des environs. Chemin faisant, la mère d'Emmeline ne cesse point de parler de celui auquel elle doit la vie de sa fille ; cet homme, dont la veille encore on suspectait le genre d'existence, était devenu sacré pour elle. Celui qui avait exposé sa vie pour lui sauver l'objet de toute sa tendresse ne pouvait plus être à ses yeux ni un voleur, ni un vagabond, ni un mauvais sujet.

Emmeline écoutait sa mère et se contentait, par quelques mots, d'approuver tout ce que celle-ci disait. Mais il était évident que la jeune fille était distraite et que sa pensée n'était pas toujours à ce que lui disait sa mère. Celle-ci ne tarde pas à s'apercevoir de la préoccupation de sa fille, et, s'arrêtant tout à coup pour la regarder, lui dit :

— Qu'as-tu donc, chère enfant ? on dirait que tu n'es pas à ce que je te dis. Est-ce que tu ne partages pas la reconnaissance que j'éprouve pour cet homme qui t'a retirée de l'eau où tu allais périr ?

— Oh ! si, maman ! répond vivement Emmeline. Mais il me semble qu'il y a un rapport entre ce qui vient de m'arriver à notre... à nos... souvenirs... M. Isidore aussi s'est jeté à l'eau pour me sauver... ce n'est pas sa faute si un autre m'a saisie avant lui... il n'en avait pas moins exposé aussi ces jours pour moi.

A mesure qu'elle dit cela, Emmeline rougit davantage ; ce qu'elle dit est pourtant tout naturel. Mais elle parle d'Isidore, et il y a des personnes dont nous ne pouvons pas prononcer le nom sans que cela nous fasse monter le rouge au visage, et cependant c'est de celles-là que nous voudrions parler toujours.

Madame Clermont examinait Emmeline. Il faut peu de chose pour qu'une mère lise au fond du cœur de sa fille. Reposant avec tristesse, mais avec amour, ses beaux yeux sur ceux de son enfant, madame Clermont laisse échapper un profond soupir, puis, par un mouvement spontané, elle entoure sa fille de ses bras et la tient quelque temps contre son cœur, comme si elle eût cherché alors à la préserver d'un nouveau danger qu'elle prévoyait pour elle.

Emmeline, tout en embrassant sa mère, la regarde avec étonnement, en murmurant :

— Qu'as-tu donc, maman ?... Est-ce que j'ai dit quelque chose... qui ne soit pas bien ?...

— Non, ma fille... non... mais j'éprouvais le besoin de te serrer dans mes bras. Après avoir manqué de te perdre ! Ah ! si cela était possible, il me semblerait que je t'aime plus encore...

— Chère maman !

— Oui... Tu m'aimes bien aussi, n'est-ce pas ?...

— Oh ! je n'ai pas besoin de te le dire !

— Mais moi j'ai besoin d'être sûre que ta mère sera toujours ta meilleure amie, que tu lui confieras toujours tes plus secrètes pensées... qu'elle aura ta confiance entière.

— Oh !... assurément... est-ce que ce n'est pas un devoir ?...

— Il ne faut pas que ce soit un devoir, ma fille, mais un besoin, un plaisir...

Emmeline, qui rougit encore, s'empresse d'embrasser sa mère, en balbutiant :

— Pourquoi donc me dis-tu cela, maman ? est-ce que tu crois que j'ai... des choses à te cacher ?

— Non, ma chère amie, mais c'est pour l'avenir.

— Est-ce que... j'ai eu tort de dire... que nous devions de la reconnaissance à M. Isidore ?

— Non, ma fille, à Dieu ne plaise que j'oublie jamais la belle action de ce jeune homme... Dans mon trouble, hier, il est possible, en effet, que je n'aie point assez dit à M. Isidore combien j'étais reconnaissante de ce qu'il a fait... mais nous le reverrons et je réparerai mon oubli.

— Oh ! oui, maman, nous le reverrons, car tu l'as engagé à venir chez nous, et il en a paru très-flatté.

— J'ai eu tort peut-être ! répond madame Clermont, en laissant tomber ses regards vers la terre. Je n'aurais pas dû me départir de mes habitudes et rien changer à notre vie solitaire... Mais le motif était si naturel !... Mon Dieu ! si j'avais pu prévoir... chère enfant... c'est pour toi surtout que je voudrais savoir si je puis encore espérer !

Emmeline écoute sa mère, qui dans ce moment semble oublier que sa fille est près d'elle, et laisse échapper tout haut ses plus secrètes pensées. L'aimable enfant craint que sa mère ne se repente d'avoir engagé le cousin de madame Bouchonnier à venir les voir, et elle en éprouve déjà du chagrin ; mais bientôt madame Clermont, regardant autour d'elle, sort de ses réflexions et s'écrie :

— Eh bien ! nous oublions le but de notre course... Ah ! ce n'est pas bien ; allons, Emmeline, doublons le pas, nous devons être bientôt chez Roberdin.

Les deux dames se remettent en marche, et bientôt elles se trouvent devant le cabaret isolé.

— Ce doit être là, dit madame Clermont en s'arrêtant. Emmeline promène ses regards sur la maisonnette et ses alentours ; elle éprouve alors comme une espèce de frisson, et se serre tout contre sa mère en murmurant :

— Oh ! la vilaine maison !... je ne voudrais pas entrer seule dedans, je suis que j'aurais peur.

— En effet, cet endroit n'est pas beau ! répond madame Clermont en souriant, mais rappelons-nous que c'est dans cette misérable auberge que loge celui qui t'a sauvé la vie, et nous trouverons ce séjour moins laid. Viens, ma fille, entrons.

Une grande porte charretière toujours ouverte laissait voir une cour sale, boueuse et encombrée de fumier. Au fond de cette cour, à gauche, était la porte de l'écurie. Sur la droite, une porte donnait sur une grande salle du rez-de-chaussée, par où l'on communiquait avec le reste de la maison. C'est vers cette porte que madame Clermont et sa fille se dirigent, afin de trouver quelqu'un à qui s'adresser, pour s'informer de l'individu qu'elles désirent voir.

Deux hommes étaient alors en train de causer dans la grande salle basse. L'un d'une taille moyenne, mais vigoureusement conformé, portait sur la tête une espèce de petit calot grec qui avait dû être rouge ; il était vêtu d'un pantalon de coutil et d'un bourgeron bleu. Sa figure annonçait au moins la quarantaine. Son teint était d'un jaune terreux et bistré en plusieurs endroits. Les rayons du soleil avaient dû souvent darder sur sa tête. Les traits de son visage exprimaient autant de méfiance que de dureté. Ses yeux renfoncés et cerclés de noir ne s'ouvraient jamais entièrement, mais paraissaient vouloir toujours chercher à éviter vos regards ; son nez petit et mince, ses lèvres serrées, les pommettes saillantes de ses joues donnaient fort peu d'entrain à sa physionomie. C'était Roberdin.

L'autre personnage, qui était d'une laideur repoussante et près duquel le maître du cabaret paraissait presque un joli garçon, était vêtu d'une mauvaise blouse grise et coiffé d'une casquette dont la visière lui cachait presque entièrement un œil. Nous ne ferons pas le portrait de cet individu, car il a déjà été rencontré sur le Pont-Neuf par le Bourguignon et son fils.

Ces messieurs étaient assis devant une longue table de noyer et buvaient. La salle basse n'avait pour tout meuble que des tables semblables et des bancs placés devant. Les murs noirs et enfumés étaient en plusieurs endroits surchargés de dessins faits au charbon, mais qui heureusement étaient alors difficiles à distinguer, parce que la muraille était devenue presque aussi noire que le charbon.

— Et tu passes ta vie ici à moisir dans ton cabaret? dit l'homme en blouse en appuyant ses deux coudes sur la table, et en dardant ses petits yeux roux sur Roberdin.

— Il le faut bien...

— Ah! je ne te reconnais plus!...

— Je n'ai pas envie d'être *un cheval de retour!*... J'aime encore mieux être libre ici.

— Ouaih!... joliment libre, à la condition que tu n'en bougeras pas! hom! feignant!...

— Je vas bien quéquefois faire un tour à Paris... par le chemin de fer, on est si vite revenu.

— Ah! oui, c'est commode pour dérouter la *rousse* quand on a peur d'être *paumé marron!*

— Allons, finis donc de parler argot! à quoi que ça sert? tout le monde le sait à présent.

— Au fait, t'as raison! ça n'est pas comme il faut. Mais au moins as-tu pas dans ton cabaret?... fais-tu de bonnes affaires?

— On boulotte, voilà tout!

— Est-ce que tu es seul, ici?

— J'ai une servante, une paysanne... qui fait tout.

— Ah! c'est commode.

— En ce moment elle doit être allée faire de l'herbe pour mon âne.

— Tu as un âne! bigre!... queu flon... Hom!... s'il venait par hasard quéque riche voyageur s'arrêter chez toi... je t'estime assez pour croire que tu ne le laisserais pas partir trop chargé de bagages.

— Je t'assure que si; vois-tu, Garguille, j'ai renoncé aux affaires!... C'est fini, je ne m'occupe plus de tout ça!... je suis toujours en surveillance!... et... enfin, je suis très-honnête homme maintenant.

— Tu le dis, mais je n'en crois rien... Eh, èh, èh!

En disant ces mots, M. Garguille emplit son verre; et, tout en riant, le porte à ses lèvres; la grimace qu'il fait lorsqu'il rit ouvre encore plus ses narines échancrées, et son nez, qui fait la bosse par le milieu, semble alors vouloir aussi s'introduire dans son verre.

— Tu fais donc toujours des tiennes, toi, Garguille? reprend le cabaretier après avoir aussi vidé son verre. Je croyais avoir entendu dire qu'on t'avait mis à l'ombre pendant quelque temps.

— C'était pour me conserver le teint frais!... Mais me v'là revenu au soleil... Oh! c'était pour une babiole! mais je ne veux plus de ça... on se compromet pour rien! Je ne travaillerai plus qu'en grand! dans du soigné!...

— Prends garde, on doit avoir les yeux sur toi.

— Qu'est-ce qu'ils ont à me dire? est-ce que j'ai pas un état?... Je suis regratteur, je cherche des clous dans les ruisseaux, en v'là une position; à la vérité, je ne fais pas mon état, mais c'est égal, je 'ai toujours.

— Et quel bon vent t'a amené aujourd'hui chez moi?

— Des amis, des vieux m'avaient dit que tu logeais par ici... dans les environs de Corbeil. Depuis longtemps je voulais venir te voir. Je me suis décidé ce matin... je me suis permis le wagon, rien que ça. J'étais bien aise de venir goûter ton vin, et puis ensuite...

— Et puis?...

— Oh! mais d'après ce que tu viens de me dire, c'est pas la peine de te parler de ça...

— De quoi de ça?...

— D'une affaire que j'avais en vue.

— Quelle affaire?

— Rien; puisque tu es devenu honnête homme, il est inutile que j'aille te proposer une chose qui te ferait loucher!... C'était fameux, cependant, et j'avais pensé à toi, parce que, comme dit la romance : *Les amis sont toujours là!*...

Roberdin serre les lèvres et ne répond rien, mais il promène ses yeux en-dessous autour de lui, comme s'il avait peur, en les arrêtant sur son camarade, que celui-ci ne devinât le fond de sa pensée. Quant à Garguille, ses deux mains caressaient son verre, mais ses regards étaient attachés sur le cabaretier, et il y avait dans l'expression de ses yeux quelque chose de fauve et de moqueur.

Ces deux hommes gardaient le silence depuis quelques instants. L'un observait l'autre, qui semblait vouloir se composer une physionomie.

C'est en ce moment que madame Clermont et sa fille ouvrent la porte de la salle.

Par un mouvement spontané les deux hommes se sont retournés pour voir qui entrait; à l'aspect de deux femmes belles, élégantes et distinguées, chacun d'eux demeure frappé de surprise. En effet, Emmeline sa mère semblaient si peu à leur place dans cet affreux tabaret, que c'était comme deux charmantes fleurs que l'on aurait aperçues au milieu d'un chemin aride et ronceux.

La vue de ces messieurs ne produit pas une impression bien agréable sur madame Clermont; cependant elle entre dans la salle où sa fille la suit en tremblant, tandis que M. Garguille dit, en penchant contre l'oreille de Roberdin :

— Oh, oh ! en v'là du nanan!... qu'est-ce que tu disais donc que tu ne recevais que des charretiers ici... si ce sont là tes pratiques... ça me chausse... je couche chez toi... La grande ou la petite! ça m'est égal! elles sont bonnes toutes deux.

Le cabaretier se contente de pousser du coude son ami, puis il s'avance vers les dames, et, tout en tâchant de se donner un air gracieux, ce qui lui est difficile, leur dit :

— Vous désirez vous rafraichir, mesdames?

— Non, monsieur, non, ce n'est pas pour cela que nous sommes entrées ici, répond madame Clermont un peu troublée par les regards que l'homme en blouse jette sur elle et sur sa fille. Vous êtes le maître de cette maison, monsieur?

— Oui, madame, pour vous servir.

— Ne logez-vous pas un... un homme... dont l'existence est assez singulière... car on assure qu'il dort toute la journée et ne sort que la nuit.

— Ah! oui! c'est de Creps que vous voulez parler! répond Roberdin en reprenant sa figure habituelle.

— Oui, monsieur, c'est aussi le nom que l'on m'a dit...

— Tiens! un gaillard qui ne sort que la nuit! murmure M. Garguille en se frottant les mains; il tient donc du hibou ce cadet-là... à moins que... il n'ait aussi ses raisons particulières pour aimer l'ombre.

— Eh bien, monsieur, si ce Creps est chez vous en ce moment... je voudrais bien le voir, lui parler.

— Vous voulez parler à Creps? dit le cabaretier en tournant sa bouche d'une façon singulière. Ah! vous avez..... des affaires avec lui?

Et tout en parlant, Roberdin est obligé de donner encore des coups de coude à Garguille qui ne cesse de murmurer :

— Cré nom! la jeune ou l'autre... ça m'est égal! et je crois même que je préférerais l'autre..... je n'ai jamais rien vu de si bien troussé!

— Monsieur, reprend madame Clermont en détournant les yeux pour ne point rencontrer ceux de l'homme à la casquette, je viens remercier celui à qui je dois la vie de ma fille... Hier au soir, ce M. Creps s'est précipité dans l'eau pour sauver ma fille qui allait périr... ensuite il s'est dérobé à nos remerciements, à notre reconnaissance; mais vous devez comprendre, monsieur, qu'il nous tarde à toutes deux de lui exprimer tout ce que sa belle action nous a fait éprouver; veuillez donc, s'il vous plaît, lui dire que celle qu'il a sauvée hier est venue avec sa mère pour le voir, et brûle du désir de lui témoigner sa gratitude.

— Oui, madame, oui... Creps est ici en ce moment, il dort dans l'écurie suivant sa coutume... je vais aller le trouver et lui dire que vous le demandez... mais je vous préviens qu'il n'aime pas qu'on le réveille, ça le met de mauvaise humeur.

— Vous lui direz qui nous sommes, monsieur, et j'espère qu'il nous excusera.

— Attendez ici, mesdames, je vais revenir.

— Merci mille fois, monsieur, pour la peine que vous voulez bien prendre.

Roberdin sort de la salle. Garguille le suit dans la cour et l'arrête, en disant :

— Est-ce que tu laisseras ces deux oiseaux s'en aller comme ça de ta cage?

— Allons, Garguille, tu es fou... ce sont des personnes de la ville voisine, et s'il leur était fait quelque chose, ça se saurait tout de suite.

— Oh!... il y aurait encore plus d'un moyen pour qu'elles n'aillent pas jacasser ensuite!...

En disant ces mots, les yeux de Garguille brillaient comme deux charbons ardents; Roberdin lui-même en est épouvanté et il repousse l'homme en blouse en lui disant d'un ton ferme :

— Je te répète qu'il n'y a rien à faire à ces dames, et que d'ailleurs je ne veux pas que chez moi il leur arrive la moindre chose. C'est entendu, j'espère.

Et le cabaretier se dirige vers l'écurie tandis que M. Garguille, les deux mains fourrées dans les poches de sa blouse, retourne dans la salle, en murmurant :

— Chez lui... possible... mais dehors, j'en veux tâter, moi, de ces femmes! j'en ai jamais vu dans ce goût-là... Hom! faut-il que ce Roberdin soit devenu couâne!... mais je le remonterai!

— Maman, disait Emmeline en promenant un œil craintif autour d'elle, nous ne resterons pas longtemps ici, n'est-ce pas?

— Non, sans doute; mais tu es bien enfant aujourd'hui; que veux-tu donc qu'il nous arrive dans une maison ouverte à tout le monde?

— Il me semble qu'il n'en vient pas beaucoup ici, de monde.... et puis, ces deux hommes, est-ce que tu ne trouves pas qu'ils ont de mauvaises figures?

— Le cabaretier est comme tous ces gens-là... il est même assez poli.

— Oui, mais l'autre...

Au moment où madame Clermont allait répondre, Garguille rentre dans la salle et s'assied presque devant la porte qui donne sur la cour, de façon qu'il eût été difficile de sortir sans le déranger. A peine assis, cet homme promène ses regards de la mère à la fille avec un cynisme révoltant; Emmeline baisse les yeux, madame Clermont pâlit. Cependant elle essaie de cacher sa terreur, en balbutiant :

— Cette auberge doit être très-fréquentée... elle est tout près de Corbeil... et il passe tant de monde par ici.

— Vous appelez ça une auberge ! vous êtes bien honnête ! dit Garguille d'un air railleur, c'est un trou ! un véritable trou !... et je crois qu'il se passe plus d'une journée pendant laquelle Roberdin n'étrenne pas ; mais aussi on s'en dédommage quand il y vient par hasard... de bonnes aubaines.

— Il me semble que ce monsieur ne revient pas ? dit madame Clermont; il nous attend peut-être dehors avec la personne que nous désirons voir.

— Oh oui, maman, nous devrions aller au-devant d'eux ; viens, je t'en prie.

Emmeline a pris le bras de sa mère, elle l'emmène du côté de la porte, mais M. Garguille, se levant vivement, va s'accoter debout contre la porte, en s'écriant :

— Restez donc..... restez donc... Roberdin va revenir.

Les pauvres femmes s'arrêtent, n'osant déranger ce monsieur qui leur barre le passage. Emmeline s'appuie en tremblant sur le bras de sa mère, et celle-ci, s'efforçant de rappeler son courage, répond :

— Eh bien, attendons un peu... nous serons toujours libres de partir ensuite.

— Vous n'êtes pas ici en mauvaise société, mesdames, et l'homme peut porter une blouse et être galant tout de même ! reprend Garguille, toujours adossé à la porte.

— Et ce Creps ne vient pas ! murmure madame Clermont.

— Maman, dis à ce vilain homme de se déranger, et quittons cette maison, je t'en prie...

Mais M. Garguille ne semblait pas disposé à quitter le poste qu'il avait choisi ; madame Clermont hésitait, craignant que cet homme n'en vînt à expliquer trop clairement ses desseins. Enfin, une secousse violente est donnée à la porte et renvoie l'homme à la casquette presque au milieu de la salle. C'est Roberdin qui vient de rentrer ; mais il est seul.

— Eh bien, monsieur, s'écrie madame Clermont en allant au cabaretier.

— Madame, je suis parvenu, non sans peine, à réveiller Creps, je lui ai dit que deux dames voulaient le voir, je lui ai dit qui vous étiez, ce qui ne l'a ému en rien ; il m'a répondu avec sa brutalité ordinaire

— Ce n'était pas la peine de m'éveiller pour ça ! j'ai sauvé quelqu'un de l'eau, ce n'est pas difficile quand on nage comme moi. Dites à ces dames qu'il n'était pas nécessaire qu'elles prissent la peine de venir, et que je les tiens quittes de tous remerciements.

— Après m'avoir dit ces mots, il s'est retourné sur la paille, et je crois qu'il s'est rendormi.

— Comment ! il ne veut pas même nous voir ?

— Non, madame... Oh ! quand il a dit une chose, c'est fini !...

— Eh bien ! alors, maman, nous pouvons nous en aller ! s'écrie Emmeline en tirant de nouveau le bras de sa mère pour l'entraîner vers la porte ; mais alors madame Clermont fouille dans un petit sac de soie qu'elle tenait pendu à son bras, elle en retire une bourse, et dans cette bourse elle prend rapidement tout ce : c'était tout ce que sa bourse contenait. M. Garguille ne perdait pas un seul geste fait par la mère d'Emmeline. Celle-ci présente à Roberdin les quatre pièces d'or en lui disant :

— En ce cas, monsieur, il ne me reste qu'à vous remettre ceci... j'aurais voulu faire davantage, mais je ne suis pas riche... veuillez remettre de ma part cette faible somme à M. Creps... il n'est pas heureux, il me ferait de la peine en refusant... vous voulez bien vous charger de cette commission, n'est-ce pas, monsieur ? et lui dire que madame Clermont et sa fille n'oublieront jamais ce qu'ils lui doivent de reconnaissance !

Roberdin a pris les pièces d'or qu'on lui présente, en disant :

— Madame Clermont et sa fille... ça suffit ; mais je ne sais pas trop si Creps voudra accepter... c'est un homme si singulier...

— Ah ! que si, qu'il acceptera ! s'écrie Garguille en dardant ses yeux sur son ami ; il ne sera pas assez bête pour refuser... est-ce que l'argent se refuse jamais ?

— Et maintenant, ma fille, nous pouvons partir, reprend madame Clermont en prenant le bras d'Emmeline et se dirigeant vers la porte.

L'homme à la casquette, qui prévoyait ce mouvement, fait quelques pas comme pour barrer le passage aux deux dames, mais en ce moment des voix se font entendre : des charretiers entrent dans la cour avec la servante de la maison. Roberdin fait faire une pirouette à Garguille, et ouvre la porte aux dames, en leur disant : — Mesdames, je suis bien votre serviteur... Je ferai votre commission.

La mère et la fille sortent aussitôt et s'élancent précipitamment hors de la maison ; elles marchent ensuite longtemps sans reprendre haleine, tant il leur tarde de s'éloigner du cabaret isolé.

— Si les femmes nous échappent, au moins nous avons un dédommagement, dit Garguille en regardant les pièces d'or que tient le cabaretier. Je pense que tu ne vas pas être assez jobard pour donner cela à l'autre ?

— Ma foi... au fait... il n'en saura rien. Tu as raison, je garde la récompense.

— C'est bien heureux que je sois là pour te donner de bons conseils... part à nous deux, alors.

— A nous deux, j'y consens, mais à condition que tu me diras quelle était cette affaire que tu voulais me proposer...

— Ah ! loupeur ! tu y mords donc enfin ?

— Je ne dis pas... mais je suis curieux de savoir...

— Buvons alors, et je te conterai ça, quand les charretiers seront partis. Ah ! dame ! c'est du nanan ! mais il faut que ce soit bien mitonné ; c'est une carotte qui demande à être tirée en longueur.

Les deux hommes se replacent devant la table et se remettent à boire, après avoir fait le partage des pièces d'or destinées à l'Amant de la lune.

XVIII. — AU POINT DU JOUR.

Le soir même qui suit la matinée pendant laquelle madame Clermont et sa fille ont été au cabaret de Roberdin, une chaise de poste entre dans la petite ville de Corbeil et s'arrête devant la principale auberge de l'endroit.

Les maîtres de la maison se disposaient à aller se coucher, parce que dans la campagne (et on nous permettra de traiter ainsi les petites villes des environs de Paris), lorsqu'ils n'ont point de voyageurs à servir, les aubergistes se couchent tôt afin d'être debout de grand matin.

Mais l'arrivée de la chaise de poste change toutes les dispositions qu'on allait prendre, surtout lorsqu'on en voit descendre un jeune homme et une dame élégante, et que le monsieur annonce qu'ils passeront la nuit à Corbeil.

L'aubergiste se frotte les yeux, se frotte le nez, enfin il se frotte partout pour se donner un air bien éveillé ; sa femme rajuste son bonnet et son tour, et appelle sa servante ; la servante, qui était égarée derrière les bottes de foin avec le garçon d'écurie qui est aussi marmiton, accourt en rajustant son fichu et son tablier, et le valet descend en remettant ses bretelles : voyez pourtant comme l'arrivée d'une chaise de poste peut causer de dérangement.

Les voyageurs, qui ne sont autres que Monvillars et Valérie, sont entrés dans une salle du rez-de-chaussée, pendant qu'on est allé préparer pour eux la plus belle chambre de la maison. C'est du moins ce que la femme de l'aubergiste a eu bien soin de recommander très-haut à sa servante.

La femme du major est pâle et paraît fatiguée. Monvillars a l'air inquiet et presque mécontent ; cependant, lorsqu'il porte ses yeux sur Valérie, il semble que son regard passionné ne puisse se rassasier de sa vue et veuille pénétrer dans ses plus secrètes pensées.

— Monsieur et madame souperα-t-il ? demande l'aubergiste, en ôtant de dessus sa tête un vieux rond en cuir qui représente un calot grec.

— Mais oui... certainement... vous nous servirez tout ce que vous aurez de mieux, répond Monvillars.

L'aubergiste fait un salut plein de considération.

— Moi, je ne veux rien prendre, dit Valérie d'un ton maussade ; je n'ai besoin que de repos, car je suis horriblement fatiguée... Monsieur, tâchez, je vous en prie, qu'on se hâte de me préparer une chambre.

— Dans la minute, madame, la plus belle de la maison... Monsieur soupera-t-il dans la chambre de madame ?

— Non... vous me servirez ici... c'est-à-dire... dans une pièce qui ne soit pas commune à tous les voyageurs.

— Très-bien, monsieur... j'ai un joli salon ici à côté où l'on soupe très-bien... je vais y mettre votre couvert... et presser mes gens pour que madame ait bien vite son appartement... Si vous désirez quelque chose... voici la sonnette.

— C'est bien. Ah ! n'oubliez pas de m'apporter ma boîte à pistolets que j'ai laissée dans la voiture.

— Oui, monsieur.

L'aubergiste est parti. Monvillars s'approche de Valérie et lui prend la main. Elle le laisse faire ; mais il semble régner entre ces deux personnes une contrainte qui annoncerait qu'ils ont l'un pour l'autre quelque chose de secret.

— Vous êtes donc bien fatiguée, Valérie ? dit Monvillars en caressant la main qu'il tient dans les siennes.

— Comment ne serait-ce pas !... sans cesse courir en poste... Si du moins nous approchions de ces pays que je désire tant connaître... mais non... nous allons revenir sur nos pas, maintenant... M'expliquerez-vous, Arnold, pourquoi vous nous avez fait tout à coup tourner bride et, lorsque nous étions en route pour l'Italie, il vous a plu de revenir sur vos pas ?... Est-ce que vous me ramenez à Paris, par hasard ?

— Non, sans doute ; mais faut-il que je vous répète encore que votre mari était sur nos traces, qu'il allait nous rejoindre, nous atteindre, si, par une contre-marche adroite, je n'étais parvenu à le dépister? Pour cela, il fallait tout à fait changer de route... le major continue certainement de suivre la route d'Italie que nous avions prise d'abord... laissons-le aller, nous nous y rendrons ensuite, mais par un autre chemin.

— Tout cela est très-ennuyeux!... vous vous êtes figuré que le major nous suivait. Eh! mon Dieu! il ne pense peut-être plus à moi déjà!...

— Ah! Valérie! je ne crois pas qu'on puisse vous oublier ainsi!... et si jamais on tentait de vous arracher de mes bras...

— Vous n'attendrez peut-être pas cela pour me quitter.

— En vérité, je ne sais ce que vous avez depuis quelques jours... vous ai-je donné quelque sujet de douter de la sincérité de mes serments?

— Oh! vous me tromperez peut-être... aussi... est-ce que vous ne m'avez jamais menti?...

Les yeux de Valérie sont alors attachés sur Monvillars, qui détourne la tête et répond ensuite avec un peu d'humeur :

— D'honneur, je ne sais ce que vous voulez dire... car je ne vous suppose pas capable d'avoir ajouté foi à ce que ces paysans se sont imaginé en me voyant... que j'étais leur fils, leur frère... que sais-je, moi!...

— Que vous étiez Constant Martinot, fils d'un vigneron de la Bourgogne...

— Oh! mon Dieu! comme vous avez bien retenu tout cela!...

— C'est que ce vieillard semblait si bien convaincu que vous étiez son fils...

— Il y a des ressemblances si extraordinaires.

— Enfin, lors même que vous seriez... Constant Martinot... ce ne serait pas un crime... je ne vois pas pourquoi vous me le cacheriez.

— Sans doute, et si cela était, je vous l'aurais avoué depuis. Mais je vous répète que ces paysans m'ont pris pour un autre... et que je suis bien le baron de Fridzberg.

— C'est singulier!... pourquoi donc alors changiez-vous votre voix en rentrant à ces gens qui croyaient vous reconnaître?...

— Ah! Valérie! je ne sais où vous allez chercher ces idées-là!...

Après tout, croyez ce qui vous fera plaisir!

— Ne vous fâchez pas, mon ami, je voulais seulement vous faire un peu endêver... Puisque cela vous fâche, je ne vous parlerai plus de cela, et surtout je n'en croirai pas un mot.

Quoique, en disant cela, les yeux de la jeune femme eussent encore une légère expression de raillerie, Monvillars semble satisfait, et il presse contre ses lèvres la main de Valérie.

L'aubergiste revient avec sa servante. Celle-ci annonce que la chambre est prête, et Valérie se hâte de la suivre au premier, tandis que Monvillars passe dans un petit salon où son couvert est mis. Pendant qu'on le sert, il ouvre sa boîte à pistolets et s'assure que ses armes sont bien chargées.

L'hôte apporte lui-même une volaille dont le fumet paraît l'enivrer, il la pose sur la table, et Monvillars commence à souper. L'aubergiste ne tarde pas à revenir avec un gros livre et une plume en disant : — Pardon, monsieur, mais vous savez l'usage... dans les auberges.

— Oui, sans doute, vous désirez savoir mon nom?

— C'est votre devoir, monsieur.

— Ecrivez... le comte de Norbelle et son épouse... venant de Paris... et allant en Suisse.

L'aubergiste ôte bien vite sa calotte de cuir et écrit : « M. et madame le comte de Norbelle... voyageant pour la Suisse. »

En ce moment un bruit de voiture et de chevaux se fait entendre. On semble s'arrêter à la porte de l'auberge. Monvillars pâlit, et saute sur ses pistolets, en disant :

— Monsieur, ne laissez pas entrer ici... ne dites pas que vous avez des voyageurs... je vous le défends... j'ai des raisons pour ne pas vouloir que l'on sache où je suis... et si vous me trahissiez...

En disant ces mots, Monvillars présente le canon d'un de ses pistolets à l'aubergiste qui, dans sa terreur, se laisse tomber sur une banquette, en disant : — Monsieur! qu'est-ce que vous... qu'est-ce que cela veut dire?... qu'est-ce que je vous ai fait?... pourquoi me menacez-vous? Est-ce que la volaille serait avancée?... ou vous la changerai!...

Avant que Monvillars ait eu le temps de répondre, la servante est entrée dans le salon, en criant :

— Monsieur, ce sont des messieurs et des dames... ils demandent si on veut leur faire du punch... je crois que ce sont des farceurs de Paris... ils veulent jouer au billard... j'ai beau leur dire que vous n'en avez pas, ils s'obstinent à prendre votre maison pour un café... aut-il les renvoyer?

— Renvoyez-les!... répond l'aubergiste dont la voix entrecoupée et encore sous le coup de la frayeur qu'il vient d'éprouver. Je n'ai jamais eu de billard et je n'en achèterai certainement pas un ce soir... je n'ai pas de place pour le mettre... je n'ai jamais eu de billes!

La servante est repartie. Monvillars, fâché de s'être laissé emporter par un premier mouvement, a remis ses pistolets dans sa boîte et dit à l'aubergiste :

— Mon cher hôte, j'espère que vous ne m'en voulez pas pour ce qui vient de se passer et que vous ne me supposez pas l'intention de me porter envers vous à des voies de fait. Mais, je vous le répète, si par hasard quelque voyageur arrivait chez vous... et tâchait de savoir si vous avez ici un monsieur et une dame... comme je veux... garder l'incognito et fuir les importuns, veuillez garder le secret sur mon séjour et celui de ma femme dans votre auberge, et... et je paierai... votre carte, sans l'examiner.

— Cela suffit, monsieur, cela suffit! répond l'aubergiste d'une voix qui est encore très-altérée.

Monvillars achève de souper et monte à l'appartement où est Valérie, en tenant sa boîte à pistolets, de laquelle, tout en l'éclairant, l'aubergiste se tient toujours le plus loin possible.

— Ce sont de belles pratiques! se dit le maître de la maison en allant retrouver sa femme; ils paieront sans marchander... et cependant... je ne sais pourquoi, je ne désire pas qu'ils fassent un long séjour chez moi.

Tout le monde dormait dans l'auberge; car, bien que la nuit approchât de sa fin, les premiers rayons du jour ne paraissaient point encore. Des coups violents frappés à la porte de la rue parvinrent enfin à réveiller l'aubergiste, qui, entr'ouvrant la fenêtre du second qui donnait sur la route, aperçut, à la clarté de la lune, un homme à cheval arrêté devant la maison. Le dialogue suivant s'établit entre eux : — Qui est-ce qui est là?... Qui est-ce qui frappe ainsi?

— Ouvrez! c'est un voyageur qui veut s'arrêter chez vous.

— Un voyageur?... mais tout le monde est couché chez moi.

— Hé morbleu! relevez-vous!

— Il est bien tard...

— Le jour va paraître...

— Il est de bien bonne heure alors...

— Ouvrez, vous dis-je!... ou je continue de frapper de façon ne plus vous laisser dormir.

— C'est bien, monsieur, on descend... on va descendre.

— C'est un monsieur qui n'a pas l'air patient, dit l'aubergiste en refermant la fenêtre. Je ne sais pas ce qu'ils ont aujourd'hui, les voyageurs, mais ils ne sont pas aimables du tout.

— Recouche-toi, chouchoute, dit la femme de l'aubergiste, ce n'est pas la peine de t'enrhumer pour cet homme; Claude et Madeleine suffiront bien pour lui donner ce qu'il voudra.

L'aubergiste cède aux conseils de sa moitié, il se recouche. La servante et garçon sont appelés. L'une devait coucher au grenier et l'autre contre l'écurie; cependant ils arrivent tous deux par le même côté, et le valet va ouvrir la porte, fort mécontent d'être dérangé le jour et la nuit.

— Vous êtes bien longs à vous lever! dit le voyageur lorsqu'on lui ouvre enfin la porte cochère.

— Dame! monsieur, quand on est pris comme ça au milieu de la nuit, dans le plus fort de son agrément...

— Et dans son premier sommeil! ajoute la servante en regardant Claude en dessous.

Sans répondre aux valets, le major Giroval, car c'est lui qui vient d'arriver à l'auberge, descend de cheval, en jette la bride au garçon, et entrant dans la cour, suit la servante, qui, une lumière dans la main, le conduit à la salle du rez-de-chaussée.

— Monsieur n'a besoin de rien de si bonne heure? demande la servante qui semble très-pressée de retourner se coucher.

Mais le major retient Madeleine qui se dispose à s'en aller, en lui disant d'un ton impératif : — Restez... il faut que je vous parle.

La servante est demeurée immobile, car le ton du voyageur lui inspire à la fois de la crainte et du respect. Le major se place devant elle, tire deux pièces de cinq francs de sa poche et les lui met dans la main, en lui disant :

— Voilà pour votre complaisance... j'espère que vous voudrez bien répondre à mes questions, et surtout ne point me mentir.

Madeleine, qui n'a jamais reçu le quart de la somme qu'on vient de lui mettre dans la main, depuis qu'elle est servante d'auberge à Corbeil, pouvait rêver davantage, et murmure :

— Ah! monsieur!... assurément! tout ce que vous voudrez... tout ce qui vous fera plaisir... Claude attendra... et puis d'ailleurs... on se retrouve... je veux dire... j'écoute, monsieur.

— Est-il venu aujourd'hui, dans cette auberge, un monsieur et une dame, voyageant en chaise de poste... jeunes tous deux... la femme assez grande, mince... jolie... des yeux bleus... cheveux châtain clair, presque blonds... l'homme... très-brun... l'air hardi... insolent même?... Voyons, rappelez-vous bien, mon enfant.

— Oh! pardi, monsieur, ce n'est pas bien difficile à me rappeler. Oui, c'est bien ça, et d'ailleurs, excepté trois rouliers, il n'est venu aujourd'hui que les personnes que vous désignez...

— Ils sont venus... à quelle heure?

— Mais, vers le soir, à la nuit.

— Sont-ils restés longtemps ici? Quelle route ont-ils prise en quittant cette auberge?

— Quelle route? Mais, monsieur, ils ne l'ont pas quittée, notre auberge; ils y sont encore, puisqu'ils y couchent.

— Ils sont ici!... Le major est obligé de s'arrêter, tant son émotion est vive : l'espoir d'une prompte vengeance donne à ses traits une expression de satisfaction indicible. Il lève les yeux au ciel et ses mains se serrent et se crispent, tandis qu'il murmure avec un accent qui a quelque chose d'effrayant.

— Enfin !... l'heure de la vengeance est donc arrivée !...

Cherchant à maîtriser son émotion, le major reprend :

— Voyons, jeune fille, ne vous trompez-vous pas ?... Une erreur me ferait trop de mal... faites-moi bien le portrait de ces voyageurs.

La servante s'empresse de le satisfaire, et elle termine en sortant de sa poche un mouchoir de batiste qu'elle présente au major, en lui disant :

— Tenez, v'là un mouchoir que j'ai trouvé dans l'escalier ; cette dame l'avait sans doute laissé tomber en montant ; je n'ai pas osé le lui reporter de suite, elle paraissait si pressée de dormir ; mais le v'là... avec des chiffres brodés... voyez, c'est magnifique...

Le major examine le mouchoir, qui porte encore le chiffre de sa femme et le sien, et il l'a reconnaît pour le lui avoir vu broder elle-même. Cet objet ne lui permet plus d'avoir le moindre doute, il serre convulsivement le bras de Madeleine, en murmurant :

— Oh! oui !... c'est bien à elle... ce sont bien ceux que je cherche. Où sont-ils maintenant?... Où les a-t-on logés?

— Ici dessus, monsieur... au premier.

— Par quel escalier monte-t-on à leur chambre ?

— Par celui-ci, monsieur... devant vous... v'là la porte.

— Où donne la fenêtre ?

— Sur la cour... là devant, celle-là.

— Leur chambre n'a point quelque autre sortie?... quelque porte secrète? quelque fenêtre qui donne sur la campagne et par laquelle on pourrait s'évader ?

— Non, monsieur, il n'y a que la fenêtre qui donne sur la cour et la porte sur cet escalier... Est-ce que monsieur et cette dame seraient des voleurs, par hasard?

— Non... il suffit... c'est bien, laissez-moi...

— Monsieur ne veut ni boire ni manger ?

— Non... Laissez-moi seule Madeleine... éloignez-vous.

La servante est partie. Le major, resté seul dans la salle, commence par porter ses mains sur les poches de sa redingote, afin de s'assurer qu'il a ses pistolets sur lui. Ensuite il va dans la cour et examine la fenêtre qu'on lui a indiquée. Aucune lumière ne se montre dans l'appartement, et, quoique le jour commence à poindre, il serait encore facile de la voir briller.

Le major rentre dans la salle et se place devant la porte qui conduit à l'escalier, en disant : — Ils ne m'échapperont pas cette fois... et quand ils voudront franchir cette porte... il faut que tous les deux...

En disant cela, ses yeux se portent sur ses pistolets, qu'il tient dans ses mains ; il les regarde un moment avec un sentiment de fureur. Mais bientôt, se laissant aller sur un siège, il pose les armes près de lui, et, passant une de ses mains sur son front, reste quelques instants les regards fixés contre terre, puis dit à demi-voix :

— Assassiner une femme !... serait-ce là une noble vengeance ?... Elle m'a trahi... mais je l'ai tant aimée !... Peut-être un jour... si le repentir...

Le major n'ose pas achever sa pensée ; il cache sa figure dans ses mains. Enfin, au bout de quelques instants, il reprend :

— Allons... c'est lui... c'est de lui seul que je dois tirer vengeance... mais en brave militaire, jamais en assassin !... Pourquoi attendre davantage ?... voilà le jour... il me semble d'ailleurs entendre marcher là-haut.

Le major remet ses armes dans sa poche et monte l'escalier. Arrivé devant la porte de la chambre où sont ceux qu'il poursuit depuis si longtemps, il s'arrête, avance la tête et écoute... Il entend distinctement marcher. Monvillars, qui dormait mal, avait entendu frapper au milieu de la nuit ; ce bruit l'avait inquiété ; s'était levé, désirant savoir qui venait frapper à l'auberge. Valérie était éveillée aussi, et elle s'informait à Monvillars du motif qui l'avait fait lever.

— Quelqu'un vient d'arriver dans cette maison, lui répond son amant. Je voudrais bien savoir ce que c'est.

— Eh! bon Dieu! mon ami, ce sont des charretiers, des paysans, sans doute; que nous importe !... Est-ce que vous allez être toujours inquiet?... et il faut que ce soit moi, une femme, qui vous donne l'exemple du courage ?

— Je ne manque pas de courage... mais il n'est pas défendu d'être sur ses gardes, surtout dans notre position.

— Croyez-moi, Arnold, venez vous reposer... Vous voyez bien que tout ce bruit a cessé, et qu'on n'entend plus rien. Tout cela ne nous regardait pas!

Monvillars hésite... Au même instant deux coups assez forts sont frappés à la porte de leur chambre. Valérie tressaille. Monvillars fronce ses sourcils; mais bientôt il s'écrie :

— Qui va là ?... Qui a frappé ?

— Le major Giroval !

Aux accents de cette voix qui lui est bien connue, Valérie devient livide, puis ses yeux se ferment et elle semble évanouie. Monvillars est un moment bouleversé ; cependant il ne tarde pas à se remettre, et, passant à la hâte une redingote, répond d'une voix assez ferme :

— Dans un instant... je suis à vous, monsieur.

Le major est resté en sentinelle devant la porte ; il n'attend pas longtemps. Monvillars a eu vite fait sa toilette. Il sort, tenant ses pistolets à sa main, et se place comme pour empêcher le mari outragé d'arriver jusqu'à sa femme ; celui-ci ne fait aucun mouvement qui annonce que son intention soit de pénétrer dans l'appartement ; au contraire, il se dirige vers l'escalier, en disant à Monvillars :

— Vous devez savoir ce qui m'amène... J'ai des pistolets... vous aussi... C'est bien... descendez, suivez-moi.

— Je vous suis, monsieur.

Le major descend le premier. Monvillars marche derrière lui ; ils arrivent dans la cour. Le jour, quoique faible encore, permet alors de distinguer autour de soi. Le garçon de l'auberge, après avoir ôté la selle au cheval du dernier voyageur, venait de le conduire à l'écurie. Il regarde d'un air ébahi ces deux hommes qui se trouvent devant lui, et qui tiennent chacun des pistolets dans leurs mains.

— Ouvre-nous la porte qui donne sur la route, dit le major.

— Ces messieurs sortent déjà ! balbutie Claude, et à jeun... c'est malsain... si vous vouliez prendre...

— Ouvre donc cette porte ! répond Monvillars en lançant sur le valet un regard qui lui ôte l'envie de causer davantage.

Claude s'empresse d'obéir. Les deux hommes sortent. Mais avant de passer la porte, Monvillars s'approche du garçon d'écurie, et lui dit à l'oreille :

— Vite, vingt francs de poste... que ma chaise soit prête à mon retour. Voilà pour toi.

Et une pièce de vingt francs est mise dans la main du valet, qui est encore ébahi en la recevant.

Le major marche à grands pas, se dirigeant du côté de la campagne. Monvillars le suit de près, regardant souvent à droite et à gauche, comme pour voir si personne ne vient de leur côté. Tous deux sont bientôt hors de la ville. Le major se dirige vers une pièce de terre bordée par une haie assez épaisse ; là il s'arrête, en disant :

— Nous n'avons pas besoin d'aller plus loin.

Monvillars s'arrête aussi. Il est alors à huit ou dix pas du major ; il continue de regarder autour de lui avec beaucoup de soin. Les premiers rayons du soleil éclairent l'horizon, mais l'endroit où sont les deux adversaires est encore dans le demi-jour.

— Monsieur, dit le major en examinant ses pistolets, je n'ai pas besoin de vous dire qu'entre nous deux c'est un duel à mort ?

— Oui... je le sais... balbutie Monvillars en regardant encore de tous côtés.

— Oh! nous sommes seuls ! s'écrie le major ; et d'ailleurs, que nous importe! nous tirerons à cinq pas de distance... c'est assez... Mais comme mes armes ou les vôtres pourraient avoir un avantage... il faut partager... donnez-moi un de vos pistolets, et prenez un des miens... nous commencerons ensuite avec les vôtres.

— C'est bien, monsieur.

— Donnez donc alors... et finissons-en.

Le major reste à sa place et attend que son adversaire vienne échanger un de ses pistolets contre un des siens. Après avoir encore jeté un regard derrière lui, Monvillars, qui tient dans sa main droite un de ses pistolets tout armé, marche vivement au major, et, arrivé contre lui, pose brusquement le canon de son arme sur sa poitrine et lâche la détente ; le coup part, le major tombe : la balle l'a frappé au cœur. Il expire, et sa bouche ne peut prononcer que ces mots :

— Misérable !... Et Valérie... Qui me vengera ?...

— Il est mort ! murmure Monvillars en considérant un instant le major étendu sur la terre, et ceci est plus sûr que les chances d'un combat...

— Oui !... c'est une nouvelle manière de se battre en duel !... dit une voix forte qui retentit tout près de Monvillars.

Celui-ci se retourne avec terreur... Un homme vient de sortir tout d'un coup de derrière la haie qui le masquait, et il est venu, en quelques enjambées, se placer à côté de l'assassin du major Giroval.

C'est l'Amant de la lune que le hasard vient de faire témoin de cette scène au moment où il allait se coucher, parce que son astre favori faisait alors place à un autre.

En apercevant un homme d'une forte stature et armé d'un gros bâton venir se placer tout près de lui, et l'examiner avec attention, Monvillars reste un moment pétrifié.

— Peste ! monsieur ! reprend Creps, vous vous êtes possédez un moyen infaillible pour sortir vainqueur d'un duel ?... mais je ne l'aime pas, votre moyen... il ne fait pas bon avoir une affaire avec vous...

Monvillars se voit perdu, sa tête s'égare ; déjà un second crime ne l'effraie pas, et il a repris dans sa main droite son autre pistolet ; mais Creps, qui suit tous ses mouvements et devine son intention, lui applique sur le bras un coup de son gourdin assez vigoureux pour que la main qui tenait le pistolet soit obligée de lâcher cette arme, qui tombe sur le gazon.

— Qu'est-ce qui vous passe donc par la tête ? reprend Creps d'un ton railleur ; est-ce que vous voudriez me traiter comme ce pauvre monsieur... qui repose là ?... Allons ! vous êtes fou !...

Puis, ramassant le pistolet, il le décharge en l'air et le rejette ensuite sur le gazon, en disant :

— Comme cela, au moins, on pourra croire que vous avez tiré tous les deux. Vous voyez bien que j'ai plus de prévoyance que vous.

Monvillars, terrifié par le sang-froid de cet homme qui a été témoin de son crime, fouille dans sa poche, prend dans sa main tout l'or qu'il a sur lui et le présente à Creps, en balbutiant :

— Tenez... prenez, de grâce... mais ne me perdez pas...

L'Amant de la lune considère les pièces d'or, il semble hésiter ; il se décide enfin à les recevoir, en disant :

— Je suis bien aise de vous dire que je ne reçois pas l'aumône... mais j'ai souvent emprunté de l'argent... et il est assez naturel que vous m'obligiez... Attendez...

Creps compte les pièces de vingt francs ; il y en avait vingt-deux. Il les met dans sa poche en disant :

— C'est quatre cent quarante francs que je vous dois... Je vous rendrai ça quand je pourrai... Je ne peux pas vous dire l'époque.

Monvillars n'en entend pas davantage, il s'éloigne presque en courant sans regarder derrière lui. Il arrive tout haletant à l'auberge. L'hôte grondait sa servante qui venait de lui avouer qu'elle avait parlé au voyageur arrivé dans la nuit des personnes qu'ils avaient à coucher. Claude n'avait pas manqué de dire que les deux hommes étaient sortis tenant chacun des pistolets à la main.

— Ils sont allés se battre, c'est un duel bien sûr ! criait l'aubergiste, et s'ils se tuent tous deux, cela fera beaucoup de tort à ma maison.

L'arrivée de Monvillars fait cesser tout ce bruit. On le regarde avec inquiétude.

— Monsieur n'est pas blessé ? murmure l'aubergiste. Je suis bien désolé... ce n'est pas ma faute si on a dit à ce voyageur...

— C'est bien, répond Monvillars. Notre compte, vite... nous allons partir... les chevaux sont mis ?

— Oui, monsieur.

— Il paraît que c'est l'autre qui a reçu la dragée ! dit tout bas Claude à son maître ; mais son cheval... qu'est-ce que nous ferons de son cheval ?

L'aubergiste n'écoute pas son garçon ; il donne la note à Monvillars qui paye sans regarder, puis monte précipitamment à la chambre où il a laissé Valérie. Il la trouve à peu près habillée, mais pâle comme une morte et se soutenant à peine. En voyant revenir son amant, elle pousse un cri qui n'exprime pas la joie, mais qui annonce qu'elle est délivrée de sa terreur.

— Etes-vous prête ? dit Monvillars, il faut partir sur-le-champ.

— Oui... me voilà... Eh bien... que s'est-il passé ?

— Ce qui devait arriver.

— Vous vous êtes battus ?

— Sans doute...

— Et vous avez été... le plus heureux.

— Puisque vous me voyez devant vous, cela doit vous en dire assez...

Valérie semble tressaillir ; elle murmure d'une voix à peine intelligible :

— Est-ce... qu'il serait... mort ?...

— Non... oh ! je ne crois pas... mais je pense qu'il en aura pour quelque temps et ne songera pas de sitôt à nous poursuivre. Il ne nous en faut pas moins partir à l'instant, avant que le duel soit ébruité... Venez... les chevaux sont mis.

Valérie veut prendre un manteau, une pelisse, mais elle est si troublée, qu'elle ne sait plus ce qu'elle fait. Monvillars lui jette un châle sur les épaules, l'entortille dedans, puis l'entraîne ou plutôt l'emporte jusqu'à la voiture, dans laquelle il la place et où il se met près d'elle.

Deux minutes après, la chaise de poste avait quitté Corbeil.

XIX. — LE BOUDOIR D'UNE LORETTE.

Dans une jolie maison de la rue Bourdaloue, au second étage, mademoiselle Félicia habitait un appartement petit, mais décoré et meublé avec autant de goût que d'élégance. Les tentures étaient renouvelées fort souvent, la maîtresse de ce petit temple de la mode aimait le changement jusque dans le culte de sa déesse. Les pieds ne posaient que sur des tapis épais et moelleux ; voulait-on s'asseoir, on se sentait doucement repoussé par des ressorts élastiques ; enfin, de tous côtés l'œil rencontrait de ces jolis petits objets antiques ou modernes dont les dames garnissent leurs étagères, et qui font que maintenant l'appartement d'une jolie femme ressemble à une boutique de curiosités.

Félicia, en charmant négligé du matin, est à demi couchée sur une causeuse. Elle tient dans ses mains un journal de modes, mais elle semble préoccupée d'autre chose ; ses yeux se portent souvent sur une jolie pendule en rocaille placée sur la cheminée, et alors des mouvements d'impatience lui échappent, puis de longs soupirs sortent de sa poitrine.

La sonnette se fait entendre. Félicia tressaille, elle écoute, elle attend. Mais bientôt son front s'assombrit de nouveau, car elle n'a point reconnu le pas de celui qu'elle espère, et elle murmure : Ce n'est pas encore lui !... si peu d'empressement !... déjà me négliger... moi qui n'ai pas une pensée qui ne soit pour lui... Mais il me regarde comme ces femmes que l'on prend et que l'on quitte comme une robe de chambre !... Ah ! je l'ai prévenu cependant que je ne voulais pas être aimée à demi !

Une jeune bonne ouvre la porte du boudoir, en disant :

— Madame Mirobelly et madame Mazzépa demandent si elles peuvent voir madame.

— Oui, sans doute... faites entrer ces dames.

La femme de chambre disparaît, et bientôt les deux dames galantes pénètrent dans le boudoir, l'une, toujours brillante d'attraits et de parures, la seconde, faisant tous ses efforts sous une toilette parfaitement calculée pour paraître encore apte à faire des conquêtes.

Félicia va au-devant de ces deux dames et les fait asseoir sur un divan, en leur disant :

— Bonjour, Belly... bonjour, ma bonne Mazzépa... Ah ! que vous êtes aimables de venir me voir... Tenez, justement je m'ennuyais, j'étais triste... Vous savez, on a des jours d'humeur noire... et j'étais dans un de ces jours-là...

— Oui, je connais ça ! répond madame Mazzépa en s'étalant sur le divan. Des jours où l'on ne vaut pas deux sous !... Eh ! mon Dieu ! je vois comme cela très-souvent.

— Ma chère Félicia, dit la Mirobelly, si tu ne t'amuses pas, c'est que cela te convient apparemment, car ce ne sont pas les occasions qui peuvent te manquer, aussi je viens te gronder. Qu'est-ce que cela signifie ? voilà près de quinze jours que tu n'as mis les pieds chez moi, que l'on ne t'a aperçue... Il me semble cependant que mes réunions sont assez suivies... Tu sais le plaisir que tu me fais en venant, et on n'entend plus parler de toi. Je répétais à Mazzépa : Mais c'est bien singulier, est-ce que Félicia serait fâchée contre moi ?... Il me semble pourtant que nous avons toujours été bonnes amies. Ma foi, j'ai voulu en avoir le cœur net, j'ai dit à Mazzépa : Allons la voir... Elle n'a pas mieux demandé, et nous voici.

— Oh ! vous avez très-bien fait !... Je suis fort contente de vous voir... Moi fâchée contre vous, ma chère Belly... vous savez bien que cela ne se peut pas.

— C'est ce que je disais à Miro ! reprend madame Mazzépa en caressant ses moustaches avec le bout de sa langue. Félicia n'a aucune raison pour t'en vouloir, tu ne lui as jamais enlevé d'amoureux.

— Ah ! fi donc ! s'écrie la belle femme. Voilà de ces traits que je ne ferai jamais, par exemple !... Il faut laisser cela aux Léonis... aux Antonine... Ces dames s'arracheraient n'importe quoi et n'importe qui ! A propos, sais-tu la nouvelle ?

— Quelle nouvelle ?...

— Au sujet de Zizi Pétard.

— Je ne sais rien.

— Ah ! c'est juste ! Tu as quitté le monde depuis quinze jours. Nous allons te conter cela... Il faut dire, ma chère, que Zizi a fait fortune ! c'est-à-dire, qu'elle a trouvé un monsieur extrêmement riche... un homme qui a des forges et qui lui donne un appartement superbe, des cachemires, des diamants et voiture à ses ordres.

— En vérité ?

— Conçoit-on une oie comme celle-là... car tu sais à quel point elle est bête !... incapable de trouver trois mots de suite. Et cela fait une pareille conquête... Elle est jeune et assez gentille, c'est vrai... mais si sotte... et pas de tournure !

— Ah ! les hommes ont bien peu de goût maintenant ! murmure madame Mazzépa en lançant un regard dans la glace qui est en face d'elle.

— Eh bien ! je ne suis pas fâchée que ce bonheur soit arrivé à Zizi Pétard, dit Félicia, car c'est une bonne fille, et si elle est bête, au moins elle n'est pas méchante.

— C'est vrai... pourvu qu'elle sache conserver sa trouvaille !

— J'en doute, reprend madame Mazzépa, il est plus difficile de conserver que de trouver. Il faut pour cela des talents dont je crois Zizi Pétard entièrement dépourvue !...

— Il n'y a pas d'autre nouvelle dans notre société !

— Attends donc... Aglaure est avec Courtinet...

— Il ne lui donnera pas de voiture, celui-là !

— Léonis a voulu se battre avec Antonine pour un valseur qu'elles se disputaient ; on les a séparées.

— On a eu bien tort.

— M. de Pigeonnac a déposé son bilan...

— Bah ! il avait donc quelque chose à déposer ?

— Georgelle, mon petit pharmacien, a composé une eau virginale dont les effets sont miraculeux...

— Il doit en vendre beaucoup.

— Ma chère... une supposition : Tu serais molle partout... tu te frottes avec cette eau et tu redeviens ferme comme un gland.

— Je lui en ai acheté dix flacons ! murmure madame Mazzepa.

— Enfin le lansquenet continue d'aller son train ; on joue plus que jamais... Ça et les chemins de fer, vois-tu ? il n'y a plus autre chose pour s'enrichir. Mais ce qui me vexe, c'est de n'avoir pas revu ce monsieur... de Monvillars, ce jeune dandy qui jouait si gros jeu et qui a gagné chez moi au moins vingt mille francs... n'est-ce pas, Mazzépa ?

— Oh ! plus que cela !

— Il me semble que ce monsieur aurait bien pu nous faire la politesse de revenir. Mais Courtinet m'a dit qu'il le croyait en voyage, alors nous ne le reverrons que cet hiver. Arrivons à toi, Félicia. Voyons, pourquoi es-tu triste ? pourquoi ne te voit-on nulle part ? Est-ce vrai ce que l'on dit : tu as une passion qui t'occupe entièrement... ce grand jeune homme... dont par parenthèse tu as fait la connaissance chez moi... car elle n'est pas mauvaise, ma maison !...

— C'est une maison dorée ! dit en souriant madame Mazzépa.

— Oui, dit Félicia en laissant tomber sa tête sur sa poitrine... oui, j'aime... c'est-à-dire que je suis folle d'Isidore Marcelay... que j'ai en effet vu chez toi pour la première fois. Ah ! ma chère, je ne sais pas aimer faiblement... ou plutôt j'aime pour la première fois... C'est lui qui m'a fait connaître ce sentiment dont je n'avais pas encore l'idée... l'amour... que j'avais méconnu jusqu'alors... l'amour que j'avais cru goûter... mais dont j'étais si loin... l'amour qui est un bonheur, un tourment... une ivresse... une inquiétude continuelle !...

— Oh ! ma bonne amie, il ne faut pas aimer comme cela ! dit madame Mazzépa, c'est contraire à la santé.

— Je ne crois pas qu'il y ait deux manières d'aimer réellement, répond Félicia. Si vous pensez que l'on soit libre de maîtriser sa passion, c'est que vous n'avez jamais connu le véritable amour.

— Je ne l'ai pas connu... moi ! répond la dame à moustaches, en dandinant la tête d'un air précieux... Mais songez donc, ma chère, que je n'ai pas fait autre chose depuis... depuis mon printemps.

— Enfin, reprend la grande femme, tu aimes M. Isidore, il me semble que ce n'est pas une passion malheureuse. Il t'aime aussi, puisqu'il est ton amant; je ne vois pas ce qui peut t'attrister dans tout cela.

— Ah ! tu ne vois pas... c'est que tu ne sens pas comme moi.

— Explique-toi donc, boudeuse.

— Oui, beaucoup de femmes à ma place se trouveraient heureuses.

— Est-il généreux ce jeune homme ?... on le dit appelé à devenir très-riche.

— Eh ! que m'importe ?... c'est bien à cela que je pense... Oui, sans doute, Isidore est très-galant... il m'a fait de jolis présents... mais ce n'est pas cela que je lui demande... qu'il garde sa fortune ! c'est son amour... son amour seul que je veux.

— Oh ! voilà que nous déraisonnons ! dit madame Mirobelly en examinant l'étoffe de la robe de Félicia. L'amour c'est bien gentil... mais si on n'avait que cela... Voilà une étoffe charmante... regarde donc, Mazzépa... comme ça fait bien, ces rayures. Qu'est-ce que c'est que cela ? de la mousseline-laine ?

— Oui... Isidore n'a été charmant qu'un jour... c'est celui où je me suis donnée à lui... Dès le lendemain il m'a manqué de parole... il m'a laissée l'attendre deux jours.

— Tout de suite comme cela le lendemain... c'est bien prompt... Est-ce large, ma chère amie ?...

— Je ne sais plus... ce n'est pas cher... Depuis ce temps, il me semble qu'Isidore a quelque chose... près de moi, dans mes bras même il pense à une autre... Oh ! si je le savais... si je connaissais ma rivale.

— Allons ! voilà ses idées romanesques qui lui prennent... toujours mauvaise tête... Oh! il faut absolument que j'aie une robe comme celle-là... ça m'ira très-bien, n'est-ce pas, Mazzépa ?

— Oui, ma chère, ça doit amincir !

— Mon Dieu, ce n'est pas que j'aie besoin de m'amincir, il me semble que ma taille n'est pas encore devenue carrée... Où as-tu acheté, cela, ma petite Félicia ?

— Mais je ne sais plus... je crois que c'est à la *Petite Jeannette*... Tenez, il m'avait dit qu'il viendrait ce matin et qu'il me mènerait promener. Vous voyez, une heure passée... il ne vient pas.

— Ma bonne amie, on peut avoir affaire ! il ne faut pas être comme ça exigeante avec les hommes.

— Ce sont des mouches, dit madame Mazzépa, mais vous connaissez le proverbe... il faut du miel pour les prendre.

— Oh ! je m'inquiète peu des proverbes, moi; je ne puis changer mon caractère... Si Isidore ne m'aime plus, qu'il me le dise franchement, qu'il cesse tout à fait de venir.. je saurai du moins à quoi m'en tenir... Je l'oublierai... Je ne serai pas assez folle pour m'occuper d'un homme qui penserait à une autre... je serai plus heureuse peut-être.

Tout en disant cela, Félicia déchirait un superbe mouchoir de batiste qu'elle tenait dans ses mains; dans les mouvements nerveux qui l'agitaient, elle ne s'apercevait pas que ses doigts tiraient et mettaient en lambeaux la fine toile et la dentelle qui l'entourait. Madame

Gargouille.

Mazzépa, qui s'en aperçoit la première, pousse un cri, en disant : — Mon Dieu ! Félicia... à quoi pensez-vous ? Voyez donc comme vous arrangez votre mouchoir.

— Quel meurtre ! dit la belle Mirobelly. Un mouchoir magnifique... brodé aux coins... Ah ! cela valait au moins cent francs.

— C'est un petit malheur, dit Félicia. Mais je pensais à ma rivale... je croyais la tenir... et...

— Diable ! c'est comme cela que tu la déchirerais... Fichtre, je ne ferai pas de l'œil à ton amant... Et tu veux qu'il te dise franchement s'il ne t'aime plus ?

— Oh ! non, non, je veux qu'il m'aime toujours... je veux qu'il me soit fidèle... je veux être la seule qui possède son cœur... car je n'aime que lui, moi; et pour lui j'abandonnerais tout... j'irais je ne sais où....

— Dans un désert, n'est-ce pas ?

— Oui... oh ! dans un désert avec lui, j'y serais bien heureuse, car il ne pourrait pas en aimer d'autres alors; vous croyez que je plaisante... mais je vous jure que c'est bien ce que je pense.

— Tant pis, ma chère, dit Mirobelly en continuant de tâter l'étoffe de la robe. Il vaudrait bien mieux que tu plaisantasses. Je me la ferai comme cela... montante... est-ce qu'il y a des hommes fidèles... et j'y ferai faire un grand pli en bas...

La sonnette qui se fait entendre de nouveau interrompt cette conversation. Félicia s'est levée vivement, elle court vers la porte... mais elle est encore désappointée. Cette fois c'est la grande Adèle Rotin qui entre dans le boudoir, en disant :

— Se faire annoncer... pourquoi donc!... j'ai reconnu des voix de connaissance et je me suis dit : Je ne serai pas de trop ; ai-je bien fait ?

— Tiens ! c'est Tintin !

— Bonjour, mesdames : bonjour, Félicia. On disait que tu étais morte, que tu avais pris la rampe. Moi j'ai répondu : Ce n'est pas possible, elle me l'aurait fait savoir.

Félicia tend la main à la grande blonde et lui dit d'un air triste, quoiqu'en tâchant de sourire :

— Bonjour, Adèle ! je suis bien aise de te voir.

— Oh ! comme tu me dis cela tristement... nous sommes donc dans nos jours nébuleux.

— Elle croit que son amant la trompe, dit madame Mirobelly, et elle se rendra malade par sa jalousie...

— Son amant... M. Isidore Marcelay... un charmant garçon... celui avec qui je m'étais associée au lansquenet et qui m'a fait gagner quatre cents francs.

— Oui, et qui a tout perdu, lui.

— Oh ! c'est un charmant garçon... je conçois très-bien que Félicia l'aime..... il m'aurait bien plu aussi à moi, mais j'ai vu tout de suite que c'était Félicia qu'il reluquait et je me suis mise au port d'armes. On est aulré ou on ne l'est pas, je ne connais que ça.

— Nous en ferions toutes autant ! dit madame Mazzepa, et j'aime à croire que Félicia nous confierait sans crainte son amant !

— A elle, c'est possible ! murmure la grande blonde en se retournant, puis elle reprend tout haut : Mesdames, vous savez que Zizi a un écopé... et qu'elle fait déjà sa poussière.

— Bah ! vraiment, elle ferait de l'embarras... elle paraissait si bonne enfant !

— Oui, quand elle allait dîner chez tout le monde, elle était très-bonne enfant ! mais à présent qu'elle pourrait nous traiter à son tour, elle, fait semblant de ne plus nous connaître... On m'a cité un mot d'elle qui est ravissant, surtout pour nous qui l'avons vue dans la débine.

— Oh! voyons ce mot.

— Il paraît que dernièrement elle devait jouer la comédie en société, on lui avait donné un petit rôle de paysanne... bien assez fort pour son talent. Mais il fallait mettre un petit déshabillé en indienne, voilà mademoiselle Zizi qui fait la moue. — Oh ! mais je ne veux pas mettre de l'indienne... je n'en ai jamais porté... ou donc cela s'achète-t-il ?

— Oh ! c'est délicieux.

— Où donc cela s'achète-t-il ? est ravissant ! Pauvre fille ! puisse-t-elle toujours porter de la soie.

— Mesdames, moi qui n'ai pas voiture, je mets un objet très-précieux en loterie et je viens vous proposer des billets.

— Je n'y gagne jamais ! dit madame Mirobelly, mais c'est égal, je me laisse toujours tenter... si l'objet est gentil et si les billets ne sont pas trop chers.

— L'objet est extrêmement gentil... il est surtout d'une utilité reconnue et incontestable. Quant au prix du billet, cinq francs !... cela ne vaut pas la peine de s'en passer !... qu'est-ce que c'est que cinq francs pour nous autres qui faisons si bien rouler l'argent ?

— Mais c'est toujours cinq francs ! dit madame Mazzepa. Et combien avez-vous fait de billets ?

— Cent, parce que c'est un compte rond... j'avais envie d'en faire mille... ça m'aurait rapporté davantage ; mais je me suis dit : Ce sera trop long à placer ; je me suis bornée à cent.

— Cent billets à cinq francs, cela représente cinq cents francs ; l'objet vaut donc à peu près cela... Je gage que c'est un cachemire dont elle veut se défaire... n'est-ce pas, Tintin, que j'ai deviné ?

— Oh ! non, ce n'est point un cachemire. Voyons, mesdames, me prenez-vous des billets, que je vous mette sur ma note ?

— Dis-nous donc ce que c'est d'abord. Est-ce qu'on peut prendre des billets sans savoir ce qu'on peut gagner ?

— Eh bien, mesdames, l'objet à gagner... c'est... un gilet de flanelle pour homme, et d'occasion.

Les trois lorettes se mettent à rire ; Félicia elle-même ne peut s'empêcher de partager la gaieté générale.

— Un gilet de flanelle ! dit madame Mirobelly, à cinq francs le billet... et il y en a cent... Tu ne fais pas de mauvaises spéculations, Tintin.

— Ah ! dame ! moi, je veux avoir un petit bénéfice.

— Voyons, qu'est-ce que cette charge-là... Tu n'as pas sans doute l'espoir de placer tes billets ?

— Si vraiment... je vous assure que l'objet est précieux et qu'il y a de l'argent à gagner dessus.

— Et depuis quand as-tu des gilets de flanelle... et d'homme encore ! sais-tu bien que cela pourrait donner de toi des idées... burlesques?

— Oh ! je ne fais pas la rosière! Au reste, ceci est une petite histoire... mais ça m'est égal... je vais vous la conter. Figurez-vous qu'à cette soirée où Félicia a fait la conquête de M. Isidore Marcelay, moi j'ai eu le bonheur... ou plutôt le guignon de plaire à mon cousin... au gros Bouchonnier... un zéphyre soufflé qui en conte à toutes les dames... Ce monsieur me propose un déjeuner au Rocher de Cancale pour le surlendemain. Moi, qui prise le Rocher de Cancale, j'accepte. D'ailleurs un déjeuner n'engage à rien...

— Va donc ! tes réflexions sont superflues.

— Le jour indiqué j'attends mon gros galant... Ah ! j'oubliais de vous dire qu'il m'avait offert un joli cachemire bleu pâle si je consentais à déjeuner avec lui.

— Dis donc, il me semble que cela t'engageait un peu.

— Oui, mais je me disais : il faudra le voir ce châle. Il y a si loin d'une promesse à un présent !... J'attends donc le Bouchonnier. Il arrive... sans châle, mais tout en nage, très-pressé et escorté par

Est-ce que vous voudriez me traiter comme ce pauvre monsieur ?...

un commissionnaire portant une bourriche d'huîtres, un homard et une terrine de Nérac. Je dis : Et le Rocher de Cancale... Il me répond : Nous n'avons pas le temps d'y aller... il faut que je retourne à Corbeil, où j'ai laissé Isidore près de ma femme.

— Près de sa femme à Corbeil! s'écrie Félicia. Ah! c'est donc ça qu'Isidore est si souvent maintenant à Corbeil... chez un de ses parents... Et est-elle jolie la femme de son cousin... la connais-tu?...

— Non! je ne l'ai jamais vue... mais tu m'interromps... je ne sais plus où j'en étais...

— Ah! c'est près de la femme de ce monsieur qu'Isidore est si souvent... Oh! je la verrai cette femme... Continue donc, Adèle...

— Eh bien, Bouchonnier me dit : Nous déjeunerons chez vous, mais je ne vous en offrirai pas moins le petit cachemire bleu. Moi, je me laisse aller... je suis d'une si bonne pâte... Bref, nous déjeunons très-bien... il avait aussi fait venir du champagne... Bref, je ne me souviens plus trop comment cela s'est fait, mais, de bref en bref, après le déjeuner... ce monsieur, qui avait très-chaud, se débarrasse de son gilet de flanelle... Je ne sais pas à quel moment, je ne le lui ai pas vu ôter!

— Très-bien... nous ne demandons pas d'explication.

— Mais le plus drôle, c'est que mon gros galant, toujours pressé, se sauve et oublie son gilet. Moi, je ne m'en aperçois pas le soir. Je dis : C'est bien, il reviendra le chercher. En effet, quatre jours après... il y avait mis de la réflexion, M. Bouchonnier vient me demander son gilet. Alors je lui réponds : Et ce petit châle bien pâle ? Il me dit : Vous l'aurez. C'est fort bien, dis-je ; mais je ne vous rendrai votre gilet que quand vous me donnerez le châle. Ce monsieur se fâche et prétend que je suspecte sa bonne foi. Je lui ris au nez et garde son gilet. Voilà dix jours de cela ; il ne m'a pas revenu, je n'ai pas reçu de châle. Je mets la flanelle en loterie et je conte l'anecdote à tous ceux qui prendront des billets, en leur faisant comprendre tout le parti que l'on peut tirer de ce gilet, qui compromettrait cruellement ce monsieur si on allait le reporter à sa femme. Et voilà !

Tintin termine son histoire en tirant de sa poche un paquet de billets de sa loterie. Félicia rit beaucoup et son amie rient beaucoup de l'histoire du gilet. Félicia ne rit pas, elle paraît réfléchir.

— Ton idée est assez originale, dit madame Mirobelly; mais, ma chère Tintin, je crois, malgré cela, que tu auras beaucoup de peine à placer tes billets.

— Bah! on m'en a déjà pris quatre.

— Si vous pensez, dit madame Mazzépa, que le propriétaire du gilet craigne qu'on aille le porter à sa femme, pourquoi ne l'en avez-vous pas menacé? pourquoi ne cherchez-vous pas vous-même à en tirer parti?

— Il me semble que j'en tire un assez bon parti en le mettant en loterie... et puis j'ai trouvé ça drôle. Ensuite, quant à porter le gilet à l'épouse de mon gros galant... car décidément c'est un ladre, je vois bien qu'il s'est moqué de moi en me promettant un petit cachemire... oh! je ne ferai jamais de ces choses-là !... et j'aurais beau l'en menacer, il avait assez d'esprit pour savoir que je ne suis pas méchante... c'est à peine si j'ai le courage de tuer une puce. Bouchonnier a ri quand je lui ai dit que je voulais me venger. Mais le gilet dans la main d'une autre, c'est différent ; vous concevez qu'on fera ce qu'on voudra, ça ne me regarde plus.

— Oh! certainement, il y aurait peut-être de l'argent à gagner dessus... dit la dame à moustaches. Ce monsieur doit désirer rentrer en possession de son gilet... Tenez, ma chère Tintin, vendez-le-moi quarante francs, je vous l'achète et je vous le paie tout de suite... quand vous me le donnerez.

— Par exemple! je ferais une belle affaire! quarante francs quand il m'en rapportera cinq cents!

— Mais on ne vous prendra pas de billets... Un gilet de flanelle qui a été porté... n'est-ce pas un ladre.

— C'est justement parce qu'il a été porté qu'il a beaucoup de valeur... c'est ce qui en fait le charme.

— Vous avez fort tort de refuser mes quarante francs.

— Elle a raison, au contraire, dit Félicia, car je lui prends tout ce qui lui reste de billets.

— Vraiment!... il serait possible... ce n'est pas une blague?

— Non, je te dis que c'est un marché fait.

— Ah! j'espère qu'en voilà une amie !... Tiens... tiens... voilà les billets... je n'en avais apporté que vingt-cinq, mais je te donnerai tout le reste...

Et la grande blonde se met à sauter, à pirouetter, à polker dans la chambre, en chantant :

Quel nouveau jour pour moi! quel heureux changement!
J'ai placé ma flanelle et je suis dans l'aisance.

Les deux autres femmes regardent Félicia d'un air ébahi.

— Ce n'est pas possible, dit Mirobelly, tu ne vas pas donner cinq cents francs d'un vieux gilet porté par ce gros monsieur.

— Pourquoi pas, si c'est ma fantaisie?

— Peste! en voilà un caprice un peu cher !...

— Félicia a quelque projet en tête, murmure madame Mazzépa, et ce n'est pas sans intention qu'elle veut posséder ce gilet.

— A son aise; moi, j'aime mieux acheter des chemins de fer. Ah! mesdames, il n'y a plus que cela aujourd'hui pour faire fortune... Je vais de ce pas chez mon agent de change lui dire de m'acheter dix rives droites... elles ont baissé, elles remonteront, c'est le bon moment.

— Oh! Mirobelly qui agiote! s'écrie la grande blonde en riant.

— Et pourquoi pas, mesdames? tout le monde joue sur les chemins de fer maintenant... tout le monde s'enrichit; pourquoi donc ne ferais-je pas de même ?

— Tout le monde s'enrichit... ça me paraît fort, répond Tintin. C'est comme si tu me disais que dix joueurs, qui ont joué ensemble toute la nuit, ont gagné tous les dix... Ça serait difficile... à moins que ce ne soit des joueurs de violon... Moi je dis que, puisqu'il y en a qui s'enrichissent, il doit y en avoir qui se ruinent... sans cela où serait la balance ?

— Ma chère Tintin, vous n'entendez rien au jeu de Bourse... Mazzépa, nous allons nous rendre chez mon agent de change, et ensuite nous irons acheter une robe comme celle de Félicia.

— Je suis à tes ordres, Miro.

Les deux dames se lèvent et font leurs adieux à Félicia. Tintin dispose à s'en aller aussi ; Félicia la retient par un signe. Lorsque madame Mirobelly et la Mazzépa sont parties, la grande blonde fait une cabriole dans la chambre, en s'écriant :

— Je suis bien aise qu'elles soient parties ces deux-là... elles m'embêtent. Mirobelly se donne des airs en parlant de son agent de change... et Mazzépa qui se bride les coins de la bouche pour se donner la mine d'une jeune fille !... Ah! ah! vieux sapeur, va !... mais c'est égal, Félicia, maintenant que nous sommes seules, je ne veux pas abuser de ton beau mouvement de générosité. Tu as envie du gilet de flanelle... tu l'auras ; je te le donne à toi... seulement, aujourd'hui, tu me prêteras quelques napoléons dont j'ai besoin... Quant aux quatre billets de ma loterie, que j'avais placés... c'est un Anglais, un bon enfant qui me les a pris ; je lui dirai que le tirage de ma loterie est défendu par la police, et il n'aura pas la vilenie de me redemander l'argent de ses billets... fi donc !... Ainsi demain, tantôt si tu veux, je t'apporterai le gilet ; c'est convenu.

Félicia serre une des mains d'Adèle Rotin, en lui disant :

— Tu es une bonne fille, toi, Adèle ; je t'avais toujours bien jugée... tu ne ferais rien de méchanceté pour de l'argent.

— Jamais! Du reste, si j'aime à avoir de l'argent, c'est pour le dépenser, et pas autre chose ! il ne moisit pas chez moi.

— Et ce M. Bouchonnier... tu ne le revois plus ?

— Pas depuis qu'il est venu me réclamer son gilet et que moi je lui ai demandé le petit cachemire. Va, crois-le, c'est un cuistre... Il m'a fait aller, c'est le mot... il fait semblant d'être généreux avec les femmes... il paye de bons déjeuners, c'est vrai... parce qu'il en prend sa part, c'est-à-dire plusieurs parts... mais pour lui seul c'est un Gascon. Oh! certainement, il mériterait de bonne leçon... Je ne connais qu'une chose : si vous promettez, tenez, ou bien ne promettez rien. Eh, mon Dieu! quand un homme nous plaît, est-ce que nous vendons toujours nos faveurs !... Tout le monde n'est pas une Mirobelly, qui calcule ce que doit lui rapporter un sourire, une œillade, un serrement de main... et cœtera... mais aussi elle a un agent de change et elle achète des chemins de fer!

— Et ce M. Bouchonnier est le cousin d'Isidore ? demande Félicia au bout d'un moment.

— Mais oui... ce grand jeune homme gentil... qui m'a gagné quatre cents francs à la lansquenet... Ah! que je suis bête !... je te dis tout cela... comme si tu ne le connaissais pas mieux que moi ; je ne pensais plus qu'il est ton amant... Et tu en es donc bien amoureuse ?

— Oh! oui... je l'aime de toutes les forces de mon âme.

— Ah! on est heureux d'aimer comme ça... moi, j'ai beau faire, je ne peux plus m'attacher.

— Et ce M. Bouchonnier a une femme jeune... jolie ?

— Dame! je ne sais pas... Ah! si, je crois que mon gros zéphir a dit une fois : Mon épouse est une des plus jolies femmes de Paris... c'est pour cela que je la laisse à Corbeil.

— Ah! Adèle, il faut que tu me serves... il faut que tu m'aides à éclaircir mes soupçons.

— Moi, je suis toute à ton service. Quels soupçons as-tu ?

— Je crains qu'Isidore ne me soit infidèle.

— Ah bien ! si ce n'est que cela !...

— Que cela ! s'écrie Félicia en serrant avec force le bras de la grande blonde, et en fixant sur elle des regards qui lancent des éclairs.

— Oh! pardon, ma bonne, reprend Tintin toute saisie et presque effrayée. Je ne songeais plus, moi, que tu aimes d'une manière toute différente de la mienne... Enfin, je te servirai, je t'aiderai... je suis toute à toi. Que veux-tu faire ?

— Eh! mon Dieu! je n'en sais rien, moi ; mais je voudrais... me trouver avec ce M. Bouchonnier...

— Moi aussi je voudrais le revoir, le vilain... pour le tourmenter un peu ; mais je crois qu'il ne faut plus que je l'attende chez moi... Ah ! une idée !...

— Parle.

— Dans quelques jours, je donne un petit bal chez moi, dans le nouvel appartement que j'ai loué, rue Samson, 3, maison presque dorée, et où j'entre après-demain.

— Un bal, chez toi ?

— Oui ; oh ! je vais avoir un petit appartement très-fashionable, un salon, un boudoir, et des lieux à l'anglaise... ravissants d'élégance... on dînerait dedans...

— Et la chambre à coucher ?

— On couche où l'on veut... dans le boudoir, par exemple. Je reviens à mon bal. Je n'ai pas le sou, mais c'est un bal par souscription... J'aurai les dames des chœurs d'un de nos grands théâtres lyriques... elles sont très-aimables... très bonnes enfants et pas chipies du tout... D'abord, moi j'exècre les chipies ; aussi je ne veux ni de la Mirobelly, ni de son aide de camp Mazzépa, ni de la plupart de ces dames qui vont à ses soirées. Parmi les hommes, je choisirai aussi... Ne me parlez pas de ces messieurs qui se posent, qui veulent qu'on les admire, qu'on les écoute d'un air ébahi... Non pas, je ne veux que de bons garçons... des artistes, des auteurs... des hommes d'esprit autant que possible. Et puis, il est bien convenu qu'on ne les laissera pas jouer avant le souper... car nécessairement il y aura un souper... Dix francs par tête d'homme, ce n'est pas trop cher, n'est-ce pas ?... les dames ne payent jamais... J'aurais bien mis la souscription plus cher, mais cela nous aurait privées de plusieurs jeunes gens fort gentils qui ne sont pas millionnaires.

— Mais Adèle, je ne vois pas quel rapport il y a entre ton bal et le désir que j'ai de me trouver avec M. Bouchonnier.

— Attends donc ! tu vas comprendre, c'est bien simple. Parle de ce bal à ton Isidore, sans lui dire que c'est chez moi qu'il aura lieu, engage-le à y venir et à y amener son gros cousin. Comme ce sera dans mon nouveau local, le monsieur au gilet ne se doutera pas qu'il vient chez moi. Tu diras que c'est un bal de dames de chœurs, et tu ne mentiras pas ; je suis persuadée que Bouchonnier acceptera avec joie, d'autant plus que dix francs par tête pour avoir un souper, ce n'est pas cher... et une fois chez moi, tu pourras causer à ton aise avec ce monsieur.

— Oui, en effet... cela pourrait se faire ainsi... à moins qu'Isidore ne veuille pas venir à ce bal.

— Oh ! il ne refusera pas cela. Tiens, ce sera pour d'aujourd'hui en huit... le temps de faire poser les tentures, les draperies, que j'achèterai à crédit, si j'en trouve. Ainsi, c'est convenu, tu vas en prévenir ton Isidore ?

— Eh ! sais-je seulement si je dois le revoir encore !... Tiens... voilà trois heures qui vont sonner... et il devait être ici à midi... il me trahit... il me trompe... il ne m'aime plus !...

— Est-ce qu'il ne t'embrasse plus aussi souvent ?... Ah ! c'est que c'est un thermomètre excellent, cela... c'est à ça que l'on voit si l'amour de ces messieurs descend ou s'il monte... moi, je n'en ai pas encore trouvé qui restât au beau fixe.

Félicia n'écoutait plus Adèle ; un tremblement nerveux semblait l'agiter, ses yeux étaient attachés au plafond, et leur fixité avait quelque chose d'effrayant.

Le bruit de la sonnette se fait encore entendre, mais cette fois le coup est plus violent, plus brusque. La figure de Félicia change subitement ; ses traits reprennent de la vie, ses yeux de la félicité ; ses joues se couvrent d'une légère teinte rosée ; elle se tourne vers son amie, en lui disant : — C'est lui ! c'est lui, cette fois... je ne saurais m'y tromper... Tiens... tiens... il marche... Mon Dieu ! que je suis heureuse !... Tiens... écoute.

On entend Isidore qui dit alors à la femme de chambre :

— Félicia est-elle chez elle ?

Et un instant après, il ouvrait la porte du boudoir.

Adèle, qui comprend qu'en ce moment sa présence contrarierait Félicia, a mis vivement son châle et s'approche de son amie en lui disant : — Adieu, ma petite... je viendrai te voir demain matin.

— Que ce ne soit pas moi qui vous fasse fuir, madame, dit Isidore en saluant la grande blonde, qu'il n'avait pas revue depuis la soirée de madame Mirobelly et qu'il regarde comme quelqu'un qu'on cherche à reconnaître.

— Non, monsieur ; je partais au moment où vous avez sonné... Au revoir, ma bonne.

Et, tout en embrassant Félicia, Adèle lui dit à l'oreille :

— Dis donc... c'est que je n'ai pas le sou pour mon déménagement... es-tu en fonds, toi ?

— Va à la cheminée, dans un des grands vases, à gauche, prends ce que tu voudras, répond tout bas Félicia. Puis elle va à Isidore et le conduit à une causeuse, où elle le fait asseoir. Pendant ce temps la grande blonde s'approche lestement de la cheminée ; elle plonge sa main dans un beau vase de porcelaine, destiné à contenir des fleurs, mais dont, par un de ces caprices ordinaires aux lorettes, Félicia avait fait son coffre-fort. Ce vase était à moitié rempli de pièces de cinq francs et de napoléons.

— Fichtre ! se dit Adèle, tout en prenant au hasard deux grosses poignées qu'elle fourre dans sa poche, plus que ça ne *outbus !*... voilà des fleurs dont je voudrais bien avoir de la graine ; j'aimerais mieux ça sur une cheminée que des oignons de tulipe.

Et faisant une demi-pirouette, mademoiselle Tintin est hors du boudoir avant qu'Isidore ait eu le temps de se retourner pour la saluer.

Et, dans la rue, elle fait sonner l'argent qu'elle a mis dans ses poches, en fredonnant entre ses dents :

— *Femme sensible, entends-tu le ramage ?*... Qu'est-ce qui croirait pourtant que c'est de la flanelle qui produit ce son-là.

DEUXIÈME PARTIE.

I. — IL SE TRAME QUELQUE CHOSE.

Pendant les quinze jours qui s'étaient écoulés depuis la partie sur l'eau et l'événement arrivé à Emmeline, Isidore était retourné souvent à Corbeil, et chaque fois il n'avait pas manqué d'aller faire une visite aux voisines de sa cousine. Parfois même, pressé par l'heure, en sortant du chemin de fer, il courait à la maisonnette de madame Clermont, puis il repartait sans aller voir madame Bouchonnier.

Madame Clermont faisait toujours un gracieux accueil au jeune homme, et Emmeline lui témoignait par un charmant sourire le plaisir que lui faisait sa présence. Du reste, si Isidore avait eu le dessein de parler en secret à la jeune fille, il aurait toujours été déçu dans son espoir, car madame Clermont ne quittait pas un instant sa fille ; mais un amour sincère se contente de peu ; il n'entrait point dans le cœur d'Isidore une pensée coupable. Voir celle qui lui plaisait suffisait à son bonheur. Sans doute, il eût regardé comme une grande faveur de se trouver un instant seul avec elle ; mais peut-être alors n'en eût-il pas profité autrement que pour la regarder davantage, n'eût-il pas encore osé lui déclarer ce qui se passait dans son âme, de crainte d'effaroucher cette créature si douce, si pure, qui semblait avoir quelque chose d'un ange, et qui ne comprenait pas au monde un plus grand bonheur que d'être près d'Isidore et de sa mère.

Parfois on faisait un peu de musique, mais le plus souvent on causait, ce qui n'empêchait pas les dames de travailler. Madame Clermont demandait toujours au jeune homme des nouvelles de Paris ; celui-ci devinait ce que cela voulait dire, mais depuis quelque temps il n'avait pas eu occasion de voir M. Riberpré ; la fille de ce banquier, la jeune Elvina, étant malade, les bals et les soirées étaient suspendus chez ce monsieur.

Isidore n'avait pas oublié de faire part à madame Clermont de cette circonstance, et chaque fois qu'il allait à Corbeil voir ces dames, la mère d'Emmeline ne manquait pas de s'informer de la santé de la jeune Elvina.

De son côté, Isidore avait demandé des nouvelles du sauveur d'Emmeline, et ces dames lui avaient conté leur visite au cabaret de Roberdin, et ce qui en était résulté. Le jeune homme avait beaucoup ri de la frayeur que la mère et la fille avaient éprouvée en se trouvant dans la maison isolée ; mais ensuite, considérant la beauté de l'une et de l'autre, et réfléchissant à ce que l'on pouvait inspirer aux gens qui fréquentaient le cabaret de Roberdin, il leur avait aussi conseillé de ne plus s'aventurer seules de ce côté.

Cette recommandation était inutile ; pour tout au monde, madame Clermont et sa fille ne seraient pas retournées dans cette demeure où elles avaient rencontré M. Garguille. Cependant toutes deux regrettaient beaucoup de ne point avoir revu celui auquel elles devaient de la reconnaissance ; mais leurs efforts pour le rencontrer avaient été inutiles ; il n'y a pas toujours de la lune, et Creps ne se trouvait pas toujours sur leur chemin.

Les choses en étaient là, lorsque Isidore était arrivé à la fin de la journée chez Félicia, qu'il voyait toujours parce qu'elle était séduisante, et que, tout en ayant un innocent amour au fond du cœur, il est bien permis, à vingt-six ans, d'avoir de fréquentes distractions ; il y a tant de gens qui en ont toujours, même lorsque leurs amours ne sont pas innocentes.

— Il me semble que je connais cette dame ? dit Isidore en s'asseyant près de Félicia, après que Tintin s'est éloignée.

— Oui, vous l'avez vue chez Mirobelly, dans cette même maison où vous m'avez connue.

— Ah ! n'est-ce pas celle qu'on nomme Tintin ?

— Justement. Adèle Rotin.

— Georgelle m'a raconté à son sujet une aventure fort plaisante... c'est une rouée que mademoiselle Tintin.

— Eh ! mon Dieu ! je vous assure qu'elle ne l'est pas plus que beaucoup de ces dames qui fréquentent chez Mirobelly ; seulement, comme elle est très-franche et conte toutes ses aventures, cela lui a valu cette réputation qui a percé jusqu'à vous. Du reste, c'est une bonne fille, incapable de faire du mal, même à une rivale, vertu que je n'aurais jamais la force d'imiter. Mais c'est assez nous occuper d'Adèle... n'avez-vous donc rien à me dire, à moi?

Isidore, qui tient à prouver le contraire, enlace Félicia par la taille et veut l'attirer sur ses genoux ; la jolie femme le repousse en lui disant :

— Non, non, ce n'est pas ainsi que je l'entends. De ce côté-là, je ne suis pas comme Tintin, qui juge de l'amour de son amant par le plus ou moins de baisers qu'il lui donne. Avec moi, un seul en vaut quelquefois cent, cela dépend de la manière dont il est donné, et du plaisir qu'il cause.

— Je ne sais donc plus bien vous embrasser? répond Isidore d'un air un peu surpris de ce qu'on lui dit.

Félicia secoue la tête et sourit avec tristesse, en répondant :

— Oh! vous savez... mais ce n'est pas... enfin... tenez, laissons cela. Pourquoi venez-vous si tard quand vous m'aviez promis de me mener promener à Vincennes?

— Je viens seulement de revenir de la campagne.

— Ah! vous étiez encore à la campagne?

— Oui.

— Je ne m'étonne pas alors que vous ayez si peu d'envie d'y aller avec moi.

— Mais vous vous trompez... je suis à vos ordres...

— Et où étiez-vous à la campagne?

— Chez Bouchonnier, à Corbeil.

— Ah! oui, toujours chez votre cousin.

Le front de Félicia devient sombre, ses yeux s'attachent sur ceux d'Isidore comme pour pénétrer au fond de sa pensée, et elle reprend :

— Isidore, ne me mentez pas... je ne veux pas qu'on me trompe, je préfère qu'on me quitte...

— Mon Dieu! qu'avez-vous donc encore ?

— Votre cousin Bouchonnier est marié?

— Oui.

— Sa femme est jeune et jolie?

— Mais... oui.

— Vous êtes l'amant de sa femme?

— Non! je vous assure que je n'y ai jamais songé.

— Vous êtes l'amant de sa femme!... je le parierais ; sans cela... iriez-vous si souvent à la campagne ?... seriez-vous parfois si distrait, si rêveur près de moi?

— Je vous répète, Félicia, que vous vous trompez... D'abord ma cousine est très-jalouse de son mari.

— Cela ne prouve rien : on est jaloux des gens et on les trompe, cela s'est vu cent fois.

— Ensuite, ma cousine est sage et incapable de...

— Taisez-vous donc : toutes les femmes ont un cœur!... Personne n'est incapable de faillir! Si vous n'avez pas de meilleures raisons à me donner...

— Encore une fois, vous êtes dans l'erreur, je ne suis point, je n'ai jamais pensé à être amoureux de ma cousine... Je ne lui ai jamais fait la cour... vous me croirez si vous voulez, car il y a de ces choses qu'il est bien difficile de prouver, mais je vous dis la vérité.

Isidore a prononcé ces mots d'un ton presque fâché. Félicia pose son bras sur l'épaule de son amant, avance sa jolie tête contre la sienne, et reprend d'un air plus aimable :

— Eh bien, voyons... je vous croirai... si vous faites ce que je vais vous demander.

— Expliquez-vous.

— Une de mes amies... qui a été autrefois au théâtre, doit donner, dans huit jours, un petit bal... tout à fait sans façon... une soirée dansante où viendront beaucoup de dames qui chantent dans les chœurs sur nos plus grands théâtres... si vous êtes gentil, vous me mènerez à cette réunion.

— Avec grand plaisir!... s'il ne faut que cela pour...

— Ce n'est pas tout ! vous parlerez de ce petit bal à votre cousin, et vous l'amènerez avec vous ; je suis bien aise de faire plus ample connaissance avec M. Bouchonnier que j'ai seulement aperçu une fois ou deux chez Mirobelly.

Isidore réfléchit un moment et répond :

— Comment, vous avez envie de vous trouver avec Bouchonnier?

— Oui... cela vous contrarie?

— Oh! mon Dieu, non... et puisque vous consentirez alors à me croire, eh bien, ma chère amie, je parlerai à mon cousin du bal de votre amie... je ne doute pas qu'il n'accepte; se trouver avec des dames de théâtre, cela lui plaira infiniment. Etes-vous contente, maintenant?

Pour toute réponse, Félicia approche sa bouche de celle de son amant, et la paix est bientôt conclue; car, au fond du cœur, chacun d'eux eût été très-fâché de s'en tenir à une suspension d'armes.

A son premier voyage à Corbeil, Isidore se rend chez son cousin, qu'il trouve en train de se quereller avec sa femme, occupation qui devenait assez fréquente entre les deux époux, et qui se glisse ordinairement dans les ménages au moment où l'amour en sort, à moins que la personne trompée n'ait la philosophie ou ne prenne sa revanche de son côté.

Isidore saisit un moment où le gros jeune homme est seul pour lui dire : — J'ai une partie à vous proposer, Bouchonnier.

— Une partie... fine?

— Mais elle sera gaie; du moins, je le présume.

— Parlez, cher ami, qu'est-ce que c'est. Ah! mais j'ai d'abord voyons, ma femme en est-elle?... si elle en est, je déclare que je refuse. Depuis quelque temps Elmonde devient insupportable avec moi... sa jalousie ne me laisse plus de repos.

— C'est que probablement vous en laissez trop à ma cousine, vous?

— Mais non, je vous assure que je me conduis... très-poliment avec ma femme. Je remplis tous mes devoirs avec exactitude... je n'ai jamais d'arriéré, tout est au courant.

— Ah! il est charmant, il traite cela... comme des affaires de Bourse.

— C'est vrai. Mais achevez donc, cette partie?

— Rassurez-vous ; il faut au contraire n'en pas souffler mot à votre femme. Ma cousine m'en voudrait à la mort, si elle savait où je veux vous mener...

— Oh! alors, ce doit être délicieux...

— Comme ce vous ai vu chez madame Mirobelly, je crois que je puis vous mener rire ailleurs avec moi sans trembler pour votre innocence.

— Oh! vous n'avez pas la moindre chose à craindre pour mon innocence.

— Il s'agit d'un petit bal, sans façon, donné par une amie de Félicia, et où viendront toutes les dames de chœurs d'un de nos premiers théâtres lyriques.

— Oh! ravissant; oh! comme j'en suis... des dames de chœurs... elles doivent en avoir de tendres... eh! eh! eh!... pas mauvais, hein... le mot y est. Justement je voudrais faire en ce moment une petite connaissance... comme dit ce farceur d'*Alcide Tousez* dans... je ne sais plus quoi... car je ne vois plus ma grande Tintin... Oh! c'est fini, je ne vais plus chez elle. Elle a refusé de me rendre le gilet de flanelle que j'avais égaré sous son édredon... et cela sous le prétexte que je lui avais promis un cachemire!... quelle mauvaise plaisanterie!

— Cousin, quand on a promis quelque chose aux dames, il faut tenir...

— Ah! par exemple! je retourne cet argument et je dis : Il faut toujours promettre quelque chose aux dames... sauf à ne pas tenir. Revenons à ce bal... c'est pour quand?

— Samedi prochain.

— Très-bien...

— Je crois que ce sera un pique-nique... c'est-à-dire les hommes seuls paieront comme de raison, mais ce n'est pas cela qui vous arrêtera, je pense...

— Oh! rien... rien ne m'arrêtera... quand il s'agit de s'amuser... avec des dames de chœurs... Ça sera-t-il cher?

— Non... je ne crois pas...

— Tant mieux... Soupera-t-on?

— Toujours!

— On soupera toujours !... ça me va... Et où est l'endroit ?...

— Ma foi, je n'en sais rien. Mais samedi vous viendrez me prendre chez moi à neuf heures du soir, nous irons ensemble chercher Félicia, et c'est elle qui nous conduira.

— Je suis au troisième ciel... s'il y en avait quatre, j'irais au quatrième... mais on n'en cite jamais que trois... Cousin, j'ai envie de vous embrasser... pour vous remercier.

— Au lieu de cela, il faut me rendre à votre tour un petit service...

— Tout ce que vous voudrez, cher ami... Est-ce que vous voulez que je vous cède mes actions sur Orléans... je les ai vendues hier...

— Non, non, ce n'est pas cela, écoutez-moi bien. Félicia... cette jolie brune...

— Parbleu ! votre Andalouse... Après?

— Elle est horriblement jalouse.

— C'est donc un second exemplaire de ma femme!

— Mais une femme a le droit de l'être, tandis qu'une maîtresse...

— Une maîtresse le prend, c'est la même chose.

— Je ne vous cacherai pas, mon cher Bouchonnier, que je ne suis plus amoureux de Félicia depuis que j'ai vu mademoiselle Clermont...

— Il croit m'apprendre quelque chose! comme si nous ne savions pas que vous êtes amoureux de la charmante Emmeline... que c'est pour la voir... et non pas nous, que vous venez si souvent à Corbeil!... Oh! mon ami, vous concevez bien que je ne vous en veux pas; mais l'autre jour ma femme disait d'un air un peu piqué : « Isidore est venu aujourd'hui à Corbeil, il a été chez nos voisines et il n'est pas seulement venu me dire bonjour, comme c'est aimable ! »

— Quoi! ma cousine a su... C'est que j'étais très-pressé.

— Eh pardieu! est-ce que vous avez besoin de vous excuser avec moi! les femmes sont susceptibles, elles tiennent toujours aux égards... mais nous autres, nous comprenons mieux tout cela. Du reste, je vous dirai en passant que je ne sais pas trop où vous mènera votre passion pour mademoiselle Clermont. Cette jeune fille est trop honnête pour... et puis sa mère ne la quitte pas!

— Ah! Bouchonnier! me supposez-vous l'indigne pensée de flétrir une créature céleste que j'adore comme une divinité?
— Je n'ai jamais su de quelle manière on adorait les divinités... est-ce que vous songeriez à épouser cette jeune personne...
— Pourquoi pas? si elle partage mon amour... si sa mère ne repousse pas mes hommages...
— Hom!... ce serait un triste mariage que celui-là... une jeune fille qui n'a rien, c'est présumable... dont on ne connaît pas du tout les parents... dont la mère s'enveloppe toujours de mystères... tandis que vous, qui serez riche, vous pourriez épouser... deux cent mille francs au moins.
— De grâce, Bouchonnier, ne vous inquiétez pas de tout cela... j'ai une autre manière de voir que vous...
— C'est juste; d'ailleurs ça ne me regarde pas. Revenons à votre Andalouse.
— Félicia paraît m'aimer beaucoup... trop peut-être... cependant vous concevez que je ne voudrais pas lui faire de peine... car je la vois toujours... que c'est pour cela que vous venez si souvent à Corbeil...
— Oui, oui, je comprends votre affaire... polissons d'hommes que nous sommes!
— Eh bien, Félicia a su que j'allais très-souvent à Corbeil... chez vous.
— Très-bien; après?
— Elle a su aussi... je ne sais par qui, mais enfin elle a su que vous aviez une femme fort jolie.
— Ah! je comprends! elle se figure que vous faites la cour à ma femme... que c'est pour cela que vous venez si souvent à Corbeil...
— Justement! elle a le plus grand désir de se trouver avec vous, probablement pour vous questionner... pour tâcher peut-être de vous donner l'éveil et vous rendre jaloux de moi enfin...
— Vous devez être tranquille à cet égard, cousin, moi qui connais le secret de votre cœur.
— Aussi ce n'est pas cela qui m'inquiète! ce que je redoute, c'est que Félicia ne découvre mon amour pour Emmeline... car elle est vindicative... et je serais désolé si à cause de moi elle causait le moindre ennui à cet ange.
— Et puis si l'ange savait que vous avez pour maîtresse un démon, cela pourrait nuire à vos amours.
— Enfin, mon ami, je voulais d'abord vous prier de ne pas dire un mot à Félicia de ma liaison avec vos voisines.
— C'est convenu.
— Et si elle vous demande si je suis souvent avec votre femme, de le lui laisser croire... Qu'est-ce que cela vous fait? vous savez très-bien que je ne fais pas la cour à ma cousine.
— Oh! certainement... Eh bien! soit... Ha çà! mais dites donc, avec tout cela, je vais passer pour un mari malheureux aux yeux de cette demoiselle... moi.
— Oh! non.. cela ne serait que des soupçons.
— Après tout, il vaut mieux passer pour cela et ne pas l'être, que de l'être sans en avoir la réputation.
— Il s'agit seulement de dérouter Félicia; quant à moi, vous pensez bien que lorsqu'elle m'a parlé de ma cousine, je lui ai répondu comme je le devais...
— Oh! pardieu... tout cela va m'amuser, et je rirai bien au bal des dames de chœurs... Ainsi, samedi, c'est arrangé... Mais chut, voilà Elmonde!

Madame Bouchonnier s'avançait d'un air piqué; la conversation secrète entre son mari et son cousin l'intriguait, et puis elle en voulait un peu à Isidore, qui venait à Corbeil sans lui faire une petite visite; tout en lui pardonnant son assiduité près de ses voisines, Elmonde était trop coquette pour consentir à ce qu'on la négligeât entièrement.

Bouchonnier aborda son cousin pour dire à sa femme :
— Ma bonne amie, il faudra que samedi prochain tu te passes de moi; Isidore vient de m'inviter, il donne une soirée chez lui... une soirée d'hommes... de jeu... de bouillotte, de lansquenet... de bacarat; on jouera un jeu d'enfer... on passera la nuit... n'est-ce pas, Isidore?
— Mais j'y compte bien! répond Isidore; je veux même vous offrir un ambigu au milieu de la nuit, afin de renouveler les forces des combattants.
— Ah! bravo! j'approuve l'ambigu... je le prise... J'en userai de l'ambigu.

Elmonde se pince les lèvres et sourit d'un air railleur, en disant :
— J'admire comme les hommes sont aimables maintenant : quand ils font des projets de plaisir, c'est toujours entre eux... quand ils arrangent une partie pour s'amuser, les dames n'y sont point admises... à ce qu'ils nous disent du moins.
— Ah! ma cousine, j'espère que vous ne pensez pas... Si je recevais des dames, je serais trop heureux de vous inviter et...
— Ne vous disculpez pas, mon cousin, vous êtes parfaitement le maître de faire ce qui vous convient... vous pouvez aussi emmener monsieur, le garder tant qu'il vous plaira... je tâcherai de mon côté de trouver quelques amusements... où l'on veuille bien m'admettre.

En disant cela la petite dame brune se regarde dans une glace qui est devant elle, et l'examen qu'elle fait de sa personne semble la satisfaire assez pour qu'elle sourie de nouveau en jetant sur les deux hommes un regard passablement moqueur.

Isidore se sentait très-envie de rire. Bouchonnier ne savait comment il devait prendre les paroles de sa femme, ni quelle figure il devait faire. Elmonde promenait ses regards sur ces deux messieurs, puis les reportait sur la glace. Il y avait alors dans l'expression de ses yeux et dans le pincement de ses lèvres quelque chose qui n'était pas ordinaire et semblait annoncer de grands projets.

II. — ALMÉNOR ET SON AMI SAUCISSARD.

L'arrivée de la voisine Michelette vient fort à propos mettre fin à la situation embarrassante de nos personnages.

La grosse maman arrive tout essoufflée et rouge comme une cerise; elle tient à sa main une lettre décachetée et s'écrie en entrant :
— Ah! mes chers voisins... ah! bonjour... que je suis contente de vous trouver... Il arrive! il arrive... je viens vous apprendre la grande nouvelle... Ah! c'est monsieur votre cousin... votre servante, monsieur... Eh bien... il arrive!... ah! que je suis joyeuse.
— Qu'est-ce donc qui arrive? demande Elmonde.
— Eh! pardi! mon fils, mon bijou... mon bel homme... mon Alménor enfin.
— Ah! c'est son fils qui arrive! dit à demi-voix Bouchonnier; j'ai cru qu'elle criait du poisson, moi.
— Oui, mes chers voisins... voilà la lettre qui m'apprend la grande nouvelle; je viens de la recevoir... c'est-à-dire que j'ai déjà été la lire dans plus de vingt maisons... Alménor est désiré... je vais vous la lire aussi... Ouf! je n'en peux plus, permettez que je m'asseye.

Et la grosse dame se laisse aller sur un fauteuil, puis elle pose ses lunettes sur son nez et, sans attendre qu'on l'en prie, se met à lire la lettre décachetée qu'elle tenait à la main, entremêlant, suivant son habitude, sa lecture par ses réflexions.

« Ma très-chère et gracieuse petite mère, » (Hein! en voilà un fils aimable et respectueux!) « je vous écris ceci pour vous causer une « surprise bien agréable ; je reviens dans vos bras que vous allez « m'ouvrir. » (Oh! oui, je les lui ouvrirai!) « m'ouvrir ainsi qu'à « mon ami Saucissard, que je ramène avec moi... » (C'est son ami le savant, un homme étonnant, à ce qu'il paraît...) « et qui est bien « enchanté de faire votre connaissance... d'autant plus que nous « sommes un peu dans la débine tous les deux et qu'il nous avons « fièrement besoin de prendre des bouillons et des pot-au-feu au « foyer paternel... » (Ils ont envie de bouillon! je comprends cela, en voyage on en prend de si mauvais!) « Nous sommes à Tours, « où nous en avons joué plusieurs sur maris de l'endroit... » (Ah! les vauriens... les séducteurs!) « Je vous aurais bien envoyé des « pruneaux, mais je préfère les manger à votre intention, ce sera « moins dangereux. » (Je suis bien aise qu'il ne m'ait pas envoyé de pruneaux, je les crains.) « Si nous ne manquons pas le chemin « de fer à Orléans, nous arriverons peut-être avant cette lettre, « c'est pourquoi préparez-nous une petite réception aux oiseaux et « tordez le cou à quelques dindons sans oublier les oies. Sur ce « sans adieu.

« Votre chéri,
« ALMÉNOR. »

— Eh bien! vous le voyez, il va venir, dit madame Michelette en repliant sa lettre. Ah! je le suis d'une joie!...
— C'est bien fait pour cela, dit Elmonde, s'il y a longtemps que vous n'avez vu monsieur votre fils...
— Pas très-longtemps... mais c'est égal, je le désire toujours... ce mauvais garnement... Quand il est chez moi, il me casse, il me brise tout; mais il est si aimable!... D'ailleurs il m'a juré qu'il reviendrait corrigé... sage... Enfin, mes chers voisins, est-ce que vous ne me ferez pas le plaisir de venir passer la soirée chez moi pour fêter l'arrivée de mon fils? Je réunis beaucoup de monde... un vrai racahout... rout... raout... ce mot-là ne me revient jamais... Nous serons au moins onze... J'espère que je puis compter sur vous?
— J'aurai certainement ce plaisir, répond Elmonde en continuant de se mirer; je serai fort aise de faire connaissance avec monsieur votre fils. Quant à ces messieurs, oh! je ne vous réponds pas que vous les aurez... ils sont toujours si occupés... et puis mon mari a son quartier général à Paris; ici il ne fait que bivouaquer.
— Ma femme parle comme un dragon, dit Bouchonnier en riant. Mais, que voulez-vous... je la laisse dire... cela ne m'empêchera pas, madame Michelette, de me rendre ce soir à votre aimable invitation.
— Ah! c'est bien gentil... Et monsieur votre cousin... j'espère qu'il sera des vôtres?...

Isidore va balbutier quelques mots d'excuse, mais la grosse maman ne lui en laisse pas le temps, elle ajoute d'un ton malin :
— Je viens de voir madame Clermont et sa fille, j'ai été les inviter. D'abord madame Clermont ne voulait pas venir... elle cherchait des

prétextes, mais j'ai tant insisté qu'elle a fini par se rendre. Ces dames viendront.

Isidore, qui comptait repartir pour Paris, change aussitôt de résolution, et répond à madame Michelette qu'il aura le plaisir d'accompagner sa cousine et son mari. Elmonde sourit; la grosse maman est enchantée, et elle se dispose à aller encore faire une invitation qu'elle a oubliée, lorsqu'un grand bruit se fait entendre dans le jardin. On s'approche d'une fenêtre, et on aperçoit deux individus en costume de voyage qui se dirigent à grands pas vers la maison, en riant, en jasant, en chantant et en frappant de leurs cannes toutes les branches qui se trouvent sur leur passage.

— C'est lui! c'est Alménor et son ami, sans doute! s'écrie madame Michelette; ne me trouvant pas chez moi, ils viennent me relancer ici... Oh! mais je vais les arrêter!...

— Et pourquoi cela, voisine? dit Bouchonnier. Laissez donc venir ces messieurs... cela prouve que votre fils est pressé de vous embrasser, cela fait son éloge!

Comme Bouchonnier achevait de parler, la porte s'ouvre avec fracas, et les deux messieurs que l'on avait vus venir dans le jardin entrent dans le salon.

L'un est un grand gaillard, grossièrement taillé et possédant déjà un abdomen qui pointille : c'est un homme de trente ans, blond, le visage très-coloré, les traits assez réguliers, mais sans distinction ni expression, le nez un peu fort, la bouche petite, de belles dents, et des yeux clairs qui ont la prétention d'être malins; un collier de barbe, mais point de moustaches.

Tel est M. Alménor Michelette, qui peut passer pour bel homme et même pour beau garçon près de ces gens qui préfèrent un dindon à un perdreau, parce qu'il y a plus à manger dans le premier.

Le second est un homme entre deux âges, d'une taille moyenne et d'une assez chétive apparence. Ce monsieur, qui est extrêmement laid de visage, possède cependant des choses qui deviennent chaque jour plus rare dans le monde, il est extrêmement grêlé, et cette maladie, dont on a trouvé moyen d'affaiblir et même d'éviter les ravages, a fait sur son visage de tels désastres que sa figure ressemble à une vallée bouleversée par la tempête. Des coutures, des ciselures profondes y décrivent des sillons effrayants, et son nez, qui est resté d'un rouge pourpré, n'a plus conservé que ce qui est absolument indispensable pour se moucher; mais en revanche, il a une barbe immense qui ferait envie à un sapeur.

La tenue de ces messieurs annonce des voyageurs qui doivent en effet avoir besoin de prendre des bouillons. M. Alménor a une large redingote brune à la propriétaire, faite avec ces étoffes à longs poils que l'on ne porte que l'hiver et que l'on ne met que dans le plus simple négligé; pantalon de drap semblable, et bottes qui ont dû être vernies, mais qui n'ont plus conservé que quelques indices de leur élégance primitive; sa redingote ouverte laisse voir un grand gilet à grosses raies, qui a pu aussi être à la mode, mais qui est alors extrêmement sale; une cravate de foulard fond bleu et un chapeau rond, posé tout à fait en tapageur, composent la toilette du fils de madame Michelette.

Son ami Saucissard est mis beaucoup plus mesquinement, car du moins le bel Alménor doit être à son aise dans sa vaste redingote à la propriétaire; mais son compagnon a sur le dos un petit paletot noisette, court et étroit, qui lui bride sur les jambes, et que, malgré la chaleur de la saison, il porte hermétiquement boutonné jusqu'au menton. Sous le paletot, deux jambes cagneuses sont couvertes d'un pantalon de drap vert qui semble provenir d'un ancien billard; des bottes horriblement éculées, une cravate noire et un chapeau qui a l'air d'avoir reçu plusieurs renfoncements. Voilà le costume de ce monsieur, sur lequel il est impossible d'apercevoir le plus léger échantillon de linge.

Ajoutons qu'en entrant dans le salon, les deux voyageurs, qui tenaient chacun une canne à leur main, la font passer avec beaucoup d'agilité dans leur poche, de manière que la canne s'y tient droite et que le bout crotté se trouve constamment à la hauteur de leur nez.

M. Alménor, sans ôter son chapeau, sans saluer la société, court à sa mère, en s'écriant :

— C'est elle! la voilà la maman!... la voilà cette bonne grosse mère!... Allons... embrassons vite ce petit chéri... et tuons le veau gras!... et réjouissons-nous!...

En disant ceci, le bel Alménor entourait sa mère de ses bras et lui appliquait de gros baisers sur les joues, ce que la maman Michelette recevait avec ravissement et tout en balbutiant :

— Ah! te voilà donc, libertin... coureur!... Ah! tu as encore fait bien des folies, j'en suis sûre... mais du moins cela ne t'a pas maigri.

— Moi maigrir... fi donc! jamais... Que je vous embrasse encore, ma respectable mère.

Et dans son élan filial, M. Alménor prend de nouveau la tête de sa mère et se penche pour l'embrasser; mais dans ce mouvement, le bout crotté de la canne va frôler le nez de madame Michelette, qui est obligée de repousser les caresses de son fils en disant :

— Prends donc garde, étourdi; qu'est-ce que tu me fourres dans le nez?...

— Ce n'est rien... n'ayez pas peur... c'est un jonc superbe... un

jonc de la Nubie, que j'ai acheté à un marchand d'essence de roses... ça vaut cent francs comme un liard... Eh bien! Saucissard, qu'est-ce que tu fais là-bas?... approche... Voilà ma mère... voilà cette digne mère dont je te parlais si souvent en regardant le fond de ma bourse... Viens donc te jeter dans ses bras... je t'ai annoncé... elle t'attend comme le Messie... elle brûle du désir de t'embrasser... N'est-ce pas, digne maman, que vous brûlez d'embrasser mon ami, le savant Saucissard?... il va vous faire cet honneur.

Madame Michelette était encore occupée d'essuyer son nez, crotté par le jonc de la Nubie; quant à M. Saucissard, en se voyant dans un salon élégant et devant des personnes comme il faut, il avait paru fort embarrassé et s'était tenu contre la porte, ayant l'air d'avoir envie de repartir plutôt que d'entrer. Mais Alménor, qui agit absolument comme s'il était chez lui, court à son ami, le prend par le bras, le tire à lui comme on prend un chien qui refuse de marcher, et le pousse vers sa mère avec tant de vigueur, que cette fois le bout de la canne de M. Saucissard manque d'éborgner madame Michelette, qui se recule en criant et en portant la main sur son œil, ce qui fait beaucoup rire le bel Alménor, tandis que le savant Saucissard reste le nez en avant et les bras ouverts dans l'attitude de quelqu'un qui attend qu'on l'embrasse.

— Ah! messieurs, vous êtes bien dangereux avec vos cannes! dit enfin madame Michelette; mais aussi qu'est-ce que c'est donc que cette manie de les fourrer dans vos poches?...

— Belle maman, c'est le genre, c'est la mode. Vous devez bien savoir que les gens qui courent le monde, comme nous, rapportent dans leurs foyers des coutumes un peu chiquées... Eh! eh! Saucissard, ôte ton rotin de la poche, puisque ça offusque la maman, et prodigue-lui les caresses d'un second fils.

M. Saucissard, qui ne paraît pas tenir extrêmement à embrasser la dame Michelette, ôte sa canne de sa poche et la tourne et retourne dans ses mains comme un saltimbanque; pendant ce temps, le gros Bouchonnier et Isidore regardent en souriant les deux nouveaux venus, et la jolie Elmonde fait une moue assez prononcée, ne pouvant se bien annoncer le dépit qu'elle éprouve de ne trouver dans M. Alménor et son ami que des gens qui ne méritent pas qu'elle se mette en frais de coquetterie.

Madame Michelette, ayant fini d'essuyer son nez et son œil, dit à son fils :

— Alménor, demandez donc excuse à nos aimables voisins qui ont bien voulu que je vous reçoive chez eux. C'est M. et madame Bouchonnier dont je vous ai souvent parlé dans mes lettres... et dont la connaissance vous sera bien agréable!...

M. Alménor se décide à ôter son chapeau, et le savant Saucissard en fait autant, montrant alors à la société un crâne entièrement dénudé, ce qui forme un contraste frappant avec sa longue et épaisse barbe.

Bouchonnier croit devoir aller au-devant du fils de sa voisine en prononçant quelques phrases de politesse, mais Alménor ne les lui laisse pas terminer; il lui prend la main, la secoue et lui tape sur le ventre, en s'écriant :

— Bonjour, papa Bouchonnier, enchanté de faire votre connaissance!... Nous sommes voisins, nous nous verrons souvent, je suis un bon vivant... vous aussi, ça se voit tout de suite. Nous en dirons de ces bêtises... et nous ferons sauter des bouchons... C'est madame votre épouse... vous n'êtes pas dégoûté!... Madame, je m'inscris pour avoir l'avantage de vous faire ma cour!... et que votre mari se tienne bien... Ah! bigre!... c'est que je suis amateur du sexe...

Elmonde fait un salut assez froid à ce compliment, tandis que M. Saucissard salue tout le monde en reculant toujours du côté de la porte. Alménor continue sans attendre qu'on lui réponde :

— D'abord, nous sommes venus à Corbeil pour nous amuser, nous autres, et vider les bouteilles de la maman Michelette, qui en a de fameuses sous les fagots...

— Ah! polisson!... il paraît que vous avez de jolies dispositions, dit madame Michelette, mais je veux que l'on se range, moi.

— Soyez tranquille, respectable mère, on connaît ses devoirs; mais quand le vin devient trop vieux, il file... et il faut bien mieux qu'il file avant... Eh! eh!... Monsieur est un de vos parents?...

— C'est mon cousin, répond Bouchonnier, un peu effarouché des manières libres de M. Alménor, mais celui-ci va alors prendre la main d'Isidore et tape dedans en s'écriant :

— Bonjour, mon cousin, enchanté de faire votre connaissance... je vous raconterai mes aventures... j'en ai eu d'un peu poivrées, j'ose le dire !... ça, c'est la forme la jeunesse... et puis quand on voyage, c'est pour ça !... On appelle cela des impressions, n'est-ce pas, Saucissard?... Eh bien!... Eh bien!... Qu'est-ce que tu fais donc là-bas... avance donc ici, savant... Messieurs et dames, je vous présente un savant... par exemple, il n'a pas découvert encore le secret pour faire pousser les cheveux... mais il le cherche... et nous le mettrons en action... Eh!... eh!...

— Mon fils, dit madame Michelette, il faut laisser nos chers voisins que nous aurons le plaisir de voir ce soir... car je donne une petite fête à votre intention, mauvais sujet.

— Ah! bravo, la maman, c'est bien cela!... voilà une idée qui me sourit... une fête... une petite ripaille... Oh! comme ça me va...

et à Saucissard qui ne dit rien, mais qui mange comme un boa!

— Mais ces messieurs arrivent et doivent avoir besoin de se rafraîchir? dit Bouchonnier.

— Ma foi, oui... ce n'est pas de refus... n'est-ce pas, Saucissard? Le savant s'incline en remettant sa canne dans sa poche.

— Mon fils, vous vous seriez rafraîchi chez nous, reprend madame Michelette. Regardez donc comme vous êtes poussiéreux... vous ne pouvez rester ainsi chez nos voisins.

— Ah! parbleu! s'écrie Alménor, est-ce qu'il faut se gêner à la campagne? nous sommes en tenue de voyageurs; et puis d'ailleurs Saucissard et moi, comme nous ne voulions pas nous charger de valises, nous avons vendu tous nos autres effets... ils étaient usés... nous n'avons gardé que le nécessaire!...

— Comment donc étaient leurs autres effets! dit tout bas Elmonde à son cousin. Alménor se hâte d'ajouter:

— Mais ici nous allons nous remettre entièrement à neuf des pieds à la tête... En attendant, allons nous rafraîchir; nous vous suivons, voisin... Ah! dites donc, avez-vous un billard ici?

— Je me flatte d'en avoir un excellent! répond Bouchonnier.

— Oh! fameux... un bon billard!... Je vous provoque, voisin... vite une partie de doublé en nous rafraîchissant...

— Volontiers, monsieur...

— Comment, mon fils... à peine arrivé, vous voulez jouer au billard au lieu de venir revoir nos foyers... de vous épousseter, de vous changer un peu...

— Mais, respectable maman, puisque je vous ai dit que je n'avais pas de quoi changer. Allez donc nous acheter des frusques pour moi et mon ami Saucissard... Allez préparer le festin, faites une fricassée monstre pendant que je veux un peu rosser le voisin, le cousin, toute la ville si on veut... Oui, au billard je provoque Corbeil et les environs!... C'est qu'on est d'une certaine force sur les effets de queue... Demandez plutôt à Saucissard le savant!... Allons, voisin, je suis à vous... partie, revanche et la belle, ce ne sera pas long!... Viens, Saucissard, tu marqueras les points et tu verseras à boire.

M. Alménor pousse devant lui son ami qui ne demande pas mieux que de sortir, puis il va prendre Bouchonnier sous un bras, Isidore sous l'autre, et les entraîne en disant à Elmonde:

— Je vais rosser vos hommes à plate couture!

— Ah! quel étourdi!... quel farceur!... dit madame Michelette en regardant son fils s'éloigner. Mais il faut que j'aille vite faire mes dispositions... Ah! mon Dieu, madame Bertrand que je n'ai pas encore invitée... l'arrivée de mon fils me tourne la tête... Au revoir, ma chère voisine, à ce soir. Je vous en prie, ne me gardez pas mon fils trop longtemps!...

— Mais, madame, il me semble que ce n'est pas moi qui dois cela regarde, et ces messieurs me paraissent avoir l'habitude de faire leur volonté...

— Comment avez-vous trouvé mon fils? il est bien bel homme, n'est-ce pas?

— Oui, madame, il est très-grand et très-gros.

— Oh! c'est un bien beau garçon... et autant d'esprit, d'amabilité que de physique... La nature a été prodigue à son égard; quant à son ami Saucissard... je suis fâchée qu'il soit chauve... mais un savant! c'est sans doute à force d'avoir étudié qu'il aura perdu ses cheveux... par exemple, il a une superbe barbe...

— Oui, il est fâcheux qu'il ne puisse pas la mettre sur sa tête, cela lui tiendrait lieu de perruque...

— Ah! ma voisine... que vous êtes moqueuse!...

— C'est que je trouve ce monsieur horriblement laid...

— Il n'est pas beau, c'est vrai... et puis à côté d'Alménor il paraît encore plus laid; mais je crois que ces messieurs ne sont jamais beaux. Nous ferons causer ce soir, nous le ferons parler de ses voyages... ce doit être bien intéressant à entendre. Mon Dieu, mais je cause avec vous, et mes préparatifs... Alménor est très-gourmand, il faut que je lui fasse faire un joli dîner. Au revoir, ma belle voisine: à ce soir... je vous recommande de ne pas garder mon fils bien vite!

Madame Michelette est partie, et Elmonde se dit en retournant dans sa chambre:

— Certes, ce n'est pas moi qui retiendrai son fils ici! Quel ton! quelles manières!... Faites donc de la toilette... faites-vous gentille... à quoi bon?... pour qui?... Avoir un mari volage... et ne pouvoir se vendre un peu jaloux... ne pouvoir se venger... Ah! c'est bien désolant!... quel dommage que...

Elmonde n'achève pas sa réflexion, elle se contente de pousser un léger soupir.

III. — SOIRÉE DE MADAME MICHELETTE.

En arrivant au billard, M. Alménor propose d'intéresser la partie. Bouchonnier est habitué à ne jouer que l'honneur, mais le fils de madame Michelette prétend que c'est une partie de vieilles perruques, il assure que ce n'est que par crainte de perdre que l'on ne joue rien; bref, il pique l'amour-propre de Bouchonnier, et celui-ci s'écrie en prenant sa queue et en y mettant une couche de blanc:

— Prenez garde, monsieur Alménor. Je suis d'une certaine force... je vous battrai...

— Oh! je n'ai pas peur de ça, et la preuve, c'est que je vous joue cinq francs la partie... un napoléon si vous voulez!

— Peste, comme vous y allez! dit Bouchonnier. Oh! je ne veux pas vous ruiner...

— Il ne faut pas que ce soit cela qui vous retienne! répond M. Alménor en lançant un coup d'œil à son ami Saucissard; mais on vient d'apporter du vin de Bordeaux, et le savant se montre très-empressé à emplir les verres.

— Jouons cinq francs la partie. C'est déjà bien assez cher, reprend Bouchonnier.

— Va pour cinq francs... Si le cousin veut parier pour vous, je tiens tous les paris...

Isidore refuse de parier; il va s'asseoir près de M. Saucissard, curieux de causer avec ce personnage qui leur est annoncé comme un savant.

M. Alménor est très-fort au billard; quoique Bouchonnier y joue assez bien, il ne parvient pas à se tenir à la hauteur de son adversaire, et puis, la partie étant intéressée, la crainte de perdre lui ôte tous ses moyens; il manque le coup le plus facile, tandis que M. Alménor l'étourdit par son bonheur et le brillant de son jeu. En fort peu de temps, le maître de la maison a perdu plusieurs parties; il se mord les lèvres pour tâcher de dissimuler sa mauvaise humeur qui s'augmente encore de la gaieté de son adversaire, qui rit, boit, le raille sur sa mauvaise fortune et fait du bruit comme quatre.

Isidore a essayé de faire causer le monsieur qu'on leur a annoncé comme un savant, mais M. Saucissard est fort occupé de la longueur du bouchon de la bouteille de bordeaux. Il le tient à sa main, le mesure, l'examine, le pose debout sur la table près des verres et paraît livré à un calcul très-profond.

— Monsieur a beaucoup voyagé? dit Isidore au personnage grêlé, et en retirant son verre que celui-ci veut encore remplir.

— Beaucoup, monsieur, répond M. Saucissard en considérant toujours le bouchon.

— Vous avez vu la Suisse?...

— Non... C'est drôle... on ne croirait jamais cela...

— L'Italie?

— Non... A la première vue, tout le monde s'y tromperait.

— Vous avez été en Angleterre?

— Jamais... Je parierais pour... oh! oui, au moins cela...

— C'est en Espagne alors que vous avez été?

— Connais pas. Celui-ci est d'une belle longueur.

— Mais où diable a donc voyagé ce monsieur, qui n'a été dans aucun des pays que je lui cite! se dit Isidore.

— Monsieur, dit l'homme chauve en présentant le bouchon de bordeaux au jeune homme, combien croyez-vous que cela fasse de pièces de cent sous mises en pile?...

— Je ne comprends pas, monsieur.

— Vous voyez ce bouchon... je le mets debout sur la table... vous allez mettre des pièces de cinq francs à côté... Combien pensez-vous en mettre l'une sur l'autre sans dépasser la hauteur du bouchon?

— Ma foi, monsieur, je vous avoue que je n'en sais rien... je ne me suis jamais exercé à ce calcul...

— Enfin, dites à peu près...

— Il me semble que douze pièces feront à peu près la hauteur...

— Douze pièces de cinq francs, c'est soixante francs, n'est-ce pas?

— Assurément.

— Eh bien! moi, monsieur, je gage pour cent vingt francs... C'est juste le double...

— Cela me paraît surprenant.

— Gagez-vous... cent sous? Ça vous va-t-il? ça y est-il?

— Cet homme-là est assommant avec ses paris! se dit Isidore en se levant, et j'ai idée que sa science se borne à connaître la longueur des bouchons.

M. Saucissard s'était levé aussi, et poursuivait Isidore en lui montrant le bouchon de bordeaux et en le pressant pour qu'il pariât, ce que celui-ci allait faire pour mettre fin aux importunités du savant, lorsque Bouchonnier pousse un cri de fureur avec colère frappe sa queue sur le billard, tandis que son adversaire se pâme de rire.

— Qu'y a-t-il donc? demande Isidore à son cousin.

— Il y a que j'ai joué d'un malheur qui n'a pas de nom, répond le gros monsieur en rougissant un peu de son mouvement de colère... voilà quatre-vingts francs que monsieur me gagne...

— Quatre-vingts francs! Vous jouiez donc bien cher?

— Presque rien! dit Alménor, cent sous la partie... Il faut bien intéresser le jeu... Mais le voisin n'y a vu que du feu... il a perdu les quatre premières sans se défendre... ensuite il a voulu jouer quitte ou double; moi qui suis beau joueur, j'ai accepté... il a perdu... Nous avons doublé encore, il a perdu... Eh bien! tenez, voisin, pour vous prouver combien je suis loyal et bon garçon, je vous propose de vous jouer les quatre-vingts francs en trente et je vous rends six points. Hein! j'espère que voilà une proposition qui ne sent pas le carotteur... ou le carotteur: les deux se disent, n'est-ce pas, Saucissard?

— Je vous remercie, monsieur, dit Bouchonnier en tirant sa bourse et en prenant dedans quatre napoléons qu'il jette sur le billard en faisant une figure piteuse, voilà votre argent... mais je ne jouerai pas davantage... d'ailleurs je commence à m'apercevoir que je ne suis pas... de force !

Et Bouchonnier appuie sur ce dernier mot avec beaucoup d'intention.

— Mais puisque je vous propose de vous rendre six points.
— Raison de plus.
— Tenez, je vous en rendrai huit... gros papa.
— Je vous répète, monsieur, que je ne veux plus jouer, répond Bouchonnier avec dépit, parce que l'épithète de *gros papa* que vient de lui donner M. Alménor n'a pas contribué à lui rendre sa bonne humeur.
— Comme vous voudrez, ce sera pour une autre fois alors... Bien merci ! nous sommes gens de revue... Votre billard est très-bon, et à la campagne ce qu'on a de mieux à faire quand on n'est pas à table, c'est de jouer. Mais la maman Michelette nous attend... Allons, Saucissard, allons revoir nos lares... c'est-à-dire les miens. Encore un verre de bordeaux... il n'est pas mauvais, mais il est encore un peu vert... ma respectable mère avait un certain beaune qui était fameux... nous le ferons un peu sauter... Sans adieu : messieurs, à ce soir.

Et M. Alménor, après avoir mis les pièces d'or dans sa poche et avalé un verre de bordeaux, prend le bras de son ami et l'entraîne après avoir rudement secoué la main aux deux cousins.

— Quand il me reprendra encore à jouer au billard avec lui ! s'écrie alors Bouchonnier. Que dites-vous du fils de madame Michelette, Isidore ?
— Je dis qu'il a des manières un peu sans façon.
— Un peu... vous êtes bien honnête !... Et son ami le savant... qu'est-ce qu'il vous a dit ?
— Il ne m'a parlé que de la longueur du bouchon de bordeaux.
— C'est gentil !... J'ai idée que je ne ferai pas souvent la société de ces messieurs, et si je n'avais pas promis d'y aller ce soir... mais au moins chez sa mère il n'y a pas de billard. Ah ! cousin, je voudrais être à samedi pour me dédommager... Oh ! les dames de chœurs ! Au lieu de perdre mon argent avec ce grand tambour-major, j'aurais bien mieux fait de leur offrir pour quatre-vingts francs de bonbons. Avec cela que je veux absolument faire une nouvelle connaissance...
— Vous ne recevez donc plus de lettres anonymes, cousin, où l'on vous proposait des bonnes fortunes ?
— Vous croyez encore que je me suis vanté, n'est-ce pas, Isidore ?...
— Je ne dis pas cela...
— Oh ! je le vois bien ; mais pour vous convaincre, à la première que je recevrai... j'ai un projet.
— Lequel ?
— Je vous dirai cela.

Sur les huit heures du soir, Isidore accompagne Elmonde et son mari qui se rendent chez madame Michelette.

La mère de M. Alménor demeure dans une rue assez déserte, et dans une maison dont elle est propriétaire. Un grand mur qui s'étend sur la rue ferme un jardin qui fait suite à la maison. La porte d'entrée donne sur une cour qui communique à la fois au jardin et à la maison.

En approchant de la maison de madame Michelette, la compagnie aperçoit de chaque côté de la porte, et assis sur des bornes, des personnages qui ne bougent pas, mais qui lancent dans l'espace de gros nuages de fumée.

— Est-ce que madame Michelette aurait mis de la garde à sa porte pour nous faire honneur ? dit Bouchonnier.
— Elle aurait mieux fait d'y placer des lampions, dit Elmonde, car sa rue est bien sombre.

Mais en se trouvant près de la maison, on reconnaît dans les individus assis sur les bornes, Alménor et son ami Saucissard, qui sont en train de fumer. Le fils de madame Michelette se lève vivement en reconnaissant les personnes qui approchent, il court à Elmonde, lui prend la main, et la fait entrer, en criant à tue-tête :

— Holà !... Javotte ! éclairez donc !... de la lumière..... Qu'est-ce qu'elle fait donc, cette Javotte ?... Ah ! c'est une petite bonne qui aura besoin d'être secouée, mais je m'en charge.

M. Saucissard a essayé d'imiter son ami Alménor et de se lever pour aller au-devant de la société, mais ce monsieur, qui a voulu probablement se dédommager des privations qu'il a endurées pendant ses voyages, a si bien dîné qu'il n'est pas solide sur ses jambes. Après avoir essayé de faire quelques pas, il se trouve fort heureux de retomber sur la borne, en balbutiant :

— Bien le bonsoir... il fait très-chaud ce soir... mais avec de l'air... nous aurons du vent.

— Nous arrivons peut-être de bonne heure ? dit Elmonde en suivant son conducteur, qui n'est pas dans la même situation que son ami, parce qu'il supporte mieux les excès de la table, mais qui cependant à la prononciation très-grasse.

— De bonne heure !... par exemple !... jamais trop tôt, une jolie femme !... et d'ailleurs, il y

ALMÉNOR ET SON AMI SAUCISSARD.

a déjà du monde d'arrivé... ils sont là-dedans un tas de têtes !... Ah ! sacrédié ! où ma mère a-t-elle été pêcher ça... des boules étonnantes... et puis un monsieur... Pastourelle... Pastourineau... En voilà un que je ferai encadrer... il roule des yeux comme s'il avait mal au ventre... Ah ! voilà Javotte enfin... ici, esclave ! éclairez madame, grosse dondon !

Javotte, la servante de madame Michelette, est une paysanne bien lourde, bien massive et bien gauche, qui, cependant, sourit déjà au fils de sa maîtresse, en faisant un petit mouvement d'épaules qui annonce qu'il ne lui impose pas le moindre respect.

La compagnie est introduite dans le salon, où l'on voit assis en cercle une longue femme vieille et sèche, dont l'air est à la fois méchant et curieux ; c'est madame Bertrand ; puis M. Pastoureau, les frères Tourinet et une dame sur le retour, fort brune de cheveux et de peau, qui est habillée tout en blanc, coiffée d'un bonnet blanc à longues barbes flottantes, et enchâssée dans une guimpe blanche bien empesée et dans laquelle elle semble avoir peine à se mouvoir,

Le cercle se lève à l'entrée des nouveaux venus. Dans les petites villes de province, on est tellement cérémonieux, que les politesses d'usage dans le monde s'exécutent comme les manœuvres de la garde nationale.

Madame Michelette fait placer Elmonde dans le milieu du cercle. Bouchonnier va s'asseoir près de Joseph Tourinet, et Isidore promène tristement ses regards dans le salon en se disant :

— Elles ne sont pas encore arrivées... pourvu qu'elles viennent !...

— Allons... belle maman... dit Alménor en se promenant au milieu du cercle, voici votre société qui se complète. Je me flatte qu'on va rire, qu'on va folâtrer, qu'on va un peu animer tout cela...

— Mais alors, Alménor, répond madame Michelette, il faut espérer que vous allez rester avec nous. Pourquoi donc disparaissez-vous avec votre ami Saucissard ?

— Ah ! chère mère, après dîner on a des habitudes, on va fumer sa petite bouffarde... C'est de rigueur, ça... on n'en est que plus aimable après. Saucissard va venir nous rejoindre tout à l'heure... il a besoin de prendre l'air... il étudie aux astres...

— Ce monsieur s'occupe d'astronomie ? dit la dame blanche qui parle d'un air aussi empesé que sa guimpe.

— Oui, madame... il s'occupe de tout... il connaît les étoiles... mais à dîner il a été très fort sur les plats nets. Ah ! ah ! ah ! n'est-ce pas, chère mère ?

M. Joseph Tourinet, auquel l'humeur joviale d'Alménor convient beaucoup, quitte sa place pour aller causer avec lui. Pendant ce temps, madame Michelette a préparé une table de whist, mais sa voisine Bertrand lui dit à l'oreille :

— Est-ce qu'avant de faire jouer, vous ne prieriez pas madame Samsonnet de nous réciter quelque chose ?... Songez donc que c'est un bas-bleu de premier ordre... elle fait des vers sur tout ce qu'elle voit... elle est membre de trois académies de dames.

— Croyez-vous qu'elle consente à nous réciter quelque chose ?

— J'en suis certaine, elle y met beaucoup de complaisance...

— C'est que j'aurais voulu attendre l'arrivée de madame Clermont et de sa fille.

— Ah ! je gage bien que vos belles voisines ne viendront pas... je le parierais... et ce sera bien fait, ça vous apprendra à les inviter.

— Mais puisqu'elles vont chez madame Bouchonnier...

— Cela n'en sera que plus malhonnête de ne pas se rendre à votre invitation... et si vous ne les aviez pas invitées, vous n'auriez pas reçu cet affront. Ce sont des chipies... je vous l'ai cent fois dit, et vous ne voulez pas me croire.

Madame Bertrand était enchantée de pouvoir médire de madame Clermont et de sa fille.

La dame Michelette, pour mettre fin à cette conversation, s'approche de madame Samsonnet, c'est la dame habillée de blanc et empesée des pieds à la tête elle lui dit :

— Aurons-nous le bonheur de vous entendre nous dire quelque chose ce soir ?

M. Pastoureau, qui est assis à côté du bas-bleu, croit que c'est à lui qu'elle s'adresse madame Michelette et s'empresse de répondre :

— Avec grand plaisir, madame, tout ce que vous voudrez, j'ai apporté ma guitare.

— Oh ! vous êtes bien bon, monsieur Pastoureau, mais ce n'est pas à vous que je parlais, répond la grosse maman, je vous réserve pour... plus tard...

— Ça ne sera pas pour la bonne bouche ! dit Joseph Tourinet à Alménor ; celui-ci lui tape sur l'épaule, en murmurant :

— A la bonne heure... vous êtes un farceur, vous... nous nous entendrons, je vois ça tout de suite... venez fumer une pipe... allons voir ce que devient Saucissard.

Madame Samsonnet se place debout au milieu du cercle.

Joseph Tourinet va se laisser emmener par Alménor, mais madame Michelette, qui a deviné l'intention de son fils, se place devant la porte en lui disant d'un air presque sévère :

— Alménor, je pense que vous n'allez pas de nouveau déserter le salon...

— Chère et respectable mère, nous allions seulement voir si Saucissard n'avait pas mal aux yeux à force de regarder les étoiles... nous revenons subito.

— Non... non, votre ami n'a pas besoin de vous, et madame Samsonnet va nous dire de la poésie.

— C'est justement pour cela que je voulais m'en aller ! murmure Alménor ; mais, craignant de fâcher sa mère, il se décide à se rasseoir. Joseph Tourinet en fait autant, après avoir secoué le bras de son frère Pétrus, qui a déjà l'air de vouloir s'endormir sur sa chaise.

Madame Samsonnet se lève, se place debout au milieu du cercle, se pose et regarde au plafond.

— Est-ce qu'elle va jouer la tragédie ? demande Alménor à sa mère.

Celle-ci lui fait signe de se taire, et le bas-bleu commence en appuyant sur chaque syllabe :

Ah ! que c'est beau !... le vent qui souffle dans la plaine !
Ah ! que c'est beau la pluie... Ah ! le courant l'entraîne !
Ah ! que c'est beau... l'orage, et la foudre et l'éclair.
Ah ! que c'est beau...

Cette dame allait continuer, et comme elle enflait davantage le volume de sa voix à chaque hémistiche, on ne savait pas jusqu'où elle serait allée, si en ce moment on n'avait pas entendu la servante Javotte crier :

— Voulez-vous finir ?... A moi !... au secours... Ah ! que c'est bête... est-ce que vous égratignez si vous ne finissez pas !...

Aussitôt les hommes se lèvent pour connaître la cause de cette rumeur, mais Alménor est sorti le premier en disant :

— C'est Javotte qui roucoule... je parie que c'est Saucissard qui veut jouer avec elle...

Ces messieurs sont sortis du salon, excepté Pétrus Tourinet qui reste sur sa chaise en balbutiant d'un air hébété :

— Ah! que c'est beau!

Le bas-bleu paraît très-contrarié d'avoir été interrompu et voudrait continuer, mais on ne l'écoute plus, car madame Michelette est aussi fort curieuse de savoir ce qui a provoqué les cris de la servante.

Les hommes qui avaient quitté le salon ne tardent pas à y rentrer, ramenant avec eux M. Saucissard qui a une forte égratignure sur le visage, ce qui ne l'empêche pas d'essayer de sourire en saluant les dames, tandis qu'Alménor s'écrie :

— Ce n'est rien du tout!... j'en étais sûr!... Cette Javotte est bête comme plusieurs pots... Saucissard est venu derrière elle... il a soufflé la chandelle et lui a donné une petite tape sur la joue d'en bas, en lui disant : *Devinez?* et là-dessus, elle a eu peur, elle a crié et elle l'a griffé... voilà tout, n'est-ce pas, Saucissard?

M. Saucissard se cale après une console et répond :

— Oui... assurément... mon intention était aussi évidente que... deux et deux font quatre... Je lui dis... Regardez les étoiles... vous comprenez... il fait bien chaud ce soir!...

Le discours du monsieur chauve ne semble pas avoir satisfait la société, et Joseph Tourinet dit à Bouchonnier :

— Je crois que ce gaillard-là voulait montrer à la servante autre chose que les étoiles...

— C'était au moins une comète... eh! eh! eh!...

— Ah! charmant le calembour... Ah! je suis fâché que Pétrus ne l'ait pas entendu...

— Messieurs, dit à demi-voix aux hommes qui l'entourent, ne laissons pas le temps à cette dame blanche ou à cette dame noire... comme vous voudrez... de nous recommencer ses : *Ah! que c'est beau!*... Egayons un peu la soirée... Si nous sautions, si nous dansions...

— Et de la musique... Qui est-ce qui nous jouera des contredanses...

— C'est vrai... Dites donc, ma respectable mère, est-ce que vous n'avez pas un pianoloi?

— Pourquoi en aurais-je un? répond madame Michelette, je n'en ai jamais touché ni toi non plus.

— Ce n'est pas une raison; nous voudrions danser, sauter, gambader un peu... Mais je jouais du violon, moi... je pouvais lutter avec un aveugle... je vous ai laissé mon instrument ici, vous devez l'avoir...

— Ah! oui... il était dans un état ton violon... pas une corde après ! ma foi, il y a quelque temps Javotte s'en est servie pour allumer son feu.

— Allumer son feu avec mon violon... un *Amati* qui valait deux mille francs... voilà qui est aimable : vous avez fait là un beau chef-d'œuvre... c'est deux mille francs que vous me devez, chère maman... Enfin, à défaut de violon, monsieur ne joue-t-il pas de cette poêle à marrons que je vois sur ses genoux?

M. Pastoureau, auquel s'adressaient ces paroles, regarde sa guitare d'un air vexé, en répondant :

— C'est une guitare, monsieur; j'ignorais que l'on nommât cet instrument une poêle à marrons.

— Guitare soit! le nom n'y fait rien; soyez donc assez aimable pour nous pincer un quadrille.

— Il est impossible de faire danser sur la guitare...

— Alors il est bien gentil votre instrument.

— Tout ce que je sais, c'est une mazurka...

— Va pour une mazurka... je possède un peu cette danse-là... madame veut-elle l'essayer avec moi?

C'est à Elmonde que M. Alménor vient d'adresser son invitation; la jolie dame, qui ne se soucie pas de danser avec le fils de madame Michelette, le remercie en lui disant qu'elle ignore cette danse. Alménor promène alors ses regards dans le salon ; en fait de dames il y avait peu de choix et il allait renoncer à la mazurka, lorsque la dame blanche vient à lui et lui présente sa main en lui disant :

— Voyons, monsieur, je connais toutes les danses, moi.

— Qui est-ce qui se serait douté de cela! murmure Alménor étonné de la proposition de cette dame. Cependant il prend bravement son parti et conduit sa danseuse au milieu du salon, tandis que les personnes assises se réfugient dans les coins, et que M. Pastoureau accorde son instrument.

A la grande surprise d'Alménor, madame Samsonnet est fort légère et elle saute comme un cabri; la mazurka est donc dansée avec un succès qui enflamme et anime les deux danseurs au point qu'ils ne paraissent pas disposés à en finir ; mais dans un de ses pas, Alménor fait avec la pointe de son pied voler en l'air un petit tabouret qui n'était pas assez à l'écart; le tabouret va tomber sur une carcelle dont il brise la globe et le verre; madame Michelette pousse des cris déchirants et M. Pastoureau cesse de gratter sa guitare.

— Ce n'est rien! dit Alménor, un globe brisé! belle misère, il n'y a pas de plaisir sans accident... Madame danse comme Psyché... nous recommencerons tout à l'heure... Et ce punch, chère mère, il me semble qu'on nous a promis du punch!... nous en avons bien besoin pour nous refaire, n'est-ce pas, Saucissard?

— Il fait bien chaud! répond le monsieur grêlé, tandis que madame Michelette regarde d'un air pétrifié les débris de son globe.

— Est-ce que nous ne faisons pas un whist? dit madame Bertrand, que la danse n'a pas divertie du tout.

— Un whist! vous voulez jouer au whist! s'écrie Alménor : en voilà encore un jeu à dormir debout ou assis... Depuis qu'on leur a dit que c'était bon genre de jouer le whist, ils sont étonnants dans les réunions, ils croient qu'ils seraient ridicules s'ils ne le jouaient pas... les trois quarts du temps ça les embête!... mais c'est égal, ils se flanquent quatre autour d'une table, et puis il ne faut plus parler...

— Mais, mon fils, si nous aimons ce jeu-là... il me semble...

— Mais non, chère et respectable mère, je vous dis que vous ne pouvez pas l'aimer, que ça ne peut pas vous amuser, que c'est ça comme un *de profundis*, que les Français ne sont pas nés pour le *whist*; laissez donc cela à ces têtes de fromage de Hollande, qui se croient profonds et spirituels parce qu'ils savent compter chaque couleur. Allons... des petits jeux innocents... les Quatre-Coins... le Colin-Maillard assis... Ma petite Boîte d'amourettes... des jeux où l'on s'embrasse, et du punch à mort, voilà comme on anime une soirée, n'est-ce pas, vieux Saucissard?

Madame Michelette ne semble plus aussi satisfaite de son fils, et elle veut absolument former une table de whist ; mais Alménor va prendre la guitare, il les pile et en fait des capucins, puis il court à madame Samsonnet, qui est enchantée de son succès dans la danse, et il valse avec elle au milieu du salon; Joseph Tourinet veut en faire autant avec la maman Michelette, celle-ci le refuse; il s'adresse à Elmonde, qui le refuse aussi; pas une envie de valser il semble prêt à inviter même madame Bertrand, qui est de très-mauvaise humeur de ce qu'on ne lui ait pas encore offert de danser, lorsque M. Saucissard se lève et lui prend les bras, en lui disant :

— Je valse comme un Polonais!

Joseph Tourinet se met alors à valser avec le monsieur chauve, et comme il n'y a plus de musique, parce que M. Pastoureau a déclaré d'un air d'humeur qu'il ne savait pas faire danser, ces messieurs se mettent à chanter en valsant, mais l'un fredonne un galop, tandis que l'autre chante une polka, et qu'Alménor siffle la valse de *Giselle*.

Elmonde et son mari n'ont pas l'air enchantés de leur soirée; quant à Isidore, lorsque la pendule marque près de dix heures, ne conservant plus l'espérance de voir arriver madame Clermont et sa fille, il s'est éclipsé et a quitté la réunion.

La valse menaçait de se prolonger : ceux qui ne se livraient pas à cet exercice ne savaient où se réfugier pour ne point recevoir de coups de pied, lorsque repoussés un peu brusquement par Alménor et sa valseuse, MM. Joseph et Saucissard vont trébucher contre une croisée, dont ils brisent à la fois plusieurs carreaux.

Madame Michelette s'élance aussitôt et saisit son fils par un pan de sa redingote à la propriétaire, en lui criant :

— Alménor! arrêtez!... je ne veux plus qu'on valse... on brise tout ici... en voilà assez... je défends la valse.

M. Alménor était toujours, et ne semblait pas disposé à écouter sa mère; il se contentait de dire en tournant :

— Eh, mon Dieu! pour quelques carreaux cassés... ça n'est pas désagréable, ça donne de l'air. Madame Samsonnet valse comme une Bohémienne... c'est le cas de dire : *Ah! que c'est beau... Ah! que c'est beau.*

L'arrivée de Javotte apportant un plateau garni de verres de punch met cependant un terme à l'ardeur des valseurs. Alménor s'arrête; il était temps, madame Samsonnet était violette, elle avait mis de l'amour-propre à ne point s'arrêter, mais elle est ensuite plusieurs minutes sans pouvoir reprendre sa respiration.

— C'est bien fait! dit à demi-voix madame Bertrand ; une dame se mettre dans cet état-là... et une dame auteur... A qui donc se fier à présent?... je crois qu'elles ont toutes le diable au corps.

MM. Joseph et Saucissard, qui étaient restés assis par terre contre la croisée, se lèvent pour aller prendre du punch. Alménor en avale trois verres de suite en disant :

— C'est pour le goûter ; à présent, Javotte, faites-en d'autre; faites-en beaucoup, mais faites-en plus fort!...

— Je suis curieux de voir ce que cela deviendra! dit tout bas Bouchonnier à sa femme.

— Moi, j'aimerais autant m'en aller, répond Elmonde ; Isidore a plus d'esprit que nous, il est parti depuis longtemps.

Animé par le punch, Alménor devient encore plus bruyant, plus remuant, il veut absolument que l'on joue à des jeux innocents, et pour donner l'exemple il s'écrie :

— Attention! je vais commencer... je vais vous montrer quelque chose de drôle... qu'on me donne du papier... un vieux journal, si on en a.

Madame Michelette, qui espère que son fils deviendra un peu moins tapageur en leur montrant un jeu, lui apporte un journal, Alménor le roule, le froisse dans ses mains, en fait une espèce de rouleau, puis, retroussant sa redingote, fourre le papier entre ses jambes de manière qu'un bout assez long sortait par derrière.

— Maintenant, dit Alménor, je vais me promener dans le salon, avec ceci entre mes jambes; quelqu'un va venir derrière moi avec une bougie allumée et tâchera de mettre le feu au papier... mais c'est là la difficulté, parce que je ne resterai pas un moment tranquille.

— Voilà un jeu qui doit être fort gentil ! dit Pétrus Tourinet.
— Il s'agit de mettre le feu au derrière de monsieur ! s'écrie Joseph en riant.

Les dames se pincent les lèvres et trouvent le mot un peu cru, excepté madame Samsonnet, qui, depuis qu'on a applaudi sa danse, semble disposée à se livrer à toutes sortes de folies.

— C'est bien cela ! répond Alménor : allons, qui est-ce qui commence ? Je vous attends.

Joseph Tourinet prend un flambeau et court quelque temps derrière Alménor en essayant, mais en vain, de mettre le feu au papier. Cet exercice fait beaucoup rire madame Michelette, qui commence à s'écrier :

— Farceur d'Alménor ! mon Dieu, où va-t-il chercher tout cela !

Cependant Tourinet a renoncé à allumer le papier. M. Saucissard se lève alors et, s'emparant du flambeau, s'écrie :

— Je vais vous montrer comment ça se joue.

Il commence alors à courir derrière son ami Alménor, mais celui-ci se réfugie dans tous les coins du salon ; Saucissard le poursuit avec sa lumière à la main, et le jeu semble devoir se prolonger encore longtemps, lorsque tout à coup une flamme subite illumine tout le salon : c'est un rideau auquel M. Saucissard a mis le feu en se promenant avec la lumière, et comme on ne s'en est point aperçu alors, le feu a gagné, s'est propagé, et ce n'est que lorsque le rideau est presque entièrement enflammé qu'on s'aperçoit de l'accident. Aussitôt des cris de terreur partent de tous côtés, les dames se sauvent en criant au feu. Pétrus Tourinet se met à pleurer sans avoir la force de se lever, et Alménor continue de courir avec son papier entre les jambes. Cependant, apercevant enfin le rideau qui brûle, il va se pendre après, et, faisant tomber sur lui flèches et draperies, parvient à mettre fin à l'incendie. Cet incident termine la soirée de madame Michelette.

VI. — DEUX AMOUREUX.

En acceptant l'invitation que madame Michelette lui avait faite, en promettant de se rendre à sa soirée, madame Clermont n'avait jamais eu l'intention de tenir sa promesse. Elle avait d'ailleurs commencé par refuser positivement ; mais madame Michelette avait insisté, elle avait mis enfin tant de persistance et d'obstination dans ses prières, que madame Clermont avait fait comme il est tout simple de faire en pareil cas : on accepte l'invitation et on ne s'y rend pas.

Madame Clermont, pour procurer quelque distraction à sa fille, avait bien pu consentir à aller chez madame Bouchonnier, dont la société lui était d'ailleurs fort agréable ; mais il n'en était pas de même de madame Michelette, chez qui elle savait bien qu'elle trouverait encore de nouveaux visages.

Pour engager la belle veuve et sa fille à venir chez elle, la mère d'Alménor n'avait pas manqué de dire qu'elle aurait Isidore Marcelay ; cela n'avait pas changé la résolution de madame Clermont qui, en voyant chaque jour s'augmenter l'air rêveur de sa fille, commençait à se repentir d'avoir reçu chez elle le jeune cousin de madame Bouchonnier ; non pas qu'elle eût trouvé rien de répréhensible dans la conduite d'Isidore avec Emmeline, mais une mère sait bien que, pour être timide et discret, l'amour n'en est pas moins dangereux... surtout près d'une jeune fille.

Emmeline n'avait pas murmuré lorsqu'après le départ de madame Michelette, sa mère lui avait dit :

— Tu comprends bien, mon enfant, que j'ai accepté pour mettre fin aux prières de cette dame, mais nous n'irons pas.

La jeune fille avait l'habitude de se soumettre sans répliquer aux moindres volontés de sa mère. Cependant elle n'avait étouffé qu'avec peine un soupir qui partait du fond de son cœur ; car madame Michelette avait dit qu'Isidore serait à sa réunion.

Ces dames avaient passé leur soirée comme à l'ordinaire, en travaillant et en faisant de la musique. Mais madame Clermont, se sentant un peu indisposée, s'était retirée plus tôt que de coutume dans sa chambre, afin de se livrer au repos.

Au lieu de faire comme sa mère et de monter à sa chambre, pourquoi Emmeline était-elle restée dans la salle du rez-de-chaussée ? pourquoi avait-elle ouvert la fenêtre qui donnait sur la rue alors déserte, et s'était-elle placée tout contre ? Était-ce seulement pour respirer l'air qui était doux, pour regarder le ciel qui était beau, pour écouter le souffle du vent dans le feuillage du jardin, ou pour rêver à son aise ?

On dit qu'il est difficile de lire dans le cœur d'une femme ; mais si ce cœur est rempli d'amour, la chose n'est pas si difficile qu'on le croit ; soyez, au contraire, bien persuadé qu'alors toutes ses volontés, toutes ses pensées se rapporteront à celui qu'elle aime ; que dans ses actions, même les plus indifférentes, il y aura quelque chose où se mêlera cet amour qui fait partie de son existence, qui ne la quitte plus, ni le jour, ni la nuit, qui est son tourment, son bonheur, son bien, son idole, et dont elle ne se sépare pas un seul instant, parce qu'il lui semble qu'elle cesserait d'être si elle cessait d'aimer.

Emmeline ne s'était sans doute pas dit tout cela, mais elle savait qu'Isidore était à Corbeil, qu'il devait aller chez madame Michelette ; elle écoutant sans entendre, plongée dans cette douce rêverie qui vous fait croire que l'objet de votre tendresse est là tout près de vous.

Son nom, prononcé par une voix tremblante, la tira tout à coup de sa rêverie. Un léger cri lui échappe, mais ce n'est pas d'effroi, c'est de saisissement, de bonheur, car elle a reconnu la voix d'Isidore.

C'est bien lui qui est là tout contre la fenêtre. Le jeune homme, tout attristé en ne voyant pas arriver madame Clermont et sa fille chez madame Michelette, s'était furtivement éclipsé, et une fois dehors, sans savoir s'il apercevrait Emmeline, il n'avait pu résister au désir de passer devant sa demeure. Le cœur de la jeune fille avait deviné tout cela.

— Monsieur Isidore ! balbutia Emmeline.
— Quoi !... vous voilà, mademoiselle... Ah ! que je suis content, que je suis heureux ! Je n'espérais pas avoir tant de bonheur ce soir ! s'écrie Isidore en levant la tête pour contempler Emmeline, car la fenêtre du rez-de-chaussée était élevée à quelques pieds du sol ; il était facile de se donner la main, il eût été difficile de s'embrasser... mais on pouvait se voir, se parler : en ce moment les deux amoureux n'en désiraient pas plus.

— Je viens de chez madame Michelette, reprend Isidore ; on avait dit que vous y seriez avec madame votre mère, c'est cet espoir seul qui m'y avait conduit... mais vous n'y êtes pas venue...

— Non, maman n'a jamais eu l'intention d'y aller... elle n'aime pas le monde ; et si, chez madame votre cousine, c'est qu'il est difficile de résister aux prières de madame Bouchonnier, qui est si aimable... Mais, monsieur, ce n'est pas bien poli de vous laisser dans la rue... c'est que maman vient d'aller se coucher, elle est si fatiguée ce soir, et alors... je... n'ose pas...

— Oh ! mademoiselle, je sens très-bien qu'il n'est pas l'heure de vous faire une visite... Aussi, mon intention n'était certes pas de vous déranger... Je suis bien heureux puisque je vous vois, et si cela ne vous contrarie pas que je reste un peu là... pour causer avec vous, je n'en demande pas davantage...

— Certainement, monsieur, cela ne me contrarie pas... je ne pense pas qu'il y ait aucun mal à causer... sur la croisée... Et vous êtes-vous amusé à la soirée de madame Michelette ?

— Amusé !... vous n'y étiez pas !...

Isidore a dit cela avec tant de sentiment qu'Emmeline en est tout émue et reste quelques instants sans pouvoir trouver quelque chose à répondre. Celui-ci ne cause son trouble sait interpréter son silence ; la jeune fille a les yeux baissés et ne les porte pas de son côté, mais, lui, dont la hauteur tout à son aise, car Emmeline se tenant un peu de côté, la lumière qui vient de la chambre éclaire une partie de son joli visage, et Isidore, une main appuyée sur le grillage du balcon de la fenêtre, a la tête levée, et ses yeux ne quittent pas celle qu'il est heureux de contempler.

Entre deux personnes qui s'aiment sans se l'être encore avoué, le silence a un charme et une éloquence que l'on peut comprendre, mais qu'on ne saurait décrire. Pourquoi n'en est-il pas de même lorsque l'amour est satisfait ? C'est qu'alors, n'ayant plus de raison pour être timide, on prend un long silence pour de l'indifférence, de la froideur ou de l'ennui.

— Est-ce que vous retournez ce soir à Paris ? dit enfin Emmeline.

— C'était mon intention... c'est-à-dire... je n'ai plus aucun moyen l'idée... à présent je crois qu'il serait trop tard pour être du dernier convoi du chemin de fer... et puis rien ne me presse... Ah ! maintenant, quand je suis à Paris, je m'y ennuie !... j'y trouve le temps si long... ma pensée est toujours ici... toujours près de...

Isidore n'a pas achevé. Ce jeune homme jusqu'alors très-entreprenant, très-hardi près des femmes, est devenu timide et craintif comme un écolier ; il faut ressentir un amour bien vrai pour qu'il produise un tel changement.

N'osant pas parler, il regarde toujours Emmeline, qui baisse les yeux, mais dont la charmante figure s'embellit encore du bonheur nouveau qu'elle éprouve. Par hasard, en laissant tomber ses bras en dehors de la fenêtre, il se trouve qu'une de ses mains rencontre celle qu'Isidore a posée contre la grille du balcon. La jeune fille va retirer son bras, mais aussi prompte que l'éclair, cette main qu'elle vient de frôler a saisi et retenu la sienne. On est souvent plus hardi en actions qu'en paroles : Isidore, qui n'ose pas dire à

Emmeline : « Je vous aime! » vient de presser avec ardeur et de porter à ses lèvres la main de la jeune fille, et il l'a couverte de baisers avant même que celle-ci ait eu le temps de se demander si elle devait la retirer.

La caresse la plus légère cause un extrême bonheur entre deux êtres qui s'aiment bien, car alors tout communique au cœur, c'est un feu électrique qui de la main, du genou, du pied même, arrive bien vite à un autre endroit.

Peut-être Emmeline aurait-elle dû retirer sa main, mais cela lui causait tant de plaisir de sentir les baisers brûlants qu'Isidore déposait dessus, qu'il lui aurait fallu bien de la force ou bien du courage pour renoncer à ce bonheur. D'ailleurs, elle était sans expérience, elle ne savait pas qu'en amour la plus légère faveur équivaut à un autre endroit.

Cette main, qu'il presse dans les siennes et qu'on lui abandonne, a rendu Isidore plus hardi ; il ne retient plus la déclaration qu'il brûlait de faire ; il ne sait pas ce qu'il dit, mais déjà sa bouche a murmuré plusieurs fois : « Chère Emmeline ! que je vous aime!... »

Ces mots ont rendu la jeune fille rouge et tremblante, elle retire sa main... il était un peu tard peut-être. Alors Isidore lève sur elle des yeux remplis d'amour et de tristesse, en lui disant :

— Mon Dieu ! seriez-vous fâchée?... vous ai-je déplu en vous avouant que je vous aime?... Ah ! ce secret... il me semblait pourtant que vous deviez déjà le savoir... que vous l'aviez deviné... Me suis-je trompé... en espérant que... mon Dieu... je n'ose pas vous dire... mais si mon amour vous déplaît... si je ne puis obtenir... un peu de retour... je serais si malheureux ! car cet amour est en moi, je pense à vous sans cesse, à toute heure, à chaque instant, et je suis si heureux d'y penser !... mais, si je vous déplais... oh ! soyez tranquille ! je ne vous obséderai plus... je ne vous importunerai pas par ma présence... je cesserai de venir, mademoiselle, et vous n'entendrez plus amais parler de moi !...

— Oh ! par exemple !... est-ce que j'ai dit cela !... s'écrie vivement Emmeline ; puis, toute confuse de l'aveu qui vient de lui échapper, elle baisse bien vite les yeux, mais sa main se retrouve errer contre la grille du balcon, elle a pu de nouveau y être prise, et on ne songe plus à la retirer, mais au contraire une légère pression répond à la sienne ; pour une jeune fille, n'était-ce pas en dire assez?

Isidore comprend tout son bonheur, il passe de la crainte, de la tristesse à la joie la plus vive ; les amoureux tombent presque toujours dans les excès.

— Madame votre mère a bien voulu me recevoir, reprend Isidore, c'est une faveur d'autant plus précieuse que je sais qu'elle en est avare. Cela me donne l'espoir qu'elle ne mettra aucun obstacle à notre bonheur lorsque je la prierai de me nommer son fils, de m'accorder votre main. J'ai de la fortune... je suis mon maître, car je n'ai plus pour parent qu'un oncle qui est le meilleur des hommes ; vous voyez bien, chère Emmeline, que si votre mère n'y est pour obstacle, je puis être bientôt votre époux.

— Ma mère ! dit Emmeline en poussant un soupir. Oh ! elle m'aime bien... je suis sûre que tout son désir est de me rendre heureuse... mais pourtant... je ne sais pourquoi... je crains que nous ne nous flattions en espérant qu'elle approuvera... vos projets.

— Qui peut vous faire penser cela ?
— Ah ! bien des choses...
— Craignez-vous de me les confier?
— Oh ! non... je voudrais n'avoir aucun secret pour vous... c'est-à-dire... il me semble que lorsqu'on a... de... l'amitié pour quelqu'un, c'est un bonheur de lui confier toutes ses pensées ; c'est peut-être mal ce que je dis là... c'est que... je ne sais pas, moi...

— Chère Emmeline, croyez que je serai digne de cette confiance que vous me témoignez... Votre âme naïve et pure trouvera toujours en moi l'amant... le frère... l'ami digne de partager ses peines comme ses plaisirs.

— Oh ! je vous crois, monsieur Isidore, je vous crois !... Eh bien ! écoutez...

Emmeline fait quelques pas en arrière dans l'appartement pour s'assurer si elle n'entend aucun bruit dans la maison. Mais tout était tranquille, le plus grand calme régnait aux alentours. La jeune fille rassurée reprend sa place contre la croisée, se penchant un peu pour être près de celui qui est l'objet de son amour, et à qui maintenant elle ne craint pas d'abandonner sa main, qu'il serre tendrement tout en l'écoutant.

— Voyez-vous, monsieur Isidore, maman ne me conte pas toutes ses peines, et pourtant je suis bien sûre qu'elle en a. Quelquefois, lorsque je la vois triste, pensive, je lui dis : « Tu as quelque chose qui te tourmente... dis-le-moi, je veux partager tes chagrins. » Mais alors ma bonne mère soupire et me répond : « A quoi bon t'affliger d'avance, pauvre enfant?... il y a des choses que l'on sait toujours trop tôt! » Ensuite elle soupire encore, et moi, je ne pose pas lui en demander davantage, parce que je crains de la contrarier. Cependant quelquefois, en attachant ses regards sur moi, et quand elle croyait peut-être que je ne l'écoutais pas, je l'ai entendue murmurer tout bas : Si quelque jour on l'aimait... si un parti honorable se pré-

sentait pour elle... il me faudrait donc le repousser... il me faudrait apprendre à la pauvre enfant tous nos malheurs... et lui dire que je ne suis pas maîtresse de disposer de son avenir...

— Pas maîtresse de votre avenir!... s'écrie Isidore.
— Chut ! taisez-vous, reprend Emmeline à demi-voix. Si maman entendait... si elle savait que je vous dis cela... elle serait peut-être fâchée contre moi...

— Oh ! ne craignez rien, chère Emmeline... Mais ce que vous venez de me dire me semble si singulier... Madame Clermont ne serait-elle pas veuve... son mari, votre père existerait-il encore?

— Mon Dieu ! je n'en sais rien...
— Vous souvenez-vous d'avoir vu votre père ?
— Oh ! jamais ! Je ne me souviens que d'un vieux monsieur qui avait l'air respectable... je crois que c'était un avocat.. un homme de loi enfin... il venait rarement, mais quand il venait, il m'embrassait en disant : Pauvre petite !... s'il te voyait, il t'aimerait, j'en suis sûr...

— C'est bien singulier... et puis?
— Et puis maman pleurait en disant : « Non, monsieur, il déteste la mère, il n'aimera jamais ma fille. » Voilà tout ce dont je me souviens. Mais toutes les fois que maman m'en a parlé de mariage, et lorsqu'on a voulu lui faire entendre qu'en vivant toujours dans la retraite, elle ne trouverait pas de parti pour moi, je me suis bien aperçue que maman devenait chagrine, que cette conversation lui faisait de la peine, et voilà pourquoi si elle découvre que vous... que vous pensez à moi... si vous lui demandez à être... son fils... j'ai peur que...

Un bruit subit, ressemblant à celui d'une personne qui se laisserait tomber à terre, a retenti à peu de distance des deux amoureux et cause une vive frayeur à Emmeline qui demeure toute tremblante, pouvant à peine articuler :

— Ah ! mon Dieu ! qu'est-ce que c'est que cela ?... Avez-vous entendu, monsieur Isidore ?...

— En effet, j'ai cru entendre du bruit...
— Oh ! bien sûr, il y a quelqu'un...

Isidore se retourne et fait quelques pas dans la rue pour tâcher de découvrir la cause du bruit qui les a frappés, mais il n'aperçoit et n'entend plus rien. Cependant Emmeline se penche encore plus par la croisée, en lui disant à voix basse :

— Prenez garde... ne vous éloignez pas... si c'était quelque voleur... Etes-vous armé?... Mon Dieu ! vous n'avez pas même une canne pour vous défendre... c'est bien imprudent de sortir sans canne la nuit.

Isidore revient prendre sa place tout contre la fenêtre en disant :
— Je n'ai vu personne... Je crois que nous nous trompons... c'est le bruit du vent... c'est quelque chien du voisinage qui se promène hors du logis...

— Ah ! j'ai eu peur... Tenez, monsieur Isidore, je fais peut-être mal de causer ainsi avec vous pendant que tout le monde dort... Si on venait à le savoir... Maman m'a dit souvent que les actions les plus innocentes paraissent coupables lorsqu'elles sont cachées... Je vais vous dire adieu...

— Ah ! pas encore, de grâce, chère Emmeline... ce n'est peut-être un crime de causer ainsi de loin... Je suis si heureux d'être près de vous !... ne me privez pas encore de ce bonheur... Je vous répète que tout le monde dort autour de nous... Ne me renvoyez pas encore... les instants passent si vite ainsi... Je vous en prie... à moins pourtant que... cela ne vous ennuie...

— Oh ! que c'est vilain de me dire cela... m'ennuyer de causer avec vous... Est-ce que c'est possible?... Est-ce que... je ne... vous savez bien... Mon Dieu ! voilà que je ne sais plus ce que je dis à présent.

Le trouble d'Emmeline laissait assez voir ce qu'elle voulait et ce qu'elle n'osait dire. Isidore presse de nouveau contre ses lèvres une main qu'on lui abandonne. Ensuite ce sont de nouveaux serments d'amour que prononce le jeune homme. Il jure de n'avoir jamais d'autre épouse qu'Emmeline, et celle-ci, sans s'exprimer de même, laisse voir aussi que son cœur partage tout l'amour qu'on ressent pour elle. Entre deux personnes qui s'aiment et qui se le disent pour la première fois, on sait que le temps voie, car on ne se lasse pas de se répéter cent fois que l'on s'aimera toujours, que l'on ne changera jamais. Ensuite on fait de charmants projets pour l'avenir ; on y est toujours ensemble, et l'existence ne promet plus que des plaisirs. Mais dans tous les projets qu'ils forment, Emmeline place toujours sa mère avec eux, car son cœur aimant et pur ne sépare point une mère de sa fille. N'est-il pas naturel que les heures passent vite dans d'aussi doux rêves? Le bonheur que l'on espère n'est-il pas le plus doux ? et rêver à l'avenir près de l'objet qu'on aime, c'est déjà être heureux en réalité.

Cependant Emmeline craint toujours qu'Isidore ne fasse du chagrin à sa mère en lui parlant de mariage, elle craint que madame Clermont n'approuvât pas l'amour du jeune homme, si elle avait quelque raison secrète pour ne point vouloir encore marier sa fille, n'était-il pas à craindre qu'elle ne voulût plus recevoir les visites d'Isidore, ou que du moins elle ne lui permît plus de se présenter chez elle aussi vent? Cette pensée cause tant d'effroi à nos deux amoureux, qu'ils se décident à attendre encore avant de confier leur secret à madame Clermont. Isidore se promet de faire tout pour gagner sa confiance, son amitié ; puis, lorsqu'il croira le moment favorable, il déclarera à la mère d'Emmeline tout l'amour dont il brûle pour sa fille et la suppliera de lui accorder sa main.

En causant ainsi, en faisant mille projets pour l'avenir, en se répétant sans cesse qu'ils s'aimeront toute la vie, les deux amoureux voient une légère clarté pointiller à l'horizon, puis gagner et s'étendre enfin sur toute la campagne...

— Ah! mon Dieu! serait-il possible !... c'est le jour ! s'écrie Emmeline.

— Le jour... quoi ! déjà le jour ! répète Isidore. Ah ! que cette nuit a passé vite !... Ah ! comme les heures sont courtes près de vous !...

— Oh! cette fois il faut nous dire adieu, et bien vite. Les paysans, les gens de la campagne... les domestiques qui vont se lever... et si l'on vous voyait là... Adieu, monsieur Isidore.

— Adieu, chère Emmeline... se quitter déjà...

— Déjà, dit-elle, et nous avons causé toute la nuit !... Oh ! c'est égal ! c'était bien gentil et je n'ai pas envie de dormir... mais partez... partez : adieu.

Isidore serre encore la main d'Emmeline et il se décide à quitter celle qu'il aime. La jeune fille lui fait un dernier signe de tête, puis elle ferme les volets et la fenêtre. Isidore s'éloigne enfin sans avoir vu à quelques pas de lui un homme qui est étendu au pied d'un arbre et qui, s'il ne dort pas, a pu entendre toute la conversation des deux amants.

V. — ON FAIT CONNAISSANCE AVEC CREPS.

Midi venait de sonner et il y avait déjà un grand mouvement dans la cuisine d'un des meilleurs traiteurs de Corbeil, traiteur qui était aussi limonadier et tenait un billard ; où par parenthèse, le fils de madame Michelette et son ami Saucissard venaient fumer et faire leur partie, lorsqu'on leur disait que M. Bouchonnier était à Paris et que madame n'était pas visible ; et on leur répondait cela presque toutes les fois qu'ils se présentaient chez le voisin.

Joseph Tourinet, qui vient d'entrer chez le traiteur pour y lire le journal en prenant un œuf à la coque et un carafon, dit au maître de l'établissement, qui a l'air très-affairé :

— Qu'est-ce qu'il y a donc chez vous ce matin? Comme vous voilà déjà tous en l'air ! est-ce que vous avez un noce aujourd'hui ?

— Non, monsieur, répond le traiteur en souriant, nous n'avons pas de noce... mais nous avons un monsieur... un particulier qui va bien !... Ah! diable... voilà plusieurs jours qu'il vient déjeuner ici... et quand je dis déjeuner, ça peut passer pour un dîner, il arrive sur le midi, et il tient table jusqu'à cinq ou six heures du soir... quelquefois plus.

— Peste! quel gaillard ! s'il mange tout le temps-là, il faut qu'il ait un estomac solidement constitué.

— Il ne mange pas toujours, mais il boit sec... Enfin, il fait beaucoup de dépense ici... il paye la carte sans jamais la vérifier... Oh ! c'est une fameuse pratique !... et vous pensez bien que nous tenons à le contenter !

— Est-ce quelqu'un du pays, ou un Parisien qui vient prendre l'air de la campagne?

— C'est... c'est...

En ce moment, l'épouse du traiteur arrive d'un air effaré dire à son mari.

— Mon ami, M. Creps appelle... il ne trouve pas le bordeaux assez bon... Vas-y donc... va lui parler.

Le traiteur court au salon et Tourinet le maigre retient la dame en lui disant:

— Est-ce que je n'ai pas mal entendu? Creps, a-t-on dit?... ce n'est pas possible! ça ne peut pas être pour ce pauvre diable qui se nourrit de racines et de cerises qu'il vole sur les arbres, que vous mettez en l'air toute votre maison?...

— Si, vraiment! c'est bien pour lui, répond l'hôtesse en faisant de la tête un petit mouvement pour affirmer encore ses paroles.

— Quoi !... c'est l'Amant de la lune qui fait tant de dépenses chez vous?

— Lui-même... voilà déjà plusieurs jours qu'il vient se régaler ici. Oh ! la première fois qu'il s'est présenté et qu'il a demandé tout ce que nous avions de meilleur et de plus cher, nous étions aussi surpris que vous et fort peu tentés de le servir, car nous pensions qu'il ne pourrait pas nous payer; d'autant plus qu'il n'y a aucun changement dans sa toilette, il est à peu près aussi mal mis qu'autrefois. Mais, devinant sans doute ce qui causait notre hésitation, M. Creps a tiré de sa poche une poignée de pièces d'or en nous disant : « Vous voyez que j'ai de quoi payer ma dépense. » Alors nous lui avons servi tout ce qu'il désirait. Ce jour-là il a dépensé trente francs.

— Pour lui seul?

— Pour lui seul! Le lendemain à peu près autant... et c'est toujours de même quand il vient.

— Ah çà! il a donc dévalisé quelqu'un, ce monsieur?

— Nous ignorons d'où lui vient sa nouvelle fortune, mais cela ne nous regarde pas. Il consomme, il paye la casse quand il y en a ; c'est une excellente pratique.

— Il a donc abandonné le cabaret de Roberdin?

— Pour quelqu'un qui veut bien vivre, vous comprenez que la cuisine de Roberdin ne saurait suffire.

— Et où se tient-il M. Creps quand il prend ses repas?

— Dans le petit salon du premier...

— Parbleu! j'ai bien envie d'aller un peu voir ce monsieur se régaler...

— Vous en avez le droit, monsieur Tourinet !... Quand il est à table, notre hôte n'a pas l'air de faire attention à ce qui se passe autour de lui... Par exemple, quand il est à sa troisième bouteille, il crie, il chante, il est un peu bruyant, je vous en préviens... mais la gaieté ne vous fait pas peur à vous, monsieur Tourinet... vous n'êtes pas un Caton, comme votre frère !

— Non, certes! je m'en flatte... belle hôtesse... je serais bien fâché d'être un Caton.

— Oh! on le sait, monsieur, on le sait!

— Je voudrais que vous le sussiez plus encore, méchante !

L'hôtesse s'est éloignée en riant beaucoup. Joseph Tourinet se dirige vers le petit salon du premier, il entre et aperçoit, attablé près d'une fenêtre, l'Amant de la lune, dont la tenue est toujours la même, sauf des bottes neuves qui remplacent ses mauvais souliers et une cravate en taffetas noir qui a succédé au foulard qui entourait son cou.

Creps, auquel on vient de servir un poulet rôti, est alors en train de le découper et ne lève pas même les yeux pour voir qui entre dans le salon. Joseph Tourinet, qui sait à quel gaillard il a affaire, salue fort poliment et va se mettre à une table en face de l'Amant de la lune, en disant:

— Cela ne vous dérangera pas, monsieur... que je déjeune en face de vous ?...

— Eh! pourquoi diable cela me dérangerait-il ? répond Creps en continuant de ne regarder que son poulet. Est-ce que vous croyez par hasard, monsieur, que je ne sais pas manger devant le monde ou que la compagnie me fait peur ?

— Oh! ni l'un ni l'autre, assurément, monsieur ; mais quelque fois... on aime... à manger seul... on a ses idées... on en est bien le maître... Garçon !... eh ! garçon ! mon œuf, pas trop cuit surtout.

— De quel vin, monsieur?

— Comme à l'ordinaire... de l'ordinaire... un carafon.

— Garçon ! crie Creps, lorsque Joseph Tourinet a cessé de parler, une bouteille de beaune première... car décidément votre bordeaux n'est pas fameux !...

— Si vous voulez, monsieur Creps, je vais dire au bourgeois que vous n'en êtes pas content.

— C'est inutile, va : voilà déjà trois fois qu'il me le change et c'est toujours la même chose ; il aurait mieux fait de me dire franchement qu'il n'en avait pas de bon sorte... On sait bien qu'à Corbeil on n'est pas au Rocher de Cancale !

Le garçon s'est éloigné. Creps a un instant porté les yeux sur le monsieur qui est à une table en face de la sienne. Tourinet a saisi ce moment pour faire un nouveau salut fort gracieux à son vis-à-vis. Creps porte la main à son chapeau, le soulève un peu et continue de manger. Comme il n'a encore bu qu'une bouteille, il est fort calme.

— Le temps se gâte..... j'ai idée que nous aurons de l'orage aujourd'hui, dit Tourinet qui a très-envie d'entrer en conversation.

— Après la pluie vient le beau temps ! murmure l'Amant de la lune en se remettant à son poulet.

— C'est juste, dit Tourinet en souriant ; il y a même un charmant morceau de musique où l'on dit : *Mais enfin, après l'orage, on voit venir le beau temps.*

— C'est dans le *Tableau parlant*, dit Creps en mangeant.

Joseph Tourinet est fort étonné qu'un homme qu'il a toujours pris pour un vagabond connaisse le nom d'un opéra comique, et l'ait vu assez pour se rappeler les morceaux de musique qui sont dedans Il regarde Creps avec une nouvelle curiosité , en se disant à lui-même :

— C'est singulier. Qu'est-ce que c'est donc que cet homme-là qui sait l'origine du premier morceau de musique que je lui cite.

Le garçon apporte le modeste déjeuner de Tourinet et une bouteille de beaune à son vis-à-vis. Il sert vivement le premier pour aller ensuite déboucher la bouteille à la bonne pratique.

— Monsieur sera content, je l'espère, dit le garçon, c'est du vieux... c'est tout ce qu'il y a de meilleur en beaune... c'est...

— Tais-toi donc, imbécile ! est-ce que tu crois que je ne verrai pas ce que c'est !... répond Creps en se versant. Si ton maître avait de tous les vins que j'ai bus, sa cave serait bigrement bien montée !

— Il est trop cuit, murmure Joseph Tourinet en essayant en

vain de faire entrer une mouillette dans son œuf. Quand on les demande à la coque... que diable! on ne les demande pas durs.

Le garçon ne fait pas semblant d'entendre et dit à Creps :

— Monsieur le trouve-t-il bon celui-ci?

— Pas mauvais, répond le monsieur qui vient de déguster le jeune.

— Qu'est-ce que monsieur prendra après son poulet?

— N'importe quoi, ce que tu auras de meilleur.

— Il y a de la matelote d'anguille délicieuse.

— Soit! va pour la matelote.

Le garçon sort. Joseph Tourinet pousse un soupir, car il adore la matelote, mais son modeste revenu ne lui permet pas de contenter souvent sa gourmandise, et en prenant un œuf à la coque dans le milieu de la journée, il fait déjà un extra qu'il aura bien soin de cacher à son frère Pétrus, qui ne s'en permet jamais, parce que, bien qu'il soit aussi gourmand que lui, il est plus économe.

Creps, qui trouve le beaune à son goût, avale coup sur coup plusieurs verres, mais de temps à autre il jette un coup d'œil en dessous sur son vis-à-vis, qui s'obstine à vouloir faire entrer une mouillette dans un œuf dur.

— Tenez, monsieur, je crois que vous n'en viendrez pas à bout! dit enfin l'Amant de la lune en riant.

— Ma foi, répond Tourinet, il est certain qu'on aurait mieux fait de me servir cet œuf en salade.

— Pourquoi n'en avez-vous pas demandé un autre?... Est-ce que pour son argent on ne doit pas être bien servi?

— C'est ici comme partout. Ils servent bien les gros écots et ils négligent les petits.

— Ils ont tort! car les gros ne durent pas longtemps, tandis que les petits forment souvent une clientèle.

— Mais cet homme-là ne s'exprime pas mal du tout! se dit Tourinet le maigre en se décidant à manger son œuf à la fourchette, et en se versant avec beaucoup de modération du vin contenu dans son carafon. Son vis-à-vis, qui le regardait faire, ne tarde pas à partir d'un éclat de rire. Tourinet, au lieu de se fâcher, se met à rire aussi en regardant la personne qui déjeune si bien devant lui et lui dit :

— Vous riez de me voir manger mon œuf à la coque avec une fourchette, n'est-ce pas?... le fait est que ce n'est pas l'usage... c'est une innovation.

Creps avale une nouvelle rasade, puis répond : — Ma foi, vous avez deviné, vous me rappelez cette aventure arrivée à Saint-Foix, vous savez : il trouvait, lui, qu'une bavaroise au lait était un fichu souper, et je me disais, moi, qu'un œuf à la coque dur est un f... déjeuner...

— Il connaît les mémoires de Saint-Foix! se dit Joseph Tourinet. Décidément ce n'est pas un homme de rien... il m'a l'air d'un viveur... c'est quelque gaillard qui aura tout mangé, sans doute.

— Monsieur, répond Creps, je dois d'abord vous demander excuse de vous avoir ri au nez... Vous ne vous en êtes pas fâché, et cela fait votre éloge....

— Moi, monsieur, oh! je ne prends pas la mouche pour si peu de chose ; ensuite je suis moi-même ami de la gaieté.

— Maintenant, monsieur, si j'osais, je vous ferais une proposition, mais je crains qu'elle ne vous choque.

— Dites donc, monsieur, je vous en prie, oh! je n'ai point l'esprit mal fait.

— Eh bien! monsieur... on vous a totalement manqué votre déjeuner, et peut-être est-ce moi qui suis cause que votre œuf était trop cuit... Pardieu, il y aurait un moyen de réparer le tort involontaire que je vous ai causé, ce serait de venir partager mon déjeuner... Mais je suis bien hardi, n'est-ce pas?... Ce n'est point quand on porte une redingote comme la mienne... quand on est si mal vêtu enfin que l'on doit inviter un homme honorable à partager son repas... excusez-moi, monsieur... je crois que tout le monde a ma philosophie, et j'oublie qu'on juge d'abord les hommes par leurs habits.

— Monsieur, dit Tourinet en se levant de table, si je n'ai pas tout à fait votre philosophie, veuillez croire que j'ai assez de tact pour deviner que vous n'avez pas eu toujours un costume aussi... modeste!

— Modeste est bien honnête, monsieur.

— Et pour vous prouver, monsieur, que votre proposition ne m'a nullement offensé... j'accepte la moitié de votre déjeuner...

— Vraiment?

— Et la preuve, c'est que me voilà.

En disant cela, Tourinet est allé s'asseoir à la table de Creps, celui-ci lui tend la main et presse la sienne, en s'écriant :

— Sacrediê! c'est bien, cela, vous êtes un bon garçon, un bon enfant! aussi nous allons en vider de ces fioles. Holà, garçon ! garçon!...

Le garçon a l'air encore plus bête qu'à son ordinaire en voyant le monsieur à l'œuf à la coque attablé avec la grosse pratique. Il croit devoir aller chercher les coquilles de l'œuf et le carafon, puis il pose cela devant Tourinet, mais Creps s'écrie :

— Veux-tu nous jeter tout cela par la fenêtre!... fais doubler la matelote, monte-nous du pâté de perdreaux, une autre bouteille de ce beaune... Que ce soit bien du même surtout... Allons, marche. Tenez, mon cher convive, voici une moitié de poulet intacte, et il n'était pas mauvais... mais buvons d'abord!... Oh!... le vin! le vin! il n'y a rien de tel pour rendre heureux les gens qui ne le sont plus. A votre santé.

Tourinet le maigre choque son verre contre celui de son amphitryon et avale du beaune avec grand plaisir, en disant : A votre santé, monsieur Creps.

— Ah! vous me connaissez, murmure celui-ci en fronçant légèrement le sourcil.

— Je vous connais... sans trop vous connaître, répond Tourinet; mais j'habite Corbeil, par conséquent j'ai eu occasion de vous rencontrer assez souvent... mais toujours le soir au clair de la lune... on prétend que vous affectionnez cet astre...

— En effet... c'est mon soleil à moi... Buvez donc...

— Les gens du pays vous ont même surnommé... l'Amant de la lune...

— Oui, je sais cela. Peu m'importe du reste! je m'inquiète peu de ce qu'on dit et de ce qu'on pense!...

— C'est qu'on a de mieux à faire quand on n'a rien à se reprocher.

Creps regarde son convive comme pour chercher à deviner quel sens il attache à ces paroles. Mais Tourinet ne semble alors occupé qu'à manger et à boire ; il s'en acquitte d'autant mieux que son vis-à-vis remplit son verre aussitôt qu'il l'a vidé.

— Ce poulet est délicieux!

— Vous le trouvez bon, tant mieux. Ah! voici la matelote... Garçon, encore du beaune, et ensuite du champagne, du meilleur et dis à ton maître que je m'y connais.

Joseph Tourinet, qui tient à rattraper son amphitryon, ne fait que manger et vider son verre; aussi a-t-il bientôt cette pointe de gaieté qui donne beaucoup d'abandon dans la conversation, et se montre-t-il enchanté de sa nouvelle connaissance. Quant à Creps, tout en buvant de façon à ne jamais être en arrière, il conserve encore son calme ; sa tête paraît avoir l'habitude de braver les plus fréquentes libations, et quoique l'hôtesse l'ait annoncé comme fort bruyant quand il a bu, la manière dont il répond aux questions de son convive peut faire penser que, lorsqu'il devient tapageur, c'est plutôt pour s'étourdir et par sa propre volonté que sous l'influence du vin.

— Nous allons bien! nous allons bien!... dit Tourinet le maigre Oh! mon cher monsieur Creps, vous êtes un gaillard. On mange mieux ici que chez Roberdin, n'est-ce pas?

— Oui, répond Creps en souriant; mais le cabaret de Roberdin n'en est pas moins un endroit précieux et que je ne veux pas mépriser... d'autant plus qu'il est probable qu'il me reverra.

— Ah bah!... Comment! vous retournerez dans ce taudis... Un homme comme vous... qui sait si bien vivre... Vous aurez tort, parole d'honneur, vous aurez tort!...

— Vous en parlez à votre aise, mon cher monsieur Tour...

— Tourinet, Joseph Tourinet, maître de musique... de composition... c'est-à-dire autrefois, car, maintenant, je ne fais presque plus rien... Je vis de mes rentes avec mon frère...

— C'est un joli état que celui-là... c'est le meilleur de tous.

— Il nous faut vivre avec économie, nous ne faisons pas d'ordinaire comme celui-ci... Mais dites donc, entre nous, il n'y a pas longtemps encore que vous soupiez avec des carottes que je vous ai vu arracher dans les champs... Eh ! eh ! il me paraît que vous avez trouvé un trésor, vous... Après cela... ce que je vous en dis... c'est pour causer! Je sais très-bien que vous ne me regardez pas.

— Comme vous dites! répond Creps en remplissant le verre de son vis-à-vis. Cela ne vous regarde pas. C'est aussi pour cela que je ne vous le dirai pas.

— Et si je devinais la cause de votre nouvelle fortune... Ah! ah! qu'est-ce que vous diriez? reprend Tourinet en choquant son verre contre celui de Creps.

— Cela m'étonnerait beaucoup, je vous l'avoue.

Le traiteur, qui monte lui-même du champagne, interrompt cette conversation. Il coupe le fil de fer qui retenait les bouchons et présente une bouteille à l'Amant de la lune, en lui disant d'un air aussi respectueux que s'il parlait à un prince :

— Je ne crois pas que vous ayez jamais rien bu de meilleur... ou je serais bien trompé.

— Très-bien! monsieur l'hôte, vous allez alors en boire un verre avec nous.

— Ah! messieurs... c'est bien de l'honneur, je suis incapable de vous refuser.

Creps a fait sauter le bouchon, il emplit les verres, on trinque, et Tourinet, dont la parole devient un peu difficile, balbutie :

— Il me semble que vous devez être content, monsieur l'hôte, on ribote un peu chez vous... C'est bien heureux que ce brave Creps vous ait donné la préférence sur votre confrère... vous savez... l'autre traiteur... dans la Grande Rue... qui est aussi un des bons du pays.

— Oh ! mon confrère a perdu beaucoup de sa vogue, répond le limonadier en se rengorgeant : il fait beaucoup moins depuis cette malheureuse affaire qui a eu lieu chez lui.

— Quelle affaire ?... est-ce qu'un voyageur y aurait mangé de mauvais champignons ?

— Non ; je veux parler de ce duel... de ce monsieur qu'on a trouvé mort auprès du champ de Jean-Pierre ; est-ce que vous n'avez pas su cette histoire-là, monsieur Tourinet ?

— Moi, je n'en sais pas un mot.

— Et vous, monsieur Creps...

— Vaguement... on m'a bien dit quelques mots... mais si vous la savez, mettez-nous au fait.

Le traiteur prend une chaise, s'approche de la table, et, affectant un air mystérieux pour donner plus d'importance à ce qu'il va dire, commence son récit :

— Messieurs... c'était la nuit... il y a, je crois, huit jours, ou neuf jours... Je pourrai le savoir au juste en demandant à ma femme... mais la date ne fait rien. Il y a donc dix jours qu'un monsieur et une dame arrivèrent en chaise de poste chez mon confrère... C'étaient des jeunes gens... du grand monde... D'ailleurs ils ont donné leurs noms. C'étaient le comte de Norbelle et son épouse voyageant pour son agrément et allant en Suisse...

— Le comte de Norbelle ! dit Joseph Tourinet en faisant mousser son champagne. Je ne connais pas de ce personnage.

— Oui ! murmure Creps. Le plus souvent que c'était là son vrai nom !... Quand on voyage et qu'on craint d'être poursuivi, on donne dans les auberges le nom que l'on veut.

— Vous pensériez donc, monsieur Creps, que ce n'était pas un vrai comte de Norbelle ? répond l'hôte d'un air étonné.

— Après tout, je n'en sais rien... Continuez donc.

— Les voyageurs arrivèrent à la tombée de la nuit. La dame, qui était jeune et jolie, monta tout de suite dans la chambre où ils devaient coucher... Je tiens tous ces détails de Madeleine, la servante de mon confrère. Le monsieur resta en bas, et se fit servir à souper... un beau souper... C'étaient des gens comme il faut. Tout en soupant le monsieur recommanda bien, s'il arrivait du monde, que l'on ne se permît pas de dire que lui et son épouse étaient dans l'auberge, puis il monta se coucher. Mais voilà qu'un peu avant le point du jour un autre voyageur arriva. Il était à cheval ; c'était un homme déjà âgé... c'est Madeleine qui le reçut... mon confrère était resté dans son lit... et voilà la faute. Ah ! s'il s'était levé... quel malheur il aurait empêché !... Messieurs, j'ai l'honneur de boire à votre santé... Dans notre état il ne faut pas être paresseux. C'est ce que je dis toujours à ma femme quand elle veut me retenir au lit... je suis inflexible sur ce point.

— Continuez donc votre histoire, dit Creps avec un peu d'impatience.

— Madeleine demanda à ce monsieur s'il voulait souper. Il refusa... Mais il fit des questions à la servante pour cela des heures si elle n'avait pas vu tel ou tel voyageur... Il est probable qu'il lui donna la pièce... C'était un homme comme il faut aussi. Madeleine fit le portrait du comte de Norbelle et de son épouse : c'étaient justement ceux que ce monsieur devait avoir dû le lui dire ! mais comptez donc sur le silence d'une servante à qui on graisse la patte. Le monsieur renvoya Madeleine : j'ignore ce qui se passa ensuite ; mais à peine le jour commençait à luire que les deux voyageurs se firent ouvrir la porte de l'auberge. C'était le monsieur venu à cheval qui avait probablement réveillé le comte de Norbelle. Tous les deux tenaient dans leurs mains des pistolets ; ils allaient se battre en duel, c'était bien évident. Claude aurait dû aller réveiller son bourgeois, qui aurait été avertir la gendarmerie... Ah ! si cela était arrivé chez moi, ce ne se serait pas battu... mais aussi je ne suis point un paresseux... demandez à mon épouse.

— Achevez donc ce récit...

— Eh bien ! ces messieurs sortirent... Ah ! j'oubliais de vous dire que le comte de Norbelle ordonna à Claude de faire mettre les chevaux à sa voiture... il paraît qu'il était bien sûr d'être vainqueur celui-là... il est vrai qu'il y a des gens qui tirent si bien le pistolet... C'est lui qui revint au bout d'un quart d'heure à peu près ; il était fort agité, fort pâle, à ce qu'a dit Claude ; il monta chercher sa femme, paya la dépense sans regarder la note, et puis, portant sa femme dans la voiture... car elle était évanouie ou endormie, ils partirent au grand galop.

— Et l'autre voyageur ? balbutie Joseph Tourinet en regardant toujours travailler son champagne, tandis que Creps semblait réfléchir sur ce qu'il venait d'entendre.

— L'autre voyageur ! Parbleu ! il ne pouvait pas revenir celui-là ! Le pauvre monsieur avait reçu la dragée. On le trouva mort dans le champ de Jean-Pierre. Une balle de pistolet lui avait traversé la poitrine...

— Il était mort ! tout à fait ?

— Oh ! tout à fait ! il paraît que le comte de Norbelle avait bien visé.

— Est-ce qu'on n'a pas su qui était cet homme ? demanda Creps en sortant de ses méditations.

— Pardonnez-moi... vous pensez bien que l'affaire fit du bruit. Quand on eut trouvé ce pauvre monsieur, on alla chercher les autorités, le maire, le juge de paix... On interrogea tous les aubergistes du pays... C'est comme ça qu'on sut l'affaire. On fouilla le monsieur tué en duel, on trouva sur lui plusieurs cartes sur lesquelles son nom était gravé... car il est bien probable que c'était son nom ; ordinairement on ne porte pas sur soi la carte d'un autre...

— Eh bien, ce nom ?

— Il se nommait : Le major Giroval ; il paraît que c'était un militaire.

— On ne trouva pas d'autres papiers ?

— Non ; mais dans un petit médaillon qu'il portait à son cou, il y avait des cheveux... une mèche de cheveux blonds, puis le nom de Valérie gravé autour du médaillon. On n'a pas trouvé autre chose. Comme il était bien prouvé que ce monsieur était mort dans un duel, je crois qu'on ne fit pas d'autres recherches. Au reste, tout cela a dû être mis dans les journaux.

— Le major Giroval ! murmure Creps en appuyant sa tête sur sa main.

— Celui qui se sert de l'épée, périra par l'épée, dit l'Ecriture. Ma femme m'a répété cela bien souvent à ce sujet !

— Alors vous devez périr par la broche, vous, farceur !... dit Tourinet en riant.

— Ah ! monsieur Tourinet, c'est bien méchant, ce que vous dites là...

Un grand bruit se fait entendre du côté de la salle de billard qui attire alors l'attention du traiteur, qui se lève en disant :

— Pardon, messieurs, mais je crois qu'on a besoin de ma présence là-bas... Il me semble que j'entends des voix de connaissance... pourvu qu'on n'ait pas encore fait un accroc à mon billard... Ah ! ce M. Alménor est terrible... c'est une fichue pratique !

Le traiteur est sorti de la salle. Creps est encore plongé dans les réflexions que le récit qu'on vient de lui faire a produites. Tourinet, qui s'étonne de la taciturnité de son amphitryon et désire le remettre en gaieté, parce que lui-même est très en train, s'écrie, en secouant le bras de son vis-à-vis :

— Eh bien ! cher ami, à quoi pensez-vous donc ? vous ne buvez, plus, vous ne dites rien...

— Vous avez raison... Il faut boire, il faut s'étourdir...

— Et il faut manger son petit trésor... Ah !... ah !... n'est-ce pas ?... Tant pis... quand il y en aura plus... il y en aura plus... Ah ! ah ! ah !... C'est que je le sais parfaitement, la cause de votre changement de fortune... Ah ! maintenant, je suis sûr de mon fait...

Creps fixe sur son convive des yeux qui ne sont plus aimables, en répondant :

— Vous savez d'où vient l'or que je dépense ?

— Oui... oui... je le sais.

— J'aime à croire que vous vous trompez...

— Je gage que je ne me trompe pas... Oh ! c'est pas la peine de me faire pour cela des yeux... Tenez, mon cher ami... vous êtes un brave garçon, et c'est pour cela que j'ai accepté votre déjeuner plus tôt dîner... qui est délicieux, et je vous estime... Quoique votre redingote soit rapiécée... vous avez fait une action superbe, une action qui vaut mieux qu'un paletot neuf. Vous avez sauvé la vie à la fille de madame Clermont... en vous jetant à l'eau lorsque cette jeune personne était tombée hors de notre bateau... M. Isidore s'est jeté aussi à l'eau, mais il n'est pas si fort nageur que vous, et il se serait noyé avec mademoiselle Emmeline. Ensuite, le reste va tout seul... et j'aurais dû le deviner tout de suite. Madame Clermont vous aura témoigné sa reconnaissance, c'est bien naturel, vous lui en avez fait des régalez avec votre écurie... vous en avez encore le droit. Convenez que j'ai deviné d'où vient votre nouvelle fortune.

La figure de Creps a repris sa sérénité et il choque son verre contre celui de son vis-à-vis en disant :

— Ah ! c'est là ce que vous pensez... après tout il n'y aurait rien d'impossible à cela ce qu'il en fût ainsi...

— Parbleu ! j'étais sûr de mon fait !

— Et cependant vous vous trompez... car je n'ai pas vu ces dames... elles sont venues en effet me demander chez Roberdin... mais comme je me doutais que c'était pour me remercier, et que je n'aime pas les remerciements, je ne me suis pas dérangé de mon écurie...

— Ah ! c'est différent... Alors il me paraît que je n'ai pas devine la source de votre nouvelle fortune ?

— Non, et si vous m'en croyez, vous ne vous casserez pas la tête à la chercher.

Le bruit plus fort et plus prolongé interrompt les deux dîneurs. Bientôt la porte de la salle s'ouvre avec fracas, et MM. Alménor et Saucissard paraissent, tenant chacun à la main un fragment de queue de billard.

VI. — LA GUERRE OU LA PAIX.

Le fils de madame Michelette et son ami Saucissard s'étaient rendus chez leur voisin Bouchonnier, où, suivant la consigne qui avait été donnée par le mari et la femme, on leur avait dit que monsieur était absent et que madame n'était pas visible.

Cette réponse avait donné de l'humeur au bel Alménor, qui avait dit à la domestique :

— Est-ce que le voisin et son épouse ont peur de nous?... Parce que j'ai gagné quelques napoléons au premier, parce que j'ai un peu juré devant l'autre... qu'ils aillent se faire... Vous m'entendez bien!... Je n'aime pas les gens qu'on ne trouve jamais chez eux, je n'userai plus mes semelles de bottes sur leur paillasson.

Puis, traînant toujours son ami à la remorque, M. Alménor était retourné avec lui chez sa mère, ayant l'intention de prendre quelque chose, quoiqu'ils eussent déjà déjeuné. Mais la maman Michelette commençait à s'apercevoir que son enfant chéri n'était pas un modèle de tempérance. Depuis que son fils et son ami logeaient chez elle, la grosse dame voyait avec terreur que son vin, ses liqueurs et toutes ses provisions de bouche filaient plus vite que sur le chemin de fer. Aussi ce jour-là, après avoir vu sortir ces messieurs, elle avait pris la résolution de tout enfermer chez elle, et surtout de ne jamais laisser traîner la clef de sa cave, bien que le savant lui eût souvent répété qu'il était urgent de boire ses vieux vins, parce qu'ils ne se conserveraient pas.

La maman Michelette, ayant ce jour-là des visites à faire, ayant en soin, avant de sortir, de tout enfermer et de donner à sa servante Javotte la consigne la plus sévère.

En revenant de chez Bouchonnier, où ils n'avaient pas été reçus, les deux amis retournèrent donc à la maison maternelle. Ils firent chacun un saut de joie en apprenant que madame Michelette était absente, et Alménor dit à la servante :

— Javotte, apporte-nous des verres, une vieille bouteille de Côte-Rôtie... ce qui ravissant que la maman a envie de réduire en huile... avec cela un croûton, un fruit, du fromage, et nous pourrons attendre le dîner en fumant plusieurs bouffardes.

Javotte avait répondu :

— Je ne vous donnerai pas de la Côte-Rôtie que d'un autre, car il n'en est pas resté du déjeuner, et madame a emporté les clefs de la cave.

— Ma mère a pris les clefs de sa cave! dit Alménor; comment trouves-tu cela, Saucissard?

— Je trouve que c'est mauvais genre.

— Eh bien alors, Javotte, donne-nous de l'eau-de-vie, du cassis... puisque tu n'as pas de vin.

— Je ne vous donnerai ni eau-de-vie ni liqueurs, tout ça est sous clef, tout est rentré ; vous n'aurez même ni poire ni fromage, car madame a aussi la clef du buffet : elle n'a laissé dehors que le pain... c'est donc tout ce que je peux vous offrir.

— Sacrebleu ! tu veux rire, Javotte, il n'est pas possible que ma douce mère, qui me chérit, se conduise avec cette lésinerie... mettre son fils et son ami au pain sec !... Fi donc... Est-ce que madame Michelette croit que je suis venu lui tenir compagnie pour faire diète?

— Madame a dit : Ces messieurs ont bien assez déjeuné ce matin, ils n'auront pas besoin de rien avant le dîner.

— Allons-donc ! quelle erreur... nous avons toujours besoin de quelque chose ! Saucissard a l'estomac faible et moi aussi, il faut que nous l'entretenions sans cesse... Javotte, donne-nous à boire et à manger.

— Je vous dis que je n'ai que du pain sec !...

— Je te dis que ce n'est pas possible... Viens, Saucissard, allons passer une revue générale à la cuisine, à l'office, partout enfin.

M. Saucissard avait suivi son ami Alménor; ces messieurs avaient visité partout, tapant contre les portes et essayant, mais en vain, d'ouvrir les armoires et le buffet. La visite à la cave n'avait pas été plus heureuse, la porte était fermée par un cadenas qu'il n'y avait pas moyen de forcer. M. Alménor était remonté en jurant, en pestant, en donnant des coups de poing sur tout ce qu'il rencontrait.

Son ami Saucissard, dans son désir de prendre quelque chose, avait mis ses mains sur les hanches de Javotte, mais la servante, qui ne pouvait pas souffrir les hommes grêlés, lui avait appliqué un coup d'ongle, pour faire suite aux nombreuses marques dont son visage était orné.

Alménor avait été sur le point de dévaliser le poulailler et la cabane aux lapins, qui composaient toute la basse-cour de madame Michelette ; mais Saucissard s'y était opposé en faisant comprendre à son ami que ce serait irriter sa mère contre eux, et que si plus tard on était résolu à faire main-basse sur les poules, il valait mieux ne risquer ce coup de main que pendant la nuit et de manière enfin à ce qu'on ne pût savoir qui en était l'auteur.

Alménor s'était rendu aux raisons de Saucissard, et, après avoir emprunté trente sous à Javotte, qui n'avait pas osé les lui refuser, il s'était dirigé avec son ami vers le restaurant qui avait un billard ; là, ils s'étaient fait servir des petits verres tout en se livrant à l'étude du doublé et du carambolage.

Mais Alménor était encore sous l'influence du dépit que lui avait causé ce qu'il appelait les procédés peu délicats de sa mère. Les trente sous de Javotte étaient déjà plus que consommés en liqueurs, et ces

Isidore serre encore la main d'Emmeline et il se décide à quitter celle qu'il aime.

messieurs, qui avaient faim, jouaient un poulet rôti, quoique ni l'un ni l'autre n'eussent de quoi le payer.

Le fils de madame Michelette comptait sur le crédit qu'on ne pouvait refuser au nom qu'il portait, et M. Saucissard s'en reposait probablement sur la garantie de son ami ; mais ces messieurs étaient déjà connus dans le pays : depuis qu'ils y étaient, ils avaient fait des dettes dans presque tous les restaurants ; on n'avait plus confiance en leurs paroles, et comme ils devaient déjà soixante-dix-sept heures de frais de billard dans l'endroit où ils venaient de se rendre, le limonadier ne se souciait pas d'augmenter sa créance en leur donnant à manger.

C'est pourquoi, à tout ce que demandait Alménor ou son ami, le garçon avait ordre de répondre :

— Nous n'en avons plus.

Cet ordre avait été exécuté au grand déplaisir du bel homme qui marchait autour du billard, en gesticulant avec sa queue et s'écriant :

— Sacredié! qu'est-ce que c'est donc que cette maison-ci!... Comment vous n'avez plus de volaille... plus de pâté, plus de poisson?... Mais alors vous voulez donc fermer boutique... vous voulez donc qu'on aille ailleurs! quelle baraque!... c'est pitoyable!

Le traiteur ne demandait pas mieux que de voir ces messieurs aller ailleurs, mais l'attrait du billard les retenait; c'est alors qu'en jetant un coup d'œil dans le corridor, Saucissard avait vu passer le garçon qui portait de la matelote et du pâté de perdreaux à Creps et à son convive. Il s'était hâté d'apprendre ce fait à son ami, qui, dans sa colère, avait commencé par casser sa queue sur le billard, en jurant qu'il allait assommer le traiteur et toute sa maison.

Saucissard avait essayé de calmer son ami; c'était en ce moment que le chef de l'établissement était allé trouver les deux joueurs. Mais le fumet des mets qu'on ne cessait de porter dans la salle voisine augmentait l'irritation de M. Alménor qui, repoussant assez brutalement le traiteur, l'avait jeté contre Saucissard, lequel l'avait paré avec sa queue de billard, qui s'était brisée sous le poids du limonadier.

Puis ces messieurs avaient quitté le jeu pour se rendre dans la salle où l'on déjeunait, Alménor en s'écriant :

— Ah! on donne tout à ceux qui sont là-dedans!... Parbleu! il faudra alors que les gaillards qui sont là nous mettent de leur écot, ou, sinon, cela pourrait bien se gâter.

En voyant entrer Alménor et son compagnon, Creps s'est contenté de lever les yeux un moment, ensuite il s'est remis à manger sans avoir l'air de s'occuper d'eux davantage.

— Tiens! c'est M. Michelette! dit Joseph Tourinet avec une prononciation très-empâtée :

— Ah!... il paraît que vous avez joué au billard un peu... rudement... Eh bien! nous autres, nous faisons joliment sauter les bouchons!... nous carambolons sur des tronçons d'anguille!

Alménor a sur-le-champ reconnu le frère de Pétrus : quant à Creps, il le voit pour la première fois; mais son costume pauvre ne lui donnait pas une haute idée de l'individu, Alménor sent redoubler son assurance et répond à Tourinet, en prenant un ton arrogant : — Comment, c'est vous, monsieur Joseph, qui avalez tout cela... Vous auriez dû nous attendre au moins... Mais en examinant votre convive, je commence à comprendre qu'il soit pressé de se régaler... Il est probable que cela ne lui arrive pas tous les jours...

Creps jette un regard insouciant sur le personnage qui vient de l'apostropher ainsi et se verse du champagne.

— Dis donc, Saucissard... vois donc comme ces messieurs entonnent!... Qu'est-ce que tu dis du convive de l'ami Tourinet... il est drôlement ficelé, hein?...

— S'il paie avec ses habits, l'hôte sera un peu floué!...

— Ah! ouiche! payer... à coup sûr c'est l'autre qui régale... mais conçoit-on une idée d'inviter ce monsieur à déjeuner?...

Creps continue de fêter le pâté de perdreaux sans avoir l'air de prêter attention à ce que disent les deux amis; quant à Joseph Tourinet, qui est un peu gris, il chante en buvant du champagne et n'entend pas ce que dit Alménor.

Le fils de madame Michelette va se placer vis-à-vis de Creps, et,

Eh bien! fameux Hercule, dit Creps, si je vous lâchais maintenant...

lui touchant légèrement l'épaule avec le morceau de queue de billard qu'il a dans la main, lui dit d'un air goguenard :

— Monsieur... je crois devoir vous avertir que vous n'avez plus que deux boutons à votre gilet.

Creps répond froidement :

— J'en ai une douzaine sur mon nez, ça fait compensation.

— Tiens! il fait le plaisant... le farceur... As-tu entendu, Saucissard, la réponse de monsieur?

— Mais oui; je l'ai goûtée, elle est tout à fait dans le genre anacréontique. Ah! ah!...

— C'est vrai que monsieur a une assez jolie collection de boutons sur le nez... mais ça lui va bien... Tout le monde ne saurait pas porter ça comme lui... Eh! eh! eh! Ah! dites donc, monsieur, combien me vendriez-vous votre redingote, il me semble qu'elle est tout à fait dans le genre, et comme je me déguise quelquefois en chiffonnier, ce serait juste mon affaire. Voyons, en vous offrant quinze sous de votre défroque, il me semble que ce serait grassement payé!

— Moi, je ne donnerais pas cinquante centimes de monsieur, dit Saucissard, qui devient aussi très-moqueur, parce qu'il croit que l'individu auquel il s'adresse n'a pas le courage de leur répondre.

— Eh bien! voyons l'ami? Est-ce un marché fait? reprend Alménor en touchant encore Creps avec sa queue.

Celui-ci commence par vider son verre, puis, le regardant fixement, lui répond :

— Il me semble que vous n'avez nullement besoin de vous déguiser pour avoir l'air d'un chiffonnier.

Alménor devient rouge de colère et s'écrie :

— Dites donc l'homme!... prenez un peu garde à vos paroles... Est-ce que vous auriez eu l'intention de me manquer, par hasard? Ah! mais, lichtre, c'est que vous vous adresseriez mal. Sacrebleu!... je suis un dur-à-cuire... il ne fait pas bon m'échauffer les oreilles, je vous en avertis; et si je me fâche... ah! bigre, ça ira mal... Me manquer... à moi, Alménor!

— Soyez tranquille! répond Creps en souriant. Si vous continuez, tout à l'heure je ne vous manquerai pas.

— Dis donc, Saucissard? ce monsieur qui veut faire l'insolent, est-ce que ça ne te fait pas pitié... est-ce que tu n'as pas envie de le châtier? hein... hein!...

Saucissard n'a plus l'air aussi résolu depuis que Creps a regardé fixement son ami, car son regard n'était pas celui d'un homme qui a peur. Aussi le monsieur grêlé est-il indécis sur ce qu'il doit répondre :

Joseph Tourinet, qui commence à s'apercevoir que l'on se fâche, s'écrie :

— Qu'est-ce que c'est donc, mes enfants? Est-ce que nous avons des mots, des aigreurs?... Il faut chanter et boire; moi je suis très en voix aujourd'hui!...

— Oui, nous allons boire et manger, c'est bien notre intention, dit Alménor en jetant de côté sa queue brisée pour s'approcher de la table. Viens, Saucissard, viens t'asseoir à ce festin; allons, place, vous autres, place pour deux, et si on me sert bien, j'oublierai les réponses saugrenues de monsieur, qui, après tout, est peut-être un étranger et ne sait pas qu'il a l'honneur de parler au fils de madame Michelette, une des plus grosses propriétaires de Corbeil.

Le bel Alménor a pris une chaise; Saucissard, encouragé par l'assurance de son ami, en prend une aussi, et tous deux ayant repoussé Tourinet, qui n'est pas en état de défendre sa position, vont s'asseoir à table, lorsque Creps, qui s'est levé, les saisit chacun d'une main par le collet de leur habit, et, les secouant de manière à leur faire claquer les dents, leur dit :

— Est-ce que je vous ai invités pour que vous veniez vous mettre à cette table?... Si vous m'aviez demandé poliment la permission de manger un morceau avec nous, je vous l'aurais peut-être accordée. Mais venir comme des manants se placer là... et croire qu'on les laissera faire!... Ce serait tout au plus pardonnable si vous aviez déjà bu comme nous.

Creps a repoussé les deux amis en les lâchant. Saucissard, qui a été un peu secoué, va tomber sur les genoux de Tourinet le maigre; mais Alménor, bien qu'un peu surpris d'avoir rencontré un poignet aussi ferme, va reprendre son fragment de queue de billard et revient sur Creps en lui disant :

— Si tu ne me laisses pas prendre place à cette table, je te brise sur le dos le gros bout de cette queue... sacrebleu! La main me démange! n'essaie pas de me résister... je suis un Hercule! je te mets en capilotade.

— Ah! vous êtes un Hercule... Eh bien! je suis curieux de voir cela.

Creps se lève, sa main a déjà saisi la queue avec laquelle on le menace; il l'arrache à son adversaire et la jette au hasard dans la salle. Malheureusement pour M. Saucissard, le hasard se trouve être de son côté; il reçoit donc à travers le visage le morceau de bois qui a été lancé avec beaucoup de force. Il pousse un cri horrible, se jette en arrière et fait rouler à terre avec lui, en l'enlevant avec une vigueur peu commune, le porte contre une fenêtre qui est ouverte, et sortant la moitié de son fardeau en dehors, ne le tient plus que d'une main par la ceinture de son pantalon.

— Eh bien! fameux Hercule, dit Creps, si je vous lâchais maintenant, il me semble que vous feriez une drôle de culbute.

Alménor, qui se voit suspendu à quinze pieds du sol, devient blême, tremblant et balbutie :

— Grâce!... je m'avoue vaincu!... ne me lâchez pas... je demande quartier... je ne suis qu'une canaille... je me suis conduit comme un cuistre... mais je reconnais mes torts!

— Du moment que vous reconnaissez vos torts! dit Creps, c'est fini... l'affaire est arrangée.

Et Creps repose son homme sur le plancher de la salle. Alménor passe sa main sur son front pour rappeler ses esprits, puis il s'avance vers celui qui a failli le jeter par la fenêtre, et, s'emparant d'une de ses mains, la presse dans les siennes, en s'écriant :

— Ah! mille bouffardes, vous êtes un brave!... vous êtes ce qu'on peut appeler un gaillard solide... vous êtes l'homme de Diogène... vous êtes de ces bons enfants qu'on est heureux de rencontrer. Quant à moi, ça me fait bien plaisir d'avoir fait votre connaissance. Nous sommes amis... Oh! sacrebleu, c'est fini! Je vous demande votre amitié, à la vie, à la mort... nous sommes deux lurons, nous sommes faits pour nous entendre... Allons, touchez là... ça y est, hein... nous sommes amis? nous sommes Castor et Pollux... C'est moi qui serai Castor.

— Mais, vous ne me connaissez pas, répond Creps en souriant.

— Oh! si fait, pardieu! je vous connais à présent, je sais ce que vous valez... je déclare que je m'honore d'être votre ami, je suis prêt à crier cela sur les toits!

— Au lieu d'aller crier sur les toits, venez alors vous mettre à table avec nous; c'est moi qui vous invite maintenant.

— Et j'accepte avec joie, mon cher ami... mon cher... pardon, votre nom, s'il vous plaît?

— Creps.

— Mon cher Creps. Allons, Saucissard, viens donc! Qu'est-ce que tu fais là-bas? Notre ami, le brave Creps nous invite à son festin... viens donc et aide ce bon M. Tourinet à se lever.

Saucissard tenait encore son mouchoir sur son œil gauche, car la queue de billard lui avait presque éborgné, et le tabouret lui avait déchiré le bout de l'oreille. Il se lève enfin et s'approche de la table, faisant d'horribles grimaces parce qu'il souffrait des contusions qu'il avait reçues, et, malgré cela, tâchant de sourire en saluant l'individu qui les avait si bien arrangés lui et son ami. Ce mélange de contorsions et de sourires rendait M. Saucissard encore plus laid, ce qui pourtant était difficile; mais sans faire attention à ses grimaces, Creps lui montre une chaise et, appelant le garçon, lui redemande du pâté et du vin.

Les deux nouveaux venus se jettent avec avidité sur les débris du repas en attendant qu'on leur apporte autre chose. Saucissard mange et boit, tout en tenant son mouchoir sur son œil gauche, mais sa main droite lui suffit pour bien officier. Quant à Alménor, tout en fêtant chaque plat et en tendant à chaque instant son verre que Creps emplit aussitôt, il trouve moyen de parler sans cesse. Creps ne mange plus, mais il boit toujours et semble se complaire à bourrer ses deux nouveaux convives.

Ce n'est qu'après avoir passé ainsi près d'une demi-heure à table, que l'on s'aperçoit que Tourinet est resté couché dessous et qu'il s'est endormi. On l'éveille, on le relève, on lui fait de nouveau prendre place, et Alménor lui dit :

— Allons, mon bon Joseph Tourinet, trinquons, rions, sacrebleu; Voilà une charmante journée. Ah! que je suis content d'avoir fait la connaissance de votre ami Creps!... il est le nôtre... n'est-ce pas, Saucissard?... désormais je ne veux plus me donner une culotte sans qu'il en soit.

— Ni moi non plus, répond Saucissard en se tenant toujours l'œil gauche. Oh! nous sommes tous de bons enfants faits pour nous entendre.

— Eh oui, sacrebleu! reprend Alménor. Comment avons-nous commencé? par nous disputer, par nous battre! Voilà c'est toujours ainsi que se lient les braves, au moins on sait qu'on n'a pas affaire à un capon! Oh! l'ami Creps goûtera de la Côte-Rôtie de la mère Michelette, de ce vin généreux qu'elle a eu l'indignité d'enfermer... c'est même ce qui nous avait mis de si mauvaise humeur, Saucissard et moi. Mais je trouverai bien moyen de pénétrer dans la cave.... s'il le faut, nous en ferons le siège, n'est-ce pas, messieurs?... Saucissard, lâche donc ton œil, je t'assure qu'il ne s'envolera plus. Oui, oui, nous apprendrons à madame Michelette qu'il ne faut pas nous couper les vivres. Gare à ses poules, à ses lapins! Ah! si une fois je me monte la tête, je mange toute la maison... mais toujours avec mes amis! Touche là, vieux Creps! je suis le tien, tu es le mien, nous sommes inséparables.

Cependant, après avoir passé ainsi plusieurs heures à table, Creps, voyant venir la nuit, se lève, paie toute la dépense, dit adieu à ses nouveaux amis et sort de chez le traiteur, en leur promettant de les revoir bientôt au même endroit.

Joseph Tourinet était complètement gris, Saucissard l'était moins, vu la grande habitude; mais Alménor, qui ne se trouvait qu'en train, prend chacun de ces messieurs sous le bras et parvient, non sans peine, à conduire Tourinet chez lui, où son frère Pétrus l'attendait en pleurant, parce qu'il craignait qu'il ne fût arrivé quelque accident à son cadet.

VII. — UN BAL DES DAMES DE CHŒURS.

Depuis la nuit qu'il a passée devant la fenêtre d'Emmeline, depuis qu'il a la certitude que la jolie fille partage son amour, Isidore est le plus heureux des mortels. Son front est radieux, ses yeux brillent de l'éclat le plus vif et le plus doux à la fois; un sourire erre constamment sur ses lèvres, et son humeur est aimable comme sa figure. Rien n'embellit comme le bonheur, il dépend donc des dames de donner à bien des hommes une physionomie riante et agréable; quel charmant privilège et comme elles ont raison d'en user largement!

Et ne croyez pas que, tout occupé de l'amour pur qu'il éprouvait pour Emmeline, Isidore fût alors moins aimable près de Félicia. Au contraire, lorsqu'on ne peut rendre à une femme amour pour amour, on veut l'en dédommager par mille petits soins, par mille d'attentions, de galanteries. A la vérité, tout cela n'abuse pas celle qui sait lire au fond de son cœur, et elle préférerait souvent moins d'amabilité et plus d'amour.

Le fameux samedi est arrivé; à huit heures du soir, Bouchonnier paré, serré, pincé et parfumé comme un sachet, arrive chez son cousin Isidore.

Le grand jeune homme était encore à sa toilette. Il complimente le mari d'Elmonde sur son exactitude. Celui-ci se jette dans une bergère, en lui disant :

— Puisque nous avons du temps devant nous, tenez, mon cher cousin, écoutez la lecture de ce billet que j'ai reçu tantôt.

— Je vous écoute.

Bouchonnier déplie un petit billet et lit :

« Vous êtes un mauvais sujet, je le sais, mais j'aime les mau-
« vais sujets; d'ailleurs je suis assez jeune et assez jolie pour avoir des
« caprices. Enfin, je veux vous voir à vos plusieurs fois et je désire me trouver
« en tête à tête avec vous. J'ose croire que vous serez assez galant
« pour vous rendre au rendez-vous que je vous offre. Demain, di-
« manche, trouvez-vous aux Champs-Élysées, allée des Veuves, dans
« un restaurant nommé : le Petit-Moulin rouge. Vous demanderez
« madame de Naples. On vous conduira dans le cabinet où je vous
« attendrai. Viendrez-vous? j'y compte, et vous ne vous en repen-
« tirez pas. »

— Point de signature. Eh bien ! Isidore, je vous avais déjà dit que l'on m'avait écrit des billets doux anonymes, qu'il m'arrivait des bonnes fortunes de tous les côtés... vous ai-je menti ?

Isidore prend le billet, l'examine, regarde la suscription et murmure :

— En effet, c'est bien à votre adresse... mais qu'est-ce que cela prouve ?

— Comment ce que cela prouve... mais qu'on tourne la tête aux dames, c'est assez clair !

— D'abord, mon cher, ce billet peut être une attrape, une mystification... il faut se méfier des lettres anonymes ! ensuite...

— Eh bien ! ensuite... achevez ! Mon Dieu ! dites ce que vous pensez... je ne me fâche jamais.

— Eh bien ! nous avons eu des hommes qui... pour faire de l'embarras... s'écrivaient des billets doux...

— Et vous me croyez capable d'en faire autant...

— Oh ! je ne dis pas cela !

— Mais vous le pensez. Eh bien ! Isidore, comme je tiens à vous prouver que je ne suis pas du nombre de ces messieurs dont vous me parliez tout à l'heure, je vais vous faire une proposition : Prenez ce billet et allez à ma place à ce rendez-vous. Je vous cède madame de Naples que je ne connais pas, mais qui se dit jeune et jolie ; cela est dans sa lettre... Qu'est-ce que vous dites de cela ?

Isidore réfléchit un moment. La proposition de Bouchonnier lui paraît singulière. En ce moment il ne se soucie nullement de faire une nouvelle connaissance, mais c'est justement pour cela qu'il se moque d'être le jouet de quelque vieille douairière, et se promet au contraire d'être le premier à rire d'une aventure qu'il présume devoir tourner au comique. D'ailleurs le jeune homme n'avait jamais reçu de billets doux anonymes, et il ne pouvait se persuader que son gros cousin fût plus favorisé que lui par le beau sexe. Il désirait au moins savoir si de telles aventures valaient la peine d'être appelées bonnes fortunes.

Le résultat de la réflexion est de tendre la main à son cousin, en lui disant :

— Donnez-moi cette lettre, je me dévoue.

— Vous irez au rendez-vous au Petit-Moulin rouge ?

— J'irai à l'endroit désigné.

— Bien vrai ?

— Eh ! sans doute...

— C'est que je n'y alliez pas, vous comprenez que j'irais, moi.

— Regrettez-vous votre proposition ? alors n'en parlons plus.

— Non, du tout. Tenez, mon cher Isidore, voici le poulet de madame de Naples... qui, je l'espère, ne ressemblera pas à Jeanne de Naples. Ah ! par exemple, vous allez me faire une promesse.

— Qui est...

— De me raconter bien exactement le résultat de votre entrevue avec cette dame.

— Oh ! je vous le promets.

— C'est convenu ?

— C'est convenu.

— Après cela, cousin, si le rendez-vous se trouvait être... une mystification, comme vous disiez tout à l'heure, vous comprenez que moi je ne réponds de rien. Je vous donne ce que j'ai reçu, et voilà.

— Soyez tranquille, Bouchonnier ; quoi qu'il arrive, je ne vous ferai aucun reproche.

— Alors c'est une affaire terminée.

Et le gros monsieur remet la lettre anonyme à son cousin, puis il se retourne d'une façon qui voulait dire bien des choses. Mais Isidore n'a point fait attention au sourire de Bouchonnier.

Une demi-heure après, les deux cousins sont chez Félicia qui les attendait.

La jolie brune, dans une toilette de bal qui, sans être très-brillante, donne à toute sa personne un attrait, un air séducteur auquel le plus sage rendrait les armes.

Bouchonnier en est presque subjugué, il admire la maîtresse d'Isidore, en se disant : — Sapristi ! je ne sais ce que c'est que madame de Naples que je lui ai cédée, mais je déclare que si je pouvais lui souffler sa Félicia, je ne regretterais pas mon anonyme, fût-elle la Vénus accroupie.

Félicia, qui a déjà ses projets, fait au gros monsieur un accueil très-aimable et lui lance quelques-uns de ces regards qui suffisent pour jeter l'incendie dans le cœur d'un homme, surtout lorsque cet homme ne demande qu'à prendre feu. La jolie brune demande à Bouchonnier son avis sur sa toilette, sur sa coiffure. Le mari d'Elmonde est dans l'ivresse ; il se croit déjà le rival heureux de son cousin. Quant à celui-ci, il voit les petites coquetteries de sa maîtresse sans que cela lui cause de l'ombrage ; d'abord il ne saurait être jaloux de Bouchonnier, ensuite c'est aussi Félicia pour être certain qu'elle ne voudrait pas de ce monsieur ; ensuite, d'après ce que la jolie brune lui a dit, d'après les réponses qu'elle lui a faites sur l'épouse de son cousin, il lui est facile de deviner le motif secret qui la fait agir.

— Je suis prête, partons, dit Félicia en offrant sa main à Bouchonnier, qui s'en empare et se permet tout le long de l'escalier de la serrer très-énergiquement.

— Nous allons chez une de vos amies, belle dame ? demande Bouchonnier pendant que la voiture roule.

— Oui, monsieur.

— Est-ce que je la connais ?... Allait-elle chez madame Mirobelly ?

— Je n'en sais rien... elle a pu y aller autrefois.

— Comment la nommez-vous ?

— On la nomme aujourd'hui la comtesse Boursicoff.

— Diable ! c'est une dame russe ?

— Je ne vous l'affirmerai pas.

— Et la comtesse Boursicoff est dans les chœurs d'un théâtre lyrique ?

— Oh ! non... mais elle est fort liée avec les dames de chœurs.

— Mon cher Bouchonnier, dit Isidore en riant, vous n'avez donc pas remarqué que Félicia nous a dit : Cette dame se nomme aujourd'hui la comtesse Boursicoff, ce qui signifie qu'auparavant elle portait un autre nom.

— C'est possible, dit Félicia en se mordant les lèvres pour ne pas rire.

— Au reste, cela m'est parfaitement égal ! dit Bouchonnier. Dans votre compagnie, j'irais avec des Russes, des Chinois, des Hottentots, des sauvages même... J'aimerais assez les femmes sauvages à cause du costume seulement. Ah ! ah ! ah !

La voiture s'arrête rue Samson, devant une belle porte-cochère ; on entre dans une des nouvelles maisons bâties sur l'emplacement du Wauxhall, ce lieu où se donnèrent tant de fêtes plus ou moins champêtres, et qui n'offrait au public qu'un petit jardin avec un bassin, mais qui possédait en revanche une fort belle salle, qui fut témoin de tant de concerts, d'assauts d'armes et de quadrilles plus ou moins cancans, tandis que les bosquets du jardin étaient témoins d'une foule d'autres choses !... Pauvres jardins publics ! vous disparaissez tous pour faire place à des maisons ; le moellon envahit tout et Paris sera heureux s'il conserve ses boulevards.

— Madame Boursicoff ? dit Félicia en passant devant la loge du concierge qui est vitrée de tous les côtés, ce qui lui donne l'aspect d'une lanterne.

— Au cinquième, l'escalier à gauche au fond de la cour.

— La comtesse de Boursicoff loge un peu haut ! dit Isidore en hochant la tête.

— A présent, répond Bouchonnier, les appartements sont aussi beaux, aussi bien décorés au cinquième qu'au premier. Ils ont ensuite l'avantage d'avoir une plus belle vue. Je crois même que maintenant la mode est de se loger haut.

— C'est très-bien, mais alors on devrait faire monter les visites que l'on reçoit en ballon ou en panier, comme dans les mines.

— Il est probable, vu l'état de progrès dans lequel nous vivons, que l'on s'occupera de cela, et que dans quelques années on aura trouvé une mécanique qui remplacera les escaliers... car l'escalier est terriblement rococo !...

— Et fatigant, dit Isidore qui suivait Félicia et son cousin.

L'escalier de la maison habitée par Tintin était large et bien éclairé. Parvenu au troisième, on commence à entendre un charivari d'instruments et de voix.

— Il paraît qu'on est déjà en train, dit Bouchonnier. Je crois que les dames de chœurs chantent un...

— Ce n'est pas probable, elles aimeront mieux danser que chanter, dit Félicia.

On est arrivé au cinquième étage, qui est le dernier. Bouchonnier s'apprête à ouvrir une porte qui n'est que poussée... Félicia l'arrête, en lui disant :

— Attendez ! il faut sonner d'abord !...

— Ah ! c'est juste ! pour ne pas entrer sans faire sensation... Une jolie femme doit toujours faire sensation.

Bouchonnier sonne à triple carillon ; bientôt, au bruit, au tumulte qu'on entendait, ont succédé de longs chuchotements, puis un grand silence.

— Entrons maintenant, dit Félicia.

Bouchonnier ouvre la porte, on se trouve dans un couloir étroit et à peine éclairé, qui sert de vestiaire ; des paletots, des pelisses, des châles y sont pendus et rétrécissent encore le chemin, si bien que pour avancer il faut nécessairement nager au milieu de tout cela.

Comme le couloir, au lieu de se présenter en longueur, se trouvait s'étendre latéralement, Bouchonnier, qui tient toujours Félicia par la main, l'entraîne vers la gauche et, quoiqu'il y ait une porte sur son chemin, s'obstine à aller jusqu'au bout, où l'on se trouve dans une petite cuisine entièrement dépourvue de casseroles, et qui ne serait pas assez grande pour qu'on y pût à retourner une omelette.

— Ça ne peut pas être ici la salle de danse, dit Bouchonnier ; revenons sur nos pas.

Il entraîne de nouveau sa dame ; il aperçoit alors une petite porte en face de la cuisine, il l'ouvre et veut faire entrer Félicia, qui s'y refuse. Cette petite porte ouvrait sur des lieux à l'anglaise.

Heureusement que, pendant cette promenade, Isidore a ouvert une autre porte qui donne sur le salon où l'on danse. C'est là que la plus grande partie de la société se réunie ; elle se compose alors d'une foule de dames de toutes les tailles, de toutes les grosseurs et même de tous les âges, car il y a des dames de chœurs qui, au théâtre, gagnent les invalides. Les attraits sont parsemés et même un peu clair-semés. Il y a des brunes, des blondes, voire même des cheveux acajou; il y a des figures mutines, espiègles, sentimentales; des nez retroussés, des nez grecs, aquilins et à la Roxelane; des bouches fines ou franches, des teints pâles ou animés; mais ce qu'il y a généralement, ce qui se peint sur toutes ces physionomies, c'est une expression de plaisir, de gaieté, d'entrain, qui n'est point feinte et qui, par cela même, est très-communicative.

Parmi tous ces visages, vous voyez le désir de s'amuser, de rire et peut-être aussi de plaire, mais c'est sans coquetterie, sans manières, sans prétentions. Ces dames ne sont plus des chanteuses, des actrices, elles ont dépouillé tout le prestige des coulisses. Si quelques-unes y perdent, le plus grand nombre y gagnent; on plaît toujours mieux par le naturel que par l'art.

Cependant toutes les dames qui sont là ne sont point attachées au théâtre. On remarque la grande Aglaure avec son nez en Cosaque, la petite Léonis avec son air mauvais, et mademoiselle Zizi Pétard qui se fait appeler maintenant madame Léandra.

Les hommes paraissent tout aussi sans façon que les dames, c'est-à-dire qu'on ne voit point là de lions, de beaux, de dandys qui se posent au milieu du salon pour se faire admirer. Les jeunes gens se longent qu'à être aimables; les hommes mûrs, et il y en a quelques-uns, sont encore plus gais que les jeunes gens. Mais, quoique la folie soit à l'ordre du soir, elle ne dépasse point les bornes d'un joli cancan et la conversation se modèle sur la danse.

L'arrivée de Félicia semble produire beaucoup d'effet. Bouchonnier promène autour de lui des regards perçants, en murmurant :
— Tiens, voilà la grande Aglaure... Tiens, voici la petite Léonie... Ah! mon Dieu, pourvu que je n'aille pas aussi rencontrer... Diable, ce serait assez embarrassant ; mais où est donc la comtesse de Boursicoff ?
— Elle va venir, dit Félicia.
— Elle est sans doute dans cette autre pièce au fond. Qui nous empêche d'y entrer?
— Non, non, restons ici, monsieur Bouchonnier, vous allez me faire danser.
— Avec le plus grand plaisir, divine Félicia.
— Messieurs, qui est-ce qui fait danser cette fois ? demande une jolie brune, dont l'accent, comme les yeux, était tout méridional.
— C'est moi, dit un jeune homme en courant se mettre au piano. Allons, en place.

Isidore, qui s'amuse de voir Bouchonnier subjugué par Félicia, va s'asseoir près d'une choriste aux cheveux blonds formant sur chaque côté de sa figure de grosses boucles qu'elle refait à chaque instant; figure anglaise, air aimable et sentimental, et la voix aussi tendre que les yeux.

En un instant le quadrille est formé; le salon n'est pas assez grand pour qu'on puisse en faire deux. Mais on serre les rangs ; on danse à vingt, à vingt-quatre, quelquefois même à trente-deux. Alors la chaîne anglaise se fait sur place, et l'on va en avant-deux sans traverser. Comme Bouchonnier n'est pas encore au fait de cette manière de figurer, il s'obstine à traverser, ce que, vu son embonpoint, il ne parvient à faire qu'avec beaucoup de peine. Mais lorsqu'il veut revenir à sa danseuse, il lui est pendant fort longtemps impossible de percer les rangs, et ce n'est qu'à la dernière figure qu'il peut enfin rejoindre Félicia.
— Vous êtes gentil! lui dit la jolie brune. Comment, monsieur, vous me laissez faire la poule et la pastourelle sans vous... Si quelqu'un n'avait pas eu la complaisance de venir tenir votre place, je restais sans cavalier.
— Belle dame, ce n'est pas ma faute, je ne pouvais plus revenir jusqu'à vous... il y a trop de foule..., on est trop serré pour danser... Mais où est donc madame de Boursicoff ?...
— Un moment, elle va venir... Mon Dieu! monsieur, il paraît que vous ne pensez plus qu'à cette dame ?
— Oh! pardonnez-moi, je pense à une autre... Oh! comme je pense à une autre que tous vous connaissez bien et qui me subjugue depuis les pieds jusqu'à la tête... ne devinez-vous pas qui ?

Félicia allait répondre au gros monsieur lorsqu'en cherchant des yeux Isidore elle s'aperçoit qu'il paraît alors prendre beaucoup de plaisir à causer avec la dame de chœurs qui a de si belles boucles blondes ; quittant aussitôt son cavalier, sans même vouloir faire le galop, la jolie brune va à Isidore, et, lui demandant son bras, le force à quitter la place qu'il occupait.

De grands éclats de rire, qui partent de la pièce qui fait suite au salon, annoncent qu'il se passe par là quelque chose de nouveau. Tout le monde y court. Bouchonnier va faire comme les autres, lorsqu'une grande dame, sortant de cette pièce, se trouve vis-à-vis de lui et le regarde d'un air moqueur. Le gros monsieur est resté tout saisi, il vient de reconnaître Tintin.
— Enchantée, monsieur, de vous recevoir à ma petite réunion, dit la grande blonde en lui faisant une profonde révérence.
— Votre réunion !..... balbutie Bouchonnier. Comment..., je ne comprends pas... est-ce que...

— Oui, monsieur, je suis la comtesse de Boursicoff !
— Ah bah ! et depuis quand ?
— Depuis que j'ai hérité d'un gilet de flanelle que j'ai mis en loterie...
— Que voulez-vous dire ? voyons, Tintin, pas de mauvaises plaisanteries !
— D'abord, monsieur, je ne suis plus Tintin ! je vous répète que je suis madame de Boursicoff : c'est un petit nom russe que j'ai pris, parce que cela donne un certain chic. Quant à votre gilet, je suis bien maîtresse d'en faire ce qui me plaît... il me coûte assez cher... Allez là-dedans, regardez à la glace... Lisez et croyez! comme je ne sais plus qui de l'histoire ancienne.

Bouchonnier, fort inquiet de ce qu'il entend, se faufile dans la chambre à coucher. Un grand carré de papier était en effet collé sur la glace de la cheminée au moyen de quatre pains à cacheter. Chacun se pressait pour lire ce qui était écrit sur le papier ; en ce moment, mademoiselle Léonie, qui est tout près de la cheminée, s'écrie :
— Je vais lire tout haut pour l'agrément de la compagnie, écoutez :
« Madame la comtesse de Boursicoff a l'honneur de prévenir sa
« société qu'elle vient de fonder une loterie au profit de sa portière,
« afin que celle-ci laisse l'escalier illuminé toute la nuit. Le billet
« ne sera qu'à vingt sous, il y en aura cent. Il n'y a qu'un seul lot
« à gagner ; mais il est précieux : c'est un gilet de flanelle qui a ap-
« partenu à un personnage très-connu dans Paris. Les personnes
« qui prendront dix billets auront le droit de voir et même d'essayer
« le susdit gilet. »

De bruyants éclats de rire accueillent cette lecture pendant laquelle Bouchonnier devient rouge, jaune, et va se blottir dans un coin.
— Ah ! Tintin ! dis-nous le nom du monsieur qui a porté le gilet.
— Oh ! oui, son nom !..... son nom !..... s'écrient les dames de chœurs.
— Nous verrons après si nous voulons donner vingt sous...
— Mesdames, répond la grande blonde, si vous connaissiez l'individu qui a porté le gilet, vous vous en arracheriez les morceaux.....vous voudriez toutes en avoir.
— Eh bien ! son nom !
— Plus tard, peut-être, vous le dirai-je... cela dépendra des événements... Allons polker.

La société reflue vers le salon. Bouchonnier est resté dans son coin, il ne sait pas s'il doit s'enfuir, il en a bien envie ; il se demande si Félicia est dans la confidence de Tintin, et si elle aussi a voulu se moquer de lui. Il voudrait être bien loin, mais pour s'en aller il faudrait repasser par le salon, et il se figure que tout le monde sait qu'il est le propriétaire du gilet de flanelle et qu'on va le montrer au doigt. Il a bien envie de se fourrer sous le lit et d'y rester jusqu'à ce que tout le monde soit parti, lorsque Tintin vient à lui et lui présente la main en lui disant :
— Allons , monsieur, venez me faire valser... c'est une valse, et vous en pincez un peu de cet exercice.
— Tintin... de Boursicoff !... vous êtes une femme bien terrible dans vos vengeances... que vous ai-je fait pour que vous me traitiez ainsi ?
— Vous m'avez fait aller, cher ami ! voilà le mot, et apprenez qu'on ne se moque jamais en vain d'une lorette.
— Je vous jure que mes intentions étaient de...
— Je n'ai pas besoin de vos intentions, mais d'un petit cachemire bleu.
— Vous aurez le cachemire, vous l'aurez !
— Oh ! vous me le promettez, mais je ne me fie plus à vos paroles !
— Je vous jure sur ma tête... demain je vous porte le cachemire. S'il n'était pas bleu, cela irait-il tout de même ?
— Oui, je vous abandonne le choix de la couleur.
— Alors, je vous en supplie, belle amie, ôtez ce papier qui est à votre glace, et dites que tout ceci n'était qu'une plaisanterie.
— Oh ! vous avez beau me jurer, je vous répète que je ne crois plus à vos promesses, il me faut un gage..... quelque chose qui me donne de la confiance ; sinon je fais circuler le gilet de flanelle dans le salon, et vous savez que vos initiales sont dessus. T. B. Tibarce Bouchonnier.
— Mais, mon Dieu ! que voulez-vous que je vous donne ?

Bouchonnier était sur le point de s'arracher les cheveux, lorsque Tintin, lui regardant la main gauche, s'écrie :
— Voilà notre affaire, cette bague avec un camée que vous portez au petit doigt.
— Cette bague... c'est un cadeau de mon épouse, pendant notre lune de miel.
— Qu'est-ce que ça me fait ! je me fiche pas mal de votre lune... il m'est impossible de vous donner cette bague, ce serait le signal d'un divorce !
— Eh ! mon Dieu, monsieur, je n'ai jamais eu l'intention de garder votre bague. Je vais la prendre et la conserver seulement jusqu'à ce que vous m'apportiez le cachemire. Si vous ne teniez pas votre

parole ! ah ! pour cette fois, je vous jure que je ferais savoir à votre femme où est sa bague.

— Oh ! je suis bien tranquille. Tenez, chère amie, gardez le camée, vous me le rendrez demain en recevant le cachemire.

— Donnant, donnant. C'est entendu.

— Mais vous allez arracher ce papier ?

— Sur-le-champ.

Bouchonnier ôte la bague de son doigt et la remet à Tintin qui court arracher l'annonce mise sur la glace. Le gros monsieur respire alors plus librement, et se dit :

— Ça me coûte cher !... mais enfin puisqu'il faut en passer par là, au moins je ne serai pas la risée de ces dames de chœurs, qui m'ont l'air d'être très-disposées à s'amuser.

Tout à coup Bouchonnier fait une réflexion, et il court arrêter Tintin, au moment où elle se disposait à rentrer dans le salon.

— Deux mots encore, madame de Boursicoff...

— Parlez, mon bon.

— J'espère qu'en recevant le cachemire, outre ma bague vous me restituerez mon gilet.

— Oh ! pour cela, c'est impossible, cher ami.

— Impossible, pourquoi donc ? puisque vous ne le mettez plus en loterie.

— Mon petit, la loterie, je puis bien vous le dire maintenant, était une farce pour vous amener à jubé ; car depuis longtemps votre gilet n'est plus en ma possession... je l'ai lavé.

— Vous l'avez fait laver, je vous en remercie , mais ça ne vous empêche pas de me le rendre.

— Vous n'y êtes pas, Colas ; laver, en style renaissance, veut dire vendre. Je me suis trouvée avoir grand besoin d'argent, j'en ai fait avec votre frusque.

— Voyons, Tintin, vous voulez encore me faire quelque méchanceté... On ne peut pas vous avoir donné assez d'argent sur ce gilet, pour que vous ayez pensé à le vendre. Dites-moi la vérité.

— La vérité, monsieur, elle ne peut que flatter votre vanité, votre amour-propre... Une dame, sachant que ce gilet de flanelle vous avait appartenu, m'en a offert cinq cents francs... Vous comprenez que je le lui ai cédé subito.

Bouchonnier regarde la grande blonde, cherchant à deviner si elle se moque encore de lui, ne voit en son son amour-propre est agréablement flatté, tandis qu'il répète :

— Cinq cents francs !... On vous a offert cinq cents francs de mon gilet !... Allons, ce n'est pas possible.

— Je vous certifie que cela est. Le marché est conclu.

Les yeux de Bouchonnier semblent vouloir sortir de sa tête, tandis qu'il murmure : — Oh ! c'est bien particulier... Est-ce que cette dame le porte constamment sur elle ?

— Je n'en sais rien ! je ne sais pas où elle le met.

— Est-ce qu'elle désire avoir des enfants ?

— Je l'ignore encore. Est-ce que votre gilet de flanelle aurait la propriété de faire des enfants ? Ah ! fichtre ! si j'avais su cela, je l'aurais vendu bien plus cher, par exemple.

— Non, non, je ne dis pas cela ! mais vous savez quelquefois il y a des dames qui sont superstitieuses, qui ont foi dans les reliques. Enfin, j'avoue que cette passion pour mon gilet est très-flatteuse pour moi, et...

— Et si vous me laissiez un jour un de vos caleçons, cher ami, je trouverais peut-être une dame qui m'en offrirait mille écus ; à proportion même cela vaudrait davantage. O mon petit Bouchonnier, je t'en prie, donne-moi de tes caleçons !...

— Voyons, Tintin, ne plaisantez plus. Si vous ne m'avez pas menti, vous allez me dire quelle est la dame qui a payé si cher mon gilet.

— Vous le dire, ce sera peut-être fort indiscret de ma part ! mais, ma foi, tant pis ! Quand on peut taire le bonheur d'un homme, c'est si gentil d'être faible... Vous me soignerez mon cachemire ?

— Ce sera un bijou !... Eh bien ! cette dame... est-ce que je la connais ?

— Assurément !

— Est-ce que par hasard elle serait ici ?

— Mais sans doute !...

— Elle y est... Ah !... attendez... C'est étonnant comme je suis ému ; savoir que quelqu'un a une passion pour nous... ça fait un drôle d'effet... ce doit être une de ces dames de chœurs... il faut être artiste pour payer cinq cents francs le gilet qu'un homme adoré a porté sur sa peau.

— Vous êtes diablement dans l'erreur, mon petit !... et je ne sais pas trop si ces dames auraient même voulu prendre de mes billets à vingt sous.

— Enfin, nommez-la... nommez-la...

— Eh ! mon Dieu, c'est la dame qui vous a amené ce soir à mon bal... c'est Félicia, la maîtresse d'Isidore.

— Félicia ! cette divine brune !... il serait possible ! Tintin, ne me trompez pas, vous me feriez beaucoup de mal...

— Eh non, je ne vous trompe pas ; encore une fois, c'est Félicia.

— Je n'en reviens pas ! tout à l'heure, en voyant qu'elle m'avait amené chez vous, j'avais au contraire cru un moment qu'elle était dans votre confidence, que vous vous étiez entendues pour me jouer une farce.

— Nullement. Félicia ne savait pas que nous avions été en relations sensibles. Je lui ai dit que maintenant j'avais pris le nom de comtesse de Boursicoff ! elle ne m'en a pas demandé plus.

Bouchonnier n'en écoute pas davantage ; il est ravi, transporté, il ne se sent pas de joie ; il rentre dans le salon où l'on valse et il bouscule tout le monde et il se fait lui-même jeter contre un meuble par des valseurs que cela ennuie de trouver ce monsieur dans leurs jambes. Mais Bouchonnier cherche partout Félicia, et il ne voit pas qu'elle valse et que c'est elle et Isidore qui viennent de le jeter de côté. Il s'adresse à la grande Aglaure qui ne valse pas et lui dit :

— Qu'est donc devenue Félicia ?

— La voilà qui passe devant vous en valsant !...

— Quoi ! c'est elle...

— Et ce petit polisson de Courtinet qui n'arrive pas ; concevez-vous cela ?... Il m'avait dit : J'attends un pantalon neuf qui sera charmant, mon tailleur me l'apportera ce soir... va toujours devant... est-ce que son pantalon ne serait pas venu ?

Bouchonnier n'écoute plus Aglaure, il fait son possible pour saisir au passage le bras ou tout au moins la robe de Félicia ; il pense qu'on peut tout se permettre avec une femme qui paie cinq cents francs notre gilet de flanelle. Mais en s'approchant des valseurs il ne parvient à obtenir que des coups de pied.

Léonis s'empare de Bouchonnier en lui disant :

— Qu'est-ce que vous avez donc ? vous semblez tout effaré.

— Oui, en effet... j'ai quelque chose qui me préoccupe.

— Est-ce qu'une des choristes vous a donné dans l'œil !

— Non, ce n'est pas cela.

— Alors c'est donc Zizi Pétard... Ah ! savez-vous qu'elle se fait nommer à présent madame Léandra !... En voilà une charge... Cette Tintin est trop bonne de l'avoir invitée, elle ne devait pas l'avoir. Mais Zizi l'a rencontrée et lui a dit : Oh ! depuis que j'ai fait fortune, si tu savais comme je m'ennuie, et alors Tintin lui a proposé de venir à son bal où elle me fait l'effet de s'amuser comme trois chaises dans deux chambres.

La valse vient de finir, et Bouchonnier quitte Léonis pour se rapprocher de Félicia, qui ne quitte presque plus Isidore, parce qu'elle s'est aperçue que la dame de chœurs aux grosses boucles se trouvait bien souvent à côté de lui. Cependant Bouchonnier a saisi un moment où la jolie brune se repose seule dans l'embrasure d'une croisée pour lui dire d'une voix étouffée :

— Je sais tout, femme charmante, je sais tout, et vous voyez devant vous le plus fortuné des mortels... je ne me changerais pas contre Napoléon après la bataille d'Austerlitz.

— En vérité, répond Félicia d'un air railleur. Ah ! tant mieux, vous me faites bien plaisir, et qu'est-ce que vous savez donc ?...

— Les sentiments secrets que j'ai eu le bonheur d'inspirer à une femme bien séduisante !

— Ah ! vraiment.

— Cessez de feindre... de grâce...

— Je ne vous comprends pas...

— Je vous dis que je sais tout... le gilet de flanelle... les cinq cents francs...

Félicia part d'un éclat de rire ; elle comprend ce que Tintin a pu dire à ce monsieur et les conséquences qu'il en a tirées. Mais, réfléchissant qu'elle peut mettre à profit l'erreur de Bouchonnier, pour savoir si ses soupçons sont fondés, et si Isidore est l'amant de sa cousine, elle dissimule son envie de rire, et répond à voix basse :

— Puisque vous savez des choses que je croyais bien cachées, j'es père au moins, monsieur, que vous serez discret !

— Jusqu'à la fin du monde.

— Et que je vous trouverai toujours disposé à m'être agréable ?

— A toute heure ! le jour, la nuit... le matin, le soir.

— C'est bien. Un de ces jours je compte aller me promener à Co beil... je vous le ferai savoir.

— O Dieu !... je vais compter les instants, les heures, les secondes...

— Chut, taisez-vous... Isidore s'approche.

— C'est juste ! je serai prudent comme un serpent.

Un grand brouhaha vient de s'élever dans le salon. Les hommes rient à se tenir les côtes ; les dames rient aussi en se pinçant les lèvres ; cependant quelques-unes vont s'asseoir dans des coins en disant : — Par exemple, c'est trop fort !... ce monsieur est un peu sans façon ! si nous étions en carnaval, passe encore !...

C'est l'arrivée du jeune Courtinet qui cause ce désordre ; il porte un pantalon d'un genre si nouveau que cela met le salon en révolution. Ce pantalon est fait en taffetas gommé de couleur tendre, comme l'étoffe que les nourrices portent en tablier pour garantir des oublis de leurs poupons.

M. Courtinet ayant avec cela un petit habit fort court, rien ne s'oppose à ce que les regards percent sous le pantalon. Et si ce monsieur n'avait pas une chemise qui fait sur lui l'effet d'un caleçon de bain, on serait obligé, par pudeur, de le mettre sur-le-champ à la porte.

Mademoiselle Aglaure se promène dans le salon, en criant :
— Eh! mon Dieu! qu'est-ce qu'on a donc à faire tant de bruit? on voit bien qu'il a une chemise, ainsi qu'est-ce qui choque ces dames?
— Vraiment! c'est heureux! ne voudriez-vous pas que ce monsieur fût tout nu là-dessous?
— Bah! bah! c'est une farce! s'écrie Tintin qui s'est pâmée de rire en voyant Courtinet avec son pantalon. D'ailleurs il n'y a pas de bégueules ici ; tiens, il faut bien plaisanter, allons, en place... Courtinet, je vous invite pour la contredanse... votre pantalon a un brillant qui me donne dans l'œil.
— Ah! mon Dieu! dit une des choristes, si Courtinet se lance avec Tintin, il va danser un cancan échevelé et certainement sa chemise se dérangera.
Le piano donne le signal, on se met en place, on danse, on se pousse, on s'échauffe, on s'anime. La prédiction de la dame de chœurs s'accomplit, M. Courtinet se lance, il cancanne dans la perfection, et la grande Tintin ne reste pas en arrière. Enfin, en faisant la *chaloupe* avec sa dame, ce monsieur a tellement gigoté que sa chemise est remontée de plusieurs pouces, et l'on est obligé de le pousser hors du salon, où il n'est admis à rentrer qu'à la condition de mettre une redingote à la place de son habit.
Courtinet s'est soumis à cette condition. Il trouve dans le couloir une redingote, il l'endosse, la boutonne et revient danser sans offenser les mœurs. Mais la grande Aglaure est de très-mauvaise humeur qu'on lui ait fait ôter son habit; elle prétend qu'il était bien plus gentil sans redingote.
La danse recommence avec une nouvelle ardeur ; puis, sur les trois heures du matin, la société descend un étage. Le logement au-dessous de celui de Tintin se trouvant vacant, le concierge lui a permis d'y faire dresser son souper.
Chacun descend de la personne qu'il a choisie; car, dans une soirée aussi gaie, il est rare que l'on ne trouve pas à s'entendre et à faire son choix. Les choristes sont devenues très-sensibles et paraissent toutes disposées à exécuter les morceaux d'ensemble. Madame *Zizi Pétard Léandra* est la seule qui ne partage pas l'allégresse générale ; mais on a déchiré sa robe en valsant et elle a envie de pleurer, ce qui amuse beaucoup mademoiselle Léonis et la grande Aglaure. Le souper donne encore plus d'entrain à la fête, que le champagne vient compléter. Ensuite, ce sont les couplets folâtres, les chansons avec chœurs qui sont entonnées par les assistants. A la fin du repas chacun se connaît, on se tutoie, on s'embrasse même; on ne s'entend plus, on danse, on rit de tous les côtés, et rarement une réunion a présenté un tableau aussi animé et aussi constamment gai que le bal des dames de chœurs, donné rue Samson, n° 7.

VIII. — MADAME DE NAPLES.

Bouchonnier est sorti du bal donné par Tintin enchanté de sa nuit, qui doit pourtant lui coûter un petit cachemire, mais il trouve que ce n'est pas trop payer la découverte de la passion romanesque qu'il a inspirée à Félicia.
Aussi est-ce avec un sourire bien insidieux que le gros monsieur dit adieu à Isidore, en lui glissant à l'oreille ces mots :
— N'oubliez pas madame de Naples! J'irai chez vous demain savoir le résultat de l'entrevue avant de retourner à Corbeil.
Mais pourquoi Bouchonnier avait-il eu un air aussi malicieux, en remettant à son cousin la lettre dans laquelle on lui donnait un rendez-vous?
C'est que le mari d'Elmonde avait déjà reçu deux lettres anonymes, qui semblaient lui promettre des bonnes fortunes. La première lui avait assigné un rendez-vous le soir, sur le bord du canal, près de la place de la Bastille. On était alors en hiver, et le thermomètre était à douze degrés au-dessous de zéro; malgré cela Bouchonnier, enchanté d'avoir une aventure galante, s'était rendu bien exactement à l'endroit qu'on lui avait indiqué. Le rendez-vous lui avait été donné pour huit heures du soir, et il avait attendu jusqu'à onze heures passées, gelé, morfondu et soufflant dans ses doigts, sans voir arriver la dame qui l'avait prié de se trouver là, et il était rentré à son domicile très-vexé et très-enrhumé.
Quelques mois après, il avait reçu un autre billet. Dans celui-là on lui donnait un rendez-vous au bal de l'Opéra, et on lui indiquait le numéro de la loge devant laquelle il devait attendre qu'un domino rose vînt le rejoindre.
Bouchonnier s'était dit : Au bal de l'Opéra je ne cours pas risque de mourir de froid et de m'enrhumer, et il faut espérer que cette fois je serai plus heureux.
Il s'était donc rendu au bal; à l'heure qu'on lui avait marquée, il était monté dans le corridor des troisièmes loges et s'était placé devant celle dont on lui avait indiqué le numéro. Après avoir passé là plus d'une heure sans qu'aucun domino rose vînt le relever de garde, notre coureur de bonnes fortunes, perdant patience, allait s'éloigner, d'autant plus que la nuit s'avançait, que l'on commençait à partir du bal et que les couloirs du troisième étage étaient presque déserts,

ce qui rendait fort ennuyeuse la faction montée par Bouchonnier. Mais au moment où il se décidait à déserter son poste, un petit domino rose s'était avancé vers lui, revêtu de tous les insignes annoncés dans la lettre anonyme.
Bouchonnier, oubliant son ennui, avait présenté son bras au domino rose en lui disant :
— Méchante! vous vous faites bien attendre, mais vous voilà, je suis trop heureux.
Le petit domino lui avait aussitôt appliqué le plus beau soufflet que puisse donner une main féminine, et en lui disant :
— Tiens, voilà pour te récompenser de ta patience.
Puis, le masque s'était éloigné, laissant le pauvre Bouchonnier trop étourdi, trop honteux de son aventure pour que la pensée de poursuivre la lettre anonyme vînt un instant s'offrir à son esprit.
Après ces deux aventures, on doit comprendre qu'en recevant une troisième lettre anonyme, Bouchonnier n'avait nullement senti tenté de se rendre au rendez-vous qu'on lui assignait. Et quoique l'écriture de chaque lettre fût différente, il s'était dit :
— C'est quelque femme qui m'en veut! je ne sais pas pourquoi! mais bien certainement c'est une femme qui a juré de me faire des méchancetés; le troisième billet doit venir de la même source que les deux premiers ; mais j'en ai assez, et certainement je ne m'exposerai pas à une troisième mésaventure, d'autant plus que cela va toujours en augmentant et que cette fois il est probable qu'on me réserve mieux qu'un soufflet.
Maintenant on comprend pourquoi Bouchonnier a cédé à son cousin le galant tête-à-tête qu'on lui propose chez un restaurateur des Champs-Elysées, et ce qui le faisait sourire d'une façon assez perfide, en faisant promettre à Isidore de lui dire ce qui lui arriverait avec madame de Naples.
Mettre son cousin à sa place pour une mystification et lui souffler sa maîtresse, c'était remporter de ces deux triomphes, et c'est beaucoup pour quelqu'un qui n'y est pas habitué. Voilà ce qui rendait Bouchonnier si joyeux, si content de sa nuit.
A présent suivons Isidore dans les Champs-Elysées où, tout en rêvant à Emmeline, il se dirige vers le Petit Moulin Rouge, persuadé que l'on a voulu se moquer de son cousin et que, s'il y a en effet une dame au rendez-vous, c'est quelque vieille douairière et peut-être pis encore.
Aussi son intention est-elle de se tenir sur ses gardes.
Isidore est arrivé à l'endroit qu'on lui a indiqué : c'est un restaurant fort bien tenu, de bon goût, et dont la situation un peu isolée semble très-convenable pour servir de rendez-vous aux personnes qui recherchent le mystère.
Le grand jeune homme traverse un petit jardin qui sert d'entrée il arrive sous un vestibule et n'a encore rencontré personne, car il n'est que midi, et ce n'est pas l'heure où il y a foule chez les traiteurs des Champs-Elysées. Enfin un garçon paraît. Isidore pousse un cri de surprise en le reconnaissant.
— Tiens! c'est toi, Désiré!
— Oui, monsieur.
— Tu as donc quitté Hamel, où tu m'as si souvent servi à dîner?
— Oui, monsieur... Oh! je suis ici depuis près de deux mois.
— Il est vrai qu'il y a longtemps que je n'ai dîné au Palais-Royal, je deviens si sage... Ah! parbleu! Désiré, ta rencontre me fait un grand plaisir.
— Monsieur est bien bon.
— Tu vas m'être très-utile.
— Je suis tout au service de monsieur, il peut compter sur moi.
— Je te crois. Mais, tiens, prends ce napoléon...
— Oh! monsieur, je n'ai pas besoin de cela pour...
— Prends toujours, et à présent écoute bien : Je suis ici en bonne fortune... ou plutôt pour une soi-disant bonne fortune...
— Je m'en doutais bien! répond le garçon en souriant. Et c'est probablement monsieur qui est attendu par la dame arrivée il y a une petite demi-heure?
— Elle est arrivée... Oh! c'est cela... madame de Naples, hein?
— Justement, monsieur, c'est bien le nom que cette dame a dit qu'on demanderait.
— Maintenant, Désiré, fais-moi le portrait de cette dame... mais le portrait exact... pas flatté... la main sur la conscience.
— Monsieur ne la connaît donc pas?
— Parbleu! si je la connaissais, je ne te prierais pas de me faire son portrait.
— C'est vrai, au fait!
— Allons, parle.
— Monsieur, c'est une dame jeune... environ vingt-six à vingt-sept ans.
— En vérité! pas plus que cela?
— Oh! monsieur, vous répondrais qu'elle n'a pas deux ans de plus. C'est une dame d'une taille moyenne... un peu grasse et fort jolie de figure...
— Ah! mon Dieu! tu me confonds! Es-tu bien sûr de ce que me dis là, Désiré?

— Je vous certifie, monsieur, que c'est une très-jolie dame, brune, les yeux bruns aussi... ou gris... ou bleus... la couleur, vous savez qu'on ne peut pas bien voir tout de suite... mais de jolis yeux.

— Et tu crois qu'elle est jeune... tu ne t'abuses pas?... Elle n'a pas du rouge, du bleu, du blanc sur son visage?

— Oh! monsieur, il n'y a rien de faux dans sa figure. Vous comprenez que nous connaissons tout cela, nous autres! l'habitude!... nous en voyons tant!

— Et la toilette, la tournure, quelle espèce de femme?

— Une toilette très-élégante et de bon goût; une tournure distinguée; enfin, monsieur, ce doit être une dame... comme il faut.

— Comment, ce n'est pas une lorette, une grisette habillée, une femme à partie enfin?

— Non, monsieur! je mettrais ma main au feu que c'est une dame... qui n'en a pas l'habitude... vous comprenez.

— D'honneur, je n'en reviens pas!... Et tu es sûr que c'est bien cette dame dont tu me fais le portrait qui est madame de Naples? tu ne la prends pas pour une autre?

— Monsieur, il n'y a pas moyen de se tromper. Excepté un garde national ici depuis dix heures avec une lorette... tout ce qu'il y a de plus lorette, nous n'avons pas d'autre monde. Cette dame est arrivée en voiture, il y a une demi-heure... elle a un chapeau de paille avec un voile jeté dessus... une robe de soie... un élégant pardessus.

— Si elle a un voile, comment as-tu vu sa figure?

— Écoutez donc, monsieur. Je vais à présent vous apprendre quelque chose d'assez original...

— Voyons, voyons... je t'écoute.

— C'est moi que cette dame a rencontré en entrant. Elle paraissait un peu embarrassée; cependant, comme j'avais un air très-respectueux... vous savez, monsieur, qu'il faut ça dans notre état...

— Va donc, va donc!

— Cette dame a repris de l'assurance et m'a dit : Je désire un cabinet... j'attends une personne... on demandera madame de Naples. Je m'incline en répondant : Il suffit, et j'allais conduire cette dame. Elle m'arrête en disant : Avez-vous un cabinet dont la fenêtre ferme avec des volets? — Oui, madame. — C'est bien, donnez-moi celui-là... Je conduis cette dame au premier, dans une jolie petite chambre à divan, et dont la fenêtre qui donne sur le jardin est garnie de volets et de rideaux. Alors elle ôte son chapeau, son voile, et me dit : Maintenant apportez-moi des bougies et fermez tout; je n'aime pas à manger au jour; je préfère la lumière. J'ai fait ce que l'on m'ordonnait, si bien que cette dame est maintenant dans un cabinet où l'on peut croire qu'il est dix heures du soir et qui n'est éclairé que par une seule bougie; elle n'a pas voulu que j'en allum vantage.

— Oh! mais, cela devient extrêmement piquant... Ah! cette dame craint le grand jour... cela vient peut-être à l'appui de ces conjectures... elle n'a pas l'habitude...

— Monsieur veut-il que je le conduise...

— Oui... c'est-à-dire, annonce-moi d'abord... dis qu'un monsieur... un gros monsieur demande madame de Naples...

— Un gros monsieur, mais vous êtes mince.

— Ça ne te regarde pas!

— C'est juste, monsieur, et puis à la lumière vous paraîtrez peut-être plus gros.

Le garçon monte au premier et enfile un couloir. Isidore le suit, mais de loin, en se disant :

— Eh quoi! Bouchonnier a vraiment fait la conquête d'une femme jeune et jolie... d'une femme distinguée. Après tout! pourquoi pas? Bouchonnier est assez joli garçon, et ce serait bien malheureux si, parce qu'un homme est un peu gros, il ne parvenait plus à plaire; il y a de quoi se mettre au régime du vinaigre, de peur d'engraisser. Mais Bouchonnier n'a pas d'esprit... il est vain, suffisant... Enfin, il n'en est pas moins certain que c'est lui que cette dame attend... et quand elle va me voir... comment serai-je reçu?... Ma foi! au petit bonheur... L'aventure est trop drôle pour que je ne pousse pas jusqu'au bout. D'ailleurs, j'ai idée que le cher cousin espérait bien se moquer de moi en m'envoyant à sa place, et je ne serais pas fâché d'avoir, au contraire, à me moquer de lui.

Le garçon revient vers Isidore et lui dit en souriant :

— Cette dame m'a répondu que ce monsieur pouvait entrer.

— Fort bien. Où cette dame est-elle placée en ce moment?

— Elle est assise sur le divan.

— Il n'y a toujours qu'une bougie d'allumée?

— Oui, monsieur.

— Où est placée cette bougie?

— Sur une table près de cette dame.

— Diable... tu aurais bien dû la souffler en sortant.

— Ma foi, monsieur, si vous me l'aviez dit, je l'aurais fait.

— C'est égal... En avant... quelle porte? que je n'aille pas déranger le garde national et sa lorette.

— La dernière porte à gauche, monsieur.

Isidore se dirige vers la porte indiquée; il se sent un peu ému; cependant il n'est pas amoureux d'une dame qu'il ne connaît pas, et il est bien certain de ne pas le devenir, parce que son cœur n'est plus à lui. Mais les hommes ont beau aimer une femme bien sincèrement, bien tendrement, le sentiment qu'ils éprouvent n'est jamais assez ample pour bien envelopper leur cœur et empêcher qu'une autre petite amourette ne puisse encore y pénétrer.

Isidore cogne légèrement à la porte et l'ouvre doucement; à peine l'a-t-il à moitié entre-bâillée que la lumière qui éclairait la chambre s'éteint, et la dame est dans une profonde obscurité.

— Je crois, ma foi, qu'elle vient de souffler la bougie, se dit Isidore. C'est charmant, c'est justement ce que j'aurais voulu pouvoir faire; et maintenant rien ne m'empêche de me donner pour Bouchonnier, au moins pendant quelques instants.

Le léger froissement d'une robe indique au jeune homme de quel côté est assise cette dame. Après avoir refermé la porte, il se dirige vers le divan, une voix entrecoupée et que l'on semble chercher à contrefaire, lui dit :

— Mon Dieu!... la bougie vient de s'éteindre... mais... je n'en suis pas fâchée...

— Ni moi non plus! se dit Isidore.

La dame reprend :

— Je suis si honteuse... de me trouver... ainsi avec vous. J'aime autant que vous ne me voyiez pas tout de suite...

— Et moi j'aimerais autant qu'elle ne me vît pas du tout! se dit Isidore, qui, tout en tâtonnant, est arrivé au divan sur lequel il s'asseoit tout près de la dame à laquelle il commence par prendre la main, bien décidé à jouer la pantomime le plus longtemps possible.

La dame ne retire pas sa main. Isidore sent qu'elle est petite, douce et potelée; se rappelant le portrait que le garçon lui a fait de madame de Naples, il se dit : Désiré est incapable de m'avoir trompé... je puis y aller de confiance.

Et il se met à baiser la main avec ardeur.

La dame se laisse faire, cependant elle semble éprouver comme des crispations, et par moments elle presse aussi la main d'Isidore, mais de manière à le faire crier.

— C'est une femme très-nerveuse! se dit Isidore, qui commence à chercher à entourer la taille de l'inconnue. Celle-ci se défend faiblement. Cependant elle balbutie :

— Vous ne me dites rien?

Le jeune homme hésite et répond enfin d'une voix étouffée :

— Pourquoi faire?

La niaiserie de cette réponse donne à la dame une envie de rire qu'elle a peine à comprimer. Isidore, faute d'avoir parfaitement répondu comme Bouchonnier aurait pu le faire, continue d'être entreprenant, en se disant : « Quand une dame nous reçoit dans une chambre noire, ce n'est pas pour que nous restions à côté d'elle comme une momie d'Égypte. » La dame se laisse serrer de très-près, mais par moment elle pince Isidore de façon à lui faire mal. Il se laisse pincer en se disant : « Puisque c'est la seule défense que l'on oppose, il faut bien la supporter. » Enfin on lui dit encore :

— Mais vous ne me connaissez pas...

— C'est égal!

— Mais n'aimez-vous personne?... êtes-vous libre?

Libre comme l'air! balbutie Isidore en cueillant un doux baiser sur une bouche qui, tout en se le laissant faire, semble chercher à le mordre. Le jeune homme, qui ne veut pas avoir été pincé pour rien, ne laisse pas à son inconnue le temps de lui opposer une sérieuse résistance, et d'ailleurs tout semblait annoncer que l'on était préparée à une défaite.

Mais au lieu des doux reproches que l'on adresse souvent à son heureux vainqueur, Isidore est tout surpris d'être ensuite repoussé avec une espèce de colère; la dame inconnue s'est tout à coup levée, elle court à la fenêtre, elle ouvre avec violence les volets en s'écriant :

— Ah! monstre infâme!... ah! perfide!... c'est donc ainsi que tu m'es fidèle... j'en ai la preuve maintenant... oui, bien...

La dame n'achève pas, car elle vient de se retourner, elle voit Isidore qui est devant elle tout tremblant, tout stupéfait; il a été frappé par les accents d'une voix qu'on ne cherche plus à contrefaire, et il s'écrie : O mon Dieu! ma cousine!

Elmonde, car c'est bien elle, se laisse aller sur le divan en murmurant d'une voix éteinte :

— Ce n'était pas mon mari.

La jeune femme couvre son visage de ses mains et pousse de profonds gémissements. Verse-t-elle des larmes? c'est ce qu'on ne peut voir, parce qu'elle cache sa figure, mais elle semble bien désolée de ce qui vient d'arriver.

Isidore est un moment tout consterné aussi. Cependant, lorsque pareille aventure vient d'avoir lieu avec une jolie femme, il n'est pas probable que le monsieur puisse en être véritablement désolé.

Le jeune homme regarde sa cousine, qui est vraiment fort gentille, et pour son chagrin rend encore plus intéressante, il se rapproche d'elle, il prend une main que l'on retire d'abord, mais qu'on lui abandonne après. Il prononce quelques paroles de regrets... il se reprend bien vite pour dire qu'il n'oubliera jamais son bonheur, bonheur qu'il pouvait bien désirer tout bas, mais qu'il n'aurait jamais osé espérer.

Elmonde commence à découvrir un peu son visage, mais elle n'ose pas encore lever les yeux. Elle murmure :
— Qu'allez-vous penser de moi... Isidore?
— Mais, ma cousine, je ne puis pas en penser le moindre mal... car enfin, c'est à... votre mari que vous aviez donné ce rendez-vous, et c'est bien lui que vous deviez attendre...
— Comment donc se fait-il que ce soit vous qui?...
— C'est que Bouchonnier s'était souvent vanté avec moi de recevoir des billets doux de personnes qu'il ne connaissait pas. Cela m'avait paru étonnant. Hier au soir, en arrivant chez moi, il m'a dit celui qu'il venait encore de recevoir, et m'a proposé de prendre sa place près de madame de Naples.

Elmonde, qui rit aussi vite qu'elle pleure, ne peut pas s'empêcher alors de dérider son joli visage, en s'écriant : — Oh! mais au fait, je comprends... c'est le troisième rendez-vous que je lui ai donne. Au premier, je l'ai laissé se morfondre trois heures sur le boulevard par une grande gelée. Au second, j'étais masquée, c'était au bal, et je lui ai donné un soufflet... En recevant ce troisième rendez-vous, il aurait craint autre chose.
— Oh! c'est cela même, et je ne suis plus étonné s'il souriait d'un air un peu goguenard en me faisant promettre de lui conter tout ce qui m'arriverait avec madame de Naples.
— Ah! grand Dieu! n'allez pas lui dire...
— Chère cousine... vous ne pouvez me croire capable de me conduire si lâchement! moi qui me trouverais si heureux de... ce qui m'est arrivé, si je ne voyais pas que mon bonheur vous coûte des larmes.

Isidore mentait, car Elmonde ne pleurait plus, mais elle s'empresse de pousser un profond soupir, en disant :
— J'ai eu tort de tenter cette épreuve... Je voulais être bien certaine des trahisons de M. Bouchonnier... Mon Dieu! depuis la perte de son gilet de flanelle, je ne puis cependant plus en douter... vous pensez bien qu'il n'a pas été dupe de tous les mensonges qu'il m'a faits. Mais qui pouvait prévoir?... j'avais éteint la bougie pour que mon mari ne pût pas me reconnaître.
— Et moi, j'ai été enchanté de vous trouver dans l'obscurité...
— Mais enfin, Isidore, vous ne saviez pas que c'était moi?
— Non, j'en conviens.
— Vous ignoriez alors avec qui vous étiez... et malgré cela... Ah! cela me passe...
— Oh! ma cousine, j'avais pris des informations; je connais le garçon qui sert ici, et je m'étais fait dépeindre madame de Naples. Il m'avait dit : Une femme jeune, jolie, élégante, distinguée, charmante enfin... J'aurais dû vous reconnaître à ce portrait... convenez qu'alors je pouvais bien tenter l'aventure...
— Mon Dieu! je n'oserai plus vous regarder!...
— Pourquoi donc cela?... Tenez, probablement cela devait arriver.
— Encore, si... du moins vous m'aimiez un peu...
— Oh! je vous aime beaucoup, mais c'est...
— Non, non, à quoi bon me mentir? je sais bien que c'est... mademoiselle Clermont qui possède votre amour.
— Mais... cela n'empêche pas que vous ne soyez si séduisante... chère Elmonde!
— Eh bien!... voulez-vous me laisser?... Oh! finissez, monsieur!... A présent que je sais que c'est vous... ce serait affreux!...
— Ah! je vois bien que vous me détestez, ma cousine, et que vous ne me pardonnerez jamais... Aussi, désormais, je ne me présenterai plus devant vous.
— Qu'est-ce que vous dites donc là?... Par exemple! je veux, au contraire, que vous veniez plus souvent à présent!
— Je ne vous fais donc plus horreur?

Elmonde détourne son visage, mais son sein se soulève bien fréquemment. Isidore devient de nouveau audacieux. On murmure encore ce serait fort mal, mais il répond qu'après tout, il n'en sera ni plus ni moins.

Il est probable que cette raison l'emporte, car, au bout de quelque temps, sa cousine lui disait d'un air bien tendre :
— Ce pauvre Isidore!... Si j'avais su, la première fois... je ne l'aurais pas pincé si fort!

IX. — LE PAVILLON DU JARDIN.

— Il faut partir, dit enfin Elmonde à Isidore, il est temps que j'aille prendre le chemin de fer de Corbeil. Je veux être de retour avant mon mari, et il doit venir dîner aujourd'hui. Mais à présent, pour sortir d'ici, je tremble d'être vue... reconnue... Ah! mon ami, si l'on savait que je suis venue chez ce traiteur. Je sens maintenant combien j'ai été imprudente, et pourtant j'étais bien loin de me douter de ce qui devait arriver.
— Rassurez-vous, Elmonde, dit Isidore en baisant les jolies petites mains de sa cousine, je vais dire au garçon de faire venir un fiacre. Pour aller jusqu'à l'entrée du jardin, qui voulez-vous qui vous voie?... A l'heure qu'il est, il n'y a pas encore de promeneurs par ici, il n'y a rien à craindre.
— Mais j'ai entendu parler, rire dans un cabinet de ce corridor.
— C'est un garde national avec une lorette. Je vous promets qu'ils ne pensent pas à nous.

Je vais lire tout haut pour l'agrément de la compagnie : écoutez.

Isidore sonne. Le garçon paraît, il a l'air fort étonné en voyant qu'il fait maintenant jour dans le cabinet.
— Une voiture, vite! dit Isidore; qu'elle ait des stores surtout.
— Oui, monsieur.
— Est-ce que le garde national et sa lorette sont encore là?
— Oui, monsieur, toujours.

Le garçon est parti. Elmonde met son pardessus, son chapeau, et rabat son voile sur sa figure. Isidore l'aide dans sa toilette; elle reçoit ses soins en le regardant à la dérobée, en soupirant et en souriant. Il règne entre ces deux personnes un embarras qui n'est pas positivement de l'amour, mais qui a pourtant beaucoup de charme.

Le garçon revient annoncer que la voiture est en bas.
— Monterai-je avec vous? demande Isidore à Elmonde.
— Oh! non, mon ami, car il faudrait ensuite me quitter avant d'arriver à l'embarcadère, où je puis rencontrer mon mari. Laissez-moi partir seule... vous vous en irez ensuite.

— Comme vous voudrez... Adieu, chère cousine...
— A bientôt, n'est-ce pas?
— Oh! oui!
— Et maintenant, quand vous irez à Corbeil pour voir mademoiselle Clermont... puis-je espérer que vous viendrez au moins me dire bonjour?
— Ah! ma cousine, c'est bien mal d'en douter!
— Pourquoi donc? Je n'aurai pas le droit de me plaindre, car enfin... je sais bien que c'est pour elle que vous viendrez...

Une larme brille dans les yeux d'Elmonde. Isidore veut l'essuyer, mais la porte du cabinet était restée ouverte, la jeune femme s'élance et disparaît. Isidore sort du cabinet pour la retenir; un peu plus loin une autre porte était entr'ouverte, et on entendait rire aux éclats. Ne voulant pas exposer sa cousine à être vue par les personnes qui sont là, Isidore la laisse s'éloigner, en se disant :

— Je la reverrai bientôt et je dissiperai son chagrin... Pauvre Elmonde!... elle est bien gentille... et, au total, Bouchonnier mérite bien ce qui lui arrive.

Cinq minutes après, Isidore sort de chez le traiteur où il entend toujours rire le garde national et sa lorette. Il était à peine rentré chez lui que l'on sonne avec violence, et Bouchonnier paraît tout essoufflé.

Le gros monsieur se jette sur un siège en disant :

— Je guettais votre retour dans un café en face, j'ai avalé trois bavaroises... Je vous avoue, cher ami, que je suis bien impatient de connaître le résultat de votre rendez-vous... c'est-à-dire de notre rendez vous; car enfin, j'en étais sans en être... mais vous y étiez pour moi. Vous m'avez promis de me rapporter tout ce qui s'est passé. Voyons, n'omettez aucune circonstance.

Isidore n'avait pas encore pensé à ce qu'il conterait à Bouchonnier, mais, comme il peut dire ce qu'il veut sans craindre d'être démenti, il tâche de prendre un air de mauvaise humeur, en répondant :

— Ma foi, mon cousin, on ne m'y reprendra pas à me rendre quelque part à votre place.... Ah! si j'avais su... je suis gentille votre dame de Naples!

— Bah! est-ce qu'elle... serait défectueuse?
— Cinquante-cinq ans au moins, une femme énorme... La porte Saint-Denis en peignoir du matin... un nez à tabac, des mains rouges.

— Ah! ah! ah!... ce pauvre Isidore!... je vois d'ici la figure qu'il a dû faire en se trouvant devant ce paquet!... Ah! ah! ah!
— Oui, riez! j'aurais voulu vous y voir!
— Mon cher ami, je ne vous avais rien garanti! je ne connaissais pas l'objet. Enfin, comment vous en êtes-vous tiré? Je me serais sauvé, moi, j'aurais pris mes jambes à mon cou.
— J'en avais bien envie, mais cette dame est une gaillarde avec qui il ne fait pas bon plaisanter. D'abord elle s'est écriée : Vous n'êtes pas M. Bouchonnier, n'espérez pas m'abuser; que voulez-vous?... pourquoi n'est-il pas venu, ce monstre?...
— Elle m'a appelé monstre! Oh! oh! oh! c'est ravissant! C'était le cas de lui dire : Vous en êtes un autre.

— Je lui ai dit : « M. Bouchonnier est indisposé; il m'envoie à sa place pour vous faire agréer ses excuses. » Cette réponse a calmé cette dame. Elle a absolument voulu que je déjeune avec elle. Bref, si je l'avais tenté, je crois que je vous aurais supplanté.
— Vous ne l'avez pas voulu... je conçois cela.
— Vers la fin du déjeuner, comme... madame de Naples devenait trop tendre, j'ai pris un prétexte pour sortir du cabinet, et vous comprenez que je me suis sauvé... ouf, quelle corvée!
— Ah! la pauvre femme! elle aura été furieuse... Voyons, Isidore, quelle espèce de femme croyez-vous que ce soit? est-ce vraiment une Napolitaine?
— Je l'ignore et je n'ai pas envie de m'en assurer. Désormais, cousin, gardez les billets galants que vous recevrez... Je n'envie plus vos bonnes fortunes.

Courtinet cancanne dans la perfection, et la grande Tintin ne reste pas en arrière.

— On n'est pas toujours si mal partagé, murmure Bouchonnier en serrant les lèvres. Mais bientôt il regarde sa montre et s'écrie :
— Trois heures et demie passées... Diable! je n'ai pas le temps de courir à l'embarcadère.

Isidore, qui craint que Bouchonnier ne rencontre sa femme, le retient par le bras en lui disant :
— Où donc allez-vous si vite?
— Parbleu! au chemin de fer pour retourner à Corbeil.
— Qu'est-ce qui vous presse?
— J'ai promis à ma femme d'être de retour pour dîner.
— Quand vous n'arriveriez que ce soir? nous dînerons ensemble au Palais-Royal.
— Non, mon ami, oh! non, c'est impossible! Il faut s'amuser, mais il faut aussi ne pas désoler sa femme. Depuis l'aventure de ce malheureux gilet de flanelle, Elmonde a toujours des soupçons, je dois redoubler d'égards... Diable de gilet... il a fallu que je me tende ce matin d'un cachemire avec Tintin!
— Vous le lui avez donné?
— Ah! mon Dieu! oui.
— Voilà un gilet de flanelle qui vous revient cher.
— C'est vrai... mais aussi il me rapportera peut-être quelque chose...

Bouchonnier a dit les derniers mots entre ses dents, il reprend bien vite :
— Au revoir, Isidore, à moins que vous ne veniez avec moi à Corbeil; ce serait bien gentil.

Isidore hésite, mais il songe que se retrouver sitôt avec Elmonde, ce serait peut-être lui causer un embarras, une émotion qu'elle ne saurait point encore maîtriser; il se décide donc à ne pas aller à Corbeil, et Bouchonnier part seul.

Le gros monsieur arrive à l'embarcadère une minute avant que le convoi de quatre heures parte; il n'a que le temps de prendre son billet, de courir, de se jeter dans la seule voiture où il y ait encore une place. A peine est-il assis, qu'en levant les yeux, il pousse un cri de surprise : il est en face de sa femme.

Elmonde est restée toute saisie en reconnaissant son mari. Elle pâlit, rougit, et se sent prête à s'évanouir. De son côté, Bouchonnier est très-embarrassé, car il ne doute pas que sa femme n'ait fait le voyage de Paris pour l'épier, et il a peur qu'elle ne l'ait vu acheter un cachemire et se rendre ensuite avec, dans la rue Samson, numéro 3.

Il prend le malaise de sa femme pour une colère mal déguisée et balbutie en tâchant de sourire :

— Comment ! c'est toi, chère amie ! Ah ! nous venons à Paris... sans me le dire... Ah ! nous voulons savoir... si je suis bien sage... Hum !... jalouse !... Mon Dieu !... quelle folie de se tourmenter comme cela !... Tu en es toute pâle !

Elmonde s'aperçoit bien vite qu'elle a eu tort de trembler. Les femmes se remettent promptement, et font alors tourner à leur profit les circonstances qui auraient pu les perdre. La jolie dame répond en cherchant à maîtriser son émotion :

— Eh bien ! oui... je l'avoue... je désirais savoir si votre partie d'hier... n'avait pas eu des suites... Oh ! mais j'espérais que vous ne sauriez pas que j'étais venue... car désormais vous vous tiendrez sur vos gardes.

— Tu me crois donc un Joconde, un don Juan !... Je t'assure que je suis bien raisonnable... Ah ! ma bonne amie, tu ne sais pas quel époux tu as... Si je te disais qu'il me tombe des bonnes fortunes.... je ne sais d'où... qu'on m'écrit pour me donner des rendez-vous.... et que je n'y vais pas, que je ne profite d'aucune occasion !... Ah ! tu ne le croirais pas, eh bien, c'est pourtant comme cela !... Est-ce que tu as mal aux dents, chère amie ?

Elmonde tenait son mouchoir sur sa bouche pour cacher une envie de rire qui venait de lui prendre, elle répond :

— Oui. j'ai très-mal aux dents.

— Voilà ce que c'est que de venir épier son mari, on attrape des coups d'air.

— Et qu'avez-vous fait cette nuit ?

— Une bouillotte bien modeste... rien que des hommes ! J'ai gagné sept francs cinquante, ce sera pour t'acheter des pralines quand tu n'auras plus mal aux dents. Mais, je t'en prie, ne te bouleverse plus avec ta jalousie... Tu as vraiment la figure très-altérée.

Bouchonnier presse dans sa main une des mains de sa femme et se montre aux petits soins pour elle pendant tout le voyage, si bien que les deux époux arrivent à Corbeil, étant tous deux de très-bon accord et beaucoup plus aimables l'un pour l'autre qu'ils ne l'avaient été depuis longtemps. Voyez pourtant à quoi tient la paix du ménage !

Depuis l'aventure qui lui est arrivée au Petit Moulin Rouge, Isidore va encore plus fréquemment à Corbeil. Il est toujours aussi amoureux d'Emmeline ; il recherche avec empressement toutes les occasions de la voir, de se rapprocher d'elle. Mais ensuite il se trouve avec grand plaisir auprès de sa cousine, car Elmonde est très-séduisante, et tout en jurant, chaque fois qu'elle voit Isidore, qu'elle ne veut plus se retrouver en tête à tête avec lui, le hasard ou des circonstances que, sans doute, elle n'a pu prévoir, amènent toujours pour eux ces occasions qu'elle a juré de fuir, mais dont son cousin ne manque jamais de profiter.

Emmeline est heureuse, car elle voit plus souvent celui qu'elle aime ; et l'amour pur qu'elle éprouve pour Isidore ne saurait deviner les distractions que celui-ci se permet avec sa cousine.

Elmonde est beaucoup plus aimable avec son mari, elle ne le tourmente plus par sa jalousie ; elle ne s'ennuie plus à la campagne, elle est souvent la première à donner à son mari une foule de commissions qui doivent l'obliger d'aller à Paris et d'y séjourner longtemps.

Bouchonnier est enchanté du changement survenu dans l'humeur de sa femme. De son côté, il est aussi d'une gaieté, d'une aménité charmante ; depuis qu'il sait qu'une jeune et jolie dame a donné cinq cents francs pour posséder un gilet de flanelle qu'il a porté, il ne peut plus s'apercevoir dans une glace sans rester en admiration devant lui, et il est persuadé qu'aucune femme ne résisterait à son *egard fascinateur.

Mais, tandis que quatre personnes se trouvent plus heureuses depuis que le hasard a formé une liaison qui n'était nullement préméditée, il y a quelqu'un pour qui cet événement réagit d'une façon toute différente, et qui, par cela même, veut connaître la cause d'un changement qui ne lui est point favorable.

On devine qu'il s'agit de Félicia. Tant qu'Isidore ne lui était infidèle que par la pensée, l'ardente jeune fille pouvait encore se faire illusion et se croire aimée, car auprès d'elle, son amant n'était ni froid ni indifférent ; mais depuis qu'il a formé avec sa cousine une liaison plus intime, depuis qu'il a été à même d'apprécier les qualités, le fond du cœur d'Elmonde, Isidore n'est plus auprès de Félicia ce jeune homme qui parlait si bien d'amour, et lorsque maintenant il lui en dit encore quelques mots, son langage n'est plus aussi persuasif qu'autrefois.

La jeune femme dissimule son chagrin, sa jalousie ; elle n'adresse à son amant aucun reproche, car elle sait bien que les reproches ne ramènent point l'amour et qu'ils ne font, au contraire, que hâter sa fuite lorsqu'il a envie de s'éloigner. Félicia a les passions trop vives, trop violentes, elle aime avec trop d'ardeur, elle est trop profondément jalouse pour ne point souffrir horriblement de cette dissimulation qu'elle s'impose. Mais elle supportera toutes les souffrances pourvu qu'elle puisse se venger.

Un matin, Bouchonnier, qui est dans sa maison de campagne à Corbeil, reçoit un billet dont l'écriture lui est inconnue ; mais à la finesse des caractères, à la manière dont la lettre est pliée, au parfum qu'elle répand, le gros monsieur a deviné un billet doux, il se hâte de l'ouvrir en se disant : « Pourvu qu'il ne soit pas encore de madame de Naples. »

A peine a-t-il vu la signature qui est au bas du billet, qu'il fait un bond de joie, et, après s'être assuré qu'il est bien seul, lit, ou plutôt dévore les lignes suivantes :

« Monsieur, vous m'avez dit que vous m'aimiez, c'est possible, mais avec moi il faut des preuves de ce que l'on avance. Je veux d'abord une obéissance entière à mes moindres fantaisies. Aujourd'hui, voici ce que j'exige. Isidore est à Corbeil, chez vous sans doute ; je suis bien aise de m'assurer, de voir par mes propres yeux comment il s'y conduit. Il doit y avoir dans votre jardin quelque pavillon, quelque kiosque, enfin un endroit où l'on peut se cacher. Vous m'y conduirez en secret. Je vous dirai ensuite ce que vous aurez à faire. A midi précis, je serai à la sortie du chemin de fer. Venez m'y chercher, n'y manquez pas.

« FÉLICIA. »

Bouchonnier reste tout interdit. Il ne sait pas s'il doit être enchanté ou effrayé du contenu de la lettre de Félicia ; il se décide à en être enchanté, et se dit :

— Quelle femme !... quel caractère original et espagnol !... Comme elle aime avec fougue... Je voudrais bien savoir si elle porte mon gilet de flanelle à son tour... Je le lui demanderai. Elle veut s'assurer si Isidore la trompe afin de rompre avec lui et d'être toute à moi... Si je pouvais lui faire croire que je suis trompé... que ma femme et mon cousin ont ensemble des conversations criminelles !... ce serait délicieux, mais c'est fort difficile... Ces pauvres amis n'y pensent seulement pas !... Sapristi !... c'est embarrassant... ma position est très-comique ! Je veux que l'on croie que ma femme m'en fait porter, et cela pour souffler à Isidore sa maîtresse... Quelle rouerie... Après cela, je crois qu'Isidore ne tient guère à Félicia... il ne pense qu'à la jeune Emmeline... mais il ne veut pas que sa maîtresse connaisse sa passion romanesque ! Par conséquent, je ne fais que lui être agréable en assumant toute la jalousie de la jolie femme sur ma femme. Félicia veut que je l'introduise chez moi, voilà qui est diablement hardi. Si je ne satisfais pas son désir, elle est capable de ne plus me recevoir... Oh ! la fourrer pour ne pas me compromettre... Ah ! ce petit pavillon du jardin que l'on vient de peindre à neuf... la couleur n'est pas encore sèche, comme c'est heureux ! c'est là que j'enfermerai Félicia... Elle y gagnera mal à la tête, mais ça ne me regarde pas. Courons nous emparer de la clef.

Le pavillon auquel Bouchonnier vient de penser se trouve contre le mur de clôture du jardin, à un endroit formant un angle, et comme si, en bâtissant cette jolie retraite, on eût prévu qu'elle devait servir à de secrets rendez-vous, une porte se trouve dans le mur de clôture et ouvre sur un petit escalier menant derrière le pavillon, qui a aussi une autre entrée par la maison. Mais on ne peut s'y introduire et en sortir sans mettre le pied dans le jardin.

Un peu avant midi, Bouchonnier est à l'endroit qu'on lui a désigné. Félicia s'y trouvait déjà en toilette simple, mais de bon goût. Le monsieur veut entamer des phrases tendres. La jolie brune ne lui en laisse pas le temps. Elle l'entraîne en disant :

— Conduisez-moi, vous devez avoir pris vos précautions pour que je ne sois pas rencontrée.

— Oh ! j'ai tout calculé. Venez, femme ravissante.

— Un mot d'abord...

— Dix-huit si vous voulez...

— Isidore est-il chez vous ?

— Oui, il y a couché... En ce moment il est... près de ma femme. Ils sont presque toujours ensemble...

— Venez alors.

Félicia marche très-vite. Bouchonnier essaie, mais en vain, d'emboîter le pas... ils sont bientôt tous deux au bout de la propriété, du côté où est situé le pavillon. Bouchonnier ouvre et introduit Félicia, qui examine l'intérieur du pavillon et entr'ouvre une fenêtre à vitraux de couleurs qui donne sur le jardin.

— C'est fort bien, dit la jeune femme. Mais cette autre porte ?

— Moi seul ai la clef, vous pouvez donc être tranquille, personne ne pénétrera ici ; d'ailleurs on n'y songe pas. Ce pavillon vient d'être repeint... vous voyez que c'est à peine sec.

— A présent, monsieur, écoutez-moi bien. Vous allez rejoindre Isidore et votre femme, et sous un prétexte... que vous trouverez, vous les amènerez tous les deux dans cette partie des jardins qui s'étend là... devant cette fenêtre.

— Je vous comprends. Du reste, c'est facile. Mon épouse aime beaucoup à s'asseoir sous cet épais massif de tilleuls. Vous voyez, il y a là un banc de verdure.

— En effet ; eh bien ! faites en sorte qu'ils viennent s'asseoir là... et...

— Parbleu, je n'aurai pas la peine d'aller les chercher ! s'écrie tout à coup Bouchonnier, en écartant un peu le rideau pour regarder dans le jardin. Tenez... voyez ce couple qui vient par cette allée là-bas... C'est ma femme qui donne le bras à son cousin... Ils viennent s'asseoir sous le massif... Ma femme aime infiniment cette partie du jardin, parce qu'elle est plus déserte... plus ombragée... elle aime le feuillage épais... Les voilà qui s'asseyent sous le massif... j'en étais sûr... En entr'ouvrant légèrement ce rideau, vous pourrez les voir, les examiner tout à votre aise.

Félicia n'a pas attendu que Bouchonnier ait fini de parler, pour aller se poster près de lui contre la fenêtre. Chacun d'eux soulève un des coins du rideau... De l'endroit où ils sont placés, ils peuvent en effet voir parfaitement dans le jardin.

Elmonde s'avance doucement, un bras passé sous celui d'Isidore, et causant avec son cavalier, vers lequel, tout en marchant, elle tourne souvent la tête, et alors son sourire est infiniment tendre, ses yeux ont une expression bien éloquente. Isidore sourit quelquefois à sa cousine, cependant il a l'air distrait, et sa pensée est évidemment à autre chose qu'à ce que lui dit la personne qui lui tient le bras.

Félicia les examine tous deux et ne prononce pas un mot. Bouchonnier, qui regarde aussi le couple qui s'avance, se dit en lui-même :

— En vérité, ma femme serait dans nos intérêts qu'elle n'agirait pas mieux ! Jamais je ne l'ai vue regarder son cousin d'un air aussi aimable... elle fait la coquette !... D'abord elle la fait avec tout le monde... Elle n'aurait qu'un singe avec elle, je suis sûre qu'elle ferait encore la coquette avec le singe, c'est dans son tempérament. Bon !... elle lance à Isidore une œillade assassine !... Oh ! c'est charmant !...

Et le confiant époux ajoute tout haut : — Comment trouvez-vous ma femme ?

Félicia répond d'un ton moqueur : — Dans ce moment-ci, je trouve qu'elle ressemble à presque toutes les femmes.

— Comment l'entendez-vous ?

— Il me semble que c'est facile à comprendre.

Bouchonnier ne répond rien, parce qu'il ne comprend pas. Elmonde s'est arrêtée devant le banc de verdure ; elle s'y assied. Isidore est resté debout, il regarde au loin, il semble chercher quelqu'un. Sa cousine fait un mouvement d'impatience et lui fait signe de venir s'asseoir à côté d'elle. Le jeune homme lui obéit, mais il est devenu rêveur. Le front de la jolie Elmonde se rembrunit aussi, elle parle à son cousin, et cette fois c'est d'un air presque fâché.

Bouchonnier, qui les examine tout deux, se dit alors : « Quel dommage !... voilà ma femme qui pense à autre chose... Elle a presque l'air en colère... Oh ! comme elle s'anime en parlant. Je gagerais que c'est de moi qu'il est question. Elle demande sans doute à Isidore s'il sait ce que je suis devenu... Sa jalousie lui reprend. »

L'arrivée de madame Clermont et de sa fille change l'aspect du tableau. Ces dames débouchent par une allée latérale et se dirigent vers madame Bouchonnier. Celle-ci est évidemment contrariée. Cependant après avoir lancé à son cousin un regard fort expressif, elle se lève et tâche de sourire en allant au-devant des deux personnes qui lui arrivent. Quant à Isidore, il s'est levé aussi. Puis il a rougi, un changement rapide s'est opéré sur tous ses traits, et ses yeux se portent sur Emmeline.

Félicia, qui ne perd pas de vue son amant, a remarqué tout cela. Bouchonnier allait vous faire quelques réflexions tout haut, mais Félicia l'arrête, en lui disant d'un ton bref :

— Taisez-vous !...

La société s'est assise sous le massif de tilleuls. Emmeline, qui ne sait pas cacher le plaisir qu'elle éprouve à être près d'Isidore, repose souvent sur lui ses beaux yeux veloutés, tout remplis d'amour et de bonheur. Isidore la regarde à la dérobée, mais alors toute son âme passe dans son regard.

Elmonde parle avec madame Clermont, mais à chaque instant elle tourne la tête vers les deux amoureux qui sont assis à l'autre bout du banc ; elle cherche sans doute quelque motif pour changer de place et ne pas rester ainsi éloignée d'Isidore. L'arrivée de M. Pastoureau met fin à son supplice.

Le voisin se présente avec sa guitare en bandoulière. Il salue la compagnie et se dispose à prendre place quelque part. Mais Elmonde s'est levée en proposant d'aller au salon faire de la musique. Tout le monde s'empresse d'acquiescer au désir de la maîtresse du logis. On se lève et se dirige vers la maison, mais sans ordre, sans se donner le bras. Cependant, sur le chemin, à quelque distance du banc, il y a un épais buisson de lilas, autour duquel on peut tourner. Emmeline, qui s'est trouvée en arrière, est un moment masquée par ce buisson, Isidore a saisi ce moment où la compagnie ne peut les apercevoir ; il a pris la main de la jeune fille, il l'a portée à ses lèvres et l'a baisée à plusieurs reprises, jusqu'au moment où Emmeline ait dépassé le buisson, ce que du reste elle fait le plus lentement possible ; puis les deux amoureux disparaissent avec toute la société.

Mais Félicia a vu tout cela, et ses mains se sont crispées, et une pâleur livide couvre son visage, tandis que Bouchonnier se gratte le front en se disant :

— Imbécile d'Isidore ! le voilà qui gâte tout !... Ces amoureux sont toujours imprudents. Ma foi, tant pis pour lui, après tout !...

Félicia a quitté la croisée, elle s'approche de Bouchonnier qui s'écrie en la regardant :

— Comme vous êtes pâle ! l'odeur de la peinture vous aura fait mal !... J'en étais sûr...

— Monsieur, murmure Félicia d'une voix brève, quelles sont ces femmes ? Quelle est cette jeune personne dont Isidore vient de baiser la main ?

— Cette demoiselle... vous croyez qu'il lui a baisé la main... Je n'ai pas vu cela...

— Répondez, monsieur... ces femmes ?

— Ce sont des voisines... La mère et la fille ; la mère est veuve.

— Elles demeurent à Corbeil ?

— Oui, tout près d'ici... à l'entrée de la rue... presque en face...

— Leur nom ?

— Madame Clermont... la jeune personne se nomme Emmeline.

— Elles sont riches ?

— Non, au contraire, je les crois pauvres... Elles vivent fort retirées, ne reçoivent presque personne...

— Excepté Isidore, sans doute... car la voilà, celle qu'il aime... celle qu'il adore... et pour laquelle je suis délaissée, trahie, abandonnée !...

— Vous croyez... Il m'avait pourtant semblé que ma femme...

Mais au total, si Isidore vous trahit, belle Félicia, c'est une raison de plus pour vous venger. Et vous savez que je vous adore... que je...

— Oh ! oui... oui ! je me vengerai !...

En disant ces mots, Félicia sort brusquement du pavillon par la porte qui donne sur la campagne. Bouchonnier veut l'arrêter, puis il essaie ensuite de la rejoindre, mais la jeune femme se retourne, et jetant sur lui un regard courroucé, lui crie :

— Je vous défends de me suivre.

— Comment ? murmure le gros séducteur, vous me défendez de vous suivre... Mais alors, quand vous reverrai-je ?... car enfin... nous ne pouvons pas en rester là...

Félicia ne daigne pas lui répondre, et elle est déjà bien loin.

Bouchonnier est demeuré interdit, il ne sait ce que cela veut dire, et pour se remettre, il est obligé d'aller se faire dégringoler sur sa petite montagne russe.

X. — LA MAISON RIBERPRÉ.

Il y a dans Paris des gens qui se font appeler banquiers, d'autres qui se disent jurisconsultes, d'autres qui prennent le titre d'avocat. Ceux-ci n'ont jamais été inscrits au tableau des avocats, et personne au Palais ne pourrait vous dire les avoir vus plaider. Ils n'ont pas plus le droit de porter la robe que les premiers de se donner pour banquiers et jurisconsultes.

Cependant, si vous entendez par banquier un homme qui prête de l'argent à très-gros intérêts, le escompte sur nantissement ; un homme qui achète à vil prix des créances à de pauvres diables qui n'ont pas le moyen d'en attendre l'échéance ou les moyens de poursuivre un débiteur ; un homme qui pressure un artiste, un fils de famille, un héritier en expectative ; qui se mêle, se faufile, s'intéresse dans les affaires les plus embrouillées, et embrouille les opérations les plus claires, puis s'en retire en emportant à lui seul tout le bénéfice ; un homme qui a des ramifications, des liaisons secrètes avec ce qu'il y a de plus taré dans la capitale, qui, souvent même, pourrait donner à la police des renseignements sur un fameux voleur qu'elle ne peut pas découvrir, et qui fait de tout enfin, excepté des opérations de banque, alors il y a beaucoup de gens dans Paris qui ont le droit de se dire banquiers.

M. Riberpré, que quelques personnes affriandées par ses dîners appelaient de Riberpré, pouvait être rangé parmi cette espèce de banquiers que nous venons de faire connaître ; triste espèce qui malheureusement surgira toujours dans les grandes capitales, où les plaisirs, les vices, la débauche, triplent le prix de l'or, et donnent à celui qui en fait le commerce une immense quantité de clients.

M. Riberpré a maintenant une belle fortune, si l'on peut appeler belle une fortune acquise aux dépens des malheureux. Il a commencé par faire ce qu'on nomme à Paris des affaires ; lorsqu'on n'est pas délicat sur le choix et qu'on a déjà de l'argent devant soi, on trouve facilement à le faire fructifier. D'abord, M. Riberpré escomptait, plus tard il prêtait à usure, puis à la petite semaine ; tous les moyens lui semblaient bons pour augmenter ses capitaux, et les affaires les plus troubles, les plus embrouillées étaient celles où il trouvait, lui, le plus à gagner. Assez adroit, assez fin du reste, pour ne point négliger non plus, lorsque l'occasion se présentait, de se lier avec des gens d'une probité reconnue, il agissait alors assez honnêtement pour mériter au besoin un témoignage de ces gens-là, et s'en faire un titre pour captiver la confiance des autres.

M. Riberpré était donc devenu riche, il avait amassé quarante mille francs de revenu. Arrivé là, ce monsieur avait eu la prétention de tous ces gens qui se trouvent parvenus à une position brillante ; il avait voulu devenir grand seigneur, et n'en possédant pas es titres, en singeait au moins les manières. Il avait pris un bel appartement dans le faubourg Saint-Germain, il avait monté sa maison sur un grand ton : il y avait cabriolet pour lui et calèche pour madame. Enfin, il recevait, il donnait des bals brillants et de beaux dîners ; et ce qu'il y a de triste pour l'honneur du monde, c'est que le monde affluait chez lui et qu'on y rencontrait quelquefois fort bonne compagnie. Car la société est ainsi faite : insouciante pour le passé, s'inquiétant fort peu de la manière dont sa fortune est acquise, elle se rend chez celui qui la possède, lorsqu'il reçoit bien et qu'on s'amuse à ses réunions. A la vérité, elle se rend souvent là comme elle irait au spectacle ou au concert, toujours prête à s'en aller lorsqu'il n'y aura plus rien à voir.

Cependant chez ces gens dont la position sociale n'est pas bien nette, vous pouvez remarquer que la société est toujours mélangée. Pour deux ou trois personnes véritablement comme il faut que vous y verrez, vous y rencontrerez une douzaine de personnages apocryphes, dont la fortune est fabuleuse comme les discours. Ce sont de soi disant généraux en retraite, ou des préfets réformés, ou des partisans de l'ancienne dynastie. En causant avec vous pour la première fois, ces gens-là ont l'air de vous tâter, afin de savoir quelle opinion ils doivent émettre et de s'assurer à qui ils ont affaire. Du reste, dans les conversations, ils ne manqueront jamais l'occasion de lâcher quelques mots sur leur grande fortune et leurs belles connaissances.

Parvenu à une si haute position, M. Riberpré avait, petit à petit, renoncé à ces minimes affaires d'usure qui lui avaient donné une fort mauvaise réputation. Cependant il faisait toujours des affaires, mais c'était en grand ; il choisissait ses opérations, et si elles n'étaient pas plus honnêtes, du moins elles ne le mettaient plus en rapport avec une hôtel de pauvres diables ou de fripons du dernier ordre qu'il ne se souciait plus de fréquenter.

A l'époque où nous nous occupons de lui, M. Riberpré a cinquante-huit ans ; il est grand, maigre ; ses cheveux encore assez noirs et toujours bien fournis, ses favoris de même couleur, encadrent une figure qui a dû être fort bien et qui n'est presque plus de son âge ; sa bouche est fine, ses lèvres minces et serrées, son nez régulier ; ses yeux noirs ont encore beaucoup de feu, surtout près des dames, dont lesquelles il a été, dit-on, fort galant. L'expression de son regard n'est pas celle de la franchise, mais on y voit de la malice, de la méfiance et de l'astuce. L'abord de ce monsieur a quelque chose de sévère, à moins qu'il ne soit persuadé que vous n'avez pas besoin de lui. Dans la conversation, il a beaucoup de penchant à la causticité et même à l'insolence. Mais, ainsi que la plupart de ces faux braves qui ne font les rodomonts que devant les faibles, lorsqu'il rencontre quelqu'un qui sait lui répondre, M Riberpré devient fort sot et perd toute sa jactance. C'est, du reste, le caractère assez général de ces gens qui tâchent continuellement de se moquer des autres ; ils ne savent pas endurer la plus petite plaisanterie et le moindre sarcasme les abat et leur ôte tous leurs moyens.

Camille, c'est le nom que M. Riberpré donne habituellement à madame, est une femme qui doit friser de près la quarantaine, mais qui est encore fort belle. Grande, bien faite, quoique bâtie un peu trop solidement, Camille est de ces femmes qui, sur un théâtre, semblent appelées à jouer les reines ; sa démarche fière, assurée, la beauté de sa poitrine, de ses bras, attirent toujours les regards des hommes ; sa figure un peu forte, comme toute sa personne, est cependant digne de surmonter un beau corps. C'est une brune piquante, dont les yeux lancent des éclairs. Un nez fin et légèrement aquilin, une bouche un peu grande, mais gracieuse et bien garnie, un menton arrondi, un front haut et imposant : telle est madame que l'on appelle madame Riberpré et à qui les hommes s'empressent encore de faire la cour, car à sa taille qui est toujours belle, à sa figure qui a toujours de l'éclat, se joignent les toilettes les plus recherchées, les plus élégantes, et tout cet art d'une femme qui veut subjuguer par ses charmes et ne songe point encore à abdiquer le sceptre de la beauté.

En vain quelques dames, voulant mitiger les éloges que l'on donnait à la belle Camille, disaient quelquefois en parlant d'elle :

— C'est dommage qu'elle ait le regard dur... méchant même... qu'il y ait quelque chose d'affecté... de faux dans son sourire.

Les hommes n'en continuaient pas moins de lui rendre hommage. Peut-être aussi que pour eux cette dame avait l'air moins dur et le sourire plus doux.

Près de ces deux personnes qui avançaient déjà dans la vie et semblaient en avoir usé beaucoup, fleurissait une jeune plante, légère, fragile, délicate, mais belle des ses attraits, de son printemps et de son innocence : c'était Elvina, la fille de Camille et de Riberpré, qui venait d'avoir quinze ans, et dont la gentillesse enfantine n'avait rien de la beauté de sa mère ni de la raideur insolente de son père.

Elvina est frêle, mince, mignonne, c'est une jolie blonde, un peu pâle et légèrement rosé, aux yeux bleus, tendres et doux ; son sourire est agréable comme sa voix, comme toutes ses manières ; il y a dans sa personne une grâce qui séduit et captive sur-le-champ ; Elvina n'est point une beauté comme sa mère, mais avec son petit pied, sa petite main, ses petites façons enfantines, avec ses belles boucles de cheveux blonds qui retombent sur son front candide, cette jeune fille a le don de plaire sans faire pour cela le plus petit effort, et sans y mettre la moindre coquetterie.

Cette jolie enfant est l'idole de sa mère : Camille si fière, si vaine de sa beauté, si habituée aux hommages que son regard semble commander ; cette femme impérieuse dans son intérieur, dure avec ses valets, despote dans le monde et qui a si bien su amener M. Riberpré à faire toutes ses volontés ; cette femme n'est plus la même avec sa fille : pour elle, il semble qu'elle retrouve son cœur, qu'elle comprenne le bonheur d'être mère ; aussi, quiconque causerait à Elvina la plus légère contrariété s'attirerait sur-le-champ la haine, la colère de madame Riberpré, qui, malgré son excessive coquetterie, met de l'orgueil à embellir sa fille.

M. Riberpré aime la jeune Elvina, si toutefois cet homme sait aimer, et si un amour qui n'est pas libertin peut pénétrer jusqu'à son cœur. D'ailleurs, l'humeur de ce monsieur est souvent inégale : il est parfois sombre, bourru, impatient, et presque toujours très-irritable. La gentille Elvina est timide et souvent tremblante devant son père, qui cependant s'est rarement refusé à ses moindres désirs ; mais si par hasard, se trouvant dans un de ses moments maussades, ou s, inquiet d'une affaire qui ne lui rapporte pas les bénéfices qu'il espérait, le banquier a renvoyé Elvina en lui disant qu'il n'a pas le temps de l'entendre, aussitôt Camille se rend près de lui, et, l'abordant d'un air irrité, lui reproche de ne point aimer sa fille, de lui causer du chagrin, et le menace de s'éloigner avec son enfant, de se cacher loin de lui au fond de quelque retraite où il ne pourra jamais les découvrir.

Ces menaces sont accompagnées de soupirs, de gémissements, quelquefois de larmes ; et tout en se livrant à son désespoir, la belle Camille trouve moyen de déployer ses avantages, de laisser entrevoir une poitrine admirable, un sein d'une blancheur éblouissante, de montrer ses belles dents, de lancer ses yeux noirs uns expression provocante. M. Riberpré, qui doit bien connaître les charmes de sa femme, est cependant toujours soumis à leur empire, il est encore amoureux, et il cède, il s'empresse de faire ce qui est agréable à Camille, qui daigne alors lui sourire, à condition qu'il satisfera à l'avenir les moindres fantaisies d'Elvina. Et c'est presque toujours ainsi que se terminent les discussions entre M. et madame Riberpré.

On sera sans doute surpris de voir un mari, et surtout un homme d'argent comme le banquier, se montrer amoureux de sa femme ; mais il n'est pas rare cependant de voir des femmes belles comme Camille prendre un empire absolu sur l'esprit d'un homme. Par quels moyens, quels secrets conservent-elles cet empire, même avec les plus volages, les plus libertins ? Ceci est un mystère qui tient probablement à la toute-puissance de leurs charmes et à leur manière de s'en servir.

Au reste, nous saurons peut-être bientôt pourquoi M. Riberpré faisait toutes les volontés de la belle Camille. Le monde offre parfois de ces choses qui surprennent, et que souvent avec un mot on pourrait expliquer.

M. Riberpré occupait un magnifique appartement dans la rue Saint-Germain-des-Prés. Mais, vers le milieu de l'été, la santé de la jeune Elvina s'étant altérée, aussitôt Camille s'était rendue dans le cabinet du banquier et lui avait dit :

— Notre fille est malade, monsieur, notre Elvina pâlit, dépérit, et vous ne voyez pas cela, tout occupé que vous êtes de vos chiffres, de vos calculs, de vos spéculations !... mais moi, monsieur, qui veille sur ma fille, qui l'aime pour vous et pour moi, je n'ai pas envie d'attendre qu'elle soit tout à fait en danger pour songer à la guérir ; j'ai consulté, j'ai demandé au docteur, il m'a répondu que l'air de la campagne ferait du bien à cette enfant, qu'il fallait y passer quelques mois. Le fait est que tous les gens comme il faut ont des campagnes, et qu'il est inouï que vous n'en ayez pas au moins une.

— Mais, madame, avait répondu le banquier, vous oubliez donc que c'est vous qui ne pouviez pas souffrir les champs, et qui m'avez dit plusieurs fois que vous ne compreniez pas comment on pouvait quitter Paris pour aller voir de l'herbe, des feuilles et des paysans ?

— Je ne sais pas si j'ai dit cela, monsieur, mais maintenant je ne pense plus de même ; d'ailleurs la santé de notre fille avant tout. Il faut tout de suite acheter une campagne, monsieur.

— Ma chère Camille, on n'achète pas ainsi une propriété du jour au lendemain, sans voir, sans s'informer, sans se donner le temps de réfléchir...

— Eh bien ! monsieur, on en loue une au moins ; il n'y a pas besoin de réfléchir pour cela.

— Mais encore, faut-il la connaître...

— Ah ! Francis !... que vous me faites de peine quand je vous vois ainsi indifférent à ce qui touche votre fille... cette pauvre petite Elvina !... Vous ne l'aimez pas, je le vois bien !... Cela vous serait bien égal de la perdre !... mais moi, qui la chéris, moi qui ne veux pas que cette tendre fleur s'étiole dans votre Paris, je partirai, monsieur... j'emmènerai ma fille... Oh ! soyez tranquille, nous vous laisserons à vos spéculations, à vos affaires de Bourse !... Nous en irons bien loin, bien loin !... Vous n'entendrez plus parler de nous, et cela vous sera bien égal !... car ce n'est pas nous que vous aimez...

A cela M. Riberpré avait répondu comme d'habitude, en s'empressant de satisfaire aux volontés de madame. On était monté en voiture avec Elvina, on avait parcouru quelques parties des environs de Paris. A Enghien on avait trouvé une maison jolie et toute meublée dans laquelle on pouvait entrer sur-le-champ. Elvina, consultée par sa mère, avait dit que le pays lui plaisait beaucoup. On avait aussitôt loué la maison, et le lendemain Camille y était établie avec sa fille. Quant à M. Riberpré, il y passait tout le temps que ses affaires lui laissaient de libre.

Alors Camille était redevenue tendre, caressante pour M. Riberpré, qui lui avait dit :

— Eh bien ! êtes-vous contente?... Ne fais-je point toutes vos volontés ? Oserez-vous dire encore que ce n'est pas vous et votre fille que j'aime?

Camille avait fait alors une singulière figure ; une pensée profonde, vive et sombre sans doute, avait rembruni son front. Cependant, comme si elle eût fait un effort sur elle-même pour écarter cette pensée, elle avait répondu avec un sourire forcé :

— Oui... oui... je veux croire... et d'ailleurs... cette pauvre Elvina... j'espère que vous songerez à lui donner des preuves de cet attachement que vous dites avoir pour elle et qu'elle mérite si bien.

Alors à son tour, M. Riberpré était devenu sombre et rêveur, cependant il avait fait un signe de tête affirmatif, puis il s'était éloigné, tandis que Camille murmurait :

— Oh! quel malheur!... Je ne serai jamais tranquille tant qu'elles existeront... et il y aura toujours un obstacle à mon bonheur.

XI. — LE VIEIL AVOCAT.

Le séjour de la campagne avait promptement rétabli la santé de la jeune Elvina, qui n'avait jamais été sérieusement altérée ; mais comme la jeune fille se plaisait à Enghien, comme il y avait là un grand jardin dans lequel elle pouvait courir, des fleurs qu'elle pouvait cultiver ou cueillir, des gazons sur lesquels elle pouvait jouer, gambader avec toute liberté, on restait à la campagne, quoiqu'au fond la belle Camille, qui n'avait nullement les goûts champêtres, eût tout autant aimé être à Paris. Mais satisfaire les moindres désirs de sa fille et surtout veiller avec soin sur sa santé, semblait être la seule, l'unique pensée de la mère d'Elvina.

Ainsi que nous l'avons dit, M. Riberpré, qui était encore amoureux de sa femme, ne savait jamais résister à ses volontés ; et lorsque, par hasard, il en manifestait l'intention, madame savait bien vite le ramener à ses pieds. Il lui suffisait pour cela de dire quelques mots qui eussent été sans importance pour tout autre , mais dont le banquier comprenait bien vite le sens, puis de menacer ce monsieur de partir, de s'éloigner avec sa fille , menace qui ne manquait jamais son effet.

Il y avait cependant des circonstances où la belle Camille se montrait elle-même fort émue et presque craintive, mais cela était rare, et n'arrivait que quand le banquier recevait la visite d'un vieux monsieur, nommé Duvalin.

Ce M. Duvalin était un ancien avocat, de ces avocats qui ont vraiment plaidé. Depuis longtemps il avait renoncé au barreau, ayant une fortune honorable ; mais comme sa réputation avait toujours été sans tache, comme on le savait intègre et impartial, on allait encore le consulter pour maintes affaires, et on se félicitait toujours d'avoir suivi ses conseils ou écouté ses avis.

M. Duvalin avait soixante-dix ans. C'était un homme maigre, au regard sévère et à la démarche lente et pénible. Il était quelquefois plus d'une année sans se présenter chez M. Riberpré ; mais lorsqu'il venait, eût-il été entouré de plusieurs personnes et très-occupé d'affaires urgentes, le banquier quittait tout pour recevoir le vieillard ; il était pourtant facile de voir que cette visite ne lui causait pas de plaisir, bien loin de là, son front se plissait alors, sa bouche se pinçait encore plus et ses yeux dissimulaient mal son humeur ; malgré cela, il recevait M. Duvalin avec beaucoup de politesse et avec ces égards dus à un homme de son âge et de sa réputation, égards que les êtres les plus vicieux sont souvent les plus empressés de rendre à la vertu. Est-ce par hypocrisie ? est-ce probable ; mais il y a encore quelque chose à s'humilier devant le mérite. Que venait faire l'intègre Duvalin, l'homme juste parmi les justes, chez M. Riberpré, qui n'avait pas la réputation d'être rien de tout cela ? C'est ce que tout le monde ignorait, car, à peine le vieillard était-il introduit dans son cabinet, que le banquier en fermait soigneusement la porte après avoir défendu à son domestique de laisser entrer personne chez lui jusqu'à ce que ce monsieur fût parti.

Lorsque Camille savait que M. Duvalin était avec M. Riberpré, elle devenait en proie à la plus vive agitation ; incapable de rester en place et pourtant n'osant pas aller troubler l'entretien de ces messieurs, elle laissait paraître les marques de la plus vive inquiétude ; alors ses traits s'altéraient, l'expression de ses yeux devenait sombre, farouche ; elle se rendait près de sa fille, elle la regardait, mais ne l'embrassait plus ; on eût dit que l'inquiétude qu'elle éprouvait avait anéanti jusqu'à son amour maternel. En vain la jeune Elvina lui demandait le sujet de son émotion, elle ne lui répondait pas, ou ne prononçait que des phrases entrecoupées dont la jeune fille ne pouvait comprendre le sens.

Quelquefois le hasard avait mis en présence Camille et M. Duvalin. Il lui était arrivé de se trouver dans le salon qui précédait le cabinet du banquier au moment où le vieillard le traversait après s'être fait annoncer.

Alors cette femme coquette et hautaine était devenue presque tremblante, essayant de donner à ses yeux et à sa physionomie une expression de douceur qui leur était totalement étrangère ; elle avait fait à M. Duvalin une révérence profonde, un salut presque humble, mais celui auquel ces marques de respect s'adressaient, n'y répondait que par un regard glacial et un regard dont la sévérité ressemblait beaucoup à du mépris.

Lorsqu'enfin le vieillard avait quitté le banquier, Camille, qui guettait et attendait ce moment avec anxiété, se hâtait de se rendre dans le cabinet de M. Riberpré. Alors elle faisait semblant de verser des larmes, peut-être même parvenait-elle à en verser réellement ; des gémissements, de longs soupirs s'échappaient de sa poitrine ; elle s'écriait qu'elle et sa fille n'avaient plus qu'à mourir ; elle adressait au destin de violents reproches, et ordinairement elle finissait par s'évanouir, ou plutôt par en faire la simulacre.

Ces scènes habilement jouées ne manquaient jamais leur effet. M. Riberpré, qui était souvent contraint et froid après la visite de M. Duvalin, ne tardait pas à redevenir tendre et amoureux avec Camille. Alors le calme renaissait dans la maison, et cela durait ainsi jusqu'à ce qu'une nouvelle visite du vieillard eût ramené le même incident.

Il y avait environ six semaines que M. Riberpré avait loué une maison de campagne à Enghien.

Depuis ce temps il avait cessé de donner à Paris des dîners et des soirées.

C'était ce qui avait empêché Isidore de trouver l'occasion de faire plus ample connaissance avec la maison du banquier.

Une après-midi, après avoir terminé ses affaires à Paris, M. Riberpré se disposait à aller retrouver à Enghien Elvina et Camille, déjà même il avait donné l'ordre de mettre le cheval à son cabriolet, lorsque son valet de chambre remonte et lui annonce la visite de M. Duvalin.

M. Riberpré fronce les sourcils, il est évidemment contrarié de l'arrivée du vieillard. Il y avait près de neuf mois que celui-ci n'était venu le voir, il pensait quelquefois que la mort pouvait avoir mis un terme à leurs relations, et cette pensée était loin de lui être désagréable. Le nom de Duvalin, prononcé par son valet, vient de lui prouver qu'il s'est trompé, et, tout en regrettant de n'être pas parti pour la campagne dès le matin, il dit au domestique :

— Faites entrer !

L'ancien avocat se présente ; sa démarche est encore plus lente ; les années et des rhumatismes imprimaient sur sa personne les marques de leur passage ; mais la physionomie du vieillard était toujours noble et imposante ; son œil avait cette lucidité qui pénètre dans la pensée, et son organe cette force, cette accentuation qui donne une nouvelle puissance à la parole.

M. Riberpré, après avoir salué profondément le vieillard, se hâte de lui présenter un fauteuil et s'informe de sa santé.

— Ma santé est suffisante, répond M. Duvalin en s'asseyant. J'ai des infirmités, mais je les supporte, et tant que je pourrai être encore de quelque utilité à mes amis, je ne me plaindrai pas... Mais l'âge arrive également, et comme d'un moment à l'autre Dieu peut m'appeler à lui, je désire mettre encore à profit les derniers jours qui me restent, je desire enfin ne point mourir avant d'avoir assuré le repos, l'avenir de deux personnes qui méritent bien tout l'intérêt que je leur porte !...

Le vieillard s'est arrêté. M. Riberpré ne répond rien, il s'est étendu dans un grand fauteuil à la Voltaire et il regarde très-attentivement le bout de ses bottes.

M. Duvalin reprend, en attachant ses yeux sur le banquier : —
Vous devez me comprendre, monsieur, vous savez de qui je veux parler... vous savez pour qui je viens vous trouver...

M. Riberpré balance longtemps sa jambe droite qu'il vient de croiser sur sa jambe gauche, et il met beaucoup de temps pour répondre. Enfin il dit, en pesant sur tous ses mots :

— Monsieur Duvalin, il me semble que je tiens exactement mes promesses... je fais ce que j'ai promis de faire... je paie chaque semestre... on reçoit l'argent sur un bon sur la poste... il n'y a jamais le moindre retard. D'après cela, je ne vois pas ce que vous pouvez encore avoir à me dire sur une affaire qui est réglée entre nous.

— Vous ne le voyez pas, monsieur ? reprend le vieillard avec un accent plus énergique. Alors, je vais vous l'apprendre, puisque vous ne voulez pas le deviner...

— Mais encore une fois, monsieur, je ne vois nullement la nécessité de parler de choses qui me sont... peu agréables, et sur lesquelles nous ne serons jamais d'accord. Il y a quelques années, monsieur, vous avez prétendu que la pension que je payais à... ces personnes n'était pas suffisante.... J'aurais pu refuser votre demande, cependant, ne voulant rien avoir à me reprocher, j'ai cédé. Au lieu de douze cents francs, j'en ai accordé dix-huit cents. J'espérais, après cela, monsieur, que tout serait fini, et que pour prix de ma condescendance je serais au moins délivré de nouvelles... demandes pour... ces personnes...

— Ah! vous espériez ne plus entendre parler d'elles.. et vous osez, sans rougir, tenir un pareil langage...

— Monsieur... vous oubliez...

— Je n'oublie rien, monsieur, j'ai le droit de vous parler ainsi. Quand un homme se conduit comme vous l'avez fait, comme vous le faites encore, on ne doit garder avec lui aucun ménagement, et je vous forcerai bien à entendre ce que je pense de vous.

— Peut-être, monsieur! s'écrie M. Riberpré en se levant comme pour s'éloigner. Je vous céderai la place... vous déclamerez tout seul... dans le désert!

— Non, monsieur! répond le vieillard d'une voix forte en se levant à son tour, je ne parlerai pas dans le désert, car je dirai dans cette maison, devant vos gens, dans le monde, partout enfin, que vous avez une fille... que cette femme belle, bonne, douée de toutes les vertus et à qui vous chercheriez en vain à trouver des torts, vous l'avez renvoyée, chassée de votre maison pour y introduire votre maîtresse... qui maintenant trône ici à sa place, et à laquelle vous avez l'impudeur de donner le titre de votre épouse, lorsque celle qui l'est réellement existe encore.

— Monsieur... monsieur, pas si haut, de grâce! murmure le banquier qui est devenu pâle et tremblant.

— Je dirai que cette fille, qui a été élevée par sa mère dont elle a les charmes et les vertus, vous ne voulez pas la voir, la connaître; que loin de vous occuper de son avenir, vous vous refusez à rien faire pour elle... et que vous prétendez n'avoir rien à vous reprocher, parce que vous voulez bien ne point laisser tout à fait dans la misère celles qui auraient le droit d'être ici... et de jouir de cette fortune... dont vous faites un si indigne usage...

Riberpré s'est rejeté dans son fauteuil, et il se ronge les ongles pour tâcher de contenir sa colère, tout en murmurant :

— Il est inutile, monsieur, de crier si haut... je vous écoute... vous voyez bien que je vous écoute.

— Ah! c'est fort heureux, monsieur, répond M. Duvalin en se rasseyant aussi. C'est fort heureux, quand je vois parler de votre femme, de votre fille, vous ayez consenti à m'entendre... Tenez, monsieur, je vous le répète, votre conduite est indigne... Je croyais toujours qu'à l'âge, et le temps amèneraient dans votre âme quelques remords salutaires; j'espérais que vous reviendriez vers celles que vous avez obligées à fuir de leur domicile... mais non... je me flattais... ou plutôt je vous flattais!... Monsieur a dépouillé, renié les sentiments les plus doux, les plus sacrés!... et monsieur prétend qu'il n'a rien à se reprocher...

Le banquier agite et frappe ses pieds contre le parquet; le vieillard reprend :

— Oh! ce que je dis là vous déplaît, vous impatiente... je le conçois... mais pourquoi vous mettez-vous dans le cas d'essuyer de semblables reproches?

— Monsieur, répond Riberpré, en s'efforçant de parler avec calme, j'ai tort, en effet, de m'affecter de vos paroles... je ne devrais pas y attacher d'importance. Après tout, qu'y a-t-il donc de si criminel, de si extraordinaire dans ma conduite?... Je me suis séparé d'avec ma femme après trois ans de mariage... cela arrive tous les jours... on se marie, croyant se convenir... il y a incompatibilité d'humeur, on se quitte; cela vaut beaucoup mieux, ce me semble, que de rester ensemble pour être continuellement en bisbille... Ma... ma... ma femme.. a pris son enfant avec elle, c'était son désir et je n'ai fait que céder à ses vœux en lui laissant sa fille. Je leur fais une pension... bien suffisante, puisqu'elles peuvent vivre sans travailler... Ah! quand j'ai épousé mademoiselle Marigny, si j'avais touché une grosse dot, on pourrait me dire : Rendez-lui sa dot ou payez-lui-en l'intérêt; mais vous, monsieur Duvalin, qui êtes si bien au fait de mes affaires domestiques, vous devez savoir que mademoiselle Clémence Marigny ne m'a apporté pour toute dot que la misérable somme de dix mille francs... Au reste, cela a été consigné dans le contrat... Grâce au ciel, je ne suis pas marié sous le régime de la communauté. Eh bien! monsieur, si je faisais à celle que j'ai épousée qu'une pension proportionnée à sa dot, elle ne toucherait pas même cinq cents francs, et je lui en paye dix-huit cents. Vous me direz que je dois pourvoir à l'entretien de ma fille; je pense qu'avec dix-huit cents francs par an... et une garde-robe qui était fort belle... et je lui ai permis d'emporter, une femme peut fort bien élever sa fille. Si, depuis que je me suis séparé d'avec... ma femme, ma fortune s'est augmentée, c'est le fruit de mes travaux, de mes veilles, personne n'a le droit de rien me réclamer, et c'est bien le moins que j'en jouisse. Enfin, monsieur, j'arrive à ces paroles inconvenantes qui vous sont échappées... et qui m'ont surtout blessé parce qu'elles attaquent des personnes que j'aime. Vous trouvez très-mauvais que j'aie dans ma maison, avec moi... une... dame à laquelle on donne le titre de mon épouse!... Et pourquoi donc,

monsieur, ne le croirait-on pas ma femme, celle qui m'a donné toute sa tendresse, qui me prodigue les soins, les attentions les plus aimables, qui me consacre tous les instants de sa vie?... D'abord, le monde n'a pas besoin d'être dans la confidence de tous les secrets de famille; il y a dans Paris une grande quantité de ménages... comme le nôtre; et il est bien plus convenable de la personne avec qui je vis passe pour ma femme, que de la présenter comme ma maîtresse. Le monde veut qu'on respecte la forme... mais il ne tient pas beaucoup au fond. Quant à l'enfant qui est née de cette liaison, elle me nomme son père; elle en a le droit, car je le suis en effet. L'affection que je porte à ces deux personnes vous semble une monstruosité!... elle est cependant toute naturelle, monsieur.

Séparé d'une femme... qui ne me convenait pas, fallait-il donc renoncer aux plaisirs, aux joies du monde? L'amour est une passion qui ne se commande pas : j'aime Camille, j'aime une femme qui me rend heureux; j'aime ma fille Elvina; vous voyez bien, monsieur, que je n'ai pas dépouillé les deux doux sentiments de la nature.

Le banquier se tait; M. Duvalin, qui l'a écouté sans l'interrompre et avec une profonde attention, se recueille et lui dit :

— Je sais, monsieur, ce que l'on doit d'indulgence aux passions; je sais que les hommes ne sont pas toujours assez forts pour les maîtriser, et je pardonne à ces deux caractères qui sont l'apanage de l'humanité; mais je n'excuse pas les vices et les désordres, suites ordinaires de ces faiblesses.

Qu'une femme vive avec un homme, que dans le monde on les croie mariés, tandis qu'ils ne le sont pas, cela ne peut faire du tort qu'à eux-mêmes, et je n'ai pas le droit, moi, de les blâmer, d'autant plus que le mariage est presque toujours la suite de ces liaisons cimentées par l'amour.

Que deux époux, sans avoir de sévices à se reprocher, reconnaissent que leur humeur ne peut s'accorder, que leurs caractères sont entièrement opposés, et qu'alors de bon gré ils se séparent après avoir convenablement et loyalement réglé leurs communs intérêts, c'est encore une chose fâcheuse peut-être pour la morale, mais que je puis excuser, car, ainsi que vous le disiez, il vaut mieux se quitter que d'être continuellement en querelle ; enfin, qu'une épouse se conduisant mal, manquant à son devoir, force son mari à se séparer d'elle, qu'alors ce mari cherche près d'une autre femme le bonheur que la sienne lui a refusé, j'excuse encore cela...

Je vous le répète, je sais que nous ne sommes pas parfaits. Malheureusement pour vous, monsieur, ce que vous avez fait est en dehors de tout cela.

M. Marigny, le père de l'aimable Clémence, dont je suis fier d'avoir été autrefois l'ami, était le dernier rejeton d'une famille aussi ancienne qu'honorable; mais des pertes successives lui ravirent presque toute sa fortune, et ces malheurs qu'il aurait supportés avec courage s'il avait été seul, il les déplorait, parce qu'il avait une fille qu'il chérissait et qu'il aurait voulu établir convenablement.

Vous aviez vu Clémence dans le monde; elle était aussi belle qu'aimable, et vous paraissiez alors en être passionnément amoureux... Vous aviez l'art de la faire sage, rangé... Votre fortune était convenable et vous aviez déclaré que vous vous contentiez de dix mille francs que M. Marigny donnait à sa fille : c'était tout ce qu'il pouvait faire pour elle.

Votre demande fut acceptée, le pauvre père crut assurer le bonheur de sa fille en vous la confiant; quant à Clémence, elle vit que cette union comblait les vœux de son père, elle vous épousa... peut-être même sans son cœur si tendre, s'aimant, ne demandait-il qu'à s'attacher à vous qu'elle jugeait estimable, puisque vous étiez le choix de son père : malheureuse femme!... elle vous eûtes bien vite désabusée.

Marigny mourut six mois après le mariage de sa fille... heureusement pour lui! car il put croire qu'il laissait sa fille unie à un homme qui saurait faire son bonheur. Mais déjà l'infortunée Clémence pouvait comprendre le triste sort qui l'attendait! Cet amour passionné que vous aviez eu pour elle s'était éteint au bout de trois mois d'hymen. Et en effet, elle ne pouvait longtemps vous plaire, celle qui était sage, vertueuse; celle qui ne savait pas flatter vos mauvais penchants, et qu'un mot cynique faisait rougir.

Oh! ce n'était pas la compagne qu'il vous fallait. Votre amour éteint, vous ne pouviez plus endurer la présence d'une femme devant laquelle vous vous sentiez mal à votre aise, et, au lieu de lui demander un peu de ses vertus, au lieu de venir chercher près d'elle de bonnes pensées et de bons exemples, monsieur la prit en haine et n'eut plus même pour celle qui portait son nom ces égards que tout homme qui se respecte un peu conserve pour la mère de ses enfants. Monsieur ne garda plus aucun ménagement; non content de délaisser sa femme, d'avoir des maîtresses, de se livrer à toutes ses passions!... il poussa l'impudeur jusqu'à recevoir chez lui, à faire qu'il était publiquement sa maîtresse, et, parce que son épouse légitime osa murmurer, se plaindre de ce qu'il ne respectait pas au moins sa demeure, il oublia jusqu'à la frapper... afin de l'obliger à quitter la place... La malheureuse Clémence vit bien que c'était à tout votre espoir... elle céda... elle partit avec sa fille, tandis que votre Camille entrait triomphante chez vous.

Monsieur, je vous le répète, un homme qui se conduit comme vous l'avez fait est une canaille, et toutes les maisons honnêtes devraient lui être fermées...

— Monsieur, vous m'insultez!...

— Non, monsieur, non... on ne peut pas vous insulter.... Je vous ai traité de canaille... le mot est dur, c'est vrai, mais j'ai été avocat, et dans cette profession, on n'a pas l'habitude de ménager ses termes.

Riberpré se lève et marche à grands pas dans la chambre; il est d'une pâleur effrayante, et lance sur le vieillard des regards furieux. M. Duvalin ne semble pas y faire attention.

En ce moment un bruit assez fort se fait entendre dans une chambre voisine. C'est celle où couche le banquier, elle n'a de communication qu'avec son cabinet. Craignant qu'un de ses gens ne soit resté là et que sa conversation avec M. Duvalin n'ait été entendue, Riberpré court ouvrir la porte de cette chambre et regarde dans tous les coins; mais il n'y trouve personne; certain de s'être trompé, il revient près du vieillard.

Cependant cet incident a un peu calmé son irritation, et il dit à M. Duvalin, de ce ton persifleur qui lui est habituel:

— Monsieur, si j'avais pu penser que vous deviez me tenir un langage si peu en harmonie avec votre âge et vos manières, je me serais dispensé de vous recevoir. Mais à l'avenir vous voudrez bien, je l'espère, me priver de vos visites, qui seraient du reste inutiles; car je ne reçois pas les gens qui me traitent de... canaille.

— En vérité, répond M. Duvalin, en prenant aussi un air légèrement caustique ; j'aurais cru au contraire que ce mot devait être familier à vos oreilles. Eh bien! soit, monsieur, je ne reviendrai pas... vous n'aurez plus mes visites... Oh! je vous avoue que ce ne sera pas une grande privation pour moi, et il faut que j'aime bien votre malheureuse femme pour venir chez vous...

Oui, monsieur, vous avez raison, finissons-en aujourd'hui, cela vaudra mieux pour tout le monde. Votre fille... je parle de votre fille légitime, car je n'en connais pas d'autre; et vous-même, monsieur, ne pouvez pas en connaître d'autre, la loi vous le défend; votre fille Emmeline a maintenant dix-sept ans et demi, elle est charmante... Cela vous en était bien égal... vous n'ayez jamais voulu la voir... C'est d'un bon père!... Je reviens : votre fille Emmeline sera un jour votre unique fortune. Oui, monsieur, cela vous contrarie, je vois, désolé, mais c'est comme cela!... vous me direz que vous pouvez aliéner votre fortune pour la faire passer en d'autres mains... C'est possible en effet, et je vous crois du reste capable de tout; mais vous aurez beau faire, il faudra toujours pour l'enfant légitime une grande partie de votre avoir, à moins que pour lui faire niche vous ne vous décidiez à vous mettre sur la paille, ce dont je ne vous crois pas tenté.

Or, donc, cette jolie Emmeline peut d'un moment à l'autre rencontrer un parti qui lui conviendra, je le tiens, moi, à ce que l'on puisse marier cette enfant le plus tôt possible, afin qu'elle ait un protecteur, puisque son père ne veut pas lui en servir; je viens donc, monsieur, vous demander ce que vous voulez faire pour votre fille ; je viens vous prier de vous dépouiller pour elle, d'ailleurs vous n'en êtes pas capable, mais de mettre dès aujourd'hui chez un notaire la dot de cet enfant, en autorisant sa mère à y toucher et à la lui remettre le jour où elle la mariera. De cette façon, on n'aura plus rien à vous demander... on vous laissera tout entier à vos plaisirs, à vos amours, et vous n'entendrez plus parler ni de moi ni de ces personnes que vous avez exilées de chez vous; il me semble, monsieur, que ma demande doit vous plaire, et je pense que vous empresserez d'y faire droit.

M. Riberpré, qui a continué de se promener pendant que M. Duvalin lui parlait, s'arrête enfin, et laissant échapper un sourire amer, dit au vieillard :

— Vous pouvez, monsieur, retourner vers celles qui vous envoient. Je fais pour elles bien suffisamment, je ne veux rien leur donner de plus. Voilà ma réponse.

— Monsieur, répond le vieillard en se levant à son tour, personne ne m'envoie... Celles que vous avez repoussées de vos bras sont trop bonnes, trop indulgentes pour jamais se permettre le moindre murmure.... pour vous adresser la moindre demande; elles souffriraient de la misère, du besoin, que vous n'entendriez jamais une plainte sortir de leur bouche.

— Monsieur, avec dix-huit cents francs par an, deux femmes ne meurent point de faim et ne sont pas dans la misère.

— Je suis venu vous trouver, parce que j'ai pensé que c'était mon devoir, parce que je songe à l'avenir d'Emmeline, et que je voudrais voir heureuse la fille de celle dont vous avez flétri l'existence. Vous êtes riche, monsieur, vous ne pouvez refuser une dot à votre enfant légitime... que cette dot soit modeste... on s'en contentera; mais enfin vous devez établir votre fille... c'est votre devoir.

— Je ferai ce qui me plaira, monsieur, et vous n'avez pas le droit de me dicter des lois... Rien ne m'oblige à doter cette... jeune fille. J'ai reçu de sa mère dix mille francs en l'épousant. Si c'est cela que l'on veut...... eh bien ! je les rendrai... mais je supprimerai la pension que je fais à ces dames !

— Homme indigne! s'écrie le vieillard en jetant sur Riberpré un regard méprisant... Et vous ne craignez pas que je fasse connaître votre conduite... que je la publie partout...

— Faites ce que vous voudrez !... je m'en inquiète peu... et d'ailleurs j'ai des amis aussi... on saura ce qu'on doit croire de vos jérémiades.

— Ah! je sais bien d'où vient votre confiance. Vous savez que celle que vous avez repoussée sera la première à me supplier de ne pas faire connaître tel qu'il est le père de son enfant. Oui, vous savez cela... car vous connaissez ses vertus, son cœur, et c'est là-dessus que vous vous fiez! Mais vous avez comblé la mesure, et je vous déclare, moi, que je ne ferai aucun scrupule de désobéir aux prières de votre femme, et de vous faire connaître dans la société pour ce que vous êtes... on y a déjà fort peu d'estime pour vous, c'est vrai ; mais, si insouciant que l'on soit dans le monde qui vous fréquente, il y a cependant encore de ces vices qui répugnent à tous, et que les plus indulgents ne peuvent tolérer.

Riberpré s'est mis à siffler entre ses dents, tout en continuant de se promener. M. Duvalin a pris sa canne, son chapeau , il se dirige vers la porte du cabinet; au moment de sortir, il s'arrête encore, et, se tournant vers le banquier, lui dit d'un ton calme et plein de dignité :

— Je suis vieux, monsieur, et si je me suis laissé emporter, c'est que je plaidais la cause de deux infortunées... En repoussant la prière que je venais vous adresser aujourd'hui... vous faites une mauvaise action... et, tenez, monsieur, dans le cours de ma vie, j'ai remarqué que l'on était tôt ou tard puni du mal qu'on avait fait... Ceci vous semble un propos de vieillard... mais, quelque jour, vous vous rappellerez mes paroles.

M. Duvalin s'éloigne après avoir dit ces mots, et Riberpré se laisse aller dans son fauteuil, en s'écriant :

— Enfin, il est parti !... c'est bien heureux !... Ah! qu'il ne revienne pas, surtout !... que je ne le revoie plus... cet homme me met hors de moi !... Je me moque de ses menaces. Qu'est-ce qu'il dira?... que j'ai quitté ma femme... que je vis avec une autre... Proutt!... le monde s'embarrasse bien de cela... Pourvu que je reçoive avec faste, que je donne de beaux dîners, que j'aie une bonne cave, des laquais, un équipage, c'est toujours moi qui aurai raison. Oh! décidément, je me félicite d'avoir rompu tout à fait avec ce vieillard morose... dont les visites alarmaient cette pauvre Camille qui craignait.

Un nouveau bruit, venant encore de la chambre à coucher, arrête Riberpré au milieu de ses réflexions. Il court de nouveau dans la pièce voisine, regarde partout et jusque sous son lit, puis se met à rire en se disant :

— Il n'y a personne... quelqu'un au-dessus aura fait du bruit... C'est ce maudit Duvalin qui m'a bouleversé, et qui est cause que les oreilles me cornent! mais oublions tout cela et hâtons-nous de partir pour Enghien, car Camille et ma fille doivent s'impatienter de ne pas me voir.

Le banquier ferme son secrétaire, puis appelle son domestique et demande si son cabriolet est attelé. Sur la réponse affirmative, il descend vivement et part aussitôt pour la campagne.

XII. — UN VOL.

On a peut-être oublié qu'un certain Garguille, personnage maigre, osseux, au nez cassé et échancré, à la figure fauve et farouche, qui se trouvait près de Corbeil dans le cabaret de Roberdin, lorsque Emmeline et madame Clermont sa fille s'y étaient rendues pour remercier l'Amant de la lune qui, la veille, avait retiré Emmeline de la rivière.

Ce Garguille, voleur de profession, mais voleur adroit, tâchant toujours de ne pas se mettre trop en avant et de ménager une retraite, avait été trouver Roberdin, forçat libéré, devenu marchand de vin, pour lui proposer ce que ces messieurs appellent : une affaire. Roberdin, qui était presque devenu honnête dans son cabaret, avait d'abord repoussé les premières ouvertures de Garguille; mais ensuite les mauvais penchants avaient repris leur empire, il avait voulu savoir de quoi il était question, et son ancien collègue lui avait tenu le discours suivant :

— J'ai fait la connaissance d'une petite ouvrière ; elle louche beaucoup, elle a le nez de côté, mais à cause de cela plus difficile. Ma conquête demeure rue Saint-Germain-des-Prés ; elle reçoit quelquefois dans sa chambre qui est sur les toits; elle me croit ouvrier doreur, et elle a tant de confiance en moi, qu'elle me confierait sa clef.

J'avais d'abord envie de *rincer sa chambre*... mais, franchement, ça ne vaudrait pas la peine, on n'aurait pas sept francs dix sous de tout son mobilier. En regardant un jour par la fenêtre de ma princesse, je remarquai que le toit de la maison voisine touchait au sien; qu'il y avait surtout un tuyau de cheminée, un de ces bons et larges tuyaux comme on en faisait jadis, car les architectes à présent ont la méchanceté de construire de petits tuyaux comme ceux d'un poêle, où un homme ne peut pas se fourrer dedans !... Je remarquai donc ce tuyau auquel, avec un peu d'équilibre et d'habitude, il était facile d'arriver, et sans être vu d'en bas, grâce à un mur qui masque du côté de la rue. Bref, je remarquai cela et je ruminai. Ça me donnait des idées. Tout à coup une fumée assez forte sortit de cette cheminée, et ma belle s'écria :

— Tiens ! est-ce que le banquier d'à côté veut encore mettre le feu chez lui ?

— Comment sais-tu que cette cheminée est celle d'un banquier ? lui-je en affectant un air indifférent.

— Parce que, il y a quelques semaines, ce monsieur était indisposé, on avait apparemment trop fait de feu dans la chambre à coucher, car le feu y a pris, et les flammes sortaient par là. Les pompiers ont bien vite éteint le feu, mais j'ai su que cela avait bien sali une jolie chambre de ce monsieur, qui était auprès de sa caisse.

— Tu comprends que je n'avais pas perdu un mot de tout cela ; je fis encore *jaspiner* ma Dulcinée sur le voisin. C'est un particulier fort riche. Maintenant qu'est-ce qu'il faut ? Tout bonnement guigner le moment où il n'y aura personne chez ce banquier, et où l'on pourra se présenter tranquillement chez lui par sa cheminée. Je guette cet instant..... quand il sera venu, si tu veux, je t'avertirai.

Tu sais que je suis un garçon prudent et adroit. Je ne me presserai pas, je n'agirai que quand il le faudra. Nous ferons l'affaire entre nous deux... pas d'intrus !... pas d'extra !... nous partagerons la grenouille, et j'ai tout lieu de croire qu'il y aura un joli *bénef !*

Pour toute réponse, Roberdin avait tapé dans la main de Garguille.

Maintenant nous connaissons la cause de ce bruit que deux fois Riberpré avait cru entendre du côté de sa chambre à coucher.

A peine trois minutes se sont-elles écoulées depuis que le banquier est parti pour la campagne avec son domestique, que deux hommes sortent de la cheminée de sa chambre à coucher. Le premier est Garguille, le second est Roberdin.

Garguille s'avance à quatre pattes dans la chambre. Il regarde, il écoute longtemps, puis il se lève, et, marchant sans faire aucun bruit, va écouter à la porte du cabinet qui est entr'ouverte, et se décide enfin à l'ouvrir tout à fait et à regarder dans la pièce voisine.

Roberdin, encore accroupi dans l'âtre, suit des yeux tous les mouvements de son camarade. Celui-ci, qui a fait plusieurs signes rassurants, s'écrie enfin :

— Parti le *banquier !*... filé !... en route pour sa campagne !... mais, bigre !... il était en retard aujourd'hui !... Cependant, mes informations étaient bien prises, et je l'ai guetté assez souvent pour connaître ses habitudes. Depuis huit jours, posté dans un coin de la rue, je le vois s'en aller tous les jours sur les deux heures, deux heures et quart, dans son cabriolet avec son domestique. Alors l'appartement reste seul. Les deux hommes sont à la campagne avec les dames !... Tout cela est clair comme de l'eau de roche... rien d'embrouillé !... rien de louche... on peut travailler à son aise et gentiment.

— Pourquoi donc alors y avait-il encore du monde ici tout à l'heure ? dit Roberdin en promenant son regard méfiant de tous côtés. Tu sais que nous avons fort bien entendu parler, ce qui nous a obligés à regrimper dans la cheminée.

— Apparemment qu'il sera venu du monde et que cela aura retenu ce monsieur... Que veux-tu ? il peut aussi avoir ses affaires, cet homme... Faut l'excuser. Le principal, c'est qu'il est parti et que nous v'là les maîtres de faire sauter les serrures.

— Avant tout, assure-toi bien s'il ne reste personne dans l'appartement...

— C'est juste ! la prudence est la mère de la tranquillité.

Et Garguille, après être entré dans le cabinet, ouvre la porte qui donne sur un petit salon et parcourt ensuite toutes les pièces de l'appartement.

Pendant ce temps, Roberdin, qui s'est rendu aussi dans le cabinet, examine le secrétaire du banquier et commence à sortir de sa poche plusieurs de ces outils avec lesquels les voleurs ont l'habitude de forcer les meubles et les serrures.

M. de Riberpré.

Garguille revient en sautillant dire :

— Personne ! pas le plus petit chat ! Fichtre ! nous sommes dans une bonne maison... c'est bien tenu... c'est élégant... voilà ce que j'aime, moi ! ne me parlez pas de travailler chez des pleutres où l'on se donne un mal de chien pour trouver quinze sous : c'est stupide : en cas de malheur, la condamnation est aussi forte pour quinze sous que pour quinze mille francs !...

J'ai vu là-bas des chambres de femmes... c'est coquet !... il doit y avoir de jolis bijoux par là... et dans les petits meubles... ça s'ouvre tout seul ! C'est comme du pain d'épice... nous irons y faire un tour quand nous aurons fini ici.

— Si nous avons le temps !...

— Qu'est-ce qui nous presse ? Je te dis que le banquier couche à sa campagne, où n'en revient jamais avant minuit... nous sommes nos maîtres, nous sommes chez nous... Je boirais bien quelque chose, moi...

— Plus tard !... plus tard !... agissons d'abord... on ne sait pas ce qui peut arriver !

— Ah ! Roberdin, je ne te reconnais plus, cher ami ! comme tu te rouilles, comme le repos t'a rendu frileux !

Sans écouter davantage son compagnon, Roberdin s'est mis à la besogne ; déjà il a essayé de forcer le secrétaire ; mais le banquier a de bons meubles et des serrures à l'épreuve ; Garguille est obligé de venir en aide à son camarade.

A eux deux les voleurs font enfin sauter les serrures. Le secrétaire est forcé.

Dans un tiroir servant de caisse, il y a des rouleaux d'or et d'argent ; dans un petit compartiment caché, dont Garguille a bientôt découvert le secret, il y a un portefeuille et des billets de banque.

— Magnifique !... superbe !... J'étais sûr que nous ne serions pas volés ! s'écrie Garguille dont les yeux étincellent d'un rire farouche en considérant l'or et les billets.

— Prenons tout cela, dit Roberdin, et filons !...

— Mais qu'est-ce que t'as donc ! Qu'est-ce qui nous presse ? mettons tout cela de côté, c'est bien, mais ne quittons pas ce meuble avant de l'avoir bien visité partout... il peut y avoir d'autres cachettes et des bijoux dedans... Voilà ce que j'appelle un beau secrétaire. Faudra que je m'en donne un comme ça quand je me retirerai des affaires!

Garguille a placé le portefeuille sur la cheminée avec les rouleaux d'or; il retourne ensuite examiner le bureau pour y chercher d'autres secrets.

Roberdin débarrasse le tiroir à caisse de tous les sacs d'argent qu'il contenait, il vient de prendre le dernier et essaie de le fourrer sous sa blouse, tout en disant :

— Sacrebleu! comment ferons-nous pour emporter tout ça?...
— Nous enverrons chercher un commissionnaire ou un *messager*; nous lui dirons d'apporter des crochets.
— Tu plaisantes; mais il n'y a rien de lourd comme l'argent.
— Il se plaint de ce que la mariée est trop belle !
— Laisse là ce bureau où il n'y a plus rien, emplissons nos poches et filous...
— Bah ! et s'il y avait des diamants, un écrin là-dedans. Tu ne sais donc pas que souvent les banquiers serrent dans leur caisse les bijoux de leurs femmes. Et d'ailleurs, encore une fois, rien ne nous presse!... nous sommes chez nous !...

Garguille n'a pas fini de parler que le bruit d'une porte que l'on ouvre se fait entendre, puis des pas... puis des voix.

— Perdus!... perdus!... balbutie Roberdin avec terreur. Voilà du monde... on vient... ils sont dans l'appartement!...

— Nom d'un chien! *paumé marron!* quand ça allait si bien. Ah ! bigre... je me donne de l'air, moi!... Mais le portefeuille, où diable ai-je fourré le portefeuille...

Dans son trouble, le voleur ne voit pas les objets qu'il a posés sur la cheminée, il ne prend que le temps de saisir deux poignées de pièces de cinq francs, puis, courant à la chambre à coucher, ouvre la fenêtre qui donne sur une arrière-cour, examine la hauteur : ce n'est qu'un premier assez bas.

Garguille hésite pas, la cour est déserte ; il saute, tombe sans se blesser, se relève et se sauve par la première cour et la porte cochère avant que le vol soit connu.

Roberdin, qui a moins de présence d'esprit et qui entend que l'on approche du cabinet, se retire aussi dans la chambre à coucher.

Il regarde par la fenêtre pour imiter son camarade ; mais déjà le concierge, qui a vu sortir un homme qu'il n'avait pas vu entrer, se promène dans la cour en examinant de tous côtés.

Roberdin voudrait regagner la cheminée pour grimper dedans, il n'en a pas le temps ; on vient de pénétrer dans le cabinet, il se fourre à la hâte derrière le lit et les rideaux.

Le banquier, au moment de franchir la barrière Saint-Denis, s'était rappelé que Camille lui avait expressément recommandé de lui apporter une boîte de couleurs qu'elle avait achetée pour Elvina, et qui était sur son étagère.

Ne voulant point essuyer de reproches de la femme dont il est l'esclave, M. Riberpré s'était hâté de tourner bride, et en fouettant son cheval s'était bientôt retrouvé devant sa demeure.

D'abord il avait eu l'idée de monter seul, mais ensuite il avait pensé à prendre en même temps plusieurs volumes que l'on désirait lire à la campagne, et il avait dit à son domestique de monter avec lui, après avoir recommandé au concierge de veiller sur le cabriolet.

En entrant dans son appartement, au lieu de se rendre directement dans la chambre de Camille, le banquier s'était dirigé vers sa caisse; un secret pressentiment le poussait de ce côté.

A peine a-t-il fait un pas dans son cabinet que l'aspect de son secrétaire forcé, brisé, des sacs d'argent épars, lui fait jeter un cri sourd; il s'arrête sur le seuil de la porte en murmurant d'une voix que la frayeur éteint :

— A moi... Picard... volé !... volé... je suis volé....

Le domestique accourt, il reste un moment frappé de stupeur comme son maître; mais comme c'est un vigoureux gaillard qui ne s'effraye pas facilement, il pénètre dans le cabinet et va regarder dans l'autre pièce, il ne voit personne ; alors il crie par la fenêtre qui est restée ouverte :

— Concierge, fermez votre porte et montez avec votre fusil... on a volé chez monsieur.

Cependant Riberpré est revenu de sa première terreur, il court à son bureau, cherche son portefeuille, se désespère en ne le trouvant plus, mais bientôt il l'aperçoit sur sa cheminée avec les rouleaux d'or, il l'ouvre à la hâte, il ne lui manque pas un seul billet de banque.

Dans sa joie il se laisse tomber sur une chaise en murmurant :

— Tout y est!... grâce au ciel... je suis arrivé à temps... Mais ils sont donc ici, puisqu'ils n'ont encore rien emporté...

Le concierge vient d'arriver tout effaré, avec son fusil à la main. En ce moment le domestique pousse un cri, en disant :

— J'en tiens un... venez ! venez... en voilà un de pincé.

Picard avait très-facilement trouvé Roberdin, fort mal caché par les rideaux du lit, et qui du reste se laisse prendre sans opposer aucune résistance.

Riberpré est accouru dans sa chambre à coucher, il s'est armé de pistolets qu'il a toujours dans ses poches lorsqu'il se rend à la campagne. Le concierge le suit, tenant son fusil prêt à ajuster.

A la vue de ce particulier en blouse que son domestique tenait par le collet et qui semble

CAMILLE ET ELVINA.

aussi tranquille que s'il était venu là pour faire une commission, le banquier s'écrie : — Misérable! c'est donc toi qui m'as volé... mais tu n'étais pas seul... sans doute... Concierge, il faudrait aller chercher la garde... Un instant... je ne voudrais pas que vous nous quittassiez cependant... s'il y en a une bande ici... nous ne pouvons pas les garder nous deux Picard...

— Oh ! ne craignez rien ! dit Roberdin en levant les yeux sur le banquier. Nous n'étions que deux, mais mon camarade a été plus adroit que moi, il a sauté par cette fenêtre et s'est sauvé par la cour... votre portier a dû le voir passer.

— En effet, dit le concierge, un homme que nous n'avons vu entrer, ni moi ni ma femme, est sorti tout à l'heure devant nous par la porte cochère.

— Et vous ne l'avez pas arrêté ! s'écrie Riberpré.

— Dame! monsieur, est-ce qu'on peut se douter ? nous ne savions pas alors qu'on vous avait volé... ce gredin-là nous a même ôté sa casquette en passant... en voilà de l'effronterie.

— Et vous n'étiez que deux ici pour me voler ? reprend Riberpré, en s'adressant de nouveau à Roberdin. Voyons, parle, toi, et ne mens pas, si c'est possible... d'ailleurs tu es pris, et cela ne te servirait à rien de mentir, tandis que si tu fais prendre tes complices, cela pourra te valoir quelques années de prison de moins.

Roberdin regardait depuis quelque temps le banquier, il le fixait comme on fixe une personne que l'on cherche à reconnaître. Il répond cependant d'un air préoccupé :

— Je vous ai dit que nous n'étions que deux, c'est la vérité; croyez-moi si vous voulez. Après cela, vous n'avez qu'à visiter partout. Je vous ai dit que mon camarade s'était sauvé par la fenêtre, vous voyez bien que je n'ai pas menti, puisque votre cerbère l'a vu sortir. Quant à ce qui est de dénoncer les amis, pour avoir moins de temps à faire, c'est pas mon genre; quoique voleur, voyez-vous, on a des principes !... L'autre s'est sauvé, tant mieux; moi je me suis laissé pincer... je suis un imbécile, j'paierai pour deux, voilà tout ?...

— Mais enfin, comment vous êtes-vous introduits ici... Ce portier ne voit donc pas clair ! il laisse donc entrer n'importe qui dans la maison... Je ferai mon rapport au propriétaire... je le ferai chasser.

Le concierge va pour parler, Roberdin ne lui en laisse pas le temps :

— Ne craignez rien, portier, dit-il, je vas vous laver... Vous êtes blanc comme neige là-dedans, et je n'aime pas, moi, qu'on mette sur le dos des gens des paquets qu'ils n'ont pas grinchés. Moi et mon collègue, nous sommes venus ici par la cheminée... C'est pas plus malin que ça... Nous nous promenions sur le toit ; nous avons trouvé une cheminée à notre convenance, il nous est venu l'idée de faire une descente par là... histoire de faire connaissance avec les locataires, voilà toute la chose.

A peine le banquier a-t-il entendu parler de la cheminée, qu'armant un de ses pistolets, il s'approche du foyer, se baisse et décharge son arme dans le tuyau. Tout le monde écoute ensuite si quelque bruit, quelque gémissement se fera entendre. Mais le silence a succédé au bruit de l'arme à feu.

Roberdin hausse les épaules en murmurant :
— Ne croyez-vous pas qu'on serait resté là-dedans ?

Le concierge, se redressant d'un air fier, s'écrie alors :
— Dans tout cela il n'y a pas de ma faute, ni de celle de mon épouse... Vous voyez bien, monsieur Riberpré, que vous avez tort de nous accuser ! car enfin nous gardons les portes, mais nous ne pouvons pas garder les toits!... C'est vrai ça aussi... à en croire M. Riberpré, tout de suite c'était de notre faute !

— Allons, c'est assez! s'écrie le banquier... il faut qu'on emmène ce misérable... Concierge, descendez dire à votre femme d'envoyer quelqu'un chez le commissaire... qu'il vienne sur-le-champ avec la garde; on ne saurait prendre trop de précautions avec ce drôle-là!

Mais Roberdin, dont la figure vient tout à coup de s'éclaircir, en entendant prononcer le nom de l'homme chez lequel il est venu pour voler, s'écrie aussitôt :

— Oui, oui, qu'on m'arrête !... Parbleu, on a bien arrêté dans le temps ce pauvre Montriel, un garçon distingué, un industriel de la haute... avec qui j'ai été à la Force... et puis, en même temps, moi je ferai ma déposition au commissaire, pour qu'on recherche un autre individu qui a volé Montriel, qui avait eu la bêtise d'avoir confiance en lui... Il mérite bien aussi d'être pincé celui-là... mais dame ! tous les fricos ne sont pas au bagne.

En entendant prononcer le nom de Montriel, Riberpré a pâli, ses yeux se sont baissés vers la terre...

Il ne tarde pas à s'élancer après le concierge, qui sortait pour exécuter ses ordres, en lui criant :

— Attendez... attendez encore... je réfléchis... peut-être est-il inutile... Picard, fouillez cet homme... assurez-vous d'abord s'il ne porte aucune arme sur lui.

Picard exécute les ordres de son maître. Roberdin se laisse fouiller sans faire aucune résistance.

— Rien, dit le valet.
— Pas si bête! murmure Roberdin ; quand on est pincé avec des armes, je sais trop bien que ça coûte plus cher.

Riberpré semble méditer quelques moments. Enfin il dit au concierge :

— Éloignez-vous... tenez-vous avec Picard dans ma salle à manger... Si j'ai besoin de vous j'appellerai. Au premier cri, accourez tous deux. Je veux interroger cet homme, et il m'en dira peut-être davantage quand il n'y aura pas de témoins. Allez.

Le concierge semble surpris que le banquier, tout à l'heure si exaspéré contre les voleurs, ait changé d'idée tout à coup et veuille maintenant rester seul avec celui qui est là ; mais il n'ose pas se permettre de réflexions. Picard le pousse déjà vers la porte, bientôt tous les deux sont hors du cabinet.

M. Riberpré, qui, par prudence, tient toujours un pistolet armé dans sa main, referme la porte du cabinet, et revenant près de Roberdin, qui n'a pas bougé, lui dit :

— Vous parliez tout à l'heure d'un certain Montriel, qui a été détenu à la Force. Vous avez donc connu cet homme?...

— J'crois bien... et vous aussi!
— Moi... qui vous fait penser cela?
— Oh! c'est pas bien malin, allez... vous ne m'avez pas reconnu, mais moi, en vous toisant tout à l'heure, je me disais : C'est pas la première fois que je vois cette frimousse-là, et que je l'entends roucouler... Ah! dame! il est vrai que v'là près de huit ans de ça. Au fait, j'étais prisonnier à la Force en même temps que Montriel, et comme alors vous êtes venu plusieurs fois le voir, c'est comme ça que je vous ai vu.

— Vous vous trompez.

— Oh! que non; votre nom ne me revenait pas, mais tout à l'heure, quand le portier l'a prononcé, il m'a frappé comme si j'entendais encore ce pauvre Montriel me dire au bagne : « Ah! mon ami Roberdin, à qui se fier maintenant!

« J'avais placé toute ma confiance dans un banquier, prêteur sur gages... un tripoteur d'affaires que tu as dû voir quand nous étions à la Force, où il est venu plusieurs fois me rendre visite... un nommé Riberpré, enfin, qui a le talent de s'enrichir et de ne point se faire arrêter, quoiqu'il ait amassé sa fortune d'une façon qui n'est guère plus honnête que notre industrie. Je possédais, dans une chambre qui avait échappé aux recherches de la justice, un joli mobilier et des bijoux, des effets de prix.

« J'ai remis à Riberpré la clef de cette chambre que j'avais louée sous un faux nom, avec une autorisation près du concierge, pour déménager le tout, qu'il devait me garder ou vendre à mon profit. Il y avait là au moins pour douze mille francs de valeurs. Eh bien, depuis que je suis transféré au bagne, quand j'ai fait demander de l'argent par un ami qui est libre et auquel j'avais remis un mot pour lui, sais-tu ce qu'il a répondu, le gredin?... »

— Pardon, monsieur, c'est toujours Montriel qui parle, il a répondu : « Je ne sais pas ce que vous me demandez, je ne connais pas la personne qui m'écrit... Enfin il a nié, positivement nié... et il garde pour lui tout ce que je lui avais confié. »

Pendant que Roberdin fait ce récit, Riberpré est resté immobile, il écoute, mais on voit aussi qu'il réfléchit. Ce n'est qu'après quelques moments de silence qu'il dit enfin :

— Vous me faites là une histoire qui n'a pas le sens commun. Je vous répète que je n'ai jamais eu de relations avec la personne dont vous venez de me parler.

— C'est possible, monsieur, mais en tout cas je ferai la même histoire au juge d'instruction, et il la comprendra peut-être mieux que vous.

Riberpré éprouve comme un mouvement nerveux et s'écrie :
— Qu'est-ce que vous direz... de Montriel, votre camarade, est mort au bagne l'année dernière !

— Ah! ah! répond Roberdin en souriant avec malice. Monsieur ne connaissait pas Montriel, mais malgré cela, il est bien au courant de tout ce qui le concerne. C'est vrai ! ce pauvre garçon s'est laissé mourir l'année dernière, et je gagerais que vous ne l'avez pas pleuré. Vous avez dit : « Je puis être tranquille maintenant, il ne me demandera plus le dépôt qu'il m'a confié. » Eh bien! monsieur, vous vous êtes trompé ; avant de crever, le camarade m'a écrit ; dans sa lettre il m'envoie un chiffon de papier, par lequel il déclare que vous êtes un fripon qui l'avez floué, avec tous les détails de l'affaire et l'adresse de la maison où vous avez dû aller chercher ses effets. Et il me marque : « Si tu peux avec cela faire dégorger mon escroc, ce sera bien fait et je te nomme mon héritier. » Ce chiffon-là, monsieur, je l'ai gardé, et si vous me faites arrêter, je le remettrai au juge d'instruction, en lui racontant, comme je vous le disais tout à l'heure... votre anecdote avec Montriel.

Riberpré crispe ses doigts sur le pistolet et laisse échapper quelques imprécations étouffées. Roberdin n'a pas d'y faire attention, il demeure fort calme et attend que l'exaspération du banquier se soit apaisée.

Bientôt, en effet, Riberpré devient maître de lui. Il se jette sur un fauteuil, fait signe au voleur de s'asseoir, et lui dit, en ayant soin de parler à demi-voix : — Voyons, finissons-en et tâchons de nous entendre sans nous fâcher, cela vaudra mieux.

— C'est aussi mon avis... la colère ne fait faire que des sottises... Moi, je ne me fâche jamais que quand on m'y force.

— Je n'ai pas besoin de dissimuler ton rôle ! C'est pour cela que je veux bien te dire que ton papier de Montriel ne me servirait à rien et ne pourrait me nuire. D'abord on n'ajouterait aucune croyance à la déclaration d'un forçat, on ne verrait là qu'un coup monté pour me soustraire de l'argent et m'effrayer.

— Oui, mais le concierge de la maison où vous avez été enlever les meubles et qui vous reconnaîtra...

— Tu me crois donc bien naïf, mon pauvre garçon, pour penser que j'ai fait moi-même cette commission ; j'ai envoyé quelqu'un que je vous défie de retrouver, et il était sur l'autorisation de Montriel : « Vous laisserez le porteur du présent enlever tous les effets de ma chambre après votre en avoir payé le terme ; » et ce billet était signé Ledoyen, nom qu'avait pris ton camarade en louant; tu vois bien que tout cela n'a aucun rapport avec le forçat Montriel et le banquier Riberpré.

Roberdin se gratte l'oreille en murmurant : Mon ami avait raison, vous êtes un malinot... un retors ; vous enfonceriez toute une gance !... mais arrivez donc au bout.

— Je n'ai donc rien à craindre de ta déposition et de ton chiffon de papier. La preuve que toi-même n'y attaches pas d'importance, c'est que tu n'en as pas fait usage jusqu'à présent.

— Parce que dans ma position, vous concevez, on aime autant ne pas avoir affaire à la justice ; il fallait une occasion comme celle d'aujourd'hui. Ensuite j'avoue que je ne savais pas où vous perchiez, moi !... C'est le hasard qui vient de me faire vous rencontrer.

— Eh bien !... comme votre vol ne s'est pas effectué... sauf quelques pièces de cinq francs... si je le laisse libre... tu te tairas sur l'affaire relative à Montriel?

— Oh ! c'est convenu ! c'est entendu.

— Et tu me remettras ce chiffon de papier qu'il t'a envoyé.

— Ah ! ce papier que vous ne craignez pas... il paraît que vous en voulez malgré cela... je vous le donnerai, soit, mais vous m'en donnerez un autre en échange... j'ai mon domicile politique à Corbeil... c'est-à-dire un peu avant d'entrer dans la ville, Roberdin, cabaretier, au carrefour des Sentiers... c'est facile à trouver... en allant par Champ-Rosay, c'est à gauche.

Le nom de Corbeil a fait froncer les sourcils au banquier. Il passe sa main sur son front et reprend :

— Ah ! tu habites Corbeil... depuis longtemps...

— Depuis que j'ai fini mon temps, voilà près de trois ans... j'avais des économies... je vends du vin.

— Vas-tu quelquefois dans la ville ?

— Souvent ! vous pensez bien qu'on a des pratiques, des connaissances ! Et puis, comme je vous le disais, je suis rangé maintenant et j'ai une excellente réputation ; c'est pour cela que je n'aurais pas été bien aise d'être arrêté.

— Connais-tu à Corbeil deux personnes... deux dames... la mère et la fille... La mère a trente-sept ans... la fille en a... un peu plus de dix-sept... On appelle la mère madame Clermont.

— Madame Clermont et sa fille !... s'écrie Roberdin avec une expression d'étonnement et en lançant obliquement ses regards dans la chambre. Ah ! tiens ! c'est drôle... est-ce que vous... à votre tour... vous sauriez ?... C'est drôle tout de même.

— Qu'y a-t-il de drôle dans ma question ? répond Riberpré, en attachant sur Roberdin un regard pénétrant.

— Ah ! rien... pardon... je voulais dire... ce sont deux femmes fièrement jolies... La mère est encore de celles qu'on aimerait mieux trouver dans son lit qu'une puce... Hé ! hé !... et la fille ! ah ! c'est un friand morceau...

— Tu les connais donc ?

— Oh ! pas beaucoup, mais je les ai vues... on me les a montrées un jour... qu'elles passaient devant ma porte, on m'a dit : V'là madame Clermont et sa fille... et dame ! elles sont assez belles pour qu'on les remarque.

— La jeune fille est donc vraiment jolie ?

— Tout ce qu'il y a de mieux... c'est frais, c'est neuf, c'est gracieux ! et bien taillé, bien découpé.

— Elles demeurent à Corbeil... Reçoivent-elles souvent du monde. Est-ce des gens de la ville ou des personnes de Paris ?...

— Ma foi, monsieur, vous m'en demandez plus que je n'en sais... mais pour peu que vous me fassiez plaisir, il me sera bien facile de m'informer, des personnes qu'elles reçoivent... parce que, voyez-vous, dans une petite ville, chacun sait ce que vous faites et même ce que vous dites, depuis le moment où vous levez jusqu'à celui où vous mettez votre bonnet de nuit... on n'a que ça à faire, on s'en régale.

— Eh bien ! oui, je ne serais pas fâché de ces renseignements sur... ces deux dames, je voudrais savoir ce qu'elles font, qui elles reçoivent, voilà tout. Tu t'informeras de tout cela, et tu me le diras, lorsque j'irai te voir à Corbeil.

— Soyez tranquille, vous saurez tout cela et même plus encore. Nous avons par là des yeux et des langues qui ne demandent qu'à travailler.

— Mais de la discrétion, maître Roberdin, et ne prononce jamais mon nom ! Qu'on ne sache pas que tu me connais !

— Cela va sans dire, monsieur ; d'ailleurs c'est aussi mon intérêt d'être discret.

— Et tu ne reviendras plus me voler, ni toi ni ton camarade. D'ailleurs tu peux lui dire que dès demain de forts barreaux de fer seront placés dans ma cheminée, en haut et en bas.

— Ça ne sera pas commode pour la ramoner ! Mais du reste ne craignez plus notre visite ; moi, j'en ai assez ; cette escapade ne m'a pas réussi et je ne veux plus aller ramer dans le grand pré!... Quant à l'autre, il sait bien qu'il ne faut pas venir se refrotter où l'on a manqué d'être pris. Ainsi donc, monsieur, quand vous voudrez venir me voir à Corbeil, vous le pourrez sans que personne le sache, car mon cabaret est situé dans la campagne, à un endroit assez isolé, et vous ne trouverez chez moi que des charretiers et des laboureurs, qui certainement ne vous connaissent pas.

— C'est bien. J'irai... je ne sais pas quand !... mais le plus tôt que je le pourrai. A présent tu vas t'en aller.

— Et vous êtes sûr qu'on ne courra pas après moi ?

— N'aie pas peur. Tu vas voir comme je vais arranger tout cela.

Le banquier va près de la porte, et appelle Picard ainsi que le concierge. Ceux-ci arrivent presque aussitôt, l'un tenant toujours son fusil, l'autre muni d'un énorme gourdin.

— Cet homme vient de me faire l'aveu complet de son crime, dit Riberpré, en désignant Roberdin, qui se tient immobile et les regards baissés vers la terre. Mais il m'a en même temps conté l'histoire de sa vie, de sa misère, et exposé les motifs qui l'avaient poussé au vol... Le malheureux a des enfants !... Enfin, il se repent ; il m'a juré, si je le laissais libre, de ne plus retomber en faute... et ma foi... je me suis laissé attendrir... j'ai eu pitié de lui... Puisqu'on ne m'a rien volé, je ne vois pas la nécessité d'être inexorable... Tenez, malheureux, voilà dix francs pour votre famille... allez, cherchez du travail, et tâchez d'être honnête... Allez...

En disant ces mots, Riberpré met deux pièces de cinq francs dans la main de Roberdin, qui les reçoit en s'inclinant et se hâte de gagner la porte.

Le domestique et le concierge regardent encore le banquier pour savoir s'ils doivent laisser sortir le voleur, et Riberpré leur fait un signe affirmatif, en murmurant :

— Il ne faut pas vouloir la mort du pêcheur !... il s'amendera.

— Ou il ira se faire pendre ailleurs, dit le concierge.

— Monsieur est trop bon ! dit à son tour Picard, mais ça le regarde.

Lorsqu'il est certain que Roberdin doit être déjà loin, Riberpré renvoie le concierge et dit à son valet :

— Tu vas coucher ici aujourd'hui, et demain cette cheminée sera défendue par de bons barreaux ; moi, je me rendrai à la campagne sans toi... Pauvre secrétaire, il faudra aussi qu'il soit réparé... heureusement j'ai une autre caisse.

Après avoir serré dans une caisse son portefeuille et son argent, Riberpré recommande à son valet la plus attentive surveillance, et monte seul dans son cabriolet.

Mais, tout en suivant la route qui mène à Enghien, Riberpré repassait dans sa mémoire les événements qui lui étaient arrivés dans la journée : il se rappelait la visite de M. Duvalin, les paroles que le vieillard lui avait adressées, et ne pouvait quelquefois s'empêcher de se demander si en effet sa conduite avec sa femme et sa fille devait lui porter malheur, et si déjà les menaces du vieil avocat s'étaient réalisées. Il repoussait bien vite cette idée, comme nous repoussons tout ce qui nous déplaît, tout ce qui ne s'accorde pas avec nos passions. Mais ensuite il se rappelait le portrait que Roberdin lui avait fait de la fille de madame Clermont, et il se disait alors :

— Il faudra pourtant que j'aille voir cette petite merveille... mais j'aurai soin que Camille n'en sache rien ! et pour cela il faudra que je choisisse mon temps et que je prenne bien mes précautions.

Puis un moment après il se disait :

— D'ailleurs, il est urgent aussi que j'aille trouver ce Roberdin, pour ravoir ce papier... de ce Montriel... cela me coûtera cinq cents francs... c'est cher !... Ces misérables petites affaires coûtent plus qu'elles ne valent !

XIII. — OU SAUCISSARD FAIT VOIR SON ÉRUDITION.

Le temps s'écoulait, car le temps marche toujours ; vite pour les uns, lentement pour les autres, ce qui dépend tout simplement de la manière dont on l'emploie.

Depuis que Félicia était venue observer dans le pavillon du jardin, Bouchonnier ne l'avait pas revue et n'avait point entendu parler d'elle. Il attendait comme une lettre de la jolie brune, mais il l'attendait en vain, aucune nouvelle ne lui arrivait, et il n'osait pas se rendre chez elle de crainte de voir revenir Isidore et d'exciter ses soupçons ; car, depuis que celui-ci était l'amant de sa cousine, il avait jugé prudent, en causant avec son cousin, de paraître encore très-attaché à Félicia.

Bouchonnier s'était rendu, en revanche, plusieurs fois chez Adèle Rotin ; lui ayant donné le cachemire promis, il pensait avoir le droit de conserver avec elle des relations agréables, et espérait aussi que par elle il aurait des nouvelles de Félicia.

Mais mademoiselle Tintin n'avait jamais eu pour le gros monsieur qu'un caprice intéressé. Une fois parvenue à se faire donner le petit cachemire qu'elle prétendait avoir bien gagné, la grande blonde avait consigné Bouchonnier à sa porte, et chaque fois qu'il se présentait chez elle, on lui disait qu'elle était au Havre.

— Elle est donc devenue folle des huîtres ! se disait Bouchonnier en s'en revenant, et il soupirait, non pas de regret de voir Tintin, mais parce qu'il ne savait à qui s'adresser pour avoir des nouvelles de Félicia. Pour se consoler et prendre patience, il songeait à son gilet de flanelle et se disait :

— Une femme qui a fait de si grands sacrifices pour le posséder, ne saurait oublier celui qui l'a porté. Probablement elle attend une circonstance favorable pour me donner un rendez-vous, et cette circonstance n'est pas encore venue.

D'après la scène observée par Félicia de la fenêtre du pavillon, on a dû comprendre qu'Elmonde ne pouvait pas toujours dissimuler son humeur lorsqu'elle voyait Isidore auprès d'Emmeline.

Dans les premiers temps de sa liaison avec son cousin, Elmonde s'était pourtant bien promis de ne point être jalouse et de ne point chercher à entraver un amour si pur, un amour qui d'ailleurs avait sur le sien un droit d'ancienneté. Mais ce droit-là n'est pas toujours un avantage, et la jeune femme, qui d'abord avait fait une faute sans le vouloir, s'était bientôt attachée davantage à celui avec qui elle l'avait commise.

Il y a de ces péchés si jolis, que l'on y prend goût en devenant coupable, c'est ce qui est arrivé à Elmonde. Maintenant elle sent qu'elle aime Isidore, et elle n'envisage qu'avec effroi le moment où il faudra perdre entièrement sa tendresse. Aussi, sans se l'avouer à elle-même, ne serait-elle pas fâchée que quelque obstacle, quelque événement imprévu vînt rompre la liaison qui existe entre son cousin et Emmeline.

Malgré cela, la jolie dame n'ose point cesser de voir ses voisines, ni même de leur faire un accueil moins affectueux que de coutume, car elle s'aperçoit qu'Isidore l'observe, et elle devine qu'il se fâcherait avec elle, s'il la voyait traiter avec froideur madame Clermont et sa fille.

Enfin, lorsque ces dames sont quelques jours sans venir chez madame Bouchonnier, le jeune homme ne manque pas d'en demander la raison à sa cousine, et souvent il l'oblige à aller leur rendre visite.

La pauvre Elmonde essaie quelquefois de résister, elle se plaint à Isidore de ce qu'il ne vient chez elle que pour s'y trouver avec Emmeline; elle laisse voir toute la peine qu'elle en éprouve, elle verse des larmes; son cousin la console, lui jure qu'il l'aime toujours, mais il saisit le premier prétexte pour partir, et il est plusieurs jours sans revenir.

Madame Bouchonnier devient alors d'une humeur intolérable; tout l'ennuie, la fatigue, la contrarie; en vain son mari fait toutes ses volontés et s'efforce même de deviner ses désirs, rien ne parvient à rendre à la jeune femme sa gaieté et son charmant sourire. Mais comme il lui faut quelqu'un sur qui puisse retomber sa mauvaise humeur, elle ne veut pas que son époux la quitte, elle lui défend d'aller à Paris; celui-ci se persuade que c'est un nouvel accès de jalousie qui reprend à sa femme, et, sans en deviner la cause, il bénit le destin, lorsque le retour d'Isidore rend sa femme plus aimable et lui permet enfin d'aller se promener dans la capitale.

Ainsi maintenant Elmonde passe sa vie livrée sans cesse à la crainte ou à l'espoir, tourmentée du présent, jalouse du passé, inquiète sur l'avenir; ce n'est plus là cette existence si calme, si douce, qui n'avait d'autres soins que le choix d'un chapeau ou la façon d'une robe, qui se passait en toilettes, en danses, en causeries, en innocentes coquetteries : tout cela n'est plus que bien secondaire dans le cœur d'une femme lorsque l'amour y est entré; mais cet amour lui rend-il en bonheur tous ces plaisirs qu'elle ne goûte plus ?

Il faut bien que cela soit; car, demandez-lui si elle veut perdre ce sentiment et la domine pour retrouver cette tranquillité qu'elle n'a plus et vous verrez ce qu'elle vous répondra. Par suite de ces bizarreries auxquelles sont sujettes les dames qui se trouvent dans la situation d'Elmonde, ce qui lui déplaisait jadis semble avoir maintenant du charme pour elle, et elle accueille très-bien des personnes qu'elle avait d'abord assez mal reçues.

De ce nombre, est le fils de madame Michelette, auquel elle ne fait plus dire qu'elle est sortie, parce que, quand son mari est là, l'arrivée d'un voisin lui permet plus facilement d'être seule avec son cousin; les femmes savent si bien tirer parti des circonstances les plus légères.

Elmonde s'est moquée de son mari parce qu'il ne voulait plus jouer avec M. Alménor, et Bouchonnier, excité par les railleries de sa femme, a de nouveau accepté le combat que lui propose souvent le voisin, après l'avoir prévenu cependant qu'il ne voulait plus jouer aussi cher.

Tandis que son mari est au billard et met toute sa science à caramboler en cherchant de nouveaux effets de queue, il est facile de deviner ce que cherchent le cousin et la cousine, qui vont se promener dans les bosquets les plus touffus du jardin.

Le bel Alménor est flatté de recevoir chez Bouchonnier un accueil plus agréable, et de trouver quelquefois à y faire sa partie, car, ainsi que cela était présumable, la fortune de Creps n'avait duré que peu de temps! temps beaucoup trop court pour lui, sans doute, qui la menait si bien, mais plus encore pour ceux avec lesquels il semblait prendre tant de plaisir à la dissiper.

On se rappelle le fameux déjeuner qui s'était prolongé toute une journée, qui avait amené la liaison formée entre Creps, Alménor et Saucissard, et mis Tourinet le maigre dans une situation qui avait fait pleurer son frère Pétrus ; ce festin, digne de Balthazar, où le champagne n'avait pas été épargné ; ce banquet, dont l'Amant de la lune faisait tous les frais, avait été suivi de trois autres repas du même genre. Mais à ceux-là, cependant, Joseph Tourinet avait refusé d'assister ; honteux de l'état dans lequel il s'était mis chez le traiteur, et, peut-être aussi, mécontent de s'être lié si facilement avec un homme dont tous les antécédents lui étaient inconnus, c. qui par sa conduite présente devait paraître au moins fort peu raisonnable, le frère de Pétrus avait résisté aux invitations de Creps, en se disant :

— C'est mal de se faire régaler par un homme qui a une redingote toute de pièces et de morceaux.

Alménor et son ami Saucissard n'avaient point eu la même délicatesse ; ils avaient accepté de grand cœur les déjeuners dînatoires que leur offrait ce monsieur si bizarre, qui les avait si bien rossés ; ils n'avaient nullement songé à ménager sa bourse, et la pensée ne leur était pas venue une seule fois qu'au lieu de leur payer du bordeaux et du champagne, leur amphitryon aurait mieux fait de s'acheter un paletot.

Peut-être aussi qu'à sa place ils auraient agi comme lui. Il y a une foule de gens dont toute la philosophie se borne à jouir aujourd'hui sans songer s'ils pourront manger demain : chez les uns, c'est insouciance ; chez les autres, bêtise ; chez quelques-uns, c'est découragement ; chez presque tous, c'est paresse.

A l'issue d'un certain repas qui s'était prolongé plus longtemps que les autres, et dans lequel on avait vidé encore plus de bouteilles, Creps dit à ses deux nouveaux amis, qui avaient besoin d'une grande habitude pour conserver leur équilibre :

— Maintenant, messieurs, c'est fini ! je n'ai plus le sou ! le magot est enfoncé ! je ne vous régalerai plus, ce qui me privera beaucoup et vous aussi !... Mais on ne peut pas toujours nager dans la bombance... En ménageant davantage mon argent, je sais bien que j'aurais pu en avoir pour plus longtemps ; mais à quoi cela m'aurait-il avancé ? Du moment qu'un bonheur ne peut pas durer, autant en jouir tout de suite et s'en donner à cœur joie... du moins telle est mon opinion. J'aurais pu pendant trois mois, peut-être, vivre comme un modeste artisan ; au lieu de cela, pendant une semaine, je me suis régalé comme un prince !... J'aime mieux cela !... Cela nous laisse des souvenirs agréables, et les souvenirs sont encore une richesse !... De ce côté-là je suis en fonds !... Je vais reprendre la vie du vagabond, du pauvre diable !... dînant de ce qu'il trouve, et quelquefois même ne dînant pas du tout... Après cela, lorsqu'à votre tour, vous serez disposés à faire bombance, si vous songez encore à moi, s'il vous prend envie de m'inviter à un de vos festins, je serai votre homme, j'accepterai sans façon, puisque vous en avez fait de même avec moi.

Alménor avait écouté Creps avec autant d'attention que peut en avoir un homme entre plusieurs vins. Cependant ce que son nouvel ami venait de lui dire parut avoir fait quelque impression sur son esprit, car, après l'avoir regardé quelques instants entre les deux yeux, il lui avait tendu la main, en lui disant :

— Vous n'avez plus le sou... touchez là !... je n'abandonne jamais mes amis dans l'infortune... surtout quand ils m'ont fait partager leur prospérité. Demandez plutôt à Saucissard si je l'abandonne... et pourtant il ne m'a jamais rien payé... Il est vrai qu'il a toujours été dans la débine. Mon cher Creps, vous avez des idées philosophiques que je goûte beaucoup. Quand on a des jaunets, il faut les faire sauter. L'argent est rond, c'est pour rouler... je ne connais que cela ! J'ai mis comme vous ces maximes en action, ce qui fait que pour le moment je n'ai plus rien à faire rouler. A la vérité, il me reste une mère qui est riche, et chez laquelle je trouve tous les jours ma pot-bouille pour moi et Saucissard. C'est agréable, mais c'est bien monotone ! Malheureusement la maman Michelette devient coriace en diable ; elle prétend que j'ai déjà mangé plus que ma légitime, et elle ne desserre pas facilement les cordons de sa bourse. Cependant on l'attendrit encore quelquefois, on lui conte quelques histoires sentimentales, elle donne dedans, et le tour est fait. Nous pourrons donc encore, de temps en temps, jouir de cette poissonne d'existence que nous pratiquions si bien ; et, à défaut d'argent, eh bien ! nous jouerons quelques tours à la mère Michelette pour avoir du bon vin de la Côte-Rôtie ou de Cahors, n'est-ce pas, Saucissard ?

Le monsieur grêlé, qui avait écouté d'un air attentif et même méditatif ce que ces messieurs venaient de dire, ne semble touché que d'une chose, celle d'apprendre que l'homme qui les régalait si généreusement ne peut plus même leur offrir un verre de cassis. Il regarde l'Amant de la lune en faisant une singulière figure, et frappe enfin sur la table avec son poing, en s'écriant :

— Comment... là, vraiment... sans charge... vous n'avez plus d'argent ?

— Non, mon cher monsieur Saucissard, je suis complètement à sec.

— Ah ! sapredié... c'est dommage. Moi, je vous croyais fort à votre aise... A votre manière de commander un repas, je me disais : C'est un ancien fournisseur qui s'habille en guenilles pour qu'on ne lui emprunte pas d'argent, mais qui ne se refuse rien.

— En effet, je ne me suis jamais refusé ce que je pouvais me donner... c'est même un peu ce qui est cause que je porte maintenant des guenilles! Mais à quoi servent les regrets?... ce qui est fait est fait.

— Bien dit! s'était écrié Alménor en secouant la main de Creps. D'ailleurs, qu'est-ce que cela me fait que vous portiez des guenilles... est-ce que je ne vois pas ce que vous valez là-dessous! Je ne suis pas encore assez gris pour ne point comprendre à qui j'ai affaire... Je vous ai jugé tout de suite. Vous avez vécu dans le monde, dans la société... Vous parlez bien... vous en savez, je gage, plus que Saucissard qui se donne pour un savant, et qui ne sait pas le prix d'une carotte de tabac... Donc, je suis content d'avoir fait votre connaissance. Après cela, vous pourriez me conter qui vous êtes, ce que vous êtes, ce que vous avez été... enfin votre histoire.

— Oui, je le pourrais, dit Creps, mais je ne le veux pas. Comme je ne puis plus être ce que j'étais, je me suis promis d'oublier le passé... j'y fais tous mes efforts. Je suis mort pour le monde, pour tous ceux qui m'ont connu... Je ne veux pas ressusciter... car ce serait pour la honte, pour l'opprobre... non... je suis Creps et pas autre chose désormais.

En disant ces mots, l'Amant de la lune avait passé sa main sur son front, et tenu quelque temps ses yeux fixés vers la terre.

— Je suis fâché de vous avoir rappelé des choses qui vous contrarient, dit Alménor en voyant quel changement venait de s'opérer dans la physionomie de Creps; je l'ai fait sans intention... car au fond, moi, je ne suis pas curieux du tout! j'ai été lié intimement avec une foule de gens que je ne connaissais pas plus que vous... quand le caractère, quand les manières d'une personne me plaisent, ça me suffit! Je m'inquiète peu du reste... Tenez, voilà Saucissard qui prétend qu'il a été sous-préfet... Je suis sûr que c'est une blague, mais ça m'est bien égal... Je me suis attaché à lui, ou plutôt c'est lui qui s'est attaché à moi... enfin nous sommes devenus inséparables, et cependant c'est peut-être un ancien gredin... un chenapan!...

M. Saucissard avait fait une petite moue qui l'avait rendu encore plus laid que d'habitude, et s'était écrié :

— Alménor, mon ami, je pense que c'est le champagne qui vous fait dire toutes ces balivernes dont je ne veux pas m'offenser, de même que votre ami Creps a bien voulu ne pas vous renvoyer faire... lanlure pour vos questions saugrenues. On ne doit jamais questionner les gens qui n'ont pas envie de parler... et avec les autres, c'est encore plus inutile... ils vous content toutes leurs histoires sans qu'on les leur demande. Je ne me permettrai qu'une réflexion : Notre ami n'a plus rien... mais il a mangé avec nous ses derniers écus... il nous a payé quatre repas dignes de Lucullus, donc maintenant, c'est à notre tour de le traiter... Moi, j'attends des héritages... j'ai des parents fort riches... mais je ne sais pas au juste quand ils crèveront... Voilà ce qui me vexe!... parce que cela m'empêche de rendre les politesses que je reçois...

— Laissez vivre vos parents, dit Creps en souriant, nous attendrons... je ne suis pas pressé.

— Mais voici Alménor, dont l'honorable mère est cousue d'or, et qui serait coupable de ne point user de son influence sur son cœur pour se mettre en mesure de régaler à son tour son nouvel ami.

— Soyez tranquilles, dit Alménor en caressant ses favoris ; nous emploierons tout notre talent à cet effet, et nous réussirons. En attendant, où trouverons-nous l'ami Creps, lorsque nous voudrons le rejoindre?

— Au cabaret de Roberdin... au carrefour des Sentiers.

— C'est là où vous perchez?

— Oui, à peu près toute la journée... La nuit, c'est différent, je me promène quand il fait beau.

— Au clair de la lune, comme mon ami Pierrot!

— Justement.

Et après cet entretien, les trois amis s'étaient séparés.

Depuis ce moment, Alménor avait fait tout son possible pour se mettre dans les bonnes grâces de sa mère.

Pendant deux jours, il avait bu de l'eau avec son vin au commencement de ses repas.

Il avait beaucoup moins juré et sacré pendant la conversation. Il avait fait des compliments à sa mère sur sa santé, sa fraîcheur et sa vivacité; il lui avait baisé la main le soir avant de se coucher; enfin, il n'avait fumé que cinq pipes dans sa journée.

Saucissard, voulant suivre l'exemple de son ami, avait aussi fait quelque chose pour captiver la confiance de la mère d'Alménor.

Il avait continué à boire son vin pur en dînant, mais il avait moins témoigné d'humeur contre le vin ordinaire, qui était le piqueton du pays, et que madame Michelette voulait faire passer pour du bourgogne.

Il avait écouté avec attention et presque avec recueillement les différents petits caquets que la grosse maman tâchait de recueillir dans la journée, afin de les conter ensuite pendant le dîner et d'embellir son dessert. Il s'était abstenu de pincer Javotte lorsqu'elle passait près de lui, ce qui faisait toujours faire des soubresauts à la servante et amenait des explications orageuses.

Il avait, de temps à autre, lâché quelques mots de ses voyages autour du monde. Il avait parlé de la Chine, de l'Inde, de l'Afrique et de la Villette.

Il avait appris à la mère de son ami que les Chiroguanes, peuple de l'Amérique méridionale, sont habituellement tout nus, que cependant ils ont des culottes, mais que leur coutume est de les porter sur le bras en se promenant.

Madame Michelette s'était écriée alors que probablement c'était dans l'intention d'imiter les Chiroguanes, qu'elle avait vu, à Paris, des petits maîtres porter en hiver leur twine ou leur mackinstoch sur leur bras, au lieu de le mettre sur leur dos, et qu'alors elle désespérait pas de les voir quelque jour en faire autant pour leur culottes.

Saucissard lui avait appris encore que dans la Mingrélie, les amants pris en flagrant délit d'adultère sont tout simplement condamnés à payer un cochon, dont ordinairement ils vont ensuite manger leur part chez les maris de leurs maîtresses.

Madame Michelette avait trouvé cette loi fort douce, et fait la réflexion que dans la Mingrélie, le premier cocu avait dû être un charcutier.

Il lui avait dit encore que dans la Guyane, les Omaguas ont des seringues qui ont la forme d'une poire, et sont faites avec une résine élastique, de façon que pour s'en servir, il suffit de les presser ; que dans ce pays elles sont fort en honneur ; que dans un grand dîner, le maître de la maison en offre une à chacun de ses convives, qui s'en servent avant le repas.

Madame Michelette avait dit que les Omaguas étaient dignes d'avoir inventé les clissoirs.

Il lui avait aussi rapporté cette observation de Pline, touchant la chasteté des femmes qui se noient (sans pouvoir lui assurer cependant si la remarque avait été faite par Pline l'ancien ou Pline le jeune) : c'est que, après sa mort, lorsqu'une femme revient sur l'eau, c'est toujours le ventre en dessous, tandis qu'au contraire, l'homme qui s'est noyé reparaît ordinairement à la surface des flots dans une attitude très-immodeste.

Madame Michelette avait répondu que cela ne l'étonnait pas, parce qu'elle avait aussi remarqué que les hommes étaient fort indécents quand ils se baignaient.

Enfin, il lui avait répété plusieurs fois que Lucullus dépensait la valeur de trente-neuf mille trois cent soixante et douze francs de notre monnaie à chaque souper qu'il donnait dans le salon d'Apollon.

Madame Michelette s'était écriée qu'elle avait fort bien dîné avec son mari au salon de Flore, aux Champs-Élysées, et qu'ils y avaient dépensé environ trois francs dix sous.

Néanmoins, madame Michelette était évidemment flattée des changements avantageux qu'elle remarquait dans la conduite et les manières de son fils, et elle allait de nouveau chez toutes ses connaissances vanter l'esprit, le savoir et la profonde érudition de son ami Saucissard. Elle ne manquait pas de parler à tort où à travers des usages des peuples de l'Amérique méridionale, de ceux des Omaguas, des remarques profondes de Pline et des dîners de Lucullus ; seulement, comme elle avait une mauvaise mémoire, elle faisait un amalgame de tout, et disait avec beaucoup d'assurance que Pline sortait de sa culotte sur le bras ; que Lucullus dînait avec un cochon ; que les maris de la Mingrélie donnaient des lavements à leurs femmes surprises en adultère, et que dans la Guyane tous les hommes nageaient en faisant la planche.

Les personnes qui écoutaient cela ouvraient de grands yeux et laissaient quelquefois paraître un peu d'incrédulité ; mais la grosse dame leur fermait la bouche en ajoutant :

— Tout ceci est de la plus grande exactitude. Je le tiens du savant Saucissard, qui a connu les personnes auxquelles cela est arrivé.

Après une semaine entière employée ainsi à se faire bien venir de sa mère, Alménor pensa qu'il pouvait risquer une demande de numéraire. Un matin, après le déjeuner, où il avait été sobre et doux comme un agneau, le bel homme dit à sa mère en tâchant de donner à sa voix le son de la flûte :

— Belle et honorable maman, moi et mon ami Saucissard, avons reçu de grandes honnêtetés d'un seigneur étranger que nous savons être en ce moment à Paris. Je désire profiter de cette occasion pour lui offrir un dîner au Palais-Royal ; mais les fonds me manquent et j'ai compté sur vous pour combler ce vide.

— Je vous donne quarante sous tous les jours pour vos menus plaisirs, répond la grosse maman. Il me semble qu'avec cela vous pourriez amasser.

— Chère mère, j'amasse quelquefois beaucoup de crotte à mes bottes en me promenant dans votre ville, qui n'est pas bituminée comme les boulevards de Paris ; mais je n'ai encore amassé que cela ; les quarante sous que vous m'octroyez suffisent à peine pour me fournir de tabac, de cigares et me permettre d'arroser mon gosier avec quelques chopes de bière.

— Les hommes ont pris une habitude ruineuse en se mettant à fumer... Une once de tabac coûte... une pipe coûte... et que cela sent mauvais! que vous êtes tous des corps de garde ambulants... Alménor, vous devriez bien renoncer à la pipe et aux cigares.

— Ma très-chère mère, vous devriez savoir que l'habitude est une seconde nature; demandez plutôt à mon ami Saucissard, il vous contera quelques faits curieux et intéressants touchant l'usage du tabac.

— C'est inutile... Mais je songe à l'objet de votre demande : puisque vous désirez traiter ce grand seigneur de vos amis que je ne connais pas, invitez-le à venir dîner chez moi, je ferai en sorte qu'il soit satisfait de ma cuisine.

XIV. — LES RIBOTEURS, LA PÊCHE AUX BOUTEILLES.

Alménor jette un coup d'œil à Saucissard, lequel coup d'œil signifiait : Que dirait la maman Michelette, si elle savait que ce prétendu seigneur n'est autre que l'homme qu'on appelle l'Amant de la lune, et qu'elle a plusieurs fois traité de vagabond et de vaurien.

— J'avais pensé à ce que vous venez de me proposer, répond Alménor au bout d'un moment, et j'en avais même touché un mot à notre illustre ami. Mais pendant son séjour en France, il a fait vœu de ne dîner qu'au Palais-Royal : il redoute la banlieue et les environs. Vous voyez donc bien qu'il me faut absolument des fonds pour lui donner à dîner à Paris.

Madame Michelette ne semble pas convaincue, elle tourne et retourne dans la chambre, elle marronne entre ses dents; elle fouille à sa poche, mais elle n'en sort que son mouchoir. Alménor, que cette pantomime amuse peu, tient toujours samain tendue, en murmurant :

— Faites bien les choses, belle maman, il faut que votre fils soutienne l'honneur de son nom. Rappelez-vous les repas de *Lucullus*!... Ah! ces gens-là vivaient bien mieux que nous... n'est-ce pas, Saucissard?

— Oui, répond le monsieur grêlé. Ils mangeaient davantage et plus longtemps, ils avaient plus de capacités que nous.

— Il me semble pourtant que vous avez un très-bon appétit, messieurs, dit madame Michelette en cherchant encore dans sa poche. Elle en sort bientôt plusieurs petits papiers qu'elle présente à son fils, en lui disant : — Ceci est une note d'un limonadier qui m'a demandé vingt-sept francs que vous lui devez... Ceci est un compte d'un épicier qui réclame le prix de l'eau-de-vie et du tabac que vous lui avez achetés... Ça, c'est le mémoire d'un traiteur... Ceci, d'un cabaretier... Et je suis obligée de payer tout cela, et c'est tous les jours à recommencer... En vérité, Alménor, vous n'êtes pas raisonnable. Votre ami, qui est si savant, devrait bien vous apprendre à ne plus faire de dettes partout.

— Il y a un moyen bien simple, dit Saucissard, c'est d'avoir toujours dans sa poche de quoi payer ses dépenses.

— Ma charmante mère, vous l'entendez... Garnissez mon gousset avec argent et je vous promets de ne plus faire de dettes et on ne viendra plus rien vous réclamer.

— Vraiment ! je sais comment vous faites aller l'argent !... Alménor, je le répète, vous n'êtes pas raisonnable !... Je ne saurais suffire à toutes vos folies... Vous n'avez plus dix-huit ans... Vous devriez réfléchir.

— Je sais très-bien que je ne suis plus un enfant, c'est pourquoi vous devriez me donner la clef de votre caisse... vous verriez, chère mère, comme je ferais marcher tout cela.

— Au lieu de courir les cafés, les traiteurs, vous feriez bien mieux de cultiver mes bonnes connaissances de la ville, afin de tâcher de faire un bon mariage...

— Je cultive les voisins Bouchonnier; leur billard est excellent, mais je ne peux pas épouser la maîtresse de la maison, puisqu'elle a encore son mari. Après cela, trouvez-moi une femme jeune, jolie et fort riche, je consens à lui faire le sacrifice de ma vie, et Saucissard m'imitera, si vous en trouvez aussi une pour lui. Mais, de grâce, finissons-en, chère mère, et faites-moi vos largesses; il me semble que vous avez fait assez de morale pour aujourd'hui.

Madame Michelette recommence à aller et venir dans la chambre; enfin elle sort dans sa poche les mémoires qu'elle a payés pour son fils, puis, cherchant dans sa bourse quelques pièces de monnaie, les compte plusieurs fois et va les mettre dans la main d'Alménor, en lui disant :

— Voilà de quoi déjeuner très-suffisamment.

Madame Michelette s'est éloignée, Saucissard regarde son ami, afin de savoir s'il est satisfait. Mais, après avoir porté les yeux sur ce que sa mère lui a mis dans la main, Alménor jette violemment les pièces de monnaie dans la chambre, en s'écriant :

— Sept francs dix sous!... et c'est à un homme de mon âge que l'on ose offrir cela, quand je dis que je vais régaler un ami. Ah! puisqu'on le prend sur ce ton-là, nous allons agir différemment. Jusqu'à présent je m'étais conduit en garçon tranquille, qui respecte le nom de ses aïeux ; mais puisqu'on me refuse tout, je ne ménagerai plus rien, et la maman Michelette verra une nouvelle invasion de Cosaques. Viens, Saucissard, allons trouver Creps au cabaret de Roberdin.

— Je te suis... va toujours... je cherche mon chapeau.

Au lieu de chercher son chapeau, Saucissard s'est mis à quatre pattes, et avant de suivre son ami, ramasse toutes les pièces de monnaie, que dans sa colère celui-ci avait jetées dans la chambre.

Creps était revenu à sa vie nocturne, dormant le jour, se promenant la nuit. Il passait une grande partie de son temps étendu sur des bottes de paille au fond de l'écurie de Roberdin, et pour pitance, se contentait de nouveau d'une mauvaise soupe apprêtée par la servante du cabaret. Il y avait loin de ces repas à ceux qu'il avait offerts à ses amis ; mais à voir avec quelle précipitation cet homme avait dépensé la somme qu'il avait eue en sa possession, on aurait pu croire que cet or lui pesait et qu'il avait hâte de s'en débarrasser.

Le soleil brillait de tout son éclat, lorsque Alménor et Saucissard arrivèrent au carrefour des Sentiers ; ils s'arrêtèrent devant le cabaret.

— Ce doit être là, dit Alménor.

— Si c'est là, dit Saucissard en secouant la tête, je ne crois pas que l'ami Creps fasse d'aussi bon repas que dans le restaurant où il nous a traités. En effet, la cuisine doit être maigre là-dedans. Mais ce n'est pas pour y dîner que nous y allons.

— Entrons...

— Une minute... Dis donc, Saucissard, pendant que nous ne sommes que nous deux, je voudrais connaître ton opinion sur ce particulier que nous allons trouver là... Voyons, franchement, ce Creps, que crois-tu qu'il ait été?

— Il me semble que la dernière fois, quand nous nous sommes trouvés avec lui, tu étais persuadé que c'était un homme de haute volée... quelque personnage distingué qui aurait eu des malheurs...

— C'est encore mon opinion ; mais c'est la tienne que je demande.

— Moi, je crois qu'en effet il a pu être quelque chose... dans quel genre, je l'ignore. Mais il aura mangé la grenouille et ensuite se sera vu forcé de se sauver, de se cacher... Cela expliquerait assez son habitude de ne se promener qu'au clair de la lune... c'est sans doute de peur d'être arrêté... et ces mots qu'il a prononcés l'autre jour, quand tu lui faisais des questions : « Si je me faisais connaître maintenant, ce ne serait plus que pour la honte, l'opprobre...»

— Bah! à dit cela...

— Positivement.

— Comme tu dis : il aura déposé son bilan. Après tout, je m'en fiche ! c'est un gaillard solide, il a du toupet... et je suis sûr qu'il nous donnera un fameux coup de main. Entrons.

Les deux amis pénétrèrent dans la cour. Roberdin y était. A l'aspect de deux inconnus, qui n'ont pas la tournure de ses pratiques, il devient pâle et tremblant. Depuis sa dernière aventure chez M. Riberpré, le cabaretier n'est pas tranquille ; il craint que cette tentative de vol n'ait été connue ; ce qui contribue à entretenir ses terreurs, c'est depuis ce jour il n'a pas revu Garguille et n'a pas eu de nouvelles du banquier.

— Holà ! eh, l'ami, s'écrie Alménor, en regardant autour de lui pour s'orienter. Est-ce ici le cabaret du nommé Roberdin ?

— Oui, messieurs, répond Roberdin, en jetant des regards inquiets sur la route où il craint toujours de voir paraître la gendarmerie.

— Alors, reprend Alménor, c'est ici que loge un particulier qui vit comme les marmottes, dormant toute la journée, et qui couche sur de la paille, parce qu'il n'a pas peur de gâter sa toilette.

— Vous voulez parler de Creps! répond le cabaretier, dont la physionomie devient plus tranquille, à mesure que ses terreurs se dissipent.

— Justement, c'est Creps que nous voulons voir. Il est ici, n'est-ce pas ?

— Oui, messieurs.

— De quel côté ? que nous allions le trouver.

— C'est qu'il dort en ce moment.

— Eh bien! nous l'éveillerons.

— Mais il n'aime pas qu'on l'éveille.

— Ceci nous regarde, il faut bien le réveiller pour lui parler.

— Alors entrez dans l'écurie... tout au fond... Tenez, voilà la porte.

L'écurie était habitée d'abord par un âne assez maigre, qui cherchait à tirer du râtelier quelques brins de chardons que l'on y avait mis en réserve pour les jours où l'on n'avait pas autre chose à lui donner, et ces jours-là étaient fréquents. Plus loin dans le fond, sur un tas de foin et de paille, formant une pauvre litière, l'Amant de la lune était étendu et dormait d'un profond sommeil ; il eût été difficile de l'apercevoir dans le renfoncement où il était couché, si dans le fond de l'écurie une petite fenêtre fermée par un carreau, et qui donnait sur le jardin, n'eût jeté un peu de lumière sur cette partie de son appartement.

Creps avait son énorme gourdin près de lui. Sa tête n'était plus couverte par son chapeau à larges bords, et on pouvait tout à loisir examiner ses traits ; car il dormait sur le dos, ayant un de ses bras pour oreiller.

— Cet homme-là n'a pas de vilains traits ! dit Alménor en examinant le dormeur. Sais-tu bien, Saucissard, que s'il était propre, il ne serait pas encore mal ?

— Il a le nez bien rouge et bigrement de petits boutons au visage, dit Saucissard.

— J'aime mieux ça que d'être grêlé... ça dure moins longtemps. Holà ! eh ! l'ami Creps, c'est nous... Allons, ouvrons donc un peu ces quinquets.

En disant cela, Alménor pousse assez vivement le dormeur, qui s'éveille enfin et commence par jurer à faire trembler la maison, puis porte la main sur son bâton, en murmurant :

— Qu'est-ce qui se permet de troubler mon repos... il veut donc que je l'assomme, celui-là ?

Saucissard fait plusieurs pas en arrière et va se placer de manière à ce que l'âne puisse lui servir de rempart. Mais Alménor saisit le bras de Creps, en lui disant :

— Ne nous fâchons pas, sacrebleu ! ce sont les amis, les bons enfants ; nous voulons riboter ce soir et jouer quelque farce à la mère Michelette, nous avons compté sur vous... Est-ce que vous refusez d'être de la partie ?

Creps a envisagé Alménor, il répond alors d'un air assez maussade :

— Ce soir... cette nuit tant que vous voudrez.., mais maintenant laissez-moi dormir...

— C'est que maintenant il aurait fallu convenir un peu de nos faits... savoir comment nous nous y prendrions pour dévaliser la basse-cour et la cave.

— Apportez un croc... des cordes, un sac... je me charge du reste...

— Un sac... des cordes, un croc... nous aurons tout cela, mais ensuite..

Creps s'est retourné, il ne répond plus ; il s'est rendormi, ou ne veut pas causer davantage. Alménor et Saucissard sont obligés de quitter l'écurie sans pouvoir obtenir une parole de plus.

— Drôle d'homme ! dit Alménor, il n'est aimable qu'à table. N'importe, j'ai confiance en lui. Occupons-nous de nous procurer pour ce soir ce qu'il demande. La corde, c'est facile.

— Et le sac ?

— J'en demanderai un au boulanger.

— Et le croc ?

— Je sais où est amarré le bateau de M. Pastoureau, son croc doit être dedans, nous le prendrons... entre connaissances on ne se gêne pas.

Sur les onze heures du soir la petite ville de Corbeil semblait plongée dans le sommeil, les rues étaient silencieuses et désertes, les boutiques étaient closes depuis longtemps, et les personnes qui s'étaient attardées chez un ami ou un voisin se hâtaient de regagner leur demeure, comme s'il eût été deux heures du matin.

Cependant c'est vers cette heure que trois hommes, revenant du carrefour des Sentiers, se dirigent assez précipitamment vers la ville, prenant les rues qui conduisent à la maison de madame Michelette.

L'un de ces hommes tient un gros paquet de cordes, l'autre tient un sac à farine ; le troisième porte un croc sur son épaule.

— Messieurs, dit Alménor, qui marche en avant avec les cordes, savez-vous que si l'on nous rencontrait ainsi, on pourrait ne pas être rassuré ? Avec tout cet attirail que nous portons nous avons l'air d'aller pendre quelqu'un.

— Ou plutôt, dit Creps, qui tient le sac sur son bras, on nous prendrait pour des exécuteurs des hautes œuvres sous le bon temps de la reine Marguerite de Bourgogne, alors qu'on mettait les condamnés dans un sac avant de les jeter à l'eau.

— Il me semble, dit Saucissard qui marche en arrière avec le croc, que, vu l'époque, on pourrait plutôt nous prendre pour des récureurs d'égouts.

— Merci, dit Creps, je préférerais les autres comparaisons.

— Dis donc, Alménor, arrivons-nous bientôt ? il me semble qu'au lieu de raccourcir, le chemin que tu nous as fait prendre est le plus long.

— Vous ne savez ce que vous dites, mon cher Saucissard. Tout savant que vous êtes, vous ne connaissez pas Corbeil comme moi.

— C'est que ce croc est lourd à la longue, et puis, si j'étais rencontré avec cela à cette heure...

— Vous diriez que vous allez à la rivière repêcher quelqu'un, murmure Creps en souriant.

— Drôle d'heure pour aller repêcher du monde ou du poisson !...

— Silence, Saucissard, dans quatre minutes nous sommes arrivés... et alors... Ah ! bigre, j'entends marcher.

— Collez-vous contre la muraille et ne bougez pas, dit Creps.

Alménor exécute ce mouvement, Saucissard veut en faire autant, mais son croc l'embarrasse, et, au lieu de le placer parallèlement au mur contre lequel il se tient, il le laisse tomber en travers du chemin.

La personne que l'on a entendue venir arrive alors tout près de ces messieurs qu'elle ne voit pas, parce qu'ils se tiennent plaqués contre les maisons. Mais au moment où elle va passer par-dessus le croc, Saucissard a la malheureuse idée de vouloir le retirer pour laisser le chemin plus libre. Il prend si maladroitement son temps, qu'il relève le croc de son côté lorsque la personne qui va traverser a une jambe passée par-dessus, de façon qu'au moment où le croc se relève, elle se trouve être à cheval sur le grand bâton.

L'individu, surpris de se sentir tout à coup à cheval sur le grand bâton, crie et tombe au milieu du chemin.

Alménor se sauve, Creps le suit, et, après bien des peines pour retirer son croc de dessous la personne qu'il a fait choir, Saucissard y parvient enfin et rejoint ses compagnons dans une rue voisine.

— Sacredié ! Saucissard, tu es bien maladroit, mon ami, dit Alménor tout en pressant le pas. Comment, tu fourres ton croc dans les jambes des passants !

— Eh ! non, ce sont les passants qui se fourrent dans mon croc... Celui-là a eu si peur qu'il est resté par terre ; j'ai idée qu'il y passera la nuit...

— Je voudrais bien savoir qui c'était !... dit Alménor.

— Eh ! mais, nous avons quelque chose à lui, dit Saucissard en regardant au bout du bâton ; je ne m'étais pas aperçu que je dévalisais ce voyageur... Est-ce que par hasard mon croc aurait emporté son chapeau ?...

Il baisse le bâton pour voir ce qui est accroché au bout, et l'on reconnaît la guitare de M. Pastoureau. Alménor part d'un éclat de rire.

— C'était le voisin Pastoureau !... ce monsieur si sentimental... qui ne sort jamais sans sa guitare !... Il revenait sans doute de soupirer une romance sous la fenêtre de quelque dame...

— Comment, c'était le propriétaire du croc ?

— Justement.

— Alors je ne suis pas fâché de l'avoir mis à cheval dessus, c'est plus drôle... mais qu'est-ce que nous allons faire de sa guitare ?

— Attendez, dit Creps, il y a toujours moyen de placer ces objets-là... J'aperçois justement une maison d'assez belle apparence... les habitants doivent savoir la musique... Nous allons leur faire cadeau d'une guitare.

— Cette maison, dit Alménor, mais il me semble que c'est celle de madame Bertrand, une amie de ma noble mère.

— Raison de plus... elle sera sensible à ce cadeau... J'aperçois un balcon sur lequel la guitare sera parfaitement bien.

En disant cela, Creps relève le bout du croc auquel pend la guitare, il l'approche du balcon, entre l'instrument en dedans, et, parvenant à dégager son crochet, laisse la guitare sur le balcon.

Cette opération terminée, les trois hommes se remettent en route ; au bout de quelques instants, ils sont devant la maison de madame Michelette.

Alménor fait tourner ses deux compagnons autour d'un mur qui entoure le jardin, on arrive devant une petite porte dont il s'est procuré la clef. On entre par là, et on est bientôt dans une petite cour au fond de laquelle est un poulailler et une cabane à lapins.

— Jusqu'à présent, ça marche comme sur des roulettes, dit Alménor, mais c'est ici que nous allons avoir du tirage. Le poulailler est fermé par une porte très-solide, les lapins par un treillage cadenassé. Le vin est dans la cave dont voici le soupirail ; mais comment y pénétrer ? il faudrait enfoncer deux portes, ça fera beaucoup de bruit.

— Savez-vous, dit Creps, où est placé ce vin de la Côte-Rôtie que vous nous avez tant vanté ? est-il loin de ce soupirail ?

— Attendez... non... le tas est là... presque au-dessous, un peu sur la droite.

— Bon. Maintenant nous allons voir marcher tout cela... Le sac... ah ! le voilà... Ai-je mon couteau ?... oui...

Creps étale le sac sur le pavé de la cour. Avec son couteau il le fend sur toute sa longueur, de manière à ce qu'il présente un grand morceau de toile à peu près carré. Il fait alors avec son couteau un trou à chaque coin de la toile et dit :

— La corde ?

— Voici.

Creps coupe un long bout de corde, qu'il attache à l'un des coins, puis il dit à ses compagnons :

— Faites-en autant aux trois autres coins.

Pendant que ces messieurs font ce qu'il vient de leur dire, Creps s'approche du soupirail de la cave ; ce soupirail est large, et à peu près d'un pied de hauteur. Après l'avoir examiné, il revient prendre le croc en disant :

— Cela ira tout seul !

— Homme étonnant ! s'écrie Alménor ; je ne sais pas ce qu'il va faire, mais j'ai la plus entière confiance !...

— Chut ! dit Saucissard, n'éveillons pas la maman.

— Oh ! de ce côté, il n'y a pas de danger ! ma mère dort fort comme un Turc, et quant à Javotte, je crois, Saucissard, que tu connais la pesanteur de son sommeil...

— Moi... par exemple...

— Si elle s'était éveillée toutes les fois que tu as essayé de la galvaniser...

— Allons donc ! est-ce que j'ai une pile de Volta ?

— Je ne sais pas de quelle pile tu voulais te servir pour ces expériences, mais je suis persuadé que tu voulais la faire sauter.

— Chut ! notre chef nous appelle...
Creps venait d'introduire dans la cave le bout du croc où était le crochet ; après l'avoir fait manœuvrer quelque temps par le soupirail, il avait rencontré les bouteilles. Il se tourne vers les deux amis en leur disant :
— Vous avez noué de la corde aux quatre coins de la toile ?
— C'est fait.
— Donnez-moi tout cela alors. Gardez seulement les quatre bouts de corde pour retirer la toile quand je le dirai.
La toile est remise à Creps, qui passe ses bras dans le soupirail et y jette tout le paquet, en tâchant de le lancer de manière à ce que le ci-devant sac s'étale en tombant. Il saisit ensuite le croc, qu'il fait manœuvrer à peu près comme une rame. On entend bientôt le bruit d'une bouteille qui se brise.
— Ah ! c'est un malheur, dit Creps, mais pour gagner une bataille les plus grands capitaines ne craignent pas de sacrifier des hommes ; nous autres, pour faire une ribote, nous pouvons bien sacrifier quelques bouteilles.
— C'est juste, dit Alménor, allez votre train ; le principal, c'est de gagner la bataille.
Après avoir encore fait pendant quelque temps manœuvrer son croc, Creps dit à ses compagnons :
— Maintenant tirez les cordes, mais bien ensemble toutes les quatre, et doucement, avec précaution.
— Compris !... compris !... c'est une pêche à l'épervier.
Les cordes sont tirées.
— Est-ce lourd ? dit Creps.
— Oui. Le poisson a mordu.
— Doucement, amenons... c'est cela.
La toile est retirée de la cave. Au passage du soupirail, Creps soutient et empêche de nouveaux accidents. Enfin, ce filet d'un nouveau genre est étalé dans la cour. Il contient trois bouteilles pleines et plusieurs morceaux de bouteilles cassées.
Saucissard pousse un cri de joie. Alménor saute au cou de Creps, en s'écriant :
— Quand je serai en fonds, je ferai faire votre statuette.
— Recommençons, dit Creps.
Les bouteilles sont mises de côté ; la toile est lancée de nouveau dans la cave. Creps fait manœuvrer son croc, en tâchant de ménager le butin. On retire les cordes, et cette fois on remonte cinq bouteilles intactes. Alménor fait une pirouette dans la cour, Saucissard bat, avec ses mains, la retraite sur ses cuisses.
— Faut-il s'en tenir là ? demande Creps.
— Ah ! ma foi, pendant que nous y sommes, encore un coup de filet ! dit Alménor. D'ailleurs, je l'ai répété cent fois à ma mère, ce vin-là est trop vieux, il ne se conserverait plus !
On rejette la toile, et à cette troisième pêche on remonte trois bouteilles.
— Cela fait onze, dit Alménor ; pour nous trois c'est assez gentil.
Nous pouvons nous en tenir là. Nous sommes pourvus en liquide, mais les rôtis maintenant ?

— Ce n'est plus qu'un jeu d'enfants ! dit Creps.
L'Amant de la lune commence par grimper sur le poulailler. Arrivé dessus, il brise quelques lattes, introduit son croc par cette ouverture, puis le lance sur les innocentes volailles endormies. Il retire ainsi une poule et deux poulets. Mais la basse-cour chante d'une façon déplorable.
— Ces maudites bêtes font bien du train, dit Saucissard.
— Ma chère mère croira que ce sont les poules qui pondent, dit Alménor.
Maintenant passons aux lapins.
Creps se contente d'approcher son crochet du grillage, puis de tirer à lui.
En effet, bientôt le grillage se détache, et le bois de la cabane étant à moitié pourri, une partie des compartiments renfermant les lapins tombe et se détache avec le treillage. Alors tous les individus prisonniers en cet endroit profitent de la liberté qu'on vient de leur rendre.
En un instant, la cabane est vide et tous les lapins se sauvent du côté du jardin.
— Ah ! les gredins, les lâches, ils se sauvent ! dit Saucissard en courant après les lapins.
— J'en tiens un, dit Creps.
— Et en voilà un autre ! s'écrie Alménor en saisissant un des fuyards par les pattes de derrière.
Maintenant, messieurs, si vous m'en croyez, nous filerons avec notre butin.
Les deux lapins, les poulets, la poule et les bouteilles sont placés dans la toile, que l'on noue avec la corde. Saucissard reprend le croc. Alménor et Creps portent les provisions. On se hâte de sortir par le jardin, puis l'on se met en route pour le cabaret de Robedin.
Une fois hors de la ville, Alménor danse, Saucissard chante et Creps siffle. Puis il dit à ses compagnons :
— Eh bien ! messieurs, il me semble que nous avons de quoi souper !
— C'est superbe ! Razzia complète ! répond Alménor, grâce à vous, homme de génie ! On a bien raison de dire :

J'amitié d'un grand homme est un bienfait des dieux.

— Oui, dit Saucissard ; et le plus beau de l'affaire, c'est que maintenant que nous connaissons la manière de s'en servir, nous recommencerons quand nous voudrons... Par exemple, je doute que nous retrouvions des lapins.
— Il n'y a qu'une chose que je regrette, dit Alménor, c'est d'aller maintenant faire notre souper dans ce cabaret de si chétive apparence... il me semble que là où nous sommes nous apprêter des provisions.
— Si vous voulez aller ailleurs, cela m'est parfaitement égal, dit Creps en s'arrêtant. Voyez, décidez-vous !
— Mais où irions-nous à l'heure qu'il est ? dit Saucissard. Tous les traiteurs sont fermés ; ensuite, en admettant qu'ils nous ouvrent, demain toute la ville saura que nous sommes arrivés au mi-

Magnifique ! superbe ! j'étais sûr que nous ne serions pas volés.

lieu de la nuit avec des provisions et du vin... et ta mère en sera bien vite instruite.

— C'est juste, dit Alménor. D'ailleurs les traiteurs de la ville n'aiment pas que l'on porte chez eux sa volaille et son vin; ils nous recevraient mal, tandis que votre Roberdin, cela lui est égal, n'est-ce pas ?

— Je vous réponds qu'il ne s'en formalisera pas; de plus, je puis vous affirmer que la servante de l'endroit sait très-bien faire sauter un lapin. Quant aux poulets, nous les mangerons rôtis, et la poule sera pour Roberdin.

Enfin, j'ai dit en partant que l'on ait soin de faire un bon feu à la cuisine et de tenir la broche prête, de cette façon au moins, nous n'attendrons pas longtemps le souper.

— Bravo! vive la joie alors!

— Et vive l'ami Creps! voilà un homme qui pense à tout.

Minuit sonnait lorsque les trois hommes arrivèrent au cabaret de Roberdin, mais la porte n'était pas fermée. Le cabaretier veillait ainsi que la servante, et un grand feu pétillait dans la cuisine.

— Qu'on nous apprête vivement tout cela ! dit Creps, en jetant les lapins et les poulets à la servante. Les lapins sautés, les poulets rôtis.

— Avec cela une salade et du fromage, si c'est possible, dit Alménor.

— Vous aurez tout cela, et même une omelette aux fines herbes, si vous voulez.

— Ça va, dit Saucissard. L'omelette aux fines herbes nous servira de hors-d'œuvre.

— Et le couvert dans un endroit où l'on puisse rire, chanter, crier à son aise...

— Oh! quant à cela, vous ne serez pas gênés ici! dit Roberdin ; je n'ai cette nuit à coucher que trois rouliers, et je crois que vous tireriez le canon sous leur nez que ça ne les réveillerait pas.

Le couvert est mis dans la grande salle du rez-de-chaussée, qui est la plus belle de la maison. Alménor range avec symétrie les onze bouteilles sur une table voisine, et Saucissard les contemple avec amour, puis va dans la cuisine rôder autour de la servante ; mais la paysanne est laide et mal faite, Saucissard préfère mettre son doigt dans la lèchefrite.

— Remportez-vous le croc? dit Creps à Alménor.

— Jamais! nous le laisserons ici : c'est un serviteur utile que nous retrouverons dans l'occasion... et elle reviendra souvent !

— Mais votre mère verra demain que les lapins ont pris la fuite, qu'on lui a volé des poulets et qu'il y a dans sa cave beaucoup de bouteilles cassées.

— Tant pis! ça ne me regarde pas! Est-ce que je m'occupe de cela?

— Voici toujours l'omelette, dit Roberdin. Les lapins ne tarderont pas... mettez-vous à table, messieurs.

— Oui, oui, à table !... débouchons et sablons la Côte-Rôtie.

Creps s'est déjà placé, Saucissard en fait autant, et Alménor vient se mettre entre eux, apportant quatre bouteilles pour commencer. Il emplit les verres et attend avec impatience que Creps ait vidé le sien pour avoir son opinion sur le vin qu'il lui offre.

L'Amant de la lune a bu lentement et en connaisseur qui veut juger et apprécier ce qu'on lui donne ; mais, après avoir vidé son verre, il secoue la tête en murmurant :

— Excellent ! Mais ce n'est pas du Côte-Rôtie, c'est du Cahors.

— Tiens, ma mère aura changé ses tas, alors.

— Du reste, je vous affirme qu'il est délicieux.

Alménor est enchanté d'avoir satisfait un homme qui déguste si bien le vin, il emplit de nouveau le verre de Creps, et lève le sien, en disant :

A la santé de celui qui fut notre amphitryon. Je regrette de ne pouvoir lui rendre des festins comme ceux qu'il m'a offerts!... Mais on fait ce qu'on peut !

Ce vin est parfait répond Creps. Avec cela et ce que nous avons pris dans la basse-cour on fait un très-bon souper.

Voici la porte, sortez vite; pas un mot...

— Oui, pardieu ! dit Saucissard, et je m'abonnerais volontiers à cet ordinaire.

— Oh! toi, tu t'abonnes à tout ce qu'on veut! dit Alménor en débouchant une seconde bouteille. Tu n'as pas toujours mangé des oranges avec des perdrix... n'est-ce pas, Saucissard?...

Le monsieur grêlé pousse un soupir et boit en disant :

— J'ai fait tant de folies pour les femmes !

Alménor rit pendant quelques instants à se tenir les côtes. Creps, lui-même, ne peut s'empêcher de sourire de cette boutade échappée à Saucissard, qui reprend :

— Oui, messieurs, j'ai fait des folies pour les femmes, cela vous surprend ?

— Oh ! non, dit Alménor. Si tu as eu des maîtresses, je conçois que tu aies dû les payer cher... Est-ce que tu leur as donné aussi de tes cheveux ?... est-ce pour cela qu'il ne t'en reste plus ?

— Je leur ai donné tout ce que j'avais... j'ai toujours aimé le beau sexe... à sa santé.

— Messieurs, voici les lapins sautés ! dit la servante en posant sur la table un énorme plat rond, dans lequel aurait pu tenir une basse-cour.

— Eh ! eh ! le fumet n'est pas désagréable ! s'écrie Alménor; je vois que l'ami Creps ne nous a pas trompés, et que cette fille entend la cuisine.

La servante fait une révérence, et Saucissard lui pince le mollet, en murmurant :

— Si tu étais plus gentille, ma chère, je pincerais plus haut... mais en vérité, il n'y a pas moyen... quant à présent, du moins !... Ah! lorsque j'aurai trois ou quatre bouteilles dans la tête !... on ne sait pas... ça peut m'illusionner.

XV. — TENTATIVE NOCTURNE.

La servante donne un coup de coude dans le nez de Saucissard et s'éloigne en criant : — Quand on est vilain comme vous, on ne se permet pas de trouver les autres laids.

— Elle a raison, dit Alménor, et tu t'es attiré cela... Buvons. Moi aussi j'adore les belles, mais je ne leur dis jamais de sottises, même aux belles qui sont laides... Et vous, l'ami Creps, êtes-vous amateur?...

Creps secoue la tête en murmurant :
— Moi... autrefois c'est possible... mais je ne m'en souviens plus !
— Il ne m'en souvient plus ! ne dirait-on pas qu'il est bien vieux.. quel âge avez-vous ?
— Je n'en sais rien.
— Ah ! il ne sait pas l'âge qu'il a... fameux !... Une coquette n'aurait pas mieux répondu.
— Non, je ne sais plus ce que je suis... souvent même je ne sais plus ce que je fais ! Buvons !... buvons ! Maintenant je ne sais que m'étourdir afin de tâcher d'effacer le passé de ma mémoire... Les femmes... les femmes... oh ! oui... j'ai aimé aussi... mais c'est comme un songe... Oh ! les passions... qu'il serait heureux celui qui n'aurait dans le cœur que le souvenir d'un seul amour !...
— Cela dépend du goût... Moi, il me semble que plus les souvenirs sont nombreux, plus les rêveries sont agréables ! répond Alménor en se rengorgeant. Mais buvons ! et au diable les souvenirs qui attristent... Cabaretier, débouchez-nous une troisième bouteille.
Roberdin débouche et verse en disant :
— Voilà un vin qui a un fameux bouquet.
— Oui, c'est autre chose que votre piqueton... dit Alménor...
Comme la mère Michelette a bien fait de nous garder de ce vin-là.
A la troisième bouteille succède une quatrième, puis une cinquième. On entame la sixième lorsque arrive le rôti. Saucissard, qui a déjà la langue épaisse, s'écrie :
— Sapredié, nous avons eu tort de n'en prendre que onze bouteilles... c'est pas assez !... Nous aurions dû penser que c'était pas assez.
— Prenez garde, néanmoins, dit Creps, ce vin-là est capiteux !
— Qu'est-ce que cela nous fait !... nous sommes des gaillards de force à boire chacun nos six bouteilles au moins... Je parie pour six, moi... A boire, Alménor... Cabaretier, débouche la septième. A la santé des femmes qui m'ont adoré !
— Ah ! Saucissard, tu deviens trop tendre ! dit Alménor. Mais moi, je me rouille dans ce pays... je ne sais à qui offrir mon hommage... Ah ! il y a bien la femme du voisin Bouchonnier qui me chausse assez... mais elle fait la bégueule... Buvons.
— Oh ! il y a mieux que cela !... dit Saucissard. Bien mieux que cela !... infiniment mieux que cela.
— Bah !... de qui donc veux-tu parler, savant ?
— Eh ! parbleu, d'une dame et de sa fille qui sont venues un jour chez M. Bouchonnier, pendant que nous y étions...
— Ah ! je gage que tu veux parler de madame Clermont et de sa fille...
— Justement !... En voilà des femmes jolies et bien faites, et que ça doit être du bonbon !... Les connaissez-vous Creps ?
— Je les connais sans les connaître... Une fois je me trouvais au bord de l'eau, le soir ; des personnes se promenaient en bateau. J'entends un cri : quelqu'un était tombé du bateau. Je suis nager, je me précipite ; je ramène la personne à bord : c'était une jeune fille qui, en effet, m'a semblé belle... sa mère était évanouie sur le rivage, mais je ne l'ai pas vue, je me suis éloigné. J'entendis que l'on disait autour de moi : « C'est la fille de madame Clermont que vous avez sauvée. » Ça m'était fort égal. J'avais sauvé quelqu'un qui se noyait, voilà tout. Le lendemain, deux dames vinrent ici pour me remercier. J'étais dans l'écurie, je dormais... Roberdin vint m'éveiller, mais comme je n'avais pas besoin de remercîments de ces dames, je jûsai de les voir, voilà tout.
— Ah ! bigre, vous n'auriez pas refusé si vous aviez su quels mignois c'étaient. Comment ! elles sont venues ici... alors vous les avez vues, cabaretier ?
— Oui, sans doute, dit Roberdin. Ah ! ce sont des femmes soignées, en effet... La mère est au moins aussi bien que sa fille !
— C'est mon opinion. Buvons, messieurs.
— Savez-vous que ces poulets ne sont pas désagréables ?... Je propose la santé de la basse-cour... Voilà ah ! ah ! et les lapins qui ont pris leur volée !... Qu'est-ce que ma chère mère va dire demain !...
— Nous lui ferons croire que ce sont des renards qui ont brisé les treillages... Mais quel dommage de n'avoir pris que onze bouteilles ! Je n'en vois que trois pleines là-bas !... ça me navre... Débouche, cabaretier !...
— Ah ! je pense au voisin Pastoureau, à cheval sur son croc.
— Et moi, à sa guitare que l'on trouvera sur le balcon de madame Bertrand... ça va faire jaser... il y aura du scandale dans l'endroit...
— Ah ! ce sera ravissant ! buvons !
— Chantons. Je suis en voix !...
— Rions. Je suis en train !...
— Fumons. Oh ! fumons à mort !
— Crions !... Vive le bruit ! vive le tapage !...
Les bouteilles se vident, les verres se choquent, les pipes s'allument et les têtes également. Le vin de Cahors étant, en effet, très-capiteux, lorsqu'on débouche la onzième bouteille, Alménor a les yeux rapetissés de moitié ; Saucissard a beaucoup de peine à articuler, et Creps, lui-même, passe souvent sa main sur son front, comme pour tâcher de ramener du calme dans ses idées.

Saucissard s'essuie les yeux en voyant finir la onzième bouteille. Roberdin apporte alors sur la table un saladier rempli d'eau-de-vie à laquelle il a mis le feu.
— C'est bien, cela !... c'est très-bien ! murmure Saucissard. Vive l'alcool !... vivent les riboteurs ! je veux l'être jusqu'à la fin de mes jours !... Messieurs, Vénus et Bacchus, je ne sors pas de là !...
— Oui, il a raison ! s'écrie Alménor. Le lit et la table, on n'est bien que là !...
— Bravo !... oui, on n'est bien qu'à table !...
— Ou sous la table !
— Ou sous le lit !...
— Ah ! voilà que tu patauges ! A votre santé, messieurs !...
Lorsque le saladier est entièrement vidé, Alménor, dont on ne voit plus les yeux, se lève et s'appuyant sur la table pour se soutenir, balbutie :
— Messieurs, je vais vous faire une proposition.
— Je parie que je devine la proposition ! dit Saucissard, en crachant entre chacune de ces paroles.
— Toi ! ça m'étonnerait !...
— Tu veux que nous retournions à la pêche du vin de Cahors... ça me va, j'en suis, j'appuie la motion.
— Non, non, ce n'est pas cela... mais tu viens de le dire toi-même : il n'y a que deux choses au monde pour les bons enfants : Vénus et Bacchus. Nous avons joui de Bacchus, si nous tâtions de Vénus maintenant.
— Oh ! v'oui... oh ! v'oui... balbutie Saucissard qui ne peut pas parvenir à dire autre chose. J'en suis, v'oui, v'oui !...
— Ces deux femmes si belles, la mère et la fille me trottent dans l'idée... l'une est veuve, l'autre n'a pas d'amoureux... Si nous allions leur dire un petit bonsoir...
— Ah ! v'oui... ça va...
— Je sais où elles demeurent...
— Ah ! ça me revient... dans leur maison il y a aussi une petite servante bien troussée... Ah ! quelle chance !... trois femmes... et nous sommes trois ! chacun la sienne.
— C'est cela... est-ce que nous finirions notre nuit comme des capons, en allant nous coucher lorsqu'il y a dans une maison que nous connaissons trois minois charmants ?... Je ne sais pas si la servante est charmante, mais enfin la mère et la fille sont adorables.
— Ah ! v'oui, et la servante aussi, balbutie Saucissard.
— Allons, sacrebleu ! un peu d'audace... une aventure à la Richelieu... Voyons, Creps, tu en es... hein !
L'Amant de la lune, dont les yeux expriment alors une espèce d'égarement, se lève et frappe sur la table, en s'écriant :
— Oui, je ferai ce qu'on voudra !... Cassons, brisons, tapons !... ça me va, je suis votre homme... Ah ! retrouvons un peu de notre existence d'autrefois.
— Ah ! v'oui !... ah ! v'oui ! retrouvons-la, balbutie Saucissard, et buvant à même dans le saladier.
— Alors, messieurs, ne perdons pas de temps, la nuit s'avance, en route !
— En route !...
— Emportons encore le croc...
— Pour pêcher du vin... ah ! v'oui !
— Mais non, pour ouvrir un volet, forcer une fenêtre. Vous comprenez bien que nous n'allons pas entrer par la porte... d'abord on ne nous ouvrirait pas, ensuite ça ne serait pas si amusant... Allons, Saucissard, tu vas reprendre le croc... en route, les amis. Justement il y a de la lune... la maîtresse de Creps nous servira de lanterne.
Les trois riboteurs avaient encore chacun un demi-verre de rhum que vient de leur verser Roberdin ; puis Alménor jette sur la table les sept francs cinquante qu'il a reçus de sa mère, en disant au cabaretier :
— Voilà tout ce que j'ai... es-tu content, Coucy ?
— Très-content ! répond Roberdin, et pour vous le prouver, je vais vous faire un cadeau qui pourra vous être plus utile que votre croc dans l'expédition que vous projetez.
— Qu'est-ce que c'est ? voyons le cadeau.
Le cabaretier sort un moment de la salle, où il revient bientôt tenant dans sa main une grosse corde ayant des nœuds de distance en distance, et terminée par un fort crochet de fer. Il jette la corde sur la table ainsi qu'une espèce de ciseau de menuisier, en disant :
— Avec cette corde vous monterez facilement à toutes les fenêtres... avec ce ciseau vous ouvrirez les volets et les croisées.
— Oh ! magnifique !... oh ! superbe !... s'écrie Alménor en s'emparant des deux objets. Cabaretier, mon ami, je su's sensible à ce présent... je le reconnaîtrai aussitôt que je serai en fonds.
— Le fait est, dit Saucissard, que cela vaut cent fois mieux que ce malheureux croc avec lequel j'aurais pensé être trébucher quelque passant !... et que ça m'ennuyait beaucoup de porter... Sapristi... comme j'ai la bouche pâteuse... C'est bien gentil à vous, cabaretier, d'avoir ces petites choses-là... pour l'agrément de vos pratiques !...
Roberdin fait une légère grimace, puis répond :

— Ma foi, c'est bien par hasard... c'est quelqu'un qui a logé ici une nuit et qui y a laissé cela, par oubli sans doute... mais comme c'était un étranger, que je n'ai jamais revu depuis, je n'ai pas pu lui restituer ces objets.

— Il est probable, dit Alménor en riant, que cet individu était quelque voleur, quelque dévaliseur de grands chemins et de maisons... Mais qu'est-ce que ça nous fait... sa corde va joliment nous servir... n'est-ce pas, Creps?... les amants et les voleurs prennent souvent la même route.

Creps ne semble pas avoir fait attention aux objets que le cabaretier vient d'apporter; il boit encore du rhum comme un homme décidé à s'étourdir tout à fait. Puis, au lieu de poser son verre sur la table, il le jette en l'air, en s'écriant:

— Allons, recommençons les folies, les bamboches, les orgies... essayons de ressaisir cette vie d'ivresse, de combats, de débauches... et puis mourons ensuite s'il le faut!... Oh! cela vaudrait bien mieux que de traîner encore une misérable existence...

— Non! non! sacrebleu! ne mourons pas après !... s'écrie Alménor. Je veux aller encore longtemps, moi... j'ai un avenir superbe !...

— Ah! vou... oui, balbutie Saucissard. Ah! vou... oui!... mourons longtemps et amusons-nous après... mais l'amour nous attend pour nous couronner de myrtes...

— Il a raison: vite à la maison isolée.

Les trois hommes ont quitté le cabaret. Ils marchent cette fois en se tenant sous le bras, se soutenant ainsi les uns par les autres. L'air de la nuit, en les frappant subitement, augmente encore leur ivresse. Alménor veut danser, Saucissard manque à chaque instant de tomber; mais Creps, qui est au milieu d'eux, les retient tout en chantant d'une voix forte et sonore un refrain de table sur lequel le monsieur grêlé s'obstine à vouloir faire une basse qu'il ne peut pas trouver.

— Nous approchons, dit Alménor. Oh! quand je pense à la belle veuve... à la jeune fille... à la servante !... j'éprouve des frémissements par tout le corps.

— Et moi donc ! bredouille Saucissard. Je me sens amoureux comme trente mille hommes... O mes petites chattes... il ne faudra pas essayer de me résister ce soir !... car je déclare que je brave tous les obstacles...

— Oui!... les femmes !... l'amour!... il n'y a que cela au monde ! dit Creps, et c'est cela qui nous perd !...

— Moi, je voudrais me perdre tous les jours !... *En avant, marchons contre leurs canons.*

— Elles ne s'attendent pas à la visite qu'elles vont avoir, nos trois beautés !

— Trois hommes aimables, amoureux comme nous! Je ne les plains pas!... Pourquoi donc que mon pied tourne toujours...

— *C'est l'amour, l'amour, qui fait le monde à la ronde !...*

— Je déclare que je monterais cette nuit à un mât de cocagne...

— Chut!... chut!... nous voici arrivés!

Les riboteurs étaient en effet devant la maison habitée par madame Clermont. On n'apercevait aucune lumière; il était près de quatre heures du matin, mais le plus profond silence régnait encore dans la campagne, car on était au mois de septembre et les nuits se prolongeaient déjà plus longtemps.

Les trois amis se sont arrêtés; ils regardent la porte, les fenêtres; mais tout semblait être fermé: au rez-de-chaussée, par des volets pleins; au premier, par des persiennes.

Cependant Alménor, qui avait la corde sur son bras, tenait déjà le bout où était le crochet, et, tout en s'efforçant de garder son équilibre, criait:

— Lançons la corde... montons à l'assaut, enfonçons tout !...

— Mais par où diable voulez-vous entrer ?... à quoi voulez-vous accrocher votre corde ? dit Creps en examinant la maison de plus près...

— Ça m'est égal... lançons toujours... n'est-ce pas, Saucissard ?...

— Ah ! v'oui... elles sont là, ces femmes ravissantes... je veux les couvrir de mes tendres baisers... C'est étonnant... il me semble que je valse... Jette ton harpon, cher ami.

Alménor lance son crochet à plusieurs reprises, mais il retombe toujours, et la troisième fois vient harponner le nez de Saucissard qui regardait en l'air et qui jure comme un damné, en s'écriant :

— C'est donc toujours moi qui recevrai les atouts... Bah ! appelons ces dames, ce sera bien plus simple, nous leur déclarerons nos sentiments, et je gage qu'elles nous ouvriront... *Viens, gentille dame !... je t'attends !... je t'attends !...*

— Veux-tu te taire, imbécile !... il va réveiller toute la ville, ce braillard-là !...

— Je veux charmer ces dames, moi.

Pendant que les deux amis ont cette discussion, Creps, qui a fait le tour de la maison, revient vers ses compagnons et leur dit :

— Il y a un jardin, entrons-y d'abord, et une fois en dedans il est probable que ce sera moins bien fermé.

— C'est ça, entrons dans le jardin...

— Ah ! v'oui... mais par où ?

— Eh parbleu ! par dessus le mur, c'est bien facile avec cette corde.

Creps a lancé le crochet, qui s'attache au haut du mur ; il monte le premier, Alménor monte ensuite ; mais quand Saucissard veut grimper à l'aide de la corde, parvenu à trois pieds de hauteur, la corde lui échappe, et il tombe sur son derrière.

— Imbécile ! crie Alménor, il est capable de s'être blessé !

— Du tout, balbutie Saucissard en se relevant. C'est mon ballon qui a porté et ça ne l'a pas même dégonflé ! Attendez-moi, je remonte... qui est-ce qui me tend la main?

Aidé par Creps qui lui tend un bras vigoureux, Saucissard parvient enfin à se hisser sur le mur, et saute dans le jardin, où il roule encore plusieurs fois sur lui-même avant de parvenir à se remettre sur ses pieds.

Ces messieurs se dirigent vers la maison. Creps ne s'était pas trompé, un des volets du rez-de-chaussée n'est pas fermé. Alménor casse un carreau et ouvre la fenêtre. Bientôt les trois hommes sont dans l'intérieur de la maison.

Mais on n'y voit pas, et ils ne connaissent pas les localités. Tous trois s'avancent à tâtons. Bientôt Saucissard embarrasse ses pieds dans une terrine ; en voulant se retenir, il s'accroche à une casserole qu'il fait tomber.

— Que la peste t'étouffe ! dit Alménor, tu veux donc réveiller tout le monde?

— C'est pas ma faute ; messieurs, j'ai découvert que nous sommes dans la cuisine.

— On aura entendu du bruit.

— Tant pis ! Il faudra toujours bien qu'elles s'éveillent, ces petites femmes... moi, je ne fais pas l'amour à des marmottes...

— Voilà une porte...

— Je sens un escalier... montons ; il est probable qu'elles couchent en haut.

— Ah ! fichtre, où suis-je ?... je me cogne dans tous les pots !... Attendez-moi, vous autres !...

Creps a déjà monté l'escalier... Arrivé au premier, il ouvre une porte qu'il rencontre, entre dans une chambre où il fait très-noir, puis s'arrête, ne sachant de quel côté tourner ; mais bientôt une voix qui semble partir d'une chambre voisine fait entendre ces paroles :

— Qui a donc fait du bruit... est-ce toi, Emmeline ?... ou bien est-ce vous, Catherine ? Serais-tu souffrante, ma fille ?...

Creps reste immobile, il ne bouge plus, il ne fait plus un pas : la voix s'est tue, mais il écoute encore. On dirait qu'il cherche à retenir les sons fugitifs qui l'ont frappé.

Alménor, parvenu au premier, a trouvé une autre porte. La clef est aussi bien dans la serrure, et il entre en se disant :

— C'est charmant, personne n'est enfermé, on entre comme chez soi... ça va tout seul.

Au bruit de ses pas, une voix murmure tout près de lui :

— Est-ce toi, maman ?

— Non, ma toute belle, ce n'est pas maman, répond Alménor en se dirigeant du côté où part la voix, mais c'est quelque chose de plus gentil, c'est un amoureux brûlant.

Emmeline pousse un cri d'effroi et se précipite aussitôt hors de son lit. Elle veut fuir, Alménor rencontre son bras et l'arrête. Cependant la jeune fille redouble d'efforts, elle parvient à se dégager pour aller courir chez sa mère, mais, dans l'obscurité, elle n'a pas vu Saucissard qui vient aussi de pénétrer dans sa chambre, et c'est dans ses bras qu'elle se jette.

Le monsieur grêlé la presse tendrement contre son cœur en s'écriant :

— Ah ! j'en ai une !... c'est pas trop malheureux !... je ne sais pas laquelle j'ai, ça m'est égal, je m'y tiens... ça m'a l'air gentil !

— Non pas, dit Alménor, je l'ai dénichée avant toi et je la veux...

— Tu m'embêtes, cherches-en une autre !...

Mais Emmeline se débat en appelant à grands cris sa mère. Celle-ci ne se fait pas attendre ; éveillée déjà, elle avait passé à la hâte une robe de chambre et allumé une bougie. Aux cris de sa fille, elle accourt pâle, bouleversée. Elle aperçoit que Emmeline que Saucissard essayait de retenir en l'enlaçant de ses bras. Mais la vue de sa mère a doublé les forces de la jeune fille ; elle repousse celui qui la retient et va se précipiter sur le sein de madame Clermont, qui regarde avec effroi les deux hommes qui sont devant elle.

— Nous voilà deux... chacun la nôtre à présent ! s'écrie Alménor.

En disant ces mots, il s'avance avec Saucissard vers madame Clermont. Celle-ci recule, tout en faisant passer sa fille derrière elle pour la protéger, et semble chercher quelque moyen de salut. En ce moment Creps paraît à l'entrée de la chambre.

A peine madame Clermont l'a-t-elle aperçu que, poussant un cri de joie, elle court avec sa fille de son côté, et lui montrant Emmeline, joint ses mains d'un air suppliant, en s'écriant :

— Monsieur, sauvez-la... sauvez ma fille... elle vous doit déjà la vie... Ayez pitié de nous ! Vous ne souffrirez pas que nous soyons victimes de ces deux misérables... Oh ! non, vous nous protégerez, vous nous défendrez !...

Creps a les yeux fixés sur madame Clermont, et pendant qu'elle lui parle, il semble qu'une révolution soudaine s'opère en lui : l'égarement de ses yeux se dissipe, la rougeur de son visage fait place à une pâleur extrême; son corps paraît agité par un tremblement nerveux, mais son ivresse s'est dissipée tout à coup, et lorsque la mère d'Emmeline a cessé de parler, il baisse la tête, laisse tomber ses bras et reste devant elle comme anéanti.

Mais comme la présence de leur compagnon d'orgie n'avait nullement effrayé Alménor et son ami, ces messieurs se mettent à rire, et le bel homme reprend :

— Ah! vous croyez que le camarade va vous défendre... mais c'est un ami... il est de la partie... seulement, comme nous vous avons trouvées avant lui, il s'adressera à votre servante!...

— Ah! v'oui, v'oui, v'oui... cherche la bonne, Creps, et laisse-nous rire ici!...

Et les deux hommes font quelques pas pour se rapprocher des dames, mais avant que celles-ci aient eu besoin de fuir, Creps s'est placé devant elles, et repoussant d'une main vigoureuse Alménor et Saucissard, leur dit d'un ton qui n'a plus rien d'un homme ivre :

— Voici la porte... sortez... sortez vite... pas un geste, pas une insulte à ces dames, ou je me répondrais pas de ma colère...

Les deux ivrognes restent abasourdis en entendant leur compagnon leur parler de la sorte. Quant aux deux femmes, elles adressent au ciel des actions de grâces, car elles comprennent qu'elles n'ont plus rien à craindre.

— Eh bien! m'avez-vous entendu? reprend Creps en montrant la porte à Alménor, qui semble le moins disposé à s'éloigner.

— Voyons, Creps... qu'est-ce que cela veut dire?... nous sommes venus ici d'accord... comme de bons enfants... Tu as approuvé mon idée... et ce même toi qui as trouvé le moyen pour pénétrer chez ces belles petites femmes, et tu veux nous renvoyer...

— Quand j'ai accepté votre infâme proposition, c'est que j'étais ivre, c'est que je n'avais plus ma raison... c'est qu'il m'était égal de vous ressembler... mais maintenant... j'ai horreur de ce que j'ai fait... Allons, partez... partez...

Creps accompagne ces mots d'un geste assez significatif; il pousse Saucissard dehors, puis veut en faire autant avec Alménor ; mais celui-ci se pose comme quelqu'un qui a l'intention de faire résistance et murmure entre ses dents:

— Non, sacrebleu ! je ne m'en irai pas et nous allons voir.

Alors l'Amant de la lune s'élance vers le fils de madame Michelette, et, le prenant par les épaules, le pousse d'un bond hors de l'appartement. Alménor était trop gris pour tenir ferme à sa place. Il va taper contre la muraille du couloir ; il est tellement étourdi de cette pirouette, qu'il resterait là, si Creps ne le poussait dans l'escalier, où il va tomber sur Saucissard, qui descendait les dernières marches. Ces messieurs arrivent ainsi un peu précipitamment dans le vestibule. Celui qui les a fait descendre si brusquement les a suivis ; il ouvre la porte qui donne sur la route, et, sans leur laisser le temps de se reconnaître, les pousse tous les deux dehors et les envoie rouler sur le grand chemin, Alménor jurant comme un possédé, et Saucissard criant qu'il se contentera de la lune.

Après avoir mis les deux hommes ivres hors de la maison, Creps a refermé la porte, et il reste dans le vestibule comme quelqu'un qui est indécis sur ce qu'il doit faire. Mais Clémence (car nous savons maintenant que c'est le nom de madame Clermont), Clémence a descendu l'escalier, et, pendant que sa fille passe à la hâte une robe, elle revient vers Creps en lui disant avec ce son de voix si doux chez elle, mais qui, en ce moment, prenait une nouvelle expression par l'émotion de son âme :

— Monsieur, combien ne vous dois-je pas!... Ah! c'est bien plus que la vie, maintenant ! car vous avez sauvé l'honneur de ma fille ! bule d'entrée.

En voyant madame Clermont venir à lui, Creps éprouve comme un frémissement; par un mouvement prompt comme la pensée, il rabaisse sur son front les bords de son chapeau, et lui répond sans lever les yeux sur elle, et d'une voix dont il semble chercher à retenir la sonorité :

— Ce ne sont pas des remerciments que vous me devez, madame, car vous l'avez entendu... j'étais venu avec ces deux hommes dans le but le plus odieux, le plus vilain... nous voulions pénétrer chez vous... nous avions conçu le plan le plus abominable... Je sais que, pour atténuer de peu notre crime, je pourrais dire que nous étions ivres... que le vin avait totalement chassé notre raison... mais cela ne saurait me faire trouver grâce à vos yeux... L'ivresse ne peut servir d'excuse à de telles infamies... et, je vous le répète... je me trouve indigne de pardon.

— Oh! ne dites pas cela, reprend Clémence en pressant contre son cœur sa fille qui vient de la rejoindre, ne dites pas cela... vous... à qui je dois déjà l'existence de mon Emmeline... Si, dans un moment d'égarement, vous avez pu, un instant, vous laisser entraîner par ces deux misérables, vous voyez bien qu'il a suffi d'une prière de moi pour vous rappeler aux sentiments d'un homme d'honneur. Vous voyez bien que vous avez aussitôt pris notre défense, et que vous avez chassé ceux qui voulaient nous outrager. Si vous n'aviez pas été avec eux, nous étions perdues... Ah! vous aurez beau faire, monsieur, vous ne pourrez pas vous soustraire à notre reconnaissance.

Quelque chose me dit, au contraire, que vous n'étiez venu avec ces deux hommes que pour nous protéger, et les empêcher d'accomplir leurs horribles projets.

Creps, qui a toujours les yeux baissés, secoue tristement la tête en murmurant :

— Non... j'étais un misérable... ma tête était perdue!... Cette échelle de corde qui est encore attachée au mur de votre jardin, c'est moi qui l'ai placée... C'est moi qui suis monté le premier... Mais, en effet, madame, une seule de vos paroles a suffi pour dissiper mon égarement... Ah! vous n'aviez pas même besoin de parler... et si j'avais su que c'était...

Creps s'arrête comme s'il craignait d'en trop dire. Madame Clermont attend qu'il continue, et on voit dans ses regards que cet homme mystérieux qui est devant elle excite à la fois son intérêt et sa curiosité. Elle examine cette figure qu'une barbe longue et épaisse cache en grande partie, et dont elle ne peut jamais rencontrer les yeux, parce qu'ils sont continuellement baissés.

— Maman, dit Emmeline, voyant que Creps garde le silence, as-tu compris, moi, reconnu ces deux hommes de tout à l'heure? Mon Dieu ! est-ce possible... est-ce que je ne me suis pas trompée... était-ce le fils de madame Michelette, et ce vilain monsieur qu'il nomme son ami?

— Je n'en ai vu qu'un, dit Clémence, et, en effet... oui... nous l'avons rencontré une fois chez notre voisine!... Oh! mon Dieu! ce serait M. Alménor... est-ce possible, monsieur, et ne nous abusons-nous pas?

— Non, madame, répond Creps ; les hommes qui cèdent à leurs mauvaises passions sont capables de faire beaucoup de mal, lorsqu'ils ont toute leur raison; jugez donc jusqu'où ils peuvent aller quand le vin a enflammé leur sang et bouleversé leur cerveau. C'était bien en effet M. Alménor et son ami qui étaient ici tout à l'heure... mais, voulez-vous me permettre de vous adresser une prière?...

— Oh! parlez, parlez ! répond vivement Clémence.

— Revenus de l'égarement que l'ivresse leur avait causé, je ne doute pas que M. Alménor, et... même son ami, ne se repentent vivement de leur conduite... Le crime qu'ils voulaient commettre était trop grand pour que de sang-froid il ne leur fasse pas horreur... Eh bien! madame, si vous étiez assez généreuse pour garder le silence sur cet attentat... personne que vous et mademoiselle n'en ont été témoins... grâce au ciel, malgré le bruit, votre servante ne s'est pas éveillée... on ignorerait l'infamie dont ces deux hommes allaient se couvrir, et, en leur sauvant l'honneur, vous les arrêterez peut-être sur le chemin du désordre et de la honte.

— Nous garderons le silence, monsieur ; jamais un mot de ce qui s'est passé cette nuit ne sortira de notre bouche, n'est-ce pas, Emmeline?

— Je le jure, maman!... Certainement, ces hommes étaient fous... ils vont se perdre qui sait où dans le monde, faire de la peine à cette pauvre madame Michelette... Seulement ; si nous nous rencontrons encore avec eux quelque part... il me semble qu'ils devront être bien honteux.

— Je leur dirai, mademoiselle, que ni vous, ni madame votre mère ne les avez reconnus... sans cela, il me semble aussi qu'ils ne devraient pas pouvoir supporter vos regards.

— Ah! c'est bien cela, monsieur!... s'écrie Emmeline, voilà une bonne idée! Oui, il faut qu'ils croient qu'on ne les a pas reconnus... ils seront moins humiliés, et nous moins embarrassées devant eux, n'est-ce pas, maman?

Madame Clermont ne dit rien, mais à chaque instant elle est plus étonnée en écoutant Creps; car les sentiments de cet homme ne sont nullement en harmonie avec son état de vagabondage, et dans sa conversation avec les deux dames, en même temps que sa voix a perdu de son âpreté, et ses manières de leur brusquerie, il semble que son langage retrouve de l'élégance et de la distinction.

— Maintenant, reprend Creps au bout de quelques instants, je m'éloigne, vous pouvez vous livrer au repos... vous n'avez plus rien à craindre... et désormais vous pourrez dormir en paix... il y aura quelqu'un qui veillera sans cesse sur vous...

— Et ce quelqu'un, ce sera vous, monsieur? s'écrie Clémence en cherchant, mais en vain, à rencontrer le regard de Creps. Celui-ci répond d'une voix entrecoupée :

— C'est mon devoir, madame, afin d'effacer, s'il se peut, la honte dont j'ai failli me couvrir cette nuit.

Puis il incline la tête devant les deux femmes, et se dirige vers la porte.

Madame Clermont et sa fille le suivent. Cette dernière lui dit :

— Vous viendrez nous voir quelquefois, n'est-ce pas?

Creps s'arrête et ne répond rien, il paraît attendre ce que va dire Clémence. Celle-ci s'écrie :

— Oh! oui, monsieur, nous n'oublierons jamais tout ce que vous avez fait pour nous... Cette maison vous sera toujours ouverte... et si nous pouvions... par hasard, vous être utile... Ah! ne nous oubliez pas, monsieur.

— Je ne mérite pas tant de bontés, madame... mais croyez... que j'en suis vivement touché.

Après avoir dit ces mots presqu'en tremblant, Creps, faisant comme un effort sur lui-même, ouvre la porte et sort brusquement de la maison. Lorsqu'il est dehors, il se hâte de courir à l'endroit du mur où il avait attaché la corde ; il la tire à lui, la roule sous son bras et l'emporte ; mais, avant de s'éloigner, il se retourne plusieurs fois, afin de regarder encore la maison habitée par Clémence et sa fille.

XVI. — LES CONJECTURES.

Le jour qui suit cette nuit fertile en événements, toute la ville de Corbeil est en rumeur.

Madame Michelette est allée porter sa plainte au maire ; elle va ensuite raconter partout que ses lapins ont pris la fuite et font une garenne de son jardin ; que plusieurs de ses poulets ont brisé leur treillage et ont été rejoindre les lapins ; qu'elle a entendu son coq chanter bien avant minuit, ce qui n'est pas naturel ; enfin, que sa cave est remplie de tessons de bouteilles, comme si un tremblement de terre avait fait danser tout son vieux vin de Cahors.

De son côté, M. Pastoureau raconte, avec des enjolivements à faire dresser les cheveux, que, s'étant un peu attardé à la soirée donnée par madame Samsonnet, il revenait seul à son logis, lorsqu'au milieu d'une ruelle déserte il s'était senti tout à coup quelque chose entre les jambes ; que ce quelque chose, qui était fort dur, l'avait enlevé dans les airs à une si grande hauteur, qu'alors, perdant l'équilibre, il était retombé sur la terre, et qu'à ce moment il avait aperçu comme des ombres se détacher de la muraille et s'éloigner en dansant une espèce de galop infernal, et en lui emportant sa guitare.

Le récit de M. Pastoureau avait vivement ému toute la société de l'endroit ; les dames surtout paraissaient y prendre un touchant intérêt, et faisaient les conjectures les plus bizarres sur cet objet dur que le sensible troubadour avait subitement senti entre ses jambes ; beaucoup d'entre elles auraient donné une récompense agréable pour savoir de quelle nature était cet objet.

Mais les caquets prirent un nouvel essor, lorsqu'en faisant l'appartement de sa maîtresse, la domestique de madame Bertrand trouve une guitare sur le balcon attenant à la chambre à coucher de madame.

La bonne de madame Bertrand, étant aussi mauvaise langue que sa maîtresse, commença dur aller montrer la guitare à tous ses voisins et ses voisines, en leur disant d'un air goguenard :

— V'là ce que je viens de trouver sur le balcon de la chambre à coucher de madame.

Et comme l'instrument du sensible troubadour était presque aussi connu que sa personne, que d'ailleurs il n'y avait guère que lui qui jouât de la guitare dans le pays, chacun s'était écrié :

— Mais c'est l'instrument de M. Pastoureau. Il en a donc pincé hier chez votre maîtresse ?

— Je sais pas ce qu'il a pincé hier chez madame, avait répondu la bonne. Moi, je ne l'ai pas vu entrer ; mais faut tout dire ! je me rappelle que madame m'a renvoyée de bonne heure, en me disant qu'elle avait la migraine... et qu'elle m'a recommandé, à moi et au jardinier, de nous coucher tout de suite. Et puis après... dame ! la nuit est longue.

Là-dessus les cancans avaient été leur train. Madame Bertrand approchait cependant de la cinquantaine, elle était sèche comme une allumette ; mais elle n'en était pas moins encore très-coquette, et puis ce malheureux Pastoureau était connu comme soupirant pour toutes les femmes, et quand les hommes ont cette réputation, on leur met ensuite tout sur le dos.

Et le récit romanesque qu'il avait fait, pour justifier la perte de sa guitare, semblait extrêmement invraisemblable, aussitôt que l'on avait eu connaissance de la trouvaille faite par la bonne de madame Bernard.

Et les dames avaient dit entre elles avec leur petit air moqueur : Nous devinons maintenant quel est l'objet qui cette nuit a fait trébucher ce monsieur.

Madame Bertrand avait été elle-même fort interloquée, lorsque sa domestique lui avait présenté la guitare qu'elle venait de trouver sur son balcon. Mais ensuite, lorsque de charitables amies étaient venues lui rapporter, sous le sceau du secret, les propos infâmes que l'on tenait sur son compte, madame Bertrand s'était défendue si mal et avec tant de nonchalance, qu'il était impossible de douter qu'elle n'en fût flattée de se trouver mêlée dans une aventure galante.

Quant à M. Pastoureau, qui, malgré son excessive sensibilité, ne se souciait point de passer pour l'amant d'une grande allumette plus ou moins chimique, aux premiers mots de cette histoire, il avait invoqué un alibi en offrant de prouver qu'il avait passé toute la soirée chez madame Samsonnet.

— Et comment nous prouverez-vous que vous avez passé toute la nuit chez vous, lui avait-on répondu, et que vous n'y êtes rentré immédiatement en sortant de chez madame Samsonnet ?

A cela, l'infortuné Pastoureau n'avait rien trouvé à dire, vu qu'il logeait dans une maison où il n'y avait aucune espèce de portier.

Au milieu de tout ce bruit, de ce bavardage incessant, il y avait deux personnes qui n'avaient pas soufflé mot, qui s'étaient tenues coites dans leur chambre, et qui paraissaient même avoir peur de se montrer au grand jour. On devine qu'il s'agit d'Alménor et de Saucissard. C'est qu'en effet, le lendemain de cette nuit mémorable, en songeant à ce qu'ils avaient tenté la veille, ils avaient frémi d'effroi ; car, s'introduire par force dans une maison pour outrager des femmes, pour se porter envers elles aux dernières violences, ce ne sont plus des plaisanteries, c'est un crime ; et quand les fumées du vin de Cahors avaient cessé d'obstruer leur cerveau, Alménor et son ami avaient rendu grâce au ciel de ce que Creps ne leur avait pas permis de pousser jusqu'au bout leur lâche attentat.

Mais ces messieurs n'en étaient pas plus tranquilles pour cela.

Alménor disait :

— Il est impossible que madame Clermont et sa fille ne nous aient pas reconnus... elles ne viennent point chez ma mère, c'est vrai, mais elles nous ont aperçus une fois ou deux, je crois, chez madame Bouchonnier, et j'ai un physique assez remarquable pour qu'il fasse quelque impression.

— Et moi aussi ! disait Saucissard, je suis de ces hommes qu'on remarque.. j'en suis fâché en ce moment... j'aimerais mieux avoir une figure commune.

— Si ces dames parlent... si elles content la manière dont nous nous sommes introduits chez elles cette nuit... on ne nous recevra plus nulle part... et ma tendre mère est capable de me flanquer à la porte.

— Nous dirons que ce n'est pas vrai, que ces dames se sont trompées et que nous avons dormi toute la nuit.

Alménor était bien aussi d'avis de nier ; malgré cela il ne se sentait pas tranquille, et pendant toute la journée il feint un mal de tête qui l'empêche de quitter sa chambre ; mais, lorsque la nuit est venue, il sort avec son fidèle compagnon et se rend en toute hâte au cabaret de Roberdin. A peine arrivés, les deux amis se dirigent sur-le-champ du côté de l'écurie.

— Où allez-vous, messieurs ? dit le cabaretier en les appelant.

— Eh ! parbleu ! trouver Creps... est-ce qu'il serait déjà levé ?

— Oh ! il y a longtemps. Je ne sais ce qu'il avait aujourd'hui, mais il n'a presque pas dormi... J'ai même idée qu'il n'a pas fermé l'œil un moment. Il n'a fait qu'aller et venir... il rentrait dans son gîte habituel, mais il en repartait bientôt et s'enfonçait dans la campagne... Je ne sais pas ce qu'il a... ce qu'il lui est arrivé... Mais il a quelque chose ! Oh ! certainement ce n'est plus le même homme... J'ai voulu, quand je l'ai aperçu ce matin, lui dire quelques mots... pour savoir si vous étiez satisfaits de votre nuit... si votre tentative avait réussi ; si vous saviez alors quels yeux il m'a faits, et ce qu'il m'a dit... en me secouant comme un prunier !

— Que vous a-t-il dit ?

— Que vous étiez des misérables... Pardon... je me sers de ses propres termes.

— Allez toujours.

— Qu'il avait bien su vous empêcher de faire la moindre insulte à des dames qui méritaient le respect de chacun... et que si jamais quelqu'un osait tenter de leur faire le moindre outrage, il lui briserait son gourdin sur la tête.

— Ah ! il a dit cela, murmure Alménor.

— Comme je viens de vous le dire, et en y joignant une pantomime effrayante.

— Voyez-vous, cabaretier, il ne faut plus parler de l'affaire de cette nuit. D'abord nous étions gris comme des grives...

— Moi, dit Saucissard, je déclare que j'étais dans un abrutissement complet.

— Vous comprenez que tout cela n'était qu'une plaisanterie... Arrivés devant la demeure de ces dames, Creps, qui était dégrisé apparemment, nous a fait sentir toute la sottise que nous allions faire.

— Oui, reprend Saucissard, nous en avons rougi jusqu'au bout du nez.

— Et aussitôt nous sommes rentrés chez nous, nous coucher bien tranquillement.

— Voilà toute l'affaire.

— Oh ! mon Dieu ! je vous crois, messieurs, et puis tout cela ne me regarde pas, moi.

— Sans doute ! et comme je vous le disais... jamais un mot là-dessus !

— Jamais.

— C'est très-bien. Alors nous reviendrons souper chez vous. Car enfin, on peut bien rire, s'amuser, riboter même, sans pour cela escalader les maisons après... comme nous avions envie de le faire. Alors vous ne savez pas où est Creps en ce moment ?

— Non. Il y a plus d'une heure qu'il a quitté sa litière et qu'il est parti. Voilà tout ce que je puis vous dire.

Les deux amis sortent du cabaret. Alménor, au lieu de reprendre la route de Corbeil, tourne du côté de la campagne ; Saucissard le tiré par son paletot en lui disant :

— A quoi bon chercher cet original... qui veut blanc, et puis qui veut noir l'instant d'après ? Je n'ai pas envie qu'il me brise son gourdin sur l'occiput, et je l'en crois assez capable.

— Il ne nous brisera rien du tout, répond Alménor, et je suis bien aise, moi, de savoir ce qui s'est passé chez ces dames après notre départ, et ce qu'elles nous ont dit à Creps.

Le monsieur grêlé se tait, met ses deux mains dans les poches de son paletot, et, quoique à regret, marche à côté de son ami.

Après s'être promenés près de deux heures dans les champs, Alménor et Saucissard aperçoivent enfin Creps qui se dirigeait lentement du côté de Corbeil. Il semblait absorbé dans ses pensées, et ne voyait pas ceux qui venaient de son côté.

Alménor frappe sur l'épaule du promeneur. Creps lève la tête et fait comme un mouvement de dégoût en reconnaissant ses deux compagnons d'orgie de la veille. Il s'arrête cependant.

— Eh bien ! camarade, sommes-nous encore en colère contre les mis ? dit Alménor.

— Bigre ! mais ça allait mal hier ! murmure Saucissard ; vous nous avez drôlement bousculés.

— Est-ce que vous êtes fâchés que je vous aie chassés de chez ces dames que vous vouliez lâchement outrager ? répond l'Amant de la lune, en regardant fixement les deux hommes.

— Oh ! non... non, au contraire, se hâte de répondre Saucissard. Ça nous a fait bien plaisir... après.

— Oui, murmure Alménor, nous étions complètement ivres... et alors il nous arrive dans la tête de ces idées extravagantes... comme hier... Mais je voulais savoir... quand nous avons été partis, ce que vous ont dit ces dames ?

— Elles m'ont remercié de vous avoir mis dehors.

— Je comprends... mais de nous... sur nous... Est-ce qu'elles n'ont pas témoigné quelque étonnement de ce que le fils de madame Michelette s'était oublié à ce point ?

— Elles ne vous ont point reconnus.

— Bah ! il serait possible... ni l'un, ni l'autre.

— Ni l'un, ni l'autre. Dans leur frayeur elles vous ont peine à regardés..... Elles m'ont demandé qui vous pouviez être, j'ai répondu que le chemin de fer vous avait amenés, j'ai répondu, sans doute, de Paris, et elles n'ont pas cherché à en savoir davantage.

La figure d'Alménor s'épanouit. Saucissard se met à siffler l'air du tra, la, la, et vous deux s'écrient :

— Ah ! bravo ! ah ! tant mieux !

— Alors vi vu les filles.

— C'est égal, reprend Alménor, la jeune fille était fièrement bien dans le simple appareil... Ah ! quel morceau de choix..... je l'ai toujours devant les yeux depuis, et... ça me donne des idées !...

— Taisez-vous ! s'écrie Creps d'une voix tonnante, et oubliez cette malheureuse enfant ; c'est ce que vous avez de mieux à faire !

— Eh, mon Dieu ! l'ami, vous devenez bien rigide... il me semble, après tout, qu'on peut bien parler, et puis il ne faut pas nous fâcher pour cela. J'espère bien que tout ce qui s'est passé ne nous empêchera pas de recommencer nos plaisanteries à la basse-cour de ma tendre mère, et que nous irons encore à la pêche de son vin de Cahors.

— Ne comptez plus sur moi pour être des vôtres, messieurs, répond Creps d'un ton décidé. Je ne veux plus commettre de telles actions... elles entraînent toujours plus loin qu'on ne croit... je vous le répète, ne comptez plus sur moi...

— A votre aise, l'ami, répond Alménor d'un ton piqué. On se passera de vous... voilà tout ! et puis... on ne sait pas... vous avez peut-être trouvé un autre trésor... c'est là ce qui vous rend si fier maintenant. Mais nous ferons nos farces sans vous... n'est-ce pas, Saucissard ?

Le monsieur grêlé, intimidé par la contenance et le regard de Creps, répond :

— Oh ! vou... oui... mais si bas que c'est à peine si lui-même a pu s'entendre.

— Faites tout ce que vous voudrez, reprend Creps. Ce sont vos affaires, pourvu toutefois que dans vos projets il ne soit jamais question de ces dames de la nuit dernière... car si vous aviez le malheur de leur faire encore la moindre insulte... si elles pouvaient avoir enfin quelque chose à craindre de vous... ah ! je vous le jure ici, ma vengeance serait prompte et terrible.

— C'est bon !... c'est bon ! en voilà assez ! s'écrie Alménor en tournant les talons, et Saucissard suit son ami, en disant :

— Décidément ce vagabond est un sournois... Ces dames lui auront graissé la patte, et voilà pourquoi il fait tant le rodomont et se pose comme leur protecteur.

— C'est égal, répond Alménor, du moment qu'elles ne nous aient pas reconnus, et cela me permettra plus tard... on ne sait pas, j'ai des idées... J'ai toujours devant les yeux la jeune fille en chemise... Vois-tu, Saucissard, c'est que pour bien juger les femmes, c'est comme cela qu'il faudrait les voir d'abord...

— Je partage ton opinion. Ce serait le meilleur moyen de n'être pas floué.

— Surtout si l'on a des intentions matrimoniales... Enfin voilà un fait : si vous allez choisir une nourrice pour votre enfant, vous avez le droit de lui regarder et même de lui tâter le sein ; eh bien, si je veux me choisir une épouse, on ne me laissera pas la regarder et la tâter partout où je voudrai. Cependant je vivrai plus longtemps avec ma femme que mon enfant avec sa nourrice... Tu vois bien que tout cela est absurde.

— Je partage ton opinion... et je formulerai à cet égard une pétition aux chambres.

Creps a laissé les deux inséparables s'éloigner. Lorsqu'il les a entièrement perdus de vue, il continue sa promenade en se dirigeant du côté de la maison habitée par madame Clermont et sa fille.

En approchant de la demeure de ces dames, l'Amant de la lune ralentit le pas et n'avance plus qu'avec précaution. Il semble qu'il craigne d'être aperçu, rencontré par quelqu'un ; mais la nuit est obscure et la campagne déserte. La lumière que l'on aperçoit au rez-de-chaussée, à travers les fentes des volets, annonce que l'on n'est pas encore couché.

Creps s'approche davantage. Bientôt les sons d'un piano se font entendre. Il s'arrête, il écoute avec bonheur, avec recueillement. On exécute tout un morceau brillant et difficile, puis ensuite une valse, puis on accompagne une romance, et la douce voix d'Emmeline se marie aux accords du piano.

Creps est resté sans bouger à la même place. Il écoute encore, et depuis longtemps déjà la musique a cessé. Il contemple la maison, il paraît craindre d'approcher, d'être vu ; et pourtant toutes les lumières sont éteintes ; tout semble annoncer que les personnes qui demeurent là sont maintenant livrées au repos.

Mais Creps reste toujours, et ce n'est que lorsque l'aube commence à poindre qu'il se décide à s'éloigner.

Le lendemain et les jours suivants, lorsque la nuit couvre la terre de ses ombres, l'Amant de la lune revient auprès de la maison isolée, prenant toujours les mêmes précautions pour s'en approcher, se cachant lorsqu'il aperçoit du monde, s'éloignant quand les fenêtres sont ouvertes et qu'il pense que quelqu'un peut y paraître et l'apercevoir, mais s'approchant quand il présume que tout le monde dort, et restant presque toujours là jusqu'aux premiers rayons du jour.

Plus d'une fois en agissant ainsi, Creps a pu apercevoir Isidore causer avec Emmeline qui est penchée à la fenêtre du rez-de-chaussée ; mais ce n'est point une découverte pour Creps, qui a déjà été par hasard témoin de leur premier entretien. Lorsque le vagabond aperçoit les deux amants causant ensemble, il s'arrête beaucoup plus loin de la maison, et au lieu d'interrompre leur conversation par sa présence, il semble alors que ce soit lui qui soit chargé de veiller à ce que personne ne vienne les troubler.

Près d'un mois s'écoule ainsi. On est arrivé à la fin de septembre, les jours deviennent courts, les nuits froides, et les arbres se dépouillent peu à peu de leur feuillage.

Mais Isidore et Emmeline ne s'aperçoivent pas du changement qui s'opère dans la nature, parce qu'il n'y en a point dans leur amour. Toujours heureux de se répéter qu'ils s'aimeront sans cesse, ils s'occupent peu du froid de la nuit et de la feuille qui tombe. Cependant, chaque fois qu'il parle en secret à Emmeline, Isidore lui demande s'il peut enfin risquer de faire à sa mère l'aveu de son amour et la demande de sa main. Mais la jeune fille, qui craint toujours que sa mère ne refuse son consentement, et cette proposition n'amène une rupture avec M. Marcelay, engage celui-ci à attendre encore, et le jeune homme se soumet, quoique à regret.

Plus d'une fois, Isidore a eu la pensée de prier sa cousine de sonder madame Clermont sur ses intentions relativement à sa fille, de lui demander si elle refuserait Emmeline à un jeune homme qui lui offrirait, avec un amour vrai, une position heureuse et honorable.

Mais toutes les fois qu'il prononce le nom d'Emmeline, madame Bouchonnier fait une moue si prononcée, se mord les lèvres avec tant de dépit et respire avec tant de difficulté, qu'Isidore n'ose pas lui en dire davantage, de peur qu'elle ne se morde les lèvres jusqu'au sang et qu'elle ne perde entièrement la respiration.

En se rendant un soir moins tard que de coutume devant la maison isolée, Creps est surpris de n'apercevoir de la lumière à aucune croisée, il s'étonne que tout le monde soit déjà livré au repos, et s'approche tout contre les fenêtres pour savoir s'il entendra quelque bruit. En ce moment, des pas retentissent derrière lui ; il se retourne, c'est madame Clermont et sa fille qui reviennent de passer la soirée chez madame Bouchonnier. Creps voudrait s'éloigner sans être aperçu, mais il est trop tard, déjà les deux dames l'ont vu et s'avancent vers lui.

— Vous voilà donc, monsieur ! dit madame Clermont du ton le plus affectueux et en adressant à l'inconnu un de ces sourires qui lui gagnaient tous les cœurs. Il y a bien longtemps que nous vous attendions !... Ce n'est pas bien à vous de ne point être revenu voir celles que vous avez prises sous votre protection.

— Oh ! maman a bien raison ! s'écrie Emmeline, nous avons parlé souvent de vous, monsieur, et nous vous attendions toujours. C'est bien mal de nous avoir oubliées.

Creps est demeuré muet et immobile. Il s'incline devant celles qui sont venues à lui, puis semble vouloir s'éloigner ; mais, tandis que la jeune fille est allée sonner pour qu'on leur ouvre la porte de la maison, Clémence, qui devine le dessein de Creps, pose doucement sa main sur son bras en lui disant :

— Oh! non, vous ne vous en irez pas ainsi... Vous ne fuirez pas aussi vite des personnes qui sont heureuses de vous voir... Oui, monsieur, heureuses, car nous ne sommes pas ingrates, et c'est un plaisir pour nous de voir celui à qui nous devons tant de reconnaissance... Il n'est pas encore tard, vous allez entrer vous reposer quelques instants... n'est-ce pas ?

— C'est trop de bontés, madame, murmure Creps d'une voix qui trahit son émotion, mais je ne suis pas digne... je ne mérite pas tant d'honneur !... Et si l'on me voyait chez vous... moi... un misérable vagabond !

— Eh bien ! monsieur, que pourrait-on y trouver à redire ? lorsqu'on sait que ce malheureux a sauvé ma fille... n'est-il pas bien juste que je lui porte quelque intérêt ?... Et si l'on savait tout ce que nous vous devons encore... mais ceci est un secret entre nous, et quoique femmes, vous voyez que nous avons su le garder. Tenez, monsieur, je ne sais si je m'abuse... mais je crois que vous fuyez les regards du monde ; je crois aussi que vous avez des peines, des secrets, que vous désirez renfermer au fond de votre âme..... que c'est pour éviter peut-être des questions indiscrètes que vous redoutez le monde, et refusez de nous accorder quelques instants Si en effet, je ne me suis pas trompée, ah ! je vous en fais la promesse, monsieur, près de nous, vous n'aurez rien à redouter de tout cela. Je sais respecter les secrets d'autrui..... car moi, aussi, j'ai des peines que je renferme au fond de mon cœur, et je ne solliciterai jamais la confiance des autres, parce que je trouve que la confiance doit être volontaire et ne doit pas avoir besoin d'être demandée.

Madame Clermont a cessé de parler, et semble attendre une réponse. Creps garde un assez long silence. Il paraît indécis sur le parti qu'il veut prendre ; mais, faisant enfin un effort sur lui-même, il répond :

— Plus tard, madame, je pourrai me permettre quelquefois de venir vous saluer... maintenant, je ne puis encore goûter ce bonheur... Veuillez croire pourtant que je suis vivement touché de l'intérêt que vous me témoignez.

Alors s'inclinant de nouveau devant Clémence et sa fille, il leur fait à chacune un salut profond et respectueux, puis s'éloigne à pas précipités.

— Quel personnage singulier ! s'écrie Emmeline, refuser d'entrer un moment chez nous... On dirait que nos remerciements le fatiguent... que notre société lui fait peur.

— Non, ce n'est pas cela ! dit Clémence en regardant Creps s'éloigner ; mais cet homme n'est pas ce qu'il veut paraître... A sa manière de s'exprimer, il est facile de deviner qu'il n'a pas toujours porté un si pauvre costume. Aujourd'hui il a honte de sa misère, et il craint surtout d'être reconnu ! Voilà, je le crois, ce qui le fait refuser de venir nous voir et se sauver aussitôt qu'il aperçoit du monde.

— Tu as sans doute raison, maman, car on dirait même qu'il cherche à cacher sa figure..... comme si sa longue barbe ne la cachait pas assez !... mais enfin nous ne le connaissons pas, nous, ce monsieur... et puisque tu lui avais dit que nous ne lui ferions aucune question, il me semble qu'il aurait bien pu entrer un moment chez nous.

— Il ne faut pas être importune, ma chère Emmeline ; laissons cet homme libre de ses volontés ; contentons-nous de l'aimer pour le bien qu'il nous a fait, et prions le ciel qu'il n'ait pas besoin de nous protéger encore !

XVII. — UNE PROPOSITION SINGULIÈRE.

A quelques jours de là, Creps, dont les habitudes étaient un peu changées, et qui, maintenant, sortait parfois dans le jour, aperçut, en se promenant dans la campagne, un monsieur qui semblait quitter la route de l'embarcadère pour se diriger aussi vers les champs. Mais de temps à autre, ce personnage s'arrêtait et regardait autour de lui comme quelqu'un qui n'est pas bien sûr de son chemin, et craint de se tromper.

C'était un homme déjà sur le retour, mais ayant conservé la tenue, presque la tournure de la jeunesse ; sa mise était élégante sans afficher aucune de ces prétentions ridicules si communes chez les vieux lions.

En portant ses regards autour de lui, l'étranger aperçut Creps qui le regardait aussi, mais qui alors s'empresse de détourner la tête avec indifférence. Après avoir, pendant quelques instants, examiné l'individu dont la mise n'annonçait ni un bourgeois ni un paysan, le monsieur marche droit à lui et lui dit d'un ton où perçait l'impertinence du parvenu :

— Vous êtes de ce pays ?

— Qu'est-ce que cela vous fait ? répond Creps avec cet air rogue qu'il savait si bien prendre lorsqu'on ne lui parlait pas d'une façon qui lui convînt, et qui rendait sur-le-champ ses interlocuteurs plus polis. Cela ne manque pas son effet en cette circonstance. L'étranger, surpris du ton avec lequel un pauvre diable vient de lui répondre, reprend avec une voix presque douce cette fois :

— Pardon... c'est que je voulais savoir... Je désirerais trouver quelqu'un qui pût m'enseigner mon chemin.

— Ah ! c'est différent ! Il fallait dire cela tout de suite. Où voulez-vous aller ? Je connais parfaitement le pays et les environs, je vous indiquerai votre route.

— Je vais... à un endroit... ce n'est pas dans la ville même..... c'est une auberge... ou plutôt je crois un cabaret tenu... par un nommé... attendez donc... le nom m'échappe... Ah ! je crois que c'est Roberdin.

Creps avait une trop grande connaissance des hommes et des choses pour ne pas deviner sur-le-champ que ce monsieur savait parfaitement ce nom qu'il avait affecté de chercher dans sa mémoire ; d'ailleurs, c'était déjà une circonstance assez singulière qu'un homme qui paraissait appartenir au grand monde eût affaire dans le misérable cabaret du carrefour des Sentiers. Mais, sans laisser aucunement paraître ce qu'il pense, l'Amant de la lune reprend :

— Je connais parfaitement l'endroit où vous voulez vous rendre.. c'est au carrefour des Sentiers, au cabaret de Roberdin.

— Oui, c'est bien cela... mais pour arriver à ce carrefour, quel chemin dois-je prendre ?... est-ce loin d'ici ?

— Il y a à peu près un quart d'heure de marche... il faudrait prendre d'abord la ruelle là-bas... ce n'est pas très-commode à vous indiquer... mais je puis vous y conduire, cela vaudra mieux.

— Vous auriez cette complaisance ?... Cela m'obligera beaucoup, et je saurai récompenser votre peine.

— Je ne vous demande rien. Je n'ai rien à faire ; que je me promène par là ou ailleurs, ça m'est égal.

Les deux hommes se mettent en route. Creps allait un peu en avant, marchant de son pas habituel, qui était ferme et accéléré ; mais de temps à autre il s'arrêtait lorsque le monsieur qu'il guidait se trouvait en arrière, ce qui arrivait souvent, ce dernier n'ayant ni l'allure ni la force de son guide.

— Pardon, je vais trop vite, dit Creps en s'arrêtant pour la troisième fois afin d'attendre l'étranger.

— C'est qu'en effet je ne suis pas très-bon marcheur... Arrivons-nous bientôt ?

— Oui, monsieur. Au bout de cette route dans laquelle nous voici, nous trouverons la demeure de Roberdin.

— Tant mieux, car je suis si peu habitué à marcher maintenant... je me sens déjà fatigué.

Au bout de quelques minutes, Creps s'arrête et, montrant à l'étranger la chétive habitation qui était à leur droite, lui dit :

— Vous y voilà, monsieur... c'est cette maison là-bas... il n'y a pas à se tromper, c'est la seule plantée dans cet endroit.

Le monsieur s'arrête. Il examine le cabaret. Un sentiment de défiance se peint sur sa physionomie déjà passablement soupçonneuse. Il ne bouge pas, ne fait pas un mouvement pour s'approcher du cabaret. Creps va s'éloigner par discrétion, le monsieur lui fait un signe en s'écriant :

— Avant de vous éloigner... si vous vouliez me rendre un service ?...

— Qu'est-ce que c'est ?...

— Je voudrais parler à l'homme qui tient cette maison... à ce Roberdin... mais je ne me soucie point d'entrer dans son cabaret... j'ai des raisons pour cela... Si vous vouliez vous charger d'aller lui dire que quelqu'un le demande... qu'un monsieur qui a... quelque chose... d'essentiel à lui dire... l'attend... tenez, là-bas... sous ces arbres.

— Très-volontiers... je vais faire votre commission...

— Permettez auparavant que je vous récompense.

En disant ces mots, le monsieur fouillait à sa poche et tirait sa bourse. Mais sans attendre qu'il ait pris de l'argent, Creps s'éloigne en lui disant :

— C'est bien, c'est bien... Vous donnerez cela à Roberdin, de ma part.

Le monsieur le regarde avec étonnement et remet sa bourse dans sa poche, en se disant : Singulier personnage !... il refuse de l'argent ! Qu'est-ce que c'est donc que cet homme-là ?

Cependant Creps est entré dans le cabaret. Il trouve Roberdin et lui dit qu'un étranger désire lui parler, et l'attend à quelques pas de sa maison. Aux premiers mots de Creps, le cabaretier a pâli ; mais bientôt il se remet et fait lui-même le signalement du monsieur, en disant : Est-ce cela ?

— C'est parfaitement cela, répond Creps ; il paraît que vous le connaissez bien ?

— C'est mon homme ! murmure Roberdin ; puis il reprend : Est-il seul... N'avez-vous aperçu aucune figure suspecte avec lui ? je veux dire... aucun laquais.

— Il est seul... et il m'a semblé qu'il était arrivé par le chemin de fer...

— Oh! oui... il n'aura pas pris son cabriolet par prudence!...

Creps ne répond rien... Roberdin se pince les lèvres, comme fâché d'en avoir trop dit, puis il monte vivement dans une chambre du haut, dans laquelle il couche, prend un papier dans le tiroir d'une vieille commode et descend... Creps est alors devant la porte du cabaret; il aperçoit dans l'éloignement le monsieur qui se promène de long en large sous les arbres. Il le montre au cabaretier lorsqu'il sort, et celui-ci se dirige à pas précipités vers l'étranger.

— Il y a quelque chose de mystérieux... quelque vilaine action qui lie entre eux ces deux hommes! se dit Creps en regardant Roberdin s'éloigner. Mais comme cela ne saurait m'intéresser, je ne vois pas pourquoi je m'en occuperais.

Se dirigeant alors vers un joli bouquet d'arbres sous lequel le terrain formait un banc naturel, il va s'y asseoir et s'y livrer à ses rêveries, sans même regarder du côté où est allé Roberdin.

Le cabaretier a rejoint le monsieur qui l'attendait. Lorsqu'il est à quelques pas de lui, il ôte sa casquette, en disant : Monsieur Riberpré, j'ai bien l'honneur de vous souhaiter le bonjour...

— Silence!... silence donc! répond le banquier, en faisant signe à Roberdin de se taire, et en regardant autour de lui si personne n'a pu l'entendre. Comment! vous voyez toutes les précautions que je prends pour venir ici, où je ne veux pas être connu; je n'entre même pas dans votre maison... et vous criez mon nom tout haut!

— Ah! excusez, monsieur... c'est par inadvertance! mais du reste, nous sommes seuls... il n'y a pas un chat autour de nous...

— Dans la campagne, du moment qu'il y a des arbres près de soi, on doit toujours parler bas. Voyons, approchez. Avez-vous sur vous ce... papier... vous savez ce que je veux dire?...

— La lettre de mon pauvre Montriel... oui, monsieur, oui, j'ai apporté ça sur moi, car je me suis bien douté que c'était vous qui me faisiez demander.

— Est-ce que par hasard cet homme que j'ai rencontré et qui m'a servi de guide me connaît?

— Ah! ben oui! D'où diable voulez-vous qu'il vous connaisse?... un pauvre homme qui passe toutes les journées dans mon écurie et qui la nuit s'en va contempler la lune!...

— Très-bien; donnez-moi la lettre de Montriel...

Roberdin tire un papier de sa poche et le montre au banquier en lui disant :

— La voilà, mais vous savez... donnant, donnant!

Sans répondre un mot, Riberpré fouille dans son portefeuille, en sort un billet de banque de cinq cents francs, et le présente au cabaretier qui se hâte de le remettre son papier et de prendre le billet qu'il considère avec des yeux brillants de joie, tandis que, de son côté, Riberpré, après s'être assuré que la lettre qu'on lui a remise est bien de Montriel, la serre avec soin dans son portefeuille.

— Dire que ça tient si peu de place et que ça vous procure tant de choses! s'écrie Roberdin en contemplant toujours le billet de banque.

— Serrez donc cela! dit Riberpré; si on voyait cette somme entre vos mains, cela pourrait exciter la surprise et amener des questions... et c'est ce qu'il faut éviter.

— Vous avez raison, monsieur, répond Roberdin en serrant précieusement le billet dans une veste qu'il porte sous sa blouse. Faut être prudent... mais au surplus je ne garderai pas longtemps ce chiffon-là!...

— Voici une affaire terminée. Maintenant, répondez-moi, Roberdin, madame Clermont et sa fille habitent toujours Corbeil, n'est-ce pas?

La figure du cabaretier prend une expression malicieuse, tandis qu'il répond :

— Oui, monsieur, oui... ces dames occupent toujours la même maison à l'entrée de la ville, pas de ce côté par exemple. Monsieur désire aller chez madame Clermont, je vais le conduire... ou envoyer la servante avec lui.

D'abord le banquier est resté froid, impassible.

— Non, non, dit Riberpré, dont le front s'est plissé et qui semble chercher ce qu'il doit faire. Non... je ne veux pas aller chez ces dames... J'ai des raisons d'ailleurs pour n'être pas vu de madame Clermont; mais je voudrais voir sa fille... la voir seule un moment... sans même lui parler... comprenez-vous? Je voudrais juger si ce qu'on m'en a dit est vrai...

— Oui, monsieur, je comprends fort bien; mais je vous avoue que cela me semble difficile, la demoiselle ne sortant jamais sans sa mère.

— Quoi... pas même avec sa bonne... car elles ont une domestique, sans doute?

— Oui, une servante, mais celle-ci va seule au marché; enfin, je ne crois pas que mademoiselle Clermont ait été jamais rencontrée sans sa mère.

— Diable!... c'est contrariant! murmure le banquier en se promenant dans le sentier. Il faudra donc m'en retourner sans voir ce modèle de perfection?... Oh! ce n'est pas que j'y tienne beaucoup... pourtant je n'aurais pas été fâché de la connaître... de m'assurer par moi-même... mais je ne veux ni voir ni être vu de sa mère!... et puisqu'il n'y a pas moyen de la faire sortir un moment sans elle...

— Attendez, monsieur, s'écrie Roberdin qui a réfléchi quelque temps. Je crois qu'il y a un homme qui pourrait nous aider dans tout ceci...

— Un homme... qui donc?

— Celui que vous m'avez envoyé pour me faire savoir que vous étiez ici.

— Ah! cette espèce de vagabond... qui a tout l'air d'un mendiant et qui ne veut pas recevoir d'argent pour les commissions qu'il fait.

— Justement, monsieur... c'est Creps.

— Qu'est-ce que c'est que ce Creps?

— Je vous l'ai dit, monsieur, un original... un homme ruiné, ça se voit tout de suite, et que son changement de fortune semble avoir un peu toqué.

— Quels rapports peuvent exister entre cet homme et les dames dont nous parlons?

— Je vais vous le dire. Un soir, Creps a retiré de la rivière la fille de madame Clermont, qui, dans une partie d'eau, était tombée du

bateau. Depuis ce temps, ces dames ont pour mon hôte une grande reconnaissance...
— Ah! je conçois...
— Si Creps allait dire à la jeune fille qu'une pauvre femme implore sa pitié, et redoute les regards de sa mère qu'elle a offensée autrefois...
— Oui... pas trop mal, en effet... mais il faudrait voir ce vagabond... et lui faire comprendre ce qu'il doit dire...
— Je vous réponds que c'est un homme qui a la compréhension facile et la poigne solide...
— Ah! il est fort! c'est donc cela qu'il a l'air si insolent. N'importe, voyons-le... mais où le trouver?... est-il à votre cabaret?
— Non, monsieur, mais il est là-bas assis sous ces arbres... je le vois d'ici... je crois qu'il dort.
— Allons l'éveiller.

Creps ne dormait pas, mais il n'avait fait aucune attention aux pas qui se rapprochaient de lui, aussi semble-t-il fort étonné de s'entendre appeler et de voir devant lui le cabaretier et le monsieur qu'il a mené chez son hôte.
— Eh! l'ami Creps! dit Roberdin, voici un monsieur qui aurait quelque chose à vous faire faire..... et qui paiera grassement!... Oh! je sais bien que vous n'êtes pas intéressé, mais on me paiera ce que vous ferez, et je pourrai vous offrir quelques verres de mon piquetou.

Creps regarde alternativement Roberdin et la personne qui l'accompagne; il semble attendre que l'on s'explique. Riberpré paraît embarrassé, il fait signe au cabaretier de continuer, et celui-ci reprend :
— Monsieur... que voilà... a entendu parler de madame Clermont et de sa fille...

En entendant prononcer le nom de madame Clermont, Creps a fait un mouvement léger, et une expression nouvelle est venue animer ses traits, mais presque aussitôt il redevient maître de lui-même; cependant ses regards se fixent alors sur le banquier et semblent vouloir pénétrer dans le fond de son âme. Roberdin continue :
— On a surtout beaucoup vanté à monsieur la beauté de la demoiselle... de la fille de cette dame... Je crois qu'elle s'appelle mamzelle Emmeline ; bref, monsieur aurait le désir de voir cette demoiselle... mais sans sa mère...

Monsieur a probablement des raisons pour ne pas vouloir être vu de la mère!

Roberdin a dit ces derniers mots d'un air goguenard. Le banquier reprend alors d'un ton brusque :
— Il s'agit seulement de savoir si vous pourriez, pour quelques instants, faire sortir cette jeune personne... et l'amener... où vous voudrez, dans la campagne.. je ne veux même pas lui parler; que je puisse tout à mon aise l'examiner un moment, et voilà tout!... Choisissez le prétexte que vous voudrez pour la faire sortir sans que sa mère l'accompagne... Pensez-vous que cela se puisse?

Creps n'a pas quitté des yeux celui qui vient de parler, et son regard a quelque chose de perçant, que Riberpré ne peut supporter, car il détourne la tête, en disant :

— Il ne s'agit pas de me regarder... Pouvez-vous, oui ou non?

Creps se lève et prend son bâton, en disant :
— Je pense que cela se pourra.
— Ah! très-bien : vous m'avez compris alors?...
— Parbleu! à moins d'être une buse...
— Oh! l'ami Creps n'est pas un sot ! s'écrie Roberdin. Je vous l'avais bien dit, monsieur Ri...

Un regard courroucé du banquier fait expirer les paroles sur les lèvres du cabaretier, qui demeure tout confus.
— Je n'ai plus besoin de vous, reprend Riberpré, en faisant signe à Roberdin de s'éloigner. Retournez à vos affaires; moi, je vais suivre... cet homme.

Roberdin s'incline d'un air d'humeur, parce qu'il aurait voulu savoir ce qui allait arriver; mais il n'ose pas désobéir au banquier, et après l'avoir salué, il s'éloigne en disant :
— Alors bonjour, monsieur; au revoir, Creps... à cette nuit.

Creps, suivi de Riberpré, prend un chemin opposé à celui que suit le cabaretier. Il tourne la petite ville de Corbeil sans pénétrer dedans, et Creps ne s'arrête qu'à trois portées de fusil de la demeure de madame Clermont; montrant alors à celui qui l'a accompagné un banc de pierre qui est au bord du chemin, il lui dit :
— Ne venez pas plus avant, attendez-moi là. J'amènerai la jeune fille par ici... nous passerons devant vous... vous la verrez tout à votre aise.. à moins pourtant qu'elle ne refuse de m'accompagner. Restez là.

Le banquier ne répond rien et s'assied sur le banc.

Felicia.

XVIII.

L'ENTREVUE.

Creps se dirige à grands pas vers la demeure de madame Clermont. Il arrive, sonne à la petite porte; Emmeline, qui travaillait dans la pièce du bas, se met alors à la fenêtre pour savoir qui vient leur rendre visite, et pousse un cri de joie, en disant :
— Ah! maman! c'est lui! c'est lui!... c'est notre protecteur... il vient nous voir enfin.

Madame Clermont s'est levée aussitôt pour aller aussi regarder à la croisée avec sa fille, puis toutes deux vont au-devant de Creps, à qui la servante vient d'ouvrir, et qui semble craindre d'entrer et reste contre la porte du petit salon.
— C'est vous, monsieur! dit Clémence en adressant au vagabond un sourire où se peignait toute son âme. Ah! que c'est bien de venir enfin voir celles qui parlent si souvent de vous... et qui craignaient que vous ne les eussiez oubliées, parce que vous n'aviez plus de services à leur rendre.

En disant ces mots, madame Clermont avait avancé sa main pour serrer amicalement celle de Creps, mais celui-ci, au lieu de profiter de cette faveur qu'on veut bien lui accorder, fait un pas en arrière comme s'il se sentait indigne de la recevoir, et se contente de s'incliner profondément devant les deux dames, en répondant d'une voix sourde, à laquelle il semble toujours craindre de laisser son timbre naturel :
— Je ne saurais vous exprimer, madame, combien je suis sensible

à la bonté avec laquelle vous et mademoiselle daignez me recevoir... mais si je me suis permis aujourd'hui de franchir le seuil de votre porte... de me présenter chez vous... c'est que j'ai pensé que je pourrais peut-être encore vous être de quelque utilité...

— O mon Dieu !... est-ce qu'un danger menacerait ma fille ! s'écrie Clémence en entourant Emmeline de ses bras.

— Rassurez-vous, madame... danger n'est pas le mot... peut-être même me suis-je alarmé mal à propos... vous-même en jugerez, si vous consentez à m'écouter... seule... un moment.

— Seule !... s'écrie à son tour Emmeline en se pressant plus fortement contre sa mère. Oh ! mais... ce n'est pas à maman qu'il doit arriver quelque chose, n'est-ce pas ?...

— Je vous répète, mademoiselle, que tout ceci ne doit pas vous inquiéter... madame votre mère va seulement avant tout apprécier ma conduite.

— Ma chère Emmeline, dit Clémence en souriant à sa fille, tu sais bien que celui à qui nous devons tant ne peut agir que dans notre intérêt... Venez, monsieur Creps.

Madame Clermont est entrée avec Creps dans le petit salon dont elle referme la porte sur eux. Puis, quoique visiblement inquiète, elle présente un siège au vagabond en lui disant : Nous sommes seuls maintenant... parlez, de grâce.

Creps, après avoir à la dérobée considéré avec une expression à la fois heureuse et mélancolique cette femme qui est devant lui, passe sa main sur son front comme pour écarter d'inutiles souvenirs, et lui dit :

— Il y a quelques instants, un monsieur fort bien mis, qui peut avoir de cinquante-cinq à cinquante-huit ans, et paraissait arriver par le chemin de fer, m'a demandé l'adresse de Roberdin... je lui ai servi de guide, et comme il me semblait craindre d'entrer dans le cabaret, je suis allé avertir Roberdin qu'une personne désirait lui parler. Je ne songeais plus à cette rencontre, et j'étais assis dans les champs, lorsque ce même homme, accompagné du cabaretier, est venu m'y trouver. Alors, comme il a été question de vous, madame... oh ! alors, j'ai, je l'avoue, écouté attentivement ce qu'on me disait...

Ce monsieur, qui a tous les dehors d'un homme du grand monde... quoique l'insolence qui perce dans ses paroles et ses manières indique qu'il n'y a pas toujours brillé, ce monsieur désire voir mademoiselle votre fille...

— Ma fille !...

— Oui... il ne veut que la voir... pour juger, à ce qu'il paraît, si ce qu'on lui en a dit n'est pas flatté... il ne lui parlera même pas... il ne demande qu'à la voir.

— O mon Dieu ! oui...

— Mais il paraît qu'il craint beaucoup votre présence... qu'il redoute d'être aperçu par vous, car il voudrait voir mademoiselle Emmeline sans sa mère... Oh ! il faut surtout que vous ne l'accompagniez pas !

— Oh ! c'est lui... c'est lui !...

— Enfin on est venu me trouver en me demandant si je pourrais, sous le premier prétexte venu, faire sortir quelques instants mademoiselle votre fille avec moi. Cette proposition m'a semblé si singulière que j'ai accepté... Mais vous pensez bien que c'était pour venir vous prévenir de tout ce qui vous menace, vous devinez quel pouvait être cet homme, et le motif qui le fait désirer si vivement de voir avec vous mademoiselle votre fille.

Madame Clermont, dont l'émotion n'a fait que s'accroître pendant le récit de Creps, balbutie d'une voix tremblante :

— Ce monsieur est âgé ?...

— Oui, mais il est grand, mince, se tenant bien ; sa tournure est encore celle d'un homme jeune...

— Sa figure...

— Pâle, longue ; des yeux noirs et durs ; bouche serrée, lèvres minces ; cheveux très-bruns, mais qui commencent à grisonner ; l'air sardonique, la voix sèche et la parole brève.

— C'est lui ! Oh ! oui, voilà bien son portrait.

— Roberdin sait son nom... mais il paraît que ce monsieur veut s'envelopper de mystère. Cependant le cabaretier, par inadvertance, allait le nommer, quand celui-ci l'a fait taire. J'ai pourtant entendu M. Ri..., mais rien que cette syllabe... je l'ai retenue pensant que cela pourrait vous aider à deviner quel est ce personnage.

— Oh ! je le sais... je n'en puis plus douter maintenant ! et quel autre, d'ailleurs, voudrait voir mon Emmeline et redouterait ma présence ?... Il veut la voir...

Mon Dieu ! quel motif l'amène ici ?... dois-je en concevoir de la crainte ou de l'espérance ?... Est-ce un changement heureux qui se prépare pour ma fille ?... Mais s'il voulait me l'enlever... ah ! je sens que je n'y survivrais pas !... et mon fidèle ami, M. Duvalin, est malade depuis longtemps... qui donc me conseillera maintenant...

Clémence porte son mouchoir sur ses yeux, d'où s'échappent de grosses larmes.

Creps, visiblement ému, fait un mouvement comme pour se rapprocher d'elle, mais il se contient et se contente de lui dire avec l'accent du plus tendre intérêt :

— Vous souffrez, madame : quel pouvoir a donc cet homme sur votre destinée ?... Ah ! je me repens d'avoir écouté sa proposition, et d'être venu vous en faire part...

— Non ! je vous remercie, au contraire, de ce que vous avez fait. Je vous remercie surtout de m'avoir dit cela... en secret... Pauvre Emmeline, il est inutile qu'elle sache déjà qu'il s'occupe d'elle... à quoi bon la tourmenter, la chagriner d'avance... pauvre petite ! elle m'aime tant !...

Elle aussi, j'en suis sûre, serait désolée de me quitter... et pourtant son bonheur, son avenir en dépendraient... mais je suis bien peu raisonnable... Ce monsieur, où est-il maintenant, où l'avez-vous laissé ?

— Fort près d'ici, madame... assis sur un banc, là-bas dans la route qui conduit à Champ-Rosay.

— Et il attend ?...

— Oui, il attend que je passe par là, avec votre fille...

— Eh bien ! vous allez la conduire alors...

— Comment, madame... vous le voulez bien... vous allez laisser sortir votre fille... sans vous...

— Oui... oui, Creps... je dois consentir... je dois céder aux vœux de... cet homme... je ne puis lui refuser la satisfaction de voir mon Emmeline... car, lorsqu'il l'aura vue, il me semble qu'il ne pourra s'empêcher de l'aimer ; mais je vous la confie, à vous, je vous confie ce que j'ai de plus cher au monde... parce que déjà vous lui avez sauvé la vie et l'honneur, et je sens que je puis me fier à vous... vous me la ramènerez... Oh ! vous me le jurez... Si par hasard cet homme voulait l'emmener avec lui, vous ne la lui laisseriez pas... Oh ! n'est-ce pas que vous me la ramènerez ?...

— Je vous le jure, madame... et de quel droit, d'ailleurs, cet homme oserait-il prétendre vous priver de votre fille ?...

— De quel droit !...

Clémence regarde autour d'elle et reprend à voix basse, en s'approchant tout près de Creps :

— Eh bien !... je vais vous le dire à vous... cet homme est le père d'Emmeline, cet homme est mon époux.

Creps demeure frappé d'étonnement, il a laissé tomber sa tête sur sa poitrine, et ne peut que balbutier :

— Votre époux... quoi... il existe encore !

— Oui, il existe... Ah ! si vous saviez combien j'ai été malheureuse !... mais tous ces malheurs, jusqu'à présent, je les ai cachés à ma fille ; il m'a toujours semblé, à moi, que la jeunesse ne devait avoir que des rêves riants, et je me disais : N'attristons pas déjà Emmeline par le récit des peines de sa mère. Aujourd'hui, son père, pour la première fois, a le désir de la connaître... Puisse-t-il qu'il faudra bientôt qu'elle sache toute la vérité. Aujourd'hui, son éprouver pour elle cette tendresse dont elle est digne !... Mais s'il voulait nous séparer... Je ne me suis pas encore préparée à un tel sacrifice... Pour le bonheur de ma fille, je sais que je dois immoler le mien... Mais pas encore... n'est-ce pas... Oh ! vous me la ramènerez ?

— Je vous l'ai promis, madame, n'ayez aucune inquiétude...

— Oh ! oui, j'ai confiance en vous !... confiance entière... donnez-moi donc votre main, il me semble que je serai encore plus tranquille quand je l'aurai pressée.

Creps hésitait, il paraissait craindre de toucher la main douce et blanche qui s'approchait de la sienne, mais déjà Clémence a saisi et pressé celle de cet homme, dont elle ne voit plus le costume misérable et que la reconnaissance lui rend si cher. Une pâleur effrayante couvre le visage de Creps lorsqu'il sent sa main serrée par celle de cette femme encore si belle et si intéressante. Cependant, il n'a pu résister au désir de répondre à cette pression si douce qui lui donne goûter un bonheur qu'il ne croyait plus pouvoir connaître.

— Et maintenant je suis sans crainte, reprend Clémence, et je vais appeler Emmeline ; mais nous allons donner un prétexte à sa sortie, et ce qu'elle savait quel est celui qui désire la voir... son trouble, ses craintes l'empêcheraient d'avoir sa grâce accoutumée... et je veux qu'elle conserve tous ses avantages.

Clémence appelle sa fille.

Emmeline arrive presque aussitôt. L'aimable enfant était inquiète et attendait avec impatience que sa mère l'appelât. Elle court à elle en s'écriant :

— Mon Dieu ! que se passe-t-il donc ?... on dirait que tu as pleuré, maman.

— Ce n'est rien qui doive t'alarmer, ma fille ; peut-être, en effet, ai-je été attendrir par le récit que Creps vient de me faire.

Il s'agit d'une pauvre femme... si malheureuse...

— Une pauvre femme !... Est-ce que nous ne pouvons pas lui être utile ?...

— Mais si... au contraire.

— Ah ! tant mieux !... Où donc est-elle, cette infortunée ?

— Ici près... elle n'ose pas venir si tu ne vas de ma part l'assurer que je consens à la recevoir...

— Elle ne te connaît donc pas, toi, toujours si bonne ?

— N'importe, va avec Creps, il va te conduire... où elle doit se

trouver... c'est ici tout près... moi, pendant ce temps, je vais chercher... préparer ce que je puis lui donner...
— Et nous l'amènerons alors ?
— Sans doute !
— Oh !... quel bonheur !... c'est si bon de rendre service à quelqu'un...
Venez, monsieur Creps... venez, je suis prête...
— Attends... attends, ma fille... mets ton chapeau de paille... voyons tes cheveux... mais viens donc que je t'arrange, tu ne peux pas sortir comme cela...
— Ah ! maman... est-ce que cette pauvre femme remarquera ma toilette ?
— C'est égal, d'autres personnes peuvent te rencontrer, et je veux toujours qu'on te trouve bien.
Il n'y avait qu'une personne pour laquelle Emmeline tenait à être bien, et elle savait que ce jour-là elle ne rencontrerait pas dans Corbeil.
Cependant la jeune fille se laisse arranger par sa mère qui ne peut s'empêcher de soupirer tout en admirant sa fille.
— Mais, en vérité, maman, il faut que les infortunes de cette femme t'aient bien touchée ! s'écrie Emmeline, car tu as l'air tout triste...
— Il y a des jours, ma fille, où nous sommes plus disposés que d'autres à nous laisser impressionner...
Allons, tu es bien ainsi... embrasse-moi... et va avec Creps, il te ramènera bientôt... bientôt, n'est-ce pas ?...
— Oui, madame... et nous ne perdrons pas de vue votre demeure...
— Et nous ramènerons la pauvre femme ! s'écrie Emmeline ; puis elle se dégage des bras de sa mère qui la retenait encore et suit son conducteur qui est déjà sorti de la maison, tandis que Clémence se met à une fenêtre, suivant des yeux sa fille tant qu'elle peut l'apercevoir.
Creps marchait assez vite, Emmeline se tenait près de lui, et le remerciait de leur avoir procuré à elle et à sa mère le plaisir d'avoir fait une bonne action.
En approchant du banc sur lequel est resté le banquier, Creps commence à ralentir le pas et à regarder autour de lui.
— Est-ce par ici que nous devons trouver cette pauvre femme ? dit Emmeline en regardant autour d'elle.
— Oui, mademoiselle... oui ; c'est même sur ce banc là-bas qu'elle devait attendre.
— Je n'y vois qu'un monsieur, mais il n'a pas l'air d'un mendiant !... n'importe, avançons toujours... elle va venir sans doute !
On est arrivé à quelques pas du banc, Creps s'arrête et feint de regarder au loin dans la campagne, mais ses yeux se portent à chaque instant sur cet homme qui est resté assis sur le banc ; il cherche à lire dans ses traits l'impression que la vue de sa fille produira sur lui.
Riberpré n'avait pas quitté la place où Creps l'avait laissé. Il avait pu tout à loisir voir Emmeline venir de son côté, et en ce moment qu'elle s'était arrêtée à quelques pas de lui, rien ne l'empêche de l'examiner attentivement.
D'abord le banquier est resté froid, impassible, mais quand Emmeline se trouve être près de lui et que, regardant de son côté, elle laisse échapper un petit mouvement d'impatience qui anime cette figure charmante, à la fois espiègle et douce, une légère altération se montre sur les traits de Riberpré, qui détourne la tête, comme s'il eût craint que l'on s'aperçût qu'il était ému.
— Asseyons-nous un moment sur le banc, dit Emmeline, nous y attendrons cette pauvre femme... n'est-ce pas ?
— Volontiers, mademoiselle, répond Creps.
Il laisse la jeune fille se placer, elle va s'asseoir auprès de son père, et comme le banc n'est pas bien grand et qu'il n'y a que juste de la place pour trois personnes, elle fait au banquier une gracieuse inclination de tête, en lui disant :
— Pardon, monsieur... nous allons vous gêner peut-être... mais ne vous dérangez pas... je tiens peu de place, moi !...
La voix d'Emmeline était douce comme son sourire. Riberpré en éprouve malgré lui l'influence, et ce n'est pas sans une certaine émotion qu'il répond :
— Asseyez-vous, mademoiselle... ce banc... est à tout le monde... d'ailleurs il me paraît que vous attendez quelqu'un.
— Oui, monsieur, une pauvre femme très-malheureuse, à ce qu'on m'a dit... que maman m'envoie chercher... et à qui elle veut faire quelque bien... Elle est si bonne, maman ! ah ! si elle était riche, il n'y aurait pas de malheureux dans les environs !... n'est-ce pas, monsieur Creps ?
Celui-ci fait un signe de tête. Le banquier dissimule une légère grimace.
Emmeline, qui aime à causer, reprend bientôt :
— Mais c'est bien singulier que cette personne que nous devions trouver ici n'y soit pas.
Monsieur... si vous êtes là depuis quelque temps, vous avez peut-être vu cette pauvre femme que nous cherchons ?

Ces paroles étaient adressées à Riberpré qui regardait attentivement sa fille, et se sentait malgré lui entraîné vers elle par sa grâce naïve, par le charme répandu dans toute sa personne.
Il répond d'un air distrait :
— Non, mademoiselle, non... je n'ai aperçu personne.
— Si elle était partie... si elle ne revenait pas... où pourrions-nous donc la trouver à présent ?
— Je l'ignore, mademoiselle, dit Creps ; je crois qu'il faudrait renoncer à l'espoir de rejoindre cette femme, mais le ciel vous tiendrait toujours compte de la bonne action que vous avez voulu faire.
— Oh ! ce n'est pas la même chose... et le plaisir que j'aurais eu, je ne le retrouverai pas !...
Creps regardait à la dérobée la figure que faisait cet homme qu'il savait être le père d'Emmeline, pendant que celle-ci exprimait si naïvement les sentiments qui peignaient la bonté de son âme.
Mais après avoir encore pendant quelques moments considéré sa fille, le banquier, comme s'il craignait de se laisser captiver, se lève tout à coup, porte la main à son chapeau, murmure quelques paroles de politesse en saluant la jeune fille ; puis, après avoir fait un clignement d'yeux à Creps, en lui indiquant la place qu'il quitte, s'éloigne vivement et sans se retourner une seule fois.
— Tiens, comme ce monsieur est parti brusquement ! dit Emmeline, tandis que Creps suit des yeux Riberpré qui se dirige du côté où l'on prend le chemin de fer. Il se sera sans doute aperçu qu'il n'avait que le temps pour prendre le convoi qui va partir... Mais la pauvre femme ne vient pas... que faut-il faire ?
— Mademoiselle, je crois bien que maintenant nous l'attendrions en vain... il faut retourner près de madame votre mère, car elle pourrait s'inquiéter si votre absence se prolongeait.
— Vous avez raison, avec cela que c'est la première fois que je sors sans elle... mais revenir seuls ! quel dommage !
Emmeline s'est levée et Creps en a fait autant.
Tout à coup, en portant les yeux sur le banc de pierre, à la place où le banquier s'était assis, la jeune fille aperçoit une pièce d'or.
— Ah ! voyez !... voyez !... une pièce de vingt francs, oui, c'est vingt francs, n'est-ce pas ? C'est ce monsieur qui était là qui les aura perdus... cette pièce sera tombée de sa poche... Mon Dieu ! s'il n'était pas trop loin... si on pouvait le rejoindre...
— Je crois que nous le tenterions en vain, mademoiselle, reprend Creps qui sait fort bien que c'est dans l'intention de récompenser ce qu'il a fait, que cet homme qui vient de s'éloigner a mis sur le banc la pièce d'or.
— Oh ! mais... il me vient une idée ! reprend Emmeline, ce monsieur qui paraît si peu à son aise, à en juger par sa mise, nous a entendus parler d'une pauvre femme que nous voulons secourir, il aura voulu se joindre à cette bonne œuvre, et il aura mis là ces vingt francs pour que nous les donnions à celle que nous attendions... Oh ! certainement ce doit être cela... et puis il s'est sauvé bien vite de peur que nous ne le rappelions pour lui rendre cet argent...
— Oh ! c'est très-bien cela !... n'est-ce pas, monsieur Creps ?... Faire du bien et sans rien dire... sans vouloir même recevoir aucun remerciment... cela dénote un cœur vraiment généreux.
Voyez pourtant !... j'avais trouvé à ce monsieur l'air sévère... un air peu agréable ! Voilà ce qui prouve qu'il ne faut pas juger sur l'apparence !... Maintenant, si je revoyais ce monsieur, il me semble que je le trouverais beaucoup mieux.
Creps écoutait la jeune fille et admirait comment une âme innocente et généreuse croit voir une bonne œuvre là où souvent il n'y a que le calcul de l'égoïsme ou le prix d'une mauvaise action.
Emmeline a pris la pièce d'or à son compagnon, en lui disant :
— Ce sera pour la femme, car il faudra bien que vous la retrouviez.
Puis elle retourne avec lui près de sa mère.
Et tout en marchant près de la jeune fille, Creps disait en songeant à Riberpré :
— Retrouver son enfant et ne pas éprouver le désir de la serrer dans ses bras ! Avoir une fille qui réunit tant de charmes et tant de vertus... et la quitter brusquement sans lui adresser une parole affectueuse... il ne mérite pas le bonheur. Ah ! si quelque jour je pouvais, moi, retrouver. Mais, quelle différence ! j'aurais sans doute à rougir, tandis que lui peut être fier de son enfant.
Madame Clermont était déjà en proie à la plus vive inquiétude, l'absence de sa fille lui semblait bien longue ; pâle et tremblante, elle comptait les minutes, et à chaque instant courait à une fenêtre regarder si elle la verrait revenir. C'est donc avec un transport de joie qu'elle revoit Emmeline, et avant de la laisser parler qu'elle l'embrasse à plusieurs reprises et la tienne longtemps sur son cœur.
Enfin la jeune fille peut raconter le résultat de leur démarche. Elle n'oublie rien, ni la rencontre du monsieur sur le banc, ni la pièce d'or que celui-ci a laissée à la place où il était assis ; et, comme on le pense bien, sa mère l'écoute avec le plus vif intérêt, et lui fait même quelquefois répéter les détails qui paraissent les plus indifférents.
— Tu le vois, maman, dit Emmeline en terminant son récit, nous revenons seuls, la pauvre femme n'a point paru...
— Et ce monsieur ne t'a pas dit autre chose ?
— Non, maman... mais notre ami Creps la retrouvera... il lui

donnera les vingt francs et il nous l'amènera cette fois... n'est-ce pas qu'il fera bien?...
— Sans doute... Te regardait-il beaucoup?...
— Qui donc, maman?
— Ce monsieur qui était sur le banc...
— Mais oui... il me fixait... cela me rendait même embarrassée.
— Est-ce qu'il paraissait... troublé?...
— Troublé... oh! pas du tout! il a l'air dur et sévère ce monsieur-là... pourtant, puisqu'il a laissé vingt francs pour secourir une infortunée, c'est qu'il n'est pas aussi méchant qu'il en a l'air... mais cet homme t'occupe bien, maman... est-ce que tu crois le connaître?

Clémence détourne la tête en balbutiant :
— Peut-être... c'est pour cela que je te questionnais, ma fille... mais, puisqu'il ne t'a rien dit de plus... va, mon enfant... va... retourne à ton ouvrage... je vois que notre ami se dispose à nous quitter, je vais le reconduire jusqu'à la porte.

Emmeline fait un aimable sourire à Creps et remonte dans sa chambre. Mais les questions que sa mère lui a adressées sur l'étranger lui semblent cacher quelque mystère, et en les rapprochant de l'entretien secret que leur singulier protecteur a demandé à sa mère, elle commence à penser que sa sortie avec lui dans la campagne pouvait avoir un autre but que d'y rencontrer une pauvre femme. Lorsque Clémence est seule avec Creps, elle se hâte de le questionner.
— Vous avez été témoin de leur entrevue, lui dit elle; vous saviez, vous, que c'était un père qui avait le désir de connaître sa fille... vous avez dû l'observer, chercher à lire dans son âme. Eh bien?
— Il a été forcé de rendre justice à la beauté, aux grâces de... votre fille... il en a été surpris même... je l'ai lu dans ses yeux. Mais rassurez-vous, madame, il ne vous en séparera pas...
— Qui vous fait penser?...
— Il y a dans le cœur de cet homme quelque chose qui le maîtrise... une autre passion qui tient toute la place... Au lieu de se laisser aller à la douce émotion que, malgré lui, il ressentait en voyant sa fille si belle, si intéressante, il s'est levé brusquement et s'est hâté de fuir comme s'il eût eu peur de ce sentiment paternel qui se glissait malgré lui dans son âme... Je vous le répète, madame, il vous laissera votre Emmeline.
— Oh! tant mieux! tant mieux!... et pourtant je suis égoïste de désirer cela ! Avec moi ma fille est pauvre, avec lui elle serait riche !...
— Mais avec vous elle est heureuse, madame, et vous le savez bien : Contentement passe richesse.

Creps salue madame Clermont et se dirige vers la porte. Clémence le suit en lui disant :
— Vous nous quittez déjà?...
— Je ne puis plus vous être bon à rien maintenant?...
— C'est donc à dire, monsieur, que vous ne voulez absolument nous voir que pour nous rendre service?

Creps sourit amèrement et laisse tomber un regard sur le costume misérable qu'il porte, en répondant :
— Convenez, madame, que si l'on me voyait chez vous, ma connaissance ne vous ferait pas honneur ; les vêtements.
— Oh! monsieur !... dit Clémence, quand vous parlez, on ne les voit plus !...

Puis elle tend sa main à Creps, en ajoutant :
— Vous savez maintenant la cause du mystère qui enveloppe mon existence et de la tristesse qui souvent obscurcit mon front... Moi, je ne vous demande pas vos secrets... et pourtant il me serait bien doux de pouvoir aussi vous offrir quelques consolations.
— Il y a toujours des consolations pour les peines qui ne sont pas méritées... mais quand on fut soi-même l'artisan de sa ruine... croyez alors, madame, qu'il est difficile d'oublier ses malheurs et surtout de les raconter. Cependant depuis que je vous ai retrouvée... je veux dire depuis que j'ai le bonheur de vous voir, j'ai senti que je pouvais encore connaître des moments heureux... Si d'un côté j'ai eu honte de ma situation et de la position misérable dans laquelle je suis tombé... de l'autre, j'ai senti que le désir de vous être utile pouvait relever mon courage... Vous le voyez, madame, je vous dois déjà beaucoup...
— Et vous craindriez donc de me devoir davantage... entre amis, n'est-ce pas un plaisir... un devoir de s'obliger !...

Clémence baisse les yeux, elle ne sait comment continuer, cependant elle a un si vif désir de voir cet homme singulier sous un costume moins misérable, qu'elle reprend enfin avec plus de fermeté :
— Tenez, monsieur, vous ne vous fâcherez pas, j'espère, de ce que je vais vous dire, car vous ne me supposez pas la pensée de vous humilier... La pension que mon mari me fait n'était d'abord que bien modique, mais grâce aux représentations d'un vieil ami qui a bien voulu s'intéresser à moi et à ma fille, cette pension me suffit maintenant pour vivre dans cette retraite et même faire quelques économies... eh bien !... prouvez-moi que vous me regardez comme une amie... acceptez cette somme que j'ai mise en réserve... Oh ! ce ne sera que comme un prêt, si vous le voulez... vous me la rendrez plus tard ; monsieur Creps !... ne me refusez pas !... nous vous devons tant !... et ce que j'ai reçu a une fois à ce Roberdin était si peu e chose !...

— Comment ! s'écrie Creps en levant les yeux sur Clémence : vous avez remis de l'argent à Roberdin pour moi... et ce misérable l'a reçu...
— Vous ne le saviez pas...
— Ah! madame !... vous avez voulu me payer parce que j'avais été assez heureux pour retirer de l'eau une jeune fille qui allait périr... vous avez cru que ce fût toujours pour moi le plaisir d'avoir fait une bonne action n'était rien... qu'il me fallait mon salaire !... Oh ! mais oui, vous deviez croire tout cela... mon aspect misérable vous en donnait le droit, car à la pauvreté on ne reconnaît pas de bons sentiments... la grandeur d'âme, la générosité, l'humanité !... est-ce que les malheureux peuvent connaître tout cela !... mais recevoir l'aumône de vous... de vous !...

Et Creps cache sa figure dans ses deux mains et reste ainsi comme accablé dans sa douleur. Clémence s'approche de lui, et au bout d'un moment, appuyant doucement sa main sur son épaule, lui dit avec des accents qui partaient du cœur :
— Comment ! c'est de moi que vous refuseriez un service... Il faut donc que ce soit toujours vous qui receviez tout de vous... Eh bien ! monsieur, il en sera comme vous le voudrez... nous serons moins fières que vous, car nous serons toujours heureuses d'être vos obligées, et cela est si vrai, monsieur, que si quelque danger nous menaçait, ma fille et moi, je n'hésiterais pas à m'adresser à vous pour me tirer de peine... comme je n'ai pas hésité à vous confier quel lien m'attachait à cette personne qui voulait voir mon Emmeline... car j'ai confiance en votre amitié... confiance entière... et voilà la différence qui existe entre nous deux.

Ces douces paroles ont calmé le désespoir du vagabond. Il saisit une des mains de Clémence, la presse dans les siennes, en murmurant d'un air repentant :
— Pardon, madame, pardon de m'être laissé emporter ainsi... mais l'adversité nous rend injustes, lors même que nous l'avons méritée !

Puis il salue madame Clermont et s'éloigne sans ajouter une parole, laissant celle-ci tout émue, et se demandant quel peut être ce mystérieux personnage qui, lorsqu'elle le regarde, s'empresse toujours de détourner la tête pour éviter de rencontrer ses yeux.

Cependant Creps s'est rendu précipitamment à sa demeure habituelle ; mais au lieu d'entrer dans l'écurie il pénètre dans la salle basse où Roberdin était seul, il saute sur le cabaretier et le renverse à ses pieds avant que celui-ci ait eu le temps de se défendre, en lui criant :
— Misérable gredin ! tu as donc reçu pour moi de l'argent de cette dame dont j'ai sauvé la fille ?...
— Cette dame... madame Clermont ! murmure Roberdin sans même chercher à se dégager parce qu'il sait qu'il l'essaierait en vain.
— Oui, oui, madame Clermont, lorsqu'elle est venue avec sa fille dans ce taudis...
— Ah ! il y a déjà longtemps... ne serrez donc pas si fort... Eh bien ! oui... en effet... je crois me rappeler... c'est ce diable de Garguille qui était ici et qui m'a conseillé de le garder en partageant avec lui. Mais je vous le rendrai... mon Dieu !... pas de colère... je peux vous le rendre à présent.
— Non, je ne veux pas de cet argent... mais je veux t'assommer pour l'avoir reçu !...
— M'assommer !... Voyons, l'ami Creps, pas de bêtises... lâchez-moi...
— Je t'assommerai, te dis-je... et tu sais que tu ne pourras pas m'échapper... à moins que tu ne répondes à la question que je vais te faire.
— Parlez donc alors.
— Le nom de ce monsieur qui est venu te demander ce matin?...
— Le nom... du particulier... c'est qu'il ne veut pas qu'on le sache, justement...

Creps fait un mouvement avec son gourdin, qu'il lève sur la tête de Roberdin ; aussitôt celui-ci de crier :
— Riberpré !... Riberpré... banquier à Paris, rue Saint-Germain-des-Prés ! Ah ! ma foi, je m'en fiche, après tout... je ne veux pas me faire assommer pour lui !
— C'est bien, dit Creps en laissant Roberdin. Tiens !... voilà un cadeau de ce monsieur !... plus tard tu m'apprendras quelles relations existent entre vous.

Et il jette au nez du cabaretier la pièce d'or qu'il avait dans sa poche.
— En voilà un original ! murmure Roberdin en ramassant les vingt francs ; il veut m'assommer parce que j'ai gardé l'argent qu'on m'avait remis pour lui, et il me donne celui dont on lui fait présent... Décidément... il a quelque chose ; certainement il est toqué et on a bien fait de le nommer l'Amant de la lune.

XIX. — VENGEANCE DE FEMME.

Félicia était seule chez elle. Depuis quelque temps Isidore, s'occupant beaucoup d'Emmeline et donnant le reste de son temps à sa cousine, négligeait tellement celle qu'il avait surnommée son Anjalouse, qu'il était facile de voir que, s'il ne rompait pas entièrement avec la lorette, il faisait du moins tout ce qu'il fallait pour lui donner le droit de changer.

Mais les femmes font rarement ce qu'on leur donne le droit de faire, et bien certainement si les maris disaient à leurs femmes : Tu as le droit de m'être infidèle, et je te permets d'en user, nous verrions bien moins d'époux... trompés.

Enfin Félicia adorait toujours Isidore, quoique sachant bien qu'il aimait Emmeline, mais elle ne lui croyait que cet amour; et comme elle n'avait pas manqué de prendre des informations sur les deux dames de la maison isolée, elle avait su que cet amour était pur, elle espérait encore que cette flamme toute platonique s'éteindrait comme tous les feux qui manquent d'aliment.

Et le désir de vengeance qui fermentait au fond de son âme avait toujours été contenu par l'idée qu'il s'agissait d'une jeune fille sage, bonne, qui était l'amour et l'espoir de sa mère; car Félicia, qui avait été abandonnée par la sienne, vénérait celles qui entouraient leurs enfants de leurs soins, de leur tendresse, et elle ne se sentait pas la force de troubler leur bonheur.

Cependant quinze jours s'étaient écoulés sans qu'Isidore mît les pieds chez Félicia. Jamais encore il n'avait été aussi longtemps sans la voir; ce manque d'égards avait porté à son comble l'irritation de la jolie lorette. Elle venait de se mettre à son secrétaire et elle avait écrit ces mots :

« Venez, monsieur, je le veux, je vous attends. Que ce soit pour
« la dernière fois, j'y consens, mais à moins venez me dire que je
« suis libre et que désormais tout est fini entre nous. »

Après avoir remis ce billet à sa femme de chambre pour qu'elle le portât chez Isidore, elle s'était jetée sur son divan, elle avait caché son visage dans les oreillers, elle avait arraché les glands qui ornaient les coins des coussins, elle avait mordu, déchiré avec fureur le mouchoir qu'elle tenait dans ses mains, puis, cette crise nerveuse s'étant un peu calmée, elle était restée immobile et comme anéantie jusqu'au moment où sa femme de chambre était revenue lui dire :

— M. Isidore était chez lui, madame. Il m'a répondu que dans cinq minutes il serait ici.

— Il va venir ! il t'a bien dit qu'il allait venir ? s'écrie Félicia.

— Oui, madame.

La jolie lorette renaît encore à l'espérance, et elle court à son miroir, elle arrange sa coiffure, jette autour de son cou une autre écharpe, ôte et replace un voile sur sa tête, enfin elle cherche à se rendre bien séduisante pour ramener le volage qui menace de l'abandonner. Pauvres femmes ! peines inutiles que tout cela !... Vous paraissez toujours charmantes quand on vous aime, mais on ne s'aperçoit pas que vous êtes jolies du moment qu'on ne vous aime plus.

Isidore arrive en effet. Le jeune homme, qui était las de feindre encore un sentiment qu'il n'éprouvait plus, s'était hâté de se rendre à l'invitation de Félicia afin d'avoir avec elle une explication franche et d'en finir, comme elle le lui marquait dans sa lettre.

— Il a donc fallu que je vous écrive, monsieur, que je vous envoie chercher, pour que Félicia d'une voix brisée et de la tendresse vibre encore. Sans cela vous ne seriez donc pas revenu ?...

Isidore fait plusieurs tours dans le boudoir avant de répondre. C'est qu'il faut plusieurs du courage pour avouer à sa maîtresse qu'on ne l'aime plus. Ordinairement ces choses-là se pensent et ne se disent pas. Cependant Isidore réfléchit que, après tout, sa liaison avec une lorette ne pouvait pas être éternelle, qu'elle-même ne devait pas l'espérer, que ses remords sont ridicules, que Félicia se consolera avec un autre, comme c'est l'usage de toutes ces dames, et qu'il vaut beaucoup mieux avouer franchement sa pensée que de prolonger une liaison qui n'a plus d'attrait.

Alors il prend un siège, va se placer à côté de la jolie femme, s'empare d'une de ses mains qu'elle ne demande pas mieux de lui abandonner, et lui dit d'un ton assez dégagé :

— Ma chère Félicia, j'ai toujours pratiqué la franchise en amour comme en amitié... Se tromper, voilà ce qui est mal... quand on n'a plus d'amour pour quelqu'un... ce n'est pas un crime, puisque c'est souvent indépendant de notre volonté, convenez qu'il vaut bien mieux l'avouer que de feindre de l'éprouver encore... Ma bonne amie, il n'y a rien d'éternel ici-bas... surtout les liaisons... formées par le plaisir... Vous me permettrez de vous rendre votre liberté... que tôt ou tard vous auriez reprise... et vous me laisserez la mienne à l'avenir... n'est-il pas vrai ?

Félicia est devenue d'une pâleur livide. Elle retire doucement sa main qu'Isidore tenait encore, et lui répond d'une voix sourde et en attachant sur lui des regards qui brillent d'un feu sombre :

— C'est donc à dire que vous ne m'aimez plus ?

— Mais si je n'ai plus pour vous d'amour... croyez que vous ne me serez jamais indifférente... et que mon amitié...

— Assez ! monsieur, assez !... je ne vous demande pas votre amitié... je la refuse ! je ne veux plus rien de vous... mais croyez bien que depuis longtemps j'avais lu dans votre âme; depuis longtemps je connaissais la passion de votre maîtresse, elle à laquelle je suis sacrifiée.

Isidore fait un mouvement de surprise, Félicia continue en se laissant aller aux sentiments qui l'agitent :

— Oui ! oui, je sais tout... je connais votre amour romanesque pour cette jeune fille de Corbeil... Je sais que vous ne rêvez qu'à votre Emmeline... vous voyez même que je sais son nom !... Oh ! je n'étais pas votre dupe... mais j'espérais... je me flattais que cette passion s'éteindrait facilement dans votre cœur... qui est si prompt à s'enflammer.

Puisqu'il n'en est pas ainsi... vous avez raison, il faut cesser de nous voir... Ah ! remerciez-moi de n'avoir pas troublé vos amours... Mais j'ai eu pitié de... cette jeune fille... parce que je sais qu'elle n'est pas votre maîtresse... Oh ! sans cela !

Félicia jette sur Isidore un regard dont l'expression l'épouvante ; mais elle reprend au bout d'un moment avec plus de calme :

— Soyez heureux, monsieur, épousez celle... que vous aimez tant... épousez-la... et tâchez d'être plus constant avec votre femme qu'avec votre maîtresse.

Isidore veut répondre quelques mots, mais Félicia détourne la tête en lui disant :

— Partez...

Il se lève alors et s'éloigne brusquement, car il sent bien que dans ce moment sa présence ne peut qu'augmenter le chagrin de Félicia.

Lorsqu'elle a cessé d'entendre le bruit des pas d'Isidore, la jeune femme, qui a fait un mouvement pour courir après lui, s'abandonne au plus violent désespoir; elle se tord les bras, frappe son beau front contre le marbre de sa cheminée, puis se jette sur son divan et cache sa figure dans ses mains, en se disant :

— Mon Dieu !... est-ce possible ! il ne m'aime plus... il me l'a dit, il me quitte pour toujours !... Je ne le verrai plus... Ah ! si je l'avais embrassé, si je l'avais bien pressé contre mon cœur, il serait peut-être revenu à moi !... et je l'ai laissé partir... Mon Dieu ! est-ce que je puis vivre maintenant ?... c'est une autre qu'il aime... Ah ! quel mal !... j'étouffe... Oh ! faites-moi mourir, mon Dieu, faites-moi mourir !...

Félicia est depuis longtemps en proie à sa douleur, lorsqu'on ouvre brusquement la porte de son boudoir. Une jeune femme entre, court à elle gaiement, puis, la voyant en cet état, s'écrie :

— Eh bien !... qu'est-ce qu'il y a donc ?... que t'est-il arrivé ?... voyons, Félicia, parle... réponds-moi... ne me repousse pas... c'est Adèle... c'est Tintin.., ton amie... Oh ! mais est-il possible de se mettre ainsi dans cet état... c'est donc une attaque de nerfs. Attends, je vais te faire donner de la fleur d'oranger... de l'éther.

Félicia arrête Tintin en lui disant d'une voix éteinte :

— Non... je ne veux rien... rien... c'est inutile.

— Mais alors tu vas me dire ce que tu as? pauvre petite !.. Allons, la voilà qui sanglote à présent... Eh bien ! pleure, ça te soulagera... ça te fera du bien... et puis conte-moi tout. Est-ce que par hasard ce serait pour un homme que tu te désoles ainsi... voyons... da.

Félicia appuie sa tête sur l'épaule de Tintin et murmure tout en sanglotant :

— Il ne m'aime plus... il a eu la barbarie de venir me le dire !...

— Et c'est pour ces fichus hommes que tu te désoles ! que tu te bouleverses comme ça ! Par exemple, toi qui es d'esprit... est-ce que tu avais cru qu'il te serait fidèle ?

— Oui... on le croit... ou du moins on tâche de le croire quand on aime bien, soi...

— Pleurer pour un amant ! quelle duperie ! Moi, je n'ai jamais versé de deux larmes dans ma vie : l'une était pour mon chat, qui était tombé par la fenêtre d'un quatrième et qui aurait pu se tuer... mais il ne s'était pas tué, l'autre, c'était pour un quinquet qu'on avait laissé tomber sur ma robe un soir que j'allais aller au bal... et comme je ne nageais pas dans les robes, il me fallut rester chez moi. A la bonne heure, je conçois que l'on pleure dans des circonstances aussi majeures, mais pour un amant qui vous est infidèle !... prrout !... je t'en donnerai six pour une cloyère d'huîtres !...

— Adèle, tu ne comprends pas l'amour, tu ne connais pas cette passion... pas plus que de me raisonner, toi qui n'es pas faite comme moi... qui n'as pas mon âme... mon cœur... Ce sentiment que j'éprouvais pour Isidore, c'était vraiment de l'amour, c'était la première fois que je le ressentais... Jusque-là est-ce que j'avais aimé !... mais, moi, vois-tu ? il ne m'est pas possible d'aimer faiblement... je l'idolâtrais, l'ingrat... qui ne m'a aimée qu'une nuit !...

— Bigre ! c'est bien court !...

— Il était mon Dieu ! ma vie !... il était tout pour moi, dont l'âme brûlante a besoin d'aimer, et qui n'ai jamais pu reporter sur une mère... sur un père ce foyer de tendresse que je sens là dans mon cœur... Ah ! si j'avais eu ma mère au moins... mais non !... personne autour de moi... point de parents, ils m'ont abandonnée...

— Ma foi !... pour ce qui est de feu ma mère, comme lorsque j'étais petite, elle me peignait tous les matins avec une brosse de chiendent, très joliment étrillée, que ça me faisait saigner les oreilles, j'en ai conservé un souvenir peu sentimental !... Les parents ne nous mettent pas toujours dans du coton... Quand je ne savais pas ma leçon d'orthographe, mon père me faisait danser la mazurka avec un fouet de chez M. Francozzi... il appelait ça tenir *la chambrière*! merci! J'en faisais de la voltige!... Mais revenons à ce monsieur, car je vois déjà que cela te soulage un peu d'en parler, tu as les yeux moins hagards...

— Il fait la cour à une jeune personne qui demeure à Corbeil avec sa mère. Elle est sage... elle est bien élevée... il l'épousera sans doute...

— Ah! ma petite, du moment que c'est pour le mariage, tu n'as plus rien à dire! Car enfin, quand ces beaux merles ont la fantaisie de devenir pères de famille, nous ne pouvons pas les en empêcher. Moi, combien de fois ne m'a-t-on pas lâché ce me disant : Ma bonne amie, c'est fini de rire, je vais me marier! Alors je leur répondais : Bien des compliments à madame votre épouse; si elle veut venir aux renseignements chez moi, je lui en donnerai sur vos qualités secrètes!... Mais l'infamie, c'est que très-souvent après m'avoir plantée là, ces messieurs ne se mariaient pas du tout. C'étaient des colles. Pourvu que le tien...

— Oh! je connais la demoiselle qu'il aime... elle ne sera jamais sa maîtresse.

— Oui, mais ça ne prouve rien... Si ton Isidore avait une autre connaissance.

— Une autre connaissance! s'écrie Félicia en saisissant le bras de son amie. Pourquoi me dis-tu cela?...

— Ah! c'est que je me rappelle maintenant des choses... qu'on m'a contées... et que je ne l'aurais jamais rapportées, tant que tu étais bien avec lui, parce que moi je n'aime pas à mettre la discorde nulle part; mais à présent que c'est fini... que vous avez rompu... avez-vous tout à fait rompu?

— Oui, oui, tout à fait; ainsi parle, je le veux.

— Mon Dieu! je ne sais rien par moi- même, mais je me rappelle seulement qu'un jour Léonis... tu sais, la petite Léonis qui valse trois heures sans s'arrêter !...

— Oui, après?

— Une assez mauvaise langue par parenthèse, eh bien ! elle m'a dit une fois que je lui parlais de toi, de la fidélité pour ton Isidore : Ah! Félicia est bien sotte de lui être fidèle, car ce monsieur ne se gêne guère pour la tromper... j'en suis sûre, je l'ai vu en partie fine...

— Léonis a dit cela?

— Certainement...

— Ensuite?...

— Comme ça ne me touchait pas, et que d'ailleurs dans l'infidélité d'un homme je ne voyais rien que de très-ordinaire, je ne l'ai pas questionnée davantage... nous avons parlé d'autre chose...

Félicia se lève; elle court prendre un chapeau, un châle, elle se hâte de faire sa toilette, tout en disant à la grande blonde :

— Tu sais où demeure Léonis ?...

— Ma foi non... il y a assez longtemps même que je ne l'ai rencontrée.

— Adèle, je veux voir Léonis, aujourd'hui... sur-le-champ... voyons, cherche... il faut que nous la trouvions...

— Attends, attends... je sais où demeure Aglaure; Aglaure est maintenant la maîtresse de M. de Pigeonnac... elle a quitté Courtinet ou Courtinet l'a quittée... n'importe... il était pourtant bien drôle avec son pantalon en taffetas gommé... Or M. de Pigeonnac était auparavant avec Léonis, et par lui nous saurons où elle se perche... d'ailleurs avec de la patience et une langue on trouverait une souris!

— Viens, partons alors.

Ces dames sortent, montent dans un fiacre, et Adèle Rotin donne au cocher l'adresse de la grande Aglaure. Tintin descend seule et remonte bientôt en disant :

— Ce n'est plus ici; changement de domicile! J'aurais dû m'en douter, Aglaure est comme moi, elle ne moisit jamais dans un logement. Cocher! touchez rue des Martyrs, 25.

Le cocher touche. Durant la route, la grande blonde essaie de causer avec Félicia, mais celle-ci ne lui répond plus, elle n'a qu'une pensée : parler à Léonis et lui faire dire ce qu'elle sait sur Isidore.

On arrête enfin à la nouvelle adresse d'Aglaure. Tintin descend seule encore. Cette fois son absence se prolonge; mais lorsqu'elle revient, elle est accompagnée d'une autre femme; et Félicia pousse un cri de joie en reconnaissant mademoiselle Léonis.

L'intrépide valseuse a la figure très-animée et la coiffure un peu en désordre. Tintin se hâte de la faire monter dans la voiture, en disant :

— Sapristi! je suis arrivée à temps. Qu'est-ce que je trouve chez Aglaure en arrivant?... Léonis qui se disposait à lui sauter aux yeux... Quand j'ai vu que la conversation était montée sur ce ton-là, je me suis interposée entre ces dames, au risque de recevoir quelques chiquenaudes. J'ai pris celle-ci à bras-le-corps, et je l'ai emportée, c'est le mot!... Comme Aglaure ne demandait pas mieux que d'en être débarrassée, elle a bien vite refermé la porte sur nous; et Léonis a consenti à me suivre... A propos, où allons-nous?

— Chez moi, dit Félicia.

— Oh! c'est égal! murmure mademoiselle Léonis en refaisant ses boucles, Aglaure n'en est pas quittée!... elle me reverra... et elle me la paiera. Ah! elle m'enlève M. de Pigeonnac, et elle se fait donner une petite montre à répétition que ce monsieur m'avait reprise, parce qu'elle n'était pas bien réglée... Voilà qui est trop fort !

— Bah! s'écrie Tintin, il s'agit d'une montre, alors je comprends et j'excuse ta colère!... Quand on se griffe pour un homme, je trouve cela absurde; mais pour une montre c'est bien différent, je préfère leur mouvement. Est-ce que par hasard le Pigeonnac aurait eu la petitesse de donner la montre à Aglaure?

— Oui, ma chère, et celle-ci a eu l'effronterie de l'accepter, quoique sachant très-bien qu'elle était à moi, puisqu'un jour que je l'avais à mon cou, elle l'avait admirée... et elle est bien reconnaissable, émaillée tout autour... un bouquet de roses derrière!...

— Par exemple, voilà qui est affreux... souffler un amant à une de ses amies, ça se fait... assez souvent même, mais lui souffler sa montre... Ah! fi! c'est un trait de cuisinière.

Félicia a laissé Léonis jeter tout le feu de la colère, parce qu'elle connaît assez les femmes pour savoir qu'en ce moment elle ne serait pas en état de lui répondre; mais lorsqu'on est parvenu chez elle, et après que mademoiselle Léonis a bu coup sur coup trois verres d'eau sucrée, Félicia lui explique le motif qui lui a fait désirer de la voir, et la supplie de lui dire ce qu'elle sait sur Isidore.

— Ce que je sais! s'écrie Léonis. Eh! mon Dieu! qu'il ne vaut pas mieux que les autres! qu'il vous trompait, que vous avez eu raison de rompre avec lui...

— Mais ce sont des faits que je veux, dit Félicia en attachant ses regards sur ceux de Léonis.

— Des faits! je l'ai vu en partie fine avec une femme...

— Quand cela?

— Attendez... Ah! il m'est bien facile de vous dire l'époque... c'était justement le lendemain du bal donné par Tintin... du bal de dames de chœurs... vous savez... vous y étiez.

— Oui, oui, eh bien?

— Eh bien! voici la chose... le lendemain du bal... c'était un dimanche, je m'en souviens. Pigeonnac qui était de garde. Attendez... Était-ce Pigeonnac?... Non, non, que je suis bête! Alors je ne le connaissais pas encore... c'était un autre... mon Dieu, qui donc était-ce?...

— Il paraît que tu t'embrouilles un peu dans les noms? dit Tintin.

— Enfin ça ne fait rien; l'amoureux que j'avais alors, et qui était de garde, m'avait donné rendez-vous de très-bonne heure aux Champs-Elysées, où il vint me rejoindre dans son costume de garde national, tant il était pressé... il m'a mena au Petit-Moulin rouge ; c'est un traiteur des Champs-Elysées, où l'on est fort bien. Bref, nous avions un cabinet ; mais pas loin de nous un autre cabinet était occupé aussi ; comme je suis très-curieuse... oh! quant à cela, je ne le cache pas! très-souvent j'ouvrais la porte de notre cabinet, dans l'espérance de voir les voisins. Une fois, leur porte à eux étant aussi restée ouverte, j'entendis causer; je prêtai l'oreille... je crois même que je m'approchai tout contre leur porte. Alors j'entendis des protestations d'amour... on sait cela par cœur! Je n'y aurais plus apporté d'attention si je n'avais reconnu la voix de M. Isidore...

— Sa voix... mais on peut se tromper.

— Attendez donc! D'abord, il paraît que sa maîtresse était aussi sa parente, car il l'appelait : ma chère cousine.

— Sa cousine!... il se pourrait... sa cousine... Oh! l'infâme.

— Quand la dame s'en alla, et elle partit la première, je pris son signalement par la fenêtre : petite taille, assez rondelette, jolie tournure, robe de soie gris de perle, un pardessus en moiré noir, chapeau de paille d'Italie, un voile blanc jeté dessus... Enfin, au bout de quelques minutes, le monsieur partit aussi, et je le reconnus parfaitement ; c'était votre amant, M. Isidore.

— Sa cousine! s'écrie Félicia en levant vers le ciel ses yeux où brille tout ce qu'une femme peut éprouver de dépit, de fureur, de désir de vengeance. Elle était sa maîtresse... et je ne l'avais pas deviné... et je le croyais entièrement occupé de son romanesque amour!... Sotte que j'étais de penser qu'une passion honnête pouvait suffire au cœur d'un homme! Comme il a dû rire de moi lorsque je lui ai dit que je connaissais l'objet de sa tendresse... oh! mais il ne rira pas longtemps, car je veux me venger maintenant!...

— Tu feras bien ! s'écrie Tintin.

— Oh! vous le devez, dit Léonis.

En ce moment on entend sonner, et bientôt la femme de chambre entre, tenant une lettre qu'elle présente à sa maîtresse. Celle-ci, après avoir jeté les yeux sur l'écriture, laisse échapper un sourire amer, en s'écriant :

— Oh! cette fois je vais y répondre à cette lettre... Rose, y a-t-il quelqu'un là ?...

— Oui, madame.

— Dis qu'on attende.

La femme de chambre sort. Félicia montre la lettre à ses deux amies, en leur disant :

— Vous ne savez pas qui m'écrit ce billet ?... c'est M. Bouchonnier...
— Le gros farceur de Bouchonnier ?
— Le cousin de M. Isidore ?
— Justement, le mari de cette femme dont Isidore est l'amant. Depuis longtemps je m'amusais de la passion de M. Bouchonnier qui croit que je suis en secret très-éprise de lui.
— Oui, dit Tintin, parce que je lui ai dit que tu m'avais acheté cinq cents francs son gilet de flanelle.
— Tiens, vois ce qu'il m'écrit...

La grande blonde ouvre le billet doux qui était parfumé et écrit sur du papier enjolivé de petits amours... et lit tout haut :

« — Jusqu'à quand, femme ravissante, mettrez-vous un mors à « mon amour à une gourmette à mes désirs ?... Lâchez-leur la « bride ! je vous en supplie... que je galope avec vous dans l'étroit « sentier de la volupté !... »
— Il n'est pas possible ! s'écrie Léonis. Il faut que ce monsieur prenne des leçons d'équitation... va toujours...
« — De la volupté... Et ce pauvre petit gilet de flanelle... il n'a « donc pas réagi sur votre cœur. » Il paraît qu'il croit que tu le portes. « Un mot de réponse, je vous en prie... donnez-moi un rendez-« vous... accordez-moi une heure ; mais ayez pitié d'un homme que « vous mettez en combustion.
                « TIBURCE B. »

— Très-bien ! dit Félicia, je vais lui répondre.

La jolie brune court à son secrétaire. En quelques instants sa réponse est achevée, elle se tourne alors vers les deux dames en leur disant : — Écoutez, voilà ce que je lui écris :

« Monsieur, je n'aime ni les sots ni les lâches ; quand vous m'au-« rez prouvé que vous n'êtes ni l'un ni l'autre, je récompenserai vo-« tre amour. Votre cousin Isidore me trahit, non-seulement pour « mademoiselle Emmeline (je lui aurais pardonné un amour hon-« nête) ; mais encore pour votre femme, dont il est l'amant... oui, « votre femme avec laquelle il a déjeuné chez un traiteur des Champs-« Élysées, au Petit-Moulin rouge, et en cabinet... tout ce qu'il y a « de plus particulier, le dimanche qui se trouvait être le lendemain « de ce bal donné par madame Boursicoff, et auquel vous êtes venu. « On les a vus, très-bien vus. Ce jour-là madame votre épouse était « vêtue ainsi : Robe de soie gris de perle, pardessus en moiré noir, « chapeau de paille d'Italie avec un voile blanc. Maintenant vous sa-« vez ce qui vous reste à faire. Vengez-moi et vengez-vous. »

— Très-bien ! s'écrie Léonis, c'est écrit avec du feu !
— C'est bien fait !... dit Tintin ; après cela, si ces messieurs ne se battent point, ce ne sera pas ta faute...
— Et puis un ménage brouillé... une femme perdue... Oh ! c'est admirable ! reprend Léonis.

La grande blonde secoue la tête, en murmurant :
— C'est peut-être aller un peu loin... mettre tant de gens dans la peine pour... une fâcheuse ! Mon Dieu !... comme il y a des pays où l'on est plus raisonnable que chez nous à cet égard-là.
— Et tout le mal qu'il m'a fait, s'écrie Félicia, le comptes-tu pour rien ?

Tintin ne répond rien. Félicia signe la lettre et va elle-même la donner au messager de Bouchonnier. Elle revient ensuite plus satisfaite, et elle se jette sur un siége en s'écriant :
— Oh ! on a raison de dire que la vengeance est un plaisir des dieux !...
— Oui, dit mademoiselle Léonis se levant à son tour, et c'est pour cela qu'il m'en faut aussi à moi de la vengeance... Ah !... une idée !... Je connais une couturière à qui Aglaure doit de l'argent et qui ne peut jamais savoir où elle loge, je cours lui donner son adresse... C'est loin... mais je vais prendre un cabriolet... C'est déjà un bon petit tour à lui jouer, et je ne m'en tiendrai pas là. Au revoir, mesdames.

Léonis est partie, Félicia est pensive. Adèle Rotin se repent d'avoir, par les propos qu'elle a rapportés, été cause que deux hommes vont peut-être se tuer. Mais le mal est fait, la lettre de Félicia est partie, il n'y a donc plus à revenir là-dessus, et pour oublier ces événements et distraire un peu son amie et son chagrin, elle lui propose d'aller avec elle dîner chez Mazzépa, qui maintenant tient une table d'hôte à trois francs, sans le café, où l'on est servi comme au Rocher de Cancale, et où il vient beaucoup d'artistes dramatiques qui ont été en Russie ; mais Félicia refuse, elle se complaît dans sa douleur, et tout ce que la grande blonde peut lui dire pour la tenter reste sans effet. Tintin se décide à aller seule chez madame Mazzépa.

Félicia est restée plongée dans ses reveries, mais au froncement de ses sourcils, aux plis qui se dessinent sur son front, il est facile de deviner que de sombres pensées l'occupent, et que ses méditations ont encore sa vengeance pour objet. Enfin sa physionomie s'éclaircit, elle se lève et va de nouveau s'asseoir à son secrétaire, en se disant :
— Une intrigue dévoilée... un mari auquel j'ouvre les yeux, ce n'est pas assez ! non, il faut que je le frappe à un endroit plus sensible. Il faut que je détrompe aussi cette jeune fille, dont sans doute il a su se faire aimer... d'ailleurs c'est un service que je lui rends à cette jeune fille, elle saura quelle foi il faut faire des serments d'un homme. Écrivons à son Emmeline.

La lorette prend une plume et écrit : « Mademoiselle, M. Isidore « Marcelay vous jure qu'il vous adore, qu'il n'aime que vous..., et « vous croyez sans doute à ses serments. Mais une personne qui « s'intéresse à vous croit devoir vous prévenir que ce monsieur vous « trompe. Depuis plus de trois mois il est l'amant de sa cousine, et « c'est pour se trouver avec elle qu'il vient si souvent à Corbeil. « Croyez-en une personne qui est sûre de ce qu'elle vous écrit. »

Félicia ferme cette lettre sur laquelle elle ne met point d'adresse ; puis elle se dit :
— Comment la lui faire tenir maintenant, sans que cela passe sous les yeux de sa mère ?... ce sera difficile. N'importe, rendons-nous d'abord à Corbeil, tenons-nous-y cachée dans une auberge, et attendons une occasion favorable pour faire remettre ce billet... on a de la patience lorsque l'espoir de la vengeance nous soutient.

Quelques minutes après, Félicia était en route pour Corbeil, et, sans trop savoir dans quelle intention, elle avait emporté une paire de petits pistolets, après s'être assurée qu'ils étaient chargés.

XX. — UN MARI PERSUADÉ.

On sait que le gros Bouchonnier, toujours plus épris de Félicia, lui avait, pour la quinzième fois au moins, écrit un billet doux ; c'était ce qu'il faisait presque chaque fois qu'il venait à Paris. Après avoir envoyé son commissionnaire de confiance porter sa lettre, il était resté chez lui, et, de temps à autre, allait se regarder devant une glace ; là il arrangeait ses favoris, ses cheveux, s'adressait un sourire de satisfaction, puis soupirait, en se disant :
— Bah ! j'en serai encore pour ma lettre !... elle ne me répondra pas !... je crois que je ferais bien de ne plus songer à cette lorette... et pourtant elle a quelque chose pour moi, car enfin elle n'aurait pas payé un prix fou son gilet de flanelle, si je ne lui avais pas touché quelque peu le cœur... mais les femmes sont si bizarres, si capricieuses !... elle voit que je lui écris... c'est peut-être pour cela qu'elle me tient rigueur... j'aurais dû affecter de la foir... faire le petit Joseph, et peut-être me retiendrait-elle par mon paletot.

Cependant le messager est revenu, et cette fois, il apporte une réponse. Bouchonnier ne peut en croire ses yeux. Il examine la lettre, la porte à son nez ; elle ne sent rien du tout qu'une légère odeur de pipe que lui a communiquée la poche du commissionnaire ; mais il trouve qu'elle embaume, il la respire avec délices ; enfin, il congédie le porteur du billet pour en savourer tout à son aise le contenu.

Ce contenu est loin d'être aussi agréable que ce monsieur l'espérait. A mesure qu'il avance dans la lecture du billet, sa figure devient pourpre ; enfin il se laisse aller sur un siége et regarde au plafond, en s'écriant :
— Ma femme me ferait... avec Isidore... est-ce possible ?

Comme le plafond ne lui répond rien, il recommence la lecture de la lettre, puis il rappelle ses souvenirs.
— Aux Champs-Élysées... au Petit Moulin rouge... le lendemain de ce bal d'artistes... mais c'était à moi que l'on avait donné ce rendez-vous... c'est moi qui ai proposé à Isidore d'y aller à ma place... oui... madame de Naples !... C'est cela même... Ah ! mon Dieu ! mais sur le chemin de fer, ne me suis-je pas trouvé avec ma femme ?... C'était le même jour, et la toilette... robe grise... pardessus noir, chapeau de paille, voile blanc... Il me semble que c'est parfaitement cela, je sens une sueur froide... ma femme s'appellerait madame de Naples... mais si je ne l'avais jamais connu ce nom-là... mais enfin c'est à moi qu'elle avait écrit et donné rendez-vous... c'est moi qu'elle attendait... donc elle n'avait pas de ramifications avec mon cousin... et je ne suis ni un sot ni un lâche, comme mademoiselle Félicia veut bien le dire... Oh ! mais si on en croyait ces femmes-là, on aurait toujours l'épée à la main... C'est égal... pourquoi Isidore ne m'a-t-il pas dit que c'était ma femme qu'il avait trouvée chez ce traiteur ?... Que je suis niais !... parbleu ! parce que ma femme le lui aura défendu... c'est à moi qu'elle avait voulu jouer un tour, ne désirait s'assurer de ma fidélité, c'est tout simple... Ah ! tous mes souvenirs me reviennent en foule... Ces deux autres lettres anonymes... ce rendez-vous où l'on m'a laissé me morfondre... cet autre à l'Opéra, où j'ai reçu le plus joli soufflet féminin... cet air triste ! toujours ma femme !... qui est jalouse comme une lionne, et qui me tend constamment des piéges... Pauvre Elmonde !... Voyez pourtant ce que c'est que les apparences, elle m'adore... et on croit qu'elle me trompe... tandis que tant d'autres, que l'on croit bien sages, font en secret leurs caravanes. Oh ! mais une minute, je tiens d'abord à détromper la jolie brune !

Et Bouchonnier se hâte d'écrire à Félicia :
« Mademoiselle, vous êtes dans une erreur bien complète... « c'est à moi que l'on avait donné un rendez-vous au Petit Moulin « rouge. Ma femme, par jalousie, voulait me soumettre à une « épreuve. C'est moi qui ai envoyé mon cousin à ma place. Il n'y « a donc rien de criminel dans tout cela ; car ma femme a dû être

« terriblement vexée en voyant arriver Isidore au lieu de moi.
« Veuillez détromper ceux qui ont fait des cancans sur les appa-
« rences. Isidore ne rêve qu'à son Emmeline, et moi à vous. Je ne
« suis donc ni un sot, ni un lâche, et vous pouvez m'aimer sans
« vous compromettre. »

Le gros monsieur signe cette lettre, que cette fois il se contente de mettre à la poste. Ensuite il court au chemin de fer ; il a hâte d'être de retour à Corbeil, où il espère trouver Isidore chez lui, et il se promet de s'amuser beaucoup à ses dépens et à ceux de sa femme.

Isidore s'était, en effet, rendu chez sa cousine en sortant de chez Félicia. Il savait que Bouchonnier était à Paris, et comme on ne présumait pas qu'il en reviendrait si vite, le cousin et la cousine étaient allés causer dans un joli petit boudoir qui se trouvait après la chambre à coucher d'Elmonde. De quoi parlaient-ils ? nous l'ignorons ; ils chantaient peut-être un duo, mais sans accompagnement de piano, car il n'y en avait pas dans le boudoir.

Tout à coup des pas se font entendre dans l'escalier, puis dans la chambre à coucher. Bouchonnier en arrivant a demandé où était sa femme. La femme de chambre, qui n'est pas une sotte, lui a dit qu'elle croyait madame au jardin ; et aussitôt qu'elle a vu le mari s'enfoncer dans les allées, elle est montée où elle pense bien trouver sa maîtresse. Mais elle n'ouvre pas la porte du boudoir, elle se contente de frapper, en disant :

— Madame, si vous êtes là... voilà monsieur qui arrive de Paris qui vous cherche.

Quelques moments après, Elmonde et son cousin se trouvent dans le jardin nez à nez avec Bouchonnier, qui s'écrie d'un air moqueur :

— Ah ! je vous trouve enfin !... c'est bien heureux !... Savez-vous qu'il ne fait plus très-chaud pour se promener dans un jardin... mais vous me direz : Deux amants n'ont jamais froid !...

Le cousin et la cousine changent de couleur et demeurent presque interdits. Un homme clairvoyant aurait pu tirer de leur embarras des indices qui l'auraient amené à la découverte de la vérité. Mais la Providence a permis que certaines fautes fussent toujours invisibles pour les yeux qu'elles pourraient offusquer. C'est très-heureux pour les trompeurs et pour les trompés. Bouchonnier part d'un éclat de rire en voyant la figure que fait sa femme et l'air gauche d'Isidore, puis il sautille et se frotte les mains, en s'écriant :

— Ah ! on croyait que je ne découvrirais pas la vérité... que je ne connaîtrais pas vos petits rendez-vous !... On se disait : Ces maris, ça ne voit jamais rien !... Mais on avait affaire à un gaillard qui est un peu madré !... Ah ! dame ! je devine tout... Oh ! oh ! oh !... vous êtes pincés, mes enfants !

Et Bouchonnier rit encore plus fort, et, comme d'ordinaire les maris les plus philosophes n'ont pas pour habitude de danser et de rire quand ils découvrent qu'on les a jaunis, Elmonde, avec cet instinct de femme qui trompe rarement, devine que, tout en leur disant la vérité, son mari ne la sait pas, et elle lui répond d'un air presque fâché :

Oh ! oui, mon ami, vous y êtes complètement.

— Monsieur, j'ignore quand finira la plaisanterie que vous faites en ce moment, mais je ne la trouve pas très-drôle, et vous m'obligeriez de vouloir bien m'en donner le mot, à moins que mon cousin ne l'ait comprise et qu'il ne puisse me l'expliquer.

— Je ne comprends pas du tout, répond Isidore en se mouchant avec beaucoup d'obstination.

— Comment ! reprend Bouchonnier en saluant sa femme, madame de Naples ne se rappelle pas son déjeuner aux Champs-Elysées, au Petit Moulin rouge?

Cette fois Elmonde a frémi, elle sent ses forces qui l'abandonnent, mais son mari reprend aussitôt :

— Ah ! vous voyez bien que je sais tout... cachottiers que vous êtes !... Pardieu ! je sais très-bien aussi qu'il n'y a pas le moindre mal, puisque c'est à moi que madame de Naples avait écrit, puisque c'est moi qu'elle attendait... Ah ! ma chère amie, je connais maintenant l'auteur de toutes les lettres anonymes que j'ai reçues... c'est toi... toujours toi... Et pour que je ne sache pas ton secret, lorsque tu as vu Isidore à ma place, tu lui as fait promettre qu'il ne dirait pas que c'était toi... Hem ! y suis-je à présent ?

— Oh ! oui, mon ami, vous y êtes complètement.

— Ma foi... il n'y a pas moyen de rien vous cacher, dit Isidore ; mais qui diable a pu vous instruire si bien ?...

Ici, c'est Bouchonnier qui, à son tour, est embarrassé. Il répond en tergiversant :

— Moi... ah ! mon Dieu, c'est par hasard... un de mes amis que vous ne connaissez pas... qui passait devant le traiteur... Il a vu ma femme sortir du petit Moulin rouge... il l'a très-bien reconnue ; alors, vous comprenez, j'ai deviné le reste. Mais j'ai eu bien soin de dire à cet ami que c'est moi qui avais donné rendez-vous à ma femme chez ce traiteur.

Cette explication ne semble pas fort claire à Elmonde, mais elle ne juge pas convenable de paraître la mettre en doute. Bouchonnier recommence à rire comme un fou, jamais il n'a été si joyeux ; sa femme et Isidore sont obligés de partager sa gaieté, et cette aventure, au lieu d'avoir un dénoûment tragique, comme l'espérait la personne qui a écrit au mari, ne fait qu'augmenter le plaisir qu'il éprouve à voir Isidore chez lui. Aussi le soir, lorsque celui-ci parle de s'éloigner, Bouchonnier s'y oppose et déclare qu'il ne le laissera pas partir.

Félicia était arrivée à Corbeil peu de temps après Bouchonnier. Son premier soin est d'aller se promener autour de la propriété de ce monsieur. Ses yeux restent longtemps attachés aux fenêtres de la maison, mais elle n'y aperçoit personne. Elle va se poser en face de la grille du jardin ; enfin, après une faction assez longue, la nuit qui arrive rapidement ne lui permet plus de distinguer au loin. Elle est obligée de s'éloigner sans avoir rien vu, rien appris et même sans savoir si Isidore est à Corbeil ; mais s'il s'y trouve encore, la lorette réfléchit qu'il n'est pas possible qu'il soit resté chez son cousin, car Bouchonnier a reçu sa lettre et il doit être revenu furieux près de sa femme.

Félicia entre dans l'auberge où Creps a offert de si beaux repas à messieurs Alménor et Saucissard. Elle se fait donner une chambre et à dîner, quoiqu'elle n'ait pas le moindre appétit; mais elle a trop d'habitude des hôtels et des auberges, pour ne point savoir qu'un voyageur qui veut être considéré où il loge, doit toujours s'y faire servir ses repas, lors même qu'il n'a pas envie d'y toucher.

L'hôte est bavard, Félicia est fine, elle a bientôt amené la conversation sur les principaux habitants de la ville. On ne tarde pas à arriver à Bouchonnier.

La jeune lorette pousse comme un cri de surprise, en s'écriant :
— Quoi! M. Bouchonnier a une maison de campagne dans ce pays... Ah! je l'ignorais... mais est-ce bien celui que je connais... c'est un monsieur encore jeune, mais très-puissant.
— C'est cela même, madame, et qui a une épouse jeune et très-jolie... qui se met parfaitement... Oh! c'est une dame qui donne la mode ici!
— Oui, c'est bien ce lui que je connais... Savez-vous si en ce moment il est à sa campagne.. ou à Paris?
— Madame y est; quant à monsieur, je n'en suis pas certain.
— J'aurais été bien aise de le savoir... Est-ce qu'on ne pourrait pas s'en informer... mais sans qu'ils le sachent?
— Pardonnez-moi, madame, c'est très-facile. J'ai justement mon premier marmiton, qui a dix ans, et qui est neveu de leur concierge... Il peut aller voir son oncle et savoir si M. Bouchonnier est chez lui.
— Oh! cela me ferait bien plaisir... et puis... si je vais les voir... j'aimerais mieux les trouver seuls... S'ils ont ce soir du monde, je n'irai pas... vous comprenez.
— Très-bien, le jeune homme s'informera s'il y a du monde.

Félicia remercie le traiteur de sa complaisance. Elle trouve le dîner excellent, les vins exquis. Le restaurateur, qui n'a pas l'habitude de recevoir de tels compliments, sort à reculons, persuadé qu'il loge une dame de la cour.

Au bout de quelques minutes il remonte avec son jeune marmiton, qui est sale de la tête aux pieds à ôter l'appétit aux plus affamés voyageurs, et qui vient dire tout d'une haleine à la jeune dame :
— M. Bouchonnier est chez lui; il est revenu de Paris à quatre heures. Ils n'ont personne chez eux ce soir que leur cousin qui y est si souvent, et qui y couche.

Félicia remercie le marmiton, elle lui met une pièce de cent sous dans la main et se hâte de le renvoyer, parce qu'il répand autour de lui une odeur de poisson et de friture qui prend à la gorge.

Le marmiton, qui n'a jamais reçu plus de deux sous à la fois, est resté comme stupéfait en recevant la pièce de cinq francs, mais son maître, qui le suit par derrière, s'empresse de la lui prendre, en lui disant : Tu comprends bien que ce n'est pas pour toi, tout cela : mais, comme tu as bien fait ta commission, je te donnerai six sous et un verre de cidre ce soir.

Félicia ne peut revenir de ce qu'elle vient d'apprendre : Bouchonnier est retourné chez lui, il y a trouvé Isidore, et celui-ci y est encore; et il n'y a pas eu un duel entre ces deux hommes, et le mari n'a pas chassé de chez lui l'amant de sa femme!

La jeune lorette trépigne des pieds; dans son dépit, dans sa fureur, elle brise tout ce qui est devant elle. L'hôte, qui a entendu un grand bruit de vaisselle cassée, se hâte de monter, et s'écrie, en voyant des débris de carafes et d'assiettes sur le carreau :
— Ah! mon Dieu! est-ce que madame aurait glissé sous la table!

Mais Félicia, d'un geste impérieux, lui montre la porte, en lui disant :
— Je ne vous ai pas sonné, sortez, laissez-moi.

Le traiteur se retire en se disant : Il y a des gens riches qui, après leur dîner, aiment à tout briser; cette dame fera beaucoup de dépenses chez moi... je la suppose Anglaise.

— Mais cet homme est donc un lâche! s'écrie Félicia en se levant et marchant à grands pas dans la chambre. Mais il n'a donc pas de sang dans les veines !... il sait qu'Isidore est l'amant de sa femme... il le garde chez lui, et le choye, et il le couche... Oh! c'est à ne pas le croire... je suis cependant bien sûre qu'il a reçu ma lettre, puisque moi-même je l'ai remise à son messager. Isidore est ici... alors il ira rôder ce soir du côté de la demeure de son Emmeline..... Comment lui faire tenir ma lettre à cette jeune fille?... le hasard me servira peut-être !... Allons guetter devant sa demeure... plaçons-nous près de la bergerie, je verrai venir le loup.

Il est nuit depuis longtemps. Félicia descend. Elle trouve en bas le traiteur qui la salue en lui disant : Madame ne couche pas ici...

— Peut-être... attendez-moi jusqu'à onze heures...

— Ah! je comprends : madame va chez M. Bouchonnier.

— Cela ne vous regarde pas... Combien vous dois-je?

L'aubergiste présente une carte enflée de tous les objets qu'il suppose brisés. Félicia lui jette une pièce d'or qui dépassait la somme totale, et sort en laissant cet homme émerveillé de ses manières.

Félicia connaît la demeure de madame de Clermont et de sa fille; depuis qu'elle a découvert la passion de son amant pour Emmeline, elle a pris des informations, et déjà plusieurs fois, en venant à Corbeil, elle a été se promener autour de la maison isolée.

Maintenant, reprend Creps, si vous voulez, nous allons causer un peu.

Il est près de neuf heures. On est à la fin d'octobre; les nuits sont fraîches et les feuilles commencent à couvrir les chemins. Félicia ne rencontre personne, enveloppée dans un vaste kabyle, elle s'avance d'un pas ferme. La solitude de la campagne ne l'effraye pas. On n'a jamais peur lorsqu'une vive passion nous maîtrise.

Quelques lumières brillent encore à travers les volets du rez-de-chaussée.

— On n'est pas couché, se dit Félicia, il peut encore venir. D'ailleurs les amoureux viennent à toute heure, et surtout quand les importuns sont couchés... Pourtant cette jeune fille est sage... elle ne doit point alors le recevoir pendant le sommeil de sa mère... Mais qui me prouve qu'elle soit sage !... attendons !...

Le temps s'écoule. Les lumières du rez-de-chaussée disparaissent pour se montrer aux fenêtres du premier étage.

— On va se coucher, se dit Félicia. Il ne viendra pas ce soir... son autre maîtresse n'aura pas voulu le laisser sortir; et que sait-on? peut-être le mari aura-t-il joint ses instances à celles de sa femme.

La lorette se trompait peu dans ses conjectures. Bouchonnier n'avait pas voulu qu'Isidore retournât le soir à Paris, les regards d'Elmonde s'étaient joints aux sollicitations de son mari, et le jeune homme étant resté n'avait plus trouvé de prétexte pour aller voir Emmeline. Mais comme ce jour-là il ne devait pas venir à Corbeil, il savait que la jeune fille ne l'attendrait pas.

Félicia se disait qu'elle attendait en vain, et pourtant elle ne pouvait se décider à s'éloigner. Les lumières venaient de s'éteindre au premier étage, lorsque la jeune femme, qui a cru entendre des pas derrière elle, se dirige vivement du côté où ils partaient, croyant rencontrer Isidore. Au lieu de cela elle se trouve vis-à-vis d'un homme mal mis, porteur d'une longue barbe et d'un gros bâton, lequel homme vient aussi droit à elle, et l'examine fort attentivement. Malgré tout son courage, Félicia se sent de l'émotion; cependant elle s'efforce de paraître calme en disant à Creps (car on se doute bien que c'est lui qu'elle vient de rencontrer):

— Qu'est-ce que vous me voulez? — Rien, et vous? — Moi... mais, à coup sûr, je ne vous cherchais pas... — Ni moi non plus... Mais vous cherchez probablement quelqu'un de cette maison, car il y a une heure que vous guettez auprès. — Comment savez-vous cela?... — Je vous espionnez donc? — Est-ce que, sans vous espionner, je ne puis me promener ici... vous y êtes bien, vous.

— Mais moi, j'ai un motif. — Et qui vous dit que je n'en ai pas aussi, moi?

Le ton de Creps impose à Félicia. Elle garde quelque temps le silence, examinant toujours cet homme qui est devant elle. Au bout d'un moment elle tire une pièce d'or de sa poche et la lui présente, en lui disant:

— Tenez, prenez ceci. Creps secoue la tête en répondant:

— Vous vous trompez, je ne suis ni un mendiant, ni un voleur.

— Ma foi! vous avez pourtant l'air d'être au moins l'un ou l'autre. Mais, enfin, vous êtes quelque chose... — Autrefois, oui. A présent, rien. — Demeurez-vous dans ce pays? — Pourquoi? — C'est que vous pourriez me rendre un service. — Lequel?

— Il s'agit de faire tenir une lettre à la jeune personne qui loge là... pas à la mère!... mais à la fille, vous entendez bien.

— J'entends très-bien, reprend Creps en examinant Félicia avec plus d'attention.

— Pourquoi m'examinez-vous ainsi? dit la lorette au bout d'un moment.

— Parce que je cherche à deviner quels rapports peuvent exister entre vous et la jeune demoiselle de cette maison.

— Vous êtes curieux! en tout cas, vous devez bien penser que ce n'est pas d'un billet doux qu'il s'agit, puisque je suis une femme.

— Ce n'est pas une raison : vous pourriez agir pour un autre.

— Je ne fais pas ce commerce-là! j'agis pour mon compte, et je n'en suis pas réduite à servir les amours des autres.

— Cela vaut mieux et c'est plus agréable. Alors, donnez-moi votre lettre.

Félicia a déjà porté sa main sous son manteau et pris la lettre qu'elle avait cachée à sa ceinture, mais, au moment de la remettre à Creps, elle s'arrête. Un rayon de la lune éclairait alors la figure barbue qui était devant elle. Après l'avoir considérée quelques instants, elle replace la lettre dans sa ceinture, en s'écriant:

— Non, décidément, je ne vous confierai point cette lettre, car vous ne m'inspirez pas de confiance, et j'ai idée que vous ne la remettriez pas à celle à qui elle est adressée.

— Vous avez peut-être raison, répond Creps en fixant à son tour la lorette de manière à lui faire baisser les yeux.

Après ces deux personnages sont restés encore quelques instants l'un devant l'autre sans se rien dire, Félicia se décide enfin à s'éloigner. Elle s'enveloppe dans son kabyle et retourne à son auberge à pas précipités.

Creps, qui l'a longtemps suivie des yeux, s'assoit au pied d'un arbre devant la maison de Clémence, et y attend le jour; car il pense bien que la jeune femme a quelque projet, et il veut s'assurer que cette nuit elle ne reviendra pas.

XXI. — TABLEAUX DE GENRE.

Félicia a couché à Corbeil, car elle est bien décidée à n'en pas partir sans s'être vengée d'Isidore.

Elle a un fort mauvais lit que son hôte lui fait payer très-cher; mais elle ne se plaint de rien, seulement elle prie l'aubergiste de ne pas dire qu'il a une étrangère logée chez lui, et celui-ci, qui a déjà été prôner cela chez tous les voisins, ne manque pas de faire avec sa femme et tous ceux qui viennent chez lui, des conjectures sur le mystère dont la jeune femme veut s'envelopper.

Après avoir assez mal déjeuné, Félicia sort sur les onze heures du matin, et elle ne manque pas de se rendre du côté de la propriété de Bouchonnier. Le temps est beau et semble promettre une belle journée d'automne. La jeune femme longe les murs du jardin, elle voudrait bien pouvoir s'y glisser dans l'espérance d'y surprendre Isidore et sa cousine, mais la grille est fermée. En passant devant l'entrée dérobée qui conduit au pavillon où Bouchonnier l'a introduite un matin, Félicia s'approche, et machinalement pousse cette porte pour s'assurer si elle est bien fermée : la porte, qui se trouve n'être arrêtée que par le pêne d'une mauvaise serrure, cède sous les efforts de la lorette, elle s'ouvre, et la serrure, retenue par une seule vis, tombe à ses pieds.

Félicia se précipite en dedans, elle repousse vivement la porte, qu'elle tâche de retenir avec une pierre, monte l'escalier et entre dans le pavillon; puis elle court à la fenêtre, d'où l'on voit sous un épais massif entouré de bosquets, et elle y colle ses yeux, en se disant : « Ils viendront là... car c'est là déjà que je les ai vus, et ce doit être l'endroit le plus solitaire du jardin. »

Il y a quelque chose au fond du cœur humain qui lui faisait pressentir que tel événement doit arriver; il est bien entendu que ce quelque chose ne se fait sentir que dans les cœurs que l'amour illumine : quant aux autres, ils n'ont ni seconde vue ni pressentiments.

Il n'y avait pas un quart d'heure que Félicia avait les yeux braqués contre la fenêtre du pavillon, lorsqu'elle aperçut dans l'éloignement deux personnes qui se tenaient sous le bras et venaient assez vite de ce côté. Elle les a reconnues bien avant qu'elles soient près du pavillon. C'est Elmonde et Isidore. Ils avancent toujours, ils n'ont pas l'air de gens qui se promènent, ils ont un but, et ils paraissent pressés d'y arriver.

Leur but c'est le massif de charmilles qui entoure un joli banc couvert de mousse, et qu'il est impossible d'apercevoir en se promenant dans le jardin ; il faut être placé comme Félicia, qui plane par-dessus d'épais buissons, pour voir le banc et les personnes qui s'y reposent.

Elmonde et son cousin se sont assis sur le banc, qui forme par derrière un appui naturel, parce qu'il est adossé à un bouquet d'arbres. La jeune femme semble très-agitée, elle parle avec feu ; Isidore l'écoute avec distraction ; de temps à autre, pendant qu'Elmonde lui parle, il entoure sa taille de son bras, il la presse contre son cœur. Elle le repousse, mais bien faiblement ; son geste semble dire : Soyez sage! mais ses yeux disent le contraire. Isidore lui prend des baisers qu'on lui rend bien encore, quoiqu'on est toujours très-occupé à parler, mais qui n'en font pas moins d'impression, à en juger par les vives couleurs qui viennent déjà colorer les joues de la jolie causeuse.

Félicia a la respiration courte, la bouche sèche, le feu au visage; elle voit tout ce qui se passe, elle ne perd pas un geste; et, par ce qu'elle voit déjà, elle prévoit ce qui va suivre.

En effet, bientôt Elmonde parle moins; après avoir jeté des regards inquiets autour d'elle, et s'être laissé rassurer par Isidore, elle s'est placée autrement sur le banc de mousse, mais Isidore la masque presque entièrement aux regards de Félicia. Celle-ci est en proie à une agitation qui bientôt ne peut plus se modérer. Si elle avait pu douter un instant de la liaison qui régnait entre le cousin et la cousine, il lui serait maintenant impossible de conserver la moindre illusion, et, dans le paroxysme de sa fureur, elle porte ses mains à ses poches pour y prendre ses pistolets... mais ils n'y sont pas, elle les a oubliés dans la chambre où elle a couché.

Après s'être assurée qu'elle n'a pas ses armes, Félicia sort du pavillon et descend l'escalier avec la rapidité de l'éclair ; elle ne marche pas, elle vole ; en quelques minutes elle est arrivée à son auberge.

Sans dire un mot elle entre, traverse les salles du bas, monte au premier et se rend dans la chambre où elle a logé. Elle regarde sur un meuble où elle se rappelle que la veille, avant de se coucher, elle a placé ses pistolets. Ils n'y sont plus.

Elle appelle, elle cogne, elle frappe du pied.

Au tapage qu'elle fait, l'hôte arrive, son bonnet à la main, en murmurant :

— Madame veut commander son dîner?... J'ai justement...

Félicia lui montre la commode en lui disant :

— J'ai laissé ce matin, là, une paire de petits pistolets de poche... où sont-ils?... il ne me faut...

— Des pistolets... oh! oui, oui, je sais ; mais madame peut être parfaitement tranquille, rien ne se perd chez moi ; madame, ma maison est sûre, et d'ailleurs quand on a du soin...

— Mes pistolets... vite... donnez-les-moi, je suis pressée, je repars.

— Madame, comme vous n'avez pas du tout dit, en sortant ce matin, que vous reviendriez, j'ai pas voulu laisser ces pistolets dans cette chambre où il pouvait venir d'autres voyageurs. Je les ai remis à ma femme, en lui disant : Serre-les bien, parce que certainement cette dame viendra les réclamer.

— Alors courez donc les demander à votre femme... mais allez donc...

— Madame, mon épouse est allée donner un coup de pied jusqu'au marché, elle ne tardera pas à revenir, du moins je le suppose ; elle ne veut que du maquereau ; si, en attendant, madame voulait prendre quelque chose...

Félicia se laisse tomber sur une chaise, elle est anéantie, elle sent que la vengeance lui échappe ; ses yeux sont hagards, ses mains se crispent.

L'aubergiste a peur, il descend chercher un flacon de sels, qui depuis quinze ans sert aux voyageurs qui se trouvent indisposés chez lui.

Le flacon ne se trouve pas. On cherche, on furette partout ; enfin, après d'assez longues recherches, le jeune marmiton le découvre dans le tiroir d'une table de cuisine et il le donne à son bourgeois en lui disant :

— Il me semble, monsieur, que la dernière fois que vous avez fait une crème à la vanille, vous y avez mis de ce qu'il y a dans ce flacon.

— C'est vrai, dit l'aubergiste ; effectivement je me le rappelle, je n'avais plus de vanille, je cherchais quelque chose pour donner du goût à ma crème, j'y ai mis des sels, et on l'a trouvée excellente. J'ai dit que c'était une crème au thé.

Au moment qu'il va monter avec son flacon qui sent parfaitement l'oignon, l'aubergiste aperçoit sa femme qui revient du marché, il se hâte de lui demander les pistolets de la jeune voyageuse, puis il court mettre ses soi-disant sels sous le nez de Félicia, qui est à peu près dans le même état, mais qui cependant conserve assez de connaissance pour faire voler dans la chambre le malheureux flacon que l'aubergiste cherche à lui placer sous les narines. Celui-ci, stupéfait de l'accueil fait à son flacon, qui heureusement a résisté au choc, s'empresse alors de présenter la paire de pistolets, en disant :

— Voilà ce que madame avait oublié ici... elle avait bien tort de s'inquiéter !... rien ne se perd chez moi, on retrouverait une jarretière !

La lorette a pris les pistolets, et sans prononcer un mot, elle est sortie de l'auberge, mais cette fois elle marche moins vite en se rendant au pavillon, car elle devine qu'elle arrivera trop tard.

En effet, en passant devant la grille d'entrée, elle jette un coup d'œil sur l'allée qui fait face.

Elle aperçoit tout au bout, près de la maison, Bouchonnier, jouant au cheval fondu avec Isidore, tandis qu'à quelques pas, Elmonde se cueille un bouquet de dahlias, tout en s'arrêtant souvent, pour rire des efforts que fait son mari pour sauter par-dessus son cousin.

Félicia se croise les bras et reste en contemplation devant ce tableau, qui pourrait faire un singulier pendant à celui qu'elle a vu quelques minutes auparavant ; mais, soit que les joueurs soient fatigués, ou qu'ils se soient aperçus que de loin quelqu'un les regardait à travers la grille, ils disparaissent, et Félicia s'éloigne en se disant :

— Il est impossible que ce Bouchonnier ait reçu ma lettre... ou bien... En vérité, c'est à ne pas le croire si on ne l'avait pas vu de ses propres yeux.

La lorette ne juge plus nécessaire de retourner dans le pavillon ; elle s'éloigne, marche au hasard, se trouve dans la campagne, et lorsqu'enfin cette force nerveuse qui la soutenait depuis la veille cède à une douleur plus calme, lorsque des larmes viennent remplir ses yeux, alors elle tombe épuisée au pied d'un arbre, et elle se livre presque avec délices au bonheur de pleurer librement, seule, sans autre témoin que cette nature déjà triste qui l'environne, que ce feuillage dont chaque coup de vent emporte quelque partie.

Un long espace de temps s'écoule, car la nuit est venue depuis longtemps, lorsque la jeune femme, que le froid commence à saisir, se lève enfin et porte ses regards autour d'elle. Elle ignore complétement où elle se trouve, et elle prend le premier sentier qui se présente. Elle est décidée à en finir avec ce chemin de fer et à retourner sur-le-champ à Paris ; elle ignore que l'heure de départ du dernier convoi est passée, ensuite elle compte faire bien vite les préparatifs de son départ pour l'étranger. Elle veut quitter la France et n'y plus revenir. Aucun lien ne la retient maintenant dans son pays, elle n'a point de parents, elle n'y a plus d'amour, et l'amitié est trop peu de chose pour le cœur ardent de Félicia.

On voit que la lorette a renoncé à ses projets de vengeance, et qu'une douleur plus douce a remplacé cet orage qui couvait au fond de son âme ; du moins c'est dans cette disposition d'esprit qu'elle s'est levée et s'est remise en route. Mais, après avoir marché assez longtemps, le hasard ou plutôt la destinée veut qu'elle se trouve près de la maison habitée par madame Clermont et sa fille. Aussitôt toutes ses idées changent, toutes ses passions se réveillent ; le souvenir de ce qu'elle a vu le matin se représente à sa pensée, le besoin de la vengeance fait de nouveau battre son cœur avec violence, et elle s'avance vers la demeure d'Emmeline en se disant :

— Il doit y être ou il viendra ce soir... car après l'amour des sens satisfaits, il y a encore celui de l'âme qui se fait sentir... c'est toujours comme cela chez les hommes, qui réunissent si rarement ces deux sentiments sur la même personne.

La lune ne se montrait pas comme la veille, et on ne voyait pas loin devant soi. Félicia s'oriente cependant pour se trouver en face de la maison et apercevoir les fenêtres. Bientôt une lumière qui brille à l'une des croisées du rez-de-chaussée la guide ; elle croit entendre parler, et elle n'avance qu'avec précaution, car cette fois elle veut surprendre son monde. Elle ne s'était pas trompée, en croyant entendre du bruit : il était tard, onze heures étaient sonnées et madame Clermont s'était retirée dans sa chambre après avoir dit bonsoir à sa fille ; mais alors, au lieu de rester dans la sienne et de se livrer au repos, Emmeline, qui n'avait pas aperçu Isidore depuis trois jours et qui espérait qu'il viendrait ce soir-là, était doucement redescendue au rez-de-chaussée ; puis, avec bien de la précaution, elle avait ouvert une fenêtre donnant sur la route, et son attente n'avait pas été trompée, car aussitôt celui qu'elle aimait s'était approché de la croisée, et s'empara de la main que maintenant d'elle-même elle s'empressait de lui tendre.

Les deux amoureux étaient donc tout occupés à causer de leur amour, lorsque Félicia est arrivée devant la maison. La lumière, placée dans le fond de la chambre, ne permettait pas d'apercevoir les figures de ceux qui causaient par la croisée ; mais leur ombre se dessinait parfaitement sur le fond éclairé de l'appartement, et d'ailleurs, placée tout au plus à quinze pas, Félicia ne peut les méconnaître ; souvent même, quoiqu'ils parlent bas, leurs paroles arrivent jusqu'à son oreille ; car la nuit, dans la campagne, on entend le bruit le plus léger.

Félicia, la poitrine haletante, le cou tendu, prêtait une oreille attentive. En reconnaissant Isidore, un frémissement a parcouru tout son être. Lorsqu'elle le voit porter à ses lèvres et couvrir de baisers la douce main d'Emmeline, elle prend aussitôt ses pistolets, les arme tous deux, en garde un dans chaque main, et fait un pas en avant, puis elle lève son bras droit, mais avant qu'ajuste elle écoute encore.

— Chère Emmeline, dit en ce moment Isidore, je vous aime, et je n'aimerai jamais que vous !...

— Lâche ! traître ! murmure Félicia en ajustant Isidore. Tiens ! tu n'en tromperas plus d'autres.

Au même instant le coup part et Isidore est atteint. Emmeline, qui d'abord n'a pas deviné d'où provenait le bruit inattendu qu'elle vient d'entendre, pousse un cri de désespoir, en voyant Isidore chanceler, puis tomber sur la terre. Aussitôt elle appelle sa servante, sa mère, et demande du secours. Pendant ce temps, Félicia, qui avait vu Isidore tomber, était restée un moment comme anéantie, mais bientôt, saisissant de la main droite son autre pistolet, elle le dirigeait contre sa poitrine et allait se donner la mort, lorsqu'un bras vigoureux avait arrêté le sien, et lui arrachant l'arme meurtrière, l'avait jetée au loin sur la route. Alors, Félicia n'avait plus rien vu, rien entendu, un nuage avait couvert ses yeux, elle avait entièrement perdu l'usage de ses sens. Les cris d'Emmeline ont bien vite éveillé sa mère. Elle descend, elle trouve sa fille pâle et désespérée, qui lui montre la fenêtre, en murmurant :

— Il est là... assassiné... on l'a tué, maman... on l'a tué, ce pauvre jeune homme... mon Dieu ! c'est moi qui en suis cause !

Clémence ne comprend pas encore, mais elle s'approche de la fenêtre. En ce moment une voix lui crie :

— Ouvrez, madame, ne craignez rien... c'est moi... Creps... mais il faut secourir ce jeune homme.

En reconnaissant la voix de leur protecteur mystérieux, les deux dames respirent plus librement, elles se hâtent d'aller ouvrir, tandis que la servante, qui vient aussi d'accourir, s'empresse d'allumer plusieurs bougies.

Creps a relevé Isidore, il le porte dans ses bras et va le déposer sur le divan, dans le salon d'en bas. Le blessé n'est pas sans connaissance, mais il perd beaucoup de sang, et ses forces s'épuisent.

En voyant madame Clermont, il balbutie :

— Madame ! que de bonté !... que d'embarras !... mais cette blessure est légère.

— C'est ce que nous allons voir, dit Creps, en commençant à lui ôter son habit, et il fait signe à Emmeline de s'éloigner, en ajoutant : Allez faire de la charpie, mademoiselle, allez vite.

Emmeline s'éloigne en pleurant ; au lieu d'aller faire ce qu'on lui a recommandé, elle reste collée derrière la porte, et attend ce que Creps va dire. Ce Creps, aidé de la servante, est parvenu à enlever à Isidore son habit et son gilet ; le jeune homme a reçu la blessure par derrière ; mais heureusement, la balle, dirigée en biais, a effleuré le long des côtes, et est ressortie à quelques pouces plus loin. Aucune partie importante n'est attaquée ; la plaie est grande, mais la blessure n'est nullement dangereuse.

— Rien à craindre ! s'écrie Creps, et vous pouvez vous fier à moi, je m'y connais... Ceci équivaut à une copieuse saignée, et voilà tout.

— Oh ! quel bonheur ! quel bonheur ! s'écrie Emmeline, en se précipitant dans le salon, puis, succombant à son émotion, la jeune fille se jette, en fondant en larmes, dans les bras de sa mère. Madame Clermont ne juge pas le moment convenable pour dire à sa fille tout ce qu'elle pense ; Creps se hâte d'ajouter :

— Cependant, dans l'état de faiblesse où il se trouve, il serait dangereux de transporter monsieur ailleurs.

— Oh ! cela ne fait rien, murmure Isidore. Madame ne peut pas me garder. Je ne veux pas lui causer de dérangement.

— Je vous garderai, monsieur, dit Clémence, je n'exposerai pas votre vie en vous renvoyant de chez moi... Seulement, comme la réputation de ma fille, la mienne, ne doivent point être exposées aux

propos de la médisance, j'espère que tout le monde ici gardera le secret sur votre séjour dans ma maison...
— Oh! maman, que vous êtes bonne! s'écrie Emmeline.
Madame Clermont jette à sa fille un regard sévère, puis monte avec elle chercher du linge, et tout ce qu'il faut pour panser le blessé. Pendant ce temps, avec l'aide de la servante, Creps a couché le jeune homme dans un lit que l'on a fait à la hâte dans le petit salon. Bientôt, Clémence revient avec une ample provision de charpie. Quand il s'agit de soulager une personne qu'elles aiment, les femmes sont des fées; tout ce que l'on leur demande est fait à l'instant, et comme par enchantement. Creps a pansé Isidore avec beaucoup de soins et une dextérité qui semble annoncer une grande habitude; ensuite, après avoir prescrit à Clémence le simple régime à faire suivre au blessé, il s'éloigne, en état de retourner à Paris.
— Demain, je viendrai panser la blessure de ce jeune homme, et dans dix jours il sera en état de retourner à Paris.
— Mais, ses assassins... ceux qui l'ont si lâchement attaqué, les avez-vous aperçus?... Savez-vous enfin comment ce événement est arrivé? répond madame Clermont, en cherchant à retenir Creps.
— C'est justement pour découvrir les causes de cet événement que je vous quitte si vite, madame.
— C'est donc toujours de nous que vous vous occupez... homme cruel! qui ne voulez pas même écouter les expressions de notre reconnaissance... ni recevoir aucun témoignage de notre amitié!...
Pour toute réponse, le vagabond a levé les yeux sur Clémence : c'était la première fois, depuis qu'il se trouvait avec elle, que ses regards ne fuyaient pas les siens. La mère d'Emmeline est un moment comme fascinée par l'expression de ce regard plein de douceur et de tristesse, qui arrive jusqu'au fond de son cœur. Il lui semble que ce n'est pas la première fois que les yeux de cet homme se mirent dans les siens; mais tandis qu'il interroge ses souvenirs, Creps a disparu.
Clémence retourne alors près de sa fille, sans pouvoir se rendre compte du trouble qu'elle éprouve.

XXII. — PITIÉ ET SYMPATHIE.

Lorsque Félicia rouvre les yeux, elle est couchée sur un méchant lit, placé au fond d'une alcôve, dans une misérable chambre où pour tout meuble on ne voit un buffet et une table en noyer, quelques chaises en bois blanc, et un petit miroir brisé.
Une lampe fumeuse, placée sur le buffet, éclaire juste assez pour donner encore plus de tristesse à ce sombre réduit.
La jeune femme cherche à rappeler ses idées. Elle passe une de ses mains sur son front qui est brûlant, elle soulève sa tête, et, à quelques pas du lit, aperçoit alors un homme qui est debout et semble la considérer attentivement.
— Où suis-je?... murmure Félicia.
— Dans une pauvre auberge... un cabaret, rendez-vous ordinaire des charretiers, et qui n'est qu'à vingt minutes de chemin de Corbeil, répond Creps en se rapprochant du lit.
— Comment me trouvé-je ici?
— Parce que je vous ai transportée après vous avoir relevée à l'endroit où vous étiez tombée sans connaissance... lorsqu'après avoir tiré un coup de pistolet sur M. Isidore Marcelay, vous avez voulu vous tuer aussi...
— Ah! ce n'est donc point un rêve! toutes mes idées me reviennent maintenant... O malheureuse!... oui, je me rappelle tout... Ah! pourquoi avez-vous arrêté mon bras?... Mais Isidore... est-il mort,.. respire-t-il encore? Oh! si je l'ai tué, monsieur, je le tuerai, d'abord!... et vous ne serez pas toujours là pour m'en empêcher... Ainsi pourquoi prolonger mon tourment... pourquoi me forcer à vivre?... Isidore!... répondez!... oh! répondez-moi!
Et Félicia essaie de se soulever, de quitter le lit; Creps l'arrête en lui disant : Isidore existe, sa blessure n'est point dangereuse... il vivra.
— C'est bien vrai, monsieur! c'est bien vrai! s'écrie Félicia en élevant ses mains vers Creps. Vous ne me trompez pas... oh! c'est que ce serait affreux...
— Je vous ai dit la vérité, car si vous aviez tué ce jeune homme, je n'aurais pas cherché à vous rappeler à la vie!...
— Oh! que c'est bien cela... et sa blessure n'est pas dangereuse?...
— Je puis vous en répondre. C'est moi-même qui l'ai pansée.
— Vous! mais c'est vous que déjà j'avais rencontré hier au soir devant la maison.
— Oui, et j'y étais revenu cette nuit pour vous guetter, vous attendre; je me doutais que vous aviez quelque méchant dessein. Malheureusement la nuit était obscure, et je vous ai aperçue trop tard.
— Mais qui êtes-vous donc?
— Un pauvre diable... voilà tout! Ayant souvent été blessé moi-même, j'ai quelques connaissances en chirurgie... je me trouvais là... j'ai donné des soins à ce jeune homme et ensuite je me suis occupé de vous!...

— Il vivra... je n'aurai pas sa mort à me reprocher... Oh! de quels poids mon cœur est soulagé... et pourtant je suis bien malheureuse, monsieur!... malheureuse par lui... mais c'est égal... je n'avais pas le droit... Ah! c'est que j'ai tant souffert hier! ô mon Dieu!
Félicia laisse retomber sa tête sur l'oreiller : au bout d'un moment, elle éclate en sanglots; des torrents de larmes inondent son visage, et ses beaux cheveux noirs, qui se sont dénoués et retombent sur ses épaules, se collent sur elle tout trempés de ses pleurs. Dans cet état, la lorette était encore plus belle, et sa douleur était si vraie qu'il était impossible de ne pas la prendre en pitié.
Creps a laissé la jeune femme se livrer à toute sa douleur; lorsqu'enfin elle est un peu plus calme, il s'approche du lit et lui présente une tasse, en lui disant :
— Tenez, buvez ceci... ça vous calmera un peu. On n'a pas tout ce qu'on veut dans ce méchant taudis! cependant le hasard a voulu qu'il s'y trouvât quelques fleurs de tilleul, et je vous en ai fait faire. Buvez... vous avez la fièvre, vous devez avoir soif.
Félicia ne répond rien, mais elle prend la tasse qu'on lui présente et en boit avidement le contenu.
— Maintenant, reprend Creps en s'asseyant près du lit, si vous voulez, nous allons causer un peu... à moins que vous n'ayez envie de dormir...
— Oh! non, monsieur... non... je n'y songe pas! murmure Félicia.
Creps regarde assez longtemps la jeune femme, comme si de nouvelles pensées étaient venues le distraire du but où il voulait arriver.
— Vous me regardez, reprend Félicia, et vous trouvez, sans doute, que je suis bien coupable... vous avez raison, c'est affreux ce que j'ai fait... mais si vous saviez ce qui se passait en moi... J'étais folle! j'avais le délire... Je l'aime tant... et être témoin de sa trahison! Alors on ne sait plus ce qu'on fait... j'ai pris mes pistolets... j'ai tiré sur lui... mais quand je l'ai vu tomber... oh! c'est alors que j'ai cru mourir aussi!... que j'aurais donné mille fois ma vie pour racheter la sienne!... Monsieur, c'est bien vrai que sa blessure n'est pas dangereuse, n'est-ce pas?
— Oui, oui, répond Creps qui semble seulement alors écouter ce qu'on lui dit.
— Qu'avez-vous donc à me fixer ainsi? reprend Félicia; votre regard est si sévère!... Mon Dieu! auriez-vous l'intention de me faire arrêter, parce que, dans ma fureur jalouse, j'ai voulu tuer mon amant? Oh! alors, monsieur, il vaut bien mieux me laisser mourir... L'infamie... la prison peut-être... Oh! jamais! jamais! je vous le répète, j'aime mieux mourir!
— Vous êtes folle! répond brusquement Creps en haussant les épaules. Il ne s'agit pas de tout cela. Quel âge avez-vous?
— J'ai dix-neuf ans il y a trois mois.
— De quel pays êtes-vous?
— De Paris, je le crois.
— Vous n'en êtes pas sûre?
— Comment pourrais-je en être sûre? je n'ai point de famille, je ne connais pas mes parents.
— Ah!... diable!... c'est différent.
Et Creps regarde Félicia avec un nouvel intérêt.
— Est-ce que vous avez été tout bonnement déposée aux enfants trouvés?
— Non, monsieur : j'avais deux ans, à ce que l'on m'a dit, lorsqu'une dame... ma mère, m'a porta chez une femme qui se chargeait d'élever de jeunes enfants... et qui s'appelait madame Hamelot; elle demeurait rue de Picpus, faubourg Saint-Antoine.
— Ensuite?
— Ma mère paya une année d'avance de ma pension, et me laissa chez cette dame Hamelot. On avait bien soin de moi, cela dura ainsi pendant trois ans : ma mère ne venait me voir que pour payer ma pension.
— Et alors vous faisait-elle beaucoup de caresses?... Ah! vous ne pouvez pas vous en souvenir!
— Oh! pardonnez-moi! on se souvient de l'âge de quatre à cinq ans... les impressions que l'on éprouve alors se gravent dans notre jeune mémoire. Ma mère ne m'embrassait jamais. Bien loin de là, elle me repoussait durement lorsque je lui tendais mes bras... Je me souviens que je pleurais chaque fois qu'elle venait... Que me disait-elle?... je ne le sais plus! je ne sais pas alors si je le comprenais, mais je pleurais, sans doute parce qu'au lieu de me caresser, elle ne voulait pas même me sentir près d'elle, et pourtant, autant que je m'en souviens, elle était belle : c'était une femme grande, d'une tournure élégante; sa toilette était recherchée et annonçait l'opulence. Les petites filles font de très-bonne heure attention à la toilette... Il me semble aussi qu'elle avait de beaux cheveux noirs... mais son regard était si dur... je n'osais presque pas la regarder.
— Son nom... le savez-vous, au moins?
— Elle a dit à madame Hamelot qu'elle se nommait madame Delacroix, et moi Adrienne.

Creps fronce le sourcil en secouant la tête, et il se met de nouveau à considérer Félicia ; celle-ci reprend : — Au bout de la troisième année, ma mère ne vint pas, comme de coutume, payer ma pension. Madame Hamelot attendit, puis fit faire des recherches ; il fut impossible de la trouver, car il paraît qu'elle avait laissé une fausse adresse. Depuis ce temps, ma mère ne revint plus... elle abandonna entièrement sa fille. Alors cette dame chez qui j'étais me garda par pitié... jusqu'à ce qu'enfin, me trouvant assez grande pour remplacer la domestique, elle voulut que je la servisse..... Je ne sais quelle fierté j'avais au fond du cœur, mais je ne pus me soumettre à cette position humiliante. Je partis. J'entrai chez une lingère ; j'y travaillai quelque temps. Cependant je grandissais... les hommes me suivaient en me disant que j'étais jolie..... D'abord, je fermai l'oreille à leurs propos. Mais, si vous saviez combien il est difficile de résister à la séduction lorsqu'on se sent seule au monde, lorsque personne n'est là pour vous retenir, pour vous arrêter sur le bord de l'abîme..... et lorsqu'au lieu d'une vie de travail, de privations, de misères, on offre la richesse, les toilettes les plus brillantes, des plaisirs se renouvelant chaque jour... des fêtes, du bruit, des bals, des fleurs ! Ah ! monsieur, il faut, pour résister à tout cela, qu'une femme ait une mère qui la protège ou un grand fonds de vertu... Je n'avais ni l'un ni l'autre, et je succombai.

Creps se lève et se promène avec agitation dans la chambre, tout en s'écriant : — C'est votre mère qui est coupable !..... c'est son abandon qui vous a jetée dans la carrière du vice..... c'est sur elle que doivent retomber la honte et la punition !... Mais il y a tant de femmes qui n'ont d'une mère que le nom !... Delacroix... Adrienne !

Creps réfléchit profondément. Félicia lui dit, au bout de quelques instants : — Est-ce que vous auriez connu ma mère, monsieur ?...

— Je n'ai jamais connu personne du nom de Delacroix... mais je puis fort bien, malgré cela, avoir connu votre mère. Vous devez penser qu'une femme qui veut abandonner son enfant ne donne que de faux noms à ceux auxquels elle le confie.

— Oh ! en effet, murmure tristement Félicia ; elle ne devait pas se nommer ainsi.

— Mais vous, reprend Creps, pourquoi ne vous faites-vous pas appeler Adrienne Delacroix ?

— Ma mère m'avait abandonnée, répond la lorette en relevant la tête avec fierté, j'ai voulu à mon tour, si par hasard elle venait à me rencontrer un jour, qu'elle ne pût jamais savoir que j'étais sa fille.

— Vous avez bien fait, et à votre place j'aurais eu la même idée ; et on vous nomme ?

— Félicia.

— Rien que Félicia ?

— Sans doute, n'est-ce pas suffisant ?

Creps se rapproche du lit, il prend une main de la jeune femme, il tâte son pouls et secoue la tête en disant : — Vous avez beaucoup de fièvre... Il faudrait vous reposer... dormir un peu.

— Pas encore, je vous en prie. Cela me fait du bien de parler de mes peines... de confier mes douleurs à quelqu'un qui semble les comprendre ; et si vous saviez comme je me sens seule au milieu de toutes ces femmes qui m'appellent leur amie... mais ce sont de ces liaisons formées par le plaisir... Quand on leur parle d'autre chose que d'un bal, d'une robe, d'une conquête, elles ne vous écoutent plus.

Creps se rasseoit près du lit. Il prend de nouveau la main de Félicia et la garde dans la sienne, examinant la jeune femme avec un intérêt qui à chaque instant semble augmenter. Celle-ci le regarde aussi, puis murmure : — C'est singulier, hier vous m'avez fait peur, aujourd'hui et en vous je mets la plus entière confiance ; il me semble que vous n'êtes plus un étranger pour moi. Ah ! c'est que vous m'avez secouru ! c'est que vous avez pansé ma blessure !... elle se guérira bientôt, n'est-ce pas ?

Creps fait un signe de tête affirmatif. Félicia lui serre doucement la main, en balbutiant : — Allons, je crois que vous avez bien fait de m'empêcher de mourir.

— Mais, reprend Creps, comment l'infidélité d'un amant pouvait-elle vous porter à commettre ?... c'est un pauvre qu'il serait constant ?...... cela m'étonnerait. L'amour de ce jeune homme pour une demoiselle honnête et sage devait être respecté par vous...

— Aussi, n'est-ce pas celui ¡à que j'ai voulu punir ! s'écrie Félicia. Oh ! non, ne croyez point que j'aurais cédé à une pensée de vengeance, si l'on m'avait oubliée que pour son Emmeline !... Mais cette jeune fille, il la trompe aussi... Il y a une autre femme qui est sa maîtresse... une autre à laquelle il prodigue aussi ses serments... Je l'ai vue dans ses bras... je les vois encore... ils s'embrassent... Le parc, là ! Je ne veux pas qu'ils soient ensemble... non, je ne le veux pas !

Les yeux de Félicia étaient hagards, elle voulait se lever, son exaltation devenait du délire. Creps parvient à la calmer ; enfin,

épuisée, haletante, elle retombe sur le lit ; puis un état d'anéantissement moral succède à cette crise ; bientôt ses yeux se ferment, et un sommeil agité, pendant lequel des mots sans suite s'échappent de sa bouche, s'empare enfin de ses sens.

L'hôte habituel de Roberdin passe toute la nuit, assis contre le lit de Félicia, considérant toujours les traits de la jeune femme, lui prenant souvent la main, pour s'assurer si sa fièvre diminue, et ne murmurant que ces mots : — Pauvre fille ! mais avec un accent qui semblait partir de son cœur.

Le jour était venu depuis longtemps... Félicia dormait enfin plus paisiblement, et Creps était toujours assis près d'elle, lorsqu'on entr'ouvre la porte de la chambre, et la voix rauque du cabaretier murmure : — Eh bien !... est-ce qu'elle est morte, ta dame, qu'on n'entend pas remuer ici ni pieds ni pattes ?

Puis une autre figure paraît derrière celle de Roberdin ; des yeux fauves et ardents examinent la chambre, et la voix stridente de M. Garguille fait entendre ces mots : — Ah !... il y a du sesque ici !... mais ça me va, à moi !... j'en mange beaucoup... qu'on me passe la femme... je la demande... j'en veux une grosse portion !

Creps se lève brusquement, et courant à la porte : — Qui vous a permis de venir ici ?... Sortez !... sortez bien vite, ou je vous fais descendre par la tête. Roberdin, pourquoi montez-vous ?... pourquoi laissez-vous monter ce misérable ?...

— De quoi ! de quoi !... dit Garguille en se posant comme pour tirer la savate. Qu'est-ce qu'il y a donc ce marquis de la lune ? est-ce qu'il est le maître ici, à présent ?... faut le dire alors, faut mettre ça sur l'enseigne.

— Je suis toujours le maître de te châtier, drôle !... Nous avons d'ailleurs un compte à régler ensemble... mais en attendant, sortez tous deux et bien vite ; songez que je vous défends d'approcher de cette femme qui repose là.

En disant ces mots, Creps repousse si brutalement Roberdin, que celui-ci va retomber sur Garguille, et que tous deux se trouvent arriver beaucoup trop vite au bas de l'escalier.

— C'est comme ça que tu te laisses traiter chez toi ? dit Garguille au cabaretier en se relevant.

Celui-ci hoche la tête en murmurant : — Essaie donc de lutter contre ce diable d'homme qui est plus fort que nous deux.

— C'est que tu as raison. Quand on n'est pas le plus fort, on est le plus traître.

— Et puis il sait bien que nous avons gardé les quatre pièces d'or que ces dames ont un jour laissées ici pour lui.

— Est-ce qu'il croit que je vais les lui rendre ? Elles sont bien loin, si elles courent toujours. Je veux me venger de cet homme-là, moi...

— Tu veux !... tu veux !... je n'ai pas envie que tu reviennes chez moi pour me fourrer encore dans le pétrin et m'y laisser, comme tu as fait lors de notre dernière entreprise.

— Oh ! ça l... c'est une affaire malheureuse... qui a raté... c'est pas ma faute... Du reste, nous nous en sommes bien tirés tous les deux, puisque nous voilà, et sur nos pattes.

— Toi, tu avais compté te sauver, mais moi, j'étais pris, et sans une circonstance... sans un hasard bienheureux qui m'a fait reconnaître au banquier...

— Bah ! c'était un ami... un ancien, un zig!...

— Non. Je te conterai ça plus tard. Bref, me v'là tranquille, tu viens me revoir... c'est bon... je te croyais à l'ombre.

— Moi ? fi donc ! jamais !

— Tu viens te rafraîchir chez un ami, c'est bien ; mais, je te le répète, je ne veux pas que tu me fasses faire de nouvelles bêtises... j'ai trop peur cette fois.

— Tu n'en feras pas, Colas !... mais non M. Crapaud...

— Creps.

— Creps, soit ! n'est-il pas ben effrayant !... c'est pas un gendarme, après tout, et faut pas se laisser molester comme ça. Quelle espèce de femme est là-haut ?

— C'est de la grand numéro ; belle tenue, des frusques élégantes...

— Elle a sous doute des bijoux sur elle... l'autre veut garder tout pour lui, je vois le truc.

— Il a apporté cette femme cette nuit, elle était entièrement privée de connaissance, il l'a veillée toute la nuit.

— Excusez ! et il veut une récompense honnête pour lui seul.

— Tu ne sais ce que tu dis. Tu connais pas cet homme. Il agit sans intérêt.

— Ouiche ! des navets, je crois ça et je me brosse le ventre quand j'ai faim !

— Garguille, tu te trompes sur ce Creps...

— Je ne sais pas si je me trompe, mais je sais que je veux lui souffler la récompense qu'il espère et tâcher de me venger de lui... Ah ! il est fort ce monsieur ! ah ! c'est un Alcide... eh bien ! je me ferai si mince qu'il ne pourra pas m'empoigner.

— Chut ! tais-toi ! il t'entendra peut-être... il descend.

Le bruit que Roberdin et Garguille avaient fait à la porte de la chambre avait réveillé Félicia, et lorsque Creps revint près de son lit, après avoir renvoyé les deux hommes, elle lui tendit la main en souriant et lui dit :

— J'ai dormi longtemps à ce qu'il paraît.. mais je me sens bien mieux... est-ce que vous avez veillé toute la nuit près de moi ?
— Pourquoi pas ? Il fallait bien que quelqu'un fût près de vous... car, hier, vous aviez le délire... mais c'est passé, et vous voilà en état de retourner à Paris ; car je ne suppose pas que votre intention soit de séjourner plus longtemps ici... vous y seriez fort mal, je vous en préviens, et l'on ne pourrait pas vous y donner ce que vous demanderiez...
— Oh ! oui, je vais retourner à Paris. Quelle heure est-il ?
— Je n'ai pas de montre, et vous ?
— Moi..... ah ! oui..... j'ai la mienne..... mais j'ai oublié de la monter.
— Il doit être neuf heures environ... au chemin de fer, vous n'attendrez pas longtemps... A quoi pensez-vous ?
Félicia avait laissé retomber sa tête sur sa poitrine et restait pensive ; enfin elle lève les yeux et, les portant sur Creps, lui dit, en joignant les mains comme pour l'implorer :
— Vous êtes si bon pour moi... qui le mérite si peu... encore une grâce !...
— Qu'est-ce que c'est ?
— Avant de retourner à Paris, je voudrais être complètement rassurée sur la santé de celui... vous me comprenez bien, monsieur. Est-ce que vous ne pourriez pas maintenant aller savoir de ses nouvelles... comment il a passé la nuit... et si sa blessure... car il a dû rester chez ces dames... à moins qu'il ne se soit fait transporter chez son cousin...
— Il ne pouvait pas être transporté hier, et il est resté chez madame Clermont, répond Creps.
La figure de Félicia s'éclaircit, elle semble respirer plus librement. Creps s'est levé, il a pris son chapeau, son bâton, et dit à la lorette :
— Je vais voir le blessé.
— Oh ! monsieur, que de reconnaissance !... Je vais vous attendre ici, et quand je vous aurai revu, alors je partirai.
— C'est bien ; mais ne quittez pas cette chambre... et si on frappait, n'ouvrez pas... Je vais mettre votre clef en dedans ; quand je reviendrai je vous appellerai... vous reconnaîtrez bien ma voix.
— Pourquoi donc toutes ces précautions ?
— C'est que ce cabaret est souvent assez mal fréquenté..... il y vient des vauriens... qui pourraient vouloir vous voir...
— Oh ! je ne suis pas poltronne... d'ailleurs, je n'ouvrirai qu'à vous ; mais dépêchez-vous... il me tarde tant de savoir comment il se trouve ce matin.
— J'y vais... je panserai sa blessure et je reviendrai vous chercher.
Après cet entretien, Creps, ayant eu le soin de retirer la clef de la porte et de la mettre en dedans, était descendu et avait traversé la cour dans laquelle Roberdin et Garguille étaient en train de causer. A l'approche de l'Amant de la lune, les deux hommes s'étaient vivement séparés. Le voleur aux yeux fauves et au nez crochu était allé d'un air indifférent se mettre à siffler sur le devant de la maison. Le cabaretier avait eu l'air de chercher le bridon de son âne.
Creps s'approche de ce dernier et lui dit :
— Surtout qu'on ne monte pas déranger cette dame, elle n'a besoin de rien. D'ailleurs, je vais revenir bientôt. Tu entends ?
— C'est bon, ça suffit !... répond Roberdin, mais j'espère au moins qu'elle me paiera son coucher et mon tilleul, ta princesse !
Creps hausse les épaules d'un air de mépris et sort vivement du cabaret.
Il est bientôt rendu chez madame Clermont, où tout le monde était levé depuis longtemps ; le blessé lui-même ne dormait plus. L'idée qu'il reposât sous le même toit qu'Emmeline lui causait un trouble, une émotion qui nuisaient peut-être au prompt rétablissement de sa blessure, mais qui la lui faisaient trouver bien douce.
Creps était attendu, désiré. Il se rend sur-le-champ près du blessé, et après qu'on lui a donné tout ce qu'il demande pour le pansement, les dames se retirent et le laissent seul avec Isidore.
L'opération est bientôt terminée ; Creps dit alors à Isidore :
— Devinez-vous qui a pu vous faire cette blessure ?
— Non, répond le jeune homme en baissant les yeux. Cependant il est probable qu'un malfaiteur..... un homme ayant l'intention de me voler, aura tiré sur moi, et se sera enfui en voyant venir du monde...
— En effet, cela peut fort bien être arrivé comme cela... Vous ne supposez pas autre chose ?... réfléchissez... A votre âge, on est prodigue d'amour et de serments !... Il y a des femmes qui ne supportent pas une trahison.
— Non, non, vous m'abusez, répond Isidore en cherchant à maîtriser son émotion. Pourquoi me dites-vous cela, monsieur ? qui vous porte à faire de telles suppositions ?... est-ce que... l'on aurait arrêté... découvert la personne qui a tiré sur moi ?
— Je n'ai rien découvert. Après cela, tout ceci n'est peut-être que le résultat de la maladresse de quelque passant qui, porteur d'une arme à feu, l'aura fait partir sans le vouloir... Il y a des gens si maladroits !

La physionomie d'Isidore redevient heureuse, et il s'empresse de répondre :
— Oui, ce doit être ainsi ! Oh ! vous avez raison, monsieur, ne cherchons pas un crime dans cet accident !... il n'y en a point, il ne doit pas y en avoir.
Creps rouvre la porte du salon, et dit aux dames qui rentrent alors :
— La guérison sera encore plus prompte que je ne le pensais. Dans cinq ou six jours, monsieur sera en état de voyager en chemin de fer.
Isidore fait une légère grimace : il aimerait mieux ne pas guérir si vite. Emmeline pousse une exclamation de joie et madame Clermont regarde Creps à la dérobée ; elle voudrait encore rencontrer ce regard qui l'a si singulièrement émue la veille. Mais, après avoir vu que l'on doit faire prendre au blessé, Creps salue chacun et se retire, malgré toutes les instances qu'on lui fait pour l'engager à rester davantage.
Creps avait hâte d'être de retour près de Félicia. Il a bientôt fait le chemin qui conduit au cabaret des Sentiers. Il arrive, entre, ne rencontre personne dans la cour, et monte à la pièce où il a laissé la jeune femme. Il trouve la porte ouverte, et plus personne dans la chambre. Il redescend plus rapidement qu'il n'est monté ; il appelle Roberdin. Celui-ci sort enfin de l'écurie, où il est en train de brider son âne.
— Où est cette jeune dame que j'ai laissée chez toi tout à l'heure ?
— Elle est partie, répond Roberdin en s'occupant toujours des harnais de son âne.
— Partie !... c'est impossible. Elle devait m'attendre, c'était convenu...
— Je ne sais pas ce dont vous étiez convenus... je te dis que cette dame est descendue à peu près dix minutes ou un quart d'heure après toi... elle m'a jeté une pièce de cinq francs, et puis elle est partie !... Est-ce que je pouvais l'en empêcher, moi ?
— Et elle n'a rien dit ?
— Rien.
— Elle n'a pas demandé son chemin ?
— Elle n'a rien demandé...
— Roberdin, tu mens, tu me trompes ; je n'ai pas été plus de trois quarts d'heure absent... lors même que j'aurais été une heure, cette personne devait m'attendre !... elle devait désirer me revoir... Où est-elle, je veux le savoir ?...
La voix de Creps est devenue menaçante, et son regard lance des éclairs. Cependant Roberdin conserve l'air assez calme en répondant :
— Est-ce que c'est ma faute si ta dame a voulu partir ?..... je te jure que je te dis la vérité... c'est pas toi que je voudrais tromper... d'ailleurs, visite la maison du bas en haut, tu la connais ; est-ce que tu crois que je la tiens prisonnière, ta particulière ?
— Et ce misérable qui était avec toi... ce Garguille... où est-il, lui ?
Roberdin change de couleur, tout en répondant :
— Garguille... ah ! il est parti aussi... il n'y a pas longtemps... il était venu tout bonnement pour me dire bonjour et se rafraîchir ?... mais il avait affaire... il est reparti.
— Parti aussi ! parti en même temps que cette jeune femme...
— Oh ! non... longtemps après...
— Prends garde, Roberdin... si tu as tramé quelque horrible complot avec ton camarade, tu le paieras cher.
— Encore une fois, je n'ai rien tramé !...
— Ton Garguille est capable de tout, je le sais... Quel chemin a-t-il pris, lui ?
— Le chemin... de... la forêt de Sénart...
— Et cette dame ?
— Cette dame... je crois qu'elle a pris du côté de Corbeil.
— Ecoute, Roberdin, si je ne trouvais pas cette jeune femme, s'il lui était arrivé malheur... tremble !... rien ne pourrait te soustraire à ma vengeance !... Veux-tu avouer maintenant la vérité et ce qui s'est passé ici en mon absence ?
— Je ne peux rien dire de plus... je ne sais pas autre chose... la dame est partie... et Garguille m'a dit adieu et s'en est allé longtemps après... Tu me tuerais, que je ne pourrais pas t'en dire davantage.
Creps lance encore un regard menaçant sur Roberdin, puis il sort brusquement du cabaret.

TROISIÈME PARTIE.

I. — SIMPLE HISTOIRE.

Pendant les premiers moments qui avaient suivi l'installation d'Isidore Marcelay dans sa maison, madame Clermont s'était abstenue de faire aucune question à sa fille ; le moment eût été mal choisi ;

Emmeline, à peine revenue de l'émotion, de l'effroi que lui avait causé l'événement de la nuit, les yeux pleins de larmes et le cœur encore oppressé, avait grand besoin qu'un peu de repos vînt rendre le calme à ses sens et à ses esprits.

Cependant la jeune fille avait lu dans les regards de sa mère que celle-ci lui demanderait compte de sa conduite, et ne pourrait pas admettre que le hasard seul l'avait amenée à la fenêtre du petit salon d'en bas, à l'heure où elle aurait dû être dans sa chambre et même dans son lit. Emmeline avait compris tout ce qu'il y avait de blâmable, d'imprudent dans sa conduite, et elle s'était dit :

— Ma mère est si bonne pour moi ! devais-je donc avoir un secret pour elle !

Le lendemain, en se retrouvant devant sa mère, Emmeline était tremblante, embarrassée, elle n'osait pas lever les yeux ; pour la première fois de sa vie, au lieu de courir l'embrasser avec toute la gaîté de son âge, avec tout ce bonheur que l'on doit éprouver près d'une bonne mère, elle ne s'était avancée qu'avec crainte, car elle s'attendait à des reproches qu'elle sentait avoir mérités.

Mais Clémence ne lui a rien dit, elle a reçu son embrassement avec froideur ; cependant pas un mot, pas un reproche n'est sorti de sa bouche.

L'arrivée de Creps, le pansement du jeune blessé, le désir que l'on avait d'en connaître le résultat, avaient, pendant quelque temps, préoccupé la mère et la fille, et ne leur avaient pas laissé le loisir de se retrouver seules ensemble. Mais ce moment devait arriver.

Au lieu de se tenir, comme d'ordinaire, dans le salon du bas, madame Clermont est remontée dans sa chambre, et sa fille y travaille près d'elle. Plus d'une heure s'écoule et Clémence n'a pas dit une parole à Emmeline, elle ne l'a pas regardée une seule fois. La jeune fille, habituée à entendre la douce voix de sa mère, à voir ses regards s'arrêter sur elle avec tendresse, ne peut supporter plus longtemps sa froideur, son indifférence. A chaque instant, oubliant son ouvrage et levant timidement les yeux sur madame Clermont, elle épie un regard, elle espère un mot... fût-ce même pour la gronder mais rien, sa mère ne semble pas s'apercevoir qu'elle est là.

Emmeline ne peut plus y tenir, et tout d'un coup courant se jeter aux genoux de sa mère, elle lui saisit les mains et s'en couvre le visage, tout en s'écriant :

— Oh ! maman ! parle-moi !... regarde-moi, je t'en prie... Oui !... je suis coupable... j'aurais dû te confier le secret de mon cœur... Gronde-moi bien fort... tu auras raison... mais que je t'entende au moins... et n'aie pas l'air de ne plus aimer ton enfant.

Clémence a senti ses deux mains mouillées par les larmes de sa fille ; elle n'a plus la force d'être sévère, et attirant doucement Emmeline contre son cœur, confond ses larmes avec les siennes, lui disant :

— J'attendais cet aveu, ma fille... pourquoi avoir tant tardé ?...

— Maman, c'est que je n'osais pas. Mais j'ai eu tort... bien tort... Oh ! désormais je veux que tu connaisses toutes mes pensées... D'abord, maman... c'est que M. Isidore... vois-tu ?...

— Tu l'aimes... eh ! mon Dieu... crois-tu donc me l'apprendre !...

— Quoi, maman, tu le savais ! tu l'avais deviné !

— Grâce au ciel, mon enfant, je ne sais pas encore cacher tes sentiments de manière à ce qu'ils puissent échapper aux regards de ta mère. Oui, j'avais vu que M. Isidore t'aimait et que tu n'étais pas insensible à son amour. Mais comment te trouvais-tu si tard dans le salon du rez-de-chaussée, quand je te croyais livrée au sommeil ?

— Tiens, maman, voilà comment cela s'est fait, et tu vas voir que d'abord nous ne l'avions préméditée ni l'un ni l'autre. Il y a quelque temps... tu te trouvais un soir un peu indisposée, et t'étais retirée de bonne heure dans ta chambre, en me disant que tu voulais dormir. Mais ce soir-là il faisait beau et chaud ; je me mis à la fenêtre du rez-de-chaussée et je regardais dans la campagne ; tout à coup j'entendis une voix qui me disait bonsoir. C'était M. Isidore ; il passait par hasard... c'est-à-dire je crois qu'il venait pour nous voir ; mais, craignant ensuite qu'il ne fût trop tard, il n'avait pas osé sonner. Enfin, il m'avait vue et s'était approché... Nous causâmes par la fenêtre, et depuis ce temps... plus d'une fois, c'est vrai, nous avons causé encore... toujours par la fenêtre. Maman... il me dit qu'il m'aime et que je l'aimerai toujours... est-ce que j'ai eu tort de le croire ?... Enfin, il voulait te parler... pour te demander la permission de m'épouser... je lui ai dit qu'il fallait attendre, parce que tu ne voudrais peut-être pas... et qu'alors je pourrais ne plus vouloir qu'il revînt... et... voilà tout, maman.

Clémence regarde tendrement sa fille, puis elle reste absorbée dans ses pensées. Au bout de quelques instants, Emmeline murmure bien doucement :

— Maman, est-ce que tu es encore fâchée contre moi ?... je te promets de ne plus jamais me mettre à la fenêtre la nuit... ni le jour, sans ta permission.

Madame Clermont presse contre son sein la tête de sa fille et baise à plusieurs reprises son front virginal, puis elle se lève en lui disant :

— Viens, Emmeline, prends ton ouvrage, descendons auprès du blessé... il doit s'ennuyer seul en bas... et d'ailleurs j'ai à causer avec lui.

— Oh ! maman, que tu es bonne !...

On doit penser qu'il a fallu peu de temps à Emmeline pour se préparer à suivre sa mère. Les dames sont bientôt près du lit d'Isidore que l'on a établi dans la petite pièce qui est en face du salon, où il ne peut être aperçu s'il venait quelques visites. Mais, depuis quelque temps, madame Clermont en recevait fort peu. Madame Michelette s'était formalisée de ce que ces dames ne s'étaient point rendues à son invitation le jour de sa grande réunion ; et, quant à Elmonde, on devine pour quel motif elle allait moins souvent chez ses voisines, avec qui elle n'osait pas rompre, mais que maintenant, dans le fond de son âme, elle aurait aimant aimée un peu plus voir. Isidore rougit de bonheur en apercevant celle qu'il aime, et baisse les yeux devant madame Clermont ; car il présume bien qu'elle a dû deviner que ce n'est pas le hasard seul qui l'avait conduit aussi tard, le soir, sous ses fenêtres. Mais les regards de la jeune fille lui annoncent quelque chose. Emmeline lui a dit, rien qu'avec ses lèvres :

— Maman sait tout !

Et après avoir de nouveau remercié Clémence pour tous les soins qu'il reçoit chez elle, Isidore, qui sent qu'un plus long silence serait blâmable, ajouté d'une voix émue :

— Je ne sais, madame, si vous ne vous repentirez pas de tout ce que vous daignez faire pour moi, lorsque vous connaîtrez le secret de mon âme, mais je sens que je serais coupable de vous le taire plus longtemps. J'aime mademoiselle votre fille, madame, je l'aime... comme on doit chérir celle à laquelle on brûle d'unir sa destinée ! c'est-à-dire que je la respecte autant que je l'adore... Devenir son époux, voilà mon plus cher désir... et depuis longtemps déjà, madame, je vous aurais fait cet aveu et demandé la main de mademoiselle Emmeline, si elle-même...

— Je sais cela, monsieur, dit Clémence, en interrompant le jeune homme. Ma fille m'a tout confié... rassurez-vous, monsieur Isidore... ces sentiments pour elle sont loin de me déplaire... s'il en était autrement, je ne vous aurais pas admis chez moi. Et pourtant, ce consentement que vous me demandez... la main de ma fille, enfin, je ne puis vous l'accorder... Oh ! vous allez voir, monsieur, si je suis maîtresse d'en disposer. Je ne veux plus vous rien cacher, et ma fille va pour la première fois connaître l'histoire de sa mère... histoire bien simple... qui est aussi celle de beaucoup d'autres malheureusement, mais que je lui avais cachée jusqu'à ce jour, pour lui épargner des inquiétudes et des soucis !... Cependant, je sens que je ne dois pas la laisser plus longtemps dans l'ignorance sur tout ce qui la concerne. Écoutez-moi donc, monsieur, et toi aussi, mon Emmeline, tu me jugeras si j'ai eu tort de me taire si longtemps avec toi.

Emmeline s'est rapprochée de sa mère, tout en se plaçant de manière à pouvoir être vue d'Isidore ; celui-ci prête une oreille attentive, et Clémence commence son récit :

— Mon père se nommait Marigny ; j'eus, dès ma plus tendre jeunesse, le malheur de perdre ma mère, dont j'étais l'unique enfant, m'aimait tendrement et me fit donner une brillante éducation. Seul rejeton d'une ancienne famille, qui s'était illustrée dans les armes, il possédait alors de la fortune. Malheureusement sa trop grande confiance dans des hommes qu'il croyait aussi probes que lui amena un grand changement dans notre position ; des banqueroutes successives enlevèrent à mon père presque tout ce qu'il possédait ; mais alors j'avais seize ans, mon éducation était à peu près terminée, et les talents que je possédais auraient pu nous servir de ressources, si mon père l'eût voulu permis. Il ne le voulut pas ; avec l'économie nous avions encore de quoi vivre, et ce ne priva-t-il de tous plaisirs de son père trouvait moyen de mettre de côté pour amasser une dot à sa fille. A cette époque... ceci est une circonstance que je te rappelle, mais je veux tout te dire, ma fille, afin que tu comprennes bien qu'il n'est point de sacrifice qu'on ne puisse faire, quand le devoir le commande. Dans le monde où nous allions encore quelquefois, je rencontrai un jeune homme, il était... de l'âge de M. Isidore... issu d'une famille honorable et renommée dans la magistrature, il possédait une grande fortune, dont il se trouvait de bonne heure le maître. Il avait tout pour plaire... Tu penses bien que je ne parle pas de sa fortune... une jeune fille ne songe pas à cela ; mais il était aimable, séduisant ; il me fit la cour... me jura qu'il m'aimerait toute sa vie... et moi, je croyais à ses serments, je l'aimais enfin, et je me flattais que mon père approuverait cet amour. Mais ce bon père qui ne voulait que mon bonheur, et qui avait deviné le secret de mon âme, vint un jour, plein de tristesse, me dire qu'il fallait cesser de penser à ce jeune homme... car sa conduite était indigne du nom qu'il portait. S'abandonnant à toutes ses passions, ses folies dépassaient celles des roués de la régence ; le jeu, les maîtresses, les festins avaient déjà emporté une grande partie de sa fortune, et au train dont il allait, il ne devait pas pouvoir garder de quoi nourrir une épouse et des enfants. Ce tableau pouvait paraître chargé, mais je connaissais mon père, je savais qu'il était incapable de me tromper, et d'ailleurs, je sus bientôt qu'en effet la conduite de... de celui que j'aimais lui avait fermé l'entrée de quelques maisons respectables, et ne tarderait pas à le bannir entièrement des sociétés que nous fréquentions. Alors, mon Emmeline, je sus imposer silence à mon cœur... Je compris qu'il ne pouvait y avoir de bonheur pour moi avec un homme qui s'abandonnait au torrent de ses passions, et je sentis que mon père avait eu raison de m'engager à l'oublier... Le temps, qui guérit tout, dit-on, mais qui pourtant ne nous ôte pas nos souvenirs, le temps m'avait rendue raisonnable, lorsqu'un autre parti se présenta pour moi. Un monsieur qui avait au moins le double de mon âge... j'avais alors dix-huit ans; un banquier auquel j'avais plu... sans m'en douter, demanda ma main à mon père : celui-ci prit encore des informations. Cette fois on lui dit que l'homme qui dé sirait m'épouser était rangé, travailleur, et qu'il y avait en lui tout ce qu'il faut pour arriver à la fortune. Mon père déclara qu'il ne pouvait me donner que dix mille francs de dot. On s'en contenta. Il me demanda alors ce que je pensais de cette union, sans me cacher qu'il la désirait vivement, et qu'elle lui paraissait devoir assurer mon bonheur. J'avais aimé d'amour une fois! et quelque chose me disait que je n'éprouverais pas deux fois ce sentiment. Il devait donc me suffire d'estimer mon mari, on il fallait avouer à mon père que le mariage n'avait plus d'attrait pour moi; mais c'eût été lui faire trop de peine; il était déjà souffrant, affaibli... cet hymen qu'il désirait allait peut-être lui rendre la santé; j'acceptai la main de ce banquier, et je devins madame Riberpré...

— Riberpré! s'écrie Isidore en regardant Clémence d'un air stupéfait. Comment, madame... mais ce n'est pas possible... j'ai mal entendu, sans doute.

— Non, monsieur... mais veuillez me laisser achever mon récit, et vous verrez que dans tout cela il n'y a malheureusement rien d'impossible. Dès les premiers jours de mon mariage, je m'aperçus qu'il n'existait aucune sympathie entre moi et mon mari... Il m'avait épousée, parce qu'alors on me trouvait jolie et que ma beauté l'avait séduit; mais sous des dehors imposants et aimables, lorsqu'il le voulait, M. Riberpré cachait des passions d'autant plus dangereuses qu'il avait le talent de les bien déguiser... Il est pénible, ma fille, d'être obligée de te dire du mal de ton père; mais je te préviens que je te raconterais mes peines, et il faut bien que tu connaisses celui qui les a causées.

Pour toute réponse, Emmeline baise avec respect la main de sa mère, et celle-ci continue :

— Six mois après mon mariage, je perdis mon père : mon cœur fut brisé par cet événement, et quelque chose me disait que j'allais rester seule sur la terre, sans protecteurs, sans amis, sans soutien. En effet, dès que mon père eut fermé les yeux, M. Riberpré cessa entièrement de se contraindre; irrité de n'avoir pas trouvé en moi une femme comme il la voulait, une femme sachant se plier à ses passions, à ses vices, une femme que ses discours ne feraient pas rougir... L'amour ou plutôt le caprice que je lui avais inspiré fit bientôt place, non pas à l'indifférence... mais à la haine. Oui, ce fut de la haine que cet homme éprouva alors pour moi ; car aux regrets qu'il ressentait de m'avoir épousée, se joignait le dépit de me voir rester pure et irréprochable, lorsqu'il semblait faire tout son possible pour m'engager à oublier tous les liens qui m'unissaient à lui ; mais j'étais mère : le ciel m'avait accordé une fille; c'était tout mon bonheur, toute ma consolation, et bien souvent, chère Emmeline, c'est auprès de ton berceau que j'allais chercher l'oubli de mes chagrins.

Je passai ainsi près de trois ans. Ta vue soutenait mon courage, et j'espérais toujours qu'en se rappelant qu'il était père, M. Riberpré reviendrait pour moi à de meilleurs procédés : c'était tout ce que je lui aurais demandé. Je me trompais : ma présence était devenue insupportable à mon époux. Il me le prouvait en m'accablant d'outrages toutes les fois que le hasard le faisait me rencontrer. Enfin, ne gardant plus aucune mesure, il amenait chez lui une femme qui était publiquement sa maîtresse, il voulait me forcer à la servir. Un jour, j'eus le courage de lui dire qu'il oubliait que j'étais la mère de son enfant... Dans sa fureur, il me frappa... J'aurais peut-être encore supporté cet outrage, mais il leva la main sur toi... faible créature, qui pleurais parce que tu voyais pleurer ta mère... Oh! alors je retrouvai toute mon énergie, je te pris dans mes bras, je t'emportai, en m'écriant : Je ne resterai pas plus longtemps ici, monsieur; je dois mettre ma fille à l'abri de vos indignes traitements... et je partis... C'était tout ce que M. Riberpré demandait, c'était à cela qu'il avait voulu me contraindre, afin de pouvoir faire entrer à ma place sa maîtresse dans sa maison.

Je m'étais jetée dans une petite chambre que j'avais louée à la hâte, je ne savais encore quel parti prendre; mais j'étais décidée à faire ressource de mes talents plutôt que de retourner avec mon mari. Le ciel eut pitié d'une mère et de son enfant, il nous envoya un protecteur dans un vieil avocat, qui avait autrefois été l'ami de mon père. M. Duvalin força mon époux à me faire une pension. M. Riberpré m'accorda douze cents francs : c'était bien modique pour m'aider à élever ma fille, surtout si l'on considère la fortune de mon époux, car il avait trouvé moyen de l'augmenter considérablement... J'ignore par quelles entreprises. Je me contentai longtemps de cette pension, et je vins me retirer à Corbeil ; j'y pris le nom qu'avait porté ma mère et je me dis veuve... tandis que, de son côté, M. Riberpré donne le titre de sa femme à la personne qui demeure avec lui!... et que dans le monde cette femme est reçue et traitée comme son épouse légitime, lorsque celle qui l'est en effet vit modestement dans cette campagne... mais de telles erreurs sont bien communes dans la société. Cependant, grâce aux représentations de M. Duvalin, M. Riberpré porta enfin à dix-huit cents francs la pension qu'il nous accordait, et c'est avec cela que nous vivons modestement dans cette retraite. Voilà, ma fille, l'histoire de ta mère... Tu le vois, je ne suis pas veuve, ton père existe... il est fort riche... je n'ai donc pas le droit de disposer de ta main.

Emmeline court se jeter dans les bras de Clémence, en s'écriant :

— Pauvre mère!... que vous avez été malheureuse!... Tenez, il me semble que vous auriez tout aussi bien fait d'épouser le jeune

Une immense quantité d'individus glissaient avec ardeur.

homme..... le mauvais sujet; au moins vous l'aimiez, celui-là!....
— Oui! répond Clémence en soupirant. Mais sans doute qu'il ne m'aurait pas aimée longtemps non plus... et la perte de son amour m'aurait aussi rendue bien malheureuse!...
— Et vous ne l'avez jamais revu, rencontré depuis?
— Jamais! Lorsque mon père lui eut fait comprendre qu'il devait cesser de se présenter chez nous, je crois qu'il quitta Paris... la France... J'ignore entièrement quelle fut sa destinée.
— Vous!... madame Riberpré! murmure Isidore, qui a peine à revenir de l'étonnement où l'a jeté le récit de Clémence. Ah! madame, combien la conduite de votre époux me semble indigne!... Chasser de chez lui une personne qui méritait si bien tout son amour, tous ses respects... repousser son enfant de ses bras!... et oser présenter dans le monde, comme son épouse, celle qui a partagé ses désordres!...

Ah! je la trouve bien méprisable, cette femme, car elle n'ignore pas votre existence, car elle a pu consentir à venir occuper votre place!...
— Mon Dieu! monsieur Isidore, ce n'est pas à elle que j'en veux! répond Clémence en souriant. Après tout, que ce soit cette... Camille ou une autre, que m'importe! Vous, qui allez dans le monde, vous devez savoir que beaucoup de gens s'y parent de titres qui ne leur appartiennent pas! Ce n'est pas le nom de Riberpré que je regrette!... c'est un père pour ma fille!... c'est un homme qui assure son avenir, son bonheur...
— Oh! maman, est-ce que tu n'es pas avec moi! s'écrie Emmeline en embrassant sa mère. Que me faut-il de plus... Mon père t'a rendue malheureuse... il t'a chassée... Oh! je sens que je ne pourrais l'aimer d'abord!... Tiens, ne nous occupons pas de lui... n'y songeons jamais... tu vois bien qu'il ne pense pas à nous, lui!...
— Hélas! ma fille... tu ne sais pas tout encore... une autre te remplace aussi dans son cœur... cette Camille l'a rendu père... une fille est née de cette union illégitime... une fille... qu'il aime, dit-on, et à laquelle il ne sait rien refuser, dont il s'empresse de contenter tous les caprices, de satisfaire les moindres fantaisies!... Celle-là porte son nom... tout le monde l'appelle mademoiselle Riberpré... tandis que toi... pauvre enfant!...
— Mais, mon Dieu! que me fait tout cela à moi?... pourvu que tu m'aimes, toi, maman, cela me suffit, et je n'envie pas le sort de celle qui est... aimée de M. Riberpré. Et, puisqu'il a une autre fille, il me semble que c'est une raison de plus pour qu'il ne s'occupe jamais de moi... et alors... s'il ne s'en occupe pas... on pourrait bien...

Emmeline n'achève pas sa phrase, mais elle regarde Isidore en dessous, et celui-ci, qui l'a comprise, va prendre la parole, lorsque Clémence répond :
— Je pensais comme toi, ma fille, mais ce qui est arrivé... il y a un mois à peu près, m'a prouvé que M. Riberpré n'a pas oublié entièrement qu'il a une autre fille. Te souviens-tu du jour où Creps te conduisit dans la campagne, sous prétexte d'y trouver une pauvre femme qui réclamait nos secours?

— Oui, maman, eh bien...
— Un monsieur était assis sur le banc où tu allas te reposer... il te regarda, te parla même... Ce monsieur n'était pas là par hasard... il voulait te voir, c'est pourquoi il avait prié Creps de faire ce mensonge... mais celui-ci m'avait tout confié, et dans le portrait qu'il me fit de ce monsieur, il m'avait été facile de le reconnaître... c'était M. Riberpré.
— Mon père!...

Emmeline reste toute saisie : le souvenir qu'elle a gardé de ce monsieur s'accorde parfaitement avec ce qu'elle vient d'apprendre touchant son père; et elle frémit rien qu'à l'idée de demeurer avec lui.
— Mais enfin, dit Isidore, ne puis-je pas aller trouver M. Riberpré, et lui demander son consentement à mon mariage avec sa fille... avec mademoiselle?
— Sans doute, dit Clémence, mais ce sera en même temps lui déclarer que vous connaissez le secret de sa vie... que vous savez que cette femme qu'il présente comme la sienne n'est que sa maîtresse, et son... Elvina, un enfant illégitime qu'il n'a pas le pouvoir de reconnaître. Alors, qui vous dit que, furieux de ce que l'on voit bien au fait de son inconduite, il ne privera pas Emmeline de tout ce qui lui revient...
— Il n'en a pas le droit, madame; on ne peut pas déshériter son enfant.
— Eh, monsieur! sans le déshériter, n'est-il pas mille moyens de faire passer sa fortune entre les mains d'un autre!...
— Que faut-il donc faire, madame?
— Attendons encore, je consulterai mon vieil ami Duvalin .. Attendons, Emmeline est encore bien jeune... mais elle vous aime, j'approuve vos sentiments, vous avez la certitude qu'elle ne sera jamais à un autre... n'est-ce donc pas déjà du bonheur, tout cela?...
— Oh! certainement, s'écrie Emmeline, en sautant au cou de sa mère, et, quant à moi, je me trouve si heureuse à présent que je n'ai plus de secret pour maman... Il me semble, monsieur Isidore, que vous devez être bien content aussi.

Qu'est ce que tu entends par tes honnêtes femmes?

Le lendemain, on attend Creps pour panser le jeune blessé. Mais la matinée et la journée s'écoulent, et le protecteur mystérieux de Clémence et de sa fille ne paraît pas. Heureusement la blessure est légère, et la servante, aidée des conseils d'Isidore, suffit pour faire l'office du chirurgien.

Cependant les dames sont surprises et inquiètes de n'avoir pas revu cet homme auquel elles ont tant d'obligations, et pour lequel elles éprouvent autant d'amitié que de reconnaissance.
— Mais, dit Clémence dans la soirée, c'est peut-être pour découvrir votre assassin que Creps s'est absenté... après vous avoir apporté ici blessé, lorsqu'il nous a quittés précipitamment, il m'a dit que c'était pour tâcher de connaître l'auteur du lâche attentat dont vous avez été victime, et qui semblerait l'effet d'une vengeance; car, enfin, on n'a point cherché à vous voler. Vous connaîtriez-vous quelque ennemi, monsieur Isidore?

Le jeune homme rougit, mais s'empresse de répondre qu'il ne s'en connaît pas, et qu'il croit que le coup qui l'a atteint aura été tiré

par quelque maladroit qui, sortant un peu tard, avait cru devoir se munir d'armes à feu.
— C'est possible, dit Clémence.
— Et c'est plus consolant de croire cela, dit Emmeline en fixant Isidore.

Les jours suivants s'écoulent sans que l'on entende parler de l'hôte de Roberdin, que l'on attend et que l'on espère toujours à la maison isolée. Le sixième jour qui suit l'événement qui l'a fait le commensal de madame Clermont, Isidore, dont la blessure va très-bien, et qui est en état de marcher un peu, sent qu'il serait indiscret de rester davantage chez la mère d'Emmeline. Le chemin de fer pouvant le ramener à Paris sans secousse, il se prépare à partir.

— Mais, chez votre cousin, ils ne doivent pas savoir ce que vous êtes devenu, dit Clémence; leur conterez-vous votre accident?...

— Non, madame... car alors il faudrait dire que vous avez eu la bonté de me recevoir... de me garder chez vous, et il me semble plus convenable que tout ceci reste entre nous.

— Vous avez raison, répond Clémence; puis elle ajoute en souriant : Et maintenant, pour parler de votre amour à ma fille, rappelez-vous que vous n'avez plus besoin de vous placer sous sa fenêtre... Croyez-moi, on est toujours mieux sous les yeux d'une mère.

Au moment où il va prendre congé d'elles, Clémence arrête encore Isidore en lui disant : — A Paris vous aurez peut-être l'occasion d'aller chez M. Riberpré... voilà l'hiver revenu... il vous engagera sans doute pour ses soirées...

— Eh bien, madame?

— Eh bien ! il faut accepter... il faut aller chez lui... il faut vous efforcer de vous en faire bien venir... Si vous parveniez à vous mettre dans ses bonnes grâces, il me semble qu'alors vous pourriez plus facilement arriver à votre but...

— Vous le voulez, madame, je vous obéirai; et pourtant je vous avoue qu'il me sera difficile de rechercher l'amitié d'un homme pour lequel je n'éprouve que de... la répugnance. Mais il s'agit de votre fille, et c'est votre désir : j'obéirai.

Et Isidore est parti, emportant un doux sourire de Clémence et un long regard d'Emmeline.

II. — LES GLISSADES ET LES GAMINS.

On était à la fin de novembre. Un froid piquant se faisait sentir; il était tombé, dans la matinée, une espèce de givre qui, au lieu de fondre, formait sur la terre comme un tapis gris blanc, sur lequel on glissait beaucoup trop facilement.

Les boulevards de Paris avaient surtout conservé presque intact ce tapis froid à l'œil comme aux pieds, et comme si ce n'était pas assez pour les piétons de lutter contre ce verglas naturel, les gamins de la capitale y ajoutaient encore des glissades plus ou moins prolongées, sur lesquelles il était impossible de tenir pied.

C'est surtout sur le boulevard du Château-d'Eau qu'aux temps de neige et de gelée les gamins font d'immenses glissades en long, en travers, en biais; qu'ils mettent enfin en œuvre tout leur talent afin de faire tomber les passants. C'est un si grand plaisir pour eux quand quelqu'un se laisse choir ! Ce sont alors des cris de joie, des hourras ! des hurlements ! Ces messieurs recevraient gratis une distribution de comestibles qu'ils ne seraient pas plus heureux.

Depuis qu'on en a tant parlé, le gamin s'est cru quelque chose; il a voulu devenir une puissance dans l'État. Il a crié : Vive la Charte ! à bas les ministres ! Le gamin crie tout ce qu'on veut ! il a jeté des pierres aux gardes nationaux qui voulaient le faire taire; il a brisé des vitres, des lanternes, arrêté des voitures pour en faire des barricades; il a dépavé les rues, fait fermer les boutiques, enfin, il a fait des émeutes.

Et si vous lui aviez dit : Qu'est-ce que la Charte? pourquoi veux-tu renverser le ministère? il vous aurait répondu, en faisant jouer ses cinq doigts au bout de son nez : — De quoi! du flan !

Pauvre gamin ! comme on s'est joué de toi ! On t'a dit de crier, et tu as crié sans même savoir de quoi il s'agissait ! et tu as entraîné tes camarades, tes amis, en leur disant : — Viens donc crier, viens donc faire du train, du boulevari ! ça fera peur aux boutiquiers, aux bourgeois ; on se battra peut-être ! ça sera drôle !

Jusqu'à présent, nous avouerons que nous ne voyons pas ce qu'il y a de charmant dans *le gamin de Paris*. Mais cherchons encore : Dieu merci, tous les gamins ne travaillent pas dans la politique, et en parcourant cette ville nous n'irons pas loin sans en rencontrer. On les connaît facilement : en général, ils sont gais, espiègles, malins, moqueurs ; ils ne songent qu'à faire des niches aux passants, qu'à rire aux dépens des bons bourgeois et des badauds.

Ordinairement vous les rencontrez par tas ; ils sont accroupis ou à genoux ; ils exploitent les billes, le bouchon. Si vous avez le malheur de traverser leur jeu, plusieurs voix braillent à vos oreilles :

— Hôhé ! monsieur ! hohé !... vous perdez quelque chose.

Vous vous arrêtez, vous regardez derrière vous. Les gamins vous disent avec un grand sérieux : — C'est vos mollets que vous avez perdus, mais nous ne les avons pas trouvés.

— Tapez, cocher ! tapez derrière !... crient les gamins quand passe une voiture. Le cocher se démet le bras à donner des coups de fouet sur le derrière de sa caisse où il n'y a personne. Quand il y a du monde, on ne crie pas.

Le gamin adore le spectacle. Il va se placer le soir devant la porte d'un théâtre du boulevard du Temple. (Ce sont ceux qu'il préfère.) Quand vous sortez dans un entr'acte, il accourt vous demander votre contre-marque ; quand il est parvenu à en obtenir une, il n'y a pas dans la salle quelqu'un de plus heureux que lui. Il entre en sautant, en bousculant tout le monde ; en une minute, il a gravi les escaliers et il est arrivé au dernier amphithéâtre. Il pousse à droite, à gauche, il passe par-dessus les têtes, par-dessus les banquettes. Il finit par arriver au premier rang. Il n'y a pas une seule place vacante, ça lui est bien égal ! il en trouve toujours.

Il va s'asseoir avec aplomb sur un petit monsieur qui était en train d'ouvrir sa tabatière.

Le petit monsieur crie : — Aye ! qu'est-ce qui me tombe là ! vous m'étouffez... passez donc vite.

Le gamin ne répond pas ; il reste assis, il regarde dans la salle et fredonne entre ses dents : — Gusman ne connaît plus d'*ostacles* !

Le monsieur répond : — Ah çà ! polisson, qu'est-ce que cela signifie? est-ce que vous comptez rester sur moi ! ôtez-vous ou j'appelle le municipal !...

— Que je m'ôte ! le plus souvent ! c'est ma place.

— Votre place ! voilà qui est fort ! j'y suis depuis le commencement du spectacle.

— Et moi, j'y étais avant les pompiers... ah ! enfoncé le vétéran !... taisez-vous, vieux de la vieille, posez votre chique et faites le mort.

Le petit monsieur se débat, trépigne, geint, le gamin tient bon. La pièce commence, et comme on veut entendre le spectacle, l'on se serre et l'on fait une place au gamin, qui consent alors à quitter les genoux du monsieur. Ensuite, il sort des pommes de sa poche, il les mange et lance le trognon sur la grosse caisse ou la contrebasse ; dans la saison des hannetons, il a soin d'en apporter dans un sac, pour les jeter dans la salle ; dans la saison des cerises, il vise le public avec des noyaux.

Si vous passez en été sur les ponts du canal, vous verrez dans l'eau un gamin, qui a établi là son domicile et qui plongera pour rapporter la moindre pièce de monnaie que vous y jetterez ; car le gamin nage comme un poisson.

Revenons sur le boulevard du Château-d'Eau.

Une immense quantité d'individus vêtus de blouses et à peu près coiffés de casquettes glissaient avec ardeur sur une très-longue étendue de terrain, que leurs souliers ou leurs sabots avaient transformée en miroir. L'affluence des spectateurs était grande, et parmi ceux-ci on voyait de jeunes gens fort bien mis, qui ne résistaient qu'avec peine à l'envie d'en faire autant que les gamins ; mais il n'était que midi et on n'osait pas se donner en spectacle, ainsi que ces messieurs en blouses. Il ne se passe guère de journée où le *décorum*, la *bienséance*, les convenances, ne viennent se mettre entre nous et le plaisir.

Quand un des glisseurs tombait, les autres venaient se heurter contre lui et tombaient à leur tour, comme des capucins de cartes ; alors c'étaient des huées, des éclats de rire et des exclamations joviales, dans lesquelles les acteurs ne s'épargnaient ni les uns ni les autres. Ces messieurs disent tout ce qui leur vient à l'esprit, et comme ils n'ont pas l'habitude de gazer leurs propos, on en entend de fort décolletés.

Deux femmes élégamment vêtues viennent de s'arrêter derrière le premier rang de spectateurs de la grande glissade. L'une qui a bien la cinquantaine sonnée, mais qui par la coquetterie de sa mise surpasse sa compagne, est une des anciennes habituées des réunions de la Mirobelly. A ses moustaches brunes qui feraient envie à plus d'un garde national, il est facile de reconnaître madame Mazzépa ; au luxe de sa toilette, aux bijoux dont elle est ornée, à la beauté du cachemire drapé sur ses épaules, on devine sur-le-champ qu'un changement heureux a eu lieu dans sa fortune. Cela se voit aussi à son regard, à son sourire, à la manière dont elle porte sa tête. La richesse grandit, non pas au moral, mais au physique ; celui qui en possède se redresse et marche le nez au vent, tandis que l'infortune courbe et abat ceux qu'elle frappe.

L'autre dame est la grande Aglaure, la belle femme au nez épaté et aux belles dents. Celle-ci est maintenant telle qu'on l'a vue déjà ; le seul changement qu'on puisse remarquer en elle, est qu'elle a maintenant une gorge très-rebondie, tandis que, l'hiver précédent, elle avait la poitrine fort plate. Mais de même que les dents de sagesse viennent tard, il y a peut-être des gorges dont la croissance ne se développe que lorsqu'on a atteint sa majorité ; c'est probablement de cette manière que la grande Aglaure se sera dit, en se faisant cadeau de ces nouveaux appas.

— Tiens, ma belle, vois donc comme ce grand jeune homme glisse bien ! s'écrie madame Mazzépa, en désignant à sa compagne un robuste gaillard d'une vingtaine d'années, taillé en *Spartacus*, ayant la casquette posée en tapageur, et qui faisait tout le trajet de la glissade, les bras croisés, regardant fièrement autour de lui, résistant à tous les chocs et souriant de pitié à ceux qui se laissaient tomber.

— Fichtre ! je crois bien ! répond mademoiselle Aglaure, il enfonce joliment les autres ; si j'osais, j'irais glisser aussi !...

— Ah ! fi donc ! ma chère ; y penses-tu ?... ce serait se donner en spectacle !... et puis si l'on tombe sur la glace, on doit se faire des bleus au derrière, et c'est toujours très-fâcheux !... Cependant, j'avoue que je prendrais volontiers des leçons de ce glisseur.

— Ah ! un homme qui porte une blouse...

— Eh ! mon Dieu, ma belle, qu'est-ce que cela fait... c'est un caprice qu'on peut se passer... tout comme un autre. D'ailleurs, à mes yeux, les hommes ne sont que des instruments.

— Ah ! vraiment, et de quelle espèce ? sont-ce des instruments à cordes ou à vent ?

— Ah ! Aglaure, que tu es bête !... Mais, tiens, n'est-ce pas Mirojelly qui traverse là-bas sur la chaussée ?

— Oui, c'est elle... Dieu ! comme elle est panée ! elle qui se mettait si bien autrefois.

— Ah ! ma chère amie, c'est que les eaux sont basses.

— Oui, et qu'au lieu d'avoir eu comme toi l'esprit de s'enrichir en spéculant sur les chemins de fer, elle y a mangé tout ce qu'elle possédait.

— C'est-à-dire qu'elle est complètement ruinée ; elle a été obligée de quitter son beau logement où elle donnait de si brillantes soirées ; elle demeure maintenant à un sixième, rue Neuve-d'Angoulême.

— Ah ! quel déchet !... enfin, elle est encore assez bien... elle fera peut-être quelque belle connaissance... aussi Belly avait trop d'ambition ; elle avait de quoi vivre... Pourquoi risquer ce qu'on a ?

— Elle voulait nous écraser toutes par son luxe. Elle voulait avoir voiture... Ah ! c'est moi qui donnerai de charmantes soirées cet hiver... tu verras, Aglaure, je veux qu'on en parle chez tous les lions de Paris.

— Inviteras-tu Mirobelly ?

— Hom... nous verrons... je n'en vois pas trop la nécessité. Cela dépendra de la mise qu'elle aura alors. D'abord, je ne recevrai pas une femme en robe de toile.

— Ah ! Dieu ! je l'espère bien !... mais qu'est-ce qui porte de la toile ? les grisettes.

— A propos de grisettes, as-tu des nouvelles de Zizi Pétard ?

— Madame Léandra ?... mais oui, on assure que son monsieur l'a épousée, ils se sont mariés.

— Au treizième arrondissement ?

— Non pas, elle était devant un vrai maire, avec son écharpe. Quelle chance ! une fille si sotte ! qui ne sait pas dire deux !... Ah ! les hommes sont bien incompréhensibles dans leurs actions !

— Cela rentre dans ce que je te disais tout à l'heure, ce ne sont que des instruments... Ah ! mon Dieu ! voilà notre beau glisseur qui est tombé.

Le grand gaillard, qui semblait défier tous les autres gamins, vient en effet d'être renversé par un petit glisseur de son âge, mais qui a eu circonférence ce que le premier présente en hauteur. En se lançant sur la glissade, celui-ci avec une mine sournoise laissant voir l'intention de faire quelque trait à l'autre, a pris son temps de manière à rencontrer le fameux glisseur avant qu'il soit arrivé au terme de la course. Alors le choc a été si rude, que force a été au grand de tomber avec le petit : c'était tout ce que celui-ci avait cherché.

Des rires unanimes qui ressemblent à des hurlements retentissent sur toute la ligne. Les gamins comme les hommes sont toujours bien aises lorsqu'un événement abaisse celui qui les dominait. Mais le beau glisseur est furieux ; il se relève et commence par donner un soufflet à celui qui l'a fait tomber.

Le petit comme au soufflet par une pluie de coups de poing, et voilà les deux gamins qui roulent de nouveau, en se battant, sur cette glissade qui fut témoin de leurs triomphes, et au lieu de les séparer, on forme le cercle autour d'eux, on suit le combat avec curiosité et l'on pousse des bravos chaque fois que l'un ou l'autre des combattants donne un bon coup de poing à son adversaire.

Cependant une femme du peuple, tenant devant elle un éventaire sur lequel il y a des noix, semble furieuse, et entreprend les spectateurs, en criant :

— Comment, v'là deux hommes qui se dévorent comme des chiens ! et vous ne pouvez les séparer, tas de *feignants* que vous êtes !... C'est donc bien gentil de voir des nez meurtris et des bosses au front !...

— Mais si le petit a tort, est-ce que le grand ne fait pas bien de lui donner son compte ? Est-ce qu'il ne faut pas que les hommes sachent se faire respecter ?

Ces mots dits par une autre femme en fichu et aux yeux éraillés, qui ne perd pas de vue les combattants.

— Ah ! ben ! il paraît qu'elle aime à voir les hommes se battre, celle-là, répond la marchande de noix ; elle aime mieux qu'ils s'estropient que de les séparer !

— Ah ! ben ! dit à son tour une marchande de bouquets de violettes, je peux ben me flatter de n'avoir jamais fait battre des hommes de ma vie !... Ah ! Dieu ! ça me fait trop de mal ; j'aurais plutôt supporté d'eux tout ce qu'ils auraient voulu...

— Parce que vous êtes une honnête femme, ma petite ! répond la marchande de noix. Vous me feriez pas battre des hommes, parce que vous êtes une honnête femme... et moi aussi... qui suis une honnête femme, je ne peux pas voir ça de sang-froid.

— Dis donc, toi, là-bas ! s'écrie la femme aux yeux éraillés, en se posant les deux poings sur les hanches et se plaçant devant la marchande de noix. Qu'est-ce que tu entends avec tes honnêtes femmes ?... Est-ce que c'est à mon intention que tu dis ça ?... C'est que je t'aurais bien vite aplati le nez, d'autant plus que tu l'as trop long...... Je crois que tu serais moins laide si ou te camaradait un brin.

— Qu'est-ce qu'elle dit, la chipie ? va donc, harpie, va donc, pie borgne... va donc faire rosser les hommes ! Ah ! t'aimes ça !... je te procurerai une passe aux abattoirs, on y tue des bœufs, t'auras pus d'agrément.

— Et moi, je vas t'en donner de suite, j'vas t'étaler sur le bitume, tu serviras de paillasson aux passants, pour s'essuyer les pieds.

Ces mots n'étaient pas achevés que les noix volaient d'un côté, le fichu de l'autre, et le tout était entremêlé de claques qui se succédaient avec une effrayante rapidité. A Paris, où l'on aime surtout le nouveau, la bataille des deux femmes fait beaucoup de tort à celle des hommes : les spectateurs désertent celle-ci pour courir à l'autre, et qu'en arrive-t-il ? c'est que du moment qu'ils n'ont plus personne pour les regarder se cogner, les deux glisseurs trouvent qu'ils se sont assez battus, ils se relèvent et font la paix. Ce qui prouve que l'amour-propre se fourre partout, même dans les combats à coups de poing.

Pendant que tout ceci se passait, Mazzépa et la grande Aglaure s'étaient éloignées de la belle glissade et approchaient d'une autre, qui était d'une dimension plus modeste et où s'exerçaient quelques petits gamins moins audacieux.

— Quelle affreuse populace ! dit la dame à moustaches, en faisant un geste de dédain. Ah ! ma chère Aglaure, que l'on est heureux de vivre dans une sphère distinguée, surtout quand on a des nerfs...

— Mais je ne vois pas trop quel plaisir nous avons à voir glisser ces petits polissons... avec cela qu'il fait très-froid ; je suis sûre que j'ai le nez rouge, et il n'y a rien que je déteste comme cela !.. Pourquoi restons-nous ici ?

— Parce que j'ai donné rendez-vous sur ce boulevard à M. de Romorantin... Il faut bien que nous l'attendions... Certainement il va venir...

— Ah ! ce beau jeune homme de soixante ans, qui veut que je lui apprenne à valser en deux temps !...

— Ma chère, c'est un homme très-aimable et du meilleur ton... Il vaut bien ton M. Pigeonnac.

— Pigeonnac n'a pas soixante ans, au moins !

— Eh ! mon Dieu ! qu'est-ce que cela fait, s'il paraît plus et que l'autre paraisse moins ?

— C'est égal, il ne vaisera jamais, ton lion, pas plus en deux temps qu'en trois !

— Et ton Pigeonnac, à propos, cette petite montre qu'il t'a donnée, elle venait donc de Léonis ?

— Ah ! je n'en sais rien, et après tout, qu'est-ce que cela me fait à moi ? il me l'a offerte, je l'ai acceptée !... Parbleu !... si toutes les fois qu'un homme nous offre quelque chose, il fallait s'inquiéter s'il ne l'a pas déjà donné à d'autres, je ne sais pas trop ce qu'on accepterait de ces messieurs. Mais cet homme qui s'est arrêté là-bas... c'est singulier... il me semble bien que j'ai déjà vu cette figure-là.

— De qui parles-tu donc ?

— Tiens, regarde, presque en face de nous, de l'autre côté de cette glissade... cet homme grand et mince, en paletot brun, un peu court, et sous lequel on voit bien qu'il n'y a pas d'habit, car cela semble coller sur son dos...

— Cet individu râpé, dont le chapeau, jadis noir, est devenu presque rouge... Ah ! quel rafalé !... elle est jolie ta connaissance... une cravate qui est à autre chose qu'un mauvais foulard passé.... Rien qu'à le regarder, cet homme-là me fait froid !... Il doit être gelé ce malheureux avec son paletot qui lui plaque sur le dos et qui ne descend que jusqu'à mi-cuisse... c'est dommage... c'est un homme jeune, et il ne serait pas mal s'il était vêtu.

— Eh bien ! tu te ne te rappelles pas cette figure-là... il est vrai que sa grande barbe le change un peu... alors il avait le menton rasé et portait seulement des moustaches et une royale... c'est égal... Oh ! plus je l'examine, ce sont toujours ces yeux noirs dont l'expression a quelque chose de diabolique...

— Enfin, où as-tu connu ce pingre ?...

— Oh ! alors, loin d'avoir l'air d'un pingre, il damait le pion à tous nos beaux fils... comment, tu ne te souviens pas... au commencement de l'été dernier... chez Mirobelly... un soir, Courtinet a présenté un monsieur qui a joué un jeu d'enfer et gagné tout le monde

au lansquenet, même ce pauvre Pigeonnac !
— En effet, je crois maintenant me souvenir aussi...
— Oh ! son nom me revient !... Monvillars, c'était M. de Monvillars.
— Oui... oui, tu as raison... cet individu lui ressemble beaucoup, mais il n'est pas possible que ce soit lui !... L'autre était élégant, superbe... celui-ci a l'air de mourir de faim... vois donc ces yeux caves, ces pommettes saillantes, ce nez tiré..... et pas de gants !...
— Eh bien ! est-ce qu'il ne peut pas aussi s'être ruiné dans les chemins de fer ou ailleurs ?... Est-ce que Mirobelly qui était encore si pimpante, il y a deux mois, n'est pas aujourd'hui réduite à faire son ménage elle-même ?... Tiens... il regarde de notre côté... Oh ! c'est le Monvillars !... j'en suis sûre à présent.
— Tu crois, alors, allons-nous-en... car il n'aurait qu'à nous saluer... Ah ! Dieu ! être saluée par un homme qui n'a pas de gants ! c'est par trop compromettant... J'aime mieux que M. de Romorantin nous cherche...

En disant cela, madame Mazzépa s'est remise en marche entraînant avec elle la grande Aglaure qui, avant de s'éloigner, tourne encore deux ou trois fois la tête, pour regarder l'individu arrêté à quelques pas.

Monvillars (car c'est bien lui en effet que les deux dames ont aperçu) est toujours arrêté devant un endroit où des gamins s'exercent à glisser ; son regard fiévreux annonce pourtant qu'il prend peu d'intérêt à ce qui se passe devant lui ; il est même probable qu'il ne le voit pas, et que sa pensée est bien loin de là. Cependant, ramené quelquefois à sa position par les bruyants éclats de rire qui bourdonnent tout à coup autour de lui, il jette alors de côté et d'autre des regards sombres et attristés, puis fait quelques pas en tapant des pieds avec force, et en fourrant ses deux mains dans les poches de son paletot. On voit qu'il cherche ainsi à se réchauffer, et qu'il a de la peine à y parvenir.

Plus d'une heure s'est écoulée, et Monvillars est toujours sur le boulevard du Château-d'Eau, quelquefois immobile pendant fort longtemps devant des glisseurs, et dans d'autres moments arpentant fort vite un espace d'une centaine de pas, baissant les yeux quand des gens bien mis passent près de lui, mais regardant souvent en dessous et avec inquiétude les personnes dont il croit ne pas être remarqué.

Pendant qu'il s'était de nouveau arrêté devant les glisseurs, une main lui frappe sur l'épaule, et une voix lui dit à l'oreille :
— Eh bien ! collègue !... est-ce que nous voulons apprendre à glisser ? Mais sapredié, il me semble que nous en remonterions à tous ces cuistres-là !

Monvillars a tourné la tête ; il aperçoit un homme de son âge à peu près, mais d'une taille gigantesque, et que sa maigreur rend encore plus remarquable, dont le costume n'est guère plus opulent que le sien, mais qui semble narguer l'infortune et toise tout le monde d'un air goguenard, en faisant tourner sa canne comme un faiseur de tours.
— Germand ! s'écrie Monvillars ; est-ce bien possible !... mon ancien camarade d'étude, quand j'étais clerc chez l'avoué ?...
— C'est toi qui l'as nommé ! c'est-à-dire, nommé n'est pas juste, vu que je ne m'appelle plus Germand... Je me suis rebaptisé pour des raisons particulières, et pour le moment on me nomme Rifflard. Mais toi... est-ce que tu t'appelles encore Constant Martinot ?
— Oh ! non !... j'ai porté bien d'autres noms depuis !...
— J'en étais sûr, et tu en portes depuis vingt-quatre heures ?...
— Je ne sais pas trop... Monvillars, si tu veux.
— Ça m'est égal, celui que tu voudras. Mais je t'ai rencontré, il y a un an environ ; tu étais élégant, pimpant, superbe !...... même qu'alors tu as fait semblant de ne pas me reconnaître.
— Je ne t'ai pas reconnu.
— Oh ! ça ne fait rien, j'en aurais peut-être fait autant à ta place. Mais aujourd'hui que nous voilà queux tous les deux, nous pouvons être bons amis. Ah çà, il ne fait guère chaud ici, il me semble que nous pourrions causer dans un endroit moins exposé à la brise.
— Ah !... c'est que... je ne sais où aller... je n'ai pas le sou... et je n'ai rien mangé, rien pris depuis vingt-quatre heures.
— Ah ! fichtre !... tu en es là, toi !... oh ! alors tu m'as dépassé ! Viens avec moi... je vais te mener dans un endroit où je suis connu, et où j'espère te faire prendre quelque chose.

Le grand Rifflard se met aussitôt en marche, faisant des enjambées d'un mètre. Monvillars trotte à l'anglaise à côté de lui.

III. — UN CAFÉ BORGNE. — LES AGIOTEURS.

Le grand Rifflard marchait très-vite, souvent Monvillars restait en arrière ; mais comme son ancien camarade d'étude dépassait tout le monde de la hauteur de la tête, il était toujours facile de l'apercevoir. D'ailleurs quand il ne voyait plus son ami près de lui, le grand individu s'arrêtait et se mettait à siffler d'une façon toute particulière et que Monvillars connaissait fort bien. Quelques instants après, ces messieurs se rejoignaient.

Après avoir parcouru dans toute sa longueur la rue du Temple, avoir traversé la place de l'Hôtel-de-Ville, qu'on ne nomme plus la Grève, quoiqu'elle serve toujours de rendez-vous aux ouvriers qui, lorsqu'ils ne travaillent pas, appellent cela faire *grève*, le conducteur de Monvillars traverse un pont, suit un quai, entre dans une petite rue sale et étroite, puis s'arrête enfin devant une espèce de café borgne, qui ressemble, moins les fruits, à une boutique de fruitière.
— Nous y voici, dit M. Rifflard. Je marche un peu vite, n'est-ce pas ?
— Comme un véritable cerf. J'avais peine à te suivre.
— Dame ! c'est mon état, maintenant.
— D'être cerf ?
— Non, mais coureur pour les dames. Entrons, je te conterai cela.

M. Rifflard ouvre la porte du café. Monvillars suit son compagnon et se trouve dans une salle où, lorsqu'on entre, on ne voit presque pas clair ; mais, petit à petit, les yeux s'habituent à cette demi-teinte, et alors on distingue tout autour de la salle, qui forme un carré long, des tables entourées de tabourets de paille, et sur chaque table un petit carré de bois de la grandeur d'un damier, recouvert d'un vieux morceau de drap vert ; ceci annonce que les consommateurs jouent aux cartes. Un poêle placé dans le milieu de la salle ne jette dans ce bouge qu'une légère chaleur ; cependant il est presque constamment entouré par des habitués qui ne prennent rien, et viennent poser leurs mains là, se figurant qu'elles doivent s'y réchauffer, parce qu'elles sont sur un poêle.

Au moment où le grand Rifflard introduit son compagnon dans ce café, une douzaine d'individus y étaient épars ; les uns, assis à une table, jouaient au piquet avec des cartes tellement noires, qu'on les prenait toutes pour des figures ; les autres essayaient de se chauffer contre le poêle ; deux ou trois entouraient un particulier qui lisait le journal. La mise de messieurs les habitués n'annonçait point des millionnaires ; cependant quelques-uns étaient du moins chaudement vêtus avec de ces paletots en drap à longs poils, que les bonnetiers vendent maintenant tout confectionnés pour la modeste somme de vingt-cinq francs et que des personnes seraient bien indignent quelquefois pas de revêtir, par la raison si souvent mise en pratique, que : qui peut plus, peut moins.

Le grand Rifflard adresse, en passant devant le comptoir, un salut familier à la personne qui l'habite, puis montrant à Monvillars une table qui n'est point occupée, lui dit à demi-voix :
— Plaçons-nous là. Si l'on servait ici des potages, je t'en offrirais un, mais il ne faut pas y penser ; ce que je puis te faire prendre de plus restaurant ici, c'est un verre de cassis, avec lequel je vais tâcher d'avoir un petit pain.

Monvillars se place à la table sans répondre, regardant avec une espèce de dédain autour de lui ; cependant le besoin qu'il éprouvait de prendre quelque chose impose silence à sa répugnance. Un petit garçon de quinze à seize ans, enveloppé dans un tablier fait en toile d'emballage, et qui n'est pas une minute sans passer le revers de sa main sous son nez, parce qu'il est en ce moment affligé d'un rhume de cerveau, arrive en sautillant contre la table où viennent de se mettre les derniers venus, et s'écrie :
— Qu'est-ce qu'il faut vous servir, monsieur Rifflard... votre chope, comme à l'ordinaire ?
— Non, répond Rifflard, en souriant au jeune garçon. Non, Joseph, aujourd'hui ça varie... vous possédez, j'espère, du cassis dans l'établissement.
— Oh ! que oui... nous avons de tout.
— Excepté de ce dont vous n'avez pas. Eh bien ! alors, mouche-toi, Joseph, et sers-nous deux petits verres de cassis, avec accompagnement obligé de petits pains... les plus gros que tu trouveras dans les petits.
— Tout de suite, monsieur Rifflard !
— Singulier café ! murmure Monvillars, en regardant autour de lui. Quelles sortes de gens qui se réunissent ici ?
— Ah ! tu ne t'en douterais jamais ! ce sont des agents de change et des courtiers...
— Ces hommes que je vois là !... des agents de change ! quelle plaisanterie !
— Tout ce qu'il y a de plus marron, par exemple ! mais enfin ils en exercent, ou plutôt ils en usurpent les fonctions. Tous ces gaillards que tu vois là font des affaires à la Bourse... ils agiotent sur les chemins de fer ; car tu sais que pour le moment, c'est la folie universelle, on a donc raison de l'exploiter. Les uns achètent pour revendre, les autres vendent, très-souvent, sans avoir acheté. Ce petit vieux qui lit le journal maintenant, et qui pérore avec tous ceux qui l'entourent, est un des plus chauds partisans du jeu de la bourse... tu n'auras qu'à l'écouter tout à l'heure, je t'assure qu'il est curieux à entendre ; mais en ce moment je comprends que tu n'écoutes que ton estomac. Eh bien ! Joseph... nous sert-on ?... nom d'une pipe !

— Il n'y a plus de petits pains, mais voilà encore deux flûtes ; quant au cassis, on l'a fini il y a huit jours, mais mademoiselle Mignardise m'a dit de vous offrir à la place de l'élixir de *Garus*, c'est ce qu'elle a de meilleur.

— Laisse-nous donc avec ton *Garus* ! c'est une liqueur d'apothicaire, ça !... donne-nous de l'anisette plutôt... au moins on sait ce ue ça sent...

— On l'a *finite* hier, et je n'ai pas encore eu le temps d'aller en chercher...

— C'est comme ça que vous avez de tout ici !... il est bien approvisionné l'établissement. Allons, donne-nous du *fil en quatre*, et que ça finisse ; c'est encore ce qu'il y a de mieux ici.

Le garçon retourne au comptoir où il parle assez longtemps avec la dame qui en fait l'ornement ; il revient enfin avec un flacon à la main, et, pendant qu'il emplit les deux petits verres et se mouche sur sa manche, le grand Rifflard lui dit :

— Qu'est-ce que mademoiselle Mignardise avait donc à jaboter si longtemps avec toi, au lieu de t'envoyer nous servir ? Voyons, Joseph, j'attends.

Le jeune garçon se metàrire, et répond enfin : — Ah ! dame ! mam'zelle me disait : Si le grand Rifflard n'est pas content, il n'a qu'à nous f..... le camp, lui et le râpé qu'il vient d'amener ; des pratiques comme ça, j'en ai plein le dos !

— Elle a dit ça.... Comment ! mademoiselle Mignardise a eu la petitesse de dire ça !... elle ne sait pas que mon ami que voilà est un Nabab déguisé qui vient ici pour acheter des promesses de chemin de fer !... Va dire à la bourgeoise que sans la passion brûlante que m'inspire son œil droit, je casserais tout dans son café, pour lui apprendre à nous juger si mal... dis-lui ça et mouche-toi, ça ne peut que te profiter.

Le jeune Joseph s'est éloigné en sautant à cloche-pied. Monvilars s'est jeté avec avidité sur une des petites flûtes qu'il dévore, et le grand Rifflard mange l'autre, comme si c'était de la brioche.

En ce moment la porte du café s'ouvre ; un homme qui est beaucoup moins grand qu'une petite femme, mais qui est porteur d'une énorme tête qu'il tient relevée avec une assurance tout à fait comique, se précipite vers le fond de la salle en se frottant les mains d'un air joyeux, et s'écriant d'une voix de bossu :

— Messieurs, j'en ai ! j'en ai obtenu... c'est-à-dire je suis sûr d'en avoir... J'ai écrit à la compagnie, et comme je suis très-épaulé près d'elle, et que d'ailleurs je suis connu à la Bourse, on m'a dit que demain je recevrais ma lettre avec la promesse d'actions... Ah ! ah ! messieurs ! c'est du Nord !... c'est du nanan !... de l'or en barre... je vais tripler mes capitaux !

— S'il ne fait que tripler ses capitaux, ça ne l'avancera pas beaucoup ! murmure le grand Rifflard en haussant les épaules. Ce petit floueur-là n'a pas le sou !... je suis très-lié avec son tailleur, auquel il doit depuis deux ans la redingote qu'il a sur lui.

Cependant la plupart des habitués du café vont entourer le petit homme et semblent le féliciter ; le vieux qui lisait le journal interrompt sa lecture, en s'écriant :

— Comment, monsieur Craquet, vous avez du Nord ! mais le chemin n'est pas encore adjugé.

— C'est comme s'il l'était, et c'est ma compagnie qui l'aura.

— Quelle est donc celle-là ?...

— C'est la société des restaurateurs de Paris... capital, cinq cents millions ; c'est solide, ça !... c'est de l'or en lingots !... Vous comprenez que l'on a intérêt à ne pas mécontenter les traiteurs... car, alors, où dinerait-on ? et à Paris il y a tant de gens qui dînent au restaurant !

— C'est juste.

— Diable ! vous êtes bien heureux !... vous avez des actions au pair ?

— Parbleu ! cela va sans dire, monsieur Dupressoir !

— Combien d'actions avez-vous ?

— J'en ai demandé deux cents, et je les aurai... Oh ! c'est comme si je les avais !

— Deux cents ! dit un gros papa entièrement chauve, excepté sur le milieu de la tête, où il a conservé un bouquet de poils qui lui donne l'aspect d'un mandarin, ou plutôt d'un Poussah. Diable !... mais deux cents actions à cinq cents francs... ça fait déjà une somme !...

Le vieux qui tient le journal, après avoir longtemps calculé sur ses doigts, parvient à trouver que cela fait cent mille francs, et il dit au petit qu'on nomme Craquet :

— Ah ! vous mettez comme cela cent mille francs dans les chemins de fer... et ça ne vous gêne pas ?...

— Ça ne me gêne pas du tout ! répond le petit Craquet en se mordant les lèvres. Si j'avais pensé obtenir cinq cents actions, je les aurais demandées la même chose ; mais je me suis dit : Il en faut pour tout le monde.

— Moi, dit un homme en casquette, qui a parfaitement la mine d'un savetier, on m'a promis des promesses de... je ne sais plus... mais c'est une ligne qui doit aller fort... et, dès que j'en aurai, mon épouse m'a dit : Vends-les, quand même tu n'aurais que trente sous de prime ; faut pas être trop ambitieux ; j'en ai demandé trois...

— Trois cents ?

— Oh !... par exemple !... est-ce que j'ai les moyens d'en payer trois cents !... Non, je vous dis trois.

— Alors vous espérez faire un bénéfice de quatre francs cinquante.

— Dame ! c'est déjà gentil.

— Et, pour gagner quatre francs dix sous vous exposez quinze cents francs ?

— Oh ! c'est-à-dire, je n'exposerai rien du tout. On m'a dit qu'on n'avait pas besoin de payer tout de suite : le revendrai avant qu'on me demande un versement.

— Eh bien ! alors, vous voyez donc, mon cher, que vous pouvez tout aussi bien souscrire pour trois cents actions, au lieu de trois.

— Tiens ! c'est vrai, au fait, et je gagnerais bien plus de pièces de trente sous... c'est une idée que je communiquerai à mon épouse.

— Messieurs, reprend le gros Poussah en humant une prise de tabac, moi, j'ai souscrit partout... chez tous les banquiers... chez toutes les compagnies... Tenez, messieurs, voici les assurances de promesses... j'en ai plein mon portefeuille, parce que, vous comprenez bien que, dans la quantité, il y en aura d'excellentes ! Alors il y aura profusion... non, je veux dire confusion... c'est-à-dire fusion... le mot n'y fait rien, mais enfin il y aura quelque chose pour les souscripteurs... Tenez, je viens de lire dans le journal d'aujourd'hui encore une nouvelle compagnie qui se forme pour le Paris à Rome. J'écrirai dès aujourd'hui pour demander des actions.

— Et quand il faudra verser ? dit le petit nain d'un air goguenard.

— Je verserai, monsieur... je verserai... j'ai des fonds... c'est-à-dire, je suis commanditaire. C'est à mon boulanger et mon boucher qui m'ont chargé de les faire devenir millionnaires... mais il est probable que je revendrai toutes mes promesses avant le premier versement... c'est plus commode.

Le petit homme, qui se frotte toujours les mains, tourne et retourne près du vieux qui tient le journal, et, s'asseyant près de lui, s'écrie d'un air de compassion :

— Comment, mon cher monsieur Dupressoir, vous n'avez pas d'actions du Nord !... Ah ! sapristi, que j'en suis fâché pour vous ! ah ! que cela me fait de la peine !... C'est au point que je serais capable de vous en céder quelques-unes.

— Vraiment, monsieur Craquet, répond le vieux bonhomme en lâchant le journal. Oh ! ce serait aimable, cela... Mon Dieu ! je ne suis pas bien gourmand, moi ; si j'en avais seulement dix, je me trouverais très-heureux.

— Vous n'en voulez que dix ? je vous les cède.

— Ah ! monsieur Craquet.

— C'est une affaire faite, vous avez vos dix... je vais vous faire mon bon...

— Et vous me les cédez au pair, comme vous les avez eues ?

— Cela va de source... Ah ! par exemple, comme pour les obtenir, ces actions, j'ai dû faire des courses, prendre des voitures, enfin faire des débourses dans lesquels il faut que je rentre, vous me donnerez dix francs par action... Vous voyez que c'est à peine frais.

— Dix francs... pour les dix actions...

— Ah ! vieux malinot !... dix francs par action, ce qui fait bien cent francs pour dix actions. Voyez... si vous ne les prenez pas aujourd'hui à ce prix-là, demain ce sera le triple... et cela montera toujours.

— Allons, soit, c'est convenu.

Le petit homme s'empresse d'écrire une promesse qu'il présente au vieux monsieur, en lui disant :

— Voici votre affaire, si vous vouliez me compter ma prime, ça me ferait plaisir.

— Vos cent francs... mais je n'ai pas encore les actions.

— C'est comme si vous les aviez, puisque voilà un écrit où je m'engage à vous en céder dix aussitôt que je les aurai, c'est-à-dire dès que j'aurai les promesses.

— C'est donc simplement une promesse de promesses ?

— Que diable voulez-vous de plus ! c'est avec cela maintenant que l'on remue des millions... Voilà comment se font les affaires... il faut être coulant ou ne pas s'en mêler. Demain vous pourrez revendre ma promesse avec cent écus de bénéfice !...

Le vieux tâte ses poches en murmurant :

— C'est que je n'ai que cinquante francs sur moi.

— Eh bien ! donnez-moi vos cinquante francs et vous me devrez le reste ! Mon Dieu ! vous voyez bien que j'ai de la confiance, moi !... sans cela on ne ferait jamais d'affaires.

Le vieux monsieur a compté les cinquante francs que le petit nain a reçus et mis dans sa poche, et contre lesquels il a donné son griffonnage. Cette affaire à peine finie, qu'une espèce de marchand de lorgnettes entre dans le café d'un air radieux, et s'écriant :

— Nous triomphons ! M. *Rotschild* qui est nommé adjudicataire du chemin de fer du Nord !... tout le monde doit s'en réjouir !... car celui-là avec sa fortune qui sait en faire un digne usage !

Et le monsieur jette son chapeau en l'air et se met à danser une espèce de bourrée devant le comptoir de mademoiselle Mignardise, qui le regarde en pleurant et en prisant.

M. Craquet s'est levé et se dispose à s'en aller. Mais le vieux monsicur le retient par sa redingote, en lui disant : — Qu'est-ce que j'entends? ce n'est donc pas votre compagnie qui a le chemin, alors vous m'avez leurré, je ne veux pas de vos promesses, rendez-moi mon argent !

— Qu'est-ce que vous me chantez? répond le nain d'un ton insolent. Est-ce que vous croyez que les affaires se font comme cela!... Ce serait commode! Monsieur ne gagne pas, alors il veut annuler le marché... Vous me redevez cinquante francs, vous me les paierez!...

— Vous êtes un fripon!... car après tout, je n'ai pas entendu parler de votre compagnie de restaurateurs. Quel est leur banquier... répondez, où est le siège de leur société ?

— Vous verrez cela quand vous recevrez vos promesses...

— Monsieur Craquet, rendez-moi mon argent.

— Monsieur Dupressoir, je vous enjoins de lâcher ma redingote... ou je ne réponds pas de ma patience...

— Je crois qu'il me menace encore... Mademoiselle Mignardise, je vous prie d'envoyer chercher la garde...

La demoiselle assise au comptoir répond d'une voix qui imite le cornet à piston :

— Laissez-moi tranquille tous, et ne m'ennuyez pas avec vos querelles, ou je vous fiche à la porte que ça ne sera pas long, pour vous apprendre à respecter mon établissement.

Le vieux monsieur qui a donné les cinquante francs ne veut pas absolument lâcher la redingote du petit Craquet; celui-ci, qui craint qu'en effet on n'aille chercher la garde ou le commissaire, fait un mouvement vers l'endroit dans lequel un de ses pans se déchire, et il sort aussitôt du café, laissant un morceau de son vêtement entre les mains de M. Dupressoir, qui, dans la secousse qu'il a ressentie en retenant la redingote, est allé tomber sur les genoux du gros Poussah, lequel pousse un cri et prétend que le vieux vient de lui briser son verre de montre.

Le vieux monsieur court après le petit Craquet; le monsieur chauve s'élance sur les pas du vieux; l'homme qui espère gagner trente sous de prime se met à les suivre, et le jeune Joseph qui, sur un signe de la dame du comptoir, avait été chercher un torchon, se met à essuyer les tables, toujours en sautillant sur un pied.

Enfin, l'intérieur du café est devenu calme.

— Quelles canailles! dit Monvillars, après avoir suivi des yeux tous ceux qui venaient de sortir.

— Mon cher ami, dit Rifflard, ceci n'est pas beau à voir de près, c'est vrai; mais si tu fréquentais maintenant la Bourse et ses alentours, tu conviendrais que la scène qui vient de se passer devant nous n'est qu'un diminutif de celles qui se passent chaque jour dans le temple de la fortune... seulement nous avons vu des gens qui travaillaient pour gagner trente sous, tandis que là-bas on travaille sur une grande échelle. Laissons tout cela et causons. Quand nous nous sommes connus chez l'avoué, nous aussi nous voulions faire fortune, c'était à la notre but, notre rêve de tous les jours, de toutes les heures ; nous y rêvions tellement que cela nous donnait fort peu de goût pour la besogne devant laquelle nos collègues passaient leurs journées. Toi, tu voulais devenir riche pour séduire, pour posséder toutes les femmes qui te plaisaient, pour rouler carrosse, faire de la poussière. Moi, je désirais une bonne table, de bons vins, des festins joyeux, des banquets sans cesse et toujours,... et surtout point de travail! point de paperasses à copier! du plaisir et de la liberté! Oh! que ne ferait-on pas pour avoir cela? Comme nous nous étions compris tous deux, je t'appris quelques petits talents que je possédais au jeu pour fixer la fortune. Tu avais de si belles dispositions que bientôt tu me surpassas. Notre avoué, ayant eu connaissance de quelques-unes de nos aventures, et sachant que nous fréquentions des maisons où la police faisait de fréquentes descentes, nous mit un beau jour à la porte de son étude; et cela nous affligea peu, nous n'étions pas nés pour travailler dans le temple de Thémis. C'est à cette époque que nous nous perdîmes de vue. Toi, tu te lanças dans le quartier de la Chaussée-d'Antin, des lorettes, dans les lansquenets de la rue Breda et de la place Saint-Georges; moi... je portai mes pas dans un quartier moins fashionable. Au reste, si tu es curieux de savoir mes aventures, je n'ai rien de caché pour un intime comme toi... elles ne pourront te servir... car, toi aussi, tu es un gaillard solide, et si l'envie te prenait de t'enrôler sous mes drapeaux. Enfin tu verras, tu feras tes réflexions... et puis d'ailleurs, mon histoire n'est pas longue.

— Parle, je t'écoute, dit Monvillars, tout en mangeant les dernières miettes de pain qui restaient dans la corbeille et en regardant d'un air sombre autour de lui.

IV. — HISTOIRE DU GRAND RIFFLARD.

Le grand Rifflard s'accoude sur la table et commence ainsi :

« Moi, je n'ai jamais eu la moindre fierté dans le caractère, aussi je ne cache pas mon origine. Je suis le fruit d'une union illicite entre une femme de chambre et un porteur d'eau. Il y a des porteurs d'eau fort beaux hommes ; ce sont ordinairement des gaillards solides, car il faut l'être pour monter des voies d'eau depuis le matin jusqu'à la brune, et souvent jusqu'à un sixième étage ; mais il y a aussi des femmes de chambre sensibles... et l'une d'elles, empiétant sur les privilèges d'une cuisinière, vu qu'habituellement ce sont les cuisinières qui ont des ramifications avec les porteurs d'eau, l'une d'elles avisa mon père, robuste Auvergnat taillé en Spartacus, et qui avait, dit-on, la coutume de faire des enfants à toutes les femmes ou filles qui écoutaient ses sornettes. La femme de chambre désirait un rejeton, son attente ne fut pas trompée. Je vins au monde déjà grand comme plusieurs asperges mises à la queue l'une de l'autre, et ma naissance combla de joie un vieux marquis de soixante et quelques années, qui avait aussi quelques accointances avec la susdite femme de chambre. Tu comprends maintenant pourquoi celle-ci désirait un enfant.

« Du reste, voilà tout ce que je sais de mes chers parents. Le vieux marquis fit à ma mère une pension, avec laquelle elle alla se retirer dans un faubourg. Moi, on me mit en pension. Le vieux noble, qui avait eu la bonté de se croire pour quelque chose dans ma naissance, me fit donner de l'éducation, et m'incarcéra ensuite chez un avoué, sans écouter mes plaintes et mes réclamations.

« Le vieux marquis m'avait d'abord permis d'aller tous les quinze jours lui présenter mes devoirs et lui faire part de mes progrès ; mais, comme à chacune de mes visites je lui dérobais quelque chose, il finit par en prendre de l'humeur. La dernière fois, ayant emporté par-dessus mon habit une redingote, un paletot et un manteau à mon protecteur, lorsque je voulus y retourner, le concierge m'annonça qu'il avait ordre de ne plus me laisser monter. Je saluai, et il ne me revit plus. Ma mère m'avait déjà chassé de chez elle parce que je lui avais emprunté plusieurs paires de bas que j'avais oublié de lui rendre. Enfin, le porteur d'eau, son ami, m'avait gratifié d'une assez rude bastonnade, à la suite d'une ribote que j'avais faite avec le produit de ses deux seaux que j'avais ramassés dans la rue. Tous ces petits accidents me déterminèrent à rompre entièrement avec mes parents. Ce fut aussi à peu près vers cette époque que notre avoué nous remercia. Tu tournas, comme je te le disais tout à l'heure, vers la Chaussée-d'Antin, moi, j'avais une connaissance de cœur près du marché des Innocents, quartier des Halles : c'est par là que je portai mes pas.

« La beauté qui m'avait accordé ses faveurs était une certaine brunette, haute en couleurs, à l'œil vif, au sourire provoquant, et pourvue d'une paire de hanches qui auraient difficilement tenu dans un fauteuil à la Voltaire. Elle vendait des saucisses le matin et du pain d'épice le soir, le tout sur un éventaire qu'elle portait et promenait dans les halles. Son regard agaçant, ses belles couleurs et surtout ses formes dodues, qu'elle remuait en marchant avec une précision digne d'un tambour en grande tenue, lui attiraient grand nombre de chalands. Je n'avais pas ouï dire que Lodoïska, — c'était le nom de ma belle, fût positivement une chaste Suzanne, mais je m'inquiétais peu de cela. J'ai toujours été philosophe. Je ne demandais qu'une chose à ma belle, c'était de partager avec moi son déjeuner, son dîner et son souper. Pendant quelque temps elle le fit, mais un jour, elle s'avisa de trouver que je devais aussi faire quelque chose, et elle me chercha un emploi. Par ses protections, je fus nommé inspecteur aux poissons. Alors je me bourrais de saumons et d'anguilles, on trouva que j'abusais de ma position, on me changea, on me fit inspecter la volaille. Cela m'allait encore : je mangeais un poulet à chaque repas, et j'en faisais quatre par jour. On me mit aux huîtres, on me trouva un matin enterré sous les coquilles de celles que j'avais tortillées!... Au lieu de m'élever un obélisque, on me chassa!... Les hommes ne sauront jamais rendre justice aux capacités! J'étais né pour être saint-simonien! mais on n'en fait plus. Me voilà donc de nouveau sur le pavé, et pis, c'est que mon objet, ma Lodoïska me met aussi à la porte, sous prétexte que je suis un grand lâche, un propre à rien. Peut-on appeler propre à rien un homme capable de manger un saumon entier à son déjeuner et quatre poulets par jour !

« Te dire comment j'ai vécu pendant quelque temps, serait chose assez difficile, car c'est à peine si je le sais moi-même. Tantôt vendant des contre-marques à la porte des théâtres, tantôt jouant à la poule dans les cafés, sans avoir de quoi payer ma mise, mais jurant avec aplomb que je l'avais donnée, et menaçant de casser les queues sur le garçon quand il ne voulait pas me croire, je me trouvais à la fin de la journée avoir bu et mangé, et quelquefois j'avais encore de la monnaie dans ma poche. Je n'avais pas de domicile fixe, je me retirais soit dans un bouge, soit dans une souricière ; souvent, quand les garçons d'un café commençaient à fermer l'établissement, je me fourrais lestement sous le billard, et j'y dormais comme chez moi... d'autant plus que je n'avais plus de chez moi. Ah ! quelquefois, je l'avoue, je murmurais contre le sort, contre cette existence précaire... mais on s'habitue à tout... et, quand on s'est mis une fois à ne rien faire, c'est le diable ensuite pour changer d'état.

« Un jour, un ami de café, un nommé Merlan, se trouvant avoir plumé un beau pigeon à une partie de lansquenet, m'invite, moi et trois autres, à un joli festin chez un marchand de vin traiteur. Là, nous nous en donnons jusqu'à ce que tout, vins autour de nous. Dans cet état, mes amis veulent se rendre dans un temple dédié à Vénus et desservi, dit-on, par les plus belles prêtresses de Paris. Je me laisse emmener, j'aurais été aux enfers sans reculer, et ici il ne s'agissait pas de démons. Mais juge de ma surprise : dans la femme qui tenait cette maison de plaisir, je reconnais ma beauté aux grosses hanches ; Lodoïska, car c'était bien elle, fait un geste de mépris en m'apercevant. Les quatre individus qui m'accompagnaient semblent aussi surpris que moi ; chacun d'eux avait connu Lodoïska très-particulièrement ; cependant, sans rien laisser paraître, elle nous fait conduire dans une salle où nous demandons du punch, du bischof, du vin chaud. On nous sert tout cela, et ma foi, au bout de quelques instants, je roule sous la table et je m'endors profondément.

« Quand je m'éveillai, les lumières étaient éteintes, la salle n'était plus éclairée que par quelques débris du feu qui flambait encore dans la cheminée. Cependant, j'entendais parler autour de moi, et je reconnus la voix de mes quatre compagnons. Surpris de ce qu'au lieu de dormir, ils causaient ainsi sans lumières, je devinai qu'il y avait encore quelque chose de mystérieux sous jeu, et bien loin de leur faire connaître que j'étais éveillé, je me tins immobile et j'écoutai. Merlan, notre amphitryon, parlait alors et disait aux autres :

« — Cette Lodoïska est une mauvaise gueuse !... Elle m'a joué cent tours pendables... J'ai mangé avec elle deux habits et deux paletots, sans compter une foule de bagues à la chevalière, et puis ensuite elle m'a fermé sa porte sur le nez quand elle a vu que je n'avais plus aucun sacrifice à lui faire. Oh ! il faut que je me venge !

« — Moi, dit ensuite un Allemand que je reconnus facilement à son accent, moi, j'affre été beaucoup amoureuse de la Lotoïska, j'affre quitté pour elle une pelite femme pien sâche, que j'aurais épousée pien sûr peut-être, elle m'afoir fait manquer la mariache, puis enzuite ficher moi à la porte en m'abellant vieille choucroute !

« Un jeune homme, qui se donnait pour brunisseur, et qui passait pour un des premiers tireurs de savate de Paris, dit alors :

« — Moi, je ne pardonnerai jamais à Lodoïska le tour qu'elle m'a joué ! Comment ! parce qu'un jour, après un déjeuner assez chicard, je l'avais laissée en plan chez le marchand de vin...... vous savez que ce sont des choses qui arrivent tous les jours..... eh ben ! l'effrontée, ne vint-elle pas le lendemain me relancer dans un café où j'étais avec des amis, et là, devant tout le monde, m'appliquer une paire de giffles ! Oh ! mais je vis la plus belle illumination possible ! si bien que, quand je revins de mon étourdissement, la furibonde était partie, j'en étais pour mes claques, et tout le monde me riait au nez.

« Ce fut ensuite le tour du quatrième camarade. Celui-là était un petit homme roux, au teint blafard, à la figure décharnée, dont les bras d'une longueur démesurée se terminaient par des mains en pattes d'araignée, et que pour cela, sans doute, on avait surnommé le Faucheux. Ce monsieur, dont la voix continuellement enrouée avait sans cesse le son de la grosse corde d'une contre-basse, s'écria ou plutôt râla :

« — Mais c'est donc une peste que cette Lodoïska ?... Il est donc dit qu'elle nous aura fait des traits à tous ! Mais, moi, mes enfants, j'ai à m'en plaindre et encore plus que vous ! Car elle m'a fait aller ! oh ! mais aller comme le dernier des pékins ! J'avais la faiblesse d'en être amoureux ; c'est-à-dire, j'étais amoureux de ses hanches. Ça m'avait tourné la tête ; bref, je fis ma déclaration, je fis les cadeaux... je payais des déjeuners, des petits verres... on me promettait toujours un rendez-vous, et ça n'arrivait jamais. Enfin, un jour je me fâchai, je lui criai si fort qu'elle me dit : Viens ce soir à la brune, je t'attendrai au Jardin des Plantes, dans l'allée des bêtes à cornes. Je m'y rendis, mais personne ! Las d'attendre, je retourne chez Lodoïska. Elle était à sa fenêtre avec un homme, elle me rit au nez en me tirant la langue ; je lui fais un geste menaçant, elle me vide sur la tête un contenu d'un vase nocturne. Oh ! c'est un affront que je n'oublierai de ma vie.

« Il se fit un moment de silence. Charmé de savoir que mes compagnons avaient comme moi à se plaindre de Lodoïska, j'allais me relever pour dire aussi mon mot sur la maîtresse de l'endroit où nous étions, lorsque celui qui avait régalé toute la journée reprit la parole et dit, mais en ayant soin de parler plus bas cette fois :

« — Eh bien ! camarades, je vous dirai maintenant que je savais déjà que vous aviez comme moi à vous venger de la femme qui tient cette maison..., et que je savais aussi que c'était elle qui avait amassé assez d'argent pour prendre cet établissement... enfin que j'avais ruminé d'avance mon projet, et que c'est pour l'accomplir que je vous ai tous amenés ici... et, peut-être même que je vous ai un peu chauffé le four toute la journée.

« — Ah ! va me va ceci... dit le Faucheux. Une vengeance !... Oh ! comme j'en suis ! Il y a si longtemps que ça me bout dans les veines... mais je ne trouvais jamais l'occasion. Je commence par te dire que tu peux compter sur moi... que je suis là pour tout ce qu'il faudra faire. Tout ! tu comprends ! je ne canerai pas, je te le promets.

« — C'est bien comme ça que je l'entends ! dit Merlan avec un accent sinistre. On se venge, il ne faut pas faire la chose à demi ! Qu'en dis-tu, brunisseur ?

« — Moi, répondit celui-ci, est-ce que l'on m'a jamais vu reculer dans les circonstances où il faut se montrer ? D'ailleurs, est-ce que

tu crois que je n'ai pas toujours sur le cœur cette paire de soufflets donnés en plein café ! C'est un affront, et un affront ça ne se lave que dans le sang, voilà mon opinion.

« — Très-bien parlé !... Vous êtes des hommes et je vous ai bien jugés. Et toi, l'Allemand, voyons, dégoise un peu ta pensée... Il faut que Lodoïska fasse cette nuit le grand saut du tremplin !... Es-tu prêt à nous seconder ?

« — Le zaut du tremplin ? dit l'Allemand. Qu'est-ce que c'être que ce zaut-là ? che pas bien comprendre.

« — Tu as donc la tête bien dure ? Cela signifie que cette nuit, cette femme qui nous a fait des traits à tous, et qui, ce soir encore, a eu l'audace de nous refuser ses pensionnaires, sous prétexte que nous étions gris, et qu'elle ne voulait pas qu'on fît du train dans sa maison ; elle doit mourir cette femme... comprends-tu bien ? elle doit mourir parce que nous l'avons condamnée, que nos arrêts sont sans appel à nous autres.

« — Ah ! pigre ! murmura l'Allemand. Ah ! votre intention c'être de la... Ah ! pigre ! che savoir bien qu'elle affre appelé moi vieille choucroute... J'aurais bien bâtonné volontiers la Lotoïska, mais je croyais bas qu'il être nécessaire de la tuer... Après ça, pourtant, si c'être votre idée, che ne fouloir pas m'y opposer.

« — C'est bien heureux ! dit Merlan, d'autant plus que je n'aime pas les oppositions et qu'elles viendraient très-mal en ce moment.

« — Oh ! oui ! dit le Faucheux, nous sommes unanimes sur la chose, mais il ne faut pas de traîtres parmi nous ; s'il y en avait, voilà mon petit couteau-poignard qui ne lui ferait pas grâce... et qui pique un fier chien !...

« J'entendis alors retentir un coup sur la table. C'était l'homme aux longs bras qui enfonçait la pointe de son poignard entre les verres et les bouteilles, et un frémissement parcourut tout mon être ; car, je dois te l'avouer, la conversation que je venais d'entendre m'avait singulièrement impressionné. En apprenant quel était le projet de mes compagnons, en sachant que leur dessein était d'assassiner Lodoïska, je me sentis tout à coup ému de pitié pour cette malheureuse. Tous les torts que je lui avais trouvés disparurent, je ne me souvins plus que d'une chose, c'est que pendant quelques mois, elle m'avait nourri, et puis tuer une femme m'a toujours paru l'action d'un lâche, d'un misérable ; et je résolus de sauver celle dont on complotait la mort... Tu en aurais fait autant, n'est-ce pas ? »

Monvillars a fait un mouvement d'épaules presque imperceptible ; il se contente de dire à son ancien ami :

— Continue donc.

Le grand Rifflard poursuit :

« Ma position était dangereuse. Je savais que j'avais affaire à des hommes qui ne reculeraient pas devant un crime de plus pour satisfaire leur vengeance. L'Allemand lui-même, qui, un moment, avait eu l'air d'hésiter, mais que le coup de poignard donné sur la table avait sans doute retourné, semblait maintenant un des plus résolus et disait à chaque instant :

« — Ah ! pigre ! la Lotoïska il n'empêchera plus mes mariaches, foui ! foui ! c'être bien fait !

« Tout à coup j'entendis prononcer mon nom ; je prêtai une oreille attentive.

« — Et Rifflard, disait le Faucheux, est-ce que nous n'allons pas le mettre de la partie ? est-ce qu'il ne va pas nous seconder ? Il a assez bu pour faire aussi quelque chose.

« — Oh ! quant à Rifflard, dit Merlan, je suis bien sûr de lui, c'est un gaillard tout de poigne. D'ailleurs, il a aussi des griefs contre Lodoïska ; plusieurs fois il m'a parlé d'elle en m'exprimant le désir de se venger, il serait donc enchanté d'être des nôtres ; mais il est question de se conduire soûl, il ne sait pas comme nous supporter le vin ! Et si dans son ivresse il allait faire du bruit, être cause qu'on nous découvre... tout serait manqué peut-être !... Non, non, il est prudent de le laisser dormir. Nous sommes quatre ! C'est déjà bien qu'il ne faut pas pour notre affaire. Quand tout sera fini, nous réveillerons Rifflard et nous l'emmènerons où nous l'emporterons avec nous.

« En ce moment je t'assure que je sentis comme un énorme poids de moins sur ma poitrine. Merlan reprit bientôt :

« — Ecoutez, messieurs : il n'est que minuit et demi, nous allons attendre qu'une heure s'écoule encore, afin que chacun dans cette maison donne d'un sommeil profond. Je connais les localités, je suis venu dans cette maison avant Lodoïska en fût la maîtresse. C'est ici dessus qu'est sa chambre ; c'est là où elle doit coucher : nous monterons à pas de loup, c'est là que nous sommes tout pour faire doucement sauter la serrure. Nous pénétrons facilement dans la chambre... nous faisons l'affaire à Lodoïska, nous faisons râfle sur argent et les effets qui en valent la peine, puis nous nous en allons tranquillement en ouvrant la porte de l'allée, qui est fermée en dedans ; il n'y a pas de portier.

« — Ça va tout seul ! dit le brunisseur.

« — Comment ! il y affre de l'argent, du butin à partager ! s'écrie l'Allemand tout joyeux.

« — Il y a de l'argent ! répond Merlan, oh ! je t'en réponds, et un fameux magot, j'en suis certain. Est-ce que ces femmes-là ne font pas toujours de gros profits? D'ailleurs, aurais-je été manigancer cette affaire à laquelle je rêve depuis longtemps déjà, si je n'avais pas su qu'il y ait ensuite de quoi nocer?

« — Ah! pon! ah! pon, pon!... j'en suis... oh! fous pouvoir gompter sur moi! moi chamais reculer!

« — Allons, silence donc, l'Allemand, murmure le Faucheux. Du moment qu'il entend parler d'argent, celui-là, il devient très-courageux!... Le plan de Merlan me paraît magnifique de simplicité; seulement, sommes-nous tous armés? Moi je vous ai montré que j'avais mon affaire : un petit couteau-poignard qui vaut toutes les lames de Tolède!

» — Est-ce qu'on sort jamais sans cela? dit Merlan.

« — Moi, messieurs, dit le brunisseur, j'ai un eustache dont je réponds, et qui vaut bien toutes vos armes.

« — Et moi, dit l'Allemand, je n'ai qu'un poinçon, mais il est long et effilé, et avec lui je déficrais une patrouille, d'autant plus que je me flatte de savoir m'en servir.

« — Très-bien, camarades, dit Merlan; chacun de nous a ce qu'il lui faut, cela suffit. Maintenant, puisque nous avons encore une heure devant nous, faites un petit somme si vous en avez l'envie, je me charge de vous éveiller quand l'heure d'agir sera venue. Je ne dors jamais que ce que je veux dormir; je me suis routiné à ça. Et si d'ici là Rifflard se réveille, si je vois qu'il ait cuvé son vin, je lui aurai bien vite expliqué notre entreprise, et il se joindra à nous.

« Ces derniers mots prononcés, j'entendis alors les quatre hommes qui s'arrangeaient sur leurs chaises comme des gens qui désirent se mettre à leur aise; moi, je ne bougeais pas, je ne soufflais pas : j'attendais et j'écoutais; mais je t'assure que le temps me semblait long et que les minutes me paraissaient éternelles. Enfin on cessa de remuer, j'entendis ronfler, ces messieurs dormaient, je ne pouvais en douter. Je commençai alors à essayer de quitter ma position. Il fallait sortir de dessous la table sans rencontrer, sans heurter les pieds qui m'entouraient; c'était fort difficile. Plus d'une fois, malgré toutes les précautions que je prenais, j'avais touché les jambes d'un des dormeurs; heureusement ceux-là avaient le sommeil lourd, et ils se contentaient de balbutier quelques mots sans s'éveiller; mais si malheureusement c'eût été contre Merlan que je me fusse heurté, j'aurais été arrêté, questionné sur-le-champ, car ce diable de Merlan avait en effet la faculté de ne dormir que d'un œil, c'est-à-dire qu'au plus léger bruit il était éveillé.

« Je fus bien longtemps avant de pouvoir sortir de dessous la table. L'eau ruisselait de mon front. J'étouffais, et il me fallait retenir mon haleine, ma respiration ; je crus à un moment que je mourrais à la peine, et les misérables, qui allaient bientôt assassiner une femme, dormaient tranquillement... Quoique je ne sois qu'un gredin, vois-tu, Monvillars, j'ai toujours eu un petit reste de respect pour la Providence; et je me dis alors : Si elle permet que ces messieurs jouissent en ce moment d'un si doux sommeil, c'est sans doute pour que je puisse réussir à sauver leur victime, et à leur donner en même temps leur compte. Hein! pour une canaille, ce n'était pas mal raisonner.

« Enfin, je parvins à me dépêtrer des pieds et des jambes qui me barraient le passage. Je me coulai ensuite, et toujours à quatre pattes, du côté de la porte; elle était fermée, mais au pêne seulement; il fallut me lever pour l'ouvrir. Le pêne ne fit pas de bruit quand je le tirai, mais la malheureuse porte cria un peu sur ses gonds, quoique je prisse toutes les précautions possibles; elle n'était pas encore assez ouverte pour que je pusse passer, lorsque j'entendis quelqu'un bondir sur sa chaise, et au même instant Merlan s'écria :

« — Qui va là!... est-ce que l'un de vous essaierait de décamper, par hasard?

« Heureusement qu'en cet instant la dernière lueur du feu venait de s'éteindre, ce diable d'homme m'aurait infailliblement vu debout contre la porte; mais la chambre était devenue noire comme un four. Au bruit qu'il fit, j'entendis qu'il tâtonnait autour de lui, si ses compagnons étaient toujours là; en effet, il murmura bientôt :

« — Les voilà bien tous! je ne m'étais trompé. »

« Il n'avait pas eu la pensée de tâter aussi sous la table. Cependant, pour sortir, il me fallait ouvrir la porte davantage, et s'il avait encore entendu quelque chose, alors j'étais pincé ; je calculai le moment où il allait se rasseoir, sa chaise devait faire du bruit, cela ne manqua pas, et moi j'ouvris brusquement la porte en même temps. Cette fois il n'entendit rien, et je pus sortir de la chambre enfin !... Ah! je t'assure que je l'avais bien gagné.

« Mais ce n'était pas tout, il me fallait arriver près de Lodoïska; je trouvai l'escalier; je montai un étage, en prenant toujours les plus grandes précautions pour ne pas faire de bruit, car je savais que j'avais pour adversaires des hommes armés et déterminés à tout, tandis que moi, je n'avais pas même un bâton pour me défendre.

« Je m'orientai pour trouver la porte de la chambre qui, d'après ce qu'avait dit Merlan, devait se trouver au-dessus de celle où les autres dormaient. Enfin je sentis une porte, mais point de clef ; je tentai de la pousser, elle était bien fermée. Frapper, c'eût été m'exposer à être entendu d'au-dessous. J'essayai d'appeler à voix basse, en collant ma bouche contre le trou de la serrure. On ne me répondit pas.

« Alors je grattai doucement contre cette maudite porte ; je frôlai mon corps dessus, je promenai la pointe de mon pied contre ses panneaux, mais aucun bruit ne se faisait entendre en dedans, et le temps s'écoulait, et à chaque minute je croyais entendre mes quatre compagnons monter l'escalier pour venir assassiner Lodoïska. Ma position devenait terrible, je sentis qu'il fallait en finir, et je donnai un coup plus violent contre la porte ; enfin cette fois j'entendis quelqu'un se lever. Je me remis à gratter, on s'approcha et bientôt on ouvrit en disant :

« — C'est donc toi, Mouton, qui fais ce train-là?... je n'aurai plus de chat... ça m'ennuie... je ne veux...

Le monsieur qui a donné les cinquante francs ne veut pas absolument lâcher la redingote du petit Craquet.

« Lodoïska s'arrêta; il y avait une veilleuse dans sa chambre, et elle venait de m'apercevoir. Probablement qu'en ce moment mon aspect était effrayant, car elle recula avec effroi, en disant :

« — Que me voulez-vous? pourquoi montez-vous ici?...

« Je mis mon doigt sur ma bouche, en lui faisant signe de se taire; mais elle se méprit alors sur mes intentions, car reprenant aussitôt son air d'autorité, elle voulut me pousser dehors, en me disant :

« — Je n'ai que faire de vous ici... sortez! sortez!

« Au lieu de sortir, je refermai avec soin la porte. Puis, prenant le bras de Lodoïska, et l'entraînant au bout de la chambre, je lui dis à voix basse :

« — Mes quatre compagnons ont résolu de t'assassiner cette nuit, et moi de te sauver : veux-tu encore que je m'en aille, à présent?

« Lodoïska me regarda quelques instants d'un air incrédule et me répondit :

« — Ce n'est pas vrai! c'est une histoire que tu inventes... une carotte que tu veux me tirer... mais ça ne prendra pas. Si tes camarades avaient formé le projet que tu dis, tu les aurais laissés faire, et tu ne t'exposerais pas pour me sauver, car tu as toujours été un grand propre à rien... et je ne sais pas si tu aurais même assez de courage pour te défendre tout seul...

« Je racontai alors à cette femme la conversation que j'avais entendue étant sous la table. Je n'omis aucune circonstance; elle m'écoutait avec attention, et pourtant le doute se peignait encore dans ses yeux, lorsque nous entendîmes des pas lourds retentir sur l'escalier et se rapprocher de nous.

« — Les voilà! dis-je, ils montent!... ils viennent exécuter leur vengeance; et cette porte où il n'y a pas de verrous ne les arrêtera pas longtemps, car Merlan sait fort habilement forcer une serrure.

« Lodoïska était devenue verte de terreur elle tomba à mes genoux en murmurant : Sauve-moi... sauve-moi!...

« — Y a-t-il quelque arme ici? dis-je en parcourant la chambre des yeux. Elle me fit signe que non. Mais je venais d'apercevoir d'énormes chenets dans la cheminée, j'en pris un en lui disant : Ceci me suffira. Maintenant souffle cette veilleuse, et tiens-toi dans un coin, sans bouger et le plus loin possible de la porte.

« Elle fit ce que je lui disais. Les pas s'étaient approchés, puis arrêtés devant la porte. Bientôt j'entendis le bruit d'un monseigneur que l'on introduisait dans la serrure. J'allai alors me placer contre la porte, tenant mon chenet levé et tout prêt pour assommer le premier qui entrerait. En moins de deux minutes la serrure céda; la porte s'ouvrit, quelqu'un entra et tomba presque aussitôt à mes pieds; le coup avait été si rude qu'il n'avait pas même eu la force de pousser un cri. Un second voulut entrer alors en disant :

« — Est-il bête, ce Merlan ! il se laisse glisser en entrant !...

« Celui-là n'eut pas le temps d'en dire davantage, il tomba aussi frappé par le chenet; mais il poussa un cri terrible et ce cri faisant comprendre aux deux autres qu'ils étaient trahis, ils coururent vers l'escalier et s'enfuirent rapidement; je voulus les poursuivre, pendant ce temps Lodoïska avait ouvert sa fenêtre, elle appelait du secours. La garde arriva, on me trouva un chenet à la main et on m'arrêta; mais celle à qui j'avais sauvé la vie s'empressa de raconter comment tout s'était passé. Merlan avait été tué sur le coup, mais le Faucheux respirait encore, heureusement pour moi; avant de mourir, il déclara aussi que je n'avais dit que la vérité. Cependant je restai près d'un mois en prison, il fallut tout ce temps pour débrouiller mon innocence. Enfin, je fus rendu à la liberté; je trouvai Lodoïska qui m'attendait à ma sortie. Elle me dit : Rifflard, tu es un brave, et je m'étais grandement trompée sur ton compte. Dès cet instant tu es assuré d'avoir tous les jours ton dîner et ton souper servis chez moi. Seulement, lorsqu'il y aura quelque tapage dans mon établissement, lorsque quelqu'un voudra y faire le méchant, je t'enverrai aussitôt chercher, et tu y viendras mettre le holà.

« J'acceptai ce marché, et depuis nous l'avons tenu rigoureusement des deux côtés : voilà ma position, elle n'est pas honorable... mais ma pâtée est assurée, et pour quelqu'un qui ne veut rien faire, c'est quelque chose. De plus, je me suis insinué dans ce soi-disant café; la maîtresse, mademoiselle Mignardise, que tu vois dans le comptoir et dont les yeux pleurent toujours, a encore le cœur sensible malgré son petit ton sévère. Quand je me sens le courage de lui dire que je l'adore, elle me donne des pipes toutes bourrées; quand je lui pince la main, elle me donne du rhum, et quand je presse jusqu'aux genoux, elle va jusqu'à du punch. Aujourd'hui elle est de mauvaise humeur, parce qu'il y a fort longtemps que je ne lui ai rien pincé; mais ce qu'il y a de certain, c'est que tout ce que je consomme ici, je ne le paie jamais.

« Maintenant, cher ami, tu connais mes aventures et presque ma vie. A ton tour, j'avoue que je serais assez curieux de savoir comment, toi, que j'ai vu si brillant, si fion, en es ainsi tombé dans la débine. »

Monvillars regarde autour de lui, comme pour s'assurer si aucun habitué ne les écoute; lorsqu'il est bien certain que personne, dans le café, ne s'occupe d'eux, il prend à son tour la parole.

Mon père, que je suis heureux de vous revoir!

V. — LES JOURS SE SUIVENT ET NE SE RESSEMBLENT PAS.

« Je crois t'avoir dit, Rifflard, que j'étais fils d'un bon cultivateur de la Bourgogne, qui voulait faire de moi un simple vigneron comme lui; mais la vie champêtre n'était pas dans mes goûts. Ayant une fois accompagné mon père dans un voyage qu'il faisait à Paris, je me souviens encore qu'il me mena chez un certain Dubernard, et que le luxe de cet homme, la richesse de ses appartements, l'élégance de sa toilette, tout cela me tourna la tête. Bref, je déclarai à mon père que je voulais être avocat et venir à Paris étudier le droit. Le bonhomme consentit à tout. Je vins donc m'installer à Paris, où d'abord j'étudiai un peu, il fallait bien faire quelque chose; ensuite j'entrai chez l'avoué où je fis ta connaissance. Je voulais de l'argent pour séduire les femmes, pour connaître tous les plaisirs! Oh! l'argent!... pour m'en procurer j'écrivis à mon père mensonge sur mensonge!... Mais je savais bien que le père Martinot ne serait pas toujours ma dupe, et qu'il finirait par découvrir que je n'étais nullement reçu avocat. Pour le dépister, je changeai de nom, et pris celui de Sainte-Lucie. L'avoué venait de nous mettre à la porte; mais, dans ta connaissance et dans celle d'autres désœuvrés comme toi, j'avais appris à manier les cartes avec assez d'adresse, et je savais souvent fixer la chance de mon côté.

« Ce fut alors, en effet, que nous nous perdîmes de vue; mes goûts me portaient vers la haute société, et d'ailleurs c'est par là que l'on trouve le plus vite à faire figure. Ensuite j'aimais les femmes avec passion... mais non pas celles du genre de ta Lodoïska!... Fi donc! il me faut de ces femmes élégantes, dont la mise fait sensation, que l'on remarque par leur tournure comme par leurs charmes .. qui portent les parures les plus nouvelles, les bouquets les plus beaux... qui répandent autour d'elles un parfum enivrant, qui séduisent enfin nos sens comme nos yeux...

— En effet, murmure Rifflard, cela ne ressemble ni à Lodoïska ni à mademoiselle Mignardise, c'est un autre genre.

« Pendant quelque temps, reprend Monvillars, grâce à l'argent que je gagnais au jeu, j'eus pour maîtresses les femmes les plus à la mode. Je me lassai bien vite de cet amour qui se vend et de ces passions qui se tarifient; je cherchais autre chose, lorsqu'on me proposa de me conduire dans un grand bal, chez un banquier. Je crus prudent de changer encore de nom, et là je me donnai effrontément pour un gentilhomme allemand, le baron Arnold de Fridzberg. A cette fête je vis une jeune femme ravissante, dont les yeux allumèrent dans mes sens une passion que je n'avais pas encore éprouvée. Cette fois, c'était bien de l'amour!... ou plutôt c'était du délire. Cette femme était mariée, elle était l'épouse d'un ancien militaire qui aurait pu être son père et qui paraissait fort jaloux. Que me faisait tout cela? j'avais déjà juré en moi-même que Valérie serait à moi, et je n'étais pas homme à reculer devant les obstacles. D'abord je fis la cour à la jeune femme; je lui plus, il ne me fut pas difficile de lui tourner la tête. En fort peu de temps je parvins à la décider à fuir avec moi et à abandonner le major Giroval, son époux.

— Fichtre! se charger d'une femme! se mettre sur les bras une petite maîtresse... c'est cher... A moins emportait-elle un magot?

« Rien. Le major était peu fortuné. Oh! je sentais bien qu'avec Valérie il me fallait de l'or... beaucoup d'or... mais j'étais devenu très-adroit au jeu : j'avais pris des leçons de nos plus fameux grecs!... Tiens, la veille de mon départ de Paris avec Valérie, je gagnai en une seule soirée vingt-neuf mille cinq cents francs chez des lorettes, chez lesquelles je m'étais fait présenter sous le nom de M. de Monvillars.

— Sapredieu de nom! tu es pire que l'Homme à trois visages que je vis dans mon enfance au théâtre de l'Ambigu-Comique. C'est égal, va toujours.

« Je pars donc en chaise de poste avec cette femme dont j'étais idolâtre... et à qui je m'étais donné pour riche baron allemand... Malheureusement, le jour même de notre fuite de Paris, le hasard voulut que mon père, qui était à ma recherche, vînt chez moi avec mon frère, au moment où j'allais emmener Valérie...

— Ah! diable!

« Tu penses bien que devant l'élégante Valérie je ne voulais pas redevenir Constant Martinot, fils d'un vigneron de la Bourgogne, car les femmes veulent toujours reconnaître un grand mérite dans l'homme qui les a séduites; que ce soit par la naissance, l'esprit ou les talents, il faut qu'il ait quelque chose; s'il n'a que son or pour lui, elles cessent bien vite de l'aimer! Mon père ne m'avait pas vu depuis quelques années... Je fis semblant de ne pas le connaître, je niai hardiment être son fils!... C'est au point que j'ai dans l'idée que lui-même y fut trompé!... Enfin me voilà parti avec Valérie, mais j'apprends bientôt que la police fait courir sur mes traces...

— La police! qui donc lui avait donné l'éveil?

« Eh! que sais-je... un imbécile à qui j'avais manqué d'emporter douze mille francs! le major Giroval, dont j'emmenais la femme! Pour dépister ceux qui nous poursuivaient, je revins dans les environs de Paris. Enfin, nous venions d'arriver un soir à Corbeil, lorsque le major nous y atteignit.

— Le mari! Hom!... ça se gâte.

« J'étais avec Valérie dans une chambre d'auberge, lorsqu'il se présenta devant nous. Il n'y avait pas à reculer, il fallait se battre.

— En duel?

« Sans doute. Nous nous rendîmes tous les deux au point du jour et sans témoins dans la campagne. Là, nous nous battîmes au pistolet, et le major... tomba mort à mes pieds.

— A tes pieds! dit Rifflard en relevant la tête d'un air surpris. Vous tiriez donc de bien près?

Monvillars fronce ses épais sourcils et baisse ses regards pour ne point rencontrer ceux de Rifflard, tout en répondant :

« Oui... à dix pas... Enfin je veux dire qu'il tomba devant moi.

— Très-bien! un mari de moins, voilà de la chance. Continue.

« Le lendemain de ce duel, nous nous mîmes en route pour l'Italie où nous arrivâmes sans que rien troublât notre voyage.

« Nous nous rendîmes d'abord à Florence, ville délicieuse, ville de plaisirs, de luxe, de grandeur, de jeu, d'amours, mais où il faut avoir voiture et habiter un palais sous peine de passer pour peu de chose et de n'être point admis dans les cercles et les fêtes. Nous avions un train de prince ; je trouvai heureusement dans les réunions où nous étions invités le moyen d'exercer mes petits talents au jeu, sans cela je n'aurais pas pu soutenir longtemps la vie que nous menions. J'entourais Valérie de soins, de présents, je volais au-devant de ses moindres désirs, et cependant il me semblait que déjà cette femme n'était plus la même pour moi, que souvent elle recevait mes caresses avec froideur, avec indifférence, ou bien qu'il y avait dans son regard quelque chose de railleur, de dédaigneux dont je ne pouvais pas bien me rendre compte.

« Je remarquai aussi que dans presque toutes les fêtes où nous assistions, se trouvait un Anglais que l'on nommait lord Wilmore. C'était un personnage de trente-huit ans environ, fort bel homme et que l'on disait être extrêmement riche; quoiqu'il eût tout le flegme, toute la gravité de ses compatriotes, il me semblait que lord Wilmore suivait des yeux Valérie avec beaucoup trop d'intérêt, et que celle-ci souriait d'une manière trop aimable aux salutations souvent répétées de ce monsieur.

« Le démon de la jalousie se glissait dans mon âme et je me disais : Pourquoi me serait-elle fidèle cette femme qui, pour moi, a quitté son mari?... Comment compter sur la constance dans une liaison que l'inconstance a formée! Quelle foi avoir dans les gens qui ont déjà manqué à leurs serments!... Tristes réflexions et fort sottes après tout! car si on les faisait toujours, on n'aurait pas envie les femmes un moment de tranquillité, et celles-ci, à coup sûr, en auraient encore moins avec nous! et puis l'amour est-il donc une conséquence du passé, une certitude pour l'avenir? Non, l'amour est un sentiment qui naît, meurt, s'éteint, se rallume on ne sait ni pourquoi, ni comment. C'est une passion qui, pour être forte, n'a pas besoin d'avoir de racines; qui, pour mourir, n'a pas besoin de maladie. Quand elle est durable, profonde, quand elle résiste au temps et même à l'inconstance, c'est qu'elle se trouve si bien logée dans le cœur qu'elle occupe, qu'elle ne veut pas en déguerpir, bien que le propriétaire fasse quelquefois bien des sommations possibles pour lui donner congé.

— Bigre! cher ami, comme tu es savant sur l'amour! s'écrie le grand Rifflard en ricanant.

« Oui, répond Monvillars en soupirant. Mais c'est une science qui coûte toujours fort cher à acquérir. Ma jalousie, quoique légère encore, amenait pourtant déjà des querelles entre Valérie et moi. L'homme qui a des soupçons est toujours moins aimable, on me faisait sentir cela d'une manière fort piquante... J'aurais pu répondre qu'alors il faut éviter de donner lieu à des soupçons... mais je voulais encore par amour-propre dissimuler ma jalousie. Le plus fâcheux de l'aventure, c'est que dans une grande soirée où je tenais une banque de lansquenet, et où l'on jouait gros jeu, l'arrivée du maudit Anglais me fit perdre la tête; tout occupé de le suivre des yeux, ainsi que Valérie, je ne pris pas toutes les précautions voulues pour fixer la fortune de mon côté, et un murmure sourd, qui se fit entendre autour de moi, m'apprit que je venais de commettre quelque maladresse. Je feignis un malaise, un étourdissement, et je m'empressai de quitter la réunion, en emmenant Valérie, et la même nuit nous étions en route pour Naples.

« Cependant Valérie, très-surprise de notre départ de Florence, qui paraissait la contrarier beaucoup, m'en demanda la raison. Je lui répondis que la présence de lord Wilmore m'était insupportable; que les assiduités de cet Anglais auprès d'elle me déplaisaient au point que je n'avais pas voulu les souffrir davantage. Elle me crut, du moins je le pense ; nous fîmes à peu près la paix et nous arrivâmes à Naples dans cette disposition.

« Là, je songeai à me faire introduire dans les cercles, en me promettant de ne plus être aussi maladroit qu'à Florence. Il y avait dix jours que nous étions à Naples et déjà, dans deux brillantes réunions, j'avais fort habilement employé mes petits talents, lorsqu'un matin, en me mettant à la fenêtre de notre hôtel, j'aperçus dans la rue un homme que je crus reconnaître pour lord Wilmore. J'avais le plus grand intérêt à ce qu'il ne me retrouvât pas, car mon aventure à Florence devait avoir fait du bruit. Je sortis pour tâcher de rejoindre cet homme, mais il avait disparu et je pensai m'être trompé. Je me promenais depuis quelque temps dans les environs de l'hôtel, lorsqu'une espèce de lazzarone vint à moi et me remit un petit billet tout parfumé : il était adressé au baron de Fridzberg, nom que je portais toujours. On me marquait qu'une dame, à qui j'avais plu, désirait avoir un entretien secret avec moi et m'attendait devant les grottes du mont Pausilippe. Ces sortes d'aventures sont tellement communes en Italie, les femmes y ont si bien pris l'habitude de faire elles-mêmes les premiers pas, que nul soupçon ne se présenta à mon esprit. Dans un cercle où j'avais été la veille, je me rappelai que plusieurs marquises napolitaines m'avaient regardé avec infiniment de bienveillance. Mon amour-propre ne vit rien de surprenant à ce que j'eusse fait une conquête; et, quoique le lieu du rendez-vous fût très-éloigné de mon hôtel, je me mis sur-le-champ en route pour le Pausilippe.

« Tu devines déjà que ma course fut vaine. Après avoir erré longtemps et inutilement à l'endroit que l'on m'avait désigné, je me souvins de cet homme que j'avais cru reconnaître pour lord Wilmore, un éclair subit me frappa : je retournai à Naples et je courus à notre hôtel; Valérie était absente, mais elle avait laissé une lettre pour moi. Je me hâtai de briser le cachet... Ah! cet écrit fatal est resté gravé dans ma mémoire!...

« Vous êtes un misérable! m'écrivait-elle, vous m'avez indignement trompée. Vous n'avez jamais été ni baron, ni Allemand, et ce pauvre homme qui cherchait son fils, ce campagnard que vous avez insolemment repoussé à Paris, c'était bien votre père. J'aurais pu encore vous pardonner de vous être dit noble pour me plaire, mais vous n'êtes qu'un vil escroc ; vous trichez au jeu, et c'est parce qu'on allait vous chasser de Florence que vous vous êtes hâté d'en sortir. Je rougis d'avoir été vue avec vous ; je vous maudis et m'en maudissant le jour où je vous ai rencontré ; et si jamais le hasard vous faisait me retrouver, je vous défends de vous rappeler que vous m'avez connue. »

— Bigre! quel style! dit Rifflard; ce n'est pas long, mais c'est énergique : genre Lodoïska! toutes les femmes se ressemblent par un endroit quelconque.

« Je ne puis te dépeindre ma fureur à la lecture de ce billet ; je courus à l'appartement de Valérie, elle n'avait emporté que ses bijoux, dédaignant sans doute les robes, les châles qu'elle tenait de moi. Je ne doutai pas un moment que l'Anglais ne fût son ravisseur ; cet homme nous avait sans doute suivis, c'était lui qui avait appris à Valérie le motif de mon brusque départ de Florence, et il m'enlevait cette femme que j'adorais toujours! car je l'adorais, la perfide! cette femme pour laquelle je n'avais reculé devant aucun crime...

— Comment! quel crime?... parce que tu l'as enlevée à son mari... et que tu as fait sauter la coupe ou travaillé dans le bizeauté!... Bah! ce sont des espiègleries... ce ne sont pas des crimes.

Monvillars ne répond pas aux réflexions du grand Rifflard ; il continue avec un accent de fureur concentrée :

« Ah! si je l'avais tenu cet Anglais,.. si j'avais pu retrouver ce lord Wilmore! je t'assure qu'il n'aurait pas joui longtemps de son triomphe... et Valérie elle-même... Valérie!... la seule femme pour laquelle j'aie ressenti cette fatale passion qu'on nomme l'amour... et qui maintenant n'est plus que d'une soif ardente de vengeance... Eh! si je l'avais retrouvée!... elle me défend de me rappeler que je l'ai connue!... malheureuse qui me donne des ordres... ah ! c'est quand je t'aurai écrasée, c'est quand tu seras palpitante sous mes pieds que tu seras forcée de me reconnaître.

— Diable!... mais tu as des projets bien noirs! murmure Rifflard en secouant la tête. Eh! mon Dieu! parce que une femme nous quitte pour un autre, est-ce qu'il faut se bouleverser ainsi? C'était à toi de commencer et voilà tout!

— Tais-toi, Rifflard, tu ne comprends rien aux passions.

— Enfin, il paraît qu'après avoir perdu la belle, tu n'en fus pas plus heureux.

« Bien au contraire; d'abord je dépensai inutilement beaucoup d'argent en recherches qui furent infructueuses. Impossible de savoir par où Valérie a fui. J'essayai de retourner dans le monde, mais probablement que ce misérable Anglais avait déjà tenu des propos sur mon compte. On m'évitait, on refusait toutes les parties que je proposais ; enfin, on se tenait tellement sur le qui-vive, que, dans une réunion, on me força de payer quinze mille francs que l'on prétendit que j'avais perdus. Moi perdre!... comme si c'était possible. Je quittai Naples presque sans le sou. Je me remis en route pour la France; mais au lieu de suivre directement ma route, lorsque je croyais être sur les traces de Valérie et de son Anglais, je me détournais, je courais d'un autre côté, espérant les rejoindre. Et j'en étais réduit à faire ressource de mes effets pour achever mon voyage. J'arrivai à Paris, n'ayant plus que ce que je porte sur moi ; et dans cet état... à quoi nous servent les talents que nous possédons?... On ne joue pas quand... avec un homme qu'on ne croit pas en état de payer... et je ne peux pas leur dire : Soyez sans crainte,... c'est vous qui perdrez!... Depuis quelques jours j'errais dans Paris où je n'ai pour gîte que ces souricières fréquentées par la classe la plus infime de la société... J'avais bien sur mon chemin rencontré quelques connaissances, mais c'était de ceux qui m'avaient vu un des premiers lions de Paris, et au lieu d'aller leur demander des secours... que peut-être ils m'auraient refusés, je détournais la tête et je me sauvais pour n'être pas reconnu par eux...

« J'ai même rasé mes moustaches pour moins rappeler le Monvillars d'autrefois, et pourtant, je te le répète... quand tu m'as rencontré, j'éprouvais déjà les angoisses de la faim, et je me demandais ce qu'il y avait de mieux pour ne pas me noyer, du canal ou de la rivière.

— Je suis arrivé à temps alors. Chasse ces idées-là! quand on est jeune, il y a toujours de la ressource... Il ne faut pas se désespérer.

— Ah! Rifflard!... si tu pouvais lire dans mon âme... ce n'est pas la misère qui me désespère, mais c'est le regret de ne point m'être vengé... C'est l'image de Valérie qui me poursuit... Oh! son souvenir me brûle... me déchire... c'est bien pis que la faim!...

— Laisse-moi donc tranquille! c'est parce que tu as l'estomac creux que tu as de ces idées-là... il ne s'agit pas maintenant de t'occuper de cette femme... il faut que tu trouves un emploi... une position... dans laquelle on dîne... Tu vois bien que j'ai trouvé, moi ; eh bien! pourquoi n'aurais-tu pas la même chance?... Tu es bel homme, tu es un gaillard solide... et quand tu auras rechangé, tu auras une figure dans mon genre, de ces physiques qui imposent. Voyons, Monvillars... ou de Monvillars, ça m'est encore égal... je t'appellerai vicomte si ça te fait plaisir, veux-tu que je parle de toi à Lodoïska, pour qu'elle te recommande à ses connaissances?

Monvillars ne répond rien, mais l'expression sombre de sa physionomie semble annoncer que la proposition lui plaît peu. Cependant il gardait un morne silence, et le grand Rifflard attendait toujours qu'il lui répondît, lorsque la porte du café s'ouvre, et une espèce de servante d'une entière saleté entre et court au long et mince vis-à-vis de Monvillars, lui dire :

— Monsieur Rifflard, venez vite, s'il vous plaît, on vous demande à la boutique ; madame dit que vous arriviez tout de suite, parce qu'il y a un Polonais qui veut tout briser, et un homme comme il faut qui ne veut pas payer.

— C'est bien, j'y vais, répond Rifflard en faisant tourner sa canne. Passez devant, Maritorne.

La servante s'en retourne en courant. Le grand Rifflard se lève et se penchant contre Monvillars, lui dit :

— La besogne m'appelle, il faut que je te quitte... Mais trouve-toi ici ce soir, entre neuf et dix, nous causerons... et j'aurai probablement quelque chose à te proposer.

Monvillars ne répond que par un léger signe de tête. Le grand Rifflard lui serre rudement la main, fait tourner sa canne et sort du café en faisant de l'œil à la limonadière.

Monvillars reste pendant assez longtemps comme absorbé dans ses pensées, la tête appuyée dans une de ses mains et sans regarder autour de lui. Mais lorsqu'il sort enfin de ses rêveries, il n'y avait plus dans le café que la dame placée dans le comptoir, qui le regardait d'un œil humide.

Monvillars se lève en se disant : Non, je n'accepterai pas les propositions de Rifflard, cette honteuse existence ne me convient pas... il faut que je ressaisisse la fortune, que je retrouve cette vie de luxe .. de plaisir... que je retourne dans le monde, que j'y retrouve Valérie et que je me venge...

Mais portant ensuite les yeux sur les misérables vêtements dont il est couvert, Monvillars se sent pris d'un accès de désespoir et reprend :

— Ce n'est pas en cet état que je puis me rapprocher d'elle... alors il faut en finir... cela vaudra mieux que de revenir ici.

Et il sort brusquement du café sans même saluer mademoiselle Mignardise.

VI. — UN RESTAURANT A TRENTE-DEUX SOUS.

Quelque décidé que l'on soit de mettre fin à son existence, il est bien rare que l'on ne prenne pas le chemin le plus long quand il s'agit d'accomplir son projet.

Monvillars avait bien l'intention d'en finir avec la vie ; mais ce n'était pas par dégoût pour elle, il ne la quittait que forcément et parce qu'il n'apercevait pour lui aucune ressource dans l'avenir. Il n'y avait pas chez cet homme assez de courage pour chercher du travail et revenir au bien ; mais il y avait encore assez d'orgueil pour ne point vouloir traîner ses jours dans la fange et la misère.

Et, tout en se livrant à ses pensées sinistres, il marchait, ou plutôt marchait au hasard dans Paris, tantôt s'arrêtant épuisé contre une boutique, tantôt pressant le pas pour éviter la foule ou des regards qui ne lui semblaient pas inconnus. La petite flûte qu'il avait dévorée dans le café de mademoiselle Mignardise n'avait calmé que pour quelques heures la faim qu'il éprouvait. En marchant continuellement sans penser à manger, le besoin de nourriture augmentait encore et lui causait des tiraillements d'estomac qui le forçaient à s'arrêter. Alors il se demandait quelquefois pourquoi il souffrait ; car en songeant à Valérie, aux luxe passé, à cette existence de plaisirs, de fêtes qu'il avait menée, le malheureux ne pensait plus à la faim qu'il endurait.

Cependant la nuit est venue. Pendant une de ces douleurs où il sentait à chaque instant diminuer ses forces, Monvillars vient de s'arrêter devant une maison de la rue Saint-Honoré, et il se trouve être justement contre le vitrage d'un restaurateur élégamment éclairé au gaz. Derrière les carreaux il aperçoit une foule de mets, de poissons, de volailles, de friandises étalés là pour tenter l'appétit et attirer les consommateurs. Ce n'est pourtant qu'un modeste restaurant à trente-deux sous ; mais ceux-là ainsi que leurs brillants confrères savent aussi revêtir une parure attrayante et coquette. Le restaurant était plein de monde. Toutes les tables de la salle du rez-de-chaussée étaient occupées. Il régnait là un mouvement perpétuel; au bruit des fourchettes, des assiettes, des verres et des mâchoires fort bruyantes qui fonctionnaient... (car il y a des mâchoires fort bruyantes), se mêlaient les allées et venues des garçons, les demandes des consommateurs, la sonnette de la dame de comptoir et les conversations particulières qui sont parfois assaisonnées d'éclats de rire plus ou moins prolongés.

Monvillars n'était point tenté de tendre la main et d'implorer la pitié; bien loin de là, malgré ses souffrances, il cherchait encore à cacher sa misère, son dénûment, et lorsque, frappé de sa pâleur, quelqu'un s'arrêtait pour le regarder et semblait prêt à lui parler, il s'empressait de détourner la tête d'un air d'humeur, comme pour dire aux gens : Passez votre chemin, je ne vous demande rien.

Il allait s'éloigner du restaurant, devant lequel il se repentait de s'être arrêté; déjà, rassemblant le peu de forces qui lui reste, il a fait quelques pas le long du vitrage, lorqu'en portant encore ses regards sur cette maison, qui en ce moment serait pour lui le paradis, il aperçoit son père et son frère assis à la dernière table qui est contre les croisées, et devant laquelle il est sur le point de passer.

Monvillars s'est arrêté, son cœur bat avec violence; un sentiment presque inconnu pour lui le cloue là, à cette place; il éprouve en même temps de la douleur et du plaisir; la vue de son père en ce moment où il est près de tomber en faiblesse, de son père qu'il a indignement repoussé et méconnu, lui cause une émotion si vive, qu'il est tout tremblant. Ses yeux ne peuvent se lasser de considérer celui qui en ce moment lui apparaît comme l'ange du salut... comme un sauveur... comme une providence... car c'est toujours ainsi que l'on doit considérer son père.

Il n'y a que sept mois à peu près que Monvillars avait vu son père, mais depuis ce court espace de temps, le vieillard était changé, comme si dix années avaient passé sur sa tête. Ses cheveux, alors gris, étaient maintenant entièrement blancs, son embonpoint avait disparu, son visage s'était allongé, puis enfin, ce qui frappait plus encore à son aspect, c'est qu'au lieu de cette physionomie heureuse et riante qu'il avait autrefois, son visage était devenu sérieux et abattu, et ses yeux conservaient, même quand il cherchait à sourire, l'expression de la tristesse et du chagrin.

Monvillars devine bien que c'est sa conduite qui a changé son père à ce point, il sait que le bon Martinot l'aimait tendrement, et qu'il avait placé en lui son orgueil et ses plus douces espérances. C'est pour cela qu'en ce moment il ne peut se lasser de contempler son père, puis, faisant ensuite un retour sur lui-même, il se dit : S'il me voyait maintenant, s'il savait quelles tortures j'endure , quelle misère m'accable, il trouverait sans doute que je suis assez puni, et peut-être aurait-il pitié de moi.

Le bon Bourguignon semblait faire peu d'honneur à ce qu'on lui servait; il mangeait nonchalamment et d'un air distrait. Son vis-à-vis, au contraire, paraissait avoir bon appétit et se régaler chez le restaurateur.

Jacquinet était toujours le même; son visage toujours frais, naïf et riant, annonçait la santé et le calme de l'âme; les passions n'étaient point venues troubler cette nature douce et paisible qui, peut-être, les aurait repoussées, parce qu'elle se sentait heureuse de ne point les connaître. Le jeune Bourguignon était toujours le villageois robuste et candide, tel que nous l'avons vu à son premier voyage à Paris; seulement, il montrait maintenant un peu moins d'étonnement en parcourant les rues de la capitale, et à la rosette énorme de sa cravate avait succédé un nœud très-modeste.

Et quelquefois aussi, au milieu de sa gaieté, lorsque ses yeux se portaient sur son père, le jeune vigneron cessait de sourire, et prenait un air soucieux, comme s'il se fût intérieurement reproché d'être heureux, lorsque l'auteur de ses jours avait des chagrins. Mais quelques instants après, pour la moindre chose, la joie brillait de nouveau sur la figure de Jacquinet, où elle se trouvait trop bien pour ne pas revenir.

Monvillars sent ses jambes faiblir sous lui, son émotion ajoute encore à sa faiblesse; pour ne pas chanceler, il s'appuie contre le vitrage; il hésite, il balance, il se demande à quel parti il doit s'arrêter. Il est près de tomber d'inanition, et ses parents sont là devant lui, assis chez le traiteur : en allant se présenter à eux, il ne peut pas croire qu'on le laissera mourir de faim. Mais il a repoussé son père, il a refusé de le reconnnaître; ce souvenir est comme un poids qui le retient, qui l'arrête; si maintenant son père allait à son tour refuser de le reconnaître et lui dire : Vous n'êtes pas mon fils!

Mais quelque chose lui dit qu'un père ne peut méconnaître jamais son enfant; d'ailleurs la présence de ceux auxquels il tient de si près semble être un coup du ciel qui lui tend une main secourable; s'il tarde longtemps encore, il tombera là sur le pavé, et peut-être on l'emportera sans que son père ait jeté les yeux de son côté. Il ne doit plus hésiter. Rappelant ses forces, son courage, il relève la tête, se dirige vers l'entrée du restaurant, tourne le bouton de la porte, entre dans le salon et s'approche de la table où son père et son frère sont assis.

Le bon Martinot ne mangeait plus, il pensait. Jacquinet mangeait encore et parlait, faisant part à son père de tout ce qui lui passait par la tête, et se contentant pour réponse d'un mouvement de tête ou d'un simple sourire. Tout à coup le vieillard devient pâle et tremblant, ses yeux sont attachés sur quelqu'un qui est debout devant lui, et que, par cette raison, Jacquinet ne peut voir; mais celui-ci, effrayé du changement subit qui vient de s'opérer dans les traits de son père, lui dit aussitôt :

— Qu'avez-vous donc, papa?... est-ce que vous vous trouvez indisposé?

Le vieux Bourguignon ne peut pas même répondre, il regarde toujours et fait signe à Jacquinet de se retourner pour regarder aussi. Le jeune homme n'a qu'un mouvement de tête à faire pour apercevoir son frère, qui est derrière lui, et qui, pour ne point chanceler, est obligé de s'appuyer après le dos de sa chaise.

— Est-ce que c'est possible? murmure Jacquinet en considérant Monvillars. Est-ce que c'est mon frère Constant qui est là... derrière nous?...

Et ses yeux interrogeaient à la fois son frère et son père; mais ce dernier était tellement ému, qu'il n'avait pas encore eu la force de prononcer un mot; il attendait, il espérait, mais il doutait toujours, car l'individu qui lui rappelait son fils semblait si souffrant, si malheureux, que cela déroutait toutes ses idées.

Monvillars met fin à leur incertitude, en balbutiant d'une voix éteinte : Oui, c'est moi, mon père; c'est moi... mon frère... je vous ai reconnus en passant... et je suis entré...

— C'est lui! s'écrie le vieillard. Oh! oui, c'est bien lui... car il m'a appelé son père... C'est Constant...

— Oh! oui, c'est lui... c'est toi, mon frère! dit à son tour Jacquinet. Oh! vous voyez bien qu'il ne nous méconnaît pas... et que c'est l'autre qui n'était pas lui... et que nous nous étions trompés... oh! j'en étais bien sûr, moi!

Pendant que son frère parlait, Monvillars, qui avait de la peine à se tenir sur ses jambes, se laisse aller sur une chaise qui est libre auprès de Jacquinet, et tend la main à son père en murmurant : — Mon père... que je suis content de vous revoir!

Le vieux Bourguignon prend la main de son fils, mais tout en la pressant dans les siennes qui sont tremblantes, le souvenir du passé n'est pas encore entièrement banni de son cœur; il n'ose pas se livrer à la joie qu'il ressentirait si son enfant ne l'avait jamais repoussé et méconnu, si, enfin, c'était à tort qu'il avait cru reconnaître son fils dans ce Monvillars qui l'avait traité avec tant d'arrogance; et il reprend en hésitant :

— Tu es content de me revoir... alors tu n'es donc pas celui qui a repoussé... méprisé son père et son frère... ou plutôt celui-là n'était pas... Oh! c'est que si le pauvre pouvait croire... Voyons, Constant, réponds-moi, n'as-tu pas porté à Paris le nom de Monvillars, il y a quelques mois?

— Moi... le nom... vous vous trompez, mon père... je ne sais pas ce que vous voulez dire.

Cette réponse, faite avec l'air de la plus parfaite indifférence, remplit de joie le bon Martinot. Jacquinet s'écrie à son tour :

— Mais quand je vous dis que j'en étais sûr... est-ce que je ne vous ai pas répété cent fois que ce ne pouvait pas être lui? D'abord il avait des moustaches, l'autre, et Constant n'en porte pas, lui... et... et tu n'as jamais demeuré là-bas... dans l'autre quartier, dans une rue... attends donc, elle avait un drôle de nom.

— La rue Grange-aux-Belles, dit le vieillard en attachant toujours ses regards sur ceux de Monvillars. Mais celui-ci ne se trouble pas; il fait de ce nom un signe négatif, en murmurant un mot assez ferme. Tous les doutes, toutes les craintes, tous les chagrins du vieux père viennent de s'évanouir; il se lève, s'avance vers son fils, lui prend la tête et l'embrasse à plusieurs reprises, sans s'inquiéter de l'air étonné ou curieux de quelques personnes placées à des tables voisines. Jacquinet en fait autant; il embrasse tendrement son frère, en s'écriant avec un air radieux :

— Quel bonheur!... est-ce heureux que nous l'ayons retrouvé!... ah! c'est à l'heure que nous allons rire!... que papa ne va plus avoir de chagrin... ce pauvre père, qui avait tant, parce qu'il croyait que tu ne nous aimais plus... que tu nous avais... mais bah! c'étaient des bêtises... faut plus penser à tout cela, n'est-ce pas, papa?

— Non, mon garçon, non! il n'y faut plus penser, répond le vieillard, car cela me taisait trop de mal; et, d'ailleurs, nous avions offensé ton frère en le croyant capable d'une si mauvaise action... aussi je veux réparer cela... ce pauvre Constant... Mais viens donc t'asseoir là, tout près de moi... Ah! il y a si longtemps que tu n'as été à mes côtés!...

— Oui, oui, dit Jacquinet, en poussant son frère pour qu'il se lève et prenne une place en face; oui... va te mettre près de notre père... Oh! j'allons joliment le mijoter à présent...

Monvillars essaie de se lever pour aller près de son père, mais c'est à peine s'il en a la force, et il tombe à côté du vieillard si pâle, si défait, que celui-ci le regarde avec terreur et s'écrie :

— Mais, mon Dieu, qu'as-tu donc, mon garçon?... on dirait que tu te trouves mal.

— En effet, balbutie Monvillars, c'est l'émotion... et puis... je dois vous l'avouer... le besoin de nourriture.

— Le besoin! murmure le vieillard dont les yeux expriment alors la stupéfaction et la douleur... est-il bien possible!.. quoi, mon pauvre garçon!... O mon Dieu! mon Dieu!...

Et de grosses larmes sortent des yeux du bon père qui embrasse de nouveau son fils aîné, tandis que Jacquinet s'écrie : — Quoi, mon pauvre frère... tu en serais réduit à cet état... Ah! sapredié!... et nous qui venons de bien dîner... mais, c'est égal, va, nous allons recommencer... Il a faim, et il ne nous le disait pas... Garçon! garçon!... un potage, deux potages pour mon frère... deux beeftecks pour mon frère... du vin tout de suite...

— 'Et du meilleur, dit à son tour le père Martinot au garçon qui s'empresse de mettre un couvert. Pas de celui que vous venez de nous servir tout à l'heure... du vieux... ce que vous aurez de mieux enfin..

— Alors ce n'est plus à trente-deux sous que monsieur dîne... c'est à la carte...

— Eh, mon Dieu! à la carte! comme vous voudrez! on vous paiera ce qu'il faudra, mais servez vite et du bon...

Le garçon se hâte d'apporter une bouteille recouverte d'une noble poussière. Monvillars prend d'abord un verre de vin qui le ranime; puis on lui sert à dîner, et Jacquinet, qui croit qu'il doit manger aussi pour tenir compagnie à son frère, se remet à prendre du potage, du beefteck, du poulet, de tout ce que l'on apporte à Monvillars, tandis que le vieux Bourguignon verse à boire à son fils et le regarde manger avec un sentiment de plaisir et de peine; car, en le voyant se jeter avidement sur les premiers mets qu'on lui présente, il devine que depuis longtemps le malheureux n'avait pas eu de quoi satisfaire son appétit, et son cœur saigne en songeant qu'un de ses enfants a souffert de la misère, tandis qu'il vivait, lui, dans une modeste aisance.

Enfin Monvillars a complètement réparé ses forces; déjà ses yeux ont repris leur éclat et leur vivacité, un léger coloris a reparu sur ses joues. Alors son père lui frappe sur l'épaule, en lui disant :

— Maintenant, mon pauvre garçon, tu vas pouvoir nous dire comment il se fait que tu te sois trouvé dans une si triste position... et surtout pourquoi tu n'as pas pensé à ton père, à ton frère... tu savais bien que ceux-là ne refuseraient jamais de te tendre la main... de t'ouvrir leurs bras..

— Oh ça, c'est bien vrai! reprend Jacquinet; puisque tu étais malheureux, pourquoi que tu n'es pas revenu nous trouver au pays?... tu as toujours ta place à la maison... Tu avais faim ici, et tu ne penses pas à nous autres qui sommes là-bas!... voyons, est-ce que c'est juste...

— Tu vas nous expliquer tout ça, Constant.

Monvillars qui, en reprenant ses forces, a recouvré toute sa présence d'esprit, a déjà préparé ce qu'il veut dire. Il serre la main de son père, celle de son frère, et répond d'un air où il y a presque de la bonhomie :

— Oui, je vais tout vous avouer : oh! j'ai fait bien des folies!... et c'est pour cela que je n'osais plus aller vous trouver... mon père a déjà été si bon pour moi... je me disais : Ce serait mal d'abuser encore de l'amitié qu'il me porte... Tenez... voici en peu de mots mon histoire : Il y a un an environ, je fus présenté dans une maison... où je vis une dame... une jeune veuve dont je devins éperdument amoureux; pour lui plaire je ne négligeais rien... je suivis les modes les plus nouvelles... et je dépensais beaucoup d'argent. Tout à coup cette dame partit pour l'Italie... pour Florence... je ne pus supporter son absence, je réalisai, je vendis tout ce que je possédais, et je la suivis. Elle parcourut une partie de l'Italie, et j'étais auprès d'elle... me flattant d'être aimé... espérant qu'elle m'accorderait sa main... mais un jour elle partit avec un Anglais... qu'elle m'avait préféré!... elle m'abandonna... moi qui pour elle avais tout sacrifié!...

— Pauvre frère! murmure Jacquinet. Comment! il y a des femmes qui font de ces choses-là!...

— Je n'ai pas besoin de vous dire quel fut mon désespoir. Je dépensai le peu qui me restait à tâcher de rejoindre ma perfide... car je me serais vengé... mais je ne la retrouvai pas. Je revins alors en France, vendant mes effets pour faire ma route. Je n'avais plus rien à vendre quand je suis arrivé à Paris... et n'osant... dans cet état me présenter chez d'anciennes connaissances... je ne sais ce que je serais devenu, lorsqu'enfin je vous ai aperçus dans ce restaurant... alors je n'ai pas hésité à venir vous trouver...

— Eh, morgué! tu as bien fait!... s'écrie le vieillard en secouant la main de Monvillars. Tu as fait des sottises, des folies!... c'est vrai!... mais enfin tu en conviens, tu les avoues, et à tout péché miséricorde... Tu as été amoureux, et dame! ça vous entraîne bien souvent plus loin qu'on ne voudrait... faut te pardonner tout cela, mon pauvre Constant, parce qu'il n'y a rien là-dedans qui annonce l'ingratitude et la déloyauté... quand je croyais que tu m'avais méconnu, repoussé... Oh! alors, vois-tu, c'était fini!... je ne pouvais plus t'ouvrir mes bras, je me disais : Ce fils-là est mort, il n'existe plus pour moi... n'y pensons plus... et malgré ça, vois-tu, j'y pensais encore trop souvent!... mais des bambouches de jeune homme... de l'argent dépensé... des amourettes... ça se pardonne, parce que c'est pas un crime... Embrasse-moi encore, et qu'il ne soit plus question de tout ça.

— Mais vous, mon père, dit Monvillars, comment se fait-il que vous soyez maintenant à Paris avec mon frère?

— J'allons te conter cela, mon garçon : as-tu assez dîné?... veux-tu encore prendre quelque chose?...

— Je vous remercie, je n'ai plus besoin de rien.

— Si! si! s'écrie Jacquinet, une bonne bouteille de vieux bourgogne... à nous trois! pour fêter notre réunion... n'est-ce pas, papa?...

— Oui, petiot, tu as raison, fêtons ce jour où je retrouve ton frère que je croyais perdu pour nous... demande tout ce que tu voudras. Oh! je vous ferai raison... je me sens rajeuni de dix ans.

La fine bouteille est demandée, apportée. Jacquinet verse, et le vigneron prend la parole :

— D'abord, mon garçon, il faut te dire que nous sommes venus à Paris, il y a sept mois, moi et ton frère. Tu ne venais plus au pays depuis longtemps; je sais bien que t'avais une maladie dans les jointures qui te gênait pour voyager... à ce que tu nous avais écrit du moins... bref, tu ne nous donnais plus de tes nouvelles depuis que je t'avais envoyé quatre mille francs... soi-disant pour payer une lettre de change d'un de tes amis. Probablement que c'était plutôt pour suivre la belle dame en Italie... mais c'est fini, ne parlons plus de ça!...

Monvillars baisse les yeux sans répondre, et Jacquinet s'écrie :

— Oh! c'est égal! je lui en veux, moi, à cette femme-là... avoir laissé là mon frère pour s'en aller avec un autre!... fi donc! est-ce qu'on fait de ces choses-là!...

— Si bien donc, reprend le père Martinot, que nous voilà arrivés à Paris avec ton frère et que nous ne t'y trouvons pas... c'est bien naturel, puisque tu voyageais avec ta belle; mais, comme nous ne savions pas cela, nous autres, nous passions tout notre temps à te chercher... Avons-nous couru, trotté dans cette ville!... enfin, comme on m'avait conseillé d'aller te demander à la préfecture, nous allâmes, Jacquinet et moi, trouver le monsieur qui est... attends donc... le chef de la police de sûreté...

Monvillars pâlit en s'écriant :

— Comment!... vous avez été là vous informer de moi?...

— Oui vraiment; du reste, nous avons été parfaitement reçus par un monsieur bien poli!...

— Et vous lui avez demandé... des nouvelles... de Constant Martinot?

— Pardine, ça va sans dire... Qui donc voulais-tu que nous demandassions?...

— Et que vous répondit-il?

— Dame! pas grand'chose d'abord... Ah! si, il prétendait que tu n'étais pas avocat...

— Oui, parce que tu n'étais pas sur un tableau!... dit Jacquinet. Quéque ça prouve, ça, un tableau?...

— Oh! mon Dieu, cela ne prouve rien, répond Monvillars; seulement, nous avons jeunes avocats qui faisons notre stage, ou ne nous classe quelquefois au tableau que fort longtemps après que nous avons été reçus... ce qui ne nous empêche pas de plaider...

— Eh bé! du moment que vous plaidez, vous êtes des avocats, v'là! voilà, je ne connais que ça, moi; continuez, papa.

— Le monsieur de la préfecture nous dit de revenir... après nous avoir fait lui donner ton signalement. Quand nous y allâmes la seconde fois, il nous dit : Je n'ai pas de bonnes nouvelles à vous donner, votre fils a changé de nom... on l'accuse d'un vol d'argent et de l'enlèvement d'une femme mariée...

Monvillars ne peut maîtriser un mouvement nerveux; le bon vieillard, qui croit que son fils est révolté que l'on ait pu former sur lui un pareil soupçon, s'empresse de lui dire :

— Rassure-toi, mon ami... oh! je ne sais pour cela... non, nous ne l'avons pas cru un moment, n'est-ce pas Jacquinet?

— Certainement, papa... et nous nous sommes même mis en colère en entendant dire du mal de mon frère, du pauvre Constant qui courait alors après cette femme qui l'a trompé... hom! la vilaine femme!

— Enfin, reprend le vieillard, le chef de la police nous dit de revenir encore, et à la troisième visite il nous envoya rue Grange-aux-Belles, nous dit de demander un M. de Monvillars et de nous assurer s'il ne serait pas la personne que nous cherchions. Tu penses bien que tout de suite nous nous mettons en route avec ton frère, nous arrivons chez ce M. de Monvillars... et là... oh! ma foi, la ressemblance était si grande que je crus que c'était toi, mon garçon... et que je dis à ce monsieur : Est-ce que tu ne me reconnais pas, Constant? Je suis ton père... viens donc m'embrasser... et ce monsieur avait beau me répondre : Je ne sais ce que vous voulez dire! je vous soutiens que ce fût toi.

— Oui, dit Jacquinet; mais, moi, je disais à mon père : Vous vous trompez, ce n'est pas mon frère... D'abord le M. Monvillars avait des moustaches... un petit bouquet de poils au menton... ensuite il avait plus gros que toi... ensuite il avait une autre voix... et puis un air insolent... impertinent... Ah! faut voir comme il nous a rembarrés... A peine s'il nous a écoutés, il est parti avec une belle dame en voiture. Et papa, qui s'était fourré dans la tête que c'était toi, s'en est revenu en pleurant... Je ne pouvais pas le consoler... ce pauvre père!...

— Excuse-moi, mon garçon, dit le vieillard en prenant la main du fils qu'il vient de retrouver, mais j'étais frappé par cette ressemblance... et cela me chagrinait d'autant plus que m'étant informé encore à la préfecture... au sujet de ce monsieur, sans dire pourtant que je croyais que c'était mon fils, on m'avait répondu que ce Monvillars était un homme... perdu... un homme qui avait manqué à l'honneur... un... un fripon enfin.

Monvillars fait encore un mouvement sur sa chaise. Jacquinet s'écrie :

— Voyons! en v'là assez de ce monsieur... cela ennuie mon frère, qu'on ait pu le prendre pour ce gredin-là... il ne faut plus parler de ça, n'est-ce pas, papa?

— T'as encore raison, petiot, faut plus même y penser... Or, vois-tu, Constant, nous étions retournés au pays, ton frère et moi; et dame..., je ne disais rien, mais j'étais triste en songeant à toi. Après que nous eûmes fait les vendanges, qui se sont trouvées bonnes cette année...

— Ah! oui, que c'est une belle et bonne année! s'écria Jacquinet.

— Laisse-moi donc parler, petiot. Alors, après les vendanges, je dis à ton frère, qui travaille comme quatre... car c'est une justice à lui rendre, à ce bon Jacquinet; oh! il conduit tout à la maison... il ne se repose jamais... et lui, il veut que je me repose toujours...

— Tiens! est-ce que ce n'est pas juste, ça, n'est-ce pas, Constant? mon père a bien assez travaillé, il faut qu'il se repose à présent... qu'il se donne du bon temps... ce pauvre père!.. qui va être si heureux à présent que nous t'avons retrouvé.

Et le grand Jacquinet se lève pour prendre le vieillard par la tête et appliquer de gros baisers sur ses deux joues. Le vigneron reçoit ce témoignage de tendresse comme choses auxquelles il est accoutumé et qu'il paie par un doux sourire à son fils; celui-ci se remet à sa place, puis remplit de nouveau le verre de Monvillars, qui, tout en écoutant parler son père, semble déjà préoccupé de toute autre chose.

— Je disais donc, reprend le vieillard, qu'ayant eu une bonne vendange, je trouvai tout naturel de faire participer Jacquinet à mes bénéfices : il ne le voulait pas, lui... mais je lui dis : Tu prendras ça... parce que je le veux...

— Et mon père me donna un beau billet de mille francs! s'écrie Jacquinet. Mille francs!.. que j'ai là, dans ma poche; oh! ça ne me quitte plus!

— Tu les avais bien gagnés. Ensuite il faut te dire, Monvillars, que ton frère est aussi amoureux... lui... avec son petit air de n'y pas penser... eh ch!

Le grand Jacquinet devient rouge comme une cerise, et se met à jouer avec son couteau en balbutiant :

— Oh! amoureux!... oh! c'est-à-dire... parce que je batifole un brin avec la petite Suzette... tu sais bien, Constant, la fille à notre voisin, Jean Ledru... Ah! mais non, au fait... comme il y a quatre ans que tu n'es venu au pays, tu ne dois pas t'en souvenir... elle était si menue alors... dame! quel âge qu'elle peut avoir à présent, papa?... seize ans tout au plus, hein?...

— Elle a eu seize ans aux prunes, mon garçon... mais elle est bien gentille, bien élevée.

— Oh oui! reprend Jacquinet; c'est pas celle-là qui quittera jamais son amoureux pour s'en aller avec un autre!...

— Faut l'espérer, mon garçon... et si vous vous convenez toujours... l'année prochaine... on verra... voilà... et j'espère bien que Constant viendra à la noce, par exemple!...

— S'il y viendra, ça serait joli que mon frère ne fût pas mon premier garçon d'honneur!...

En disant ces mots, Jacquinet secouait fortement la main de son frère; celui-ci s'empresse de répondre affirmativement, et le père Martinot reprend :

— Pour en revenir, je dis à Jacquinet : Tu as bien gagné cet argent, il est à toi, tu peux en faire ce que tu voudras. Mais, puisque tu fais la cour à la petite Suzette Ledru, tu feras sans doute bien aise de lui faire queuque joli petit cadeau... de ces brimborions de toilette qui font tant plaisir aux femmes; pour avoir queuque chose de gentil, de nouveau, il n'y a que Paris, mon garçon : eh bien, si tu veux, nous allons nous y rendre pour queuques jours.

— Moi, j'ai accepté tout de suite, dit Jacquinet; j'étais bien content de pouvoir faire une jolie surprise à Suzette, et puis j'avais bien deviné aussi pourquoi ce pauvre père avait encore envie de venir à Paris... il ne le disait pas, mais c'était dans l'espoir d'y avoir de tes nouvelles, de t'y retrouver enfin...

— Eh ben, oui, c'est vrai, répond le vieillard en regardant Monvillars; pourquoi en ferais-je un mystère?... est-ce que ce n'était pas tout naturel? Ah! je bénis le ciel qui m'a envoyé cette bonne idée, puisque grâce à lui j'ai pu retrouver mon fils... non pas tel que j'avais cru le reconnaître une fois alors, mon fils Constant, qui porte toujours le nom de son père... qui a bien queuques fautes... queuques folies... à se reprocher... mais qui ne fera jamais rougir mon front!... et qui, du reste, s'il a eu des torts, en a été pas mal puni... Pauvre garçon! qui manquait de tout... Oh! oui, je suis bien heureux d'avoir fait ce voyage!... Arrivés seulement d'hier à Paris... et nous te retrouvons aujourd'hui...

— C'est vrai, dit Jacquinet, en voilà de la chance!...

— Et tous mes chagrins, toutes mes peines sont dissipés.

— Et il viendra à ma noce avec la petite Suzette Ledru... Buvons, mon frère; buvons, papa... Tenez, garçon... payez-vous... gardez le reste!... Bah! faut que tout le monde soit content... n'est-ce pas, papa?

— Oui, mon petiot.

Monvillars, après avoir de nouveau choqué son verre contre celui de son père et de son frère, vient de le vider d'un trait, lorsque la porte du restaurant, qui donne sur la rue, est ouverte brusquement, et le grand Rifflard entre dans la salle, puis, en deux enjambées, se trouve contre la table où le vieux Martinot est assis avec ses deux fils.

— Bravo! Bigre... ça ne va pas mal!... il me paraît que ça va mieux que ce matin! dit le nouveau venu en s'adressant à Monvillars. Tu te refais, toi... tu n'es déjà plus le même que tantôt... ce que c'est qu'un dîner, pourtant!... Je passais dans la rue Saint-Honoré, je me rendais au café où nous nous sommes donné rendez-vous ce soir... chez mademoiselle Mignardise... lorsqu'en jetant les yeux dans ce restaurant, je t'ai aperçu... Je suis entré... parce que j'ai trouvé de l'occupation pour toi... un emploi un peu chouetteau... Je me suis dit : Monvillars est dans la panne... Monvillars est dégommé, faut pas le laisser tirer la ficelle... Ah! dame, je suis un ami, moi!...

Le nom de Monvillars, répété deux fois par Rifflard, vient de produire un effet magique sur les trois personnages assis à la même table. Le vieillard est resté immobile et comme frappé de stupeur; mais ses yeux deviennent sombres et sévères. Jacquinet demeure tout saisi; il semble douter encore : la crainte, la douleur se peignent dans les regards qu'il porte tour à tour sur son père et son frère. Quant à celui-ci, une pâleur livide couvre son front, et il a baissé les yeux vers la terre, pour ne point rencontrer ceux de son père.

Sans faire attention au changement qui vient de s'opérer chez ces trois personnes qui sont devant lui, le grand Rifflard reprend en se dandinant sur sa canne :

— Ah ça! est-ce qu'il n'y a pas aussi un verre pour les amis, dis donc, Monvillars? tu vois que je suis un bon b..... moi! Je me suis occupé de toi... offre-moi donc à me rafraîchir... ça doit être ton tour ce soir... puisqu'il y a gras.

Monvillars semble avoir trouvé un moyen pour se tirer d'embarras; il relève la tête et répond à Rifflard en clignant de l'œil et en tâchant de lui faire des signes :

— Je ne sais ce que vous voulez dire... monsieur... Vous me prenez pour un autre... il paraît que je ressemble beaucoup à la personne que vous venez de nommer... je n'ai pas cette personne pour moi... mais, je vous le répète, vous faites erreur.

Le vieux Bourguignon relève les yeux et semble attendre avec anxiété ce que le grand Rifflard va répondre. Celui-ci s'écrie :

— Ta! ta! ta!... Qu'est-ce que tu me chantes? Qu'est-ce que c'est que ces histoires-là... dis donc, l'homme aux trois visages! Est-ce que tu voudrais te ficher de moi ce soir?... Tu ne veux plus t'appeler Monvillars ou de Monvillars, comme ce matin... soit, mais alors je vas t'appeler Constant Martinot, comme autrefois... Est-ce ce nom-là qui te chausse?... En as-tu pris un autre?... dis-le donc alors. Je t'appellerai Spartacus si tu veux, mais tâchons de nous fixer.

En s'entendant appeler par son véritable nom, Monvillars courbe la tête et demeure anéanti, tandis que son père, éloignant sa chaise de la sienne, murmure à demi-voix :

— Ah! plus de doute à présent! malheureux que je suis!

Le vigneron s'est levé, et, sans jeter un regard sur Monvillars, il fait signe à Jacquinet de le suivre. Celui-ci veut retenir son père, mais la physionomie du vieillard a une expression à la fois si triste et si sévère, qu'il n'ose insister longtemps; il le laisse sortir du restaurant, et s'approchant de Monvillars, qui est resté immobile à sa place, lui dit tout bas :

— Mon père est bien fâché... mais cela se passera... Tu le prieras tant, et moi aussi... qu'il te pardonnera. Viens nous trouver demain à notre hôtel, au Plat-d'Étain, carré Saint-Martin... Mais, en attendant... tu es sans argent... tu manques de tout... Tiens, prend cela... je n'ai pas besoin de faire des cadeaux à Suzette quand mon frère est malheureux... mais viens nous voir surtout... viens... il te pardonnera!

Et Jacquinet a remis à son frère un petit carnet de cuir qu'il avait dans sa poche, et, après avoir encore pressé tendrement la main de Monvillars, il sort vivement du restaurant pour aller rejoindre son père.

Dès que Jacquinet est sorti de chez le traiteur, Monvillars entr'ouvre doucement le petit carnet en cuir; dans la poche placée sous la couverture, il aperçoit un billet de banque, et s'assure qu'il est de mille francs. Alors un frémissement de plaisir parcourt tout son être, et, après avoir soigneusement serré le billet et le carnet dans sa poche, il relève la tête et regarde le grand Rifflard qui est toujours debout à quelques pas de la table, la hanche gauche appuyée sur la pomme de sa canne.

— Qu'est-ce que tout cela signifie? dit Rifflard. Qu'est-ce que c'est que ce vieux qui s'en va d'un air tragique, comme si l'on jouait *Zopire* de *Mahomet*, et ce grand jeune dadais qui paraissait avoir envie de pleurer?

— Cela signifie, Rifflard, que tu es un imbécile; que tu es venu, par ton bavardage, détruire toutes les histoires que j'avais faites; que ce vieillard est mon père, ce jeune homme, mon frère, et qu'en m'appelant Monvillars devant eux, tu leur as révélé toute ma vie passée.

— Ah! ma foi! il fallait me prévenir! Est-ce qu'on peut se douter!... ce matin tu étais seul à Paris, et ce soir tu as toute une famille... et ils s'en vont fâchés?

— Oh! quant à cela, peu m'importe, car à présent je puis me passer d'eux.

— Tu acceptes l'agréable sinécure que je t'ai trouvée?

— Fi donc! cela est bon pour des gens... qui n'ont rien dans l'âme. Maintenant je possède de quoi tenter de nouveau la fortune, et cette fois... oh! oui, cette fois j'ai idée qu'elle ne m'échappera pas.

En disant ces mots, Monvillars porte la main sur sa poche, puis sort vivement de chez le traiteur, sans plus s'inquiéter du grand Rifflard. Celui-ci le regarde aller et murmure:

— Il possède de quoi faire fortune, et il ne m'a pas seulement offert un petit verre de pousse-café!... Décidément, M. de Monvillars est une canaille.

VII. — LA TOILETTE D'UN LION.

Dans un joli appartement de la rue Bergère, un domestique venait de faire du feu et de tout disposer pour la toilette de son maître; aux soins qu'il prenait, à l'attention qu'il mettait à examiner s'il n'avait point omis de flacons, d'essences, de savons, de parfums, de pommades et de cosmétiques de tous genres, on aurait pu croire qu'il s'agissait de la toilette d'une femme, et d'une femme très-coquette, si une voix masculine, sortant de derrière d'épais rideaux de damas, n'avait fait entendre ces mots:

— Baptiste... quelle heure est-il?

— Bientôt midi, monsieur, répond le valet, après avoir consulté une pendule.

— Midi... comment déjà... mais c'est terrible, on n'a pas le temps de se reposer... je me suis couché fort tard... il était près de trois heures du matin... J'étais très-fatigué, j'ai polké... il m'a fallu faire polker madame de Soligny... une grande belle blonde... elle polke bien, mais elle est lourde... j'ai encore le bras horriblement fatigué ce matin... On vous dit: Faites donc valser ou polker madame une telle... elle s'en acquitta à merveille... c'est très-bien... mais une autre fois je demanderai d'abord si la dame est légère. Voilà le point important!... voilà le... Dis donc, Baptiste, est-ce que tu n'es plus là?

— Si, monsieur, je suis là...

— Ah! bon... Pour en revenir... qu'est-ce que je disais donc?... je ne m'en souviens plus, mais ça ne fait rien. Y a-t-il un bon feu là?

— Oui, monsieur.

— Il faut que je me lève... j'ai trois rendez-vous pour aujourd'hui... madame de Mazzépa, madame Léandra, et ma petite grisette de la rue Coquenard; je suis sur les dents, ma parole d'honneur, je commence à en avoir assez... Je ne suis pas raisonnable!... j'ai beau me dire tous les jours: Fortincourt, mon ami, voilà assez de folies! il faut vous ranger... Bah! le courant m'entraîne, les bonnes fortunes se succèdent avec une rapidité effrayante... Plus je vieillis et plus j'en ai... Si cela continue, je serai obligé d'avoir des aides de camp!... Levons-nous!... Oh! les reins...aye! les hanches...

Les rideaux s'entr'ouvrent, et notre ancienne connaissance, M. Fortincourt, se montre au saut du lit, la tête couverte d'un foulard qui fait une foule de cornes, et le corps enveloppé de flanelle, de la tête aux pieds, ce qui ne lui donne pas l'air d'un séducteur bien dangereux, quoiqu'il veuille se le faire croire à lui-même.

Son valet de chambre lui passe une belle robe de chambre bien ouatée; il va s'asseoir devant son feu, et pendant qu'on lui pose artistement sa perruque, il prend des lettres qui sont sur sa toilette, et se hâte de les décacheter et de lire tout haut, voulant probablement justifier le proverbe qui dit: Que les grands hommes n'ont pas de secrets pour leur valet de chambre.

— Celle-ci est de madame de Mazzépa!... femme charmante... qui n'est plus de la première jeunesse... mais qui a une seconde fort agréable... et un ton excellent; je crois que c'est la femme d'un préfet... elle m'a fait des avances... oh! mais des avances très-marquées... Prends garde, Baptiste, tu me pinces les oreilles... fais attention à la raie de chair... Voyons ce qu'elle m'écrit... son écriture n'est pas droite, mais elle est fort convenable... quel dommage qu'elle aille en montant... voyons... « Mon cher Fortincourt, je vous espérais hier, vous n'êtes pas venu; je vous espère aujourd'hui...»

C'est fort aimable, il paraît qu'elle m'espère toujours; au reste, c'est son mot favori, j'ai remarqué qu'elle l'emploie dans toutes ses lettres. Voyons ce petit billet tout patchoulisé... C'est de madame Léandra, je reconnais ses pieds de mouches; quand je dis de mouches... on ne sait pas au juste de quel animal... c'est si fin... si menu... c'est à peine lisible; c'est une manière d'écrire assez adroite pour cacher les fautes d'orthographe: quand on ne peut pas déchiffrer les mots, il n'y a pas moyen de voir s'ils sont bien ou mal orthographiés... Passe-moi le miroir, Baptiste... ce n'est pas mal... Les boucles un peu plus avancées par ici... J'ai beau regarder ce billet... cela m'abîme les yeux... il me semble voir un écheveau de fil... Tiens, Baptiste, essaie donc de me lire ça, toi qui as de bons yeux.

M. de Fortincourt passe la lettre à son domestique, qui lit avec beaucoup de peine, et de la manière suivante:

« Mon cher et tendre anis...

— Comment? éteindre anis... ça ne peut pas être cela, Baptiste... fais donc attention.

— Ah! attendez, monsieur, je crois que c'est: *Et tendre anis*.

— Et tendre ami, plutôt.

— Oui, c'est cela: *Mon cher et tendre ami, penses aux rats tus tous les ours pour moi...*

— Ah! par exemple, Baptiste! ceci semble bien énigmatique; il n'est pas possible que madame Léandra veuille m'obliger à tuer tous les ours pour lui être agréable. Relis donc mieux.

— Je vous assure, monsieur... Ah!... *penseras-tu tous les ours...*

— Tous les jours, animal!

— C'est vrai, monsieur...*tous les jours à moi, fesse matin je t'en prie ton pot... ton pot!...*

— Ah! Baptiste, c'est épouvantable, vous lisez horriblement.

— Dame, monsieur, c'est si mal écrit. Attendez: *Fais... ah!* oui... *fais ce matin, je t'en prie, ton...*

— Ton possible?

— Oui, monsieur, *ton possible pour venir me trousser...*

— Quoi! Baptiste, il y aurait cela... elle veut que j'aille la... Oh! les femmes! les femmes! quand l'amour les tient, comme elles sautent par-dessus toutes les barrières de la pudeur!... Il n'y a pas de jockey aux courses qui saute mieux qu'elles..... Poursuis, Baptiste... je me sens ému... Ce billet fait délicieusement palpiter mon cœur.

— *... Ton possible pour venir me trousser... entre quatre et cinq heures dans le... jardin du Palais-Royal, où je t'attendrai sur une chaise...*

— Comment, c'est dans le jardin du Palais-Royal qu'elle veut que cet événement ait lieu!... et sur une chaise... cela ne tombe pas sous le sens... tu te trompes...

— Non, monsieur, je vous assure qu'il y a bien cela...

— Passe-moi cette lettre.

Le valet de chambre remet le billet à son maître qui, après s'être écarquillé les yeux, parvient à lire enfin, et s'écrie: « Ton possible pour venir me trouver... » bélître!... et non pas me trousser. Je disais aussi: Il est bien étonnant que madame Zizi-Léandra!... une petite maîtresse du meilleur ton, m'écrive des choses pareilles... Une femme pense cela, mais elle ne l'écrit pas. Décidément, Baptiste, il faudra que je te donne un maître de lecture!... Tu n'es pas fort, mon garçon!...

— Écoutez donc, monsieur, quand vous me présenterez des écritures comme celle-là, je vous tromperai toujours... Monsieur veut-il que je continue de lire?

— Non, vous lirez bien assez! tu ferais dire des horreurs à cette pauvre petite femme qui est la décence même, je dirais presque la vertu... Qu'est-ce que c'est, Baptiste, vous riez, je crois...

— Pardon, monsieur, c'est qu'il me semble que cette dame vous tutoie dans sa lettre, et ça annonce que vous êtes assez... sans façon ensemble.

— Ah! voyez-vous!... polisson de Baptiste, vous avez deviné cela... Eh! mon Dieu! mon garçon, ça ne prouve rien du tout! Toutes les femmes me tutoient, moi, je ne sais pas trop pourquoi; mais le fait est que pour peu qu'elles m'aient vu seulement deux fois, on les entend me dire: Tiens, te voilà, cher ami... Bonjour, mon petit Fortincourt... Fortincourt, apporte-moi donc une loge de spectacle pour demain... Fortincourt, tu me conduiras au Jardin d'hiver des Champs-Elysées et tu m'y payeras un bouquet; on en trouve de ravissants!... Et une foule de choses dans ce genre-là. Certainement ça me flatte... mais c'est fort trompeur... Ah! voyons maintenant le billet de ma grisette de la rue Coquenard... L'écriture n'est pas belle... en revanche il n'y a pas un mot d'orthographe; mais c'est très-lisible, parce que c'est écrit en gros, en très-gros même... eh bien! j'aime mieux cela, parole d'honneur, j'aime mieux cela. Voyons l'épître:

— *Monsieu... j'ai mangé les quonfitures que vous m'avait envoyait, mais c'est égal, je n'irait pas vous voir, je me suis moquait de vous, vous êtes un vieux blagueur qui m'embette...*

— Monsieur veut-il que je lise pour lui? dit Baptiste en voyant son maître ânonner et cesser de lire.

— Non, c'est inutile, répond Fortincourt qui froisse le billet dans ses mains et le jette au feu. Cette petite grisette a trop mauvais ton... elle fait trop de *cuirs!* C'est affreux... elle met des *t* partout, je ne veux plus entretenir de relations avec cette demoiselle. Ma barbe, bien vite, Baptiste, et rase-moi avec soin... Tu vois que j'ai deux rendez-vous pour ce matin, sans compter un bal pour ce soir... un grand bal chez M. de Riberpré, ce riche banquier qui reçoit si bien... et dont la femme est fort belle!... Fichtre!... une brune... tirant sur le bleu... c'est magnifique!...

— Cette dame a les cheveux bleus?

— Des cheveux d'un noir bleu... c'est fort rare, et c'est très-joli... Madame de Riberpré est une femme très-remarquable... je ne sais pas trop pourquoi je ne lui ai point encore fait la cour... c'est qu'on ne peut pas penser à tout... La belle Camille est pourtant fort aimable avec moi... Prends garde, Baptiste... tu vas me couper...

— Il n'y a pas de danger, monsieur...

— Ils ont une fille qui est fort bien... toute mignonne... toute gracieuse... cela n'a guère que quinze ans, je crois... mais la petite Elvina sera un excellent parti... l'autre soir... je lui ai fait un compliment sur... sur quoi donc, je ne m'en souviens plus, mais ça ne fait rien... et elle a ri... oh! mais elle a ri d'un cœur!... sa mère en était enchantée. Tiens! cela me fait naître une foule d'idées... Aye... tu m'as coupé, j'en étais sûr, Baptiste...

— Ce n'est rien, monsieur, cela ne se verra pas... c'est sous le nez.

— Tu deviens bien maladroit!

— C'est que monsieur parle...

— Qu'est-ce que cela fait!... encore si j'avais des moustaches... Cette petite Elvina me trotte par la tête, c'est une charmante enfant... je suis tout à fait dans ses bonnes grâces; elle rit dès qu'elle m'aperçoit!

La barbe était achevée, le lion se met devant son nécessaire de toilette, et pendant qu'il se livre à ses essences, à ses savons et commet sur son visage une foule d'expériences qui ne sont pas toutes heureuses, le valet de chambre prend les journaux, s'arrête à la page d'annonces et dit à son maître :

— Faut-il lire à monsieur ?

— Oui, sans doute... comme d'habitude, les annonces seulement; mais si tu me lis cela comme la lettre de madame Léandra...

— Oh! monsieur, quand c'est de l'imprimé, il n'y a pas de danger que je me trompe.

— Va alors, je t'écoute.

— *Perruques et toupets invisibles, collés ou à crochets...*

— Je suis assez content de la mienne. C'est égal, prends note de cela, Baptiste, il faut encourager le progrès...

— *Pilules stomachiques, seules autorisées contre la constipation.*

— Tu passeras m'en acheter une boîte, il faut toujours se tenir en garde contre les événements...

— *A vendre plusieurs fonds de boulangers, à Paris, dans le prix de...*

— Assez! assez!... est-ce que tu crois que j'ai envie de me faire boulanger?

— Monsieur me dit de lui lire les annonces...

— Oui, celles qui peuvent avoir quelque intérêt pour moi... passe.

— *Véritable onguent Canet...*

— Passe.

— *Demande d'associé avec trente mille francs, qui seront garantis, pour un magnifique établissement d'une utilité notoire, donnant par an vingt-huit mille francs nets de bénéfice. L'associé aura les trois quarts...*

— Diable!... diable!... Sais-tu, Baptiste, que voilà une proposition bien tentante. Vos trente mille francs vous rapporteraient donc par an vingt et un mille francs. Fichtre, c'est de l'argent supérieurement placé!... mais ce doit être une flouerie!... Je n'ose plus me risquer, j'ai été si souvent dupe de ces beaux spéculateurs qui me promettaient monts et merveilles!... Ah! je n'ai rencontré dans ma vie qu'un honnête homme... qu'un homme délicat, et qui méritait toute ma confiance... C'est bien peu, Baptiste... dans cette foule de faiseurs d'affaires que j'ai fréquentés, et cet homme était M. de Sainte-Lucie... un charmant garçon... se mettant aussi bien que moi!... adoré des femmes comme moi!... et encore j'ai eu l'indignité de le soupçonner un moment, le cher ami, qui m'avait emprunté douze mille francs et me les a rendus avec un empressement... dans le jardin du Palais-Royal... Ah! pauvre garçon, qu'est-il devenu?... il enlevait une femme alors... mais j'ai entendu dire qu'il avait tué le mari en duel... Oh! c'était un brave... tu ne l'as pas connu, je crois, Baptiste?...

— Non, monsieur.

— En effet, tu n'étais pas encore à mon service... Allons, poursuis.

— *Eau de toilette qui rajeunit d'un an toutes les fois que l'on s'en sert, effaçant toutes les rides de la peau, à laquelle elle donne de la souplesse, de l'animation et de la fermeté.*

— C'est superbe cela, Baptiste!... c'est magnifique... qui rajeunit d'une année toutes les fois que l'on s'en sert... mais c'est admirable... et comme on a le droit de s'en servir souvent,

Fortincourt passe la lettre à son domestique.

on peut redevenir adolescent, pour peu qu'on se débarbouille plusieurs fois par jour... Combien le flacon?

— Vingt-cinq francs, monsieur.

— C'est cher, mais on ne saurait trop payer les découvertes chimiques qui tendent à perpétuer la jeunesse. Tiens, vois-tu, Baptiste, j'ai idée que dans quelque temps on ne vieillira plus.

— Vraiment, monsieur! qu'est-ce qu'on fera donc alors?

— Comment, ce qu'on fera, imbécile!... mais on continuera de vivre en restant toujours alerte et beau jusqu'à ce qu'on meure d'une fluxion de poitrine ou d'une indigestion.

— Et ceux qui éviteront les indigestions et les fluxions de poitrine... ils iront loin alors?

— C'est-à-dire, qu'il n'y aura pas de raisons pour qu'ils finissent. Baptiste, prends avec soin l'adresse pour ces flacons; tu iras, dès aujourd'hui, m'en acheter deux... trois... Ah! bah! tu en prendras quatre tout de suite.

— Monsieur ferait peut-être bien d'en essayer d'un seul d'abord.

— Pourquoi cela ?
— Parce que si cela produisait le même effet que cette dernière eau de Jouvence que monsieur avait achetée et qui devait aussi effacer les rides et donner des couleurs charmantes... Vous rappelez-vous, monsieur ? après vous être débarbouillé avec, votre visage a enflé comme si vous aviez mangé des moules, vous aviez très-mal à la figure, et même vous avez été huit jours sans pouvoir vous moucher.
— C'est que probablement je n'avais pas su en faire usage... ensuite les chimistes les plus savants peuvent se tromper... Tu feras ce que je t'ai dit.
— Cela suffit, monsieur... *Sachet qui fait tomber les cors et durillons, et dont on se sert aussi pour le mal de dents...* Monsieur, quand on a en même temps mal aux dents et à ses cors, comment fait-on pour se servir du sachet aux deux endroits ?
— Que tu es simple, Baptiste !... Il est bien probable qu'on en a deux.
— Au fait, monsieur a raison ; moi je croyais qu'on se servait du même. *Capsules d'un usage secret, sûr, prompt et infaillible pour la guérison des maladies de Vénus.*
— Tu m'en achèteras une boîte, Baptiste, on ne sait pas ce qui peut arriver.
Le bruit de la sonnette interrompt la lecture des annonces.
— Qui diable vient me voir si matin ! s'écrie M. Fortincourt, à peine si ma toilette est achevée... Baptiste, si c'est une dame, introduis-la dans le salon, tu ne la laisseras pas pénétrer dans ce sanctuaire.
Le valet de chambre quitte son maître et revient au bout d'un moment lui dire :
— C'est un monsieur... très-élégant, très-bon genre... qui a une bien jolie canne à pomme d'écaille... un jeune homme... M. de Sainte-Lucie qui demande à voir monsieur...
— Sainte-Lucie !... ce serait possible !... ce cher ami dont je te parlais tout à l'heure. Fais entrer, Baptiste, fais entrer sur-le-champ !

Le valet de chambre court, et bientôt Monvillars est introduit dans la chambre à coucher du lion : quiconque le verrait en ce moment ne reconnaîtrait pas l'homme qui, la veille, dévorait quelques miettes de pain dans le café de mademoiselle Mignardise. Grâce aux mille francs que lui a donnés son frère, Monvillars se présente sous un aspect bien différent ; il est redevenu le petit-maître d'autrefois ; un habit noir, coupé à la mode, marque parfaitement sa taille, et, quoique boutonné, laisse apercevoir un gilet d'une étoffe de soie mêlée de velours, dont les couleurs sont ravissantes ; un pantalon gris, à petites côtes, descend sur sa botte vernies et l'encadre bien ; son col de satin noir présente un nœud d'un genre tout nouveau ; un twine grisâtre est jeté négligemment par-dessus son habit ; enfin un chapeau à tout petits bords, des gants paille bien collants, et une légère canne en jonc, mais dont le haut a plus de six pouces en écaille, complètent la toilette de ce monsieur.

Fortincourt pousse un cri de joie et ouvre ses bras à Monvillars qui court l'étreindre dans les siens en s'écriant :

— Me voilà, mon cher Fortincourt... j'arrive à Paris et j'accours chez vous !...
— Ce cher Sainte-Lucie, que je suis content !... quel plaisir de vous revoir !...
— Je gage que vous ne pensiez plus à moi ?...
— Si fait, oh ! si fait, et la preuve c'est que tout à l'heure encore je parlais de vous... Demandez plutôt à Baptiste... N'est-ce pas, Baptiste, que je parlais, il n'y a qu'un instant, de ce cher ami, que je regrettais tant ?
— Oui, monsieur...
— Je vous crois, mon ami ; mais d'ailleurs, lors même que vous m'auriez oublié, mon Dieu, vous étiez bien excusable ! vous, sans cesse dans le monde, dans les plaisirs ! vous, si occupé avec les belles... vous pouviez bien oublier un absent...

Je crois que j'en deviens amoureux ; elle a été ce soir d'un abandon avec moi...

— Vous êtes de ceux dont on aime à se souvenir.
— Ce cher Fortincourt ! que je suis aise de vous revoir en bonne santé... Oh ! vous êtes toujours le même ! toujours jeune, toujours fringant, vous ne changerez jamais !
— Vous êtes trop aimable, Sainte-Lucie.
— Il est vrai qu'il n'y a guère de six à sept mois que nous nous sommes vus... mais moi, vous devez me trouver changé cependant ?
— Vous, Sainte-Lucie, mais en effet, le visage un peu plus effilé, plus pâle... ça vous va très-bien... cela vous donne un air intéressant, mélancolique ; les femmes aiment cela... Est-ce que vous auriez eu des chagrins ?
— Eh ! qui n'en a pas ?...
— Du côté de la fortune ?
— De la fortune ?... oh ! non, vraiment !... la mienne n'a rien à redouter des coups du sort, elle est à l'abri des événements. J'ai toujours été si heureux dans mes spéculations, je ne sais que faire de mon argent !...
— Ce brave ami !... Vous me conterez vos aventures ; voulez-vous déjeuner avec moi sans façon ?
— Je veux bien.
— Baptiste, fais-nous vite apporter à déjeuner... un bon feu dans le poêle. Soigne tout cela.
— Mais finissez votre toilette, mon ami, que je ne vous gêne pas...
— Me voilà... passez dans le salon, je suis à vous dans l'instant...
Monvillars passe dans un joli petit salon où il est bientôt rejoint par Fortincourt qui s'écrie, en l'examinant de la tête aux pieds :
— Mon ami, vous êtes délicieusement habillé... parole d'honneur ! vous effacez les gravures du *Journal des Modes*... Je vous demanderai l'adresse de votre tailleur.
— Mon Dieu, mon cher, je me suis fait faire tout cela en voyage... je ne suis à Paris que depuis deux jours, et ma première visite a été pour vous.
— Voilà une marque d'amitié qui me touche vivement. Allons déjeuner et nous jaserons...
Fortincourt conduit Monvillars dans sa salle à manger, où un déjeuner friand est servi ; et, en faisant tous deux honneur au repas, ces messieurs reprennent leur conversation.
— Comment vont les amours, les belles, les intrigues ? dit Monvillars à son amphitryon.

— Plus fort que jamais, mon ami; je fais l'amour comme chez Nicolet... vous savez !... j'ai en ce moment deux conquêtes nouvelles... deux brunes; je suis fâché qu'il n'y ait pas une blonde... Mais vous... vos aventures... cette femme que vous enleviez à son mari?...

— Eh bien! mon ami, je l'ai enlevée...

— Oui, mais le mari vous poursuivait, à ce que j'ai su. Figurez-vous que le jour où e vous rencontrai au Palais-Royal... vous savez, le jour où vous couriez après moi pour me rendre mes douze mille francs?...

— Je me rappelle, eh bien?

— Eh bien! à peine si vous nous aviez quittés, qu'un de mes amis nous accosta; il était avec un ancien militaire qu'on appelait le major... ma foi, j'ai oublié le nom, et qui cherchait sa femme qu'on lui avait enlevée... n'était-ce pas votre homme?

— Positivement.

— Ne vous a-t-il pas rattrapés... ne l'avez-vous pas tué en duel?... Cet événement ne fut su à Paris que longtemps après.

— Oui... oui... nous nous battîmes au pistolet... mon adversaire tomba... et moi je me sauvai, ignorant qu'il était dangereusement blessé... En pareil cas vous savez que ce que l'on a de mieux à faire est de fuir.

— Oh! certainement!

— Je me réfugiai en Espagne avec la jeune femme...

— Ah! vous avez été en Espagne... pays chaud. On dit les femmes espagnoles très-amoureuses, très-provoquantes, les Andalouses surtout. Ah! si j'allais en Andalousie, je me rendrais malade! Oh! les femmes... Qu'est-ce que je disais donc?... je ne m'en souviens plus, ça ne fait rien. Enfin, votre belle... qu'en fîtes-vous?... vous pouviez l'épouser, puisqu'elle était devenue veuve...

— Oui, mais... je ne l'épousai pas... car elle me fut infidèle.... elle me quitta pour en suivre un autre...

— Il serait possible? Il paraît que c'est une femme qui aime à varier ses plaisirs.... Le pauvre Sainte-Lucie, et cela vous a fait du chagrin, c'est là, sans doute, ce qui vous a pâli.... maigri?— Oui, en effet... c'est cela.... j'avais la faiblesse d'aimer cette femme... Vous savez, Fortincourt, que l'on n'est pas maître de ses sentiments!

— A qui le dites-vous, mon ami?... à qui le dites-vous!... Eh! mon Dieu! si l'on était maître de ses passions, ce serait trop commode! aujourd'hui on se dirait : Voilà quinze jours que j'aime madame une telle; je la sais par cœur, il est inutile de continuer ; je vais en aimer une autre... celle-ci une semaine, celle-là trois jours, on aurait comme cela tous ses sentiments classés d'avance... ce serait fort agréable... Ah! fichtre... ce serait... qu'est-ce que je disais donc?... je ne m'en souviens plus... ça ne fait rien...

— Oui, mon cher Fortincourt, j'ai été trahi par cette femme à qui j'avais tout sacrifié!

— Comme ces maudits jupons sont perfides!... et dire qu'on adore cela... c'est-à-dire pas positivement les jupons, mais ce qui est dessous... Battez-vous donc en duel pour ces dames, risquez votre vie ou tout au moins un de vos membres, et puis quand vous serez devenu borgne ou boiteux pour posséder votre Dulcinée, bien le bonsoir, vous ne possédez plus rien. La conduite de votre dame est indigne... mais enfin, quand vous vous désolerez, ce n'est pas cela qui vous vengera...

— Vous avez raison, j'espère bien aussi quelque jour me venger autrement. J'ai voyagé longtemps pour me distraire, mais je me suis aperçu que ces beaux pays, si vantés par les poètes, ne valaient pas Paris!... notre divin Paris, où l'on trouve chaque jour dix plaisirs pour un, où les distractions naissent à chaque pas, où les femmes ont si bonne tournure, où l'on dîne si bien, où il y a chaque soir plus de vingt théâtres ouverts aux amateurs, où l'on joue, où l'on perd si gaiement son argent... ce qui m'est arrivé bien souvent... Je ne suis pas heureux au jeu, mais c'est égal, je l'aime beaucoup! et je suis revenu dans Babylone... et je suis accouru à votre demeure...

Et puisque je retrouve un ami si fidèle,
Mes plaisirs reprendront une force nouvelle!

— C'est cela! c'est cela! s'écrie Fortincourt en pressant la main de Monvillars. Voilà qui est parler; il faut rire, s'amuser... il faut jouir de la vie..:

— Mais, pour cela, je compte un peu sur vous, mon bon Fortincourt, car absent de Paris depuis six mois, je suis un Huron, un sauvage... je ne connais plus rien... Voyons, mettez-moi au fait... qu'est-ce qu'il y a de nouveau dans le monde?...

— On danse la polka et la mazurka.

— On dansait déjà cela de mon temps.

— Nous avons aussi la redowa.

— Connais pas.

— Mais c'est la polka qui surnage, je crois qu'elle restera.

— En fait de jeux?

— Toujours la même chose : l'éternel whist, si peu en analogie avec l'humeur gaie des Français; très-peu de bouillotte, qui, pourtant est éminemment française, ne serait-ce qu'à cause de sa désinvolture et de sa vivacité. Encore du lansquenet et du bacarat dans les maisons où l'on regrette la roulette.

— Très-bien; et les intrigues, les amours?

— Encore la même chose : on se plaît, on se prend, on se trompe, on se quitte : quelquefois cependant on se trompe et on ne se quitte pas, c'est même plus commun.

— Et vous allez beaucoup dans le monde, vous?

— Je ne sais où donner de la tête; l'hiver s'annonce bien, déjà les salons s'ouvrent, les invitations pleuvent! c'est une averse.

— Vous me produirez; j'ai perdu de vue la plupart de mes connaissances, et puis je trouve plus agréable d'en faire de nouvelles; au moins on ne me parlera plus de mon aventure avec la femme du pauvre major... vous comprenez ma raison.

— Parfaitement, et je vous approuve. Je vous mènerai, je vous présenterai où vous voudrez. Un galant homme, riche et beau garçon, est bienvenu partout.

— Merci mille fois, mon cher Fortincourt; je ne m'étais pas trompé en comptant sur votre amitié.

— Eh parbleu! tenez, voulez-vous que nous commencions dès aujourd'hui à courir le monde ensemble? ce soir je vais à une brillante soirée : bal, jeu, musique, rien ne manquera... Si cela vous va, je vous mène avec moi...

— Cela me va très-bien. Mais chez qui irons-nous? j'aime assez à être renseigné.

— C'est juste, cela donne la mesure des formes que l'on doit observer. Ecoutez donc; voici le programme : M. Riberpré ou de Riberpré, je ne suis pas bien sûr... dans le doute on dit de, ça ne coûte rien et cela flatte les personnes... un banquier fort riche... c'est un homme qui n'est plus jeune, qui n'est pas très-aimable, mais qui donne de fort belles soirées. Sa femme, qui est beaucoup plus jeune que lui, est belle, bien faite, et toujours éblouissante de parure... Elle a des cheveux d'un noir bleu. Enfin, il y a pour tout enfant une jeune demoiselle de quinze à seize ans, frêle, mignonne, gracieuse, jolie, et que sa mère semble adorer. Voilà tout.

— Très-bien, mon ami, me voilà assez instruit pour ne point faire de gaucheries... Ce soir, je viens vous prendre... à quelle heure?

— Dix heures, ce sera bien.

— Dix heures, c'est convenu et maintenant je vous laisse à vos affaires, à vos rendez-vous... car vous en avez toujours.

— C'est vrai... oh! que c'est vrai.

— A ce soir.

— Je vous attends. A propos, mon bon, à quel nom vous êtes-vous fixé? vous en aviez changé, ce me semble, lorsque vous enleviez votre dame.

— Oui, mais comme vous devez le penser, je ne veux plus rien qui me rappelle cet événement. Je ne suis plus que Sainte-Lucie, comme autrefois.

— Très-bien. A ce soir donc.

Monvillars serre la main de Fortincourt et ces messieurs se séparent.

VIII. — UN BAL CHEZ M. RIBERPRÉ.

M. Riberpré avait changé de logement : en général, on n'aime pas à rester dans un endroit où des voleurs se sont introduits; on pense toujours que ces messieurs ont montré le chemin à leurs camarades. C'est maintenant dans la rue Neuve-des-Mathurins que le banquier a établi son domicile, ce qui était d'ailleurs une nouvelle condescendance aux désirs de Camille, qui voulait habiter la Chaussée-d'Antin; et c'est pour inaugurer son nouveau local que M. Riberpré y donne une fête.

Tout ce que la fortune peut se procurer pour éblouir les yeux, fasciner les sens et faire envie aux plus raisonnables, a été prodigué dans ce nouvel appartement où le comfortable est joint au bon goût et à l'élégance. En entrant dans les salons de M. Riberpré, on est ébloui par une immense quantité de lumières, répétées par des lambris couverts de glaces; on est doucement enivré par le parfum des fleurs; on admire la richesse des meubles, des draperies ; et lorsqu'à tout cela se joignent les sons d'un orchestre conduit par *Strauss, Musard* ou *Tolbecque*, lorsque les salons sont remplis de femmes charmantes qui se disputent le prix de l'élégance, de la mode, de la grâce, c'est à se croire dans un séjour de fées.

Mais, en homme qui a l'habitude du monde, Monvillars voit tout cela sans que cela ait l'air de lui faire la moindre impression ; il traverse avec une certaine raideur ces salons brillants et cette foule élégante, en suivant son conducteur qui, sur son chemin, adresse à chaque instant aux dames de profonds saluts et de gracieux sourires. On arrive enfin à M. Riberpré. La présentation se fait comme elles se font toutes.

Fortincourt dit au banquier :

— Permettez-moi de vous présenter un de mes bons amis, M. de Sainte-Lucie.

Le banquier salue en prononçant les formules d'usage, et en jetant un coup d'œil sur le présenté, dont la mise irréprochable et l'air tant soit peu impertinent lui donnent une fort haute idée; car chez les hommes d'argent, si vous vous présentez avec un abord modeste, on n'aura qu'une médiocre opinion de vous.

Monvillars a salué légèrement, et d'un air qui signifie:
— Vous devez être trop heureux de me recevoir.
— Passons à d'autres exercices; A madame, maintenant... je l'aperçois dans ce salon.

Camille était éblouissante de parures, de diamants; une couronne de camélias rouges, placée sur ses beaux cheveux d'ébène, donnait à ses yeux un nouvel éclat, et à tous ses traits quelque chose de piquant, de provoquant, qui rappelait l'*Erigone*, non pas au moment où elle se pend de désespoir en apprenant la mort de son père, mais lorsqu'elle écoute les doux propos de *Bacchus*, qui, pour lui prouver son amour, n'est pas probablement resté constamment transformé en grappe de raisin. La reine de la fête était assise entre deux dames fort peu jolies, et presque laides, qu'elle comblait d'amitiés, de gracieusetés, pour lesquelles enfin elle se montrait charmante. Celles-ci recevaient les prévenances de la belle Camille, avec cette satisfaction niaise de personnes qui ne comprennent pas qu'elles servent de cadre à un tableau. Quelques hommes formaient déjà un petit cercle devant ces dames qu'ils bombardaient de leurs compliments. Fortincourt parvient à se faire jour, et arrive avec Monvillars devant la maîtresse de la maison, qui lui fait un accueil aimable, quoiqu'il y ait dans l'expression de son sourire quelque chose d'un peu moqueur.

Après avoir offert ses hommages, Fortincourt présente Monvillars, Celui-ci examinait déjà Camille depuis quelques instants; le résultat de cet examen avait sans doute été favorable, car, en saluant la maîtresse du logis, Monvillars avait dépouillé son air suffisant, et tâché de laisser voir l'impression que faisait sur lui la beauté de Camille. Celle-ci, de son côté, après avoir reposé ses yeux sur le cavalier qu'on lui présente, laisse errer sur ses lèvres un de ses plus gracieux sourires; et sa voix, habituellement dure, devient presque douce en répondant au compliment qu'il lui adresse.

— Mon ami de Sainte-Lucie revient de voyage, reprend Fortincourt, mais il a toujours regretté Paris, et ma foi, pour qu'il retrouve ces plaisirs... les réunions délicieuses, et surtout ces femmes charmantes après lesquelles il soupira't tant, je ne pouvais mieux faire, belle dame, que de l'amener d'abord chez vous!

— C'est fort aimable à vous, répond Camille; nous ne rendrons peut-être pas à monsieur tout ce qu'il regrettait, mais du moins nous tâcherons qu'il prenne goût à nos réunions et qu'il s'y plaise un peu.

Monvillars ou Sainte-Lucie (car maintenant nous lui donnerons également ces deux noms) ne répond à ces bienveillantes paroles que par un salut et un regard; mais ses yeux, en se fixant sur ceux de Camille, ont une éloquence que cette dame a trop d'expérience pour ne point comprendre.

Une jeune personne, légère comme une sylphide, et dont la taille svelte et gracieuse se déploie avec souplesse sous une charmante robe de bal, semée de branches de bruyères, se trouve tout à coup devant Camille et lui dit avec un petit air mutin qui la rend encore plus jolie:
— Maman, M. Millenare veut absolument polker avec moi; il dit que c'est toi qui l'envoies et que je ne peux pas le refuser... Est-ce que c'est vrai?... est-ce que tu veux que je polke avec ce monsieur?... mais il ne va jamais en mesure... Il danse très-mal, et il me marche sur les pieds; moi, je l'ai refusé d'abord!
— Tu as bien fait, ma chère Elvina, répond Camille en souriant à sa fille. Il est un mauvais plaisant... je ne l'ai point envoyé, et s'il ne sait pas polker, tu as parfaitement le droit de refuser!... On excuse un mauvais danseur dans un quadrille, mais pour une polka, un cavalier qui ne sait pas conduire sa dame doit être impitoyablement repoussé!... N'êtes-vous pas de mon avis, monsieur?

Ces mots s'adressaient à Monvillars, qui s'empresse de répondre:
— Tout à fait, madame. Puis il porte ses regards sur Elvina, dont la figure mignonne, délicate, les yeux bleus et limpides, le front pâle et les cheveux blonds ne présentaient aucune analogie avec les traits fortement caractérisés de sa mère, et encore moins avec la figure sardonique ou insolente de M. Riberpré. Camille, qui s'aperçoit que Monvillars considère sa fille, lui dit encore:
— C'est ma fille, monsieur, c'est mon Elvina, que je vous présente... c'est une enfant un peu gâtée!... mais je ne sais pas aimer à demi... et elle fait de moi tout ce qu'elle veut...
— Oui, répond Elvina, mais aussi je ne veux que ce qui te fait plaisir... Ah! j'entends la ritournelle de la polka... pourvu que M. Millenare ne me poursuive pas jusqu'ici... je veux la danser pourtant...
— Voulez-vous de moi pour cavalier? dit Fortincourt en s'inclinant devant la jeune fille; celle-ci se met à rire en répondant:
— Oh! non!... car je ne sais pas si ce serait la peine de refuser M. Millenare!...

Fortincourt ne sait trop quelle figure faire à cette réponse, mais il prend le parti le plus adroit, celui de rire, en s'écriant:
— Ah! c'est charmant!... et je mérite cela pour ne pas vous avoir invitée, retenue plus tôt... Oui, je mérite cela.

En ce moment un jeune cavalier, fort joli garçon, vient inviter la jeune fille, qui s'empresse d'accepter, et s'éloigne avec lui ayant plutôt l'air de voltiger que de marcher.

— Charmante personne! murmure Monvillars; mais comment n'aurait-elle pas tout pour plaire, quand il lui suffit pour cela de marcher sur les traces de sa mère?

Quoique ce compliment ait été prononcé à demi-voix et comme une simple réflexion, Camille ne pouvait manquer de l'entendre; une expression de satisfaction qui fait rayonner sa physionomie prouve à Monvillars qu'on l'a entendu, et un regard très-aimable qu'on lui jette encore répond à ce qu'il vient de dire. Ayant assez d'usage pour ne pas vouloir déjà accaparer l'entretien de celle qui se devait à toute sa société, Monvillars s'éloigne alors de Camille et passe dans un autre salon.

Tout en parcourant les appartements du riche banquier, où il se présentait pour la première fois, Monvillars affectait la tenue aisée d'une personne habituée à se trouver dans le monde, et pourtant ce n'était pas sans une secrète inquiétude qu'il promenait ses regards autour de lui; il redoutait de trouver là d'anciennes connaissances, des gens qui pouvaient reconnaître en lui le baron de Fridzberg, ou M. de Monvillars, ou même Constant Martinot, clerc d'avoué. Mais, après avoir parcouru quelque temps les salons, il reprend peu à peu son assurance, personne dans tout ce monde ne s'est déjà offert à ses regards; et d'ailleurs, le cas même où quelqu'un croirait le reconnaître, il est bien décidé, lui, à ne pas le reconnaître; lorsqu'on a eu la force de nier son identité à son père, on doit se faire un jeu de tout le reste.

Monvillars s'est arrêté dans un salon de jeu; quelques minutes d'observation lui suffisent pour s'assurer qu'il n'y a là aucun de ses confrères. Il se met donc avec confiance devant une table de lansquenet; mais il a soin d'agir avec une extrême prudence et de se contenter d'un gain modeste. Il fait mieux; après avoir gagné quelques billets de mille francs, il va à une autre table perdre quelques centaines de francs, accusant bien haut le destin sur le malheur qui le poursuit; puis il quitte le jeu, laissant toutes les personnes qui l'entourent persuadées qu'il a eu, dans la soirée, une chance déplorable.

Et pourtant la partie de lansquenet vient de s'animer, l'or circule; il serait facile à un homme aussi adroit que Monvillars de doubler, de tripler même ses bénéfices. D'où vient qu'il ne se livre pas à sa coupable industrie?

C'est que déjà d'autres projets fermentent dans la tête de cet homme qui veut à tout prix acquérir une fortune; et qu'est-ce que quelques billets de banque, quelques rouleaux d'or, pour celui qui, dans l'avenir, aperçoit une perspective brillante, une position à l'abri des revers, enfin une existence telle qu'il l'a rêvée? Tout cela il l'a vu, deviné, pressenti dans les regards de Camille, de cette femme qu'il croit alors l'épouse du riche banquier, et c'est pour commencer à réaliser ses projets qu'il quitte la table de jeu et retourne dans les salons où l'on danse.

Monvillars s'approche d'un quadrille où la belle Camille se livre à son goût pour la danse, goût qui, chez quelques femmes, augmente toujours au moment où il serait plus convenable qu'il diminuât. La mère d'Elvina est encore assez jolie pour qu'on désire véritablement être son cavalier; l'élégance de sa parure, l'éclat des bougies et l'animation produite par la danse, peuvent dans un bal la rajeunir de six ou sept ans, il n'est donc pas étonnant qu'elle éprouve un grand plaisir à se livrer à cet exercice.

Monvillars s'était placé de manière à bien voir Camille et surtout à être vu d'elle; il ne quitte pas des yeux pendant qu'elle danse; il la regarde encore lorsqu'elle cause avec son cavalier; il lui est facile de voir que on le remarque aussi et que l'on n'est pas indifférente à sa conduite.

Monvillars attend la fin du quadrille pour se rapprocher de la maîtresse de la maison et lui demander la faveur d'être aussi son cavalier. Camille espérait cette invitation, elle sourit à Monvillars en lui disant:

— Mon Dieu, monsieur, ce serait avec grand plaisir... mais comment faire?... je suis déjà retenue pour douze... il faut donc renvoyer bien loin, d'autant plus que maintenant les contredanses sont entremêlées de valses, de polkas... qui sait si l'on en dansera encore douze?...

— Il y a toujours moyen si vous le voulez bien, répond Monvillars... Aussitôt la ritournelle, acceptez ma main, allons; puis, quand votre cavalier viendra vous réclamer, assurez-lui qu'il s'est trompé, que ce n'est pas celle-ci que vous lui avez accordée, qu'il fait erreur enfin... Je serai là pour appuyer ce que vous direz... pour affirmer que vous m'avez accordé cette contredanse, et ce monsieur vous croira et sera encore très-heureux si vous lui promettez d'être plus tard sa danseuse.

— En vérité, vous arrangez tout cela avec une facilité... mais j'ai peur que vous ne m'attiriez une mauvaise affaire...

— Oh! je réponds de tout!... fiez-vous à moi seulement!

En ce moment l'orchestre donne le signal. Mais c'est une valse qu'il joue.

— Valsez-vous? demande Monvillars à Camille.

— Quelquefois... quand je suis sûre d'avoir un bon valseur.
— Si je me permets de vous engager, c'est que je sais valser ; se conduire autrement est presque une impolitesse ; voulez-vous vous risquer ?...
— Mais je crois que j'ai promis...
— Du moment que vous n'en êtes pas bien sûre, je m'empare de vous.

Et Monvillars passe son bras autour de la taille de Camille qui ne demandait pas mieux que de se laisser entraîner ; puis, tous deux s'élancent et tournent dans le cercle des valseurs avec un ensemble, un abandon et une grâce qui captivent tous les suffrages. Camille est fort satisfaite de son cavalier, et, tout en valsant, ses yeux rencontrent bien souvent le regard fascinateur de Monvillars ; alors lorsqu'on se tient de si près, lorsqu'un orchestre délicieux vous entraîne, lorsqu'enfin un secret penchant nous parle pour celui qui nous presse dans ses bras et presque contre son cœur, croyez-vous qu'il faille beaucoup de temps pour s'entendre, pour être certain de sa conquête ?

Après une seule valse avec Camille, Monvillars s'entendait très-bien avec elle. Une femme de quarante ans qui éprouve le besoin d'aimer, dont le cœur est encore capable de ressentir tous les feux de l'amour, et qui rencontre un homme qui lui plaît, ne laisse pas cet homme soupirer longtemps en vain. La main de Camille a déjà répondu à la tendre pression de son cavalier ; le quadrille aurait sans doute avancé les affaires, mais la valse les a menées bien plus vite.

Aussi Monvillars se présente-t-il avec confiance pour la contredanse suivante ; on l'attendait. On ne fait plus aucune difficulté pour l'accepter ; l'autre cavalier a été renvoyé sans pitié, on a même eu l'air de croire qu'il n'avait jamais été question de danser avec lui.

— Ne ferez-vous pas aussi danser ma fille ? dit Camille à son cavalier pendant un moment de repos.
— Je ferai tout ce que vous me direz, madame, je suis à vos ordres. D'ailleurs, celui-ci est fort doux ; mademoiselle votre fille est charmante... mais je crains qu'ainsi que sa mère, elle ne soit obsédée par trop d'admirateurs, et qu'il ne me soit difficile de parvenir à être son cavalier.
— Mais en vérité, monsieur, je pourrais prendre ceci pour une raillerie... Vous avez eu, ce me semble, fort peu de peine à devenir le mien.
— Est-ce que vous me reprochez mon bonheur, madame ?
— Votre bonheur... parce que vous dansez avec moi... il s'effacera vite de votre mémoire ! vous devez vivre dans les fêtes, dans les bals, et au milieu du tourbillon du monde... le plaisir d'aujourd'hui efface celui d'hier... comme demain chassera le souvenir d'aujourd'hui.
— Cela peut être pour ces sensations fugitives qui n'arrivent pas jusqu'à notre cœur ; pour ces sentiments sur lesquels nous glissons, parce que nous savons bien que nous ne trouverons rien de solide dessous. Mais ce n'est pas tout cela que j'appelle du bonheur ! je reste froid et indifférent pour toutes ces liaisons qui ne doivent durer qu'un moment... car ce n'est pas ainsi que je comprends l'amour.
— Vraiment ! vous seriez capable d'aimer... longtemps ?
— Toujours !... si je rencontrais un cœur aussi brûlant que le mien.
— Tous les hommes disent cela... pour nous tenter... mais il y en a si peu qui tiennent parole... ils nous trahissent lorsque nous les aimons encore.
— Je gage bien, madame, que vous n'avez jamais été à même de savoir cela par vous-même ?...

Camille et quelques instants sans répondre, elle semble rappeler ses souvenirs, et en ce moment le sourire qui effleure ses lèvres à quelque chose d'un peu forcé ; elle se remet cependant et répond en riant :
— Si j'avais fait comme vous, messieurs, si j'avais cessé d'aimer pendant que je l'étais encore... pensez-vous que j'aurais eu tort ?...
— Oh non ! madame, non... et quoique ce que vous me dites là ne soit pas rassurant, ce n'est pas cela qui m'empêcherait de vous adorer... si toutefois il m'était encore possible de ne pas le faire...
— Monsieur de Sainte-Lucie... prenez garde !... si j'allais vous croire !...
— C'est le plus ardent de mes désirs...
— Et si j'allais ensuite me conduire comme je vous le disais tout à l'heure...
— Vous allez me trouver beaucoup d'amour-propre, peut-être, mais il me semble, moi, que l'on ne change que lorsqu'on n'a pas rencontré un amour digne du sien... et je me crois capable d'aimer assez pour que l'on ne cherche pas mieux...
— Vraiment... eh bien ! j'aime votre assurance... vous avez raison, monsieur, il faut savoir s'apprécier, se connaître ; car lorsqu'on doute de soi, on est toujours disposé à douter des autres.

La contredanse finissait. Monvillars et Camille auraient volontiers continué à causer ; mais dans le monde il n'est pas d'usage de faire ce qu'on veut : Monvillars va faire son invitation à la jeune Elvina, pour montrer à sa mère qu'il s'empresse de satisfaire ses moindres désirs. Pendant ce temps, Camille, tout en continuant à faire les honneurs de la soirée, en répondant aux compliments qu'on lui adresse, semble cependant fort préoccupée, et, dans la foule qui l'entoure, ses yeux cherchent toujours quelqu'un. Ayant enfin aperçu Fortincourt, elle lui fait un léger signe de tête pour qu'il aille à elle ; le lion suranné, enchanté de cette faveur, se hâte de s'approcher de Camille qui lui montre une petite place près d'elle, sur le divan, en lui disant :

— Mettez-vous donc là... je veux causer avec vous... mais on ne sait ce que vous devenez... vous ne restez pas une minute en place... quel papillon vous faites !... Oh ! vous êtes indigne.

Fortincourt, enchanté de s'entendre dire de ces choses-là, se laisse glisser sur le divan et manque même de s'asseoir par terre, mais heureusement il se retient à un galon qu'il décout, tout en répondant :

— Ah ! belle dame, je ne mérite pas de tels reproches... Oh ! non, je ne les mérite pas... donnez-moi un cordon... des chaînes... attachez-moi à vos pieds, et je ne me plaindrai pas.
— A propos, monsieur Fortincourt... vous nous avez amené un jeune homme qui paraît fort bien... Il se nomme de Sainte-Lucie ?
— Oui, belle dame... oh ! c'est un charmant garçon !
— Il est noble ?...
— Oh ! il l'est... il doit l'être.
— Vous le connaissez depuis longtemps ?
— Oui... c'est-à-dire... pas très-longtemps, mais assez pour que j'aie été à même de l'apprécier. C'est un homme d'une probité irréprochable... incapable de faire tort d'un centime à un ramoneur !...

Camille, qui semble attacher assez peu d'importance à la sévère probité que Fortincourt est en train d'exalter, reprend :
— Il est riche, ce monsieur ?
— Fort riche... ou du moins il doit l'être... Il est très-heureux à la Bourse ; toutes ses spéculations réussissent.
— Et il a été voyager pour son agrément ?
— Oh ! son agrément... c'est-à-dire, ceci tient à une aventure assez scabreuse... qui lui arriva au printemps dernier... Mais je ne sais pas trop si je dois vous dire...
— Oh ! contez-moi cela... vous serez bien gentil... je suis très-curieuse d'abord... et puis ce jeune homme... présenté par vous, doit m'intéresser.
— Vous êtes mille fois trop bonne... je suis sensible à cette parenthèse !... mais Sainte-Lucie désire oublier cette aventure, et si on la lui rappelait, ce serait lui faire de la peine.
— Je pense que vous ne me jugez pas assez inconséquente pour aller dire à ce monsieur que je connais ses secrets !... Si je vous demande cela, moi, c'est que j'aime à savoir qui je reçois chez moi... Voyons, mon petit Fortincourt, je vous écoute.
— Il m'est impossible de vous résister..... vous me demanderiez une couronne... parole d'honneur... je ne vous la donnerais pas, parce que je n'en ai point ; mais je me ferais conspirateur pour vous la procurer.
— Il n'est pas question de couronne... cette aventure arrivée à votre ami, M. de Sainte-Lucie...
— Ah ! c'est juste... Qu'est-ce que je disais donc ?... je ne m'en souviens plus... ça ne fait rien. Ce pauvre Sainte-Lucie ! Vous saurez donc qu'il était devenu éperdument amoureux d'une femme mariée... C'est un grand tort ! mais on n'est pas toujours maître de son cœur... Moi-même j'avoue que je, je me sens sur le point d'être bien criminel...
— Ah ! par grâce, il ne s'agit pas de vous ici.
— Il était donc devenu amoureux... la dame le payait de retour ; mais comme elle avait un mari très-jaloux et que c'était gênant..... quand un mari n'est pas jaloux, c'si commode !... ça va comme sur des roulettes...
— Ah ! monsieur Fortincourt !...
— Pardon, je m'égare !... Bref, Sainte-Lucie enleva cette dame...
— Il l'enleva !...
— Mon Dieu ! oui ; mais le mari les poursuivit et parvint à les retrouver... c'est un gaillard qui ne plaisantait pas : un duel eut lieu et le mari fut tué.
— Ah ! il tua le mari et ensuite ?...
— Ensuite, il se sauva en Espagne avec sa dame. Mais là... oh ! là... c'est affreux à penser... cette dame lui fut infidèle ; elle le quitta pour s'en aller avec un autre.
— Pauvre jeune homme !... Oh ! en effet, c'est bien affreux...
— N'est-ce pas ?... Abandonner, délaisser un homme qui avait tué son mari, c'est indigne... Battez-vous donc en duel pour une femme, hein !... qu'en dites-vous ?...
— Toutes ne se conduisent pas comme celle-là !
— Vous avez raison. Bref, Sainte-Lucie éprouva un violent chagrin de l'abandon de sa belle : il voyagea quelque temps pour se distraire ; puis, enfin, il revint à Paris, et il fit bien, car c'est ici que l'on s'amuse réellement. Voilà son aventure : vous comprenez maintenant qu'il n'aime pas à en entendre parler.
— Parfaitement, répond Camille qui a écouté avec beaucoup d'intérêt le récit de Fortincourt, et qui, lorsqu'elle aperçoit Monvillars

le regarde avec encore plus d'émotion ; car une femme enlevée, un duel, cela lui annonçait un homme passionné, un homme incapable de reculer devant les obstacles quand il s'agissait de satisfaire ses désirs, et c'était ainsi seulement qu'on pouvait lui plaire, parce que telle était aussi sa manière d'aimer.

Monvillars, après avoir fait danser la jeune Elvina, près de laquelle il s'était montré aussi empressé que respectueux, juge convenable de chercher aussi à se faire bien venir du maître de la maison ; il saisit un moment où le banquier ne cause avec personne, et, s'approchant de lui d'un air aimable et dégagé, lui fait force compliments sur sa soirée, sur le choix de sa réunion, sur la beauté, le goût, l'élégance de ses appartements.

Un jeune homme qui s'amuse en perdant des billets de mille francs devenait un personnage très-distingué aux yeux d'un homme d'argent comme l'était Riberpré, aussi s'empresse-t-il d'engager Monvillars à revenir à ses fêtes et même à ses petites soirées. C'était bien sûr quoi comptait ce dernier, qui s'incline en répondant qu'il profitera de cette permission.

— Eh bien ! mon très-cher, dit Fortincourt en abordant son ami, êtes-vous satisfait de m'avoir accompagné ?... N'est-ce pas que ce Riberpré fait bien les choses ?... son bal est délicieux... sa fille est fort gracieuse et sa femme... ah ! sa femme !... quel œil de feu !... Je crois que j'en deviens amoureux... elle a été ce soir d'un abandon avec moi...

— Hum !... eh bien ! il faut poursuivre la conquête ! répond Monvillars en souriant. Cette dame en vaut bien la peine... et si je puis vous seconder, disposez de moi.

— J'en userai, cher ami... on ne sait pas... un second peut servir quelquefois... La belle Camille vous trouve aussi fort bien...

— Cette dame a trop de bonté.

— Non, c'est qu'elle s'y connaît... Est-ce que vous partez ?

— Oui, je me sens fatigué, et je rentre.

— Au revoir, donc... nous nous reverrons sous peu, j'espère...

— J'irai vous porter mon adresse.

Monvillars, ne voulant pas se prodiguer, quitte alors le bal du banquier, en se disant :

— Je n'ai pas perdu ma soirée. J'ai gagné trois mille francs... tout en ayant l'air de perdre, et j'ai fait la conquête de cette femme qui sera à moi avant peu... car j'ai lu dans son cœur... et j'ai idée que son amour doit être la source de ma fortune... Quant à moi, comme je ne serai jamais amoureux d'elle, il m'en sera que plus facile de la captiver entièrement et de lui faire faire tout ce que je voudrai.

IX. — QUI SE RESSEMBLE S'ASSEMBLE.

Quinze jours après le bal donné par le banquier, Monvillars, qui avait loué un joli petit appartement dans la rue Montholon, était chez lui, seul, vers les deux heures de l'après-midi ; le temps était sombre et froid, mais un bon feu pétillait dans la cheminée de sa chambre à coucher, les portes et les fenêtres étaient bien closes, et aux soins qu'on avait apportés dans l'arrangement de l'appartement, à la toilette coquette que ce jeune homme avait sous sa robe de chambre, il était facile de deviner qu'il attendait quelqu'un et que c'était une bonne fortune.

Pendant les quinze jours qui venaient de s'écouler, il est superflu de vous dire que Monvillars a été plusieurs fois chez Riberpré, qu'il a cultivé adroitement la connaissance du mari, en faisant sa cour à la femme ; ce qui va suivre nous mettra suffisamment au courant des faits qui se sont passés.

Monvillars regardait souvent une petite pendule en rocaille, placée sur la cheminée. Cette pendule venait de sonner deux heures, puis la demie. Le jeune homme semblait en proie à une vive impatience. De temps à autre, il se levait, écartait les rideaux soigneusement tirés et tâchait d'apercevoir dans la rue. Puis il regarda de nouveau sa pendule. Enfin ces mots s'échappent de sa bouche :

— Une demi-heure de retard !... est-ce qu'elle ne viendrait pas ?... Alors il serait donc survenu quelque obstacle insurmontable... mais quand les femmes veulent une chose, elles surmontent tous les obstacles, et Camille est de ces femmes-là... Si c'était notre premier rendez-vous, je pourrais redouter qu'elle n'eût changé d'idée... que des craintes, des scrupules ne lui aient pris tout à coup. Grâce au ciel, nous n'en sommes plus là... Deux fois déjà elle est venue ici... elle m'aime... oh ! oui, je puis être sûr de son amour... maintenant du moins... car avec les femmes peut-on compter sur quelque chose ? Mais une liaison de dix jours... un j'ai dix jours que j'ai obtenu le premier rendez-vous, et alors il y en avait six que je l'avais vue pour la première fois à son bal... il me semble que j'ai mené l'affaire assez vivement... Du reste, je dois avouer que, de mon côté, ma dame y a mis aussi beaucoup de bonne volonté... il faut que cette intrigue me conduise à la fortune... et si j'ai bien jugé Camille, les choses marcheront au gré de mes désirs ; mais pourquoi donc ne vient-elle pas ?...

En ce moment, deux petits coups sont frappés à la porte du carré. La figure de Monvillars s'éclaircit, et il court ouvrir en s'écriant :

— Enfin !

Camille est habillée avec élégance, mais avec ce soin d'une femme qui va à un rendez-vous galant et ne veut pas être remarquée. Sa robe est de couleur sombre, sa pelisse noire. Un voile noir est jeté sur son chapeau, et ses gants même sont bruns. Elle entre vivement dès que Monvillars a ouvert la porte ; elle semble très-émue, très-inquiète ; elle lui fait signe de refermer promptement la porte derrière elle, et, courant dans la pièce du fond, va se jeter sur une causeuse, comme quelqu'un qui échapperait à un grand danger.

— Comme vous êtes agitée, ma chère amie ! dit Monvillars en venant s'asseoir près de Camille et en essayant de la débarrasser de sa pelisse.

Mais elle l'arrête en lui disant :

— Un moment... attendez que je me remette... Ah ! mon Dieu j'ai eu tellement peur...

— Quoi donc ?... que vous est-il donc arrivé ?...

— Je me suis trompée, je l'espère... D'abord, je suis sortie à pied... puis je suis arrivée à une place de fiacres... je monte bien vite dans le premier que j'aperçois, mais pendant que ce cocher... qui n'en finissait pas pour fermer la portière... je me mourais d'impatience... et en levant les yeux... je crois dans la rue apercevoir... M. Riberpré... Aussitôt je me rejette au fond du fiacre... enfin nous partons... mais je me serai trompée... ce n'était pas lui...

— Est-ce que vous êtes descendue de voiture devant ma porte ?...

— Sans doute...

— Et vous n'avez aperçu personne ?...

— Non... oh ! du reste, je suis entrée si vite... je défie qu'on ait eu le temps de me voir.

— Votre mari était donc sorti quand vous êtes venue ?...

— Certainement ; sans cela, croyez-vous donc que j'aurais pu venir... oh ! je suis bien plus esclave qu'on ne pense... il est sans cesse derrière moi... il s'informe de ce que je veux faire dans la journée... parfois il ne veut pas que je sorte... Ah ! j'ai bien peu de liberté !...

— Pauvre femme !...

— Il est extrêmement jaloux sans vouloir le paraître... et s'il savait... s'il pouvait se douter... je serais perdue... Ah ! il faut que je vous aime bien pour braver tout cela !...

Monvillars comprend que c'est le moment de rassurer entièrement Camille et de lui montrer tout ce qu'il est digne de ce qu'elle fait pour lui. Du reste, la belle femme ne demandait qu'à être persuadée, et si elle avait des craintes, il était facile de voir qu'elle n'avait pas de remords.

Bientôt ses terreurs semblent entièrement dissipées, et, passant ses doigts dans les cheveux noirs et épais de son amant, elle paraît se complaire à le regarder et à n'avoir pas assez de ses yeux pour l'admirer.

— Qu'on est bien ainsi ! murmure Camille en appuyant sa tête sur l'épaule de Monvillars, et pourquoi faut-il qu'on ne puisse se voir aussi souvent qu'on le voudrait !...

— Sans doute, répond le jeune homme qui se laisse caresser les cheveux, mais beaucoup plus occupé de ce qu'il a dans l'esprit que de ce qui est près de lui. Oui... on ne peut pas être heureux dans ce monde... il y a toujours là, près de nous, quelque chose qui trouble... qui dérange notre bonheur... et maintenant que je vous ai rencontrée, Camille, maintenant que le sort m'a fait connaître une femme telle que je la rêvais... enfin une femme qui m'aime... car vous m'aimez, n'est-ce pas, Camille ?...

— Il demande si je l'aime !... il le demande !... s'écrie la superbe brune, avec un accent dans lequel elle a mis toute sa passion. Ah ! mais tu ne le dois pas, j'espère !... Que veux-tu encore que je fasse pour le prouver ?... si cela est en mon pouvoir... dis-le... et sur-le-champ tu me verras te satisfaire... ah ! tu le sais bien d'ailleurs, je suis arrivée à ce moment où pour une femme l'amour n'est plus un caprice, où celui qui a su lui plaire devient son unique pensée, le mobile de toutes ses actions... sa seconde existence... eh bien ! tu es tout cela pour moi... oui ! tu es tout pour moi...

Les yeux de Camille se plongent dans ceux de son amant, qui la regarde aussi quelque temps, et soupire en murmurant :

— Quel malheur que vous soyez à un autre !... si vous aviez été libre... ah ! mon bonheur eût été parfait... mais vous êtes mariée...

Camille détourne ses regards et ne répond pas. Monvillars reprend, tout en caressant la main de la belle femme :

— Et ce qu'il y a de fâcheux, c'est que votre mari est jaloux... soupçonneux... comme vous le disiez tout à l'heure ; nous ne pourrons pas nous voir aussi souvent que nous le désirerons... Ah ! au lieu de cela, vous étiez veuve...

Monvillars tourne de nouveau ses regards vers Camille, et ses yeux noirs jettent alors un éclat presque effrayant. Soit que celle dont il paraît vouloir sonder la pensée ait compris la sienne, soit qu'elle ne voulût plus avoir de secret pour son amant, elle lui répond d'une voix sombre :

— Veuve!... oh! en effet! cette position serait trop belle... mais avant cela il faudrait d'abord que M. Riberpré fût mon mari... et... nous ne sommes pas mariés...

Monvillars fait un mouvement en arrière... Tous ses traits prennent l'expression de la déception la plus complète, tandis qu'il répète :

— Pas mariés !... il serait possible !...

— Eh! si c'était mon mari, est-ce que je prendrais autant de précautions?... est-ce que j'aurais autant à ménager... à craindre?... est-ce qu'il n'y aurait pas toujours quelque chose qui ferait ma force!... Mais je suis libre... eh bien, mon ami, vous disiez que votre bonheur serait parfait si je l'étais...

Monvillars pince ses lèvres et fronce les sourcils en répondant d'une façon embarrassée :

— Libre... libre... c'est vrai... mais ce n'est pas comme cela que je l'entendais... car... ma chère amie, je ne veux pas vous tromper non plus, moi !... je veux vous parler sans feinte... Eh bien, je n'ai pas le sou... je suis ruiné; j'ai mangé, dissipé toute ma fortune...

— Je m'en doutais, dit Camille en souriant et en passant son bras autour du cou de Monvillars .. mais je ne t'en aimerai pas moins... au contraire... car je voudrais que tu me dusses tout.

— Franchement je ne demande pas mieux. Est-ce que vous avez de la fortune... vous?

— Rien! que ce que me donne cet homme... avec lequel je suis depuis plus de quinze ans.

— Alors, il me semble, pour que je sois votre obligé, qu'il faut d'abord que vous soyez riche vous-même...

— Oh! vous avez parfaitement raison, mon ami!

— Voyons, comment se fait-il qu'il ne vous épouse pas, cet homme qui est toujours amoureux de vous puisqu'il est encore si jaloux... et dont vous avez un enfant qu'il semble aimer beaucoup?

— Oui, Sainte-Lucie, cet homme aime, cet homme est encore amoureux. J'ai su conserver sur son cœur despote et sordide un empire qui m'étonne moi-même, connaissant à fond le moral de M. Riberpré! et s'il ne m'épouse pas, ne devinez-vous point qu'il faut que cela soit impossible! que depuis longtemps je l'aurais amené à me donner son nom, s'il n'était pas déjà l'époux d'une autre!

— Il est marié! diable!... diable!... voilà qui est fâcheux pour vous en effet : il est marié?

— Oui !... il y a dix-huit ou dix-neuf ans... il a même un enfant... une fille qui a près de trois ans de plus que la mienne...

— Pourquoi a-t-il quitté sa femme... est-ce qu'elle le trompait?

— Je ne crois pas... mais il ne l'aimait plus... c'est une bégueule... une vertu... à ce qu'on dit... cela ne convenait pas à Riberpré!

— Et vous lui convenez bien mieux, vous? dit Monvillars en souriant.

Camille regarde son amant en murmurant :

— Est-ce ce reproche que vous m'adressez déjà...

— Ah! chère amie, c'était plutôt un compliment que je voulais vous faire... je ne connais rien de plus ennuyeux qu'une bégueule!... mais continuez, de grâce. Cette femme alors doit être jeune encore?...

— De mon âge à peu près.

— Vous voyez bien qu'elle peut encore plaire. Est-elle jolie?

— Oui... on la trouvait du moins... une beauté sans expression... une statue... Enfin on prétend qu'elle est toujours fort belle... on assure même qu'elle a l'air d'être la sœur de sa fille...

— Qu'est- elle devenue cette femme, le savez-vous?

— Sans doute; elle s'est retirée avec sa fille à la campagne, à une dizaine de lieues d'ici... elle s'est livrée entièrement aux douceurs de la vie champêtre... et aux soins que nécessite l'éducation de sa fille... une existence toute pastorale !... on lui souhaite beaucoup de plaisir... M. Riberpré lui fait une pension pour elle et sa fille...

— Et elle ne vient pas quelquefois à Paris voir son mari... elle n'envoie pas sa fille voir son père?

— Par exemple! est-ce que je souffrirais tout cela! Mais, du reste, je dois convenir que jamais elle n'y a essayé. Probablement elle déteste son mari tout autant qu'elle la hait, et n'a pas le moindre désir de le voir. Depuis qu'elle n'habite plus avec lui, on ne l'a pas aperçue une seule fois, et j'ai la certitude qu'ils ne se sont pas revus.

— C'est très-bien; mais elle n'en est pas moins sa femme légitime, et si M. Riberpré venait à mourir... ce qui pourrait arriver d'un moment à l'autre... car, vous le savez, chère amie, nous sommes tous sujets à cet inconvénient; eh bien, cette femme aurait le droit de revenir avec sa fille s'établir dans la demeure du riche banquier, et de vous chasser, vous et votre charmante Elvina, de l'appartement que vous occupez... Avez-vous pensé à cela quelquefois... hein?...

— Oh! j'y pense souvent!... trop souvent pour mon repos! répond Camille en baissant son front vers la terre.

— Eh bien... lorsqu'on prévoit un grand malheur... un événement qui pourrait nous accabler, on s'occupe de le prévenir, de le parer... enfin on s'arrange de manière à ce qu'il ne puisse plus avoir lieu...

— Mais comment... comment?... Oh! si cela se pouvait... s'il y avait quelques moyens...

— Il y en a toujours pour les gens adroits et courageux... pour ces cœurs fermes qui marchent droit à leur but sans s'inquiéter des obstacles qu'ils auront à rencontrer. Est-ce que vous n'avez pas un

cœur de cette trempe?... Je vous aurais donc mal jugée alors...

— Non, Sainte-Lucie, vous ne m'avez pas mal jugée... et je suis certaine, au contraire, qu'il y a sympathie dans notre manière de penser et de sentir.

— A la bonne heure, voilà qui me fait plaisir... Alors nous nous comprenons, n'est-ce pas?... nous avons les mêmes désirs, les mêmes espérances.

En disant ces mots, Monvillars attache ses yeux sur Camille, qui, de son côté, a fixé les siens sur lui ; et il y a entre ces deux personnes un échange de regards qui dévoilait sans doute tout le fond de leur âme et leurs pensées les plus secrètes, car cet examen semble les satisfaire tous les deux, et ce regard, qui avait d'abord une expression effrayante, se termine par un sourire presque satanique.

— Oui... oui, nous nous comprenons, reprend Monvillars en pressant de nouveau dans ses mains les doigts roses et effilés de Camille. Mais pour bien nous entendre, il faut surtout n'avoir rien de caché l'un pour l'autre; car alors nous n'arriverons que plus sûrement à notre but. Voyons, ma belle maîtresse, n'as-tu pas d'autres confidences à me faire qui pourraient m'intéresser?... cherche bien dans tes souvenirs... N'y a-t-il plus rien dans ta vie passée qui pourrait entraver les projets que nous arrêtons pour l'avenir?

Camille pâlit et répond d'une voix brève :

— Que voulez-vous dire? Pourquoi me faites-vous cette question ?

— Eh! mon Dieu! ma chère amie, on dirait que ma demande vous contrarie... Rassurez-vous : vous n'êtes point ici devant un juge sévère. Et d'ailleurs, je ne prétends pas que vous me confessiez tous les jolis péchés de votre jeunesse... ce serait peut-être trop long...

— Ah! Sainte-Lucie!...

— Non, cher ange, je n'exige pas cela, je ne demande que ce qui a rapport à votre position actuelle... et à ce que nous voulons faire... Car enfin, où voulons-nous en venir ? A te faire épouser le banquier... n'est-ce pas?...

— Oh! oui... car alors je serais riche... Et si je désire l'être maintenant, c'est aussi pour assurer ton bonheur...

— J'aime à le croire. Et puis une fois mariée, on peut devenir veuve.

Camille et Monvillars échangent encore un regard qui achève leur pensée. Le jeune homme se lève et marche à grands pas dans la chambre, en murmurant :

— Je ne vois qu'un obstacle à renverser... Cette femme... c'est peu de chose!... Il y aura bien après sa fille qui saura plus tard pour revendiquer son héritage... Mais nous aplanirons tout cela... Il ne faut pas qu'il y ait d'autre héritière que la jolie petite Elvina. N'est-ce pas, mon amour?

Camille balbutie d'une voix tremblante : — Sans doute... le sort de ma fille serait brillant alors... mais... tout cela m'effraie...

— Parce que vous envisagez mal les choses !... il est si facile de faire enlever cette jeune fille... pour peu qu'elle soit jolie, cela ira tout seul... Ensuite on dit qu'elle est morte...

— Ah! comme cela je comprends mieux...

— Et puis, rien ne presse pour la fille; le plus important, c'est que Riberpré soit veuf afin qu'il puisse vous épouser. C'est donc sa femme qui nous gêne le plus.

— Quant à celle-là, je vous l'abandonne.

— Très-bien. Vous êtes certaine qu'elle n'a plus de protecteurs... Vous ne lui connaissez point de parents, d'amis, qui veillent sur elle?

— Oh! mon Dieu! si... J'ai oublié de vous parler d'un vieil avocat nommé Duvalin. C'est, à ce qu'il paraît, un ancien ami du père de cette femme; il la protége, c'est grâce à lui que M. Riberpré a eu la faiblesse d'augmenter la pension qu'il faisait à madame. Ce Duvalin vient quelquefois voir M. Riberpré, et quand il me rencontre sur son chemin... si vous saviez de quel air dédaigneux il me toise!... Oh! c'est affreux... Je voudrais pouvoir l'écraser, cet homme!...

— Et pourquoi le banquier le reçoit-il?

— M. Duvalin est très-considéré dans le monde, Riberpré en a peur... il craint que le vieil avocat ne lui fasse du tort. Cependant, d'après quelques paroles qui sont échappées à Riberpré, il me paraît que sa dernière entrevue avec le vieillard a été fort orageuse, le vieux Duvalin lui a dit des choses trop impertinentes; enfin j'ai presque l'espoir qu'il ne reviendra plus.

— Tant mieux. Au reste, la protection de ce vieux monsieur n'a pas été très-puissante, puisqu'elle n'a amené aucun rapprochement entre les époux. Votre Duvalin ne doit pas nous inquiéter. Ne nous occupons que de cette dame... J'avoue que j'ai hâte de faire sa connaissance. Est-ce qu'elle porte toujours le nom de son mari?

— Non, elle l'a quitté; j'ai même trouvé cela fort aimable de sa part.

— En effet, c'est un procédé.

— Elle se fait appeler maintenant madame Clermont.

— Madame Clermont, fort bien, je retiendrai ce nom ; et l'endroit qu'elle habite, nommez-le-moi, ma chère, il me tarde d'aller prendre connaissance des localités.

— Par le chemin de fer, vous y serez en peu de temps, c'est à Corbeil.

En entendant prononcer le nom de l'endroit habité par madame Clermont, Monvillars demeure interdit, ses traits se décomposent et il baisse ses regards vers la terre, en murmurant d'une voix entrecoupée :

— Ah!... c'est à... Corbeil... qu'elle demeure?...

— Oui, reprend Camille, toute surprise du changement qui vient de s'opérer dans la physionomie de son amant. Corbeil... à une dizaine de lieues de Paris... connaissez-vous cette ville?

— Non... c'est-à-dire... j'y ai passé... une fois...

— Est-ce que vous avez laissé là quelqu'un qui vous intéresse?... on le croirait à voir l'émotion qui vient de s'emparer de vous rien qu'en entendant prononcer le nom de cet endroit.

Et les yeux de Camille se fixaient déjà avec jalousie sur ceux de Monvillars, mais celui-ci détourne la tête en répondant. :

— Je vous assure que je ne connais personne par-là... vous vous trompez... je ne suis nullement ému...

— Vraiment? votre voix est altérée cependant...

— Je vous répète que vous vous trompez...

— Pardon, mon ami... je ne voulais pas vous fâcher...

— Mais qui vous dit que je me fâche?...

— Laissons cela : vous irez donc bientôt à Corbeil, et vous... vous occuperez de madame Clermont?

— Oui... oui... c'est-à-dire... j'irai lorsque je croirai le moment favorable... il ne faut pas brusquer les choses, c'est souvent un mauvais moyen... laissez-moi d'abord y réfléchir...

Camille regarde Monvillars avec surprise, mais elle ne veut pas se permettre de nouvelles observations, car elle s'est aperçue qu'il ne les aimait pas. Elle se contente de lui dire :

— Vous agirez quand et comme vous le jugerez convenable... désormais nos destinées doivent être liées l'une à l'autre... je mets la mienne entre vos mains.

— Oui... reposez-vous sur moi... nos intérêts sont les mêmes.

Le temps s'est écoulé. Camille remet son chapeau, sa pelisse, son voile, et se lève en disant :

— Je ne puis rester davantage... il faut que je sois rentrée avant lui...

— Ne va-t-il pas à la Bourse?

— Oui... mais il revient toujours avant six heures... Il y a des fiacres près d'ici, n'est-ce pas?...

— Oui; voulez-vous que j'en fasse avancer un?...

— Non... il fait déjà presque nuit... on ne me verra pas... et je me ferai descendre bien avant chez moi.

— Adieu donc alors, ou plutôt au revoir.

— Oui, car tu viendras nous faire visite demain...

— N'est-ce pas aller chez vous trop souvent?...

— Non, non!... il n'y a pas de danger... nous recevons tant de monde... mais je ne vis pas quand je passe une journée sans te voir.

— A demain donc.

— A demain.

Camille se précipite encore une fois dans les bras de celui qu'elle a tant de peine à quitter, puis elle s'élance enfin sur l'escalier qu'elle descend rapidement, et le bruit de ses pas a bientôt cessé de se faire entendre.

Alors seulement Monvillars referme sa porte et revient s'asseoir dans sa chambre à coucher. Mais sa physionomie est toujours sombre, son œil méditatif; il passe sa main sur son front, en se disant :

— Et il faut que ce soit justement à Corbeil que cette femme demeure... voilà un hasard bien fâcheux... Après tout... je ne retournerai pas me loger dans cet hôtel où j'ai passé une nuit sous le nom du comte de Norbelle. Mais cet homme... ce misérable mendiant qui m'a vu... après le duel... et à qui j'ai donné de l'or... si j'allais le rencontrer... il est capable de me reconnaître... Il a dû me regarder... m'examiner avec soin... c'était son intérêt... tandis que moi, au contraire, je l'ai à peine regardé... j'ai baissé les yeux devant lui... Ah! cet homme n'habite peut-être plus ce pays depuis longtemps... qui sait même s'il s'y est arrêté?... Cela m'avait tout l'air d'un vagabond... ces gens-là courent les villages, les campagnes et ne s'arrêtent nulle part... celui-ci ne sera pas justement resté à Corbeil pour m'y attendre... cela n'est pas probable... C'est égal, c'est toujours fort contrariant que la véritable épouse du banquier demeure justement dans cette ville où je n'aurais jamais voulu remettre le pied!... Moi, qui croyais si bien Camille la femme de Riberpré, et qui pensais que les choses marcheraient toutes seules! et cet imbécile de Fortincourt qui s'imagine connaître les gens et qui ne sait rien de tout cela... Bientôt, à Paris, on ne pourra plus se fier à personne.

Monvillars s'étend dans son fauteuil et se livre de nouveau à ses réflexions.

X. — SOUPÇONS. — RUSE. — DÉFIANCE.

L'hiver s'annonçait à Paris comme devant être brillant; déjà les soirées se succédaient, les bals commençaient, le jeu reprenait avec une nouvelle fureur; et au milieu de tout cela les intrigues s'engageaient, se croisaient, se préparaient de nouveau. Intrigues d'amour surtout, car celles-là sont de tous les temps, de tous les pays, de toutes les classes; la grande affaire des femmes est de plaire et d'aimer, et si les hommes sont ambitieux, s'ils veulent des titres, de la fortune, de la puissance, c'est presque toujours aussi afin de satisfaire plus facilement leur passion pour les femmes.

La maison Riberpré n'était point en arrière pour les fêtes : il était rare qu'une semaine s'écoulât sans que le banquier eût donné une soirée. Depuis sa liaison avec Monvillars, Camille invente chaque jour quelque nouveau motif de réunion. Elle préfère recevoir à aller dans le monde. D'abord, malgré l'obligeance de son cicerone Fortincourt, Monvillars ne peut se faire introduire dans toutes les maisons où va sa maîtresse; ensuite, cette dame se sent plus à son aise chez elle. Là, il lui est plus facile de se rapprocher de son amant, de lui parler, d'échanger avec lui de ces phrases que le monde ne doit point entendre; de donner ou de recevoir un rendez-vous; car une maîtresse de maison a le droit d'aller et venir librement dans ses appartements, et lorsque M. Riberpré était assis à une table de jeu, quand Elvina chantait en s'accompagnant du piano, la brûlante Camille ne manquait pas de se rapprocher de Monvillars.

Il venait tant de monde chez M. Riberpré, que l'assiduité de Monvillars pouvait ne pas être remarquée; malheureusement les femmes ne savent pas toujours cacher le secret de leur cœur, surtout lorsque ce n'est pas un caprice qui le fait battre. A l'âge de Camille, l'amour n'est plus une simple affaire de galanterie, c'est une passion qui absorbe toutes les autres, qui gouverne en despote le cœur dont elle s'est emparée. Une femme de quarante ans sent bien qu'avant peu les conquêtes lui échapperont; aussi s'attache-t-elle à enchaîner étroitement celui qu'elle a pu captiver, et Camille avait quarante ans, quoiqu'elle en parût à peine trente-cinq.

La mère d'Elvina n'était cependant pas novice en fait d'intrigues, mais la coquette la plus rouée se trahit quand elle est en présence de celui qu'elle aime. Malgré toutes les précautions, malgré tous les soins que l'on veut apporter pour tromper ceux qui vous entourent, il y a encore une foule de petits riens qui n'échappent point aux yeux observateurs et qui décèlent ce que l'on croit bien caché. Il y a l'émotion à laquelle on ne saurait toujours commander, l'inflexion de la voix qui n'est plus la même; il y a même ce que l'on fait pour cacher ce qu'on éprouve et qui souvent produit un effet tout contraire. C'est ainsi qu'à l'arrivée de l'homme qu'elle aime en secret, une femme affectera de causer davantage, ou cessera de prendre part à la conversation; qu'elle deviendra plus gaie, ou que ses yeux se voileront : pour ceux qui s'y connaissent, il suffit souvent de la plus légère circonstance pour deviner une intrigue d'amour... et il y a si peu de gens qui ne s'en connaissent point à cela.

Cependant M. Riberpré était un homme avec lequel il fallait redoubler de prudence : d'un caractère soupçonneux, méfiant; n'ayant jamais cru à la fidélité ni à la vertu des femmes; ayant lui-même beaucoup vécu, et assez spirituel pour ne point être la dupe de tous ces petits moyens dont on se sert pour abuser un jaloux, il devait être difficile de le tromper.

Mais quelque chose lui donnait de la confiance, non pas peut-être dans la vertu de Camille, nous avons dit qu'il ne croyait point à ces choses-là, mais au moins dans sa conduite à son égard : c'est qu'ils n'étaient point mariés. Par conséquent, s'il avait eu le moindre soupçon sur sa fidélité, il pouvait aussitôt la quitter; et comme alors la superbe Camille aurait perdu la brillante position qu'elle occupait dans la société, il pensait qu'elle ne serait pas assez folle pour risquer son avenir. C'était donc sur son propre intérêt et sur ce qu'il se fiait plutôt que sur tout autre sentiment. Le banquier avait assez raison en se disant que l'intérêt est le mobile qui fait agir tous les hommes; mais il ne savait pas que chez les femmes au cœur passionné, il y a encore autre chose qui parle souvent plus haut que l'intérêt.

Pour que les fréquentes visites de Monvillars fussent moins remarquées, Camille avait soin d'inviter fréquemment les mêmes personnes à revenir la voir; elle se formait ainsi, outre ses nombreuses connaissances, un petit cercle d'habitués dont la présence chez elle ne semblait plus extraordinaire. M. Fortincourt avait été un des premiers inscrits sur la liste des personnes dont il était commode de s'entourer; et il avait répondu avec empressement aux avances de la belle Camille, persuadé qu'il était appelé à faire la conquête de la mère ou de la fille.

Le lendemain d'une grande soirée qui avait eu lieu chez le banquier, Riberpré avait annoncé qu'il irait le soir à un cercle où il se rendait quelquefois. Ce même soir, dans le petit salon qui suffisait aux réunions intimes, on voyait, outre Camille et sa fille, M. Fortincourt; un vieux mélomane nommé M. Serinet, qui était fort aimable quand il le voulait; un grand jeune homme bien fat, bien empesé, bien amoureux de sa personne, et que l'on appelait Jules de Savignon; puis Monvillars, l'astre autour duquel on faisait graviter toutes les autres planètes.

Jules de Savignon était un beau garçon, bel homme, taillé en Apollon, mais dont la figure, entièrement dépourvue d'expression, dénotait l'absence totale d'intelligence; on n'avait pas manqué de l'inscrire parmi ceux dont on faisait cas.

La soirée commençait à peine, M. de Savignon chantait sans aucun goût un air que la jolie Elvina accompagnait au piano. Le vieux mélomane était assis près d'eux, et s'extasiait à chaque note que filait ce monsieur. Fortincourt se tenait de l'autre côté du piano, pour faire des mines à la jeune fille, qui ne le regardait pas. Plus loin, dans l'ombre, sur une causeuse, Monvillars était assis à côté de Camille. Ils pouvaient, en parlant à demi-voix, causer sans être entendus par les personnes qui entouraient le piano.

C'est en ce moment que la porte du salon s'ouvre, et Riberpré, qui ne devait, suivant son habitude, rentrer que vers minuit, paraît tout à coup au milieu de la petite réunion.

Elvina a fait une exclamation de joie en voyant entrer son père. MM. Serinet et Fortincourt vont à lui. Le beau Savignon se contente d'incliner la tête sans cesser de chanter. Monvillars s'est hâté de se lever et de quitter la place qu'il occupait pour saluer le banquier. Camille est restée saisie et s'est troublée.

D'un seul regard, Riberpré avait vu la position de chacun lorsqu'il était entré dans le salon. Pour la première fois son front s'assombrit, et sa bouche se serre d'une façon qui n'exprime pas la satisfaction.

— Comment! vous voilà, mon ami? s'écrie Camille en s'efforçant de faire un de ses sourires les plus gracieux ; mais vraiment c'est une surprise charmante que vous nous faites là !... Je vous croyais à votre cercle, où vous restez ordinairement si tard.

— Oui, je crois en effet que vous ne m'attendiez pas, répond le banquier d'une façon presque ironique, et en se jetant dans un fauteuil. Mais Camille n'a pas l'air de remarquer l'expression des traits de Riberpré, et elle s'empresse de répondre avec beaucoup d'enjouement :

— Vous voyez que nous avons de la compagnie... Ces messieurs veulent bien être assez aimables pour venir faire un peu de musique avec Elvina et prendre une tasse de thé... tandis que vous nous laissez pour votre vilain cercle !... Mais je ne dois pas vous gronder puisque vous êtes revenu de bonne heure aujourd'hui.

— Ah ! voyez-vous ce diable de Riberpré? s'écrie Fortincourt, il arrive comme cela, inopinément, au moment où on ne l'attend pas... c'est fort traître, cela !... Fiez-vous donc à un mari qui fait de ces choses-là... un jaloux Espagnol n'agirait pas mieux... ça me rappelle une dame qui daignait me traiter assez... favorablement... et un jour... son mari devait aller à la chasse... ou à la pêche... était-ce à la pêche ?... il aimait beaucoup la chasse... et un jour... qu'est-ce que je disais donc?... je ne m'en souviens plus, mais ça ne fait rien...

— Monsieur Fortincourt, dit Camille, nous aimons autant que vous ne vous souveniez pas de votre histoire, nous avons ici des oreilles qui ne doivent peut-être pas l'entendre.

— Ah ! pardon! mille pardons, belle dame... En effet, je suis un peu inconséquent ! après cela l'anecdote pouvait se dire... ce sont de ces choses qui arrivent tous les jours.

Monvillars était allé se placer près du piano, il avait remarqué l'air soupçonneux du banquier, et s'efforçait de se faire une physionomie dans le genre de celle de Jules de Savignon, mais cela lui était fort difficile. Il y a des gens qui ne peuvent pas avoir l'air bête, lors même qu'ils le voudraient, mais il faut dire aussi que le contraire se voit plus souvent.

— Vous n'avez donc pas fait la partie ce soir à votre cercle ? demande M. Serinet à Riberpré. Celui-ci répond en tâchant de reprendre son air de bonne humeur :

— Non, ils se sont disputés ; ils ont parlé politique... Ils veulent faire des épurations dans la réunion !... je ne sais quoi! Ma foi, cela m'a ennuyé, et je les ai quittés. J'en suis fort aise, puisque je trouve ici une si aimable compagnie...

— Oui, mon cher, reprend Fortincourt, c'est que nous autres nous sommes de fidèles chevaliers de vos dames, et nous ne passons guère de soirée sans venir leur faire un doigt de cour.

— C'est fort bien à vous, messieurs, je vous en sais pour ma part un gré infini, et je suis persuadé que ces dames y sont aussi fort sensibles !

M. Riberpré paraît tout à coup.

Le banquier a dit ces derniers mots d'un ton railleur, mais comme c'est presque son air habituel lorsqu'il parle à des personnes dont il ne pense pas avoir besoin, on y est habitué et l'on n'y fait plus attention.

Monvillars voudrait se mêler à la conversation, car il sent qu'il doit paraître au moins singulier de le voir garder le silence, mais plus il cherche quelque chose à dire, moins il peut y parvenir.

— Vous faisiez de la musique, dit Riberpré, que ma présence ne vous dérange pas, je ne suis point ennemi du chant.

— M. de Savignon a une fort belle voix, dit Camille en jouant avec ses bagues.

— Je suis un peu enroué ce soir, répond le beau jeune homme en se regardant dans une glace, et puis cette musique de la Favorite est écrite pour Duprez, c'est fort difficile... malgré cela, il y a des jours où je m'en tire passablement... mais mademoiselle accompagne trop vite.

— Mais, monsieur, je vous suivais, moi ! s'écrie Elvina d'un air piqué ; ce n'est pas ma faute si vous voulez faire des points d'orgue à toutes les mesures...

— Ah ! joli ! très-joli ! dit Fortincourt en riant, la réponse est délicieuse... et vous méritez un peu cela, Savignon ! Ah ! il fait des points d'orgue à chaque mesure; cela me rappelle un Italien dont la voix était tellement vibrante, que lorsqu'il chantait, cela faisait résonner les vitres de l'appartement... c'était d'un effet magique, mais cela portait sur les nerfs comme l'harmonica... On le supposait... vous savez... comme les gardiens d'un sérail... pauvres gens!... Et alors... qu'est-ce que je disais donc?... ça ne fait rien... Mais vous, aimable espiègle, est-ce que vous ne nous chanterez pas quelque chose ?

Ces derniers mots étaient adressés à Elvina, qui se contente de faire de la tête un signe négatif, tandis que sa mère dit :

— Sa voix n'est pas encore formée, et son maître de musique dit qu'il ne faut pas la forcer.

— Il a raison, il a parfaitement raison, murmure M. Serinet; moi, si on ne m'avait pas forcé, j'aurais un baryton très-développé, mais à quatorze ans, mon père voulut absolument me faire chanter dans un concert l'air d'Iphigénie : Calchas, d'un trait mortel percé !...

je le chantai, mais en voulant atteindre le *la* bémol, je fis un couac et je perdis tous mes moyens.

— Et vous êtes resté fourbu, comme un cheval qui a galopé trop tôt! s'écrie M. de Savignon, en riant d'une façon franchement bête.

Monvillars, qui jusque-là n'a rien trouvé pour se mêler à la conversation, se hâte de se mêler au rire du jeune homme. Riberpré le regarde et lui dit :

— Est-ce que vous êtes musicien aussi, monsieur de Sainte-Lucie?

— Non, monsieur; je n'ai pas ce talent, répond Monvillars; j'aime beaucoup la musique, c'est tout, et dans un concert, je ne suis bon à rien... qu'à écouter.

— C'est déjà quelque chose... En général, dans la société, c'est un grand avantage de n'être bon à rien; cela vous donne le droit de faire ce qui vous plaît, on ne s'occupe pas de vous, et vous êtes libre de choisir la place ou le voisinage qui vous convient; on n'amuse pas les autres, mais on fait ses affaires, cela vaut mieux.

Monvillars fait semblant de sourire. Camille est mal à son aise, et pour dissimuler son embarras, va arranger la coiffure de sa fille. Elvina abandonne ses blonds cheveux à sa mère. Heureusement M. Jules de Savignon propose une partie de *bacarat*. Le banquier, qui aime beaucoup le jeu, accepte la proposition, et Monvillars, dissimulant la joie qu'elle lui cause, déclare qu'il est disposé à faire tout ce qu'on voudra.

Camille a fait dresser une table de jeu. Bientôt tous les hommes se mettent autour, excepté le vieux mélomane qui ne joue jamais par raison de sa santé, dit-il, « les cartes lui donnant des hallucinations qui lui font prendre à chaque instant les valets pour les dames. Les mauvaises langues ajoutent que ce monsieur conserve le même vertige dans le monde. »

En se plaçant au jeu avec Riberpré, Monvillars s'est demandé s'il devait perdre pour rendre au banquier sa bonne humeur. Mais il pense qu'on ne défendant pas bien son argent, il aura l'air de vouloir acheter la bienveillance de Riberpré, ce qui pourrait être maladroit vis-à-vis d'un homme aussi fin que lui. Le résultat de ses réflexions est qu'il vaut mieux faire en sorte de gagner. Et cette conclusion, conciliant à la fois son goût et ses intérêts, il se promet d'user de toute son adresse pour arriver à ce but.

La partie s'engage d'abord à un taux modéré ; mais bientôt les perdants s'animent, et Riberpré est du nombre. Le grand Jules de Savignon, qui peut déjà disposer d'une belle fortune, croit aussi qu'il est de bon ton de jouer gros jeu, et perd avec un flegme et une indifférence qui feraient honneur à un Anglais. La table se couvre d'or, puis on y joint des fiches auxquelles on donne une plus forte valeur. Soit bonheur, soit adresse, Monvillars accapare presque tous les enjeux, sauf quelques centaines de francs que gagne Fortincourt, parce qu'il a eu l'idée de suivre quelquefois la chance de son ami.

Camille jette de temps à autre, du côté des joueurs, un coup d'œil qu'elle veut rendre distrait ; mais elle rencontre trop souvent le regard du banquier, dont le front est toujours traversé par les plis qui annoncent un orage.

Montez, mam'selle.

— Nous ne sommes pas en veine ce soir, monsieur de Savignon, dit Riberpré en froissant les cartes avec humeur.

— C'est vrai, monsieur... mais dame!... le jeu c'est une chance ; on ne peut pas toujours gagner. Moi, je perds continuellement.

— Il me semble alors que vous pourriez bien gagner ce soir, cela vous changerait. Camille, faites-nous donner d'autres cartes.

— Ce diable de Riberpré est superstitieux ! s'écrie Fortincourt. Il veut changer de cartes dans l'espérance de changer la chance.

— Pourquoi pas?

— Monsieur a raison, dit Monvillars, et à sa place j'en ferais autant.

— Certainement on est libre... on a ses idées là-dessus ! je ne vous blâme pas, mon cher Riberpré... mais je suis très-hardi au jeu...

— Vous ne jouez pas gros jeu, cependant...

— Ah !... par habitude... mais cela m'amuse autant de ne pas jouer aussi cher que vous, messieurs... C'est Sainte-Lucie qui est un intrépide... Mon cher ami, vous ne devez pas avoir le cœur gros.

— Pourquoi cela, s'il vous plaît?

— Parce que ce sont les gens timides dont le cœur est gros. Je ne sais plus quel savant docteur rapporte qu'il a trouvé des cœurs qui pesaient deux ou trois livres... Celui de la reine *Marie de Médicis* était, dit-on, de ce poids... Pauvre femme! elle avait eu assez d'afflictions, cela pouvait lui avoir grossi le cœur... et alors... qu'est-ce que je disais?... ça ne fait rien... alors... Ah! parbleu! je prendrai volontiers une tasse de thé.

Pendant la digression de Fortincourt sur les cœurs gros, on avait servi le thé et apporté d'autres cartes.

— Voyons si monsieur nous gagnera toujours, dit Riberpré en commençant la partie.

— C'est donc vous qui gagnez ce soir, monsieur de Sainte-Lucie? dit Camille tout en versant du thé.

— Oui, madame, je joue avec un bonheur qui m'étonne... car j'y suis peu habitué..

— Mais si, mais si, reprend Fortincourt ; depuis quelque temps je vous vois gagner assez fréquemment. Prenez garde, mon cher, cette veine-là vous coûtera cher... vous savez le proverbe : Heureux au jeu, malheureux en amour!

— Les proverbes mentent quelquefois, dit Riberpré en se pinçant les lèvres.

Camille se hâte de faire offrir du thé. M. Serinet seul n'en accepte pas, déclarant qu'il ne comprend pas que l'on aime une autre boisson que le café dont il prend six tasses par jour.

— Il dit cela parce qu'il voudrait tâcher de ressembler à Voltaire! murmure Fortincourt en soufflant son thé. Ce vieux mélomane affecte d'être original... six fois par jour du café ! je ne m'étonne pas qu'il ait des hallucinations.

— Mademoiselle, dit Serinet en s'adressant à Elvina, je gage que vous ne savez pas quelle est l'origine de l'usage du café?

— Il n'est pas étonnant, je ne suis pas bien savante...

— Tu as le temps de t'instruire, dit Camille en caressant la joue de sa fille. Voyons, monsieur Serinet, apprenez-nous cette origine du café.

— Voici du moins, belle dame, ce que j'ai lu dans les Mémoires de l'Académie des sciences : Il y avait un monastère de religieux dans cette partie de l'Arabie où croît l'arbuste qui porte ce fruit. Le prieur de ce monastère, ayant remarqué que les chèvres qui mangeaient des grains de café étaient d'une extrême vivacité, résolut de s'en servir pour réveiller ses moines à qui il arrivait de dormir à matines. En effet, après avoir pris le café, les moines devinrent plus actifs, plus matinals, et c'est ainsi, dit-on, qu'a commencé l'usage de cette boisson qui est devenu universel.

— Ah! c'est gentil, cela! dit Elvina en sautant sur sa chaise, et je me rappellerai cette histoire.

— Oui, dit Camille en souriant, j'avoue que je la préfère à celle des cœurs gros que M. Fortincourt a voulu conter tout à l'heure.

— Comment! qu'y a-t-il, belle dame? dit le lion en détournant la tête.

Mais Camille se rapproche de la table de jeu sans répondre. Le banquier perd toujours, et Monvillars, qui a repris au jeu tout son aplomb, continue d'augmenter ses bénéfices. En allant se placer derrière la chaise de Riberpré, qui est assis en face de Monvillars, il y avait bien eu moyen d'échanger quelques regards avec celui-ci, mais Monvillars s'aperçoit que le banquier ne le quitte pas des yeux, et il ne juge pas prudent de répondre aux œillades de Camille.

— Avez-vous une autre petite histoire à me raconter? dit la gentille Elvina en allant s'asseoir à côté du vieux mélomane. J'ai assez touché du piano ce soir, et cela ne m'amuse pas du tout de voir jouer, moi.

— Mademoiselle, je serais charmé de vous être agréable, répond M. Serinet, en jetant un coup d'œil sur la pendule, mais il va sonner onze heures, et ordinairement je suis toujours rentré à cette heure-là.

— Oh! pour une fois! Voyons, vous pouvez bien me faire cadeau de dix minutes! Qu'est-ce que c'est que cela, dix minutes!...

— Rien pour vous, mademoiselle, qui entrez dans la vie... beaucoup pour moi, qui me dispose à en sortir. Mais, n'importe, je dois encore être fier de pouvoir vous faire un sacrifice. Je vous ai parlé du café qui vous intéressait peu; causons de quelque chose que les jeunes filles affectionnent davantage, des oiseaux, des hirondelles, par exemple. Vous savez parfaitement qu'elles nous annoncent le retour du printemps, que leur manière de voler nous avertit quand il doit faire de l'orage, que leurs nids sont respectés comme apportant le bonheur sous le toit qui les abrite; mais ce que vous ne savez pas sans doute, c'est la conduite que tiennent les hirondelles de Suède aux approches de l'hiver...

— Non, monsieur, je ne sais pas cela, répond la jolie enfant en fixant naïvement le vieux monsieur; que font-elles ces pauvres hirondelles pour se garantir du froid? Oh! je suis bien curieuse de savoir cela.

— Voilà M. Serinet qui fait la cour à ma fille, dit Camille tout en tâchant d'échanger un regard avec Monvillars et en tournant autour de la table de jeu.

— Laissez-le faire! il n'y a pas de danger! murmure Fortincourt d'un petit air extrêmement railleur.

Les autres joueurs n'ont pas eu l'air d'entendre.

— Mademoiselle, reprend M. Serinet, aux approches de l'hiver, les hirondelles de Suède se plongent dans les lacs et y demeurent endormies et ensevelies sous la glace jusqu'au retour du printemps. Alors, réveillées par la chaleur nouvelle, elles sortent de l'eau et reprennent leur vol ordinaire. Pendant que les lacs sont gelés, si l'on casse la glace en certains endroits qui paraissent plus noirs que les autres, on trouve des amas d'hirondelles, froides, endormies et à demi mortes. Si on les retire de cette retraite, si on les réchauffe entre les mains ou devant le feu, alors elles commencent à donner de nouveaux signes de vie; elles s'étendent, se remuent et, cédant à leur nature, ne tardent pas à s'envoler. En d'autres pays, elles se retirent assez ordinairement dans des cavernes sous des rochers. Comme il y a beaucoup de ces cavernes autour de la ville de Caen et la mer, le long de la rivière de l'Orne, quelquefois, pendant l'hiver, on y a trouvé des pelotons d'hirondelles suspendues à la voûte en forme de grappes. On a, remarque la même chose en Italie.

— Oh! que c'est singulier! s'écrie Elvina en battant des mains. Ah! que je voudrais bien aller dans ces cavernes, pour cueillir des grappes d'hirondelles!... Maman... maman... as-tu entendu?

Camille avait bien autre chose à faire qu'à écouter M. Serinet, ce qui ne l'empêche pas de répondre :

— Oui, oui, c'est fort curieux... fort intéressant.

Quelques instants après, le vieux mélomane était parti; puis Elvina s'était retirée après avoir été dire bonsoir à sa mère. Quant à son père, elle savait qu'il ne fallait pas le déranger quand il jouait, sous peine d'être fort mal reçu.

Camille est seule avec les joueurs, qui semblent plus que jamais actionnés à leur partie. Mais en pareille occasion, son habitude était aussi de se retirer. Cette fois, cependant, elle a de la peine à se décider à s'éloigner; car ayant été surprise inopinément par le retour du banquier, elle n'avait point encore pris jour avec son amant pour un prochain rendez-vous. Par des signes convenus entre eux, elle voudrait faire comprendre à Monvillars qu'elle veut le voir le lendemain. Mais, lorsqu'elle vient rôder autour de la table, Riberpré lance trop souvent des regards vers elle pour qu'elle puisse se livrer à aucune pantomime, et ses regards devenant à chaque instant plus sombres, Camille sent qu'il lui faut abandonner la place. Elle se retire dans son appartement.

Là, au lieu de penser à se livrer au sommeil, qui d'ailleurs fuirait de ses paupières, elle fait une toilette de nuit des plus coquettes, bien persuadée que Riberpré viendra lui rendre visite avant de se retirer dans sa chambre. Ensuite elle prend un livre et s'étend sur sa causeuse. Mais le livre n'est là que pour prétexte; trop de passions agitent Camille pour qu'elle puisse songer à la lecture, et au feu sinistre qui brille dans les yeux de cette femme, il est facile de voir que les événements de la soirée la font trembler pour l'avenir.

Minuit sonne, puis la demie, puis une heure du matin. Personne ne vient la voir; mais elle a toujours eu l'oreille au guet; elle est certaine que la société n'est point partie et que l'on joue encore dans le petit salon. Elle attendra.

Enfin, un peu avant deux heures, les bruits de portes, de voix, de pas, lui annoncent que la compagnie se retire. Elle prend aussitôt son livre et a soin de l'ouvrir vers la fin. Trois minutes ne sont pas écoulées que l'on tourne le bouton de la porte de sa chambre et le banquier paraît.

— Ah! vous n'êtes point encore couchée, madame? dit Riberpré en s'approchant de la causeuse d'un air presque embarrassé.

— Non, mon ami, je lisais, et ce livre m'intéressait... Mais venez donc vous asseoir près de moi... au lieu de rester comme cela debout... Est-ce que je vous fais peur, monsieur?

Ces mots sont accompagnés d'un sourire provoquant qui allait fort bien avec le piquant déshabillé de nuit.

Le banquier ne répond rien, mais il s'assoit à côté de Camille.

— Eh bien! à propos, quel a été le résultat de votre partie? elle me semblait fort animée quand je me suis retirée... aussi j'avais de la peine à m'éloigner... on a beau ne pas être joueuse, lorsqu'on voit une table couverte d'or, cela vous donne toujours des émotions.

— J'ai perdu... et si je ne m'étais pas à un jeu rattrapé à la fin... bref... je perds deux mille huit cents francs, M. de Savignon en perd quatre mille... C'est M. de Sainte-Lucie qui gagne à peu près tout cela... il est fort heureux, ce monsieur...

— Perdre tant d'argent à une petite partie... c'est trop... il me semble que vous jouiez bien cher.

— Il est certain que je ne m'attendais pas à faire la partie ce soir chez moi... je ne croyais pas y trouver du monde...

— Après cela on perd un jour et on gagne l'autre, n'est-ce pas, mon ami?

— Mais vous avez souvent de la société, à ce que je vois.

— Mon Dieu, ces messieurs sont venus... pour passer un moment; je n'en ai pas été fâchée à cause d'Elvina que cela distrait...

— Ce monsieur... de Sainte-Lucie... que nous ne connaissons que depuis deux mois tout au plus, vient bien fréquemment nous voir... il ne manque à aucune de nos soirées, grandes ou petites, et il me paraît qu'il vient aussi quand nous ne recevons pas! Vous n'avez pas remarqué cela, madame?

— Ce monsieur trouve notre maison agréable parce qu'elle l'est en effet... il revenait de voyage, quand son ami M. Fortincourt nous l'a présenté, et il ne connaissait presque plus personne à Paris. Je ne vois rien de surprenant à ce qu'il se trouve flatté de venir chez vous...

— On pourrait trouver un autre motif à son assiduité...

— Vraiment, mon ami?...

— Quand un jeune homme va si souvent dans une maison... eh, mon Dieu! madame, vous faites semblant de ne pas comprendre... mais vous savez bien que c'est une femme qui y attire!... Enfin, croyez-vous donc que je n'ai point remarqué que vous étiez assis tous deux fort loin du piano quand je suis arrivé!...

Riberpré, qui commence à s'animer, a dit ces derniers mots presque avec colère; mais au lieu d'en paraître effrayée, Camille part d'un éclat de rire qui se prolonge fort longtemps. Le banquier, que cette gaieté déroute, s'écrie :

— Qu'avez-vous donc à rire ainsi, madame? il me semble pourtant que je vous parle sérieusement...

— Oh! mon ami laissez-moi rire, je vous prie... non, ce n'est pas possible que vous ayez voulu parler sérieusement... Ah! ah! ah! je m'attendais si peu à cela... Comment! vous penseriez donc que ce jeune homme me fait la cour... à moi !... Ah! mais vraiment, c'est trop drôle !...

— Et qu'y aurait-il donc de si singulier là-dedans?

— Allons, vous êtes donc fou!... ce monsieur qui a tout au plus... vingt-huit ans peut-être... songer à moi... Oh! mais j'étais si loin de me douter de cela... et puis moi, j'écouterais les galanteries de ce jeune homme, lorsque jamais... car, vous le savez, jamais, depuis que je suis avec vous, je n'ai même pensé à faire la coquette avec quelqu'un... Ah ! tenez, laissez-moi rire, car je suis sûre que vous avez voulu vous amuser, et voilà tout !...

Riberpré commence à sentir ses soupçons se dissiper ; son air devient plutôt boudeur que fâché. Camille comprend que sa jalousie n'est plus bien tenace : elle se prépare à lui porter le dernier coup.

— Après cela, mon ami, vous avez peut-être raison d'un côté. En effet, M. de Sainte-Lucie vient fort souvent... oui... et cela me rappelle certaines circonstances... fort légères en apparence, et auxquelles je n'avais pas donné d'importance... mais maintenant que vous m'avez fait remarquer l'assiduité de ce jeune homme... je ferai attention...

— Qu'est-ce donc !.. quelles circonstances ?

— Écoutez donc, mon ami, cela me semble à moi très-facile à expliquer et infiniment plus vraisemblable que ce qu'il vous avait plu d'imaginer... Nous avons une fille qui est déjà fort jolie... car elle est charmante, mon Elvina, vous ne remarquez pas, vous, monsieur, cela vous est égal... vous l'aimez si peu !...

— Pourquoi me dites-vous cela ? vous savez bien que j'aime cette enfant, au contraire, répond le banquier d'un ton radouci. Mais vous penseriez donc que c'est pour Elvina. Vous croyez que M. de Sainte-Lucie songerait déjà à cette petite ?

— Pourquoi donc pas, monsieur ? cette petite a quinze ans et huit mois ; il y a des femmes qui ont été mariées plus jeunes.

— Ah ! vraiment, M. de Sainte-Lucie... vous croyez qu'il s'occupe d'elle ?...

— Je l'ai vu plusieurs fois les yeux attachés sur Elvina, et paraissant dans une sorte d'admiration.

— On dit qu'il est riche, ce jeune homme... Ma foi, si vous aviez deviné... mais Elvina a encore l'air tellement enfant !

— Ce n'est pas un défaut ! il y a des hommes qui adorent cette naïveté... ces manières de pensionnaire... enfin cette petite est votre fille, vous avez de la fortune, tout le monde doit penser que c'est un excellent parti. Car on ne sait pas... on ne peut pas deviner que cette pauvre enfant se trouve placée dans une position... bien malheureuse pour elle... et que, peut-être, au lieu de cette fortune qu'on lui suppose... elle n'aura pour tout bien que la tendresse de sa mère qui, du moins, ne lui manquera pas.

Camille a entremêlé cette longue tirade de soupirs qui, vers la fin, se changent en sanglots ; si bien que le banquier, lui voyant mettre son mouchoir sur ses yeux, s'empresse de passer son bras autour de sa taille, l'attire vers lui et ne songe plus qu'à la consoler, lui jurant qu'il aime tendrement Elvina et qu'il saura lui assurer un sort brillant. Quant à sa jalousie au sujet de Monvillars, il n'en est déjà plus question, ou plutôt Riberpré se demande comment il a pu être assez fou pour concevoir de telles idées. Enfin Camille a si bien retourné l'humeur du banquier, que c'est lui maintenant qui sollicite son pardon. *Quid femina possit !*

XI. — CONFIANCE MAL PLACÉE.

Deux jours entiers s'écoulent sans que Camille puisse trouver un moment pour s'échapper et aller voir son amant.

Le banquier a abjuré ses soupçons jaloux ; cependant il ne sort pas et ne quitte presque plus Camille. La jalousie et comme la foudre : lors même qu'elle n'a frappé personne, elle laisse toujours des traces de son passage.

Enfin, le troisième jour, Riberpré est parti pour un rendez-vous ; il s'agit d'une affaire très-importante, Camille s'en est assurée ; elle peut donc s'absenter aussi, et bientôt elle arrive chez Monvillars qui l'attendait.

— Vous devinez pourquoi vous ne m'avez pas vue plus tôt, dit Camille. M. Riberpré était jaloux de vous, il avait des soupçons...

— Je l'ai pressenti à la figure qu'il a faite en m'apercevant.

— Je suis parvenue à détourner ses soupçons, devinez-vous comment ?

— En disant que j'allais chez vous pour votre fille !

— Justement... il paraît, mon ami, que nous avons les mêmes inspirations.

— Celle-là était toute naturelle ; et ce moyen a réussi ?

— Oui ; cependant il ne faut pas trop compter dessus. Une fois l'éveil donné, au premier signe, à la moindre imprudence qui nous échapperait, nous serions perdus... et perdus sans retour... vous le voyez, déjà M. Riberpré me quitte beaucoup moins... pendant deux jours entiers je n'ai pas eu un moment pour m'échapper et accourir ici... et si jamais il me faisait suivre... Ah ! tenez... je ne vis plus... et depuis cette soirée fatale... je sens que ce riche, cet homme qui m'empêche d'être près de toi... qui me prive du bonheur de te voir... de te dire que je t'aime... de te le prouver... Ah ! oui, je le déteste, je ne puis plus, sans horreur, recevoir ses caresses... et toi !... toi qui dis que tu m'aimes, tu n'agis pas, tu ne fais rien pour changer ma position... rien pour amener enfin ce moment où nous pourrons sans crainte nous voir et nous tenir embrassés.

La superbe Camille, surexcitée par l'amour et la haine qui se partagent son cœur, a les traits animés, le sein palpitant, la voix stridente, et ses yeux brillent d'un éclat extraordinaire ; les passions qui l'agitent l'embellissent encore, comme une violente tempête donne à la mer un aspect plus imposant.

Monvillars qui est infiniment plus calme, parce qu'il n'est pas amoureux, porte à ses lèvres d'une manière fort galante la main de sa maîtresse, en lui disant :

— Allons, allons, calmez-vous, mauvaise tête !... Vous devez bien penser que je ne désire pas moins vivement que vous arriver à notre but... mais quelquefois on ne manque en voulant l'atteindre trop vite. Je pense continuellement à cette affaire...

— Et vous n'avez pas encore été à Corbeil ?

— Non... parce que je n'ai pas encore bien arrêté la marche que je veux suivre...

— Ah ! si vous tardez longtemps, je ne sais quel pressentiment me dit qu'un malheur nous menace !... pourquoi attendre que l'orage éclate ?... M. Riberpré n'est point de ces hommes faciles à tromper !... j'ai pu l'abuser une fois par une ruse... mais c'est en vain que je le tenterais une seconde... Je puis, à la moindre imprudence, et en en fait toujours quand on aime !... je puis perdre le fruit de dix-sept années de dissimulations, d'ennuis, de feintes tendresses... car je ne l'ai jamais aimé, cet homme, et aujourd'hui je l'exècre !... Il m'empêche d'être avec toi... de te voir à chaque instant du jour ; et tu restes froid quand je te dis cela... et tu attends, et tu ne veux pas agir...

— Madame, dit Monvillars en lançant à Camille un regard sombre, je n'aime pas les leçons... je sais ce que je dois faire, et je n'ai pas besoin que vous me traciez ma conduite.

Presque terrifiée par la manière dont son amant vient de lui répondre, Camille est un moment sans pouvoir trouver un mot. Mais bientôt, l'enlaçant de nouveau dans ses bras, elle s'écrie :

— Eh bien ! vous allez me gronder maintenant... vous allez vous fâcher avec moi... il me manquerait plus que cela pour me désespérer tout à fait... Allons, pardonnez-moi et embrassez-moi, méchant ! on ne se permettra plus la moindre observation...

Monvillars daigne embrasser celle que son regard vient de rendre si soumise. La paix est faite.

— Vous viendrez ce soir, dit Camille ; vous savez que nous avons grande soirée, bal. Il ne faut pas y manquer, cela paraîtrait singulier.

— J'irai.

— D'après ce que j'ai dit de vous, relativement à Elvina, vous vous conduirez en conséquence ; cependant, rien de trop marqué... quelques attentions de plus seulement.

— Soyez tranquille ; je sais parfaitement dans quelles voies je dois me tenir.

— Oui, en effet... je dois m'en rapporter à vous... Pardonnez-moi, mon ami... mais l'amour qui m'embrase... les craintes qui m'assiègent... les précautions qu'il faut que je prenne... tout cela me bouleverse... Ah ! tenez, ayez pitié de moi... car, si vous ne m'aimiez pas, je ne sais ce que je deviendrais... Mais adieu, adieu... si on était rentré... n'avoir que si peu de temps pour se voir, quel supplice... adieu... à ce soir... et regarde-moi du moins !... que je puisse parfois puiser du bonheur et de la patience dans tes yeux... Et moi aussi, il m'en faut de la patience, se dit Monvillars, dès que Camille est éloignée. Rien n'est assommant comme les caresses d'une femme qu'on n'aime pas. Mais lorsqu'au bout de tout cela il y a un avenir doré... alors on s'arme de courage, en se promettant de se dédommager plus tard.

Monvillars se rend le soir au bal du banquier. La réunion était encore plus nombreuse que de coutume, et cela devait être ainsi, car il était rare qu'à chaque grande soirée on ne présentât pas quelques nouveaux personnages au maître de la maison.

Riberpré reçoit d'un air presque aimable Monvillars, qui, pour remplir le rôle qu'on lui a donné, ne manque pas, en saluant Elvina, de jeter sur elle un long regard et de paraître comprimer avec peine son émotion. Quant à Camille, il est avec la galanterie la plus respectueuse qu'il lui adresse ses hommages, que la superbe femme reçoit en le dévorant des yeux sous le banquier détourne les siens. Mais en promenant son œil d'aigle sur la société, Monvillars ne tarde pas à apercevoir une figure qui ne lui est pas inconnue, et que Monvillars n'a point encore vue chez le banquier.

— Savez-vous quel est ce jeune homme, monsieur de Savignon ? dit Monvillars en désignant au beau dandy la personne qu'il vient de remarquer.

— Le grand mince là-bas... par parenthèse, l'habit fait un mauvais pli par devant... — Grâce pour son habit... c'est de sa personne que nous parlions.

— C'est Isidore Marcelay... un fort bon enfant... autrefois nous faisions de charmantes parties ensemble... il allait pas mal !... mais depuis l'hiver dernier je l'ai perdu de vue... je ne sais pas où diable il se fourre... dans quelque tanière, apparemment. Ah ! on va polker... y va.

Jules de Savignon s'est éloigné.

— Isidore Marcelay !... se dit Monvillars en fouillant dans sa mémoire. Bientôt ses souvenirs lui reviennent, il se rappelle que c'est chez la Mirobelly qu'il s'est trouvé avec ce monsieur, et il en est à se demander si cette rencontre peut avoir pour lui quelques dangers, lorsque Isidore, qui vient de l'apercevoir, et qui est enchanté de voir une figure de connaissance dans une maison où il vient pour la première fois, s'avance vers lui avec un gracieux sourire.

— Vous ne me remettez peut-être pas, monsieur? dit Isidore en saluant Monvillars. Nous nous sommes trouvés ensemble au commencement de l'été dernier, dans une maison... d'un tout autre genre que celle-ci, mais où je me suis beaucoup amusé...

— Ah oui! en effet, monsieur, je me souviens, répond Monvillars en prenant à son tour un air aimable: oui... et là, je crois même vous avoir gagné votre argent... que je perdis plus tard...

— Justement. Je vous ai revu ensuite dans le jardin du Palais-Royal... où vous nous avez quittés brusquement.. il y avait alors, à ce que nous dit un monsieur qui se trouvait avec nous, un mari jaloux qui vous poursuivait... Mais pardon... je suis peut-être indiscret de vous rappeler cela...

— Oh! nullement... ce sont de ces aventures qui sont arrivées à tous les hommes...

— Et comment vous en êtes-vous tiré avec ce mari-là?...

— Eh! mon Dieu... il a fallu se battre... j'ai eu le malheur de le tuer!

— Diable! c'est fâcheux quand les choses vont si loin. Heureusement tous les maris ne sont pas aussi chatouilleux sur ce chapitre, sans quoi les dames galantes dépeupleraient le monde...

— Tandis qu'elles sont appelées à faire le contraire!...

— Je crois même que vous aviez changé de nom à cette époque... on vous appelait... mon Dieu! je ne me souviens plus...

— J'avais pris un nom de guerre pour mes intrigues amoureuses...

— Comme beaucoup d'autres jeunes gens font pour leurs créanciers.

— Mais j'ai abjuré toutes ces folies, je ne porte plus que mon nom... Sainte-Lucie.

— C'est cela. C'est bien ainsi que ce monsieur vous a nommé au Palais-Royal.

— Et vous, monsieur, vous êtes monsieur Isidore Marcelay.

— Oui, monsieur; vous saviez aussi mon nom?

— Je l'ignorais; mais un monsieur qui vous connaît vous a nommé tout à l'heure.

— Qui donc?

— Ce jeune homme... qui polke en ce moment.

— Ah! Jules de Savignon... En effet, nous nous sommes trouvés souvent ensemble jadis... c'est un bon garçon... mais avec qui il n'y a pas moyen de causer plus de cinq minutes.

— C'est la première fois que vous venez dans cette maison, monsieur?

— Oui, c'est-à-dire c'est la première fois que je viens à une soirée de M. Riberpré, mais j'étais déjà venu chez lui.

— Ah! vous le connaissez particulièrement?

— Non, mais un de mes oncles a un procès avec lui. J'ai bien été obligé de voir ce monsieur; il m'a invité à ses soirées... je n'avais pas encore profité de ses invitations.

— Vous aviez tort. Les bals, les réunions, les concerts, tout cela est fort brillant ici... Vous pouvez en juger d'ailleurs par ce que vous voyez ce soir.

— Je vois qu'en effet l'affluence est prodigieuse...

— Vous ne devez pas regretter d'être venu, et j'aime à croire que l'on vous reverra ici...

— Vous y venez donc souvent, vous, monsieur?

— Ma foi, j'ai été présenté ici par M. de Fortincourt... il n'y a plus de deux mois... j'ai trouvé la société très-agréable... je suis devenu un des habitués. M. Riberpré reçoit très-bien, sa femme est ort gracieuse, fort aimable... n'êtes-vous pas de mon avis?

— Non, je ne suis pas de votre avis, répond Isidore en secouant la tête. Je n'aime pas du tout cette femme-là!... mais je conçois qu'elle vous paraisse bien... que vous admiriez sa beauté!... vous ne la voyez pas avec les mêmes yeux que moi.

Monvillars attache sur Isidore des regards inquisiteurs, en murmurant:

— Ah!... vous avez donc des raisons pour ne point aimer cette dame?...

— Mon cher monsieur de Sainte-Lucie, si vous connaissez le monde, vous devez savoir que ces dehors gracieux, brillants, qui nous entourent, cachent souvent bien des fautes, bien des vices même!

— Oui, oui, assurément, je sais cela, répond Monvillars, qui devine que le hasard vient de lui être favorable en lui faisant rencontrer Isidore Marcelay. Mais vous concevez... moi, je viens dans une maison... on me reçoit bien... on s'y amuse... la réunion est fort élégante... je n'en demande pas davantage.

— Vous avez parfaitement raison. On verrait bien peu de monde s'il fallait fouiller dans la vie privée de tous ceux qui nous invitent.

— Au moins vous conviendrez que la fille du banquier, mademoiselle Elvina, est une délicieuse personne... Cet air espiègle et naïf à la fois... la rend tout à fait séduisante.

— Elle est gentille... mais elle a quelque chose de sa mère, ce qui lui fait du tort à mes yeux.

— Il paraîtrait que vous savez des particularités sur la maîtresse de céans.

— Oh! oui! j'en sais beaucoup!...

— Il serait sans doute indiscret de vous demander à les connaître...

— C'est un secret qui ne m'appartient pas... je dois le garder encore. Au reste, il ne dépendra pas de moi que la vérité se fasse jour!...

Diable! se dit Monvillars, voilà un jeune homme qui a évidemment des projets que je ne crois pas formés dans l'intérêt de Camille. C'est vraiment un grand bonheur qu'il soit si confiant, et qu'il ait eu l'envie de renouer connaissance avec moi.

La polka vient de finir. Jules de Savignon vient tendre la main à Isidore, en lui disant:

— Eh! bonjour, cher ami... enchanté de vous revoir.

— Vous êtes trop bon! moi de même!...

— Votre habit fait un faux pli par devant...

— Ah! que je vous remercie de m'en avoir fait apercevoir.

— Que diable êtes-vous donc devenu l'été dernier? on ne vous a vu nulle part.

— C'est que j'étais ailleurs, probablement.

— C'est bien ce que j'ai pensé. Vous avez visité la Suisse, l'Italie?

— Mon Dieu! non; mes pérégrinations se sont bornées à faire très-souvent le voyage de Corbeil.

— De Corbeil! Ah! ah! ah! un voyage d'une heure... quelle plaisanterie! Moi, quand je voyage, je vais fort loin, ou...

— Ou vous n'allez pas du tout.

— Mon Dieu! oui.

En entendant prononcer le nom de Corbeil, Monvillars éprouve un léger frémissement; de nouvelles pensées, de nouveaux pressentiments surgissent dans son esprit. C'est à Corbeil que réside la véritable épouse et la fille de M. Riberpré, et c'est là qu'habite ce jeune homme qui semble si prévenu contre Camille. Il n'a fallu qu'un instant à Monvillars pour faire ces réflexions, et le résultat est de se rapprocher d'Isidore en lui disant d'un air indifférent:

— C'est un fort joli endroit que Corbeil?...

— Oui, c'est-à-dire les environs.

— Vous y connaissez beaucoup de monde?

— J'ai un cousin qui possède là une charmante maison de campagne.

Isidore n'en disait pas plus. Cela ne suffisait point à Monvillars qui, voulant s'assurer si ses conjectures sont fondées, se décide à marcher droit au but et reprend:

— Je ne suis allé qu'une fois à Corbeil, mais je me souviens d'y avoir vu de fort jolies femmes: j'étais avec quelqu'un du pays; en nous promenant je remarquai, entre autres personnes, une dame et une jeune demoiselle... elles étaient charmantes toutes les deux... Mon ami, témoin de mon admiration, me dit : C'est la mère et la fille, que l'on prend souvent pour les deux sœurs; puis il me nomma cette dame... c'était madame... madame...

— Madame Clermont, sans doute? s'écrie Isidore qui est enchanté d'entendre faire l'éloge d'Emmeline et de sa mère.

— Oui, justement, c'était ce nom-là... Il me paraît que vous connaissez ces dames?

— Oh! oui... beaucoup.

La manière dont Isidore vient de répondre ces derniers mots suffirait à Monvillars pour être certain que ses conjectures sont fondées, si déjà tout ne se réunissait pas pour lui prouver qu'il tient le fil qui doit le mettre sur la voie de tous les projets de sa nouvelle connaissance.

— Ces dames sont probablement chez votre cousin... Ah! je conçois que vous ayez une prédilection pour cette campagne... si l'on rencontre beaucoup de personnes aussi séduisantes que celles que j'ai aperçues...

— Beaucoup! oh! non, c'est impossible!... madame Clermont et sa fille sont deux êtres à part, et il serait difficile de trouver leur égale. La mère, encore aussi belle qu'à vingt ans, est un modèle de vertus, de dignité, de distinction. On éprouve auprès d'elle ce charme que produit la beauté, et ce respect qu'inspirent les yeux dans lesquels on n'aperçoit jamais la moindre apparence de coquetterie.

— Diable!... comme vous dites, cette femme-là ne doit pas avoir son égale!

— Quant à sa fille... comment vous peindre tant d'attraits, tant de grâces!... comment vous dire qu'elle réunit à la fois et la candeur et l'esprit, et cette aimable gaieté qui nous charme, et cette douce sensibilité qui attache!... Si vous saviez tout ce que son cœur renferme de qualités, de vertus... Elle adore sa mère... elle est née pour inspirer l'amour et pour le comprendre... enfin c'est un ange!... oui... et je n'ai rencontré personne qui puisse lui être comparé.

A la chaleur avec laquelle Isidore vient de faire le portrait d'Emmeline, l'homme le moins clairvoyant eût deviné le secret de son cœur. Monvillars se contente de sourire en disant:

— Monsieur Marcelay, je vois que vous êtes le chevalier de ces dames... et que vous lui portez un vif intérêt.

— En effet, monsieur; mais si vous les connaissiez comme moi, si vous saviez leur histoire, leurs malheurs, cet intérêt ne vous étonnerait pas, et je suis certain que vous le partageriez.

— Ah! ces dames ont eu... des malheurs?
— Oui... madame Clermont surtout... car Emmeline se trouve heureuse près de sa mère... Mais penser qu'elles sont retirées dans le fond d'une campagne... qu'elles habitent une demeure bien modeste... tandis qu'elles... tandis qu'elles devraient être ici à la place de Camille et d'Elvina... Oh! je devine parfaitement la pensée! se dit Montvillars en détournant la tête.

Isidore, s'apercevant qu'il s'est laissé entraîner par les sentiments qui remplissent son cœur, reprend bientôt avec plus de calme:
— Mon Dieu! je vous parle là de choses qui ne vous intéressent nullement. Excusez-moi, monsieur de Sainte-Lucie, vous devez me trouver bien ridicule, car on ne va pas dans le monde pour y parler de ses affaires.
— Bien loin de là... Je vous prie de croire que je prends déjà part à tout ce qui vous intéresse, et si jamais je puis vous servir en quoi que ce soit, veuillez disposer de moi, je vous en serai fort reconnaissant.
— Mille remerciments. Vous connaissez cette maison mieux que moi et je profiterai de vos offres.
— Quand vous voudrez. En attendant, comme dans cette foule nous n'aurons peut-être plus l'occasion de nous rapprocher... d'autant plus que je compte bientôt me rendre au jeu, permettez-moi de vous donner ma carte pour me mettre à toute heure à votre disposition.
— J'accepte, et en échange je vous offre la mienne.

Les deux jeunes gens ayant échangé leurs cartes, Montvillars laisse Isidore et feint de se rendre dans les salons où l'on joue; mais c'est Camille qu'il cherche; son seul désir est de pouvoir échanger quelques mots avec elle.

Pendant longtemps la maîtresse de la maison est entourée, retenue, occupée; et cependant il est probable qu'elle désire aussi bien vivement avoir un moment de liberté, car elle a aperçu Montvillars et leurs regards se sont compris, ils expriment toute l'impatience qu'ils ressentent de ne pouvoir se rapprocher.

Enfin le banquier s'est mis à une table de jeu. Elvina danse, Camille a pu se débarrasser de la cour nombreuse qui la charmait jadis, et qui maintenant l'obsède. Traversant une pièce qui sert de passage, elle arrive dans un boudoir où elle trouve Montvillars qui l'attendait. Elle s'assied près de lui, en murmurant:
— Que je suis heureuse de pouvoir enfin vous parler! J'ai une excellente nouvelle à vous apprendre. Le vieux Duvalin... cet homme qui s'était fait le protecteur de... madame Clermont...
— Eh bien!
— Il est mort. Un avocat qui est ici vient de m'en apporter la nouvelle. Oh! il est bien mort, et je vous avoue que je ne le regrette pas. C'est toujours un ennemi de moins.
— Ne vous hâtez pas de vous réjouir, ma chère amie, car si l'un de vos ennemis meurt, je viens d'en découvrir un autre qui ne semble pas disposé à nous ménager...
— Que voulez-vous dire?... Où est-il cet ennemi?
— Ici même, chez vous... il vient pour la première fois à un de vos bals. Avez-vous remarqué un grand jeune homme assez bien de figure qui se nomme Isidore Marcelay?...
— Oui, M. Riberpré me l'a présenté ce soir... et il m'a déplu sur le-champ, car il m'a semblé que le salut qu'il me faisait avait quelque chose de contraint et de dédaigneux.
— Vous avez parfaitement deviné. Savez-vous quel est ce jeune homme?...
— Il a de la fortune, à ce que dit M. Riberpré.
— Il est passionnément amoureux de mademoiselle Emmeline, fille de M. Riberpré.
— Grand Dieu! il se pourrait... Comment savez-vous?
— Oh! grâce au ciel, avec lui il n'est pas difficile de savoir; il est confiant comme un écolier, et si heureux de parler de l'objet de ses feux, qu'il ne demande qu'à épancher son cœur. Il est enthousiaste de madame Clermont; il la porte au troisième ciel... il connaît toute son histoire... c'est vous dire qu'il vous déteste. Il enveloppe même votre fille dans sa haine.

Camille est devenue d'une extrême pâleur, c'est à peine si elle peut balbutier:
— Oh! mais c'est affreux!... ce que vous m'apprenez là... Quoi! tandis que je me figurais, certaine de l'avenir... Et cet homme sait que je ne suis pas la femme du...
— Il sait que vous n'êtes pas la femme du banquier... parfaitement... Et d'après le fait qu'il m'a dit, j'ai tout lieu de croire qu'il vient ici dans l'intention d'y faire réintégrer celle dont vous tenez l'emploi.
— Il faut perdre cet homme... il faut s'en défaire... Battez-vous avec lui... tuez-le... Vous êtes brave, Montvillars... vous vous êtes déjà battu pour une autre femme... ah! vous vous battrez pour moi!...
— Eh! ma chère amie! il n'est pas question de duel... vous n'avez pas le sens commun! Quand j'aurai tué ce monsieur, un autre deviendra amoureux de mademoiselle Emmeline, qui est fort jolie à ce qu'il paraît, un autre prendra ses intérêts aussi chaudement, et

ce serait tous les jours à recommencer. Laissez-moi donc me servir de cet Isidore dont la confiance en moi nous sera très-utile... qui me confiera tous ses projets, que je ferai ensuite tourner à mon profit. En attendant, ne laissez rien paraître, soyez polie, et, si vous le pouvez, aimable avec ce jeune homme; mais avec moi la plus grande réserve, qu'il ne puisse deviner que je suis de vos amis!...
— Vous le voulez, je vous obéirai... mais vous...
— Moi, demain, je pars pour Corbeil.
— Ah!... enfin...
— C'est assez... on pourrait nous voir causer. Séparons-nous.

Et Montvillars se rend vivement dans le salon où l'on joue, tandis que Camille retourne dans celui où l'on danse.

XII. — RETOUR A CORBEIL.

Pendant que le trop confiant Isidore venait de former avec Montvillars une liaison qui pouvait être si funeste aux personnes qu'il voulait servir, voyons ce qui se passait à Corbeil.

Elmonde, toujours éprise de son cousin, peut-être parce que celui-ci a négligeait (nous avons des dames qui n'aiment que les hommes qui les négligent), Elmonde souffrait de voir que chaque jour les visites d'Isidore devenaient plus rares, et les témoignages de tendresse dans la proportion de ses visites. Elle avait appris que son cousin avait été blessé et soigné chez madame Clermont, car dans une petite ville les maisons sont de verre, et il est impossible de cacher ce qui s'y passe; que ce fût par l'indiscrétion de la domestique, par l'espionnage des voisins ou par tout autre moyen, toujours est-il que cet événement lui avait été rapporté, et cette découverte avait augmenté son dépit et sa jalousie. Dans sa colère elle avait été trouver son mari et lui avait dit:
— Concevez-vous cela?... votre cousin a été malade, blessé soi-disant!... et au lieu de se faire soigner chez nous, il est allé s'installer chez madame Clermont et sa fille!

Bouchonnier s'était mouché assez longuement et avait ensuite répondu:
— Comme Isidore est amoureux de mademoiselle Clermont, je comprends fort bien qu'il ait préféré être près d'elle à être chez nous. Mais ce qui m'étonne c'est que la maman ait consenti à le loger... pour une dame si sévère... si méticuleuse dans sa conduite, ça me semble très-surprenant.
— C'est-à-dire, monsieur, que cela n'a pas de nom!... que c'est d'une inconvenance, d'une indécence qui passe les bornes... cette dame a donc peur que votre cousin ne lui échappe, elle veut donc l'obliger à épouser sa fille!... et lui qui la croyais un modèle de vertu, je commence à penser que c'est tout bonnement une hypocrite qui ne vivait si retirée que pour mieux attraper son monde.

Quelque temps après, lorsque madame Clermont et sa fille avaient été rendre une visite à leur voisine, celle-ci les avait reçues avec une extrême froideur et dans la conversation n'avait pas manqué de leur lancer quelques-uns de ces mots ironiques, de ces traits piquants que les femmes savent si bien trouver quand elles en veulent à quelqu'un, et qui même, chez quelques-unes, sont devenus d'un usage tellement familier, qu'il n'ont pas cinq minutes de conversation sans dire une méchanceté. Et en général, ces personnes-là se croient beaucoup d'esprit!... Il serait facile de leur prouver le contraire.

Mettez trois imbéciles ensemble; ils ne causeront pas dix minutes sans se moquer ou médire de quelqu'un. Réunissez trois personnes d'esprit, et vous verrez qu'elles trouveront un autre sujet de conversation.

Clémence et sa fille étaient revenues à leur demeure, toutes surprises de l'accueil que madame Bouchonnier leur avait fait. Emmeline surtout, plus naïve et moins habituée aux caprices du monde, ne cessait de répéter à sa mère:
— Que pouvait donc avoir Elmonde?... nous ne lui avons rien fait, il me semble... Pourquoi nous reçoit-elle aujourd'hui avec cet air glacé... contraint? comprends-tu cela, maman?
— Ma chère amie, d'après ce que j'ai cru deviner, madame Bouchonnier sait que M. Isidore a passé quelques jours chez nous étant blessé...
— Eh bien, après tout, est-ce un crime? puisque tu y as consenti, maman, c'est qu'il n'y avait pas de mal sans doute.
— C'était bien un peu choquer les bienséances, ma fille, mais lorsque quelqu'un est souffrant, il me semble que l'on est excusable d'oublier pour le secourir les sévères exigences du monde.
— Elmonde, qui est cousine de M. Isidore, n'aurait-elle pas dû plutôt nous remercier de ce que nous avons fait pour lui.
— Quoi qu'il en soit, ma chère amie, nous ne retournerons plus chez madame Bouchonnier; en nous rendant chez elle nous n'avons fait que cédér à ses instances longtemps réitérées, mais nous n'avions rien fait pour mériter qu'elle changeât de sentiments à notre égard; aussi, quand même elle reviendrait maintenant nous presser de retourner la voir, ce serait inutilement. Souviens-toi, mon Emmeline, que dans le monde on peut mépriser une méchanceté, un mensonge, une calomnie même! mais que l'on ne doit jamais par-

donner une impolitesse, car ce serait s'exposer à en recevoir de nouvelles.

Emmeline regrette bien un peu la société de madame Bouchonnier ; cependant elle sent que sa mère a raison. D'ailleurs depuis quelque temps elle s'apercevait qu'Elmonde n'était plus la même avec elle ; qu'elle ne lui témoignait plus autant d'affection ; que son arrivée ne lui causait pas comme autrefois des transports de joie qui étaient suivis des plus vives caresses. Mais, dans son innocence, la jeune fille ne devinant pas la cause de ce changement, l'attribuait seulement à l'humeur un peu capricieuse de la jolie dame, qu'elle n'aimait pas moins pour cela.

En retournant chez madame Clermont, Isidore avait su par Emmeline qu'il ne devait plus s'attendre à la rencontrer chez sa cousine, et elle lui en avait dit la raison.

Tout en ayant l'air de trouver fort extraordinaire la conduite de madame Bouchonnier, Isidore n'avait pas été fâché de savoir qu'il ne se trouverait plus en même temps auprès d'elle et d'Emmeline. Comme maintenant pour voir celle-ci il pouvait se rendre chez madame Clermont, comme il avait la permission d'y aller quand cela lui plaisait et la certitude d'y être toujours le bienvenu, il préférait cela à cet embarras qu'un homme éprouve souvent entre deux femmes qu'il aime, surtout lorsqu'il y en a une qui connaît le secret de son cœur.

D'après cela on doit penser que notre amoureux allait beaucoup moins chez son cousin Bouchonnier, ce qui n'était pas fait pour rendre à Elmonde sa bonne humeur.

Et un jour que le cher cousin avait été encore plus longtemps que d'habitude sans revenir, Elmonde n'avait pu s'empêcher de s'écrier en le voyant arriver avec son mari :

— Comment ! c'est vous, mon cousin !... il faut que Tiburce vous ait fait violence pour vous amener ici... je croyais que nous ne vous reverrions plus...

— Mais non, avait dit Bouchonnier, je ne l'ai pas violenté, je t'assure qu'il est venu de bonne volonté.

— Il est bien facile de voir que M. Isidore ne venait chez nous que pour rencontrer nos voisines... maintenant qu'il a ses grandes entrées chez elles... nous le voyons... par hasard... quand il ne voit rien à faire de mieux... mais c'est si intéressant des dames qui soignent les blessés... Ah ! ah ! ah !... quelle comédie !... j'aurais été curieuse de voir cette blessure... on fait semblant d'être attaqué par des brigands, c'est un vieux moyen pour se faire recueillir dans une maison, mais il paraît que cela réussit toujours, n'est-ce pas, mon cousin, surtout quand les personnes ne demandent qu'à nous garder...

Isidore, blessé par les paroles d'Elmonde, lui avait répondu d'un ton fort sec :

— J'ignore, madame, ce qui peut vous faire penser que j'ai eu besoin de jouer une comédie pour me faire recevoir chez madame Clermont ; vous devriez vous rappeler que depuis longtemps ces dames m'avaient permis d'aller leur rendre visite. Si, en effet, un accident dont j'ignore encore la cause m'est arrivé devant leur maison ; si, me voyant la nuit souffrant et blessé, ces dames ont daigné m'accorder un asile, ce n'était point une raison pour qu'elles fussent en butte à la médisance ; car elles n'avaient point pour cela démérité dans l'estime de personne, et comme je m'honore de leur amitié, comme je suis fier d'être reçu chez elles, je m'abstiendrai de voir les personnes qui n'auront pas de ces dames la même opinion que moi.

Après avoir dit ces mots, Isidore s'était éloigné brusquement, laissant Elmonde furieuse et Bouchonnier tout interdit. Celui-ci avait dit à sa femme :

— Tu as été loin, ma chère amie, tu as été trop loin... tu as fâché Isidore... les femmes vont toujours trop loin.

Et Elmonde, oubliant toute prudence, s'était écriée :

— Laissez-moi donc tranquille, monsieur, vous êtes un serin !...

Et, en effet, il fallait que le pauvre Bouchonnier fût bien serin pour ne point deviner ce qui causait la colère de sa femme et l'animait à ce point contre son cousin. Mais ceci est un bienfait de la Providence, qui a permis que la plupart des maris, en prenant la couleur de cet oiseau, en eussent aussi le caractère.

Depuis ce jour, Isidore n'était pas retourné chez Bouchonnier. Celui-ci n'avait pas revu Félicia, qui avait été attrapé par Tintin et qui, chaque fois qu'il rencontrait une des lorettes de chez la Mirobelly, entendait murmurer à ses oreilles : « C'est le monsieur au gilet de flanelle, était devenu un peu plus sage, et, comme l'automne ressemblait déjà à l'hiver, il disait souvent à sa femme :

— Il me semble, ma chère amie, qu'il est temps de rentrer dans la capitale ; le séjour de la campagne n'offre plus aucun agrément.

Mais quoique son cousin ne vînt plus la voir, Elmonde n'ignorait pas qu'il venait souvent à Corbeil ; en restant à la campagne elle savait mieux ce qu'il faisait, peut-être aussi espérait-elle le rencontrer, et c'est pourquoi elle répondait à son mari :

— Je ne veux pas encore retourner à Paris, c'est mauvais ton de rentrer sitôt à la ville ; d'ailleurs, je me plais à la campagne, moi.

Si vous vous y ennuyez, monsieur, mon Dieu ! vous êtes bien libre de rester à Paris.

Et Bouchonnier se disait :

— Ma femme n'est plus du tout jalouse. C'est une chose extraordinaire comme l'air de la campagne chasse ces affections-là.

Voilà où en étaient les choses, lorsqu'un après-midi un monsieur fort élégant, drapé dans un vaste manteau noir, entra dans le café-restaurant que nous connaissons déjà, après avoir auparavant examiné assez longtemps la maison et ses alentours.

Le limonadier-traiteur s'est empressé d'aller au-devant de ce nouveau venu dont la tournure élégante et l'air tant soit peu impertinent semblent lui promettre un homme qui fera de la dépense.

Monvillars, car c'est lui qui vient d'entrer au café, s'est assuré par un coup d'œil que le maître de l'endroit n'a aucun rapport avec l'aubergiste chez lequel il s'est arrêté lorsqu'il était avec Valérie. Quoiqu'à cette époque il fût venu à Corbeil au milieu de la nuit, il avait pu assez voir de l'intérieur de l'auberge, et se rappelait parfaitement la distribution des appartements et la position des lieux. La maison dans laquelle il vient d'entrer n'offre pas avec l'autre le moindre rapprochement. Entièrement rassuré sur ce point, il pénètre dans la salle... tandis que le limonadier, qui s'obstine à lui faire des révérences, marche à reculons devant lui.

Les cafés d'une petite ville de province, où il n'y a point de garnison, sont assez habituellement déserts. Lorsque Monvillars entre dans la salle principale du rez-de-chaussée, il n'y avait que deux personnes à une table et la maîtresse de l'établissement à son comptoir.

La limonadière, occupée à changer d'eau quelques fleurs qui, depuis huit jours déjà, faisaient l'ornement de son comptoir, voyait avec peine que, malgré les soins qu'elle lui donnait, son bouquet tournait à l'artificiel. L'attention qu'elle apportait à ôter les pétales fanés d'un dahlia l'absorbait entièrement, d'autant plus que, dégagé de ses pétales flétris, le dahlia menaçait de devenir une pâquerette.

Cependant son mari s'est empressé de crier, en entrant dans la salle :

— Ma bonne amie, sonne le garçon... sonne... sonne donc !... Monsieur, que faut-il vous servir ?... un déjeuner chaud ou froid ! Tout ce que vous voudrez... nous avons de tout... Sonne donc, chère amie, sonne donc !...

Avant de répondre au traiteur, Monvillars jette les yeux autour de lui et s'assoit près des deux personnes qui, en ce moment, représentaient tous les habitués du restaurant. C'étaient deux hommes, l'un fort gras, l'autre fort maigre, qui déjeunaient assis vis-à-vis l'un de l'autre. Le premier rongeait, avec le soin le plus minutieux, l'os d'une côtelette, lequel os, en sortant de ses mains ou plutôt de ses dents, n'aurait pas même attiré les regards de la caniche le plus affamé ; le vis-à-vis de ce monsieur trempait des mouillettes dans un œuf à la coque.

Dans ces deux personnages vous avez déjà reconnu les frères Tourinet qui, ce jour-là, faisaient un extra en déjeunant au café, parce que c'était l'anniversaire de la naissance de Pétrus.

En voyant entrer quelqu'un dans la salle, Tourinet le gras avait eu un mouvement d'effroi et fait un soubresaut qui avait failli faire entrer jusqu'au fond de sa gorge l'os de sa côtelette. Son frère l'a regardé en lui disant :

— Qu'est-ce que tu as, Pétrus ?

— C'est qu'il vient d'entrer quelqu'un, et j'avais peur que ce ne fût un de ces mauvais sujets...

— Qui donc ?

— Tu sais bien, un de ces chenapans... tes anciens amis, MM. Alménor et Saucissard.

— Eh bien !... quand c'eût été d'eux... qu'est-ce que cela nous fait ? est-ce que nous ne sommes pas libres de déjeuner ici ?... est-ce que cela les regarde ?... Nous ne sommes plus amis... nous ne nous parlons plus, ça n'empêche pas de se trouver ensemble... nous nous sommes même battus à la suite d'une partie de dominos... ces choses-là arrivent tous les jours... ils ont prétendu que j'avais perdu tous les frais de la consommation... j'ai soutenu que non... de là, querelle... gros mots... coups de poing !... quand c'est fini, on n'y pense plus !...

— Ça n'empêche pas que c'est toi qui as payé tous les frais... et je sais bien que tu ne les devais pas... ils t'ont triché... tu n'as pas vu le vilain grêlé qui te poussait toujours le double-six dans tes dés.

— C'est possible... mais si j'ai fini par payer, c'est de ta faute... je te voyais pleurer dans un coin comme une biche... et je me suis dit : Si ça ne finit pas, mon frère se changera comme la nymphe Aréthuse... et je me suis exécuté.

— Il y avait bien de quoi pleurer de vous voir vous battre... tu avais déjà un œil gros comme un œuf...

— Il fallait te laisser tomber sur un de mes adversaires, tu l'aurais étouffé du coup !

— Tu sais bien que j'ai essayé de vous séparer... et que tout de suite j'ai reçu un coup de pied... dans un endroit... noble...

— Ah ! ah ! ce pauvre Pétrus ! tu n'es pas fort sur la boxe !

— C'est égal, Joseph, c'étaient de vilaines connaissances que ces deux messieurs... des ivrognes, des brise-tout qui ne respectent rien!... Ils ont dans le pays la plus mauvaise réputation... on ne les reçoit que par considération pour madame Michelette, et encore, il y a beaucoup de maisons où ils ne sont plus admis... Tiens, chez M. Bouchonnier, on leur dit toujours qu'il n'y a personne... ça me fait penser qu'il y a bien longtemps qu'on ne nous a invités à dîner chez M. Bouchonnier...

— Hum! Pétrus, vous êtes un gourmand!...

— Oh! non, car tes anciens amis m'offriraient un repas farci de truffes, que je le refuserais... Fi! des tapageurs... on dit que ce sont eux qui ont accroché une nuit la guitare de M. Pastoureau sur le balcon de madame Bertrand...

— Qu'est-ce que cela nous fait?

— Et qui ont donné la volée aux lapins de madame Michelette... Je crois ces hommes-là capables de tout... et, vois-tu, Joseph, si tu avais continué à les voir... ils t'auraient gâté...

— Allons! laisse-moi donc tranquille, tu radotes... je ne les fréquente plus, c'est fini ! ronge ton os et tais-toi.

Pendant que cette conversation fraternelle avait lieu, Monvillars, qui s'était établi à une table voisine, écoutait, sans avoir l'air d'y faire attention, ce que l'on disait près de lui ; et le traiteur, secondé par son garçon, se donnait beaucoup de mal pour dresser un beau couvert devant ce monsieur, qui avait dit en s'asseyant :

— Donnez-moi à déjeuner... ce que vous voudrez, pourvu que ce soit ce que vous aurez de meilleur.

Mais Pétrus Tourinet venait d'attaquer une seconde côtelette, Joseph cassait son troisième œuf ; ces messieurs, entièrement livrés à ces douces occupations, n'échangeaient plus que quelques mots pour se demander du sel ou du poivre, et Monvillars se disait :

— Voilà des voisins qui ne m'apprendront pas grand'chose... il n'y a personne dans ce café... je ferai jaser le maître de l'établissement... mais que saurai-je de lui ?... de ces choses banales qui ne me seront pas d'un grand secours... Diable ! diable !...

Et Monvillars, accoudé sur la table, appuyait d'un air pensif sa tête sur l'une de ses mains, et la limonadière ne faisait plus qu'agiter sa sonnette ; le garçon accourait et elle lui disait :

— Servez donc monsieur... qu'est-ce qu'on fait donc au fourneau ?... pourquoi n'apportez-vous pas des hors-d'œuvre ?... Ah ! si je m'en mêlais, moi... cela irait autrement.

Après bien des allées et venues du maître et du garçon, on était parvenu à placer devant Monvillars du beurre et des sardines nageant dans une huile qui ressemblait à de la mélasse.

— Dans l'instant, monsieur aura des rognons, dit le traiteur en changeant de place le sel et le poivre, pour tâcher de leur donner un aspect plus coquet. Monsieur veut-il un demi-poulet ?

— Ça m'est égal.

— Monsieur en aura un bien tendre...

La dame du comptoir fait aller sa sonnette, et quand son mari passe, lui dit tout bas :

— Ce monsieur t'a demandé ce que nous avions de meilleur, et tu lui proposes ce demi-poulet... c'est bien hardi !...

— Ma chère amie, je vois bien à qui j'ai affaire!... c'est un lion de Paris qui est entré ici par désœuvrement, je suis sûr qu'il n'a pas faim... Il n'a pas encore touché aux sardines, il n'a pas l'air de regarder ce qu'on lui sert ; règle générale, quand un individu dit : Donnez-moi ce que vous voudrez, on peut lui passer tout ce qu'on veut... Oh ! si c'était pour les Tourinet... en voilà des gaillards difficiles... ça ne trouve presque rien et ça se vent excellent... mais c'est toujours comme cela.

Monvillars a essayé d'échanger quelques mots avec ses voisins ; il parle du pays, des chemins de fer, du temps qu'il fait. Pétrus, qui cause peu en mangeant, ne répond que par monosyllabes. Tourinet le maigre est plus bavard, mais ce qu'il dit n'apprend rien d'intéressant à Monvillars, et celui-ci, voulant agir avec prudence, n'ose point encore lancer dans la conversation le nom de madame Clermont, avec laquelle d'ailleurs il ne prévoit pas que ses deux voisins puissent avoir de fréquentes relations.

Le traiteur avait audacieusement servi son demi-poulet et un buisson d'écrevisses qui, depuis longtemps, servait dans la montre de pendant au poulet, et tout cela avait passé sans donner lieu à aucun murmure, parce qu'en effet, Monvillars, qui n'avait pas faim, touchait à peine à ce qu'on mettait devant lui ; lorsque tout à coup la porte qui donne sur la rue est ouverte brusquement, et deux nouveaux personnages entrent dans le café. Aussitôt Tourinet le gros, qui allait porter son verre à ses lèvres, en verse le contenu dans sa cravate en murmurant d'une voix étouffée :

— Ah ! mon Dieu !... ce sont eux !

C'étaient, en effet, Alménor et son ami Saucissard qui venaient d'entrer dans le café, toujours vêtus avec le même négligé qui n'avait rien de galant ; toujours sales, toujours mal peignés, et fort disposé à être querelleurs, parce que, faute de vin de Cahors qu'ils ne pouvaient plus parvenir à pêcher (madame Michelette ayant fait mettre des barreaux au soupirail de sa cave), ils avaient considérablement abusé du piqueton dont leur donnait presque à discrétion.

— Eh bien ! qu'est-ce qui te prend encore ! dit Tourinet le maigre à son frère. Tu bois avec ta cravate à présent !...

— Mais Joseph... tu ne vois donc pas?... ce sont eux... ces deux garnements qui viennent d'entrer ici...

— Qu'est-ce que cela nous fait?... ils ont le droit de venir ici : ce café est un endroit public...

— S'ils allaient te chercher querelle...

— A propos de quoi?...

— A propos du double-six... Ecoute, je ne suis pas sûr qu'ils aient triché...

— Ah! Pétrus, que tu m'embêtes!... Ronge donc ton os.

Les deux amis entrent dans la salle, et échangent entre eux un ricanement ironique en apercevant les Tourinet ; Monvillars les examine attentivement, et quelque chose lui dit qu'il a trouvé ce qu'il cherchait. Il y a chez les mauvais sujets une sagacité peu commune pour se deviner, se reconnaître. Ce n'est point de la sympathie, c'est de l'instinct.

Joseph Tourinet continuait fort tranquillement de tremper sa mouillette ; le gros Pétrus devenait tour à tour pâle, rouge et violet ; pour cacher la frayeur qu'il éprouvait, il s'obstinait, avec son couteau, à gratter un os qui n'avait plus la moindre parcelle de viande. Alménor se promenait dans la salle en fredonnant un air de polka, et de temps à autre il s'arrêtait juste devant Pétrus et faisait tourner sa canne en se dandinant comme pour danser, ce qui faisait tressauter le gros homme qui se figurait alors que le terrible Alménor allait tomber sur lui à grands coups de canne. Quant au monsieur grêlé, il s'était laissé aller sur une banquette et bourrait sa pipe.

— Ces messieurs désirent-ils quelque chose? demande le limonadier aux nouveaux venus, mais d'un air assez sec, qui n'annonçait pas une grande satisfaction de les voir.

— Nous verrons, mon cher... nous nous tâterons tout à l'heure ! répond le bel Alménor d'un air goguenard. Qu'en dis-tu, Saucissard, te sens-tu disposé à quelque babiole réconfortante ?

— Toujours, répond M. Saucissard. Entrer dans un café sans rien prendre, c'est une malhonnêteté qu'on se fait à soi-même.

— Cette maxime me semble digne d'un sage de la Grèce... Avec cela qu'ils étaient drôlement sages dans la Grèce!... Quels polissons que ces *Alcibiade*, que ces *Périclès*!... quelle noceuse que cette *Aspasie* ! Ah !... ah !... ah !... je suis sûr qu'ils ne déjeunaient pas avec des œufs à la coque, ceux-là...

— Ni avec de la raclure de côtelette ! répond le monsieur chauve en poussant un éclat de rire à faire trembler les vitres.

— Ne leur réponds pas, Joseph, je t'en prie... n'écoute pas ce qu'ils disent ! murmure Tourinet le gros d'un air suppliant et en marchant sur les pieds de son frère.

— Mon Dieu ! Pétrus, tu me fais de la peine, mon pauvre ami !... est-ce que je ne me moque pas d'eux... Mais, je t'en prie, finis-en avec ta côtelette... à moins que tu ne veuilles en faire une quille.

Alménor et Saucissard venaient presque subitement de cesser de rire ; ils avaient tous deux rencontré le regard de Monvillars, et ce regard avait quelque chose de si incisif et en même temps de si sombre, que l'un et l'autre avaient éprouvé son influence ; leur envie de gouailler les frères Tourinet s'était amortie aussitôt, et ils avaient repris une tenue presque décente.

— Donnez-moi du champagne, dit Monvillars en jetant les yeux autour de lui.

— Sur-le-champ, monsieur, répond le traiteur... Moët ou Sillery ?

— Comme vous voudrez, pourvu qu'il soit excellent.

En entendant parler de champagne, Saucissard pousse un profond soupir et Alménor caresse ses moustaches et passe le bout de sa langue sur ses lèvres.

Joseph Tourinet a jeté un regard d'envie du côté de son voisin, tandis que son frère, pressé de s'en aller, lui dit :

— As-tu fini ? moi, j'ai fini... Il me semble qu'il serait temps de partir.

— Est-ce que tu ne veux plus rien, toi ?

— Oh! non ! j'ai bien assez mangé... filons.

— Non, pas encore, moi je prends une demi-tasse.

— Ça te fera du mal, mon frère, ça t'empêchera de dormir.

— Sapristi! que tu m'ennuies, Pétrus... Est-ce que je n'ai pas l'habitude du café ? c'est la peur qui te fait divaguer... Va-t'en, si tu veux...

— Que je te laisse au pouvoir de ces deux hommes... jamais... dussé-je recevoir encore un coup de pied... à l'endroit où le dos perd son nom. Je ne te quitte pas.

— Eh, mon Dieu ! tu vois bien qu'ils ne peuvent pas me chercher querelle, et puis, est-ce que je ne suis pas bon pour leur répondre ?... Ah ! mais...

— Si ! si ! si !... tu es très-bon pour leur répondre, parbleu ! Je sais bien que tu es brave comme César... Tu es trop brave même, et c'est ce qui me fait trembler.

On a placé une bouteille de champagne devant Monvillars, qui s'en empare et paraît disposé à en faire partir le bouchon ; mais il fait très-lentement ses préparatifs. Il voudrait que ses deux voisins fussent partis, et il s'aperçoit que cela ne saurait tarder ; on a servi le café

à Tourinet le maigre, et son frère, qui voudrait être bien loin, ne cesse de lui répéter :
— Prends-le chaud, Joseph... Ne le laisse pas refroidir, il faut que le café soit pris brûlant ou il n'est plus bon.
— Que le diable t'emporte ! dit Joseph après avoir porté sa tasse à sa bouche. Tu es cause que je viens de me brûler toute la gorge ! Quand je déjeunerai avec toi, ce ne sera plus ici !... Tu es poltron comme une vieille portière.
Enfin le café est pris. Le gros Tourinet a déjà payé la dépense, et les deux frères sortent de l'établissement, Joseph en saluant au comptoir, Pétrus en saluant jusqu'à terre toutes les personnes qui sont dans la salle.
— Va donc, poussah !... murmure Alménor en regardant les Tourinet s'éloigner. J'aurais du plaisir à aplatir ce gros-là...
— Ah ! ah ! dit Saucissard en jetant un regard en dessous sur la bouteille de champagne, il n'y a pas de plaisir à s'attaquer à des gens qui ne comprennent pas la beauté d'une boxe et n'en connaissent pas les principes.

XIII.

ALMÉNOR FAIT DES SIENNES.

En ce moment Monvillars débouche son champagne en tenant sa bouteille renversée de manière à ce que le bouchon va frapper le gilet d'Alménor. C'était bien là où il visait.
Le fils de madame Michelette sourit au bouchon qui est venu s'abattre sur lui, et le ramassant aussitôt, le porte à Monvillars, en lui disant d'un air aimable :
— Voilà de ces balles qui ne blessent pas, j'en ai bigrement fait partir dans ma vie.
Monvillars se lève, et tout en recevant le bouchon qu'on lui présente, répond :
— En vérité, monsieur, je suis confus de votre obligeance et désolé de ma maladresse, je ne sais comment m'excuser...
— Vous plaisantez ! un bouchon de champagne, c'est toujours gentil à recevoir... mais c'est encore plus gentil à faire partir... Ah ! si je l'avais reçu dans

Ce sont messieurs les clercs qui font de singulières mines.

l'œil, ça aurait pu me gêner un moment... mais sur la poitrine... fichtre ! j'ai reçu bien autre chose.
— Monsieur, il y aurait un moyen de me prouver que vous ne m'en voulez pas, ce serait d'accepter, ainsi que monsieur votre ami, un verre de champagne.
— Je ne vous en veux nullement ! s'écria Alménor, et pour vous le prouver, j'accepte sans façon votre aimable invitation.
Alménor se place aussitôt vis-à-vis de Monvillars, et Saucissard arrive à la table presque aussi vite que lui, car, en entendant l'étranger l'inviter à boire du champagne, il s'est levé avec tant de précipitation, qu'il a renversé deux tabourets et presque jeté à terre le maître de l'établissement qui se trouvait sur son passage.
— Des verres et une bouteille de champagne ! dit Monvillars au garçon ; puis, se tournant vers ses deux invités : Vous êtes de mon avis, messieurs. Lorsqu'on aime le champagne, il faut en boire beaucoup, sans quoi il incommode.
— Je ne savais pas encore cela, répondit Alménor en se frottant le menton... mais je suivrais volontiers un cours d'hygiène-pratique dans ce genre-là.
Saucissard ne trouve rien à dire ; il regarde Monvillars avec admiration.
Le champagne est versé : on trinque, on boit ; la première bouteille passe comme un éclair. Saucissard prétend qu'il n'y avait que de la mousse. La seconde est sablée presque aussi rapidement ; Monvillars redemande du champagne. Alménor est déjà d'une gaieté très-communicative. Saucissard se sent si heureux d'avoir rencontré Monvillars, que pour reconnaître ses procédés, il avale coup sur coup, de manière à avoir toujours deux verres d'avance sur Alménor.
— Vous êtes de ce pays, messieurs ? dit Monvillars.
— Non, vraiment, dit Alménor ; j'ai l'honneur d'être Parisien, mais ma mère s'est fixée dans cette petite ville, elle y possède une assez belle propriété... Je vous offrirais bien, monsieur, de me faire l'honneur de venir la visiter... mais j'ai une mère si ridicule... si revêche...
— Si ladre, si avare ! murmure Saucissard.
— Une mère qui fait mon malheur et qui pourrait faire ma joie, si elle voulait seulement délier les cordons de sa bourse !... Qu'est-ce que je lui demande ? pas autre chose !... elle est riche, donc je dois m'amuser... Eh bien, monsieur, elle ne comprend pas cela...
— Et elle nous laisse mourir de soif ! reprend Saucissard.
— Et vous habitez toujours avec madame votre mère ?
— Oh ! non !... diable ! Je me suis donné de l'air ; j'ai voyagé beaucoup avec Saucissard, mon ami... que j'ai l'honneur de vous présenter... un savant... au domino...
— Tais-toi donc, blagueur... Bachelier ès lettres, si vous voulez bien le permettre.
— Alors, vous êtes rarement à Corbeil ?... vous y connaissez peu de monde ?
— Oh ! pardonnez-moi ! voilà déjà plus de six mois que nous sommes revenus, nous deux Saucissard ; nous connaissons toute la ville sur le bout de notre doigt. Si vous y cherchez quelqu'un, nous vous le trouverons tout de suite...
— Je vous remercie... Buvez donc, messieurs.
— Volontiers...
— Voilà... présent à l'appel !
Monvillars emplit les verres, puis reprend :
— Je me suis trouvé à Paris avec un jeune homme qui venait souvent à Corbeil ; il prétendait que vous possédez ici beaucoup de jolies femmes ?
— Mais oui... mais oui...
— Oh ! il n'y en a pas à foison ! dit Saucissard après avoir ingurgité son champagne. A moins que tu n'appelles jolie femme madame Sarsonnet, avec qui tu as valsé chez sa mère.
— Et madame Bouchonnier, est-ce qu'elle est piquée des puces, cette petite brune-là ?
— Non, c'est vrai, je n'y pensais plus... Et puis, nous avons encore ta passion, la séduisante Emmeline...
— Chut, Saucissard !... tais-toi, je t'en prie... ne fais pas vibrer

cette corde-là... ne réveille pas une passion qui ne demande qu'à flamber... A boire, s'il vous plaît, pour noyer ce souvenir...

Monvillars, qui a prêté une oreille attentive en entendant prononcer le nom d'Emmeline, dit à Alménor en souriant :

— Il paraîtrait que vous êtes amoureux...

— Il est amoureux comme un coucou... ce qui ne l'empêche pas de courir dans d'autres nids !... il se figure qu'il est amoureux... c'est des bêtises.

— Non, Saucissard, ce ne sont point des bêtises ! répond Alménor en essayant de prendre un air grave, qui ne va nullement avec sa figure enluminée ; je suis vraiment pris... ça y est ! je suis pincé, quoi !... ça arrive aux plus malins... L'image de cette jeune fille me poursuit dans mes rêves les plus creux. Je veux penser à autre chose, à toutes celles que j'ai aimées... et la liste est longue ! mais prout !... cette jeune Emmeline les efface toutes !...

— Il me semble, monsieur, dit Monvillars, qu'avec vos avantages et ayant des parents riches... vous ne devez point rencontrer d'obstacles dans vos amours.

— Au contraire, cher ami, répond Alménor en frappant familièrement sur l'épaule de Monvillars avec lequel il est déjà comme avec une ancienne connaissance, au contraire, et vous allez comprendre tout de suite : si c'était de ces jeunesses qui ne demandent qu'à rire... l'affaire serait déjà bâclée ; mais c'est une demoiselle sage... vertueuse, ça ne connaît que le mariage !... Vous me direz : Epousez-la... Ah ! mais alors, minute... J'aurai un jour une certaine fortune, et la maman Michelette ne consentira jamais à ce que j'épouse une femme... qui n'a rien... et c'est où ma belle me fait l'effet d'être logée.

Monvillars ne répond pas, il réfléchit ; puis il verse de nouveau du champagne. Saucissard, qui devient plus bavard en buvant, murmure :

— D'ailleurs, tu voudrais épouser ta demoiselle, qu'elle ne voudrait pas de toi !... Tu sais bien qu'on dit dans le pays que c'est le cousin de madame Bouchonnier... le jeune Isidore... qui est l'amoureux de la petite Clermont...

— Ah ! ouiche !... si la jeune fille était à ma hauteur, reprend Alménor, je me ficherais pas mal du cousin... je la lui soufflerais parfaitement !

— Vous venez de prononcer le nom de Clermont ? dit Monvillars.

— Oui, c'est celui de la mère de mon objet ; la connaîtriez-vous ?

— Il n'est pas possible que ce soit la même...

— Pourquoi ?

— La dame dont je veux parler est venue se fixer dans ce pays... il y a dix ou douze ans environ.

— C'est cela...

— Elle était seule avec sa fille, qui doit avoir maintenant dix-sept ans à peu près.

— C'est bien cela...

— Madame Clermont est une fort jolie femme, ses manières sont distinguées ; elle a encore l'air jeune. Enfin, elle doit avoir vécu ici loin du monde, ne recevant, ne voyant presque personne.

— Parbleu ! cher ami, c'est bien celle que je connais dont vous

Laissez-moi, monsieur, je ne vous connais pas.

venez de faire le portrait. Il y a un certain mystère qui entoure ces dames. On ne sait pas au juste ce que c'est que cette madame Clermont ; si vous pouviez nous en dire davantage sur son compte, vous me feriez bien plaisir.

Monvillars sourit. Il semble hésiter ; puis il verse du champagne, en disant :

— Si vous me promettiez d'être discrets !...

— Je le jure sur la tête de Napoléon ! s'écrie Alménor.

— Moi, je suis une vraie muraille, dit Saucissard ; on peut tout me confier... je ne rends rien.

— Ma foi, mon cher monsieur Alménor, c'est que je me sens porté à vous traiter comme un ami.. vous savez, il y a des personnes qui nous plaisent tout de suite.

— Oh ! nom d'une pipe, oui, et vous êtes de celles-là, vous... Votre main, cher ami.

— Avec grand plaisir.

— Messieurs, permettez que je me joigne à votre pression ! dit Saucissard en avançant son bras et en saisissant à la fois dans sa main les deux qui se tenaient déjà ; ce qui donne alors à ces messieurs un faux air des trois Suisses jurant de sauver leur pays.

— Maintenant, écoutez, mon cher monsieur Alménor : je venais à Corbeil précisément pour savoir comment vivaient et se conduisaient madame Clermont et sa fille ; je m'étais chargé de cette commission pour être agréable à un monsieur... assez sot, assez bête... un parent éloigné... Et savez-vous pourquoi ce parent me fait prendre des informations ? c'est que son intention est d'épouser mademoiselle Clermont, car il sait qu'elle sera un jour immensément riche. Son père est millionnaire ; mais madame Clermont ayant trompé son mari, celui-ci l'a mise à la porte avec sa fille, ce qui n'empêche point la jeune personne d'hériter un jour des millions de son père qui est vieux et n'a point d'autre enfant.

Alménor rouvre ses yeux que le champagne commençait à rapetisser, en s'écriant :

— Millionnaire !..... ma belle Emmeline sera un jour millionnaire ! Sacrebleu, Saucissard, quand je te disais que c'était une fille ravissante !... parole d'honneur, il me semble que je l'aime encore davantage...

— A présent je suis entièrement de ton avis, balbutie le monsieur grêlé ; du moment qu'on possède des capitaux... on est adorable.

— Millionnaire ! répète Alménor en se frottant les yeux afin de tâcher d'y voir plus clair. Et vous êtes bien certain... de ce que vous me dites là, mon cher ami ?...

— J'en suis parfaitement certain. Vous concevez que mon parent ne m'aurait pas envoyé ici avant d'être bien sûr de son fait.

— C'est juste... Et ce banquier millionnaire, le père de la petite, savez-vous son nom ?

— Assurément : c'est M. Riberpré. Oh ! ce nom-là est bien connu à la Bourse de Paris ; il vit avec une femme que l'on croit la sienne, mais sa véritable épouse c'est la mère de la jeune Emmeline qui se fait appeler maintenant madame Clermont ; au reste, vous pouvez prendre des informations...

— Oh! je vous crois, cher ami, je vous crois! car vous n'avez aucun motif pour me tromper... Est-ce que votre parent vous envoie ici pour faire la demande de la main de la jeune personne?

— A peu près; mais d'après ce que vous avez dit tout à l'heure, s'il y a déjà un autre amoureux, sans vous compter, il est probable que je ferai une démarche inutile... et ma foi, j'aime autant m'en abstenir... je lui dirai qu'il se présente trop tard... il se consolera. Il avait aperçu mademoiselle Clermont quelquefois en venant se promener à Corbeil, mais je crois qu'il était plus amoureux de sa fortune que de sa personne.

— Ça n'est pas défendu, murmure Saucissard.

Tout à coup Alménor, qui est resté un moment rêveur, se frappe sur le front, puis sur les cuisses, se lève et se met à marcher dans la salle, en s'écriant :

— Sacredié! il ne sera pas dit qu'une si jolie fille que j'adore me passera ainsi devant le nez!... non!... non!... ça ne sera pas! Quand je devrais me livrer à des monstruosités, je la veux cette petite!... il me la faut... je veux en faire madame Alménor... il me semble qu'elle n'aura pas déjà tant à se plaindre... m'avoir pour chef de file!... que de femmes voudraient être à sa place!

Monvillars jette des regards autour de lui pour s'assurer si l'on ne peut pas les entendre. Mais la salle était déserte. La limonadière s'était décidée à aller acheter d'autres fleurs ; son mari était descendu à sa cave, où il essayait de faire du vin de Tokay avec un mélange d'alcool et de jus de pruneaux ; et le garçon était au fourneau.

— Voyons, mon cher monsieur Alménor, venez donc vous rasseoir et causons.

— Oui, viens donc vider ton verre, dit Saucissard. Quand tu useras tes semelles à donner des coups de talon sur les dalles, ce n'est pas cela qui mettra la Dulcinée dans tes bras.

Alménor va se rasseoir et boit sans rien dire ; on voit qu'il est sérieusement préoccupé de ce qu'il vient d'apprendre, et que les vapeurs du champagne se joignant à cela, son imagination doit beaucoup travailler.

— Puisque vous savez que cette jeune personne sera fort riche... puisque votre intention serait de l'épouser... pourquoi ne risqueriez-vous pas d'aller demander sa main... ou bien pourquoi ne priez-vous pas madame votre mère de faire cette demande?

Et Monvillars regarde fixement Alménor, qui se contente de secouer la tête négativement.

— Je vais vous lâcher le fin mot, moi, dit Saucissard. Alménor n'ose peut-être pas vous l'avouer, mais avec un homme... aussi... comme il faut que vous... dont je m'honore d'avoir fait la connaissance, on doit être franc comme Jean Bart... vous savez qu'il était très-franc Jean Bart...

— Je vous écoute, monsieur Saucissard.

— Eh bien, que mon ami fasse sa demande lui-même, ou qu'il la fasse faire par sa mère, c'est tout comme, il sera refusé...

— Ah! je comprends... à cause de l'autre jeune homme... qui est préféré...

— Non-seulement à cause du grand Isidore, mais parce que... voyez-vous... un jour... qu'il faisait nuit... et que nous étions excités par le vin de Cahors... qui est un vin très-capiteux... vous devez connaître le vin de Cahors?...

— Sans doute, mais achevez donc...

— Eh bien, nous trouvant un peu paf... ce qui peut arriver aux gens les plus comme il faut... voyez les Anglais... dans la belle société il est bien rare qu'il n'y ait point quelqu'un de gris après le dîner... Avez-vous été en Angleterre?

— Certainement... mais vous vouliez dire...

— Ah! oui, eh bien, une nuit... étant pleins de cahors, nous avons fait des bêtises... des folies... nous avons voulu aller dire bonsoir à ces dames malgré elles, ce qui les a formalisées, et quoiqu'on nous ait assuré qu'elles ne nous avaient pas reconnus alors, a preuve du contraire c'est que, depuis ce temps, du plus loin qu'on nous voit, Alménor et moi, on nous fuit comme des galeux... le mot n'est pas gracieux, mais il rend bien ma pensée...

— Diable! diable! dit Monvillars, voilà qui est fâcheux... Comme vous dites alors, demander la demoiselle en mariage, serait inutile, et pour la posséder et l'obliger à devenir sa femme, il faudrait que M. Alménor fit quelque coup de tête... comme par exemple d'enlever la petite... de la conduire... dans un bourg... dans quelque endroit bien éloigné des grandes routes, et puis après avoir passé une quinzaine de jours en tête à tête avec elle... on écrit à la mère, il faut bien qu'elle consente au mariage pour rendre l'honneur à sa fille... et dans ce cas-là, si la demoiselle est élevée, comme vous dites, dans des principes de sagesse et de vertu, elle est la première à sentir qu'elle vous épouser et vous pardonner, parce qu'elle ne peut plus être à un autre.

— C'est ça! c'est bien cela!... s'écrie Alménor en prenant la main de Monvillars, et la secouant avec une espèce de frénésie. Oh! que vous parlez bien... tout ce que vous venez de dire, je le ruminais. Vous m'avez tracé ma conduite... j'enlève Emmeline.

— Chut! chut! ne parlez pas si haut, dit Monvillars, voici la dame du comptoir qui revient...

— Je m'en f... pas mal... j'enlève la femme que j'idolâtre... ça ne regarde pas les autres... Ah! oui... mais pour enlever une femme il faut du numéraire... et je ne suis pas en fonds... ça va bigrement me gêner dans mes opérations.

— C'est vrai, dit Saucissard, pas d'argent, pas de bamboches... je t'en prêterais bien, mais il faudrait d'abord qu'on m'en avançât.

— Est-ce qu'il n'y a pas un billard, madame? demande Monvillars en se levant de table.

— Pardonnez-moi, monsieur, au premier.

Et la limonadière joue de sa sonnette pour faire venir son garçon, tandis que Monvillars dit à ses nouvelles connaissances :

— Jouez-vous au billard, messieurs?

Alménor regarde Saucissard avec un air où il y a presque de la bonhomie, en murmurant :

— Dis donc! il me demande si je sais jouer au billard... Ah! si on ne l'aimait pas, ce cher ami, comme on l'enfoncerait!

— Montons, nous serons plus libres là-haut... Madame, vous nous ferez servir quelques bols de punch.

Monvillars suit le garçon qui le conduit au premier, tandis que Saucissard, tirant Alménor par le bas de son paletot, lui dit à demi-voix :

— Quelques bols de punch... as-tu entendu? c'est un charmant garçon que nous avons rencontré là...

— Ah! oui... et il paraît qu'il a de l'or plein ses poches, tandis que moi... sacredié... enfin, montons toujours!

On s'installe dans la salle de billard. Monvillars prend une queue en disant à Alménor :

— Il faut intéresser la partie, sans quoi on s'endort sur les billes.

— Vous parlez comme Sénèque.

— Un napoléon en vingt carambolages... cela vous va-t-il?

— Ça me chausse parfaitement.

— Oui, murmure Saucissard en rebourrant sa pipe, ça nous va, à condition qu'on ne mettra pas au jeu.

La partie est jouée. Monvillars perd et demande sa revanche. Pendant ce temps le punch est apporté. Saucissard en boit d'abord à pleins verres pour le goûter, puis il verse aux joueurs.

Monvillars, quoique sachant bien jouer, s'arrange de façon à perdre ; comme il a toujours voulu doubler, après cinq parties il doit à Alménor seize napoléons. Il propose encore quitte ou double. Le bel homme le regarde d'un air presque attendri en lui répondant :

— Parole d'honneur, cher ami... je crois que vous n'êtes pas de force, et vous êtes trop gentil pour qu'on veuille vous carotter.

— C'est-à-dire que vous me refusez ma revanche? dit Monvillars d'un air presque fâché.

— Ça vous contrarie... jouons tout ce que vous voudrez; seulement, c'est vous qui l'aurez voulu!...

— Oh! cela ne vous inquiète pas!

La partie recommence. Monvillars perd, il propose de nouveau quitte ou double. Alménor accepte, tandis que Saucissard, qui a pris un morceau de blanc, pose les chiffres sur le dos d'un damier pour compter combien Alménor gagne de napoléons et quelle somme cela produit; et comme, à mesure qu'il pose des chiffres de sa main droite, il les efface en posant sa main gauche sur le damier, il est toujours obligé de recommencer.

— J'ai encore perdu! dit Monvillars en posant sa queue sur le tapis. Décidément je vois que vous avez raison, vous êtes plus fort que moi et je vous rends les armes.

— Vous l'avez voulu...

— Sans doute, et je ne m'en repens pas. C'est soixante-quatre napoléons que j'ai à vous donner.

— Cela fait douze mille huit cents francs! balbutie Saucissard qui commence à y voir double.

— Pas possible! s'écrie Alménor d'un air ébahi. Tant que ça! je crois que tu fais erreur.

— D'un zéro seulement, dit Monvillars en riant. C'est douze cent quatre-vingts francs que je vais vous compter.

— Et c'est encore bien joli comme cela.

— Ah! oui... oui... douze cents francs... c'est un zéro d'erreur... oh! moi je ne tiens pas aux zéros... un de plus ou de moins!...

Monvillars a sorti de son portefeuille un billet de mille francs qu'il place devant Alménor en y ajoutant deux cent quatre-vingts francs en or.

Saucissard pose son nez sur les napoléons pour les admirer de plus près, tandis qu'Alménor, cédant à un beau mouvement, frappe sur l'épaule de Monvillars en lui disant :

— Si cela vous gêne... tenez... gardez quatre-vingts francs, vous me les devrez.

— Cela ne me gêne pas du tout.

— Alors vous êtes décidément ma providence... et je vous devrai mon bonheur... Rien ne s'oppose plus à ce que je veux tenter. Douze cent quatre-vingts francs!... mais avec cela, j'enlèverais une sultane et tous ses petits. Vous le voyez, la fortune veut qu'Emmeline soit à moi!...

— S'il en est ainsi, dit Monvillars, je suis vraiment enchanté d'avoir perdu cet argent qui peut aider à la réussite de vos projets.

— Je crois bien qu'il peut aider!... c'est-à-dire qu'il n'y a pas de difficultés, ceci les aplanit toutes! j'enlève ma ravissante blonde aux yeux noirs! on n'en trouve pas dans tous les omnibus! et elle sera à moi... Buvons, messieurs... Ah! que je serre mon précieux magot : je suis d'une joie.... aussi, cher ami... touchez là, c'est à la vie... à la mort... mon cher monsieur... Votre nom, s'il vous plaît?...

Monvillars hésite un instant, et répond enfin:

— Renoncourt.

— Mon cher Renoncourt!... si je puis jamais vous être agréable... nous sommes vos dévoués, Saucissard et moi, car Saucissard est le sixième doigt de ma main... Il fait ce que je veux... Quand je serai millionnaire avec ma femme, vous viendrez dîner chez moi, votre couvert y sera mis tous les jours... Buvons, messieurs, à mon prochain mariage.

Alménor est dans une ivresse qui ne lui permet plus de réfléchir ; Saucissard commence à vouloir fumer par le nez ; Monvillars, qui n'est nullement gris, parce qu'il n'a fait, la plupart du temps, que mouiller ses lèvres aux bords de son verre, s'assied entre ces deux messieurs et dit à Alménor :

— Voyons, maintenant, comment vous y prendrez-vous pour enlever cette jeune fille? la chose est donc bien facile?

Alménor se caresse le menton en murmurant :

— C'est vrai, au fait... comment m'y prendrai-je?... Ce n'est peut-être pas aussi aisé que je le croyais d'abord. — C'est dire que ce sera même bigrement difficile! balbutie Saucissard en retirant le tuyau de sa pipe de sa narine gauche.

— Pour ces choses-là il faut employer l'adresse, dit Monvillars.

— Parbleu! certainement, je le sens bien...

— L'adresse, c'est ce qui nous embarrasse, dit Saucissard : moi, d'abord,.. je n'en ai pas d'adresse!

— Ces dames ont-elles des domestiques?

— Une bonne seulement.

— Mademoiselle Clermont sort-elle seule quelquefois?

— Jamais.

— Et avec la bonne?

— Je crois que c'est bien rare.

— Si, si, dit Saucissard, je l'ai rencontrée un matin qui revenait du marché... La servante tenait par la main une carpe... avec de la paille... et la demoiselle qui était encore vivante... portait un panier de fruits... et elle donnait de fameux coups de queue.

— Tout cela ne vous avance guère, dit Monvillars. On va au marché le matin et nous ne pouvez pas penser à enlever de force cette jeune fille en plein jour.

— Ça rappellerait les Sabines, dit Saucissard, et à la rigueur on pourrait enlever la bonne aussi. Je m'en ferais cadeau, je la mettrais dans une chambre non garnie.

— Tais-toi donc, Saucissard, tu ne dis que des bêtises... tu nous embrouilles... Sacrebleu! rien ne vient. La faire demander par un commissionnaire... elle ne sortira seule...

— Attendez!... attendez! dit Monvillars en appuyant son coude sur la table et sa tête dans sa main. Si... oui, je crois que cela vaudrait mieux... Envoyez quelqu'un dont vous seriez sûr, avec une lettre pour madame Clermont, quelques mots tracés au crayon seulement, par lesquels vous lui dites que M. Riberpré désire lui parler... à elle seule... qu'il l'attend. Vous donnerez le rendez-vous un peu loin... vous comprenez. Elle ira, il n'y a point de doute. M. Riberpré est son mari, et elle pensera qu'il veut lui parler de sa fille... — Très-bien, dit Alménor, voilà la mère que nous faisons promener... mais ensuite...

— Je ne comprends pas du tout ! murmure Saucissard.

— Silence donc, Saucissard, et laisse faire notre ami... Renoncule.

— Le reste est bien simple : cinq minutes après que madame Clermont est partie, la même personne qui a porté la lettre, retourne à la demeure de ces dames, demande la jeune Emmeline, et lui dit : Madame votre mère a réfléchi, elle préfère que vous veniez la rejoindre et m'envoie vous chercher pour vous conduire près d'elle. La jeune fille suivra sans défiance l'homme qui vient d'apporter une lettre à sa mère. Alors celui-ci la conduit... où vous voulez... à un endroit où une voiture attend, on fait monter la petite dedans, toujours en lui faisant croire que c'est pour rejoindre sa mère... le reste va tout seul.

Alménor saute presque par-dessus la table en voulant se jeter au cou de Monvillars, et s'écrie :

— Magnifique ! supérieurement conçu !... Hein, Saucissard, qu'est-ce que tu dis de cela ?... c'est pourtant simple comme bonjour, et tu n'aurais jamais trouvé ça... ni moi non plus.

— M. Renon... chose... a une fameuse tactique pour les enlèvements !... Mais, qu'est-ce qui écrira la lettre au crayon ?

— Toi. Madame Clermont ne connaît pas ton écriture, et puis tu écris assez bien.

— Ça m'est égal... pourvu qu'on me dicte.

— Ce qu'il vous faudrait à présent, dit Monvillars, c'est une petite voiture... une espèce de carriole fermée.

— Comme les voitures de boulanger, dit Saucissard.

— Et puis un homme sûr pour porter la lettre et aller trouver la jeune fille.

— Tiens !... une voiture !... comme ça se trouve.... L'aubergiste dans la grande rue... là-bas, a une espèce de coucou qu'il loue pour des parties de campagne... c'est fermé devant ; ça ferait bien notre affaire.... Venez la voir.... vous me direz votre avis....

— Où est cette auberge? murmure Monvillars en fronçant le sourcil.

— Pas bien loin ; c'est la principale de la ville... On l'a surnommée l'*Auberge du Duel*, depuis que deux voyageurs, dont l'un est venu la nuit chercher l'autre, se sont battus ensuite au pistolet... dans les champs....

— C'est bien ! c'est bien ! répond Monvillars d'une voix brève, mais je n'ai nullement besoin de voir cette voiture, vous verrez vous-même si elle fait votre affaire.

— Parfaitement. J'irai la retenir tout à l'heure... je donnerai des arrhes... je suis en fonds.

— Demandez surtout un bon cheval.

— Ils en ont un qui est solide.

— Ensuite calculez votre temps ; les jours sont courts, il est nuit maintenant à cinq heures. Envoyez votre lettre à quatre heures et demie, de façon que la nuit arrive vite quand vous emmènerez la jeune fille.

— Il a raison !... il pense à tout, ce cher ami.... Ça va comme sur des roulettes... buvons...

— Un instant... et un homme adroit pour porter votre lettre !

— Je la porterai, murmure Saucissard.

— Imbécile !... Est-ce qu'on ne te connaît pas?... on te recevrait à grands coups de balai.

— Ah ! c'est juste.

— Voyons... voyons... un homme adroit et qui comprenne la malice de sa commission....

Et Alménor se gratte l'oreille en murmurant :

— Je n'en vois guère dans ce pays.... D'abord il n'y a point de commissionnaires... ensuite fiez-vous donc à quelqu'un de l'endroit... Il y avait bien notre ami Creps... qui était un gaillard madré que ce cher Renoncule... il aurait joliment monté le coup, s'il avait voulu... mais il n'aurait pas voulu, puisqu'il est devenu subitement vertueux.

— Ce qui est surprenant pour un vagabond, ajoute Saucissard.

— Quel est ce Creps dont vous parlez? demande Monvillars qui redouble d'attention aux derniers mots qu'on vient de dire.

— Ah ! c'est... Ma foi, nous ne savons pas trop ce que c'est... n'est-ce pas, Saucissard?

— C'était un rude gaillard, qui avait la poigne ferme et qui faisait joliment manœuvrer l'énorme gourdin qu'il portait.

— Et que faisait-il cet homme?

— Rien... Ah ! c'est-à-dire si : il se promenait au clair de lune... il chipait des fruits, des légumes dans les champs.

— C'était donc un mendiant?

— Oh ! non, fichtre ! il ne mendie pas ; c'est un monsieur trop fier pour cela ! Il a eu un beau moment ; je ne sais pas s'il avait trouvé un trésor, mais, pendant quelques jours, il a fait bombance !... il s'était établi ici ; il tenait table ouverte.... Oh ! ça allait bien, madré aux yeux noirs. Sapredié ! comme ça vous monte l'imagination ! En route, les amis !... Pendant que je vais louer et faire préparer la voiture, vous irez tous deux trouver Roberdin... nous n'avons déjà pas trop de temps à perdre... il est trois heures... dans une heure et demie, il faut que notre jeune fille soit partie.

— Où le trouverons-nous, ce Roberdin? demande Monvillars en prenant son manteau.

— Chez lui, au carrefour des Sentiers. C'est un cabaretier, il tient un méchant taudis où il loge des charretiers... c'est chez lui que perchait notre ami Creps... il demeurait dans l'écurie.....

Monvillars rejette son manteau sur une banquette, en disant :

— Je ne vois pas pourquoi j'irais chez votre cabaretier. Je reste ici ; je vous y attendrai. Quand vous aurez terminé vos dispositions, revenez me trouver... je vous dicterai la lettre pour madame Clermont... et, ma foi, ensuite je vous souhaiterai bonne chance.

— Comme vous voudrez ! dit Alménor. Allons, Saucissard, en route !... Viens donc, sacrebleu ! je te dis que tu as assez bu.

Ce n'est pas sans peine que le bel homme arrache celui qu'il appelle son sixième doigt aux restes des bols de punch. Enfin il est parti avec Saucissard, qui, quoique gris, lui dit, en s'accrochant à son bras :

— C'est drôle !... l'am° Renoncule ne veut jamais venir nulle part avec nous... je crois qu'il a peur de se compromettre...

— Qu'est-ce que ça nous fait? répond Alménor ; il nous a régalés; il m'a donné d'excellents conseils; il m'a appris que ma belle serait un jour millionnaire, et il a perdu avec moi douze cent quatre-vingts francs, qu'il m'a payés; si tu ne le trouves pas gentil, tu es bigrement difficile.

Monvillars est resté chez le traiteur ; quoique encore tourmenté par l'appréhension de se trouver avec ce vagabond qu'on nomme Creps, et dans lequel il a cru reconnaître l'homme qu'il craint tant de rencontrer, il n'en est pas moins satisfait de sa journée : l'argent qu'il vient de perdre volontairement au billard doit lui rapporter d'immenses bénéfices en privant madame Clermont de sa fille. Il a calculé que, dans l'espérance de retrouver son Emmeline, la pauvre mère donnerait dans tous les pièges qu'on lui tendrait, et qu'alors il serait facile de l'attirer dans un lieu où sa disparition ne serait point remarquée.

Enlever la jeune fille à sa mère était donc le premier point à accomplir et celui qui offrait peut-être le plus de difficultés. Le hasard, en lui faisant rencontrer Alménor, vient d'aplanir les obstacles ; mais Monvillars est bien décidé à ne point quitter Corbeil sans être certain qu'Emmeline a donné dans le piége et qu'elle n'est plus chez sa mère.

Une heure s'écoule. Monvillars est resté dans la salle de billard, parce qu'il ne se soucie point d'être aperçu par ce Roberdin que les deux amis sont allés chercher. Il a payé toute la dépense qu'il a faite au café. Assis contre une fenêtre qui donne sur une espèce de carrefour, il regarde de temps à autre en s'approchant des carreaux, mais il n'ouvre pas la croisée, de crainte d'être aperçu par des passants; à Corbeil, il ne se sent pas tranquille, et, de plus loin qu'il aperçoit un homme d'un aspect misérable, il s'éloigne de la fenêtre et se renfonce dans la salle.

Vingt-cinq minutes s'écoulent encore. Le temps paraît long à Monvillars, qui craint que l'entreprise d'Alménor n'ait rencontré des obstacles. Enfin la porte de la salle s'ouvre brusquement, et le bel homme paraît, il est seul.

— Eh bien? dit Monvillars.

— Tout va supérieurement, cher ami. Saucissard est avec le cabriolet sur le chemin de Champ-Rosay, à un endroit convenu où je vais aller le rejoindre.

— Qui donc écrira la lettre au crayon?...

— Parbleu ! moi ; j'ai réfléchi que madame Clermont ne connaît pas mon écriture, ainsi je puis écrire aussi bien que Saucissard.

— Sans doute ; et cet homme pour porter la lettre ?

— Il m'attend à deux pas d'ici. Oh ! il fera bien la commission ; ce n'est pas Roberdin, mais c'est un de ses amis, ça vaut beaucoup mieux : j'ai lâché la pièce de cent sous.

— Très-bien ; alors écrivez vite, vous n'avez pas de temps à perdre. Voici du papier et un crayon que j'avais fait apporter.

— M'y voici... comment faut-il tourner cela?...

— Ecrivez : « Monsieur Riberpré désire avoir un moment d'entretien avec madame Clermont; c'est de sa fille qu'il veut lui parler. Qu'elle vienne seule, il est plus convenable que cette entrevue ait lieu sans témoin. Le porteur de ce billet lui dira où on l'attend. »

— Voilà qui est fait.

— Maintenant, pliez ce billet, ne mettez pas d'adresse, c'est inutile; mais faites bien la leçon à votre homme, qu'il dise à madame Clermont que la personne qui lui a remis la lettre attend dans son cabriolet... et qu'il lui indique un endroit éloigné, afin que sa fille soit déjà en route avec vous avant son retour.

— C'est convenu... c'est entendu... Et vous, cher ami ?

— Vous n'avez plus besoin de moi... Je vais retourner à Paris...

— Votre adresse, que je vous retrouve un jour...

— Renoncuret, *Hôtel des Etrangers*, rue de Chaillot.

— C'est gravé là... une poignée de main.

— Surtout emmenez la jeune fille loin de Paris... dans quelque trou bien désert, bien peu fréquenté, et n'allez pas la laisser échapper.

— Oh ! fiez-vous à moi... Adieu, mon vieux... enchanté d'avoir fait votre connaissance.

Alménor sot vivement du café. Monvillars sort presque derrière lui ; il le voit remettre le billet à Garguille, car c'est le digne ami de Roberdin qui s'est chargé de cette commission, puis se sauver à toutes jambes pour rejoindre Saucissard, tandis que Garguille se met en marche par un chemin opposé. C'est ce dernier que Monvillars suit de loin.

Garguille se rend chez madame Clermont; là, le plan inventé par Monvillars a un entier succès. Clémence a lu la lettre devant sa fille, qui pousse un cri d'effroi en disant :

— M. Riberpré veut te parler !... ô mon Dieu ! maman... il veut te parler de moi... qu'est-ce que cela veut dire ?

— Je l'ignore, mon enfant, répond Clémence ; mais tu sens bien que je ne puis, que je ne dois pas refuser cette entrevue dans laquelle ton père va peut-être me dire ce qu'il veut enfin faire pour toi.

— Tu ne consentiras point à te séparer de moi... n'est-ce pas, maman ?

— Espérons qu'il ne sera pas question de cela !... Mais M. Riberpré m'attend.... je vais me rendre près de lui.

— Mon Dieu, maman, cet homme qui a apporté cette lettre.... te rappelles-tu ce cabaret où nous avons été... où nous avons eu si peur ?... c'était lui.

— En effet, je crois que tu as raison.

Garguille, qui voit qu'on l'examine, se donne un air de bonhomie, en disant :

— Ces dames sont peut-être surprises que moi, l'ami du cabaretier, je fasse des commissions ; mais dame !... on gagne si peu dans mon état, et pour apporter cette lettre, ce monsieur, que j'ai rencontré par hasard, m'a offert cinq francs ; c'est une bonne aubaine, je ne gagne pas toujours ça dans une semaine... aussi, j'ai bien vite accepté.

Cette réponse semble toute naturelle, et madame Clermont, prenant à la hâte un chapeau, un châle, embrasse sa fille, l'engage à se calmer et suit Garguille en lui disant :

— Où est ce monsieur ?

— Près du chemin de fer, madame... après la station... sur la droite... du côté qui va à Fontainebleau. D'ailleurs, vous verrez bien un cabriolet bourgeois qui vous attend. C'est la peine que je vous suive, je suis payé. Madame a bien compris... après la station, un cabriolet bourgeois.

— Il suffit, je vous remercie... je n'ai plus besoin de vous.

Garguille laisse madame Clermont s'éloigner, et, au bout de quelques minutes, se présente chez elle comme quelqu'un qui est tout essoufflé d'avoir couru, et dit à Emmeline :

— Madame votre mère s'est ravisée ; elle veut que vous soyez avec elle... et elle m'envoie vous chercher.

Emmeline fait un bond de joie, en s'écriant :

— Oh ! que maman a bien fait !... j'aurais été si inquiète si elle avait tardé... Me voilà, monsieur... je vous suis.

La jeune fille s'est à peine donné le temps de mettre sur sa tête un petit chapeau et de jeter un pelisse sur ses épaules ; elle suit Garguille : il était déjà presque nuit.

Garguille prend d'abord le chemin qu'il a suivi avec madame Clermont. Mais bientôt, faisant un détour, il gagne un autre sentier qui mène à l'endroit qu'Alménor lui a désigné. On marche pendant dix minutes. Il fait nuit tout à fait.

— Maman était donc déjà bien éloignée ? dit Emmeline.

— Dame ! mam'zelle, elle sera allée jusqu'à l'endroit où ce monsieur attendait avec son cabriolet... Mais, tenez, le voilà là-bas le cabriolet.

Emmeline double le pas ; elle arrive près de la voiture louée par Alménor, qui s'est placé sur la banquette de devant avec son ami Saucissard et se cache la figure dans sa cravate. La jeune fille ne cherchait que sa mère, et déjà on ne voyait plus autour de soi. Garguille ouvre la portière qui est par derrière, comme aux omnibus, en disant :

— Montez, mam'zelle.

— Mais il n'y a personne... Je n'aperçois pas maman, murmure Emmeline d'une voix tremblante.

— C'est qu'elle est déjà arrivée près de monsieur, sans doute, et qu'on a renvoyé la voiture vous chercher. Oh !... vous serez bien vite près d'elle... c'est un bon cheval.

Emmeline hésite un moment, mais elle croit qu'elle va retrouver sa mère, et, se reprochant presque sa frayeur et son hésitation, elle monte précipitamment dans la voiture. Garguille referme bien vite la portière sur elle, et crie à ces messieurs qui sont en cocher :

— Allez !... fouettez votre cheval... l'oiseau est dans la cage...

— Elle est prise, se dit Monvillars, qui de loin a toujours suivi Garguille. Maintenant la mère sera facilement à notre discrétion. Que M. Alménor emmène sa conquête bien loin... Le principal, c'est que son amoureux Isidore Marcelay ne puisse la retrouver ; c'est pour cela que j'ai recommandé à notre enleveur de ne point mener la petite à Paris. Allons vite regagner le chemin de fer.

Mais comme le hasard dérange quelquefois les plans les mieux combinés, lorsque Saucissard dit à son ami qui conduit la voiture :

— Où allons-nous ?

Le bel Alménor lui répond :

— A Paris, parbleu ! est-ce qu'on s'amuse ailleurs ?... J'ai à ma disposition de l'argent et une jolie femme, et tu crois que j'irais m'ensevelir dans un désert... le plus souvent !..

XIV. — LES PETITES AFFICHES.

Il est temps de revenir à Creps, que la rapidité des événements nous a forcés d'abandonner au moment où, désolé de ne point retrouver Félicia chez Roberdin où elle devait l'attendre, il est sorti tout éperdu pour voler à sa recherche.

Le cabaretier avait dit à son commensal habituel que la jeune dame avait pris le chemin de Champ-Rosay, et quoiqu'il ajoute peu de foi aux paroles de son hôte, Creps s'est décidé à prendre aussi cette route. Mais il s'arrête devant chaque habitation qu'il rencontre sur son chemin, et que ce soit une auberge ou un cabaret, une demeure de paysan ou une maison bourgeoise, il n'hésite pas à y frapper pour s'informer si on a vu passer une jeune femme dont il donne le signalement.

Le costume misérable du questionneur l'expose à d'assez fâcheuses réceptions; c'est surtout dans les maisons de campagne élégantes que l'on accueille fort mal le voyageur, que l'on prend souvent pour un mendiant et quelquefois pour pis encore, car la misère inspire toujours la méfiance, parce qu'en effet elle pousse quelquefois au crime; mais en rebutant sans cesse les malheureux couverts de haillons, n'est-ce pas aussi les pousser vers ces actions qui les bannissent de la société?

Creps s'inquiète fort peu de la manière dont on le reçoit; pourvu que l'on réponde à ses questions, il ne semble pas faire attention au ton brusque ou craintif dont ces réponses lui sont faites. Cependant, lorsqu'un valet impertinent veut lui fermer la porte sur le nez, sans même daigner lui dire un mot, l'Amant de la lune, élevant la voix et changeant de manières, semble commander au lieu de prier, et celui qui a fait l'insolent devient alors tremblant devant cet homme qui, sous des misérables habits, sait, quand il le veut, retrouver le langage et le ton d'un homme du grand monde.

Malheureusement, de quelque façon qu'il s'y prenne, Creps n'en sait pas plus sur Félicia; personne n'a vu la jeune femme, qu'il désigne de la façon la plus minutieuse; et en s'arrêtant pour s'informer d'elle, Creps est cependant arrivé jusqu'à Villeneuve-St-Georges: c'est la route qui mène à Paris.

Creps s'arrête dans ce village, il s'assoit sur une pierre et se demande s'il ira jusqu'à Paris, ou s'il doit revenir sur ses pas.

Après avoir longtemps réfléchi, il se décide pour le premier parti, en se disant:

— Le départ de cette jeune femme n'est pas naturel... il doit cacher quelque mystère... un crime affreux peut-être!... car tout me dit que cette infortunée est tombée dans un piège; mais si elle n'en a pas été entièrement la victime, si je dois la retrouver, la revoir, cela ne peut être qu'à Paris. C'est là qu'elle habite... c'est là qu'elle retournera. Elle ne m'a pas dit sa demeure, mais Paris n'est point un séjour nouveau pour moi, j'en connais tous les quartiers... je les visiterai, j'irai partout, rien ne lassera ma patience et mon courage; si Félicia est à Paris ou si elle y revient bientôt, je parviendrai à la rencontrer.

Au moment de quitter le banc de pierre sur lequel il est assis, Creps porte ses mains à son gousset gauche, il en sort deux pièces soigneusement enveloppées dans du papier; il jette au loin cette enveloppe en murmurant:

— Bien m'en a pris de garder cette faible somme que je destinais à secourir de plus malheureux que moi et à laquelle je n'ai jamais voulu toucher, même dans mes jours de ma détresse la plus grande... L'argent que j'ai reçu un jour de ce misérable me brûlait... il venait d'une source infâme!... j'ai dû en faire un mauvais usage!... Mais ces dix francs sont tout ce qui me reste de mes effets depuis mon retour en France; ceci est bien à moi, et cela m'aidera peut-être à voir se réaliser ma dernière espérance de bonheur. Dix francs!... Dans mes jours de richesse et de folies, j'aurais jeté cette somme au valet, au commissionnaire qui m'eût apporté un billet... un mot d'une maîtresse!... Aujourd'hui avec cela je vivrai cent jours sans avoir besoin de personne, oui, cent jours; car deux sous de pain me suffiront chaque jour et je trouverai de l'eau gratis pour me désaltérer. Il faut donc être misérable pour connaître la valeur de l'argent. Cent jours! tout est tout ou presque rien!... et quelque chose me dit que bien avant qu'ils ne soient écoulés j'aurai retrouvé cette jeune Félicia. A Corbeil ils peuvent maintenant se passer de moi. Le blessé guérira vite. Clémence est près de sa fille, dont elle a dû deviner l'amour qu'elle pardonnera. Ils seront heureux... C'est à Paris qu'il faut me rendre... Je ne voulais plus retourner dans cette ville qui fut témoin de mes erreurs! mais le sentiment qui m'y attire est plus fort que toutes mes résolutions; d'ailleurs, je puis être tranquille! Seize années d'absence! le changement qui s'est fait dans ma personne... cette blessure que j'ai reçue au front... le costume que je porte!... tout se réunit pour me rendre méconnaissable!... Si l'on se souvient encore de cet homme si brillant!... si élégant!... que l'on citait dans le monde pour sa mise autant que pour ses folies, personne ne le reconnaîtra dans un pauvre diable de ma tournure...

Et Creps se remet en marche d'un pas ferme. La nuit était venue, mais nous savons que pour lui la nuit était le jour. D'ailleurs, lorsqu'un homme veut vivre cent jours avec dix francs, en se contentant de deux sous de pain par jour, c'est qu'il ne compte pas loger même dans le plus modeste garni. Creps, habitué à errer la nuit dans les champs, s'était dit aussi qu'il lui faudrait coucher à la belle étoile; mais, doué d'une santé robuste et d'une force physique peu commune, c'était là ce qui l'occupait le moins.

Le voyageur est arrivé à Paris au milieu de la nuit. Ce n'était pas le moment de commencer ses recherches: il est dans un quartier peu fréquenté; il passe devant le Jardin des Plantes, remonte le long de la rivière et va s'asseoir sur le bord de l'eau, choisissant un endroit désert où son séjour ne puisse inquiéter personne. Là, il tâche de goûter un peu de repos; mais, en se retrouvant à Paris, trop de souvenirs venaient se réveiller dans son âme pour que le sommeil pût approcher de ses yeux; et les fréquents soupirs qui s'échappaient de sa poitrine prouvaient combien ces souvenirs étaient amers.

Sans doute qu'en ce moment Creps comparait le présent au passé, et que, malgré la philosophie dont il voulait s'armer, son cœur s'irritait parfois contre l'état misérable dans lequel il se voyait. La philosophie n'est qu'un mot inventé par les hommes; pour qu'elle triomphe des maux présents, il faut une grande insouciance et surtout une profonde insensibilité.

Le lendemain Creps a commencé ses recherches; il se dit qu'une femme jeune, élégante et menant la vie joyeuse d'une lorette, doit habiter le quartier de la Chaussée-d'Antin: c'est donc par là qu'il porte d'abord ses pas. Mais, après huit jours consacrés à parcourir toutes les rues anciennes et nouvelles de la Chaussée-d'Antin et de la moderne Athènes, n'ayant rien appris qui puisse le mettre sur les traces de Félicia, il dirige ses recherches vers un autre quartier. Chaque journée s'écoule sans qu'il soit plus heureux, mais rien ne lasse sa patience et son courage... et quand vient la nuit, en regagnant l'endroit désert qu'il a choisi pour retraite, il dit:

— Si elle est dans Paris, il faudra que je l'y découvre. Si mes recherches sont infructueuses, c'est qu'elle n'est point revenue dans cette ville, et c'est qu'elle aura été victime de Garguille! Mais lorsqu'ici j'aurai perdu tout espoir, je retournerai à Corbeil, chez Roberdin; il faudra que les misérables avouent leur crime, et Félicia sera vengée.

Il y a vingt jours que Creps est à Paris: il est neuf heures du matin, et il est déjà en marche; mais, malgré lui, il se voit obligé de s'arrêter fréquemment, il éprouve un malaise qui lui ôte ses forces. Le régime de deux sous de pain, et rien que de l'eau pour boisson, est peu restaurant pour un homme qui passe ses journées à parcourir Paris. Cependant il faut dire de l'humanité n'est point aussi rare qu'on semble le croire.

Aussi, lorsqu'un boulanger voyait cet homme, dont le costume était si délabré, venir lui présenter deux sous en lui demandant du pain, il ne refusait point son argent, parce qu'il y avait dans la physionomie de Creps quelque chose qui annonçait qu'il en serait offensé, mais il lui donnait du pain pour le double au moins de ce qu'il recevait de lui; et Creps, tout étonné d'avoir amplement de quoi satisfaire son appétit, se disait quelquefois:

— Quand on est sobre cependant!... il en coûte bien peu pour vivre!

Mais, sentant que ses forces diminuent et ne voulant pas se laisser atteindre par quelque maladie qui l'empêcherait de continuer ses recherches, Creps se décide à faire une dépense imprévue: il entre dans le premier café qu'il aperçoit, va se placer à une table et demande un petit verre d'eau-de-vie.

Comme il n'était que neuf heures, il n'y avait encore que fort peu de monde dans le café qui venait de s'ouvrir; les garçons se regardent entre eux d'un air qui voulait dire:

— Voilà un monsieur bien sale! triste pratique!

Cependant on n'ose pas le renvoyer; d'ailleurs on en avait pas le droit, car en admettant que, dans certains cafés, on ne veuille pas recevoir des hommes en casquette ou en blouse, sous prétexte que cela choquerait les habitués, comme Creps avait une redingote et un chapeau, il n'était point dans la catégorie des individus que l'on prie poliment d'aller ailleurs. On lui sert donc ce qu'il a demandé; on y met même beaucoup d'empressement. Peut-être était-ce dans l'espoir de le posséder moins longtemps.

Tout en buvant l'eau-de-vie qui doit ranimer ses forces épuisées par ses courses continuelles, Creps prend un journal qui se trouve devant lui. C'était un journal ancien, mais qui a bravé le temps, les événements, les révolutions, la mode, et qui va toujours son train sans changer son format, ni se permettre de plus beau papier et qui, pour être lu, n'a pas besoin de promettre des primes étourdissantes, des bibliothèques complètes, des concerts monstres et des bénéfices fantastiques. C'est ce qui prouve le mieux qu'il fait d'excellentes affaires, et le *Journal des Petites-Affiches* peut se comparer à ces anciennes maisons de commerce établies dans les vieux quartiers populeux, et dont on n'a point refait la devanture depuis un demi-siècle, mais dont le papier vaut de l'argent comptant.

Creps a machinalement parcouru le journal, lorsque tout à coup ses yeux s'arrêtent et ne peuvent se détacher d'un nom qui vient de le frapper.

Ce nom est *Ludger de Clairefontaine*.

Après s'être encore assuré que c'est bien ce nom qui est imprimé dans le journal, Creps s'empresse de lire en entier l'article dans lequel il se trouve, et qui est ainsi conçu :

« Si quelqu'un peut donner des renseignements sur M. Ludger de Clairefontaine qui habitait Paris, il y a dix-huit ans, si lui-même existe encore et que cet article lui soit communiqué, il est prié de passer chez le notaire à l'adresse ci-jointe pour affaires importantes qui le concernent. »

Puis suivait l'adresse du notaire.

Creps a relu plusieurs fois cet article. Un secret frémissement parcourt toute sa personne, mais il se remet. Déjà la liqueur qu'il vient de boire, en réchauffant son sang, lui a rendu toutes ses forces ; il paie le garçon, se lève et se met en marche pour la rue Richelieu. C'est là que demeure le notaire dont il a retenu avec soin le nom et l'adresse.

Mille pensées se croisent alors dans son esprit, mais il n'ose s'arrêter à aucune conjecture. Cependant il a hâte d'arriver chez ce notaire : il presse le pas, il lui tarde de savoir ce que le destin lui réserve. En approchant de la demeure du notaire, sa poitrine est oppressée, son cœur bat avec violence. Mais bientôt, rougissant de sa faiblesse, il se dirige d'un pas ferme vers les écussons dorés, et sa figure ne décèle aucune émotion lorsqu'il entre dans l'étude.

Ce sont messieurs les clercs qui font de singulières mines en voyant un homme dont les vêtements délabrés n'ont plus aucune ressemblance avec ceux que l'on porte en ce moment ! Mais, là comme ailleurs, l'expression de la physionomie et la manière de s'exprimer de cet homme détruisent tout l'effet produit par son costume; et lorsqu'il a demandé à parler au notaire, un des jeunes gens qui sont là, après s'être informé s'il ne lui suffisait pas de parler au premier clerc, s'empresse, sur sa réponse négative, de l'introduire dans le cabinet de l'homme public.

Le notaire était seul, assis devant son bureau; il détourne la tête pour voir qui vient d'entrer : en apercevant le singulier client qui se présente, il se contente de lui dire sans se déranger :

— Qu'est-ce que c'est, monsieur ?... que voulez-vous ?

Avant de répondre, Creps va prendre un fauteuil, il l'attire près du bureau du notaire et s'assied dedans, se mettant aussi à son aise que s'il était chez lui. Alors seulement il prend la parole.

— Monsieur, je viens de lire dans les *Petites-Affiches* un article dans lequel on prie M. Ludger de Clairefontaine de se rendre à votre étude pour affaires importantes qui le concernent. Et voilà pourquoi je suis venu vous déranger.

Le notaire fait un mouvement de surprise et retourne sa chaise pour se trouver vis-à-vis de Creps, en s'écriant :

— Quoi ! monsieur... est-ce que vous sauriez... est-ce que vous pourriez me donner des nouvelles de la personne que vous venez de nommer ?

— C'est moi, monsieur, qui suis Ludger de Clairefontaine.

Le notaire fait presque un bond sur sa chaise en examinant la personne qui est devant lui.

Creps reprend :

— Ma toilette vous dit déjà que je ne suis point dans une position fortunée. En effet, monsieur, après avoir été fort riche, après avoir étourdi Paris du bruit de mes folles dépenses, de mes plaisirs dispendieux !... de mes sottises, enfin, car c'est ainsi que cela vient à s'appeler, je me suis expatrié n'ayant déjà plus rien !... et loin de la France je n'ai pas retrouvé la fortune. Mais enfin, monsieur, quels que soient mon costume et ma position, je n'en suis pas moins Ludger de Clairefontaine, fils de Raymond de Clairefontaine, ancien conseiller d'État. Voici, du reste, monsieur, des papiers qui vous prouveront mon identité.

Le notaire prend en s'inclinant les papiers que Creps lui présente ; après les avoir passés en revue, il les lui rend en lui disant :

— Tout ceci est parfaitement en règle, monsieur; si votre mise... un peu négligée... avait pu me laisser un moment des doutes, vos manières et votre langage auraient suffi pour les dissiper. Maintenant, monsieur, voici de quoi il s'agit. Vous aviez un oncle, frère de votre père...

— En effet, monsieur, il se nommait Vernier de Chauval, il avait exercé la profession de médecin, il ne s'était jamais marié et devait avoir quelque fortune. A la suite de mes folies, lorsque je me vis sans ressource, avant de quitter la France, j'écrivis à cet oncle qui habitait Senlis, je le priai de venir à mon aide; mais sa réponse m'ôta tout espoir. Il me disait que bien loin de rien faire pour moi, il ne me pardonnerait jamais mon inconduite, et qu'avant de mourir il aurait soin de donner à d'autres tout ce qu'il possédait afin de ne rien laisser à un vaurien tel que moi... Voilà les propres expressions de sa lettre. Malgré mes folies, j'avais encore assez de fierté pour ne point m'exposer à de nouveaux refus, je partis, et depuis ce temps je n'entendis plus parler de cet oncle, qui probablement aura tenu sa promesse.

— Vous vous trompez, monsieur, il n'en a pas été ainsi. M. Vernier de Chauval est mort il y a près d'un an seulement. Le temps, sans doute, avait apaisé sa colère, peut-être aussi avait-il fait prendre des informations sur vous et savait-il qu'à l'étranger vous étiez malheureux. Bref, en mourant, c'est à vous qu'il a laissé toute sa fortune, environ trois cent mille francs, tant en argent comptant qu'en biens-fonds, dont il ne tient qu'à vous de prendre possession.

Creps (car nous continuerons de lui donner ce nom qu'il ne veut pas encore quitter) a entendu, sans trop d'émotion, les paroles du notaire. Cette fortune, qui lui arrive au moment où il était si loin de l'attendre, ne lui cause pas une joie aussi vive que l'on aurait pu le croire. Mais pour lui, la vie avait été si remplie d'émotions que cet événement ne lui semble pas extraordinaire, et le notaire est tout surpris de ce qu'il en apprend la nouvelle sans même changer de couleur.

Cependant c'est avec une expression de contentement que Creps répond au notaire :

— Monsieur, je remercie la destinée et j'honore la mémoire de cet oncle qui a bien voulu me pardonner mes fautes... cette fortune m'arrive fort à propos, j'en conviens, car j'étais bien misérable, mais du moins la misère m'a donné des leçons dont je profiterai en faisant désormais un meilleur usage de ma richesse... car trois cent mille francs, c'est une grande fortune pour un homme qui s'était habitué à vivre avec deux sous par jour.

Le notaire fait un mouvement de surprise ou plutôt d'incrédulité : lorsqu'on a souvent de la peine à tenir sa maison en dépensant beaucoup d'argent, on ne peut pas comprendre que quelqu'un vive avec deux sous par jour. A la vérité, ce quelqu'un ne tenait pas maison.

Creps entre sur-le-champ en possession d'une partie de son héritage. On lui remet soixante mille francs en billets de banque, et dans sa sollicitude, craignant qu'il ne perde cette somme, le notaire lui offre même un paletot pour remplacer sa mauvaise redingote dont les poches peuvent être percées. Mais Creps sourit et refuse en disant :

— Ces vêtements m'ont servi longtemps, il est vrai, mais ils sont encore de force à supporter mon changement de position, et je ne veux point les abandonner ainsi... ils ont partagé mes mauvais jours... c'est bien le moins qu'ils aient aussi quelque part à ma nouvelle fortune... Je cesserai de les porter sans doute, mais je les conserverai toujours précieusement, comme un souvenir de l'état où j'étais tombé par ma faute. D'ailleurs, vous le savez, monsieur, du moment qu'on a de l'argent, il est bien facile, à Paris, de changer entièrement sa toilette.

Creps a quitté le notaire. Il marche dans Paris ayant maintenant dans sa poche soixante mille francs qu'il ne craint pas qu'on songe à lui voler, et possesseur d'une fortune qui lui assure à jamais une existence aisée. Cependant il soupire encore et lève les yeux au ciel, en se disant :

— Je donnerais tout cela pour retrouver Félicia et pour être certain que mes pressentiments ne m'ont pas trompé.

XV. — TOUJOURS CREPS.

Quinze jours s'étaient écoulés depuis le changement qui s'était opéré dans la position de Creps. Il ne couchait plus à la belle étoile, mais il avait loué une chambre modeste dans un quartier retiré. Il ne portait plus son costume dégueniIlé, car il avait pensé avec raison que, pour réussir dans ce que l'on entreprend, il vaut mieux paraître fortuné que misérable. Mais il avait serré avec soin cette pauvre défroque, sous laquelle on l'avait nommé l'Amant de la lune. Il avait conservé ses moustaches grisonnantes, mais il avait débarrassé sa barbe de ce superflu qui donne à quelques bons bourgeois un faux air de capucin.

Depuis qu'il pouvait prodiguer l'or pour activer ses recherches, il se flattait de parvenir plus facilement à retrouver Félicia. Mais, lorsqu'après ces quinze jours il n'avait pas été plus heureux, il s'était dit que sans doute Félicia n'était pas revenue à Paris, et que c'était à Corbeil qu'il lui fallait retourner pour percer enfin le mystère de sa disparition.

Creps a fixé son départ au lendemain. Il ne sait pas encore s'il retournera à Corbeil sous son nouveau costume, ou s'il reprendra la misérable livrée de l'Amant de la lune. On se demandera peut-être pourquoi cet homme, qui venait d'hériter de près de quinze mille francs de rente, pouvait encore avoir la fantaisie de passer pour un malheureux vagabond; mais le cœur humain renferme des secrets que nous ne sommes pas toujours aptes à découvrir, et qu'il faut laisser se nommer de soi de nous faire connaître.

Creps marchait au hasard dans Paris, faisant déjà mille projets pour le lendemain. Tout à coup ses yeux se fixent sur un jeune homme qui venait devant lui ; un cri de joie lui échappe, et courant vers ce jeune homme, il l'arrête et lui dit :

— Ah ! combien je suis heureux de vous rencontrer !

Isidore, que Creps vient d'arrêter, ouvre de grands yeux dans lesquels se peint la surprise; il a beau considérer, examiner le monsieur qui est devant lui, il ne peut parvenir à le reconnaître.

Creps était habillé tout de noir ; seulement, comme il faisait froid, un grand surtout, gris clair et complètement ouaté, recouvrait sa redingote. Un chapeau rond couvrait sa tête et des gants clairs se collaient parfaitement sur ses mains, tandis que des bottes vernies enfermaient son pied à la fois petit et bien cambré; c'était tout simplement un homme bien mis, comme on en rencontre tant dans Paris; mais il y avait si loin d'un homme bien mis à l'Amant de la lune, que l'incertitude d'Isidore était naturelle.

— Pardon, monsieur... mais je crois bien que vous vous méprenez, répond Isidore qui cherche en vain à rappeler ses souvenirs.

— Vous ne me reconnaissez pas, dit Creps en souriant avec mélancolie. Oh! mais, en effet, je ne songeais pas que ma toilette a subi quelques changements depuis que vous m'avez rencontré à Corbeil.... Du reste, je vois avec plaisir que votre blessure est entièrement cicatrisée... Je vous avais bien dit qu'elle n'était point dangereuse.

Pendant que Creps parlait, Isidore, frappé par le son de sa voix, devenait plus ému, plus agité; bientôt il lui prend la main, qu'il presse dans les siennes, en s'écriant:

— Quoi! vous seriez.... Oh! mais non! ce n'est pas possible!...

— Pardonnez-moi, monsieur Isidore, je suis bien l'Amant de la lune... ou Creps, comme on m'appelait alors, et comme je désire que l'on m'appelle encore...

— C'est vous, mon cher Creps!...

Et Isidore secouait la main de celui qu'il était enchanté de retrouver; mais, bientôt frappé par l'air distingué, par la noble tournure de cet homme singulier, il s'arrête en reprenant:

— Ah! pardon, monsieur, mais tant de familiarité vous offense peut-être?...

— Nullement, monsieur Isidore; elle me flatte, au contraire, puisqu'elle me prouve que vous me portiez quelque intérêt.

— Je serais bien ingrat, s'il en était autrement, après tout ce que je vous dois.... Mais un changement heureux s'est donc opéré dans votre fortune?...

— Oui: un héritage, sur lequel je ne comptais pas, et que je ne méritais guère!... est venu tout à coup changer entièrement ma position. Mais laissons cela; veuillez me donner d'abord des nouvelles.

— De madame Clermont et de sa fille... elles se portent bien. Je les ai vues encore il y a deux jours.... Madame Clermont connaît maintenant mon amour pour sa fille.

— Je pense qu'elle l'avait deviné depuis longtemps.

— Je lui ai demandé la main d'Emmeline....

— Eh bien! elle a dû être flattée de votre demande?

— Elle l'accueille avec bonté, mais elle n'a pas voulu... c'est-à-dire elle n'a pas pu consentir encore à notre union: tout ceci tient à un secret qui la concerne pas.

— Et que vous ne pouvez pas me dire; je comprends cela parfaitement, monsieur Isidore.

— Ces dames parlent bien souvent de vous; votre absence les étonne, les afflige, car vous aviez promis de revenir... Avant-hier encore, en me parlant de vous, madame Clermont me disait d'un air tout attristé: Je crains qu'il ne lui soit arrivé quelque malheur!

— Elle vous disait cela!... murmure Creps visiblement ému, mais bientôt son front s'assombrit de nouveau, et il reprend:

— Monsieur, il y a une autre personne à laquelle vous vous intéressiez beaucoup jadis, et à qui se porte maintenant le plus vif intérêt... c'est une jeune femme... dont l'amour a pu égarer au point de troubler un moment sa raison, mais qui fut plus malheureuse que coupable.... Devinez-vous de qui je veux parler?...

Isidore baisse les yeux en balbutiant le nom de Félicia.

— Oui... c'est bien cela... Félicia!... pauvre jeune fille!... née, je le crois, pour occuper dans le monde une position honorable, pour connaître les douceurs de l'hymen, pour être l'orgueil d'un époux... l'amour de ses enfants!... et qu'un affreux concours de circonstances a poussée dans cet abîme où tombent trop souvent la jeunesse et la beauté.

— Vous ne m'étonnez pas monsieur, dit Isidore en reportant ses regards sur les yeux assombris de Creps. Oui, j'ai toujours pensé que Félicia était un ange déchu! mais, de grâce, achevez.... lui serait-il arrivé quelque malheur?

— J'allais vous demander de ses nouvelles. Depuis que votre blessure vous a permis de quitter la maison de madame Clermont, est-ce que vous ne l'avez pas revu ou du moins entendu parler de Félicia?

— Jamais.

— Et depuis que vous êtes à Paris, vous ne l'avez jamais rencontrée...

— Pas une seule fois.

Creps laisse retomber sa tête sur sa poitrine en murmurant:

— Pauvre enfant!... les misérables... ils l'ont donc assassinée !...

— Assassinée... que voulez-vous dire?

— Plus tard... si mes craintes se réalisent, je vous dirai tout... mais alors elle sera vengée... Oh! oui, je le jure, elle sera vengée!

— Monsieur, faites-moi part de vos soupçons, je vous aiderai, je vous seconderai dans vos démarches... Si mes sentiments pour Félicia ne sont plus les mêmes, croyez bien que je n'en serais pas moins prêt à tout faire pour elle; oui, je sens même que je serais plus content de moi si je pouvais ainsi effacer un peu le chagrin que je lui ai causé.

— Non, monsieur, non... je vous remercie; mais votre aide m'est inutile! je saurai bien seul suffire à la mission que le ciel me laisse... Cependant.. avant de repartir pour Corbeil, un espoir me reste encore... Voulez-vous bien me dire où vous demeurez... Cette question, je pense, ne saurait, avec vous, être indiscrète?

— Nullement; je demeure maintenant rue de Navarin, n° 40.

— Je vous remercie... Me permettez-vous encore une question?

— Je suis entièrement à votre discrétion.

— Vous sortez probablement tous les soirs?

— Tous les jours et tous les soirs.

— Lorsque vous rentrez, quelle est à peu près votre heure habituelle?...

— D'abord, maintenant je rentre toujours, répond le jeune homme en laissant échapper un léger sourire; mon heure habituelle, c'est minuit et demi... rarement plus tard.

— Voilà tout ce qu'il m'était nécessaire de savoir; excusez-moi de nouveau, et croyez que c'est toujours dans l'intérêt de Félicia que j'agis. Adieu, monsieur Isidore.

— Vous me quittez déjà... Viendrez-vous bientôt à Corbeil voir ces dames, qui vous désirent tant? Me permettez-vous de leur annoncer l'heureux changement survenu dans votre fortune?... elles en seront si contentes! car, je vous le répète, elles vous aiment, monsieur, et en parlant de vous, ne vous nomment jamais que leur protecteur.

— Oui, monsieur... dites à ces dames que la fortune a cessé de m'être contraire... mais que ce n'est pas assez pour mon bonheur... J'ignore s'il me sera possible de les revoir de longtemps... mais vous serez là, monsieur, pour veiller sur elles, et votre protection vaudra bien la mienne... Creps.

Creps va s'éloigner, Isidore le retient par le bras en s'écriant:

— Encore quelques mots... Tenez, il me semble que je ne dois pas vous quitter ainsi... Cette protection, dont vous tirez si peu vanité... elle est beaucoup pour nous... et madame Clermont, surtout, y a tant de foi, qu'elle nous disait dernièrement: Je ne serai entièrement tranquille que si je savais Creps près de nous...

— Elle vous disait cela?...

— Oui, monsieur, et c'est bien naturel; elle vous doit la vie de sa fille... Enfin, si quelque événement arrivait... quelque malheur imprévu... où votre secours, votre protection nous fût encore nécessaire... ne seriez-vous plus disposé à nous les offrir?...

— Oh! si, monsieur Isidore! toujours, vous et ces dames me trouverez prêt à vous servir de mon bras ou de mes conseils.

— Mais alors... pour vous trouver... Je ne pense pas que vous retourniez loger chez Roberdin.

— Je vous comprends: en effet, il est nécessaire que je vous laisse mon adresse. Eh bien! je demeure en ce moment rue de Ménilmontant, n° 40. Si vous avez un mot à écrire, adressez-le là. Lors même que je n'y logerais plus, je laisserais au concierge de cette maison l'ordre de recevoir ce qui viendrait pour moi...

— Il suffit... et toujours au nom de Creps?

— Oui, monsieur.

— Et maintenant, adieu, monsieur; de mon côté, vous savez que je suis aussi tout entier à votre disposition.

XVI. — OU IL LA RETROUVE.

Creps a quitté Isidore; il retourne dans le quartier éloigné du centre de Paris où il a pris un modeste logement; et là, il attend avec impatience que la nuit vienne, puis que la soirée s'avance. Lorsque onze heures sonnent, il quitte de nouveau sa demeure et se dirige lentement vers le quartier habité par Isidore. Il arrive rue de Navarin, il cherche des numéros, remarque où est la maison qui porte le numéro 40, puis s'en éloigne, sans pourtant la perdre entièrement de vue, marchant fort lentement et s'arrêtant pour regarder autour de lui.

Minuit sonne, Creps vient de s'arrêter dans un renfoncement qu'offre une espèce de porte bâtarde; il regarde encore de tous côtés. Déjà depuis quelque temps les passants étaient devenus fort rares, et en ce moment la rue lui semble entièrement déserte.

Il s'assied contre une borne en se disant:

— Personne! et pourtant Félicia existe encore... c'est ici... devant la demeure de celui qu'elle aimait tant, que je dois la retrouver... un cœur comme le sien ne consent pas à perdre entièrement de vue l'objet de sa tendresse, et dans l'ombre, dans le silence de la nuit, il se donne encore le plaisir de l'apercevoir quelquefois.

Vingt minutes s'écoulent, des pas se font entendre : c'est Isidore qui rentre chez lui; il a passé sans se douter que Creps était à trente pas de lui. Lorsqu'il a refermé la porte de sa maison, Creps quitte la place où il s'était embusqué et se met en marche en se disant tristement :

— Elle n'est pas venue!... je puis m'en retourner... elle ne viendra pas maintenant.

Le lendemain, Creps est sur le point de partir pour Corbeil; il hésite encore et se dit : Elle peut bien vouloir le voir quelquefois sans que ce soit tous les soirs... Essayons encore cette nuit.

A onze heures du soir, il sort comme la veille et se rend rue de Navarin. Il recommence sa promenade nocturne en observant chaque personne qui passe dans la rue ; bientôt il ne trouve plus rien à observer. Le temps était mauvais ; une pluie fine, mais très-froide, était tombée pendant toute la soirée et continuait de tomber encore. Le plus profond silence régnait ; les passants n'apparaissaient que de loin en loin, et pourtant il n'était pas encore minuit.

Tout à coup Creps croit entendre un bruit léger du côté de la rue des Martyrs... Il porte ses yeux de lynx de ce côté ; quelqu'un approche en marchant tout près des maisons, et les pas sont trop peu accusés pour que ce soit un homme. Creps avance en prenant l'autre côté de la rue ; bientôt il se trouve à la même hauteur que la personne qui vient. C'est une femme ; une immense pelisse l'enveloppe, un chapeau, sur lequel est jeté un voile, couvre sa tête et empêche d'apercevoir ses traits. Mais au secret frémissement qu'il a éprouvé, Creps se dit que c'est celle qu'il attendait.

Il continue de marcher pour ne point attirer l'attention de la personne qui passe ; mais, parvenu un peu plus loin, il s'arrête, revient doucement sur ses pas et observe. La dame qui vient de passer et qui marche aussi fort lentement, continue de se glisser le long des maisons, passe devant celle où demeure Isidore et disparaît justement à l'endroit où, la veille, Creps s'est posté en observation.

Creps, qui jusque-là l'avait toujours suivie des yeux, s'arrête alors en se disant : Plus personne... aucun bruit de pas... demeurerait-elle là ?... mais j'aurais entendu ouvrir et fermer une porte. Qu'est-elle donc devenue ?

Il avance bien doucement et avec précaution en se tenant dans l'ombre ; bientôt il acquiert la certitude que la dame qu'il guettait est assise dans le renfoncement à la place que lui-même occupait la veille. Alors une douce joie pénètre dans son âme, son cœur se gonfle, ses yeux se portent vers le ciel et ses lèvres murmurent :

— C'est elle !... oh !... oui, c'est elle !... Merci, mon Dieu ! qui n'avez pas voulu qu'elle fût perdue pour moi !

Reculant alors d'une quarantaine de pas, Creps va se placer sous une porte cochère, d'où il ne perd pas de vue l'endroit où la dame est en observation, puis il se dit :

— Maintenant, attendons.

Vers minuit et demi, des pas bien marqués et qui se succèdent rapidement annoncent le retour d'Isidore à son domicile. Le jeune homme passe sans voir ces deux personnes qui le guettent ; il fredonne un refrain de vaudeville ; à sa démarche légère, aux gais accents de sa voix, il est facile de deviner qu'il ne fera pas de mauvais rêves. Il frappe, et bientôt la maison se referme sur lui.

Creps a toujours les yeux attachés sur le renfoncement. Quelques instants après qu'Isidore est rentré chez lui, un mouvement s'opère dans l'obscurité : c'est la dame qui quitte sa cachette et se remet en marche, elle vient du côté où est Creps ; mais celui-ci s'est tellement collé contre la muraille qu'elle passe près de lui sans l'apercevoir ;

Cet homme se précipite sur moi, me prend ma montre...

d'ailleurs maintenant sa marche est vive et pressée : on voit qu'elle a hâte de regagner sa demeure. Creps la suit.

La dame descend la rue des Martyrs, prend la rue Coquenard, gagne le faubourg Poissonnière, la rue des Petites-Écuries, et là, seulement, s'arrête devant la porte d'une maison d'assez belle apparence. Elle s'apprête à tirer le bouton de la sonnette, lorsqu'une main l'arrête en lui disant :

— De grâce, madame... un mot, s'il vous plaît.

Félicia, car c'était bien elle, pousse un cri d'effroi en apercevant tout près d'elle un homme, bien couvert, qui la regarde d'une façon singulière en continuant à lui tenir le bras. Cependant, assez peu accessible à la peur, elle se remet bientôt et répond :

— Laissez-moi, monsieur, je ne vous connais pas : laissez-moi, ou je saurai bien vous faire repentir de votre audace.

— Vous vous trompez sur mes intentions, madame, répond Creps en quittant le bras de Félicia, je ne suis point tout à fait un inconnu pour vous... Quand je vous ai laissée, il y a plus d'un mois, à Corbeil... dans le misérable réduit où je vous avais portée mourante... j'espérais vous y retrouver, car je devais vous donner des nouvelles de la santé d'Isidore, et...

Creps n'a pas besoin d'en dire davantage, c'est Félicia qui s'empare de sa main et la presse avec effusion, en lui disant :

— Serait-il possible ?... c'est vous... vous... qui m'avez sauvée... qui connaissez tout le secret de ma vie... de mon amour... c'est vous à qui je dois tant !... Mon Dieu !... mais comment aurais-je pu vous reconnaître ?... un tel changement !... Oh ! mais, je suis bien contente de vous revoir !

— Alors ce bonheur est partagé entre nous, car depuis le jour où vous avez quitté le cabaret de Roberdin, je n'ai pas été un seul instant sans m'occuper de vous chercher, et j'allais perdre toute espérance... lorsqu'enfin ce soir... Mais ce n'est ni l'heure ni le lieu de nous communiquer tout ce que nous avons à nous dire...

— Et j'ai tant de choses à vous dire, moi.

— Me permettrez-vous d'aller vous voir ? voudrez-vous bien me recevoir ?...

— Si je le permets... j'allais vous supplier de venir... nous parlerons de lui... Vous me direz tout ce que vous savez...

— Oui... et tout ce que j'espère. A demain alors... Mais cette maison... c'est singulier... Quand je vous ai cherchée dans tout Paris, il me semble pourtant que je suis entré ici demander si on connaissait mademoiselle Félicia...

— C'est que j'ai pris un autre nom ; ne voulant plus être trouvée par mes anciennes connaissances, ne voulant plus recevoir toutes ces dames d'autrefois, que j'ai entièrement cessé de fréquenter, j'ai pris le nom de madame Dermaux, et voilà pourquoi vous m'auriez en vain cherchée dans Paris.

— A demain donc.

— A demain... Oh ! venez, venez, je vais compter les instants.

Creps serre la main de Félicia et s'éloigne, bien plus heureux alors que le jour où il a appris qu'il hériterait de son oncle.

XVII. — INCERTITUDES. — RÉVÉLATIONS.

Le lendemain à midi, Creps est à la demeure de Félicia. Il a demandé au concierge madame Dermaux, on lui a indiqué un logement au second, donnant sur la cour.

Une domestique l'introduit dans un petit appartement meublé avec goût, mais dans lequel il n'y a plus cette coquetterie que l'on remarquait dans le charmant boudoir de la rue Bourdaloue. Enfin, cela ne sent plus la lorette d'une lieue, et c'en est pas plus mal.

Félicia attendait avec impatience l'arrivée de Creps, mais cette fois, en le voyant au grand jour, elle est encore plus frappée de sa tournure distinguée, de l'aisance de ses manières et de la noblesse de ses traits.

Aussi c'est avec un empressement mêlé de respect qu'elle le reçoit, et l'on voit qu'elle est, à la fois, heureuse et embarrassée en se trouvant avec lui.

Celui qui cause toutes ces émotions tâche de les dissiper, en disant :

— Veuillez ne voir toujours en moi qu'un ami, qui vous est entièrement dévoué. Et d'abord apprenez-moi pourquoi je ne vous ai pas retrouvée chez Roberdin, où il était si bien convenu que vous attendriez mon retour.

Après avoir fait asseoir Creps près d'elle, Félicia commence son récit :

— Vous m'aviez quittée pour aller chercher des nouvelles de sa blessure... car je ne voulais pas partir sans être tout à fait rassurée sur les suites de... cette affreuse action. Je n'avais nullement l'intention de m'éloigner et je comptais bien vous voir ; d'ailleurs j'étais encore bien souffrante, et je crois que j'avais la fièvre. Je comptais les instants, qui me semblaient longs, lorsque j'entendis gratter doucement à la porte de la chambre, puis on frappa. Je demandai ce qu'on me voulait : une voix qui m'était inconnue répondit :

— Je viens de la part de Creps... qui était avec vous tout à l'heure. Je viens vous chercher parce qu'il ne peut pas venir lui-même... Il ne peut pas quitter là où il est.

— Étonnée, ne sachant pas ce que cela voulait dire, je me jetai vivement à bas du lit; je n'avais pas quitté mes vêtements, j'allai ouvrir. Je vis alors un homme de fort mauvaise mine, je l'avoue... et que je reconnaîtrai toujours, car sa figure est d'une laideur hideuse... il était vêtu d'une mauvaise blouse, portait une vieille casquette dont la visière lui couvrait presque entièrement les yeux. Mais vous-même, qui m'avez secourue... vous portiez alors un costume... bien différent de celui que vous avez aujourd'hui ; je me dis qu'il ne fallait point juger sur les apparences et je priai cet homme de s'expliquer, mais il se contenta de me dire :

— Creps qui m'a chargé de venir vous chercher et de vous mener... où il est à présent.

— Je ne savais que résoudre. Tout à coup il me vint l'idée qu'Isidore était plus mal, que vous ne pouviez pas le quitter et qu'il voulait me voir avant de mourir. Aussitôt je m'élançai la première vers la porte en disant à cet homme :

— Partons, partons vite, je vous suis, mais hâtons-nous, nous arriverions peut-être trop tard. L'inconnu ne me fit pas attendre. Il descendit rapidement l'escalier et nous sortîmes de la maison. J'ignorais entièrement où était située cette maison où vous m'aviez transportée, par conséquent je ne savais pas quel chemin nous devions prendre pour retourner dans Corbeil où je pensais qu'il allait me mener. Je suivis mon guide : il marchait très-vite, regardant souvent autour de lui d'un air inquiet. Après avoir marché fort longtemps dans les champs, étonnée de ne point arriver à Corbeil, je dis à l'homme qui m'accompagnait :

— Nous étions donc bien loin de la ville ?
— Oui.
— C'est à Corbeil que vous me menez ?
— C'est où Creps vous attend... Avez-vous peur que je vous perde ?

« En prononçant ces mots, cet homme fit un sourire qui m'épouvanta ; mais loin de laisser paraître ce que j'éprouvais, je repris d'un ton assuré :

« — Hâtons-nous donc alors, car je suis fatiguée et je ne pourrais marcher longtemps ainsi.

« Mon compagnon se mit en route, et au bout de quelque temps je vis avec une secrète terreur que nous entrions dans une forêt. Mon guide, devinant peut-être mes craintes, dit aussitôt :

« — Nous allons biaiser par là, parce que c'est le plus court, mais nous trouverons bientôt un sentier à gauche qui nous mènera droit à la ville.

« Je ne répondis rien ; je tâchai de rappeler mes forces que je sentais s'épuiser et je continuai d'avancer, mais je remarquai que depuis notre entrée dans la forêt, cet homme qui m'accompagnait se tenait beaucoup plus près de moi en marchant. Je ne fis pas semblant d'en être alarmée. Cependant nous étions seuls dans cette forêt, nous ne rencontrions personne, et je commençais à perdre courage.

« Tout à coup, dans un étroit sentier qu'il venait de me faire prendre, l'homme qui était à mon côté se précipite comme un tigre

Elle reconnaît dans Sainte-Lucie l'homme qui l'a enlevée à son premier mari.

sur moi et m'enlace de ses bras, en me disant :

« — Nous sommes bien ici, il faut que je t'embrasse ; il y a assez longtemps que j'en ai envie.

« Jugez de ma terreur. Cependant l'horreur que m'inspirait cet homme me rendit des forces, car je le repoussai si bien qu'il tomba sur la terre. Mais il se releva aussitôt furieux en s'écriant :

« — Ah ! c'est comme ça !... tu vas la danser alors... Et aussitôt il s'élance sur moi ; mais ce n'était plus pour m'embrasser ; je sentis comme un coup violent, puis quelque chose de froid qui pénétrait dans mon côté droit... j'étais blessée... je tombai sur le gazon...

— Infâme Garguille !... murmure Creps qui ne peut en ce moment maîtriser son indignation. Oh ! mais je vous vengerai !... pauvre fille ! je savais bien qu'il avait dû vous assassiner !...

« Cet homme se précipita sur moi, me prit ma montre, ma chaîne, et il se disposait à fouiller dans ma poche pour y prendre ma bourse, lorsqu'une voix se fit entendre. Mon assassin eut peur ;

il se sauva en s'enfonçant dans les taillis. Je me sentais défaillir, j'y voyais à peine; j'aperçus cependant un paysan qui revenait sans doute de son travail et tenait sur son dos ses instruments de labourage; puis mes yeux se fermèrent, je m'évanouis.

« Quand je repris connaissance, j'étais chez de bons paysans, couchée dans un lit et veillée par une jeune femme et un vieillard qui était le médecin de l'endroit. Je sus que le maître de cette demeure m'avait trouvée dans la forêt, blessée, nageant dans mon sang, et m'avait transportée chez lui. Ces bonnes gens avaient eu grand soin de moi ; le médecin était venu me panser; il avait dit que ma blessure n'était pas dangereuse, parce que le fer qui m'avait frappée avait glissé le long des côtes, mais qu'il fallait beaucoup de soins et surtout ne pas me lever de dix jours au moins. Je me laissai soigner, je me soumis à tout ce qu'on voulut. Heureusement mon assassin n'avait pas eu le temps de m'enlever ma bourse dans laquelle j'avais de l'or, et j'étais satisfaite de penser que je pourrais récompenser ceux qui avaient tant de soin de moi.

« Je m'informai de l'endroit où j'étais ; je me trouvais à une demi-lieue de Champ-Rosay, dans la forêt de Senart ; j'étais à une lieue et demie de Corbeil ; vous voyez donc combien de chemin le misérable m'avait fait faire. Je passai seize jours chez les bons paysans qui m'avaient donné un asile. Au bout de ce temps, le maître de la maisonnette me conduisit lui-même jusqu'à Champ-Rosay, dont le chemin de fer n'est pas loin, et je revins à Paris. Mon premier soin, comme vous devez le penser, fut d'aller à la demeure d'Isidore demander de ses nouvelles. Jugez de ma joie ! depuis six jours il était revenu à Paris, il était entièrement guéri. Tranquille de ce côté, je ne songeai plus alors qu'à réaliser le plan que j'avais conçu dans mes jours de convalescence : c'était de renoncer à cette vie de désordre que j'avais menée, de rompre avec toutes les personnes qui m'avaient connue, enfin de changer de nom et d'aller me loger dans un petit appartement modeste, retiré, où personne ne pourrait me découvrir. Ce plan, je l'ai mis à exécution : ici je vis seule, dans la plus profonde retraite ; des livres, de la musique et mes souvenirs... voilà ce qui suffit à mon existence... mais il n'y a plus rien en moi qui révèle la Félicia d'autrefois. »

Creps prend une main de la jeune femme et la presse tendrement dans les siennes en lui disant d'une voix profondément émue :

— C'est bien... cette conduite vous fait honneur... elle répare vos fautes passées.

— Le croyez-vous, monsieur ? hélas ! je n'en sais rien ; mais ce qu'il y a de certain, c'est que tous ces plaisirs que j'aimais autrefois n'auraient plus maintenant le moindre charme pour moi. Cependant... vous l'avez vu... tout en voulant rompre avec le passé, il y a quelque chose qui m'y rattache encore !... et dont il m'est impossible de cesser entièrement de m'occuper... car je l'aime toujours... Oh ! oui, je l'aimerai sans cesse... mais pourvu que je ne le lui dise plus, pourvu qu'il ne me revoie jamais... il me semble que je puis bien l'aimer... C'est mon seul bonheur, mon unique jouissance... Qui donc aimerais-je si ce n'était lui !... moi !... pauvre fille abandonnée... sans parents... sans soutien !... Ah ! monsieur, c'est bien triste de se dire : Il n'y a personne au monde qui s'intéresse à moi !... Enfin, quelquefois, quand je veux me rendre bien heureuse dans la journée, je me dis : J'irai le voir ce soir... le voir rentrer chez lui ; je me cacherai ; je me blottirai dans un coin : il ne se doutera pas que je suis là, cela ne lui fera aucun mal, et moi, cela me donnera du bonheur pour quelques jours. Et voilà ce que je fais quelquefois... et c'est que j'avais fait hier... Je l'avais vu... il était rentré... oh ! je connais bien ses habitudes... et je revenais chez moi quand vous m'avez rencontrée... Voilà toute mon histoire, monsieur... Maintenant, j'aurai bien du plaisir à vous entendre, si vous daignez aussi me raconter ce que vous avez fait depuis que vous m'avez quittée pour... retourner chez elle...

Creps dit à Félicia quelle a été sa surprise, son effroi en ne la retrouvant plus dans le cabaret de Roberdin, et tout ce qu'il a essayé si longtemps en vain pour la retrouver.

En apprenant les peines il a prises, à combien de démarches il s'est livré dans l'espoir d'avoir de ses nouvelles, Félicia se sent touchée, émue ; mais parfois elle est presque effrayée de l'extrême intérêt qu'il porte à ce personnage mystérieux, et elle se demande ce qu'elle a fait pour le mériter.

Lorsque Creps a cessé de parler, Félicia lui tend la main en lui disant :

— Vous voyez bien lu dans mon cœur, puisque vous avez deviné que c'était aux environs de ma demeure que vous me trouveriez... et sait-il que vous me cherchiez ?...

— Sans doute, puisqu'il m'avait offert de me seconder dans mes recherches. Il m'a dit qu'il serait plus heureux s'il pouvait effacer un peu les chagrins qu'il vous a causés...

— Il vous a dit cela !... cher Isidore !... mais il n'a rien à se reprocher, lui ! sa conduite fut celle de tous les hommes avec une... maîtresse ! tandis que moi... Et sait-il que... dans ma fureur jalouse, c'est moi qui...

— Je pense qu'il a dû le deviner.

— Et il ne parle pas de moi avec horreur ?...

— Vous voyez bien que non, puisqu'il regrette au contraire de vous avoir causé tant de peines.

— Ah ! merci, monsieur, merci.

Félicia porte son mouchoir sur son visage, mais cette fois ses larmes n'ont rien d'amer. Enfin, elle essuie ses yeux et se tourne vers Creps en murmurant :

— Les femmes sont bien ennuyeuses, n'est-ce pas, monsieur ?
— Je n'ai jamais trouvé cela, mademoiselle.
— Je vous parle sans cesse de moi, et je ne songe pas à m'informer de vous... de vous si bon pour moi !... de vous qui me témoignez tant d'intérêt !... Qu'ai-je donc fait, monsieur, pour mériter ainsi votre sollicitude ?

Creps la regarde longtemps et soupire tout en murmurant :

— Vous étiez malheureuse... sans appui... ensuite il y a une autre raison... que je vous apprendrai. — Une raison... qui vous a fait vous intéresser à moi...

— Oui. Ainsi donc vous avez renoncé tout à fait à cette vie de plaisirs, de fêtes, de dissipation que vous aviez menée jusqu'alors ?

— Oh ! oui, monsieur, entièrement ! et je vous assure que je ne la regrette pas. Ce qui prouverait que je n'étais pas née avec de mauvais penchants... et si ma mère ne m'avait pas abandonnée ! mais enfin, il est toujours temps de revenir sur ses pas, n'est-il pas vrai, monsieur ?

— Oui, mademoiselle... Et vous avez rompu toutes relations avec vos amies d'autrefois ?

— Mes amies !... je n'en avais point... des connaissances, voilà tout ! et des connaissances de plaisir, cela se quitte comme une parure de bal qui ne sert qu'une fois et que l'on jette ensuite de côté. Une seule femme m'avait témoigné un attachement que je crois sincère, c'était une bonne fille... elle m'était bien dévouée... pauvre Tintin... c'est dommage que sa conduite soit aussi mauvaise que son cœur est bon. Mais en changeant de nom, j'ai pris le meilleur moyen pour ne plus être importunée par personne.

— Et dans la solitude que vous vous êtes imposée, vous ne vous ennuyez pas ?

— Oh ! non, monsieur : n'ai-je pas son image qui est là... au fond de mon cœur, toujours avec moi ?... vous voyez que je ne suis jamais seule.

Creps contemple quelques instants Félicia et semble plongé dans ses pensées ; la jeune femme lui dit au bout d'un moment, avec un certain embarras :

— Monsieur, voulez-vous me permettre de vous adresser une question ?... Si elle est indiscrète, vous n'y répondrez pas.

— Parlez, mademoiselle... dites-moi tout ce que vous pensez.

— Eh bien ! monsieur, pourquoi donc, lorsque je vous ai rencontré à Corbeil, aviez-vous pris un costume si pauvre, si misérable ?... vous aviez donc quelques motifs pour vous déguiser ?... au reste, j'avais bien deviné que vous n'étiez pas ce que vous vouliez paraître, votre manière de vous exprimer ne s'accordait pas avec vos habits.

— Je n'étais point déguisé, mademoiselle ; quand vous m'avez vu couvert de haillons, c'est que je ne pouvais pas porter d'autres vêtements, c'est que je ne possédais plus rien, que la misère m'était partagée... et cette misère était la suite de mon inconduite, de mes vices !... car, en effet, je suis né au sein de l'opulence !... et vous avez vu à quel état j'étais réduit !

— Il se pourrait ! vous étiez aussi malheureux !... et c'était par votre faute !...

— Oui, par ma propre faute !...

— Mais aujourd'hui... votre position a donc changé ?

— Au moment où je m'y attendais le moins, j'ai appris la mort d'un oncle qui me laissait toute sa fortune... trois cent mille francs environ.

— Et cette fortune, je suis bien sûre qu'aujourd'hui vous en ferez un bon usage. Vous avez reçu une si terrible leçon !... enfin vous êtes heureux maintenant !

— Pas encore entièrement... Mais depuis que je vous ai retrouvée, je commence à espérer que je pourrai l'être.

Les yeux de Creps étaient fixés sur Félicia, et ils avaient une expression de tendresse si vraie, si profondément sentie, que la jeune femme en est tout émue et ne trouve pas une parole à répondre.

Après un assez long silence, Creps reprend :

— Maintenant que je vous ai retrouvée, mademoiselle, me permettrez-vous de venir souvent partager votre solitude ? ce sera pour moi un grand bonheur. Je ne connais plus personne dans cette ville où j'ai eu tant d'amis... c'est-à-dire tant de connaissances !... car ce n'étaient aussi que des amis de plaisir ! Malheureux, ils m'avaient fui ; aujourd'hui que le sort m'a souri de nouveau, ils reviendraient sans doute à moi, mais moi je ne veux plus d'eux ; j'ai fait comme vous, pour éviter toutes les connaissances, j'ai changé de nom.

— Creps n'est pas le vôtre ?

— C'est un nom de hasard que j'ai pris en revenant en France, et je trouve commode de le garder. Ici l'on me croit mort !... je ne vois pas qu'il soit nécessaire de me ressusciter.

— Mort!... Et vous n'aviez donc laissé ici personne à qui cette mort ait fait verser des larmes!...
— Non! personne.

Creps se promène quelques instants dans la chambre d'un air sombre; puis il revient s'asseoir près de Félicia, et lui dit :
— Vous n'avez pas répondu à ma demande!... Me permettrez-vous de venir vous voir souvent?

Félicia le regarde et lui tend la main en répondant :
— Oui, monsieur, oui, je recevrai avec joie vos visites... Car vous le connaissez, vous le voyez encore quelquefois et... vous me parlerez de lui... n'est-ce pas?
— Si cela vous rend heureuse, je le veux bien; cependant il serait plus sage de chercher à l'oublier.
— Ah! jamais, monsieur, jamais!
— Eh bien! nous parlerons de lui quelquefois, et souvent de vous. Adieu, mademoiselle; vous me reverrez bientôt.

Creps s'éloigne, laissant Félicia tout étonnée du sentiment nouveau que cet homme lui inspire et qu'elle ne parvient pas elle-même à définir.

XIX. — INCONDUITE.

Le lendemain dans l'après-midi, Creps ne manque pas de venir voir Félicia, qui le reçoit déjà comme un ancien ami : il s'assied près d'elle, et pendant qu'elle continue de s'occuper de broderie ou de tapisserie, il la regarde et ses yeux expriment tout le bonheur qu'il éprouve à la contempler. Félicia ne tarde pas à parler d'Isidore, c'est le sujet de conversation sur lequel elle revient toujours. Creps l'écoute avec complaisance, mais pendant qu'elle parle il est facile de voir qu'il est préoccupé de toute autre chose que de ce qu'il entend. Qu'importe à Félicia, elle parle de celui qu'elle aime, cela lui suffit.

Quelquefois pourtant elle s'arrête en s'écriant :
— Mon Dieu! mais je dois bien vous ennuyer!... Je vous répète toujours la même chose... Les amoureux ne savent point varier leur conversation... mais vous avez dû aimer aussi et alors vous me comprenez.
— Oui, j'ai aimé une femme qui était bien digne de toute ma tendresse... C'était un modèle de vertu comme de beauté!...
— Et elle vous aimait aussi?
— Elle ne me l'a jamais avoué positivement; cependant je crois bien que son cœur n'était pas insensible à mon amour.
— Et vous disiez hier que personne n'avait pleuré votre mort... Vous aviez donc oublié cette femme-là?...
— Ah! depuis longtemps j'avais cessé de la voir... et qui sait si elle pensait encore à moi?

Félicia n'ose pas pousser ses questions plus loin, car elle s'aperçoit que Creps est devenu triste et rêveur, et elle craint d'avoir réveillé dans son âme de douloureux souvenirs. Après avoir passé plusieurs heures près de Félicia, Creps lui prend la main qu'il serre tendrement dans les siennes et s'éloigne en lui disant : — A demain.

Plusieurs jours se sont écoulés sans que Creps ait manqué une seule fois de se rendre chez Félicia, et chaque fois ses visites sont un peu plus longues; il semble toujours que ce ne soit qu'avec peine qu'il se décide à la quitter; cependant, lorsqu'il est près d'elle, il parle peu et se borne presque toujours à l'écouter; mais en revanche, ses yeux ne quittent pas un instant la jeune conteuse, il ne peut se lasser de la regarder. Plus d'une fois Félicia s'est demandé d'où pouvait naître l'extrême intérêt que lui témoignait cet homme mystérieux; en réfléchissant à ses visites fréquentes, en rencontrant quelquefois les regards de Creps si tendrement attachés sur elle, elle a frémi, craignant d'avoir inspiré à cet homme un sentiment dont il n'ose pas encore lui faire l'aveu.

Mais presque aussitôt son cœur repoussait cette pensée qui l'eût vivement affligée. Rien dans les manières de son nouvel ami n'avait jamais cessé d'être aussi convenable que respectueux, et dans ces regards qu'il attachait si souvent sur elle, il y avait de la tendresse, mais nullement de celle qu'expriment les yeux d'un amant.

Un jour pourtant, Creps est, selon sa coutume, assis près de Félicia; il ne disait rien, mais il la regardait depuis bien longtemps. La jeune femme parlait de sa vie passée, puis du bonheur qu'elle éprouvait maintenant dans sa paisible existence. Tout à coup Creps, s'emparant de sa main, la porte vivement à ses lèvres, puis la presse contre son cœur...

Effrayée de cette action, Félicia retire sa main, en jetant sur Creps un regard où se peignait sans doute une profonde défiance, car presque aussitôt celui-ci s'emparant de nouveau de la main de Félicia lui dit avec un accent qui part de l'âme :
— Ah! chère enfant! ne vous méprenez pas sur la tendresse que je vous témoigne, ne la redoutez pas, cette tendresse qui sera toujours pure et sainte... Mais pourquoi vous cacherais-je encore le secret de mes sentiments... de ce bonheur que j'éprouve à être près de vous... à vous voir, à vous contempler sans cesse? Hélas! je m'abuse peut-être, je suis sans doute le jouet d'une erreur... pourtant il y a des voix qui éclairent notre âme... Et bien, Félicia... quelque chose m'a dit que vous étiez ma fille...

— Votre fille !... votre fille !... s'écrie Félicia tout émue... Mon Dieu ! monsieur..... mais qui a pu vous faire penser ?... Vous mon père, ah ! que je serais heureuse !
— Vous seriez heureuse... Vous partagez donc ces sentiments que j'ai pour vous et qui me disent que j'ai le droit de vous aimer comme un père!...
— Oui... maintenant, vous m'avez fait comprendre ce que je ressens en votre présence... cette douce joie que j'éprouve en me trouvant avec vous... Oui, ce doit être ainsi que l'on aime son père!... Mais de grâce, monsieur... mon ami... dites-moi ce qui vous fait supposer que je puis être votre fille.

Creps se rapproche de Félicia, et après avoir encore tendrement pressé ses deux mains dans les siennes, lui dit d'une voix que l'émotion rend tremblante :

— A cette époque de ma vie où je vivais au sein du luxe, des plaisirs, où je dépensais follement cette fortune que mon père m'avait laissée si belle et si honorable, je vous ai dit que j'avais aimé une femme digne de tout mon amour et que je croyais avoir touché son cœur... mais cette femme... cette jeune fille, car elle pouvait avoir seize ans alors, dépendait d'un père de mœurs sévères ; en s'apercevant que je cherchais à plaire à sa fille, il prit sur mon compte des informations qui furent loin de m'être favorables... Cependant mes vues étaient pures, c'était la main de Clémence que je voulais obtenir ; mais elle me fut positivement refusée, et dès ce moment je cessai de la rencontrer dans le monde, son père ayant soin de ne plus la conduire dans les réunions où il pensait qu'elle pourrait me voir.

« Si alors j'avais été raisonnable, je me serais dit : C'est ma folle conduite, ce sont mes déréglements qui m'ont fait repousser par le père de Clémence. Devenons sage, rangé, regagnons l'estime des honnêtes gens, prenons une autre place dans la société, et j'obtiendrai peut-être un jour le trésor qu'on me refuse aujourd'hui. Mais je n'étais pas capable d'écouter les conseils de la raison ; bien au contraire, dans mon dépit, dans ma colère, je me promis de ne jamais m'arrêter à mes passions, et puis... croyant peut-être me venger de ceux qui avaient dédaigné mon alliance... je me mariai... à une jeune fille que je connaissais à peine... qui était fort belle, il est vrai, mais dont je n'avais étudié ni le cœur... ni les goûts... ni le caractère... fatal mariage !...

« Celle que j'avais épousée avait les mêmes penchants que moi pour les plaisirs; élevée jusqu'alors par une parente éloignée qui ne possédait que peu de fortune, la menait rarement dans le monde, elle se dédommagea bien vite des privations qu'elle avait endurées : notre maison devint le rendez-vous de ce monde turbulent qui ne vit que dans les fêtes; le jeu, les banquets, les bals, les courses de chevaux, tout cela se succédait sans interruption ; ma femme montait à cheval, elle changeait de toilette quatre fois par jour, elle jouait des sommes énormes. Effrayé moi-même du train qu'elle menait, je voulus lui faire quelques remontrances, elle me répondit fort tranquillement :

« — Je ne vous ai épousée que pour goûter cette existence toute de plaisirs que je savais que vous meniez; ainsi, monsieur, prenez votre parti. Mais je vous préviens que je ne changerai pas de conduite.

« Je ne trouvai rien à répondre, dès ce moment je sentis que je n'avais jamais aimé cette femme à qui j'avais si follement donné mon nom. Mais nous avions un enfant, elle m'avait donné une fille, et je dissimulai mes regrets et mes sentiments.

« Bientôt mon inconduite amena ce qu'elle traîne toujours à sa suite : la misère et le déshonneur. J'étais ruiné ; je cherchai dans le jeu de nouvelles ressources, et j'achevai d'y engloutir le peu qui me restait. Pendant ce temps, mon indigne épouse, perdant toute retenue, avait des amants et ne craignait pas d'afficher publiquement ses désordres et ma honte. Elle avait quitté ma demeure, et elle avait emmené sa fille qui n'avait pas encore deux ans. Criblé de dettes, ne sachant où me cacher pour ne point être arrêté, je me rendis un jour chez ma femme, qui habitait un appartement élégant. Là, je lui ordonnai de s'apprêter à me suivre avec son enfant, parce que je voulais m'expatrier. Elle haussa les épaules, me rit au nez, me dit qu'elle avait mis sa fille en pension, et que, quant à elle, bien loin de vouloir s'expatrier avec moi, elle restait à Paris où elle était décidée à vivre comme si elle n'était pas mariée. Je voulus la forcer à me suivre, elle appela à son aide, en criant que je voulais l'assassiner. Un de ses amants, caché dans une pièce voisine, accourut sur moi, tenant un couteau-poignard à la main, il me frappa au front... je porte au visage la cicatrice de cette blessure ; quoique étourdi par cette attaque, je repoussai avec tant de force le misérable qui m'avait frappé, qu'il alla rouler aux pieds de celle qui voyait avec joie couler mon sang. Je sortis de cette maison ; dans la rue je m'évanouis. Un pauvre ouvrier me recueillit... j'attendis chez lui que ma blessure fût cicatrisée ; alors seulement je quittai Paris... puis j'allai au Havre ; je connus mes malheurs à un capitaine de vaisseau qui partait pour l'Amérique ; il consentit à m'emmener en qualité de secrétaire, et je quittai avec joie cette France où je laissai un nom déshonoré.

« Cependant le bâtiment que je montais essuya une forte tem

pête; le bruit courut que tout avait péri, corps et biens. Au bout de quelques années, une personne venant de Paris m'apprit que l'on y avait annoncé la nouvelle de ma mort. Je m'informai de l'inconduite de mon indigne épouse, et voici ce que j'appris... Écoutez, ma chère Félicia, car voilà seulement ce qui peut donner quelque valeur à mes espérances.

« On me dit que ma femme avait changé de nom plusieurs fois... Je remerciai le ciel de ce qu'elle avait bien voulu quitter le mien. Quant à sa fille, vous pensez bien qu'elle ne l'avait pas gardée près d'elle ; on croyait qu'elle l'avait placée dans un pensionnat de la rue de Picpus, où elle n'allait la voir que fort rarement...

— Rue de Picpus ! s'écrie Félicia, c'est bien là où j'ai été élevée... chez madame Hamelot.

— On ne put me dire le nom de la maîtresse du pensionnat. Je demandai sous quel nom la mère de ma fille s'était présentée... on l'ignorait.

— Mais votre fille, mon ami, s'appelait-elle Adrienne ?

— Non, je l'avais nommée Clémence... comme cette femme que j'avais tant aimée. Du reste, vous pensez bien que sa mère, voulant dérouter toutes les recherches, avait dû changer le nom de sa fille, comme elle avait elle-même changé le sien. Depuis ce temps, j'ai plus d'une fois écrit à Paris pour tâcher d'avoir quelques nouvelles de ma fille ; il m'a été impossible de rien apprendre ni sur elle, ni sur sa mère qui changeait à chaque instant de demeure. J'ignore si celle qui porta mon nom existe encore, et si je désire maintenant savoir ce qu'elle est devenue, c'est parce que quelqu'un pourrait me dire si c'est réellement ma fille qui est devant moi ; enfin, si j'ai droit de vous presser contre mon cœur en vous donnant ce nom.

— Mon ami, les indices qui ont fait naître vos espérances sont bien faibles, en effet... mais la voix secrète qui nous parle ne l'est pas... que ce soit une illusion ou une réalité, permettez-moi de vous regarder, de vous aimer comme un père... Tenez... depuis qu'il ne m'aime plus, lui, voilà le premier moment de bonheur que j'ai goûté... mais je ne croyais pas qu'il me serait encore possible d'être si heureuse.

— Dans le récit que je vous ai fait de mes fautes et de mes infortunes, je vous ai dit que j'avais quitté Paris en y laissant de nombreux créanciers. Vous pensez bien qu'en héritant de mon oncle, mon premier soin fut de vouloir acquitter mes dettes. Mais cet homme, que je croyais si sévère à mon égard, avait depuis longtemps soldé tous mes créanciers ; il n'avait pas voulu que le fils de sa sœur eût encore à rougir en rentrant dans sa patrie. Homme généreux ! reçois ici mes actions de grâces. Le temps a effacé le souvenir de mes désordres, et je pourrais reprendre le nom de mon père, si j'étais certain qu'une femme qui a fait ma honte ne peut plus le déshonorer.

Félicia garde le silence ; comment pourrait-elle essayer de consoler celui qu'elle n'ose encore nommer son père, lorsqu'elle songe que cette femme si coupable serait sa mère !

Creps et Félicia restent longtemps livrés au charme qu'ils éprouvent à échanger entre eux les doux noms de fille et de père. Dès cet instant, le plus parfait accord, la plus tendre intimité règne entre ces deux personnes qui consultent enfin le secret de leur cœur et de cette mystérieuse sympathie qui les poussait l'un vers l'autre.

Plus que jamais Creps vient passer tous ses moments près de Félicia. Lorsqu'elle lui a parlé d'Isidore, ils s'entretiennent ensuite de leurs doutes, de leurs espérances. Creps fait raconter à la jeune femme les circonstances les plus minutieuses de son enfance ; il la fait entrer dans les moindres détails sur ce qu'elle se rappelle touchant sa mère, et quand Félicia lui en a fait de nouveau le portrait, il la presse vivement dans ses bras en s'écriant :

— Non... nous ne nous trompons pas, vous êtes ma fille, vous êtes bien l'enfant née de cette union fatale... et qui devait, hélas ! se ressentir des fautes de ses parents !... celle qui fut indigne épouse devait être mauvaise mère !... et d'ailleurs pouvait-elle aimer l'enfant d'un homme qu'elle détestait !

Depuis plusieurs jours Creps goûtait le bonheur de nommer Félicia sa fille, lorsqu'un matin, au moment où il s'apprêtait à se rendre rue des Petites-Écuries, on frappe violemment à sa porte ; il court ouvrir et demeure saisi d'effroi en apercevant Isidore pâle, agité, qui soutient dans ses bras une dame qui semble avoir à peine la force de marcher.

— Qu'est-il arrivé ? s'écrie Creps en reconnaissant madame Clermont, qu'avec l'aide d'Isidore il fait entrer dans son appartement.

— Un malheur affreux, murmure Isidore, et nous venons vous trouver, monsieur, car, vous le savez, nous avons espoir en vous. Madame Clermont... pauvre mère... elle a voulu venir ici avec moi, et, vous le voyez, elle peut à peine se soutenir.

— Mais ce malheur ?...

— Emmeline... Emmeline enlevée... disparue... depuis hier... et aucune nouvelle... aucun indice ; c'est-à-dire... sa mère a pu à peine me dire... elle pleurait tant... elle ne pouvait plus parler...

Madame... madame, revenez à vous... nous sommes chez celui qui a déjà sauvé Emmeline... il nous la rendra encore... oui, il nous la rendra...

Creps avait mis un genou en terre devant Clémence, qui semblait avoir presque entièrement perdu connaissance. Il lui fait respirer des sels ; il réchauffe ses mains dans les siennes en lui disant :

— Du courage, madame... reprenez vos esprits... vos amis sont près de vous, nous retrouverons votre fille...

Clémence rouvre les yeux, elle regarde autour d'elle, elle cherche encore ; car, dans cet homme qui est à ses genoux, elle n'a pas reconnu le vagabond dans lequel elle a placé sa confiance. Il faut que Creps lui parle de nouveau, il faut qu'Isidore lui assure encore que c'est bien lui qui est devant elle. Alors seulement Clémence retrouve un peu de calme, et en même temps que les larmes coulent de ses yeux, elle tend la main à Creps en balbutiant :

— Ah ! oui... c'est vous, monsieur, oui, je vous reconnais maintenant... oh ! vous me rendrez ma fille, n'est-ce pas ?...

— Je vous le jure, madame, et vous pouvez vous fier à ma promesse. Mais calmez-vous, afin de nous dire comment cet événement est arrivé.

Madame Clermont passe son mouchoir sur ses yeux, appuie sa main sur son front pour tâcher de rappeler ses idées.

— C'était hier vers la fin de la journée, on vint sonner à notre demeure ; c'était un homme porteur d'une lettre écrite au crayon... ce billet était signé de M. Riberpré.

— Riberpré ! cet homme n'est-il pas ?...

— Mon mari... oui, il est le père d'Emmeline ; je vous ai confié ce secret. Il y a quelque temps vous savez que, désirant voir sa fille, il vous envoya chez moi un homme chargé de trouver un prétexte pour la ramener avec vous à l'endroit où il attendait...

— Je m'en souviens parfaitement, madame, et je remarquai aussi la froideur, l'indifférence avec laquelle cet homme examina cette charmante enfant qu'il aurait dû presser dans ses bras et s'enorgueillir de sa fille ! mais pardon, poursuivez.

— Dans ce billet qu'il m'adressait, M. Riberpré me disait qu'il désirait parler de sa fille un moment et à moi seule. Vous concevez que je ne pouvais refuser cet entretien. Je partis aussitôt ; l'homme qui m'avait apporté le billet me dit que le monsieur qui le lui avait remis m'attendait dans son cabriolet tout près du débarcadère. Je me rendis à l'endroit que l'on m'avait indiqué. Là, je cherchai, je ne vis personne ; je m'informai : on n'avait pas aperçu un monsieur en cabriolet. Après avoir attendu quelque temps, je revins chez moi, ne comprenant rien à cette course inutile que l'on m'avait fait faire. Mais à mon arrivée, je compris que trop pourquoi l'on m'avait éloignée. La même homme était revenu ; il avait dit à ma fille que je l'attendais, et la pauvre enfant l'avait suivi sans défiance... Voilà ce que la domestique m'apprit ; jugez de ma terreur ! Je devinai alors que tout cela était un complot formé pour me ravir mon Emmeline. Éperdue... désespérée... je courus dans les environs... dans tout le pays, cherchant, demandant partout ma fille ! et personne ne put me donner de ses nouvelles... Rien... aucune trace des ravisseurs... on n'avait rien vu... rien entendu... Je passai une partie de la nuit à continuer mes recherches. Quelle nuit, mon Dieu !... et que de larmes je versai en appelant Emmeline qui n'entendait pas les cris de sa mère.

« Quand le jour a paru, je me suis décidée à partir pour Paris... Heureusement M. Isidore nous avait donné son adresse... c'est chez lui que j'ai pensé à me rendre... mais, hélas ! il ne sait pas plus que moi ce qui est devenu ma fille !... »

Clémence donne un libre cours à ses sanglots et Isidore partage son désespoir. Mais Creps, qui est plus calmé n'a pas perdu un mot de ce récit, dit à madame Clermont :

— Cet homme qui vous a apporté la lettre est-il du pays ? le connaissez-vous ?

— Non, je ne crois pas du pays... cependant je l'avais déjà aperçu une fois ; il a une figure d'une laideur à repousser... mais je n'avais aucune raison pour me méfier...

— Où l'aviez-vous rencontré ?... tâchez de vous le rappeler.

— Je m'en souviens très-bien : c'était dans un cabaret où l'on nous avait dit que vous logiez et où nous étions allées avec vous pour vous remercier, après qu'il avait manqué de périr dans cette partie d'eau... C'est chez Roberdin que j'ai vu cet homme... un nez cassé, un menton crochu... des yeux farouches...

— C'est cela...

— Oh ! le misérable ! quand il y aura un crime... une mauvaise action à commettre, c'est donc toujours lui que l'on rencontrera...

— Vous connaissez cet homme ?

— Oui, c'est un ami du cabaretier... et par celui-ci... ou n'importe quel autre moyen... je le trouverai... Oh ! il faudra bien que je le trouve. Nous saurons alors quels sont ceux qui le faisaient agir. Ce billet qu'on vous a envoyé... où est-il ?...

— Le voici.

Creps examine le billet en disant :

— Est-ce bien M. Riberpré qui a écrit cela ?... Avez-vous reconnu son écriture, madame ?

— Mon Dieu !... je ne crois pas avoir vu deux fois l'écriture de

M. Riberpré, qui ne m'avait jamais fait l'honneur de m'adresser une seule lettre; il me serait impossible de vous affirmer que c'est lui qui a tracé ces lignes au crayon.
— Et vous, monsieur Isidore?
— Je ne connais pas non plus l'écriture du banquier. Au reste, ces caractères semblent mal tracés à dessein. Mais je suis reçu chez M. Riberpré, qui m'empêche de me rendre à l'instant près de lui, de lui montrer ce billet et de lui demander si c'est lui en effet qui l'a écrit?
— Oh! oui, oui, s'écrie Clémence, qui saisit avec transport la plus légère lueur d'espoir. Allez, monsieur Isidore... interrogez M. Riberpré...
Isidore s'apprête à partir, Creps l'arrête en disant :
— Cette démarche me semble au moins inutile en ce moment. Il me paraît bien prouvé que le billet que madame a reçu ne venait pas de M. Riberpré. Si monsieur avait envie de parler à sa femme ou de voir sa fille, emploierait-il tant de mystère? et avant de lui faire savoir qu'on a enlevé sa fille... ce qui, je crois le toucherait peu, d'après les observations que j'ai été à même de faire, ne vaut-il pas mieux retrouver cette chère enfant?... Mais d'abord, madame, calmez vos terreurs relativement à l'existence de votre fille... Ce ne peut être pour attenter à ses jours que l'on a voulu s'emparer d'une aussi jolie personne... Nous devons plutôt penser que quelqu'un amoureux d'elle en secret...
— Le danger n'en est pas moins grand, moins pressant !... s'écrie Isidore en fermant ses poings avec rage. Oh! monsieur, il faut que nous le trouvions cet homme... ce misérable qui a osé emmener Emmeline.
— Et pour cela il faut vous fier à moi, ne point risquer de fausses démarches, car il y a dans tout ceci un mystère qu'il faudrait découvrir... pour y parvenir c'est à Corbeil qu'il nous faut retourner...
— A Corbeil?...
— Oui, madame; veuillez m'en croire, c'est chez vous, dans votre maison qu'il faut attendre des nouvelles de votre fille... Si vous le permettez j'aurai l'honneur de vous y ramener... Un mot d'adieu à une personne... qui m'est bien chère, et je reviens dans un moment vous chercher. M. Isidore restera à Paris, il continuera d'aller chez M. Riberpré, et sans rien laisser paraître, il verra bien s'il se passe quelque chose de mystérieux chez votre époux, madame ; si quelque circonstance lui fait penser que M. Riberpré n'est pas étranger à l'enlèvement de sa fille, il viendrait aussitôt vous en faire part. Du courage, madame, de la confiance. Mademoiselle Emmeline sera rendue à votre amour.
Les paroles de Creps avaient une puissance dont Clémence ne pouvait se rendre compte, mais qui ramenait l'espérance dans son âme. Isidore lui-même, quoique son sang bouillonnât à la pensée qu'Emmeline était au pouvoir d'un rival, sentit qu'il fallait suivre les conseils de cet homme qui leur avait déjà donné tant de preuves de dévouement. Seulement, tout en restant à Paris, le jeune homme se promet de faire, de son côté, les démarches les plus actives pour découvrir les ravisseurs d'Emmeline.
Creps s'est rendu près de Félicia et il a déposé un baiser sur son front, en lui disant:
— Je serai peut-être quelque temps sans vous voir, ma chère fille, mais ma pensée et mon amitié ne vous quitteront pas.
Et Félicia a pressé sa main avec affection, en lui répondant :
— Revenez bientôt, mon ami, revenez pour me rendre un peu de bonheur et pour que je sente que je ne suis plus seule sur la terre...

XX. — DÉMARCHES. — DÉCOUVERTE.

Pour retourner à Corbeil, Creps a repris les vêtements misérables qu'il portait lorsqu'il passait ses nuits à se promener et ses jours à dormir.
Il a demandé pardon à Clémence de se présenter dans cet état pour l'accompagner, mais celle-ci lui a tendu la main, en lui disant :
— Il me semble, au contraire, qu'ainsi je vous reconnais mieux pour notre protecteur.
— Quel que soit le costume que je porte, madame, répond Creps avec émotion, je serai toujours trop heureux de vous consacrer ma vie; mais j'ai repris celui-ci parce que je crois qu'il m'aidera davantage dans mes recherches, et que l'on sera plus confiant avec le vagabond qu'avec un homme que l'on ne reconnaîtrait pas.
— Vous devez me trouver bien égoïste, monsieur, car dans ma douleur je n'ai pas même songé à vous dire la part que j'avais prise à l'heureux changement de votre fortune lorsque M. Isidore nous l'a annoncée...
— Ne parlons pas de moi, madame ; quand vous serez heureuse, quand votre fille vous sera rendue, alors seulement... je réclamerai peut-être de vous... un souvenir.
— Un souvenir! Ah! monsieur, croyez-vous donc que je serai assez ingrate pour jamais oublier tout ce que je vous dois?...

Creps ne répond rien. Mais il jette à la dérobée un regard sur Clémence, en se disant:
— Elle est toujours belle, toujours séduisante !... et même en ce moment où la douleur l'accable... je retrouve dans toute sa personne ces attraits... cette grâce qui me faisaient l'adorer il y a vingt ans !... Est-ce donc à ses douces vertus qu'elle doit d'avoir conservé ce charme si puissant !... ce charme qui m'a rendu à moi-même, et m'a fait rougir de l'état d'abrutissement dans lequel j'étais tombé ? Oui, c'est depuis que je l'ai retrouvée, reconnue, que j'ai eu honte de ma misère ; elle a fait renaître au fond de mon âme quelques bons sentiments... et, pour tout cela, il ne lui a fallu que me parler, que me faire entendre cette douce voix qui m'avait séduit autrefois... Pourtant elle ne m'a pas reconnu... quelle différence entre nous deux !... Rien en moi ne lui a révélé ce Ludger de Clairefontaine qu'elle avait daigné remarquer autrefois.
Cette conversation avait lieu dans une voiture que Creps avait louée pour ramener madame Clermont à Corbeil, ne voulant pas que, dans son costume de vagabond, on le vit avec elle en chemin de fer.
La voiture s'arrête devant la demeure de madame Clermont. Celle-ci est prête à défaillir en revoyant sa maison. Ses yeux se remplissent de larmes, elle cherche sa fille aux fenêtres, mais sa fille n'est plus là pour la recevoir, et la servante s'écrie en ouvrant :
— Eh bien! madame... avez-vous retrouvé mam'zelle?
Clémence ne peut répondre, elle cache son visage dans ses mains. En se retrouvant dans cette demeure où elle n'avait jamais passé un jour sans sa fille, sa douleur éclate avec une nouvelle violence, enfin elle tombe à genoux en s'écriant :
— Mon Dieu ! rendez-moi ma fille, ou faites-moi mourir !
Puis un torrent de larmes se fait jour à travers ses sanglots, et dans un coin de la chambre la fidèle servante unit ses pleurs à ceux de sa maîtresse.
Creps s'approche doucement de madame Clermont; il la relève, la fait asseoir et, cherchant au fond de son bon cœur les accents les plus persuasifs, lui dit:
— Par pitié pour ceux qui vous aiment, ne vous abandonnez pas à votre douleur... vous avez eu du courage pour supporter bien des malheurs...
— Ah! monsieur, tant que j'avais ma fille, pouvais-je me dire malheureuse?... Non... Oh! j'étais heureuse... bien heureuse... Et que m'importait la fortune, le monde?... tant qu'on peut presser son enfant dans ses bras, est-ce qu'on a le droit de se plaindre?...
— Eh bien! ce bonheur, vous le goûterez encore. Je ramènerai votre Emmeline dans vos bras...
— Oh! le croyez-vous?... le croyez-vous?... n'est-ce pas pour me consoler seulement que vous me dites cela?
— Non, madame... c'est avec une intime conviction que je vous parle... vous n'avez donc plus de confiance en moi?...
Clémence regarde Creps ; un léger sourire se fait voir sous ses larmes, et elle lui serre la main en murmurant :
— Eh bien! je vous crois... oui... vous me rendez toujours l'espérance. Allons... j'aurai du courage.. je vous le promets.
En quittant madame Clermont, Creps se dirige à grands pas vers le cabaret de Roberdin. Celui-ci était en train de servir à boire à des charretiers. En voyant arriver son ancien locataire, sa figure s'est allongée et sa main tremble pour verser le vin à ses pratiques.
— Prends donc garde, l'ancien, lui crie un des charretiers ; qu'est-ce qui te prend ? est-ce que tu as la fièvre?...
Le cabaretier ne répond rien. Il longe du coin de l'œil Creps qui est allé se placer tranquillement devant une table. Il craint sa colère, et il est tout surpris de l'air paisible avec lequel son hôte semble attendre qu'il en ait fini avec les voyageurs.
Les charretiers sont partis. Roberdin s'approche lentement de Creps en regardant de côté suivant son habitude.
— Avance donc! dit Creps. Qu'est-ce que tu as?... on croirait que tu as peur de moi?
— Par exemple... et pourquoi donc que j'en aurais peur?... je ne t'ai rien fait, moi... mais l'autre fois tu étais parti fâché à cause de ta dame.. A propos, l'as-tu retrouvée, ta dame?
— Non !... ma foi, tant pis !... j'en ai pris mon parti.
— Et tu as bien fait. Comment ça va-t-il les affaires?
Creps tire une pièce de cinq francs qu'il jette sur la table en répondant :
— Ça ne va pas mal, comme tu vois. Va nous chercher du vin... de ton vieux... je régale.
— Ah! diable! il paraît que tu as encore déterré quelque trésor... je cours à la cave... je vas prendre dans le bon tas !.. ne t'impatiente pas.
— La ruse vaut presque toujours mieux que la violence, se dit Creps pendant que le cabaretier s'est allé chercher du vin. Cet homme parle peu lorsqu'il est à jeun ; mais je le ferai boire jusqu'à ce qu'il devienne causeur.
Roberdin apporte du vin... et s'assied en face de Creps.
— Buvons d'abord.

— Volontiers... et il y a donc du pain sur la planche pour le quart d'heure?...
— Oui... les goussets sont pas mal garnis.
— Tiens! tiens!... c'est pas bête, ça... Du reste, j'en suis content, car lorsque tu es en fonds, toi, tu n'es pas un ladre, et tes amis s'en ressentent!...
— Je n'aime l'argent que pour les plaisirs qu'il procure.
— Il y en a d'autres qui sont plus serrés que toi.
— Qui ça?
— Oh! n'importe... Tu as eu quelque bonne aubaine?
— Oui, et heureusement ton ami Garguille n'était pas encore là pour me la souffler.
— C'est pas l'embarras... Garguille est un cancre... il vient ici... il me fait toujours lui payer à boire... il fait ses affaires... et il ne régale jamais!...

Creps a soin d'emplir à chaque instant le verre de Roberdin, qui commence à devenir plus communicatif, et suivant l'usage montre d'autant plus de confiance qu'on ne le questionne pas.
— Ton vin est bon, dit Creps en débouchant une autre bouteille.
— Je crois bien... Je ne mets en bouteille que le vieux... Ah! si tu es en fonds... parole d'honneur, ça me fait plaisir... Encore hier ce chien de Garguille a gagné cinq francs en moins de rien. Eh bien! quand je lui ai dit : Qu'est-ce que tu paies? il m'a répondu : Des navets!
— Mais es-tu sûr qu'il ait gagné cinq francs? quelquefois on se vante...
— J'ai vu le bel homme lui donner la pièce ronde...
— Quel bel homme?
— Un de ceux qui ont tu as soupé ici...
— Ah! M. Alménor...
— C'est ça... le viveur, le farceur, le bambocheur, comme on l'appelle dans le pays.

Creps éprouve un frémissement de plaisir, mais il cache sa joie en reprenant d'un air d'indifférence :
— Que diable Alménor pouvait-il vouloir à Garguille?...
— Je ne sais pas, je n'ai pu saisir que ces mots : Veux-tu gagner cinq francs... viens avec moi, je vais t'expliquer ce que tu auras à faire... et puis ils sont partis.
— Et tu ne les as pas revus?
— Je n'ai revu que Garguille une bonne heure après... il était gai comme un pinson... Je lui ai demandé dit : L'affaire est bâclée. Quand je lui ai demandé quelle affaire, il a poussé sa langue contre une de ses joues, et puis il a battu la retraite pendant avec ses doigts. Alors, comme ça m'était bien égal, je lui ai dit : Tu fais le discret! va te promener! c'est ce qu'il a fait. Il est parti; je ne l'ai pas revu depuis. Ce n'est pas là un brave... à la bonne heure, toi!... et quant à la petite dame de l'autre fois... c'es' encore vrai que c'est lui qui l'a fait partir, je me suis laissé accroire que tu la demandais... Mais, comme je suis ton ami, j'ignore ce qu'il en a fait... Oh! il lui aura grincé sa bourse et son châle ou sa pelisse... je m'en doute bien... il n'a rien voulu m'avouer... il est sournois comme un vieux chat!...
— Et aujourd'hui, tu ne l'as pas revu?
— Pas aperçu... Oh! il ne vient pas si souvent...
— Et le bel Alménor ou son ami Saucissard n'ont point reparu par ici?
— Personne... A ta santé... En parlant de Saucissard, tu ne sais pas la nouvelle?
— Quelle nouvelle? je ne sais rien, moi.
— Il paraît qu'hier il a été louer le cabriolet fermé de l'aubergiste là-bas, dans la Grande-Rue, avec le cheval.
— Eh bien?
— Eh bien! il a donné quinze francs pour avoir le cabriolet jusqu'à ce matin au point du jour, c'était convenu... mais, depuis ce matin, l'aubergiste attend en vain son cabriolet et son cheval. Il est furieux... il court dans tout le pays en demandant des nouvelles de sa voiture... Je l'ai rencontré il y a deux heures, il venait de chez madame Michelette, la mère de M. Alménor. Celle-ci l'a mis à la porte en disant qu'elle ne répondait pas pour l'ami de son fils... Oh! oh! fameux!... le tour... le monsieur grêlé aura mangé la voiture et le cheval!...

Creps n'a pas perdu un mot de tout ce que le cabaretier vient de lui dire. Lorsqu'il est certain de ne plus en apprendre davantage, il jette encore une pièce de cinq francs sur la table et se lève en disant :
— Adieu... nous nous reverrons.
— Comment, tu pars, et voilà la nuit qui vient.
— J'ai affaire.
— C'est différent. Mais pourquoi me redonner cent sous? tu as déjà payé.
— C'est pour la première fois que nous nous reverrons.
— Oh! comme tu voudras! tu es un bon b...... toi... Tu enfonces Garguille à six pieds sous terre... Je lui ferai honte quand je le verrai.
— Quand tu le verras... ne lui parle pas de moi, je te le défends.
— Comme tu voudras... Et tu ne couches pas ici?... Ta chambre à coucher t'attend....

— Je ne sais... peut-être...
— A ton aise, et quand tu voudras. Tu sais comment se tire le loquet de la porte d'entrée; tu seras toujours le bienvenu.

Creps quitte le cabaret et se rend dans la ville. Il se dirige vers l'auberge dont le propriétaire a loué une voiture à M. Saucissard.

Il s'arrête devant la porte cochère qui est ouverte, et n'est pas là depuis trois minutes, lorsque l'aubergiste sort de la maison et vient à lui.
— L'ami... vous qui vous promenez la nuit, auriez-vous par hasard rencontré ma voiture et mon cheval?
— Comment est-elle votre voiture?
— Un cabriolet qui ferme par devant comme les coucous et ouvre par derrière; mon cheval est blanc, fort, vigoureux...
— Est-ce qu'il a pris le mors aux dents?
— J'aimerais mieux ça... on l'aurait arrêté. Mais je l'ai loué hier et on devait me le ramener au point du jour. Voilà la nuit; j'ai peur d'être volé.
— Vous ne connaissez donc pas celui à qui vous l'avez loué?
— Si fait... c'est-à-dire je le connais comme ami du fils de madame Michelette... de M. Alménor... C'est pas là l'embarras, c'est un triste répondant... un bambocheur qui fait des poufs partout. J'aurais dû me méfier... Mais la mère a beau dire... il faudra qu'elle paie si je ne retrouve pas ce M. Saucissard.
— Pourquoi donc ne vous adressez-vous pas à M. Alménor?
— Impossible de le trouver aujourd'hui. Sa mère prétend qu'il a disparu avec son ami... c'est peut-être un conte... Oh! les gredins... les canailles!... Si demain je n'ai pas mon cheval et ma voiture... on verra!...
— Quant à moi, je n'ai rien vu et ne puis vous donner aucun renseignement.

Creps se remet en marche en se disant :
— Un cabriolet fait comme un coucou, cela n'est plus très-commun. Je saurai quelle route il a prise. Rendons-nous chez madame Michelette. A coup sûr elle n'est pas complice de l'action de son fils; mais peut-être a-t-elle eu de ses nouvelles, et cela nous mettrait sur la voie des ravisseurs; car il n'y a plus à en douter maintenant, c'est Alménor qui a enlevé la jeune Emmeline... Depuis cette malheureuse nuit où nous fûmes si coupables, il en était donc devenu bien amoureux?

Creps arrive devant la demeure de madame Michelette. Il est nuit. On est longtemps sans répondre ; enfin sa servante Javotte paraît à une lucarne au second étage et crie :
— Qu'est-ce qui est là?
— Quelqu'un qui désire parler à madame Michelette.
— Votre nom, s'il vous plaît?
— Dites que c'est... l'Amant de la lune.

La servante quitte la fenêtre et descend près de sa maîtresse. Madame Michelette était alors seule dans sa chambre et, avec des cartes, s'occupait à se faire une réussite pour savoir si elle aurait bientôt des nouvelles de son fils, dont elle commençait à être fort inquiète, n'en ayant pas entendu parler depuis la veille. Quoique M. Alménor ne fût pas un fils bien soumis, quoique sa conduite lui attirât souvent des reproches de sa mère, dans le fond de son âme celle-ci l'aimait toujours tendrement; elle se disait :
— Il faut lui pardonner quelques égarements de jeunesse ! Il est si bel homme ! les occasions doivent lui pleuvoir !

La servante s'approche de sa maîtresse qui considérait avec inquiétude la dame de carreau, que dans l'art de la nécromancie on présente toujours comme une méchante femme, ayant des cheveux rouges. Javotte dit :
— Madame, il y a quelqu'un dans la rue qui demande à vous parler.
— Quelqu'un. Est-ce une personne de connaissance?
— Non, madame, je ne connais pas cet homme-là.
— C'est un homme? Lui avez-vous demandé son nom?
— Oui, madame, il m'a répondu... attendez donc... Allez dire à votre maîtresse que je suis... le futur de la lune.
— Le futur de la lune!... Ah! mon Dieu! c'est peut-être l'Amant de la lune que vous voulez dire?
— Oui, madame, c'est ça... l'amant, le futur, il me semblait que c'était la même chose!
— Ah! Javotte! vous n'avez pas ouvert, j'espère... c'est que nous serions perdues... Vous ne savez pas que c'est un brigand qui est à notre porte!
— Un brigand! ah! bah! comment, madame... un homme qui doit épouser la lune, j'aurais cru, au contraire, que c'était un bon grand monsieur!...
— Taisez-vous!... Mais pourquoi cet homme vient-il me demander?... Ah! il sait sans doute que mon fils n'est plus avec moi, sans cela il n'aurait pas osé se présenter... O mon Alménor! où es-tu... mauvais sujet!... Pourquoi as-tu abandonné ta mère!...
— Pardi, madame, votr' fils est sans doute à riboter dans queuque restaurant avec son ami, ce vilain tondu de M. la Saucisse!... C'est pas la peine de vous faire du chagrin pour eux.
— Javotte, retenez votre langue! je vous défends de mal parler de votre jeune maître...

— Madame sait bien que ces messieurs mangeaient tout ici... même la basse-cour...
— Ce ne sont point vos affaires !...
De nouveaux coups frappés à la porte de la rue arrêtent les paroles sur les lèvres de madame Michelette ; elle fait un bond sur sa chaise en s'écriant :
— Il est toujours en bas ce bandit... il veut donc faire notre siége !
— Oui, madame, même que je crois qu'il veut nous *blocusser !*...
— Les portes sont-elles bien barricadées ?
— Oui, madame. Que faut-il lui répondre à ce monsieur de la lune ?...
— Ah ! si nous avions des armes... Javotte, je crois que nous avons un fusil ici ?
— Oui, madame, mais il n'y a pas de chien...
— C'est égal, la nuit on ne s'aperçoit pas de l'absence du chien... Cherchez le fusil... apportez-le-moi...
— Oui, madame...
Creps continuait de frapper. Enfin une fenêtre du premier s'ouvre. Madame Michelette y paraît avec un fusil et Javotte avec une seringue ; n'ayant pas trouvé d'autre arme dans la maison, elle avait pris cet instrument médical avec lequel elle s'était dit :
— J'enverrai toujours quelque chose au brigand.
Et elle avait rempli la seringue avec ce qu'elle avait trouvé de plus désagréable à envoyer dans le nez d'un ennemi.
Les deux canons paraissent presqu'en même temps contre la balustrade de la fenêtre qui s'ouvre, et madame Michelette s'écrie en cherchant à donner à sa voix quelque chose de ronflant :
— Monsieur, si vous ne vous éloignez pas sur-le-champ, nous ferons feu !
— Oui, ajoute Javotte, en s'étudiant à diriger son canon recourbé, nous faisons feu... et je vous avertis que c'est autre chose que de l'eau.
Dans toute autre situation Creps n'aurait pu conserver son sérieux à l'aspect des armes dirigées sur lui. Mais il pense toujours à Clémence qui pleure sa fille et s'écrie, en se rapprochant encore de la maison :
— Madame, j'ignore pourquoi vous me supposez de mauvaises intentions, mais, de grâce, rassurez-vous. Je viens vous donner des nouvelles de votre fils...
— De mon fils !... d'Alménor ?... murmure madame Michelette hésitant entre la frayeur et le désir d'en apprendre davantage.
— Si vous craignez de m'ouvrir, madame, veuillez descendre au rez-de-chaussée, vos fenêtres sont garnies de barreaux de fer, vous me parlerez derrière : il me semble que de cette façon vous ne pouvez concevoir aucune inquiétude.
— En effet... je n'y avais pas songé ! reprend la grosse maman. Je descends, monsieur, je descends.
— Faut-il toujours garder nos armes ? demande Javotte à sa maîtresse.
— Oui, sans doute, répond celle-ci, mais vous tiendrez par derrière.
La fenêtre s'ouvre au rez-de-chaussée et madame Michelette paraît derrière les barreaux, tenant une lumière à la main. Creps s'approche de la fenêtre et lui dit :
— Votre fils vous a quittée depuis hier, madame, il est parti avec son digne compagnon.
— En effet, monsieur, il est parti sans m'avertir, sans me rien dire... Je ne sais que penser de cela... et vous savez où il est ?
— Non, madame, pas encore, mais je sais ce qu'il a fait. A la faveur d'une ruse odieuse il a enlevé la fille de madame Clermont... Il a attiré cette jeune fille hors de sa demeure ; il l'a emmenée dans une voiture louée par son ami à un aubergiste de ce pays... enfin il s'est rendu coupable d'un rapt... il cause le désespoir d'une pauvre mère. Voilà ce qu'il a fait, madame, et voilà ce dont il sera justement puni si nous ne parvenons pas à découvrir bientôt où il a conduit la jeune Emmeline.
— Ah ! mon Dieu ! qu'est-ce que vous me dites là... mon fils aurait enlevé mademoiselle Clermont... il en est bien capable, le polisson. Mais ce n'est pas de mon consentement au moins. Une jeune personne qui n'a rien... dont on ne connaît pas la famille... par exemple... Je ne veux pas qu'il l'épouse... je n'y consentirai jamais...
Les paroles de madame Michelette viennent de frapper Creps. En effet, comment Alménor a-t-il pu connaître les rapports qui existent entre Clémence et M. Riberpré ?... Comment sait-il qu'Emmeline est la fille du banquier, puisque sa mère ignore totalement toutes ces circonstances ?
Sortant aussitôt de sa poche le billet au crayon que Clémence lui a confié, Creps le présente à madame Michelette, en lui disant :
— Vous connaissez l'écriture de votre fils, madame ?
— Si je la connais !... je crois bien ; il m'écrivait assez souvent pour m'avertir qu'il avait tiré une lettre de change sur moi ; il appelait ça des *broches*. Dieu merci ! j'en ai payé de ces broches de quoi mettre bien des rôtis !...

— Regardez ce billet au crayon, madame... est-ce lui qui l'a tracé ?
— Vraiment, oui ! s'écrie la grosse maman en examinant le billet. Oh ! c'est bien son écriture... Tenez, monsieur, il a une manière de faire les *q* !... il n'y a que lui pour ça... il leur fait des queues en trompette, c'est superbe... mais que signifie cela... *M. Riberpré désire avoir un entretien avec madame Clermont !...*
Creps reprend le billet des mains de madame Michelette.
— Ceci serait trop long à vous expliquer, madame... mais puisque votre fils a écrit ce billet, il faut bien qu'il lui ait été dicté par quelqu'un. Permettez-moi encore une question : on n'enlève pas une jeune fille sans être pourvu d'argent. Votre fils ou son ami en avaient donc ?
— Oh ! quant à cela, monsieur, je puis vous certifier que mes deux gaillards n'étaient pas bien calés. Je donnais trente sous par jour à Alménor pour faire le garçon ; c'est bien assez quand on est déjà nourri chez sa mère. Quelquefois, il est vrai, il parvenait à me soutirer quelques petits écus, mais c'était rare, et depuis quatre jours je n'avais accordé aucun supplément ; quant à son ami Saucissard, il est gueux comme Job ! ce gueux dégoûtée des savants, même qu'hier au matin il avait encore emprunté quatre sous à Javotte pour aller se faire raser.
— Et vous ne vous êtes point aperçue, madame, que rien ne manque depuis hier dans votre secrétaire ?...
— Pas un rouge liard !... Oh ! vous comprenez bien que quand je n'ai pas vu revenir mon fils et son ami, j'ai tout de suite été voir aux grains ! mais il faut rendre justice aux innocents... ils n'ont pas même emporté leurs mouchoirs de poche.
Creps, encore plus convaincu que le bel Alménor n'a pas seul tramé cet enlèvement, voit dans toute cette affaire quelque chose de mystérieux dont il ne tient point encore le fil, mais qu'il est bien décidé à débrouiller. Cependant, pressé d'aller dire à Clémence qu'il sait quel est le ravisseur de sa fille, parce que cela doit la rassurer sur la destinée d'Emmeline, il s'éloigne de la fenêtre et quitte madame Michelette en lui criant :
— Madame, à la moindre nouvelle de M. Alménor... dès que vous aurez le plus léger indice sur le lieu de sa retraite ou la route qu'il a suivie, hâtez-vous d'en instruire madame Clermont ; sinon, madame, vous seriez complice du crime commis par votre fils, et vous auriez tout à redouter.
— Ah ! mon Dieu ! il me menace ! s'écrie la grosse maman en faisant un saut en arrière.
Aussitôt Javotte, croyant que l'on attaque sa maîtresse, se met à pousser la décharge de la seringue ; mais, n'ayant pas bien pris ses mesures, elle envoie tout le liquide sur madame Michelette, qui se retourne et lui applique une paire de soufflets, que la pauvre fille reçoit en pleurant et en disant :
— C'est pas ma faute, madame... c'était pour la chose de la lune... mais dame... j'vous vois par derrière... ça m'a trompée !

XXI. — LADY WILLMORE.

Le lendemain du voyage à Corbeil, Monvillars avait reçu dans le milieu de la journée la visite de Camille. Celle-ci, empressée de connaître le résultat de la démarche de son amant, avait saisi le moment où M. Riberpré s'était rendu à la Bourse pour sortir furtivement de chez elle.
Monvillars accueille sa maîtresse avec un sourire radieux, qui lui annonce que leurs projets ont réussi. Il ne lui laisse pas même le temps de le questionner, et se plaçant à côté d'elle sur une causeuse, fixe ses yeux noirs et étincelants sur les regards amoureux de Camille en lui disant :
— Tout va bien, ma chère amie, tout a marché plus promptement encore que je ne l'espérais. La petite n'est plus avec sa mère.
— Il serait possible... et depuis quand ?
— Depuis hier au soir. Tout m'a favorisé : arrivé le matin, je ne tarde pas à faire connaissance avec une espèce d'imbécile... un beau fils de province qui est amoureux de mademoiselle Emmeline...
— Il paraît que cette demoiselle tourne la tête à tout le monde.
— Oui, et cela prouve la justesse de mon raisonnement de l'autre soir. Bref, notre imbécile, fort grand buveur et viveur, me semble disposé à faire toutes les sottises possibles, il ne lui manquait que de l'argent pour devenir un Lovelace, un Richelieu ! Je joue avec lui, je perds soixante-quatre napoléons et je le grise. Alors il se sent capable de tout. A l'aide de quelques lignes au crayon, et en lui faisant accroire que M. Riberpré voulait lui parler, nous avons attiré la petite dehors, ensuite la fille a suivi sans peine !... Mon séducteur, aidé d'un de ses amis, avait une voiture ; la petite est montée dedans en toute confiance... puis, fouette, cocher !... Je n'ai quitté Corbeil qu'après avoir vu cette demoiselle partir avec ces messieurs.
— Oh ! c'est très-bien, j'étais certaine que vous n'aviez qu'à vouloir pour réussir. Où conduisent-ils cette jeune fille ?
— Peu nous importe ! seulement je leur ai bien recommandé de ne point venir à Paris, où l'on est trop facilement rencontré.

— Ainsi, maintenant cette femme sait que sa fille lui a été enlevée.
— Il est même probable qu'elle est déjà occupée à la chercher...
— Si elle allait venir à Paris et s'adresser à M. Riberpré?
— Le banquier l'enverra promener; il lui dira qu'elle devait mieux garder sa fille...
— Oui, vous avez raison, cet événement ne peut que l'animer encore plus contre elle...
— J'espère bien que cette dame viendra à Paris... Dans une grande ville si populeuse... il peut arriver mille accidents à une femme qui habite seule...

Camille laisse errer sur ses lèvres un sombre sourire, en murmurant :
— En effet, on ne pourrait pas soupçonner... et puis, avec de l'argent, on peut trouver à Paris de ces hommes... qui ne reculent pas devant une entreprise un peu... audacieuse.
— Oui... oui, nous trouverons tout cela.
— Si vous avez besoin d'argent, je vous en donnerai.
— Merci, je sais que nos intérêts sont communs: aussi, je veux vous mettre à même de puiser dans la caisse du banquier... sa femme morte, il vous épouse, il n'y a pas le moindre doute.
— Je réponds de l'y amener... et ensuite... à toi! à toi toute ma fortune!...

Monvillars a compris la pensée de Camille sans que celle-ci ait besoin de l'expliquer davantage, et il répond seulement à la pression de sa main.

En ce moment on sonne avec violence à la porte de l'appartement. La belle femme pâlit et regarde déjà Monvillars d'un œil jaloux, en disant :
— Qui donc vient chez vous?... vous attendez du monde?
— Non, personne...
— Pour sonner avec cette violence, il faut être bien sans façon avec vous...
— J'ignore qui ce peut être, je n'ouvrirai pas...
— Si, si, ouvrez : je vais entrer dans ce cabinet... faites entrer ici, je suis curieuse de voir la personne qui a sonné ainsi...
— Vous êtes jalouse, Camille, quelle folie!...
— Folie ou non! je veux voir... ouvrez... mais ensuite ne gardez pas longtemps votre monde...

Camille a refermé sur elle la porte vitrée d'un cabinet. Monvillars va ouvrir; c'est Isidore qui se présente d'un air accablé et en s'écriant :
— Pardon, monsieur de Sainte-Lucie, je vous dérange peut-être... mais je suis si tourmenté, si malheureux... l'autre soir vous m'avez offert vos services... et je viens vous conter mes peines, réclamer votre assistance... c'est bien indiscret, sans doute...

Monvillars s'empresse de faire entrer Isidore, et après s'être assuré que les rideaux de la porte vitrée sont bien fermés, il s'assied près de lui en lui disant :
— Je vous remercie, monsieur, de vous être rappelé que je m'étais mis tout entier à votre disposition. Vous semblez bien agité, vous est donc arrivé un événement fâcheux?
— Oui... un malheur... le plus grand de tous... mais, d'abord, daignez me dire si vous avez été hier au soir chez M. Riberpré.

Monvillars hésite un moment, puis répond :
— Oui, j'y suis allé...
— Et vous n'avez rien remarqué de nouveau dans cette maison?... Le banquier ne vous a pas paru autrement que de coutume?... il n'y avait pas chez lui une jeune personne qu'on n'y avait point encore aperçue?
— Mais non. Tout y était comme à l'ordinaire... j'ai vu M. Riberpré ainsi que sa femme et sa fille... je n'ai remarqué chez eux aucune personne nouvelle.

Isidore passe sa main sur son front.
— Elle n'est pas là... ce n'est pas chez lui que je puis espérer la trouver.
— Mais, de grâce, expliquez-vous... ce malheur...
— Ah! pardon... En vérité, je n'ai plus la tête à moi... excusez-moi, monsieur de Sainte-Lucie, je vous ai entretenu l'autre soir de deux dames qui demeurent à Corbeil.
— La mère et la fille, je me le rappelle fort bien.
— Vous avez pu remarquer le vif intérêt que je portais à ces dames, et d'ailleurs, je n'ai aucun motif pour en faire mystère, j'adore mademoiselle Emmeline... je l'aime... comme il faut aimer celle dont on désire faire la compagne de toute sa vie...
— Ah! votre intention est d'épouser cette demoiselle?...
— C'est mon vœu le plus ardent. Emmeline m'aime, sa mère approuve nos sentiments, et sans des circonstances que je ne puis encore vous dire, ce mariage serait fait. Eh bien!... hier... vers la fin du jour... Emmeline a été enlevée à sa mère.
— Ah! mon Dieu!... enlevée!... je croyais qu'on n'enlevait plus les femmes que dans les romans... mais par quel moyen?...
— On a écrit à madame Clermont pour la faire sortir seule, puis on a été chercher Emmeline, en lui disant que sa mère désirait qu'elle vînt la rejoindre; cette ruse, bien simple, ne pouvait manquer de réussir avec une jeune fille sans défiance.
— Et a-t-on quelques doutes sur les ra-

Je ne veux pas que, sous aucun prétexte, cet homme mette jamais les pieds dans ma maison.

visseurs?... a-t-on découvert quelque chose?...
— Rien jusqu'à présent. C'est ce matin que j'ai appris cet événement incroyable, par madame Clermont, qui est accourue tout éplorée me prier de l'aider à retrouver sa fille...
— Ah! cette dame est à Paris?...
— Vous devez bien penser quel est son désespoir... je n'ose pas parler de ma douleur quand je pense à la sienne... pauvre mère!...
Ah! monsieur de Sainte-Lucie, vous m'aiderez, n'est-ce pas?... vous me seconderez dans mes recherches?...
— De tout mon cœur; disposez de moi... Est-ce que vous supposez que c'est vers Paris que le ravisseur de cette demoiselle s'est dirigé?...
— Eh! mon Dieu! je ne sais... je n'ose m'arrêter à aucune conjecture... Ah! si je ne retrouve pas Emmeline, il me semble que j'en perdrai la raison...
— Calmez-vous, monsieur Isidore... remettez-vous... et cette pauvre dame... songez qu'elle a aussi besoin de vos consolations... car,

sans doute, elle est restée à Paris pour unir ses démarches aux vôtres...

— Non... c'était d'abord son intention... mais quelqu'un en qui nous avons toute confiance, lui a conseillé de retourner à Corbeil... elle vient de repartir.

Le front de Montvillars se plisse fortement pendant qu'il murmure :

— Ah!... madame... Clermont est retournée à Corbeil... il eût peut-être mieux valu qu'elle restât à Paris pour vous seconder.

— Je le pensais d'abord... cependant à Corbeille elle s'informera... elle tâchera de découvrir l'auteur de ce complot infâme... et au moindre indice elle m'écrira pour me dire ce que je dois faire...

— Très-bien, et comme je veux vous seconder... vous aider à retrouver cette personne qui vous est si chère, vous me ferez savoir tout ce que vous apprendrez...

— Ah! que je vous remercie de prendre ainsi part à mes chagrins!...

— Il me semble que c'est tout naturel, je me suis senti porté sur-le-champ à être de vos amis... mais il y a donc encore une personne qui vous seconde dans vos recherches ?

— Oui, quelqu'un de bien dévoué... mais sera-t-il plus heureux que moi?

— Ces questions que vous m'avez faites sur M. Riberpré... est-ce qu'il y a quelque chose de commun entre vos dames et ce banquier ?

Isidore est un moment sans répondre ; enfin, il serre la main de Monvillars en lui disant :

— Je ne puis encore vous confier ce mystère... mais, quand vous le connaîtrez, vous comprendrez tout l'intérêt que doivent inspirer madame Clermont et sa fille... Adieu, je vous quitte; je ne puis tenir en place... il me semble qu'en parcourant Paris je dois rencontrer Emmeline...
Ah ! malheur au misérable qui me l'a ravie... c'est son sang qu'il me faut... je compte sur vous d'avance... vous serez mon second pour ce combat...

— C'est convenu. Je ne vous retiens pas davantage, mais soyez assuré que, de mon côté, je vais fouiller tout Paris; si c'est dans cette ville qu'on a caché celle que vous cherchez, nous parviendrons à la découvrir...

— Ah ! que ne vous devrais-je pas !...

— De votre côté, tenez-moi au courant de tout ce que vous pourrez apprendre de nouveau.

— Je n'aurai garde d'y manquer, puisque votre amitié veut bien me venir en aide.

Isidore est parti après avoir encore serré la main de Monvillars. Celui-ci court ouvrir la porte du cabinet.

— Vous savez tout ?

— Tout! dit Camille; d'honneur, ce jeune homme est charmant... j'admire comme il place bien sa confiance...

— Par lui vous voyez que je serai informé de tout.

— Oui, nous savons déjà que... cette femme est retournée à Corbeil... cela dérange nos plans.

— Nous verrons, dit Monvillars en baissant ses regards vers la terre. Elle est maintenant seule dans sa maison avec une servante...

Saucissard et madame Giselle Petitfour.

et il faut bien que cette servante s'absente quelquefois ; ce qui pouvait arriver à Paris peut arriver à Corbeil...

— Le croyez-vous ?... mais on ne trouve peut-être pas par là... des gens déterminés comme à Paris...

— J'ai remarqué l'homme qui a porté la lettre et qui a été rechercher la petite; ce gaillard-là avait une de ces figures qui promettent et tiennent parole, il faudra que je tâche de le retrouver...

— Cet Isidore a parlé aussi d'un ami qui les seconde.

— Et que nous importe! c'est sans doute encore quelque vieux Duvalin ? de ces gens qui parlent beaucoup et n'agissent point. Il n'empêchera rien !... les amis se présentent toujours pour nous offrir des consolations quand un malheur est arrivé, mais vous n'en trouverez guère qui vous aient fait éviter ce malheur.

— Enfin, puisque vous avez si bien commencé, je crois que vous devez ne pas laisser longtemps votre ouvrage imparfait.

— Je vous comprends... dans quelques jours, si je n'ai rien appris de nouveau par cet Isidore, je retournerai à Corbeil.

— Et maintenant adieu! il faut que je rentre bien vite, pour être de retour avant M. Riberpré. Ce soir, vous savez que nous avons beaucoup de monde... on doit nous présenter une Anglaise... c'est un correspondant de M. Riberpré qui a ouvert chez monsieur un crédit à cette dame... Je ne sais pas trop ce que nous ferons pour amuser cette Anglaise... quelque femme bien raide... bien empesée sans doute. Ah! je crois qu'elles aiment la musique, nous en ferons... un peu de danse peut-être... et puis le jeu pour vous autres, messieurs. Vous viendrez ?

— Oui, sans doute.

— Et rappelez-vous donc votre rôle... soyez galant avec Elvina... vous ne lui faites pas assez la cour...

— C'est que la mère fait du tort à sa fille.

— Flatteur!... à ce soir.

A dix heures les salons du banquier étaient envahis par une société nombreuse et élégante, et qui, pour les yeux, équivalait à choisie. Camille, resplendissante de toilette et de diamants, recevait avec ses plus gracieux sourires les hommages de ces hommes de tous les âges, et souvent de toutes les époques, pour qui le mérite est dans la fortune.

Monvillars se rappelant la recommandation de Camille, se montrait galant près de la jeune Elvina, qui écoutait ses compliments en riant, comme tous ceux qui lui étaient adressés. Le banquier se promenait dans ses salons avec cette satisfaction d'un homme pour qui l'or est un dieu, et qui réussit dans toutes ses spéculations. Fortincourt venait d'arriver, et il s'était empressé d'aller serrer la main de son cher ami Sainte-Lucie, en lui disant :

— Bonsoir, mon cher... vous allez bien ?... moi, je ne suis pas content de ma santé. Je ne sais pas ce qui se passe dans mon estomac... ou plutôt je crois qu'il n'y passe plus rien... Ah! cela m'inquiète... j'ai beau prendre des pilules de mon pharmacien M. Georgelle... l'appétit ne revient pas... il m'a promis de faire un looch composé qui me rendra tous mes moyens... j'ai diablement besoin de looch... A propos, Riberpré nous a annoncé pour ce soir une A-

glaise... une jeune Anglaise riche... si elle est jolie, je me promets de l'attaquer... je n'ai pas encore eu de maîtresse Anglaise... du moins je ne crois pas... et ça me changera. Est-elle arrivée, cette lady ?
— Pas encore... et je commence à croire, mon cher Fortincourt, que vous serez obligé de retomber sur nos Françaises.

En ce moment un domestique paraît à l'entrée du salon et annonce :
— Lady Willmore.

Un mouvement général s'opère parmi la société. Chacun est curieux de voir cette jeune Anglaise annoncée d'avance par le banquier. Mais c'est avec un sentiment plus fort que la curiosité que Monvillars attend l'arrivée de cette dame, car le nom de Willmore a réveillé dans son esprit mille souvenirs, mille pensées confuses; avant qu'il ait eu le temps de les rassembler, la personne annoncée entre dans le salon.

C'est une femme jeune, jolie, d'une taille et d'une tournure élégantes, quoique son costume entièrement noir ne permette qu'une noble simplicité à sa toilette; chacun s'extasie sur la dignité avec laquelle elle le porte, et de tous côtés on s'étonne de trouver dans sa démarche l'aisance et la grâce qui distinguent surtout les Françaises.
— Elle est bien... elle est pardieu très-bien cette lady !... murmure Fortincourt en se penchant vers Monvillars. Figure sentimentale et intéressante!.. je serais enchanté d'avoir une conversation criminelle avec cette femme-là...

Monvillars ne répond rien ; il est demeuré immobile, ses yeux sont fixes, son teint est devenu livide. Dans cette lady Willmore qui vient d'entrer, il a reconnu Valérie, la veuve du major Giroval.

Le banquier s'est empressé d'aller au devant de Valérie; il lui prend la main et la conduit près de Camille, qui lui fait l'accueil le plus aimable, quoiqu'un peu contrariée dans le fond de son cœur de ne point trouver, dans la dame qu'on lui présente, cette raideur et cette tournure empesée dont elle espérait se moquer. Mais lorsqu'on entend causer Valérie, tout ne tarde point à s'expliquer, et bientôt chacun se répète :
— Cette dame n'est point Anglaise, elle est née en France ; mais elle est veuve d'un lord Anglais... d'un lord.
— Oh! c'est bien différent! s'écrie Fortincourt, je me disais aussi: Voilà une tournure... une désinvolture qui sentent furieusement notre terroir... c'est égal.. je n'en persiste pas moins dans mes intentions séductrices... Elle est fort bien cette femme-là... figure mélancolique... figure de roman... on pourrait passer pour anglaise... Eh bien ! Sainte-Lucie, vous n'en dites rien ?... tiens, où est-il donc passé ?...

Monvillars venait de quitter sa place, parce qu'il avait vu les regards de Valérie se tourner de son côté et qu'il n'avait pas voulu être aperçu par elle. Il était passé dans un autre salon, et là cherchait à se remettre, à dissimuler son agitation; mais malgré tous ses efforts, il ne pouvait parvenir à reprendre du calme et de l'assurance. C'est que la vue de Valérie l'avait frappé en même temps à l'esprit et au cœur; elle avait rallumé dans son âme une passion qu'il n'avait jamais pu bannir entièrement; c'est qu'il l'aimait toujours avec ardeur, cette femme qui l'avait abandonné, et pourtant à cet amour se joignaient de la haine pour sa trahison, de la terreur, parce qu'elle connaissait son véritable nom et le secret de ses moyens d'existence, puis l'espoir de la vengeance, et malgré tout cela le désir de la posséder encore, désir qui l'emportait sur tous les autres sentiments.

En proie à ces passions diverses qui jetaient le trouble dans ses sens, et ne sachant pas encore qu'il voulait faire, Monvillars s'était d'abord tenu à l'écart, en se demandant s'il devait fuir la présence de cette femme qui venait de le perdre.

Mais déjà ce sentiment impérieux qui le domine, le pousse de nouveau près de Valérie; il se sent entraîné vers elle par une force irrésistible, il ne fuira pas devant elle, bien loin de là, il espère de nouveau la soumettre à son empire, la fasciner sous la puissance de son regard. Il rappelle son audace, son assurance, et rentrant dans le salon qu'il avait quitté, se dirige vers Camille, près de laquelle Valérie est encore assise.

— Que devenez-vous donc, monsieur de Sainte-Lucie ?... M. Fortincourt prétendait que vous étiez parti... je pensais bien que vous ne nous auriez pas quittés si promptement... venez donc que je vous présente à lady Willmore... Milady, permettez-moi de vous présenter M. de Sainte-Lucie.

En disant ces mots, Camille vient de prendre la main de Monvillars, qu'elle s'étonne de sentir trembler dans la sienne. Valérie lève les yeux pour saluer la personne qu'on lui présente. En reconnaissant dans M. de Sainte-Lucie l'homme qui l'a enlevée à son premier mari, son visage se couvre d'une pâleur effrayante, et ses yeux, attachés sur Monvillars, expriment en même temps la surprise et la terreur.

Quant à Monvillars, ses regards se sont attachés sur Valérie, non pas comme le fait un homme qui désire paraître aimable, mais comme ceux d'un vautour qui veut fasciner sa proie.

Ce qui se passe entre ces deux personnes a sur-le-champ frappé Camille; elle aussi devient pâle, oppressée, inquiète. Monvillars et cette lady Willmore se connaissent, elle ne saurait en douter : cette femme est jeune, jolie, élégante. La jalousie a déjà pénétré dans le cœur de Camille, et chez une personne passionnée, la jalousie torture et déchire aussitôt qu'elle se fait sentir.

Cependant Valérie est parvenue à se remettre, à surmonter son émotion, à s'efforcer de faire à Monvillars une inclination de tête polie. De son côté celui-ci, dont le premier regard annonçait plutôt un défi qu'une prière, reprend bientôt l'air d'un homme qui vient offrir ses hommages, et tout en baissant les yeux, balbutie quelques-unes de ces paroles consacrées par l'usage en pareille circonstance.

— Vous vous êtes donc déjà trouvé avec madame? dit Camille en observant tour à tour Valérie et Monvillars.
— Moi... je ne me le rappelle pas, répond Monvillars en pesant sur ses paroles; s'il en était autrement, à coup sûr je ne l'aurais pas oublié ; on doit garder de madame un inaltérable souvenir.
— C'est la première fois que je vois monsieur, dit à son tour Valérie, son nom même m'est entièrement inconnu.
— Oh! c'est singulier, répond Camille d'un ton légèrement ironique. On aurait cru, à l'heure, quand vous vous êtes regardés tous deux, que vous étiez d'anciennes connaissances; mais il y a quelquefois des ressemblances qui trompent d'abord. Vous avez habité longtemps l'Angleterre avec monsieur votre époux, madame?

Valérie paraît mécontente de cette question, elle répond d'un air distrait :
— Nous avons voyagé beaucoup. Lord Willmore, comme la plupart de ses compatriotes, avait la passion des voyages.

Camille se penche vers Monvillars en lui disant de manière à ce que lui seul puisse entendre :
— Est-ce dans vos voyages que vous vous êtes connus?

Monvillars se contente de faire un léger mouvement d'épaules, en murmurant :
— Je ne sais pas ce que vous voulez dire.

Puis il s'éloigne et trouve moyen de se rapprocher de Riberpré qui causait alors avec le beau Jules de Savignon.
— Mon cher monsieur de Savignon, disait le banquier d'un air tout radieux, voilà qui serait un bien joli parti si vous aviez envie de cesser votre vie de garçon.
— Elle est donc bien riche, votre Anglo-Française ? répond le beau lion, en admirant sa pose avant d'y répondre.
— Près de cent mille francs de rente, à ce que m'a affirmé mon correspondant de Londres, et on peut se fier à lui.
— Diable !... en effet, cent mille francs de revenu... c'est coquet... ça vaut la peine d'engager sa liberté ! N'est-ce pas, monsieur de Sainte-Lucie ?

Monvillars tâche de sourire, en répondant :
— Il y en a qui la perdraient à moins.
— Ah! sans doute! ceux qui font la folie de devenir amoureux, mais moi ça ne me donne pas dans ces niaiseries-là !... L'amour, c'est bon pour les petites pensionnaires.
— Comment ! qui est-ce qui a parlé d'amour ? dit Fortincourt en venant se mêler à la conversation, j'en suis... l'amour... c'est une note sensible !...
— Vraiment, dit à son tour M. Serinet, le mélomane. Mais si c'est votre note sensible, je crois que vous mettez maintenant bien des bémols à la clef.
— Qu'est-ce que vous voulez dire avec vos bémols, monsieur Serinet? je ne saisis pas, parole d'honneur ! Qu'est-ce que je disais donc ?... je ne m'en souviens plus...
— Nous parlons de la belle Anglaise, reprend le banquier, qui est jeune, jolie, veuve et qui a cent mille francs de rente.
— Ah! mon Dieu! mon cher, c'est stupéfiant!.. ma foi, je me mets sur les rangs pour rompre son veuvage. Je ne plaisante pas, messieurs, ceci est très-sérieux, lady Willmore m'a fait une vive impression.
— Eh! bien ! mon cher Fortincourt, nous serons rivaux, dit l'élégant Savignon, en passant la main dans ses cheveux ; car j'ai aussi des intentions sur l'Anglaise. Et vous, monsieur de Sainte-Lucie, est-ce que vous n'entrez pas en lice avec nous ?
— Non, messieurs, répond Monvillars, je ne me permettrai pas de disputer la victoire, je sens trop mon infériorité !

Tout en disant cela, Monvillars souriait d'une façon qui frisait l'impertinence, et qui, pour d'autres que ces messieurs, eût été facilement comprise. En effet, il trouvait que les prétentions de ces deux messieurs n'étaient nullement redoutables, et désirait ne voir jamais d'autres soupirants près de Valérie.
— Y a-t-il longtemps qu'elle est veuve, cette dame, reprend Fortincourt en s'adressant au banquier.
— Non, il y a trois mois, je crois ; vous voyez bien qu'elle porte encore le deuil!... Oh! vous avez du temps devant vous, messieurs. Lord Willmore est mort à la suite d'une course au clocher... Il est tombé de cheval et s'est tué raide.

— Courez donc après les clochers !...
— Il vaut mieux courir après les cotillons, n'est-ce pas, Fortincourt?
— Ma foi, messieurs, c'est moins dangereux, et si on se tue, au moins, c'est en plusieurs fois.
— Ô mon cher ami, vous vous vantez !

Valérie était demeurée rêveuse ; malgré elle peut-être, ses regards avaient suivi Monvillars, lorsque celui-ci s'était éloigné, et Camille l'avait parfaitement remarqué. Elle affecte un air indifférent en disant :

— C'est un charmant cavalier que ce M. de Sainte-Lucie, que je me suis permis de vous présenter, madame ; il est très-recherché dans le monde... Nous le voyons souvent... Il est fort galant près de ma fille Elvina... Ma fille est encore bien jeune... mais il est souvent facile de prévoir l'avenir... et je ne serais pas étonnée qu'un jour il nous tînt de plus près.

Valérie lève les yeux sur Camille, et lui dit en la regardant fixement :

— Vous connaissez donc la famille de ce monsieur ?
— Oui, madame, il est d'une très-ancienne famille, très considérée... M. de Fortincourt, un des amis de mon mari, fait le plus grand cas de M. de Sainte-Lucie, qu'il connaît tout particulièrement.

Valérie continue de regarder Camille, et son regard avait quelque chose de si inquisiteur, que toute autre que la superbe brune aurait baissé les yeux ou détourné la tête ; mais celle-ci n'était pas femme à se troubler si facilement, et c'est elle au contraire qui force Valérie à baisser les paupières.

Lord Willmore ne tarde pas à se lever en disant :
— Il fait bien chaud dans ce salon.

Jules de Savignon, qui se trouvait alors derrière la jeune veuve, s'empresse de lui offrir son bras pour passer dans un autre salon où il y a moins de monde. Valérie accepte d'un air toujours préoccupé, et s'éloigne au bras de ce monsieur qui, oubliant que cette dame est Française, s'efforce en lui parlant de se donner un accent anglais, puis, ne songeant plus qu'elle est en deuil, lui propose de danser avec lui la première polka, ce qui lui attire un refus et un regard qui disaient parfaitement qu'on le trouvait fort bête.

Camille, forcée de s'occuper du monde qu'elle reçoit, voudrait cependant ne point perdre de vue son amant et cette femme, qui est venue tout à coup se poser entre tous les projets d'amour et de bonheur. Mais l'arrivée d'Isidore Marcelay la distrait un moment de ses pensées. Ce jeune homme vient d'entrer dans les salons, et en passant devant elle, il a peine incliné la tête ; mais il est tellement pâle, tous ses traits portent une expression de tristesse si profonde, que le vieux M. Serinet dit en le regardant :

— Voilà un monsieur qui doit être malade ; probablement son médecin lui aura recommandé de la distraction, et il vient en soirée par ordonnance de la Faculté... Nous lui servons de potion calmante.

— Il est certain, dit Camille, en essayant de rire, que si toutes les personnes de notre société avaient une mine aussi triste, nous aurions l'air d'être réunis pour une cérémonie funèbre.

— Heureusement, il n'en est point ainsi, belle dame, et ceci n'est qu'une ombre légère qui fait plus encore ressortir les lumières du tableau.

Sans s'apercevoir de l'effet que produit sa figure assombrie, Isidore traverse les salons en regardant de tous côtés, comme s'il espérait y trouver celle qu'il cherche toujours. Il arrive ainsi dans une pièce où l'on joue. Valérie est assise et paraît regarder une partie de whist. A quelque pas plus loin, Monvillars est là qui la contemple et semble ne pas détacher ses yeux de sur elle. M. Fortincourt se tient appuyé sur le dos de la chaise de la jeune femme, à laquelle de temps à autre il adresse des galanteries que celle-ci entend peut-être, mais auxquelles elle ne répond pas.

Isidore a vu Monvillars et s'empresse d'aller à lui. Celui-ci semble sortir d'un rêve ; car depuis qu'il avait revu Valério, tous les événements auxquels il devait prendre le plus de part étaient sortis de sa mémoire.

— Vous n'avez rien appris... rien découvert ? dit tout bas Isidore, en pressant la main de Monvillars.
— Comment !... quoi !... que voulez-vous dire ?...

Isidore regarde Monvillars d'un air surpris, mais celui-ci se remet bien vite et reprend :

— Ah ! pardon ! je ne sais pas où j'avais la tête !... non, je n'ai rien appris encore... et vous ?
— Pas davantage. Je suis désolé, je suis allé à la police, j'ai mis tous les limiers sur pied... je ne sais si cela m'apprendra quelque chose.
— Et vous n'avez pas reçu de nouvelles de Corbeil ?...
— Pas encore. Je suis venu ici... je ne sais pourquoi... Ah ! tous ces gens-là ont la joie au cœur... tandis que moi... il y a des moments où je suis tenté... mais non, cela n'avancerait à rien !...

Valérie qui, sans en avoir l'air, observe aussi Monvillars, vient d'être frappée de la figure pâle et mélancolique du jeune homme qui lui parle, et pour la première fois, tournant la tête vers Fortincourt, lui dit :

— Monsieur, connaissez-vous ce jeune homme qui est debout là-bas près de la cheminée ?
— Oui, milady... oui, je le connais beaucoup... c'est un de mes bons amis dont j'ai eu l'occasion d'éprouver la sévère probité... c'est M. de Sainte-Lucie... c'est moi qui l'ai présenté ici.

Valérie regarde alors l'ex-séducteur avec curiosité, car ce qu'il vient de lui dire lui paraît bien extraordinaire. Fortincourt, extrêmement flatté de l'examen que l'on fait de sa personne, s'empresse de boutonner un bouton de sa brayette qui avait été oublié, en se disant :

— Fichtre, les Anglaises qui sont si sévères sur la décence !... si elle avait vu cela... ce serait capable de lui donner une opinion fâcheuse de mes mœurs.

— Monsieur, reprend Valérie, ce n'est pas de M. de Sainte-Lucie que je voulais parler, mais de ce jeune homme et plus loin qui cause avec lui.

— Oh ! pardon, belle lady, pardon... j'avais cru... comme ils sont tous les deux debout... on se trompe souvent... et surtout quand on est préoccupé d'autre chose... bien plus agréable à contempler... Qu'est-ce que je disais donc ?... je ne m'en souviens plus... mais ça ne fait rien !...

— Monsieur, dit Valérie avec un peu d'impatience, je vous demandais si vous connaissiez ce jeune homme...

— Ah ! oui... qui a ce soir une figure si dramatique... Oh ! certainement je le connais beaucoup... c'est-à-dire, non, je le connais peu ; il vient ici quelquefois, je sais qu'il se nomme Isidore Marcelay.

— Il paraît souffrant, ce monsieur.
— Vous avez raison, il a probablement mal à l'estomac... cependant nous avons le même pharmacien... si vous étiez privée d'appétit, belle dame, je vous recommanderais ces pilules.

Valérie regarde de nouveau jouer au whist et n'écoute plus Fortincourt, qui continue, croyant qu'elle lui prêtait attention :

— Ah ! c'est en Angleterre que je me portais bien... quel délicieux pays ! quels bœufs !... je me parle pas des Anglais, mais de leur ros-beef ; il n'y a que là, oh ! il n'y a vraiment bien là que l'on vit bien... j'y ai passé... ma foi, j'y ai passé près de huit jours. Et ses rues... d'une lieue de long... on s'y perd, c'est charmant !... Je me rappelle que pendant mon séjour à Londres, je me perdais tous les matins en voulant voir la ville ; mais tous les soirs un watch-mann me ramenait chez moi... je me suis considérablement amusé dans ce pays... Vive l'Angleterre ! n'est-il pas vrai, milady ?

Valérie se retourne un peu brusquement en répondant :
— C'est un pays affreux, que je déteste ; aussi je compte bien ne jamais y retourner.

Fortincourt reste tout sot et balbutie :
— Qu'est-ce que je disais donc ?... ah ! oui, l'Angleterre... il y fait trop de brouillard... une fois passe, mais tous les jours du brouillard, ça devient fatigant ; j'avais les yeux perdus dans ce pays-là... ma foi, je suis revenu en France, cette chère France... On a bien raison de dire : Il n'y a qu'un Paris ! s'il y en avait deux, je ne vois pas trop où l'on pourrait placer l'autre.

Valérie quitte sa place ; elle ne peut supporter plus longtemps la conversation de M. Fortincourt. Elle entre dans une espèce de boudoir, auquel des draperies et des portières de velours violet donnent un aspect sombre et mystérieux. Sur une table on a placé des albums de musique, de peintures et de poésies. La jeune femme s'assied devant la table et se met à parcourir un album.

Il n'y a pas longtemps qu'elle est là, lorsqu'une voix, qui lui est bien connue, se fait entendre presque à son oreille, et lui dit assez bas pour n'être entendue que d'elle :

— Il faut que je vous parle, madame... Veuillez me dire quand vous pourrez me recevoir.

Valérie, sans se retourner, répond d'une voix brève et ferme :
— Je ne vous connais plus, monsieur ; vous n'avez rien à me dire et je ne veux pas vous recevoir.

— Ah ! il faudra pourtant bien que vous m'écoutiez, madame, et vous devez savoir que lorsque j'ai pris une résolution...

Valérie se lève et quitte brusquement le boudoir sans vouloir en écouter davantage. Monvillars, furieux, s'apprête à la suivre, lorsqu'une des portières s'ouvrant brusquement, Camille se trouve tout à coup devant son amant qu'elle retient par le bras, et en lui disant d'une voix altérée par la jalousie :

— Diras-tu encore que tu ne la connais pas cette femme... à qui tu demandes un rendez-vous ? Ah ! c'est que tu ne me tromperas pas moi !...

Monvillars n'a pas encore trouvé de réponse. Mais M. Riberpré paraît alors avec d'autres personnes. Profitant de cette circonstance, Monvillars s'éloigne, tandis que Camille s'efforce de reprendre un air riant et de cacher son trouble aux yeux méfiants du banquier.

QUATRIÈME PARTIE.

I. — RUE DE LA TOUR-D'AUVERGNE.

Il n'a pas été difficile à Monvillars de savoir la demeure de Valérie, il lui a suffi pour cela de suivre la voiture de cette dame lorsqu'elle a quitté la réunion du banquier. Le lendemain, vers un-

heure de l'après-midi, Monvillars se rend rue de la Tour-d'Auvergne, s'arrête devant une maison petite, mais bâtie avec beaucoup de coquetterie et un grand luxe de corniches. Il entre sous la porte cochère et demande :
— Lady Willmore?
— Montez au premier, monsieur.
— Cette dame n'est pas sortie?
— Non, monsieur, mais je ne sais pas si elle est visible.
Monvillars monte un bel escalier recouvert de tapis, en se disant :
— Quel luxe! quel ton!... des valets à livrée! Elle aura loué cette maison tout entière... elle a voiture... Ah! le banquier ne nous a pas trompés; cet Anglais lui aura laissé une grande fortune. Cent mille francs de rente! c'est plus que Camille n'en possédera jamais!... et Valérie est jeune, belle, et je l'aime... oui, je l'aime toujours avec passion... tandis que l'autre m'est insupportable!...
Arrivé au premier, Monvillars trouve dans une antichambre une suivante qui vient à lui.
— Je désirerais parler à lady Willmore.
— Je vais savoir si madame veut recevoir; votre nom, s'il vous plaît, monsieur.
— Annoncez M. Riberpré... banquier de milady.
— Si monsieur veut attendre dans ce salon...
— Très-bien, j'attendrai.
Monvillars passe dans un salon resplendissant de glaces et de dorures. Il va s'asseoir devant la cheminée où un grand feu est allumé, et se chauffe les pieds en se disant :
— Elle viendra, elle n'aura aucun soupçon; d'ailleurs me voici chez elle, et il ne serait pas facile de m'en faire sortir sans que je la visse... Elle viendra probablement par cette porte qui doit donner dans ses appartements. Plaçons-nous de façon à ce qu'elle ne me reconnaisse pas d'abord.
Monvillars change son fauteuil de place et se met de manière à tourner le dos à la porte par où il suppose que Valérie doit venir.
Près de dix minutes s'écoulent; enfin des pas se font entendre; c'est bien du côté auquel Monvillars tourne le dos. Une portière est soulevée et Valérie s'avance en disant :
— Pardonnez-moi, monsieur, de vous avoir fait attendre, mais vous savez qu'à leur toilette, les femmes trouvent toujours quelque chose à reprendre.
La jeune femme s'est approchée de la cheminée. Monvillars se lève alors et la regarde fixement; elle est restée saisie d'effroi en le reconnaissant, et c'est à peine si elle peut balbutier :
— Vous, monsieur, vous... chez moi!... Je vous avais dit que je ne voulais pas vous y recevoir... vous êtes bien hardi d'avoir bravé ma défense.
— Il est certain, madame, que je n'ai jamais été timide... mais veuillez donc vous asseoir, et puisqu'enfin nous sommes seuls, j'espère que vous ne refuserez pas de m'écouter.
Le sangfroid de Monvillars, la tranquillité avec laquelle il lui avance un fauteuil, redoublent le dépit et la colère de Valérie; elle s'efforce cependant de se modérer, et s'assied en disant :
— Eh bien! parlez, monsieur! car, aussi bien, comme cet entretien sera le dernier que nous aurons ensemble, je vous engage à en profiter. Parlez.
Monvillars se rassied à son tour, et, après avoir quelque temps contemplé Valérie, qui affecte de ne point jeter les yeux de son côté, il reprend :
— Vous avez donc cru, madame, qu'en vous retrouvant dans le monde, je n'aurais plus rien à vous dire... vous que j'ai enlevée jadis à votre époux, le major Giroval... avec lequel j'ai été obligé de me battre en duel, pour qu'il ne laissât la libre possession de votre personne; à vous qui vous étiez donnée à moi... bien à moi, et que j'avais conquise enfin au péril de ma vie... Et parce qu'il vous a plu de me trahir, de me quitter pour un autre et de m'écrire une lettre infâme! vous avez pensé que tout était fini entre nous... Vous me connaissiez donc bien mal?
— Si je vous avais mieux connu, monsieur, il est probable, en effet, que je ne vous aurais pas écouté lorsque vous m'avez fait la cour, et que, pour vous, je n'aurais pas abandonné mon mari. Ce fut là ma première faute, mon premier crime!... C'est vous qui m'avez rendue coupable, j'en conviens, et cela ne vous rend pas plus intéressant à mes yeux. Est-ce pour me rappeler tout cela que vous désiriez me parler? est-ce que vous pensiez que j'avais oublié toutes ces circonstances? Non, monsieur, je n'avais rien oublié, ces souvenirs se représentent trop souvent à ma pensée, et alors, comme à présent, lorsque je songe que j'ai été votre maîtresse... je ne sais quel frisson me parcourt, quels remords s'emparent de moi... Dans la nuit, si le sommeil ne ferme pas ma paupière, je crains de regarder autour de moi... une vague terreur me domine; je crois voir dans l'ombre s'avancer près de mon lit le major Giroval... mais ce n'est point la colère qui brille dans ses yeux, ce n'est point la jalousie qui l'anime, non ; il me regarde d'un air de douleur... de pitié... puis il me semble que sa bouche murmure ces mots : « Malheureuse!... tu vivais avec mon assassin!... » Je m'efforce de bannir ces visions, d'éloigner de mon esprit l'image de cet homme... dont, en effet, j'ai causé la mort... Je cherche dans le sommeil du calme... l'oubli du passé... mais, sans doute, le ciel ne veut pas que je le goûte ce repos qui me serait si doux! car des songes affreux m'agitent, des rêves bien plus effrayants encore que mes visions me poursuivent toute la nuit. Je revois le major Giroval... mais alors il est pâle, blessé, sanglant... Alors il attache sur moi des regards terribles, et je l'entends qui me crie d'une voix menaçante, en me montrant sa blessure : « Ton séducteur m'a tué, mais je serai vengé! tremble! tremble, malheureuse!... » Oh! c'est affreux! c'est horrible! et voilà pourtant comme je passe presque toutes les nuits!...
Monvillars est demeuré muet, interdit; ses regards se sont baissés vers la terre pendant que Valérie lui conte ses terreurs ; on dirait que lui-même craint d'apercevoir près de lui l'ombre du major Giroval, et il reste longtemps sans détourner la tête et sans lever les yeux, même après que lady Willmore a cessé de parler.
Mais enfin ses terreurs se dissipent, Monvillars passe sa main sur son front, reporte de nouveau ses regards sur Valérie et lui dit :
— Vous ne pouvez me faire un crime de m'être battu en duel avec votre mari. Vous devez vous rappeler que j'avais fait tout mon possible pour éviter cette rencontre ; mais quand il nous atteignit à Corbeil, il fallut bien en venir là... Je ne pouvais cependant pas me laisser tuer sans me défendre ; la fortune me fut favorable comme elle aurait pu m'être contraire... Tout ceci est une affaire déjà oubliée par le monde, et je m'étonne que cela vous cause maintenant tant d'insomnies ou des rêves si désagréables. Vous conviendrez que je ne puis rien y faire, et qu'il n'y a là-dedans aucune raison pour me traiter aussi mal que vous l'avez fait hier au soir. N'est-ce pas moi plutôt qui devrais me plaindre et vous accabler de reproches?... car cet amour que je vous avais juré, ces serments que je vous avais faits, y avais-je manqué, moi?... Non... je vous aimais toujours avec autant d'ardeur quand vous m'avez abandonné pour suivre un autre homme... Vous voyez donc bien que c'est moi qui devrais vous donner les noms les plus odieux... Eh bien ! Valérie, apprenez quel pouvoir vous avez conservé sur mon âme, quel empire vous avez sur ce cœur qui a constamment battu pour vous... tous vos torts, je vous les pardonne, je les oublie... En vous revoyant toujours si belle, si séduisante... j'ai senti que je vous aimais encore comme autrefois... ah! cent fois plus même!... Oui, cette passion est maintenant du délire!... mais vous m'écouterez, Valérie, vous m'aimerez encore, vous serez à moi...
En disant ces mots, Monvillars, dont les regards lancent des flammes, a rapproché sa chaise de Valérie et fait un mouvement pour l'entourer de ses bras ; mais celle-ci, par un mouvement aussi prompt que la pensée, se dérobe à ses entreprises, et se levant aussitôt :
— Moi, redevenir votre maîtresse!... moi, former une nouvelle liaison avec vous! jamais! monsieur, jamais!... et je ne comprends pas comment vous avez pu un moment l'espérer.
— Et pourquoi donc ne m'aimeriez-vous plus, madame? je vous aime bien, moi.
— Songez, monsieur, que les événements ont amené pour moi de terribles révélations, et vous comprendrez qu'il m'est impossible d'avoir maintenant pour vous autre chose que du mépris.
— Du mépris ! dit Monvillars en se levant à son tour et serrant ses poings avec fureur. Prenez garde ! Valérie, prenez garde !... ne m'irritez pas !...
— Oh! monsieur, je vous préviens que votre colère ne m'épouvantera pas !...
— Parce qu'un homme qui voulait vous arracher de mes bras a débité sur mon compte des calomnies infâmes, vous avez cru cela, madame... En effet, c'était un motif pour me quitter!
— Des calomnies ! monsieur !... Oh ! lord Willmore n'est point le seul qui ait tenu sur les propos que vous trouvez calomnieux... Et pourquoi avons-nous fui si précipitamment de Florence, monsieur? Pourquoi, dans les grandes villes où nous nous arrêtions, nous fermait-on subitement les salons où l'on nous avait reçus d'abord?
— Madame, tout cela ne signifie rien : en général, les personnes qui perdent souvent au jeu trouvent commode de dire qu'elles ont été dupes; cela met leur amour-propre à de bons joueurs à couvert, mais on sait le cas que l'on doit faire de pareils propos.
— Et tous ces noms que vous aviez pris, monsieur, ce titre de baron que vous vous donniez gratuitement... ce n'était pas aussi pour faire des dupes?... Cependant je vous avouerai franchement que j'ai été la vôtre, moi ; car les femmes sont vaniteuses, et si vous m'aviez fait la cour en vous nommant tout simplement Constant Martinot, j'ai bien dans l'idée que je ne vous aurais pas écouté : le baron de Fridzberg !... c'était plus séduisant ! Aujourd'hui vous êtes M. de Sainte-Lucie... cela change... mais quand vous trouvez au milieu de personnes qui vous ont connu à des époques différentes, il me semble que cela doit bien les embrouiller !...
Monvillars se promène quelques instants dans le salon ; le ton railleur de Valérie excite à la fois son dépit et sa colère ; cependant il s'efforce de se contenir ; puis, quand il regarde quelques instants cette femme qui a été sa maîtresse, on voit que son amour se rallume et l'emporte sur les autres sentiments, on voit les désirs bru-

ler dans ses yeux. Il se rapproche alors de Valérie et celle-ci s'éloigne aussitôt.

— Vous me reprochez des fautes de jeunesse! dit enfin Monvilars, vous cherchez à me trouver des torts pour excuser votre conduite à mon égard !

— Non, monsieur, je ne cherche rien, je dis tout simplement ce qui est. Et d'ailleurs je ne vois pas pourquoi je vous mentirais !... Vous n'auriez aucun tort... vous seriez le plus honnête homme de la terre... un cavalier accompli, comme madame Riberpré veut bien le dire, que toute relation ne serait pas moins impossible désormais entre nous.

— Et pourquoi ?

— Pourquoi ? parce que je ne vous aime plus. Voilà la grande raison, la raison suffisante ! celle devant laquelle viennent se briser tous les discours, tous les efforts, toutes les tentatives. Je ne vous aime plus, monsieur, veuillez être bien pénétré de ces paroles. Alors, monsieur, vous renoncerez à l'espoir de renouer avec moi ; vous ne chercherez plus à me voir, et dans le monde nous serons complètement étrangers l'un à l'autre. A cette condition, je veux bien, moi, garder le silence sur ce que je sais, je veux bien ne point nuire à cette brillante réputation que vous avez pu en si peu de temps conquérir dans les salons de Paris ; nous serons étrangers l'un à l'autre ! alors je ne vous ai pas connu, je ne puis pas savoir ce que vous avez fait autrefois, cela ne me regarde aucunement. Mais si vous persistiez dans vos folles tentatives près de moi, oh ! je ne vous ménagerais plus !... je parlerais, monsieur, je dirais tout ce que je sais, et cela pourrait singulièrement désillusionner les personnes qui vous accueillent si bien maintenant.

— Vos menaces ne me font pas peur, ma chère amie, s'écrie Monvillars en prenant à son tour un ton impertinent. D'abord les méchancetés que vous diriez sur mon compte ne trouveraient aucune oreille pour les croire, aucune bouche pour les redire. Je vous le répète, de ce côté je suis parfaitement tranquille. Mais vous, madame, qui censurez si bien la conduite des autres, pensez-vous que si l'on connaissait la vôtre, que si toutes vos petites peccadilles étaient révélées dans la société, la considération que l'on vous témoigne n'éprouverait pas un terrible échec ?... S'il me plaisait à moi de dire partout : Vous voyez bien cette femme en deuil qui porte maintenant le titre de lady Willmore... eh bien, elle a vécu avec moi pendant trois mois environ, oui, vraiment, elle a été ma maîtresse. Pour moi, elle a abandonné son premier mari qui l'avait tirée de la misère un peu après... ce monsieur n'ayant pas bien pris la chose, j'ai eu un duel avec lui qui a rendu madame veuve... mais vous croyez peut-être que c'est de ce mari-là que cette dame est en deuil ?... Oh ! diable !... vous faites erreur ! il s'est passé bien des choses depuis ; car, avec son petit air frêle et délicat, cette dame mène rondement ses aventures, il lui en faut beaucoup en peu de temps. Pendant qu'elle vivait avec moi, un Anglais lui a fait les yeux doux, comme c'était un lord, comme il avait cent mille francs de rente, on a trouvé convenable de l'écouter et de me planter là, moi qui n'avais pas de millions !... madame a eu le talent de se faire épouser par cet Anglais, sans même attendre l'année du veuvage fût expirée ; mais il paraît que milord et madame étaient très-pressés, et puis, en pays étranger, on ne suit peut-être pas nos usages. Enfin, pour comble de bonheur, madame, à qui tout sourit... car vous remarquerez que madame a toutes les chances favorables de son côté, perd bientôt son second époux et la voilà veuve avec un titre, avec une fortune considérable, et qui est revenue à Paris, oui vraiment, à Paris, c'est assez audacieux... Mais du temps qu'elle n'était que madame Giroval, elle n'allait presque jamais dans le monde, elle ne serait donc pas reconnue... et puis que lui importe après tout !... maintenant qu'elle est riche et veuve, elle veut jouir de sa position, et elle est revenue en France probablement pour y faire choix d'un nouvel amant ou d'un troisième mari... peut-être des deux à la fois, que sait-on ?... Voilà la biographie exacte de cette charmante lady Willmore qui fait maintenant l'ornement des cercles de Paris.

Valérie a écouté Monvillars avec un calme apparent ; mais son visage qui plusieurs fois a changé de couleur, et les mouvements nerveux qui lui sont échappés, trahissent l'orage qui gronde au fond de son âme. Lorsque Monvillars a cessé de parler, elle jette sur lui un regard impérieux en murmurant :

— Vous avez tout dit, monsieur ?... Maintenant, sortez.

— Non, ma chère amie, je ne veux pas m'en aller ainsi... Je me trouve trop bien ici et j'y reste.

— Vous oubliez que vous êtes chez moi !

— Au contraire, c'est justement parce que je sais que je suis chez vous que j'agis avec autant de sans-façon : quand on a vécu ensemble comme mari et femme, il me semble que l'on ne doit plus se gêner... et comme mon intention est de revivre avec vous sur le même pied..... vous voyez bien que je puis me regarder ici comme chez moi.

— Monsieur, reprend Valérie, prenez garde !... vous me poussez à bout ! je vous dis encore une fois de sortir et de ne jamais vous présenter chez moi.

— Moi, je dis que je ne vous écoute pas, et que j'agirai à ma fantaisie...

— Vous voulez donc que je vous fasse chasser par mes gens ?...

— Oh ! oh ! vous ne l'oseriez pas !

Monvillars n'a pas achevé ces dernières paroles que Valérie a tiré un ruban placé contre un panneau ; presque aussitôt la femme de chambre paraît.

— Madame a sonné ?

— Faites monter ici toute ma maison... tous mes domestiques, et jusqu'au concierge... Qu'on vienne à l'instant ; allez !

Monvillars a pâli ; il ne s'attendait pas à voir l'effet suivre la menace... Il se lève et se rapproche de Valérie en balbutiant :

— Mais, madame, vous n'y pensez pas,... Que voulez-vous donc faire ?... Réfléchissez... vous allez vous compromettre.

Valérie se tourne vers ses gens, et leur désignant Monvillars, leur dit, d'une voix ferme et brève :

— Je vous ai fait monter tous pour vous montrer monsieur... Regardez-le bien... regardez-le de façon à être certains de le reconnaître, lors même que, pour s'introduire chez moi, il prendrait quelque déguisement. Je ne veux pas que, sous aucun prétexte, cet homme mette jamais le pied dans ma maison... Celui qui se chargerait du moindre message de sa part serait à l'instant renvoyé de chez moi. Vous m'avez bien entendue ?

Tous les domestiques font un signe de tête affirmatif en regardant Monvillars avec la plus minutieuse attention. Celui qui est alors l'objet de la curiosité générale est devenu livide. Un tremblement nerveux agite tous ses membres ; dans sa fureur impuissante, il ne trouve même plus de paroles pour l'exhaler. Cependant il fait encore un pas comme pour se rapprocher de Valérie ; mais celle-ci, s'éloignant de lui avec un mouvement de mépris, lui montre encore la porte de sortie en s'écriant :

— Partez à l'instant, ou l'on va vous jeter hors de chez moi.

Monvillars n'attend pas qu'on le chasse, il traverse à grands pas le salon, passe devant Valérie, jette sur elle un sinistre regard et s'éloigne en murmurant :

— Ah ! que la vengeance sera douce après une pareille humiliation !

II. — VOYAGE NOCTURNE.

Nous avons laissé MM. Alménor et Saucissard placés sur le banc du cocher, le premier conduisant la voiture qui emmenait Emmeline, le second fumant et relevant jusqu'à ses oreilles le collet de son mauvais paletot, afin de se garantir du froid et de la pluie qui tombait.

Le cheval était bon, Alménor ne le ménageait pas, la voiture roulait rapidement ; de temps en temps on entendait de petits coups frappés à la portière de bois qui fermait la banquette de devant ; c'était Emmeline qui, seule dans l'intérieur de la voiture, et ne comprenant pas qu'elle dût voyager aussi longtemps pour rejoindre sa mère, commençait à concevoir de sérieuses inquiétudes et se demandait si elle ne serait pas tombée dans un piège. Ce qui augmentait sa terreur, c'était le souvenir de Garguille ; elle se rappelait les propos insolents de cet homme, lorsqu'elle s'était trouvée avec sa mère dans le cabaret de Roberdin, les regards audacieux qu'il avait portés sur elle, et elle frémissait en songeant que c'était ce même homme qui venait de la faire monter dans cette voiture qui roulait toujours et ne s'arrêtait nulle part. Mais en vain la jeune fille frappait aux portières de bois qu'elle ne pouvait parvenir à ouvrir ; elle ne recevait aucune réponse, et de sa banquette Saucissard se contentait de murmurer :

— Cogne ! cogne ! si ça t'amuse !... Ça n'est pas ce qui nous empêchera de rouler.

Tout à coup Alménor tourne la tête du côté de son ami, en s'écriant :

— Sacrebleu ! je fais une réflexion !...

— Tu en as le droit, mon vieux ; tu as aussi celui de me la communiquer.

— Nous allons à Paris, c'est très-bien... j'aime cette capitale, et quoi qu'en dise notre ami Renou... Renou... enfin n'importe, je pense que l'on peut y conduire une femme tout aussi bien que dans quelque ville borgne.

— Je crois même que ça doit y être plus facile, vu qu'à Paris on a la faculté de pouvoir procurer à sa belle une foule d'agréments... Tu peux la mener aux Funambules et au Petit-Lazary.

— Voilà où tu patauges, voilà où je t'arrête. Si j'enlevais une fille qui fût de bonne volonté, les choses iraient toutes seules, mais celle-ci ne me fait pas l'effet de vouloir tout de suite prendre la chose comme du sirop... L'entends-tu qui cogne contre les portières ?... Pour peu qu'elle criel... quelle clabaude après nous, en arrivant à Paris, ça pourra faire un mauvais effet dans l'hôtel garni où nous descendrons ; si la jeune fille allait chercher le commissaire de police et lui contait comme quoi on l'a attrapée en lui faisant croire qu'on la menait retrouver sa mère... qu'est-ce que nous dirions tous les deux?... Hein! nous vois-tu là? nous serions un peu bleus!...

Saucissard ôte sa pipe de sa bouche, crache sur la croupe du cheval, et répond : — J'avais bien pensé à tout ce que tu dis là.

— Pourquoi donc ne m'en soufflais-tu rien alors?

— Ma foi, c'est que quand tu as dit : J'ai de l'argent et une jolie femme, nous allons à Paris, je me suis dit : Probablement qu'il connaît à Paris quelque endroit commode et sûr pour y cacher sa petite !

— Mais du tout!... c'est que je n'en connais pas!... Voyons, Saucissard, exerce un peu ton imagination... où allons-nous débarquer ce joli coquillage dont je veux être le pêcheur?... Parle bas!

— C'est embarrassant... à la rigueur, nous pourrions rester dans la voiture.

— Ce serait gentil ! Nous ne ferions donc que rouler continuellement dans Paris! Nous nous amuserions drôlement! D'ailleurs, tu sais bien que demain matin la voiture doit être renvoyée à Corbeil... Cherche donc autre chose... Nous voilà déjà à Draveil... Il faut que nous ayons trouvé notre affaire avant d'arriver à Paris... Ah! si notre ami Renon... chose était là! lui qui avait des expédients pour tout... Mais il me gronderait de ce que je vais à Paris, il me l'avait défendu...

— Il avait peut-être raison. Dans un trou de campagne il n'y a pas de commissaire de police ni de juge de paix à craindre.

— Il y a tout de même des paysans, et qui ne demanderaient pas mieux que d'assommer des Parisiens volant une jeune fille... Ils vous assomment bien quand vous volez des noix!... à plus forte raison. Et puis nous sommes en fonds, c'est le moment ou jamais de cette polissonne d'existence... Est-ce que ça ne te va pas, à toi?

— Au contraire... attends... attends...

— Qu'est-ce qui te prend? est-ce que tu veux que j'arrête?...

— Eh! non... fouette donc. Je crois que j'ai trouvé quelque chose...

— Oh! bravo! fameux! Mais, du reste, des gaillards comme nous doivent toujours trouver... Parle à ton ami.

— J'ai eu quelques connaissances à Paris, moi, quelques femmes sensibles qui m'ont voulu du bien... parce que, vois-tu, il ne faut pas croire, quoiqu'on soit grêlé, qu'on n'ait jamais fait de conquêtes !

— Qu'est-ce qui dit cela !... mais au contraire, les hommes grêlés devenant chaque jour de plus en plus rares, ils doivent être bien plus recherchés.

— J'ai donc connu quelques femmes... n'étaient pas des duchesses, mais dans ce moment-ci ce n'est pas non plus une duchesse qu'il nous faut. Il y en a une entr'autres... madame Petitfour... c'était une très-bonne femme, elle me raccommodait mon linge...

— Bigre ! tu avais du linge alors ?

— Je crois même qu'elle me blanchissait.

— Était-ce son état?

— Non, elle était marchande à la toilette, mais elle faisait un peu de tout; par exemple elle faisait la choucroute dans la perfection !... Oh! je m'en suis souvent régalé chez elle !...

— Enfin... Il ne s'agit pas de choucroute en ce moment...

— Enfin, madame Petitfour ne demandait qu'à rendre service... moyennant une rétribution honnête, et puis elle m'aimait beaucoup!... elle prétendait que je ressemblais à un fameux mime de la Porte-Saint-Martin... attends donc... à *Mazurier* dans *Jocko*.

— Ou à *Jocko* dans *Mazurier*, n'importe, mais pour Dieu, où veux-tu en venir avec la femme sensible ?...

— La dernière fois que je la vis... il y a quatre ou cinq ans... oh ! il y a bien cinq ans... c'est lors de mon dernier voyage à Paris, je ne te connaissais pas encore...

— Ça ne fait rien, après?

— Elle demeurait sur les bords du canal... sur le quai Valmy ou Jemmapes, je ne sais pas au juste le nom, mais je saurai bien trouver sa demeure... c'est passé le pont d'Angoulême. Par là, c'est encore fort désert, et il y a plusieurs maisons bâties dans les marais où l'on est absolument comme dans un trou...

— Continue.

— Madame Petitfour habitait un corps de logis tout au fond d'un jardin... ou d'un marais (ce qu'il y a de certain, c'est qu'elle était là toute seule, sans voisin ni dessus, ni dessous, ni à côté, même que je lui dis plusieurs fois : Chère amie, tu voudrais fabriquer de la fausse monnaie que tu ne pourrais pas être logée plus commodément.

— Je crois que je te saisis... achève...

— Débarquons chez ma ci-devant femme sensible... elle doit être furieuse contre moi, parce que je lui redois toujours vingt-cinq francs et plusieurs camisoles que je lui avais empruntées pour me faire des chemises. Mais avec des mots aimables, un baiser sur l'œil et plusieurs pièces de vingt francs que je lui glisserais dans la main, elle deviendra souple comme un gant de Suède. Alors nous lui emprunterons une partie de son logement : elle a tout un pavillon, rez-de-chaussée et premier; qu'elle nous cède le premier, c'est tout ce qu'il faut; il y a au moins trois pièces ; tu mets là ton petit trésor, et la demoiselle aura beau se plaindre ou crier, personne ne l'entendra... Avec ça que Petitfour a un chien qui aboie toute la journée et la moitié de la nuit. Quant à ma femme sensible, nous lui faisons une histoire: nous lui dirons que la petite t'adore... mais qu'elle fait des manières; elle croira tout ce que nous voudrons... surtout si tu lâches les petits ronds. Et vois comme ce sera agréable, nous aurons quelqu'un pour garder et surveiller la belle pendant que nous irons promener, car s'il nous fallait toujours garder nous-mêmes cette demoiselle, ça nous ennuierait beaucoup. Hein! que dis-tu du projet?

— Saucissard, je te reconnais pour un grand homme ; il y a longtemps que je t'estimais, aujourd'hui je te vénère... Je te ferai élever une statue quand j'aurai un palais. Je suis enchanté de ton projet!... je n'ai qu'une crainte...

— Laquelle?

— C'est que madame Petitfour ne soit morte ou déménagée depuis cinq ans que tu n'as été à Paris!

— Qu'est-ce que c'est qu'un lustre de plus pour une femme qui en avait déjà neuf ou dix?... Elle est petite, courte, ramassée; elle ne doit pas être morte. Elle aimait son logement, parce qu'il n'était pas cher, elle l'aura gardé.

— Alors tout sourit à mes vœux. Cinglons vers la capitale ! Tiens, écoute, Saucissard, relativement à ma jeune héritière, voilà mon plan de conduite : Le premier jour de notre arrivée à Paris, je la laisse entièrement se reposer de la fatigue du voyage... parce que c'est trop juste ; le second jour, je me présente à elle avec un énorme bouquet, je lui fais la cour, je lui déclare ma passion ; le troisième jour... je lui fais un enfant. Après quoi, nous écrivons à sa mère les soumissions respectueuses et tout le tra la la. C'est pas mal, hein ?

— C'est très-bien gradué, tu y mets des formes, je t'approuve.

— Ah ! nous savons vivre !... nous ne sommes pas des Marocains !... Allons, hue !... hue donc, l'Enflammé.

— Ah ça ! mais on dirait que notre cheval commence à se faire prier pour avancer...

— Sais-tu qu'il a le droit d'être fatigué; nous approchons de Villeneuve-Saint-Georges... voilà près de six lieues qu'il trotte... il est impossible que nous allions jusqu'à Paris sans qu'il se repose un peu.

— Il y a de l'avoine dans la caisse sous le cabriolet, nous lui ferons manger une bouchée à Villeneuve-Saint-Georges.

— Il ne serait peut-être pas très-prudent de nous arrêter dans le village... La petite cogne toujours, entends-tu ?...

— C'est vrai, elle y met de l'entêtement. Mais il doit être prêt de dix heures, maintenant tout le monde dort dans le village.

— Je ne crois pas qu'il soit déjà dix heures. C'est égal, qui m'empêche d'arrêter un peu avant d'être au village?

— Tu as raison, ce sera plus prudent. A la vérité, nous ne trouverons aucun bouchon pour nous rafraîchir, nous autres... Mais un peu de patience, à Paris nous nous dédommagerons.

— Oui, oui... à Paris, noce complète.

Alménor fouette son cheval, qui trotte encore pendant vingt minutes, puis refuse d'aller plus loin... Mais les voyageurs n'étaient plus qu'à deux portées de fusil de Villeneuve-Saint-Georges, ils s'arrêtent, descendent, débrident le cheval, le laissent un moment souffler, puis lui mettent le sac d'avoine à discrétion.

Lorsque la pauvre Emmeline s'aperçoit qu'enfin la voiture cesse de rouler, l'espoir vient ranimer son cœur ; elle pense qu'on va la faire descendre de voiture et qu'elle se trouvera enfin près de sa mère; car, ne sachant plus que croire au milieu des craintes qui l'agitent, plus d'une fois elle s'est dit que sans doute M. Riberpré, son père, avait voulu ravoir près de lui sa femme et sa fille, et que c'était vers lui qu'on la conduisait.

Mais, voyant que la voiture soit arrêtée, on n'ouvre pas la portière, Emmeline frappe de nouveau et avec plus de violence, parce que le désespoir vient de lui donner de l'énergie.

— Entends-tu? dit Saucissard à son ami, en tout en battant la semelle sur la route pour se réchauffer. Voilà notre jeune première qui s'impatiente tout de bon.

— Que faut-il faire? demande Alménor. Elle va abîmer ses petites menottes à taper comme ça... J'ai envie de lui dire deux mots pour la rassurer.

— Alors tu vas donc te montrer à elle... elle te reconnaîtra, elle criera bien davantage...

— C'est vrai... Ah ! une idée ingénieuse ! Je m'enveloppe la tête et le visage avec mon mouchoir... ça déguisera même ma voix : de cette façon, ce serait bien le diable si elle me reconnaissait.

— Tiens, c'est pas mauvais ça... Tu auras l'air d'un bandit italien, c'est gentil.

Alménor déploie son mouchoir de batiste, s'enveloppe la tête, remet son chapeau par-dessus, rentre dans sa cravate les bouts qui flottent par-devant, et, affublé ainsi, ouvre la portière de la voiture.

En voyant paraître devant elle un homme dont le visage est couvert d'un linge blanc, Emmeline devient tremblante et s'écrie :

— Ah ! mon Dieu !... qui êtes-vous?... Qu'est-ce que l'on veut donc faire de moi?...

Alménor tâche de donner à sa voix un moelleux dont elle n'est pas susceptible, et répond en faisant, par habitude, la bouche en cœur sous son mouchoir...

— Rassurez-vous, intéressante jeune demoiselle, on n'a jamais eu l'intention de vous faire le moindre mal... Il ne faut pas vous abîmer les doigts à taper contre les portières.
— Où est ma mère, monsieur? On m'avait dit qu'on me conduisait près d'elle, que j'allais la rejoindre, et nous n'arrivons pas... Où est-elle?... Est-ce que l'on m'aurait trompée?... où suis-je donc ici?...
— Mademoiselle, vous êtes ici sur la grande route, mais soyez tranquille, notre intention n'est pas d'y élire domicile... Dès que le cheval sera reposé, nous repartirons au galop. Quant à madame votre mère, vous ne devez pas avoir la moindre inquiétude à son sujet !... en ce moment elle doit être au coin de son feu à se chauffer les pieds ou les mollets...
— O mon Dieu ! mais ce n'est donc pas près d'elle que vous me conduisez... Je veux retourner vers elle... je veux descendre de cette voiture...

Alménor, voyant qu'il venait de dire une bêtise, ne savait plus que répondre à Emmeline, dont les plaintes devenaient plus vives ; mais Saucissard, s'apercevant que la discussion ne finit pas et redoutant la rencontre de quelque voyageur, sort vivement de sa poche un vieux foulard rouge, troué en plusieurs endroits, se couvre le visage avec et se montre tout à coup derrière Alménor, en criant d'une voix menaçante :
— Ah ! nom d'un tonnerre ! est-ce que ça ne va pas bientôt finir ici ? est-ce que nous n'allons pas être sage et nous tenir tranquille !... Si j'entends encore la moindre plainte, je tue la mère, je tue la fille, je tue toute la boutique !...

A l'aspect de cette tête rouge, animée par un seul œil qu'un trou mettait à jour, Emmeline pousse un cri d'effroi... Elle se recule au fond de la voiture, puis elle se laisse aller sur la banquette ; elle vient de perdre connaissance.
— Je crois qu'elle est évanouie, dit Alménor.
— C'est ce qu'elle pouvait faire de mieux pour nous être agréable, répond Saucissard. Si elle pouvait l'être encore quand nous entrerons dans Paris et qu'on nous visitera, en croirait qu'elle dort et nous serions sauvés. Remontons vite sur le siège, et fouette ton cheval à mort.
— Nous allons donc laisser cette pauvre jeune fille comme ça... sans eau fraîche, sans vinaigre !
— Quel mal veux-tu que ça lui fasse? une femme peut rester évanouie vingt-quatre heures, sans que ça lui donne le moindre bobo... puisqu'il y a des femmes qui s'évanouissent par plaisir... preuve que ça ne leur fait pas de mal... Allons, chaud, chaud !... en route.

On referme la portière, les deux amis remontent sur la banquette de devant et on part. Le cheval, qui a mangé l'avoine, a repris du courage et des forces ; il va au grand trot, et dans l'intérieur de la voiture aucun bruit ne se fait entendre... On ne frappe plus contre les portières.

Alménor, qui n'a pas mauvais cœur et qui est plus sot que méchant, dit de temps à autre à son compagnon :
— Elle ne crie plus... elle ne cogne plus...
— Tant mieux, tant mieux ! fouette le cheval !... Nous voici à Charenton, nous aurons bientôt atteint Paris.
— Mais je suis inquiet, moi... Si cette petite était plus mal... si elle allait se laisser mourir... Ah ! fichtre ! je ne veux pas de ça !...
— N'aie donc pas peur !... Mon Dieu ! pour un bel homme, que tu es femmelette ! Je te dis qu'un évanouissement n'est pas une chose dangereuse ; je sais cela, j'ai été étudiant en médecine... j'ai soutenu des thèses...
— Que diable aussi avais-tu besoin d'arriver avec ta tête rouge !... tu étais horrible... avec ça qu'on te voyait un œil !
— Je te conseille de me blâmer... tu me dois notre salut... Voilà la barrière... arrête, je vais me placer près d'elle, j'aurai l'air de dormir aussi, ça sera mieux.
— Non, non... mais regardons comme elle est placée et si elle a l'air de dormir.

On arrête. Alménor va ouvrir la portière de derrière. Emmeline était toujours sans connaissance ; il la place dans une encoignure et le mieux possible, puis on repart. On arrive à la barrière. Les commis se présentent. Ils ouvrent la voiture et regardent dans l'intérieur avec leur lanterne. Les deux amis placés en cocher ont alors le cœur fort serré ; mais les commis referment promptement la voiture en leur criant :
— Marchez! vous avez là-dedans une femme qui fait un bon somme.
— Ouf ! dit Alménor quand on a dépassé la barrière : je n'étais pas à mon aise.
— Et où en serions-nous, dit Saucissard, si ta demoiselle avait fait les cent cris comme tout à l'heure !... Je te dis que Vénus nous protège. A présent, gagnons la place de la Bastille, et là, au lieu de suivre les boulevards, nous suivrons les bords du canal. Je reconnaîtrai la demeure de Giselle...
— Quéque c'est ça, Giselle?
— C'est le petit nom de ma femme sensible... elle aime beaucoup à être appelée ainsi.

Le cheval était éreinté ; ce n'est plus qu'à force de coups de fouet qu'on parvient à le faire avancer. Enfin on roule sur les bords du canal, et au bout de quelque temps, Saucissard, qui se tient la tête en avant pour reconnaître les lieux, s'écrie :
— Arrête! nous y voilà... donne-moi des jaunets... c'est avec ça qu'on entre partout.

III. — CONDUITE D'ALMÉNOR A PARIS.

On était devant une petite maison à un étage, fermée par une porte étroite et basse.
— Notre voiture n'entrera jamais là-dedans, dit Alménor.
— Il ne s'agit pas de la voiture, mais de la belle. Attends, je vais sonner... pourvu qu'on nous réponde ; il doit être plus de minuit, il est un peu tard pour faire des visites.

Saucissard descend et sonne à la petite porte. Personne ne répond. Ce n'est qu'au troisième coup de sonnette qu'une fenêtre s'entr'ouvre au premier, et une tête apparaît, en disant :
— Qui est-ce qui sonne donc?... est-ce que c'est vous, mâme Petitfour? est-ce que vous avez oublié votre clef?
— Ce n'est pas madame Petitfour, mais des personnes de ses amis qui arrivent de voyage et voudraient bien la voir.
— Comment ! à l'heure qu'il est... D'abord je ne sais pas si elle est rentrée, vu qu'elle avait un billet ce soir pour aller au Cirque... et comme ça finit fort tard...
— Madame, ayez la bonté de l'appeler, nous vous en serons bien reconnaissants ; veuillez lui dire que c'est Saucissard qui arrive d'Alger... Je suis certain qu'elle sera charmée de me voir.

La voisine, qui est une bonne femme, quitte sa chambre et va, tout au fond d'un passage qui est derrière la maison, appeler la personne qui loge dans le pavillon du fond. Madame Petitfour n'était point encore déshabillée, parce qu'en effet elle avait été passer sa soirée au Cirque. Au nom de Saucissard elle s'est pressée de descendre et d'aller ouvrir la porte, en tenant une lanterne à sa main.

Le monsieur grêlé reconnaît la femme sensible, et il commence par lui appliquer deux gros baisers sur les joues, pour qu'elle voie sur-le-champ qu'elle a affaire à un ancien ami. Madame Petitfour est une petite femme de cinquante-cinq ans, grosse, courte, très-ramassée, comme l'a dit Saucissard. Elle n'a jamais dû être jolie, mais maintenant ses petits yeux ont pris l'habitude de pleurer presque continuellement, et son nez, qui est toujours bourré de tabac, paraît vouloir lutter avec ses yeux, ce qui forme sur le visage de cette dame un assemblage de petits ruisseaux de diverses nuances.
— Comment, c'est vous, mauvais sujet ! s'écrie madame Petitfour, en considérant Saucissard d'un air moitié attendri, moitié piqué. Dieu merci ! je vous croyais enterré depuis longtemps. Ne plus donner de ses nouvelles... et ne pas m'avoir renvoyé mes camisoles...
— Giselle, nous parlerons de tout cela plus tard. Je deviendrai blanc comme neige à vos yeux. Pour le moment voici de quoi il s'agit : un de mes intimes... mon frère siamois a enlevé une jeune fille charmante qu'il adore et qu'il veut épouser... car nous n'agissons que dans un motif respectable. Maintenant nous ne savons où loger avec cette jeune fille, et j'ai pensé à vous, Giselle, qui possédez un pavillon fort commode... rez-de-chaussée et premier...
— Eh bien ! il ne manquerait plus que ça à présent !... vous allez m'amener des femmes ! le plus souvent que je les recevrai !... On est des temps infinis sans revoir monsieur, et puis il viendrait m'empêtrer de ses maîtresses !
— Giselle ! vous n'y êtes pas du tout ! ce n'est pas de moi qu'il s'agit, mais de mon ami, qui sera un jour millionnaire... d'une demoiselle de grande maison, qu'il s'est laissé enlever... de bonne volonté... mais que nous ne savons où conduire... et si j'ai pensé à vous, c'était aussi pour vous procurer un brillant bénéfice. Est-ce que vous croyez qu'on vous demanderait un logement pour rien ? Mon ami est généreux... tenez, ceci n'est qu'un à-compte sur ce que nous vous offrirons.

En disant ces mots, Saucissard met six napoléons dans la main de la dame aux ruisseaux. L'aspect de l'or change aussitôt les manières de la petite femme, qui compte les pièces et s'écrie :
— Cent vingt francs... Tiens!... tiens! ça n'est pas désagréable ça... il y a moyen de s'entendre alors... Ce pauvre Saucissard... je t'aime pourtant toujours, ce gueux-là !
— Nous causerons de ça beaucoup plus tard... je vais dire à mon ami d'amener sa belle... ou plutôt de l'apporter, car elle dort comme une souche... Et notre voiture?
— Oh! quant à cela, mon cher ami, vous voyez qu'il serait impossible de la faire entrer dans la maison... — Ma foi, tant bonheur... j'attacherai le cheval à la porte, et demain au petit jour je le renverrai. Ainsi c'est convenu, vous nous cédez le premier étage...
— Dame ! faut bien vous obliger... Et votre ami ne s'en tiendra pas là?...
— Vos moindres débours vous seront payés triple... vous toucherez dix fois cette somme quand il épousera sa demoiselle... et

vous aurez peut-être un intérêt dans la maison de commerce qu'il fondera.

Madame Petitfour croit rêver; elle est dans le ravissement; à ce prix-là elle céderait tout son local et irait coucher dans la rue. Saucissard est retourné près d'Alménor auquel il dit :

— C'est arrangé!... on nous est tout dévoué... faisons entrer l'objet.

Ces messieurs ouvrent la portière de la voiture. Emmeline était toujours couchée sur une banquette et dans la plus complète immobilité; Alménor la prend dans ses bras et la descend avec précaution, en balbutiant d'une voix émue :

— Sapredié!... elle ne souffle pas... elle ne remue pas... qu'est-ce que cela veut dire? est-ce qu'elle serait morte?... Pauvre petite! je m'arracherais la barbe si cela était...

— Sois donc tranquille, ce n'est qu'un évanouissement... nous la ferons revenir, tout cela est l'affaire d'un cruchon de vinaigre... Attends que j'attache notre cheval après ce barreau... Bon, je n'ai pas de corde... tant pis, je vais prendre le fouet... je me lèverai avant le jour, je remonterai en voiture et je la conduirai jusqu'à la barrière; là, je connais un bon garçon qui, pour une pièce de quarante sous et un verre de vin, la conduira jusqu'à Corbeil.

Enfin le cheval est attaché, et Alménor, tenant toujours dans ses bras son précieux fardeau, suit madame Petitfour qui l'éclaire avec sa lanterne; on traverse une longue ruelle bordée de murs, on arrive à un jardin fermé par un treillage, puis on pénètre dans le corps de logis qui est derrière tout cela.

— Il paraît que votre jeune dame a le sommeil profond, dit madame Petitfour qui a plusieurs fois jeté les yeux sur Emmeline; elle ne bouge pas, elle ne s'éveille pas.

— Ma petite mère, dit Alménor en entrant dans une pièce du rez-de-chaussée, et cherchant des yeux où il pourra déposer Emmeline, je commence à croire que la voiture a fait mal à cette chère amie, elle est évanouie. Saucissard assure que ce ne sera rien... trouverons-nous ici tout ce qu'il faut pour lui porter secours?...

— Certainement, monsieur, j'ai chez moi une pharmacie complète !... je suis une femme de précaution!... et puis j'avoue que j'ai très-peur de la mort; du temps du choléra, figurez-vous que j'avais un bonnet doublé de camphre, une ceinture fourrée avec du thym et du laurier, ça chasse le mauvais air... de plus, des gousses d'ail dans toutes mes poches, et avant de mettre du coton dans mes oreilles, j'avais soin de l'imbiber dans du vinaigre des quatre voleurs...

— Assez, Giselle, assez; si je vous avais rencontrée dans ce temps-là, je vous aurais laissée infuser dans un pot-au-feu pour donner du goût au bouillon... mais vous jacassez, et mon ami n'est pas à son aise avec cette jeune fille sur les bras... Vite un lit pour cet objet-là...

— Venez, messieurs, suivez-moi au premier... Ah ! mon Dieu, Saucissard!... comme vous êtes chauve maintenant !... qu'est-ce que vous avez donc fait de vos cheveux?...

Le monsieur grêlé avait ôté son chapeau en entrant dans la maison, et la petite dame venait pour la première fois d'apercevoir sa nuque entièrement dépouillée, c'est ce qui avait provoqué son exclamation.

— C'est bon, il n'est pas question de mes cheveux... conduisez-nous, Giselle.

On monte au premier.

L'appartement est meublé d'objets tout dépareillés; il y a quelques chaises jaunes, des fauteuils rouges, de noyer, de l'acajou, et même du palissandre. On voit que ce sont des meubles achetés de hasard et à différentes époques, mais il y a un bon lit dans une petite pièce que madame Petitfour réservait pour une de ses sœurs qui venait quelquefois passer l'été à Paris.

On dépose Emmeline sur ce lit.

Madame Petitfour apporte plusieurs flacons, on fait respirer des sels à la jeune fille. Saucissard lui jette de l'eau fraîche au visage; enfin, elle revient; elle entr'ouvre les yeux, mais son regard est vague; quelques mots sans suite sortent de sa bouche; le nom de sa mère, plusieurs fois répété, est tout ce que l'on peut saisir; puis elle ferme de nouveau les yeux, comme si elle craignait d'apercevoir les personnes qui l'entourent.

— Cette jeune personne est malade... dit madame Petitfour, elle est brûlante... on dirait qu'elle ne reconnaît déjà plus ceux qui sont près d'elle.

— Ça ne m'étonne pas, dit Saucissard; c'est le cahotement de la voiture qui était tout mal suspendue. Il faut la coucher, la laisser dormir, et demain il n'y paraîtra plus...

— Oui, dit Alménor, mais il faudrait que quelqu'un veillât près de cette chère enfant... Si elle désire quelque chose dans la nuit... si elle voulait boire... Madame, est-ce que vous ne pourriez pas me faire le plaisir de veiller près de ma fiancée? Moi et Saucissard nous sommes un peu fatigués, nous allons dormir comme des taupes.

— Volontiers, monsieur, je veillerai, je passerai la nuit... Oh ! ce ne sera pas la première fois !... j'ai gardé bien des malades... et des femmes en couche, donc... en ai-je gardé... entr'autres l'épouse du marchand de bois à côté qui était accouchée de deux petits garçons à la fois... deux jumeaux, dont l'un avait le sexe mal placé... il a fallu...

— Assez, Giselle... vous tournez à la pie, ma chère amie... couchez vite cette jeune fille... nous allons descendre... il doit y avoir un lit en bas...

— Oui, celui de ma domestique quand j'en ai une... mais je n'en veux plus, elles me volaient toutes. Mon Dieu ! vous aviez encore deux belles mèches il y a cinq ans !... et plus rien du tout, même sur les oreilles !...

— Ah ! Giselle, laissez un peu ma chevelure tranquille... Est-ce que vous n'avez pas quelque chose à nous donner à grignoter pour nous endormir... tout vous sera payé au poids de l'or...

Madame Petitfour prend dans une armoire une bouteille d'anisette qu'elle donne à Saucissard, en lui disant :

— Ouvrez le petit buffet en bas dans la salle à manger; il n'y a

Alménor reçoit presque aussitôt un coup de poing.

pas grand'chose... mais dame ! je ne vous attendais pas... Je ne peux pas m'habituer à vous voir comme ça avec un front qui va jusque dans le collet de votre habit !...
— Ah! sacrebleu ! est-ce que nous n'allons pas finir?... Viens, Alménor... je meurs de faim et d'envie de dormir.

Alménor regardait avec inquiétude Emmeline, dont la respiration gênée et les joues qui se coloraient d'un rouge pourpré annonçaient une fièvre violente; il la recommande de nouveau à la petite femme ramassée, en lui glissant encore une pièce de vingt francs dans la main. Celle-ci croit que c'est *Monte-Cristo* qui est venu chez elle ; elle se confond en révérences, en protestations de dévouement, et elle en fait encore que les deux amis sont déjà attablés dans une pièce du rez-de-chaussée, mangeant ce qu'ils ont trouvé dans le buffet.

— Je crains que ma belle ne soit malade demain ! dit Alménor tout en se versant l'anisette.
— Si elle est malade, on la soignera, voilà tout.
— Si cela allait durer longtemps?
— Rien ne nous presse !... nous attendrons ! seulement tu seras obligé de reculer le moment de ton bonheur... mais c'est reculer pour mieux sauter... Hein... pas déjà si bête ça !...
— Saucissard ! je ne sais pourquoi je ne suis pas tranquille... il me semble que j'ai du remords !...
— Es-tu fâché d'avoir enlevé une riche héritière que tu adores ?...
— Non... mais... si elle allait mourir ici?
— Allons donc ! est-ce qu'on meurt à dix-sept ans pour une fièvre ?... Tu me fais rire avec tes craintes.
— Si elle est malade, qui la soignera ?
— Petitfour vaut dix médecins... et d'ailleurs nous verrons ! couchons-nous et dormons ; demain il fera jour.

Ces messieurs se jettent sur une couchette et ne tardent pas à y ronfler à l'unisson.

Le lendemain il faisait jour en effet, quand ils s'éveillent, et même jour depuis longtemps.
— Cré coquin ! dit Saucissard en se jetant à bas du lit, et notre voiture !...

Il se hâte de courir à la porte de la maison qui donne sur le canal ; mais il cherche en vain des yeux la voiture et le cheval, et il revient vers Alménor d'un air penaud, en disant :
— Plus personne !...
— Quoi ?
— Ni cheval ni voiture... on les aura mis à l'ombre, ou quelqu'un qui avait une partie de campagne à faire s'en sera servi.
— Diable !... c'est fâcheux !... L'aubergiste de là-bas va crier comme un sourd... Après tout, c'est un malheur... quand je serai le mari d'Emmeline, je le dédommagerai... Montons savoir des nouvelles de ma belle.

— Cette demoiselle n'est pas bien du tout, dit madame Petitfour après avoir encore poussé un soupir en considérant la tête de Saucissard ; elle n'a pas goûté, cette nuit, un instant de repos... ni moi non plus par contre-coup... mais je sais ce que c'est que de veiller ! elle appelle sans cesse sa mère... elle prétend qu'on les fera mourir de désespoir, elle et sa mère...

— C'est la fièvre, dit Saucissard ; tout cela n'a rien d'étonnant...

une jeune fille ne se laisse pas enlever sans que cela lui cause un peu d'émotion... et puis celle-ci a très-peur de sa mère, qui la mettait souvent au pain sec... Mais vous êtes bien en état de la soigner, n'est-ce pas, Giselle?
— Oh ! quant à cela ! je vaux trois docteurs... j'ai des remèdes pour toutes les maladies... je lui ai fait une infusion de tilleul avec quelques feuilles d'oranger. C'est souverain... Après cela, il y a, sur le devant de la maison, une dame qui a été sage-femme avant d'être mariée... je pourrais au besoin la consulter...
— Faites tout ce qui vous semblera nécessaire ! n'épargnez rien ! dit Alménor en fouillant à sa poche, dont cette fois cependant il ne sort qu'un cure-dents ; la vie de ma fiancée m'est aussi chère que la mienne.

Et le bel homme, s'approchant du lit sur lequel est la jeune malade, prend une de ses mains qui est brûlante, la porte à ses lèvres, puis la pose sur son cœur et reste ainsi assez longtemps faisant une mine toute piteuse, en considérant celle qui ne le reconnaissait plus.

Comme Alménor restait ainsi debout près du lit, Saucissard s'approche et tire son ami par le pan de sa redingote, en murmurant :
— Est-ce que tu vas passer ta journée là, en contemplation devant cette jeune fille malade ?... D'abord, tu fais de l'attendrissement en pure perte, elle ne le voit pas.
— Ah ! Saucissard !... ton cœur est donc sec comme de la pierre ponce !
— Pas du tout, puisque je recommande à Giselle de ne rien négliger, de bien soigner cette petite... Mon Dieu, une maladie, il faut que cela ait son cours, nous savons tous cela... Celle-ci ne peut pas se guérir du jour au lendemain ; nous autres, qui jouissons d'une bonne santé, je ne vois pas la nécessité de rester ici, où nous ne sommes bons à rien... Est-ce que tu n'es pas d'avis d'aller déjeuner ?
— Si fait, je mangerais volontiers des huîtres.
— Allons donc, en route alors.

On est bientôt devant la maisonnette.

Ces messieurs recommandent de nouveau Emmeline aux soins de madame Petitfour, puis ils sortent en disant qu'ils reviendront dans la journée savoir des nouvelles de la malade. Les deux amis commencent par aller déjeuner chez Philippe, rue Montorgueil. Après un déjeuner copieux et infiniment prolongé, ils se rendent au Palais-Royal, entrent dans un café, jouent au billard jusqu'à l'heure du dîner.

Après le dîner, ils vont au spectacle, ils retournent ensuite au café, s'y livrent à plusieurs poules avec accompagnement de bols de punch, et rentrent à la demeure de madame Petitfour sur les deux heures du matin.

— J'étais inquiète, dit la petite femme en ouvrant à ces messieurs ; vous m'aviez dit que vous reviendriez dans la journée, et il est au moins deux heures après minuit.

— C'est vrai, Giselle, répond Saucissard en s'appuyant le long des murs pour ne point tomber, mais des affaires urgentes... demandez plutôt à mon ami Alménor ; depuis ce matin, nous n'avons pas eu une minute à nous !...

— C'est vrai, répond le bel homme qui n'est pas gris comme son ami, mais qui a cependant quelque difficulté à s'exprimer ; le temps passe bien vite à Paris, ma chère dame : on n'a pas plutôt fini de déjeuner qu'il est l'heure de dîner... et ainsi de suite... Mais notre malade, donnez-moi de ses nouvelles, j'en suis bien inquiet.

— Dame! monsieur, c'est une fièvre cérébrale, ou maligne, ou putride. Je ne vous dirai pas au juste ; mais ma voisine, la sage-femme, est venue voir cette demoiselle ; elle a approuvé tout ce que je lui donne... je vais encore passer la nuit.

— Très-bien, passez la nuit... ne négligez rien... tout cela sera récompensé largement.

— Oui, oui, balbutie Saucissard, c'est une maladie, il faut que cela ait son cours, je ne connais que ça... la nature a ses droits... Giselle est une femme excellente près de malades ; elle veillera : nous autres, allons nous coucher.

Et ces messieurs gagnent leur lit, tandis que madame Petitfour remonte près d'Emmeline, en se disant :

— Je ne sais pas si l'amoureux est bien inquiet de cette jeune fille, mais il me semble que cela ne l'a pas empêché de bien se soigner... Hom ! ces gueux d'hommes ! c'est sensible comme des tortues !...

Le lendemain matin, la scène de la veille se renouvelle. Alménor monte voir Emmeline ; il s'assied près de son lit, considère la malade qui a toujours le délire, lui prend la main, la porte à ses lèvres, et paraît profondément attendri.

Puis Saucissard arrive, il tire Alménor par le bras en lui disant dans l'oreille :

— Allons déjeuner. Si tu m'en crois, aujourd'hui nous irons à la Râpée, pour varier un peu et tâter d'une matelote.

— Soit! dit Alménor, va pour la Râpée !

Le bel homme se tourne vers madame Petitfour et lui recommande de nouveau la malade. Quant à Saucissard, il se fait donner une clef pour ouvrir la porte de la rue, afin de rentrer à telle heure qu'il leur conviendra sans déranger Giselle.

Dix jours s'écoulent de cette façon.

Emmeline est toujours dans le même état ; lorsque le délire la quitte, un accablement total lui succède ; c'est à peine si la jeune fille a la force de prononcer quelques mots, et ces mots sont toujours les mêmes :

— Ma mère... rendez-moi à ma mère...

Alménor et son compagnon fidèle sortent régulièrement tous les matins, après être montés s'informer de l'état de la malade ; ils ne manquent pas de dire à leur hôtesse qu'ils reviendront dans la journée, et ils ne rentrent jamais qu'au milieu de la nuit, gris ou à peu près.

Le onzième jour, Emmeline était un peu mieux, elle avait dormi dans la nuit ; le lendemain matin son délire avait cessé ; elle s'était informée de l'endroit où elle était, et suivant les instructions que Saucissard lui avait données, madame Petitfour lui avait répondu qu'elle était à Saint-Cloud, qu'elle ne devait pas s'inquiéter, et que la personne qui l'avait amenée n'avait que d'excellentes intentions à son égard.

A cela Emmeline avait dit qu'elle voulait retourner près de sa mère dont on l'avait séparée ; qu'elle habitait Corbeil, que c'était là qu'elle voulait qu'on la ramenât, et qu'elle mourrait autant de chagrin que de sa maladie, si on la retenait longtemps loin de sa mère.

Lorsque les deux amis montent pour s'informer de la santé de la jeune fille, madame Petitfour s'empresse de leur apprendre tout ce que celle-ci vient de lui dire.

Alménor se gratte l'oreille et se demande s'il doit se présenter devant celle qu'il a enlevée et lui déclarer la vérité, en même temps que ses sentiments et ses intentions ; il consulte son ami. Après de mûres réflexions, Saucissard dit :

— La demoiselle est encore bien faible... maintenant qu'elle te reconnaîtra, ta vue peut lui faire un drôle d'effet... Je sais bien que tu seras éloquent et séduisant ; malgré cela, il serait peut-être prudent d'attendre que la belle fût plus forte et mieux rétablie avant de risquer la déclaration.

— Tu as raison, dit Alménor ; ton conseil est digne de *Sully*... tu sais, ce malin qui gourmandait Henri IV pour ses fredaines. J'attendrai que mon objet soit tout à fait dispos... j'ai bien attendu dix jours ; quelques-uns de plus ne font rien à l'affaire, d'autant que nous ne menons pas une existence trop ennuyeuse.

— Ainsi, vous ne voulez pas voir cette demoiselle? demande madame Petitfour.

— Non, Giselle, nous voulons auparavant qu'elle soit tout à fait rétablie, dit Saucissard. Mais en attendant, chère amie, faites bien attention à ce que je vais vous dire !... La plus grande surveillance autour de la malade !... et surtout n'allez pas, si elle avait la force de se lever, vous aviser de la laisser sortir de votre pavillon...

— Oh! non! s'écrie Alménor, il ne faut pas qu'on la voie, et il ne faut pas qu'elle bouge de chez vous. Songez, ma petite mère, que cette jeune fille nous représente un million, et que, si vous la laissiez échapper, c'est un million dont vous auriez à nous tenir compte.

— Soyez donc tranquille ; d'ailleurs, cette pauvre petite ne sera pas encore de longtemps en état de courir... Mon Dieu, Saucissard, je ne peux pas m'accoutumer à votre tête en genou... pourquoi que vous ne mettez pas un toupet !...

— Giselle, j'achèterai de la pommade du lion pour vous être agréable, et ça me fera pousser une crinière comme celle de cet animal. Mais occupez-vous de la malade.

— Donnez-lui tout ce qu'elle demandera, tout ce qui lui fera plaisir, dit Alménor ; ne regardez pas à la dépense ; je paierai sans marchander.

Ayant ainsi fait la leçon à madame Petitfour, les deux amis sont sortis. Ils se dirigent vers le Palais-Royal et déjeunent aux Frères-Provençaux. Alménor menait très-rondement l'argent qu'il avait gagné à Monvillars ; mais, comme il n'en avait encore mangé que la moitié, il ne voyait pas la nécessité d'économiser, d'autant plus que dans la perspective il apercevait toujours son mariage avec une riche héritière.

Après une journée passée au café, comme c'est leur habitude de chaque jour, Saucissard dit à son ami :

— Nous avons déjà visité les meilleurs traiteurs de Paris, il faudrait pourtant tâcher de voir du nouveau... Veux-tu tâter d'une taverne dans le genre anglais avec un dîner *idem* ?

— Je veux tâter de tout! d'ailleurs j'aime à m'instruire dans la science des cuisines ; allons à la taverne... où en connais-tu une ?

— Derrière la Madeleine, on dit que c'est tout à fait comme si on était à Londres.

— Tant mieux ; moi qui désire connaître Londres, ça m'évitera la peine de passer la mer.

Les deux amis trouvent facilement la taverne que l'on avait indiquée à Saucissard. Ils entrent dans une salle garnie de tables qui sont presque toutes occupées, car l'affluence est grande, et beaucoup de Parisiens désirant connaître la cuisine d'outre-mer, on en trouve là tout autant que d'Anglais.

Cependant Alménor et Saucissard sont parvenus à se placer à une table où sont déjà deux individus qu'à leur tournure, autant qu'à leur physionomie, on reconnaît sur-le-champ pour des enfants de la Grande-Bretagne.

Les deux Anglais dînent avec un flegme qu'ils apportent dans toutes leurs actions ; on les entend à peine parler au garçon, ils trouvent moyen de se faire comprendre par quelques signes ou peu de mots, et ils fonctionnent parfaitement, échangeant à peine quelques phrases entre eux.

Il n'en est pas de même des deux voisins qui viennent de leur arriver : Alménor parle haut, se remue, s'étale, crie à chaque instant après le garçon. Saucissard croit devoir en faire autant que son ami. Ces messieurs font, à eux deux, plus de bruit que douze Anglais.

— Comment, pas de serviettes !... on ne nous donne pas de serviettes ! s'écrie Alménor.

— Genre anglais, dit Saucissard, les serviettes sont regardées comme inutiles.

— C'est propre alors ! on essuie sa bouche sur sa manche ! pour des gens si cérémonieux, voilà une mode que je ne comprends pas. Qu'est-ce que le garçon nous donne là ?...

— C'est de la bière.

— Est-ce que je veux dîner avec de la bière ! fi donc !... ça me donnerait le mal de mer. Garçon, du vin... de Champagne !... rien que du champagne.

Et Alménor, se penchant vers son ami, lui dit à demi-voix :

— Vois-tu, Saucissard, nous avons deux Anglais à côté de nous, je tiens à leur montrer comment nous vivons, nous autres. Tu comprends qu'il y va de notre honneur de boire beaucoup... il faut que les bouteilles disparaissent comme chez *Séraphin* ; il faut montrer du patriotisme ici...

— Tu as raison, il faut faire voir que nous sommes Français !

Ces messieurs n'avaient guère besoin d'avoir un stimulant pour boire beaucoup, cependant le voisinage des Anglais les fait se surpasser ; les bouteilles de champagne sont débouchées et vidées si lestement que chaque table on regarde les deux convives qui vont si bien.

Alménor est enchanté de l'effet qu'il produit ; après chaque bouteille qu'il débouche, il regarde l'Anglais qui est en face de lui, sourit d'un air goguenard et murmure :

— Voilà comme nous vivons, nous autres!... mais, par exemple, j'en ai assez de cette cuisine-ci... pas de sauces... pas de fricassées... mais j'aime manger un miroton que tout cela... Oui, un miroton, ça enfonce tous leurs *pudding* !

Saucissard approuve tout ce que dit Alménor, ce qui ne l'empêche pas de beaucoup manger.

A chaque instant le bel homme, dont la tête est échauffée, jette des regards insolents sur ses deux voisins ; ceux-ci n'ont pas l'air d'y faire attention et continuent de manger tranquillement leur *rosbeef*, qu'ils arrosent de bière.

Le calme des Anglais rend M. Alménor encore plus insolent ; il se penche vers Saucissard et lui dit :

— Je te parie que je mets mon coude dans l'assiette de l'*English* qui est à côté de moi.
— Pourquoi faire ?
— Pour rire un peu... Voyons : une cloyère d'huîtres que je mets mon coude dans son rosbeef.
— C'est parié.

Un instant après, pendant que l'Anglais, son voisin, portait sa fourchette à sa bouche, Alménor appuie son coude dans le beau milieu de l'assiette de ce monsieur, et se met à boire son champagne.

L'Anglais lui laisse vider son verre, puis, lui prenant doucement le bras, le lui met hors de son assiette, en lui disant :
— Pardon... sir... you... être distraite...

Alménor se retourne, se met à rire sans adresser d'excuse à son voisin, se verse de nouveau à boire, puis dit à Saucsard. — Une cloyère de gagnée. Veux-tu ta revanche ?
— Ça y est.
— Attends, voilà qu'on lui apporte un plat de légumes, ce sera plus drôle.

En effet, le garçon venait de servir un nouveau plat aux deux Anglais. Alménor attend que son voisin ait bien garni son assiette, et, au moment où il se dispose à goûter de ce qui est dedans, le coude est planté cette fois tout au milieu des légumes.

Mais au lieu de sentir que l'on déplace poliment son bras, comme on l'avait fait la première fois, Alménor reçoit presque aussitôt dans l'épaule un coup de poing qui lui casse dans les dents le verre qu'il portait à sa bouche.

Le bel homme, qui s'attendait fort peu à cette réplique, est resté tout saisi et crache les morceaux de verre qu'il a dans la bouche. Pendant ce temps, l'autre Anglais, ne voulant pas probablement rester simple spectateur des hauts faits de son camarade, se tourne vers Saucsard et lui bourre le dos de coups de poing.

Alménor, revenu de sa surprise, et la tête exaltée par le champagne qu'il a bu, se pose devant l'Anglais qui l'a frappé, en criant d'une voix de stentor :
— C'est vous qui osez porter la main sur moi ! mais, mon petit *goddem*, vous ne savez donc pas que je vais vous égruger comme un grain de sel !...

L'Anglais lui, après avoir donné le coup de poing, s'est remis fort tranquillement à manger ses légumes, regarde Alménor comme s'il ne savait pas ce qu'il veut dire, et continue son repas sans paraître l'écouter davantage. Saucsard, en sentant pleuvoir sur son dos une grêle de coups, a jugé convenable, pour les éviter, de se laisser glisser sous la table.

Alménor, exaspéré par le sang-froid de son adversaire, lui ôte son assiette de devant lui et la jette au milieu de la salle. L'Anglais se lève et se dispose à recommencer une petite boxe ; mais, cette fois, Alménor ne lui en laisse pas le temps, et, se précipitant sur lui, se met à le frapper à la tête avec tant de violence que le sang ruisselle et que l'Anglais tombe de sa chaise en s'écriant qu'il est mort. Son compatriote veut le venger, mais Alménor est devenu un lion, il reçoit le second Anglais avec une bouteille dans chaque main ; il frappe à tort et à travers, il casse une des bouteilles dans le visage de son adversaire, qui a le nez coupé en deux. Quant au premier, on a déjà été lui porter secours, il ne s'aperçoit qu'il a un œil crevé.

Pendant qu'Alménor est en train, il veut rosser tous les Anglais qui sont dans l'établissement ; il monte sur une table et les provoque, en criant :
— Venez donc, mes petits *beefteck*... venez que je vous accommode comme vos deux compatriotes ; pendant que je suis en train, ça ne sera pas long !... Dame ! je suis bon enfant ! mais quand on me donne un coup de poing, je ferais des bosses à un éléphant !

L'arrivée de la garde qu'un garçon a été chercher met fin aux exploits et aux provocations d'Alménor. On arrête le bel homme ainsi que son ami, l'on parvient, non sans peine, à tirer de dessous la table, où il s'obstinait à vouloir rester.

On emmène ces messieurs en prison, et on porte leurs victimes chez un pharmacien.

— C'est égal ! dit Alménor en voyant passer les deux blessés, nous sommes prisonniers, mais ce sont les autres qui sont rossés !... J'aime autant ma partie que la leur.

IV. — UNE BONNE ACTION EN PASSANT.

Le lendemain de la soirée où il avait paru quelques instants chez M. Riberpré, Isidore voit arriver Creps chez lui ; celui-ci vient lui apprendre le résultat de ses recherches, c'est qu'Emmeline a été enlevée par le fils de madame Michelette et son ami Saucsard.

Isidore a peine à croire ce qu'il entend. Il n'avait jamais soupçonné un rival, et surtout un rival dangereux, dans M. Alménor. Cependant il faut bien se rendre à l'évidence : madame Michelette a reconnu, dans le billet au crayon, l'écriture de son fils.

Cette nouvelle produit sur le jeune amoureux le même effet que sur madame Clermont. Elle calme la violence de son désespoir, car on ne saurait présumer que M. Alménor se porte à des tentatives criminelles sur une jeune fille aussi sage, aussi pure qu'Emmeline.

— Dans tout ceci, dit Creps, il y a quelque chose qu'il faut éclaircir. Comment ce M. Alménor connaît-il les rapports qui existent entre M. Riberpré et madame Clermont ? Cette dame m'a encore répété hier que, après ce M. Duvaliu, vieil avocat qui la protégeait et qui n'existe plus, elle n'a jamais confié ce secret à personne, si ce n'est dernièrement à vous et à moi. Pour moi, je suis parfaitement certain de ne l'avoir révélé à qui que ce soit ; en auriez-vous par hasard dit quelques mots à quelqu'un ?

Isidore rappelle un moment ses souvenirs, puis répond :
— Non, je vous le jure ! je n'ai dit à personne que madame Clermont était l'épouse de M. Riberpré.
— Alors il faut donc que cet Alménor ait su cela par cette femme qui vit avec le banquier. Ceci cache quelque machination perfide que nous découvrirons. Le plus important maintenant est de retrouver cet Alménor et son digne compagnon, et j'espère que nous y parviendrons bientôt, car ils ont pris, pour effectuer leur enlèvement, une voiture appartenant à un aubergiste de Corbeil, et ils ne la lui ont pas renvoyée. Cet homme a déjà porté plainte partout, en donnant le signalement de sa voiture et de son cheval ; de tels objets ne se cachent pas facilement, et j'espère que la découverte de la voiture nous mettra sur les traces des ravisseurs.

Mais ce qui faisait l'espérance de Creps était justement ce qui devait lui faire perdre les traces des ravisseurs d'Emmeline.

On se rappelle que M. Saucsard, en arrivant au milieu de la nuit chez madame Petitfour, avait tout bonnement attaché le cheval et la voiture après la porte de la maison, avec l'intention de se lever avant le jour pour reconduire la voiture jusqu'à la barrière.

Mais les bords du canal sont fréquentés pendant la nuit par des gens qui n'ont pas l'habitude de laisser rien traîner sur la voie publique.

La voiture avait été aperçue par trois rôdeurs de nuit, qui avaient aussitôt détaché le cheval. Ces messieurs étaient ensuite montés sur la banquette de devant ; ils avaient fouetté le pauvre animal et étaient partis en disant :
— Allons n'importe où ; quand nous serons un peu loin de Paris, nous *laverons* la voiture et le cheval.

Et ces messieurs étaient partis, et ils avaient pris au hasard la route de Bondy ; mais le cheval, déjà fatigué par la longue traite qu'il avait faite, n'avançait plus qu'à coups de fouet. A une lieue de Bondy, il était tombé épuisé de fatigue, et à moitié mort. En ce moment, les voleurs avaient vu s'avancer vers eux quelques cavaliers de la gendarmerie ; ils avaient eu peur et s'étaient sauvés à travers champs. Les gendarmes, trouvant une voiture sans propriétaire, l'avaient mise en fourrière. Le lendemain, le maire de Bondy avait eu connaissance de ce fait ; il en avait fait son rapport à Paris, et, comme la plainte de l'aubergiste de Corbeil y était parvenue, on avait examiné le signalement de sa voiture et de son cheval. L'aubergiste avait été invité à venir reconnaître les objets, et, au bout de quelque temps, il était revenu à Corbeil avec sa voiture horriblement crottée et son cheval fourbu.

Creps avait été bien vite instruit de cette circonstance. Il avait donc appris que la voiture avait été trouvée abandonnée dans les environs de Bondy. Aussitôt, lui et Isidore avaient dirigé leurs recherches de ce côté. Ils visitaient tous les villages aux alentours, s'informaient dans les auberges, entraient dans les chaumières, mais ils n'apprenaient rien. Ils ne pouvaient parvenir à trouver les traces de M. Alménor, et le temps qui s'écoulait rendait plus vives leurs inquiétudes. Madame Clermont passait toutes ses journées dans les prières et dans les larmes, et Isidore tombait dans l'abattement le plus absolu ou se livrait au plus violent désespoir.

Dans un de ces moments où il avait éprouvé le besoin de s'épancher, il avait de nouveau été voir Monvillars pour lui faire part de ce qu'il avait appris touchant les ravisseurs d'Emmeline.

Peu importait à Monvillars que l'on sût que la jeune fille avait été enlevée par le fils de madame Michelette ; l'essentiel était qu'on ne retrouvât pas ses traces. D'ailleurs, Monvillars, encore sous le coup de l'humiliation que lady Willmore lui avait fait subir, s'occupait moins des intérêts de Camille ; malgré lui, sa pensée incessante, celle qui le poursuivait sans relâche, était le désir de se venger de Valérie.

Après l'entretien dans le boudoir où Camille avait entendu son amant désespéré d'un rendez-vous à la jolie veuve, on doit penser que des scènes de jalousie avaient eu lieu entre Monvillars et sa maîtresse. Forcé de convenir qu'il avait autrefois connu cette dame pendant ses voyages, Monvillars avait juré à Camille que jamais une liaison intime n'avait existé entre eux ; enfin, en promettant à sa jalouse maîtresse de ne plus chercher à renouer connaissance avec lady Willmore, il avait fini, sinon par détruire ses soupçons, du moins par les calmer. D'ailleurs Camille aimait trop Monvillars pour ne point feindre de le croire lors même qu'elle eût eu la preuve de sa trahison. Quand une femme ne veut pas rompre une liaison galante, quand elle veut à tout prix garder son amant, il faut bien que de temps à autre elle fasse quelques concessions.

De tout cela, il était résulté que Camille, conservant au fond même sa jalousie, haïssait lady Willmore et ne perdait pas Monvillars de vue, lorsque, dans une réunion, ces deux personnes se trouvaient ensemble.

Continuellement occupé à la recherche d'Emmeline, Creps ne pouvait plus consacrer tout son temps à Félicia ; ce n'était qu'à de rares intervalles qu'il se rendait près d'elle, mais celle-ci ne lui faisait point de reproches de l'abandon où il la laissait, car elle en connaissait le motif. Creps lui avait tout appris : la disparition d'Emmeline, la douleur de sa mère et le désespoir d'Isidore ; bien loin de se réjouir en apprenant toutes les peines qu'éprouvait Isidore dans ses nouvelles amours, Félicia semblait partager les angoisses, les chagrins de celui qui avait été son amant ; maintenant ce qu'elle désirait, c'était son bonheur, et surtout avec cette jeune fille qui était digne de son amour.

Ainsi, chaque fois qu'elle voyait Creps, Félicia s'informait aussitôt du résultat de ses démarches et de celles d'Isidore ; elle aurait voulu pouvoir les seconder, les aider dans leurs recherches, car, avec son âme de feu, elle comprenait quelle devait être la douleur de Clémence et de cette jeune fille que l'on avait séparée de sa mère.

Et, dans son impatience, lorsque deux jours s'étaient écoulés sans qu'elle vît Creps, Félicia se rendait à sa demeure dans l'espoir d'apprendre quelque chose de nouveau touchant la pauvre Emmeline.

C'est en revenant un jour de chez celui qu'elle regardait déjà comme son père, que Félicia s'entend nommer par une voix qui lui est connue ; presqu'au même instant un bras se glisse sous le sien et on lui dit à l'oreille :

— Où vas-tu donc si vite comme cela, et sans regarder personne... Tu trottes comme une souris qui entend un chat miauler !

Félicia vient de reconnaître Adèle Rotin ; assez peu satisfaite de cette rencontre, elle s'arrête et dégage son bras, en répondant avec un peu d'embarras :

— Ah ! c'est vous, Adèle... je ne vous avais pas vue... Pardon, mais je suis un peu pressée.

— Tiens, pourquoi donc me dis-tu *vous* maintenant ?... tu as un air tout chose en me parlant. Est-ce que tu es fâchée contre moi ?... On t'aura fai... quelque cancan!... la grande Aglaure, ou la vieille Mazzépa... mais je veux savoir ce que c'est... Comme je n'ai jamais rien dit sur ton compte, comme je t'avais voué un dévouement éternel depuis que tu m'a acheté le gilet de flanelle de mon gros craqueur, je n'entends pas qu'on nous brouille, et je veux savoir pourquoi tu me dis *vous*...

— Tiens, ma chère Tintin, répond Félicia en souriant, je vais te parler franchement, et d'ailleurs je ne vois pas pourquoi j'agirais avec mystère, car je suis ma maîtresse et libre de me conduire comme il me plaît.

— Qu'est-ce qui a jamais dit le contraire ? Je lui répondrais zut, à celle qui dirait le contraire ! et un zut de poitrine, encore !

— Voyons, Tintin, écoute-moi.

— À la bonne heure ! tu me retutoyes, je t'écoute.

— Depuis que je ne t'ai vue, il m'est arrivé bien des événements.

— Heureux ?

— Pas toujours, mais qui auront, je l'espère, un résultat favorable pour moi. Enfin, depuis ce temps, mes goûts, mes idées, mes penchants ont totalement changé. Tous ces plaisirs que j'aimais jadis n'ont plus le moindre charme pour moi. Cette existence folle et déréglée que je menais... elle me ferait horreur à présent. Enfin, me comprends-tu, Tintin ? je veux être aussi sage, aussi rangée que je l'étais peu...

— Ah ! très-bien ! Tu es donc des femmes honnêtes maintenant ?

— Et pourquoi pas ? Il est toujours temps de se repentir de ses fautes et de rentrer dans le bon chemin.

— Bigre !... En vérité tu es un peu *chouette*; mais, plaisanterie à part, je n'entends pas te blâmer... La vertu a touché ton cœur... tu auras fait un rêve, comme *Jeanne d'Arc*!... Enfin, cela te convient ; ce n'est pas moi qui chercherai à te faire changer de résolution. Eh ! mon Dieu ! que sait-on ! un jour je deviendrai peut-être vertueuse aussi... et je pleurerai mes péchés... Dieu faudra-t-il que je pleure ! quelle inondation... Mais j'ai peur que ce jour-là ne soit encore éloigné.

— D'après cela, Tintin, tu comprends que j'ai entièrement rompu avec mes anciennes connaissances... Oh ! je ne vois plus personne de ma société d'autrefois... J'ai même changé de nom pour qu'on ne trouve pas ma demeure.

— C'est donc cela que nous disions toutes : Mais, Dieu ! Félicia est donc fondue ?... Elle a pris quelque paquebot qui aura sauté !

— Tu comprends maintenant, ma chère amie, pourquoi ta rencontre m'a laissée froide... pourquoi je t'ai dit *vous*... et pourquoi je vais te dire adieu.

— Ah ! oui, je comprends, répond la grande blonde en faisant une mine triste. Je suis du nombre de celles que tune veux plus connaître.

— J'en ai quelque regret avec toi... car tu es si bonne enfant... tu as si bon cœur... qu'il était impossible de ne point t'aimer...

— Oui ; mais, malgré cela, comme je suis... très-mauvais sujet... mes qualités sont trop peu de choses pour excuser mes défauts... Ça me fera pourtant de la peine de ne plus te voir... de ne plus te parler ; quand je te rencontrerai... voudras-tu que je te parle ?... que je te dise seulement bonjour ?...

Félicia baisse les yeux en murmurant :

— Il vaudra mieux... rompre tout à fait. D'ailleurs, tu ne me rencontreras pas...

— C'est pourtant drôle, quand on a connu une personne... de ne plus la connaître. Ah ! si c'était un homme... passe... ça arrive tous les jours... mais une femme... une amie... et on a si peu d'amies... c'est si rare... Enfin... puisque tu le veux...

Tintin s'arrête, elle ne peut plus parler parce qu'elle pleure ; elle détourne la tête, porte son mouchoir sur ses yeux, et balbutie, en sanglotant :

— Adieu... je tâcherai de ne plus te rencontrer.

Touchée d'une amitié si vraie, Félicia retient Adèle par la main en lui disant :

— Ma bonne Adèle, je ne veux pas te faire de chagrin... ce ne serait pas non plus me bien conduire... Tu pourrais croire d'ailleurs que je te méprise, et certainement je n'ai pas ce droit-là. Quand tu me rencontreras, dis-moi bonjour, serre-moi la main, et la mienne te répondra.

— À la bonne heure !... Comme cela je serai moins chagrine. Oh ! tu es bien gentille. Après tout, si tu étais avec quelqu'un, certainement je ne serais pas si bête que d'aller te parler ; mais quand tu seras seule... et puis... je te dirai vous, si tu l'exiges, mais toi tu me diras toujours toi... tout bas, rien qu'entre nous... personne ne t'entendra.

— Oui, je te dirai toi.

— Oh ! que je suis contente !

— Mais tes connaissances ne parle plus de moi, ne dis pas que tu m'as rencontrée, et, avant peu, je suis sûre que l'on m'aura tout à fait oubliée.

— Oh ! c'est bien possible !... Elles sont si égoïstes, toutes ces dames... ne songeant qu'à elles... voulant tous les beaux messieurs pour elles... C'est pas l'embarras, tu une vilaine clique que tout ça... La Mazzépa est toujours avec son jeune homme de soixante ans... M. Romorantin... elle a le front de dire qu'il n'est qu'une vieille connaissance... Quand on a des amants de ces âges... Léonie est dans la débine... c'est bien fait. Elle est si méchante... personne ne la plaindra... Aglaure postule pour entrer au *Petit-Lazari* faire les travestis... je parie qu'un jour elle voudra remplacer Debureau... Zizi Pétard...

— Ma chère Tintin, tout cela m'est fort indifférent maintenant, et je te dispense de me conter les aventures de ces dames.

— Oh ! c'était seulement pour parler... je comprends bien que cela ne t'intéresse plus... Il y a aussi Mirobelly qui a été dégommée par les chemins de fer... mais elle est toujours belle femme, elle remontera sur l'eau. J'ai été hier chez elle... où une ancienne marchande à la toilette nous a conté une histoire bien singulière d'une jeune fille qu'on a enlevée... Mais tout cela t'ennuie... Adieu, Félicia... je ne veux pas te retarder plus longtemps...

Félicia retient la grande blonde en s'écriant :

— Attends... attends donc... que disais-tu d'une jeune fille qu'on a enlevée ?...

— Oh ! c'est une aventure très-romanesque... J'étais hier chez Mirobelly lorsque madame Petitfour est venue la voir... Connais-tu la Petitfour ?

— Non.

— C'est une femme qui a vendu à toutes ces dames des objets d'occasion ; mais il paraît que depuis quelque temps elle ne fait plus rien, car il y avait plus d'un an que Mirobelly ne l'avait vue, et en l'apercevant, elle s'est écriée : « Tiens, te voilà, Petitfour ! d'où sors-tu ?... » L'autre lui répondit : « Je viens vous voir, ma chère amie, pour vous demander vos conseils. Il m'est arrivé une aventure singulière, et je suis dans une position dont je voudrais bien sortir. » Là-dessus, nous lui avons dit de nous conter la chose, et voilà ce que c'est : il paraît qu'un jeune homme, qu'elle ne connaît pas, a enlevé une jeune fille de chez sa mère...

— Oh ! mon Dieu !... si c'était... continue...

— Il est venu chez elle un des amis qui est un ancien amant de la Petitfour... qui, je crois, se permet encore d'être sensible.

— Achève... achève, je t'en prie...

— Ils ont d'abord donné de l'argent à Petitfour pour qu'elle leur prêtât une partie de son logement, elle a tout un pavillon au fond d'un jardin ; mais la jeune fille est arrivée fort malade avec la fièvre de délire. Pendant que la bonne femme la soignait, il paraît que nos deux oiseaux allaient faire la noce, car ils ne rentraient jamais qu'au milieu de la nuit. Mais, depuis six jours, ne voilà-t-il pas que ces messieurs ne sont plus revenus et n'ont pas donné de leur nouvelle.

— Et la jeune fille ?

— La jeune fille est guérie... elle supplie Petitfour de la ramener chez sa mère... mais celle-ci a répondu qu'elle ne sait sur son honneur... c'est-à-dire... enfin n'importe sur quoi, qu'elle ne laisserait pas sortir de chez elle la jeune fille... et puis maintenant, elle assure qu'elle est en avance, qu'elle a soigné la malade comme une princesse, et qu'on lui redoit de l'argent... Si elle cède aux prières de la jeune fille, elle craint que les deux mauvais garnements ne lui fassent un méchant parti et lui remboursent pas ses avances...

— Mais cette pauvre enfant qu'on a enlevée à sa mère... a-t-elle dit son nom... sa demeure ?...
— Elle demeurait à Corbeil.
— A Corbeil! s'écrie Félicia on pressant avec force les deux mains de Tintin. Oh! c'est elle! c'est elle! quel bonheur !...
— Comment, tu connaîtrais cette jeune fille ?...
— Si je la connais !... oh oui !... pauvre enfant !... Ah! Tintin, si tu savais quel service tu viens de rendre... combien d'heureux tu vas faire !...
— Moi ?...
— Viens... viens... Tiens, voilà un fiacre, montons bien vite...
— Comment, tu viens avec moi... et tu n'as plus peur de te compromettre ?
— Il s'agit de rendre une fille à sa mère... ce n'est plus à moi que je pense; viens...
— Mais où allons-nous ?
— Chez Mirobelly.

Tintin ne comprend rien à l'extrême agitation de Félicia, mais elle n'en monte pas moins en voiture avec elle. Pendant le trajet, il lui est impossible d'obtenir de son amie d'autre explication que ces mots :
— Pauvre Emmeline !... Pourvu qu'elle soit encore chez cette femme.

La voiture s'arrête devant la demeure de Mirobelly. Félicia dit à la grande blonde :
— Monte bien vite et demande à ton amie l'adresse de cette madame Petitfour. Songe que je le veux, qu'il me la faut...
— Sois donc tranquille... Mirobelly ne fera aucune difficulté pour me la donner... D'ailleurs, l'autre avait un demi-voile à vendre.
— Monte, et hâte-toi.

Adèle Rotin descend lestement de la voiture, Félicia compte les secondes, mais Tintin ne se fait pas attendre, elle revient bientôt et dit au cocher :
— Sur les bords du canal... quai... après la rue de Ménilmontant... je vous arrêterai devant la maison ; on me l'a tellement dépeinte que je la reconnaîtrai.

On part. Félicia embrasse Tintin en s'écriant :
— Nous allons chez cette femme ?...
— Un peu, mon neveu... Mais qu'est-ce que tu vas lui dire, à la Petitfour ?...
— Ce que je vais lui dire... oh ! j'agirai d'abord... c'est le principal... Ne m'interroge pas, je n'ai pas la force de parler...

Tintin fait arrêter la voiture. On est devant la demeure de madame Petitfour. Les deux jeunes femmes descendent, elles entrent dans la maison, s'informent. On leur indique le fond du jardin, et elles marchent à la hâte dans la longue ruelle qu'il leur faut traverser : Félicia pressant le pas et sentant son cœur battre avec violence, parce que chaque instant la rapproche d'Emmeline; Tintin suivant Félicia presque en courant, ne sachant pas ce qu'elles vont faire, mais émue d'avance, parce qu'elle juge, d'après l'extrême agitation de son amie, qu'il s'agit de quelque chose de très-important.

On est arrivé, on sonne. Félicia dit à Tintin :
— Annonce que tu veux voir ce voile qu'elle désire vendre.

La Petitfour est descendue ouvrir ; elle reconnaît la grande blonde, et lui dit :
— Tiens ! c'est mademoiselle Rotin... Qu'est-ce qui me procure le plaisir de votre visite ?
— Nous venons voir ce voile que vous avez à vendre... mon amie s'en arrangera peut-être.
— Entrez, mesdames, entrez... C'est bien aimable à vous, mademoiselle Rotin, d'avoir pensé à moi.

Les deux jeunes femmes sont entrées dans le pavillon. Madame Petitfour les reçoit dans son rez-de-chaussée ; elle a déjà été chercher dans une commode un carton contenant diverses parures en dentelles, et elle l'a mis dans la longue ruelle qu'il lui faut traverser qui, d'un coup d'œil parcourt tout le rez-de-chaussée et ne peut plus maîtriser son impatience, court saisir madame Petitfour par le bras, et la lui secoue assez vigoureusement en s'écriant :
— Cette jeune fille qu'on a enlevée, qu'on a cachée chez vous... où est-elle ?... répondez, madame...

La marchande à la toilette demeure tout interdite, puis elle balbutie, en regardant Tintin :
— Comment ! cette jeune fille !... Ah ! mademoiselle Rotin vous a donc raconté... elle a eu tort... parce qu'enfin c'était un mystère... et si tout le monde le sait...
— Il n'est plus question de mystère... où est mademoiselle Emmeline, que deux misérables ont enlevée à sa mère... dans quel but, je l'ignore encore... mais qu'ils ont amenée ici ?...
— Tiens ! c'est vrai, elle s'appelle Emmeline... vous la connaissez donc, cette petite pleureuse... car elle ne fait pas autre chose que pleurer depuis qu'elle est ici.
— Et vous avez eu la barbarie de voir couler ses larmes et de ne pas la rendre à sa mère !...
— Ma chère dame, permettez : moi, dans tout ceci, je ne suis que dépositaire... vous comprenez bien ! on me confie un dépôt, j'en réponds... si on ne le retrouvait pas, on s'en prendrait à moi !... Et puis mes avances donc... j'en suis, à c't'heure, au moins pour quarante francs de déboursés...
— Madame, ce que vous avez fait est infâme ! on ne prête pas la main à des manœuvres aussi criminelles... Conduisez-moi à l'instant près de cette jeune fille, sinon, moi, je vais de ce pas chez le commissaire de police : j'y déclare votre conduite, on viendra délivrer cette pauvre enfant ; mais, outre cela, on vous arrêtera, vous, on vous emprisonnera, et vous recevrez la juste punition que vous méritez...

La Petitfour, qui avait la plus grande peur de la justice, peut-être parce qu'elle se sentait plusieurs péchés sur la conscience, devient tremblante comme la feuille en entendant parler du commissaire ; elle tombe aux genoux de Félicia en joignant les mains, et s'écrie :
— Par pitié, ma chère dame, ne me perdez pas !... Je vous jure que je ne savais pas être coupable... C'est ce polisson de Saucissard qui m'a induite...
— Relevez-vous alors, et conduisez-moi vers la jeune fille... vite ! la jeune fille...

Giselle se relève en poussant une foule d'hélas ! elle marche vers l'escalier ; on arrive au premier, on pénètre dans la chambre où se tenait constamment la pauvre Emmeline, sans oser même essayer d'en sortir, car, pour lui en ôter la pensée, madame Petitfour lui avait dit :
— Si vous tentez de descendre et de vous en aller, je vous préviens que ces messieurs sont en bas; ils vous feront remonter d'une drôle de façon.

Et la jeune fille avait une telle frayeur de M. Alménor, qu'elle ne bougeait pas de la chambre, dans l'espoir qu'on moins elle ne le verrait pas.

La maladie, le chagrin, la captivité ont en peu de temps bien changé la charmante figure d'Emmeline, qui passe en effet tout son temps à répandre des larmes ; en entendant ouvrir la porte, redoutant toujours la visite de cet homme qui lui fait horreur, elle court se réfugier au fond de la chambre et, lorsqu'elle aperçoit Félicia, ses yeux craintifs semblent l'interroger et demander au ciel si c'est une protectrice qu'il lui envoie.

Félicia a sur-le-champ reconnu Emmeline ; elle pousse tout à la fois un cri de douleur et de joie, car le changement qui s'est opéré dans cette jeune fille, naguère encore si fraîche et si riante, lui a serré le cœur ; mais elle vole vers elle en lui disant :
— Rassurez-vous, mademoiselle, rassurez-vous... Je viens vous chercher pour vous ramener à votre mère... Nous allons partir sur-le-champ pour Corbeil.
— Ma mère !... ma mère !... balbutie Emmeline en fixant sur Félicia ses yeux si tristes et si doux. Oh ! madame ! serait-il vrai ?... ah ! vous ne me trompez pas !...
— Non, je vous le jure... je ne vous quitterai pas que je ne vous aie vue dans les bras de votre mère...
— O mon Dieu ! tant de bonheur... partons vite... Mon Dieu ! il me semble que je n'ai plus la force de marcher...

Dans l'excès de son émotion, Emmeline était près de défaillir. Félicia la soutient dans ses bras, l'embrasse, la ranime par de douces paroles, tandis que Tintin lui présente d'une main un verre d'eau, et de l'autre essuie les pleurs qui coulent de ses yeux ; enfin la pauvre prisonnière revient à elle et s'écrie :
— Oh ! je suis bien maintenant... Partons, madame ! partons vite !

Félicia la soutient et l'emmène; pendant ce temps, la Petitfour est restée dans un coin, d'où elle n'ose pas bouger. En passant devant elle pour sortir, Tintin lui dit d'un ton tragi-comique :
— Une autre fois, ma vieille, ne vous fourrez pas dans les intrigues de mauvais sujets... Tenez-vous-en à vos chiffons ; il me semble que c'est votre lot.

Félicia fait monter Emmeline en voiture, et s'y asseoit près d'elle ; la grande Tintin s'empresse d'y grimper à son tour : on dit au cocher de conduire à l'embarcadère auprès du Jardin des Plantes.

En se voyant dans une voiture dont une des glaces reste ouverte, en apercevant tout le monde qui circule et passe près d'elle, Emmeline comprend qu'elle est enfin rendue à la liberté ; elle presse par moment les mains de Félicia, en lui disant :
— Je vais revoir ma mère... ah ! je suis si heureuse... cela m'étouffe... je ne puis parler.
— Ah ! je suis bien heureuse aussi de vous ramener dans ses bras...
— Pourvu que ma pauvre mère ne soit pas malade... elle doit avoir tant de chagrin... elle m'aime tant !
— Rassurez-vous, madame votre mère est plongée dans la plus vive douleur, mais, grâce au ciel, elle n'est point malade...
— Vous le savez... vous l'avez donc vue !
— Non, mais j'ai vu quelqu'un qui était presque sans cesse près d'elle pour ranimer son courage, pour lui rendre l'espérance...
— M. Isidore ?
— Non... M. Creps...
— Creps... notre protecteur... vous le connaissez ?

— Oui, mademoiselle, c'est par lui que j'ai appris l'indigne guet-apens dont vous avez été victime.

— Vous connaissez Creps... Ah ! madame, je ne m'étonne plus que vous m'ayez délivrée... et que vous me rendiez à ma mère.

Et Emmeline embrasse Félicia, qui reçoit avec une bien douce joie ces témoignages de gratitude, et, pour la première fois de sa vie, se sent fière de les avoir mérités.

Puis Emmeline porte ses regards vers Tintin, qui se tient blottie dans un coin de la voiture, sans oser dire un mot.

— Et madame ?... dit la jeune fille.

Tintin baisse les yeux sans oser répondre ; Félicia s'empresse de dire :

— C'est une personne de ma connaissance qui s'est trouvée trop heureuse de m'accompagner... pour m'aider dans mon entreprise, si cela eût été nécessaire...

— Alors je dois aussi bien de la reconnaissance à madame.

Tintin veut répondre quelque chose, elle ne parvient qu'à imiter le bêlement d'un mouton. Mais on était arrivé à l'embarcadère ; Félicia prend des places, le convoi allait partir ; trois minutes sont à peine écoulées, et l'on est en route.

— Serons-nous longtemps pour arriver chez maman ? demande Emmeline.

— Pas plus d'une heure ; de Paris à Corbeil il ne faut que cela.

— De Paris... j'étais donc à Paris ?

— Sans doute.

— Cette vieille femme m'avait dit que j'étais à Saint-Cloud.

— Vieille guerdine ! s'écrie Tintin.

Félicia lance un regard à la grande blonde ; celle-ci baisse le nez et ne souffle plus mot pendant le trajet.

Le chemin de fer n'allait pas assez vite au gré d'Emmeline et de Félicia. Cependant on approche enfin de Corbeil ; lorsque la jeune fille reconnaît les sites qui environnent le pays où elle demeure, sa joie éclate en transports, en exclamations qu'elle ne peut contenir.

— C'est là-bas...oh ! je me reconnais ! c'est là-bas qu'est ma mère ! balbutie Emmeline en riant et en pleurant tout à la fois ! Oh ! si elle savait que je reviens... que chaque seconde me rapproche d'elle ! si elle accourrait au-devant de nous...

— Calmez-vous, dit Félicia, dans trois minutes nous serons arrivées.

— Oh ! que c'est long encore !...

Le convoi s'arrête enfin, on descend ; Emmeline a pris le bras de Félicia, elle ne marche plus, elle touche à peine la terre ; elle a retrouvé toutes ses forces, et c'est elle maintenant qui entraîne sa compagne.

— Venez, lui dit-elle. C'est par ici... oh ! je sais bien le chemin maintenant.

Bientôt un cri de joie échappe à Emmeline ; elle vient d'apercevoir sa maison ; elle ne peut plus parler, mais elle la montre du doigt à Félicia, en balbutiant :

— C'est là...

Félicia éprouve aussi une vive émotion, mais ce n'est plus le plaisir qui la cause : elle se rappelle cette nuit terrible où elle épiait Isidore, et le crime qu'il allait commis en cet endroit même dont la rapproche. Et derrière les deux jeunes filles, Tintin marche toute seule, en courant quelquefois pour les rattraper.

On est bientôt devant la maisonnette isolée. Emmeline a regardé les fenêtres, il n'y en a aucune d'ouverte ; elle court sonner ; la domestique ouvre : elle pousse un cri de joie en reconnaissant sa jeune maîtresse ; elle veut s'élancer pour prévenir madame Clermont, Emmeline l'arrête en s'écriant :

— Non... moi... moi la première... Oh ! le bonheur ne peut pas faire de mal...

Et elle court au salon du rez-de-chaussée. Clémence y était, seule, désolée, la tête appuyée sur une de ses mains ; une voix chérie la fait sortir de ces tristes rêveries ; puis, au même instant, elle se sent embrassée, étreinte par deux bras qui entourent son cou ; et ces mots :

— Ma mère !... ma bonne mère... c'est moi... oui, oui... oh ! c'est bien moi ! va...

Clémence ne peut parler, elle s'est levée à demi ; puis elle retombe sur sa chaise ; elle pleure, mais cette fois ce sont des larmes de joie qu'elle répand. Quelques instants s'écoulent, la mère et la fille ne se disent que quelques mots entrecoupés, mais elles confondent leurs caresses, leurs larmes et leurs embrassements.

Arrêtée à l'entrée du salon, Félicia contemple ce tableau en murmurant : — O mon Dieu ! quel bonheur d'avoir une bonne mère !.. et comment peut-il exister des femmes qui abandonnent leurs enfants ?

Lorsque les premiers transports de joie sont calmés, les questions arrivent. Emmeline trouve moyen, en peu de mots, d'apprendre à sa mère sa maladie et comment elle a passé le temps de sa captivité. Ce récit, simple et naïf, suffit pour rassurer madame Clermont et lui faire comprendre qu'elle retrouve son enfant aussi pure qu'avant qu'on l'ait enlevée à sa tendresse. Sans lui dire le bonheur que lui fait éprouver son récit, lorsque sa fille a cessé de parler, Clémence la presse de nouveau dans ses bras et semble remercier Dieu, qui n'a pas permis que tant d'innocence fût flétri par un lâche ravisseur. Puis, regardant Félicia qui est toujours à l'entrée de sa chambre, elle se dispose à interroger de nouveau sa fille : celle-ci ne lui en laisse pas le temps, elle lui raconte comment la personne qui est là vient de la délivrer et de la ramener dans ses bras.

Clémence va vers Félicia à laquelle elle adresse les témoignages de sa vive reconnaissance. Mais Félicia l'interrompt et lui répond en baissant les yeux : — Je ne mérite pas tant de remerciments, madame ; ce que j'ai fait porte avec soi sa récompense, car je n'ai jamais été aussi heureuse que lorsque je vous ai vue presser votre fille dans vos bras.

En faisant quelques pas vers la porte, Félicia se dispose à s'éloigner, la mère et la fille la retiennent.

— Dites-nous au moins votre nom ! s'écrie Clémence, que nous sachions à qui nous devons la fin de nos peines.

— Mon nom !... je n'en ai pas ! balbutie Félicia en détournant la tête. Mais demandez à Creps qui je suis, et vous pourrez croire tout ce qu'il vous répondra.

Après avoir dit ces mots, Félicia baise avec respect la main que Clémence lui a tendue et s'éloigne, laissant la mère et la fille toutes surprises de ce qu'elle vient de leur dire.

En dehors de la maison Félicia trouve Tintin assise sur une pierre. La grande blonde dit :

— Je suis restée là, je n'ai pas osé entrer là-dedans.

— Tu as bien fait, ce n'était pas ta place.

— Cette dame a dû être bien heureuse en revoyant sa fille ?

— Oh ! oui, bien heureuse ! et moi aussi en voyant leur bonheur.

— Eh bien ! parole d'honneur, j'étais heureuse aussi, moi, en pensant à ce qui se passait là-dedans.

— Cela fait l'éloge de ton cœur. Partons ! retournons à Paris.

— Partons ! En voilà une journée ! C'est singulier, je n'ai jamais tant pleuré de ma vie qu'aujourd'hui ! et jamais aussi je n'ai éprouvé autant de plaisir.

V. — JALOUSIE. — IMPRUDENCE.

Monvillars venait d'entrer dans les salons de M. Riberpré où il y avait réunion ; et après avoir, d'un air respectueux, offert ses hommages à Camille et adressé quelques compliments à la jeune Elvina, il cherchait déjà des yeux celle qui l'occupait sans cesse, celle dont l'image ne le quittait pas un instant et dont il avait juré de se venger.

Mais lady Willmore n'était point encore arrivée. Après avoir parcouru trois pièces dans lesquelles circule la société, Monvillars se dispose à entrer dans le boudoir qu'il n'a pas encore visité, lorsqu'on lui dit à l'oreille :

— Ne vous donnez pas tant de peine... elle n'est pas ici... vous la cherchez inutilement.

Monvillars se retourne et tâche de sourire à Camille dont il a reconnu la voix, tout en répondant :

— Mais, mon Dieu, ma chère amie, je ne cherche personne... Je ne sais pas ce que vous voulez dire... Est-ce qu'il est défendu maintenant de se promener dans vos appartements ?

— Vous êtes bien habile sans doute, mais vous ne parviendrez jamais à tromper mes yeux et mon cœur. Je vous dis que vous pensez sans cesse à cette femme... je n'ai que trop remarqué !... Oh ! il ne tient qu'à moi, vous ne la reverriez plus ici... Cependant, je dois en convenir, elle ne semble pas y chercher votre présence ; bien au contraire, quand elle vous aperçoit d'un côté, elle va se mettre d'un autre... c'est étonnant comme votre vue paraît lui être agréable ! Cette femme-là vous déteste ou elle cache bien son jeu !... mais vous n'en êtes pas moins assez lâche pour être constamment occupé d'elle.

— Madame, vous répétez que vous ne savez pas ce que vous dites... que votre jalousie n'a pas le sens commun et que vous la poussez à un point qui devient insupportable.

— Ah ! ma jalousie vous ennuie, je le conçois ! Cependant, plus que tout autre, vous devriez excuser ce sentiment, car il ne vous est pas étranger ; car vous aussi vous êtes jaloux... non pas de moi ! oh ! vous ne me faites pas cet honneur ! mais de lady Willmore... Cette dame, qui me semble passablement coquette, écoute très-volontiers les discours galants qu'on lui adresse... ou plutôt qu'on adresse à sa fortune... car, à coup sûr, elle n'a rien de joli... rien d'extraordinaire, cette femme !... mais quand un homme s'approche d'elle... quand elle cause un peu longtemps avec lui, croyez-vous donc que je ne remarque pas les tourments secrets que vous éprouvez...

— Vous voulez rire, Camille... en vérité, cela devient plaisant, et ce que j'ai de mieux à faire, c'est de m'amuser de tout ce que vous me dites... car cela ne vaut pas la peine que je le réfute !

— Vraiment... Eh bien, riez... j'y consens. Oh ! certainement lorsque vous voyez M. Fortincourt faire sa cour à la riche veuve, cela ne vous inquiète pas... En effet, ce pauvre homme n'est pas un rival redoutable !... mais prenez garde... Vous savez que les femmes remarquent tout... qu'elles voient plus vite que vous ces petites choses qui ont cependant leur importance ; et j'ai remarqué, moi... que votre infidèle... car il est bien probable qu'elle vous a été infidèle, cette dame... j'ai remarqué, dis-je, qu'elle avait distingué quelqu'un parmi les jeunes gens qui viennent ici...

— Qui donc ? s'écrie Monvillars qui n'est pas maître de son émotion et dont la voix est déjà altérée.
— Oh! mon Dieu!... quel effet cela vous produit!... Vous n'avez plus envie de rire, à ce qu'il paraît...
— En vérité, madame, vous plaisez à me dire des choses si ridicules!
— Quoi! parce que je vous dis que lady Wilmore a remarqué un jeune homme... qu'elle le suit des yeux lorsqu'il arrive... qu'elle fait son possible pour fixer son attention.
— Qui donc? qui donc?...
— Mais qu'est-ce que cela vous fait, monsieur, si vous ne vous occupez pas de cette femme ?
Monvillars se mord les lèvres avec colère; il fait ce qu'il peut pour cacher son dépit, sa jalousie. Camille le regarde longtemps et soupire en murmurant :
— Ah! vous ne pouvez pas même dissimuler ce que vous éprouvez... Est-ce donc là cet amour que vous m'aviez juré... et tous nos projets pour l'avenir, monsieur, il semble que vous les ayez oubliés. Vous deviez aller à Corbeil... Maintenant que cette Clémence est séparée de sa fille, c'était le moment d'agir et...
— Prenez garde... voilà M. Riberpré!
Le banquier entrait dans le boudoir en causant d'affaires avec un homme d'argent comme lui. Malgré sa préoccupation, il avait fait une mine singulière en apercevant Camille qui est avec Monvillars dans cette pièce, où il vient peu de monde. Mais Camille, poussant aussitôt des éclats de rire un peu forcés, court à sa mère, en disant :
— Ah! mon ami! si vous saviez ce que M. de Sainte-Lucie me propose!... il me dit de donner un bal costumé où tout le monde serait obligé de venir en ours... il assure que ce serait très-gai... Comprenez-vous un bal où l'on ne verrait que des ours ?...
Le banquier ne répond que par un sourire assez équivoque. Le monsieur qui est avec lui s'écrie :
— Je suis de l'avis de monsieur, je crois que ce serait fort drôle, surtout si l'on dansait sous les quadrilles à quatre pattes.
— Ah! messieurs, en vérité, je suis trop bonne d'écouter vos folies!...
En disant cela, la belle brune passe dans un autre salon, le banquier continue sa conversation particulière, et Fortincourt vient de prendre le bras de Monvillars, et lui disant d'un air tout radieux :
— Elle vient d'arriver, mon ami... elle est là!... Ah! j'avais eu peur qu'elle ne vînt pas ce soir!... mais elle vient d'entrer dans le grand salon de danse.
— Qui donc cela?
— Il me demande qui! Ah! mon cher Sainte-Lucie, d'honneur vous me surprenez... Je croyais que le secret de mon cœur vous était connu... et ma foi, après tout, pourquoi en ferais-je un mystère?...
— Vous êtes amoureux?
— Amoureux comme un Africain, comme un Indien... comme tout ce qu'il y a de plus chaud enfin !
— De lady Wilmore ?
— Eh! sans doute... vous l'aviez deviné, n'est-ce pas?...
— Mais j'ai bien remarqué que vous étiez très-empressé près de cette dame... Cependant comme vous êtes, en général, fort galant avec toutes...
— Oh! cette fois, mon ami, c'est tout différent, c'est fort sérieux... Cette délicieuse blonde me tourne la tête...
— Et comment reçoit-on vos hommages ?...
— D'abord, assez froidement; mais depuis quelque temps on est plus aimable avec moi... et même beaucoup... Je la fais rire, mon cher; c'est bon signe, n'est-ce pas ?
— C'est très-bon signe... et d'ailleurs, si vous n'avez pas remarqué autour de cette dame quelque concurrent dangereux...
— Ma foi, non... Lady Wilmore cause volontiers, mais il ne m'a pas semblé qu'elle eût aucune préférence pour personne, c'est-à-dire, entendons-nous, c'est avec moi qu'elle rit le plus.
Monvillars respire plus librement; il pense que Camille a seulement voulu le tourmenter en lui disant que Valérie avait remarqué quelqu'un, et il reprend d'un ton plus gai :
— Alors, mon bon Fortincourt, je crois que vos affaires sont en bon chemin avec cette dame.
— N'est-ce pas ?...
— Elle ne vous parle pas de... de moi quelquefois ?
— Jamais, cher ami. Pourquoi me parlerait-elle de vous ?
— C'est une simple question que je vous fais.
— Plusieurs fois, au contraire, c'est moi qui parlais de vous... et qui en disais tout le bien que j'en pense. Je me souviens qu'alors elle m'a tourné le dos. Est-ce qu'elle vous en veut?... Au fait, elle m'a remarqué que jamais vous ne venez faire votre cour à cette dame... que vous ne lui adressez pas une seule fois la parole... ça l'aura piquée... Oh! c'est cela, elle vous en veut!
— Peu m'importe! cette dame n'a pas le don de me plaire... quoique je rende justice à ses charmes.
— Oh! que c'est particulier... comme les goûts sont différents!... moi, j'en raffole... Je pense sérieusement à l'épouser... dans quelque temps je risquerai ma demande... je veux, avant tout, me mettre tout à fait dans ses bonnes grâces... Pour flatter la belle veuve, savez-vous ce que j'ai imaginé?... De donner une petite fête... une soirée dont elle serait la reine...

— C'est fort bien imaginé, et j'approuve cette idée-là...
— J'arrangerai cela... après que je serai certain, toutefois, que lady Wilmore acceptera mon invitation... Mais je retourne près d'elle... je n'existe pas loin de ses beaux yeux !
Fortincourt rentre dans les salons, et Monvillars le suit de loin, car lui aussi voudrait toujours pouvoir observer Valérie, et, parmi ces désirs de vengeance qu'il amoncelle au fond de son cœur, il n'est pas bien certain qu'un autre sentiment ne trouve pas encore à se glisser.

M. Riberpré causait avec Valérie. Le banquier faisait toujours à cette dame l'accueil le plus empressé ; il était doublement flatté de recevoir chez lui une jolie femme aussi riche, et de penser qu'il pourrait la diriger un jour dans des placements de fonds. Valérie écoutait le banquier comme on écoute les choses qui nous sont indifférentes, ses regards se promenaient dans le salon, et se portaient assez fréquemment vers les portes d'entrée. Les hommes venaient adresser des galanteries à cette dame qui commençait à n'être plus une étrangère dans les réunions de M. Riberpré.

Et la jeune Elvina disait à sa mère :
— Vois donc, maman, comme lady Wilmore est jolie ce soir, comme cette coiffure parsemée de diamants lui va bien...
Camille s'efforçait de sourire en lui répondant :
— Mais, oui, les diamants font toujours très-bien dans les cheveux.

Lorsque Valérie apercevait Monvillars, une légère contraction de sa bouche laissait seule voir qu'il se passait quelque chose au fond de son âme, mais ce n'était que l'affaire du premier moment. Elle ne faisait ensuite aucune attention à lui, qui, de son côté, ne cherchait plus à s'approcher d'elle, et ne l'examinait que quand elle ne pouvait pas s'en apercevoir.

Dans cette soirée, cependant, Monvillars s'écarte un peu de sa conduite habituelle, les paroles de Camille ont jeté trop de trouble dans son cœur, pour qu'il soit bien maître de lui-même; ses regards ne quittent guère Valérie; il observe tous ceux qui s'approchent d'elle, cherche ensuite à lire dans les yeux de la jeune veuve ; mais il n'a rien encore remarqué qui puisse lui faire croire que Camille ait deviné juste, et, comme on le pense bien, les rires qui échappent à Valérie, pendant que Fortincourt lui parle, ne causent pas à Monvillars le plus petit mouvement de jalousie.

Satisfait de ses remarques, Monvillars s'était éloigné pour un moment, et se dirigeait vers un autre salon, lorsqu'il se sent retenu par quelqu'un qui vient de lui prendre le bras. Il se retourne et reconnaît Isidore. Mais un changement notoire s'est opéré dans sa personne ; au lieu de cet air triste, sombre, de ce visage pâle et glacé qu'il avait montré naguère à une réunion du banquier, Isidore Marcelay se présente maintenant avec une physionomie dans laquelle respirent le bonheur et le contentement le plus intime ; son teint est animé, ses yeux sont brillants et expriment la joie de son cœur ; quiconque ne l'aurait vu que lors de sa dernière apparition à la soirée du banquier ne pourrait le reconnaître.

Monvillars demeure frappé de ce changement ; avant qu'il ait eu le temps d'interroger Isidore, celui-ci lui dit en lui serrant la main :
— Je suis bien heureux de vous rencontrer ici... je l'espérais, du reste ; vous avez pris part à mes tourments, à mes peines, vous allez partager ma joie, mon bonheur !... Elle nous est rendue.
— Comment !... mademoiselle Emmeline...
— Oui, Emmeline, celle que j'adore... Emmeline, que sa mère pleurait sans cesse... elle est retrouvée ou plutôt on nous l'a ramenée.
— Quoi... son ravisseur...
— Non! non! quant à celui-là, on ignore ce qu'il est devenu... mais que je la retrouve, et il ne perdra rien pour attendre !... Le principal est qu'Emmeline nous est rendue et toujours aussi pure, aussi digne de mon amour !... Ah! vraiment, c'est un miracle, le ciel a protégé cette jeune fille !
— Comme vous dites... tout cela me semble miraculeux... Où donc a-t-on retrouvé cette demoiselle ?
— A Paris!... Croiriez-vous que ces misérables qui l'avaient enlevée, l'avaient amenée à Paris... chez une vieille femme... qui demeurait sur les bords du canal?... mais je vous conterai tout cela plus en détail dans un autre moment. Ce que je voulais vous dire d'abord, c'est qu'elle est rendue à l'amour de sa mère et au mien...
— Y a-t-il longtemps ?
— Quatre jours seulement; mais, depuis ce temps, je n'ai point passé une journée sans la voir... aujourd'hui encore j'arrive de Corbeil, il y a une heure. Pauvre Emmeline! si vous saviez combien sa mère est heureuse... et je vous réponds qu'elle ne la quittera pas maintenant!... mais j'irai vous voir et nous pourrons mieux qu'ici causer de tout cela.
— Vous me ferez bien plaisir... Les imbéciles! se dit Monvillars, lorsque Isidore l'a quitté ; ils avaient amené la petite à Paris... Je le

leur avais défendu cependant!... Diable!... voilà bien des peines perdues... Que va dire Camille?... elle me grondera et elle aura raison. J'ai négligé nos intérêts pour m'occuper d'une femme... que j'aurai toujours le temps de punir...

Tout en disant cela, Monvillars retourne pourtant dans le salon où il a laissé Valérie; mais la jeune veuve n'est plus à la place qu'elle occupait : il la cherche des yeux, ne l'aperçoit point, et passe dans un salon où l'on faisait un peu de musique. Il ne tarde point à y voir celle qu'il voulait retrouver. Elle est assise et cause avec deux messieurs qui se tiennent debout près d'elle; mais ses traits n'ont plus cette expression d'indifférence qu'ils montraient pendant la conversation du banquier; les regards de Valérie ont une tout autre animation, surtout pour quelqu'un qui étudie les moindres sentiments qu'ils expriment; de ses grands yeux bleus, habituellement assez langoureux, s'échappent, par moment, flamme des éclairs, comme des pensées brûlantes, puis ils se baissent aussitôt; mais alors même, sous les longs cils qui les ombragent, on peut encore deviner qu'ils observent, tout en ne regardant plus.

Monvillars, auquel il n'a fallu qu'un instant pour voir tout cela, veut savoir aussitôt quels sont ces deux hommes qui, en ce moment, causent avec Valérie.

L'un est Fortincourt, l'autre est Isidore Marcelay.

Mais Fortincourt, seul, parlait presque constamment, tandis que le grand jeune homme se contentait d'écouter en souriant quelquefois. Cependant c'est sur Isidore que tombent ces regards remplis d'expression qui ont réveillé toute la jalousie de Monvillars. C'est donc Isidore Marcelay que Valérie a remarqué; mais elle n'a pu le voir encore que deux fois avant cette soirée, et pendant ces deux fois, c'est à peine s'il a passé une demi-heure dans les salons du banquier.

C'est pourtant bien à lui que Valérie adresse des regards que d'autres seraient trop heureux de briguer, tandis qu'il ne semble pas les remarquer. Comment donc a-t-il le talent de plaire à cette femme que chacun entoure d'hommages? Est-ce parce qu'il ne lui en adresse pas? est-ce grâce à cette sombre tristesse qu'exprimaient naguère tous ses traits? Monvillars s'est déjà demandé cela, et bientôt il s'est dit : Est-ce qu'il faut des raisons pour plaire!... est-ce que l'on a besoin de motifs pour aimer?...

Ne pouvant plus résister aux angoisses qu'il ressent, oubliant sa prudence habituelle, Monvillars s'approche cette fois de Valérie, dont le visage devient blême en le voyant s'arrêter devant elle.

— Ah! voilà ce cher Sainte-Lucie! s'écrie Fortincourt; approchez donc, sage Ulysse... Ah! je crois que vous avez aussi été brûlé par les rayons de cet astre qui vivifie tout ici... personne n'en est exempt, il faut rendre les armes quoi qu'on en ait...

Enchanté de la phrase qu'il vient de dire, l'ex-séducteur se tourne vers lady Wilmore; il est frappé de sa pâleur.

— Bon Dieu, belle dame ! qu'avez-vous?... vous sentiriez-vous indisposée?... votre délicieux visage vient de se couvrir de pâleur... qui n'est pas sans charme... mais qui m'inquiète...

— Je n'ai rien, répond Valérie en baissant ses regards vers la terre; il me passe quelquefois de légers frissons... cela ne vaut pas la peine qu'on y fasse attention!...

— Votre conversation galante aura peut-être trop ému madame, répond Monvillars, en attachant sur Valérie un regard dans lequel perçait toute sa jalousie.

— Si j'étais assez heureux pour donner à madame ces petits frissons dont elle nous parlait tout à l'heure... je me croirais le plus fortuné des mortels.

Valérie vient de lever les yeux et de les porter sur Isidore qui ne dit rien, et qui peut-être n'écoute pas ce qui se dit près de lui, parce que toutes ses pensées sont à Corbeil. Mais si les yeux du jeune homme restent froids et indifférents près de la jolie femme qui est à ses côtés, en revanche, celle-ci, comme pour braver le regard menaçant de Monvillars, adresse à Isidore un de ses sourires les plus doux.

Monvillars ne sait plus ce qu'il fait; il ne voit pas qu'un peu plus loin, Camille est là qui l'observe. Il prend vivement le bras d'Isidore et l'entraîne en lui disant :

— Venez, mon cher ami, venez, j'ai des choses intéressantes à vous communiquer.

— Son cher ami! murmure Valérie en regardant Isidore s'éloigner avec Monvillars, puis elle se tourne vers Fortincourt : Est-ce que vraiment ce jeune homme... que vous appelez Isidore Marcelay, serait l'ami de... de cet autre monsieur qui vient de l'emmener?

— De Sainte-Lucie? répond Fortincourt; oui... oui... oh! ils sont fort liés ensemble... Je ne sais pas depuis quand... mais ça ne fait rien... d'autant plus que... qu'est-ce que je disais donc?... je ne m'en souviens plus... mais ce n'est pas étonnant, près de vous, belle dame, on doit tout oublier!...

— Que fait-il M. Isidore Marcelay?

— Ce qu'il fait?... je le suppose agent de change... ou avocat, ou avoué.

— C'est-à-dire que vous ignorez entièrement ce qu'il est...

— Ma foi, je crois que vous avez raison... mais près de vous, je suis tellement préoccupé...

— Voilà M. Riberpré qui passe!

Mais répondez donc, monsieur ; mais convenez donc que votre conduite est indigne.

dez-lui donc quel est ce jeune homme.

— Du moment que cela peut vous être agréable, belle lady... Eh ! mon cher banquier, écoutez donc un peu... madame désire un renseignement.

Valérie fait un mouvement d'impatience, en murmurant à demi-voix :

— Vous auriez bien pu vous dispenser de dire que c'était moi qui vous faisais cette question.

— C'est juste!... je deviens stupide... cela ne doit pas vous étonner... vous y contribuez...

Riberpré vient de s'approcher de Valérie, d'un air tout aimable, en disant :

— Comment... je suis assez heureux pour que lady Wilmore ait besoin de moi?

— Mon cher banquier, répond Valérie, monsieur s'est servi de mon nom pour vous faire venir vers lui... Je ne lui en fais pas un reproche... Je suis très-flattée d'ailleurs de voir que ce nom a quelque puissance près de vous.

— Je crois, madame, que sa puissance ne se borne pas là. Eh bien! Fortincourt, que me voulez-vous?

— Moi... Qu'est-ce que c'était donc?... je ne m'en souviens plus... Ah! si fait... c'était au sujet de M. Isidore Marcelay que je voulais vous parler... quelqu'un... pas une dame, un monsieur, m'avait demandé des renseignements sur ce jeune homme... Je crois que c'est quelqu'un qui veut l'épouser...

— Comment! ce monsieur veut l'épouser?

— Voyons, pas de mauvaise plaisanterie... le monsieur, dis-je, veut le marier... Moi, je n'ai pas trop su quoi lui répondre, je ne connais ce jeune homme que très-superficiellement. Est-ce que vous ne pourriez pas me renseigner?...

— Pardonnez-moi. M. Isidore Marcelay serait, je crois, un fort bon parti.

— Qu'est-ce qu'il fait?... N'est-il pas homme de loi... commissaire priseur?

— Il ne fait rien de tout. Il a un oncle qui possède vingt mille francs de rente et dont il sera l'unique héritier; outre cela, il a eu quelque fortune de sa mère; vous concevez qu'on ne fait rien, dans cette position-là, que s'amuser et courtiser les dames; du reste, je crois ce jeune homme assez sage, assez rangé, car je n'ai jamais vu de son papier en circulation... Pardon... on me demande à la bouillote.

Riberpré s'est éloigné.

— Etes-vous contente, belle dame? dit Fortincourt. Je crois que j'ai posé mes questions assez adroitement.

Valérie ne répond que par un signe de tête; elle est devenue pensive, grave; mais ses regards se portent souvent du côté par où Isidore a disparu avec Monvillars.

En emmenant celui dont il a vu que Valérie était occupée, Monvillars n'a eu d'abord qu'un désir, celui d'éloigner d'elle un homme qu'il regarde déjà comme un rival. Lorsqu'ils ont été dans une autre pièce, Isidore a demandé à Monvillars ce qu'il avait à lui communiquer et si cela concernait Emmeline.

En entendant prononcer le nom d'Emmeline, Monvillars sait que la jalousie l'égare, car il sait mieux que personne qu'Isidore ne songe point à faire la cour à Valérie; reprenant alors un peu de calme, il répond :

— Excusez-moi, monsieur Marcelay... Quand je vous ai emmené tout à l'heure, j'ai cédé à je ne sais quelle impression involontaire... Tenez, s'il faut vous l'avouer... mais ceci est entre nous, je suis amoureux aussi, moi... et vous savez qu'il nous arrive alors de ces choses dont on ne peut pas bien rendre compte...

— Vous êtes tout excusé, monsieur... Ah! vous êtes amoureux... Je ne serai point assez indiscret pour vous demander de qui... mais je suis bien aise que vous ayez cette ressemblance avec moi, car vous comprenez quel est mon bonheur depuis que j'ai retrouvé celle que j'aime... c'est au point que je voudrais pouvoir dire cela à tout le monde... mais comme ici je ne puis le dire qu'à vous... je m'en vais... Tous ces gens-là m'ennuient, parce que je ne puis pas leur parler d'elle... Si je suis venu ici, c'est que madame Cler... c'est qu'on m'en avait prié... Maintenant adieu, ou plutôt au revoir.

Monvillars n'a garde de retenir Isidore; il le voit, au contraire, s'éloigner avec joie et se dispose à jouir de la déception de Valérie, en n'apercevant plus celui dont elle cherche à se faire remarquer; mais, en retournant dans la salle où il l'a laissée, il ne voit que Fortincourt, auquel il dit aussitôt :

— Où est donc lady Willmore?...

— Elle vient de partir.

— Comment... elle est partie!...

— A l'instant même... Je ne sais ce qui lui a pris. J'ai voulu la retenir, elle ne m'a pas écouté...

— Partie... et en même temps que lui!...

— Comment que lui... que qui, lui?

Monvillars ne répond pas à Fortincourt, il quitte la salle de musique, traverse un autre salon et se dispose à gagner l'antichambre, lorsque, dans une petite pièce qui précède, il rencontre Camille qui lui barre le passage en lui disant :

— Où courez-vous... sur ses pas, sans doute?... Vous ne la suivrez point, je vous le défends.

Monvillars éprouve un sentiment de colère qu'il a peine à réprimer, et, dans son dépit, ne peut que balbutier quelques mots sans suite; mais Camille, qui a cette soirée ressenti tous les tourments que peut lui causer la jalousie, ne le laisse pas même essayer de s'excuser et s'écrie :

— Mais vous me croyez donc aveugle, monsieur, ou bien vous pensez donc que j'ai cessé de vous aimer?... Ah! je le devrais, car votre conduite avec moi est infâme; car, devant mes yeux, laisser paraître tout l'amour que l'on a pour une autre... c'est lâche... c'est ingrat!... Il croyait peut-être que je ne le voyais pas lorsqu'il s'est approché de cette femme, la pâleur au visage... la fureur dans les yeux... parce que cette femme était tout occupée d'un autre... M. Isidore Marcelay... Vous voyez que je ne vous avais pas menti... que mes conjectures étaient fondées... Vous connaissez maintenant votre rival... Il avait l'air bien gai, bien heureux, ce soir, ce jeune

Oh! quel plaisir! nous nous tutoierons, n'est-ce pas?

homme... Les tendres regards de lady Willmore lui ont-ils donc déjà fait oublier celle qu'il était si désolé d'avoir perdue!... Oh! cela ne m'étonnerait pas, les hommes sont tellement volages... et vous êtes amoureux de cette femme qui vous dédaigne, qui se rit de vos soupirs! et pour elle je suis trahie... outragée, abandonnée!... Mais répondez donc, monsieur, mais convenez donc que votre conduite est indigne...

Camille avait quitté le bras de Monvillars; mais placée devant lui, ses regards, animés par la jalousie et la fureur, se fixaient sur son amant qu'ils semblaient vouloir foudroyer. Monvillars cherchait ce qu'il pourrait répondre, lorsqu'une petite porte s'ouvre en face de ces deux personnes, et M. de Riberpré se trouve vis-à-vis d'elles.

Le banquier, qui est presque toujours maître de lui-même et sait se posséder alors même qu'il est le plus irrité, se contente de pincer fortement ses lèvres, en s'avançant vers Camille qui, à sa vue, est demeurée comme médusée. Cette fois tout son aplomb l'abandonne, et elle reste immobile, ne pouvant plus ni parler ni bouger.

Monvillars comprend que la situation peut devenir orageuse, et il ne voit rien de mieux à faire que de s'éloigner : saluant aussitôt Camille et le banquier, il se hâte de gagner l'antichambre et de partir.

En voyant que le banquier laisse Monvillars s'éloigner sans lui rien dire, Camille reprend un peu de courage, elle balbutie :

— Mon Dieu... vous m'avez trouvée ici... causant avec M. de Sainte-Lucie... c'est que je venais de le rencontrer là, et...

Riberpré prend le bras de Camille, le serre de manière à lui laisser de ses marques, et lui dit lentement et à voix basse :

— Taisez-vous... Vous êtes une gueuse..... une p.....
— Monsieur !
— Taisez-vous, ou je le dis tout haut et de façon à ce que toute la société l'entende... Il y a longtemps que je me doutais que ce M. Sainte-Lucie était votre amant... à présent que je n'ai plus de doutes...
— Mais je vous jure...
— Pas un mot !... Rentrez dans les salons... Allez faire les honneurs de chez moi... de *chez moi*, entendez-vous... et non pas de chez vous... Allez donc et pas de giries, je vous préviens qu'elles seraient inutiles maintenant : vous verrez bientôt comment je me venge !... Mais allez donc.

Et Riberpré pousse brutalement Camille du côté où se tient la compagnie, tandis qu'il rentre dans ses salons par une autre porte.

VI. — ÉVÉNEMENT IMPRÉVU.

Le lendemain de cette soirée, vers le milieu de la journée, quatre personnes, réunies à Corbeil dans la maisonnette habitée par madame Clermont, étaient assises devant un bon feu, dans le petit salon du rez-de-chaussée.

Ces quatre personnes étaient Clémence et sa fille, Isidore et Creps.

L'expression de la félicité la plus douce, la plus pure, se peignait sur le visage des trois premières ; elles semblaient goûter avec délices le bonheur d'être l'une près de l'autre, de se voir, de se parler, de s'entendre : c'était le soleil après l'orage, le port après la tempête ; c'était un doux baiser après une longue séparation...

Si les traits de Creps exprimaient un contentement moins vif, le tableau qu'il avait devant les yeux était aussi bien doux à son cœur ; s'il n'éprouvait pas en lui-même un bonheur aussi parfait, le reflet de celui des autres lui faisait cependant oublier ses chagrins passés et ses inquiétudes pour l'avenir.

C'était de Félicia qu'il avait su qu'Emmeline était rendue à sa mère. Elle lui avait conté comment elle avait, grâce à Tintin, découvert l'endroit où l'on retenait cette jeune fille et quelle avait été alors sa conduite. Creps, après avoir écouté Félicia, l'avait tendrement pressée contre son cœur en lui disant :

— Vous êtes bien ma fille ! si j'avais pu hésiter encore à le croire, ce que vous venez de faire ne me laisserait plus de doutes.

Et Félicia avait ajouté en baissant les yeux :

— Dites à Isidore que c'est moi qui ai ramené celle qu'il adore dans les bras de sa mère, alors peut-être il oubliera mon crime et il me pardonnera.

Creps jouissait donc doublement en étant témoin de la félicité de ceux qu'il aimait, en se disant que c'était à Félicia qu'ils devaient leur bonheur.

Et puis, lorsque Clémence était plongée dans cette douce joie qu'elle ressentait en contemplant sa fille, Creps, certain qu'elle ne le voyait pas, se livrait au plaisir de reposer ses regards sur ceux de cette femme que le temps avait laissée jeune et belle. Alors son teint s'animait, un feu brillait dans ses yeux ; mais, dès que Clémence cessait de contempler Emmeline, il détournait la tête, craignant qu'elle ne remarquât son attention à la considérer.

Et en effet, tant que sa fille ne lui avait pas été rendue, Clémence, dont la tête était à moitié perdue par l'excès de la douleur, voyait à peine ceux qui étaient près d'elle, et cessait d'entendre lorsqu'on ne lui parlait pas d'Emmeline. Alors Creps pouvait passer des heures à la considérer, elle s'en apercevait pas, et souvent même elle ne voyait pas qu'il était là.

Mais avec le bonheur, le calme était revenu ; puis avec le calme, la mémoire et les souvenirs. Quelquefois maintenant, en regardant Creps qui ne portait plus le misérable costume de l'Amant de la lune, Clémence semblait comme frappée par une pensée subite ; ses yeux exprimaient le trouble qui agitait son âme. C'était un sentiment vague et difficile à définir, ce n'était pas de la crainte, ni de la peine, c'était bien plus que de la curiosité.

C'était alors que Creps s'empressait de baisser les regards vers la terre, il tâchait de se composer une physionomie où il n'y eût plus rien de ce qu'il avait été, où il fût impossible de retrouver quelque chose de Ludger de Clairefontaine, et Clémence chassait de sa pensée les souvenirs qui venaient d'y renaître. Mais comme le costume en impose toujours et que, malgré soi, on subit son influence, depuis que Creps ne portait plus les misérables vêtements de l'Amant de la lune,

depuis que sa mise était celle d'un homme qui va dans le monde, on n'osait plus lui parler aussi familièrement ; et on lui disait maintenant *monsieur*, quoiqu'on le vît plus souvent.

— Ainsi donc, dit Isidore en s'adressant à la mère d'Emmeline, vous croyez que cette madame Michelette ignore véritablement ce que son fils est devenu ?

— Oui, j'en suis persuadée ; madame Michelette n'est pas femme à garder un secret. En apprenant que mon Emmeline m'était rendue, elle s'est venue pour me faire ses compliments ; vous concevez que je ne lui ai pas caché l'indignation que me faisait éprouver la conduite de son fils. Elle m'a répondu qu'elle comprenait parfaitement ma colère, mais qu'elle ne pouvait encore croire que son Alménor eût de lui-même tramé cette intrigue. D'abord elle ne cesse de répéter qu'il n'avait pas le sou, et ce n'est pas son ami Saucissard qui pouvait lui en prêter.

— Quel que soit le motif... le moteur... M. Alménor payera cher son infâme action...

— Est-ce que vous voudriez vous battre avec lui ! s'écrie Emmeline en regardant Isidore avec anxiété.

— Voudriez-vous donc, mademoiselle, que cet homme ne fût pas puni pour ce qu'il a fait ?...

— Mon Dieu... maintenant que je suis avec maman... près des personnes qui m'aiment... je n'ai plus de peines... il me semble que tout ce qui m'est arrivé n'est qu'un songe... et que je ferai bien de ne point chercher à m'en souvenir. Et toi, maman ?

— Ah ! ma fille, j'ai eu tant de chagrin, qu'il m'en est resté comme une vague inquiétude, et bien différente de toi !... C'est mon bonheur présent, qui quelquefois me semble un songe dont je redoute le réveil. Mais enfin, ce M. Alménor ne s'est porté envers toi à aucune violence... tu ne l'as vu qu'une seule fois après ta maladie... il avait, sans doute, senti toute l'indignité de sa conduite... et il serait peut-être plus sage de pardonner...

— Pardonner ! s'écrie Isidore en faisant un mouvement d'impatience. Ah ! madame, que dites-vous ! pardonner à celui qui vous avait réduite au désespoir... qui pouvait être cause de la mort de mademoiselle, car cette maladie... à laquelle heureusement elle n'a pas succombé... cette maladie n'était que la suite des terreurs, des tourments qu'elle avait endurés pendant ce fatal voyage... lorsqu'on l'emmenait à Paris. Non, madame, le misérable tout cela doit recevoir le châtiment dû à sa coupable audace. Au reste, je m'en rapporte... à la personne en qui vous avez le plus de confiance, à celui qui nous a donné tant de preuves de son attachement... à M. Creps, enfin.

Emmeline se tourne vers celui qui écoutait sans rien dire, et lui adressant un doux sourire :

— Voyons, monsieur Creps, parlez... mettez-nous d'accord... vous ne nous dites rien, et pourtant vous savez que nous aimons bien à vous entendre...

— Monsieur parle peu, dit Clémence en regardant Creps, mais en revanche, il agit... et lorsque ce n'est pas par lui-même, il trouve encore moyen de nous obliger par les autres.

— Oh ! oui ! s'écrie Emmeline ; et je suis bien fâchée que cette jeune dame qui m'a ramenée à maman n'ait pas consenti à rester plus longtemps avec nous. Elle s'est éloignée promptement, elle ne voulait pas même recevoir nos remercîments... Nous lui avons demandé son nom... elle nous a dit qu'elle n'en avait pas... c'était pour ne point nous répondre ; car enfin, on a toujours un nom, n'est-ce pas, maman ?

— Mais tu sais bien, ma fille, qu'on ne porte pas toujours celui qui nous appartient, dit Clémence en poussant un soupir.

— Mademoiselle, dit Creps, la personne qui vous a ramenée dans les bras de votre mère a été si heureuse de pouvoir sécher vos larmes, qu'elle se trouve payée de ce qu'elle a fait par le plaisir qu'elle en a ressenti. Quant à son nom, elle n'en a pas encore, cela est vrai, car elle ne connaît pas ses parents ; un jour peut-être elle retrouvera son père, et alors... je vous dirai son nom.

— Vous vous intéressez beaucoup à cette jeune dame, monsieur ? dit Clémence en attachant ses regards sur Creps. Celui-ci détourne la tête en répondant :

— Beaucoup, madame.

Isidore, qui éprouve toujours un secret embarras lorsqu'il est question de Félicia, s'empresse de dire :

— Dans tout cela, vous ne m'avez pas répondu au sujet de ce Alménor.

— Le fils de madame Michelette est un misérable, dit Creps, et je suis parfaitement de votre avis : l'action qu'il a commise doit être châtiée sans pitié.

— Ah ! vous l'entendez, madame.

— Mais, reprend Creps, j'ai dans l'idée que déjà ce monsieur reçoit le prix qui lui était dû ; car sa disparition n'est pas naturelle. Pour n'être pas revenu chez cette femme à laquelle il avait confié mademoiselle, il faut qu'il lui soit arrivé quelque accident ainsi qu'à son digne compagnon. Ensuite, je crois aussi que, dans toute cette affaire, ce M. Alménor n'est pas le plus coupable... c'est un sot, il aura été l'instrument dont on s'est servi pour séparer une fille de sa mère... Ce qu'il faudrait découvrir, ce sont les premiers auteurs de cette ténébreuse intrigue.

— Mon Dieu !... pourquoi donc voudrait-on me séparer de maman ! s'écrie Emmeline en entourant Clémence de ses bras. Est-ce que je fais du tort à quelqu'un en étant près d'elle?... et d'ailleurs, de près ou de loin, nous ne nous aimerions pas moins, n'est-ce pas, maman !

Pour toute réponse, Clémence couvre sa fille de baisers ; celle-ci reprend en souriant :

— Ne parlons plus de tout cela, car cela nous attriste toujours. Pendant que je n'étais pas avec toi, maman, tu as dû recevoir bien des marques d'intérêt de nos voisins... est-ce que madame Bouchonnier n'est pas venue souvent te voir, te consoler ?

— Elle n'est venue qu'une seule fois ; et la manière dont elle m'a dit que celui qui t'avait enlevée ne pourrait pas tarder à te ramener dans mes bras, m'a paru si singulière, si positive, que j'ai été tentée de lui demander si c'est qu'elle avait quelques raisons particulières pour me parler ainsi... mais tu sais bien que depuis quelque temps nous n'étions plus dans les bonnes grâces de cette dame...

— C'est vrai !... et je voudrais bien savoir pourquoi ! dit Emmeline, puis, s'adressant à Isidore :

— Monsieur Isidore, qu'est-ce que nous avons donc fait à votre cousine pour qu'elle ait cessé d'être, avec nous, aimable comme autrefois ? Devinez-vous d'où peut venir ce changement qui me fait de la peine, parce que j'aimais beaucoup Elmonde ?... et maintenant maman a dit que nous n'irions plus jamais chez elle.

Isidore redevient embarrassé, car à peine a-t-on cessé de parler de Felicia, qu'on s'occupe d'une personne avec laquelle ses relations n'ont pas été plus innocentes. Il répond, en cherchant ses mots :

— Ma cousine a toujours eu l'humeur... extrêmement capricieuse... elle change... sans motif, sans savoir pourquoi... elle devait pourtant être flattée de vous recevoir... mais ils sont retournés à Paris, car j'y ai rencontré Bouchonnier hier... et je crois qu'il m'a dit... que l'année prochaine, sa femme ne voulait pas revenir habiter Corbeil.

Puis, désirant changer le sujet de la conversation, Isidore se hâte de reprendre :

— Je suis allé hier soir chez M. Riberpré...

Le front de Clémence s'assombrit aussitôt. Emmeline se rapproche de sa mère. Creps écoute avec plus d'attention.

— Il y avait beaucoup de monde, dit Isidore ; on voit là une foule de gens que l'on ne rencontre guère ailleurs... je crois la société fort mêlée... on danse, on fait de la musique, on joue très-gros jeu... Moi, j'y retrouve assez ordinairement un jeune homme fort aimable... nommé Sainte-Lucie... je cause avec lui, sans quoi je m'amuserais peu dans cette réunion.

— Et... M. Riberpré... est-il aimable avec vous ? balbutie Emmeline.

— Il me reçoit fort bien... c'est-à-dire comme la plupart des personnes qui viennent à ses soirées... Plus d'une fois il a essayé d'entamer avec lui une conversation plus intime... mais il m'a semblé que... cette femme... qui est chez lui... cette Camille, craignant de me voir causer un peu longtemps avec le banquier ; car, alors, elle vient presque toujours nous interrompre, lui envoie sous quelque prétexte dire à M. Riberpré qu'on le demande dans un autre salon...

— Il est probable, dit Creps, que cette Camille connaît l'intérêt que vous portez à madame et à sa fille, et c'est pour cela qu'elle craint de vous voir en conversation avec M. Riberpré. Je gagerais que cette femme ne vous veut pas grand plaisir.

— Je crois que vous avez raison : elle fixe sur moi des regards plus ironiques que bienveillants ; mais, de mon côté, je vous avoue que je ne me sens pas le désir de paraître aimable avec elle.

— Cette femme a bien tort de s'inquiéter de l'intérêt que l'on me porte, dit Clémence en soupirant, car je ne suis pas dangereuse pour elle, et elle doit être certaine, maintenant, que je ne reprendrai jamais la place qu'elle occupait !...

A peine Clémence achevait-elle sa phrase que le bruit d'une voiture s'approchait attire l'attention de chacun.

C'était un coupé fort élégant et auquel étaient attelés deux beaux chevaux noirs, qui venait de s'arrêter devant la maison.

— Une voiture bourgeoise, s'écrie Emmeline, et c'est pour nous...

— Qu'est-ce que cela veut dire ? murmure Clémence, presque effrayée par cette visite inattendue.

— Je parie que c'est Elmonde qui vient nous voir et s'excuser d'avoir été si mauvaise depuis quelque temps, reprend Emmeline.

— Ma cousine n'a pas de voiture, dit Isidore, et à moins qu'elle n'ait loué ce coupé... Au reste, nous allons savoir... le domestique ouvre la portière.

Le valet vient d'ouvrir en effet la voiture, on voit un monsieur descendre de la voiture et examiner un moment la maison comme pour s'assurer qu'il ne s'est point trompé. Alors Clémence et sa fille poussent un cri d'effroi, tandis qu'Isidore demeuré frappé de surprise, et Creps, reconnaissant dans ce personnage l'individu qui après avoir causé avec Roberdin, le chargea d'une commission si singulière, murmure :

— C'est M. Riberpré...

— Oui, balbutie Clémence, c'est M. Riberpré... c'est mon mari... mais que vient-il faire chez moi, mon Dieu !...

— O maman !... maman... cette visite me fait trembler ! s'écrie Emmeline en se serrant contre sa mère.

En ce moment la sonnette se fait entendre.

— Si l'on n'ouvrait pas ? dit Emmeline. Mais Clémence se retourne vers sa fille, en lui disant d'un air grave :

— Vous oubliez, ma fille, que c'est votre père.

— D'ailleurs, pourquoi trembler ? dit Isidore ; il me semble, à moi, que cette visite n'annonce, au contraire, que des intentions conciliantes...

La servante, qui a été ouvrir, entre dans le petit salon, et dit :

— C'est un monsieur qui voudrait parler à madame ; il m'a dit comme ça : Dites à votre maîtresse que M. Riberpré désire avoir avec elle un moment d'entretien... il m'a répété deux fois son nom pour que je le retienne bien.

— Mais, maman, qu'est-ce qu'il peut donc avoir à te dire ?

— Nous le saurons tout à l'heure, ma fille, car je vous dirai tô notre entretien... Va... va, chère enfant, il ne faut pas faire attention ton père.

— Mais, maman... tu ne t'en iras pas cette fois-ci ?

— Ne crains rien. C'est bien M. Riberpré qui est là, et je ne pense pas qu'il ait la moindre envie de m'emmener avec lui.

Isidore prend un bras d'Emmeline, Creps s'empare de l'autre, et tous deux entraînent la jeune fille qui a beaucoup de peine à se décider à quitter sa mère. Une porte au fond du salon communiquait à l'escalier conduisant aux chambres du haut ; c'est par là qu'ils sortent pour ne point rencontrer le banquier qui attend dans le vestibule.

Lorsqu'elle est seule, Clémence dit à sa domestique de faire entrer ce monsieur ; Riberpré est introduit dans le salon ; il salue sa femme assez poliment et sans manifester la moindre émotion ; puis, prenant un siège, il va s'asseoir devant le feu en disant :

— Vous permettez, madame, c'est qu'il ne fait pas chaud aujourd'hui.

Clémence se contente de s'incliner et s'assied à son tour, mais à une assez grande distance de son mari.

— Madame, dit le banquier en se renversant sur le dos de sa chaise, ma visite doit vous paraître pour le moins singulière, et vous devez être curieuse d'en savoir le motif. Je vais sur-le-champ vous satisfaire. J'aime à traiter les affaires promptement. Lorsque votre cher ami M. Duvalin vivait, il est venu plus d'une fois me parler au sujet de votre... de notre fille, me disant que je devais songer à l'établir... à la doter... une foule de choses qui ne me regardait pas ; aussi, la dernière fois qu'il est venu, l'ai-je envoyé promener assez brusquement, parce que je n'aime pas que l'on se mêle de mes affaires. Aujourd'hui que le vieil avocat est mort, et que je ne l'entends plus corner aux oreilles des choses qui m'ennuyaient, aujourd'hui... j'ai songé à m'occuper de mademoiselle Emmeline... c'est une fort jolie fille, ma foi, je l'ai vue cet été en me promenant dans ces environs.

— Et vous l'avez trouvée charmante, n'est-ce pas, monsieur ? s'écrie Clémence avec un sentiment d'orgueil et de joie.

— Je l'ai trouvée bien. Ainsi donc, quelle est mon intention maintenant est de songer à son avenir... Je l'établirai... je la doterai ; mais auparavant, je désire faire plus ample connaissance avec elle, je viens vous la demander pour l'emmener avec moi.

Clémence devient d'une pâleur effrayante et peut à peine balbutier :

— Comment, monsieur... vous voulez me priver de ma fille... de mon seul bonheur...

— Permettez, madame, permettez ; d'abord, ne nous jetons pas dans les grands sentiments, dans les phrases ; vous savez que ce n'est pas mon genre, à moi. Vous dites que je veux vous priver de votre fille ; il me semble que je n'ai guère privé jusqu'à présent, puisqu'elle est restée continuellement avec vous. Lorsqu'elle passerait maintenant quelques mois avec moi, cela ne serait pas juste ?... car enfin, je suis son père, n'est-ce pas ? Ensuite, vous ne voulez pas sans doute condamner cette petite au célibat. Quand elle se mariera, il faudra toujours qu'elle vous quitte... Que ce soit un peu plus tôt, un peu plus tard, qu'importe ? puisqu'il faut toujours en venir là.

— Mais, monsieur, ne pourriez-vous marier votre fille sans auparavant la faire venir chez vous ?

— Madame, je veux que ma fille Emmeline vienne maintenant habiter avec moi... je le veux, cela ne plait pas ainsi, et ce n'est qu'à cette condition que je consens à lui assurer une fortune qui, sans cela, pourrait fort bien lui échapper ; car, quoi qu'ait pu dire dans le temps le vieux Duvalin, je puis dénaturer mes biens, je puis les dilapider, les passer à d'autres de la main à la main, et songez, madame, que ma fortune vaut la peine qu'on y fasse attention...

Clémence ne savait que résoudre, que répondre ; se séparer de fille était pour elle le plus affreux chagrin, mais assurer son avenir, sa fortune, lui semblait un devoir qu'elle devait remplir avant de songer à son propre bonheur.

— Eh bien! madame, dit Riberpré au bout de quelques instants, quel est le résultat de vos réflexions? Il me semble, puisque vous aimez tant votre fille, que vous ne devriez pas hésiter lorsqu'il s'agit d'assurer son bonheur... car le bonheur, c'est la richesse, soyez bien persuadée qu'il n'existe que là.

Clémence, frappée d'une pensée subite, répond :

— Monsieur, je crois de mon devoir de vous parler avec franchise. Votre intention est de marier Emmeline; mais pour qu'elle soit heureuse, il faut qu'elle épouse celui qui a su toucher son cœur... car son cœur n'est plus libre... elle aime enfin...

— Diable, déjà! si c'est comme cela que vous veillez sur votre fille, je ne vous en ferai pas mon compliment!... Mais une amourette ne signifie rien... et ne saurait valoir la peine qu'on s'en occupe.

— Ce n'est point une amourette, monsieur, c'est un sentiment pur, honnête, vrai, que j'ai encouragé parce que l'objet en était digne.

— Vraiment! il me semble que vous auriez pu m'en demander la permission auparavant. Et quel est donc l'amoureux de mademoiselle? quelque niais campagnard sans doute! quelque troubadour bien sentimental!

— Celui qui aime ma fille, qui aspire au titre de son époux, qui a juré de la rendre heureuse... vous le connaissez, monsieur...

— Je le connais!

— C'est M. Isidore Marcelay.

— Quoi! vous connaissez M. Isidore Marcelay?

— Oui, monsieur.

— Comment avez-vous fait sa connaissance?

— En allant chez une de ses cousines qui possède une maison de campagne dans ce pays. C'est là que ce jeune homme a vu mon Emmeline, qu'il en est devenu épris... enfin...

— Très-bien, très-bien, je comprends. M. Isidore Marcelay est un parti fort convenable, il sera riche. Ma foi, je n'aurais pas mieux choisi... Et sait-il qu'Emmeline est ma fille?

— Oui, monsieur, il le sait.

— Tant mieux, cela évitera toute explication. Ah! il le sait... c'est donc cela... je lui trouvais avec moi un petit air câlin...

— Alors, monsieur, cet amour de ma fille...

— Je l'approuve, madame, et je ne mettrai aucun obstacle à son union avec M. Marcelay, non loin de là..

La joie paraît dans les yeux de Clémence qui s'écrie :

— En ce cas, monsieur, puisque vous approuvez le choix d'Emmeline, pourquoi différer le bonheur de ces jeunes gens? pourquoi ne pas les marier dès à présent?

— Madame, je vous ai dit que je voulais faire connaissance avec ma fille, c'est assez naturel, et je désirerais pour cela qu'elle vînt passer quelque temps chez moi. Croyez-vous qu'elle y sera bien à plaindre? ne dirait-on pas qu'elle va venir dans une caverne?... Soyez tranquille, rien ne lui manquera... et puis elle aura le plaisir de voir celui qu'elle aime, puisque M. Isidore Marcelay y vient. Voyons, madame, finissons-en. J'ai là une voiture, allez avertir votre fille, je l'emmènerai avec moi.

— Quoi! monsieur... aujourd'hui... tout de suite?

— Mais certainement, tout de suite. Voilà comme je traite les affaires. J'emmènerai ma fille avec moi, sinon qu'elle ne compte pas sur ma légère dot, sur le moindre souvenir de son père : voilà ma détermination irrévocable. Allez chercher votre fille, madame, je me chaufferai pendant ce temps-là.

En voyant le trouble, la pâleur de sa mère, Emmeline court dans ses bras. Clémence ne lui laisse pas le temps de l'interroger, elle dit en peu de mots ce que M. Riberpré vient de lui proposer. Le premier mouvement d'Emmeline est de serrer sa mère contre son cœur, en s'écriant :

— Non, non, qu'il garde sa fortune... mais je ne veux plus te quitter, j'ai déjà été si malheureuse loin de toi...

Pour calmer un peu la douleur de sa fille, Clémence lui apprend que son père connaît l'amour d'Isidore, que loin de s'opposer à son union avec celui qu'elle aime, il l'approuve et promet de hâter ce mariage.

Ces paroles étaient en effet un baume versé sur la blessure que l'on venait de faire. Isidore regarde tendrement Emmeline, en lui disant :

— Puisque madame votre mère consent à cette séparation, qui ne serait que de courte durée... puisqu'ensuite notre bonheur serait assuré et que nous reviendrons près d'elle pour ne plus la quitter jamais... un peu de courage, chère Emmeline...

Creps n'avait encore rien dit, Clémence le regarde, lui montre sa fille qui pleure, et s'écrie :

— Que doit-elle faire?... dites-le-lui donc, monsieur.

— Aller avec son père, répond Creps en prenant la main d'Emmeline. Oui, mademoiselle, veuillez m'en croire, de cette détermination dépend votre bonheur futur et celui de votre mè— car quelque chose me dit que M. Riberpré a encore d'au---

qu'il ne fait pas connaître. Songez que cette séparation momentanée ne peut se comparer à l'affreux guet-apens dont vous avez été victime. Madame votre mère sait où vous êtes... Si vous êtes quelque temps sans la voir, vous pourrez lui écrire. M. Isidore ira vous donner de ses nouvelles... Enfin si moi-même, si l'intérêt que je vous porte peuvent vous rendre quelque confiance... soyez assurée que dans cette nouvelle demeure où vous allez vivre, je veillerai aussi sur vous... Ne croyez pas que nous vous laisserons sans appui, sans défense au milieu de ce monde qui vous est inconnu... Pour vous protéger, j'y retournerai dans ce monde où je vécus jadis. Je saurai si l'on vous traite comme vous devez l'être... je tâcherai de connaître cette femme, cette Camille, qui est, je pense, la seule ennemie que vous ayez à redouter, et je vous préserverai des pièges que l'on pourrait vous tendre.

— Eh bien, dit Emmeline, puisque vous le voulez tous... puisque tu le veux aussi, toi, maman, il faut bien que je consente... mais vite... partir aujourd'hui... et il y a si peu de temps que je suis revenue près de toi.

— Le temps qui s'écoulerait avant cette séparation, dit Creps, serait plus triste que la séparation même. Une grande peine ne doit pas s'attendre, il faut courir au-devant d'elle pour qu'elle passe plus vite.

— Chère Emmeline, dit Isidore, en vous éloignant aujourd'hui de votre mère, songez que vous reviendrez plus tôt dans ses bras.

Clémence fait à son tour un effort sur elle-même en disant :

— Viens, ma fille, il ne faut pas faire attendre ton père.

Emmeline se décide à descendre, mais elle jette encore un regard sur Isidore, sur Creps, et leur montre sa mère, en balbutiant :

— Ne vous en allez pas... quand je serai partie, vous la consolerez.

Puis, la jeune fille, soutenue par sa mère, paraît enfin devant son père toute pâle et toute tremblante. Riberpré se lève; il daigne faire quelques pas au-devant de sa fille qui lui fait une révérence respectueuse; il l'embrasse sur le front, et après l'avoir un moment examinée, lui dit :

— Vous pleurez!... oh! je conçois cela... Quitter votre mère, cela vous dérange dans vos habitudes... Mais chez moi, vous ne vous ennuierez point... D'ailleurs, je suis votre père, et c'est bien le moins que nous fassions connaissance.

Emmeline essaie de prononcer quelques mots, elle n'en a pas la force. Clémence dit d'un air craintif :

— Elle n'a fait aucun paquet de ses vêtements, de son linge... si vous voulez attendre.

— C'est inutile, madame, ma fille trouvera chez moi tout ce dont elle aura besoin. Allons, mademoiselle, dites adieu à votre mère et partons...

— Maman! chère maman! balbutie Emmeline en appuyant son front brûlant sur le sein de sa mère.

Celle-ci, qui s'efforce de retenir ses larmes pour ne pas augmenter la douleur de sa fille, lui dit en l'embrassant :

— Du courage... chère enfant... cette séparation sera courte... Puis ensuite le bonheur : ton mariage... et nous ne te quitterons plus...

— Oh! toi!... toi... d'abord... Non... j'aime mieux toi seule... et ne pas quitter... Je ne veux plus... je ne veux plus te quitter...

Pour mettre fin à cette scène, le banquier prend sa fille sous le bras et l'entraîne en la soutenant jusqu'à sa voiture; il fait signe à son domestique qui l'aide à y faire monter Emmeline. La jeune fille versait un torrent de larmes et appelait toujours sa mère; mais celle-ci ne pouvait plus aller à elle, le courage qu'elle avait voulu feindre venait de l'abandonner, et en voyant disparaître sa fille, elle était tombée sans force sur une chaise. Heureusement deux voix amies s'étaient bientôt fait entendre à ses oreilles.

Isidore murmurait :

— Je veillerai sur elle.

Et Creps lui disait avec une expression toute nouvelle :

— Je veillerai sur son sort, car c'est toujours m'occuper de vous.

VII. — UNE FILLE CHEZ SON PÈRE.

Après la scène quelle avait eue avec Riberpré et dans laquelle ce monsieur, fort incivil lorsqu'il était en colère, lui avait donné les noms les plus désagréables, Camille était rentrée dans les salons où la société était rassemblée; mais, malgré ses efforts pour dissimuler son agitation et l'effroi dont son âme était remplie, la pâleur de son front, de ses lèvres, l'espèce d'égarement fébrile qui se montrait dans ses yeux, avaient frappé beaucoup de monde. On s'était empressé autour d'elle en lui demandant si elle se trouvait indisposée. Satisfaite d'avoir ce prétexte pour cacher son trouble, Camille avait répondu qu'en effet elle venait d'avoir un étourdissement, une oppression dont elle se ressentait encore un peu.

Riberpré était dans le salon où l'on jouait. N'ayant plus de dames chez elle, Camille peut se retirer dans son appartement; mais Elvina venait de s'approcher de sa mère et lui baisait les bras, en lui disant de sa douce voix enfantine :

— Tu es donc malade, ma bonne mère? c'est M. Fortincourt qui t venu me dire cela en cherchant son chapeau derrière le piano... ne trouve jamais son chapeau, ce monsieur-là... Qu'est-ce que tu s donc, maman?

— Rien, ma chère Elvina, répond Camille en faisant un effort our sourire, rien... un refroidissement... un malaise!... cela se ssera en dormant...

— Mais si tu ne dormais pas, par hasard? Veux-tu que je passe tte nuit près de toi?... Oh! tu verras comme je te garderai bien, mme je te veillerai, et sans faire de bruit, si tu dors... Je t'en prie, rmets-moi de rester dans la chambre cette nuit.

Camille avait embrassé sa fille avec un redoublement de tenresse, et lui avait dit que ses soins ne lui étaient pas nécessaires. a jeune Elvina s'était retirée dans sa chambre, et Camille était renée dans son appartement. Là, s'abandonnant enfin aux sentiments ui l'agitaient, elle avait jeté avec fureur les fleurs, les perles qui rnaient sa tête, puis elle s'était laissé tomber dans un fauteuil, en urmurant :

— Perdue... par ma faute, par mon imprudence, par ma jalousie ! h! mais pouvais-je me contenir, quand je voyais cet ingrat me romper... me trahir?... Pouvais-je laisser suivre cette femme?... ombien je l'exècre, cette femme... c'est elle qui a causé ma perte... omme il m'a traitée, cet autre!... quel être grossier!... Les termes es plus vils... les plus bas... Ah! que m'importe après tout !... Plus u homme est furieux de se voir trompé et plus il nous aime encore... u'a-t-il entendu?... que disais-je alors à Sainte-Lucie ?... je ne me e rappelle plus... Ah! si... je lui disais que sa conduite était inligne... qu'il m'abandonnait, me trahissait... Si l'autre a entendu out cela... Non! ce n'est pas possible; d'ailleurs je lui soutiendrai u'il a mal entendu... que ce monsieur me parlait de son amour our Elvina... Pauvre Elvina! si par ma faute j'avais compromis ton venir... Ah! cette lady Willmore!... je voudrais la briser! la déchirer! la voir expirante à mes pieds!

Camille marche pendant quelque temps dans sa chambre, puis s'arrête, écoute, regarde la pendule, et trouve que l'heure s'écoule rop lentement. Elle espère, à force de ruses, de mensonges, parvenir à détruire les soupçons du banquier, ou tout au moins à faire que sa conviction soit ébranlée, l'amener enfin à croire qu'il n'a pas vu ce qu'il a vu, et que ses oreilles l'ont trompé. Camille est capable de faire ce prodige ; il y a des femmes qui en ont fait de plus étonnants. Elle sait quel pouvoir elle exerce sur le banquier, l'effet de ses charmes, de ses regards, de ses soupirs, sur les sens de cet homme, qui près d'elle est heureux d'éprouver encore quelque chose ; elle se promet de redoubler de séductions, d'entraînement, de provocation, de volupté, de lasciveté ; elle surpassera, et il faudra que liberté succombe. Alors il se persuadera qu'il s'est trompé, ou plutôt on le lui persuadera.

Mais, pour en venir là, il faut être en tête à tête avec le banquier; cea pour cela que Camille se meurt d'impatience, qu'elle trouve que le temps ne marche pas. Cependant les aiguilles sont comme d'habitude; elles marquent trois heures du matin, toujours levée, toujours allant et venant dans sa chambre, et à moitié déshabillée, elle se persuade que les joueurs ne sont point encore partis, que elle pense qu'aussitôt après leur départ, Riberpré viendra dans sa chambre lui faire une nouvelle scène, se livrer à tous les transports de sa colère ; et c'est alors qu'elle espère combattre et vaincre sa jalousie.

Ennuyée d'attendre en vain, Camille se décide à entr'ouvrir doucement sa porte; elle traverse un couloir qui conduit dans un salon communiquant à celui où l'on jouait.

L'obscurité et le silence règnent partout. La société est partie, et Riberpré sera rentré dans son appartement sans aller chez Camille. ‗ faut donc que celle-ci attende jusqu'au lendemain cette scène et le combat décisif qu'elle veut livrer. Cette attente lui semble cruelle ; un moment elle conçoit la pensée d'aller elle-même trouver le banquier. Mais, s'il refusait de la recevoir, ce serait une déception nouvelle ; ensuite il est peut-être endormi; le déranger dans son sommeil, ce serait déjà lui donner de l'humeur. Camille calcule tout cela, et se décide à rentrer dans sa chambre et à attendre au lendemain.

Après une nuit sans sommeil, et pendant laquelle la jalousie qu'elle ressent de la conduite de son amant lui occupe plus encore que celle de Riberpré, Camille voit enfin venir le jour; elle se lève et donne à sa toilette les soins les plus minutieux, les plus calculés, où il s'agit avant tout de plaire, de séduire encore. Et après tout, ors même qu'on serait coupable, tant qu'on plaît on est pardonné.

Elvina vient, suivant sa coutume de chaque matin, dire bonjour à sa mère. Elle s'extasie sur le goût qui a présidé à sa parure, et l'écrie : — Ah! maman, que tu es donc belle dès ce matin !...

— Tu trouves, enfant? répond Camille en embrassant sa fille. J'ai voulu essayer une autre coiffure... Tu trouves donc que cela ne me va pas mal ?

— C'est charmant! Je suis sûre que mon père sera de mon avis.

— L'as-tu vu ce matin?

— Pas encore... Tu sais bien que je ne vais pas dans son cabinet, moi, parce qu'il est souvent en affaires avec du monde, et que cela pourrait le déranger... Je ne le vois pas avant le déjeuner...

— Ah! oui... c'est vrai... Ecoute... ce matin, quand il viendra, tu courras au-devant de lui... tu lui feras de tendres caresses, tu t'informeras de sa santé...

— Mais, maman, c'est cela que je fais tous les jours, cela...

— Sans doute, mais... c'est pour que tu n'y manques pas, surtout aujourd'hui...

— Est-ce que ce n'est pas mon devoir? Mon père n'est pas très-expansif, lui ; mais c'est égal, je suis bien sûre que cela lui fait plaisir que j'aille l'embrasser.

— Maintenant retourne dans ta chambre, va étudier ton dessin jusqu'à l'heure du déjeuner...

— Oui, maman.

La jeune fille fait quelques pas, puis revient en sautillant près de sa mère, lui dire : Maman... tu ne sais pas... M. Fortincourt veut donner un bal... une grande fête... Il m'a déjà dit de me préparer à beaucoup danser...

— Ah! il veut donner un bal...

— Nous irons, n'est-ce pas, maman?

— Mais c'est probable.

— Il aura lady Willmore. Il a dit qu'il voulait qu'elle lui fît compliment de sa fête.

La figure de Camille change subitement. Comme au coup de sifflet du machiniste, qui nous transporte du paradis dans l'enfer, un nom seul a suffi pour qu'à un air gracieux, séduisant, à un sourire plein de charmes succède l'expression de la fureur, du dépit, de la jalousie la plus effrénée.

Effrayée de voir ce bouleversement qui s'opère dans la physionomie de sa mère, Elvina s'écrie : Mon Dieu ! maman, qu'est-ce que tu as donc... est-ce que je viens de dire quelque chose de mal ?...

— Non, non... je n'ai rien... va-t'en, laisse-moi... va... je désire être seule... va, laisse-moi... Toujours cette femme! se dit Camille, lorsque sa fille n'est plus près d'elle et qu'elle peut sans contrainte exhaler sa fureur. Une fête... où elle sera... dont on espère qu'elle daignera faire l'ornement! Oh! ce Fortincourt est un vieux sot... Entendrai-je donc sans cesse parler de cette créature qui m'est odieuse ?... Mais... je m'occupe de cette femme... tandis que je ne sais pas encore ce qui doit m'arriver à moi... quelle sera demain ma position ?... Et il ne vient pas cet autre !... Cependant, avant le déjeuner, il passe ordinairement quelques instants ici... Il craint donc de se retrouver en tête à tête avec moi... Oh! c'est qu'il sent bien sa faiblesse...

L'heure du déjeuner arrive. Un valet vient annoncer qu'il est servi. Camille se rend dans la salle à manger, où elle ne trouve que sa fille.

— Est-ce que vous n'avez pas prévenu votre maître pour le déjeuner ? dit Camille à Picard.

Picard répond en saluant :

— Pardonnez-moi, madame, mais monsieur vient de partir dans son coupé, en disant qu'il ne déjeunerait pas.

— Ah! monsieur est sorti...

— Oui, madame.

— Et il a pris le coupé au lieu de son cabriolet, dont il se sert ordinairement?

— Oui, madame.

— Il va donc à la campagne?

— Je n'en sais pas plus, madame.

Camille demeure sombre et pensive. L'absence du banquier l'alarme; elle commence à comprendre qu'il ne sera point si facile de le ramener. Elle se rappelle les dernières paroles qu'il lui a dites la veille : *Vous verrez bientôt comment je me venge.* Elle cherche à deviner ce qu'il peut faire ; par moments, elle frémit, elle tressaille, parce qu'une pensée effrayante lui est venue, mais elle l'écarte bientôt en se disant : Non, c'est impossible, il ne ferait pas cela ; d'ailleurs, il la déteste, cette femme... Et si c'était sa fille qui l'voulût... Ah ! qu'il est heureux que nous ayons agi enfin, et que nous ayons enlevée à sa mère... S'il apprend cela, il sera furieux contre elle... sans doute... Allons, j'ai tort de m'alarmer. Après tout, qu'il aille à Corbeil si cela l'inquiète, il en reviendra encore plus confus, car il n'y trouvera point cette Emmeline que l'on dit si jolie.

Mais tout en se disant cela, Camille est cependant très-inquiète; c'est en vain qu'Elvina cherche à la distraire, à la faire sourire; les caresses de la jeune fille ne parviennent point à dissiper les nuages qui obscurcissent le front de sa mère.

Tout à coup Elvina s'écrie :

— Ah! je gage que je devine où est allé mon père !

— Toi ! balbutie Camille avec surprise.

— Oui, moi... Oh! c'est que j'ai de la mémoire. Il y a quelques semaines, mon père ne nous a-t-il pas parlé d'une jolie maison de campagne, dont il avait envie de faire l'acquisition?

— Ah! oui, à Germigny-l'Evêque, aux environs de Meaux.

— Tu lui as même dit : Mais il ne faut pas acheter sans voir ; et il t'a répondu : Je connais la propriété, j'y suis allé il y a quelques années ; je connaissais la personne à qui elle appartenait. C'est un charmant pays, au bord de la Marne. La maison est un petit château, et j'aurai cela pour rien; c'est à quelqu'un qui a un extrême besoin d'argent... Ah! vois-tu, maman, comme j'ai bonne mémoire, comme je me souviens de tout?

Camille sourit en répondant :

— En effet, oui... il a dit tout cela... Il serait bien possible que tu eusses deviné... il aura voulu revoir cette propriété avant de l'acheter... Mais c'est assez loin d'ici, à treize lieues, je crois, et s'il est allé là, il ne reviendra que ce soir... Peut-être même couchera-t-il à cette campagne, quoique de ce temps-ci la campagne ne soit pas encore gaie ! Enfin... nous verrons.

Camille renvoie sa fille dans sa chambre, elle a besoin d'être seule pour se livrer aux pensées qui l'agitent; elle passe à chaque instant d'une extrême crainte à une légère espérance. Enfin, vers le milieu de la journée, le bruit d'une voiture se fait entendre, puis des bruits de pas dans les appartements. Camille ne tarde pas à sonner sa femme de chambre, fille sur laquelle elle croit pouvoir compter, d'abord parce qu'elle récompense largement ses services, ensuite parce qu'elle a reconnu en elle une de ces domestiques aptes à conduire plusieurs intrigues à la fois et qui sont enchantées d'être dans une maison où il y a un mari à tromper. Sa femme de chambre arrive, et à l'expression singulière qu'elle cherche à donner à sa figure, il est facile de deviner qu'il vient de se passer quelque chose de nouveau.

— C'est monsieur qui revient? demande Camille.
— Oui, madame... oui... c'est monsieur.
— C'est bien.

Et le fait signe à sa femme de chambre de s'éloigner, mais cette fille tortille dans ses doigts un coin de son tablier, en murmurant d'un air d'hésitation :

— C'est que monsieur... n'est pas revenu seul...
— Il a amené quelqu'un avec lui?...
— Oui, madame... il a amené une jeune dame... c'est-à-dire, une jeune demoiselle...
— Une demoiselle ! de quel âge à peu près?
— Dix-sept à dix-huit ans, à ce que je crois... mais qui est extrêmement jolie.
— Eh bien ! cette jeune fille, qu'est-elle devenue?... que voulait-elle ici?
— Mais, madame... elle y est toujours... et il paraît qu'elle va y demeurer... car monsieur a dit à Picard... Mon Dieu... je ne sais pas si j'oserai rapporter cela à madame...
— Achevez... je le veux...
— Monsieur a dit à Picard : Préparez la chambre qui touche à celle d'Elvina... que l'on y mette tout ce qui est nécessaire dans la chambre d'une demoiselle... ce sera celle de ma... de ma fille aînée...

La foudre qui serait tombée sur Camille ne lui aurait pas causé une commotion plus violente. Enfin un cri de fureur s'échappe de sa poitrine, et elle s'élance sur sa femme de chambre d'un air menaçant, en lui disant :

— Ce n'est pas vrai... vous mentez... il n'a pas dit cela... Il ne peut pas avoir ramené sa fille.

La domestique se recule effrayée, en balbutiant :

— Je savais bien qu'on ne me voudrait pas me croire... c'est pourtant bien vrai... Madame pourra s'assurer... Certainement c'est bien vilain, un homme qui a des enfants naturels et qui les amène comme ça chez sa femme... Oh ! les hommes ! ils méritent ce qui leur arrive.

— Taisez-vous... sortez...

La femme de chambre ne demande pas mieux, car l'état d'exaspération de sa maîtresse lui fait peur.

Camille s'abandonne un moment au désespoir. Cet événement confond, anéantit toutes ses espérances. Un instant elle est prête à aller trouver le banquier, à l'accabler de sa colère, à lui annoncer qu'elle va partir avec son Elvina, où qu'il ne les reverra jamais. Au moment de quitter sa chambre, elle s'arrête... une réflexion la retient : si Riberpré allait la laisser partir avec sa fille ; si, persuadé de son infidélité, il ne la retenait plus? Tout serait donc fini pour elle, et elle perdrait en un instant le fruit de quinze années de patience, de dissimulation. Elle sent que quitter la demeure du banquier serait risquer de perdre la partie. Elle s'efforce de se calmer, elle restera, et elle disputera la place à celle que l'on vient d'installer dans la maison.

Ces réflexions ont retenu Camille chez elle. Assise sur sa causeuse, elle médite, elle attend ce que le banquier va faire. Tout à coup on entre chez elle, c'est Elvina qui accourt avec sa gaieté ordinaire :

— Ah ! maman... tu ne sais pas... Je viens t'apprendre une nouvelle... J'ai donc une sœur, moi? tu ne me l'avais jamais dit !...

Camille fronce ses noirs sourcils, en murmurant :

— Que voulez-vous dire ?
— Mon père vient de revenir avec une jeune personne bien gentille... oh ! tu verras comme elle est gentille... Mais tu la connais peut-être... car enfin... mon père m'a dit : Je vous présente votre sœur... qui va demeurer avec nous... Alors, si c'est ma sœur... tu es donc... Je ne comprends pas bien tout cela, moi... car je crois qu'elle a une autre mère...

— Cette jeune fille ne m'est rien, entendez-vous, Elvina... je n'ai que vous... vous seule êtes ma fille.

En prononçant ces mots, la voix de Camille s'affaiblit, et il est facile de voir qu'une pensée pénible vient de troubler son âme ; mais elle se remet bientôt et répond :

— Il y a de ces choses, ma fille, que l'on a ordinairement assez de pudeur pour cacher... mais puisque M. Riberpré a poussé la licence jusqu'à faire venir chez lui un enfant... qu'il a eu autrefois... le résultat de quelque faute qu'il a commise avant... notre mariage... il faut bien à présent que je vous explique tout... Cette personne est peut-être sa fille... c'est possible... mais elle n'est pour moi qu'une étrangère qui veut usurper la place de mon Elvina; aussi, sans la connaître, je la déteste déjà, cette fille, et je voudrais pouvoir la chasser à l'instant même d'ici.

— Ah ! maman, si tu la connaissais, tu ne dirais pas cela... cette jeune Emmeline... elle se nomme Emmeline... a l'air si doux, si timide... et puis elle pleure depuis qu'elle est arrivée... il paraît que cela ne lui fait pas grand plaisir d'être venue...

— Elle pleure?

— Oui, je l'ai entendue qui soupirait et disait tout bas : O ma mère !... quand te reverrai-je?... et ses larmes redoublaient... Sa mère existe donc encore?

— Oui... elle existe... mais tu ne sais pas tout, ma fille, tu ne sais pas que la mère de cette Emmeline... qui s'appelle, je crois, madame Clermont, a l'effronterie de se dire l'épouse de M. Riberpré... et je ne serais pas étonnée même qu'elle eût fait croire de mensonge à son Emmeline, qu'elle ne se fût posée en victime à ses yeux.

— Oh ! mais... c'est bien hardi, cela... mais personne ne doit la croire, car, enfin, on sait bien que les hommes ne peuvent pas être mariés deux fois... ce n'est pas permis, n'est-ce pas, maman?

— Non, sans doute. Et cette Emmeline... où est-elle?

— Dans cette jolie chambre qui touche à la mienne, c'est là qu'elle couchera, je n'en suis pas fâchée, ça me fera une compagnie... Je suis sûre qu'elle est bien aimable, quand elle ne pleure pas...

— Mais, enfant que tu es, tu ne comprends donc pas que cette Emmeline vient te voler les affections de ton père... que sa présence ici peut te faire le plus grand tort... enfin, que tu dois haïr, comme moi, celle que l'on a osé amener dans cette maison ?

Elvina fait une petite mine toute triste, et, prenant doucement une main de sa mère qu'elle caresse, répond timidement :

— Mon Dieu ! maman, je suis bien fâchée de te désobéir ; mais, j'aurais beau faire... je ne pourrais jamais haïr cette demoiselle qui pleure toujours... qui a l'air si désolé d'être séparée de sa mère. D'abord tu vois bien que ce n'est pas sa faute si elle est ici ; certainement, si on l'avait consultée, je suis bien sûre qu'elle n'y serait pas... alors il ne m'a pas permis, ce n'est pas un crime... Oh ! quand tu l'auras vue, cette pauvre demoiselle, je gage que tu ne lui en voudras plus, au contraire.

Camille ne répond rien, elle réfléchit qu'il est peut-être plus sage de dissimuler, de cacher l'aversion qu'elle ressent d'avance pour Emmeline; qu'il faut enfin tromper les calculs du banquier, qui croit probablement qu'elle va s'abandonner aux accès de sa colère : elle reprend une physionomie plus calme, Elvina s'en aperçoit; l'aimable enfant sourit en s'écriant :

— Oh ! je vois que ta colère est déjà passée, maman, tu n'en veux plus à cette jeune fille.

— C'est bien... c'est bien... pour te faire plaisir... je tâcherai de me faire violence... Cause avec elle, si cela t'amuse... tu me diras ensuite de quoi vous aurez parlé...

— Oui, maman... Oh ! que tu es bonne ! Je savais bien que tu ne resterais pas longtemps fâchée.

Elvina s'éloigne en sautillant, enchantée d'avoir tout près d'elle une nouvelle compagne qu'elle se sent déjà disposée à aimer comme on aime à son âge, franchement et sans regret.

Camille est restée seule, elle appuie son front dans ses mains en se disant :

— Mais on ne l'avait donc pas enlevée, cette Emmeline... Sainte-Lucie m'avait donc trompée... Oh ! non, il n'aurait pas inventé toute cette histoire... d'ailleurs j'ai vu le chagrin de cet Isidore, quand cette jeune fille était ravie à sa mère. Ah ! je ne sais que penser... Et ne point savoir quand je pourrai le revoir, lui... ce monstre... que j'adore toujours... car maintenant il me faudra craindre plus que jamais d'être épiée... quel supplice ! Et ce Riberpré qui ne daigne pas même venir me faire une scène... il faudra bien que nous nous retrouvions ensemble pourtant !

L'heure est arrivée où le dîner rassemble habituellement tous les membres de la maison; Camille s'arme d'audace, elle se propose de défier les regards du banquier, et, après avoir donné de nouveaux soins à sa coiffure, à sa toilette, elle se dirige d'un pas ferme vers la salle, où elle va enfin se trouver avec lui.

Riberpré était déjà dans la salle à manger ; sa bouche pincée, son regard en dessous dissimulaient mal sa préoccupation ; il jette à la dérobée un regard sur Camille, dont l'air calme et indifférent paraît l'étonner beaucoup, mais il ne lui dit rien. Elvina arrive ; il y a quatre couverts de mis par ordre du maître de la maison, quoique ce jour-là on n'attende personne. Camille a vu cela ; elle ne semble pas y faire attention.

En voyant arriver Elvina seule, Riberpré lui dit d'un ton brusque :
— Pourquoi n'avez-vous pas amené votre sœur pour dîner ?... vous voyez bien que sa place est là.

Elvina répond naïvement :
— Mais, mon père, ce n'est pas ma faute si... Emmeline n'a pas voulu venir... elle dit qu'elle n'a pas faim : ce n'est pas étonnant, elle pleure toujours. .

— Retournez la chercher, amenez-la avec vous, je le veux. Dites-lui que moi il faut, avant tout, faire mes volontés ; que ses larmes sont ridicules et m'offensent. Allez.

Elvina sort en courant. Camille se dit :
— Si cette belle demoiselle ne fait que pleurer, il en aura bientôt assez.

Riberpré se renverse sur sa chaise et jette enfin les yeux sur Camille ; celle-ci lui lance un regard fier et dédaigneux qui signifie assez clairement : Je me fiche de vous !

Le banquier, qui s'attendait à un regard triste et suppliant, demeure confondu. Alors c'est lui qui devient embarrassé.

Elvina revient avec Emmeline, qu'elle tient par la main. La fille de Clémence a tâché de retenir ses larmes, mais ses paupières rouges et gonflées disent assez combien elle a de chagrin d'avoir quitté sa mère ; elle salue sans regarder personne ; Elvina la conduit à sa place, et elle s'y assoit sans avoir remarqué qu'il y a là une femme qui ne la quitte pas des yeux.

Camille, malgré l'aversion qu'elle éprouve pour Emmeline, est obligée de s'avouer qu'elle est belle, que sa taille est charmante, sa démarche gracieuse ; enfin, que si Elvina promet d'être une jolie violette, Emmeline est déjà une rose ravissante. Tout cela ne fait qu'augmenter la haine qu'elle a vouée à cette jeune fille.

M. Riberpré a fait mettre Emmeline près de lui ; il affecte d'avoir pour elle des attentions, des égards : il la sert la première, il la traite enfin comme, avant qu'elle fût là, il traitait Camille. La jeune fille ne répond que par monosyllabes à ce que lui dit le banquier, et elle laisse intact tout ce que l'on place devant elle, quoique Elvina, assise en face d'elle, la regarde d'un petit air souriant et lui fasse signe de manger.

Camille ne parle qu'à Elvina, et continue de ne point paraître s'occuper de la conduite de Riberpré avec Emmeline. Cependant le dîner était fort triste, car ces quatre personnes étaient contraintes et gênées. Le banquier veut essayer de faire causer Emmeline ; il se tourne vers elle.

— C'est un triste séjour que Corbeil, n'est-il pas vrai, ma fille ?

Emmeline répond sans lever les yeux :
— Mais... non, monsieur... au contraire... cela m'a toujours semblé un pays charmant...

— C'est que vous aimez beaucoup la campagne, apparemment...
— Oui, monsieur.
— Pourquoi donc m'appelez-vous monsieur ? vous avez déjà oublié que je suis votre père ?
— Pardon... mon père...
— Avez-vous tout ce qu'il vous faut dans la chambre que l'on vous a donnée ? ne vous manque-t-il rien ?
— Oh !... j'ai tout ce que l'on peut désirer... mon père...
— Quand vous aurez besoin de quelque chose... adressez-vous à moi, entendez-vous ? ne craignez pas de me le demander ; je veux que vous ne manquiez de rien chez moi ; je veux que l'on vous obéisse comme à moi-même... et sans répliquer... vous entendez, vous autres ! vous direz cela à vos camarades.

Ceci s'adressait à Picard et à la femme de chambre, qui servaient à table et se trouvaient en ce moment tous deux dans la salle à manger. Les domestiques se contentent de saluer pour montrer qu'ils ont entendu.

Emmeline, toute confuse, ne semble pas devoir faire un grand usage de l'autorité qu'on lui défère ; elle balbutie quelques mots, que l'on n'entend pas, pour remercier son père, tandis que la jeune Elvina la regarde en souriant et comme pour lui dire :
— Eh bien ! j'espère que vous devez être contente.

Malgré ses efforts pour cacher son dépit, Camille se mord les lèvres avec colère en entendant les derniers ordres que Riberpré vient de donner ; celui-ci lance un regard sur cette femme dont il connaît l'humeur altière et qu'il s'applique à humilier ; mais, faisant un violent effort sur elle-même, Camille parvient alors à faire un gracieux sourire, et montrant à Elvina une assiette de fruits confits, lui dit :
— Offre donc de cela à mademoiselle... elle n'a pas encore goûté du dessert.

Elvina s'empresse d'obéir à sa mère. Emmeline lève les yeux sur Camille, pour laquelle elle éprouve instinctivement une répulsion qui va presque jusqu'à la terreur, et, en rencontrant les grands yeux noirs qui sont attachés sur elle, elle sent s'augmenter l'effroi que lui cause cette femme qui pourtant, en ce moment, a l'air de lui sourire. Mais il y a de ces sourires auxquels on préférerait une franche menace ; celui de Camille était alors de ce nombre.

Riberpré est de nouveau demeuré stupéfait en voyant Camille se montrer polie et empressée près d'Emmeline. Au bout de quelques instants il quitte la table ; on passe au salon ; mais Camille trouve moyen de rester la dernière dans la salle à manger ; elle fait alors un signe à sa femme de chambre, qui lui est dévouée, et lui dit à l'oreille :

— Descends et dis au concierge que, s'il venait du monde ce soir, nous ne recevons pas... personne, entends-tu ?

Puis Camille entre au salon. Elvina y a conduit celle pour qui elle éprouve déjà l'amitié d'une sœur ; elle lui montre le piano, lui demande si elle est musicienne, et, sur sa réponse affirmative, se met à faire des bonds de joie, en s'écriant :

— Oh ! quel bonheur ! Emmeline sait toucher du piano... nous ferons de la musique toutes les deux, ce sera bien amusant !... J'ai de nouveaux morceaux à quatre mains, nous pourrons les jouer, n'est-ce pas, maman ?...

Camille fait un signe de tête et va s'asseoir dans un coin du salon. Riberpré s'avance vers Emmeline en lui disant :

— Vous savez toucher du piano ?
— Oui... mon père...
— Voyons... jouez quelque chose.

La pauvre Emmeline ne se sent guère en train de faire de la musique, mais elle comprend qu'il lui faut avant tout obéir aux moindres volontés de son père, afin de ne point l'indisposer contre elle.

Elle va donc se placer au piano et joue de mémoire le premier morceau qui lui vient dans les doigts ; mais, comme dans nos moments de mélancolie nous cherchons toujours à reporter nos idées sur un doux souvenir, Emmeline se rappelle alors le morceau qu'elle a exécuté chez madame Bouchonnier, le jour où elle a vu Isidore pour la première fois ; elle se dit qu'à cet instant sa mère était près d'elle qui la regardait et l'encourageait ; elle se souvient enfin que cette journée fut une des plus heureuses de sa vie, et tout cela, en lui revenant à la pensée, fait plus vivement battre son cœur ; alors la vive émotion qu'elle éprouve passe dans ses doigts, et sans le chercher, sans le savoir peut-être, elle donne à son jeu une expression qui double le charme de la musique et plaît souvent plus qu'un rare talent.

Elvina est tout oreille ; on lit sur sa physionomie le plaisir qu'elle éprouve à entendre Emmeline. Camille se pince les lèvres plus fort que jamais, tout en essayant de paraître charmée.

Riberpré, quoique assez peu amateur de musique, écoute avec plaisir ; et lorsque la jeune fille a achevé son morceau, il lui dit :
— Très-bien... Vous êtes très-forte sur le piano... Qui donc vous a montré ?
— C'est ma mère, monsieur... mon père... Je n'ai jamais eu d'autres maîtres.

Le banquier fait une légère grimace, se retourne, puis va se chauffer devant la cheminée. Elvina va se mettre au piano et exécute un quadrille ; elle est loin de posséder le talent d'Emmeline, mais elle est la première à lui dire :
— Je ne joue pas comme vous, moi... mais vous me montrerez.

Riberpré porte très-souvent ses regards sur la pendule, de longs bâillements lui échappent ; enfin, impatienté de ce que personne ne lui parle, il se décide à partir.

Dès que le banquier est parti, Camille, qui a regardé l'heure, se lève et dit à Elvina :
— Tu peux te retirer dans ta chambre ; d'ailleurs, tu vas installer mademoiselle qui doit être fatiguée, et probablement n'est pas fâchée de rentrer chez elle... Bonsoir, ma fille.

Elvina court embrasser sa mère, puis elle va prendre Emmeline par la main et s'éloigne avec elle.

La fille de Clémence se sentait respirer plus librement en n'étant plus devant Camille ; c'est donc avec un sentiment de joie, le premier qu'elle ait éprouvé depuis qu'elle est dans la maison de son père, qu'elle suit Elvina en quittant le salon.

Les deux jeunes filles se rendent dans la chambre que doit habiter Emmeline. Elvina en fait l'inspection en disant :
— Oh ! il vous manque encore tout plein de choses, mais demain il faudra vous les faire apporter...

— Mais il me semble qu'il y a ici tout ce qu'il faut, répond Emmeline qui n'est pas habituée à ce luxe de futilités que les dames du grand monde appellent le nécessaire.

— Par exemple ! reprend Elvina, tout ce qu'il faut ici ! et je n'y vois pas seulement une étagère... et point de flacons ni de potiches sur la cheminée !

— Est-ce qu'on ne peut point se passer de tout cela ?...
— Non, vraiment !... se passer d'une étagère... mais vous n'y pensez pas ! et où donc placeriez-vous tous ces jolis objets de mode... ces chinoiseries, ces charmants joujoux en ivoire, ces bijoux, ces curiosités que certainement on ne manquera pas de vous donner ?...

— Je n'avais rien de tout cela à Corbeil...
— A Corbeil, c'est possible ! mais à Paris, comme c'est la mode, toutes les dames et les demoiselles ont des étagères.

— Et qu'est-ce que c'est que des potiches?
— Ce sont de grands, d'énormes vases qui viennent aussi de la Chine; on les place sur les coins d'une cheminée.
— A quoi cela sert-il?
— A rien du tout ; c'est même assez laid quelquefois, mais comme c'est encore la mode, il faut en avoir. D'abord, je veux que votre chambre soit aussi jolie que la mienne, et puis vous avez bien entendu mon père qui a dit : Vous obéirez aux ordres de mademoiselle comme aux miens!... Alors vous pouvez avoir tout ce que vous voudrez... Je devrais être jalouse, car il n'a jamais dit cela pour moi... Oh! mais c'est qu'il sait que je ne suis pas raisonnable... et vous, c'est différent, vous avez l'air si sage... C'est égal... je vous aimerai bien, voudrez-vous m'aimer aussi... vous?

Emmeline tend la main à Elvina, en murmurant :
— Oui, car vous êtes bien bonne pour moi!...
— Oh! quel plaisir, nous nous tutoierons, n'est-ce pas?... c'est bien plus amical...
— Comme vous voudrez...
— Nous commencerons dès demain, pas ce soir... ce n'est pas la peine, il est trop tard. Et vous ne pleurerez plus sans cesse... comme aujourd'hui?
— Ah! je ne puis vous promettre cela! je m'ennuie tant loin de ma mère.
— Oh! je ferai tant que je parviendrai à vous égayer ; mais vous êtes fatiguée, vous avez besoin de vous reposer, bonsoir... à demain... Voulez-vous m'embrasser?

Pour toute réponse, Emmeline donne un baiser à Elvina, celle-ci lui en rend quatre et s'éloigne de sa nouvelle amie. Lorsqu'elle se voit seule, Emmeline se met à genoux et prie Dieu de la réunir bientôt à sa mère.

VIII.
LE COMMISSIONNAIRE.

— Je n'y puis plus tenir, se dit Camille, après que les deux jeunes filles sont éloignées, il faut que je la voie!... Et d'ailleurs ce n'est pas ce soir que l'autre fera épier ma conduite... il ne pensera pas que j'oserais sortir. Quant à lui, certainement il ne rentrera pas de bonne heure... ennuyé de sa soirée, il est allé à son cercle, il ne reviendra pas avant minuit ou une heure du matin; il n'est que neuf heures et demie, j'ai du temps devant moi.

Aussitôt Camille rentre dans son appartement. Aidée de sa femme de chambre, elle fait une autre toilette, passe une robe noire, met sur ses épaules un manteau de même couleur, se couvre la tête d'un chapeau, d'un voile, puis, mettant une pièce d'or dans la main de sa suivante, lui dit :

— Julie, descends devant moi... sans lumière; demande le cordon au concierge, je sortirai en même temps que toi et il ne me verra pas. Puis, ce soir, à onze heures et quart, attends-moi dans la rue à quelques pas de la maison. Nous rentrerons ensemble et on ne verra encore que toi.

La suivante ne répond que ces mots :
— Madame sait bien qu'elle peut compter sur moi.

Deux minutes après, Camille était dans la rue avec sa femme de chambre. Après avoir fait une trentaine de pas, elle lui dit :

— Tu peux rentrer maintenant, Julie... Tu diras que ton amoureux a changé l'heure de votre rendez-vous et que ce n'est que pour onze heures... Ah! si par hasard M. Riberpré rentrait avant moi... tu dirais... Mais, non... non, je serai de retour avant lui... va.

La femme de chambre s'éloigne. Camille se dirige à la hâte vers une place de voitures ; mais il avait tombé de la neige toute la soirée, il gelait, le pavé était dangereux pour les chevaux et il n'y avait pas une seule voiture sur la place.

Camille attend pendant quelques instants, mais aucune voiture ne vient se mettre sur la place : elle se décide alors à se rendre à pied jusque chez Monvillars ; elle se remet donc en marche, doublant le pas, effleurant à peine le sol couvert de neige, et ne s'apercevant pas du froid, quoiqu'il soit piquant ; mais une femme qui veut voir celui qu'elle aime ne sent rien, ne voit rien, ne craint rien. Elle poursuit son projet, elle veut arriver à son but et elle ne s'inquiète nullement du temps qu'il fait, de l'heure qu'il est, et des dangers qu'elle peut courir.

Elle n'hésite pas à lui confier le billet.

Par conséquent, Camille n'a point remarqué un homme qui était dans la rue au moment où elle est sortie de sa maison avec sa femme de chambre, et elle ne se doute pas que, depuis ce moment, cet homme la suit et ne la perd pas de vue un seul instant. C'était vers le commencement de la journée que M. Riberpré s'était rendu à Corbeil et qu'il en était reparti emmenant Emmeline avec lui. Après le départ de sa fille, nous avons vu combien avait été vive la douleur de Clémence. Creps et Isidore, restés près d'elle, avaient eu beaucoup de peine à faire rentrer un peu de calme dans son âme ; mais enfin, lorsque la raison s'était fait entendre, Clémence, regardant ceux qui lui témoignaient un si touchant intérêt, leur avait dit :

— Ne vous occupez plus de moi maintenant, je tâcherai d'être raisonnable et de supporter cette séparation qui n'est que momentanée. Mais si vous voulez que je sois plus tranquille, plus rassurée sur le sort de mon Emmeline, de grâce, retournez à Paris et veillez sur elle. Vous, monsieur Isidore, puisque vous avez accès dans la maison de M. Riberpré... il faut y aller et voir cette pauvre enfant... votre présence la consolera ; vous parlerez de moi... elle se croira encore près de sa mère... enfin elle vous dira comment son père se conduit avec elle... comment elle passe son temps dans cette maison où elle était étrangère... vous me redirez tout cela... et cela me rapprochera de ma fille... Vous ne pouvez, dès aujourd'hui, vous rendre chez M. Riberpré... ce serait trop tôt, je le sens... mais demain... oh! demain, vous irez, n'est-ce pas?

— J'allais vous en demander permission, madame, dit Isidore, car désormais tout mon bonheur sera d'aller chez M. Riberpré pour y voir mademoiselle votre fille ; je la consolerai en lui portant de vos nouvelles... je ranimerai son courage et je reviendrai ensuite vous dire tout ce dont elle m'aura chargé pour vous.

Clémence presse avec force la main du jeune homme, ensuite ses regards se tournent vers Creps qui semble attendre ce qu'elle désire de lui, ou plutôt le devine déjà, car, sans la laisser parler, il lui dit :

— Vous désirez que je veille aussi sur cette chère enfant, que je sache si c'est bien chez lui, dans sa propre demeure, que son père l'a conduite?... Vous voulez enfin que je sois certain sous quel toit, cette nuit, reposera votre fille?...

Les yeux de Clémence brillent d'une lueur de joie et elle s'écrie :

— Ah! vous avez deviné ma pensée... vous avez compris... que je n'étais pas rassurée sur son sort, même en la voyant emmener par son père... Mais comment ferez-vous?... vous n'avez point accès dans la maison de M. Riberpré?

— Cela ne m'empêchera pas de savoir ce qui se passera dans cette maison... de m'informer surtout de la conduite de cette Camille... de ce qui a pu amener le banquier à secouer le joug de cette femme en rappelant sa fille près de lui... car voilà surtout ce qu'il faut savoir... afin de prévenir les complots que cette Camille pourrait former contre votre fille. Fiez-vous à moi, madame. Je ne songerai plus à mon propre bonheur qu'après que le vôtre n'aura plus rien à craindre pour l'avenir.

Et quelques instants après, Isidore et Creps avaient quitté Corneil et étaient repartis pour Paris. A son arrivée dans cette ville, Creps s'était rendu près de Félicia, qui prenait le plus grand intérêt au bonheur de celle qu'elle avait ramenée à sa mère. Il lui avait appris ce qui venait de se passer. Félicia n'ignorait pas qu'Emmeline était la fille d'un riche banquier, et Creps croit pouvoir alors lui apprendre toute l'histoire de la conduite que son époux a tenue avec elle.

— Mon Dieu! dit Félicia, et cette jeune fille a quitté sa mère pour aller chez cet homme qui l'a rendue si malheureuse... Ah! je n'y aurais pas consenti, moi!

— Mais cet homme est son père... En refusant d'acquiescer à ses désirs, c'était assurer le triomphe de cette femme qui est avec lui...

— Mais cette femme doit être la plus mortelle ennemie d'Emmeline, et elle la vivre avec elle!... Ah! tenez... il me semble que cette pauvre Emmeline n'est pas plus en sûreté dans sa nouvelle demeure qu'elle habite que chez cette misérable marchande à la toilette où je l'ai découverte.

— Je partage vos craintes, ma chère Félicia, et pourtant j'ai toujours pensé que cette aimable enfant ne pouvait pas refuser d'aller demeurer quelque temps avec son père. Mais, maintenant, je veux connaître la conduite de cet homme, je veux surtout prévenir le mal que cette Camille pourrait vouloir faire à Emmeline; pour cela j'agirai mieux qu'Isidore, les amoureux ne voient que ce qui a rapport à leur amour. Trop défiants quand ils sont jaloux, ils ont quelquefois trop de confiance lorsqu'aucun rival ne se montre. Telle est en ce moment la position d'Isidore, qui a été le premier à engager Emmeline à aller chez son père, parce que celui-ci a promis de ne mettre aucun obstacle à son union avec elle. C'est donc à moi de veiller plus attentivement sur tous ceux qui entourent maintenant Emmeline, et c'est ce que je vais faire dès à présent. Adieu, ma chère Félicia.

— Vous reverrai-je bientôt, mon ami?

— Je l'ignore. Tous ces soins m'éloignent souvent de vous... de vous, qu'il me serait si doux de pouvoir nommer ma fille, sans craindre que ce droit me fût contesté!... mais occupons-nous d'abord du bonheur de ceux qui nous sont chers... peut-être la Providence nous en tiendra compte, en nous conduisant, plus tôt que nous ne l'espérons, à la découverte de la vérité.

Creps avait alors quitté Félicia. Il s'était rendu chez lui, et là avait revêtu encore une fois la défroque de l'Amant de la lune, parce que sous ce costume il pouvait plus facilement reprendre le métier de rôdeur, sans exciter la curiosité; car dans Paris on ne fait aucune attention à un homme mal vêtu.

On sait maintenant quelle est cette personne qui suit Camille, lorsque celle-ci se rend chez son amant.

Creps, qui se promenait le soir devant la demeure du banquier, espérant voir sortir et faire jaser quelque domestique, avait aperçu ces deux femmes qui s'étaient élancées précipitamment hors de la porte cochère; puis, lorsqu'elles s'étaient arrêtées un peu plus loin, il avait entendu ces mots : *Si M. Riberpré rentrait avant moi...*

Il n'avait pu en entendre davantage; mais c'était assez pour lui faire deviner que cette femme tout en noir et voilée, qui fuyait légèrement devant lui, devait être cette Camille qui vivait avec le banquier. D'ailleurs, s'il ne pouvait apercevoir la figure de la dame qui marchait devant lui, et s'assurer si elle ressemblait au portrait qu'on lui avait fait de Camille, ce qu'il voyait de sa taille et de sa tournure s'accordait déjà avec les renseignements qu'on lui avait donnés.

Camille, qui continue de marcher très-vite, arrive bientôt rue Montholon. Elle s'arrête devant la maison où demeure Monvillars; elle a sonné, et dès qu'on ouvre, elle se glisse dans la maison, sans s'être retournée pour regarder derrière elle. Creps arrive à son tour devant cette porte qui s'est ouverte pour cette femme. Il examine avec soin la maison; il est bien certain de la reconnaître. Mais chez qui est allée la maîtresse du banquier? qui vient-elle voir mystérieusement le soir à pied, par un temps affreux? Creps cherchait encore comment il parviendrait à le savoir, car quelque chose lui disait que cette démarche de cette femme devait se rattacher à l'arrivée d'Emmeline dans la maison de son père.

Mais bientôt la porte de la maison s'ouvre de nouveau, et Camille reparaît. Son amant n'était pas chez lui; il était sorti sur les sept heures environ, le concierge ignorait où il pouvait être, le locataire ne lui avait rien dit.

Camille est vivement contrariée de ce contre-temps, quoiqu'elle comprenne fort bien que son amant ne l'ait pas attendue ce soir. Mais elle veut absolument le voir; elle peut disposer de deux heures, et elle ne rentrera pas sans avoir fait son possible pour trouver Monvillars. Elle est donc de nouveau dans la rue, mais elle marche fort lentement à présent, souvent même elle s'arrête comme quelqu'un qui ne sait pas bien ce qu'il veut faire et de quel côté il doit aller. Creps voit tout cela, et il devine ce qui cause le désappointement de cette dame.

Monvillars a pâli, car il a reconnu le grand Rifflard.

Tout à coup, Camille se rappelle que son amant lui a dit qu'il allait assez souvent, le soir, fumer des cigares et jouer au billard à un café-divan situé sur le boulevard Poissonnière, en face de la rue du Sentier. C'est peut-être là qu'il est en ce moment. Saisissant avidement cette espérance, Camille se remet en marche très-vite. Mais, arrivée assez près du boulevard, elle réfléchit qu'elle ne peut entrer elle-même dans un café ; ce serait s'exposer à être vue, reconnue par des jeunes gens de sa société peut-être. Alors elle s'arrête et jette les yeux autour d'elle dans l'espoir de trouver un commissionnaire ; mais il neigeait toujours : il était près de dix heures : à cette heure-là les commissionnaires sont rares dans les rues de Paris.

Cependant Creps s'était arrêté en même temps que la personne qu'il suivait, toujours à une distance assez courte, et s'était assis sur une borne contre une porte cochère. Camille aperçoit ce commis assis là, malgré la neige et le froid : elle s'approche... Elle passe deux fois devant lui en l'examinant ; il est en costume, elle suppose que c'est quelque mendiant honteux ; elle se décide, elle l'aborde et lui dit :

— Est-ce que vous êtes commissionnaire ?

Creps est quelques instants sans pouvoir répondre. Le son de voix de Camille vient de le frapper de telle sorte qu'il en est tout bouleversé, et, oubliant pourquoi il est là et ce qu'il a dessein de faire, il lève les yeux dans l'espoir d'apercevoir la figure de la personne qui lui parle ; mais le voile noir que Camille a baissé par devant son chapeau, empêche qu'on ne distingue ses traits.

Impatientée de ne pas recevoir de réponse, Camille renouvelle sa question d'un ton brusque cette fois.

Creps a écouté plus attentivement ; il ne s'était pas trompé en croyant reconnaître la voix de cette femme, et maintenant il se rappelle parfaitement à qui appartient cette voix.

Il se hâte de répondre en déguisant un peu la sienne :

— Je ne suis pas positivement commissionnaire ; mais je ne demande pas mieux que de faire une commission quand l'occasion s'en présente.

— Eh bien ! alors suivez-moi... vous allez entrer dans un café, demander quelqu'un... un monsieur...

— Très-bien, madame, c'est facile.

— Suivez-moi.

Camille se remet en marche, et Creps la suit de plus près cette fois, et il lui faut toute sa force d'âme, tout son courage pour surmonter l'agitation à laquelle il est en proie, car vingt fois il a été sur le point de lui arracher son voile, à cette femme, en lui disant :

— Me reconnais-tu ?

Mais il comprend que si on le conduisait ainsi, il ne parviendrait plus à découvrir ce qu'il a plus que jamais intérêt à savoir ; il se contient, il se promet d'être maître de lui. On arrive sur le boulevard. Camille s'arrête à quelques pas du café, le montre à l'homme qui l'a suivie, et lui dit :

— C'est ce café-là. Entrez, demandez au garçon M. de Sainte-Lucie... vous entendez bien ? M. de Sainte-Lucie. Le garçon doit le connaître, c'est un jeune homme qui va souvent dans ce café ; il ira le prévenir. Vous attendrez, et lorsque ce monsieur viendra, vous lui direz... vous lui direz tout bas, de façon à ce que personne que lui ne puisse vous entendre : Madame Camille est là, sur le boulevard, qui vous attend, et veut vous parler...

— Madame Camille ?

— C'est cela même. Allez ; moi, je reste de ce côté.

Creps va au café, il entre, fait signe à un garçon et s'acquitte de sa commission. Le garçon lui répond :

— Ah ! oui, je connais bien le monsieur dont vous voulez parler ; il est venu ici ce soir, c'est vrai, mais il n'y est pas resté longtemps ; un de ses amis, qui vient aussi quelquefois fumer ici, est venu lui proposer une loge-salon aux premières, pour aller avec lui à l'Opéra-Comique, et ces messieurs y sont.

Creps sort du café, il retrouve Camille qui se promène sur le boulevard, bravant le froid et la neige. Il lui rapporte ce qu'il a appris. Camille frappe du pied avec impatience, en s'écriant :

— Mais je ne pourrai donc pas l'atteindre ce soir !... essayons encore... allons à l'Opéra-Comique.

Elle hésite alors, elle se demande si elle entrera elle-même dans la salle ; mais ce théâtre est un de ceux où se rendent le plus fréquemment les personnes de sa société ; M. Riberpré y va aussi quelquefois, elle s'exposerait trop en y entrant. Elle jette de nouveau les yeux sur l'homme qui est là, près d'elle, et lui dit :

— Vous ne pourrez jamais entrer dans la salle de l'Opéra-Comique ?...

— Pourquoi donc cela, madame ?... parce que je suis mal vêtu, mais ça ne fait rien, j'entre partout, au contraire, car je ne suis pas timide... Donnez-moi un petit mot pour ce monsieur, je le lui ferai tenir par l'ouvreuse... et en bas je dirai que c'est un accident qui est arrivé chez ce monsieur, et qui nécessite sur-le-champ sa présence.

— A la bonne heure.... vous n'êtes pas maladroit, à ce que je vois... en effet, cela vaudra mieux ainsi... mais où écrire ce billet ?...

— Si madame veut entrer dans une boutique... chez un épicier, on demande du papier, de l'encre... en payant on a tout ce qu'on veut.

— C'est inutile... j'ai sur moi mes tablettes et un crayon, cela me suffira... mais où vais-je écrire ?...

— Tenez, madame... là-bas, sous ce réverbère de gaz... oh ! de ce temps-ci il ne passe personne et vous ne serez pas dérangée.

Creps était bien aise d'attirer Camille près de la lumière, dans l'espoir enfin de voir sa figure ; car si ses oreilles lui avaient révélé quelle était cette femme, il fallait que ses yeux fussent aussi convaincus qu'il ne s'était pas trompé.

Camille s'est dirigée vivement près d'une lanterne à gaz qui éclairait le boulevard. Elle tire de son sein ses tablettes, arrache une feuille blanche et se dispose à écrire ; mais alors son voile la gêne et elle le rejette en arrière... Creps est à quelques pas ; il s'est placé dans l'ombre que projette le candélabre, mais de là il peut tout à son aise considérer enfin les traits de cette femme qui est devant lui. Lorsqu'elle a relevé son voile, un secret frémissement parcourt toute sa personne, il ne peut plus en douter ; quoique près de dix-sept années se soient écoulées depuis qu'il ne l'avait vue, le temps n'a que fort peu changé les traits de celle qui maintenant se fait appeler Camille, et c'est bien sa femme qui est devant ses yeux, c'est la femme qui est la maîtresse de Riberpré, et qui est cause que cet homme a chassé de chez lui Clémence, sa légitime épouse.

Camille a bientôt écrit son billet, car son crayon court sur le papier. Elle le plie et lui donne la forme d'une lettre ; mais, n'ayant point de pain à cacheter, il faut bien qu'elle le remette ainsi à son commissionnaire ; ne se défiant nullement de l'homme qu'elle vient de rencontrer dans la rue, elle n'hésite pas à lui confier le billet. Malgré les efforts qu'il fait pour surmonter son trouble, la main de Creps tremble en recevant ce papier.

— Qu'avez-vous donc ? dit Camille, est-ce que vous tremblez ?

— Il fait assez froid pour ça ! répond Creps d'une voix sourde.

— Ah ! oui, en effet... je n'y pensais pas, moi... car je ne sens pas le froid !... Eh bien ! venez, marchons vite, hâtons-nous... suivons les boulevards, ce n'est pas loin.

En fort peu de temps Camille et son compagnon arrivent au coin de la rue Favart. Alors Creps dit à Camille :

— Restez dans cette rue, madame... tenez-vous devant cette porte... c'est celle des acteurs, on croira que vous attendez quelqu'un du théâtre, vous ne courrez pas risque d'être insultée. Moi je vais me hâter de faire votre commission ; si ce monsieur est dans la salle, je vous réponds qu'il aura votre billet.

— Allez... je vous attends.

Creps s'éloigne à grands pas. Lorsqu'il a tourné sur la place des Italiens, au lieu d'entrer dans le théâtre, il se rend dans la rue de Marivaux, et là, s'arrêtant près d'un endroit éclairé, ouvre le papier qu'on vient de lui remettre, et y lit ces mots :

« Il faut absolument que je vous voie, que je vous parle : ce n'est « plus de jalousie qu'il doit être en ce moment question entre nous. « Mais on avait donc laissé fuir cette Emmeline ; maintenant elle est « chez son père... Le banquier, pour se venger de mon infidélité, « est allé chercher cette jeune fille et l'a installée chez lui ! C'est à « présent qu'il faut agir, si vous pensez encore à cet avenir que « nous avions rêvé. Venez, je vous attends. »

— Pauvre Emmeline ! se dit Creps en repliant soigneusement le billet. Je m'en étais douté, c'est cette femme qui l'avait fait enlever... Oh ! les infâmes !... Mais ce Sainte-Lucie, l'amant de... Camille, c'est donc qui bien grand misérable, puisqu'il sert d'aussi abominables projets ? Il ne faut pas qu'il ait cette lettre... cela retardera l'entrevue que cette femme veut avoir avec lui, et c'est toujours du temps de gagné.

Après être resté assez longtemps pour faire croire qu'il a parcouru le couloir des premières loges, Creps revient à l'endroit où il a laissé Camille ; il lui présente son billet.

— Voici votre lettre, madame. Une ouvreuse a demandé dans les loges à salon, mais ce monsieur n'est plus au spectacle. On s'est rappelé qu'en effet deux jeunes gens, qui occupaient seuls une de ces loges, étaient partis il n'y a pas fort longtemps.

— Il est dit que je ne pourrai pas le voir ce soir, murmure Camille en déchirant en petits morceaux le billet qu'on vient de lui rendre. Dix heures et demie avaient sonné depuis assez longtemps, Camille se demande si elle retournera chez Monvillars, rue Montholon ; mais elle sait bien que son amant n'a pas l'habitude de rentrer d'aussi bonne heure, il ne sera donc pas chez lui ; et où le chercher alors ? Découragée par ce dernier échec, elle se décide enfin à retourner à sa demeure, et, après avoir jeté une pièce de cinq francs à son commissionnaire, elle s'éloigne à la hâte par le côté du boulevard.

Creps ne la suit plus, il en sait assez pour cette fois. Après avoir donné la pièce de cinq francs au premier malheureux qu'il rencontre, il ne peut résister au désir de se rendre chez Félicia ; et, pressant son pas, il arrive à onze heures du soir.

Félicia lisait, car de sa vie de folies elle avait conservé l'habitude de ne point se coucher de bonne heure. En voyant arriver Creps aussi tard, elle court au-devant de lui

— Mon ami, vous avez quelque nouvelle à m'apprendre, lui dit-elle ; il vous est arrivé ce soir quelque chose... je vois cela à vos yeux... à votre agitation.
— En effet... J'ai voulu vous revoir ce soir, chère enfant, pour vous dire que j'ai retrouvé celle que je crois être votre mère...
— Oh ! mon Dieu... il se pourrait... mais alors... c'est donc... votre épouse que vous avez retrouvée...
— Oui...
— Et vous a-t-elle reconnu ?
— Non ! grâce au ciel !... elle me croit mort, d'ailleurs...
— Et où est-elle, cette... dame ?...
— Je ne puis encore vous le dire.
— Oh ! si c'était ma mère, conduisez-moi près d'elle, mon ami, il me semble que je la reconnaîtrai.
— L'instant n'est pas encore venu... vous savez bien que je ne désire pas moins vivement que vous arriver à découvrir le secret de votre naissance ; mais pour forcer mon indigne épouse à m'avouer la vérité, il faut d'abord que toutes ses espérances soient anéanties, que tous ses plans soient renversés. Un peu de patience, ma chère Félicia ; j'ai voulu vous revoir ce soir... j'ai voulu vous embrasser... pour oublier près de vous tout le mal que m'a fait éprouver la vue de cette femme.

En disant ces mots, Creps presse Félicia dans ses bras, ses yeux se mouillent de larmes ; puis il la quitte en lui promettant de venir la revoir dès qu'il aura quelque chose de nouveau à lui apprendre.

IX. — UNE FEMME ROUÉE.

Le lendemain de l'installation d'Emmeline dans la maison de son père, le banquier se rend dans la journée chez Camille.

C'était la première fois qu'il avait un tête-à-tête avec elle depuis qu'il avait été à Corbeil ; il s'était attendu à des larmes, à des prières, à des accès de fureur ; mais la superbe Camille se renfermait dans un dédaigneux silence, et lorsque ses regards avaient rencontré les siens, bien loin d'y lire l'expression du repentir ou de la tendresse, il n'y avait vu... que cette indifférence qui ressemble à de l'impertinence.

— Madame, dit Riberpré en entrant brusquement dans la chambre de Camille, qui avait revêtu un charmant négligé du matin et mis sur sa tête un petit bonnet qui donnait à sa physionomie, déjà piquante, quelque chose de très-libertin, madame... je viens vous prévenir que je compte avoir du monde jeudi prochain... beaucoup de monde... on dansera... Ma fille Emmeline assistera à cette réunion... mais comme elle pourra être un peu gauche... n'ayant pas encore l'habitude de la grande société, vous aurez soin de vous tenir près d'elle... de lui dire ce qu'elle devra faire... vous entendez, madame ?

— J'entends parfaitement, monsieur, répond Camille avec calme, mais je ne ferai rien de tout cela.

— Qu'est-ce à dire, madame ?

— C'est-à-dire, monsieur, que vous avez parfaitement le droit d'avoir chez vous... votre fille Emmeline ; mais que, lorsque vous recevrez du monde, c'est elle... mais elle seule qui fera les honneurs de votre salon. Vous ne pensez pas sans doute, monsieur, qu'après avoir passé dans le monde pour votre femme, j'irai m'exposer à la risée de la compagnie ? Quelle figure ferais-je près de cette demoiselle qui vous appellera son père, et qui m'est étrangère !... Je suis très-bien que l'on peut croire que c'est un enfant que vous avez eu d'un premier mariage, à moins, toutefois, que vous ne disiez toute votre histoire, et vous en êtes bien capable !... On l'aura bientôt fort amusant pour la compagnie, et j'entends déjà les bons mots, les quolibets, les plaisanteries auxquels tout cela donnera lieu ; mais, je vous le répète, je ne veux pas en être témoin, et je me renfermerai dans mon appartement.

— Et si je ne voulais pas, moi, madame...
— J'y resterai, monsieur, j'y suis très-décidée.
— Mais je suis le maître ici, madame...
— Eh ! mon Dieu ! vous l'avez assez fait voir, monsieur.
— Si je ne veux pas que vous gardiez votre chambre...
— Alors, monsieur, vous m'en ferez sortir avec des gendarmes... ce sera encore plus amusant pour la société... je vous conseille même de mettre sur vos invitations que l'on jouera des scènes improvisées... et de votre composition.

Riberpré pince sa bouche et fait quelques pas dans la chambre, puis il revient près de Camille.

— Savez-vous bien, madame, que votre impertinence passe tout ce qu'on pourrait croire !... Après votre indigne conduite... vous osez encore me railler... je devrais vous chasser à l'instant de chez moi !...

— Eh bien ! monsieur, qui vous retient ?... je suis prête à partir, ainsi que ma fille... car vous ne présumez pas sans doute que je vous la laisserai... mais, au reste, laissons là une autre maintenant, cela vous suffit, et je crois que vous ne tenez pas plus à la fille qu'à sa mère. Quant à ce que vous dites de ma conduite, je devrais ne point vous répondre, car vous me faites pitié, avec vos soupçons jaloux...

Riberpré demeure interdit et regarde Camille comme quelqu'un qui croit avoir mal entendu. Celle-ci continue :

— Oui, monsieur, vous me faites pitié !... Avant-hier je ne vous ai rien répondu. Vous m'avez traitée si indignement !... vous m'avez donné des noms si infâmes !... oh ! je devais me taire, car je n'aurais pas su employer le même langage que vous, je devais me taire... Quand un homme a perdu la tête, quand il ne sait plus ce qu'il dit, que voulez-vous qu'on lui réponde ! Aujourd'hui, monsieur, je veux bien vous dire que la scène que vous m'avez faite n'avait pas le sens commun, et que rien ne l'avait provoquée. Eh quoi ! parce que monsieur me trouve dans une pièce qui sert de passage à tout le monde, causant avec un jeune homme de notre société, il va s'imaginer que ce jeune homme me fait la cour, qu'il est mon amant peut-être ! d'honneur, monsieur, j'aurais pensé que vous me rendriez plus de justice... que vous ne me croiriez pas aussi novice ! Comment, j'aurais un amant, une intrigue, et, connaissant votre caractère ombrageux, jaloux, je choisirais un jour où nous avons grande réunion, pour causer de ma tendresse avec mon amoureux, et cela dans nos appartements, au milieu de tout le monde... probablement pour que chacun soit instruit de ce que j'aurais tant d'intérêt à cacher !... Vous conviendrez, monsieur, qu'il faudrait que je fusse bien sotte ou bien niaise !... avant de vous livrer à une fureur qui trouble votre raison, si vous aviez réfléchi un seul instant, vous auriez compris que votre jalousie n'avait pas le sens commun.

Camille a débité tout cela avec un aplomb, avec un sentiment de vérité qui ferait honneur à un premier rôle du Théâtre-Français. La conviction de Riberpré n'est déjà plus la même. Cependant il ne veut pas le laisser voir et répond :

— Mais ce que vous disiez à ce M. de Sainte-Lucie, madame, prétendez-vous aussi que c'est ma jalousie qui m'a troublé et fait entendre mal ?... Les paroles ne sont point illusoires, madame... ce sont des faits...

— Je ne sais pas ce que vous avez entendu, monsieur, mais je suis persuadée qu'il me serait très-facile de vous expliquer mes paroles, et de vous prouver qu'elles n'avaient rien de criminel.

— Je serais curieux de savoir comment vous vous y prendriez pour cela.

— Et que disais-je donc, monsieur, qui ait pu vous faire penser que je vous trompais ?... je vous serais fort obligée de me le rappeler, car, pour moi, monsieur, je vous avoue que je ne m'en souviens pas du tout.

En faisant cette question à Riberpré, Camille veut s'assurer de ce qu'il a pu entendre ; le banquier, bien qu'il ne soit pas un sot, est loin de posséder la finesse de sa maîtresse ; il ne voit pas sa malice, et s'empresse de répondre :

— Vous avez dit à ce monsieur, et je l'ai parfaitement entendu, ainsi je vous préviens d'avance qu'il serait inutile de nier... vous avez dit : *pour elle je suis trahie... outragée, abandonnée... Convenez que votre conduite est indigne...* Voilà vos propres paroles, madame.

Camille ressent un secret frémissement de plaisir en apprenant que Riberpré n'a entendu que cela ; ce qui lui prouve qu'il n'est arrivé qu'à la fin de sa conversation avec son amant, et elle se met à sourire en disant :

— En effet, monsieur, ce sont bien mes paroles... grâce à vous, je me les rappelle parfaitement maintenant. Oh ! je n'ai pas envie de les nier ; mais, quand on écoute, on devrait tâcher de tout entendre ; il ne suffit pas de saisir une phrase au hasard ; car, alors, on risque de lui donner un sens tout différent de celui qu'elle avait. Ainsi, monsieur, si vous aviez entendu le commencement de ma conversation avec M. de Sainte-Lucie, vous sauriez que d'abord, surprise de le voir quitter de si bonne heure notre réunion, je lui en avais fait quelques reproches... Comme il prétextait une indisposition, je l'ai raillé, je me suis un peu moquée de lui, en lui disant que je voyais fort bien pourquoi il nous quittait... et, en effet, dans la soirée, ce monsieur s'était montré si galant, si empressé près de lady Willmore, qu'il était bien facile de voir qu'elle avait fait sa conquête... Il ne la quittait pas des yeux, cela en était inconvenant... Est-ce que vous n'avez pas remarqué cela, monsieur ?

— Non, madame. Ensuite ?

— Ensuite, me rappelant que ce jeune homme avait été depuis longtemps fort assidu, fort attentif près de mon Elvina, je n'ai pas pu m'empêcher de lui dire... mais toujours en me moquant de lui, et du ton de l'ironie : Vous êtes bien volage, monsieur !... il me semble qu'il y a ici une personne qui pourrait être jalouse de votre enthousiasme pour lady Willmore... qui pourrait vous dire : *Pour elle, je suis trahie... abandonnée ; convenez que votre conduite est indigne !...* Et quand vous êtes apparu si brusquement, monsieur, en me lançant des regards terribles, j'allais ajouter, pour mieux mystifier M. de Sainte-Lucie : Mais, rassurez-vous, monsieur, on ne vous dit pas cela, car personne encore chez moi n'avait fait attention à vos petits soins et à vos hommages. Voilà ce que j'allais dire à ce jeune homme, dont la conduite par trop légère méritait bien une petite leçon.

Riberpré ne sait que répondre, car il ne sait plus que croire. D'ailleurs, lorsque dans le fond de notre cœur nous désirons trouver notre maîtresse innocente, il y a toujours quelque chose qui ajoute au poids de ses raisons, et fait pencher la balance en sa faveur. Cette balance-là ne saurait être plus intègre que celle de la justice, qui se laisse si souvent corrompre par de beaux yeux.

Le banquier lorgnait Camille du coin de l'œil; il la trouvait plus belle encore, parce que depuis deux jours elle ne lui avait pas adressé un sourire; il la trouvait plus séduisante peut-être, parce qu'il l'avait crue infidèle, car il y a des hommes qu'une trahison rend plus amoureux. Enfin, habitué aux caresses, aux petits soins de cette femme, il sentait que son intérieur serait fort triste s'il lui fallait continuer de vivre ainsi.

Camille devine ce qui se passe dans le fond de l'âme du banquier, et déjà elle est certaine de pouvoir un jour elle qui a manqué de lui échapper à jamais. Cependant Riberpré ne veut pas avoir l'air de reconnaître ses torts. Mais déjà sa physionomie est toute différente, et, en se fixant sur la belle poitrine de Camille, ses yeux sont loin d'exprimer la colère.

En ce moment, un valet entre et annonce au banquier que M. Isidore Marcelay demande à lui parler.

Camille fait un mouvement de surprise, Riberpré murmure :

— Comment, déjà !... eh ! ma foi, après tout, j'en serai plus tôt débarrassé.

Il sort de l'appartement de Camille et se rend dans son salon. Isidore l'y attendait; il est embarrassé pour aborder le sujet de sa visite, mais Riberpré lui en évite la peine, en lui disant :

— Ah ! c'est vous, monsieur Marcelay... Eh bien, mon procès avec votre oncle traîne toujours... mais je crois que ce n'est pas cela qui vous amène aujourd'hui chez moi ?...

— En effet, monsieur.

— On m'a dit que vous étiez amoureux de ma fille Emmeline.

— On ne vous a pas trompé, monsieur...

— Et que votre intention était de l'épouser ?

— C'est mon plus ardent désir.

— Je trouve cette union fort convenable... En faveur de ce mariage... je transigerai avec votre oncle; nous terminerons notre procès à l'amiable. Quant à une dot... nous verrons... j'arrangerai cela... D'ailleurs, Emmeline aura toujours de la fortune... plus tard...

Le banquier n'est plus aussi bien disposé pour le mariage légitime, depuis l'entretien qu'il vient d'avoir avec Camille; mais Isidore est trop amoureux, trop désintéressé, pour que cela puisse en rien changer ses projets. Il s'empresse de répondre à Riberpré que tout ce qu'il fera sera bon, puis lui demande la permission de présenter ses hommages à Emmeline.

Le banquier ne voit aucun inconvénient à ce que sa fille reçoive la visite de celui qui doit être son époux. Il sonne, ordonne à un domestique d'avertir Emmeline qu'on la demande dans le salon, et celle-ci se rend aux ordres de son père. En apercevant Isidore, une vive rougeur vient colorer les joues de la jeune fille, et l'expression du regard anime ses yeux. Elle s'avance vers lui en s'écriant :

— Ah ! vous allez me donner des nouvelles de ma mère...

— Oui, mademoiselle.

Riberpré, qui ne se soucie pas d'entendre parler de sa femme, quitte alors le salon en disant à Emmeline :

— Causez avec votre futur époux, je vous le permets. Adieu, monsieur ; dans quelques jours j'écrirai à votre oncle, et nous ne tarderons pas, je pense, à terminer cette affaire-là.

Le banquier s'est retiré. Isidore est au comble de ses vœux, car il espère que son mariage n'est pas éloigné; il veut faire partager sa joie à Emmeline, mais celle-ci veut avant tout qu'il lui parle de sa mère. L'aimable fille se reprocherait presque d'avoir un sentiment de bonheur, tant qu'elle sera éloignée d'elle. Isidore s'empresse de raconter à Emmeline tout ce qui s'est passé à Corbeil après son départ. Il lui dit que sa mère s'arme de courage pour supporter une séparation qui ne saurait être longue; puis il lui demande comment elle est traitée chez son père, qui elle y voit, ce qu'elle y fait. Emmeline conte à Isidore comment elle a passé son temps depuis la veille ; elle lui fait un portrait charmant d'Elvina, et surtout de la manière dont celle-ci l'a reçue, de l'amitié qu'elle lui témoigne. Enfin la jeune fille n'oublie rien, elle entre dans les moindres détails, en disant à celui qu'elle aime :

— Surtout n'oubliez rien de ce que je vous dis là, car il faudra rapporter tout cela exactement à ma mère !...

Isidore promet de s'acquitter la même jour de cette commission. Les deux amants s'entretiennent encore pendant quelque temps de leur amour, de leur prochaine union, de la douce existence qu'ils mèneront lorsque Clémence sera avec eux. Puis Emmeline pense qu'il ne faut pas abuser de la liberté que son père lui a laissée et qu'une entrevue trop prolongée pourrait être blâmée. Elle dit adieu à Isidore, en lui répétant encore :

— Allez bien vite dire à ma mère que vous m'avez vue, et que je serais heureuse s'il m'était possible de l'être lorsqu'elle n'est pas près de moi.

Isidore a quitté la maison du banquier, le cœur content et heureux, comme l'est un amant qui ne prévoit aucun obstacle à son union avec celle qu'il aime. Mais avant de se rendre à Corbeil près de madame Clermont, il va à la demeure de Creps afin de savoir si leur ami commun n'a rien à faire dire à la mère d'Emmeline. Creps était chez lui et profondément enseveli dans ses pensées, lorsque Isidore vient le trouver. Le jeune homme s'empresse de lui faire part de sa visite chez le banquier, de la manière dont celui-ci l'a reçu et de la joie qu'il éprouve, parce que son union avec Emmeline lui paraît certaine. Creps sourit tristement, en disant à Isidore :

— Prenez garde, je crains que votre bonheur ne soit pas encore aussi assuré que vous le pensez.

— Qui vous fait supposer cela?

— Il y a près de celle que vous aimez des gens capables de tout pour détruire vos espérances.

— Qu'avez-vous découvert ?

— Connaissez-vous un jeune homme nommé Sainte-Lucie ?

— Sainte-Lucie ! certainement ; c'est un fort aimable garçon à qui j'avais confié parfois mes chagrins... mes peines d'amour... sans pourtant lui dire que celle que j'aimais c'était la fille de M. Riberpré.

— Vous aviez bien mal placé votre amitié et votre confiance ; ce Sainte-Lucie est l'amant de cette Camille, la maîtresse du banquier.

— Lui, Sainte-Lucie... l'amant !... allons, ce n'est pas possible !

— J'en suis sûr, vous dis-je.

— Vous me confondez...

— Et cet homme seconde tous les projets de cette femme, et il sert sa haine, il est avec eux... Mais je ne veux pas vous en dire davantage, car vous feriez quelque imprudence qui nous empêcherait de découvrir leurs projets; souvenez-vous seulement que ce Sainte-Lucie est un traître, et ne le prenez plus pour votre confident.

— Emmeline courrait-elle quelque danger chez son père ?

— Je veille sur elle... Mais je veux voir ce Sainte-Lucie... je veux le connaître...

— Voulez-vous que je vous présente chez M. Riberpré... c'est très-facile... vous êtes d'ailleurs de ces personnes qu'on peut présenter partout... le nom que vous avez pris soit assez baroque, cela ne ferait rien... je réponds que vous serez bien reçu.

— Non... ce n'est pas chez M. Riberpré que je puis aller... car là... n'ayant plus le costume de l'Amant de la lune... ce serait trop risquer... Il y a quelqu'un qui pourrait me reconnaître... Nous chercherons une occasion de me rapprocher de cet homme. Maintenant, partez pour Corbeil, allez rassurer, consoler cette pauvre mère qui attend des nouvelles de sa fille... Dites-lui tout le bonheur que vous espérez, et ne lui faites point part de mes craintes, elle a déjà bien assez de ses peines à supporter...

Isidore a quitté Creps, mais il croit ses craintes mal fondées, il se dit que ce Sainte-Lucie peut fort bien être l'amant de Camille, sans que cela puisse en rien porter obstacle à son union avec Emmeline ; enfin, le cœur encore tout joyeux de l'accueil que lui a fait le père de celle qu'il aime, flatté de la confiance qu'il lui a témoignée, en lui permettant de causer avec sa fille, il ne voit pas ce qui pourrait maintenant mettre obstacle à son bonheur. Et c'est dans cette disposition d'esprit qu'il se dispose à se rendre à Corbeil. Au moment où il va monter en cabriolet pour être plus vite à l'embarcadère, Isidore se trouve en face de Bouchonnier qui tient sa femme sous le bras.

— Ah ! c'est lui... c'est le cousin ! s'écrie le gros monsieur en lâchant le bras de son épouse pour embrasser Isidore. Eh quoi ! nous allons-nous comme cela, cher ami ?... Vous êtes donc fondu comme une boule de neige, qu'on ne vous voit plus ?... Nous sommes à Paris depuis un siècle, et vous n'êtes pas encore venu nous voir !

— Mon Dieu, Tiburce, ne retenez donc pas M. Isidore, dit Elmonde en faisant une petite mine fort coquette. Est-ce que cela lui fait que nous habitions Paris ou la campagne ? Vous savez bien qu'il ne daigne plus nous honorer de ses visites.

— Ma cousine, je conviens que je mérite vos reproches, balbutie Isidore, mais croyez bien que ce n'est pas ma faute... que le temps seul m'a manqué...

— Mon Dieu, mon cousin, je ne vous fais point de reproches... je n'en ai pas le droit... Vous allez voir les personnes qui vous plaisent, vous faites bien... il est seulement fâcheux pour nous de n'être plus de ce monde.

— Vous ne croyez pas cela, ma cousine ?...

— Il me semble que je dois au contraire en être persuadée.

— Oh ! ils sont charmants ! parole d'honneur ! s'écrie Bouchonnier en riant. Ils se renvoient l'épigramme de l'un et de l'autre. Ne croirait-on pas entendre deux amants qui se sont fâchés et qui se retrouvent, c'est très-drôle !... et moi j'ai l'air du mari jobard qui s'enrhume du cerveau pendant ce temps-là... Ah ! ah ! ah ! ils sont ravissants !...

Elmonde détourne la tête pour rire, Isidore en fait autant. Bouchonnier, en feignant d'avoir besoin de se moucher, trouve moyen de se rapprocher de son cousin et lui glisse dans l'oreille :

— Débarrassez-moi de ma femme pour deux heures, Isidore, j'ai une petite course au clocher à faire, et elle ne veut pas me lâcher...

— Désolé de vous refuser, cher cousin, mais cela m'est impossible. Je suis attendu.

— Est-ce que vous allez encore à la campagne, mon cousin? reprend Elmonde.
— Oui, ma cousine, je vais au chemin de fer de Corbeil, et si vous avez quelque commission pour ce pays...
— Oh! je vous remercie, je n'ai rien qui m'intéresse là-bas.
— Comment, par le froid qu'il fait, vous allez encore à Corbeil? dit Bouchonnier.
— Oh! peu m'importe le temps...
— Dites donc, vous savez que mademoiselle Clermont a été enlevée, il y a quelque temps... On a prétendu que c'était le fils de madame Michelette qui avait fait ce coup-là...
— Je le sais; mais quand M. Alménor sera retrouvé, je vous prie de croire qu'il sera traité comme il le mérite.
— Ce qu'il y a de plus extraordinaire, reprend Elmonde d'un air moqueur, c'est que l'on prétend que mademoiselle Emmeline a été ramenée à sa mère sans qu'il lui ait été fait la moindre offense... sans qu'on lui ait pincé le petit bout du doigt... voilà de ces choses qui tiennent du prodige.
Isidore rougit jusqu'aux yeux et répond en retenant avec peine sa colère.
— Je vous plains, ma cousine, d'être toujours disposée à croire le mal; quant à moi, je sais mieux que personne que mademoiselle Emmeline est toujours un ange d'innocence et de pureté, et lorsqu'elle sera ma femme... ce qui ne tardera pas, je l'espère, je me flatte que l'on ne se permettra plus d'émettre le moindre doute sur les droits qu'elle a à l'estime de chacun.
Isidore monte dans un cabriolet sans attendre de réponse.
Elmonde devient blême, Bouchonnier reste ébahi et chacun d'eux répète :
— Sa femme !...
— Sa femme !...
— Il va l'épouser !...
— Et je gage qu'elle n'a pas de dot !
— Oh ! les hommes !
— Quelle bêtise !...
— Se marier... si jeune !...
— Il aurait dû cependant prendre exemple sur moi. Je lui ai dit si souvent que cela n'avait pas le sens commun...
— Ah! vous lui avez dit cela, monsieur !... c'est honnête !
— Un instant, ma chère amie... que cela n'avait pas le sens commun de se marier...
Et Bouchonnier se dit à lui-même en reprenant le bras de sa femme :
— Je n'ajouterais pas si jeune, que ce serait encore très-bien dit.

X. — LE PHYSIQUE ET LE MORAL.

Quelques jours s'écoulent après la visite d'Isidore au banquier, et n'ont amené aucun changement dans l'existence d'Emmeline. La réunion projetée chez M. Riberpré n'a pas lieu. Tous les soirs Camille donne au concierge l'ordre de dire que l'on n'est pas visible, mais cette manière de vivre ne pouvait durer. Voulant se raccommoder avec Camille, le banquier sortait fort peu, et cherchait un moyen pour opérer un rapprochement. Camille faisait attendre ce raccommodement que l'on désirait, afin de lui donner encore plus de prix et d'obtenir alors tout ce qu'elle voudrait de Riberpré. Depuis ses courses vaines pour rencontrer son amant, elle n'a point osé se rendre chez Monvillars qu'elle brûle de voir ; mais en ce moment elle sentait qu'une démarche imprudente pouvait la perdre, et, prête à regagner son pouvoir, elle ne voulait pas risquer de le voir de nouveau lui échapper.

Un matin, en sortant de déjeuner, au moment de se rendre dans son cabinet, Riberpré, qui avait ressenti déjà plusieurs fois des étourdissements assez forts et qui avait refusé de consulter pour cela son médecin, parce qu'il prétendait n'être jamais malade, se plaint d'un malaise subit, puis tombe tout à coup sur le tapis privé de sentiment.

En un instant tout est en mouvement chez le banquier. Le malade est porté sur son lit, les domestiques volent chercher des médecins. Camille accourt et s'établit auprès de Riberpré, auquel elle prodigue les soins les plus empressés. Elvina et Emmeline, ayant appris l'accident arrivé à leur père, veulent se rendre près de lui pour le soigner, mais Camille a défendu qu'on laissât les jeunes filles pénétrer dans l'appartement de Riberpré; on leur dit que c'est l'ordre du médecin qui craint pour son malade la plus petite émotion. Elvina et Emmeline, forcées de retourner dans leur chambre, ne peuvent donc qu'adresser au ciel des prières pour le rétablissement de leur père, et, bien qu'elle ne connaisse le sien que depuis peu, bien qu'il ne lui ait encore donné aucune marque de tendresse, les prières qu'Emmeline adresse au ciel n'en sont pas moins aussi ferventes, aussi sincères que celles de la jeune Elvina.

Le docteur du banquier déclare que celui-ci vient d'être frappé d'une attaque d'apoplexie. Camille frémit en apprenant que les jours de Riberpré sont en danger; alors le chagrin auquel elle se livre est véritable, non pas qu'elle ait la moindre affection pour cet homme qui depuis dix-sept ans a tout fait pour elle et la traite comme sa femme, loin de là ; mais si Riberpré mourait maintenant, Camille n'aurait rien; l'épouse légitime viendrait prendre la place qu'elle occupe ; Clémence et sa fille hériteraient de toute la fortune du banquier, et on la chasserait de la maison, elle et son Elvina, sans qu'elle ait un mot à dire et aucune réclamation à faire.

Camille prévoit tout cela, et l'on conçoit avec quelle ardeur cette femme soigne et veille celui duquel dépend son sort et la fortune de sa fille. Pendant deux semaines que le malade est en danger, ne le quittant pas d'une minute ni la nuit ni le jour, ne prenant aucun repos, de crainte que pendant ce temps une crise fâcheuse ne vienne se déclarer, Camille se multiplie et semble retrouver chaque jour des forces nouvelles pour soigner cet homme dont elle désire tant alors de prolonger l'existence. La mère la plus tendre n'en serait pas davantage pour son fils, l'épouse la plus fidèle ne se montrerait pas plus attentive, plus empressée près d'un époux adoré .. Et quelle différence pourtant entre les sentiments qui animeraient celle-ci et ceux qui font agir Camille ! Étonnez-vous après cela que l'on se trompe, même en distribuant des prix Montyon !...

Enfin le malade va mieux. Mais le docteur déclare que la convalescence sera fort longue, car il est resté au banquier une espèce de paralysie dans le côté gauche, et cette affection, qui peut être fort difficile à guérir, si toutefois se guérit, affaiblit beaucoup les facultés du malade ; cependant le docteur espère qu'avec des soins M. Riberpré reviendra à son état normal.

Camille est plus tranquille, et peut-être même entrevoit-elle déjà dans cet événement des suites avantageuses à ses projets. Elle a continué à tenir les deux jeunes filles éloignées de leur père, car elle ne veut pas que celui-ci reçoive des soins d'Emmeline, et elle craint que la jeune Elvina, dans les transports d'amitié qu'elle ressent pour sa sœur, ne dise à son père tout le chagrin que celle-ci éprouve de sa maladie. Enfin Riberpré ne voit, n'aperçoit que seule près de lui ; il ne doutera pas que c'est en partie aux tendres soins qu'elle lui a prodigués qu'il doit son retour à la santé, et elle se flatte que cela augmentera le pouvoir qu'elle exerçait sur lui.

Mais, pendant que le malade n'est pas en état de remarquer ses absences, pendant qu'elle le sait livré au sommeil, Camille peut sortir, agir sans craindre d'être suivie ou surprise. Le seizième jour après l'accident survenu à Riberpré, elle profite de cette liberté dont e le peut enfin jouir ; à sept heures du matin elle sort furtivement de sa demeure pour se rendre rue Montholon.

Monvillars ne dormait pas. Depuis sa dernière scène avec Camille, scène qui avait eu des conséquences si fatales, il était inquiet, tourmenté ; il craignait cette fois d'avoir entièrement perdu l'amour de Camille ; il sentait qu'il avait fait une grande sottise, car, par cette femme, il pouvait arriver à la fortune, tandis qu'en cessant de la voir, sa position redevenait incertaine et précaire. Depuis quelque temps il était fort prudent au jeu, ne voulant pas risquer de se fermer les maisons où il était parvenu à se faire recevoir, mais aussi ses ressources diminuaient et il savait bien que ce n'était pas par Valérie qu'il arriverait à la fortune. Cette pensée augmentait sa haine contre cette femme, et ses désirs de se venger d'elle devenaient chaque jour plus ardents.

Monvillars attendait sans cesse Camille. Il avait su qu'elle était venue le demander chez lui et au café, mais depuis elle ne lui revenait pas. Il n'ignorait point la maladie survenue à Riberpré ; il se disait que cela devait donner à Camille une plus grande liberté, et, ne la voyant pas venir, il commençait à désespérer. C'est donc avec un sentiment de joie bien réelle que Monvillars voit entrer chez lui cette femme, dont il craignait d'avoir entièrement perdu l'affection.

— Oui, c'est moi, dit Camille en se jetant sur un siége ; vous ne m'attendiez plus, n'est-ce pas ? et, en effet, il faut que j'aie bien peu de cœur pour revenir chez vous.

Monvillars ne fait point de phrases pour implorer son pardon, il trouve mieux que cela ; il agit. Avec les femmes comme Camille, c'était un excellent moyen de conviction, et, en général, il est rare que ce moyen-là, bien employé, produise avec les dames un mauvais résultat. La paix étant faite et parfaitement conclue, après s'être occupé d'amour, on passe à autre chose .. je ne dirai pas plus sérieuses, car il y a des amours très-sérieux, et celui de Camille était du nombre; on s'occupe d'affaires d'un autre genre.

— Savez-vous, dit Camille, le lendemain de la soirée où il me surprit avec vous, le banquier a été à Corbeil chercher sa fille Emmeline, et l'a ramenée chez lui ?

Monvillars ignorait cette circonstance, car il n'avait pas revu Isidore depuis la soirée où celui-ci lui avait appris qu'Emmeline était rendue à sa mère. Depuis ce temps, on doit se rappeler que Camille avait fait, chaque soir, dire par le concierge que l'on ne recevait pas, de façon que la nouvelle de cet événement n'était point encore connue dans le monde.

— Comment ! il a été chercher sa fille... il l'a installée chez lui ! s'écrie Monvillars avec effroi.

— Mon Dieu ! oui ! oui !... Il paraît, mon ami, que ceux qui avaient enlevé cette petite l'ont bien mal gardée.

— Je savais qu'elle était rendue à sa mère... Voilà ce que c'est que d'employer des sots !... Cet Alménor est un imbécile... son compagnon un ivrogne !... J'aurais dû ne point me fier à eux... mais, que voulez-vous ? l'occasion !... Et elle est maintenant chez vous ?...

— Oui... et il paraît que l'intention de son père est de la marier à son amoureux, cet Isidore Marcelay... il est déjà venu faire sa demande... j'ai su tout cela par Elvina, à qui l'autre conte tout... ces petites filles ne savent pas garder un secret... mais, rassurez-vous... tout cela tournera beaucoup mieux que je ne l'aurais cru d'abord...

— Comment êtes-vous maintenant avec le banquier ?

— Après m'avoir donné de fort vilains noms... cet homme-là est horriblement malappris... il a tourné autour de moi... j'ai feint à mon tour d'être fort irritée de ses soupçons, et j'ai trouvé moyen de lui faire croire que ma conversation avec vous n'avait rien de criminel... c'était assez difficile, convenez-en.

— Il n'y a rien de difficile pour vous !

— Ma foi, je suis tentée de le croire, car je suis parvenue à détruire à peu près tous ses soupçons ; c'est alors que cette maladie est arrivée comme la foudre... j'ai eu peur, car s'il était mort !...

— En effet, ce n'est pas maintenant qu'il faut qu'il s'en aille.

— Le médecin répond aujourd'hui de ses jours... et voyez tous les avantages qui peuvent résulter de cet accident : il a un côté presque entièrement paralysé... on dit que cela se remettra... ce n'est pas sûr... mais en ce moment ce n'est plus le même homme... c'est un enfant qui ne voit que moi... c'est une cire molle dont je puis faire tout ce que je voudrai... Je sais bien qu'avec les forces le moral se remontera un peu... mais ce sera fort long !... et, d'ici là... si l'on avait quelque acte important à lui faire faire...

— Je vous entends... vous avez raison... voici le moment d'agir...

— Oui, vous dites cela... mais vous n'agissez guère, mon ami, ou bien, si vous faites les choses comme pour cette Emmeline... de façon à ce qu'elles ne servent à rien, il me semble que c'est assez inutile.

— Oh ! vous ne me ferez plus ce reproche... avant peu il faut que Riberpré puisse vous épouser...

— C'est cela... oui, c'est cela qu'il faudrait, répond Camille d'une voix sourde et en baissant sa tête sur sa poitrine. Il est bien certain que, s'il était veuf maintenant, je n'aurais pas grand'peine à le décider à me nommer sa femme...

— Quel jour sommes-nous aujourd'hui ?

— Le trente mars.

— Avant la fin du mois prochain... le banquier pourra vous épouser...

Les yeux de Camille se fixent sur Monvillars avec une expression effrayante, puis elle dit d'une voix forte et brève :

— Nous verrons cela...

— Quant à sa fille, reprend Monvillars au bout d'un moment de silence, d'abord je présume que, maintenant, son père étant malade, on ne pense pas à son mariage. C'est bien singulier que cet Isidore ne soit pas venu me conter tout cela.

— C'est vrai... est-ce qu'il se méfierait de vous, à présent ?

— Pourquoi ?... est-il retourné chez le banquier ?

— Il est venu s'informer de son état ; il n'a eu que de très-courts entretiens avec la jeune fille, qui n'a pas osé s'occuper de ses amours pendant que son père était à la mort ; c'est heureux.

— Il ne faut pas que ce mariage se fasse.

— Non, sans doute, car on lui donnerait une dot... une grosse dot, peut-être.

— Il faut... je trouverai un moyen pour... que nous n'ayons rien à redouter de ce côté.

Les yeux de Camille se fixent de nouveau sur son amant, ils brillent d'un feu sombre, tandis qu'elle murmure :

— Ah ! maintenant que je la connais, je la hais aussi, cette Emmeline... elle est plus belle que ma fille... elle se permet d'avoir des talents... de l'esprit, je crois !...

Monvillars secoue la tête d'une façon significative en disant :

— Soyez tranquille, nous arrangerons tout cela.

— Je retourne près de mon malade, dit Camille en se disposant à partir.

— Allez, ma chère, et prolongez sa convalescence... il n'y a pas de nécessité à ce que la santé lui revienne trop vite à présent.

Au moment de sortir, Camille presse fortement la main de Monvillars, en lui disant :

— C'est aujourd'hui le trente mars.

— Je vous entends !... je n'oublierai pas l'engagement que j'ai pris.

— A moins cependant que quelque femme ne vienne encore vous tourner la tête et vous faire négliger vos plus chers intérêts...

— Pas un mot de plus ! il me semblait que vous m'aviez pardonné.

— Vous avez raison, et il ne faut jamais revenir sur ce qu'on a dit.

Camille est partie ; Monvillars demeure plongé dans ses pensées ; et les traits de cet homme, naguère encore beaux et remarquables, se sont contractés et ont pris une expression sauvage, repoussante, provenant sans doute des affreuses pensées auxquelles il se livre.

Sur le midi on sonne de nouveau chez Monvillars : c'est M. Fortincourt qui entre en s'écriant :

— Me voilà, cher ami... je suis enchanté de vous trouver chez vous...

— Et moi de vous voir...

— Trop aimable... Ah çà ! je ne vous dérange pas ? vous n'attendez pas quelque femme, ce matin... c'est que je sais ce que c'est... mais alors vous ne vous gêneriez pas, j'espère... s'il en vient, vous me ficherez à la porte tout de suite !...

— Je n'attends personne, je vous le certifie.

— A la bonne heure ! alors nous pourrons causer... On ne se voit plus depuis quelque temps ; la maladie de ce pauvre Riberpré a dérangé toutes nos habitudes... vous savez qu'il a été très-bas ?

— Oui, je le sais ; mais il va mieux.

— Mieux avec un côté paralysé ; on croit qu'il restera à peu près imbécile... Ce que c'est que de nous, pourtant ! C'est effrayant ! on est rempli de moyens le matin, et on est impotent le soir... Mais, ma foi, s'il fallait toujours songer à cela, on serait sans cesse dans les transes... n'est-ce pas ? ou y serait toujours... Qu'est-ce que je disais donc ?... je ne m'en souviens plus... ça ne fait rien... Je me suis dit : Ma foi, je vais aller jaboter un peu avec ce cher Sainte-Lucie...

— Vous avez eu là une idée charmante.

— D'autant plus que je veux vous consulter au sujet de mon bal... vous savez que je veux donner un bal ?

— Vous m'en aviez parlé, mais j'ai cru que vous aviez changé d'idée.

— Non pas, vraiment !... si j'ai tardé jusqu'à présent, c'était à cause de Riberpré, ou plutôt de ces dames, que j'aurais voulu avoir ; mais, ma foi, on ne peut pas reculer toujours, le carnaval est passé, nous voici à la fin de mars... si j'attends encore, ce sera trop tard...

— Je vous conseille, moi, de donner votre bal très-incessamment. Après tout, si madame Riberpré sa fille n'y sont point, vous ne manquerez pas pour cela de dames, vous connaissez tant de monde !

— Oh ! je vous en réponds. Alors vous, vous êtes de mon avis... d'aujourd'hui en huit, n'est-ce pas ?

— Très...

— Et tantôt j'envoie toutes mes invitations... ma liste est déjà prête... Pour vous, cher ami, je pense que ce n'est pas nécessaire...

— Puisque vous m'invitez de vive voix, c'est encore plus aimable.

— Si vous aviez vous-même quelque connaissance... quelque ami à m'amener... ne vous gênez pas ! tâchez seulement que ce soient des danseurs, c'est ce qu'il y a de plus rare dans les bals.

— Je ne prévois pas avoir personne à vous présenter.

— Je n'ai pas besoin de vous dire quelle sera la reine de la fête !... vous connaissez le secret de mon cœur...

— Oui, et vous êtes donc toujours amoureux de lady Willmore ?

— Oh ! mon cher ami, cela me fait que croire et embellir... quand je dis embellir, c'est une façon de parler, cela me pâlit beaucoup, au contraire : c'est-ce que vous ne trouvez pas que je suis changé... maigri... que ma figure est plus effilée ?...

— Mais non, vous avez une mine charmante.

— Flatteur... mais je m'aperçois bien, moi, que je suis effilé. N'importe, le principal c'est que mes amours sont en bon chemin.

— Ah ! voyons, contez-moi cela.

— Je suis reçu chez elle, mon cher, j'ai mes grandes entrées... Il faut vous dire qu'il a fallu solliciter cette faveur, mon elle paraît très-avare, ce qui la rend encore plus précieuse ; eh bien ! croiriez-vous qu'elle m'a sur-le-champ permis d'aller la voir... et cela d'une façon si aimable... toujours en riant... elle ne fait pas autre chose pendant que je lui fais ma cour... elle demeure rue de la Tour-d'Auvergne... Qu'est-ce que je disais donc ?... Ça ne fait rien... Oh ! je suis amoureux jusqu'à la troisième capucine... style de garde national... J'ai donc été chez lady Willmore, je lui ai demandé si elle consentirait à venir à une petite soirée dansante que je voulais donner ; elle m'a dit que ce serait avec grand plaisir.

— Je vous fais mes compliments, mon cher Fortincourt, je vois que vous êtes tout à fait dans les bonnes grâces de cette dame.

— Franchement, je crois positivement qu'elle me voit avec plaisir... je veux, à mon bal, l'accabler de compliments, de fleurs, de bonbons, de surprises... je veux qu'elle voie bien que c'est elle qui est la reine de la fête ! je commanderai des devises exprès pour elle ; je les glisserai dans des bonbons que je lui offrirai... que dites-vous de cela ? ce sera tout à fait Pompadour.

— Ce sera raffiné et très-galant.

— A présent que j'y pense, même, je ne suis pas fâché que les dames Riberpré soient dans l'impossibilité de venir à mon bal... J'ai remarqué que la femme du banquier regardait lady Willmore d'un œil... un peu... il y avait comme de l'envie, de la jalousie dans cet œil-là... La superbe Camille, ayant l'habitude d'être louangée, adulée par tous les hommes, se sera aperçue que depuis quelque temps je la négligeais pour la jolie veuve.

— Certainement... vous portez vos hommages ailleurs, elle vous en veut... ce qui prouve qu'elle ne recevait pas vos galanteries avec indifférence... mauvais sujet !

— Oh ! je ne dis pas cela ! je ne pousse pas la prétention jusque-là... et puis la belle Camille est trop forte pour moi, j'en aurais peur... parlez-moi de la délicieuse Willmore, c'est svelte, c'est élancé et c'est mignon.

— Avez-vous été déjà plusieurs fois chez elle?
— Mais oui... trois fois déjà.
— Reçoit-elle beaucoup de monde?
— Je ne saurais trop vous dire... sur les trois fois que j'y suis allé, il y en a deux où elle n'était pas visible, mais le jour qu'elle m'a reçu, nous étions en tête à tête... rien qu'elle et moi... sapristi ! ça m'avait bouleversé ! j'avais bien de la peine à me tenir tranquille sur ma chaise. Oh ! ma fête la charmera... je veux qu'on en parle... j'aurai l'orchestre de Strauss... ou Musard... ou Tolbecque... ce qu'il y a de certain, c'est que j'aurai un orchestre... Il faut que je pense à mes devises, c'est une très-bonne idée ; si je lui glissais une déclaration dans un marron glacé?...
— Vous en avez le droit...
— Oh ! l'amour ! C'est étonnant comme cela m'a repris... Qu'est-ce que je disais donc? Ça ne fait rien... Ainsi, c'est convenu, d'aujourd'hui en huit je donne mon bal... c'est une chose arrêtée... Mon cher Sainte-Lucie, je n'ai pas besoin de vous dire que je compte sur vous... si vous ne veniez pas, je vous en voudrais toute ma vie.
— Je n'aurai garde de manquer une soirée où je me promets tant de plaisir...
— Ce pauvre Riberpré ! Cela me fait pourtant de la peine quand je pense qu'il ne peut plus remuer... S'il avait pris des pilules de mon petit pharmacien Georgelle, je suis persuadé que cet accident ne lui serait pas arrivé... Adieu, cher ami, je vais m'occuper de ma fête, et de celle pour qui je la donne.

XI. — DES RENCONTRES.

Fortincourt est parti, et Monvillars se dit :
— Et moi aussi, j'aime autant que Camille ne soit point à cette soirée. Du moins je pourrai, tant que cela me conviendra, m'occuper de ce que fait, de ce que pense cette Valérie... oui... je saurai ce qu'elle pense, car je sais encore lire dans ses yeux, dans son âme... Isidore Marcelay y sera sans doute aussi à ce bal... Nous verrons si elle s'occupe encore de lui... Mais pourquoi songer toujours à cette femme?... n'ai-je donc pas promis... n'ai-je pas une autre affaire à terminer?...

Quelques jours s'écoulent... Monvillars sort peu. Il roule dans sa tête des projets sinistres, mais il n'a pas encore trouvé moyen de les accomplir.

On est à la veille du jour que Fortincourt a fixé pour son bal. Monvillars est sorti de chez lui parce qu'il craint de recevoir la visite de Camille, qui sait peut-être que l'ex-lion donne une soirée et voudrait sans doute que son amant lui promît de n'y point se rendre. Monvillars sent que le souvenir de Valérie vient sans cesse traverser tous les plans qu'il médite, et, mécontent de lui, tourmenté par ses idées de jalousie et de vengeance, il marche au hasard et sans s'occuper du chemin qu'il prend.

Tout à coup des cris partent à ses oreilles; ce sont comme des exclamations de joie, puis il se sent bientôt pressé entre deux bras nerveux, tandis qu'un autre bras s'élance au sien, et au milieu de ces élans d'amitié il entend ces mots :
— Oui, c'est lui... c'est bien lui, ce cher ami...
— Ce brave Renoncule !... Quelle chance de le retrouver à Paris, où tout le monde se perd !... d'autant plus que j'avais oublié votre adresse... je ne vous voyais pas... c'est Saucissard qui m'a dit : Voilà notre aimable ami de Corbeil, M. Renoncule... ne le manquons pas.

Monvillars vient de reconnaître MM. Almenor et Saucissard, il est extrêmement contrarié de la rencontre. D'abord les deux inséparables sont faits comme des voleurs; leur toilette, habituellement assez peu soignée, est devenue semblable à celle que portait Creps lorsqu'il passait les nuits à considérer la lune, et pour un fashionable, un petit-maître chaussé de bottes vernies et ganté par Jouvin, il était très-désagréable de se voir accoster aussi familièrement dans Paris par deux individus qui ressemblaient à des marchands de contre-marques.

Monvillars regarde autour de lui. Il voit avec plaisir qu'il est dans une rue assez déserte du Marais. Prenant son parti, il se hâte de répondre aux étreintes, aux démonstrations de joie de ces messieurs dont il voudrait bien être débarrassé.
— Comment ! c'est vous, messieurs, avec qui j'ai passé à Corbeil une journée si agréable !
— C'est-à-dire, mon brave, que c'est nous autres qui avons eu tout l'agrément... mais, sacredié ! depuis, quel déchet !... Nous allons vous conter tout ce qui nous est arrivé... Si nous entrions dans un café pendant le moindre des choses... avec un verre de n'importe quoi... ça serait plus commode pour jaser.

Monvillars vient d'aviser dans la rue une espèce de café qui a tous les dehors de celui tenu par mademoiselle Mignardise; il préfère aussi entrer dans un endroit où il espère que personne de sa connaissance ne l'apercevra avec les deux gaillards qu'il vient de rencontrer. Il marche vers le café en répondant :

— Vous avez raison, entrons là...

Au bout de quelques minutes ces messieurs sont installés à une table du café dont l'intérieur est fort sombre et où l'on n'aperçoit que quelques vieux habitués dormant sur des journaux.

Alménor demande du kirch, Saucissard une chope d'eau-de-vie brûlée, et Monvillars fait semblant de prendre du café.
— Mon cher ami, dit le bel homme après avoir ingurgité son kirch comme si c'était du champagne, je dois vous dire d'abord que notre entreprise avait parfaitement réussi; vous savez l'enlèvement de la jeune fille que j'adore...
— Oui, de mademoiselle Emmeline... Mais vous avez fait la sottise de la conduire à Paris...
— Tiens, vous savez cela?... Dis donc Saucissard, il sait cela ; il sait tout... Je le crois un peu sorcier, et toi ?

Le savant ne répond que par un signe de tête et il est en ce moment très occupé à faire brûler son eau-de-vie que le garçon n'a pas voulu lui servir dans une chope, sous prétexte que le verre ne pourrait pas supporter l'action du feu, et qu'il lui a apportée dans un bol de porcelaine; cela donne beaucoup d'humeur au monsieur grêlé qui ne cesse de répéter :
— Ils sont bêtes comme des pots dans ce café... On fait brûler de l'eau-de-vie dans une chope, et elle ne casse pas quand on s'y prend bien... Ah ! dame ! c'est un talent ; il faut connaître ça... mais je le possède, moi, ce talent-là... Je suis même en état de donner des leçons, ce sera une ressource pour mes vieux jours... D'ailleurs, si la chope avait éclaté, on la lui aurait payée... Mais, en prison, je ne faisais pas autre chose que cela... brûler de l'eau-de-vie dans des chopes.
— En prison ! dit Monvillars avec surprise. Est-ce que vous avez été en prison ?
— Nous en sortons, cher ami... nous en sortons d'hier seulement... Nous allons vous conter cela... Saucissard, donne-moi un peu de ton eau-de-vie... mon kirch ne valait rien.

Sans attendre la réponse de son ami, Alménor plonge son petit verre dans le bol, le retire plein, le vide d'un trait et poursuit :
— Oui, mon cher monsieur Renoncule ! oubliant les bons avis que vous m'aviez donnés, j'ai amené ma jeune fille à Paris... Que voulez-vous !... l'envie de s'amuser, de faire la noce... et puis Saucissard avait dans cette capitale une amie fidèle... une vieille revendeuse... Il me dit : Ce sera un asile sûr et sacré pour la demoiselle... nous la conduirons là, elle y sera aussi en sûreté qu'à la Banque de France. Jolie sûreté !... vieille gueuse de Giselle !... elle s'est laissé enlever notre oiseau...
— Je sais cela.
— Vous savez cela ?... Dis donc, Saucissard... il sait encore cela...
— Et bien autre chose ; mais poursuivez.

Alménor plonge encore son petit verre dans le bol de son ami, puis reprend :
— Ma demoiselle était fort malade, il fallait la laisser se guérir avant de lui parler d'amour... on ne peut pas faire des yeux amoureux à une personne qui est en moiteur, il faut la laisser transpirer. Ma foi, pendant que notre geôlier gardait ma belle, Saucissard et moi nous étudiions les différentes manières dont se fait la cuisine dans les restaurants de Paris ; ceci dans un but tout philantropique, Saucissard ayant l'intention de faire un nouvel ouvrage qui damera le pion à tous les *Cuisiniers bourgeois, royal, des familles*, enfin à tous les livres que l'on a faits sur cet important sujet....
— Ce sera, dit Saucissard en s'empressant de boire l'eau-de-vie qui reste dans son bol, afin que son ami ne puisse plus y tremper son verre, ce sera un livre que l'on aura dans toutes les bonnes maisons, un livre indispensable chez les gens qui voudront savoir manger... Je compte l'intituler : *Cuisinier incomparable pour les personnes qui n'ont pas de dents...* Je gage qu'on en vendra plus de cent mille exemplaires ; c'est un ouvrage qui fera ma fortune...
— Tu devrais bien l'achever alors, paresseux !

Monvillars, que cette digression impatiente, s'écrie :
— Enfin, où étiez-vous? Que faisiez-vous pendant qu'on enlevait votre jeune fille?
— Voilà, cher ami : nous dînions à une taverne anglaise de Paris, cuisine tout à fait *Albion*. Pas de serviettes ! c'est sale, mais c'est grand genre...
— Oui, dit Saucissard après avoir appelé le garçon. Et ce diable d'Alménor, qui est toujours mauvais tête, s'amuse à mettre ses coudes dans l'assiette d'un Anglais qui dînait à côté de nous...
— Dame ! mes enfants, faut bien rire, la vie est si courte !
— Mais l'Anglais s'est fâché ; les coups de poing ont roulé, nous nous sommes battus.
— Chut ! je t'arrête là ! c'est-à-dire que c'est moi qui me suis battu, pendant que tu t'obstinais à rester sous la table, suivant ton habitude...
— Je cherchais la clef de ma caisse que j'avais laissé tomber.
— Bref, j'ai si bien rossé l'Anglais, qu'on a prétendu qu'il n'avait plus de nez ; si bien qu'on nous a arrêtés, conduits en prison, Sau-

cissard et moi. Ce maudit *English* a porté plainte pour son *pif* que j'avais détérioré... on nous a condamnés à quinze jours de prison et trois cents francs d'amende, plus les frais... Quel jugement! Le nez de l'Anglais ne valait certes pas cela, il était en carlin.

— Oh! non, s'écrie Saucissard. Garçon! apportez-moi une salade de cerises et le *Tintamarre*. En voilà un journal qui m'amuse. A la bonne heure, il renferme des *bonnes blagues*, des *farces*, des bons mots, des *pufs*, des *rébus*. C'est gai, ça fait rire, et j'ai remarqué qu'on ne s'endort jamais en lisant quand on rit. Alménor, si tu veux, nous ferons un journal... je suis rempli d'idées... Si ce cher monsieur Renoncule veut nous cautionner, ce sera une affaire d'or. Il aura le droit de signer comme gérant responsable. Nous paraîtrons trois fois par an; c'est assez, et nous offrirons des primes aux personnes qui s'abonneront de suite pour dix ans... Ça va-t-il?

— Laisse-nous donc tranquilles avec ton journal, Saucissard, tu vois bien que monsieur ne t'écoute pas.

— Garçon, mes cerises, alors!

— Diable! il paraît que tu es en goût ce matin. Enfin, mon brave monsieur Renoncule, avec le temps que nous avions déjà attendu le jugement, cela nous a bien fait cinq semaines de prison au moins; nous en sommes sortis hier... avec une toilette un peu fanée, comme vous voyez; mais nous comptions nous changer chez sa douce amie la revendeuse. Nous y courons... qu'est-ce que j'apprends? Ma belle a pris la clef des champs... et ce n'est pas tout, la vieille nous fait une scène, prétend que nous l'avons fourrée dans une mauvaise affaire, et que je lui redois de l'argent pour des rouleaux de sirop de gomme prodigués à la malade... Merci!... Allez donc payer la nourriture d'un oiseau qui est envolé, d'autant plus que l'amende et le séjour de la prison, où Saucissard faisait constamment des expériences d'eau-de-vie brûlée, ont diablement amoindri mes finances : c'est tout au plus s'il me reste soixante francs sur la somme que je vous avais gagnée au billard... A propos, voulez-vous faire une partie?

— Je n'y joue plus.

— C'est dommage... J'ai donc envoyé promener madame Petitfour; Saucissard lui a cassé sa fontaine d'un coup de pied, pour lui apprendre à ne nous offrir que de l'eau pour nous rafraîchir, et nous sommes partis. Nous avons couché dans un petit garni; mais aujourd'hui nous comptions repartir pour Corbeil, rentrer dans le giron maternel et nous y tenir bien sages pendant quelque temps, jusqu'à ce qu'on ait oublié cette légère bambochade... N'est-ce pas, Saucissard? Qu'est-ce que tu as donc encore à crier?

— C'est cet imbécile de garçon... le voilà maintenant qui me sert une salade de cerises dans un verre... c'est insupportable ça!

— Tu en voulais dans un saladier?

— Les salades de cerises se servent dans des tasses, tout le monde sait cela... c'est une gargotte que ce café!

Pendant qu'Alménor contait son histoire, Monvillars réfléchissait : il se disait qu'il lui faudrait bientôt se rendre à Corbeil, et que s'il rencontrait encore ces deux messieurs, cela pourrait le gêner beaucoup dans ce qu'il voudrait faire.

Il attend que le bel homme ait mangé la moitié des cerises à l'eau-de-vie que l'on a servies à son ami, puis il lui dit :

— Vous m'avez conté ce qui vous est arrivé; je vais, à mon tour, vous dire ce qui s'est passé pendant que vous étiez en prison.

— Voyons cela, mon honorable ami... Sacredié! je suis fâché que vous n'ayez plus de goût pour le jeu de billard!...

— L'aubergiste de Corbeil, auquel vous aviez loué une voiture et un cheval, a porté plainte contre vous deux...

— Ah! bigre... Mais c'est Saucissard seul qui avait loué la voiture, ça ne me regarde pas, moi.

— Probablement qu'il l'avait louée en votre nom...

— Comment, Pylade, tu as fait cette boulette!

— Parbleu! c'est-ce que sans cela on m'aurait confié l'omnibus... Il paraît que ceux qui l'ont trouvé sur le canal ne l'ont pas ramené au propriétaire... Qu'il y a des gens canailles!

— Enfin, messieurs, si vous retournez à Corbeil en ce moment, je crois devoir vous prévenir que vous serez sur-le-champ arrêtés et conduits en prison.

Alménor donne un coup de poing sur la table, jure comme plusieurs charretiers et finit par dire :

— J'en ai assez mangé comme cela de la prison, je n'en veux plus... Et toi, Saucissard?

— Ni moi, on y fait une trop mauvaise cuisine.

— J'en suis fâché pour ma tendre mère, mais elle ne reverra pas de longtemps son chéri... C'est bien heureux que vous nous ayez avertis, mon cher Renoncule! Ma foi, au lieu de retourner à Corbeil, nous resterons à Paris... nous vivoterons comme nous pourrons... Je donnerai des leçons de billard, Saucissard terminera et vendra son livre de cuisine pour les personnes qui n'ont pas de dents!... Voilà.

— Je suis désolé d'être encore obligé de vous contrarier dans vos projets, mais à Paris d'autres dangers vous menacent.

— Ah! bah!... nous sommes donc traqués partout, maintenant?

— Mademoiselle Emmeline est à présent chez son père, le banquier Riberpré; son mariage est décidé avec M. Isidore Marcelay... c'est mon parent qui m'a appris tous ces détails; mais le banquier sait que vous avez voulu séduire celle qu'il aime et la tenir cachée à Paris chez une revendeuse. Le père et l'amant ont juré de tirer de vous une vengeance éclatante; l'amant ne veut rien moins que vous tuer!... le père vous faire assommer... ils vont vous chercher partout!... Si vous n'aviez pas été en prison, je suis persuadé qu'ils vous auraient déjà découverts.

Saucissard s'est levé, il prend son chapeau, quitte la table et s'écrie :

— Je quitte Paris à l'instant même... Viens, Alménor, allons prendre le chemin de fer, pas celui de Corbeil, mais n'importe quel autre. Je n'ai pas envie que la folle passion me fasse recevoir quelque mauvais coup!

Le bel Alménor se lève aussi en disant :

— Ma foi, je crois que tu as raison... Reprenons le cours de nos voyages... Allons à Reims, j'y connais des marchands de vin.... Je tirerai des effets à vue sur la maman Michelette, il faudra bien

Je voudrais d'abord acquitter une dette.

qu'elle paie... et plus tard, quand tous les orages seront apaisés, nous reviendrons vivre dans nos lares... Recevez donc nos adieux, cher ami. Puisque décidément vous ne voulez plus jouer au billard, je ne reste pas plus longtemps dans ce café... vous nous excusez?...

— Partons! partons! crie Saucissard qui est déjà contre la porte.
— Je vous approuve même, dit Monvillars; quittez vivement Paris et ne retournez pas de quelque temps à Corbeil...
— Merci encore... On a bien raison de dire : *Les amis sont toujours là!*

Et les inséparables ont quitté le café sans s'occuper aucunement de la dépense qu'ils y ont faite; ils regardent cela comme devant nécessairement être l'affaire de la personne qui était avec eux.

Monvillars, fort satisfait de s'être débarrassé d'Alménor et de Saucissard, laisse quelques minutes s'écouler, paie la consommation de ces messieurs, puis se dispose à son tour à partir. Mais avant qu'il se soit levé, un individu qui était assis dans un coin à une table où il paraissait dormir, quitte vivement sa place et vient s'asseoir vis-à-vis de Monvillars, auquel il dit à demi-voix :

— Une minute, Constant! puisque le hasard me procure le plaisir de te rencontrer, j'espère que tu ne te sauveras pas aujourd'hui comme le jour où tu étais avec ton père et ton frère... dans un restaurant à trente-deux sous...

Monvillars a pâli, car il a reconnu le grand Riffard.

Ce monsieur toise du haut en bas son ancien ami, puis lui tend la main. Monvillars a bien vite pris son parti, il secoue et serre avec force cette main qu'on lui présente en disant :

— Comment! c'est toi!... Oh! parbleu, il parait que je suis dans mon jour de rencontres... mais franchement je préfère la tienne à celle de tout à l'heure.

— Ah! ces deux paillassons qui étaient avec toi à cette table... Je ne sais pas d'où ils sortaient, mais je n'aurais pas voulu les reconduire, et je me disais à part moi : C'est drôle que Constant... ça m'est égal, le nom que tu voudras...

— Nomme-moi Monvillars, alors.
— C'est drôle, me disais-je, que lui, qui est mis comme un lion numéro un, aille avec des particuliers si déplumés... Je sais bien que si on me voyait en ce moment à ta table, on pourrait dire la même chose... Je suis peut-être plus râpé que ceux qui étaient là; mais, au moins, je ne commettrais pas l'inconvenance d'aller avec toi dans la rue... On sait vivre ou on n'en est pas d'usage.

— Comment vont les affaires, Riffard?
— Pas bien! Je me suis brouillé avec Lodoïska... elle prétendait que je lichais trop!... je cherche à entrer ailleurs... mais c'est difficile, il y a tant de concurrence et tant d'aspirants! et puis, je ne suis plus si joli garçon que jadis!... ça me tient; dans cet état-là on vent qu'un homme ait du physique. Je suis grand, c'est vrai, mais je deviens sec comme un coucou. Peux-tu me prêter cent sous? tu me rendras bien service... je suis à peu près comme tu étais quand je t'ai rencontré au commencement de l'hiver.

Monvillars s'empresse de fouiller à son gousset, il en tire une pièce de vingt francs qu'il met dans la main du grand Riffard ; la figure de cet homme s'épanouit, il fixe, il couve des yeux la pièce d'or.

— Tout cela!... Ah! sacrebleu! c'est bien ce que tu fais là... Tu n'as pas oublié que j'ai voulu t'obliger. Tu es un bon *zig*!

Monvillars ne disait rien, il méditait tout en considérant l'homme qui était devant lui.

— A quoi diable penses-tu en me regardant comme cela? s'écrie alors Riffard.
— Je pense... je pense que si tu veux, je puis te faire gagner trente fois ce que je viens de te donner là.
— Trente fois vingt francs!... nom d'un chien! ça fait six cents francs!
— Oui, six cents francs.
— Et tu peux me les faire gagner! Oh! dis-moi vite ce qu'il faut faire pour cela... Jour de Dieu! comme je réparerais mes moments d'abstinence... Voyons, parle donc...

— Il faut d'abord avoir du cœur, de la résolution... ne point reculer devant de misérables considérations.
— Je ne reculerai pas; j'aurai du cœur; pour six cents francs, on a de tout cela et beaucoup, surtout quand on ne mange pas à sa faim depuis huit jours. Voyons, explique-toi donc!
— Je ne puis pas te dire cela ici. Trouve-toi, après-demain, tu entends bien, après-demain, à Corbeil.
— A Corbeil?
— Oui, sur les deux heures de l'après-midi. Tiens-toi à la sortie de la station du chemin de fer. J'irai te chercher là et ensuite je t'expliquerai ce dont il s'agit.
— Il suffit; après-demain à Corbeil, à deux heures de l'après-midi... au chemin de fer.
— C'est bien cela.
— Je te réponds que je serai exact.
— Et maintenant, adieu... Laisse-moi sortir seul de ce café.
— Oui, oui, parbleu! cela va sans dire... A après-demain.

Lodger a pris la main de son ancienne amie.

XII.

BAL CHEZ UN GARÇON.

On avait tout bouleversé, tout démonté et en partie démeublé dans l'appartement que M. Fortincourt occupait rue Bergère, pour le bal qu'il donnait en l'honneur de lady Willmore.

Le logement du célibataire était petit, comme le sont en général les appartements occupés par des garçons, qui tiennent rarement à avoir de vastes salons ; il se composait seulement de cinq pièces, fort bien décorées, mais passablement exiguës. Fortincourt ne regardait point à la dépense, et lorsqu'il donnait une soirée, ce qui était extrêmement rare, il voulait au moins que ce fût très-bien. Mais, cette fois, comme il désire se surpasser, comme la passion qu'il éprouve pour Valérie le rendait capable de faire les plus grandes folies, on doit penser quels soins il avait apportés aux préparatifs de son bal. Dans son envie d'embellir son appartement, il avait été jusqu'à vouloir faire abattre une muraille qui séparait son salon de sa chambre à coucher, afin que l'on eût plus de place pour danser...

Déjà, malgré les humbles représentations de son valet de chambre, Baptiste, les maçons avaient été demandés, mais au moment où ils s'apprêtaient à faire tomber tout un pan de muraille, le propriétaire, averti peut-être par Baptiste, était accouru escorté du concierge, et il s'était formellement opposé à la démolition projetée, sous prétexte que cela nuirait à la solidité de sa maison, et que, si chaque locataire se livrait à la même fantaisie, les habitants du dernier étage ne tarderaient pas à s'enfoncer sur l'étage au dessous et ainsi de suite, ce qui aurait considérablement rapetissé son immeuble. Et vain Fortincourt s'était engagé à faire reconstruire la muraille le lendemain même de son bal. Le propriétaire ayant été inexorable, il avait bien fallu se contenter d'un salon dans lequel on ne pouvait danser qu'à seize, en ne formant qu'un seul quadrille; mais Baptiste avait dit à son maître pour le consoler :

— Il me semble, monsieur, vous avoir entendu dire quelquefois en revenant du bal : C'était fort gai, fort amusant, on dansait partout. Alors, monsieur, il est probable que chez vous on pourra faire de même, et danser dans toutes les pièces de votre appartement.

— Tu ne te trompes pas, Baptiste, avait répondu Fortincourt; je suis allé à des réunions où l'on dansait ailleurs que dans les salons ; cela arrive même très-fréquemment : on invite toujours beaucoup plus de monde que les salons n'en peuvent contenir; il arrive surtout un moment, c'est assez ordinairement de minuit à une heure, où l'on est obligé de pousser, de faire queue pour passer d'une pièce dans une autre ; on se marche mutuellement sur les pieds, et les malheureux danseurs sont tellement serrés, tellement pressés, qu'ils ne dansent absolument que pour la forme en se tenant les coudes collés au corps comme des soldats prussiens; c'est alors que la foule finit par déborder et envahir les autres pièces et que l'on danse même dans la salle à manger, mais encore faut-il que l'on trouve assez d'espace pour simuler au moins un quadrille. Les cinq pièces composant mon appartement, il y en a trois où l'on est gêné quand on est plus de deux. Tu comprends alors que même avec la meilleure volonté possible, il serait difficile d'y former une contredanse; enfin n'importe! on fera ce que l'on pourra; le principal, c'est que partout ce soit resplendissant de lumières que les glaces multiplieront; que de tous côtés les yeux se reposent sur des fleurs, que le buffet soit constamment garni des rafraîchissements les plus recherchés; que la musique y charme les oreilles .. et surtout que la divine Willmore daigne par un sourire... par un regard tendre me prouver qu'elle se plaît chez moi... Oh! alors... vois-tu, Baptiste, alors si elle... qu'est-ce que je disais donc?... ça ne fait rien... Tu m'as entendu; que mes ordres soient ponctuellement exécutés.

Les désirs de Fortincourt avaient été satisfaits. Sur les dix heures du soir son appartement était brillant comme un bouquet d'artifice, et parfumé comme un parterre. Un tapis moelleux couvrait les marches de l'escalier ; enfin la porte cochère toute grande ouverte, les lampions sur les bornes et dans la cour, et les gamins stationnant pour voir entrer les voitures et descendre les belles dames, rien ne manquait; il eût été difficile de passer dans la rue sans deviner que dans cette maison on donnait un bal.

L'amphitryon se promenait dans toutes les pièces d'un air assez satisfait ; cependant, lorsqu'il s'arrêtait dans son salon, il poussait un profond gémissement en murmurant :

— Ah! Dieu! si l'on avait laissé abattre ce côté de muraille... quelle différence ! comme cela eût été carré !... comme les polkistes auraient eu de la place ! Mais les propriétaires sont d'un ridicule qui n'a pas de nom... heureusement ma belle lady étant en deuil ne se livre pas à la danse. Oh ! sans cela, je réponds bien que les murailles auraient sauté en dépit de tous les propriétaires ; présents et futurs ; j'aurais tout démoli; j'aurais fait de mon appartement la place du Carrousel ou la place d'Armes de Versailles... c'est beaucoup plus grand que le Carrousel ; mais elle ne peut danser... ce sera pour la fin de son deuil.

A onze heures, la réunion était déjà fort nombreuse. Chacun fait compliment au maître de la maison sur le bon goût, l'élégance qui règne chez lui, et de plus chacun paraît disposé à s'amuser ; il est à remarquer que chez un garçon, comme on sait qu'il n'y a point de maîtresse de maison, il semble que l'on doive observer moins de cérémonie et que l'on jouisse de plus de liberté ; pour peu que l'amphitryon sache amuser son monde, mettre les dames en train et exciter un peu à cet aimable abandon qui ne cesse jamais d'être décent, un bal chez un garçon est beaucoup plus gai qu'un autre.

Un moment arrive où l'on peut à peine circuler dans les différentes pièces de l'appartement. Fortincourt, craignant qu'il ne lui manquât beaucoup de monde, en a invité deux fois plus qu'il ne peut en tenir chez lui, et comme il se trouve que personne n'a manqué, bientôt on ne peut plus marcher, on ne trouve plus de place pour s'asseoir, et les danseurs demandent à grands cris de l'air, parce que la chaleur devient étouffante.

Alors Fortincourt est radieux, car lady Willmore est arrivée depuis un moment et elle a paru enchantée en voyant cette cohue ; au risque de bouleverser tout le monde, le maître de la maison a conduit la jolie veuve à une place que depuis longtemps il faisait garder; il donne alors le signal à son orchestre, qui joue le God save the king : c'est une surprise qu'il a ménagée à Valérie; tout le monde se regarde, chacun se demande à l'oreille si par hasard cette dame qui vient d'arriver fait partie de la cour d'Angleterre, et Valérie elle-même ne comprend pas pourquoi son entrée a été saluée par cet air national de la Grande Bretagne.

Elle regarde Fortincourt qui a l'air très-content de son idée, et elle lui dit :

— Pourquoi donc l'orchestre vient-il de jouer cet air anglais ?
— Pour vous, belle dame, pour vous saluer votre arrivée.
— Permettez-moi de vous dire que je ne comprends pas pourquoi on me jouait cet air-là ! d'abord je ne suis ni reine, ni princesse, ni même grande dame... enfin vous savez que je ne suis pas Anglaise.
— Vous êtes reine ici, car vous régnez sur tous les cœurs... ensuite vous êtes lady, donc on peut vous traiter comme une Anglaise.
— Je vous assure, mon cher Fortincourt, que j'aurais préféré entendre de l'air de Je suis Lindor ou J'ai du bon tabac...
— Voulez vous Je suis Lindor?... on va vous le jouer...
— Oh ! de grâce cessez cette plaisanterie, et surtout, je vous en supplie, ne vous occupez pas sans cesse de moi, cela rendrait les autres dames jalouses, et me ferait trop d'ennemies.

Valérie a dit cela d'un ton fort moqueur, mais Fortincourt prend ces paroles au sérieux et répond, en se penchant sur la chaise de la jolie veuve :

— Je me moque pas mal de ce que diront les autres dames ! Je les donnerais toutes pour votre petit doigt ou plutôt pour votre medium!...
— Mon Dieu ! que de monde vous avez !...
— N'est-ce pas... on commence à ne plus pouvoir marcher... mais j'attends encore au moins cinquante personnes !...
— Où donc les mettrez-vous ?...
— Je n'ai point la famille Riberpré, vous savez que ce cher banquier est malade.
— Mais il va mieux, je crois.
— Mieux... sans pouvoir bouger de son fauteuil.
— C'est bien fâcheux... sa jeune fille Elvina est charmante... et madame Riberpré est très-bien aussi.
— Je trouvais cela comme vous. Il y a quelque temps, mais maintenant je ne vois plus qu'une seule dame qui soit belle... qu'une seule qui réunisse ces charmes... à ce je ne sais quoi, à ce...
— Est-ce que vous n'avez pas invité M. Isidore Marcelay ?
— Pardonnez-moi... Oh ! il viendra; il m'a même demandé la permission de m'amener un de ses amis... Je la lui ai octroyée sur-le-champ... ce jeune homme ne peut avoir que de belles connaissances; mais, en attendant, j'aperçois ce cher Sainte-Lucie... arrivez donc, cher ami !... je me disais : Est-ce qu'il a oublié sa promesse ?

Monvillars est parvenu à se faire jour jusqu'à Valérie, il salue profondément en répondant à Fortincourt :

— Mais il n'est pas facile de parvenir jusqu'à vous... c'est pis qu'au foyer de l'Opéra.
— Ah ! mon cher, écoutez donc, je connais tant de monde !... et puis il n'y a pas de plaisir dans une fête, si l'on n'est pas un peu foulé... c'est bien plus gentil... Ah ! mon Dieu ! qu'est-ce que je vois donc là-bas ?...
— C'est, dit un jeune homme, une dame qu'on emporte, la chaleur vient de la faire s'évanouir.
— Vraiment... Comment ! cela irait jusque-là ?...
— Mon cher Fortincourt, cela menace de devenir par trop gentil chez vous...
— Qu'ils sont méchants! mon Dieu ! qu'ils sont méchants! parce qu'une dame se trouve mal... qu'est-ce que cela prouve ? c'est peut-être son corset qui la serrait trop... on a vu de ces choses-là... Il faut pourtant que j'aille faire revenir cette dame... lui offrir des sels, des flacons.

L'amphitryon vient de s'éloigner. Monvillars est resté près de Valérie; comme il ne craint plus les regards jaloux de Camille, il ne se gêne pas pour contempler cette femme que ses yeux semblent vouloir fasciner.

Lady Willmore, bien que fort contrariée de l'obstination que Monvillars met à rester près d'elle et à la fixer, ne semble pas y faire attention. Cet air d'indifférence irrite Monvillars qui, s'approchant un peu près de Valérie, trouve moyen de lui dire assez bas pour qu'elle seule entende :

— Je gage que vous voudriez bien aussi me faire chasser d'ici !
— Il est certain, répond Valérie, que si cela ne dépendait que de ma volonté, vous n'y resteriez pas longtemps.
— Est-ce que vous ne craignez pas, madame, que tant d'outrages ne fassent germer dans mon âme d'affreux projets de vengeance ?...
— Est-ce que vous ne craignez pas, monsieur, que votre obstination à vouloir encore me connaître ne me force enfin à vous démasquer et à dire dans le monde de quelle industrie vous vivez ?...

Monvillars semble éprouver une contraction nerveuse, comme s'il ne résistait qu'avec peine au désir de se précipiter sur cette femme qui brave sans ménagement sa fureur. Faisant un effort sur lui-même, il vient de s'éloigner et de se perdre dans la foule, lorsque Isidore Marcelay parvient à pénétrer dans le salon, accompagné d'un monsieur dont la figure noble et belle et la tournure distinguée font encore, bien qu'il ait dépassé la quarantaine, un cavalier de fort bonne mine.

Creps, car c'était lui qui accompagnait Isidore, n'avait plus rien dans sa personne qui pût rappeler l'Amant de la lune. Du temps où il couchait dans l'écurie de Roberdin et où il s'abandonnait encore parfois à la débauche, sa figure était couperosée, son nez chargé de boutons, enfin la pauvreté de sa mise se reflétait sur tous ses traits et leur donnait quelque chose de hâve et de souffrant.

Depuis que sa fortune a changé, depuis surtout que la vue d'une femme qu'il avait toujours adorée lui a fait sentir la honte de sa situation, Creps, ayant mené un genre de vie tout différent, a vu disparaître ce qui tenait encore à son inconduite, et a repris une partie de ses avantages d'autrefois. Ajoutez à cela le changement de costume, et vous comprendrez que l'on ne peut plus deviner l'Amant de la lune dans ce monsieur élégant et à bonnes manières qui accompagne maintenant Isidore Marcelay à la soirée donnée par Fortincourt.

Depuis la maladie de Riberpré, Isidore ne pouvait voir Emmeline que rarement, et il n'osait passer auprès d'elle que peu d'instants ; la bienséance le voulait ainsi, et quoique Emmeline ne ressentît pour son père qu'un bien faible attachement, dans lequel le devoir entrait pour beaucoup, elle n'aurait pu voulu parler de ses amours, de ses projets de bonheur, tandis qu'elle le savait en danger; peut-être même alors n'eût-elle point reçu les visites d'Isidore, s'il ne lui eût toujours apporté des nouvelles de sa mère. Celle-ci s'engageait à la résignation, à la patience, et lui recommandait d'entourer son père de ses soins; elle ignorait qu'on ne laissait pas Emmeline approcher du malade, et celle-ci, présumant bien que, si sa mère apprenait cela, elle en serait vivement affligée, avait cru devoir lui cacher cette circonstance.

Tous ces retards désolaient Isidore, mais depuis que le banquier allait mieux, depuis que son médecin avait déclaré qu'il était hors de danger, le jeune homme reprenait courage, se flattant que son mariage avec Emmeline aurait lieu aussitôt que Riberpré serait tout à fait rétabli.

Cependant ne goûtant plus que peu de plaisirs dans des réunions où il savait ne point rencontrer l'objet de ses amours, Isidore ne se serait pas rendu à l'invitation de M. Fortincourt, si Creps, auquel il avait parlé de ce bal, ne l'eût prié de le conduire.

XIII. — LE DÉBITEUR. — RESTITUTION.

— Où donc se cache le maître de la maison? dit Isidore, en cherchant, ainsi que son compagnon, à se frayer un passage à travers un quadrille, dans l'intervalle d'une poule à une pastourelle.

— Parmi tant de monde, répond Creps, il doit être fort difficile de se rencontrer ; on pourrait maintenant aller dans un bal particulier comme à une exposition des produits de l'industrie, les jours où l'on n'a pas besoin de carte, c'est-à-dire sans invitation; entrer, se promener dans le salon, examiner, regarder, puis s'en aller sans s'occuper le moins du monde des maîtres de la maison.

En ce moment, les yeux d'Isidore viennent de rencontrer les regards de lady Willmore. La jolie veuve fait au jeune homme un salut extrêmement aimable; celui-ci s'empresse d'aller lui présenter ses hommages.

— Vous cherchez M. Fortincourt, dit Valérie, il était près de moi il n'y a qu'un instant... il voulait me raconter quelque chose, lorsqu'une dame s'est trouvée mal... je pense qu'il ne tardera pas à revenir.

Ces mots renfermaient une invitation assez claire de rester près d'elle, et quoique Isidore n'eût jamais pensé que la riche lady Willmore eût le désir de faire sa conquête, comme cette dame était toujours fort aimable avec lui, il était naturel qu'il restât de préférence près d'elle.

— Quelle est cette dame? demande Creps à son introducteur.

— La veuve d'un lord anglais fort riche.. je l'ai vue quelquefois chez M. Riberpré, où elle a été présentée; il n'y a pas longtemps qu'elle est à Paris.

— Elle n'est pas Anglaise, pourtant?

— Non, c'est une Française... elle est fort aimable, je n'en sais pas plus... Ah! si; je sais encore que le monsieur chez qui nous sommes en est éperdument amoureux, il le dit à qui veut l'entendre.

Valérie regardait Isidore, qui se tenait debout près d'elle, comme une dame regarde un monsieur quand elle désire qu'il lui dise quelque chose; le jeune homme lui adresse quelques-unes de ces phrases insignifiantes qu'on échange dans les bals, mais Valérie, au lieu de répondre par le même langage, dit d'une voix légèrement émue :

— Il m'a semblé, monsieur, vous avoir vu, il y a déjà quelque temps, à une soirée chez M. Riberpré... je crois que c'est le jour où j'y fus présentée... et alors vous paraissiez peu disposé à prendre part aux plaisirs de la réunion... vous sembliez tout préoccupé par de tristes pensées... C'est peut-être indiscret de vous dire cela, mais l'expression mélancolique de vos traits m'avait frappée et intéressée...

— Vous êtes trop bonne mille fois, madame, d'avoir remarqué la tristesse que je ne pouvais, en effet, surmonter... Oui, je me rappelle cette soirée... je devais avoir l'air bien ridicule, car on ne va pas dans le monde quand on doit y montrer une aussi triste figure...

— Ridicule... oh! non, je vous assure... ce n'est pas là l'effet que vous avez produit sur moi... est-ce qu'on est ridicule, parce qu'on a de la peine?

— Mais alors on ne va pas la faire voir dans une réunion de plaisir... ce soir-là un motif me conduisait chez M. Riberpré... je voulais m'assurer...

Isidore s'apercevant que, suivant son habitude, il va se laisser aller à conter ses affaires les plus secrètes, se reprend aussitôt :

— Je me rappelle que je voulais parler à M. de Sainte-Lucie.

— M. de Sainte-Lucie! murmure Valérie en reposant sur Isidore des yeux dont l'expression est devenue singulière; est-ce que ce... monsieur serait vraiment votre ami? oh! non, cela n'est pas possible...

— Et pourquoi donc cela, madame? répond Isidore tout étonné de la manière dont cette dame vient de lui dire ces dernières paroles.

— Pourquoi, monsieur! oh! parce qu'une liaison entre vous et cet homme me semble trop extraordinaire... parce que vous ne pouvez pas, vous... Oh! mais j'aurais trop de choses à vous dire à ce sujet... Je ne crois pas le lieu favorable pour vous faire une telle confidence... et pourtant j'aurais bien voulu...

— Pardon, belle dame, vous avez négligé quelques moments ! s'écrie Fortincourt en revenant près de Valérie, ce n'est pas ma faute!... j'espère que vous en êtes persuadée... Mais d'honneur, je ne sais pas ce qui prend à ces dames dans le petit boudoir,.. elles sont là-bas une douzaine qui se trouvent mal... Elles tombent comme des capucins de cartes... on a voulu descendre demander un docteur, qui demeure au-dessous, mais pas moyen : l'escalier est encombré, envahi... on danse la polka sur mon carré... un Russe et un Belge... ils ne le savent ni l'un ni l'autre... c'est à mourir de rire... Eh! voilà M. Isidore Marcelay... recevez mes compliments, monsieur ; lady Willmore m'avait demandé si vous seriez des nôtres... j'espère que cela doit vous flatter...

Valérie rougit. Isidore présente Creps au maître de la maison en disant :

— M. de Creps, que j'ai l'avantage de vous présenter.

— Charmé que monsieur ait bien voulu me faire l'honneur d'assister à mon petit bal... une soirée de garçon... c'est sans prétention, mais on est indulgent pour ceux qui n'ont pas le bonheur de posséder une compagne.

Creps se contente de saluer; Fortincourt se tourne vers Valérie en lui disant :

— Quel diable de nom m'a donc dit M. Marcelay ; M. de Krèche... de Kreutz... ce doit être un étranger, mais il a fort bonne façon, ce monsieur... on voit que c'est un personnage noble.

Valérie ne répond pas; fort contrariée de ce que l'on ait interrompu sa conversation avec Isidore, elle voit avec peine qu'il lui sera difficile de la reprendre, d'autant plus que Fortincourt paraît très-décidé à ne point la quitter, ce qui commence à lui être insupportable.

— Maintenant, dit Creps à l'oreille d'Isidore, faites-moi donc connaître M. de Sainte-Lucie, qui se disait un de vos amis...

— Il est sans doute dans une autre pièce... je vais tâcher de le découvrir parmi tout ce monde.

Isidore s'est faufilé dans la foule; Creps se dispose à le suivre, lorsqu'un nom prononcé près de lui le fait subitement s'arrêter pour prêter attention à la conversation que tiennent deux messieurs qui sont dans l'encoignure du salon, et paraissent, tout en causant, fort occupés à considérer lady Willmore.

— Ma foi, tu as raison... plus je regarde cette lady Willmore... plus il me semble que c'est bien... ou du moins que c'était bien la femme de ce pauvre Giroval... Après cela, moi je ne l'avais vue qu'une fois chez un ami du major... voilà pourquoi je n'aurais pas osé te l'affirmer...

— Mais moi je me suis trouvé à un bal où son mari l'avait menée... je l'avais déjà vue une fois avant... oh! c'est bien elle, j'en suis certain... Et elle est déjà veuve d'un autre mari... peste! comme elle les enterre, cette petite femme-là...

— Ce pauvre Giroval, il est mort bien malheureusement!

— Oui, tué en duel par l'amant de sa femme... vous conviendrez, mon cher, que la conduite de cette dame fut plus que légère !... aussi je me garderai bien d'aller lui dire que j'ai eu le plaisir de connaître son premier mari... quelle grimace elle ferait... et ce serait dommage, elle est très-jolie...

— Oui, je conçois qu'elle ait tourné la tête à un Anglais...

— Ah ça, mais... et celui qui l'avait enlevée ?

— Il l'avait plantée là, probablement! c'est presque toujours ce que l'on fait d'une femme qui se laisse enlever...

— Ma foi! elle a bien fait d'épouser un lord...

— Et encore mieux d'en être veuve.

— Il paraît que vous n'aimez pas les Anglais?

— Oh! mon Dieu! je dis cela comme je dirais autre chose!

Les deux causeurs se séparent; Creps considère alors avec plus d'attention cette femme que l'on dit être la veuve du major Giroval;

car le nom du major était resté gravé dans sa mémoire, depuis que l'aubergiste de Corbeil avait raconté devant lui toute l'histoire du duel des deux voyageurs qui avaient logé chez son confrère.

L'instant de la grande foule est déjà passé, et, comme cela arrive alors dans tous les bals, bientôt on peut circuler, danser fort à l'aise, et se rendre d'une pièce dans une autre. Valérie, qui voudrait rejoindre Isidore Marcelay, s'est laissé conduire dans un autre salon ; mais le jeu a commencé : les hommes, et surtout les jeunes gens, se sont empressés de quitter la danse pour aller se livrer au lansquenet, au whist ou à la bouillotte. Isidore vient de se placer devant un tapis vert, et lady Wilmore s'empresse de s'asseoir à côté de lui, quoiqu'elle n'espère pas, en ce moment, reprendre avec lui la conversation qui a été interrompue.

Monvillars, qui, sans se laisser voir, n'a pas cessé de guetter Valérie, se sent frémir de rage en la voyant s'asseoir près de celui pour lequel elle a déjà montré sa préférence. Il s'approche à son tour de la table et salue Isidore, comme quelqu'un avec qui l'on est très-lié ; mais les confidences de Creps, les demi-mots de lady Wilmore, ont donné beaucoup à penser à Isidore, qui ne répond au bonsoir de Monvillars que par un salut assez froid.

Piqué de cet accueil, et ressentant déjà contre Isidore toute la haine que l'on a pour un rival, Monvillars devient moqueur, persifleur ; chaque fois que Valérie adresse quelques paroles à Isidore, il s'empresse de se mêler à leur conversation, puis il rit bien haut, mais son rire est violent, forcé, et ses regards expriment bien plutôt le dépit que la gaieté.

Creps, qui vient d'apercevoir Isidore, s'est dirigé vers lui ; le jeune homme lui fait signe d'approcher et lui dit tout bas :

— Vous voulez connaître Sainte-Lucie, le voilà... debout contre lady Wilmore.

Creps n'a pas plutôt jeté les yeux sur Monvillars, qu'il a senti comme un frisson parcourir tout son être, et un sentiment d'horreur s'empare de lui ; il ne lui a fallu qu'un instant pour reconnaître dans cet élégant petit-maître l'assassin du major Giroval. La figure de cet homme était restée profondément gravée dans sa mémoire, car il l'avait alors regardé de façon à ne plus oublier ses traits.

— Qu'avez-vous donc, mon ami ? vous pâlissez, dit Isidore qui a remarqué l'émotion subite que Creps vient d'éprouver.

— Je n'ai rien... rien, je vous assure, répond Creps en s'efforçant de se remettre et de dissimuler le trouble que vient de lui causer la vue de Monvillars.

Isidore n'insiste pas et continue de jouer.

Creps ne perd plus Monvillars de vue, et, sachant maintenant que lady Wilmore n'est autre que la veuve du major Giroval, veut tâcher de s'assurer si les relations qui existaient entre ces deux personnes continuent encore.

Mais il était bien facile de s'apercevoir que Valérie ne voulait pas répondre un mot à ce monsieur qui se mêlait très-librement aux discours qu'on lui tenait, et que son voisinage lui était fort peu agréable ; la physionomie de la jeune veuve laissait très-bien voir des impressions que, d'ailleurs, elle ne semblait plus vouloir prendre la peine de cacher, et qui devenaient plus vives à mesure que le ton de Monvillars devenait plus railleur.

En promenant ses regards ironiques autour de lui, Monvillars ne tarde point à remarquer ce monsieur qui le fixe sans cesse et avec une attention que l'on ne se permet guère entre gens bien élevés ; il examine Creps, et, ne se rappelant pas l'avoir jamais rencontré trouve sa conduite assez impertinente ; il n'en affecte que plus de sans façon et de moquerie dans ses discours.

— J'ai encore perdu ! s'écrie Isidore ; je ne suis pas heureux au jeu !

— C'est que vous l'êtes trop près des belles, mon cher ami ! dit Monvillars en jetant un regard ironique sur Valérie : on ne peut pas avoir tous les bonheurs à la fois !... n'est-il pas vrai, milady ?

Valérie feint de n'avoir pas entendu et détourne la tête d'un air dédaigneux.

Fortincourt, qui depuis quelques instants cherchait de tous côtés celle pour qui il a donné son bal, arrive alors suivi d'un valet portant des glaces et des bonbons.

— Bon Dieu ! milady, je vous demandais de tous côtés... comment ! vous regardez le jeu ?... mais les danses ne s'animent plus quand vous n'êtes pas là.

— Comment pourrais-je les animer, puisque je ne danse pas ? dit Valérie.

— Qu'est-ce que cela fait ?... quand le soleil paraît, il vivifie tout.

— Et madame en le soleil ! s'écrie Monvillars en ricanant, la comparaison est ingénieuse !

— Mais, je m'en flatte, cher ami... je m'en flatte... Qu'est-ce que vous faites là, Sainte-Lucie... comment, vous ne jouez pas ?...

— Je fais comme madame, je contemple les joueurs et cela me suffit !

— Ah ! vous contemplez... Qu'est-ce que je disais donc... belle dame, accepterez-vous un fruit glacé ?...

— Merci.

— Un marron... avec devise... ils ont des devises.

— Pardieu, je suis curieux de voir vos devises de bonbons ! s'écrie Monvillars en mettant sa main sur le plateau.

— Mais non... mais non... ces bonbons-là ne sont que pour les dames !... s'écrie Fortincourt en faisant signe à son cher ami qui ne daigne pas y faire attention, et prend une devise qu'il se dispose à lire tout haut, quoique Fortincourt le tire par son habit pour l'en empêcher.

Lorsque l'on a vu vos beaux yeux
On doit devenir amoureux ;
Soyez Anglaise ou bien Française,
Mon cœur n'en est pas moins bien aise.

— Oh ! charmant, délicieux, le quatrain ! s'écrie Monvillars après avoir lu, tandis que la plupart des personnes qui entourent les joueurs et qui ont entendu la lecture de la devise, se regardent en riant.

Fortincourt baisse les yeux comme un amant timide, mais il regarde Valérie en dessous. Lady Wilmore ne partage point la gaieté provoquée par la lecture de la devise ; elle feint de ne point avoir entendu les vers que l'on a évidemment faits pour elle, et qui la flattent peu.

— Je ne sais pas de qui sont ces vers ! reprend Monvillars, mais je déclare que je les trouve bien coulants !... c'est du Dorat, du Marivaux. Soyez Anglaise ou bien Française, mon cœur n'en est pas moins bien aise... Ces deux derniers surtout disent tant de choses... et ce cœur qui n'en est pas moins bien aise offre une image si riante !

Fortincourt est dans le ravissement, il ne sait comment se tenir, il se tortille derrière la chaise de Valérie, en balbutiant :

— Mon Dieu !... ce sont de ces choses qui viennent tout de suite... en regardant la personne qui les inspire on n'a pas besoin de chercher.

— Ah ! vous venez de vous trahir, mon cher, et ceci nous annonce que cette devise est de vous.

— Moi ?... je n'ai pas dit cela... seulement j'ai dit que... c'est-à-dire... je sais ce que j'ai donc dit ? je ne m'en souviens plus...

— Tenez, madame, il est juste que vous possédiez ce qui a été fait pour vous... que vous êtes Anglaise ou bien Française.

En disant ces mots, Monvillars présente la devise à Valérie ; mais celle-ci repousse si brusquement la main qui est tendue devant elle, que la devise tombe sur le tapis.

Monvillars se mord les lèvres, mais il affecte encore de rire et montre à Fortincourt le papier qui est à terre, en lui disant :

— Vous voyez, mon cher, comment on traite vos vers... je crains que ceci ne rende pas votre cœur bien aise.

Fortincourt, qui craint d'avoir offensé la jolie veuve, ramasse la devise, en murmurant :

— Mon Dieu !... je n'ai jamais eu l'intention... je suis très-fâché si... une devise dans un bonbon... c'est tout à fait sans conséquence... je serais désolé que lady Wilmore m'en voulût d'une légère idée poétique...

Valérie se tourne vers Fortincourt, en lui disant avec un aimable sourire :

— Ce serait bien mal à moi, monsieur, de me fâcher de votre galanterie... Offrez-moi votre devise... de votre main, je l'accepterai.

Fortincourt est ravi ; s'il osait, il se jetterait aux genoux de Valérie ; mais il se contente de lui présenter la devise. Monvillars, exaspéré par cette nouvelle insulte, va riposter par quelque impertinence, lorsqu'il aperçoit encore le regard perçant de Creps, toujours attaché sur lui. Fatigué de la persévérance que ce monsieur met à le regarder, il se penche vers Fortincourt, en lui disant assez haut pour que chacun puisse l'entendre :

— Quel est donc ce monsieur... là... en face de moi... ce monsieur qui a je ne sais quelle marque au front ?... Il me fixe depuis quelque temps avec une persistance qui pourrait finir par me déplaire...

Fortincourt répond fort bas :

— C'est un monsieur... qui m'a été présenté par Isidore Marcelay... M. Krèche... de Cresse... quelque gentilhomme allemand...

— Je ne sais pas si c'est un gentilhomme, reprend Monvillars en affectant de parler plus haut. Mais il n'a donc jamais été dans le monde, ce monsieur, car il ne sait pas comment on s'y conduit... il aurait besoin d'apprendre les usages... je pourrais peut-être lui donner quelques leçons.

Fortincourt tire Monvillars par son habit en lui faisant signe que le personnage dont il parle peut entendre. Creps a en effet fort bien entendu, mais rien sur sa figure n'indique que cela lui cause la moindre impression.

Isidore, qui vient encore de perdre son va tout, se lève en disant :

— J'offre une place, j'abandonne la partie.

— Je prends votre place, dit Monvillars en allant s'asseoir à la table de jeu. Au même instant un autre joueur se lève encore, en offrant aussi sa place. Alors c'est Creps qui s'avance et s'assied vis-à-vis de Monvillars.

Celui-ci éprouve malgré lui comme un malaise en voyant se placer en face de lui ce personnage qui depuis longtemps l'examine d'une façon si particulière.

Creps sort de sa poche sa bourse remplie d'or. Il compte plusieurs napoléons dans sa main, sans paraître remarquer que c'est à lui de parler et qu'il interrompt le jeu.

— Quand monsieur voudra parler, c'est à lui, dit un des joueurs.

— Eh ! mon Dieu, messieurs ! s'écrie Monvillars d'un ton impertinent, attendez !... quand monsieur sera prêt il nous le dira... vous voyez bien que monsieur est en train de faire ses comptes ! il ne faut pas le déranger.

— Pardon, messieurs, dit Creps, mais avant de jouer avec monsieur... je voudrais d'abord acquitter une dette...

Creps pose alors vingt-deux napoléons devant Monvillars, en lui disant : Veuillez compter, monsieur, je crois que c'est bien là la somme que je vous devais.

— Comment... que signifie ceci, monsieur, je ne saisis pas du tout... Vous me deviez quelque chose... vous ?... Si c'est une plaisanterie, tâchez donc de me la faire comprendre.

Creps regarde de nouveau Monvillars fixement, en répondant :

— Je ne plaisante aucunement, monsieur... vous avez donc la mémoire bien courte ? Il y a la vingt-deux napoléons... quatre cent quarante francs que vous m'avez prêtés un jour... dans les environs de Corbeil...

Monvillars devient livide, ses cheveux se dressent sur sa tête, ses yeux deviennent hagards, les cartes s'échappent de ses mains.

— Ah ! il paraîtrait que vous avez déjà joué avec monsieur, et que vous l'aviez oublié, dit Fortincourt, tandis que Valérie, qui a prêté l'oreille en entendant prononcer le nom de Corbeil, remarque la révolution qui vient de s'opérer chez Monvillars : cet homme dont le ton était si insolent, les manières si libres, l'air si audacieux, est maintenant pâle, tremblant, et semble ne plus avoir la force de parler ni de lever les yeux.

— Vous vous souvenez maintenant, monsieur, reprend Creps.

— Oui... oui... je crois me rappeler, murmure Monvillars d'une voix à peine intelligible.

— Eh bien ! que faites-vous donc, mon cher, vous laissez tomber vos cartes ?...

— Pardon, balbutie Monvillars, mais... un étourdissement... je ne savais plus ce que je faisais...

— Ah ! Vous avez déjà fait la partie avec monsieur, reprend Fortincourt. Et vous aviez tout à fait oublié la figure de monsieur de... de Krèche...

— Mais moi, dit Creps, je n'avais pas oublié ma rencontre avec monsieur.

— Voyez pourtant comme on se retrouve... Et c'est près de Corbeil que vous vous êtes trouvés ensemble... dans quelque château des environs ? je ne connais pas ce côté-là...

— Moi, reprend Creps, il m'est arrivé dans ce pays une aventure... qui ne saurait s'effacer de ma mémoire. J'y ai été témoin d'un crime infâme... le souvenir de cet événement m'est toujours présent ; car il y a des choses qui vous frappent trop pour que jamais on les oublie.

— Un crime... c'est intéressant ceci... et vous avez été témoin... sans pouvoir l'empêcher, alors ?

— Non, malheureusement...

— Contez-nous donc cela... d'autant plus que Sainte-Lucie ne sait plus ce qu'il fait... il n'est plus du tout au jeu...

— Pardonnez-moi... je joue... seulement... j'écoutais...

Mais les autres joueurs se sont levés parce qu'il est tard. Valérie a les yeux fixés sur Creps, et paraît attendre avec anxiété ce qu'il va dire. Monvillars est resté sur sa chaise, où il semble cloué.

— Voyons donc cette histoire ? dit à son tour Isidore, en s'adressant à Creps ; tout ce qui s'est passé dans les environs de Corbeil a de l'intérêt pour moi, et vous ne m'aviez jamais dit un mot de tout cela.

— Nous attendons, dit Fortincourt, les aventures criminelles ont toujours quelque chose qui porte sur les nerfs... les dames aiment beaucoup ces histoires-là... Tenez, voyez, lady Willmore paraît aussi curieuse que nous d'entendre ce récit terrible...

Valérie ne répond rien, mais elle regarde de nouveau celui dont les paroles ont tout à coup terrifié Monvillars. Creps, loin de ne perdant de vue Valérie, se met en devoir de se rendre aux désirs des personnes qui l'entourent.

— C'était... vers la fin du printemps de l'année dernière... j'habitais depuis quelque temps dans les environs de la petite ville de Corbeil ; alors, mon plus grand plaisir était de me promener dans la campagne, lorsqu'il faisait clair de lune ; et mes promenades se prolongeaient si avant dans la nuit, que quelquefois je ne rentrais prendre du repos qu'au moment où un autre astre se montrait à l'horizon, et remplaçait celui qui m'avait éclairé...

— Moi aussi, j'aime beaucoup le clair de lune... je raffole du clair de lune ! dit Fortincourt, mais pas seul !... Oh ! il me faut quelqu'un qui partage mes sensations à l'aspect de cette nature bleue qui...

— Vous empêchez monsieur de continuer, murmure Valérie.

— Oh ! c'est vrai !... Pardon, mille pardons, monsieur de Crache... c'est la lune qui m'emporte !...

— Une certaine nuit, ma promenade m'avait entraîné plus loin que de coutume de l'endroit où je logeais, si bien qu'il faisait petit jour lorsque j'arrivai dans un sentier qui me conduisait à ma demeure. Ce sentier était bordé par une haie assez élevée, et, sur ma droite, de l'autre côté de cette haie, était une espèce de champ... de prairie que l'on ne traversait pas habituellement ; je fus donc assez étonné d'entendre des pas dans ce champ ; je prêtai l'oreille, les pas approchaient rapides... pressés, puis ils cessèrent tout à coup ; mais alors, j'entendis fort distinctement ces paroles prononcées par une voix forte et sonore : *Nous n'avons pas besoin d'aller plus loin.*

— C'étaient des brigands !... des assassins ! dit Fortincourt. Ils amenaient à quelque malheureux voyageur qu'ils voulaient égorger !...

— Non, monsieur, c'étaient deux hommes qui allaient se battre en duel...

— En duel ! s'écrie Valérie, dont l'agitation augmente à chaque instant.

— Oh ! alors, reprend Fortincourt, si ce n'était qu'un duel, c'est moins intéressant !... Nous connaissons tous cela... moi, j'ai manqué en avoir trois : mes témoins les ont toujours arrangés à l'amiable... ça m'a contrarié.

— De grâce, monsieur, poursuivez, dit Valérie en attachant ses regards sur Creps, tandis que Monvillars, blotti sur son siège, la tête rentrée dans sa poitrine, semble vouloir se dérober à tous les yeux.

— Oui, c'était d'un duel qu'il s'agissait ; je ne pouvais plus le croire en entendant de nouveau la même voix qui disait : *Entre nous deux c'est un duel à mort...*

— Fichtre ! il y avait eu un soufflet de donné, probablement.

— Cela vous paraîtra peut-être singulier, reprend Creps, que j'aie pu aussi bien entendre ce qui se disait ; mais je vous prie de vouloir bien vous rappeler que c'était dans les champs, au petit jour, que le plus grand calme régnait encore dans la campagne, et d'ailleurs la voix porte fort loin, et je n'étais pas, moi, très-loin, de ceux qui parlaient, mais une haie me cachait à leurs yeux. Ce que je venais d'entendre m'ayant vivement ému, je m'étais arrêté afin de mieux écouter... L'heure, le lieu... l'idée que deux hommes venaient là pour se donner ou recevoir la mort, tout cela avait quelque chose de grave, de sinistre, et vous comprendrez que les paroles que j'entendis alors se soient gravées dans ma mémoire. L'une des deux voix que j'entendais dit bientôt : *Nous tirerons à cinq pas de distance; mais comme mes armes ou les vôtres pourraient avoir un avantage, il faut partager ; donnez-moi un de vos pistolets, et prenez-en un des miens ; nous commencerons ensuite avec les vôtres...*

— Rien ne pouvait être plus loyal, dit Isidore.

La même voix reprit au bout de peu d'instants : *Donnez donc, alors, et finissons-en.*

— Il paraît que l'autre n'était pas aussi pressé, dit Fortincourt.

— Alors j'écartai doucement le feuillage de la haie...

— Pour aller empêcher ces deux hommes de se battre... je conçois votre pensée...

— Non, monsieur ; tel n'était pas mon dessein. Lorsque deux hommes ont décidé entre eux un duel à mort, il faut que l'outrage ait été bien grand, que la cause soit bien grave, et il me semble alors que nul n'a le droit de les empêcher de se battre, et de venir s'interposer entre la réparation ou la mort. Mais je voulais voir ces combattants, savoir comment ce duel allait se passer ; ces deux hommes n'avaient pas de témoins, et il me semblait que le ciel qui m'avait envoyé là pour leur en tenir lieu. J'écartai facilement la haie de sureau qui n'était pas bien épaisse, et j'aperçus deux hommes à cent pas de moi. Ils étaient placés de manière à recevoir les premiers rayons du soleil... moi, j'étais dans l'ombre, je pouvais les observer parfaitement. L'un de ces hommes pouvait avoir cinquante et quelques années, mais à sa tenue et à sa tournure, on devinait un ancien militaire. L'autre était jeune... sa mise était recherchée... il était fort pâle et paraissait beaucoup moins calme que son adversaire. Au moment où je regardais, le jeune homme, après avoir jeté des regards inquiets autour de lui, se mit à marcher vivement sur son adversaire ; il tenait un pistolet dans chacune de ses mains. Je présumais qu'il allait faire l'échange des armes convenu. Sans doute l'ancien militaire le croyait aussi, car il l'attendait immobile à la place qu'il avait choisie ; mais tel n'était pas le projet du jeune homme. Parvenu tout près de son adversaire, par un mouvement aussi prompt que la pensée, il lui appliqua contre la poitrine le canon du pistolet qu'il tenait à sa main droite... le coup partit aussitôt... et le malheureux, victime de sa confiance dans un misérable, tomba soudain, lâchement assassiné.

— Ah ! quelle infamie ! s'écrient toutes les personnes qui prêtaient attention au récit de Creps. Valérie ne dit pas un mot, mais elle est demeurée comme frappée d'horreur ; ses traits se sont décomposés ; puis ses regards ayant aperçu Monvillars, un tremblement nerveux la saisit, elle fait un mouvement comme pour se lever, mais elle retombe sur sa chaise.

— Et vous n'avez pas arrêté cet infâme assassin ! s'écrie Isidore.

— Je le voulais d'abord, et je courus vers lui dans cette intention ; mais... mais il avait déjà fui... après s'être assuré que sa victime avait reçu le coup mortel. Je m'approchai de celui qui gisait étendu sur la terre... je voulus voir s'il n'y avait plus aucun espoir... j'entr'ouvris ses vêtements... pour poser ma main sur son cœur, et y chercher encore un reste d'existence... Tout était fini... l'infortuné avait cessé de vivre... Mais là... à cette place où son cœur avait cessé de battre, je trouvai un petit médaillon renfermant une boucle de cheveux... puis... autour, j'aperçus gravé... le nom de... Valérie...

Un cri douloureux se fait entendre.

— Ah! mon Dieu! dit Fortincourt, lady Willmore se trouve mal... du secours, messieurs... du secours... Oh! mais voyez donc... ses membres se raidissent... ses dents se serrent... c'est une attaque de nerfs... de l'air... de l'eau... des sels... un médecin... du vinaigre !

Fortincourt aux champs, il va, vient, crie, appelle, met tout sens dessus dessous chez lui, et se désespère en voyant la reine de son bal en proie à des attaques de nerfs effrayantes, et se débattant sur le parquet, sur lequel on a été obligé de l'étendre. Cet événement a mis fin au bal. Les danses ont cessé ainsi que le jeu. Chacun s'empresse pour porter secours à la belle lady. Au milieu de ce tumulte, de ce désordre, Monvillars a disparu, et Creps s'éloigne avec Isidore.

Fortincourt donne en même temps dix ordres contradictoires, il ne sait plus ce qu'il fait, et, dans son désespoir, ne cesse de s'écrier:

— Pauvre petite femme! le récit de ce duel lui a fait trop d'impression. Elle est extrêmement nerveuse! mais aussi ce M. de Pretz avait bien besoin de nous raconter des aventures si terribles... et il appuyait sur les moindres détails comme si on y était... Retenez-la, messieurs... elle va se cogner... se briser quelque chose... Quelle idée de ce M. de Cracke de raconter ces histoires-là dans un bal... Comme c'est gai, comme cela met en train... comme cela donne envie de danser! Ah! mon Dieu... voilà que l'accès redouble; ça devient effrayant!... Que le diable emporte M. de Cherche et son duel!... A force de soins, de secours, on parvient à faire cesser l'attaque de nerfs de Valérie; mais, lorsqu'elle revient à elle, elle est si faible, si pâle, si tremblante, elle paraît encore si souffrante, que l'on se hâte de la transporter à sa voiture et de la ramener chez elle.

Cet événement a terminé fort tristement la fête donnée par Fortincourt, qui se couche, désolé de ce que le jeune Marcelay lui ait amené ce monsieur qui conte de si tristes anecdotes.

Quand ils sont sortis de chez Fortincourt, Creps dit à Isidore.

— Vous venez d'entendre l'histoire de ce duel... ou plutôt de cet assassinat dont je fus témoin...

— Oui, et j'ai remarqué l'impression que votre récit faisait sur lady Willmore... Par quel miracle aussi avez-vous, avec quelques mots, bouleversé Sainte-Lucie, au point de rendre craintif, tremblant, un homme qui se faisait remarquer par sa morgue et son ironie... Vous êtes donc un sorcier... un magicien?... vous opérez des prodiges.

— Sainte-Lucie est un misérable, un infâme!... Je le soupçonnais déjà, mais ce soir, en l'apercevant, je n'avais plus à douter, car je l'ai reconnu... oui, reconnu... c'est lui qui dans ce duel... près de Corbeil, a lâchement assassiné son adversaire...

— Sainte-Lucie!... Oh! le monstre!...

— Alors il se faisait appeler le comte de Norbelle, il est probable que le nom de Sainte-Lucie ne lui appartient pas davantage... Ce malheureux qu'il a assassiné, et dont il venait d'enlever la femme, c'était le major Giroval...

— Le major Giroval... attendez! je me rappelle... un jour, dans le jardin du Palais-Royal, nous avons vu le major... il poursuivait un jeune homme qui avait enlevé sa femme...

— Cette femme... qui fut la maîtresse de Sainte-Lucie... aujourd'hui c'est lady Willmore...

— Lady Willmore!... il se pourrait! Ah! je comprends tout maintenant. Mais cette malheureuse ignorait sans doute que son amant avait été l'assassin de son mari...

— C'est pour cela que, devant elle, j'ai raconté cette histoire ; j'ai voulu qu'elle connût encore mieux cet homme pour lequel elle a oublié tous ses devoirs.

— Mais déjà elle semblait ne plus le voir qu'avec horreur... elle s'étonnait que je fusse lié avec lui, elle voulait me parler à ce sujet... elle devinait donc que c'était un misérable?

— C'est que probablement ce Sainte-Lucie aura encore commis d'autres actions infâmes dont cette femme a eu connaissance, et voilà sans doute ce qui lui a fait quitter cet homme.

— Mais vous m'avez dit que Sainte-Lucie était maintenant l'amant de Camille... Je frémis en pensant de quoi peut être capable un tel misérable; puisque vous fûtes témoin de son crime, pourquoi ne point le dénoncer à la justice, le faire arrêter?

— Vous oubliez que, seul, je fus témoin de cet événement, et que je n'aurais aucune preuve à fournir de ce que j'avance. Mais maintenant que Sainte-Lucie sait que je l'ai reconnu, je ne pense pas qu'il ose encore se présenter dans une maison où vous ou moi nous pourrions le rencontrer.

— N'importe; ce que vous venez de m'apprendre a porté l'effroi dans mon âme... en sachant Emmeline près de cette Camille...

— Calmez-vous... nous veillerons plus que jamais sur l'objet de votre tendresse... la santé du banquier est meilleure... encore quel-

ques jours, et vous irez le presser de tenir la promesse qu'il vous a faite de vous unir à Emmeline...

— Ah! que le temps me semblera long jusque-là!

Isidore a quitté Creps après lui avoir pressé la main. Les événements de la soirée ont rempli son âme de crainte et de tristesse. Au moment où il rentre chez lui, son concierge lui remet une lettre ; elle lui apprend que son oncle est fort malade, et qu'il désire vivement l'avoir près de lui.

— Partir! se dit Isidore, partir en ce moment où mille craintes m'oppressent, où je ne sais quels noirs pressentiments s'emparent de moi!... Laisser encore Emmeline dans une maison habitée par cette Camille... la maîtresse d'un infâme, d'un assassin!... Mais mon oncle fut mon protecteur, mon second père... ne point aller en ce moment lui prodiguer mes soins serait me rendre indigne de l'amour d'Emmeline... je partirai dès demain... après l'avoir vue encore ainsi que sa mère, et surtout après avoir dit à Creps de veiller plus que jamais sur les objets de nos affections.

XIV. — DOUX SOUVENIRS.

Isidore s'est rendu à Corbeil, près de Clémence, et lui a montré la lettre qu'il avait reçue la veille au soir.

— Il faut partir, lui dit la mère d'Emmeline, partir dès aujourd'hui ; celui qui vous a élevé, qui vous a toujours regardé comme son fils et souffrant et réclame vos soins : différer votre départ serait de l'ingratitude, lorsque votre présence peut contribuer au rétablissement de sa santé. Allez près de votre oncle, vous pouvez vous éloigner de crainte, car vous savez bien que l'absence n'affaiblira pas dans le cœur de ma fille les sentiments que vous lui avez inspirés. Elle tiendra de sa mère, elle sera constante dans ses affections.

Isidore ne veut pas dire à Clémence les nouvelles craintes qui l'agitent, ce serait lui donner encore des inquiétudes, des tourments ; il s'en repose sur Creps pour écarter les dangers qui pourraient menacer Emmeline. Il prend congé de Clémence, il se rend à Paris chez Riberpré, où il trouve Emmeline dans la compagnie d'Elvina. Les deux jeunes filles ne se quittaient plus. Elvina éprouvait l'amitié la plus vive, la plus tendre pour la nouvelle compagne que son père lui avait donnée, elle ne pouvait plus être un moment séparée d'elle ; et de son côté Emmeline, dont le cœur ne demandait qu'à s'attacher, n'avait pu se défendre d'aimer la fille de cette femme qui avait causé tant de chagrins à sa mère.

Mais l'Écriture a dit: Les enfants ne seront point responsables des fautes de leurs parents, et ces paroles renferment une maxime trop juste, pour ne pas être gravée dans le fond d'un bon cœur.

La maladie du banquier avait laissé aux deux jeunes filles de si longues heures à passer ensemble, que leur intimité devait nécessairement s'en accroître. Camille ne comprenait pas qu'Elvina pût aimer Emmeline ; mais elle attachait fort peu d'importance à cette liaison qu'elle savait pouvoir rompre au premier moment.

En voyant Isidore se présenter le front empreint d'une sombre tristesse, Emmeline craint qu'il ne soit arrivé quelque malheur à sa mère, et ses premières paroles sont pour s'informer d'elle. Isidore la rassure, et lui apprend alors la cause de son chagrin. Tout en répondant comme sa mère à celui qu'elle aime, Emmeline ne peut cacher la peine que lui fait éprouver l'annonce de ce brusque départ.

Elvina n'ignore pas qu'Isidore Marcelay doit devenir l'époux de sœur, et c'est elle qui cherche à rendre le courage et l'espoir aux deux amants.

— Mon Dieu!... s'écrie la jeune fille en souriant, est-ce qu'il faut s'attrister ainsi pour un petit voyage que monsieur va faire?... Oh! c'est si gentil de voyager... si amusant!... je voudrais toujours être en route, moi... Je n'ai pas encore été bien loin... mais j'espère bientôt voir un peu plus de pays, car je sais que mon père a acheté une belle maison de campagne à Germigny-l'Évêque, et certainement nous irons dès que le temps sera doux... et cela ne tardera pas... nous sommes au printemps, au mois d'avril... C'est à treize lieues d'ici, Germigny-l'Évêque... je voudrais que ce fût bien plus loin... mais c'est égal, ce sera toujours un petit voyage...

— Et vous ne savez pas... vous ne pouvez pas savoir combien de temps vous serez éloigné de nous? dit Emmeline en soupirant.

— Dès que la santé de mon oncle sera rétablie, vous devez bien penser que je m'empresserai de revenir.

— Mais ne le quittez pas avant d'être bien certain que vos soins ne lui seront plus nécessaires... car... ce serait mal...

— Sans doute, reprend Elvina ; mais tâchez qu'il guérisse bien vite... Mon Dieu, quand il est bien malade, mais cela se passe... voyez plutôt mon père... Par exemple, j'en veux beaucoup au médecin qui lui défendait de nous avoir près de lui, sous prétexte que nous ferions du bruit, que cela lui ferait mal à la tête... comme si nous ne saurions pas être sages et lui parler quand on nous le défend... n'est-ce pas, Emmeline?... Enfin, ce n'est que depuis trois jours que l'on nous a permis d'aller le voir, et encore ne sommes-nous restées que fort peu de temps près de lui.

— Eh quoi? dit Isidore en regardant celle qu'il aime, on ne vous laissait pas approcher de votre père?...

— Puisque c'est le médecin qui le défendait! s'écrie Elvina; il faut bien suivre les ordres du médecin... Ces gens-là commandent quand on est malade!... et c'est qu'on les écoute comme si on en avait peur...

— Je ne sais si le docteur a aussi défendu à M. Riberpré de me voir, reprend Isidore, mais tout à l'heure j'ai demandé d'une façon présenter mes hommages, on m'a répondu qu'il ne recevait pas. Serait-il plus mal?

— Non certainement; mais le médecin a peur qu'il ne cause, probablement. Allons, Emmeline... ne vous affligez pas ainsi... moi, je suis sûre que M. Isidore reviendra bientôt; alors mon père sera tout à fait rétabli, et votre mariage se fera... et j'espère bien que j'irai à la noce et que je danserai beaucoup... Oh! la danse! J'aime cela autant que les voyages... N'est-ce pas, monsieur Isidore, que vous me ferez danser?

Isidore sourit tristement, car il ne peut, devant Elvina, dire toutes ses pensées; mais il regarde l'aimable enfant d'une façon singulière, et sans doute son regard exprimait les regrets qu'il éprouvait de lui savoir Camille pour mère, car la jeune fille s'écrie :

— Tiens! comme vous me regardez drôlement... à quoi pensez-vous donc?...

— Je pense, mademoiselle, qu'il m'est doux de vous savoir près de mademoiselle Emmeline... Aussi, tant que... votre sœur habitera dans cette maison... de grâce, ne la quittez pas... ne l'abandonnez pas aux tristes pensées qui pourraient l'assaillir... elle est séparée de sa mère qu'elle chérit... je puis être quelque temps sans lui donner de ses nouvelles... je veux aimable gaieté dissipe ses ennuis... et si l'on cherchait à lui faire quelque peine... vous seriez là pour la défendre, n'est-ce pas, mademoiselle?

— Faire de la peine à Emmeline!... à ma sœur!... par exemple! Et qui donc voudrait lui causer le moindre chagrin?... je voudrais bien voir cela!... je suis petite, je suis jeune encore, mais certainement je la défendrais... je l'aime tant! Tenez, il me semble que si elle courait quelque danger, je m'exposerais de bon cœur ma vie pour elle.

Pour la première fois, depuis qu'il la connaît, Isidore prend les mains d'Elvina et les presse avec force entre les siennes, en disant :

— Aimable enfant!... je comprends que l'on puisse vous aimer aussi...

— Oui, dit Emmeline, oui, monsieur Isidore, vous aimerez Elvina comme je l'aime, car elle est bien bonne, bien aimante... et sans elle... je serais si malheureuse ici... séparée de ma mère que j'aime tant!

En prononçant ces mots, Emmeline ne peut retenir ses larmes, d'ailleurs elle avait besoin de pleurer, l'annonce du départ d'Isidore avait rempli son âme de tristesse; elle avait voulu un courage qu'elle n'éprouvait pas, et ces larmes qu'elle répandait soulageaient du moins son cœur.

Elvina emploie toute son éloquence à consoler sa sœur. Isidore sent qu'au lieu de ranimer l'espoir d'Emmeline, l'abattement qu'il a laissé paraître accroît encore sa peine; il fait un effort pour surmonter sa faiblesse, et, jetant un regard à Elvina, comme pour lui recommander Emmeline, sort de la maison du banquier sans avoir pu la voir.

Tandis qu'à Paris de jeunes amants éprouvaient un si vif chagrin pour une absence dont ils ignoraient quelle serait la durée, seule, dans le petit salon au rez-de-chaussée que la présence de sa fille n'animait plus, Clémence essayait, en travaillant, de vaincre son ennui et d'abréger les heures qui maintenant lui semblent éternelles.

Isidore l'avait quittée depuis peu de temps; la jeune mère se disait alors ce qu'il n'avait pas voulu dire à ce jeune homme, que la maladie de cet oncle pouvait être longue, et qu'en retardant le mariage de son Emmeline, cela retardait aussi le moment de sa réunion avec sa fille.

Tout à coup la porte du salon s'ouvre, et Creps paraît devant Clémence.

Toutes les fois qu'elle voyait cet homme mystérieux, qui s'était fait son protecteur, la mère d'Emmeline éprouvait un trouble secret dont elle ne pouvait bien se rendre compte; mais, loin d'être désagréable, la sensation qu'elle ressentait alors répandait dans ses sens comme une douce quiétude et ranimait toujours ses esprits.

C'était la troisième fois seulement que Creps se présentait devant Clémence avec la mise d'un homme qui va dans le monde, mais jamais encore, comme en ce moment, elle n'avait eu le loisir d'examiner ses traits, et surtout de rencontrer ses yeux; c'est que jusqu'alors celui qui ne voulait pas être reconnu par elle avait eu soin d'éviter ses regards, de chercher même à changer l'expression de sa physionomie, tandis qu'en ce moment, tout préoccupé des découvertes qu'il a faites, des nouveaux périls qu'il redoute pour Clemence et sa fille, il s'abandonne aux sentiments qui remplissent son âme, et ne songe plus à détourner ses yeux pour ne point rencontrer ces regards si doux qui cherchaient toujours les siens.

— Que vous êtes bon de venir me voir... dit Clémence en montrant à Creps un siège qui est près d'elle, de venir ranimer le courage d'une pauvre mère qui n'a plus que vous maintenant à qui elle puisse parler de sa fille!... car M. Isidore est parti... son oncle est fort malade, et il a dû se rendre près de lui.

— Je le sais; j'ai vu ce jeune homme ce matin... il m'a appris son départ...

— Pauvre Emmeline! elle n'aura donc, jusqu'à son retour, personne pour lui donner des nouvelles de sa mère!...

— Peut-être... Je lui en porterai, moi...

— Vous! Est-ce que vous pourriez être reçu chez... M. Riberpré?

— Je tâcherai d'en trouver le moyen.

— Oh! vous y parviendrez alors, car rien ne vous est impossible... surtout quand il s'agit de... nous obliger... Je me demande toujours ce que nous avons fait pour mériter de votre part un pareil dévouement... mais vous ne voulez pas que j'en connaisse la cause...

— La cause!... Avez-vous donc oublié cette nuit où des hommes égarés par l'ivresse avaient formé le plus infâme projet?...

— Non, je n'ai pas oublié cet événement... mais cette nuit-là même, vous vous êtes montré à nous comme un défenseur... comme un sauveur... Mais j'ai tort de vous dire cela; toutes les fois que j'ai voulu connaître l'origine de l'intérêt que vous nous portez, j'ai été indiscrète... on ne doit pas chercher à savoir des secrets que nos amis veulent nous cacher... Je me dis tout cela... et, malgré moi, je retombe sans cesse dans la même faute... Que voulez-vous? on est toujours un peu femme!... pardonnez-moi, je tâcherai de me corriger.

— Vous pardonner, madame! dit Creps en laissant tomber un tendre regard sur Clémence, vous pardonner... quand c'est à vous que je dois de ne plus être un vagabond .. quand votre vue, en me faisant honte de ma position misérable, m'a rendu l'énergie, le courage et la volonté de quitter cette existence où. sans espoir, sans but, sans avenir, l'homme est assez lâche pour vivre aux dépens de ses semblables... car, croyez-le bien, madame... lors même que le sort ne m'aurait pas envoyé une fortune nouvelle, à force de travail, de persévérance, je me serais créé une position, parce que je ne voulais plus rougir devant vous ; parce que je ne voulais plus me livrer à ces orgies, à ces débauches que j'avais recherchées pour oublier le passé, pour m'abrutir sur le présent ! Vous voyez bien que je vous dois tout !... et en cherchant à vous être bon à quelque chose, je ne fais que m'acquitter envers vous !

Emporté par les sentiments qu'il éprouve, Creps a dit tout cela avec feu, avec âme ; l'expression de ses traits, d'accord avec ses paroles, a laissé voir tout le fond de sa pensée, et ses yeux n'ont plus songé alors à éviter ceux de Clémence.

La mère d'Emmeline éprouve tout à coup comme une émotion nouvelle ; son front se couvre d'une rougeur subite, puis une extrême pâleur lui succède ; maintenant c'est elle qui baisse timidement ses regards, qui semble embarrassée et tremblante près de celui qu'un instant auparavant elle traitait avec intimité.

Mais Creps n'a point remarqué la révolution qui vient de s'opérer dans l'air, dans le maintien de Clémence, il est si loin de se douter qu'elle puisse le reconnaître ; et après un moment de silence, il reprend avec grand soin de calme :

— Et d'ailleurs, madame, faut-il donc toujours des causes, des motifs pour se sentir entraîner vers quelqu'un? en amitié, comme en amour, ne peut-il pas exister des sympathies?... en amitié surtout! car ce sentiment, plus pur, plus constant que l'autre, devrait être doué de pareils privilèges... L'amour est une passion qui, parfois, nous entraîne malgré notre volonté ; mais l'amitié, toujours sage, doit mieux lire au fond des cœurs... quand elle nous parle pour quelqu'un elle ne saurait nous tromper.

— En effet, monsieur, répond Clémence d'une voix dont elle a peine à cacher l'émotion, que ce soit amour... ou amitié, il y a de ces sentiments... plus forts que notre raison... que les événements, qui nous entraînent vers quelqu'un... et qui, malgré le temps, ne s'effacent jamais de notre cœur...

— A moins, murmure Creps avec tristesse, que la personne qui les inspirait ne se soit rendue indigne de notre souvenir...

— Mais, alors même cette personne aurait commis des fautes... que sa conduite n'eût point été exempte de blâme, si, après de longues années, elle revenait malheureuse et repentante de ses erreurs... croyez-vous donc, monsieur, qu'il n'y aurait plus rien dans le cœur de celle... ou de celui qui l'aurait aimée? A quoi donc servirait l'amitié, si ce n'est à pardonner...

Creps est devenu plus attentif, il laisse tomber sa tête sur sa poitrine; ce que vient de dire Clémence lui cause comme de la crainte, il n'ose plus porter ses yeux sur elle : il écoute, il attend.

La mère d'Emmeline attendait aussi qu'il lui répondît, mais voyant qu'il s'obstine à garder le silence, elle reprend enfin :

— Tenez, monsieur Creps... si vous voulez le permettre, je vais vous conter l'histoire d'une de mes amies... elle est bien courte... bien peu romanesque, peut-être... cependant je pense qu'elle ne vous paraîtra pas sans intérêt...

— Je vous écoute, madame.

Clémence se recueille comme pour rassembler ses souvenirs, mais plutôt, en effet, pour tâcher de vaincre l'émotion qui la domine et qu'elle ne voudrait pas laisser paraître dans son récit. Creps s'est rapproché d'elle afin de mieux entendre ; ils sont près l'un de l'autre, et tous deux se sentent déjà heureux d'être ainsi. Après un assez long silence, que Creps se serait bien gardé de rompre, Clémence commence son récit :

— Mon amie avait de bonne heure perdu sa mère... élevée par un père qui l'aimait tendrement, elle avait pour lui l'attachement le plus profond, le plus sincère !... mais vous le comprendrez, monsieur, pour une jeune personne, un père, même le plus tendre, ne peut jamais remplacer une mère; car il y a une foule de petites confidences, de sensations, de secrets du cœur qu'une jeune fille s'empressera de déposer dans le sein de celle qui lui donna l'existence, tandis qu'elle craindrait... qu'elle reculerait devant la pensée de les dire à son père. Un homme nous impose toujours à nous autres femmes, jugez donc de ce que cela doit être pour une jeune fille, qu'un mot, qu'un regard sévère fait trembler. Enfin, il y a chez une mère cette patience, cette douceur qui provoque la confiance ; elle devine une partie des sentiments que sa fille éprouve, elle va au-devant de ses aveux, et souvent elle lui en épargne la moitié. Celle qui est privée de sa mère garde donc au fond de son cœur une partie de ses peines ou de ses espérances... c'est une faute, sans doute... car elle devrait aussi tout dire à son père... mais, je vous le répète, elle ne l'ose pas... Pardonnez-moi tous ces détails... c'est que telle était la situation de mon amie dans le monde où son père la menait souvent ; elle avait rencontré une personne qu'elle n'avait pu se défendre d'aimer... cette personne parut aussi ressentir de l'attachement pour elle... du moins elle crut s'en apercevoir... et pour cela... il y a mille petites circonstances qui révèlent à la jeune fille la plus sage les sentiments qu'on ne lui a pas positivement déclarés... Enfin, elle aimait... oui, monsieur, elle aimait sans oser le dire à personne... puisqu'elle n'avait pas une mère... lorsque, sans lui en avoir expliqué les motifs, son père cessa tout à coup de la mener dans les réunions où elle rencontrait celui qu'elle avait distingué... puis enfin... son père lui annonça qu'il voulait la marier... il lui présenta l'homme qu'il avait choisi pour elle... lui dit que cette union était convenable... qu'il la désirait ; si bien que la jeune fille, timide et résignée, obéit à son père... elle contracta cette union, dans laquelle elle ne rencontra que le malheur... tandis que, si elle avait eu une mère, elle lui aurait avoué ses peines secrètes et le sentiment qu'elle nourrissait dans le fond de son cœur...

— Mais celui que... votre amie... avait aimé, que fit-il, lui ? murmure Creps d'une voix tremblante.

Clémence détourne la tête pour essuyer quelques larmes qui s'échappent de ses yeux, et reprend avec hésitation :

— Mon amie apprit qu'il s'était marié aussi... elle sut qu'il n'avait pas été heureux non plus... que la fortune l'avait accablé de ses coups... enfin... on lui dit... qu'il était parti... qu'il avait quitté la France...

LE GRAND RIFLARD.

— Et alors elle cessa de penser à lui?

— Non, monsieur, les femmes ne cessent point de penser à celui qu'elles... ont aimé, surtout lorsqu'elles supposent qu'il est malheureux...

— Mais le temps... et puis lorsqu'on ne doit plus revoir les personnes...

— Mon amie le croyait, en effet... et il s'écoula bien des années sans qu'elle entendît parler, sans qu'elle eût la moindre nouvelle de cette personne... mais alors que tout le monde... excepté elle, pouvait avoir oublié... celui qui avait été... son premier... son seul amour... alors...

— Achevez donc, madame...

Clémence pouvait à peine parler, car ses larmes, qu'elle voulait retenir, l'étouffaient en retombant sur son cœur.

— Achevez, de grâce... reprend Creps.

— Eh bien !... un jour... le hasard lui fit rencontrer... dans le pays où elle habitait, un homme qui était errant... malheureux... qui n'avait pour retraite qu'une misérable habitation, dont le maître voulait bien le loger... il portait enfin de misérables vêtements annonçant la misère... et pourtant, malgré sa pauvreté, son dénûment... cet homme sut encore se faire le protecteur, le défenseur... de mon amie... veillant sur elle... sur les objets de ses affections... Le jour, la nuit... il était là... toujours là à ses côtés... pour la défendre... pour lui rendre l'espérance et le courage... eh bien ! il ne lui disait pas son nom... il se cachait pour... ne voulait point qu'elle pût le reconnaître... Mon Dieu !... craignait-il donc qu'elle fût trop heureuse en lui disant : Ludger, c'est vous !... c'est donc vous que je revois !...

— Clémence !... ô mon Dieu !... vous m'aviez reconnu !...

En disant ces mots, Ludger a pris une des mains de son ancienne amie, il la couvre de baisers et de larmes : l'émotion, le plaisir l'empêche d'en dire davantage, et pendant quelques instants lui et Clémence ne trouvent que des soupirs et des pleurs pour se témoigner le bonheur qu'ils éprouvent.

— Il me demande si je l'avais reconnu ! dit Clémence, lorsqu'enfin son émotion a fait place à une joie plus douce. Oui, mon ami !... oh ! mais de tout à l'heure seulement... Si je vous eusse deviné plus tôt, vous l'auriez su bien vite... j'ai été si heureuse de vous retrouver, pourquoi donc vouliez-vous que je ne vous fisse point part de mon bonheur ?... Et vous vous cachiez de moi... et vous ne vouliez pas que je sache que c'était à... Ludger... que je devais ma reconnaissance... que je devais la vie, l'honneur de ma fille...

— Ah ! chère Clémence ! j'ai commis tant d'erreurs !... j'ai été si coupable !... croyez-moi, c'est surtout devant ceux qui nous ont aimé que l'on est honteux de ses désordres... que l'on rougit de la misère dans laquelle on est tombé par sa faute... Près des indifférents on peut avoir de la philosophie, mais ce n'est plus qu'un vain mot près de ceux qui font battre notre cœur.

— Je vous ai retrouvé, Ludger : je sais que cet homme mystérieux à qui je dois tant, que ce personnage singulier qui m'inspirait un sentiment dont je ne pouvais pas bien me rendre compte, je sais que c'est vous, cela me suffit... songez bien que je ne vous en demande pas davantage... vos fautes, vos aventures, vos secrets, gardez tout cela... je ne vous demande rien ; j'ai retrouvé un ami, je suis heureuse ; je le serais davantage, sans doute, si cet ami voulait me confier ses peines et me permettre d'en prendre la moitié, mais jusque-là je ne lui demande que son amitié d'autrefois... et je sais bien que je le possède car depuis longtemps il se trahissait en me montrant tant de dévouement et d'intérêt.

Ludger, plus heureux qu'il ne l'a été depuis bien longtemps, ose enfin reposer avec ivresse ses regards sur ceux de Clémence ; après avoir pendant quelques instants joui de ce bonheur intime, profond, que l'âme peut sentir et que la bouche même ne trouve pas de mots pour exprimer, il dit à son amie :

— La sympathie qui me rapprochait de vous s'est fait sentir aussi dans les événements, dans notre destinée... Vous le saurez bientôt, chère Clémence ; oui, maintenant mon histoire se rattache à la vôtre... en cherchant à assurer votre bonheur, je verrai aussi, je l'espère, finir mes peines, mes incertitudes. Lorsque votre fille sera rendue à votre amour, à vos caresses... peut-être pourrai-je enfin presser la mienne dans mes bras...

— Votre fille, mon ami, vous avez une fille ?

— Oui... que l'abandon... que les fautes de sa mère devaient aussi un jour forcer à rougir... mais que le ciel a prise en pitié en la ramenant à la vertu. Son père lui a pardonné ses erreurs. Vous les lui pardonnerez aussi, vous si bonne, et quelque jour vous daignerez avoir quelque amitié pour elle...

— Vous l'avez donc retrouvée... vous savez donc qu'elle existe ?

— Hélas !... je crois... j'espère... Je ne sais rien encore, mais avant peu il faudra bien que tous mes doutes cessent... il faudra bien qu'on me dise enfin la vérité... En ce moment... je suis si heureux... Ah ! chère Clémence, j'oublie mes peines, mes malheurs, mes craintes... savoir que vous pensez toujours à Ludger... Ah ! cela me fait tant de bien...

— Regardez, pourtant, monsieur, et il a fallu vous arracher ce secret-là !...

Ludger (car il n'est plus nécessaire de lui donner un autre nom) passe près de Clémence les heures les plus heureuses de sa vie ; jamais, au temps même de sa jeunesse, il n'a connu de bonheur plus vrai que celui qu'il éprouve en ce moment. C'est que pour lui les plaisirs du passé ont presque toujours été faux et trompeurs, et qu'un amour véritable nous régénère, en nous faisant connaître un bonheur plus pur et plus doux.

Il n'est pas besoin de dire que les heures s'écoulent bien vite entre deux personnes qui ont tant de souvenirs et un si profond besoin d'épancher leurs sentiments. La nuit commence à venir, lorsqu'enfin Ludger s'arrache d'auprès de Clémence, qui lui tend la main, en lui disant :

— Je ne vous demande pas quand je vous reverrai... Quelque chose me dit que vous vous trouvez bien près de moi et que vous y viendrez chaque fois que vous en aurez le loisir.

— Ajoutez encore, répond Ludger, que lors même que je n'y serais pas, ma pensée m'y transportera et que je serai toujours occupé de vous.

Le grand Rifflard a été exact au rendez-vous que lui a donné Monvillars. Le surlendemain de leur rencontre au café, il est, à deux heures de l'après-midi, à quelque distance de la station du chemin de fer. Il se promène de long en large, fumant une pipe et ruminant à ce que son ancien ami peut avoir à lui proposer qui doit lui faire gagner six cents francs.

Un homme enveloppé dans un vaste manteau noir ne tarde pas à descendre d'une diligence, et, quittant la station, marche à pas précipités vers le grand Rifflard ; celui-ci le regarde venir, et à peine s'il le reconnaître ; c'est cependant bien Monvillars qui vient à lui, mais malgré le peu de temps qui s'est écoulé depuis leur dernière rencontre, un changement extraordinaire s'est opéré dans toute la personne de Monvillars. Ce jeune homme qui, naguère encore, portait la tête haute, dont l'air frisait l'impertinence, dont le maintien avait cet aplomb et cette désinvolture adoptés par les lions du grand monde, marche maintenant d'un air inquiet, le front courbé, la tête basse ; c'est à peine si ses regards se jettent furtivement sur les personnes qui passent près de lui ; enfin sa physionomie est sombre, soucieuse ; ses yeux expriment à la fois la méfiance et la terreur.

Il va droit à Rifflard, et lui dit d'une voix brève :

— Tu es exact... c'est bien.

— Ah !... parbleu ! exact, quand il s'agit de gagner six cents francs ! Quel est donc le particulier qui ne serait pas exact à ce prix-là... à moins qu'il ne fût millionnaire ? mais ça n'a jamais été dans mes habitudes. C'est drôle, au premier moment je ne te reconnaissais pas. Je te trouve tout changé depuis avant-hier !... Est-ce que tu as été malade ?... pourtant tu as de quoi dîner, toi, tu roules sur les noyaux à ce qu'il paraît, et alors on se soigne ; si j'étais riche, moi, il me semble que je ne serais jamais malade...

— Il ne s'agit pas de tout cela... Viens...

De grâce, sauvez ma maîtresse !

éloignons-nous de la station.

— Mon Dieu ! j'irai où tu voudras... pour six cents francs je te suivrai comme un vrai caniche.

Et le grand Rifflard, tout en continuant de fumer, se met à marcher à côté de Monvillars qui s'éloigne à grands pas du chemin de fer, et après avoir choisi les routes les moins fréquentées, ramène insensiblement son compagnon du côté de la maison où il sait que demeure Clémence.

Alors Monvillars ralentit le pas, puis il regarde autour de lui si personne ne peut les observer ni les entendre. Quand il est bien certain qu'ils sont seuls, il désigne au grand Rifflard la maisonnette isolée, dont ils sont en ce moment à deux portées de fusil environ.

— Vois-tu cette maison là-bas ?

— Sur la droite... cette maison qui est seule... qui ne tient à aucune autre habitation ?

— C'est cela, regarde-la bien.

— Oh ! c'est fait. Parbleu ! j'ai de bons yeux.

— C'est qu'il ne faudrait pas te tromper et en prendre une autre pour celle-là.
— N'aie donc pas peur.
— Examine bien aussi où elle est située... regarde les environs, les localités.
— C'est fait... c'est vu, c'est connu. A présent je reviendrais ici les yeux fermés et je trouverais tout de suite la demeure que tu m'as montrée.
— Eh bien! cette maison...
Monvillars se rapproche de Rifflard pour parler plus bas.
— Achève donc! cette maison...
— Il faut que demain... elle n'existe plus.
— Bah!... demain, tu veux... Je ne comprends pas trop. Est-ce qu'il faut que je la démolisse? mais alors ça ne serait pas fini demain.
— Est-ce qu'il n'y a pas de moyens plus prompts et plus faciles pour détruire un édifice que de le démolir?
— Attends donc... oui, il y en a. Parbleu! en y mettant le feu.
— C'est cela même, et tu m'as compris cette fois. Il faut, cette nuit même, mettre le feu à cette maison.
— Diable! en voilà une... de besogne... mais je comprends, tu as sans doute fait assurer cette maison bien au-dessus de sa valeur, et aujourd'hui tu veux toucher le montant de l'assurance... Je gage que j'ai deviné. On dit, du reste, que c'est un petit commerce auquel beaucoup de gens se sont livrés depuis quelque temps.
— Que ce soit ce motif ou tout autre, qu'est-ce que cela te fait? Veux-tu gagner six cents francs?
— Certainement que je le veux.
— Eh bien! il faut mettre le feu à cette maison, cette nuit, et le mettre de façon à ce qu'on ne puisse pas l'éteindre; c'est-à-dire à quatre ou cinq endroits, qu'elle brûle presque en même temps de tous les côtés.
— Bigre!... brûler une maison!... Sais-tu que je commence à comprendre que tu donnes six cents francs!... c'est scabreux! c'est dangereux!... si j'étais vu, arrêté.
— On ne te verra pas!... Tu n'es pas un niais! tu prendras toutes les précautions. Tu vois bien que cette maisonnette, car ce n'est pas une maison, que cette maisonnette, dis-je, est isolée... éloignée des autres habitations... située dans un endroit peu fréquenté dans le jour, qui donc veux-tu qui passe la nuit par ici?... et tu auras soin de ne point venir avant minuit...
— C'est vrai!... c'est vrai! je comprends tout cela...
— Oh! si c'était dans une rue, au milieu de la ville... tu pourrais avoir des craintes!... mais là... une route déserte... et puis nous ne sommes pas en été, le temps est froid, il ne vient encore personne dans la campagne. Voyons, décide-toi... veux-tu gagner les six cents francs, oui ou non?
— Ma foi, je me risque!... je ficherai le feu à la maison; mais auparavant, dis-moi, es-tu bien certain qu'elle n'est pas habitée... qu'il n'y a personne dedans? Que je n'aille pas faire quelque bêtise!...
Monvillars fronce ses épais sourcils en répondant d'une voix sourde:
— Que t'importe qu'il y ait ou non du monde dans la maison!
Le grand Rifflard recule de quelques pas; ces paroles lui ont donné le frisson, et la manière dont elles ont été prononcées, l'air sinistre de Monvillars augmentent encore l'horreur dont il se sent saisi; il est quelques instants sans pouvoir répondre, enfin il balbutie d'une voix à peine intelligible:
— Que m'importe!... Comment! tu me demandes ce que cela peut me faire qu'il y ait du monde dans cette maison, où tu m'ordonnes de mettre le feu au milieu de la nuit... c'est-à-dire à l'heure où d'ordinaire les habitants de la campagne sont couchés ou endormis. Tu veux donc que ceux qui dormiraient là soient rôtis comme des mauviettes... et sans avoir le temps de se sauver?...
— Peut-être est-ce dans ce dessein que je fais mettre le feu... à cette maison...
Rifflard s'éloigne encore de Monvillars, il jette sa pipe, il essuie quelques gouttes d'une sueur froide qui perlent sur son front, puis dit enfin en secouant la tête:
— Non!... non... je ne te demandes là... c'est trop fort!... Ah! sacrebleu! c'est pas amusant de mourir de faim... mais faire brûler du monde!... Nom d'un chien! comme tu y vas, toi!... Certainement je ne me pique pas d'une extrême délicatesse; mais il y a de ces choses... Oh! non... non... c'est trop fort!...
— Je te croyais un autre homme que cela... Je te croyais de l'audace, du courage... je vois que je me suis trompé... Tu ne feras jamais rien, pauvre garçon, tu végéteras toute ta vie dans l'obscurité. Je t'offre un moyen de sortir de la misère... tu refuses...
— Il est gentil ton moyen, il peut mener tout droit à l'échafaud.
— Tu te mets des chimères dans la tête... Voyons, écoute-moi... tu mets le feu à une maison, cela ne veut pas dire que tu veuilles faire périr les personnes qui sont dedans; elles peuvent fort bien se sauver... Après tout, tu ne les en empêcheras pas... et c'est ordinairement la première chose que font les personnes surprises par un incendie.

— Oui, quand elles ont le temps de se sauver... mais quand elles sont surprises par le feu dans leur sommeil... Et par qui cette maison est-elle habitée?... Voyons, dis-le-moi franchement... Est-ce qu'il y a des enfants là-dedans?
— Pas le moindre enfant; cette maison n'est habitée que par deux femmes : la maîtresse et la servante.
— C'est tout?
— C'est absolument tout.
— S'il n'y a que deux femmes...
— Je veux bien te dire encore que la servante couche au rez-de-chaussée, que sa fenêtre donne sur le jardin, et que, par conséquent, à la première apparence de danger, elle n'aura qu'à ouvrir sa croisée et enjamber pour être dans le jardin.
— Ah!... alors voilà la servante sauvée... il n'y a pas le moindre doute. Mais l'autre... la maîtresse...
Au lieu de répondre, Monvillars sort de sa poche une bourse contenant trente napoléons, il la présente au grand Rifflard, qui s'est insensiblement rapproché de lui.
— Voyons, c'est un marché conclu?...
— Mais l'autre femme... quelle chance a-t-elle de se sauver?... elle couche en haut probablement?
— Oui, mais rien ne l'empêchera de sauter par la fenêtre...
Rifflard hésite... il balance... Monvillars lui met dans la main la bourse contenant les trente napoléons, en lui disant:
— Tiens, j'augmente la récompense promise. Voilà les six cents francs que je te donne dès à présent, et je te remettrai encore un billet de cinq cents francs quand l'affaire sera faite.
— Oh! ma foi, s'il en est ainsi...
— Tu acceptes?
— Tu sais je sais entortiller ton monde... six et cinq c'est onze... je ferai ce que tu exiges.
— C'est bien heureux. Maintenant nous allons déjeuner ensemble quelque part...
— Je ne demande pas mieux; mais avant de nous éloigner de cette maison où je ne reviendrai probablement que cette nuit, laisse-moi prendre un peu connaissance des lieux... laisse-moi en faire le tour.
— Soit, va, je t'attends ici; mais sois prudent, n'examine pas cette habitation d'une manière qui paraisse inquiétante pour ceux qui sont dedans; car si on te voyait...
— Sois tranquille... rien qu'un coup d'œil, et je suis à toi.
Rifflard marche vers la demeure de Clémence; mais Monvillars ne le perd pas de vue, il veut être certain que son complice ne le trahira pas, en avertissant les personnes qui sont dans la maison que quelque danger les menace ou qu'elles aient à se tenir sur leurs gardes. Il fait donc, de loin aussi, le tour de la demeure de madame Clermont, observant toujours les moindres mouvements du grand Rifflard. Celui-ci ne tarde pas à revenir vers lui, en lui disant:
— C'est fait. Je connais le local; maintenant allons déjeuner, ça me servira également de dîner.
L'intention de Monvillars, en emmenant avec lui l'homme dont il se sert, est d'abord de ne point le quitter jusqu'au moment où il exécutera ce qu'il a promis, et ensuite de le faire boire de manière à lui monter la tête, pour qu'il ne recule point et n'éprouve pas quelque faiblesse au moment décisif.
Depuis son aventure de la veille, depuis que chez Fortincourt il a retrouvé l'homme qui avait été témoin de l'assassinat du major Giroval, Monvillars ne craint plus de rencontrer ce personnage à Corbeil; la mise, les manières, le langage de celui qui la veille lui a rendu ses vingt-deux napoléons, tout lui prouve que cet homme n'était point ce qu'il avait pensé lorsqu'il l'avait rencontré pour la première fois, il n'est donc pas probable que ce personnage mystérieux s'amuse encore à se promener dans ce pays, comme un vagabond, puisqu'il a laissé à Paris dans une tout autre position.
Mais s'il ne redoute plus à Corbeil la rencontre de cet homme, il ne serait pas moins content cependant d'être vu dans le pays, surtout dans la compagnie de Rifflard, dont la taille élevée, l'extrême maigreur, la figure allongée ont quelque chose de remarquable. C'est pourquoi, au lieu de rentrer dans la ville, et de se rendre chez un traiteur de l'endroit, Monvillars se dirige du côté de la campagne.
— Où donc me mènes-tu par là? demande Rifflard tout en marchant à côté de son compagnon.
— Viens toujours.
— Tu m'as parlé de déjeuner et nous tournons maintenant le dos à la ville.
— Est-ce que tu crois qu'on ne déjeune que là?
— Je ne dis pas!... mais j'ai peur que dans les champs la cuisine ne soit pas trop chaude.
— J'ai des motifs pour ne point me montrer maintenant dans Corbeil, et pour toi-même, il vaut peut-être mieux aussi qu'on ne t'y voie pas aujourd'hui... comprends-tu?
— C'est vrai, tu pourrais avoir raison... c'est plus prudent.
— Avec ça que la taille de géant te fait remarquer partout où tu passes.
— Ah! dame! que veux-tu? on est bel homme... on ne peut pas se diminuer; c'est la nature qui le veut ainsi... et dire qu'avec près

de six pieds, j'ai été mis sur le pavé par Lodoïska !... ô ingrate femelle !...

— Il y a des occasions où il est fâcheux d'avoir un physique comme le tien... prenons ce sentier, il doit aboutir quelque part... nous demanderons d'ailleurs, il est impossible que nous ne trouvions pas quelque bouchon.

Après avoir marché assez longtemps sans apercevoir le moindre cabaret, Rifflard pousse un cri de joie, en disant :

— Enfin !... ça n'est pas malheureux ! en voilà un bouchon... il n'a pas l'air très-bien achalandé... je ne suppose pas que sa carte soit la même que celle des Frères Provençaux ou du Café de Paris... mais tant pis... D'abord j'ai la gorge sèche et je ne vais pas plus loin.

— Soit ! entrons là, dit Monvillars, en regardant la maison que son compagnon lui désigne.

C'était le cabaret de Roberdin.

Il n'y a personne dans la salle basse, lorsque Monvillars y entre avec le grand Rifflard, mais ce dernier frappe sur une des tables, en homme habitué à fréquenter ces sortes d'établissements.

La servante arrive.

— Holà ! la fille... deux couverts là... tout de suite : du vin, de votre meilleur, si toutefois vous en avez de deux sortes, ce dont je doute, ensuite à manger. Qu'est-ce que vous pouvez nous offrir ?

— Un lapin en gibelotte... une omelette... une salade, du fromage.

— Servez-nous tout ça.

— Ça n'est pas beau ici ! dit Monvillars, tout en se plaçant devant une table.

— Ah ! pour toi, qui as sans doute l'habitude des gros restaurants de Paris... il est certain que tu dois trouver de la différence... mais rappelle-toi le jour où tu mourais de faim et où je t'ai conduit au café de mademoiselle Mignardise... tu aurais été bien content alors d'être admis à une table dans un cabaret comme celui-ci.

— C'est vrai, dit Monvillars en se débarrassant de son manteau. Cela prouve qu'on voit toujours les choses suivant la position où l'on est placé. Aujourd'hui, c'est toi qui es à sec... les rôles sont changés...

— Oui... aujourd'hui... c'est tout différent, en effet !

L'expression de la physionomie de Rifflard est devenue sombre et rêveuse. Monvillars se hâte de lui verser du vin qu'on vient d'apporter.

Bientôt Roberdin entre dans la salle avec cet air méfiant et craintif qui le quitte rarement et qui augmente lorsqu'il vient chez lui des personnes autres que ses pratiques habituelles.

— Ces messieurs ont-ils demandé tout ce qu'ils voulaient ? dit Roberdin en saluant les deux personnes qui sont à une table.

— Oui... nous attendons une gibelotte...

— Vous êtes sur le feu.

— Vous êtes le maître de la maison ?

— Pour vous servir, messieurs.

— Vous ne devez pas avoir beaucoup de monde ici ?

— Non... ça ne va pas fort... et dame ! nous n'avons pas souvent l'honneur d'avoir des personnes comme...

Roberdin allait dire : comme monsieur, en adressant ces paroles à Monvillars, mais il sent qu'il commettrait une impolitesse, et reprend :

— Comme ces messieurs.

La servante apporte la gibelotte, dont le fumet ramène la gaieté sur la figure de Rifflard. Roberdin s'éloigne en voyant qu'on ne lui parle plus, et bientôt il quitte la salle. Mais la présence, dans sa maison, de ces deux voyageurs laisse dans son âme une secrète défiance. Le cabaretier voit partout des gens de la police chargés de l'arrêter, et la tournure singulière de l'un des voyageurs, les manières élégantes de l'autre, lui semblaient cacher quelque chose d'inquiétant pour lui.

Monvillars a soin de verser souvent à son convive. Mais le grand Rifflard savait boire beaucoup sans s'étourdir ; l'excès du vin l'endormait sans le griser.

— A propos, Roberdin reprit-il, lorsque la nuit commence à s'apaiser, pour faire cette nuit ce que tu veux... j'ai besoin de me procurer différentes choses... des chimiques...

— J'en ai.

— Des étoupes.

— J'en ai.

— Diable !... tu avais pensé à tout ! Quel homme prévoyant tu fais !...

— J'ai tout ce qu'il faut : bois donc, tu ne bois pas.

Le grand Rifflard boit, mais il ne s'étourdit pas, et, sa physionomie devient plus triste, plus pensive à mesure que la nuit approche.

Monvillars n'est pas satisfait de son compagnon ; mais les choses sont trop avancées pour reculer.

— Déjà la nuit ! dit Rifflard avec un sentiment de terreur et en portant des regards craintifs autour de lui.

— Eh bien !... est-ce que la nuit te fait trembler maintenant ? dit Monvillars en haussant les épaules. Ah çà, mais, mon pauvre Rifflard, je vais croire bientôt que tu as peur des fantômes, des revenants...

— Non... non... mais, c'est que je pense...

— Bois donc, sacrebleu ! mets-toi un peu en train ! quel triste convive tu fais !...

La servante apporte un vieux chandelier de cuivre dans lequel brûle une chandelle que probablement on ne mouche jamais. Elle pose cette lumière fumeuse entre les deux voyageurs.

Rifflard se lève alors et se rend dans la cour. Monvillars en fait autant, il sort et il rentre avec lui. Celui-ci s'aperçoit que son cher ami est bien décidé à ne point le perdre de vue un seul instant. Il retourne se mettre à table, se verse du vin avec une espèce de dépit concentré, boit coup sur coup et commence à s'assoupir.

— C'est une brute ! se dit Monvillars. Il fera ce que je lui ai dit. Malgré cela, j'aurais pu mieux choisir... Ah ! si j'avais retrouvé cet homme qui a porté la lettre à madame Clermont... je gage bien que je n'aurais pas eu besoin de le payer aussi cher...

Monvillars n'avait pas achevé sa pensée, que M. Garguille entrait dans la salle, toujours avec le même costume, le même aplomb, la même effronterie ; il venait d'arriver chez son ami Roberdin, et celui-ci lui ayant parlé des deux personnes qui étaient dans la salle et des craintes qu'il éprouvait, Garguille lui avait aussitôt dit :

— Attends, attends !... je vais flairer ce monde-là !... tu sais que je m'y connais ! si c'est de la rousse, je la devinerai tout de suite... d'ailleurs je connais presque tous les employés de l'administration... je t'avertirai alors, n'aie pas peur. De même que toi, si par hasard ton ancien locataire... l'Amant de la lune venait te faire une petite visite, tu me ferais le plaisir de me prévenir, vu que je ne me soucie pas trop de me trouver avec ce monsieur.

— Oh ! il y a déjà longtemps qu'il n'est venu... et encore la dernière fois n'est-il resté ici que fort peu de temps.

— C'est égal... il pourrait lui prendre une fantaisie de revenir coucher dans son écurie... on ne sait pas, ces messieurs peut avoir des lubies... tu m'avertiras... moi, je vais voir quelle espèce de gibier tu as chez toi en ce moment.

Et M. Garguille, les deux mains dans les fentes de sa blouse, est entré dans la salle basse. Puis il va s'asseoir sur une table en chantonnant :

Monvillars a sur-le-champ reconnu l'homme auquel il pensait, et il se tourne de son côté ; Garguille porte une main à sa casquette, en disant :

— Si ça vous gêne que je chante... faut le dire !... on renfoncera ses roulades !... on est bon enfant, pas fier... on a un goût pour la musique, voilà !...

— Cela ne me gêne pas du tout...

— Oui, mais vous avez un camarade... un ami qui me fait l'effet de vouloir taper de l'œil... s'il n'en tape pas déjà.

— Je ne crois pas que vos chansons l'empêchent de dormir.

Garguille s'avance, examine Rifflard qui s'endormi sur sa chaise, puis fait une singulière grimace, en disant :

— Oh ! c'est extraordinaire... voilà un monsieur qui ressemble bigrement à un particulier avec lequel je me suis trouvé... dans des réunions bien aimables où il y avait du sexque.

Monvillars n'est pas flatté que l'on connaisse son ami Rifflard ; mais sans répondre à Garguille, il verse du vin dans un verre, le présente à l'homme en blouse et lui dit :

— Voulez-vous boire ?

— Si je veux boire ! Comment donc ! mais toujours... en vous remerciant de votre politesse, monsieur... je dirai même qu'elle me flatte, votre politesse.

Roberdin parait à l'entrée de la salle. Garguille lui fait un signe qui voulait dire que ses craintes étaient mal fondées, et qu'il n'y avait rien à redouter des deux individus qui étaient là. La figure du cabaretier devient presque gaie. Il s'approche de la fenêtre en se frottant les mains, et dit :

— Beau temps... un clair de lune superbe... ce sera agréable pour ceux qui voyageront cette nuit.

— Ah ! il fait clair de lune, répond Monvillars d'un air évidemment contrarié ; puis il se lève, fait signe à Garguille de le suivre, et l'emmène dans un coin de la salle, où il lui dit à voix basse :

— On a quelquefois besoin d'un homme adroit, audacieux, entreprenant.

— Assez causé, je suis cet homme-là, et pourvu qu'on me paie rubis sur le pouce, je ne répugne à rien ; voilà ma profession politique.

— Je l'avais deviné en vous voyant ; mais où pourrais-je vous trouver ? où logez-vous ?

— Est-ce que je loge, moi ! J'ai trente-six demeures, mais je n'y suis jamais, c'est comme si je n'en avais pas... après cela, je viens ici souvent, et, en prévenant Roberdin...

— Non, je ne veux plus revenir dans ce pays.

— C'est différent ; si vous voulez me donner l'adresse de votre cambuse, je m'y rendrai.

Monvillars réfléchit, et dit au bout d'un moment :

— Dans quatre jours, à Paris, sur la place de la Bastille, à dix heures du soir...

— Comme vous voudrez. Je me promènerai à dix heures autour de la colonne de Juillet.

— C'est cela; pour que vous soyez exact... prenez ces vingt francs, ce n'est qu'un à-compte sur ce que vous recevrez si vous me servez bien.

Garguille met la pièce d'or dans sa poche en souriant :

— Je vous dis que je suis votre homme! pardi! je vois ça au premier coup d'œil, je flaire les bons zigs d'une lieue... vous êtes un monsieur de la haute qui avez de grandes affaires en train... vous payez bien, on doit vous servir de même... et je gagerais qu'en ce moment vous êtes vexé d'avoir employé ce grand mollasse qui dort là-bas sur la table, parce que ce n'est pas là ce qu'il vous faut... hein... est-ce ça?

— Vous avez parfaitement deviné... et s'il était encore temps.

Roberdin, qui était resté contre la fenêtre, se tourne tout à coup vers Garguille, en lui criant :

— L'Amant de la lune! le voilà là-bas... en face... probablement il va venir ici, file ton nœud, Garguille, et plus vite que ça !...

L'homme en blouse ne se fait pas répéter cette invitation, et en deux bonds il est contre la porte, et il disparaît en disant à Monvillars :

— Comptez sur moi... je serai là-bas.

— Quel est donc cet homme qui cause une si grande terreur à ce pauvre diable? dit Monvillars à Roberdin.

— Oh! mon Dieu!... c'est une personne... avec laquelle il a eu... les querelles... des disputes... autrefois...

— Mais vous avez donné un singulier nom à cette personne...

— Ah! oui... c'est un sobriquet...

— Vous avez dit l'Amant de la lune...

— Oui.

— Est-ce qu'il n'a pas un autre nom, cet homme?

— Pardonnez-moi, on l'appelle aussi Creps...

— Creps!

Monvillars pâlit ; il se rappelle le nom que Fortincourt lui a dit la veille à son bal, lorsqu'il demandait quel était ce monsieur qui le regardait si fixement. Ses terreurs renaissent; quoiqu'il lui semble peu probab'e que ce personnage, qu'il a laissé à Paris, puisse être maintenant près de Corbeil, il se lève, s'approche de la fenêtre, et dit au cabaretier :

— Montrez-moi donc cet homme...

— Tenez, monsieur... regardez par-là... justement il s'est rapproché, et la lune l'éclaire en plein.

Monvillars aperçoit le personnage qu'on lui désigne; il reconnaît le costume que portait l'homme qui fut témoin de son duel, et, autant que la clarté de la lune permet de distinguer les traits, il lui semble aussi reconnaître dans cet homme celui qui était la veille au bal de Fortincourt.

Aussitôt, courant à Rifflard, qui dormait toujours, ou en faisait semblant, Monvillars le secoue vivement en lui disant :

— Éveille-toi... éveille-toi donc... viens, il est temps de partir...

Rifflard se frotte les yeux, regarde autour de lui, et a l'air de chercher à se rappeler où il est, mais Monvillars ne lui en laisse pas le temps; il a jeté de l'argent sur la table pour la dépense; il entraîne son compagnon en disant au cabaretier :

— Est-ce qu'on ne peut pas sortir de chez vous par une autre porte que celle de la cour?... est-ce que derrière, vous n'avez pas une sortie?...

— Si, monsieur... par le jardin... c'est-à-dire, il n'y a pas de porte, mais comme la haie qui fait clôture est brisée en plusieurs endroits...

— Bien... bien, nous passerons au travers... Allons... Rifflard... hâtons-nous, il ne faut pas rester ici plus longtemps.

— Mon Dieu ! qu'est-ce qu'il y a donc de si pressé?... il me semble qu'il n'est pas encore près de minuit.

— Viens donc, malheureux, et tais-toi.

Monvillars et son ami s'enfuient par le jardin au moment où l'Amant de la lune entrait dans la cour du cabaret.

Vers une heure du matin, les habitants de Corbeil sont en partie réveillés par des cris, des bruits de voix, des gens qui courent, qui s'appellent. Les moins endormis se lèvent enfin, ils se mettent à leur fenêtre, et le mot terrible : Au feu !... c'est le feu !... retentit à leurs oreilles.

Alors, de toutes parts, on demande, on s'informe.

— Où donc est le feu?

— De quel côté l'incendie? ..

— On prétend que c'est la maison de M. Bouchonnier qui brûle...

— La maison de M. Bouchonnier... mais ils n'y sont plus, il n'y a que le concierge... c'est donc chez le concierge que le feu a pris?

— Non, non : c'est la maison habitée par madame Clermont qui est en flammes, la servante a été réveillée par le feu... elle est parvenue à se sauver... et c'est elle qui a donné l'alarme, qui demande partout du secours pour sa pauvre maîtresse; car la maison est éloignée des autres habitations; elle aurait pu brûler entièrement, sans que personne de la ville s'en aperçût.

— C'est vrai... Ah! mon Dieu, ce pauvre M. Touchon, l'épicier, ait-il que sa maison brûle?...

— Eh ! ce n'est pas à M. Touchon qu'il faut penser en ce moment, mais à cette pauvre madame Clermont !

On court de tous côtés vers la maison isolée ; la lueur de l'incendie suffisait pour guider ceux qui n'auraient pas su de quel côté était le feu. Depuis quelques instants la flamme avait fait des progrès surprenants. Le feu avait pris sur les toitures et dans les pièces du rez-de-chaussée. Quand la domestique de Clémence s'était éveillée, l'incendie était déjà considérable, et se communiquait du petit salon au vestibule; cette fille, perdant la tête à la vue du danger, avait pris à la hâte quelques vêtements, et, se sauvant par le jardin, dont elle avait escaladé le mur, parce que la flamme ne lui avait pas permis de se hasarder dans le vestibule, s'était mise à courir de tous côtés, à frapper aux portes des maisons en appelant au secours. Elle suppliait chacun de sauver sa maîtresse, qui était dans sa chambre; elle était désolée de ne point l'avoir appelée et avertie au moment où elle s'était sauvée.

C'est un spectacle imposant que celui d'un incendie, mais lorsque c'est dans la nuit qu'il éclate, il semble que le danger redouble, que le péril soit mille fois plus imminent. Les flammes sortaient par la fenêtre du rez-de-chaussée, une partie du toit brûlait et menaçait déjà de s'écrouler sur le premier étage.

La servante de Clémence va de l'un à l'autre en s'écriant :

— De grâce! sauvez ma pauvre maîtresse... elle est là-haut... au premier... elle ne peut plus descendre...

— Mais pourquoi ne se montre-t-elle pas aux fenêtres? dit M. Pastoureau, qui venait d'arriver sur le lieu de l'incendie, et, sans savoir probablement ce qu'il faisait, a pris sa guitare, qu'il porte en bandoulière.

— Il faut l'appeler... s'écrie madame Michelette, qui vient aussi d'accourir. Cette pauvre chère dame !... ah ! si mon fils Alménor était là... c'est un grand vaurien, lui, c'est vrai! mais il ne reculerait pas devant le danger... il monterait à l'assaut, il pénétrerait dans la chambre du premier... Mais c'est bien singulier que le feu soit en même temps en haut et en bas de la maison... cela semblerait annoncer qu'il a été mis exprès... car, enfin, s'il s'était communiqué d'un endroit à un autre, il n'y aurait pas d'intervalle.

Pendant que la grosse maman fait ses réflexions, on apporte des échelles, des pompes à incendie; on cherche à arrêter les progrès du feu; on appelle à grands cris madame Clermont, on l'engage à se montrer à la fenêtre ; enfin, un jeune pompier de la garde nationale du pays applique une échelle contre la maison, et, bravant les flammes qui déjà gagnent le premier étage, atteint une des croisées, entre dans une chambre et disparaît.

Joseph Tourinet arrivait alors avec son frère Pétrus sur le théâtre du sinistre. Tourinet le maigre n'a pour tout vêtement qu'un caleçon et une veste de tricot. Son frère s'est enveloppé dans une vaste robe de chambre de laine qu'il tient avec soin serrée autour de son corps; il marche derrière son cadet en pleurant et en lui disant :

— Je t'en prie, Joseph, ne t'expose pas inconsidérément, ne te jette pas au travers des dangers... nous allons faire la chaîne... on ne peut pas exiger que nous en fassions davantage...

— Fiche-moi la paix... va te recoucher, si tu as peur! moi je veux sauver cette pauvre dame... on dit qu'elle est encore dans sa chambre... elle va étouffer là-haut !

Pétrus s'approche de la servante et lui dit :

— Êtes-vous bien certaine que votre maîtresse était chez elle, pendant l'incendie ?

— Eh, mon Dieu ! monsieur, répond la domestique en versant des larmes : où donc voudriez-vous qu'elle fût, madame, puisque le feu a pris au milieu de la nuit ! hier au soir madame est montée à sa chambre vers les dix heures, comme à l'ordinaire ; moi, j'ai fermé partout, et puis je me suis couchée aussi.

En ce moment le jeune pompier reparaît à demi suffoqué à une fenêtre du premier ; il fait entendre qu'il n'a pas pu pénétrer dans les pièces donnant sur le jardin, parce que la flamme les a gagnées... il veut parler encore, la fumée l'étouffe, il est obligé de descendre. Deux autres hommes se dévouent et vont monter aux échelles appliquées contre la maison, lorsqu'un bruit effrayant, un craquement épouvantable retentit ; puis la flamme, un moment comprimée, jaillit et s'élève dans les airs avec une nouvelle force.

C'est le toit de la maison qui vient de s'écrouler sur le premier étage, et bientôt celui-ci, miné par les flammes qui l'atteignent en dessous, ne tarde pas à tomber aussi. Alors l'incendie est général, et il ne reste de la maison que quelques pans de murailles et des décombres fumants.

A ce spectacle, des cris de terreur, d'effroi, retentissent de tous côtés dans cette multitude épouvantée; car on comprend qu'il n'y a plus moyen de sauver celle qui n'avait pu encore fuir de la maison, et qui sans doute désormais tout est fini pour elle.

XVI. — LE CONVALESCENT. — L'HORIZON SE COUVRE.

Dans une vaste bergère à roulettes placée au coin d'une cheminée, Riberpré était assis, ou plutôt étendu, car ses pieds reposaient sur un tabouret surmonté d'un coussin, ce qui donnait à son grand corps une position à peu près horizontale. Enveloppé dans une belle robe de cachemire bien ouatée, la tête couverte d'une toque de velours fourrée d'hermine, le convalescent semblait profondément absorbé par ses pensées.

De temps à autre cependant, ses yeux se portaient du côté de la porte avec une certaine impatience ; quelquefois ensuite il frappait sur un timbre placé à portée de sa main, alors Picard se présentait : Riberpré demandait si madame était de retour, et sur la réponse négative faisait signe qu'on le laissât.

La foudroyante maladie dont il avait failli être victime laissait encore de profondes traces de son passage sur la personne de Riberpré. La paralysie dont le côté gauche avait été atteint commençait à céder aux efforts de la science ; le convalescent pouvait se servir un peu de son bras, et il remuait assez la jambe pour marcher dans la chambre. Tout annonçait donc que le mal finirait par disparaître entièrement. Mais les yeux du banquier n'avaient plus cette vivacité, cette expression de causticité et d'astuce qui les animait autrefois ; sa parole était lente et difficile ; enfin, le moral ne semblait pas mieux rétabli que le physique ; ce n'était plus là ce parvenu insolent, vain, railleur avec ses subordonnés, toujours prêt à mordre sur les malheureux, à se moquer des honnêtes gens malaisés et à se courber bassement devant les grandes fortunes ; ce n'était plus que l'ombre du Riberpré d'autrefois. C'était un homme faible, souffrant, maniaque, qui ne pouvait plus se passer de Camille, et se croyait perdu lorsqu'elle n'était point près de lui.

Le banquier vient encore de frapper sur son timbre ; cette fois, c'est la femme de chambre qui paraît.

— Votre... maîtresse... est-elle revenue ?

— Pas encore, monsieur ; mais il n'y a pas très-longtemps que madame est sortie. Madame a pris le coupé... Je croyais avoir entendu dire à madame qu'elle allait faire des courses pour monsieur, qu'il fallait qu'elle vît des confrères de monsieur... des débiteurs de monsieur...

— Oui... oui... c'est vrai... je lui ai donné... des commissions... car j'ai tant d'affaires... en souffrance... depuis ma maladie.

— Alors, monsieur doit bien comprendre que madame ne peut pas être sitôt de retour.

— Quelle... quelle heure... est-il ?

— Trois heures, monsieur ; il n'y a guère plus d'une heure que madame est partie.

— Ah !... il n'y a... qu'une heure.

— Oh ! certainement, monsieur ; car après vous avoir dit adieu, et s'être assurée que vous n'aviez besoin de rien, madame est encore retournée chez elle... il y avait quelque chose qui... n'allait pas bien à sa toilette, et il a fallu que madame change de coiffure... ça l'a encore retardée beaucoup !

— Ah !...

— Monsieur ne veut rien ?

— Non.

— C'est que madame nous a tant recommandé de bien veiller à ce que monsieur n'eût pas même à désirer quelque chose... Oh ! c'est que madame a si peur que l'on n'ait pas soin d'être toujours là... aux ordres de monsieur !... par exemple, on peut dire que si monsieur ne se rétablit pas promptement, ce ne sera pas la faute de madame.

Riberpré se contente de s'éloigner ; elle s'arrête en disant :

— Si monsieur s'ennuie... ces demoiselles ont demandé plusieurs fois si elles pouvaient venir le voir.

— Hum !... ces demoiselles... non... ce n'est pas... ce n'est pas la peine.

— Très bien, monsieur, je leur dirai que vous voulez être seul.

— Ah ! seul ! non... eh bien !... laissez-les entrer... pour un petit moment.

— Alors, monsieur, je vais avertir ces demoiselles qu'elles peuvent entrer chez vous.

— Oui... oui...

Quelques minutes après, Emmeline et Elvina se présentent devant leur père. Elles entrent timidement dans la chambre du convalescent, comme si elles craignaient de lui causer une sensation pénible ; Emmeline surtout, qui tremble toujours lorsqu'elle est en présence du banquier, reste derrière Elvina, qui, plus hardie, s'approche la première du fauteuil dans lequel M. Riberpré est étendu.

— C'est vous, mon père, dit Elvina de sa voix argentine ; puis elle marche sur la pointe du pied et tend le cou pour regarder le convalescent, qui ne daigne pas même tourner la tête et adresser un sourire à ses filles.

— Nous venons savoir comment vous vous trouvez aujourd'hui... Cela va mieux, n'est-ce pas ?...

— Oui... oui... cela va mieux... mais cependant... je ne suis pas... pas encore comme je voudrais.

— Ah ! écoutez donc ! on ne peut pas se rétablir si vite !... Viens donc, Emmeline... viens donc dire bonjour à notre père... tu restes là-bas... on croirait que tu n'oses pas avancer !...

Emmeline s'approche un peu plus du grand fauteuil et balbutie d'une voix émue :

— Je suis bien charmée... mon... mon père, de savoir que vous vous trouvez mieux ; vous ne devez pas douter de la part que nous avons prise à vos souffrances, quoiqu'on ne nous ait pas permis de vous prodiguer nos soins aussi souvent que nous l'aurions désiré.

Pendant qu'elle parlait, Riberpré a peu à peu tourné la tête pour la regarder, car le son de sa voix a quelque chose de tendre, de touchant, qui a fait vibrer dans le cœur de cet homme comme une sensation douce dont il est lui-même étonné. Il jette un regard sur cette jeune fille si belle, si intéressante, qui a l'air de ne point oser lever les yeux sur lui. Il s'aperçoit qu'elle est pâle et maigrie.

— Merci... merci... murmure le banquier en faisant un mouvement de tête et regardant Emmeline avec une expression de bienveillance ; vous vous trouve changée... est-ce que vous êtes... malade aussi... vous ?

— Emmeline n'est pas malade, s'écrie Elvina, mais elle est toute triste depuis quelques jours... depuis que M. Isidore Marcelay est parti pour aller voir son oncle qui est malade, car tout le monde est malade ! C'est bien contrariant cela... et M. Isidore ne savait pas quand il reviendrait...

Emmeline tire doucement Elvina par sa robe en lui faisant signe de se taire ; mais la petite Elvina va toujours son train.

— Alors, mon papa, vous comprenez que cela a fait du chagrin à Emmeline... Je vois bien qu'elle s'ennuie, je fais tout ce que je peux pour l'égayer ; mais je n'y réussis guère... Aujourd'hui, je me suis mise à la tutoyer... parce que c'est plus gentil... on est plus confiant ensemble quand on se tutoie... je lui ai demandé si elle m'a répondu que cela lui ferait plaisir, et alors nous nous tutoyons... nous faisons bien, n'est-ce pas, mon papa ?

— Oui... oui... c'est même mieux.

— Ah ! vois-tu, Emmeline, mon père nous approuve... il dit que c'est mieux. Je suis bien contente d'avoir eu cette idée-là ; mais c'est égal, mon père, Emmeline s'ennuie toujours... et comme vous dites, elle est changée... Ah ! si nous pouvions aller à la campagne... c'est si amusant la campagne ! cela ferait du bien à Emmeline et à moi aussi... je tousse un petit peu... vous savez, mon papa ; le médecin a dit que j'avais la poitrine délicate et que le séjour de la campagne m'était très-convenable. Cette nouvelle propriété que vous avez achetée, oh ! je voudrais bien la voir... la visiter... On dit que c'est charmant dans ce pays-là... il fait déjà très-beau temps, nous sommes au printemps... les jours commencent à être longs... Aujourd'hui, il y a de petites feuilles qui commencent à pousser. Est-ce que nous n'irons pas bientôt à Germigny-l'Évêque ?...

— Mais, ma fille... il faut d'abord que je sois en état... d'y aller, moi... à la campagne.

— Ah ! c'est juste ; mais je suis sûre que cela vous ferait aussi beaucoup de bien à vous, la campagne... Puisqu'on l'ordonne à toutes les personnes qui ont été malades, pourquoi donc ne vous l'ordonnerait-on pas ?

— Ah !... c'est que... moi... j'ai besoin de voir souvent... très-souvent mon médecin... il faut qu'il s'assure... des progrès de mon rétablissement... c'est pour cela qu'il faut... oui, il faut que je reste à Paris... jusqu'à parfaite guérison.

— Ah ! c'est dommage !...

La jeune Elvina vient de pousser un gros soupir causé par le regret de ne point encore partir pour la campagne. En ce moment des pas précipités, rapides, se font entendre.

— Ah ! voilà maman ! s'écrie en souriant la joyeuse enfant, chez qui le chagrin n'est jamais de longue durée.

On ouvre brusquement la porte de l'appartement et Camille paraît. Elle semble en proie à une agitation qu'elle a peine à maîtriser ; dans ses yeux brille un sentiment de satisfaction, de triomphe, mais cette joie a quelque chose de sombre qui inspirerait presque de l'effroi.

Camille a marché droit au convalescent ; elle a jeté sur sa fille un regard plein d'amour ; mais en apercevant Emmeline qui, à son arrivée, est allée se réfugier dans un coin de la chambre, un frémissement soudain parcourt tout son être ; elle s'arrête, la pâleur au visage, et, détournant la tête pour ne plus voir la fille de Clémence, dit d'une voix saccadée :

— Allez, mesdemoiselles, retirez-vous ; il faut que je parle... à votre père... laissez-nous...

— Comme tu nous renvoies vite, maman, dit Elvina en s'avançant pour embrasser sa mère ; mais Camille, par un mouvement involontaire, se dérobe au baiser de sa fille, et se contente de répéter :

— Allez... allez... laissez-nous.

— Vous avez été longtemps dehors, dit Riberpré à Camille lorsqu'ils sont seuls.

— Mon Dieu ! mon ami, vous devez bien penser qu'il n'y a pas de ma faute, répond Camille en se débarrassant de son chapeau et de son châle, car lorsque je suis éloignée de vous, je ne vis pas... Et comment vous trouvez-vous ?

— Assez bien.

— Avez-vous pris quelque chose ?

— Oui... un potage... mais je n'avais pas faim...

— Patience! votre appétit reviendra.

— Et vous avez... vous avez fait... mes commissions?...

— Oui, je suis allée partout où vous me l'aviez ordonné... n'ayez aucune crainte, vos affaires n'ont pas souffert de votre maladie; on vous apportera demain les fonds que vous attendiez.

Camille a pris une chaise et s'est placée près de Riberpré, après avoir arrangé les coussins qui sont sous la tête et sous les pieds du convalescent; mais ensuite elle se lève, va et vient dans la chambre; il est facile de voir que l'agitation secrète de son esprit ne lui permet point de tenir en place.

— Pourquoi donc ne restez-vous pas là... près de moi... comme à l'ordinaire? dit Riberpré en jetant un regard sur Camille; celle-ci revient s'asseoir à côté du convalescent, elle se remet à lui arranger la tête sur les oreillers et couvrir ses genoux avec la robe de chambre; mais, tout en s'acquittant de ces petits soins avec une attention minutieuse, elle respire péniblement, son sein se soulève, sa main tremble.

— Est-ce que vous seriez malade... à votre tour? dit Riberpré en fixant ses yeux éteints sur ceux pleins de feu de Camille; vous poussez des soupirs... est-ce que vous avez quelque chose?

— Je ne suis pas malade... pourtant... en effet... j'ai quelque chose... j'aurais voulu pouvoir vous le cacher... mais je ne sais pas feindre... je ne sais pas dissimuler ce que j'éprouve.

— Qu'est-ce donc?... qu'est-il arrivé que vous craignez de m'apprendre... un de mes débiteurs... se sera sauvé avec mon argent? un de mes correspondants aura fait faillite?...

— Non, non, rien de tout cela n'est arrivé... ce que j'ai à vous annoncer ne concerne en rien votre fortune.

— Alors... vous pouvez parler... est-ce une chose qui vous afflige, vous?

— Moi... non, je mentirais en vous disant que j'en suis affligée... cependant, cette nouvelle inattendue m'a tellement saisie...

— Voyons, Camille... je vous écoute... qu'est-ce que c'est?

— Tout à l'heure, j'ai aperçu en bas un homme qui semblait chercher quelqu'un à qui s'adresser... un secret pressentiment m'a poussée à demander à cet homme ce qu'il cherchait. Il m'a répondu qu'il désirait parler à mademoiselle Emmeline, qu'on lui avait dit demeurer ici... et qu'il venait de Corbeil pour lui annoncer une bien terrible nouvelle. Vous comprenez que ces mots ayant augmenté ma curiosité, j'ai questionné cet homme... alors... il m'a appris... mon Dieu... je n'ose pas vous dire cela... je crains de vous faire de la peine...

— Quel enfantillage! continuez.

— Figurez-vous que cette nuit le feu a pris à la maison habitée par...

— Par ma femme! dit le banquier en se soulevant à demi.

— Oui... justement. Le feu a pris chez elle. Il paraît que lorsqu'on s'en est aperçu, l'incendie avait déjà fait des progrès effrayants. La servante a pu se sauver... mais... votre femme...

— Eh bien?

— Elle a péri au milieu des flammes... il a été impossible même de lui porter secours et de la retirer du foyer de l'incendie.

Riberpré ouvre ses yeux un peu plus en murmurant :

— Ah! elle est morte!

— Elle est morte!

— Tant pis pour elle... mais que voulez-vous que j'y fasse!

Le banquier se laisse retomber sur la bergère, sans paraître autrement ému. Camille, elle-même, est surprise de cet excès d'insensibilité.

— Ainsi donc... je suis veuf à présent? dit le convalescent après quelques moments de silence.

— Oui, mon ami, vous avez recouvré votre liberté... vous êtes votre maître.

— J'aime mieux ça.

Camille fronce ses noirs sourcils, et sa physionomie semble dire qu'il faudra que cet homme lui fasse le sacrifice de cette liberté qui vient de lui être rendue; mais elle est trop adroite pour aborder ce sujet en ce moment, et elle reprend en se donnant un air attendri :

— Mon Dieu, je serais fausse si je vous disais que cette nouvelle 'mme m'a causé de la peine... mais pourtant tout à l'heure, en apercevant ici cette pauvre jeune fille qui vient de perdre sa mère... cela m'a fait un mal... j'ai cru que j'allais m'évanouir.

— Et cet homme... celui qui venait de Corbeil... pour apporter cette nouvelle?

— Vous pensez bien que je l'ai renvoyé très-vite, en lui enjoignant de ne point revenir... si l'on apprenait ainsi cette nouvelle à Emmeline... jugez donc... quel effet cela lui ferait... ce serait fort dangereux... Il faudra de grands ménagements... il faudra la préparer à ce malheur; mais nous avons du temps. M. Marcelay n'étant plus à Paris, elle ne verra personne qui lui dise ce terrible événement. Je crois qu'il faut d'abord le lui cacher et chercher ensuite un moyen de lui apprendre petit à petit.

— Comme vous voudrez... cela vous regarde... vous vous chargerez de tout cela.

— Il le faut bien. Mais pourtant s'il allait revenir ici quelque autre personne de Corbeil... Je ne me trouverai pas toujours là, devant la maison, pour empêcher qu'on n'arrive jusqu'à Emmeline... et les domestiques sont tellement maladroits, on a beau leur donner des ordres... ils les oublient... Il serait bien plus prudent de... oui, il me semble que ce serait bien mieux...

— Quoi donc?

— Cela ne vous fatigue pas, mon ami, que je vous parle si longtemps et sur ce triste sujet?

— Non, pas du tout... Quelle était votre idée?

— Ma fille Elvina a le plus vif désir d'aller à la campagne, à cette belle propriété que vous avez achetée à Germigny-l'Évêque...

— C'est vrai, elle m'en parlait tout à l'heure...

— Eh bien! si vous y consentez, nous enverrons Elvina et Emmeline à cette campagne. Là il n'y aura pas à craindre qu'Emmeline apprenne la nouvelle de la mort de sa mère, et cela me donnera tout le temps de trouver un moyen pour la préparer à supporter ce malheur. Que dites-vous de mon projet?

— Mais je ne veux pas que vous me quittiez... je ne veux pas que vous me laissiez ici... aux soins des domestiques, murmure Riberpré avec une émotion qui prenait sa source dans son égoïsme.

— Eh! qui vous parle de vous quitter, Francis! s'écrie Camille en prenant son air le plus câlin, et jetant sur le convalescent des regards à la fois tendres et amoureux. Est-ce que j'en ai jamais eu la pensée? pourrais-je, d'ailleurs, quand je sais que mes soins vous sont nécessaires!... Vous, d'abord! vous, toujours et avant tous les autres... mon Elvina même ne vous est pas préférée... Mais ces petites filles n'ont nullement besoin de moi, il me semble, pour faire ce petit voyage... elles iront dans notre voiture, dans le coupé..... notre cocher les conduira... Je puis même les faire accompagner, pour aller là, par ma femme de chambre, je m'en passerai pour deux jours. Ensuite, là-bas, à cette maison que vous avez achetée, ne trouveront-elles pas du monde pour les recevoir, pour les servir?

— Il n'y a qu'un jardinier qui est aussi concierge, et sa fille qui peut servir de cuisinière.

— Eh bien! n'est-ce pas suffisant pour deux jeunes filles qui ne recevront personne, qui ne sortiront pas de la propriété?... N'y a-t-il pas un jardin de dix arpents?

— Oui... dix arpents... clos de murs.

— J'espère qu'elles auront de quoi se promener... courir. Oh! Elvina va être enchantée! elle adore la campagne. Quant à nous, nous irons retrouver ces jeunes filles lorsque le médecin dira que vous pouvez faire ce voyage... qu'il vous est salutaire. Dans le cas où il ne vous prescrirait pas la campagne, nous pourrons toujours faire revenir les voyageuses, dès que cela vous conviendra; ainsi, mon ami, mon idée vous plaît, vous consentez à ce que ces demoiselles aillent habiter Germigny-l'Évêque?

— Oui... pourvu que vous n'y alliez pas, vous...

— Hum!... méchant! qui croit que je pourrais songer un moment à m'éloigner de lui... lorsque sa santé n'est pas encore entièrement rétablie. C'est bien vilain de penser cela, monsieur : voyons, depuis que vous avez été malade, me suis-je absentée, en dehors du temps que vous m'avez, comme aujourd'hui, chargée de faire quelques courses? Est-ce que vous m'avez jamais entendue me plaindre quand je passais mes journées, mes nuits à votre chevet? Est-ce que mes soins vous ont semblé quelquefois moins affectueux, mes caresses moins tendres?

— Non... non... vous m'avez bien soignée... vous m'avez été fidèle compagnie, répond le banquier en serrant une main de Camille. Aussi, je... je vous prouverai... que j'en suis reconnaissant.

— Eh! mon ami, guérissez-vous d'abord, voilà tout ce que je demande. Je vais jusqu'à la chambre d'Elvina lui annoncer ce que nous avons décidé; elles feront demain leurs préparatifs de départ, et après-demain elles pourront partir. Vous leur donnerez une lettre pour votre concierge... je l'écrirai si vous voulez, vous n'aurez qu'à signer. Je vais revenir.

— Allez, ne soyez pas longtemps.

Sur les dix heures du soir, Riberpré, couché depuis quelque temps déjà, était profondément endormi; Camille sait qu'il dort alors sans s'éveiller jusqu'à trois heures du matin; cependant elle attend encore pendant plus de vingt minutes pour être certaine qu'il ne s'éveillera pas. Lorsque enfin il n'y a plus aucune crainte, elle se glisse doucement hors de l'appartement, dit tout bas à sa femme de chambre de l'attendre, et, sortant furtivement de sa demeure, se jette dans la première voiture qu'elle aperçoit et se fait conduire rue Montholon.

Monvillars était chez lui, il attendait Camille qu'il avait déjà vue dans la journée, et à laquelle il avait appris alors ce qui avait eu lieu la veille à Corbeil, et cette femme n'avait pas craint de laisser paraître une joie féroce, en apprenant que l'épouse du banquier n'existait plus. Mais ce premier crime ne semblait pas suffisant à Monvillars; c'est pourquoi, sans lui apprendre encore ce qu'il comptait faire, il avait engagé Camille à proposer au banquier d'envoyer Emmeline à la campagne. Puis tous deux s'étaient donné rendez-vous pour le soir.

Depuis qu'il avait retrouvé dans le monde le témoin de la mort du major Giroval, Monvillars, poursuivi sans cesse par la pensée qu'il pouvait être dénoncé comme un assassin, était devenu plus sombre, plus farouche; mais bien loin que ses terreurs lui donnassent des remords, il ne reculait plus devant aucun crime : on aurait dit qu'il cherchait à s'étourdir sur les dangers qui le menaçaient.

Cependant il savait bien que l'homme qui avait été témoin de son duel ne pourrait pas prouver qu'il avait assassiné le major au lieu de se battre loyalement avec lui, car cet homme ne pouvait avoir aucune preuve à produire, et une seule accusation ne saurait suffire pour faire punir un coupable. Mais la présence de cet homme mystérieux, sa liaison avec Isidore Marcelay, suffisaient pour bannir Monvillars de ce monde dans lequel il craindrait toujours de retrouver son accusateur. Il voulait donc se créer rapidement une fortune qui le mît à même de quitter la France et de se procurer ailleurs toutes les jouissances qu'il laisserait à Paris. Cette fortune ne pouvait plus lui venir que de Camille, et maintenant il avait hâte d'arriver à ses fins.

— Vous venez bien tard, et j'étais impatient de vous revoir, dit Monvillars à Camille. J'étais curieux de savoir comment le banquier aurait pris la nouvelle de la mort de sa femme.

— Oh! très-bien, je vous assure. On lui eût annoncé qu'il venait de gagner une grosse somme sur les chemins de fer qu'il n'aurait pas fait un autre visage...

— En vérité!

— Il détestait sa femme; ne pensiez-vous pas qu'il la regretterait?

— Oh! non, je ne pensais pas cela. Ainsi, voilà ce monsieur libre, et j'espère que bientôt vous le déciderez à vous épouser.

— Soyez tranquille!... ce n'est plus cet homme méfiant.., impérieux d'autrefois! c'est maintenant un enfant qui ne peut plus se passer de moi... c'est une cire molle que je façonne à ma guise.

— Fort bien, tout ira parfaitement alors.

— Oui... pourvu que...

— Quoi donc?

— Pourvu que cette femme soit bien... morte...

— Par exemple! quelle idée vous vient là?

— Ah! c'est que je tremble toujours... Ecoutez donc, Sainte-Lucie... on a vu des choses plus extraordinaires. Vous m'avez dit que le feu avait été mis si adroitement à cette maison qu'il avait pris en même temps à la toiture et au rez-de-chaussée?

— Eh bien?

— Que la servante s'était sauvée?

— C'était bien présumable, elle couchait au rez-de-chaussée, sur le jardin.

— Mais ensuite elle a été demander du secours... on est venu... alors il était trop tard, la maison s'est écroulée dans les flammes?

— Oui.

— Mais on n'a pas aperçu une seule fois cette femme... elle n'a pas paru aux croisées... enfin on ne l'a pas retrouvée au milieu des ruines de sa demeure?

— Que diable voulez-vous qu'on retrouve d'une personne qui meurt entièrement consumée au sein d'un épouvantable incendie... qui est engloutie sous les ruines fumantes, sous un toit en feu qui s'abîme sur sa tête!... et notez bien que lorsqu'on a vu qu'il n'y avait plus aucun espoir de sauver cette femme, on a laissé brûler la maison, sans même chercher à éteindre les flammes, parce que cette maison étant complètement isolée, cet incendie ne menaçait personne aux environs. Si cette femme enfin ne s'est pas montrée une seule fois aux croisées pour appeler à son aide, c'est que probablement la fumée lui ayant fait perdre connaissance dès le commencement du feu, elle n'aura pas eu la force de se lever.

— Oui, tout cela doit être arrivé ainsi, si cette femme ne s'est pas sauvée comme sa servante; mais pendant que cette fille courait dans le pays demander du secours pour sa maîtresse, qui nous prouve que celle-ci, éveillée par le bruit... par la fumée, n'a pas eu le temps de se lever et de fuir aussi sa maison en flammes?

Monvillars hausse les épaules en répondant:

— Vous croyez donc, Camille, que je ne prévois pas tout, et que j'aurais été faire mettre le feu à une maison pour le seul plaisir de la voir brûler. Mais songez donc que, placé à peu de distance, je voyais, j'observais tout. La lueur de l'incendie éclairait assez pour que je distinguasse parfaitement ce qui se passait. Pendant l'absence de la servante jusqu'à son retour avec les habitants de l'endroit, personne... entendez-vous bien? personne n'est sorti de la maison.

— Alors je suis tranquille, dit Camille en laissant errer ses lèvres un sourire affreux.

— Et maintenant, voyons... avez-vous fait ce que je vous avais dit?...

— Oui, j'ai fait entendre à... l'autre que la jeune Emmeline pourrait, en restant à Paris, y apprendre trop subitement la nouvelle de la mort de sa mère. J'ai proposé de l'envoyer passer quelque temps à la campagne près d'Elvina. Il est donc décidé que celles iront habiter cette belle propriété qu'il a achetée près de Germigny-l'Evêque.

— Très-bien, c'est à treize lieues d'ici... sur les bords de la Marne... Pour y aller on peut prendre un chemin qui côtoie la rivière... Oh! j'ai étudié le pays... je me suis informé.

— Il est convenu qu'elles partiront après-demain, qu'elles voyageront dans notre coupé, que notre cocher les conduira, que je leur donnerai même une femme de chambre pour les accompagner jusqu'à leur arrivée...

Monvillars secoue la tête, en murmurant entre ses dents:

— Non... non... tout cela ne vaut rien. Il faut changer tout cela.

— Pourquoi?

— Parce que je vous répète que tout cela ne s'arrange pas avec le plan que j'ai formé...

— Vous m'avez dit qu'il fallait envoyer E... meline à la campagne... j'ai trouvé le prétexte... quand elle sera là-bas, ce n'est pas Elvina qui vous gênera pour la faire enlever... et on forgera facilement une histoire d'amoureux, de ravisseurs! que sais-je...

— Faire enlever cette jeune fille, pour qu'elle s'échappe ensuite et qu'elle revienne encore... Non... non... cela ne suffirait pas. Il ne faut pas employer de demi-mesures, je veux que cette Emmeline disparaisse... mais de manière, cette fois, à ce qu'il lui soit impossible de revenir... Comprenez-vous?...

Monvillars a fixé ses yeux sinistres sur Camille; cette femme, toute dépravée qu'elle soit, ne peut s'empêcher de frissonner : elle n'ose pas soutenir le regard de son amant, et balbutie:

— Comment... cette jeune fille... vous voulez...

— Je veux que la fortune de Riberpré vous revienne tout entière, qu'il n'y ait plus au monde personne qui puisse, quand il vous aura épousée, vous en disputer une partie.

— Mais... cette jeune fille... je croyais qu'il aurait suffi de l'envoyer... si loin... si loin...

— Eh! mon Dieu! chère Camille, d'où vous vient donc cette pitié pour la fille, lorsque vous n'en avez pas eu la moindre pour la mère?

— Je ne sais... c'est que... Elvina l'a prise en amitié... elle l'appelle sa sœur, et je crains...

— Assez, assez!... votre Elvina aura une grande fortune... elle aura bien vite oublié cette liaison. Mais c'est trop nous arrêter à ces considérations? Ecoutez bien ce qu'il faut faire.

— Je vous écoute.

— D'abord ces demoiselles ne se mettront pas en voyage après-demain, ainsi que vous l'aviez projeté, c'est trop tôt... Il faut que je me sois auparavant concerté avec quelqu'un à qui j'ai donné rendez-vous dans quatre jours... non, dans trois jours maintenant... c'est jeudi; fixez le départ à samedi.

— Samedi, soit. C'est très-facile, le moindre prétexte, quelques objets d'habillement pour la campagne, et que j'aurai soin qui ne soient pas prêts avant, retarderont le départ jusque-là.

— Ensuite, vous laisserez ces deux jeunes filles voyager seules; vous ne leur donnerez pas votre femme de chambre pour les accompagner : cette femme me gênerait.

— Cela suffit... cette fille dira qu'elle est malade... elle dit tout ce que je veux.

— Vous aurez soin encore que l'on ne se mette pas en route avant... une heure de l'après-midi.

— Ceci sera plus difficile... Il est assez naturel de partir le matin quand on a treize lieues à faire et que l'on veut arriver avant la nuit.

— Mais justement je veux qu'elles n'arrivent pas avant la nuit. Vous trouverez quelque prétexte pour retarder l'heure du départ. C'est votre affaire.

— Il le faudra bien.

— Quel homme est-ce que votre cocher?

— Un garçon fort bête... mais qui conduit très-bien et ne se grise jamais.

— Il ne faut pas qu'il mène les deux voyageuses jusqu'à Germigny-l'Evêque... il les conduira seulement jusqu'à Meaux. Là, la concierge de la propriété où elles se rendent aura envoyé une voiture, une carriole, n'importe quoi, pour ramener les jeunes filles à Germigny-l'Evêque. Prévenez votre cocher de tous ces détails; dites-lui qu'en arrivant à Meaux, il n'a qu'à se rendre directement sur la place... qu'il y trouvera la voiture qui vient au-devant des voyageuses... et qu'il ne doit pas, lui, aller plus loin; qu'il retienne bien tout cela.

— Oh! c'est un garçon qui obéit comme un Cosaque, sans répliquer, sans commentaires.

— Vous écrirez au concierge de cette propriété pour qu'il ait soin d'envoyer une carriole à Meaux et qu'elle y attende les voyageuses qui n'arriveront qu'à la nuit. Je pense que vous n'avez pas besoin de la permission de M. Riberpré pour tout ce que je vous dis là.

— Oh! nullement!... je vous répète, je commande maintenant, et tout ce que je fais est bien. Mais... mon ami... pardonnez-moi mes inquiétudes... dans tout ce qui se passera... vous prendrez bien vos précautions, n'est-ce pas... et mon Elvina ne courra aucun danger?

— Soyez tranquille!... puisque c'est dans son intérêt que j'agis, je n'ai pas envie qu'il lui arrive malheur. Bien loin de là, les choses se passeront de manière à ce qu'elle ne verra rien... ne se doutera de rien. Et, ma foi! après, elle croira qu'un accident imprévu est arrivé à sa compagne de voyage...

— Je voudrais que vous m'expliquassiez comment vous comptez... agir.

— Laissez-moi faire, je vous le dirai quand tout sera fini. Ah! maintenant, il me faut de l'argent. Je vous ai dit ce matin que je n'en avais plus... et on ne fait rien sans cela.
— Tenez, je vous ai apporté trois mille francs; est-ce assez?
— Oui, cela me suffit pour faire marcher notre entreprise. Encore quelques jours, Camille, et le banquier, en vous épousant, pourra vous assurer toute sa fortune à vous et à votre fille...
— Et alors... tu sais bien que cette fortune sera aussi la tienne.
— Et cet homme... déjà infirme... ne nous gênera pas longtemps. N'oubliez rien de ce que je vous ai dit: le départ samedi... pas avant deux heures de l'après-midi. Ordre à votre cocher de s'arrêter à Meaux et d'y remettre les voyageuses aux mains de la personne qui viendra les chercher.
— J'ai tout entendu, tout retenu.
— Et maintenant, par prudence, ne restez pas plus longtemps dehors. Au moment de voir tous nos projets accomplis, il ne faut pas négliger la moindre précaution.
— Vous avez raison. Est-ce que je ne vous reverrai pas... avant... le départ... d'Elvina?
— Non, j'ai beaucoup de choses à faire. D'ailleurs, je vous le répète, plus on approche le but de ses souhaits, plus il faut de la prudence dans ses actions.
— Quand donc... vous reverrai-je?...
Monvillars réfléchit quelques instants, puis répond:
— Dimanche soir... Venez à cette heure-ci... ou plus tard dans la nuit, je vous attendrai, et vous apprendrez quel aura été le résultat du petit voyage de samedi.
— C'est bien... à dimanche alors...
Camille serre en frémissant la main de Monvillars et se hâte de regagner, dans un fiacre, la maison du banquier.

XVII.

LA NÉCROMANCIENNE.

Les êtres les plus criminels, les plus dépravés ont leurs moments de faiblesse; ce n'est point du remords, c'est de la pusillanimité; alors un regard doux et timide les fera trembler; car ils croient que ce qui se passe au fond de leur cœur; le moindre bruit inattendu les effraie: le vent qui murmure, une voix imprévue, des pas qui approchent suffisent pour leur inspirer une subite terreur.

Ainsi, pendant les quelques jours qui restent à s'écouler jusqu'au moment du départ d'Emmeline, Camille ne peut supporter la vue de cette jeune fille; lorsqu'elle l'aperçoit, une sueur froide baigne son visage; un frémissement nerveux s'empare de tout son être; elle se trouble, elle ne peut plus parler et elle courbe le front vers la terre.

Pour qu'on ne remarque pas l'effet que produit sur elle la présence de cette jeune fille, Camille ne trouve pas de meilleur moyen que de rester près de Riberpré ou de se retirer dans son appartement, et elle a donné des ordres pour qu'Emmeline ne pénètre point près de son père lorsqu'elle pourrait l'y rencontrer. La présence d'Elvina lui est aussi devenue pénible, car Elvina parle à chaque instant de sa sœur, de l'amitié qu'elles ressentent l'une pour l'autre, du plaisir qu'elles se promettent lorsqu'elles habiteront ensemble la campagne, et cette conversation donne à Camille des mouvements d'impatience, de colère, qu'elle a peine à maîtriser.

Emmeline a écrit une lettre à sa mère pour lui annoncer son prochain départ pour Germigny-l'Évêque, et la supplier de venir l'y voir. Elle ne doute pas que sa mère ne fasse avec bonheur ce petit voyage qui lui procurera le bonheur de l'embrasser. Cet espoir lui fait désirer de quitter bientôt la maison de son père, où elle sait que sa mère ne viendra jamais.

N'ayant plus Isidore pour le charger de ses lettres, Emmeline a mis l'adresse de madame Clermont à Corbeil, et prie la femme de chambre de mettre cette lettre à la poste. Mais cette fille, toute dévouée à Camille, ne ferait rien sans avoir pris ses ordres, c'est donc à elle qu'elle va porter la lettre. Camille garde le message en ordonnant à Julie de dire qu'elle s'est acquittée de la commission.

Camille tient dans ses mains la lettre qu'Emmeline a écrite à sa mère, son premier mouvement a été de la jeter au feu; mais, cédant à un sentiment dont elle ne peut se rendre compte, elle brise le cachet et lit:

« Que le temps me
« semble long loin de
« toi, ô ma bonne mè-
« re! quand donc se-
« rons-nous réunies
« pour ne plus nous
« quitter! M. Isidore est
« allé près de son oncle
« malade, tu le sais:
« et cela m'a rendue
« plus triste, car cha-
« que fois qu'il venait
« me voir, il me par-
« lait de toi, il me don-
« nait de tes nouvelles
« et je m'ennuie bien
« de n'en plus avoir.
« Mais écoute, je viens
« de concevoir une es-
« pérance qu'il ne tien-
« dra qu'à toi de réa-
« liser: on nous en-
« voie passer quelque
« temps à la campa-
« gne, Elvina et moi;
« nous allons à Germi-
« gny-l'Évêque, au-
« dessus de Meaux,
« dans une propriété
« que M. Riberpré vient
« d'acheter. Je serai là,
« seule avec Elvina,
« qui est bien gentille,
« bien aimable et que
« tu aimerais, j'en suis
« certaine, si tu la con-
« naissais. Eh bien! qui
« t'empêche de venir
« m'y voir, m'y em-
« brasser... ne fût-ce
« qu'un jour, qu'un in-
« stant?... Oh! tu
« viendras, n'est-ce
« pas, ma bonne mère?
« après une séparation déjà si longue, tu dois tant désirer revoir,
« embrasser ta fille! Oui, j'en suis sûre, tu viendras, tu te rendras
« à cette campagne...? aussi c'est avec joie que je fais ce voyage, car
« quelque chose me dit qu'il va me réunir à toi... »

Camille s'est arrêtée sur ces mots: *me réunir à toi*... elle ne se sent pas la force d'en lire davantage. Elle froisse la lettre dans ses mains et la jette au feu. En proie à une agitation qui ne lui permet pas de tenir un moment en place, elle va et vient dans sa chambre; pour la première fois elle n'ose pas s'approcher d'une glace, elle a peur de se voir. Il lui semble que le temps ne marche plus; elle a pris un livre, mais elle l'a bientôt rejeté sans avoir pu lire trois lignes de suite; elle sonne sa femme de chambre. Julie revient.

— Les apprêts de départ pour ces demoiselles sont-ils terminés?
— Oui, madame, excepté ce que vous m'avez dit qu'il ne fallait achever que quand vous me l'ordonneriez.
— Ah! oui... c'est demain samedi enfin... le cocher est prévenu?
— Oui, madame; je lui ai dit aussi qu'il n'avait pas besoin de se

M. RIBERPRÉ CONVALESCENT.

presser pour mettre les chevaux au coupé, qu'il faudrait attendre les ordres de madame.

— C'est bien... Est-ce que M. Riberpré dort toujours ?

— Oui, madame.

— Il ne fait plus que cela maintenant... Ah ! que cette journée me semble longue !... tout m'ennuie aujourd'hui... tout me déplaît... j'ai mal aux nerfs... je voudrais... mais je ne sais que faire pour me distraire...

Julie prend un air mystérieux en disant :

— Ah ! si madame voulait... je lui proposerais bien quelque chose qui pourrait l'occuper... la distraire quelques instants... mais je n'ose pas, je crains que madame ne se moque de moi.

— Dis toujours... dis... je t'écoute...

— Il faut d'abord que j'apprenne à madame que, depuis plusieurs jours, je rencontre à chaque instant dans notre rue une femme qui a une drôle de mise... c'est une femme déjà âgée... sa figure a quelque chose d'étrange... on croirait qu'elle est un peu timbrée cette femme, mais c'est son air comme cela ; car, bien loin qu'elle n'ait pas toute sa tête, il faut qu'elle en ait une fameuse pour savoir tout ce qu'elle sait ! Bref, cette femme, qui est toujours enveloppée dans un vieux tartan à carreaux rouges et noirs auquel est adapté un capuchon de même étoffe qui lui couvre la tête et lui cache presque les yeux, me regardait passer, puis me faisait un petit sourire, ensuite elle m'a saluée fort poliment... et enfin il y a quelques jours elle s'est approchée de moi et m'a dit à l'oreille : « Ne craignez rien, il n'est pas infidèle... il vous attend en ce moment dans sa petite chambre au cinquième... dans cette rue... »

— Qu'est-ce que cela voulait dire ?

Julie répond en baissant les yeux comme si elle rougissait et en faisant semblant d'être honteuse :

— Madame m'excusera... c'est que cela m'oblige de dire à madame que dans ce moment-ci j'aime quelqu'un qui demeure en effet dans une petite chambre au cinquième... dans cette rue... J'ose espérer que madame me pardonnera... mais on n'est pas toujours maîtresse de son cœur.

— Eh ! mon Dieu, que m'importe que tu aimes quelqu'un, que tu aimes plusieurs quelqu'un ! achève donc ton histoire... quelle est cette femme qui t'a arrêtée dans la rue ?

— Eh bien, madame... c'est une sorcière.

— Une sorcière !... Ah ! je devine ! quelque tireuse de cartes, quelque bohémienne !...

— Oh ! madame, celle-ci n'est pas une menteuse comme toutes les autres. Quand elle m'eut dit que Gustave... mon amoureux s'appelle Gustave... quand elle m'eut dit à l'oreille qu'il m'attendait à son cinquième, vous comprenez que je fus bien étonnée, car enfin comment cette femme avait-elle pu deviner cela ?... je ne lui avais jamais parlé... et certainement je ne conte mes affaires à personne, excepté à madame, quand elle veut bien avoir la bonté de les entendre, parce que c'est un honneur qu'elle me fait...

— Achève donc, Julie : ah ! que tu es prolixe de paroles !...

— Ah ! c'est que je ne sais pas dire beaucoup de choses en peu de mots comme madame. Je répondis donc à cette femme : Comment savez-vous que mon amoureux demeure au cinquième ? elle se mit à sourire et me répondit : Parce que je sais tout... le passé comme le présent et l'avenir, parce qu'il n'y a point de mystère pour ma science... parce qu'à force d'étudier la nature, je suis parvenue à surprendre tous ses secrets. Je vous ai dit que votre amoureux vous attendait dans sa chambre au cinquième, il m'est tout aussi facile de vous dire que cette chambre est située dans cette rue, dans la maison du numéro 9 ; que celui que vous aimez est coiffeur et que c'est un Provençal. Oh ! alors, madame, comme tout cela était l'exacte vérité, je restai confondue !

— Il faut peu de chose pour t'émerveiller, ma pauvre Julie, dit Camille en levant les épaules et en faisant un sourire d'incrédulité.

Camille a livré sa main à la nécromancienne.

Comment ! tu n'as pas deviné que cette femme qui, dis-tu, rôde toujours dans la rue, a très-bien pu te voir jaser avec ton amant ? en suivant celui-ci, elle aura su facilement ce qu'il faisait, d'où il venait, où il logeait... mon Dieu ! tout cela est si simple que le plus lourd Auvergnat t'en aurait dit tout autant que la sorcière.

— Aussi, madame, quand j'eus un peu réfléchi, je me dis tout ce que vous venez de me dire. Oh ! mais... ce n'est pas tout !... si elle ne m'avait dit que cela !... Pendant que je l'écoutais dans la rue d'un air tout étonné, elle me montra un petit homme qui demeure dans le quartier, où il est établi et marié depuis vingt ans, et elle me dit : « Tenez, mademoiselle, vous voyez bien ce petit homme-là ; il croit sa femme une Lucrèce, eh bien ! il en porte une fameuse paire !... » Vous comprenez, madame, que je ne vis rien de bien surprenant dans ce qu'elle me disait là... sans être sorcière j'aurais pu deviner cela... Voyant que je riais, elle approcha sa bouche de mon oreille et me dit tout bas... tout bas... oh ! mais je n'oserai jamais répéter cela à madame.

— Oh ! vas-tu recommencer tes simagrées ?

— Elle me souffla donc dans l'oreille : Voulez-vous que je vous dise le jour où votre coiffeur vous a... vous a embrassée pour la première fois. Je répondis : Oh ! je vous en défie !... Elle reprit : Alors... souvenez-vous du 6 janvier dernier et de votre souper au Capucin... Pour le coup je devins toute rouge, toute tremblante... c'était vrai, madame... c'était vrai !

— Cela prouverait que ton amant est un bavard et pas autre chose.

— Oh ! comme madame est incrédule ! Mais Gustave n'est point bavard du tout, au contraire ; d'ailleurs, il prétend que ce sont de ces choses dont on ne doit pas se vanter. Ma foi, madame, moi, je pris confiance dans la bohémienne, et quand elle me dit : Venez chez moi, je vous annoncerai tout ce qui doit vous arriver, et pour prouver que je ne mens pas sur l'avenir, je commencerai par vous dire tout votre passé ; enfin, s'il y a quelqu'une de vos anciennes connaissances, de vos parents, de vos amies dont vous n'ayez point eu de nouvelles depuis longtemps, je vous dirai s'ils existent encore ; et je m'engage, s'ils sont morts, à vous faire voir leur ombre... qui répondra aux questions que vous lui adresserez

Camille est devenue plus attentive, et quoique laissant encore errer sur ses lèvres une expression moqueuse, elle murmure :

— Ah! il paraît que c'est tout à fait une magicienne que cette femme... elle évoque les morts! elle vous fait voir le diable sans doute!... Eh bien! as-tu été chez elle?

— Oui, madame... j'y suis allée... ma foi, je me suis laissé entraîner par un mouvement de curiosité bien naturel... quand on a un sentiment, on est bien aise de savoir sur quoi on peut compter. Cette femme me donna son adresse... ce n'est pas loin d'ici... dans la première rue à gauche... la dernière maison, par exemple, et puis il faut y aller le soir, elle ne dit la bonne aventure que lorsqu'il est tout à fait nuit. J'y suis donc allée... il y a seulement trois jours de cela... j'avais un peu peur, j'en conviens, car c'est effrayant chez cette femme!... Oh! dans son laboratoire il y a des têtes de morts! des squelettes!... des hiboux! des chouettes!

— Oui, tout l'attirail d'une sorcière, pour impressionner les âmes timorées ; c'est comme une décoration de théâtre.

— Je pris mon courage à deux mains Je demandai combien cela me coûterait pour savoir mon avenir. La bohémienne me répondit qu'elle ne faisait jamais payer les personnes qui allaient la consulter pour la première fois, parce qu'elle savait très-bien que, ses prédictions devant se réaliser, on ne tarderait pas à revenir la voir. Je trouvai que c'était fort honnête de donner la première séance gratis, et je me fis tirer mon horoscope.

— Est-ce avec des cartes qu'elle vous dit votre avenir ?

— Non, madame, elle ne se sert pas de cartes, c'est bien mieux que ça !... elle regarde dans votre main... jette du plomb fondu dans de l'eau, consulte du marc de café... lit dans les livres, puis une foule de choses... elle fait brûler de vos cheveux... elle vous fait tenir un fil... une baguette... une fleur... oh! c'est bien curieux. Enfin, je puis certifier à madame qu'elle m'a dit des choses extraordinaires... elle savait toutes mes aventures passées et les plus secrètes. Quant à l'avenir, elle m'a dit que mon coiffeur me ferait des queues... d'après cela, vous comprenez, madame, que je n'ai pas besoin de me gêner non plus !... mais au moins on sait à quoi s'en tenir, et cela vaut mieux; du reste, j'ai un avenir fort agréable : un jeune boucher, qui aura des cheveux rouges et un fonds très-achalandé, m'épousera quand j'aurai quarante-trois ans ; pas avant; non, j'aime autant cela. Je suis sûre de ne point mourir fille, et puis m'amuser jusqu'à quarante-trois ans. Je suis bien contente de mon sort. Aussi j'ai bien remercié la devineresse... je voulais encore la payer, mais elle n'a pas consenti à recevoir mon argent.

— Voilà, ma pauvre Julie, ce que je vois de plus miraculeux chez cette femme. Et cette distraction que tu me proposais tout à l'heure, c'était donc d'aller consulter la nécromancienne?

— Oui, madame, j'espérais que vous auriez plus de confiance dans ce que je vous ai dit... on est quelquefois curieux de savoir son avenir... je sais bien que, pour madame qui est riche et n'a rien à désirer du côté de la fortune, cela n'est pas aussi intéressant que pour moi... mais malgré moi...

— Oh! si je pensais que cette femme pût me répondre vrai, seulement sur mon passé... je n'hésiterais pas à aller la consulter ; mais tous ces gens-là sont des charlatans qui n'ont pas la moindre science, et en nous débitant une foule de mensonges au hasard, finissent quelquefois par rencontrer une vérité : c'est comme les almanachs qui annoncent le temps qui fera dans l'année ; ils se tromperont sur onze mois, mais il y en aura un pour lequel ils auront dit juste.

— Mais, madame... savoir notre passé... c'est cependant une chose que nous sommes à même de vérifier... m'avoir dit le jour que Gustave m'a embrassée pour la première fois... et l'endroit où ce événement a eu lieu : voilà qui est fort.

— Je répète que ton amoureux aura jasé sur sa bonne fortune.

— Enfin... du moment que madame n'a pas confiance, il est bien certain que ce ne serait pas la peine d'aller consulter la nécro... comme dit madame... c'est dommage, parce que c'était un bon jour pour cela aujourd'hui ; on assure que le vendredi les sorciers sont encore plus malins que les autres jours de la semaine.

— Oui, c'est demain samedi ! se dit Camille à elle-même. C'est demain... qu'elles partent.

— Ensuite, reprend la femme de chambre, j'ai oublié de dire à madame que la devineresse m'a dit, comme j'allais m'en aller de chez elle : Recommandez-moi à votre maîtresse ; ma science pourrait lui être fort utile en ce moment.

— Ah! elle a dit cela? murmure Camille en prêtant l'oreille...

— Oui, madame... puis...

— Quoi encore?

— Pardon, madame... attendez, que je me rappelle... ah! c'est cela... voilà les paroles qu'elle m'a chargée de vous répéter : *Dites à votre maîtresse que je pourrais lui donner des nouvelles de la petite fille élevée dans un pensionnat rue de Picpus.*

Camille demeure comme médusée : immobile, la bouche béante, le regard fixe, il semble que les paroles prononcées par Julie viennent de lui ôter jusqu'à la force d'exprimer sa terreur.

La femme de chambre, frappée de l'état de sa maîtresse, se penche vers elle en s'écriant : — Mon Dieu !... madame a quelque chose !...

Camille lui saisit le bras, la retient près d'elle et ne peut encore que faire avec sa tête un signe négatif ; puis des sons inarticulés s'échappent de sa poitrine ; ce n'est qu'au bout d'un moment qu'elle peut enfin s'écrier :

— Mon Dieu !... mon Dieu !... j'ai cru que j'allais mourir... je ne pouvais plus m'exprimer... Julie, ces paroles de la bohémienne, tu ne les as répétées à personne, j'espère ?

— A personne, madame !... et pourquoi faire, puisqu'elles ne regardaient que madame...

— Non... elles ne me concernent pas... mais je ne veux pas que tu les redises jamais... tu m'entends ? je te le défends.

— Madame peut être assurée que je ne parlerai plus de cela...

— Où demeure cette femme... cette nécromancienne... dans la première rue à gauche, m'as-tu dit ?

— Oui, madame... Est-ce que madame se décide à aller la consulter... ah ! je gage que madame en sera satisfaite.

— Oui... je me décide... On ne va chez elle que le soir?

— Oui, madame, et jamais avant neuf heures...

— J'irai ce soir... à dix heures et demie, quand M. Riberpré sera endormi... tu me conduiras à sa demeure.

— Oui, madame... ah ! je serai bien contente si madame trouve, comme moi, que c'est une vraie sorcière !

Camille a renvoyé la femme de chambre ; elle a besoin d'être seule, elle n'ose croire aux paroles de la bohémienne ; cependant ces paroles la bouleversent, elles lui troublent l'esprit, elles lui causent mille tortures ; elle se demande si cette femme est véritablement une sorcière, ou si elle sait l'histoire de sa vie. Dans l'une ou l'autre hypothèse, Camille se sent frémir, car le passé de la fait trembler ; s'il était connu, elle pourrait voir s'écrouler tout l'édifice de sa fortune, édifice qui lui coûte si cher à élever.

Elle cherche à calmer ses terreurs en se rappelant l'état dans lequel est maintenant Riberpré ; cet homme ne voit plus que par ses yeux, n'agit plus que par sa volonté; quiconque voudrait nuire à Camille ne serait pas écouté, et d'ailleurs on n'est pas admis près du banquier que lorsqu'elle le veut bien.

Cependant il faut qu'elle voie cette nécromancienne ; les paroles que cette femme lui a fait rapporter par Julie prouvent qu'elle est au fait de circonstances bien intéressantes pour Camille ; si c'est son art seul qui les lui a fait deviner, la science de cette femme est donc réellement toute-puissante. Dans ce cas, Camille, en l'interrogeant, saura sur le passé des faits qui sont encore pour elle l'objet de doutes.

En s'abandonnant à ses réflexions, à ses terreurs, à ses espérances, Camille commence à devenir plus crédule ; elle se dit que de tout temps, et même parmi les personnages les plus haut placés, il s'est trouvé des gens qui croyaient aux sciences occultes, aux calculs cabalistiques, aux sortilèges, aux charmes, à la science des vins, aux nécromanciens. Sans avoir beaucoup lu l'histoire, il n'est personne qui ne sache que Catherine de Médicis, cette reine devant qui chacun tremblait, n'entreprenait jamais quelque chose d'important, sans avoir auparavant consulté son devin attitré, le fameux *Ruggieri*, et Camille se dit alors :

— Cependant elle avait de l'esprit, cette femme ! pourquoi donc serais-je plus incrédule qu'elle ? pourquoi repousserais-je une science dans laquelle elle avait foi ?

Au milieu de toutes ses pensées, le souvenir du prochain départ des deux jeunes filles occupait moins Camille, mais lorsqu'elle se rappelait ce prochain voyage, elle se disait alors :

— Je consulterai la nécromancienne à ce sujet... elle m'apprendra si les projets de Sainte-Lucie doivent réussir.

Dès que Riberpré est profondément endormi, Camille, accompagnée de sa femme de chambre, quitte sa demeure et se rend chez la femme qui prédit l'avenir.

Julie ayant dit à sa maîtresse que cette femme demeurait dans le voisinage, Camille fait le trajet à pied, enveloppée dans une large pelisse. Le temps était pluvieux et très-froid, quoiqu'on fût en avril.

La femme de chambre trottait ou pas pressés à côté de sa maîtresse, qui paraissait avoir hâte d'arriver, et murmurait de temps à autre :

— Nous n'y sommes donc pas ?... c'est plus loin que tu m'avais dit.

— Nous y voici, madame ! s'écrie Julie en s'arrêtant devant une maison très-haute mais peu large, et dont l'architecture commune faisait encore ressortir l'élégance de nos modernes bâtisses. On pénétrait dans l'intérieur de cette maison par une allée assez large, que fermait une porte pleine du bas grillée par le haut, et chacun pouvait ouvrir en passant sa main au travers du grillage peu serré, et en poussant un bouton qui faisait jouer le pêne ; c'est tout pour la plus grande commodité des locataires, vu qu'il n'y avait aucune espère de portier dans la maison.

— Je connais le secret pour ouvrir la porte, dit Julie, en passant sa main à travers la grille. La sorcière me l'avait très-bien appris.

La porte s'ouvre en effet ; mais l'allée était noire, et Camille s'arrête sur le seuil en disant :

— Est-ce qu'il faut avancer ainsi sans voir clair?

— Il y a une lampe dans l'escalier, madame, veuillez me suivre, je vais vous guider; quand nous aurons fait quelques pas, nous verrons la lumière.
— Marche devant alors.
Camille suit Julie. Bientôt, en effet, elles ne sont pas dans une complète obscurité; elles arrivent à l'escalier. Au premier étage était attachée une espèce de quinquet qui n'avait pas la moindre prétention de rivaliser avec le gaz, et qui peut-être eût pâli devant une veilleuse. L'escalier était raide et sale.
— Ces bohémiennes se logent toujours dans des maisons horribles ! dit Camille, en montant les degrés. Est-ce bien haut?
— Non, madame, ce n'est qu'au troisième.
Il était heureux pour ceux qui allaient chez la sorcière, qu'elle ne logeât pas plus haut, car à cet étage, la lumière du quinquet placé au premier commençait à devenir fabuleuse; les habitants des étages supérieurs étaient condamnés à l'obscurité.
Julie a tiré une sonnette, une jeune fille qui n'a rien de diabolique, vient ouvrir; on traverse un couloir, et la jeune fille fait entrer dans une pièce sur la droite, en disant qu'elle va prévenir la dame, mais que celle-ci a du monde et qu'il faut attendre un peu.
Camille se résigne ; elle se jette dans un vieux fauteuil et s'abandonne à ses pensées. Julie s'assied à distance respectueuse et n'ose pas parler, parce qu'elle voit bien que sa maîtresse n'est pas disposée à l'écouter.
On entend bientôt des pas de gens qui vont et viennent ; la porte d'entrée est ouverte et fermée plusieurs fois... Camille croit toujours qu'on vient la chercher; mais il n'en est rien.
— Il faut donc attendre bien longtemps? dit-elle enfin.
— Il paraît qu'il y avait foule, murmure Julie.
Enfin, la domestique revient annoncer que la bohémienne attend la personne qui désire la consulter. Camille se lève en disant à Julie : « Reste là... » Puis elle suit la domestique qui tient une lumière presque aussi triste que celle de l'escalier.
On rentre dans le couloir, on traverse une grande pièce fort sombre, puis enfin la servante pousse une porte qui s'ouvre par un ressort et qui se referme d'elle-même, lorsqu'on l'a dépassée.
Camille franchit cette porte et se trouve dans le cabinet ou plutôt dans le laboratoire où la dame, enveloppée dans un tartan à capuchon, se livrait à ses travaux cabalistiques.
L'antre de la moderne sorcière n'était point aussi épouvantable que celui de *Trophonius*, cependant il renfermait toutes les gentillesses adhérentes à la profession que l'on exerçait. C'était une grande pièce toute tendue de noir ; quelques tableaux appendus à la muraille représentaient des sujets pris dans ce que la mythologie nous offre de plus sombre : c'était *Ixion* sur sa roue, *Sisyphe* poussant son rocher, *Prométhée* et son vautour, les *Danaïdes* aux enfers ; enfin, *Médée*, la terrible magicienne, était représentée au moment même où elle s'élève dans les airs après avoir semé sur la terre le meurtre et l'incendie.
La nécromancienne était assise devant une grande table recouverte d'un tapis de couleur sombre. Sur la table on voyait une foule d'objets que sans doute elle avait besoin de consulter pour rendre ses oracles : c'étaient une tête de mort, de vieux livres tout maculés, des bocaux de différentes grandeurs, dont il était difficile de deviner le contenu ; une chouette et un hibou perchés comme des perroquets en face l'un de l'autre ; des fioles contenant des poudres et des philtres, plusieurs baguettes de coudrier, une peau de serpent; enfin, dans un large vase rempli d'eau, plusieurs crapauds se faisaient un plaisir du bain, tout en mettant de temps à autre leur tête plate en dehors de l'eau.
La pythonisse de ce séjour effrayant est une femme de quarante ans à peu près, d'une taille ordinaire, mais fortement constituée ; à sa peau d'un jaune foncé, à ses cheveux d'un noir de jais, à ses yeux vifs et hardis, on devine que le ciel du Midi l'a vue naître. L'accent du pays n'est pas seulement dans le langage, il est aussi sur la physionomie.
Derrière la table, tout au fond de la salle, est un grand rideau rouge qui peut servir de portière ou masquer une porte.
Ce lieu n'est éclairé que par une lampe pendue au plafond, mais qui permet du moins de voir dans toutes les parties de la chambre.
Camille, qui ne s'effraie pas facilement, n'est nullement intimidée par les objets diaboliques qui s'offrent à sa vue. En pénétrant près de la nécromancienne, elle s'est promis de n'être accessible à aucune faiblesse; c'est donc d'un pas ferme et d'un air résolu qu'elle se présente devant cette femme qui se contente d'incliner la tête et la voyant et attache sur elle des regards où brille une sauvage curiosité.
— Vous savez bien, à ce qu'on prétend, dit Camille en se plaçant en face de la devineresse ; alors vous devez déjà savoir qui je suis?...
— Je le sais aussi, répond la nécromancienne en appuyant ses coudes sur la table et son menton dans une de ses mains. C'est vous que, dans le monde, on croit la femme d'un riche banquier... lorsque vous n'êtes pas sa maîtresse...
— C'est bien, dit Camille en fronçant ses épais sourcils. Pour me faire venir chez vous... vous avez dit à ma femme de chambre des paroles... dont je n'ai pas compris le sens... je sais bien que je n'aurais dû attacher aucune importance à ces paroles... dites au hasard sans doute et dans le but de piquer ma curiosité... mais ma suivante m'a tellement vanté votre savoir que j'ai voulu voir si, en effet, vous aviez le don de prédire l'avenir...
— Vous devez déjà savoir que je suis aussi instruite du passé... Si vous n'aviez pas compris les paroles que j'ai dites à votre femme de chambre de vous rapporter, vous ne seriez pas chez moi en ce moment.
Camille détourne la tête pour échapper alors au regard perçant de la bohémienne. Elle réfléchit quelques instants, puis se rapproche de la table, en murmurant d'une voix sourde :
— Eh bien ! voyons... mon passé... mon avenir... mon horoscope, enfin... employez tout votre art, toute votre science... dites-moi bien tout ce qu'elle vous apprendra... Ne me mentez pas, quand même vous auriez de funestes prédictions à me faire... je ne suis point accessible à la frayeur, je veux tout savoir.
— Je vais vous satisfaire. Donnez-moi votre main... la gauche.
Camille a livré sa main à la nécromancienne qui l'examine longtemps, puis feuillette ses livres, brûle quelques poudres, et se livre à une foule de pratiques plus ou moins diaboliques et bien capables d'imposer aux âmes timorées qui viennent d'ordinaire la consulter, mais qui n'agissent point sur l'imagination de la personne qui est devant elle en ce moment. Il fallait des faits positifs, des vérités incontestables, et surtout la preuve que l'on connaissait tous les secrets de sa vie pour effrayer Camille et lui faire croire aux sciences occultes.
Après avoir de nouveau examiné toutes les lignes de la main de Camille, la nécromancienne lui dit :
— Maintenant je puis vous répondre sur tout ce que vous désirez savoir...
— Eh bien ! dites-moi, avant tout, si j'épouserai cet homme avec qui je suis... si ce mariage se fera bientôt?...
— Vous voulez épouser le banquier... vous voulez vous marier. . mais vous l'êtes déjà...
Ces paroles ôtent à Camille toute sa fermeté. Elle fixe la devineresse avec anxiété en balbutiant :
— Mariée, dites-vous ! ... je l'ai été en effet... mais je ne le suis plus... je suis veuve et depuis longtemps déjà...
— Qui vous prouve que votre mari soit mort?...
— Il a péri en mer... il était parti pour un autre climat... le bâtiment sur lequel il était a fait naufrage... la nouvelle en est arrivée en France... tout le monde en a été instruit.
— N'a-t-on pas vu souvent des personnes sauvées presque miraculeusement, lorsqu'on les croyait englouties sous les flots?
— Ah ! ne me dites point cela ; non, je vous répète que cela n'est point possible, mon mari est mort !... non seulement s'il eût échappé à ce naufrage, depuis tant d'années n'aurait-il pas donné de ses nouvelles?... Non !... il ne reparaîtra jamais... je suis libre... je suis veuve...
— Cependant, d'après les expériences que je viens de faire... et ces lignes de votre main... et ce feu qui brûle encore... tout cela me prouve que votre mari existe toujours...
Camille retire avec un mouvement de fureur sa main que tenait la sorcière, en s'écriant :
— Taisez-vous... taisez-vous... votre science n'est que mensonge... elle vous abuse ! cela n'est pas... je ne veux pas que cela soit.
— Comme vous voudrez ; mais rappelez-vous ce que je vous ai dit.
— Assez, encore une fois... Et maintenant... puisque vous vous prétendez si savante... cet enfant élevé rue Picpus... eh bien ! voyons... quel est cet enfant?...
— Vous me demandez quel est cet enfant? Vous devez le savoir cependant ; c'est le triste rejeton d'une union fatale !... une jeune fille que, sous un faux nom, on a placée dans un pensionnat de la rue Picpus...
Camille est devenue livide, ses yeux perdent toute leur hardiesse; elle les porte d'un air égaré autour d'elle en balbutiant :
— Une jeune fille... je ne sais pas... j'ignore tout cela... Voyons... expliquez-vous mieux ; le nom de ce pensionnat?
— Chez madame Hamelot.
— Le nom de l'enfant?
— Adrienne.
— Et celui de... sa mère?
— Celui qu'elle avait pris alors...
— Le nom de cette femme ?
La nécromancienne paraît hésiter un moment, puis dit enfin :
— Gertrude.
Camille se lève avec un mouvement de joie, en s'écriant :
— Ah! vous ne savez pas !
— Je voulais vous amener à cet aveu, reprend la sorcière avec un sourire amer; car pourquoi je viens de vous dire un nom au hasard. En effet, ce n'était pas Gertrude... c'était madame Delacroix.
Camille se laisse retomber sur son siège comme anéantie par ce

qu'elle vient d'entendre. Au bout de quelques instants, elle reprend :
— Qu'est devenue cette jeune fille?... existe-t-elle encore?
— Elle existe.
— Que fait-elle?
— Elle demande au ciel qu'il lui rende sa mère, qu'elle voudrait aimer, qu'elle voudrait voir accessible au remords... touchée par le repentir.

Camille fait un effort sur elle-même et s'écrie :
— Quelle histoire me contez-vous là!... je suis bien bonne de vous écouter. Finissons... je n'ai plus qu'une question à vous faire... tâchez que votre science vous mette à même de bien me répondre...
— Vous devez voir que ma science est grande, madame, et que vous pouvez avoir confiance en elle...
— Demain... deux jeunes filles vont entreprendre un petit voyage... quel en doit être le résultat?
— Attendez.

Ici la nécromancienne paraît se livrer de bonne foi à l'exercice de son état; elle essaie diverses expériences; elle fait fondre du plomb qu'elle jette ensuite dans un vase plein d'eau; puis elle examine avec une minutieuse attention les figures bizarres que ce métal vient de produire. Tout à coup les traits de cette femme prennent une expression de surprise, d'horreur; ses yeux s'animent, tout son corps frissonne; elle s'écrie d'une voix retentissante :
— Ah!... quels signes épouvantables... c'est affreux, c'est horrible! Madame, croyez-moi, empêchez ce voyage... ne laissez point partir ces jeunes filles...
— Que vous annonce donc le destin?...
— La mort... oui... oh! oh! tous les signes sont rassemblés... ils ne m'ont jamais menti... la mort...
— Mais après, dites-moi... que voyez-vous pour moi?
— Toujours les pronostics les plus affreux... pour vous, surtout... Ce voyage... les suites en sont effrayantes... croyez-moi, empêchez qu'il n'ait lieu... encore une fois, ne laissez pas ces jeunes filles s'éloigner... sinon... vous verserez des larmes de sang... entendez-vous, madame, vous aurez vous-même causé votre malheur... Au lieu de cela... attendez... Tenez, je vis là-bas une belle jeune fille qui vous tend les bras... qui vous supplie de ne point la repousser... de lui rendre sa mère... Cédez à ses vœux, à ses larmes... votre avenir pourrait encore changer... cela dépend de vous...

Camille se lève en s'écriant :
— Assez!... assez! je ne veux plus de vos pronostics, de vos prétendus sortilèges... je vous ai trop entendue... vous semblez chercher à répandre l'effroi dans mon âme! croyez vos paroles effrayantes pour les âmes faibles qui viennent vous consulter. . Tenez, voilà le prix de votre séance... faites ouvrir cette porte, que je sorte d'ici.

La nécromancienne se lève à son tour, en disant à Camille, d'un ton grave et profondément convaincu :
— Madame, vous ferez de mes prédictions ce qu'il vous conviendra. Vous y ajouterez foi, ou vous les mépriserez; mais, dans mon âme et conscience, je vous engage, si cela est en votre pouvoir, à ne point laisser ces deux jeunes filles se mettre en voyage, car je frémis encore en songeant à ce que vous réserve son l'avenir.

Camille ne répond rien. La nécromancienne pousse un ressort, la porte s'ouvre; Camille se hâte de s'élancer hors du cabinet de la sorcière; elle appelle Julie, qui s'était endormie, mais qui s'éveille à la voix de sa maîtresse; puis toutes deux s'éloignent et regagnent précipitamment la maison du banquier.

Quelques instants après, deux autres personnes, que le rideau rouge cachait, mais auxquelles il permettait de tout entendre, sortaient aussi de chez la nécromancienne, après l'avoir également récompensée.

XVIII. — LES BORDS DE LA MARNE.

Elvina a vu luire avec joie ce jour qui doit être témoin de son départ pour la campagne; tout est plaisir à seize ans, et la jeune fille possédait ce caractère heureux qui répand la gaieté et le bonheur autour de soi. Entreprendre un voyage de treize lieues, c'était pour elle aller à l'extrémité du monde; et puis n'avoir point de parents, point de domestiques avec soi, c'était encore une nouvelle liberté dont Elvina se promettait de profiter; elle avait répété cent fois à Emmeline :
— Nous ferons, route, tout ce que nous voudrons. On doit mettre des provisions dans la voiture, nous mangerons quand cela nous fera plaisir; nous baisserons les glaces des portières pour bien voir tous les pays que nous allons traverser... il faudra bien observer ce que nous apercevrons de curieux. Les voyages, cela instruit beaucoup, dit-on... il faudra montrer que nous avons mis le nôtre à profit... et puis, en arrivant à l'endroit où nous allons, nous pourrons écrire nos souvenirs, nos observations, afin de ne point les oublier.

Emmeline souriait aux discours, aux projets d'Elvina; mais elle ne partageait plus sa gaieté. Depuis qu'elle n'était plus avec sa mère, Emmeline tâchait quelquefois de sourire, mais elle ne riait plus comme autrefois.

Les deux jeunes filles avaient de bon matin terminé leur toilette de voyage; elles étaient toutes prêtes à partir, et déjà Elvina a dit vingt fois à Julie :
— Est-ce qu'on n'a pas mis les chevaux à la voiture? est-ce que nous ne partons pas bientôt?
— Pas encore, mademoiselle, on n'a pas attelé.
— A quoi pense le cocher?
— Il attend les ordres de madame votre mère. On ne fait plus rien maintenant sans sa permission.
— Alors il faut dire à maman que nous sommes toutes prêtes à partir.
— Elle le sait, mademoiselle; mais madame a répondu : Rien ne presse.
— Ah!... Et mon père... quand donc pourrons-nous lui dire adieu?
— Je ne sais pas, mademoiselle, je vais demander à madame...
— Est-ce que je ne puis pas entrer chez maman?... A coup sûr, je ne m'en irai pas sans l'avoir vue, sans l'avoir embrassée.
— Madame ne veut pas encore que l'on entre chez elle.

Elvina n'ose pas murmurer, mais Emmeline pense à la différence qui existe entre l'amour que lui porte sa mère et celui de Camille pour sa fille. La matinée s'écoulait. Elvina se mourait d'impatience. Emmeline, résignée à tout, présumait que leur voyage était différé. Enfin, sur le midi, on vient annoncer aux deux jeunes filles qu'elles peuvent aller dire adieu à leur père.

Le banquier était encore au lit; depuis la veille il ne se sentait pas si bien, et, exclusivement occupé de lui, des moindres changements qu'il remarquait dans sa santé, c'est à peine s'il lève les yeux sur ces deux charmantes filles qui viennent d'entrer dans son appartement, et s'approchent de son lit en marchant bien doucement.

Elvina murmure à voix basse :
— Nous venons vous dire adieu, mon père, avant de partir pour la campagne.
— Ah! c'est vous... Pourquoi Camille n'est-elle pas près de moi?... Qu'a-t-elle donc, aujourd'hui? elle ne reste pas un moment en repos dans ma chambre... elle ne fait qu'aller et venir... Tout à l'heure encore je lui ai dit que je ne voulais pas qu'elle me quittât... et elle n'est plus là, pourtant. Où est-elle?
— Probablement chez elle, mon père... ou peut-être, elle dispose quelque chose pour notre voyage.
— Ah! oui... Vous allez à ma nouvelle propriété... ne dévastez rien, surtout!
— Oh! soyez tranquille, nous serons bien raisonnables, n'est-ce pas, Emmeline?

Emmeline qui, suivant son habitude, se tenait derrière Elvina, répond timidement :
— Nous ferons en sorte que l'on n'ait aucun reproche à nous adresser.

La voix d'Emmeline, qui avait une extrême ressemblance avec celle de sa mère, semble avoir fait impression sur le banquier; il se soulève à demi, et fait signe à sa fille de s'approcher de son lit.

Emmeline avance qu'en tremblant; mais, à son grand étonnement, son père lui tend la main; elle se jette alors sur cette main qu'il lui présente et y dépose un baiser respectueux. Pour la première fois, avant qu'elle s'éloigne de lui, son père lui adresse comme un regard d'affection; puis, faisant signe aux jeunes filles de s'éloigner, laisse retomber sa tête sur l'oreiller, en murmurant :
— Bon voyage! bon voyage!

En sortant de chez leur père, Emmeline se rend seule au salon. Elvina va trouver sa mère; cette fois, enfin, elle peut arriver près d'elle. L'aspect de Camille avait alors quelque chose d'effrayant; cette femme, encore belle, semblait sortir du tombeau; son teint était blafard, ses lèvres décolorées, ses yeux mornes et fixes. A la vue de sa fille, elle éprouve comme un mouvement d'effroi; elle se remet bientôt et essaie de lui sourire. Mais malgré tous ses efforts pour chasser de son souvenir les prédictions de la nécromancienne, depuis la veille Camille n'a pas goûté un instant de repos; une vague terreur la domine; elle n'a point encore de remords, — cependant elle frémit à la pensée du crime horrible qu'elle va laisser commettre.

— Je viens t'embrasser, maman, dit Elvina en courant à sa mère. On me disait toujours que tu ne voulais pas qu'on entrât dans ta chambre; cette défense-là ne pouvait pas me regarder, n'est-ce pas?... Tu n'aurais pas laissé partir ta fille sans la voir?
— Non... non, sans doute... je t'attendais...
— Là, voyez, j'en étais sûre; que disait donc cette Julie!... Oh! je suis bien contente qu'elle ne vienne pas avec nous... Nous nous amuserons bien mieux, Emmeline et moi... elle nous aurait gênées.

Chaque fois que l'on prononce le nom d'Emmeline, Camille n'est pas maîtresse d'un mouvement nerveux qui fait jouer tous les muscles de son visage et donne à ses traits une expression satanique.

— As-tu bien tout ce qu'il te faut pour le voyage... N'auras-tu pas froid dans la voiture?

— Ne crains rien! il y a trop longtemps que je suis prête. Je croyais que nous serions parties plus tôt.

— Ah! c'est que... je voulais que tu visses ton père... Et... tu es donc bien pressée de me quitter, Elvina?

— Oh! je ne voudrais pas te quitter... mais puisque ce voyage pour la campagne est arrêté, et que tu ne peux pas venir avec nous, parce qu'il faut que tu restes près de mon père, alors... tu comprends... Ce doit être gentil de voyager le matin... et maintenant il est plus de midi... Cette pauvre Emmeline ne dit rien... mais je suis sûre qu'elle s'impatiente aussi... et...

— Partez... partez, alors... les chevaux sont mis. Allez, je ne vous retiens plus...

— Mon Dieu! comme tu me dis cela, maman! est-ce que cela te fâche à présent que j'aille à cette campagne?... Si cela te contrarie, nous resterons.

— Non... partez... adieu... Va-t-en... va... je t'ai déjà dit que la voiture vous attendait...

Elvina a embrassé sa mère, puis elle a couru rejoindre Emmeline. Quelques minutes après, le bruit d'une voiture qui sort de la maison retentit sur le pavé; alors Camille court à sa fenêtre qu'elle ouvre précipitamment... Un moment elle veut crier au cocher d'arrêter, mais, tandis qu'elle hésite, le coupé s'éloigne, elle se tait et se dit :

— Les prédictions de cette nécromancienne seront fausses... C'est ma fortune que j'assure... J'ignore par quel hasard elle a pu connaître des particularités de ma jeunesse... mais je n'ai rien avoué, je ne faiblirai pas, et son horoscope aura menti... Je ne suis pas veuve, dit-elle. Quelle absurdité! et depuis tant d'années Ludger n'aurait pas donné de ses nouvelles... n'aurait-il point reparu pour me demander ce que j'ai fait de sa fille. Oh! il est bien mort, je puis être t'accuser de ce côté, et le naufrage du bâtiment qu'il montait a été assez authentiquement constaté et reconnu pour que l'on ne me conteste pas le droit de me marier.

Dans cette même journée, deux hommes, l'un vêtu d'une blouse bleue et coiffé d'un grand chapeau dont les larges bords cachaient en partie son visage, l'autre ayant toujours sa blouse grise et sa casquette posée sur un œil, étaient arrivés dans la petite ville de Meaux.

Après s'être informés de la route qui conduisait à Germigny-l'Evêque, ils étaient entrés dans un cabaret qui se trouvait positivement à l'entrée du chemin qu'il fallait prendre et tout près de la place. Là ils s'étaient mis à une table d'où l'on voyait au loin sur la route et s'étaient fait servir à dîner.

Monvillars, que sa blouse et son chapeau déguisaient assez mal, mangeait peu et gardait le silence. Garguille, son compagnon, mangeait pour deux, buvait pour quatre et essayait quelquefois d'entamer la conversation.

— Vous ne prenez rien, monsieur?

— Je t'ai dit de m'appeler camarade.

— Oh! c'est juste. Eh bien! camarade, vous ne buvez pas?

— Qu'est-ce que cela te fait?...

— Oh! ma foi, rien! Je boirai pour vous et pour moi... Dans tout ça vous m'avez amené aujourd'hui de Paris ici... en voiture, c'est vrai; mais je pense que c'est pour y faire autre chose que boire et manger, et vous ne m'avez encore instruit de rien...

— Je te dirai ce que tu auras à faire quand il en sera temps... il n'est pas nécessaire que tu le saches d'avance.

— C'est différent. Vous êtes le maître, vous qui graissez joliment la patte... Vous avez vu aussi comme j'ai été exact avant-hier au soir près de la colonne de Juillet. J'étais au rendez-vous indiqué... soumis comme un barbet !... voilà ma devise... mais enfin...

— Tais-toi...

— Vous regardez votre montre... il doit être cinq heures passées. Je voudrais bien pouvoir consulter aussi une toquante. Mais, bah! après tout, les bijoux, c'est du luxe... et puis j'aurais peur d'être volé... Ah! ah! ah! elle est bonne, la blague!

Monvillars sortait du cabaret chaque fois qu'une voiture, venant dans la direction de Germigny-l'Evêque, se montrait se dirigeant du côté de Meaux. Enfin, sur les cinq heures et demie, on voit arriver au grand trot une petite voiture fermée et conduite par un paysan qui fait claquer son fouet avec fierté, afin d'attirer tous les regards sur lui, tout fier qu'il est d'être transformé en postillon.

— Ce doit être cela, se dit Monvillars en se plaçant contre un banc de pierre, après avoir fait signe à Garguille de rester dans le cabaret.

La voiture qui est en osier, assez propre et solide, s'arrête à peu de distance du cabaret. Le paysan descend, débride son cheval et lui met au cou un sac d'avoine; Monvillars, placé en face, entame la conversation.

— Il a l'air fatigué, votre cheval.

— C'est que je... venus bon train!... J'avais peur d'être en retard; mais je vois bien que j'arrive le premier...

— Vous venez de loin?

— De Germigny-l'Evêque... c'est-à-dire à dix minutes de là... la propriété des Hauts-Buissons.

— Ah! oui... je connais... qui vient d'être achetée dernièrement par un monsieur de Paris.

— C'est ça... et il paraît qu'il nous envoie du monde aujourd'hui; je dis nous. quoique je ne demeurions pas aux Buissons, moi; mais le jardinier est mon oncle, et j'y suis souvent, et c'est pourquoi il m'a chargé de venir ici avec la voiture... Voulez-vous avoir la complaisance de veiller un peu à mon cheval?... J'vas donner un coup de pied jusqu'à la place là-bas... voir si, par hasard, notre monde de Paris ne serait pas venu.

— Allez, allez... ne vous pressez pas! j'ai le temps

Le paysan court vers la place ; Monvillars reste à côté de la voiture, qu'il examine. C'est une espèce de demi-fortune, assez commune dans les campagnes et dont se servent souvent les médecins et les notaires de village. On ne peut tenir dedans que deux personnes, car il n'y a qu'une banquette; la personne qui conduit est entièrement séparée de celles qui sont dans la voiture. Monvillars a soin de s'assurer que les portières s'ouvrent facilement.

Le paysan revient en disant :

— Personne n'est encore arrivé... J'ai le temps de me reposer et de boire un coup...

— J'allais vous offrir de venir vous rafraîchir avec moi et mon camarade qui m'y attend.

— Vous êtes ben honnête! vous venez déjà de me rendre un service en gardant mon cheval, et c'est à moi de régaler...

— Bath! bath! ça ne vaut pas la peine... et puis d'ailleurs, si je vous ai rendu un service, vous pourriez peut-être bien m'en rendre un autre, vous?

— Comment donc ça?

— Venez vous rafraîchir, je vous dirai ça en buvant.

Les paysans, à quelque moment de la journée que vous les preniez, sont toujours disposés à boire. Celui qui a amené la voiture était un grand dadais qui ne paraissait pas avoir une forte dose de malice, il était extrêmement facile de lui faire dire le peu qu'il savait; il est bientôt attablé entre Monvillars et Garguille.

— Nous allons, moi et mon camarade, à Armentières, dit Monvillars en versant du vin au paysan. Est-ce que vous retournez ce soir à Germigny-l'Evêque, vous?

— Mais assurément, puisque je viens chercher des dames... ou des demoiselles... je ne sais pas ben au juste. . Elles doivent être deux. Elles viendront jusqu'ici dans une voiture de Paris, et puis, moi, je les mène à la propriété des Hauts-Buissons. Si vous allez à Armentières, vous suivrez la même route que nous... c'est tout près, c'est-à-dire, c'est une lieue plus loin.

— Oui, je le sais bien. C'est que nous sommes déjà pas mal fatigués, le camarade et moi... Nous sommes venus de Paris ici à pied !...

— Ah! mais dame! il y a une fameuse trotte... onze lieues, ni plus ni moins.

— Oui, père Garguille, il y a du tirage... ça fatigue les *guibolles*, c'est un fichu *trimar*.

Le paysan ouvre les yeux d'un air bête et ne répond rien, il se figure que monsieur à la casquette parle une langue étrangère; Monvillars allonge par-dessous la table un coup de pied à Garguille, puis dit :

— J'avais pensé à une chose... Comme vous allez du même côté que nous... si ça avait pu se faire... d'autant plus que votre cheval paraît solide.

— Hum! solide! il l'est... y a plus de froufrou que de fond!... c'est un fainéant qui se fatigue tout de suite... enfin c'est égal... je vous vois venir, vous voulez que je vous prenne avec moi pour aller jusqu'à Germigny-l'Evêque !

— Nous voulons... c'est-à-dire que si cela ne vous avait pas gêné, ça nous aurait bien rendu service, mais si ça ne se peut pas... dame! nous marcherons.

— On traînera son *boulet*, murmure Garguille, on *jaspinera* tout le long du chemin et on *pioncera* ferme en arrivant.

Monvillars fait un nouveau geste d'impatience. Le paysan boit, puis dit :

— Dame ! écoutez... s'il y a un moyen d'arranger les choses... moi, d'abord, je ne demande pas mieux... vu que vous me paraissez être tous deux de bons enfants.

— Oh ! bons *zigs*... *loupeurs* finis ! s'écrie Garguille.

— Dans l'intérieur de la voiture, vous comprenez qu'il n'y aurait pas. moyen !... Ce sont des demoiselles riches qui vont arriver... Je crois qu'il y a la fille du nouveau propriétaire des Hauts-Buissons, pas moyen de leur dire de se serrer pour l'un de vous...

— Oh ! par exemple ! nous n'avons jamais eu cette idée-là... mais la place du cocher est large... près de vous quelqu'un pourrait encore s'asseoir.

— Oui, une personne, c'est très-facile... mais pas deux, et vous êtes deux.

— Sans doute; mais si vous y consentez, l'autre pourrait se tenir derrière, il y a un marchepied.

— Ah ! oui, mais il faudra qu'il se tienne debout, celui-là, car il n'y a pas moyen de s'asseoir sur le marchepied... il n'est pas plus large que ma main... et ça couperait joliment le postérieur si on s'asseyait là-dessus, eh! eh! eh!...

— Ça ferait un croissant à la lune! dit Garguille en se mettant à rire avec le paysan.

— Voyez-vous, messieurs, c'est fait exprès; on n'a pas mis une planche là pour que les gamins ne puissent pas grimper derrière la voiture et s'y asseoir, comme c'est l'habitude.

— C'est très-bien vu, dit Monvillars; mais cela n'empêcherait pas mon camarade de monter là et de s'y tenir debout...

— Pourvu qu'il y ait des glands, des lanières, quelque chose à tenir par en haut.

— Il y a deux superbes bouts de cuir, parce que, lorsque l'ancienne propriétaire des Hauts-Buissons sortait dans cette voiture pour se promener dans les environs, elle faisait toujours monter par derrière on laquais, qui avait une livrée tout argentée...

— Eh bien! mon brave! pensez-vous alors que nous pourrons faire route ensemble!...

— Pourquoi pas? mais seulement faudra pas que les dames de Paris ne sachent... elles pourraient trouver ça mauvais... vous ne montrez qu'après qu'elles seront dans la voiture.

— D'ailleurs, m'est avis que pour peu qu'elles tardent encore à arriver, il nous faudra quand nous nous mettrons en route... voilà que sept heures approchent. — En effet... et le temps se gâte...

— Je vais donner un coup d'œil sur la place, savoir si personne n'est venu.

Le paysan quitte un moment le cabaret.

— Il me semble que les choses roulent à votre gré? dit Garguille, nous avons affaire à un gaillard qui ressemble beaucoup plus à une oie qu'à un aigle.

— Ce n'est pas une raison pour que tu parles argot devant lui.

— Mon Dieu! monsieur, soyez tranquille, il n'y comprendra rien; je gage qu'il croit que c'est de l'anglais... Nous allons donc aller en voiture?

— Tu le verras.

— Ah! c'est juste! vous n'aimez pas les bonbons qu'on appelle des *demandes* et des *réponses*.

Le paysan revient, la voiture de Paris n'est pas encore arrivée, mais il pense que son cheval a assez mangé et qu'il fera bien d'aller attendre sur la place, où on lui a dit de se trouver. Il va s'y tenir avec sa voiture. Lorsque les demoiselles qu'il doit conduire à Germigny-l'Evêque seront montées dedans, il repassera devant le cabaret, c'est son chemin, et là, il prendra ses deux nouvelles connaissances, qui auront soin de se tenir dans la rue pour qu'il n'ait pas besoin de s'arrêter longtemps.

Tout est bien convenu. Monvillars fait encore avaler deux verres de vin au paysan, qui commence à être très-rond, et monte sur la voiture qu'il conduit sur la place en faisant de nouveau claquer son fouet assez adroitement pour éborgner toutes les personnes qui auraient le malheur de passer près de lui.

Une demi-heure s'écoule encore. Monvillars paie la dépense faite dans le cabaret et va rôder du côté de la place. La nuit arrivait et on commençait à ne plus distinguer un pion noir. Une voiture élégante arrive par la route de Paris et va s'arrêter au milieu de la place.

Monvillars a reconnu le coupé de M. Riberpré, il se tient à l'écart. Le cocher aperçoit la voiture d'osier qui stationne un peu plus loin, il fait des signes au paysan, celui-ci y répond en faisant de nouveau claquer son fouet de toutes ses forces et en dirigeant son cheval vers le coupé.

— Vous arrivez ben tard, dit le paysan au cocher.

— Ah! écoutez donc, on ne fait pas onze lieues tout d'une traite; je me suis réparé à *Lagny*.

Quelques paroles suffisent pour convaincre les deux voyageuses que c'est bien l'homme qui doit les emmener. Elvina et Emmeline descendent du coupé pour remonter aussitôt dans la voiture de campagne qui les attendait. Puis le cocher et le paysan transportent des paquets, des cartons, tout ce bagage de jolis riens dont les femmes voudraient, lorsqu'elles voyagent, charger plusieurs fourgons. Lorsque tout est placé dans la voiture d'osier, le paysan remonte sur son siège et fouette son cheval. Mais en arrivant près du cabaret où il a bu, il arrête son cheval et descend, puis il s'approche d'une portière pour répondre à l'une des jeunes filles qui l'appelle.

— Il y a une lanterne dans cette voiture, dit Elvina au paysan, ne pourriez-vous pas l'allumer?... il fait nuit, et je n'aime pas l'obscurité, moi.

— Oui, mam'zelle, je vas vous allumer la lanterne... pourvu qu'elle veuille prendre, pourtant.

Monvillars, arrêté à quelques pas dans l'ombre, a remarqué de quel côté de la voiture Emmeline est placée. Le paysan passe près de lui en allant au cabaret allumer sa lanterne, et lui dit :

— Montez toujours sur le siège, à côté de moi... c'est pas la peine de se gêner! ce sont de toutes jeunes filles!... ça ne fatiguera pas trop mon cheval, et dites à votre camarade de grimper derrière.

Monvillars fait un signe à Garguille, celui-ci monte derrière la voiture en murmurant :

— Ça me connaît, ça... à Paris je ne vais jamais en voiture autrement.

Le paysan est revenu avec sa lanterne allumée, qu'il replace dans l'intérieur, vis-à-vis des voyageuses, puis il regrimpe sur son siège; Monvillars monte s'asseoir près de lui, et on part pour la propriété des Hauts-Buissons.

— Combien de lieues d'ici jusqu'à cette campagne? demande Monvillars au paysan.

— Une bonne lieue et demie... ben près de deux lieues... et il y a une côte un peu raide... quand on côtoye la Marne...

— Quand nous arriverons à la côte, nous descendrons, mon camarade et moi, pour ne pas trop éreinter votre cheval.

— Je veux ben, quoique après tout ce n'est pas mon cheval à moi.. c'est à mon oncle...

Pendant que le paysan parlait, Monvillars tâchait d'entendre si l'on causait dans la voiture. Parfois il distinguait la voix d'Elvina qui riait, mais bientôt il n'entendit plus rien.

Le paysan, dont la tête était alourdie par la boisson, paraissait résister au sommeil. De temps à autre il faisait claquer son fouet pour se dégourdir et stimuler son cheval qui, en effet, ne gardait pas longtemps une allure fringante et n'allait déjà plus qu'au trot fort modéré.

Il était nuit, mais le temps bien que froid était devenu plus beau. La lune essayait par moments de montrer son disque argenté que cachaient bientôt de gros nuages. La route que l'on suivait alors était pittoresque et peu fréquentée : c'était un chemin de traverse qui, au dire du paysan, était plus court et meilleur que la route ordinaire. Il était bordé sur la droite par des bois, sur la gauche par des prairies. On rencontrait fort peu d'habitations et pas un seul piéton.

Garguille avait commencé à siffler et à chanter, mais Monvillars, se tournant de son côté, lui avait fait signe de se taire, et l'homme à la casquette s'était mis alors à se tenir sur une jambe en marmottant :

— Si on croit que je suis bien ici!... une barre pour mettre mes pieds!... et on ne veut pas que je siffle!... Je vas attraper des durillons, c'est sûr!... Je ne voudrais pas aller comme ça jusqu'à Moscou!...

Monvillars qui, depuis quelque temps, n'entendait plus aucun bruit partir de l'intérieur de la voiture, se retourne et se hasarde à regarder au travers d'un carreau. Elvina et Emmeline étaient toutes deux endormies, et quoique la lanterne placée en dedans de la voiture ne jetât déjà plus qu'une lumière faible et vacillante, il a fort bien pu observer encore les deux jeunes filles.

On sortait alors du chemin de traverse et on était arrivé sur une route qui côtoyait la rivière. Le chemin commençait à monter. Le paysan laissait presque flotter les rênes que sa main tenait nonchalamment; à moitié endormi, il murmurait de temps à autre :

— Le cheval connaît son chemin!... oh! il connaît son chemin... et puis il n'y a pas de danger avec lui... c'est pas un animal ombrageux, on peut lui lâcher la bride sur le cou !

— Le chemin monte, dit Monvillars, je vais aller à pied avec mon camarade, seulement ne pressez pas votre bête... que nous ne soyons pas essoufflés pour vous suivre...

— Soyez donc tranquille, l'ami, nous allons monter ça au pas... en amateur... rien ne nous presse... Je vous promets que nous n'irons pas plus vite que vous.

Monvillars est descendu, il a fait signe à Garguille d'en faire autant, et bientôt tous deux marchent à dix pas en arrière de la voiture, qui s'avance lentement en suivant toujours les bords de la Marne, dont cet endroit le courant assez rapide remuait des flots que l'astre des nuits éclairait par moments, pour les laisser ensuite retomber dans une profonde obscurité.

— C'est maintenant, dit Monvillars à son compagnon, qu'il faut que tu gagnes le billet de cinq cents francs que je t'ai promis.

— Eh bien! parlez... voyons... où y est.

— Il y a dans cette voiture deux jeunes filles... il faut que tout à l'heure... il n'y en ait plus qu'une... comprends-tu?

— A moins d'être imbécile!... on en ôtera une de dedans la caisse...

— Ce sera facile. Elles dorment toutes deux. Le paysan de dessus son siège ne verra rien... d'ailleurs dans quelques instants il dormira aussi. Tu ouvriras la portière... tu prendras la personne doucement dans tes bras...

— Et puis... qu'en ferai-je?

Monvillars d'un signe de tête indique la rivière. Garguille fait un mouvement qui indique qu'il a compris, mais il se gratte l'oreille et murmure :

— Ça peut se faire... mais cinq cents francs pour ça... c'est pas assez... Je veux le double.

Monvillars qui, probablement, s'attendait à cette demande, fouille dans sa poche, sort un billet de cinq cents francs d'un petit portefeuille et le donne à Garguille en lui disant :

— L'autre quand tout sera fini.

Garguille saute sur le billet de banque, l'examine, le tâte, puis le fourre sous sa blouse en disant :

— C'est une affaire bâclée. Mais quelle est la jeune fille qu'il faut faire disparaître ?

— Celle qui est à droite de la voiture... à la droite du cocher... tu comprends bien... ne va pas te tromper.

— Oh! il n'y a pas de risque... nous v'là derrière la voiture, c'est à ma droite... la portière par là ?...

— C'est cela même...

— Je ne vois pas alors pourquoi je tarderais davantage...

— Attends! dit Monvillars en arrêtant Garguille qui se disposait déjà à se rapprocher de la voiture. Attends... en cet endroit, vois-tu comme la route nous a éloignés de la rivière ?

— C'est vrai.

— Tu aurais trop de chemin à faire avec ton fardeau... Plus loin... la route tourne... elle doit se rapprocher du bord de l'eau... Allons jusque-là... et puis ce paysan qui se dandine sur son siège sera tout à fait endormi.

— Soit. Quand vous voudrez, vous m'avertirez.

Et les deux hommes suivent silencieusement la voiture qui ne va plus qu'au pas. On croirait qu'en cet instant tout semble conspirer pour favoriser les affreux projets de Monvillars : le sommeil du cocher, la paresse du cheval, la route déserte que l'on suivait, puis à quelques pas, la Marne roulant ses flots sombres. C'était un moment solennel, et les deux misérables qui méditaient ce crime n'avaient que le ciel pour témoin.

On marche pendant près de vingt minutes encore ; enfin Monvillars murmure d'une voix brève :

— Va... va maintenant !

En quelques enjambées Garguille a rejoint la voiture, puis ouvert doucement la portière de droite ; les deux jeunes filles dormaient paisiblement. Garguille monte sur le marchepied, étend ses longs bras et saisit doucement celle des deux dormeuses qui est de son côté. La jeune fille ne s'est point éveillée. Chargé de ce fardeau, le misérable marche vers la rivière, il s'arrête sur le bord le plus à pic... bientôt un bruit sourd retentit... l'abîme s'est entr'ouvert... les flots se sont séparés.

Quelques instants plus tard on pouvait voir flotter sur l'eau comme des vêtements de femme qui, pendant quelques moments, semblèrent s'agiter... mais qui ne tardèrent point à disparaître entièrement sous les flots.

XIX. — LA LETTRE DU CONCIERGE.

Le dimanche soir, indiqué par Monvillars à Camille pour lui rendre compte de son voyage, cette femme attendait avec impatience que Riberpré se livrât au sommeil pour se rendre à la demeure de son amant.

Mais le banquier se sentait mieux qu'il n'avait été depuis plusieurs jours ; il était disposé à causer et non à dormir, bien que sa compagne en proie à une agitation, à une inquiétude qu'elle avait peine à cacher, laissât bien souvent tomber la conversation.

— Qu'avez-vous donc ce soir, ma chère Camille ? dit enfin le banquier surpris d'avoir répété deux fois la même question sans obtenir de réponse.

— Comment ?... quoi ?... mais je n'ai rien, mon ami... Qui vous fait présumer que j'ai quelque chose ?...

— C'est que voilà plusieurs fois que je vous demande si ces jeunes filles ont fait un bon voyage, et vous ne m'avez pas encore répondu...

— Oh ! pardon... en effet, je n'avais pas entendu... c'est la fatigue apparemment... malgré moi, je me ressens un peu de mes veilles près de vous... non pas que je m'en plaigne, mon ami... mais notre pauvre corps n'a pas toujours la même force que notre volonté.

— Vous ne répondez toujours pas à ma question.

— Mais c'est que... je ne sais, moi... Comment voulez-vous que je vous donne des nouvelles sur une chose que j'ignore ?

— Est-ce que ces demoiselles ne sont point parties dans le coupé ?

— Pardonnez-moi...

— N'est-ce pas le Jean, mon cocher, qui les a conduites ?

— Oui, oui... c'est le Jean.

— Eh bien ! depuis hier, il est revenu, je pense ?

— Ah ! sans doute... il était revenu cette nuit ; mais vous savez bien que le Jean n'a pas conduit ma fille et... sa compagne jusqu'à votre propriété des Hauts-Buissons.

— Je sais cela... moi ?...

— Ah !... en effet... j'avais oublié de vous le dire... comme de Meaux à Germigny-l'Évêque ce sont des chemins... difficiles... cela aurait tué vos chevaux déjà fatigués d'avoir fait onze lieues... j'ai écrit au concierge afin qu'il envoyât quelqu'un avec une voiture au-devant de ces demoiselles... à la campagne on a toujours des voitures pour cela... est-ce que j'ai eu tort ?

— Non... non... vous avez bien fait... cela aura ménagé mes chevaux... quoique depuis quelque temps je ne les fatigue guère !

— Tout s'est passé comme je l'avais ordonné. Le Jean a mené ces demoiselles jusqu'à Meaux ; là, elles ont monté dans une voiture qui les attendait... et elles sont reparties tout de suite pour... votre propriété... voilà ce que le Jean m'a dit. Quant à la fin du voyage... je ne puis pas vous dire... je n'en sais pas plus...

— Oh ! pour deux petites lieues qu'il restait encore à faire... cela n'est pas inquiétant...

— Vous ne vous sentez point envie de dormir, mon ami ?

— Mais non, pas encore !... Ah çà mais, on ne vient donc plus nous voir, je ne vois plus personne de mes bons amis... si assidus à mes grandes soirées.

— On est venu fort souvent s'inscrire pour avoir de vos nouvelles, mais vous comprenez que tant que vous avez été malade, j'ai fait défendre votre porte... c'était d'ailleurs l'ordre du médecin... Causer, cela fatigue !...

— Oui ; mais le monde, la société, cela distrait, cela amuse... et maintenant que ces jeunes filles sont parties... vous avez aussi besoin de vous récréer un peu, vous, Camille.

— Moi !... est-ce que je m'ennuie jamais près de vous !

Tout en disant cela, Camille portait avec impatience ses regards sur la pendule qui marquait près de onze heures, et sa main froissait avec rage son mouchoir ; puis elle se disait :

— Il ne s'endormira donc pas !

— Pauvre Emmeline ! murmure le banquier après un long intervalle de silence.

Camille se tourne brusquement vers lui, en disant d'un air où se peint l'effroi :

— Comment !... pourquoi pauvre Emmeline ?... qui vous fait dire cela ?... est-ce que vous savez, est-ce que vous penseriez qu'il lui est arrivé quelque malheur ?...

— Quelque malheur !... répond Riberpré... mais avez-vous oublié qu'elle vient de perdre sa mère... sa mère qu'elle aimait tant... dont elle ne voulait point se séparer... car je l'ai presque enlevée de force pour l'emmener avec moi !... on eût dit qu'elle devinait qu'elle ne devait pas la revoir... Dans quelque temps... quand son deuil sera expiré... je la marierai à M. Marcelay... je lui donnerai une dot... Oh ! ce jeune homme est riche... il n'est point intéressé... et d'ailleurs... plus tard... nous verrons...

Les yeux du banquier se ferment. Il vient de s'endormir.

— Enfin ! murmure Camille. Ah ! tu penses à ton Emmeline... tu t'occupes de son bonheur... Sainte-Lucie avait raison... il ne fallait point de demi-mesures... Cette fille se serait toujours placée entre Elvina et son père !...

Quelques instants après, Camille, qui n'avait plus besoin pour ses courses nocturnes de prendre autant de précautions qu'autrefois, montait dans un fiacre qui la conduisait chez son amant.

Monvillars était revenu à Paris dans la journée ; après avoir couché à Lagny, dans une auberge où il avait dépouillé la blouse bleue et repris le costume de l'homme du monde, il était rentré dans la capitale, cherchant, à force d'audace, à donner une expression calme et tranquille à sa physionomie, où, malgré tous les efforts qu'il faisait, il sentait cependant que le crime devait marquer ses empreintes.

A Lagny, Monvillars avait quitté Garguille ; ce misérable avait pris une autre route, nanti du prix de son forfait.

Dès qu'il se trouve avec Camille, Monvillars s'empresse de lui faire le détail de son voyage et de lui en apprendre le résultat. Cette femme, devenue familière avec le crime, éprouve cependant une invincible terreur en écoutant ce récit ; mais, surmontant ce qu'elle appelle sa faiblesse, elle balbutie :

— Quand Elvina sera éveillée... qu'aura-t-elle pensé en se trouvant seule dans la voiture ?

— Ceci ne nous regarde plus... qu'elle pense ce qu'elle voudra... qu'Emmeline s'est sauvée pour aller retrouver sa mère... dont elle ignorait la mort, ou qu'on l'a enlevée... que ces deux hommes qui suivaient la voiture, et dont le paysan ne manquera pas de parler, étaient des voleurs... ou des amants déguisés !...

— Mais nous allons probablement recevoir une lettre du concierge... qui nous annoncera cet étrange événement. Je suis même surprise que nous ne l'ayons pas encore reçue.

— Eh bien !... rien de tout cela ne pourra faire peser sur vous le moindre soupçon. Tous les obstacles à votre fortune sont détruits. Maintenant, songez qu'il faut que Riberpré vous épouse... que s'il venait à mourir avant de l'avoir fait... ce serait inutilement que j'aurais agi...

— Oui, oui, je le sais... oh ! il m'épousera... il ne peut plus se passer de moi... s'il hésitait, je menacerais de le quitter pour jamais...

— Et sa jalousie ?

— Il n'y songe plus... la maladie, en éteignant une partie de ses facultés, a détruit chez lui ses passions... J'ai sa santé, voilà tout... Dernièrement, il m'a même demandé si vous étiez venu savoir de ses nouvelles... Il s'ennuie... il craint qu'il n'en soit autant de moi, et que cela ne me donne le désir d'aller dans le monde. Quand je le voudrai, vous viendrez, il ne dira rien.

— Et cet Isidore Marcelay ?

— Il n'est pas encore de retour à Paris.
— Celui-là va jeter de grands cris, en apprenant tout ce qui s'est passé en son absence... Tâchez que votre contrat de mariage soit signé avant le retour de ce jeune homme. Une fois l'épouse de Riberpré, on ne pourra plus rien contre vous, mais encore une fois, hâtez-vous. Prenez pour prétexte le premier malaise qui lui prendra...

— Il me tarde autant qu'à vous que tout soit terminé... vous avez aplani les obstacles... je saurai achever votre ouvrage, afin de pouvoir reconnaître ce que vous avez fait pour moi.

Ces deux êtres si bien faits pour s'entendre s'étaient séparés sans cependant se donner aucun témoignage de tendresse ; tout préoccupés de leurs crimes et des résultats qu'ils en attendaient, ils se regardaient l'un l'autre avec une expression sinistre, et lorsqu'ils voulaient essayer de se sourire, ils ne parvenaient qu'à se faire mutuellement horreur.

Le lendemain dans la matinée, un domestique remet à Riberpré une lettre timbrée de Meaux, que le facteur vient d'apporter.

Camille était comme de coutume établie dans la chambre du banquier. Quoiqu'elle s'attendît à ce message, elle ne peut s'empêcher de frissonner, et une sueur froide inonde son visage au moment où la lettre est remise à Riberpré.

— Déjà des nouvelles de ces demoiselles ! dit le banquier en retournant la lettre dans sa main. Diable !... elles tiennent à nous apprendre qu'elles sont arrivées à bon port.

Puis jetant les yeux sur l'adresse :

— Mais ce n'est pas là l'écriture d'Elvina... il n'est pas possible non plus que soit celle d'Emmeline... Tenez, ma chère Camille, voyez donc... c'est quelque campagnard..... quelqu'un fort peu habitué à tenir la plume, qui a tracé ces caractères...

— Oui, en effet, murmure Camille, en examinant la lettre. Peut-être est-ce le concierge lui-même... quelle affreuse écriture !... Mon Dieu... cela m'effraye... pourquoi cet homme vous écrirait-il alors ?... il est donc arrivé quelque malheur... à ces jeunes filles ?

— Vous vous effrayez sans cesse !... c'est tout simplement cet homme qui me demande quelque chose... de l'argent peut-être ; ces gens-là trouvent toujours moyen de nous soutirer de l'argent pour des dépenses... des réparations imprévues... Voyons ce qu'il m'écrit.

Riberpré décachète la lettre et parvient non sans peine à lire l'écriture difforme de son concierge. Camille écoute, en retenant son haleine :

« Monsieur mon bourgeois,

« Je mets la main à la plume pour vous apprendre un événement « que je ne savons pas ce que ça veut dire... c'est pour ça que je « me presse, parce que ça vous regarde, et que je dois vous en in- « struire... »

— Que ces paysans sont assommants avec leur bavardage ! dit Riberpré en interrompant sa lecture. Camille avance une main tremblante pour prendre la lettre en disant :

— Laissez-moi vous épargner cette peine, mon ami ; je vais lire pour vous...

— Non... non... merci, cela me distrait, je vais continuer.

« Vous en instruire... Vous m'avez annoncé deux demoiselles et il « n'en est arrivé qu'une ici. »

— Qu'une ! s'écrie Camille.

— Attendez, ce concierge ne sait pas s'expliquer, sans doute.

« Cependant, mon neveu, qui avait été à Meaux avec la voiture, « a bien pris les deux demoiselles qui arrivaient de Paris ; elles « sont montées toutes deux dans la petite voiture que M. le maire « nous prête quand je la voulons. Mais quand on est arrivé à Hauts- « Buissons, il n'y avait dans la voiture qu'une jeune fille qui dor- « mait... »

— Ah ! mon Dieu !

— Voilà qui est bien extraordinaire, en effet. Laissez-moi donc achever ce griffonnage.

« Cette jeune fille « qui est la vôtre s'est « mise à pleurer en se « voyant seule, et a « demandé ce qu'était « devenue sa sœur... « Mon neveu, qui con- « duisait, n'y comprend « rien ; il ne s'est pas « arrêté en route. Seu- « lement il [a dit que « deux hommes sui- « vaient de loin sa voi- « ture quand il montait « la côte... Mais ce que « je tremble de vous « dire... et pourtant il « le faut bien... c'est « que j'ai appris que le « corps d'une jeune « fille qui s'est noyée a « été trouvé ce matin « dans la Marne, à une « demi-lieue d'ici... « J'ai caché cela à votre « fille qui a déjà tant « de chagrin que sa « sœur a disparu. J'at- « tends de vos nouvel- « les et suis avec res- « pect... »

La lettre est tombée des mains de Riberpré, tandis que Camille, après en avoir écouté la lecture jusqu'à la fin, s'écrie d'un air désolé :

— Ah ! pauvre fille !... malheureuse Emmeline !... je ne l'aimais pas... et cependant, je ne puis m'empêcher de me sentir bouleversée... Disparue... morte peut-être !... elle serait morte !...

Riberpré a relevé lentement la tête, et fixant Camille avec une expression singulière, dit :

— Comment donc pouvez-vous savoir que c'est Emmeline qui a disparu plutôt qu'Elvina ?... Cette lettre ne dit rien qui puisse nous fixer à cet égard.

Camille devient blême et baisse les yeux ; elle ne peut supporter les regards de Riberpré.

Au bout d'un moment elle balbutie :

— Mais c'est que... il me semble... mon Dieu... je ne sais, moi... on a quelquefois des pressentiments...et je ne puis croire... non , ce n'est pas mon Elvina qui a disparu... d'ailleurs si cette jeune fille s'est précipitée dans la rivière , ce ne peut être qu'un suicide... Qui vous dit que votre Emmeline n'a pas appris par quelqu'un la mort de sa mère... et qu'alors , dans son désespoir, elle n'ait pas voulu mettre fin à son existence... tandis que mon Elvina, si heureuse, si gaie... Oh ! vous le voyez bien , monsieur... ce qui se réunit pour me prouver que j'ai deviné juste... et ce n'est pas à Elvina qu'il peut être venu l'affreuse pensée de se détruire.

Riberpré a toujours regardé Camille , puis il reprend la lettre, la relit de nouveau et dit à demi-voix :

Et il frappe avec rage celle qui se débattait sous ses baisers.

— Rien… rien qui dise laquelle… Ma fille !… mais toutes deux étaient mes filles… et… devant les hommes… devant Dieu, peut-être… Emmeline seule avait le droit de porter ce titre… Quoi… en si peu de temps… elle et sa mère… oh ! oui… c'est elle qui est morte… ce ne peut être qu'elle en effet…

Le banquier, dont en ce moment l'esprit semble avoir retrouvé toute sa lucidité, laisse échapper de son sein un profond soupir, et levant de nouveau les yeux, rencontre le regard de Camille qui était alors attaché sur lui et semblait vouloir sonder ses pensées les plus secrètes. Ce regard était tellement effrayant, que Riberpré ne peut s'empêcher de dire :

— Mon Dieu !… comme vous me regardez, Camille !…

— Eh bien !… est-ce que vous ne voulez plus que je vous regarde ?

— Si… mais… dites-moi, il faudrait cependant avoir des détails plus précis que ceux renfermés dans cette lettre… Le concierge ne nomme pas celle de mes filles qui est arrivée à ma campagne, il faudrait lui écrire… et puis cette jeune fille noyée qu'on a retrouvée… il faut qu'il prenne des informations bien claires… que l'on sache enfin la vérité… Vous écrirez, n'est-ce pas, Camille ?…

— Oui, sans doute… aujourd'hui même… je vous le promets ; vous devez bien penser que mes inquiétudes sont au moins égales aux vôtres…

— Noyée !… noyée !… oh ! ce serait affreux cela !…

— Rien ne prouve encore que ce soit la même personne… mes conjectures peuvent être fausses… votre Emmeline avait un caractère romanesque… qui sait le motif de sa disparition !… Eh bien ! qu'avez-vous donc… votre figure change…

— Noyée ! elle aussi !…

— Remettez-vous, mon ami… tout ce que ce concierge nous écrit est peut-être… ne vous affectez pas ainsi… à… répondez-moi donc, mon ami… qu'avez-vous ?… vos yeux se troublent… O ! mon Dieu s'il allait déjà mourir.

Le banquier vient en effet d'éprouver une nouvelle attaque. Camille court aux sonnettes, elle crie, elle appelle, elle se lamente ; en un moment toute la maison est sur pied, le médecin averti, les secours prodigués. Grâce à la promptitude des soins donnés au malade, le médecin parvient à lui rendre l'usage de ses sens ; mais une atonie extrême, un abattement extraordinaire succèdent à cette crise. Pendant le reste du jour, Riberpré ne prononce pas un mot, et semble indifférent à tout ce qui se passe autour de lui.

Camille est en proie aux plus cruelles angoisses ; elle n'ose en ce moment parler au malade de ce qu'elle veut qu'il fasse pour elle, le médecin ayant déclaré que la plus légère émotion pouvait ramener une crise qui lui coûterait la vie ; et cependant si, au lieu de revenir à la santé, il restait dans cet état, elle ne posséderait donc jamais cette fortune pour laquelle elle a reculé devant aucun crime.

Huit jours s'écoulent, huit siècles pour Camille qui n'a pas quitté un moment le chevet du malade. Au bout de ce temps, Riberpré est mieux : il peut de nouveau quitter son lit et s'établir dans son grand fauteuil ; mais la crise qu'il vient d'essuyer paraît avoir derechef affaibli ses facultés morales, on dirait un homme qui n'a plus aucune volonté, aucune énergie, et qui ne doit opposer aucune résistance à ce que l'on voudra qu'il fasse ; il est arrivé à ce point où Camille pouvait le souhaiter.

Cependant, dès qu'il est en état de parler, Riberpré, faisant signe à Camille de s'approcher de lui, dit d'une voix affaiblie :

— Eh bien !… cette jeune fille… avez-vous écrit au concierge ?… avez-vous reçu d'autres nouvelles ? connaissez-vous enfin la vérité ?

Camille n'avait jamais eu l'intention d'écrire à Germigny-l'Évêque ; pour elle, la vérité était connue, elle n'avait nul besoin de solliciter des renseignements ; mais elle s'empresse de répondre au malade :

— Mes pressentiments ne m'avaient point trompée. Elvina seule est arrivée à votre propriété des Hauts-Buissons.

— Ainsi, vous aviez raison, balbutie Riberpré sans paraître très-ému, c'est Emmeline qui n'est plus… ne m'avez-vous pas dit cela… hein ? ou bien… l'ai-je rêvé ?

— Je ne vous ai rien affirmé. Quant à Emmeline, est-ce elle qui a cherché la mort dans les flots de la Marne, on n'a rien pu me certifier à cet égard… ce qu'il y a de positif, c'est qu'elle a disparu… Toute aux soins que réclamait votre état alarmant, et tranquille sur le sort de ma fille, vous devez comprendre, monsieur, que je n'ai pu m'occuper davantage de votre autre enfant.

Le ton presque dur avec lequel Camille vient de lui répondre et de l'appeler monsieur frappe le malade et lui cause plus d'émotion que ce qu'elle lui a appris ; il lève sur la femme qui est devant lui un regard presque craintif, en murmurant :

— Qu'avez-vous donc, Camille… Pourquoi me dites-vous mon-sieur ?

— Ce que j'ai ?… eh bien, je vais vous l'apprendre, car il paraît qu'il faut tout vous dire… que vous ne voulez rien deviner. Je vous ai depuis longtemps, je crois, donné des preuves de mon attachement… j'ai renoncé pour vous à toutes les jouissances du monde… depuis que vous êtes malade, plaisirs, repos, santé, je vous ai tout sacrifié… Mais je vois avec peine que vous êtes un ingrat… c'est à d'autres que vous pensez… ce sont des personnes que vous avez à peine connues qui vous occupent, qui ont votre tendresse… Et moi,… moi, que faites-vous pour moi ?…

Riberpré fixe ses yeux ternes sur Camille et balbutie :

— Comment… pourquoi me grondez-vous ?… qu'est-ce que j'ai fait ?…

— Si vous étiez mort dans cette dernière crise qui vous a pris il y a huit jours… que serais-je devenue, moi, monsieur, et ma pauvre Elvina… qui est bien votre fille aussi… mais que vous n'avez pas reconnue pour telle ?… Cela ne se pouvait quand vous étiez marié… c'est possible ; mais aujourd'hui vous êtes veuf, vous êtes libre ; et cependant que faites-vous pour nous deux ?… Rien… Ah ! je le répète, vous êtes un ingrat !

Le malade semble tout interdit, tout tremblant. Camille reprend :

— Si j'étais seule, si je n'avais point d'enfant, je ne vous fatiguerais pas de mes plaintes ; mais je dois songer à cette pauvre Elvina, à laquelle vous ne songez guère. C'est donc en son nom que je vous dis en ce moment qu'il est temps d'en finir.

— Finir… quoi ?… demande Riberpré d'un air presque hébété.

— Il faut m'épouser, monsieur ; m'entendez-vous enfin ?… Je veux être votre femme… je veux que, par un contrat bien en règle, vous assuriez à ma fille et à moi toute votre fortune… dans le cas où votre autre fille Emmeline serait morte, ce que j'ignore, mais ce qui peut être…

— Vous voulez… que je vous épouse ?…

— Il me semble que c'est assez naturel et que vous me devez bien cela.

— Oh ! oui… je ne dis pas… que je m'y refuse… mais nous avons le temps… quand je ne serai plus malade…

— Quand vous ne serez plus malade !… comme ce raisonnement prouve votre égoïsme… Si une nouvelle crise vous prenait… vous emportait… quel serait mon sort et celui d'Elvina ? Non, monsieur, encore une fois il faut en finir. Vous jouissez maintenant de toutes vos facultés, faites venir votre notaire, dictez-lui vos intentions… je veux que le contrat soit dressé dans trois jours… je veux que dans trois jours… je le signions tous deux… ainsi que les témoins qu'il nous plaira d'inviter à cette cérémonie. Ensuite, si vous êtes trop faible pour vous rendre à la mairie, eh bien ! nous obtiendrons que cette cérémonie se fasse ici… le lendemain de la signature du contrat.

Riberpré écoute tout cela comme quelqu'un qui n'est pas bien satisfait de ce qu'il entend. Lorsque Camille a cessé de parler, il hoche un peu la tête en disant :

— Je ne pense pas être si malade… qu'il faille tant se dépêcher… nous pouvons bien attendre… que je sois plus fort… Ce n'est pas bien de m'effrayer sur ma position.

— Vous attendrez alors tant qu'il vous plaira, monsieur ! s'écrie Camille en se levant, mais ce ne sera plus dans ma compagnie…

— Que voulez-vous donc faire ?

— Quitter cette maison… abandonner pour jamais un homme qui n'est pas digne de tous les sacrifices que je lui ai faits !

— Me quitter… moi… Oh ! vous ne ferez pas cela…

— Je le ferai aujourd'hui même. Mon parti est bien pris maintenant, rien ne saurait m'en faire changer.

— Camille ! vous voulez donc me laisser mourir !… car vous savez bien… que je ne puis pas me passer de vous !

— Vous ne voulez rien faire pour moi et ma fille… vous ne valez pas la peine que je vous sacrifie mon existence. Adieu, monsieur !

— Camille ! Camille !… restez… restez, de grâce… je ferai tout ce que vous voudrez.

— Vous enverrez dès aujourd'hui chercher votre notaire ?… vous lui dicterez le contrat tel que je le voudrai ?…

— Oui… oui… dès aujourd'hui, vous pouvez donner vos ordres pour cela.

— Ce contrat, nous le signerons dès qu'il sera dressé ?…

— Aussitôt que… vous le voudrez…

— J'inviterai pour témoins de mon mariage toutes les personnes qu'il me plaira d'avoir, et vous n'y trouverez rien à redire ?…

— Non… vous pouvez agir… vous êtes la maîtresse…

— Puis la cérémonie à la mairie aura lieu le plus tôt possible ?…

— C'est vous-même que cela regardera.

— A la bonne heure ! vous me prouvez enfin votre amitié ; vous avez droit à la mienne… et je vous consacrerai tous mes instants.

Riberpré n'a plus la force de répondre ; il laisse tomber sa tête sur le dos de son fauteuil, comme épuisé par les efforts qu'il vient de faire. Camille appelle Picard et lui ordonne de se rendre à l'instant même chez le notaire de son maître et de lui dire que celui-ci l'attend pour lui dicter un acte important.

Le lendemain, Monvillars reçoit de Camille un petit billet contenant ces mots :

« Le jour du triomphe approche enfin ; c'est après-demain, sur les trois heures de l'après-midi, que nous signons mon contrat de mariage avec… l'autre. Vous viendrez à cette cérémonie, je le veux. Il m'a donné le droit d'inviter qui bon me semblerait pour témoins, et il me plaît que vous soyez du nombre. D'ailleurs, cet homme n'est plus qu'une machine que je fais mouvoir à mon gré. Enfin !… enfin !… l'instant de recueillir et de jouir est donc arrivé !… Je en ferai revenir Elvina de la campagne qu'après que toutes les cérémonies seront terminées ; elle pourrait parler de... choses que je veux oublier. A bientôt, et ensuite avec toi le bonheur pour toujours. »

Monvillars brûle cette lettre en se disant :

— C'est bien... voilà pour la fortune... mais il me faut aussi la vengeance... et je ne quitterais pas la France si je devais y laisser Valérie heureuse avec... un autre.

XX. — SUITES D'UNE FAUTE.

La veille du jour fixé pour la signature du contrat de mariage de Camille avec Riberpré, Monvillars, plus sombre encore que de coutume, est sorti de chez lui, et, suivant son habitude, dirige ses pas du côté de la demeure de Valérie.

Quel était son espoir, son dessein, en se promenant souvent, pendant des heures entières, dans la rue de la Tour-d'Auvergne ? était-ce d'apercevoir Valérie sortir de chez elle et de suivre ses pas ou sa voiture ? peut-être lui-même ne savait-il pas bien ce qu'il voulait faire; mais il revenait là presque chaque jour passer de longues heures en observation près de cette maison dont on l'avait chassé, et jusqu'alors il en avait été pour ses promenades, car lady Willmore n'avait pas quitté sa demeure depuis qu'elle était revenue du bal donné par Fortincourt.

Mais il y a des sentiments que rien ne lasse, ne rebute, ne décourage ; ainsi Félicia avait souvent passé plusieurs heures de la nuit dans la rue pour apercevoir un instant l'homme qu'elle aimait toujours, et Monvillars en fait autant dans l'espérance de voir la femme pour laquelle il n'a plus que de la haine. C'est que dans cette passion violente qu'ils ont éprouvée tous deux, l'amour approche souvent de la haine, et dans la haine il y a quelquefois encore de l'amour.

Tout à coup les yeux de Monvillars s'illuminent, il vient d'apercevoir un homme sortir de l'hôtel habité par lady Willmore. Il presse le pas, l'atteint et reconnaît Fortincourt.

— Eh ! tiens ! c'est ce cher Sainte-Lucie ! dit l'ex-beau en se tournant vers Monvillars. Bonjour, mon bon... il y a un siècle que je ne vous ai vu ! Que devenez-vous donc ? vous négligez vos anciennes connaissances... c'est fort mal.

— Excusez-moi, mon cher Fortincourt... mais j'ai eu des affaires...

— Des affaires de bourse... Vous gagnez toujours de l'argent, vous ?... habile homme !

— Non... ce sont d'autres occupations...

— Je crois que je ne vous ai pas vu depuis mon bal... mon délicieux bal, qui a fini si tristement par la maladresse de ce monsieur étranger... M. de Krey... de Kra... je ne peux jamais me rappeler ce maudit nom-là.

— Avez-vous revu ce monsieur depuis ?

— Moi ! non vraiment, et je n'ai nulle envie de le revoir... Il avait un air grave... comme un juge d'instruction ! D'ailleurs, je n'aime pas ces gens qui se posent pour nous raconter des choses qui donnent aux dames des attaques de nerfs... Pauvre lady Willmore !... Vous rappelez-vous, mon cher, la mine qu'elle faisait sur mon parquet ?... si cela n'avait pas été triste, c'eût été extrêmement gentil !... Vous-même, mon cher ami, je me souviens que vous étiez alors pâle comme un fantôme !...

— Et lady Willmore... vous l'avez revue sans doute... il me semble que vous venez de vous voir sortir de son hôtel ?...

— Vous ne vous trompez pas, j'en sors... Vous pensez bien qu'après cette crise nerveuse qui lui prit chez moi, je me présentai le lendemain à sa demeure pour avoir de ses nouvelles. On me dit que madame était malade et ne recevait pas. Très-bien ; j'y retournai le lendemain, même réponse. J'y allai ainsi plusieurs jours de suite : même réponse. Le septième jour, elle allait mieux, mais elle ne recevait pas. Je me découragerai point. Des femmes il ne faut pas se rebuter... Oh ! diable ! si on se rebute... alors on est... Qu'est-ce que je disais donc ?... je ne m'en souviens plus...

— On ne voulait pas vous recevoir...

— Ah ! oui ; eh bien ! mon cher, aujourd'hui, enfin, j'ai été plus heureux, et j'ai reçu... Je viens de la voir...

— Ah ! vous l'avez vue ?...

— Pauvre petite femme ! c'est extraordinaire comme cette attaque de nerfs l'a rendue malade ; vous ne vous figurez pas comme elle est changée, en si peu de temps ! il paraît que cela l'affecte, car je l'ai trouvée fort triste, son humeur n'est plus la même. Malgré cela, elle est toujours ravissante. Je lui ai conseillé les eaux... les eaux de Baden-Baden... j'y allai cette année, la roulette, c'est très-bon pour la santé, la roulette, ça secoue, ça procure des émotions... et que faut-il aux femmes ?... pas autre chose.

— Mais enfin... de quoi donc lady Willmore vous a-t-elle entretenu ?...

— De quoi... c'est plutôt de qui !... Je vous avoue que cela m'a un peu piqué... et si j'étais jaloux, je pourrais croire... cependant ce n'est pas présumable...

— Que voulez-vous dire... de quoi donc vous a parlé cette dame ?...

— De ce jeune homme... Isidore Marcelay...

— Que vous disait-elle ?

— Elle paraît porter beaucoup d'intérêt à ce grand jeune homme. Je me demande pourquoi... car enfin, parce qu'un homme a quelques centimètres de plus en hauteur, ce n'est pas cela qui fait le mérite... Napoléon n'était pas grand... il était de ma taille... ou plutôt c'est moi qui étais de la sienne... Je suis persuadé qu'avec un petit chapeau à trois cornes et une redingote grise, j'aurais de son air par derrière.

— Ah ! Fortincourt ! achevez donc ce que vous me disiez...

— Qu'est-ce que je disais donc ?... ça ne fait rien... Ah ! oui... lady Willmore me disait : M. Marcelay est donc toujours absent ?... toujours près de son oncle ? Mais quand je lui ai répondu : Non, madame, il est de retour... Oh ! elle m'a fait le plus charmant sourire...

— Il est revenu, dites-vous... Isidore est revenu ?...

— Prenez garde, mon bon... vous me secouez le bras... ça me répond dans l'épaule...

— Comment savez-vous que M. Isidore est à Paris ?

— Parbleu ! parce que je l'ai rencontré ce matin même en me rendant chez vous ; il est à Paris depuis une heure seulement ; j'ai voulu lui demander des nouvelles de son oncle, de son voyage... mais il m'a quitté comme un ahuri... Encore un qui a l'air de penser à la lune quand on lui parle du soleil. Après cela, il était probablement très-pressé. Quand on revient de voyage, c'est excusable.

— Il est revenu... et cela a paru faire plaisir à... lady Willmore ?

— Oui, son teint s'est légèrement coloré en apprenant cette nouvelle...

— Qui donc lui avait dit que ce monsieur était absent de Paris... puisque depuis votre bal elle était malade et ne recevait pas ?...

— Tiens, au fait, c'est vrai. Qui donc avait pu lui dire cela ?... je n'avais pas encore fait cette réflexion ; et pourtant, moi, qui suis amoureux de cette dame, c'était à moi de le faire plutôt qu'à vous... je le suis tellement distrait. Tout en causant avec ma belle Anglo-Française je lui appris la grande nouvelle...

— Quelle grande nouvelle ?...

— Je présume que vous devez le savoir comme moi... vous, intime de la maison... Est-ce que vous n'êtes pas invité à signer aussi au contrat ?... Riberpré qui épouse... sa femme !... Ma foi, je vous avoue qu'en recevant cette invitation je suis resté tout sot... et vous ?

— Pourquoi donc... qu'y a-t-il de si surprenant ?

— Il y a que je croyais bien la belle Camille femme du banquier... tandis que ce n'était tout bonnement que sa maîtresse. Ce diable de Riberpré nous avait *floués* ! mais, au reste, c'est assez son habitude en affaires. Est-ce que vous saviez, vous, qu'ils n'étaient pas mariés ?

— Non... mais que m'importait après tout !

— Ah ! sans doute ; cependant, moi, j'aime assez à savoir à qui j'ai affaire, et j'ai remarqué, dans le monde, que les femmes qui font les plus bégueules... qui sont les moins indulgentes pour les autres, sont très-souvent celles dont la conduite a été plus que légère. Mais en prenant un air sévère et farouche, elles croient se couvrir d'une armure de vertu !... Ce n'est pas pour la belle Camille que je dis cela... elle n'était point farouche. Et c'est demain que l'on signe le contrat de mariage... Après cela, j'approuve Riberpré ; quand on a vécu aussi longtemps avec quelqu'un... quand on a un enfant, on fait bien de se marier... on s'en repent très-souvent après, mais on se dit : J'ai bien fait : on est malheureux, mais on est content. Les mœurs avant tout. Eh bien ! vous êtes invité à la cérémonie de demain, je parie ?

— Oui... oui... je viendrai prévenu... j'irai...

— Alors nous nous verrons... Il y a des gens qui auraient fait cela *in petto* entre eux... sans le dire à personne ; mais il paraît que la superbe Camille a à cœur qu'on sache bien qu'elle épouse le banquier... Eh ! c'est fort drôle. Venez-vous de mon côté, Sainte-Lucie ?

— Non, j'ai encore affaire dans le quartier.

— En ce cas, je vous quitte ; à demain, chez Riberpré... ça fera un pauvre marié. On dit qu'il est presque impotent... si c'est pour cela qu'il veut tant de témoins... Ah ! si je me marie, moi... quelle fête ! quelle ivresse !... quelle volupté !... quelle... Qu'est-ce que je disais donc ?...

— A demain !

— Ah ! oui, c'est juste ; à demain !

Fortincourt s'est éloigné ; il tardait à Monvillars d'être débarrassé de son cher ami, afin de retourner se placer en embuscade près de l'hôtel de Valérie. L'intérêt que la belle veuve porte à Isidore, les questions qu'elle a faites à Fortincourt à son sujet, la joie qu'elle a laissé paraître en apprenant que ce jeune homme était de retour à Paris, tout se réunit pour fortifier les soupçons, la jalousie de Monvillars ; il est persuadé que Valérie veut voir Isidore, et, puisqu'elle vient d'apprendre qu'il est de retour à Paris, il est prébable qu'elle ne tardera pas à lui envoyer ou un messager ou une lettre. De la part de Valérie cette démarche n'a rien qui puisse étonner Monvillars ; il sait qu'elle est du nombre de ces femmes qui, lorsqu'elles désirent une chose, mettent à leurs pieds toutes les convenances et n'ont point de cesse que ce désir ne soit satisfait.

Il y a plus de vingt minutes que Monvillars est de nouveau en observation, lorsqu'il aperçoit un domestique de lady Willmore sortir de l'hôtel, et, après avoir regardé l'adresse d'une lettre qu'il tient dans sa main, se mettre en route à pas précipités. Monvillars suit de loin le valet ; celui-ci prend le chemin qui mène à la demeure d'Isidore Marcelay : c'est bien chez lui qu'il se rend. Lorsqu'il entre dans la maison, Monvillars s'arrête à quelques pas ; le domestique de Valérie ne tarde pas à sortir et il s'éloigne d'un pas moins pressé cette fois.

Monvillars devine qu'Isidore n'est point chez lui ; car le valet n'a pas eu le temps de monter la lettre. Ce message est donc chez le concierge ; mais il faut à tout prix qu'il ait cette lettre, qu'il sache ce que Valérie peut écrire à Isidore Marcelay. Pendant quelque temps Monvillars se promène dans la rue, imaginant des expédients qu'il est ensuite forcé de rejeter ; enfin, il aperçoit contre une borne un jeune gamin à la figure fine et éveillée ; sur un signe qu'il lui fait, le jeune garçon est près de lui.

— Dix francs pour toi, lui dit Monvillars, si tu peux m'avoir une lettre qu'un valet vient, il n'y a qu'un moment, de porter dans cette maison... et qui est adressée à M. Isidore Marcelay.

— Ça ne sera pas long... attendez-moi là-bas, au coin.

Et le gamin se met à courir et entre bientôt dans la maison ; il ne tarde pas à en sortir, tenant à la main sa lettre qu'il apporte à Monvillars enchanté. Celui-ci s'écrie :

— Comment as-tu fait pour avoir cela ?

— Pardi ! c'est pas bien malin ; j'ai dit à la portière, qui a l'air d'une vieille sibylle : M. Isidore Marcelay, qui est au café, au coin, m'envoie chercher la lettre qu'un domestique vient d'apporter pour lui tout à l'heure... là-dessus la vieille m'a tout de suite donné le billet, en continuant de lire son feuilleton, qui paraît l'occuper beaucoup plus que sa loge.

Monvillars donne le double de ce qu'il avait promis ; le gamin s'éloigne en disant qu'il va *se pocharder*.

Possesseur de cette lettre, dont il brûle et tremble de connaître le contenu, Monvillars marche au hasard, cherchant des yeux un endroit où il pourrait, sans craindre d'être remarqué, lire le billet qui lui brûle la main. Enfin, il aperçoit une allée ouverte ; il entre, brise le cachet et lit ce qui suit :

« Vous allez être bien surpris, monsieur, en recevant une lettre de moi, de moi que vous connaissez à peine, que vous avez déjà oublié peut-être ; mais le but de ma lettre vous fera, je l'espère, pardonner l'inconvenance que je commets... Il y a des personnes pour lesquelles on éprouve sur-le-champ de la sympathie, de l'intérêt... vous êtes de ce nombre, monsieur, et c'est parce que je vous sens digne de cet intérêt que je veux vous éclairer, vous préserver de mille dangers, en vous faisant connaître un homme qui ose se dire votre ami... un homme à qui, dans votre confiance, vous ne craignez pas de serrer la main, tandis que si vous le connaissiez comme moi, vous reculeriez d'horreur à son aspect. Cet individu, qui se fait maintenant appeler Sainte-Lucie, est un misérable, un infâme que je veux démasquer aux yeux de la société... dussé-je attirer sur moi la vengeance de ce monstre... Il faut que je parle, je sens que c'est mon devoir. D'ailleurs, vous me protégerez, vous, monsieur, que l'on dit aussi brave que généreux ; vous ne me refuserez pas votre concours et votre appui. Mais pour que je vous laisse connaître toute la vérité, il faut que je vous dévoile aussi des secrets qui me concernent et dont l'aveu me sera bien pénible ; j'en aurai la force cependant, si vous daignez vous rendre à ma prière. Ce soir, entre neuf et dix heures, je vous attendrai chez moi, à l'adresse ci-dessous. Soyez assez bon pour ne point manquer à ce rendez-vous, et lorsque vous m'aurez entendue, vous comprendrez que je ne pouvais pas plus longtemps vous laisser ignorer quel est ce Sainte-Lucie. Mon concierge sera prévenu ; je ne serai visible que pour vous ; veuillez seulement vous nommer, et on vous introduira sur-le-champ près de moi. A ce soir, monsieur, je vous attends, et j'ose espérer que ce ne sera pas en vain.

« LADY WILLMORE. »

Monvillars relit plusieurs fois cette lettre, puis il la froisse convulsivement et la cache dans son sein en murmurant :

— Non, non, tu ne m'attendras pas en vain !

A dix heures moins un quart du soir, un homme, ayant son chapeau posé bien avant sur ses yeux et le corps enveloppé d'un large manteau, dont avec sa main droite il se cache une partie de la figure, sonne résolument à l'hôtel de lady Willmore, et, s'arrêtant devant le carreau du concierge, dit d'une voix haute :

— Je suis Isidore Marcelay ; votre maîtresse a dû donner des ordres pour qu'on m'introduise près d'elle.

— Très-bien, monsieur, répond le concierge en s'inclinant devant cet homme qui ne laisse voir que le bout de son nez. Si vous voulez bien monter... je vais avoir l'honneur de vous conduire...

Le concierge est sorti de sa loge, il monte un escalier ; Monvillars le suit de loin : sur le palier du premier étage paraît la femme de chambre qui a entendu sonner.

— C'est le monsieur que madame attend, dit le concierge, M. Isidore Marcelay.

— C'est bien, dit la femme de chambre, je vais introduire monsieur ; vous pouvez retourner à votre loge.

Le concierge redescend en s'inclinant de nouveau, lorsqu'il passe devant Monvillars. Celui-ci se cache toujours la figure avec son manteau pour suivre la femme de chambre. Cette fille lui fait traverser une antichambre, puis un salon, puis une bibliothèque, avant d'arriver enfin au boudoir dans lequel attendait sa maîtresse. Monvillars a remarqué ce grand nombre de pièces qu'il lui a fallu traverser avant de pénétrer jusqu'à Valérie.

Enfin la femme de chambre a ouvert une porte et annonce : M. Isidore Marcelay, puis elle recule pour laisser passer Monvillars. Celui-ci, pour pénétrer dans le boudoir, que cette fille en soit sortie ; il entre alors, cache encore plus son visage et se retourne presque aussitôt pour fermer la porte derrière lui. Il a soin d'employer à cela un peu de temps pour laisser la suivante s'éloigner. Il écoute le bruit de ses pas se perdre dans les appartements.

Le boudoir, dans lequel se tenait assez habituellement Valérie, n'était éclairé que faiblement par un globe dépoli suspendu au plafond. La jeune femme, toujours souffrante, était à demi étendue sur une causeuse. Elle s'était levée cependant pour recevoir la personne qui arrivait et qu'elle attendait avec impatience ; surprise du soin avec lequel celui qu'elle croit être Isidore s'enveloppe et se cache dans son manteau, elle lui montre cependant un siège, en lui disant :

— Veuillez vous asseoir, monsieur, et recevoir d'avance mes remerciements... je craignais, je l'avoue, que vous ne vinssiez pas... et j'en aurais été au désespoir... Cependant je conçois que vous devez avoir tant de personnes à voir... de retour à Paris depuis peu...

Sans dire un seul mot, Monvillars, au lieu de se placer sur le siège qu'on lui présente, est allé se mettre entre Valérie et les cordons de sonnettes qu'il a vus au-dessus de la cheminée.

Surprise du silence que garde la personne qui vient d'arriver, et ne concevant rien à cette bizarrerie qui lui fait dans son boudoir conserver son manteau et s'en cacher le visage, Valérie commence à considérer plus attentivement l'homme qui est devant elle ; et pendant qu'elle se livre à cet examen, elle sent comme un sentiment d'effroi se glisser dans son cœur.

Mais cet effroi devient plus grand lorsqu'elle voit cet homme silencieux se précipiter tout à coup sur les deux cordons de sonnettes et les couper avec un poignard.

Avant qu'elle ait eu le temps de lui demander ce que signifie cette action, Monvillars a laissé tomber son manteau, a jeté au loin son chapeau et s'est tourné vers Valérie, en lui disant avec un sinistre sourire : — Ce n'est pas moi que tu attendais... hein ?

Valérie a fait un mouvement pour se lever... elle n'en a pas eu la force, elle est retombée sur la causeuse, blanche comme une morte, sans voix, et incapable de faire un mouvement.

— Vous deviez bien penser cependant que vous me reverriez quelque jour ! reprend Monvillars après avoir été donner un tour de clef à la porte ; puis s'étant assuré que le boudoir n'a point d'autre issue, il revient se placer devant Valérie, croisant ses bras sur sa poitrine, la regardant quelques instants d'un œil où brille une joie féroce, en murmurant :

— Tu ne me feras pas chasser aujourd'hui !... Oh ! non... pas moyen... Tu es bien en ma puissance, regarde... Tous les cordons de sonnettes sont coupés... et tu viens de fermer cette porte à double tour... et tu tentais d'appeler, de crier, j'étoufferais ta voix... Ah !... tu m'as fait chasser... et tu as cru échapper à ma vengeance... Ah !... tu m'as fait jeter à la porte de cet hôtel... tu as défendu à tes gens de me laisser jamais remettre le pied dans cette maison... eh bien ! m'y voilà pourtant !... Faible créature qui a voulu lutter avec moi... qui a cru que l'or pourrait m'écraser !... Oh ! non... c'est moi qui disposerai de ta prière, qui te verrai tout à l'heure suppliante à mes pieds... et qui serai à mon tour sans pitié pour toi !

Valérie ne prononce pas un mot. Soit terreur, soit qu'elle ne veuille pas s'abaisser à la prière, elle a écouté Monvillars sans faire un mouvement, sans jeter un cri. Celui-ci tire de son sein la lettre adressée à Isidore, et la lui montre en s'écriant :

— Tiens, voilà le billet que tu écrivais à cet homme que tu attendais ce soir... à cet Isidore qui te plaît... que tu aimes... Oh ! oui, tu l'aimes ; j'ai lu ce sentiment dans tes yeux ; et non contente de me repousser, d'en aimer un autre, tu veux encore me perdre... me démasquer aux yeux de la société... car il y a cela dans ta lettre... tu nieras pas ce que tu as écrit... tu m'y traites de misérable, d'infâme !...

— Ce n'est pas assez, dit Valérie en relevant la tête avec fierté et jetant sur Monvillars des regards remplis d'horreur. Non, ce n'est pas assez... car je devrais vous traiter d'assassin !...

— Malheureuse !

— Oui, assassin !... et je connais maintenant toute l'infamie de votre conduite... ce n'est point en duel que vous avez tué le major Giroval... vous l'avez assassiné... Ah ! je ne m'étonne pas si son ombre sanglante venait dans tous mes songes me demander vengeance !... Grand Dieu ! je fus bien coupable sans doute en abandonnant mon époux... mais vivre avec son assassin ! J'aurais dû le deviner cependant ! Les voleurs, les escrocs sont toujours des lâches... Celui qui avait renié... qui avait repoussé son père ne pouvait avoir loyalement combattu un vieux soldat.

— Tais-toi, Valérie, tais-toi... prends garde d'augmenter ma haine.

— Croyez-vous donc que cela... songez que rien ne pourrait vous soustraire à ma fureur... que personne ne viendra à votre aide... Ah ! ne dites pas que vous ne m'avez jamais aimé... Tenez... malgré tous vos dédains... vos mépris... je serais capable ; moi, de vous aimer encore. Vous me reprochez mes crimes... c'est pour vous que je les ai commis... Pour vous posséder, il fallait de l'argent ; pour vous enlever, pour vous procurer tous ces plaisirs dont vous étiez idolâtre, je n'avais point de fortune... j'appris à me la rendre favorable. C'est presque toujours pour des femmes que les hommes deviennent criminels, parce qu'il faut à ces femmes des diamants, des voitures, des cachemires... et qu'elles mettent leurs faveurs à ce prix, sans s'inquiéter des moyens que l'on emploiera pour se les procurer... Quant au major... c'est lui qui a cherché son sort. Après ce que j'avais déjà fait, je ne voulais plus risquer de vous perdre... je ne voulais plus confier votre possession aux chances d'un combat... et aujourd'hui vous me reprochez mes crimes !... lorsque c'est vous qui m'avez indignement trahi, abandonné !... Mais c'est assez... Tenez, je ne sais quel pouvoir vous exercez sur moi... Je sens que je puis encore oublier tout ce qui s'est passé... oui... si tu le veux, Valérie, je puis encore tomber à tes genoux... ne me repousse plus... cède à mon amour... rends-moi cette femme que j'aimais tant... et que j'aime toujours...

Monvillars est revenu près de Valérie ; il attache sur elle des regards qui lancent des flammes, il avance des bras pour l'enlacer... elle se dégage et le repousse avec un geste d'horreur, en s'écriant :

— Ne m'approchez pas, misérable..... je vous hais . je vois enfin...

— Valérie, il faut me céder...

— Mon Dieu ! et personne ne viendra à mon secours...

— Tu penses à cet Isidore... tu l'aimes, lui.

— Oui... oui... je l'aime... Laissez-moi... lâche assassin !

— Tu seras à moi...

— Plutôt la mort...

— Eh bien...

Monvillars n'achève pas sa phrase, sa main a déjà saisi un poignard qu'il portait sous son gilet, et il frappe avec rage celle qui se débattait sous ses baisers.

Valérie est tombée à ses pieds, elle n'a jeté qu'un faible cri, et n'a murmuré que ces mots :

— Mon Dieu ! c'est mon châtiment !

Monvillars demeure plusieurs minutes immobile devant ce corps sanglant étendu à ses pieds ; enfin il se baisse et porte la main sur le cœur de sa victime ; mais ce cœur ne bat plus, l'infortunée a cessé de vivre. Alors, s'apercevant qu'il a du sang sur ses vêtements, il se hâte de prendre son manteau, de s'envelopper dedans, puis il ouvre la porte du boudoir, traverse avec précipitation les appartements, arrive à l'escalier sans avoir rencontré personne, et se trouve bientôt hors de l'hôtel.

XXI. — LA SIGNATURE DU CONTRAT.

Tout avait été disposé chez le banquier pour la cérémonie qui allait avoir lieu, et à laquelle Camille avait convié un grand nombre de témoins, parce qu'il était dans le caractère de cette femme de voir un triomphe là où d'autres n'auraient vu que l'aveu de la fausse position dans laquelle elle avait si longtemps vécu. Comme la signature du contrat devait être suivie d'un fort bon dîner auquel, naturellement, les témoins étaient invités, presque tous avaient répondu avec empressement à cette invitation.

Sur les trois heures, le superbe salon de M. Riberpré commence à se remplir de monde, mais on n'y voit que des hommes ; Camille a dédaigné la présence des dames, ou peut-être a-t-elle pensé que celles-ci pouvaient craindre de se compromettre en venant chez Riberpré avant que toutes les formalités de son mariage fussent entièrement remplies ; et puis, les femmes se connaissent : elles se savent généralement portées à la médisance, à la moquerie, au persiflage ; en n'ayant que des hommes, il y avait moins à craindre de ces petits mots piquants qui déchirent en ayant l'air de flatter.

Parmi les hommes qui se trouvent réunis dans le salon, on aperçoit le beau Jules de Savignon, le vieux M. Serinet, puis le lion Fortincourt, qui a l'air d'être dans un corset d'acier.

— Bonjour, cher ami, dit ce dernier, en allant serrer la main du beau Savignon ; enchanté de vous voir... Eh bien ! voilà une cérémonie à laquelle nous ne nous attendions pas il y a quelque temps, n'est-ce pas, messieurs ?...

— Moi, dit M. Serinet, j'avais toujours eu quelques soupçons... quelques idées que Riberpré n'était pas marié !

— Bah ! et à quoi donc pouviez-vous deviner cela, monsieur Serinet ?

— C'est que le banquier avait toujours l'air amoureux de sa dame...

— Ah ! ah ! que c'est méchant cela !... il est très-mordant, M. Serinet... on voit bien qu'il est célibataire... Ma foi, messieurs, que l'on fasse tant qu'on voudra des plaisanteries sur le mariage... je crois que je ne tarderai pas à m'enrôler dans le régiment...

— Vous, Fortincourt... et contre qui vous marierez-vous ?

— Contre qui est charmant ! j'aime beaucoup son contre qui ! diable de Savignon ! il a toujours comme ça des mots drôles... Moi, quand je veux me les rappeler... C'est singulier !... qu'est-ce que je disais donc ?... je ne m'en souviens plus.

— Moi, reprend le beau Jules, je dis qu'il n'y a pas une seule dame ici, et ce n'est pas amusant... Pourquoi donc n'avoir invité que des hommes ? nous avons l'air d'être réunis pour un enterrement.

— Si le marié vous entendait, il pourrait prendre cela pour une personnalité. On assure qu'il file un vilain coton, le pauvre cher homme !

— Il croit peut-être que le mariage le remettra.

— C'est possible ; d'abord il n'y a pas de doute que cela le rendra plus sage avec la belle Camille... et c'est une gaillarde qui a l'air de ne point bouder !...

— Ah ! messieurs !...

— Eh bien ? qu'est-ce qu'il y a donc, Fortincourt ? nous n'avons pas besoin de nous gêner pour parler ici.

— Messieurs, dit le vieux Serinet, j'ai entendu dire à une femme de beaucoup d'esprit, que, dans le mariage, il n'y a que deux beaux jours : celui où l'on se prend et celui où l'on se quitte.

— Mon cher monsieur Serinet, j'ai déjà lu cela vingt fois au moins ; au reste, ce mot-là pourrait s'appliquer à toutes les liaisons galantes, et plus justement même, car les amants se prennent et se quittent à leur gré, tandis que les époux se séparent, mais n'en sont pas moins toujours liés l'un à l'autre... Pourquoi donc ne voyons-nous pas la charmante Elvina ?

— Elle est à la campagne. Entre nous, il est plus convenable qu'elle n'assiste pas à cette cérémonie... Son père et sa mère qui se marient... Quelle figure voulez-vous que fasse une grande demoiselle de quinze ans pendant ce temps-là ? Si c'était un petit moutard de trois ou quatre ans, passe ! . . on lui mettrait une couronne de roses sur la tête, il représenterait l'Amour.

— Vous ne voyez pas Sainte-Lucie... il m'a pourtant dit hier qu'il était invité, et qu'il viendrait.

— Attention, messieurs, voici les mariés !...

Riberpré entre dans le salon en s'appuyant sur le bras de Camille. Celle-ci est resplendissante : une toilette de la plus complète élégance, des diamants parsemés dans sa coiffure, un collier, des bracelets de la plus grande magnificence, relèvent encore sa mâle beauté, et lui donnent l'aspect d'une reine.

Ce n'est point une mariée timide qui se présente les yeux baissés, la démarche modeste, l'air embarrassé ; c'est une femme qui veut jouir de son triomphe, et qui semble dire à tous ceux qui l'entourent :

— Maintenant c'est moi seule qui gouverne, qui commande ici !...

Le banquier n'est plus au contraire que l'ombre de lui-même : pâle, chancelant, vieilli, c'est avec peine qu'il marche, ou plutôt se traîne en s'appuyant sur le bras de Camille et sur sa canne. Ses yeux éteints s'efforcent en vain de s'animer en recevant les compliments que viennent lui adresser les invités, il ne trouve à répondre que quelques mots sans suite, et se hâte de gagner le fauteuil qu'on lui avance et dans lequel il tombe plutôt qu'il ne s'assied.

Camille reçoit avec de gracieux sourires, et d'un air presque orgueilleux, les compliments assez déplacés que quelques personnes croient devoir lui faire. Cependant tout en tâchant de répondre gracieusement aux hommages qu'on lui adresse, ses regards se promènent dans le salon et y cherchent celui qu'elle comptait y trouver ; son espérance déçue ne se laisse voir que par un léger pincement des lèvres et un rapprochement de ses sourcils.

Mais le notaire n'est point encore arrivé, et des conversations particulières s'engagent avant que l'on s'occupe de l'affaire pour laquelle on est réuni.

— Est-ce que c'est amusant, la lecture d'un contrat ? dit un petit jeune homme à M. Serinet.

— A peu près autant que la lecture d'une tragédie dans une société de bas-bleus. Seulement, c'est moins long ; et puis j'aime à croire que l'on nous fera grâce de tous les détails de douaires, d'avantages, de préciput !... Qu'est-ce que tout cela nous fait ? ce monsieur et cette dame se marient, et ils veulent que nous leur fassions l'honneur de signer à leur contrat... voilà tout !

— Ah! voilà ce cher Sainte-Lucie ! s'écrie Fortincourt, en allant au-devant de Monvillars, qui vient d'entrer dans le salon. Bonjour, cher ami... Dieu! comme vous êtes pâle ! auriez-vous été indisposé depuis hier?

Monvillars a la figure blafarde, les yeux caves, l'air sombre; ses regards, et cette promène sans cesse autour de lui sans les fixer nulle part, ont une expression sinistre qu'il cherche en vain à dissimuler en s'efforçant de sourire. Les paroles que lui adresse Fortincourt semblent peu le flatter. Cependant il se hâte de répondre en affectant un ton léger.

— Moi, indisposé !... non, vraiment, je ne me suis jamais si bien porté... vous y voyez mal, mon pauvre Fortincourt, je crois qu'il serait temps que vous prissiez des lunettes.

Fortincourt, qui trouve cette réponse d'assez mauvais goût, retire la main qu'il avait avancée pour prendre celle de Monvillars, et se retourne vers le beau Savignon, en disant :

— Il paraît que Sainte-Lucie est vexé de ce que je lui ai dit qu'il était pâle... mais regardez-le donc, messieurs... est-ce là un visage pour venir à un mariage? il aurait tué son père et sa mère qu'il n'aurait pas une autre figure.

Camille vient d'apercevoir Monvillars, et aussitôt son front s'est éclairci. Monvillars va saluer respectueusement les futurs époux. Camille lui adresse un sourire éloquent; Riberpré répond au salut de Monvillars comme à tous ceux qu'il a déjà reçus. On voit que la présence de ce jeune homme ne produit plus aucune émotion sur ses sens éteints.

Tout le monde était arrivé, excepté le notaire; il paraît enfin et s'excuse de s'être fait attendre en disant d'un air préoccupé :

— J'ai été retenu par quelqu'un qui m'apprenait une nouvelle si extraordinaire... un événement si horrible. Je ne puis encore y ajouter foi... et pourtant, malgré moi, j'ai voulu entendre, écouter...

— Qu'est-ce donc?...

— Quel est cet événement? s'écrie-t-on de toutes parts.

Le notaire va déposer sur une table les actes qu'il apporte, s'essuie le front, puis se tourne vers la société :

— Vous connaissez tous, messieurs, lady Willmore... cette jolie veuve d'un riche Anglais... elle venait souvent chez M. Riberpré... n'est-il pas vrai, madame ?

— Oui, dit Camille, elle était fort assidue à nos réunions... Eh bien?

— Eh bien, quelqu'un que je viens de rencontrer m'assure qu'elle est morte... qu'elle a été assassinée hier dans son hôtel !...

Une expression de stupéfaction, de chagrin, se peint sur tous les visages. Monvillars devient livide, ses yeux prennent une fixité effrayante, il se laisse tomber sur son siège. Camille, qui a jeté un regard sur lui, paraît vivement émue de l'état dans lequel elle le voit.

Mai-Fortincourt s'écrie bientôt :

— Comment peut-on faire courir des bruits semblables !... mais c'est absurde... D'abord je vous dirai que j'ai vu hier lady Willmore, j'ai eu l'avantage de lui faire une visite assez tard dans la journée ; je puis vous assurer qu'elle se portait très-b n...

— Cela ne prouverait rien, si elle a été assassinée.

— Oh ! quelle histoire !... est-ce que cela tombe sous le sens ?... est-ce qu'on tue de si jolies femmes ?... fi donc, je trouve la plaisanterie de bien mauvais goût! Qui est-ce qui vous a dit cela, monsieur le notaire?

— C'est M. Mondervieux..

— Ah! Mondervieux! je le connais... c'est un Gascon !... quelle lourde !... Et l'assassin était-il pris, au moins ?...

— Non... mais on le connaît... on sait qui a fait ce crime.

Monvillars se cramponne avec terreur aux bras de son fauteuil. Camille a toujours les yeux sur lui.

— Eh bien! voyons, monsieur le notaire, quel est l'auteur de cet infâme attentat ?... est-ce que nous le connaissons aussi par hasard ?

— Mais... oui... ce serait quelqu'un... qui venait chez M. Riberpré...

— Oh! délicieux ! de plus fort en plus fort.

— Messieurs, dit le beau Savignon, prenons garde, le coupable est peut-être parmi nous, il faudrait faire fermer les portes.

— Nommez donc... nommez donc...

— Ma foi, messieurs, je ne sais si je dois... Cependant, comme cela me paraît aussi tout à fait hors de vraisemblance... je vais vous achever l'histoire que m'a faite M. Mondervieux. Le criminel serait M. Isidore Marcelay.

Les éclats de rire partent de toutes parts et Fortincourt est un de ceux qui en donnent le plus, tout en disant :

— Ce pauvre M. Isidore... il ne se doute guère, je gage, du crime qu'on lui impute.

— Un si aimable garçon, dit M. Serinet... le choix du coupable n'est pas heureux.

— Comme il y a des gens qui aiment à inventer des horreurs !.. Ce M. Mondervieux aurait dû se faire journaliste!...

— C'est égal, répond Fortincourt, en sortant d'ici j'irai voir lady Willmore et je la ferai bien rire avec cette histoire.

— Messieurs, dit Camille, que cette conversation paraît avoir vivement émue et qui a hâte de la faire cesser, il me semble que nous sommes maintenant tous réunis et que monsieur le notaire pourrait commencer la lecture du contrat...

Cette invitation était un ordre. Le notaire s'empresse de prendre place devant une table où il a déjà déposé les actes qu'il vient d'apporter ; chacun s'assied, les conversations cessent; on fait silence pour écouter le fonctionnaire public.

Le notaire a fait la lecture du contrat, à laquelle, comme d'habitude, hormis les personnes intéressées, toutes les autres ont prêté fort peu d'attention, mais il est arrivé à cette formule ordinaire :

— Il ne reste plus qu'à signer. A ce moment, la porte du salon s'ouvre vivement, et Ludger de Clairefontaine paraît au milieu de l'assemblée.

Le nouveau venu, vers lequel tous les yeux se sont tournés, s'avance gravement au milieu du salon où il s'arrête, en disant d'une voix fortement accentuée :

— Monsieur le notaire... ce mariage que les contractants se disposent à signer ne peut avoir lieu ; je viens y mettre opposition.

Tout le monde reste saisi. La tournure distinguée, l'air sévère de celui qui se présente, donnent déjà du poids à ses paroles. Le notaire le regarde avec inquiétude ; tous les assistants l'examinent avec curiosité ; mais Monvillars frémit de terreur parce qu'il l'a reconnu, et Camille demeure comme frappée d'épouvante, car dans ses traits, dans sa voix, il y a quelque chose qui lui rappelle l'homme dont elle a nié l'existence.

Le banquier est celui sur qui les paroles de Ludger ont produit le moins d'émotion.

Sans attendre qu'on l'oblige à s'expliquer, Ludger, tournant ses regards vers Camille, lui dit d'un ton ironique :

— Vous voulez vous marier, madame, mais il faudrait d'abord que votre premier mari eût cessé de vivre... que vous ne fussiez plus l'épouse de Ludger de Clairefontaine.

— Mon époux ! balbutie Camille en baissant les yeux pour ne point rencontrer ceux de Ludger... il a péri dans un naufrage... j'en ai eu les preuves... les attestations.

— Non, madame, Ludger de Clairefontaine n'est pas mort... et déjà vous le savez vous-même... car quelque chose a dû vous dire qu'en ce moment il est devant vous ! Tenez, voyez cette cicatrice, madame... elle devrait suffire pour me faire reconnaître.

Camille demeure atterrée, anéantie, et courbe son front vers la terre; tous les assistants considèrent avec un nouvel étonnement celui qui vient de se nommer, et Ludger reprend, en s'adressant cette fois au notaire :

— Oui, monsieur, je suis Ludger de Clairefontaine, époux de madame ; si quelques doutes pouvaient vous rester à cet égard, il ne serait facile de les dissiper ; mais, au reste, lors même que je n'aurais pas échappé à la tempête qui engloutit le bâtiment que je montais, quand même madame eût été libre, comme elle s'en flattait, son union avec M. Riberpré n'en eût pas moins été impossible, car monsieur, qui se croit veuf aussi, monsieur ne l'est point; son épouse légitime, Clémence Marigny, n'a point péri, ainsi qu'on l'espérait, dans l'incendie de la maison qu'elle habitait à Corbeil.

Monvillars n'a pu retenir un mouvement de surprise. Ludger, qui jusqu'alors n'avait point paru le remarquer, se tourne vers lui, en s'écriant :

— Oh ! je sais bien qu'on se flattait qu'elle ne pourrait échapper à la fureur des flammes... Tout avait été médité, calculé pour que ce crime infâme reçût sa pleine exécution... mais il y a toujours une Providence qui déjoue les calculs des assassins... L'homme que l'on avait chargé d'incendier la maison n'était point aussi féroce que ceux qui l'employaient; il trouva moyen de m'avertir par quelques mots écrits sur la table dans le cabaret où l'on avait cru m'endormi. Enfin, j'arrivai à temps, Clémence Marigny avait quitté sa demeure avant qu'on y mît le feu ; et pour qu'aucun doute ne reste à monsieur sur l'existence de sa femme, j'ai eu soin de l'amener ici avec moi.

En achevant ces mots, Ludger fait quelques pas vers l'entrée du salon, et il prend par la main une femme qui se tenait tremblante à cette place. Cette femme, qu'il introduit alors au milieu de la réunion, où elle semble craindre de pénétrer, est vêtue avec une simplicité qui forme opposition avec l'élégance de Camille, mais qui ne nuit en rien à sa beauté; les hommes réunis dans le salon, et déjà remplis d'étonnement par tout ce qu'ils viennent d'entendre, considèrent avec autant de respect que d'admiration Clémence, que Ludger amène devant son époux et à laquelle il dit :

— Venez, madame, entrez sans crainte dans cette demeure que vous n'auriez jamais dû être forcée de quitter ; ce n'est point vous de trembler ici : si votre époux fut assez aveugle pour méconnaître vos vertus, pour délaisser, abandonner le trésor qu'il pos-

rendait, du moins le monde, plus équitable, vous rendra pleine et entière justice, tandis que les infâmes qui voulaient votre perte recevront le châtiment qu'ils n'ont que trop mérité.

Riberpré ne put pas sans émotion Clémence devant lui ; ses yeux se raniment, une vive rougeur colore son visage, et il semble avoir retrouvé une partie de ses forces pour s'écrier :

— Vivante ! vous existez, madame, ah ! pardon... pardon... mais on m'avait bien trompé !...

En voyant paraître Clémence qui l'écrase par sa beauté et sa digne modestie, Camille éprouve comme un transport de rage ; ses regards se tournent vers Monvillars comme pour lui reprocher de n'avoir pas tenu ses promesses ; puis, cherchant à rappeler son courage pour braver des événements qui détruisent toutes ses espérances, elle se lève, en s'écriant :

— Puisque madame est ressuscitée aussi... puisqu'elle rentre dans cette maison, je comprends que c'est à moi de lui abandonner la place... jusqu'à ce qu'il plaise à ce pauvre M. Riberpré de se séparer encore de sa vertueuse épouse.

Et déjà Camille a fait quelques pas pour sortir, lorsque Ludger, se plaçant devant elle, lui barre le passage en lui disant d'une voix terrible :

— Pas encore, madame. Je n'ai point achevé mes révélations... vous avez d'autres événements à apprendre, car il le faut aujourd'hui que tout se découvre... que les crimes les plus cachés soient connus... car ce jour est celui de la suprême justice... et elle serait incomplète si, en sauvant les victimes, il ne frappait pas les meurtriers.

Camille, foudroyée par le regard de Ludger, retombe sur sa chaise, saisie d'une nouvelle terreur. Monvillars ne lait plus un mouvement, il ne lève plus ses yeux fixés vers la terre, mais il respire à peine, dans l'attente de ce que Ludger va encore révéler.

Tous les témoins de cette scène, saisis d'effroi, de stupeur, semblent aussi en proie à la plus vive anxiété.

— Monsieur le notaire, dit Ludger, dans le contrat que vous venez de lire, M. Riberpré reconnaissait pour sa fille la jeune Elvina... Mais il ne s'occupait nullement du sort de son autre fille, de son enfant légitime, fruit de son union avec madame, de la jeune Emmeline enfin.

— Monsieur, répond le notaire, lorsque... madame... Camille m'a dicté les conditions de ce contrat elle m'a dit que M. Riberpré n'avait plus d'enfant de son premier mariage ; enfin, que mademoiselle Emmeline n'existait plus...

— Elle vous a menti, monsieur. Grâce à la Providence qui a eu pitié de la bonne mère... de la femme vertueuse... qui n'a pas voulu, qu'après avoir tant souffert, elle fût encore frappée dans ses plus chères affections ; grâce à ce piège de Dieu qui fait tourner contre les méchants les armes qu'ils ont dirigées sur leurs victimes, la jeune Emmeline n'a point péri dans les flots de la Marne... Venez, pauvre enfant, venez aussi par votre présence confondre votre lâche assassin.

Ludger a de nouveau fait un signe, et Emmeline paraît, conduite par Isidore Marcelay, dont les regards se fixent avec horreur sur Monvillars, tandis que la jeune fille court se précipiter dans les bras de sa mère.

Mais en apercevant Emmeline, Camille, devenue livide et tremblante, porte les yeux égarés sur son complice, en balbutiant d'une voix entrecoupée par la terreur :

— Mon Dieu... mais si cette jeune fille est bien devant moi... qui donc a péri ?... qui donc a été noyé, alors ?

— Rappelez-vous les avis que vous donnait la nécromancienne. Prévoyant déjà le voyage que l'on faisait faire à la jeune Emmeline cachait quelque infâme dessein, j'ai voulu, madame, vous faire renoncer à ce projet, et cependant, le ciel m'est témoin que j'ignorais quel en serait l'épouvantable résultat.

— Mais parlez donc... qui a péri ?...

— Une pauvre enfant, innocente des crimes de sa mère, et que j'aurais sauvée si cela eût été en mon pouvoir... malheureusement je n'arrivai à la terre des Hauts-Buissons que quelques heures après à voiture... Là, j'appris par mademoiselle que sa compagne de voyage avait disparu pendant le court trajet qui sépare Germigny-l'Évêque de Meaux... Il était nuit, les deux jeunes filles dormaient, lorsque, sur la montée d'une colline, la jeune Elvina s'était éveillée en se plaignant du froid que lui faisait éprouver le voisinage de l'eau, alors sa compagne l'avait suppliée de prendre sa place... et cette circonstance, si simple, a causé l'erreur du misérable qui a enlevé une des deux jeunes filles de la voiture pour la jeter dans la rivière.

Un cri d'horreur s'élève dans l'assemblée au récit de cet horrible attentat, mais rien ne saurait rendre le désespoir, le délire, la douleur de Camille en apprenant que c'est son Elvina qui a péri. Se précipitant vers Monvillars qui, en voyant Emmeline, a cru qu'un spectre venait lui reprocher ses crimes, Camille lui saisit les bras, en s'écriant d'une voix lamentable :

— C'est donc ma fille... ma fille que tu as tuée... monstre !... assassin !... c'est mon Elvina, mon enfant que tu as fait précipiter dans les flots ! Cette nouvelle révélation glace tout le monde d'épouvante. Monvillars essaie de faire entendre que Camille est en délire ; mais Ludger l'interrompt, en lui disant :

— N'essayez pas de nier vos crimes, ils sont tous connus ; celui qui jadis a lâchement tué le major Giroval, qui, hier, a assassiné lady Wilmore, essaierait en vain maintenant d'échapper à la justice. Vous espériez peut-être qu'en vous présentant à la place de M. Isidore Marcelay, ce serait lui qu'on accuserait de ce meurtre. En effet, dans le premier moment, c'est son nom seul que les domestiques de votre victime purent dire aux agents de police. Mais, depuis longtemps, je faisais surveiller toutes vos démarches, et il me fut facile de prouver que c'était vous qui vous étiez introduit chez lady Wilmore, tandis que dans ce moment M. Isidore Marcelay était à Corbeil près de madame et de sa fille. Allez, misérable, allez rendre compte à vos juges d'une vie souillée de crimes... on vous attend.

Les portes du salon s'ouvrent de nouveau ; des gens de justice, des gardes municipaux garnissent l'antichambre. Deux soldats avancent et saisissent Monvillars, qui n'oppose plus aucune résistance. En voyant tous ses crimes découverts, cet homme a sur-le-champ perdu tout son courage ; pâle et tremblant, il peut à peine se soutenir ; il faut que des gardes l'aident à sortir du salon, tandis que sa complice, tombée dans des convulsions effrayantes, maudit son amant et se maudit elle-même pour avoir causé la mort de son enfant.

XXII. — DERNIER VOYAGE DES BOURGUIGNONS A PARIS. — CONCLUSION.

Dans la nuit qui a suivi cette journée mémorable, Camille, tombée d'abord dans un violent délire, ne tarde point à succomber aux accès de désespoir que lui a fait éprouver la nouvelle de la mort de la pauvre Elvina. Mais avant d'expirer, cette femme, jusqu'alors endurcie dans le crime, a senti les remords, le repentir toucher son cœur ; elle a avoué à son époux que, sous le nom de madame Delacroix, elle avait abandonné leur fille Adrienne, mise par elle dans un pensionnat de la rue de Picpus. Il ne reste plus de doute à Ludger, et lorsqu'il revient à Félicia, il peut sans crainte la serrer dans ses bras en la nommant sa fille.

Riberpré traîne encore quelques semaines une santé chancelante, pendant lesquelles il est trop heureux de recevoir les soins d'Emmeline et de Clémence. Mais les événements récents dont il s'était trouvé témoin avaient trop vivement frappé d'effroi cet homme que tout épouvantait maintenant. Une nouvelle crise arriva et emporta le banquier, qui mourut sans être regretté de personne, parce que, dans toute sa vie, on ne pouvait pas citer de lui une seule bonne action pour atténuer un peu les mauvaises qu'il avait commises.

Quelque temps après ces événements, deux de nos anciennes connaissances se promenaient encore dans Paris : c'étaient le père Martinot et son fils Jacquinet ; ce dernier allait épouser l'objet de son choix, la petite Suzette Ledru, et il venait dans la capitale faire les achats nécessaires pour son mariage.

Le vieux vigneron avait voulu accompagner son fils, quoique celui-ci eût fait tout son possible pour le dissuader de ce dessein, car Jacquinet redoutait encore quelques rencontres pouvant de nouveau affliger son père. Depuis que, chez le traiteur à trente-deux sous, ils avaient retrouvé Constant, depuis qu'ils avaient acquis la certitude que celui-ci était bien le Monvillars qui, un jour, les avait méconnus, le père et le fils n'avaient plus entendu parler de lui.

— Il vaut mieux peut-être que nous ne le revoyions jamais, disait le vieillard en passant sa main sur ses yeux ; car, qui sait ce qu'il fait à présent ?

Jacquinet ne répondait rien, mais, en lui-même, il pensait comme son père ; loin de désirer maintenant d'avoir des nouvelles de son frère, un secret pressentiment lui faisait craindre de le rencontrer.

Cependant le hasard venait de conduire le père et le fils sur le Pont-Neuf, où ils avaient passé un an auparavant ; c'était ce que se disaient les deux Bourguignons tout en traversant le pont pour se rendre au faubourg Saint-Germain où ils avaient affaire ; et par une singulière coïncidence, comme à cette époque, ils virent beaucoup de monde courir vers la place du Palais, où l'on exposait également des malfaiteurs.

— Oh ! maintenant, je sais ce que c'est et je n'ai plus envie d'aller voir cela, dit Jacquinet en voulant emmener son père d'un autre côté. Mais, cette fois, c'est le vieillard qui veut voir les misérables exposés sur la place ; vainement Jacquinet cherche à le détourner de ce projet, le spectacle s'offre malgré lui de l'attristant, le vieux Martinot persiste dans sa résolution ; il semble quelque chose le pousse malgré lui vers cet endroit dont il n'approche cependant qu'en frémissant.

Il y avait huit hommes attachés au fatal poteau ; et, comme l'année précédente, un seul, par sa mise, par son extérieur, ne paraissait point appartenir à la même classe de la société que ses compagnons d'infamie. Ceux-ci avaient tous de mauvaises blouses pour vêtements et des casquettes pour coiffures, tandis que lui seul avait une redingote noire et une espèce de toque sur la tête.

— Et pourtant, disait-on dans la foule, en se montrant les exposés, c'est le beau monsieur... celui en redingote, qui est le plus cri-

minel... Il paraît qu'il a commis des assassinats... des meurtres... des horreurs!...
— Et il n'a pas été condamné à mort!
— On a trouvé des *circonstances atténuantes*, ainsi que pour ce petit vilain qui est à côté de lui... qui a un nez crochu... et semble narguer le public... il a noyé une jeune fille, celui-là...
— Et à quoi sont-ils condamnés?
— Aux travaux forcés à perpétuité.
— Allons.. allons, rangez-vous donc! dit un sergent de ville d'une taille gigantesque, en repoussant la foule qui s'approchait trop des condamnés. Est-ce que vous avez besoin de voir ces messieurs de si près!
— Tiens! dit une grosse femme à sa voisine, mais c'est Rifflard, ce sergent de ville-là... Ah! ma chère, qu'il est beau comme ça! que l'uniforme lui va bien! je suis bien contente de le voir dans un si bel emploi!...

Tout à coup un cri douloureux se fit entendre dans la foule, puis un vieillard tomba sans connaissance entre les bras d'un jeune homme; c'était le pauvre vigneron qui venait de reconnaître son fils Constant dans l'un de ces misérables attachés au poteau, tandis que Jacquinet, en y apercevant Gargouille, cherchait à se rappeler où il avait déjà vu cette affreuse figure.

Mais détournons les yeux de ces pénibles tableaux que notre plume n'est point habituée à décrire, et vers lesquels nous avons été entraîné, un peu malgré nous, par la force des événements.

Portons nos regards d'un autre côté : nous verrons la charmante Emmeline, devenue la femme d'Isidore Marcelay, jouir du bonheur le plus pur entre son époux et sa mère, tandis que Félicia, heureuse d'avoir retrouvé son père, cherchait, dans la douce retraite dans laquelle elle voulait vivre, à faire oublier les erreurs de sa vie passée par un amour filial, auquel se joignait peut-être, dans le fond de son cœur, le souvenir d'un autre amour.

En passant en revue une partie des personnages qui ont figuré dans cette histoire, nous verrons encore madame Bouchonnier, toujours jolie et toujours coquette, tandis que son mari est sans cesse à la poursuite des lorettes et des grisettes en ayant soin, cependant, de ne plus oublier ses gilets de flanelle chez ces demoiselles.

La belle Mirobelly, maltraitée par les chemins de fer, a pris sa revanche avec le lansquenet. Elle tient une table d'hôte et donne à jouer chez elle, bien que tous les six mois elle soit, pour ce fait, citée en police correctionnelle.

Madame Mazzepa a épousé son vieil adorateur, M. Romorantin. Il lui jure tous les matins qu'elle a cinq ans de moins que la veille; de son côté, elle en dit autant à ce monsieur. On ne sait pas où les deux époux s'arrêteront.

La grande Tintin continue de faire des traits à ses amants, qui le lui rendent bien ; elle a pris cette devise d'une illustre pécheresse : Il lui sera beaucoup pardonné, parce qu'elle a beaucoup aimé.

Les frères Tourinet sont toujours inséparables. Joseph dit encore des gandrioles, et Pétrus pleure quand son cadet n'est pas rentré le soir à neuf heures.

Madame Michelette a été longtemps privée de la présence de son Alménor. Enfin le bel homme est revenu au giron maternel, traînant encore le savant Saucissard à la remorque, mais, cette fois, les deux amis sont dans un si piteux état, qu'ils font serment d'être sages, de ne plus enlever personne, et de s'en tenir à la cuisine de la grosse maman.

Fortincourt, vivement affecté de la mort de lady Willmore, en a fait une maladie dans laquelle il a entièrement perdu son ventre. Devenu très-svelte par suite de cette passion malheureuse, il a juré de ne plus en avoir d'autres, parce que cela le rajeunit.

Quant à notre héros, heureux, après une vie aussi agitée, de goûter enfin le calme et la paix, il partage son temps entre sa fille, qu'il chérit tendrement, et ceux qui lui doivent en partie leur bonheur. Est-il besoin de dire qu'un tendre sentiment règne toujours entre Ludger et Clémence ? L'amour est inaltérable tant qu'il n'est pas satisfait.

Reliure serrée

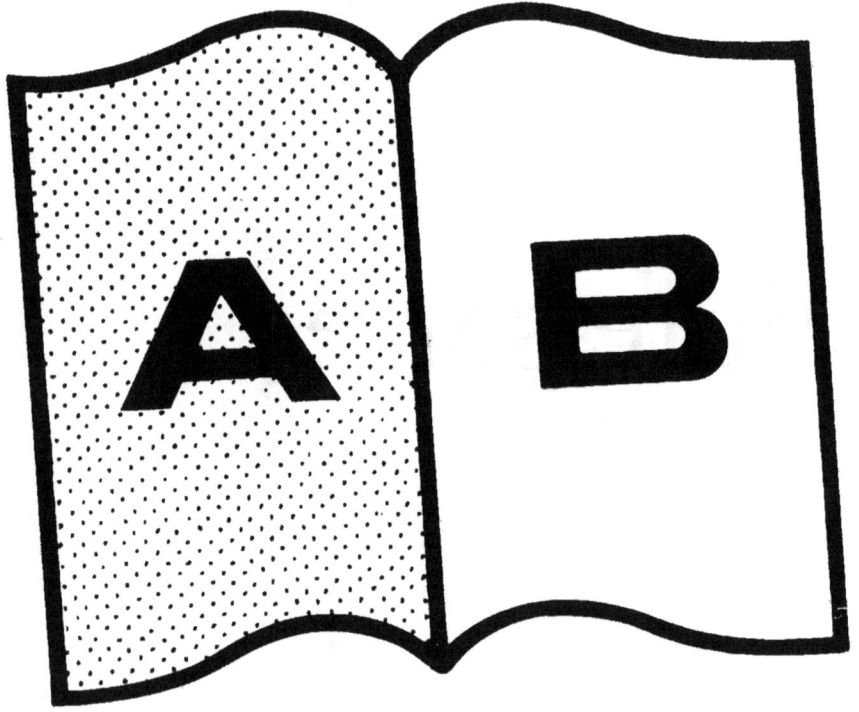

Contraste insuffisant
NF Z 43-120-14

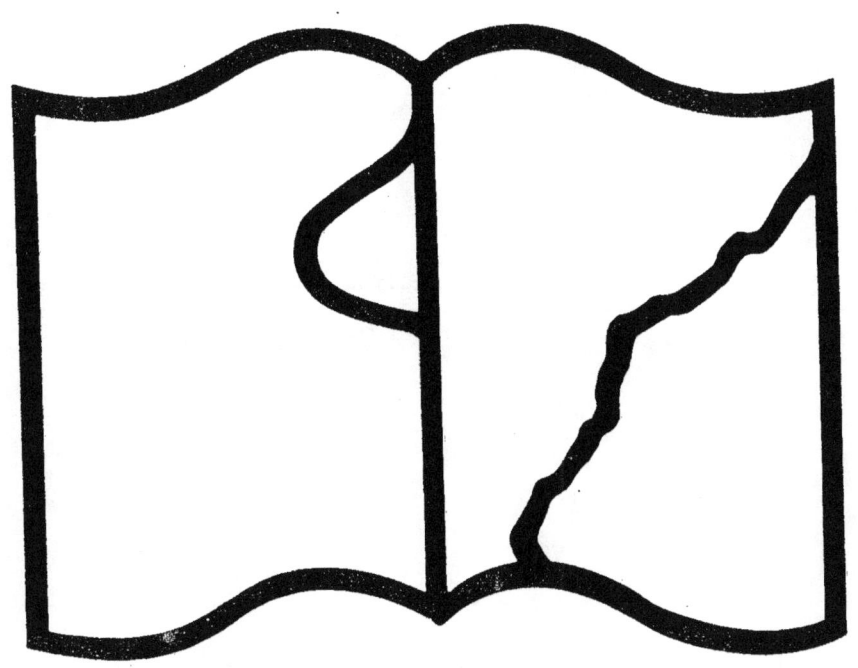

Texte détérioré — reliure défectueuse

NF Z 43-120-11

www.ingramcontent.com/pod-product-compliance
Lightning Source LLC
Chambersburg PA
CBHW060132170426
43198CB00010B/1130